Dagmar Gaedtke-Eckardt Der Pfingstberg bei Helmstedt

Forschungen und Berichte des Braunschweigischen Landesmuseums
Band 2

Herausgegeben von Gerd Biegel
Redaktion Wolf-Dieter Steinmetz

Dagmar Gaedtke-Eckardt

Der Pfingstberg bei Helmstedt

Studien zu einem Gräberfeld der Römischen Kaiserzeit bis Völkerwanderungszeit

Braunschweig 1991

Gedruckt mit Forschungsmitteln des Landes Niedersachsen

CIP-Titelaufnahme der Deutschen Bibliothek

Gaedtke-Eckardt, Dagmar:
Der Pfingstberg bei Helmstedt: Studien zu
einem Gräberfeld der Römischen Kaiserzeit
bis Völkerwanderungszeit /
Dagmar Gaedtke-Eckardt

[HRSG.: Gerd Biegel. Braunschweig. Landesmuseum.] —
Braunschweig : Braunschweig. Landesmuseum, 1991
(Forschungen und Berichte des Braunschweigischen
Landesmuseums; Bd. 2)
Zugl.: Göttingen, Univ., Diss., 1989
ISBN 3-927939-09-9
NE: [redacted] Landesmuseum:
Forschungen und Berichte . . .

ISSN 0937-4078

Impressum:

Herausgeber:
Gerd Biegel, Braunschweigisches Landesmuseum

Redaktion:
Wolf-Dieter Steinmetz, Braunschweigisches Landesmuseum
Burgplatz 1, D-3300 Braunschweig

Graphische Einbandgestaltung und Typografie der Titelei:
Klaus Grözinger, Braunschweig

Gestaltung des Schriftbildes:
Barbara Niemann, Wolfenbüttel

Titelfoto:
Stephan Eckardt

Fotos:
J. Döring, S. Eckardt

Gesamtherstellung:
Druckerei Heckners Verlag, Wolfenbüttel

Vorwort des Herausgebers

Mit dem hier vorgelegten zweiten Band seiner wissenschaftlichen Reihe »Forschungen und Berichte« setzt das Braunschweigische Landesmuseum seine Bestrebungen fort, seine noch unveröffentlichten Altbestände wissenschaftlich zu erschließen und der Fachforschung zugänglich zu machen.

Nach Bearbeitung und Vorlage der Keramik von der Pfalz Werla kann nunmehr ein weiterer großer Altkomplex der Abteilung Ur- und Frühgeschichte, das Gräberfeld der jüngeren römischen Kaiserzeit und der Völkerwanderungszeit vom Pfingstberg bei Helmstedt vorgelegt werden. Es handelt sich dabei mit beinahe 1000 dokumentierten Bestattungen um den bisher größten und durch die vergleichsweise gute Befunddokumentation wichtigsten Friedhof des Braunschweiger Landes aus frühgeschichtlicher Zeit. Erste ur- und frühgeschichtliche Funde wurden am Pfingstberg um 1919 gemacht, dann ab 1920 immer wieder, seit er als Kiesgrube genutzt wurde. 1937 wurde eine erste große archäologische Untersuchung vorgenommen, der kleinere folgten. In den Jahren von 1956 bis 1960 wurde der durch den fortschreitenden Kiesabbau gefährdete Hauptteil des Gräberfeldes vom Braunschweigischen Landesmuseum durch Franz Niquet wissenschaftlich korrekt ausgegraben, wobei mit 743 Bestattungen ein Großteil der Gräber geborgen werden konnte.

Die wissenschaftliche Bedeutung dieser Fundstelle ist auch daran ablesbar, daß sie bereits in maßgebliche Handbücher der Ur- und Frühgeschichte Eingang gefunden hat, obwohl bisher lediglich kurze Vorberichte bzw. ein Teilbericht der Ausgrabung von 1937 vorgelegen haben. So etwa in Jacob-Friesens bereits klassischem Werk »Einführung in Niedersachsens Urgeschichte, Band 3, Eisenzeit« mit Abbildung des wichtigen, vergleichsweise reich mit Beigaben versehenen Grabes 44.

Das Fundmaterial des 3. bis 6. Jahrhunderts n. Chr. ist wenig attraktiv, zumal soweit es die Bestattungsplätze betrifft. Mit dem Übergang zur jüngeren römischen Kaiserzeit kam es zu einer starken Vereinheitlichung der Bestattungssitten und der als Urnen verwendeten Tongefäße. Hinzu kommt, daß die Beigabensitte in dieser Zeit sehr stark nachläßt. Um so mehr ist es Frau Dr. Dagmar Gaedtke-Eckardt zu danken, daß sie sich dieses scheinbar spröden Materials angenommen und sich durch die große Zahl der Befundeinheiten nicht von der Bearbeitung hat abschrecken lassen. Ihre akribische Arbeit zeigt, daß durch entsprechende Detailstudien auch aus einem derartigen, scheinbar sehr einheitlichen Material zahlreiche historische Erkenntnisse zu gewinnen sind, sei es zu rein archäologisch-systematischen Themen wie Formenkunde und Chronologie oder besonders zu historisch aussagefähigen Bereichen wie Grabbrauch, Beigabensitte, Sozialstruktur und kulturelle Einordnung. Am Ende derartiger Bearbeitungen steht in der Regel die wichtige und interessante Frage nach der Stammeszugehörigkeit der bestattenden Bevölkerung zumal in einem Grenzgebiet, wie es das Braunschweiger Land durch sehr viele Perioden seiner langen Ur- und Frühgeschichte gewesen ist. Nahezu jede Bearbeitung und jede neue Fundstelle kann die Grenzlinien hier neu und präziser fassen.

Als bedeutendstes Ergebnis der Arbeit scheint mir deshalb neben der Zuweisung zu elbgermanischem Kulturgebiet, die zu erwarten gewesen war, die Erkenntnis, daß das vorgelegte Material eine Zuweisung des Helmstedter Raumes an den Stammesverband oder Großstamm der Thüringer ermöglicht, und zwar auf der Grundlage eine kontinuierlichen Bevölkerungsentwicklung, nicht eines Bevölkerungszuzuges. Damit darf man wohl einen friedlichen Anschluß der ostbraunschweigischen Bevölkerung an diesen, in dieser Zeit entstehenden Großstamm voraussetzen. Dieses Ergebnis fügt sich sehr gut in die übrige Quellenlage unseres Gebietes im 3. bis 5. Jahrhundert. Gleichzeitig wird zumindest für den Helmstedter Raum eine alte, auf ideologischer Basis entstandene These ausgeräumt, nach der es bereits im 5. Jahrhundert zu einer sächsischen Überlagerung gekommen sein soll. Auch im übrigen braunschweigischen Raum finden sich hierfür zur Zeit keinerlei Nachweise. Die Zusammenfassung der Arbeit bringt gleichzeitig den deutlichen Hinweis, daß zahlreiche weitere Arbeiten, insbesondere zur Erkenntnis möglicher Regionalgruppierungen, zukünftig notwendig sein werden. Mit der Bearbeitung des auch forschungsgeschichtlich hochinteressanten Gräberfeldes von Lelm-Räbke hat das Braunschweigische Landesmuseum hier bereits weitere Vorarbeiten begonnen. Diese Arbeiten werden gleichzeitig unterstützt durch die Ausgrabung und Vorlage mehrerer kaiserzeitlicher Siedlungsplätze durch das Institut für Denkmalpflege. Daneben wird die Aufarbeitung und Vorlage einiger älterer Siedlungskomplexe aus dieser Zeit in unserem Hause vorbereitet. Auch hier sind weiterführende Ergebnisse zu erwarten, zumal im Hinblick auf das formenkundliche, soziale und ökonomische Verhältnis zwischen Siedlungs- und Grabfunden.

Besonders hervorzuheben ist aber auch ein anderer Hinweis, auf den die vorgelegte Bearbeitung mit besonderer Deutlichkeit hinweist. Es ist die Bedeutung der Bearbeitung von Altbeständen in unseren Museen und Denkmalämtern, zumal wenn man bedenkt, daß vergleichbare Quellen durch die zunehmende Erschöpfung und landwirtschaftliche Zerstörung zukünftig kaum noch erschließbar zur Verfügung stehen werden. Die Erst- oder Neubearbeitung derartiger Altbestände können durchaus zu umfangreichen neuen Erkenntnissen verhelfen, die vorliegende Bearbeitung beweist es hinlänglich.

Neben den alltäglichen Museumsangeboten und -aktivitäten muß daher die Forschungsarbeit als Bestandteil der Museumstätigkeit auch in Zukunft verstärkt werden, um derartige Projekte realisieren zu können. Dies kann nicht zuletzt durch Kooperation mit den Universitäten erfolgen, erfordert jedoch auch eine ausreichende personelle und finanzielle Ausstattung der Museumsabteilungen. Es bleibt daher zu hoffen, daß auch zukünftig von verantwortlicher Stelle des Landes Niedersachsen entsprechende Voraussetzungen geschaffen werden. Daß dies sinnvoll und für die Forschung wichtig ist, macht diese Publikation erneut deutlich. Das Braunschweigische Landesmuseum wird daher auch weiterhin vergleichbare Projekte zu realisieren versuchen.

Abschließend möchte ich der Bearbeiterin, Frau Dr. Dagmar Gaedtke-Eckardt, für die sorgfältige Aufarbeitung des Materials ebenso danken wie dem Leiter der Abteilung Ur- und Frühgeschichte, Herrn Wolf-Dieter Steinmetz M.A., für die fachliche und redaktionelle Betreuung. Ein besonderer Dank gilt dem Niedersächsischen Ministerium für Wissenschaft und Kultur, das durch die Bereitstellung von Forschungsmitteln Bearbeitung und Publikation ermöglicht hat.

Gerd Biegel M.A.
Ltd. Museumsdirektor

Vorwort der Verfasserin

Die vorliegende Arbeit entstand zwischen 1983 und 1988 an der Georg-August-Universität Göttingen. Sie wurde 1989 von der philosophischen Fakultät der Universität Göttingen als Dissertation angenommen. Für den Druck wurde die ursprüngliche Fassung leicht überarbeitet.

Mein besonderer Dank gilt Herrn Prof. Dr. G. Jacob-Friesen, auf dessen Anregung hin ich das Material vom Pfingstberg in Helmstedt bearbeitete und der mich während des Entstehens der Arbeit mit zahlreichen Ratschlägen und Hinweisen unterstützte.

Zu danken habe ich auch Herrn Prof. Dr. R. Busch, der mir für die Materialaufnahme im Braunschweigischen Landesmuseum, Abteilung Ur- und Frühgeschichte in Wolfenbüttel gute Arbeitsbedingungen und technische Hilfen verschaffte und dadurch meine Arbeit förderte.

Herr Priv.-Doz. Dr. M. Gebühr ermöglichte mir nicht nur die Benutzung der EDV-Anlage der Universität Kiel im Landesmuseum in Schleswig, sondern führte mich auch in die Computer-Archäologie ein. Er stellte mir Programme zur Verfügung und konnte mir durch sein Fachwissen Empfehlungen geben, die eine zielgerichtete Analyse wesentlich erleichterten. Für dieses außerordentliche Entgegenkommen und den erheblichen persönlichen Einsatz möchte ich ihm aufrichtig und herzlich danken.

Herr Prof. Dr. U. Willerding, Göttingen, gab mir wertvolle Hinweise und übernahm die Bestimmung von Holzkohle. Herr Prof. Dr. B. Herrmann, Göttingen, analysierte freundlicherweise einige Proben aus Knochen, Geweih und Elfenbein.

Herzlich danken möchte ich Herrn Dr. J. Schneider (†) und Frau R. Leineweber, die mir in fruchtbaren Diskussionen mit ihrer fachlichen Erfahrung Ratschläge und Anregungen geben konnten.

Für die Aufnahme der Arbeit in die Reihe „Forschungen und Berichte des Braunschweigischen Landesmuseums" bin ich Herrn G. Biegel M.A. zu Dank verpflichtet. Herr W.-D. Steinmetz M.A. übernahm die redaktionelle Betreuung. Ich bin ihm für die verständnisvolle Zusammenarbeit sehr verbunden.

In meinen Dank einschließen möchte ich Herrn Dr. E. Michael, Lüneburg, für die Möglichkeit, Vergleichsmaterial einzusehen, sowie Herrn Dr. B. Stapel, der mir beim Korrekturlesen behilflich war.

Ganz besonders danken möchte ich meinem Ehemann, sowohl für die technische Hilfe bei der Anfertigung und der Ausgestaltung der Arbeit als auch für das Verständnis für mein Vorhaben und die unbegrenzte Unterstützung.

Ich widme diese Arbeit meinen Eltern.

Inhaltsverzeichnis

Einleitung

Gegenstand der Arbeit ist der Urnenfriedhof auf dem Pfingstberg bei Helmstedt. Er umfaßt rund 1000 Bestattungen, die in die jüngere Römische Kaiserzeit oder in die Völkerwanderungszeit zu datieren sind, und stellt damit den wichtigsten Fundort im braunschweigischen Raum dar. Die Untersuchung gliedert sich in zwei Abschnitte: die Vorlage und die Analyse des Materials.

Die Funde wurden in mehreren Grabungskampagnen systematisch geborgen oder bei Abbauarbeiten zufällig entdeckt, und nur geringe Teile des Bestandes sind bisher publiziert[1] worden. Verschiedene Gründe ließen es sinnvoll erscheinen, das gesamte Material in Abbildungen und Katalogform vorzulegen. Ergänzt wird die Materialvorlage durch Angaben zum Befund, zu den Grabungen und zum Fundplatz selbst.

Kennzeichnend für das Pfingstberger Material ist die allgemeine Beigabenarmut. Darüber hinaus sind die Beigabenkategorien, die normalerweise Aufschluß über die chronologische Stellung des betreffenden Grabes geben, äußerst spärlich vertreten. Aus diesem Grund mußte bei der Auswertung des archäologischen Fundgutes eine andere Vorgehensweise gewählt werden. Das umfangreiche Urnenmaterial bot die Chance, eine Gliederung des Grabkeramikbestandes durch eine systematische Merkmalsanalyse der sehr zahlreichen Leichenbrandbehälter zu erarbeiten. Wesentliche Voraussetzung war zunächst eine Klärung der bei der Deskription von Keramik verwendeten Begriffe. Danach konnten durch eine möglichst vollständige Erfassung der signifikanten Eigenschaften sowohl die Gefäßformen als auch die Typen der Keramik auf einer exakten Grundlage definiert werden. Gleichzeitig wurde für die Verzierung der Keramik ein alle Teilbereiche umfassendes Beschreibungsschema entwickelt. Durch diese Vorgehensweise wurde ein typologisches System der Grabkeramik geschaffen, das auf nachvollziehbaren Grundlagen basiert.

Die Auswertung setzt sich aus zwei Teilen zusammen. Zum einen werden die Funde im einzelnen detailliert analysiert, und zum anderen wird der Fundkomplex insgesamt untersucht. Im Vordergrund steht die Gliederung des Materials — zunächst nach typologischen Gesichtspunkten und anschließend nach chronologischen. Allein vom Materialumfang her schien die Analyse unter Verwendung eines Computers zweckmäßig. Sie erfolgte in Schleswig, wo sich der Verfasserin bei Dr. M. Gebühr die Möglichkeit bot, nicht nur einen Rechner, sondern auch spezielle, an archäologischem Material entwickelte bzw. erprobte Computerprogramme zu benutzen[2].

Während hinsichtlich der Typologie die Einteilung des Materials aus sich heraus erfolgen kann, muß die Datierung der Funde von „außen" herangetragen werden. Chronologische Leitformen wie zum Beispiel die Fibeln mit hohem Nadelhalter liegen nur in wenigen Exemplaren vor. Selbst die Zahl der Funde, deren Zeitstellung wenigstens näher eingegrenzt werden kann — dazu gehören die Kämme —, ist gering. Da sich auch keine Datierungshinweise anhand fundplatzchorologischer Beobachtungen ergeben haben, muß die chronologische Ansprache im wesentlichen über stilistische Vergleiche erfolgen. Es kann deshalb weder ein eigenes Chronologiesystem entwickelt, noch können bestehende Systeme an den Pfingstberger Funden überprüft werden.

Die hier zugrunde gelegte chronologische Einteilung der jüngeren Römischen Kaiserzeit und frühen Völkerwanderungszeit sowie die Datierung der Leitformen wurde von E. Keller (1974)[3] — auf der Studie von K. Godłowski (1970)[4] aufbauend — herausgearbeitet. Godłowski hat für verschiedene Gebiete Zentraleuropas relative Chronologien aufgestellt, sie untereinander und mit bis dahin gebräuchlichen Chronologiesystemen verglichen sowie absolute Datierungen für die einzelnen Phasen vorgeschlagen. Grundlage bildet die Feststellung von Korrelationen zwischen verschiedenen Leitformen; soweit möglich wurden fundplatzchorologische Beobachtungen berücksichtigt. Keller hat Kombinationstabellen erstellt, die die Zusammenfunde verschiedener Fibeltypen zeigen und hat Kombinationen „forminstabiler" Funde wie Fibeln und „formstabiler" Funde wie Schalenurnen ausgewertet. Andere Sachformen wurden über die Kombination mit bestimmten Fibeltypen hinsichtlich ihrer zeitlichen Stellung untersucht. Keller hat auch fundplatzchorologische Beobachtungen analysiert. Insgesamt unterscheiden sich die Ergebnisse beider Arbeiten nur in wenigen Details. Die Stufengliederung entspricht in etwa der von Eggers 1955[5] aufgestellten, die absolute Datierung weicht jedoch erheblich davon ab. Die Untersuchungen von Raddatz[6] haben daran entscheidenden Anteil. Er konnte nachweisen, daß der Beginn der Stufe C1 in die Zeit der Markomannenkriege zu verlegen ist. Als Annäherungswerte[7] lassen sich für Stufe C1a die zweite Hälfte des 2. Jahrhunderts und das beginnende 3. Jahrhundert angeben, für Stufe C1b die erste und die beginnende zweite Hälfte des 3. Jahrhunderts, für Stufe C2 die zweite Hälfte des 3. Jahrhunderts und die ersten Jahrzehnte des 4. Jahrhunderts und für Stufe C3 die erste Hälfte und die beginnende zweite Hälfte des 4. Jahrhunderts, wobei die Überlappungen andeuten, daß keine scharfen Grenzen existieren. Die zweite Hälfte des 4. Jahrhunderts und die erste Hälfte des 5. Jahrhunderts werden als frühe Völkerwanderungszeit oder Schmidt[8] folgend als Gruppe I bezeichnet. In der nachfolgenden Phase, der Gruppe II nach Schmidt, die bis 525 n. Chr. angesetzt wird, endet die Belegung des Pfingstberger Gräberfeldes.

Auf der Grundlage der typologischen und chronologischen Einteilung des Materials kann eine kulturelle Einordnung erfolgen. Eine Analyse der Sozialstruktur ist wegen der Grabsitten und fehlender Leichenbranduntersuchungen nur eingeschränkt möglich.

1 Thaerigen, Nordharzgruppe 12 ff.

2 Dr. M. Gebühr und Prof. Dr. K. Schietzel sei für diese großzügige Hilfe sehr herzlich gedankt.

3 Keller, Chronologie.

4 Godłowski, Chronology.

5 Eggers, Chronologie 196 ff.

6 Raddatz, Moorfund 145 ff.; ders., Äxte 26 ff.

7 Vgl. Keller, Chronologie 263 ff.

8 Schmidt, Völkerwanderungszeit 8 f.

Fundplatz und Ausgrabungen

Einleitung

Der Pfingstberg bei Helmstedt (Gemarkung Helmstedt, Flur 53, Flurstück 716/34), eine kleine niedrige Sanderhebung, liegt als nordwestlicher Ausläufer des St.-Annen-Berges in einer Wiesenniederung etwa 400 Meter nördlich der Straße von Helmstedt nach Königslutter (Karte 1). Die Fundstelle gehört zwar ins heutige Stadtgebiet, ist aber vom Kern der Stadt Helmstedt circa 1,5 Kilometer entfernt. Seit etwa 1920 wird der Pfingstberg als Sandgrube genutzt. Bei den Abbauarbeiten wurden immer wieder ur- und frühgeschichtliche Funde gemacht. Es handelte sich meist um Gefäße — teilweise mit Leichenbrand —, Scherben, Steingeräte, vereinzelt auch Schmuck und Waffen.

Am 7. Juli 1925 meldete eine Lokalzeitung (Archiv Wolfenbüttel):

„Auf dem Acker des Herrn Quelle am Pfingstberge wurden wiederum in einer Tiefe von 30 cm mehrere Urnen mit Knochenresten gefunden. Außerdem stieß man auf eine Brandstelle von Holzasche und angebrannten Steinen. Steine mit Spuren von Benutzung und Holzstücke, die anscheinend als Werkzeug benutzt wurden, lagen dabei. Wenn es auch trotz aller Sorgfalt nicht gelang, die Urnen unversehrt zu bergen, so hat doch der neue Fund Aufschluß über die Lage des Urnenfeldes gegeben, nachdem frühere Grabungen fast ergebnislos waren."

Fünf Jahre später, am 7. Juli 1930, berichtete die Landeszeitung des Freistaats Braunschweig unter der Überschrift „Vorgeschichtliche Funde" (Archiv Wolfenbüttel):

„Auf dem Pfingstberg, auf dem im Laufe der letzten Jahre eine Feuerstelle mit Urnen aus der Steinzeit gefunden wurde, hat jetzt Studienrat Siebers eine sehr schöne Urne, vermutlich 2000 Jahre v. Chr., aus der Zeit des Schönfelder Stils ausgegraben."

Ausführlichere Angaben macht Siebers in einem Zeitungsartikel vom 24. September 1952 in der Helmstedter Allgemeinen Zeitung (Archiv Wolfenbüttel):

„Der Pfingstberg . . . wurde im Jahre 1919 von Studienrat Siebers im Verein mit Landwirt Quelle jun. als vorgeschichtlicher Fundplatz entdeckt. Der Hügel hatte in der Mitte eine Einsattlung und wurde bald darauf von Herrn Quelle als Sandgrube abgebaut, in dem von der Mitte aus nach Osten und Westen gleichzeitig abgeräumt wurde. So brauchte nur die Erdbewegung gewissenhaft beobachtet zu werden, eine Grabung war schwierig und wurde erst 1937 unternommen . . . Inzwischen waren im Südwesten, nahe dem Südeingang und dem Wiesenrande mit Leichenbrand gefüllte kleine „Kummen" und weiter oben Schalengefäße, ebenfalls Leichenbrand enthaltend, gefunden worden. Als sich der Abbau der Grube dieser Stelle näherte, wurden 1937 durch eine Reichsgrabung auf diesem Friedhof 81 Urnen freigelegt. 20 waren schon vorher geborgen."

Es war also schon seit 1919 bekannt, daß der Pfingstberg ein bedeutender Fundplatz war. Bis zum Jahre 1937 verblieb es aber bei den Funden, die bei den Abbauarbeiten oder bei kleineren privaten Ausgrabungen mehr oder minder zufällig gemacht wurden. Diese Funde wurden zum größten Teil zerstört oder gingen verloren, nur ein geringer Teil gelangte in Museen. 1935 wurde die Nutzung des Pfingstberges als Sandgrube nach dem Fund weiterer Urnen auf Veranlassung der Regierung vorerst eingestellt.

Die Grabung 1937 wurde von G. Thaerigen durchgeführt. Von den 81 geborgenen Urnen sind heute infolge kriegsbedingter Verluste nur noch 25 Gefäße erhalten.

Neben diesen Gefäßen liegen noch einige Fundstücke aus einer Grabung im Jahre 1942 durch A. Tode und einige Lesefunde aus den Jahren 1940 und 1949 vor. Im Jahre 1953 führte G. Stelzer eine Grabung am West- und Nordhang des Pfingstberges durch, bei der neben neolithischem Material vor allem mittelalterliches Fundgut geborgen werden konnte.

1954 grub Studienrat S. Siebers am Westhang des Pfingstberges erneut vier Urnen aus. Ein Jahr später fand Siebers in der Nähe der Fundstelle eine weitere Urne.

Nachdem bekannt wurde, daß Herr Brüning, der Pächter der Sandgrube, 1956 auf dem Pfingstberg mit einem Bagger in großem Umfang Sand und Kies abbauen wollte, führte das Braunschweigische Landesmuseum für Geschichte und Volkstum, Abteilung Vor- und Frühgeschichte, eine Rettungsgrabung durch. Mit dieser Grabung begann F. Niquet im Juni 1956 und konnte umfangreiches Material sicherstellen.

Bei einer Besichtigung der Grabungsfläche nach Abschluß der im Jahre 1956 durchgeführten Arbeiten mußte Niquet feststellen, daß unmittelbar im Anschluß an sein Grabungsgelände und auf zwei weiteren kleineren Streifen „wild" nach Urnen gegraben worden war.

Im Jahre 1959 wurden die erhaltenen Bestände der vor- und frühgeschichtlichen Sammlungen des Braunschweigischen Landesmuseums nach Wolfenbüttel verlegt und dort zunächst provisorisch gelagert.

Niquet setzte die Rettungsgrabungen 1957 fort und grub in fünf Kampagnen bis 1960 insgesamt 743 Urnen und Urnenreste der jüngeren Römischen Kaiserzeit und der Völkerwanderungszeit aus. Dabei wurden im Jahre 1960 auch die bis dahin nicht sicher festgestellten Grenzen des Urnenfriedhofes erreicht. Außer den Urnen wurden Funde anderer Epochen geborgen[9].

Die letzte Grabung auf dem Pfingstberg erfolgte am 3. und 4. September 1967. Sie erbrachte jedoch nur wenige Funde.

---

[9] Vgl. Gaedtke-Eckardt, Neolithische Funde.

Die infolge unzureichender Möglichkeiten fast 30 Jahre andauernde provisorische Lagerung der Funde ist verständlicherweise nicht ohne nachteilige Auswirkungen für den gesamten Bestand geblieben[10].

[10] Zur Dokumentation der Grabung ist folgendes anzumerken: Von den Grabungen vor Niquet sind keine oder nur sehr unvollständige Aufzeichnungen vorhanden. Niquet hatte ursprünglich geplant, seine Ausgrabungen auf dem Pfingstberg selbst zu publizieren. Darauf waren auch die von ihm gemachten Aufzeichnungen abgestellt. Die Aufzeichnungen im Grabungstagebuch sind kaum lesbar und auch nicht vollständig. So sind zum Beispiel die Grabtiefen bei mehr als der Hälfte der Gräber nicht festgehalten worden. Niquet hat zwar während der Grabungen und auch noch in den Folgejahren in Zeitschriften über die Funde berichtet (vgl. ,,Ausgrabungen''), jedoch nur in kurzen Abhandlungen. Zu einer zusammenfassenden Publikation ist es nicht mehr gekommen. Die Aufzeichnungen stellte mir Dr. Niquet kurz vor seinem Tode im Jahre 1986 zur Einsicht zur Verfügung, er konnte aber infolge seines schon damals angegriffenen Gesundheitszustandes nur noch wenig mündlich ergänzen.

Fundort

Das nördliche Harzvorland, das den Hauptteil des ehemaligen Landes Braunschweig bildet, ist der nordwestliche Ausläufer des mitteldeutschen Raumes[11]. Im Westen reicht es bis an das Innerstebergland und den salzgitterschen Höhenzug, im Norden bis an das Allerurstromtal. Nach Osten und insbesondere Südosten geht das Harzvorland in das mitteldeutsche Elbe-Saale-Gebiet über. Mit Mitteldeutschland verbindet es auch die Lößbedeckung, deren Nordgrenze etwa in der Höhe von Braunschweig und am Nordrand des Elm verläuft[12].

Das Nordharzvorland wird durch mehrere Bergrücken gegliedert, die etwa parallel zum Harz verlaufen. In dem näher am Harz gelegenen Teil sind es Fallstein, Huy und Hakel, in dem weiter vom Harz entfernt liegenden Teil sind es Asse, Elm und Lappwald.

Mehrere Flüsse durchziehen das Gebiet. Im Westen ist es die Oker, die aus dem Harz kommend über Wolfenbüttel und Braunschweig zur Aller fließt, im Süden sind es Ilse, Holtemme und Bode, die dem Harz entspringen, große Flußtäler bilden und den südlichen Bereich des Gebietes unterteilen. Für den um Asse, Elm und Lappwald gelegenen Teil des nördlichen Harzvorlandes bildet die Aller etwa die östliche und nördliche Grenze. Westlich von Helmstedt verläuft die aus dem Elm kommende Schunter, die in einem großen Bogen, das gesamte Gebiet nahezu durchquerend, bei Braunschweig in die Oker mündet. Östlich von Helmstedt — etwa 40 km entfernt — fließt die Elbe. Sie war für Mitteldeutschland die wichtige Südost-Nordwest-Verbindung.

Der Pfingstberg liegt am westlichen Stadtrand von Helmstedt, also zwischen Helmstedt und Emmerstedt (Karte 1), etwa in der Mitte zwischen dem St.-Annen-Berg und dem Heidberg unmittelbar am Moor des Faulen Baches. An drei Seiten ist er von Wiesenniederungen umgeben, in die er sich mit einem flachen Ausläufer hineinzieht. Er war vor seinem Abbau ein kleiner Sandhügel mit einer Einsattlung in der Mitte. Durch den Sand- und Kiesabbau ist der Pfingstberg heute nur noch eine flache unscheinbare Erhebung.

Im Gebiet der Stadt Helmstedt finden sich zahlreiche frühgeschichtliche Fundplätze[13]. Auch die als Bezugspunkte für den Pfingstberg genannten Erhebungen St.-Annen-Berg und Heidberg sind Fundplätze. Auf dem St.-Annen-Berg liegen die als Lübbensteine bekannten Megalithgräber.

[11] Mittelhäusser, Natur 145 ff.

[12] Niquet, Braunschweig 5 f.

[13] Niquet, Braunschweig 14 ff.

Ausgrabungen

I. Funde vor der Grabung Thaerigen

Seit 1919 wurden auf dem Pfingstberg beim Sandabfahren immer wieder vorgeschichtliche Funde gemacht. Eine Zeitung[14] meldete am 7. Juli 1925, daß erneut Urnen sowie eine Brandstelle gefunden worden seien. Dieser neue Fund habe Aufschluß über die Lage des Urnenfeldes gegeben, nachdem frühere Grabungen fast ergebnislos gewesen seien.

Von solchen Grabungen vor 1925 sind keine Unterlagen vorhanden. Vermutlich handelt es sich auch nicht um systematische Grabungen, sondern um private Bemühungen, vorgeschichtliche Funde zu machen.

In Januar 1927 wurde ,,am Westgipfel eine Notgrabung vorgenommen, an der auch die Herren Bethge und Roy teil-

[14] Vgl. ,,Einleitung''.

nahmen. Es wurde eine achthenkelige sog. Baalberger Amphore unversehrt geborgen"[15].

Nach einer weiteren Zeitungsmeldung[16] hat Studienrat Siebers im Jahre 1930 ein Gefäß der Schönfelder Kultur ausgegraben.

Nachdem 1935 wieder zwei Gefäße beim Sandabbau freigelegt wurden, ließ der braunschweigische Ministerpräsident Klagges auf eine Meldung des Landesarchäologen Prof. Hofmeister den Betrieb in der Sand- und Kiesgrube einstellen[17]. Das beschädigte Gefäß wurde dem Museum Helmstedt, das erhaltene dem Museum Braunschweig übergeben. Die Urnen standen in der ,,Mitte des Friedhofs"[18] in einer Tiefe von ungefähr 50 cm.

II. Grabung Thaerigen 1937

Im September und Anfang Oktober 1937 unternahm Günter Thaerigen die erste größere Grabung auf dem Pfingstberg (Karte 4). Das Ergebnis stellte er in seiner Berliner Dissertation ,,Die Nordharzgruppe der Elbgermanen bis zur sächsischen Überlagerung" 1939 vor. Berichte über diese Grabung und die Originalpläne sind im Museum nicht vorhanden. Bemühungen von Niquet, diese Unterlagen zu bekommen, blieben ergebnislos[19].

Nach den Angaben in der Dissertation wurde eine Fläche von etwa 350 m² bis auf den unberührten Boden, d. h. im östlichen Teil des Friedhofs bis zu einer Tiefe von etwa 1,10 m, schichtweise abgetragen. Thaerigen war der Meinung, daß damit der Rest des Gräberfeldes aus der ,,Völkerwanderungszeit" freigelegt worden sei. Seiner Ansicht nach war die nördliche Grenze durch den Rand der Sandgrube gegeben, nach Westen zu kam der steinige und tonige Boden bis an die Oberfläche und gab so eine seitliche Begrenzung für das Gräberfeld, nach Osten wurde die Grabung noch über den Einschnitt des Weges hin ohne Erfolg fortgesetzt, und im Süden bildeten die alten Flachsrotten der Stadt Helmstedt, die am Fuße des Hügels lagen, die Grenze. Insgesamt wurden bei dieser Grabung 81 Urnen geborgen.

Die Urnen wurden in das Braunschweigische Landesmuseum für Geschichte und Volkstum in Braunschweig gebracht. Von diesen 81 Urnen sind infolge kriegsbedingter Verluste nur noch 25 erhalten. Von weiteren 33 Urnen sind Fotos vorhanden, die im Tafelteil der hier vorgelegten Arbeit abgebildet sind. Die von Thaerigen ausgegrabenen Funde finden sich unter den Katalognummern 805 — 904. Die übrigen erwähnten Gefäße sind mit weiteren Alt- oder Zufallsfunden unter den Katalognummern 905 — 953 erfaßt.

III. Funde nach der Grabung Thaerigen 1937 bis zum Beginn der Grabungen des Braunschweigischen Landesmuseums 1956

Niquet erwähnt in einem Aufsatz über seine Grabungen auf dem Pfingstberg einleitend, daß das Braunschweigische Landesmuseum vor und nach dem Zweiten Weltkrieg Untersuchungen auf dem Pfingstberg angestellt habe[20].

Es sind auch Funde aus dem Jahre 1942 erhalten. Sie stammen teilweise aus einer Grabung, die von A. Tode durchgeführt wurde und vor allem neolithisches Fundgut erbrachte. Das Material befindet sich im Braunschweigischen Landesmuseum.

Lesefunde aus den Jahren 1940 und 1949 liegen ebenfalls im Brauschweigischen Landesmuseum vor.

Stelzer führte im September 1953 am Westabhang und am Nordhang eine Grabung durch. Neben neolithischem Material konnte vor allem mittelalterliches Fundgut geborgen werden. Das Material — im wesentlichen Scherben — befindet sich im Braunschweigischen Landesmuseum.

Im Jahre 1954 fand Studienrat Siebers am Westhang des Pfingstberges — westlich der von Thaerigen ausgegrabenen Teilfläche — vier Urnen.

Im Jahre darauf, 1955, konnte Siebers erneut, in der Nähe des Fundplatzes der vier Urnen, eine fünfte Urne[21] bergen, die eine Scheibenfibel enthielt[22].

IV. Grabungen des Braunschweigischen Landesmuseums ab 1956

Durch die Urnenfunde von Siebers in den Jahren 1954 und 1955 wurde es wahrscheinlich, daß die Annahme von Thaerigen, den gesamten Friedhof ausgegraben zu haben, nicht zutraf und das Gräberfeld eine größere Ausdehnung hatte, als bisher vermutet wurde.

Als bekannt wurde, daß der auf dem Pfingstberg tätige Betrieb im Sommer 1956 größere Mengen Sand und Kies abbauen wollte, mußte unverzüglich eine Rettungsgrabung veranlaßt werden, wenn die Vernichtung noch vorhandenen vor- und frühgeschichtlichen Materials verhindert werden sollte. Diese Grabung (Karten 2 — 3)[23] führte das Braunschweigische Landesmuseum für Geschichte und Volkstum, Abteilung Vor- und Frühgeschichte[24], durch.

Grabung 1956

Die erste Rettungsgrabung wurde durch das Braunschweigische Landesmuseum in der Zeit vom 12. Juni bis 20. Juli 1956 durchgeführt. Leiter der Ausgrabung war der staat-

15 S. Siebers, Der Pfingstberg ein vorgeschichtlicher Fundplatz. Helmstedter Allgemeine Zeitung vom 24.September 1952 (Archiv Wolfenbüttel).

16 Vgl. ,,Einleitung".

17 Thaerigen, Nordharzgruppe 14.

18 Vermutlich ist das Areal gemeint, in dem Thaerigen gegraben hat.

19 Schreiben Niquets an Thaerigen vom 7. März 1969 (Archiv Wolfenbüttel).

20 Niquet, Pfingstberg 96.

21 Kat.-Nr. 915.

22 Niquet, Ausgrabungen 1955.

23 Eine absolute Einhängung des Gesamtplanes ist heute nicht mehr möglich.

24 Forschungsbeihilfen stellten der Braunschweigische Vereinigte Kloster- und Studienfonds, der Landkreis und die Stadt Helmstedt zur Verfügung, finanzielle Beiträge und Sachmittel die Braunschweigischen Kohlenbergwerke.

liche Bodendenkmalpfleger für den Niedersächsischen Verwaltungsbezirk Braunschweig, Dr. Franz Niquet. Es wurde an drei Stellen des Pfingstberges gegraben.

I. Grabung im Südteil an der steilen Böschung westlich der Grabung 1937.

II. Grabung von der Kuppe in nord- und nordöstlicher Richtung.

III. Grabung am östlichen Rand der Sandgrube.

Vom Urnengräberfeld der Römischen Kaiserzeit und der Völkerwanderungszeit wurden insgesamt 74 Urnen geborgen. Am Nordhang wurde ein Kreisgraben, der jedoch nur noch hangaufwärts zu erkennen war, mit zugehöriger Bestattung freigelegt[25].

Am 2. November 1956 stellte Niquet fest, daß an verschiedenen Stellen im Anschluß an die Grabungsfläche nach Urnen gegraben worden war. Nördlich der Grabungsfläche war ein Streifen von etwa 12 m Länge und 1,5 m Breite, im Süden und Westen waren kleinere Streifen umgegraben worden. Nach Niquet ist es möglich, daß Urnen gefunden wurden[26].

Grabung 1957

I. Grabung im Westteil des Pfingstberges.

Die zweite Grabung des Braunschweigischen Landesmuseums führte Niquet in der Zeit vom 27. Mai bis 31. Juli 1957 durch. Untersucht wurde eine größere Fläche, die westlich an das hauptsächliche Grabungsareal von 1956 anschließt.

Vom Urnenfriedhof der jüngeren Römischen Kaiserzeit und der Völkerwanderungszeit wurden 48 Urnen ausgegraben[27].

Grabung 1958

I. Grabung im Südwestteil des Pfingstberges zwischen der Grabungsfläche I 1956 im Süden und den Grabungsflächen II 1956 und 1957 im Westen.

II. Grabung am Nordwesthang im Anschluß an die Grabungsflächen II 1956 und 1957.

III. Grabung in der Südwestecke der Sandgrube im Anschluß an die Grabungsfläche I 1956.

IV. Grabung nördlich des Pfingstberges in der Niederung.

Vom 19. Mai bis 22. Juli 1958 wurde die Grabung auf dem Pfingstberg durch das Braunschweigische Landesmuseum fortgesetzt. Insgesamt konnten 234 Urnen ausgegraben[28] werden. Das Ziel, die vollständige Ausgrabung des Urnenfriedhofs, wurde jedoch nicht erreicht[29].

Grabung 1959

I. Grabung im Westen und Südwesten im Anschluß an die Grabungsflächen II 1958, 1957, I 1958 und I 1956.

II. Grabung im Süden, westlich der Grabung Thaerigen.

III. Grabung am Nordwesthang im Anschluß an die Grabungsflächen II 1958 und II 1956.

IV. Grabung nördlich des Pfingstberges in der Niederung im Anschluß an die Grabung IV 1958.

Der vierte Abschnitt der Rettungsgrabung erfolgte in der Zeit vom 28. September bis 20. November 1959. Die Braunschweiger Kohlen-Bergwerke stellten für eine Woche eine Planierraupe zur Verfügung. Mit Hilfe der Raupe konnten die Teile des Urnenfriedhofs, die unter altem Abraum lagen, untersucht werden. Außerdem konnte die Humusschicht am Westrand und ein breiter Graben im Nordosten des Pfingstberges mit der Raupe abgeschoben werden. Der Graben grenzt an bzw. schneidet den Suchgraben des Jahres 1958. Insgesamt wurden vier größere Flächen aufgedeckt. Dabei wurden 355 Urnen oder Reste von Urnengräbern geborgen[30].

Grabung 1960

I. Grabung im Norden in der Niederung im Anschluß an die Grabungsfläche IV 1959.

II. Grabung im Nordosten in der Niederung.

III. Grabung am Nordwesthang ausgehend von der Grabungsfläche II 1958.

IV. Grabung im Süden im Anschluß an die Grabung II 1959.

Die fünfte Fortsetzung der Grabung des Braunschweigischen Landesmuseums auf dem Pfingstberg fand in der Zeit vom 21. Juni bis 13. Juli 1960 statt. Mit dieser Grabung sollte die Ausdehnung des Urnenfriedhofs nach Süden, Norden und Osten festgestellt werden.

Im Süden wurde ein Streifen im Anschluß an den bereits untersuchten Teil des Urnenfriedhofs flächig abgedeckt, im Norden und Osten wurden Gräben gezogen. Die Begrenzung des Urnenfriedhofs im Süden bildete ein tiefer Einschnitt, der sich vom Hang nach Südwesten hinzog und mit moorig-torfigem Boden ausgefüllt war. An der Böschung standen die ,,Randurnen''[31], einige unter der moorigtorfigen Schicht.

Im Osten verlief die Grenze des Urnenfriedhofs etwa 30 m vom Fuß des Pfingstbergs entfernt. Im Graben, der sich nach Norden in die Wiesenniederung hineinzog, wurden Urnen geborgen, die nach Niquet lange Zeit unter Wasser gestanden haben müssen[32].

Grabung 1967

Die letzte Grabung auf dem Pfingstberg war eine heute nicht mehr lokalisierbare Grabung am 3. und 4. September 1967, bei der einige Scherben, Steingeräte und Abschläge sowie eine Reibeplatte gefunden wurden. Die Funde liegen im Braunschweigischen Landesmuseum in Wolfenbüttel.

---

25 Darüber hinaus wurden Funde anderer Epochen geborgen (vgl. Niquet, Ausgrabungen 1956).

26 Niquet, Schreiben an Studienrat Siebers vom 27. November 1956 (Archiv Wolfenbüttel).

27 F. Niquet, Abschlußbericht vom 1.8.1957 (Archiv Wolfenbüttel). Auch 1957 wurden Funde anderer Zeitstufen gemacht (vgl. Niquet, Ausgrabungen 1957).

28 Zu Funden anderer Epochen vgl. Niquet, Ausgrabungen 1958 — 59.

29 Niquet, Abschlußbericht vom 29.10.1958 (Archiv Wolfenbüttel).

30 Darüber hinaus wurden Funde anderer Zeitstufen geborgen (vgl. F. Niquet, Abschlußbericht vom 10.11.1960 [Archiv Wolfenbüttel]; Niquet, Ausgrabungen 1958 — 59).

31 Mit ,,Randurnen'' bezeichnet Niquet die Urnen, die an den Grenzen des Bestattungsareals gestanden haben.

32 Auch 1960 wurden Funde anderer Zeitstufen gemacht.

Grabbrauch

Zur Anlage des Gräberfeldes

Lage

In der Wahl von Siedlungs- und Bestattungsplatz zeigen sich oftmals bestimmte Gesetzmäßigkeiten. Für die Römische Kaiserzeit ist die Anlage von Gräberfeldern auf Anhöhen, meist an deren Hängen, charakteristisch. Das Butzower Gräberfeld liegt auf dem Hasselberg, das Zethlinger auf dem Mühlenberg oder das Rathenower auf dem Rauhen Berg[33]. Auch für das hier vorgelegte Gräberfeld wurde eine flache Erhebung ausgewählt. Die Bevorzugung dieser Plätze mag mit einer besonderen Würdigung der Verstorbenen auf ,,hervortretenden Stellen im Gelände''[34] zusammenhängen oder einfach damit zu erklären sein, daß die meist sandigen Anhöhen nur mit größerem Aufwand wirtschaftlich zu nutzen waren oder für die Gründung einer Siedlung ungeeignet erschienen.

Die zum Gräberfeld gehörende Siedlung[35] ist nur in wenigen Fällen bekannt. Eines der seltenen Beispiele ist Zethlingen; dort wurden 900 m vom Gräberfeld entfernt Siedlungsreste geborgen[36]. Für den Friedhof auf dem Pfingstberg fehlen bisher Hinweise auf die zugehörige Siedlung.

Grenzen

Die Grenzen des Pfingstberger Gräberfeldes wurden durch Niquet[37] festgestellt. Der Friedhof erstreckte sich — so Niquet — über den ganzen Pfingstberg. Auf der Kuppe waren die Gräber durch natürlichen Abtrag verschwunden oder nur noch in Resten erhalten. Die Gräber hatten sich den Hang bis zur Niederung hinabgezogen. Dem Grabungstagebuch ist zu entnehmen, daß Moorboden im Süden des Grabungsgeländes — südlich Urne 15 (107,30/27,90) — im Südwesten bei den Gräbern 576 (29,05/9,90) und 580 (27,00/10,40), im Westen bei den Urnen 604 (21,30/10,50), 620 (11,85/11,05) und 621 (13,00/8,90) und im Nordwesten bei Urne 723 (1,00/56,00) festgestellt wurde.

Aus dem Gräberfeldplan (Karten 2 — 3, Faltplan) lassen sich folgende Schlüsse ziehen. Im Süden und anschließenden südwestlichen Teil lag zwischen den Gräbern und der Grabungsgrenze ein fundleerer Streifen, der wahrscheinlich macht, daß die Grenze der Belegung erreicht war. Ein Suchschnitt im Westen ergab ebenfalls keine weiteren Funde, so daß wohl auch hier keine weiteren Bestattungen jenseits der Grabungsgrenzen lagen. Allerdings sind die Funde in diesem Bereich stark zerstört. Unklar ist die Grenze im Nordwesten, da zwei Urnen — 723 (1,00/56,00) und 724 (2,20/54,10) — aus Graben IV/60 in einiger Entfernung von den übrigen Gräbern geborgen wurden. Nach Nordwesten kamen in dem Graben, der noch etwa 9 m weiter als im Plan eingetragen nach Nordwesten untersucht worden ist, keine weiteren Urnen zutage. Inwieweit im Norden die Grenze erreicht wurde, ist nicht mehr festzustellen. Suchschnitte im nordöstlichen Teil[38] ergaben keine Urnenfunde.

Durch den Sandgrubenbetrieb ist ein großer Teil des Pfingstberges vor Grabungsbeginn abgetragen worden. Es ist m. E. jedoch nicht sicher, daß auch dort Urnen gestanden haben, denn die aufgefundenen Gräber reichten selten bis an die Grabungsgrenzen heran.

Die Grabung 1937 (Karte 4) läßt sich nicht mehr genau lokalisieren. Deshalb sind weder Grabungsgrenzen noch die einzelnen Gräber in den Gesamtplänen eingetragen[39]. Zu den Grenzen dieses Friedhofes schreibt Thaerigen[40]: ,,Die nördliche Grenze war durch den Rand der Sandgrube gegeben, nach Westen zu kam der steinige und tonige Boden bis an die Oberfläche und gab so eine seitliche Begrenzung für das Gräberfeld. Nach Osten wurde die Grabung noch über den Einschnitt des Weges hin fortgesetzt, doch ohne Erfolg, im Süden gaben die alten Flachsrotten der Stadt Helmstedt, die am Fuße des Hügels lagen, die Grenze.'' Da Thaerigen die Grenzen des Gräberfeldes für erreicht hielt, ist unklar, ob die von Niquet aufgedeckten Gräber direkt anzuschließen sind, oder die 81 Gräber von 1937 zu einem abgetrennten Friedhof gehörten. Vielleicht bildete auch der nördlichste Teil ein eigenes Bestattungsareal[41].

Größe

Die Unsicherheiten hinsichtlich der Feststellung der Grenzen und die Möglichkeit, daß nicht ein durchgehend belegter Friedhof, sondern mehrere voneinander getrennte Bestattungsareale angelegt worden waren, erschweren Aussagen zur Größe. Insgesamt hatte das Gräberfeld eine Ausdehnung von 120 bis 140 mal 145 m. Das Gräberfeld von Schönebeck[42] zum Vergleich erstreckte sich über eine

33 Butzow: Behm, Elb-Havelgermanen 3. — Zethlingen: Worbs, Zethlingen 10 f. — Rathenow: Guthjahr, Rathenow 121.

34 Kuchenbuch, Schalenurnenfelder 2.

35 Es kann sich bei großen Bestattungsplätzen auch um mehrere Siedlungen handeln (vgl. Steuer, Sozialstrukturen 91).

36 Worbs und Leineweber, Siedlungsfunde 185 ff.

37 Vgl. ,,Ausgrabungen''.

38 Nordöstlich des im Plan teilweise eingetragenen Schnittes II/60 wurde ein weiterer Schnitt III/60 angelegt (vgl. Gaedtke-Eckardt, Neolithische Funde Abb. 2).

39 Nach dem Grabplan von Thaerigen (Thaerigen, Nordharzgruppe Abb. 5) wurde deshalb ein eigener Plan der Grabung Thaerigen (Karte 4) im selben Maßstab und gleicher Orientierung wie der Gesamtplan angefertigt. Die Gräber bei der Grabung 1937 lagen zwar im Südteil des Pfingstberges, ob Niquets Ausgrabungen jedoch direkt an das Grabungsareal 1937 anschließen ist unklar. Die Übernahme von Planquadraten aus dem Gesamtplan in den Plan von 1937 erfolgte, um gemeinsame Verbreitungskarten erstellen zu können.

40 Thaerigen, Nordharzgruppe 14.

41 Ob auch in dem Gelände zwischen dem nordwestlichen und dem nördlichen Grabungsareal vor Beginn der Grabungen Sandabbau betrieben worden war, ist mir unbekannt.

42 Laser, Schönebeck 325 ff.

Fläche von ungefähr 100 mal 150 m. Von diesem Bestattungsplatz waren jedoch weite Teile zerstört[43].

Die Dichte der Grabstätten auf dem Pfingstberger Gräberfeld war sehr unterschiedlich. Im Südwestteil lagen bis 62 Gräber auf 100 m^2. Dieser Teil am Fuß des Pfingstberges war am dichtesten belegt. Zur Kuppe hin und am nordwestlichen Hang sind die Funde dünner gestreut. Möglicherweise waren hier mehrere Urnen von Kreisgräben umgeben und gegebenenfalls überhügelt, so daß die Dichte auch mit dem benötigten Raum zusammenhängen könnte.

Die Gesamtzahl der Gräber ist nicht mehr genau zu ermitteln. Neben den 830 von Thaerigen und Niquet als Gräber bezeichneten Komplexen sowie den 51 Urnen aus alten Museumsbeständen wurden von Niquet in der Fläche Urnenscherben — zum Teil mit Leichenbrand und Beigaben — geborgen. Oft enthalten diese Komplexe, wie auch einige Gräber, mehrere Gefäße, so daß es sich hier um mehrere Gräber oder um jeweils ein Grab mit Beigefäßen oder Beigabenscherben handeln kann. Die Zahl von insgesamt circa 1000 Bestattungen dürfte demnach nicht zu hoch angesetzt sein. Wie in Butzow[44] werden ursprünglich wohl über 1000 Urnen beigesetzt worden sein. Die Verteilung der Funde macht jedoch unwahrscheinlich, daß erheblich mehr Bestattungen auf dem Pfingstberg vorgenommen worden sind.

Belegungsabfolge

Begonnen wurde mit den Bestattungen auf dem südlichen Teil des Pfingstberges (Karten 5 — 6). Hier konzentrieren sich die ältesten Funde[45]. Noch im 3. Jahrhundert wurde das Gräberfeld ausgedehnt. Im 4. Jahrhundert ist vermutlich das gesamte Areal benutzt worden, also sowohl das Gelände auf dem schon im 3. Jahrhundert bestattet wurde als auch ‚freies' Gebiet wie der Nordteil. Auch die Funde des 5. Jahrhunderts sind nicht auf ein Gebiet beschränkt. Eine Belegungsabfolge ist also nicht festzustellen. Es bestünde die Möglichkeit der Anordnung in Gruppen, die zum Beispiel Bestattungsplätze einzelner ‚Familien' widerspiegeln könnten. Thaerigen[46] schreibt zu diesem Punkt, daß er eine regelmäßige Anordnung auf dem gesamten Friedhof nicht habe beobachten können. Im nördlichen Teil des Gräberfeldes habe es zwar den Anschein gehabt, daß eine reihenmäßige Anordnung der Urnen in Richtung Nordwest-Südost vorliege, in der Mitte des Bestattungsplatzes habe aber jede Regelmäßigkeit aufgehört. Nur einmal sei scheinbar eine kreisförmige Anordnung versucht worden, doch hätten diese Gefäße in verschiedenen Tiefen gestanden. Insgesamt gesehen könnte dieser Teil jedoch — vor allem, wenn er vom übrigen Gräberfeld getrennt war — als Bestattungsplatz einer Gruppe gedient haben, denn dieses Areal ist durchgehend belegt worden.

Auch im übrigen Teil lassen sich keine klaren Gruppierungen erkennen. Es sind weder schärfer abgegrenzte Bereiche noch Gruppierungen um die verhältnismäßig reichen Gräber festzustellen. Gelegentlich scheinen zwei Urnen miteinander in Verbindung zu stehen. So befand sich dicht neben dem Kumpf 670 eine kleine Schalenurne mit feinem Leichenbrand (670A). Ob es sich jedoch um gleichzeitige Bestattungen[47] handelt, ist nicht mehr zu ermitteln. Besondere Erwähnung verdienen die Urnen 269A und 269B. Sie entsprechen sich weitgehend in der Form, 269A ist allerdings wesentlich kleiner[48]. Bei den meisten dicht beieinander gefundenen Urnen handelt es sich um nicht zeitgleiche Bestattungen. So erwähnt Niquet für neun Urnen im Grabungstagebuch, daß sie durch die Beisetzung eines anderen Gefäßes gestört wurden[49].

43 Wesentlich größer ist z. B. das Gräberfeld von Borstel mit einer Ost-West-Ausdehnung von über 1000 m (nach freundlicher Auskunft von Frau R. Leineweber).

44 Behm, Elb-Havelgermanen 5.

45 z. B. Kat.-Nr. 154, 248, 647, 848.

46 Thaerigen, Nordharzgruppe 14 f.

47 Möglicherweise wurde ein Kind mit der Mutter zusammen bestattet.

48 Der Befund ist allerdings unklar, denn ein weiteres Gefäß (269) wurde in unmittelbarer Nähe geborgen.

49 324 sei bei der Beisetzung von 339 beschädigt worden; 344 stehe halb vor der wohl jüngeren Urne 340; 425 neben 424 seien wohl die Reste einer älteren Urne; 434 sei durch 435 halb geschnitten; 481 sei durch 480, 485 durch 505, 689 durch 488 und 599 durch 600 gestört.

Bestattungsbrauch

Grabart

Auf dem Pfingstberger Gräberfeld der Römischen Kaiserzeit und der Völkerwanderungszeit wurden ausschließlich Urnengräber angelegt. Andere Bestattungsformen lassen sich nicht sicher nachweisen. In den wenigen Komplexen, die laut Grabungstagebuch nur Leichenbrand enthielten, fanden sich meist Keramiksplitter. Wahrscheinlich sind die Urnen hier bis auf wenige Reste vergangen[50]. Bei den Gräbern, bei denen auch außerhalb der Urne Leichenbrandteile geborgen wurden, handelt es sich um sekundär gestörte Komplexe[51], nicht um Brandschüttungsgräber[52].

Verbrennungsplatz

Die Rekonstruktion des Bestattungsbrauches ist nur in geringem Umfang möglich. Der Verbrennungsplatz — es kann sich auch um mehrere Plätze handeln — ist nicht bekannt.

50 Gelegentlich ließen sich die Scherben eines Komplexes einer anderen Urne zuweisen, so daß auch der Leichenbrand zu dieser Bestattung gehören könnte (z. B. 562).

51 Vgl. Worbs, Zethlingen 13 ff.

52 Vgl. Meyer, Sachsen 50.

Sofern er nicht in dem Bereich gelegen hat, der vor Beginn der Grabungen 1956 durch Sandabbau abgetragen wurde, könnte er im Areal des Gräberfeldes auf Grund seiner geringen Tiefe zerstört worden sein. In Liebstein[53] lag die Ustrine 10 bis 15 cm unter dem Humus. Denkbar wäre auch, daß Verbrennungsstelle und Bestattungsplatz voneinander getrennt waren. Auf dem Hügelgräberfeld von Horno[54] traten Steinpflasterungen teils in Verbindung mit Grabanlagen auf, teils davon isoliert. Auch Schach-Dörges rechnet für Wilhelmsaue[55] mit dieser Möglichkeit, da unterhalb der Anhöhe mit dem Gräberfeld Steinpflaster mit Feuerspuren aufgedeckt wurden.

Zusammensetzung der Scheiterhaufen

Etwa 100 Leichenbrände enthielten meist kleine Stücke Holzkohle, sonst wurde der Leichenbrand sorgfältig aus den Scheiterhaufenresten ausgelesen. Das Holz stammt nach einer von Prof. U. Willerding, Göttingen, an den größeren Stücken vorgenommenen Analyse von Hasel und Eiche[56]. Die Verwendung von Haselholz für den Scheiterhaufen ist nach Willerding auch von zahlreichen anderen Fundplätzen bekannt, Eiche ist auch in Wilhelmsaue belegt[57]. Die benötigte Holzmenge ist kaum einzuschätzen. E. Cosack[58] hat für das Gräberfeld von Liebenau feststellen können, daß die Scheiterhaufen ,,außerordentlich kümmerliche Objekte'' waren. Ohne die Verbrennungsplätze sind für die Pfingstberger Bestattungen Aussagen jedoch nicht möglich.

Leichenverbrennung

Da viele Beigaben Spuren der Feuerbestattung aufweisen und zum Beispiel Glas mit Leichenbrand verschmolzen ist, wird der Tote in der ,Tracht' — zumindest aber mit der Schmuckausstattung[59] (Fibeln, Nadeln, Ring- und Gürtelschmuck, Perlen oder Anhänger) und Geräten (Kamm, Nadelbüchse, Spielsteine, Pinzetten etc.) verbrannt worden sein[60]. Es kann sich aber auch um eine Totentracht gehandelt haben. Inwieweit Leichentücher oder ähnliches Verwendung fanden, kann nicht mehr geklärt werden. In diesem Zusammenhang sei auf die sehr großen Nadeln hingewiesen[61], die zum Verschließen der Leichentücher gedient haben könnten. Unverbrannte Beigaben sind entweder vom Scheiterhaufen zur Seite gefallen oder lagen nicht mit auf dem Scheiterhaufen und gelangten erst nachträglich in die Urne[62]. Die Temperatur des Scheiterhaufenfeuers wird unterschiedlich gewesen sein. Szydłowski rechnet mit 800 bis 1000æC[63]. Schach-Dörges[64] vermutet für die Leichenverbrennungen in Wilhelmsaue eine durchschnittliche Temperatur von 1000 bis 1500æC, da zwar Silber, das einen Schmelzpunkt von 950æC bei Sauerstoffzufuhr hat, Eisen aber zumeist nicht geschmolzen ist. Eisen hat einen Schmelzpunkt über 1500æC. Zu berücksichtigen ist jedoch, daß Eisen ab 1000æC teigig wird. Auf Temperaturen über 1200æC deutet nach Schach-Dörges auch die angeschmorte Keramik. Geschmolzenes Silber oder verschmorte Bronze[64] ließen sich auch beim Pfingstberger Material nachweisen[65]. Im Scheiterhaufen deformierte Keramik fand sich nur selten, das liegt jedoch wahrscheinlich an unterschiedlichen Grabriten. Aus dem Vorkommen geschmolzener Glasreste lassen sich keine Rückschlüsse ziehen, da zum Verformen von Glas nur geringe Temperaturen nötig sind[66]. Möglicherweise erreichten die Scheiterhaufenfeuer aber auch nur Temperaturen von 700 bis 800æC wie in Preetz[67]. Ohne Leichenbranduntersuchungen sind sichere Aussagen über die Temperatur der Scheiterhaufen nicht zu treffen. Unklar bleibt auch, ob die Feuer gelöscht wurden, um die Zeremonie abzukürzen.

In welchem Maß Urnenharz im Totenritual eine Rolle gespielt hat, läßt sich nicht mehr feststellen. Die Interpretation als Fackelrest trifft ebenso wie die Deutung als Mundverschluß nur auf einen Teil der Stücke zu[69]. Jedenfalls handelt es sich um die häufigste Beigabe im Pfingstberger Material. Der hohe Anteil der Gräber mit Urnenharz (75 — 80 %)[70] in Loitsche weist darauf hin, daß es ein wesentlicher Bestandteil im Bestattungszeremoniell war.

Totenzubehör und -beigaben

Eine Rekonstruktion der Ausstattung des Toten ist kaum möglich. Es ist zu vermuten, daß Teile im Feuer vollständig verbrannt sind. Das betrifft in erster Linie Gegenstände aus organischem Material. Denkbar wäre die Beigabe von Holzgefäßen[71] oder Holzkästchen, auf deren Vorhandensein aus dem Fund von Metallbeschlägen zu schließen ist, von Lederbeuteln, in denen zum Beispiel Amulette aufbewahrt wurden, oder von Schmuck aus Früchten und Samen. Durch das Feuer sind aber auch Glas und viele Metallobjekte bis zur Unkenntlichkeit zerstört worden. Des weiteren ist damit zu rechnen, daß nicht sämtliche Überreste in die Urne gelangten. Metallreste könnten auf dem Scheiterhaufen verblieben[72] oder aus dem Leichenbrand zur Wiederverwendung herausgesammelt worden sein. Für das Gräberfeld von Liebenau konnte Cosack durch das Auffinden der zuge-

---

53 Meyer, Sachsen 39.

54 Leube, Oder-Spree-Gebiet 54.

55 Schach-Dörges, Wilhelmsaue 9 f.

56 Prof. Willerding sei auch an dieser Stelle für die Analyse des Materials herzlich gedankt.

57 Schach-Dörges, Wilhelmsaue 13.

58 Cosack, Liebenau 18.

59 Szydłowski, Brandbestattung 73.

60 Vgl. Mildenberger, Brandgräber 19. Zur Aufbahrung der Toten sind Aussagen nicht möglich.

61 Vgl. ,,Nadeln''.

62 Vgl. z. B. Schach-Dörges, Wilhelmsaue 13; Mildenberger, Brandgräber 19.

63 Szydłowski, Brandbestattung 79.

64 Schach-Dörges, Wilhelmsaue 13.

65 Vgl. ,,Objekte unbekannter Zweckbestimmung''.

66 Demnach dürfte die Temperatur etwa 1000æC erreicht haben, denn der Schmelzpunkt von Bronze liegt bei einem Zinnanteil von 8 % bei 1000æC, bei höherem Zinnanteil darunter (RGA III [1978] 472).

67 Vgl. ,,Perlen''.

68 V. Schaefer in: Brandt, Preetz 101.

69 Vgl. ,,Urnenharz''.

70 Stahlhofen, Urnenharz 20 ff.

71 Schach-Dörges, Wilhelmsaue 15.

72 z. B. Liebenau: Cosack, Liebenau 15 ff.

hörigen Scheiterhaufenplätze, die mehr Beigaben als die Urnen aufwiesen, feststellen, daß entscheidend war, was der Tote auf den Scheiterhaufen bekam[73]. Insgesamt war der Ritus wichtiger als ,,praktische'' Überlegungen.

Ungeachtet dieser Einschränkungen scheint die Ausstattung des Toten mit Trachtbestandteilen, Schmuck und Geräten spärlich gewesen zu sein[74]. Tracht und Schmuck enthielten 15,2 % der Gräber, Kämme fanden sich in 39,2 % und sonstige Geräte — läßt man die Objekte unbekannter Zweckbestimmung außer acht — in 1,4 %. Nicht zu identifizierende Fundstücke stammen aus insgesamt 7,8 % der Gräber. Einige der Geräte können auch zur Tracht gehört haben. Dies gilt besonders für die Kämme, die als Haarschmuck gedient haben könnten[75]. Die Häufigkeit des Vorkommens — insgesamt 329 Stück — weist den Kamm jedenfalls als charakteristische Beigabe aus. Da klare Aussagen zur Tracht nicht gemacht werden können, ist es auch nicht möglich, zwischen Tracht und Schmuck noch zwischen ,Totenzubehör' und ,echten Beigaben' zu unterscheiden. Spinnwirteln wird man eher eine ,praktische' Funktion fürs ,Jenseits' beimessen, wenngleich eine symbolische Deutung nicht auszuschließen ist[76]. Beigefäße oder Scherben[77] können Geschirr fürs ,Jenseits', mit Speisen und Getränken Wegzehrung, Opfergaben oder Reste des Totenmahls darstellen[78], sofern sie nicht als Abdeckung der Urne gedient haben[79]. Vielleicht sind gerade die einzelnen Scherben Hinweis darauf, daß dem Toten nur eine symbolische Auswahl mitgegeben wurde.

Leichenbrand

Die Interpretation als Auswahl ist schon deshalb nicht unwahrscheinlich, weil auch nur Teile des Leichenbrandes[80] in die Urnen gelangten. Das maximale Leichenbrandgewicht aus Pfingstberger Urnen liegt bei 1240 g[81]. Nur 96 Gräber (11,6 %)[82] erbrachten Leichenbrandmengen von über 500 g. Weitere Gründe für das insgesamt verhältnismäßig geringe Leichenbrandgewicht — Leichenbrandgewichte bis 100 g machen 36,1 % aus — können der Grad der Verbrennung, sekundäre Störungen, Kinderbestattungen sowie die Größe der Urne[83] sein. Die sehr kleinen Gefäße, angeführt von Urne 879 mit einem Volumen von 70 cm^3, haben naturgemäß nur ein geringes Fassungsvermögen. Häufiger wurden kleine Gefäße zur Aufnahme von Kinderleichenbränden benutzt[84] — eine feste Regel läßt sich daraus jedoch nicht ableiten. Viele Gefäße wurden auch nicht bis zum Rand gefüllt[85]. Die Schichtung der Leichenbrände wurde bedauerlicherweise nur sehr selten untersucht. In Urne 10 reichte der Leichenbrand bis 5 cm unterhalb des Randes, die Schädelstücke lagen in 6 bis 9 cm Tiefe. Bei Urne 18 fand sich die Mehrzahl der Schädelknochen auf der Leichenbrandpackung, in der unteren Schicht und auf dem Boden lagen nur die ,,starken'' Knochen. In den Urnen 28 und 31 waren die Schädelknochen im oberen Teil. Andererseits war in Urne 27 der Leichenbrand vom Rand ab gemischt. Besondere Schichtungen[86] wurden auch auf anderen Fundplätzen festgestellt, so zum Beispiel in Dütschow oder Plänitz[87], wobei die Schädelknochen meist oben[88] lagen. Erwähnenswert ist noch der Befund in Helmstedt, Grab 613. Hier waren einige Schädelknochen etwa 3 cm über der Urne niedergelegt.

Beigabenschichtung

Bei einem Teil der Urnen wurde auch die Lage der Beigaben festgehalten. Meist ist jedoch kaum zu entscheiden, ob die Lage das Resultat einer bewußten oder einer zufälligen Schichtung ist. Ein ,,System'' könnte sich bei der Lage des Urnenharzes unter dem Leichenbrand auf dem Boden (Urnen 703 und 704) oder auf dem Leichenbrand (Urne 441) andeuten. In Urne 487 lagen die Beigaben auf dem Boden. Meyer[89] hat demgegenüber in seinem Arbeitsgebiet feststellen können, daß sich die Beigaben meist auf dem Leichenbrand befanden.

Grabgefäße

Beigaben und Leichenbrand wurden entweder ungeordnet oder nach einer besonderen Anordnung in die Urne gefüllt. Als Grabgefäße dienten vor allem die sog. Schalenurnen, die übrigen Gefäßformen machen nur einen geringen Prozentsatz aus. In der Übersicht (Abb. 1) werden alle bestimmbaren Gefäße aufgeführt, da bei den Komplexen, die mehrere Gefäße umfassen, nicht mehr entschieden werden kann, ob es sich um mehrere Gräber oder um jeweils ein Grab mit Beigefäßen handelt[90].

Es liegt nahe, die Schalenurne als spezielle Grabkeramik anzusprechen. Ein hoher Prozentsatz[91] weist jedoch Abnutzungsspuren auf, die Oberfläche ist an diesen Stellen abgerieben. Diese Gefäße waren demnach vor der Verwendung als Urne in Gebrauch. Abnutzungsspuren an Urnen wurden

73 Cosack, Liebenau 15 ff.

74 Vgl. ,,Grabausstattung''.

75 Vgl. ,,Kämme''.

76 Vgl. ,,Spinnwirtel''.

77 Es ist meist nicht mehr zweifelsfrei festzustellen, ob die mit der Urne zusammengeborgenen Scherben nicht aus zerstörten Komplexen stammen.

78 Vgl. Schach-Dörges, Wilhelmsaue 15.

79 Vgl. ,,Beisetzung''.

80 Detaillierte Angaben dazu sind erst nach einer Untersuchung der Leichenbrände möglich.

81 Die Leichenbrandmenge eines Erwachsenen beträgt circa 2000 g (Rösing, Leichenbrandbearbeitung 59 f.).

82 Berücksichtigt wurden nur die Komplexe mit Leichenbrand.

83 Die o.g. 1240 g Leichenbrand enthielt die Urne mit dem größten meßbaren Volumen (628).

84 Vgl. Schneider, Deersheim 97.

85 Bei einer Reihe von Urnen wurde vor dem Entleeren notiert, bis zu welcher Höhe der Leichenbrand reichte.

86 Diese Schichtungen können sich natürlich auch beim Einsammeln des Leichenbrandes zufällig ergeben haben.

87 Dütschow: Keiling, Dütschow 86. — Plänitz: Behm, Elb-Havelgermanen 26.

88 In Loitsche wurde auch die umgekehrte Reihenfolge beobachtet (Stahlhofen, Urnenharz 20 ff.).

89 Meyer, Sachsen 46.

90 Vgl. ,,Größe''.

91 Der genaue Prozentsatz läßt sich nicht mehr ermitteln, da viele Gefäße sekundäre Abnutzungsspuren aufweisen. — Im Katalog ist nur vermerkt, wenn keine Abnutzungsspuren festgestellt wurden.

Schalenurnen	727	85,0%
Kümpfe	46	5,4%
Näpfe	23	2,7%
Töpfe	21	2,5%
Schüsseln	12	1,4%
Schalen	11	1,3%
Engm.Gefäße	6	0,7%
Mischformen	5	0,6%
Pokale	2	0,2%
Becher	1	0,1%
Sonderform	1	0,1%

Abb. 1: Übersicht über die insgesamt verwendeten bestimmbaren Gefäßformen

	Gräberfeld ohne nördl. Grabungsareal		nördl. Grabungsareal	
Schalenurnen	596	75,7 %	11	36,6 %
Kümpfe	32	4,1 %	7	23,3 %
Näpfe	19	2,4 %	3	10,0 %
Töpfe	18	2,3 %	3	10,0 %
Schüsseln	11	1,4 %	-	
Schalen	7	0,9 %	2	6,7 %
Engmünd.Gefäße	5	0,6 %	-	
Mischformen	5	0,6 %	-	
Pokale	2	0,3 %	-	
Sonderform	1	0,1 %	-	
Unbestimmbar	91	11,6 %	4	13,3 %

Abb. 2: Übersicht über die verwendeten Urnen

auch auf anderen Fundplätzen wie z. B. Kasseedorf[92] festgestellt.

In der Benutzung anderer Gefäßformen kommt vermutlich ein sich langsam vollziehender Wandel in der Bestattungssitte zum Ausdruck. Betrachtet man das Vorkommen von Gefäßformen im nördlichsten Grabungsabschnitt (Abb. 2 und Karte 7), der nach den Funden in den jüngeren Zeitabschnitt des Gräberfeldes gehört, so zeigt sich eine deutliche Verschiebung zugunsten anderer Gefäßformen.

Ob auch — wie andernorts beobachtet[93] — beschädigte Gefäße verwendet wurden, ist nicht mehr festzustellen.

92 Artikus, Kasseedorf 303.

93 z. B. in Sörup: Raddatz, Sörup 19; vgl. auch Mildenberger, Brandgräber 18 mit zahlreichen Literaturhinweisen.

Beisetzung

Die Urnen wurden — möglicherweise mit einer Abdeckung aus organischem Material[94] (Holzdeckel etc.) — ohne Steinschutz in den Sandboden gesetzt[95]. Entsprechendes hat auch Thaerigen[96] beobachtet. Er stellte fest, daß die Gefäße meist auf den unberührten hellen Boden gesetzt worden waren bzw. bis zu 10 cm Tiefe darin gestanden hatten. Die Grabtiefe lag nach Thaerigens Angaben zwischen wenigstens 0,05 m[97] und 1,10 m. Thaerigen[98] stellte im Ost-

94 Eine Abdeckung mit Scherben, wie sie Mildenberger (Mildenberger, Brandgräber 18) beobachtet hat, ist nicht zu belegen. Allerdings ist nicht auszuschließen, daß ein Teil der Fremdscherben von Deckgefäßen stammt.

95 Vgl. z. B. Behm, Elb-Havelgermanen 13; Mildenberger, Brandgräber 17.

96 Thaerigen, Nordharzgruppe 14.

97 Es kann sich hier wohl nur um die Tiefe des Randes der Urne, nicht um die der Grabsohle handeln.

98 Thaerigen, Nordharzgruppe 14.

Abb. 3: Urne 36 mit Kreisgraben

teil des von ihm gegrabenen Areales durch Höheneinmessung eine Senkung fest, die seiner Ansicht nach mit der Zeit zugeschwemmt oder durch Pflügen ausgeglichen worden sei. Das sei auch die Erklärung für die verhältnismäßig große Tiefe von 1,10 m, in der die Urnen im östlichen Teil des Friedhofes gestanden hätten. Im westlichen Teil dagegen hätten sich die Urnen nur in einer Tiefe von 0,25 m befunden und seien schon in früherer Zeit beim Pflügen bis etwa 0,30 m unter der Oberfläche zerstört worden. Auch Erdbewegungen, wahrscheinlich durch den Abraum vom Sand- und Kiesgrubenbetrieb hervorgerufen, hätten einen Teil der Gefäße eingedrückt.

Kennzeichnung

Eine oberirdische Kennzeichnung der Gräber durch Steine oder Pfähle etc. ließ sich nicht feststellen. Da Überschneidungen jedoch sehr selten sind[99], dürften die Grabstellen ursprünglich markiert gewesen sein[100].

Kreisgraben

Am Nordhang, auf dem das Gräberfeld dünn belegt war, befand sich eine Urne (Grab 36), die von einem Kreisgraben (Abb. 3) umgeben war. Der Graben war nur noch hangaufwärts zu erkennen. Der ursprüngliche Durchmesser der Anlage (Abb. 24) betrug etwa 5,40 bis 5,60 m, die Breite des Grabens 0,50 bis 0,70 m und die Tiefe 0,10 bis 0,20 m.

Derartige Einhegungen von Gräbern[101] sind auch von anderen Fundplätzen belegt. Sie gehören jedoch meist zu völkerwanderungszeitlichen Körperbestattungen[102]. Bereits in die späte Kaiserzeit sind die Befunde von Oedeme, Stadt Lüneburg[103], zu datieren. Dort wurde festgestellt, daß der Friedhof als Hügelgräberfeld angelegt worden war. Die Urnen waren in Gruben unter Hügeln von 4 bis 6 m, vereinzelt bis zu 10 m Breite beigesetzt, und die meisten Hügel von einem Kreisgraben umgeben. Die Hügel waren zwar nicht mehr vorhanden, ließen sich aber durch die geringe Podsolierung innerhalb der Kreisgräben nachweisen. Der Kreisgrabenaushub dürfte nach Assendorp ausreichend Material für den Hügelbau geliefert haben. Einen entsprechenden Befund ergab das sog. Buckelgräberfeld in Bevensen, Ldkr. Uelzen[104], nur waren dort die Hügel erhalten[105]. Diese Hügelgräber sind jedoch nicht, wie Assendorp meint[106], auf ein verhältnismäßig kleines Gebiet beschränkt. Kleine Grabhügel wurden auch auf dem Friedhof im Ole Hai an der Grenze der beiden Gemarkungen Lelm und Räbke, Ldkr. Helmstedt — also ganz in der Nähe des Pfingstberges — von Pastor Dünnhaupt im 18. Jahrhundert beobachtet[107]. Vermutlich war Überhügelung der Gräber weit häufiger gebräuchlich als angenommen. Die geringen Ausmaße der Hügel dürften der Grund sein, daß die Hügel kaum erkannt wurden. Möglicherweise waren auch auf dem Pfingstberger Gräberfeld weitere Bestattungen überhügelt[108].

---

99 Thaerigen, Nordharzgruppe 14.

100 In der Weise äußert sich auch Niquet (Niquet, Bedeutsame Funde).

101 Vgl. Schmidt, Oberwerschen 275 ff.

102 z. B. Gübs: Schlette, Gübs 89 ff.

103 Assendorp, Lüneburg 206 ff.; ders., Friedhöfe 7 ff.

104 Schirnig, Bevensen 265 f.

105 Die Keramik aus Bevensen ist mit der aus Rebenstorf zu vergleichen.

106 Assendorp, Lüneburg 209.

107 Thaerigen, Nordharzgruppe 35 ff.

108 Zu weiteren im Tagebuch erwähnten Kreisgräben fehlt der Befund, so daß sie hier unberücksichtigt bleiben.

Grabausstattung

Von 830 Gräbern[109] enthielten 518 Beigaben[110], das entspricht einem Anteil von 62,4 %. Der schlechte Erhaltungszustand vieler Beigaben, besonders der Perlen und der Metallfunde, macht eine Berechnung der Beigabenzahlen unmöglich. Im folgenden werden daher nur die Beigabenarten[111] gezählt (Abb. 4). 256 Gräber enthielten nur jeweils eine Beigabenart (49,4 %) und 177 Gräber jeweils zwei (34,2 %). Jeweils drei Beigabenarten fanden sich in 59 Gräbern (11,4 %), jeweils vier in 14 (2,7 %), jeweils fünf in sieben Gräbern (1,4 %), sechs in vier Gräbern (0,8 %) und sieben in einem Grab (0,2 %). Lediglich drei Gräber fallen durch ungewöhnlich große Mengen innerhalb einer Beigabenart auf. So enthielt Urne 218 neben Kamm, Perle, Urnenharz, Bronzedraht und einer Silberfibel neun Silberobjekte. In Urne 525 fanden sich Perlen, Urnenharz, Bronzeblech, Nagel, Kettengeflecht und zehn Eisenobjekte. Aus Urne 826 stammen Bronzering, Nadel, Kamm, Urnenharz und 15 Perlen.

Zwischen dem Vorkommen von Beigaben und dem Leichenbrandgewicht scheint eine Beziehung zu bestehen[112]. Die in jeweils größeren Mengen vorliegenden Beigaben Urnenharz, Kamm, Perle und Armring verdeutlichen dies (Abb. 5 und 6).

Mit zunehmendem Leichenbrandgewicht steigt der Anteil der Urnenharz-, Kamm-, Perlen- bzw. Armringbeigabe. Auf Grund der meist geringen Leichenbrandmengen ist es demnach nicht unwahrscheinlich, daß das Bild der Beigabenausstattung stark verzerrt ist. Auch allgemein lassen sich beim Vergleich zwischen Beigabenzahl und Leichenbrandgewicht Unterschiede feststellen (Abb. 7). Von den

109 Berücksichtigt wurden nur die von Thaerigen und Niquet als Gräber bezeichneten Komplexe.

110 Da die in relativ vielen Gräbern geborgenen Fremdscherben nur selten sicher als Beigabenscherben angesprochen werden können, wurden hier die Gräber, in denen sich ausschließlich Scherben fanden, nicht berechnet.

111 Auch Hedeager berechnet die Beigabenartenzahl, als „Anzahl von Artefakten-Typen" bezeichnet, weil das von ihr untersuchte Material sehr heterogen ist. Diese Bemessungsmethode „strebt eine Form von Objektivität an, die nicht bei einem vom Wert her bestimmten Punktsystem, in dem ‚wertvolle' Gegenstände schon allein als solche ein Grab als ‚reich' definieren können, vorhanden ist" (Hedeager, Besiedlung 49).

112 Berücksichtigt wurden nur die von Thaerigen und Niquet als Gräber bezeichneten Komplexe.

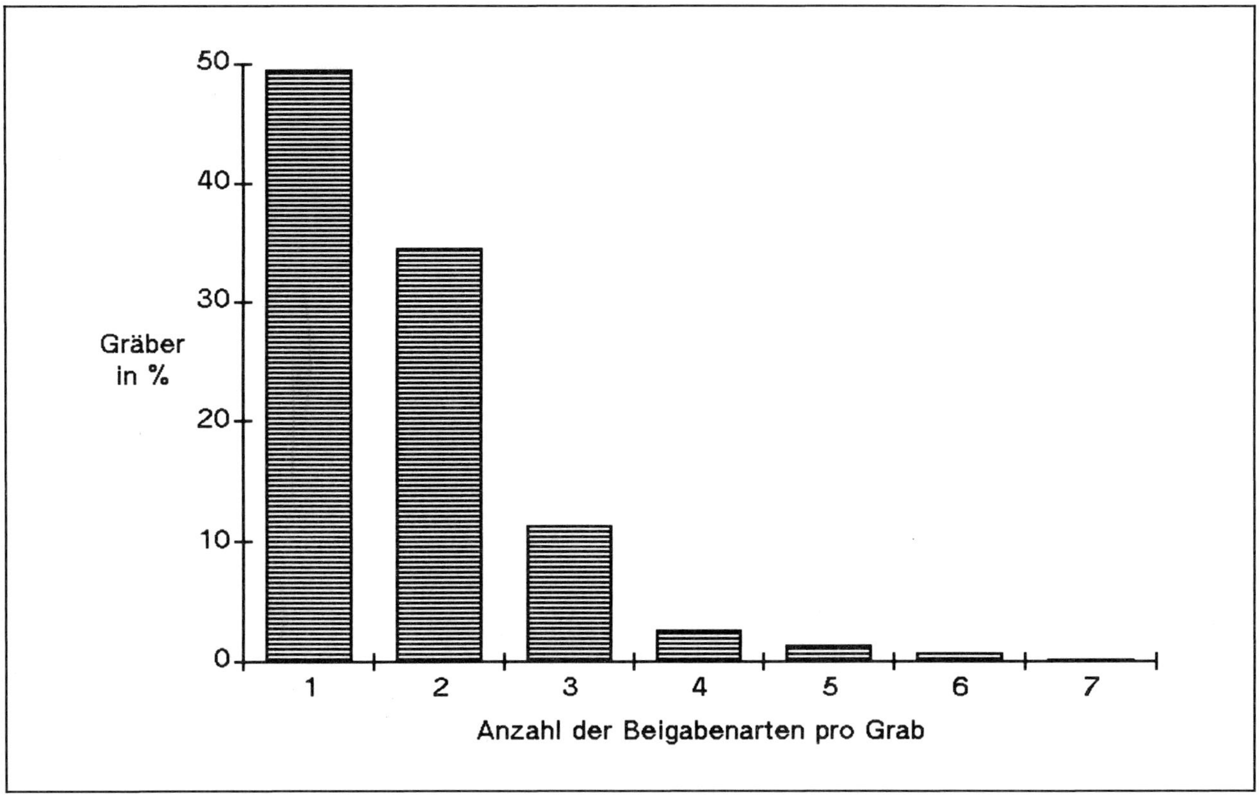

Abb. 4: Anzahl der Beigabenarten pro Grab

	Gräber	Urnenharz	Kamm	Perle	Armring
1 - 10 g Leichenbrand	93	14 %	10 %	2 %	
11 - 100 g Leichenbrand	208	38 %	21 %	7 %	2 %
101 - 500 g Leichenbrand	322	51 %	57 %	10 %	5 %
501 - 1240 g Leichenbrand	96	74 %	80 %	22 %	8 %

Abb. 5: Vorkommen von Urnenharz, Kämmen, Perlen und Armringen in bezug auf das Leichenbrandgewicht

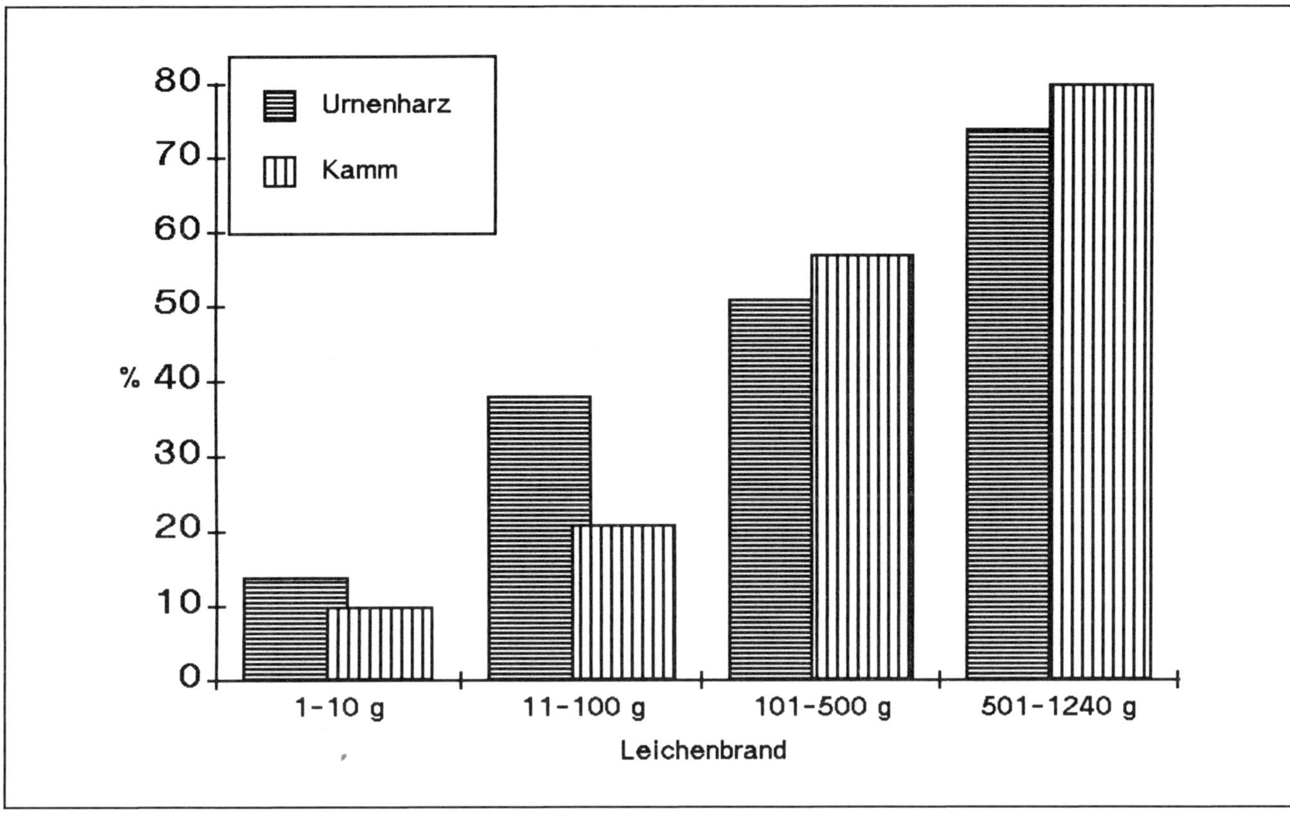

Abb. 6: Vorkommen von Urnenharz und Kämmen in bezug auf das Leichenbrandgewicht

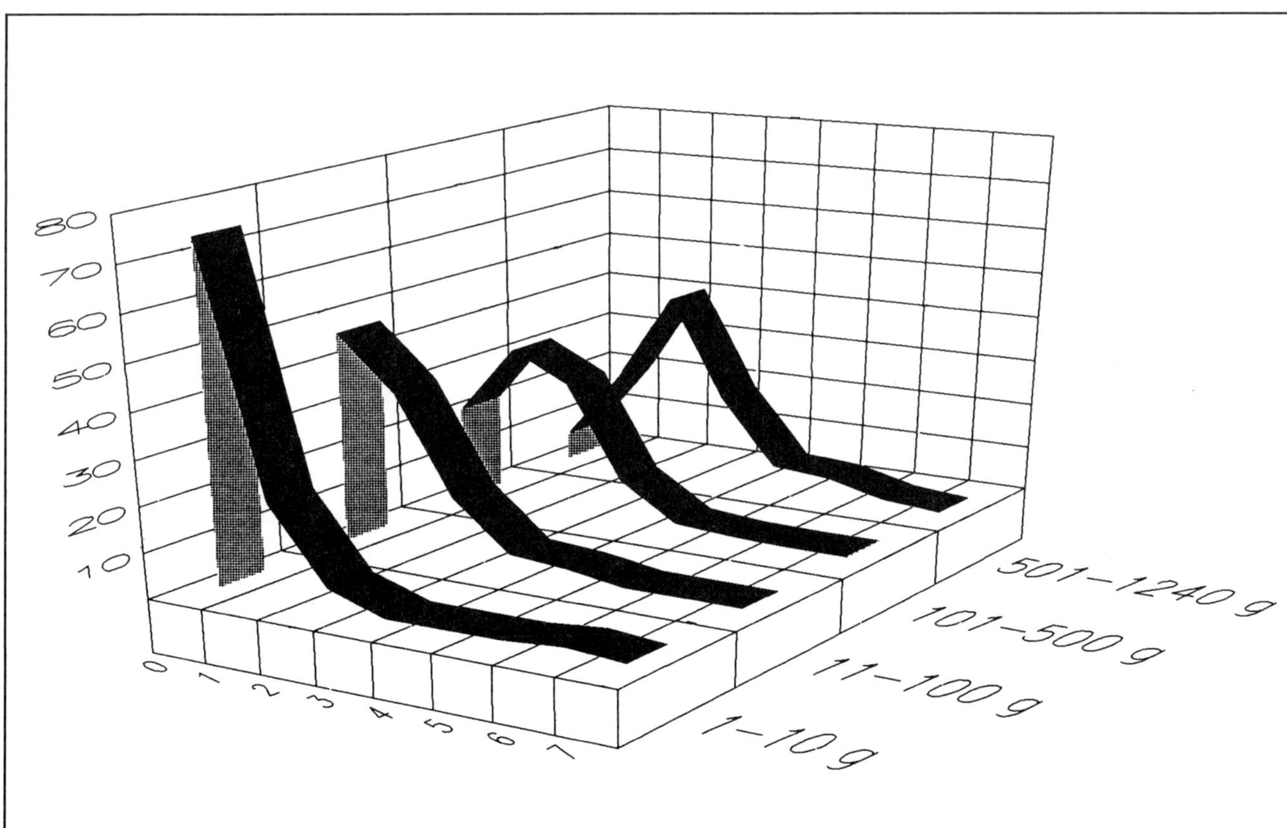

Abb. 7: Anzahl der Beigabenarten in bezug auf das Leichenbrandgewicht

Grab	Anzahl	Silber	Bronze	Eisen	Elfenbein	Kamm	Perle	Urnenharz	LB
23	6	x	x			x	x	x	900g
90	5		x		x	x	x	x	735g
202	5		x		x	x	x	x	720g
218	7	x	x			x	x	x	480g
479	6		x	x		x	x	x	450g
525	6		x	x			x	x	9g
543	5		x			x	x	x	165g
555	5			x	x	x	x	x	520g
561	5		x			x		x	485g
826	5		x			x	x	x	?
848	6	x	x			x	x	x	?
856	5			x		x	x	x	814g

Abb. 8: Übersicht zu den Gräbern mit den meisten Beigabenarten

Gräbern mit 1 bis 10 g Leichenbrand enthielten 74,2 % keine Beigaben, während von den Gräbern mit Leichenbrandmengen über 500 g nur 6,3 % beigabenlos waren[113]. Auch die Analyse der zwölf mit den meisten Beigabenarten ausgestatteten Gräber (Abb. 8) zeigt eine Verbindung zwischen Leichenbrandgewicht und Beigabenzahl: acht Gräber enthielten mindestens 450 g Leichenbrand und nur zwei Gräber bis 165 g. Bei dem zu dieser Gruppe gehörenden Grab 848 kann nur aus Thaerigens Angaben (vgl. Katalog) auf eine große Menge Leichenbrand geschlossen werden, zu Grab 826 sind Aussagen nicht mehr möglich[114].

Auffälligerweise enthielten alle zwölf Gräber Urnenharz. Metall, Perle bzw. Kamm fehlen nur in jeweils einem Grab. In dem Grab ohne Metall fand sich ein Armring aus Elfenbein, bei dem Grab ohne Kamm sind nur 9 g Leichenbrand erhalten.

Insgesamt läßt sich feststellen, daß Metallfunde selten sind (Abb. 9). Während Urnenharz in 357 (43 %) und Kämme in 325 Gräbern (39,2 %) gefunden wurden, enthielten nur 91 Gräber (17,6 %) Metallbeigaben. Glasreste, die im wesentlichen als Perlen anzusprechen sein dürften, stammen aus 75 Gräbern (9 %). Wenngleich in einigen Gräbern mehrere Metallobjekte enthalten waren, wird das Übergewicht an nichtmetallischen Funden durch weitere Beigaben aus Bein und die Beigabenscherben vergrößert.

Die Funde verteilen sich auf die in Abbildung 9 zusammengestellten Beigabenarten[115].

Vertreten sind neben Urnenharz nur Trachtbestandteile und Schmuck sowie Geräte. Waffen sind nicht sicher nachweisbar: Das Kettengeflecht dürfte kaum als Rest eines Ringpanzers in primärer Verwendung angesprochen werden; bei dem Eisennagel aus Grab 326 ist zwar die Bestimmung als Schildnagel nicht auszuschließen, aber auch nicht zu belegen. Es fehlt damit jene Gruppe von Beigaben, die als typisch für Männerbestattungen angesehen werden könnte[116]. Andererseits sind aber auch typische Beigaben für Frauen selten, sofern nicht Perlen als charakteristische Beigabe von Frauenbestattungen gewertet werden[117]. Die Mehrzahl der Beigaben ist als nicht geschlechtsspezifisch einzuordnen.

Einige Beigaben sind als römische Importe anzusprechen. Neben dem Kettengeflecht gehören in diese Gruppe eine Scherbe, die Objekte aus Elfenbein — ein Spielstein sowie einige Armringe — und zumindest ein Teil der Perlen. Möglicherweise finden sich weitere Importe unter den nicht mehr bestimmbaren Metallobjekten.

Die insgesamt geringe Anzahl der meisten Beigaben erschwert das Feststellen charakteristischer Beigabenkombinationen. Neben einer Kombinationstabelle wurden mit dem Rechner sowohl eine Prozenttabelle als auch eine Yule-Tabelle erstellt. Eine Tabelle entsprechend der Yuleschen Formel berechnet, gibt, wie Gebühr[118] es formuliert, „für jede Vergesellschaftung zweier Merkmale genaue Auskunft über Wahrscheinlichkeit oder Unwahrscheinlichkeit der Beziehungen zwischen den Merkmalen, ohne daß weitere Gesichtspunkte berücksichtigt werden müßten". Auffällig sind folgende Kombinationen: Kämme sind in 86 % der Gräber mit Armringen gefunden worden (in 25 von 29 Gräbern), in 71 % der Gräber mit Perlen (in 53 von 75 Gräbern) und in allen Gräbern mit Gürtelschmuck — es handelt sich jedoch nur um vier Gräber[119]. In Gräbern mit Fibeln sind Kämme dagegen verhältnismäßig selten. Fibelgräber enthalten insgesamt wenig andere Beigaben.

In diesem Zusammenhang ist jedoch auch auf chronologische Unterschiede in der Beigabensitte hinzuweisen, wenngleich die geringen Fundmengen die Aussagemöglichkeiten einschränken. Spinnwirtel, Silberhalsring, Kapselanhänger und Gürtelring sowie die Mehrzahl der Fibeln gehören in

113 Vgl. „Zur Sozialstruktur".

114 Die Beigabenzahl hängt jedoch nicht in jedem Fall vom Leichenbrandgewicht ab.

115 Bei Perlen und sonstigen Metallfunden kann die Gesamtzahl nicht sicher ermittelt werden. Berücksichtigt wurden bei „Anzahl der Gräber" nur die o.g. 830 Gräber, die Prozentzahl bezieht sich auf diese Menge.

116 Da Leichenbrandanalysen nicht vorliegen, kann eine Einschätzung nur anhand der Beigaben erfolgen.

117 Vgl. „Perlen".

118 Gebühr, Beigabenvergesellschaftungen 97.

119 Bei dem Gürtelbeschlag ist der Grabzusammenhang unbekannt.

	insgesamt	Anzahl d. Gräber	Prozent
Fibeln	23	18	2,2 %
Nadeln	17-22	12-20	1,4-2,4 %
- Knochennadeln	9-12	7-11	0,8-1,3 %
- Eisennadeln	4-5	2-5	0,2-0,6 %
- Bronzenadeln	3-4	3-4	0,4-0,5 %
- Silbernadeln	1	1	0,1 %
Halsringe	1	1	0,1 %
Bein-Armringe	mind. 42	29	3,4 %
Fingerringe	1	1	0,1 %
Gürtelschmuck	5	4	0,5 %
- Schnallen	2	2	0,2 %
- Riemenzungen	1	1	0,1 %
- Gürtelbeschläge	1		
- Gürtelringe	1	1	0,1 %
Beinscheiben	4	4	0,5 %
Anhänger	1	1	0,1 %
Glasperlen		75	9,0 %
Kämme	329	325	39,2 %
Nadelbüchsen	2	2	0,2 %
Spielsteine	5	2	0,2 %
Knochenauflagen	1	1	0,1 %
Spinnwirtel	4	2	0,2 %
Pinzetten	2	2	0,2 %
Nägel	5	3	0,4 %
Kettengeflechte	1	1	0,1 %
sonst. Metallf.		65	7,8 %
Urnenharz	ca. 750	357	43,0 %

Abb. 9: Übersicht über die Beigaben

Stufe C1. Nadeln gelangten hauptsächlich im 3. Jahrhundert in die Gräber. Die einzige Riemenzunge ist in Stufe C2 zu stellen. Armringe, Nadelbüchsen und Pinzetten sind den Stufen C2 und C3 zuzuweisen. Gürtelschnallen, Geweihscheiben und Spielsteine können ins 4. Jahrhundert eingeordnet werden, Gürtelbeschlag und Kettengeflecht in die Völkerwanderungszeit. Perlen, Nägel und Kämme verteilen sich in etwa gleichmäßig auf den gesamten Belegungszeitraum.

Einen nicht unerheblichen Anteil an der Grabausstattung dürften die Beigefäße oder einzelne Scherben haben. Es ist jedoch nur in wenigen Fällen zweifelsfrei festzustellen, daß die Gefäße oder Fremdscherben nicht durch Störungen in das Grab gelangt sind, die Zahl der Beigefäße oder Beigabenscherben kann daher nicht ermittelt werden. Als Beigefäß dürfte die kleine Schalenurne 354:2 angesprochen werden, die auf der Urne 354 lag. Das kleine — heute leere — Gefäß 670A, das dicht neben Urne 670 gestanden hat, enthielt nach den Angaben im Grabungstagebuch feinen Leichenbrand und war somit nicht Beigabe, sondern diente als Urne. Genaue Angaben im Tagebuch oder vom Entleeren der Urnen sind jedoch selten. In Urne 50 lagen Scherben von vier weiteren Gefäßen. Die Lage in der Urne deutet auf Beigaben — andererseits ist Urne 50 beschädigt, und zwei Scherben dieses Gefäßes wurden mit Urne 49 zusammen geborgen. Für die Urnen 55 und 118 sind Scherben von Drehscheibengefäßen im Leichenbrand nachgewiesen, für Urne 487 unter dem Leichenbrand auf dem Gefäßboden. Diese Scherben sind intentionell oder zufällig in die Urne gelangt, gleiches gilt auch für die Drehscheibengefäßscherben, die vom Bestattungsfeuer deformiert worden sind. Die Gefäße oder Scherben wurden entweder mit auf den Scheiterhaufen gelegt oder lagen an der Stelle, an der der Scheiterhaufen errichtet wurde. Die auffällige Konzentration von Drehscheibengefäßscherben im südwestlichen Abschnitt des Gräberfeldes dürfte zumindest zum Teil mit Störungen zusammenhängen. Die Scherben aus den nebeneinanderliegenden Gräbern 450 und 452 gehören wahrscheinlich zu einem Gefäß. Entsprechendes gilt vermutlich auch für die Scherben aus den Gräbern 458 und 461.

In diesem Zusammenhang sind auch Scherben anderer Zeitstufen[120] zu erwähnen, die mit dem Grabgefäß geborgen wurden. Sie können zufällig in die Urne gelangt sein oder zum Beispiel als Amulett bewußt „verwendet" worden sein. Gleiches gilt für Flint und Felsgesteine.

120 Vgl. „Sonstige Funde".

Keramik

Materialanalysen

Bei Fundbearbeitungen wird technologischen Aspekten zunehmend größere Bedeutung eingeräumt. Zu den üblichen Möglichkeiten der Untersuchung der Funde wie der Vorlage des Materials, seine typologische Gliederung und seine zeitliche Einordnung auf Grund von Vergleichen sind chemische und physikalische Analysemethoden[121] entwickelt worden, mit denen der Bestand an Elementen und Mineralien, die Struktur und Textur, die Farbe und Brenntemperatur untersucht werden können. Sie ermöglichen den Vergleich des Materials, Aussagen über die Zusammensetzung des Tons und damit ggf. über die Herkunft, Angaben über den Stand der Technik im untersuchten Zeitraum und über die Datierung.

Die Anwendung dieser zum Teil aufwendigen Analysierungsmethoden sollte aber grundsätzlich der Fragestellung angemessen sein, d. h., die Bedeutung des Vorhabens und die erzielbaren Ergebnisse müssen den Aufwand an Arbeit, Kosten und Zeit rechtfertigen. Der Einsatz aufwendiger Untersuchungsmethoden scheint zum Beispiel dann nicht gerechtfertigt zu sein, wenn nur zusätzliche Informationen von geringerer Bedeutung erreicht oder nur bereits bekannte Fakten bestätigt werden können.

In vorliegender Untersuchung konnten nur die Methoden angewendet werden, die ohne größeren technischen Aufwand durchgeführt werden können. Neben der Analyse von Form, Verzierung, Größe und Proportionierung wurden als technologische Aspekte Farbe, Magerung, Oberflächenstruktur sowie Oberflächenbehandlung, Brandhärte und Herstellung[122] untersucht.

Farbe

Wenn die Keramik die einzige Hinterlassenschaft ist, aus der Rückschlüsse auf das Töpferhandwerk zu ziehen sind, müssen dem Scherben möglichst viele Detailinformationen abgewonnen werden. Neben Feststellung zum Beispiel der Formtechnik (Drehscheibenkeramik, handgemachte Keramik) oder der Magerung wird die Farbe bestimmt. Sofern sekundäre, etwa auf Bodenlagerung zurückzuführende Einflüsse auszuschalten sind, können sich aus der Farbanalyse Hinweise auf den technischen Stand der betreffenden Zeit ergeben. Für die Farbe von Keramik sind jedoch viele Faktoren ausschlaggebend. Lage im Ofen sowie Brennatmosphäre, -temperatur und -dauer sind vom Hersteller zu beeinflussen und daher von besonderem Interesse. So deuten zum Beispiel ungleichmäßige Scherbenfarben auf Fehlbrand — und der Nachweis von Fehlbränden ist nach W. Endres und V. Loers ein sicherer Beweis für lokale Produktion[123] — oder helle Flecken auf eine nicht vollständige Ofenabdeckung. Auch die Zusammensetzung des Tones — nicht nur der Eisengehalt, sondern auch der Kalkgehalt und der Mineralienbestand — hat wesentlichen Einfluß auf die Farbe, so daß nicht einmal die Brandart (oxydierend oder reduzierend) ohne weiteres aus der Farbe des Scherbens abgeleitet werden kann[124]. Es wird daher sowohl in der ,,Rahmenterminologie" als auch im ,,Leitfaden"[125] empfohlen, der Farbbestimmung größeres Gewicht beizumessen als der Bestimmung der Brandart.

Die Ansprache der Farbe ist jedoch problematisch. Das Farbenspektrum von Keramik ist außerordentlich vielfältig, und allgemeine Angaben wie ,,braun" oder ,,rot" sind für Vergleiche ungeeignet. In der einschlägigen Literatur[126] wird deshalb die Verwendung standardisierter Farbwerke vorgeschlagen wie die ,,Munsell Soil Color Charts", DIN Farbkarten, ,,Schwanebergers Farbenführer"[127] etc. Gleichzeitig wird jedoch darauf hingewiesen, daß entweder die Variationsbreite zu gering ist bzw. bestimmte Farben nicht abgedeckt werden oder die Farbtafeln auf Grund der hohen Kosten selten erreichbar sind.

Aus den drei Kennzeichen der Farben, nämlich dem Buntton, der Sättigungsstufe und der Dunkelstufe, ergibt sich ein Farbencode, mit dem die Farben exakt angegeben werden können. Diese starke Differenzierung ist aber auf Grund der oben genannten Faktoren, die die Farbe beeinflussen, nicht sinnvoll und bei umfangreichen Keramikkomplexen mit erheblichem Aufwand verbunden[128].

Nach Durchsicht der Keramik vom Pfingstberg ließ sich keine Differenzierungsmöglichkeit anhand der Farbe — mit Ausnahme der nicht überarbeiteten grauen Drehscheibenkeramik[129] — feststellen, so daß hier auf Grund der oben dargelegten Problematik auf die Verwendung von Farbtafeln verzichtet wurde. Als wesentlich wurde erachtet, die Farbe sowohl der Außenseite als auch der Innenseite und — soweit möglich — im Bruch zu erfassen. Alle Farbbestimmungen wurden in direkter Folge unter gleichen Bedingungen (Tageslichtlampe) durchgeführt.

Insgesamt betrachtet lassen sich zahlreiche Farbschattierungen feststellen. Es dominieren Grau- und Mittelbraun, daneben Dunkelbraun und — vor allem im Bruch — Schwarz. Häufiger finden sich auch ins Rötliche gehende Brauntöne. An einem Gefäß vorkommende unterschiedliche Oberflächenbehandlung hat stellenweise wesentlichen Einfluß auf

121 Rottländer, Methoden 531 ff.

122 Vgl. Rahmenterminologie 418 ff.

123 Vgl. Endres und Loers, Keramik 70.

124 Rahmenterminologie 419.

125 Rahmenterminologie 419; Leitfaden zur Keramikbeschreibung 103.

126 Rottländer, Methoden 538 f.; Rahmenterminologie 426 ff.; Vorschläge zur systematischen Beschreibung von Keramik 12; Leitfaden zur Keramikbeschreibung 104.

127 Munsell Soil Color Charts (1975); Michel Schwaneberger Farbenführer. Farbtafel für Briefmarkensammler (1951); A. Kornerup und J. H. Wanscher, Taschenlexikon der Farben (1963).

128 Vgl. Rahmenterminologie 426.

129 Vgl. ,,Drehscheibenkeramik".

die Farbtiefe (Helligkeit). Bei den mit Strahlen verzierten Gefäßen sind die polierten Flächen dunkler als die körnigen, und bei Kümpfen ist die geglättete oder polierte Randzone dunkler.

Da die Farbe der Pfingstberger Gefäße der anderer spätkaiserzeitlicher bzw. völkerwanderungszeitlicher Keramik entspricht, wurde im Katalog bei der ohne Drehscheibe hergestellten Keramik auf die Angabe der Farbe verzichtet.

Oberfläche

Die Untersuchung der Oberfläche erfolgt aus zwei Gesichtspunkten. Neben der deskriptiven Darstellung kann die Oberflächenanalyse Aufschluß über die Herstellungstechnik geben. Diese beiden Funktionen lassen sich — der „Rahmenterminologie" folgend — mit „Oberflächenstruktur" und „Oberflächenbehandlung" bezeichnen, wobei unter „Oberflächenstruktur" das Erscheinungsbild, das sich optisch und haptisch, ggf. konsekutiv erfassen läßt und unter „Oberflächenbehandlung" die „intentionell zum Zweck der Veränderung eines bestehenden Zustandes" vorgenommene Bearbeitung der Oberfläche zu verstehen ist[130]. Die Struktur wird mit „glatt", „rauh", „körnig", „kreidig", „blasig" oder „verwittert" beschrieben, bei der Behandlung wird zwischen „geglättet/poliert", „geschnitten", „gewischt" und „geschlickert" unterschieden[131].

Insoweit analoge Formen vorliegen, werden die Begriffe zur Beschreibung der Oberfläche bei der Keramik vom Pfingstberger Gräberfeld übernommen. Den gegebenen Definitionen folgend sind geglättete, polierte, rauhe und körnige Oberflächen festzustellen. Um den spezifischen Charakter der Pfingstberger Keramik deutlicher hervortreten zu lassen, ist jedoch eine stärkere Differenzierung notwendig. Zudem ist eine weitere Oberflächenform — hier als „aufgerauht" bezeichnet — nicht durch die Begriffe in der „Rahmenterminologie" abgedeckt, so daß die Begriffe zur Beschreibung der Oberfläche wie folgt definiert werden.

Rauhe Oberfläche: Unter einer „rauhen" Oberfläche ist zu verstehen, daß die Oberfläche nach Formung des Gefäßes belassen, das heißt nicht überarbeitet worden ist. Sie ist daher zumeist uneben[132].

Rauhe (d.h. unbehandelte) Oberflächen finden sich auch an denjenigen Drehscheibengefäßen, die nicht poliert wurden.

Körnige Oberfläche: Die „körnige" Oberfläche ist nach der „Rahmenterminologie" „haptisch als ‚rauh' erfaßbar, optisch als ‚körnig'"[133]. Sie entsteht durch nah beieinanderliegende gerundete Magerungspartikel, die die Oberfläche durchstoßen.

Geglättete Oberfläche: Von einer „geglätteten" Oberfläche ist dann zu sprechen, wenn aus technischen oder ästhetischen Gründen eine intentionelle Überarbeitung der Oberfläche nach Formung des Gefäßes erfolgt ist[134]. Sie ist durch Glättspuren nachzuweisen. So entstehen z. B. bei der Verwendung eines Formholzes Glättstreifen[135].

Polierte Oberfläche: Wird die Oberfläche so bearbeitet, daß keine Glättspuren mehr vorhanden sind, kann sie als „poliert" bezeichnet werden. Es handelt sich um einen erhöhten Grad von Glättung[136].

Glänzend polierte Oberfläche: Entsteht beim Polieren ein Oberflächenglanz, wird die Oberfläche „glänzend poliert" genannt.

Aufgerauhte Oberfläche: Eine intentionelle Veränderung liegt auch bei der „aufgerauhten" Oberfläche vor. Sie entsteht durch einen unregelmäßig aufgebrachten Schlickauftrag, der zum Teil mit einem Gerät oder mit einem oder mehreren Fingern vertikal, horizontal oder diagonal durchzogen wurde. Ohne Zweifel wird die Griffigkeit des Gefäßes durch diese Oberflächenbehandlung erhöht. Da in der Regel ein Streifen unterhalb des Randes und zum Teil oberhalb des Bodens bei den Gefäßen mit aufgerauhter Oberfläche geglättet oder poliert ist, ist dieser Form der Oberfläche ein gewisser Dekorcharakter nicht abzusprechen[137].

Aufgerauhte Oberflächen finden sich bei der Keramik vom Pfingstberger Gräberfeld an Kümpfen und Töpfen.

Die Auswertung der unterschiedlichen Oberflächen führt zu keinen signifikanten Ergebnissen im Hinblick auf die Entwicklung der Gefäße oder ihre chronologische Stellung[138].

Magerung

Eine wesentliche Voraussetzung für die Herstellung von Keramik ist die Plastizität des verwendeten Tones. Tone mit großer Plastizität, sogenannte „fette" Tone, haben einen hohen Anteil quellfähiger Tonminerale, sogenannte „magere" Tone einen geringen Anteil. Da beim Trocknen und Brennen unter Volumenverlust Wasseranteile verdunsten, kommt es besonders bei fetten Tonen leicht zu Brennfehlern. Durch Zusatz aplastischer, das heißt nicht quellfähiger Materialien — der Magerung —, können Quellung und Wasserverlust beeinflußt werden[139].

Diese Magerung kann hinsichtlich Material, Korngröße und Verteilung untersucht werden[140].

Die exakte Bestimmung des Materials ist nur mit Hilfe von mineralogisch-petrographischen Untersuchungen möglich[141]. Es kann jedoch eine grobe Einordnung vorgenommen werden, indem zwischen Sand, Gesteinsgrus und Schamott unterschieden wird. Mit „Sand" werden gerundete Partikel bezeichnet; „Gesteinsgrus" ist der Sammelbegriff für scharfkantige Partikel, und unter „Schamott" wird gebrannter Ton verstanden[142].

130 Rahmenterminologie 420 f.

131 Rahmenterminologie 420.

132 Rahmenterminologie 420.

133 Rahmenterminologie 420.

134 Rahmenterminologie 420.

135 Vgl. Billig, Formholz 208 ff.

136 Rahmenterminologie, 420.

137 Vgl. Seemann, Gielde 67 f.

138 Daher erscheint es sinnvoll, die Oberflächen nach Gefäßgattungen getrennt zu behandeln (vgl. die jeweiligen Kapitel).

139 Endres und Loers, Keramik 72.

140 Weitere Untersuchungen sind nur mit großem technischen Aufwand möglich.

141 Vgl. Schneider, Untersuchungen 195 ff.

142 Rahmenterminologie 419.

		sehr fein	fein	mittel	grob
Schalenurnen	(727)	12,7 %	45,8 %	39,3 %	2,2 %
Kümpfe	(46)	11,4 %	18,2 %	45,5 %	25 %
Näpfe	(23)	15,8 %	21,1 %	63,2 %	
Töpfe	(21)	4,8 %	28,6 %	66,7 %	
Schüsseln	(12)		41,7 %	50 %	8,3 %
Schalen	(11)	11,8 %	55,6 %	33,3 %	
Engmünd. Gefäße	(6)		20 %	80 %	
Mischformen	(5)		60 %	40 %	
Pokale	(2)	100 %			
Becher	(1)			100 %	
Sonderform	(1)		100 %		
Gesamt	(855)	12,3 %	43,1 %	41,2 %	3,4 %

Abb. 10: Mengenmäßige Verteilung der Magerungs-Größenklassen nach Gefäßgattungen in Prozent

		sehr fein	fein	mittel	grob
Schalenurnen	(727)	86	309	265	15
Kümpfe	(46)	5	8	20	11
Näpfe	(23)	3	4	12	
Töpfe	(21)	1	6	14	
Schüsseln	(12)		5	6	1
Schalen	(11)	1	5	3	
Engmünd. Gefäße	(6)		1	4	
Mischformen	(5)		3	2	
Pokale	(2)	2			
Becher	(1)			1	
Sonderform	(1)		1		
Gesamt	(855)	98	342	327	27

Abb. 11: Mengenmäßige Verteilung der Magerungs-Größenklasse nach Gefäßgattungen in absoluten Zahlen

Der zur Herstellung der Pfingstberger Keramik verwendete Ton hat als überwiegenden Magerungsanteil Sand. Gesteinsgrus ist nur selten anzutreffen. Bei den Drehscheibengefäßen ist gelegentlich Schamott nachzuweisen.

Die Bestimmung der Korngröße erfolgt nach dem in der Bodenkunde bzw. Geologie gebräuchlichen System. Die Magerung ist bei Korngrößen von 0,063 mm bis 0,2 mm (Feinsand) als ,,sehr fein'', bei Korngrößen von 0,2 mm bis 0,63 mm (Mittelsand) als ,,fein'', bei Korngrößen von 0,63 mm bis 2,0 mm (Grobsand) als ,,mittel'' und bei Korngrößen über 2,0 mm (Feinkies) als ,,grob'' anzusprechen. Maßgeblich ist jeweils der hauptsächliche Anteil[143].

Bei Auszählung der Häufigkeit der einzelnen Korngrößen zeigt sich, daß überwiegend mittelsandige oder grobsandige Magerungspartikel vorhanden sind. Feinsandige Magerungspartikel sind auch verhältnismäßig häufig, feinkiesige dagegen sehr selten. Nach den Gefäßgattungen aufgeschlüsselt ergibt sich ein interessantes Bild. Da bis auf die Schalenurnen alle Gefäßgattungen nur mit jeweils relativ wenigen Exemplaren vertreten sind, ist es sinnvoll, neben der Prozenttabelle (Abb. 10) eine Übersicht über die jeweilige Anzahl (Abb. 11) zu geben[144].

Bei Schalenurnen und Schalen ist jeweils weit über die Hälfte der Gefäße sehr fein oder fein gemagert[145]. Die übrigen Gattungen (Kümpfe, Töpfe, Näpfe und Schüsseln) zeigen ein mehr oder weniger deutliches Überwiegen der mittel bis grob gemagerten Keramik. Die grobe Magerung ist jedoch nur für die Kümpfe charakteristisch. Gut ein Viertel der bestimmbaren Kümpfe ist aus grob gemagertem Ton gefertigt. Bei Schalenurnen liegt der Anteil bei 2 %. Der Anteil von 8 % grob gemagerter Keramik bei den Schüsseln läßt sich nicht bewerten, da es sich nur um ein Gefäß handelt.

143 Sind zwei unterschiedliche Korngrößen an einem Gefäß gleich stark vertreten, wird es zur jeweils feineren Gruppe hinzugerechnet.

144 Die Zahl in Klammern gibt die Gesamtzahl an, einschließlich der Gefäße, bei denen Bestimmungen der Korngröße nicht möglich sind.

145 Die Formengruppen mit weniger als 11 Gefäßen werden hier nicht berücksichtigt.

Die Drehscheibenkeramik ist weitgehend aus sehr fein gemagertem Ton hergestellt. Von den 13 als Urnen anzusprechenden Drehscheibengefäßen sind elf sehr fein (85 %) und zwei fein (15 %) gemagert. An fünf Gefäßen konnten zusätzlich grobe Beimengungen nachgewiesen werden. Es handelt sich in der Regel jedoch um jeweils sehr wenige grobe Partikel, so daß bei weitgehend vollständigen Gefäßen sichere Aussagen nicht möglich sind. Von den unter dem Sammelbegriff „Beigabenscherben" zusammengefaßten Scherben von Drehscheibengefäßen sind 63 (95 %) sehr fein und nur 3 (5 %) fein gemagert. Die zeitliche Einordnung der fein gemagerten und bei vier der sehr fein gemagerten Gefäße ist jedoch nicht ganz gesichert.

Der Verteilung der Magerungspartikel innerhalb der Tonmatrix gibt Aufschluß über die Aufbereitung des Rohmaterials und liefert damit einen Beitrag zur Rekonstruktion der Produktion[146]. Abgesehen von den einzelnen groben Partikeln in der Drehscheibenkeramik ist die Verteilung der Magerung überwiegend gleichmäßig.

Formtechnik

Hinsichtlich der Formtechnik ist zu unterscheiden, ob es sich um ein handgemachtes oder ein gedrehtes Gefäß handelt. Da die Keramik vom Pfingstberg überwiegend handgemacht ist, wird nur die Herstellung unter Verwendung einer Drehscheibe besonders erwähnt.

Bei der handgemachten Keramik ist nur selten festzustellen, wie das Gefäß aufgebaut ist, denn in der Regel sind die Gefäße überarbeitet. Lediglich bei der „grob" gearbeiteten Keramik sind vereinzelt Herstellungsspuren vorhanden. So ist zum Beispiel der Kumpf 371 (Taf. 114) in Wulsttechnik hergestellt. Bei einigen Gefäßen kann auch indirekt auf Grund horizontal verlaufender Brüche auf Wulsttechnik geschlossen werden. Innen aufgewölbte Flachböden deuten ebenfalls darauf hin, daß der Boden einzeln gefertigt wurde. Denkbar ist jedoch auch, daß gerade kleine Gefäße „getrieben" wurden. Die unregelmäßige Oberfläche auf der Innenseite des Bodens von Kumpf 364 könnte diese Technik belegen. Bei diesem Gefäß wurde nach der Formung des Gefäßes der Boden außen geglättet und danach der untere Teil der Wandung mit dem Finger vertikal nach unten gestrichen, so daß die Gefäßwand stellenweise übersteht. Dieses nachträgliche Abstreichen zur Formung eines Fußes ist häufiger zu beobachten. Es findet sich nicht nur bei Kümpfen, sondern auch gelegentlich bei Schalenurnen (z. B. 35).

Zur Herstellung von Drehscheibenkeramik[147] wurde die schnelldrehende Töpferscheibe benutzt, denn die nachweisbaren Drehriefen treten nur bei schnell gedrehter Keramik auf[148].

Soweit möglich wird im Katalog angegeben, welche Sorgfalt auf die Herstellung der Gefäße (Formung, Überarbeitung, Anbringung der Verzierung) verwendet wurde.

146 Rahmenterminologie 420.

147 Ausführlicher wird die Herstellung im Kapitel über Drehscheibenkeramik behandelt.

148 Rahmenterminologie 421.

Brandhärte

Die Brandhärte läßt Schlüsse auf den technischen Stand der Zeit zu und ist deshalb von besonderem Interesse. Die Brand- oder Scherbenhärte wird jedoch von vielen Faktoren beeinflußt, so zum Beispiel durch die ungleichmäßige Zusammensetzung des Tones, die Stellung im Ofen — die einzelnen Gefäße konnten, je nach der Lage im Ofen, unterschiedlichen Temperaturen ausgesetzt sein — oder die Bodenlagerung[149].

Die Feststellung der Brandhärte ist daher schwierig. Einen Anhaltspunkt kann allerdings die Ermittlung der Ritzhärte bieten. Die Ritzhärte läßt sich mit Hilfe der Härteskala nach Mohs festlegen[150].

Die Meßskala ist jedoch asymmetrisch aufgebaut und bietet gerade für die „weiche" Irdenware keine Differenzierungsmöglichkeiten[151]. Andererseits gibt es jedoch keine anderen geeigneten Methoden, die ohne größeren Aufwand durchzuführen sind[152].

Bei der Pfingstberger Keramik wurde von der Verfasserin die Ritzhärte exemplarisch an verschiedenen Gefäßen geprüft. Neben Drehscheibenkeramik wurden Gefäße verschiedener Gefäßgattungen analysiert, wobei gerade die Gefäße ausgesucht wurden, die nach dem ‚Gefühl' unterschiedlich hart sind. Sämtliche Scherben ließen sich jedoch von Talk (1), Gips (2) oder manchmal erst von Kalkspat (3) ritzen, haben also eine Härte von 1 oder 2.

Diese weiche Keramik ist naturgemäß wenig widerstandsfähig[153]. Daher zeigen sich häufiger auf der Oberfläche Anzeichen einer beginnenden Auflösung, bei einem weiteren Teil der Pfingstberger Keramik ist der Ton „ausgelaugt" und die Keramik bereits sehr brüchig, von einigen Gefäßen waren zum Zeitpunkt der Ausgrabung nur noch wenige Tonbröckchen erhalten, die Keramik also nahezu aufgelöst.

Fehlbrand

Der Fund von Fehlbränden ist — wie oben dargelegt[154] — Nachweis einer lokalen Produktion. Ein Fehlbrand ist bei Urne 613 festzustellen und bestätigt damit die Vermutung, daß es sich um lokal gefertigte Keramik handelt.

149 Leitfaden zur Keramikbeschreibung 101.

150 Mit einer vorgegebenen Reihe von Mineralien — 1 = Talk, 2 = Gips, 3 = Kalkspat, 4 = Flußspat, 5 = Apatit, 6 = Feldspat, 7 = Quarz, 8 = Topas, 9 = Korund, 10 = Diamant — wird gleichmäßig über die Oberfläche des Scherbens geritzt, je nach der Scherbenhärte reiben sich die Mineralien ab oder hinterlassen einen Kratzer auf der Oberfläche. Die Ritzhärte entspricht der nächstniederen Zahl des Minerals, das als erstes die Oberfläche geritzt hat.

151 Um die asymmetrischen oder diskontinuierlichen Abstände zwischen den einzelnen Härtegraden der Mohs'schen Skala auszugleichen, wird in der „Rahmenterminologie"(Rahmenterminologie 419) vorgeschlagen, mehrere Ritzhärten zusammenzufassen. Als „weich" wird bezeichnet, was nach Mohs Härte 1 und 2 hat, als „hart" das, was Härte 2 bis 4 aufweist (die übrigen Härten sind für die kaiser- und völkerwanderungszeitliche Keramik vom Pfingstberg irrelevant). Die Härte 2 wird beiden Gruppen zugewiesen, da eine Trennung in diesem Bereich problematisch ist.

152 Vgl. Leitfaden zur Keramikbeschreibung 102.

153 Vgl. Schneider, Deersheim 131.

154 Vgl. „Farbe".

Methodik

Die Klassifikation des Materials dient nicht nur als Ordnungssystem für ein sehr umfangreiches Material, sondern bildet auch eine Voraussetzung für die Interpretation. Unter Klassifikation wird jeder Prozeß der systematischen Gruppierung nach bestimmten Kriterien verstanden, also auch die Einteilung in Typen[155]. Die der Arbeit zugrundeliegende Systematik soll im folgenden erläutert werden.

Die Klassifikation der Keramik erfolgt in mehreren Schritten, respektive auf mehreren Ebenen. Um ein möglichst objektives Vorgehen zu gewährleisten, ist es nötig, die Gliederungskriterien aus dem Material selbst abzuleiten. Die Klassifikation beginnt mit der detaillierten Analyse der einzelnen Gefäße. Ein Gefäß kann unter verschiedenen Gesichtspunkten betrachtet werden. Neben der Materialbeschaffenheit können zum Beispiel die Form, die Maße und Proportionen sowie gegebenenfalls die Verzierung untersucht werden. Diese Teilaspekte sind als Merkmale oder Merkmalskategorien[156] zu bezeichnen. Der Schlüssel zur Merkmalsbeschreibung wurde anhand des Materials entwickelt. Dabei wurde von folgenden Überlegungen ausgegangen: Die Keramik vom Pfingstberger Gräberfeld ist zum überwiegenden Teil handgearbeitet und weist zahlreiche Unregelmäßigkeiten in der Form auf, die auch zu Schwankungen bei den Maßen führen. Ein Typ ist, wie Löbert[157] es formuliert, „eine verallgemeinernde gedankliche Einheit". Es kommt bei der Typfindung darauf an, das Grundsätzliche zu erkennen. Daher muß auch bei dem einzelnen Gefäß nicht jede Unregelmäßigkeit berücksichtigt werden, nur das ‚Typische' wird als entscheidend angesehen. Entsprechend wurde die Form nicht durch Berechnung von Proportionen der Abstände zwischen festgelegten Meßpunkten[158], sondern durch definierte Begriffe beschrieben. Dazu wurden die möglichen Erscheinungsformen für jedes Gefäßteil getrennt zusammengestellt.

Die Gefäßteile sind Rand, Hals, Schulter beziehungsweise Oberteil, wenn keine Trennung in Hals und Schulter vorliegt, Umbruch, Unterteil und Boden (Abb. 12). Der Umbruch ist im eigentlichen Sinn kein Gefäßteil. Es ist der Punkt, an dem Schulter bzw. Oberteil und Unterteil zusammentreffen — Schulter bzw. Oberteil und Unterteil reichen jeweils bis zu diesem Punkt. Um jedoch den Übergang von Ober- zu Unterteil beschreiben zu können, wird hier der Umbruch als Zone verstanden.

Als zur Erfassung des Gefäßes wesentliche Maße wurden neben den „Eckdaten" Höhe, Breite, Rand- und Bodendurchmesser die Oberteilhöhe und die geringste Weite angesehen (Abb. 12). Mit diesen Maßen können die entscheidenden Proportionen berechnet werden.

Zur Analyse der Verzierung wurden die Muster einerseits in ihre Einzelelemente zerlegt und andererseits als Ganzes aufgenommen[159].

Die für jedes Gefäß zu Form, Maßen und Verzierung ermittelten Daten wurden mit weiteren Angaben in den Computer eingegeben. Ziel des Computereinsatzes war nicht nur die wesentliche Erleichterung bei der Datenverwaltung, beim Berechnen der Proportionen oder beim Kartieren, sondern auch die Klassifikation mit Hilfe spezieller Programme. Sie sollten der Abgrenzung der einzelnen Formengruppen wie Schalenurnen und Töpfe oder Kümpfe und Schüsseln sowie der Typengliederung innerhalb der Formengruppen dienen.

Als Verfahren zur Gruppenbildung wurde die ‚single-link' Clusteranalyse ausgewählt, bei der gleichzeitig mehrere Merkmale berücksichtigt werden können. Bei diesem Verfahren werden die Einheiten miteinander verglichen und nach ihrer Ähnlichkeit sortiert. Die Ergebnisse werden in Form eines Dendrogramms dargestellt[160].

Die Clusteranalyse erwies sich jedoch als ungeeignet zur Gruppierung der Pfingstberger Keramik. Lediglich die Kümpfe konnten mit diesem Verfahren vorsortiert werden. Bei den Kümpfen handelt es sich aber um eine kleine Anzahl (38 vollständige oder weitgehend erhaltene Exemplare) gleichartig geformter Gefäße. Schalenurnen sind demgegenüber viel variabler geformt. Durch zahlreiche Übergangsformen werden die Grenzen zwischen den unterschiedlichen Ausprägungen verwischt.

Gute Ergebnisse ließen sich dagegen mit dem Programm „Abstandsliste" erzielen. Bei diesem Verfahren werden zu einem zu bestimmenden Gefäß — der Vergleichseinheit — die nächsten Parallelen gesucht. Dazu wird festgelegt, welche Merkmale jeweils verglichen werden sollen. Die Merkmale der Vergleichseinheit bilden den Bezugspunkt, dem die entsprechenden Merkmale jedes einzelnen Gefäßes gegenübergestellt werden. Aus der Summe der Abstände zwischen jeweils den beiden Werten eines jeden Merkmals ergibt sich der Abstand jedes einzelnen Gefäßes zur Vergleichseinheit. Die übrigen Befunde werden in der Reihenfolge ihres Abstandes aufgelistet. Aus der Abstandszahl ist der Grad der Verwandtschaft zu ermitteln[161]. Die einzelnen Abstandslisten können miteinander verglichen werden, wenn stets die gleichen Merkmale herangezogen werden[162]. Berücksichtigt wurden jeweils die gleiche Anzahl von Merkmalen aus den beiden Merkmalskategorien Form und Maße bzw. Proportionen. So wurde keinem Merkmalsblock Vorrang eingeräumt und das Ergebnis nicht vorweggenommen[163]. Die vollständigen Gefäße wurden mit dem Programm systematisch erfaßt.

155 Vossen, Klassifikationsprobleme 29 ff.

156 Löbert, Hatzum 19.

157 Löbert, Hatzum 20.

158 z. B. Jensen, Keramik. Nachfolgend z. B. Ethelberg, Hjemsted.

159 Vgl. „Dekorstudien".

160 Gebühr und Kunow, Kemnitz 201 ff.

161 Gebühr und Kunow, Kemnitz 212.

162 Für spezielle Fragestellungen werden dagegen die Merkmale gezielt ausgewählt.

163 Da die Merkmale jedoch — besonders wenn gleichzeitig mit Schlüsselzahlen und Maßen bzw. Proportionen gearbeitet wird — sehr unterschiedliche Werte haben, werden die Merkmale normiert. Die Merkmale erhalten damit gleiches Gewicht.

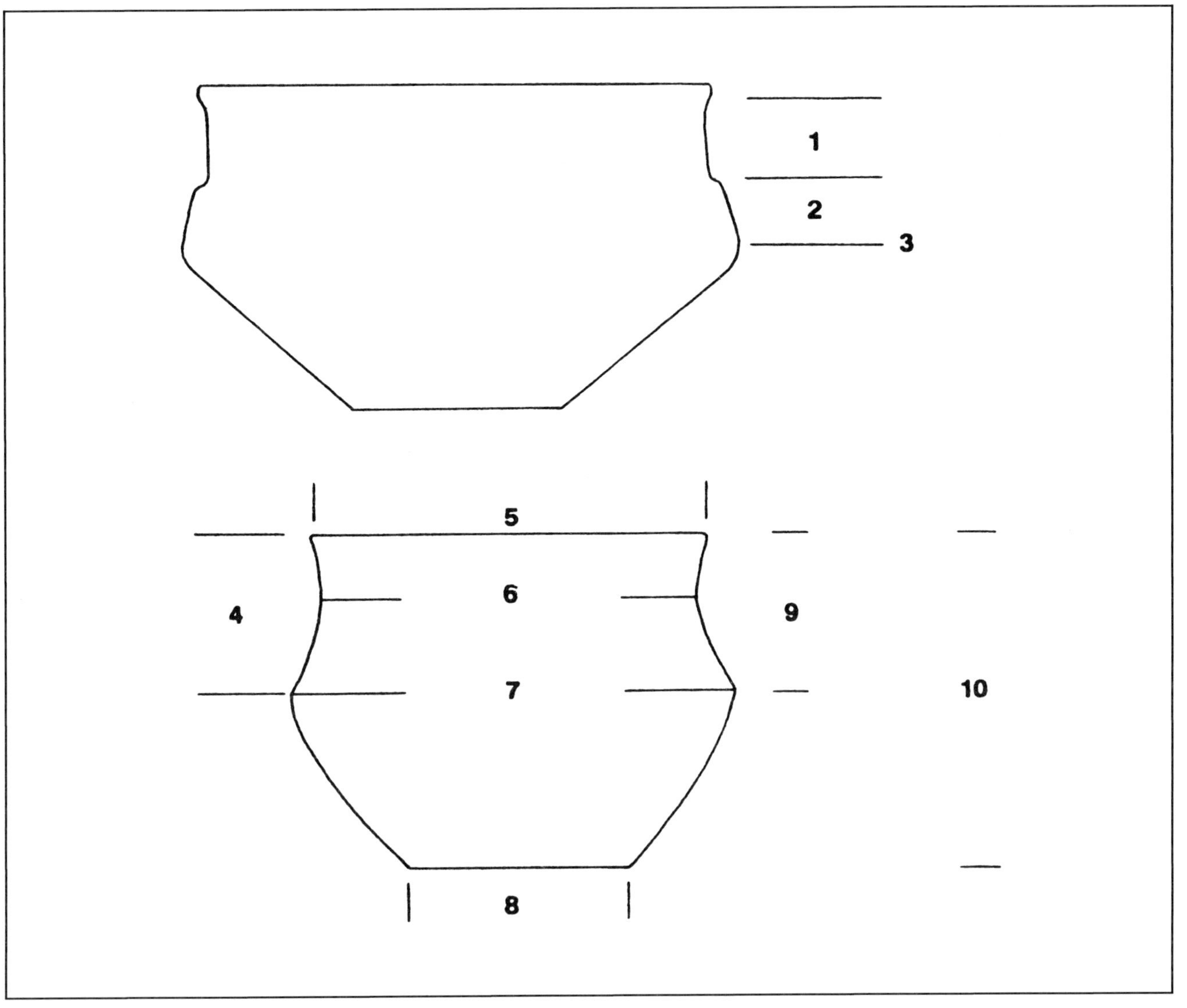

Abb. 12: Gefäßaufbau und Meßpunkte. 1 Hals; 2 Schulter; 3 Umbruch; 4 Oberteil; 5 Randdurchmesser; 6 geringste Weite; 7 Breite; 8 Bodendurchmesser; 9 Oberteilhöhe; 10 Höhe

Zur Auswertung wurden die Gefäße nach den mit Hilfe des Computers erstellten Abstandslisten in Reihen sortiert. Da die meisten Gefäße in jeweils mehreren Abstandslisten aufgeführt sind, können mehrere Reihen miteinander verglichen und die am engsten miteinander verbundenen Gefäße in Gruppen zusammengestellt werden. Diese Gruppen bildeten die Ausgangsbasis für die Trennung der Formengruppen Schalenurnen, Pokale, engmündige Gefäße, Töpfe, Mischformen, Kümpfe, Schüsseln und Schalen, Näpfe und Becher sowie der Typeneinteilung innerhalb dieser Formengruppen.

Die Zusammenfassung mehrerer Gruppen von Schalenurnen basiert auf folgenden Überlegungen. Das gesamte Material soll in eine überschaubare Zahl von Typen gegliedert werden. Die Typen müssen klar gegeneinander abzugrenzen sein. Da unterschiedliche Proportionen an sehr eng verwandten Gefäßen auftreten, ist der Proportionierung nicht grundsätzlich entscheidende Bedeutung beizumessen. Die Typeneinteilung erfolgt daher nach der Gefäßform. Bestimmend sind die Form der Gefäßteile Hals, Schulter bzw. Oberteil und Umbruch sowie die Verbindung zwischen den Gefäßteilen. Die Typenbezeichnungen enthalten die jeweils charakteristischen Merkmale. Innerhalb des Typs werden Varianten unterschieden, wenn sowohl Gefäße mit Fuß als auch solche ohne besondere Fußbildung vorliegen oder wenn markante Unterschiede eine Trennung nahelegen.

Für die Schalenurnen ergaben sich nach der systematischen Trennung der Formen 19 Typen. Da jeweils mehrere Typen bestimmte Gemeinsamkeiten aufweisen, wurden Typengruppen gebildet. Die Bezeichnung der Typengruppen richtet sich nach dem verbindenden Merkmal[164]. Somit ergeben sich für die Gliederung der Schalenurnen drei Ebenen: Typengruppe > Typ > Variante.

Die Typeneinteilung bei den Töpfen, den Mischformen, den engmündigen Gefäßen, den Schüsseln und den Näpfen erfolgt ebenfalls auf Grund der Form. Schalen werden von Schüsseln auf Grund der Größe getrennt. Die Pokale werden nicht untergliedert, da nur eine Ausprägung vorliegt.

---

164 Dieses Merkmal muß aber nicht ausschließlich in dieser Typengruppe vorkommen.

Bei den Kümpfen werden die Typen im wesentlichen nach Größe und Proportionierung getrennt, da die Form vorgegeben ist.

Zur Kennzeichnung werden die Typen nicht nur beschrieben, sondern mit einer Buchstaben-Zahlen-Kombination versehen. Die Formengruppe wird mit Buchstaben angegeben, der Typ mit Zahlen. Innerhalb der Formengruppe beginnt die Typenzählung mit 1. Die Kennbuchstaben sind ,S' für Schalenurnen, ,T' für Töpfe, ,M' für Mischformen, ,E' für engmündige Gefäße, ,K' für Kümpfe, ,SÜ' für Schüsseln, ,SL' für Schalen, ,N' für Näpfe, ,P' für Pokale und ,B' für Becher.

Dekorstudien

Über drei Viertel der Keramik vom Gräberfeld auf dem Pfingstberg sind verziert. Entscheidend bestimmt wird dieses Verhältnis durch den Anteil der verzierten Schalenurnen, denn Schalenurnen machen 85 % des keramischen Bestandes aus. Höchstens ein Viertel der Schalenurnen ist nicht verziert. In den anderen Formengruppen schwankt der Anteil der ornamentierten Gefäße erheblich. Von den elf Schalen ist nur eine verziert (9 %). Bei Näpfen und Töpfen sind 13 bzw. 14 % verziert, bei Kümpfen 28 % und bei Schüsseln 50 %. Von den zwei Pokalen ist einer, von den fünf Gefäßen, die als Mischformen angesprochen werden, sind drei (60 %) und von den sechs engmündigen Gefäßen alle verziert. Auch der einzige Becher ist dekoriert.

Dieser insgesamt hohe Anteil an verzierten Gefäßen macht den Stellenwert der Dekoration deutlich, so daß eine eingehendere Betrachtung der Ornamentik angemessen erscheint. Die große Variationsbreite und die Langlebigkeit einiger Ornamente erschweren jedoch die Auswertung in chronologischer Hinsicht[165].

Bei der Analyse der Verzierung ist von folgenden Überlegungen auszugehen. Eine Auflösung in die einzelnen Elemente, aus denen das Muster aufgebaut ist, läßt zwar den direkten Vergleich und die mengenmäßige Erfassung eines jeden Elementes zu, das Gesamtbild des Musters wird jedoch nicht berücksichtigt. Doch gerade dieses prägt den optischen Eindruck. Er wird durch die Wahl des Gefäßteiles für die Verzierung, die Summe der Einzelornamente, die Orientierung sowie die Gruppierung bestimmt. Dementsprechend muß die Verzierung bei der Analyse sowohl in ihre Einzelbestandteile zerlegt als auch in ihrer Gesamtheit betrachtet werden.

Herstellung der Verzierungen

Die Ornamente wurden auf den Gefäßen mit dem Finger (z. B. Dellen und Fingerkniffverzierungen), mit dem Fingernagel (z. B. Fingernageleintiefungen) oder mit Hilfsmitteln wie Stäbchen, Kamm oder Stempel hergestellt, wobei nach Träger[166] unter Stempel jedes Werkzeug zu verstehen ist, ,,auf dem — in der Regel bewußt — ein Muster angebracht worden ist, das nach Abdruck ein Bild auf einem Gefäß oder anderen Gegenständen hinterläßt.''

Lage der Ornamentik auf dem Gefäß

Für die Bestimmung der Lage der Verzierung auf dem Gefäß[167] kommen zwei Überlegungen in Betracht. Zum einen geht es um den Gefäßteil bzw. die Gefäßteile, auf dem oder denen sich der Dekor befindet. Zum anderen ist zu untersuchen, ob einzelne Verzierungen auf bestimmte Gefäßteile beschränkt sind[168].

Bei der Lage der Dekore auf dem Gefäß können zehn Zonen unterschieden werden:

1. Das gesamte Gefäß vom Rand bis einschließlich Unterteil ist mit Ornamenten versehen.
2. Das Gefäß ist vom unteren Teil des Halses bzw. des Oberteils bis einschließlich Unterteil verziert.
3. Nur der Hals bzw. der Übergang vom Hals zur Schulter bzw. ein entsprechender Streifen des Oberteils ist durch eine Verzierung hervorgehoben.
4. Das Gefäß ist auf dem unteren Teil des Halses und der Schulter bzw. dem Oberteil bis maximal zur größten Weite dekoriert.
5. Das Muster bedeckt den unteren Teil des Halses, die Schulter bzw. das Oberteil und greift über den Umbruch hinaus.
6. Das Gefäß trägt nur auf der Schulter bzw. dem entsprechenden Abschnitt des Oberteils eine Verzierung.
7. Der Dekor findet sich auf der Schulter bzw. dem entsprechenden Abschnitt des Oberteils und dem Umbruch.
8. Das Gefäß ist von der Schulter bzw. dem entsprechenden Abschnitt des Oberteils bis zum Unterteil verziert.
9. Die Ornamentik liegt auf dem Umbruch, das Ausgreifen auf die Schulter bzw. den entsprechenden Teil des Oberteils, und das Unterteil ist durch die Gefäßform und die Größe des Musters bedingt.
10. Nur das Unterteil ist mit einem Dekor versehen.

---

165 Die Ornamente können hier nicht auf ihr Vorkommen in sämtlichen vorangehenden Phasen untersucht werden. Es geht hauptsächlich darum, festzustellen, ob das jeweilige Ornament im direkt vorangehenden Zeitabschnitt, also in der älteren Römischen Kaiserzeit, nachzuweisen ist.

166 Träger, Stempelverzierung 159.

167 Rahmenterminologie 432.

168 Die Unterscheidung in Innen- und Außenseite für die Lage der Verzierung ist nicht erforderlich, da ausnahmslos außen dekoriert wurde.

Nur 12 % der auswertbaren Gefäße sind auf dem Umbruch oder dem Unterteil ornamentiert (Zone 9 = 10 % und Zone 10 = 2 %). In diese Gruppen fällt die Mehrzahl der Kümpfe, bei denen meist nur die größte Weite mit einer Verzierung betont ist. Ausschließlich auf dem Hals ist nur ein Gefäß verziert. In allen übrigen Zonen ist die Schulter enthalten oder berührt. Sie stellt den am häufigsten verzierten Gefäßteil dar. 59 % sind auf Schulter und Umbruch oder nur auf der Schulter dekoriert (Zone 7 = 39 % und Zone 6 = 20 %). Nur 14 % der Gefäße sind vollständig oder zumindest in weiten Teilen verziert (Zonen 1, 2 und 8).

Anzahl der Ornamente auf dem Gefäß

Die Schalenurnen sind mit jeweils einem bis acht Ornamenten verziert, die Gefäße der übrigen Formengruppen mit jeweils einem bis fünf Ornamenten. Bei Schalenurnen[169] finden sich am häufigsten jeweils zwei Ornamente, es folgen jeweils ein Ornament bzw. drei Ornamente. Jeweils vier Ornamente sind auch noch verhältnismäßig häufig vertreten. Die größeren Ornamentzahlen sind selten belegt. Bei den übrigen Gefäßen[170] wurde meist nur jeweils ein Ornament verwendet, mehr als ein Ornament wurde nur relativ selten angebracht.

Orientierung der Ornamente auf dem Gefäß

Unter Orientierung der Ornamente auf dem Gefäß[171] ist die horizontale, vertikale oder diagonale Ausrichtung des Musters zu verstehen. Alle drei Richtungen finden sich sowohl auf dem Oberteil als auch auf dem Unterteil, wobei auf dem Unterteil vertikale Ornamentik überwiegt. Insgesamt haben vertikale und diagonale Ornamente einen Anteil von weniger als 30 %, horizontale Verzierungen überwiegen also.

Anordnung der Ornamente auf dem Gefäß

Die Anordnung der Ornamente kann einzeln, in Gruppen oder umlaufend erfolgen. Zu unterscheiden sind linearer, dreieckiger, bogen- oder zickzackförmiger Verlauf, die freie Anordnung oder die Anbringung in Feldern[172]. Ausschließlich einzelne oder in Gruppen angebrachte Ornamente (Taf. 79,593; Taf. 86,646) oder eine Kombination beider Anordnungsarten (Taf. 40,269) sind sehr selten. Nahezu regelmäßig sind die Gefäße mit kontinuierlich umlaufenden Ornamenten versehen. Bei einer Kombination mehrerer Anordnungsarten überwiegen umlaufende und gruppenweise angeordnete Ornamente (z. B. Taf. 18,126).

Bei allen Arten der Anordnung dominiert der lineare Verlauf. Zickzack- und Bogenform sind sehr selten (z. B. Taf. 48,330). Eintiefungen sind gelegentlich dreieckig angeordnet (z. B. Taf. 41,283). Die ,,freie Anordnung'' ist nur zweimal vertreten und zwar in den Kammstrich- (Taf. 44,303) und Furchenverzierungen (Taf. 87,650).

Von ,,Anordnung in Feldern'' wird gesprochen, wenn Ornamente so gruppiert sind, daß ein zusammenhängender, flächenmäßig begrenzter Komplex entstanden ist. Dies ist der Fall, wenn mehrere gleichartige Verzierungselemente wie längliche Kannelurelemente ein horizontal verlaufendes Muster unterbrechen (z. B. Taf. 11,80) oder wenn ein zentrales Motiv wie Rosetten (z. B. Taf. 99,797) von meist mehreren Rillenabschnitten — bei Urne 455 (Taf. 62) Kannelurelementen — gerahmt und im Zusammenhang mit einer horizontalen Verzierung angebracht ist oder wenn zwei unterschiedliche Verzierungselemente wie Buckel und Rillenabschnitte miteinander kombiniert sind (z. B. Taf. 83,618)[173]. In der Regel sind auch diese von vertikalen Rillenabschnitten gerahmt und stehen im Zusammenhang mit horizontalen Verzierungen. Eine Ausnahme liegt bei Urne 90 (Taf. 13) vor, dort sind vertikale Rillenabschnitte an drei Seiten von Eintiefungen umgeben.

Die auf Schulter und Umbruch liegenden Felder sind rechteckig oder quadratisch. Auf dem Unterteil können sie auch strahlenförmig angeordnet sein (z. B. Taf. 34,230). Soweit Felder vorhanden sind, handelt es sich meist um vier je Gefäß (z. B. Taf. 85,637).

Wechsel der Ornamente

Etwa ein Fünftel der verzierten Gefäße weist innerhalb eines Feldes oder Bandes einen Wechsel der Ornamente auf. Bei Feldern herrscht symmetrische Anordnung vor, bei Bändern sind meist zwei einzelne Elemente alternierend angebracht (z. B. Taf. 6,38). Sparrenbänder sind häufig mit weiteren Ornamenten versehen (z. B. Taf. 85,636). Unregelmäßige Wechsel sind selten (z. B. Taf. 55,395).

Zum Symbolcharakter

,,Weil die Gefäße von Gräberfeldern stammen, ist es möglich, daß sie Produkte einer besonderen ,Friedhofsindustrie' sind. In diesem Fall können wir erwarten, daß Form und Verzierung durch rituelle und religiöse Gegebenheiten bestimmt sind und daß es daher sinnvoll ist, in eine Diskussion der Symbolik der verwendeten Verzierungsmotive einzutreten. Wenn die Urnen aber einfach aus der verfügbaren häuslichen Gebrauchsware ausgewählt sein sollten, könnte die Verzierung überhaupt keine inhaltliche Bedeutung haben'', soweit Hills[174] über sächsische und angelsächsische Keramik. Diese Aussage kann auch auf die elbgermanische Keramik der Römischen Kaiserzeit und der Völkerwanderungszeit übertragen werden. Ein grundsätzlicher Unterschied zwischen Grab- und Wirtschaftskeramik ist nicht erkennbar, wenngleich in Siedlungen einfache Formen überwiegen[175]. Ein Teil der Grabgefäße weist keine Abnutzungsspuren auf. Die genaue Zahl ist jedoch nicht festlegbar, denn ,,primäre'' und ,,sekundäre'', durch Lagerung im Museum entstandene Abnutzungsspuren sind nur ausnahms-

169 Jeweils ein bis drei Ornamente finden sich auf 83,5 % der auswertbaren Schalenurnen.

170 61 % der auswertbaren Gefäße weisen nur ein Ornament auf.

171 Vgl. Rahmenterminologie 432.

172 Rahmenterminologie 432.

173 Schmale, von jeweils einem einzelnen Rillenabschnitt seitlich begrenzte Knubben (z. B. 882) gehören nicht dazu, denn hier liegt die Betonung auf der Knubbe, während der Rillenabschnitt zurücktritt.

174 Hills, Keramik 136.

175 Schach-Dörges, Wilhelmsaue 86.

weise zu unterscheiden. Die Aussagemöglichkeiten sind also durch zahlreiche Unsicherheitsfaktoren eingeschränkt, so daß auf eine Untersuchung des möglichen Symbolgehaltes der Ornamentik verzichtet wird[176].

Einzelornamente

Die auf den Pfingstberger Gefäßen verwendeten Ornamente lassen sich in 30 Gruppen gliedern[177]. Eine Reihe dieser Gruppen ist weiter unterteilt, so wird zwischen konischen und gekehlten Facetten unterschieden. Oft sind es nur formale Gründe, die eine Trennung nötig machen, gelegentlich läßt sich aber auch ein chronologischer Unterschied feststellen.

Die 30 Gruppen sind alphabetisch geordnet[178].

Bögen

Als Bögen werden bogenförmige Rillenabschnitte, Leisten oder Vertiefungen bezeichnet. Nach oben offene werden ,,hängende'' und nach unten offene ,,stehende'' Bögen genannt. Während hängende (das sog. Girlandenmuster bildende) Bögen nur als fortlaufendes Band auftreten (z. B. Taf. 77,579), kommen stehende Bögen sowohl kontinuierlich (z. B. Taf. 91,702) als auch einzeln (z. B. Taf. 1,4) vor. Fortlaufend aneinandergesetzte Bögen, die sich auch an einer Seite überlappen können (Taf. 27,182), sind nur aus jeweils zwei bis vier Rillenabschnitten gebildet worden. Einzelne Bögen bestehen aus plastischen Leisten (z. B. Taf. 1,4), Rillenabschnitten (z. B. Taf. 55,395) oder Dellen (z. B. Taf. 90,681)[179]. Bei den Gefäßen 4 und 252 (Taf. 37) sind die plastischen Bögen mit weiteren Mustern, wie Schrägstrich-, Kerbband und Warzen zusätzlich verziert. Bei Urne 395 (Taf. 55) treten Bögen in einem Band mit Rillenabschnitten, Sparren und Eintiefungen auf.

Wie fast alle Ornamente finden sich Bögen vorwiegend auf Schalenurnen, sind jedoch nicht auf sie beschränkt, denn auch der Kumpf 675 (Taf. 89) weist diesen Dekor auf. Die Bögen liegen vor allem auf Schulter und Umbruch, reichen aber auch weit auf das Unterteil herunter.

Bögen unterschiedlicher Art sind von der älteren Römischen Kaiserzeit[180] bis in die Völkerwanderungszeit belegt[181]. Hervorzuheben ist das seltene Vorkommen von Girlandenverzierungen, die ein wesentliches Verzierungselement des nördlichen Teils des elbgermanischen Gebietes darstellen[182].

Buckel

Unter Buckeln werden einzeln stehende Erhebungen unterschiedlicher Form und Größe zusammengefaßt. Im Gegensatz dazu sind Wellen oder Wülste umlaufende Erhebungen. Buckel sind im Unterschied zu den Knubben meist von innen herausgetrieben, doch sind auch hier wie bei den Knubben Ausnahmen möglich, so ist der Buckel von Urne 104 (Taf. 16) aufgesetzt. Bestimmend für die Ansprache ist das Erscheinungsbild. Mit Ausnahme der Urne 571 (Taf. 76), die mit einzelnen, von innen herausgetriebenen Buckeln verziert ist, treten Buckel vor allem in Kompositionsgruppen (Feldern) auf. In diesen Gruppen sind sie teils unverziert (z. B. Taf. 49,336), teils mit zusätzlichen Ornamenten versehen. Diese zusätzlichen Ornamente sind meist waagerechte, die Wölbung bedeckende Rillenabschnitte (z. B. Taf. 85,637). Während diese Buckel nur schwach gewölbt und der Form des Feldes entsprechend kantig sind, liegen an den Urnen 446 (Taf. 61), 465 (Taf. 63) und 480 (Taf. 65) kräftig gewölbte, längliche vertikale Buckel vor, die — seitlich von jeweils zwei Rillenabschnitten begleitet — die horizontalen Muster unterbrechen. Die Urne 173 (Taf. 26) hat schräggestellte Buckel.

Buckel sind auf Schalenurnen beschränkt und finden sich an diesen auf der Schulter (z. B. Taf. 33,224), dem Umbruch (z. B. Taf. 67,496) oder dem Unterteil (z. B. Taf. 50,352).

Während Knubben (vgl. Knubben) und Felder auch schon aus dem älteren Abschnitt der Römischen Kaiserzeit[183] bekannt sind, treten Buckel erst mit dem jüngeren Abschnitt auf[184]. Sie sind zwar häufig an Gefäßen zu finden, die ins 3. Jahrhundert zu datieren sind, aber auch im 4. Jahrhundert ist das Ornament nachzuweisen. Urne 352 dürfte bereits in die Völkerwanderungszeit zu stellen sein.

Die Buckel der späten Kaiserzeit sind die Vorläufer der völkerwanderungszeitlichen Buckelkeramik[185]. Im Gegensatz zu den einzeln gesetzten Buckeln ist für Buckelkeramik die kontinuierliche Anbringung charakteristisch. Sie findet sich an engmündigen Gefäßen (z. B. Taf. 104,854) in Kombination mit Rillenabschnitten.

Dellen

Dellen sind runde, ovale oder längliche flache Vertiefungen, die die Oberfläche nicht verletzen. Sie sind einzeln (z. B. Taf. 78,585) oder in Gruppen (z. B. Taf. 7,48) angebracht[186]. Meist treten sie mit anderen Verzierungselementen zusammen auf, nur die Urnen 585 (Taf. 78) und 681 (Taf. 90) sind ausschließlich mit Dellen dekoriert.

Am häufigsten finden sich runde (z. B. 230) oder rundliche Dellen unterschiedlicher Größe (von 0,3 cm Durchmesser

176 Eine kurze Erwähnung ist nur beim sog. Tannenbaummuster erforderlich.

177 Diese hohe Zahl an Ornamenten ist darauf zurückzuführen, daß versucht wurde, sämtliche Ornamente und Veränderungen des Gefäßaufbaus zu benennen.

178 Eine Untergliederung in solche Ornamente, die als ,,plastische Bearbeitung der Gefäßwand'' oder als ,,plastische Applikationen'' zu bezeichnen sind (vgl. Rahmenterminologie 432), läßt sich nicht in allen Fällen durchführen, denn einige Buckel sind aufgesetzt, d. h. plastische Applikationen, während die Mehrzahl von innen herausgetrieben, also durch Bearbeitung der Gefäßwand, entstanden ist. Eine Zusammenstellung der mit Rillen verbundenen Ornamente hätte zur Trennung der Bögen geführt, da Bögen aus Rillenabschnitten oder Leisten bestehen.

179 Von den Gefäßen 305 und 751 sind nur wenige Scherben erhalten, so daß Aussagen nicht mehr möglich sind.

180 z. B. Kemnitz: Geisler, Katalog Taf. 34,383; 73,727; 90,870/871.

181 z. B. Bothmer: Nowothnig, Brandgräber Taf. 5,16; Zalužī: Svoboda, Völkerwanderungszeit Taf. CI,6.

182 z. B. Preetz: Brandt, Preetz.

183 z. B. Hohenferchesar: von Müller, Fohrde Taf. 70,348.

184 z. B. Preetz: Brandt, Preetz Taf. 1,10a.

185 Vgl. Schmidt, Völkerwanderungszeit 99 ff.

186 Umbruchdellen sind allerdings — mehr oder weniger dicht aneinandergesetzt — umlaufend angebracht.

bei 377:2, Taf. 53, bis 1,5 cm Durchmesser bei 104, Taf. 16). Als Bestandteil von Feldern treten Dellen mit anderen Verzierungselementen wie Rillenabschnitten (z. B. 104) kombiniert auf[187]. In Verbindung mit konzentrisch angeordneten Eintiefungen werden Dellen als Rosetten (vgl. Rosetten) bezeichnet. Da beide Elemente zusammen eine Verzierungseinheit bilden, ist die Aufspaltung in Dellen und Eintiefungen nicht sinnvoll.

Vorwiegend finden sich Dellen auf Schulter und Umbruch, gelegentlich verzieren sie das Unterteil (z. B. Taf. 34,230). Dellen kommen bei dem hier untersuchten Material ausschließlich an Schalenurnen vor.

Die Dellenverzierung tritt seit der Mitte des 2. Jahrhunderts[188] auf. Urne 835 (Taf. 102) belegt ihr Vorkommen noch in der Völkerwanderungszeit.

Umbruchdellen: Auf dem Umbruch angebrachte Dellen werden als Umbruchdellen bezeichnet. Umbruchdellen (z. B. Taf. 10,69) sind fortlaufend nebeneinander gesetzt und dadurch weichkantigen Umbruchkanneluren verwandt, von denen sie sich in Größe und Ausrichtung unterscheiden. Umbruchdellen sind vor allem für den Schalenurnentyp 14 charakteristisch. Das bestimmende Merkmal dieses Typs sind Facetten. Von insgesamt elf Gefäßen (ausschließlich Schalenurnen) mit Umbruchdellen haben acht diese plastische Verzierung (69, 162, 164, 301, 348, 420, 561, 627), wobei die Dellen auf der vorspringenden größten Weite angebracht sind.

Umbruchdellen kommen in Stufe C2 auf und halten sich bis in die Völkerwanderungszeit hinein. Die mit Umbruchdellen verzierten Gefäße des Typs S14 gehören in die Stufen C2 und C3. In der frühen Völkerwanderungszeit sind sie in Böhmen[189] nachzuweisen. Für die späte Völkerwanderungszeit in Mitteldeutschland hat Schmidt[190] ,,doppelkonische Schalen mit Kerben und Lappen am Bauchumbruch'' (,,Zipfelschale'') als Typ zusammengestellt und in die Gruppen II bis IIIa eingeordnet. Zum Teil weisen sie wie die Pfingstberger Stücke kleine Dellen auf[191]. Als Vorform der Zipfelschalen ließe sich vielleicht Urne 257 (Taf. 38) ansprechen, die am Umbruch in gleichmäßigen Abständen mit sechs kleinen Zipfeln verziert ist und ebenfalls Schalenurnentyp 14 angehört.

Eintiefungen

Vertiefungen der Gefäßwand, die die Oberfläche verletzen, werden Eintiefungen genannt. Sie können rund, oval, sichel- (Fingernageleintiefungen), linsen-, mandel-, ring- und D-förmig, dreieckig, viereckig oder unregelmäßig geformt sein. Hergestellt wurden sie mit Fingernagel, Fibelspirale, Stäbchen oder Stempeln unterschiedlicher Form[192]. Die Mehrzahl der Formen ist weit verbreitet und läßt sich zeitlich nicht eingrenzen[193].

Runde Eintiefungen: Am häufigsten finden sich runde Eintiefungen. Sie haben einen Durchmesser von 0,15 cm bis 1 cm[194] und sind im Querschnitt kantig, spitz (bei 309, Taf. 45, beides) oder gerundet. Bei 275 (Taf. 40) und 744:2 (Taf. 95) ist ein Steg stehengeblieben.

Runde Eintiefungen treten einzeln (z. B. Taf. 33,227), in Gruppen nebeneinander (z. B. Taf. 26,178) oder ein Dreieck bildend (z. B. Taf. 64,467), frei gesetzt (Taf. 69,518), als Füllmuster (z. B. Taf. 39,266), als Bestandteil von Feldern (z. B. Taf. 5,31) sowie in fortlaufenden Bändern (z. B. Taf. 14,92) auf.

Wie die übrigen Eintiefungen sind sie vor allem auf der Schulter angebracht, zieren aber auch Hals (Taf. 71,534), Umbruch (z. B. Taf. 98,792) sowie Unterteil (Taf. 16,105). Sie sind nicht auf Schalenurnen beschränkt, sondern finden sich auf dem Pokal 114 (Taf. 17) und der Schüssel 452 (Taf. 61). Meist sind sie wie die übrigen Eintiefungen mit anderen Ornamenten, vor allem Rillen, kombiniert, können aber auch als einziges Ornament auftreten.

Sternförmige Eintiefungen: Ein runder Stempel mit eingeschnittenen, nach innen weisenden Zacken wird als Sternstempel[195] bezeichnet. Mit einem solchen Sternstempel ist die Schalenurne 242 (Taf. 36) in einem von Rillen begrenzten Streifen verziert.

Ringförmige Eintiefungen: Ringförmige Eintiefungen finden sich nur auf der Schalenurne 176 (Taf. 26). Sie werden auf der Innenseite von kleinen Einstichen begleitet. Dieses Ornament zeigen zum Beispiel eine Scherbe aus dem Kastell Holzhausen[196] und ein Stempel aus Altenbülstedt[197].

Ovale Eintiefungen: Ovale Eintiefungen sind fortlaufend (z. B. Taf. 41,281:2) oder in Gruppen (z. B. Taf. 28,191) angebracht.

Linsenförmige Eintiefungen: Mit linsenförmigen Eintiefungen sind die Schalenurne 360:2 (Taf. 51) und die Scherben einer Schüssel oder eines Kumpfes Kat.-Nr. 800 (Taf. 99) verziert. Beide Gefäße weisen keinen weiteren Dekor auf.

Mandelförmige Eintiefungen: Mandelförmige Eintiefungen sind fortlaufend (z. B. Taf. 11,80), gruppenweise (z. B. Taf. 79,594) oder als Füllmuster (z. B. Taf. 75,566) auf Schalenurnen und auf dem Kumpf 554 (Taf. 73) verwendet worden.

D-förmige Eintiefungen: D-förmige Eintiefungen unterschiedlicher Größe und Stellung finden sich auf Schalenurnen in Bändern (z. B. Taf. 16,107), in Gruppen (z. B. Taf. 22,144), als Füllornament (z. B. Taf. 58,420) oder bogenförmig gruppiert (Taf. 19,124). Häufig wurden sie zur Herstellung von Rosetten (vgl. Rosetten) benutzt. Neben den Schalenurnen sind der Topf 447 (Taf. 61) und Urne 657

187 Diese Kombinationsmöglichkeit besteht bei Umbruchdellen nicht.

188 Perniĉka, Mähren 80.

189 Svoboda, Bayern 106.

190 Schmidt, Völkerwanderungszeit 97 f.

191 z. B. Schmidt, Völkerwanderungszeit Taf. 12,e (Elsterstrebnitz); 13,a (Osendorf).

192 Vgl. ,,Herstellung der Verzierungen''.

193 Eine detaillierte Darstellung der Formen findet sich bei von Uslar, Bodenfunde 28 ff.40. Sie zeigt, daß die Mehrzahl der Formen in dem von ihm behandelten Zeitraum (1. — 3. Jahrhundert) nachzuweisen ist.

194 Die kleinen Eintiefungen sind daher auch als Einstiche zu bezeichnen.

195 Röhrer-Ertl, Westerwanna 65.

196 von Uslar, Bodenfunde Taf. 20,35.

197 Böhme, Grabfunde Taf. 1,7.

(Taf. 87), die zu den Mischformen gehört, mit D-förmigen Eintiefungen verziert.

Dreieckige Eintiefungen: Dreieckige Eintiefungen oder Keilstichverzierungen sind auf Schalenurnen in Bändern (z. B. Taf. 8,59), als Füllmuster (z. B. Taf. 30,207), in Feldern (z. B. Taf. 85,637) oder in Gruppen (z. B. Taf. 10,69) angebracht. Werner[198] hat durch Zusammenstellung der Fundorte mit Keilstich verzierter Gefäße — einmal aus elbgermanischen Brandgräbern des 3. bis 5. Jahrhunderts, und zum anderen aus Skelettgräbern des 5./6. Jahrhunderts — darlegen können, daß es sich um ein spezifisch elbgermanisches Verzierungselement handelt. In der Kaiserzeit ist das Ornament von der Niederelbe bis Mitteldeutschland mit Ausstrahlung nach Böhmen und Mähren verbreitet. Im 5./6. Jahrhundert verlagert sich das Verbreitungsgebiet nach Mittelböhmen, Mähren/Niederösterreich und Südwestdeutschland.

Viereckige Eintiefungen: Viereckige Eintiefungen sind auf der Schalenurne 176 (Taf. 26) vorhanden. Die auf den Scherben der stark beschädigten Schalenurne 475 (Taf. 65) noch erkennbaren Restverzierungen lassen die Vermutung zu, daß es sich hier auch um viereckige Eintiefungen gehandelt hat.

Unregelmäßig geformte Eintiefungen: Unter „unregelmäßig geformten Eintiefungen" sind die Ornamente zusammengefaßt, die nur an jeweils einem Gefäß vorkommen und durch Beschreibungen nur unzureichend angesprochen werden können. Es gehören in die Gruppe die Eintiefungen auf den Schalenurnen 98 (Taf. 15), 263 (Taf. 38), 564 (Taf. 75), 602 (Taf. 80), 627 (Taf. 84), 682 (Taf. 90) und 784:3 (Taf. 98).

Fingernageleintiefungen: Fingernageleintiefungen[199] sind auf den Schalenurnen einzeln (Taf. 82,610), in Gruppen (Taf. 1,1; Taf. 25,169) oder auf dem Kumpf 656 (Taf. 87) als umlaufendes Band angebracht.

Fibelspiraleintiefungen: Die Schalenurnen 570 (Taf. 76) und 610 (Taf. 82) sind mit Fibelspiraleintiefungen verziert. Dieses Ornament ist auch von anderen Fundplätzen belegt[200] und gehört ins 4. Jh.

Facetten

Als Facetten werden horizontal verlaufende Flächen bezeichnet, die durch einen markanten Richtungswechsel innerhalb eines Gefäßteiles — Hals, Schulter bzw. Oberteil, Umbruch und Unterteil — entstanden sind. Facetten verändern die Form, aber diese Veränderung erfolgt nicht aus funktionalen Gründen, sondern aus ästhetischen. Facetten sind deshalb den Verzierungen zuzurechnen. Durch diese Verzierung wird die Form der Gefäße so wesentlich verändert, daß die Schalenurnen mit Facetten als eigenständige Typen (vgl. Typengruppe III und IV) anzusehen sind. Es lassen sich formal plane (konische und zylindrische) und gekehlte Facetten unterscheiden.

Konische und zylindrische Facetten: Bei fast der Hälfte der Gefäße mit Facetten ist der Umbruch als zylindrischer Streifen ausgebildet (z. B. Taf. 72,546); an der Oberkante setzt die Schulter an, an der Unterkante das Unterteil. Etwa genauso häufig ist das Unterteil kurz unterhalb des Umbruchs geknickt (konische Facette; z. B. 69, Taf. 10,69). Auf der Schulter sind Facetten nur selten angebracht (z. B. Taf. 42,288). Gelegentlich ist die Schulter analog zur unterhalb des Umbruchs liegenden Facette gestaltet (z. B. Taf. 10,73).

Die Kanten der Facetten sind wie andere markante Gefäßpartien in vielen Fällen durch Rillen oder Rillenpaare betont. Gelegentlich liegen Leisten an den Kanten (z. B. Taf. 7,46). Zum Teil sind die Facetten zusätzlich verziert (z. B. Taf 77,579). Bei Urne 611 (Taf. 82) ist der zylindrische Umbruch in acht Flächen geteilt.

Gekehlte Facetten: Wenn die durch einen Richtungswechsel innerhalb eines Gefäßteiles entstandenen Flächen nicht plan sind, sondern einschwingen, werden sie als gekehlte Facetten bezeichnet. In der Mehrzahl sind sie auf den Umbruch gelegt (z. B. Taf. 23,155); darunter befinden sie sich seltener (z. B. Taf. 109,925). Häufig sind die gekehlten Facetten am Umbruch einziges Verzierungselement des Gefäßes[201]. Daneben kommen Kombinationen mit Rillen, Schrägstrichband, plastischen Verzierungen sowie Gittermuster vor.

Facetten treten auf Schalenurnen — darunter auch das Drehscheibengefäß 450:2 (Taf. 61) — und auf dem Topf 447 (Taf. 61) auf.

Die Facettenverzierung gehört in die Stufen C2 und C3 (S13 — 16). Sie begegnet vor allem im östlich, nordöstlich, nördlich und westlich anschließenden Gebiet[202], allerdings nicht mit der Häufigkeit, mit der sie für das Pfingstberger Gräberfeld belegt ist.

Fingerkniffverzierung

Bei der Fingerkniffverzierung[203] wird mit Daumen und Zeigefinger in den noch weichen Ton gegriffen, so daß zwischen den beiden Vertiefungen ein Steg stehenbleibt. Dieses Ornament ist beim Pfingstberger Material auf Kümpfe beschränkt (Typ K2: Taf. 48,335; 87,653; 92,708; — Typ K3: Taf. 87,655; 111,953). Die Fingerkniffverzierung ist hier in Gruppen oder einzeln in unregelmäßigen Abständen stets ohne weitere Ornamente auf dem Umbruch angebracht.

Die Fingerkniffverzierung ist ein Ornament, das von der älteren Kaiserzeit[204] bis in die Völkerwanderungszeit[205] verwendet wurde. Es findet sich an einem Gefäß aus Leuna[206], das in die zweite Hälfte des 3. bis in den Anfang des 4. Jahrhunderts datiert wird. In diesen Zeitraum gehört auch ein Gefäß aus Laisacker bei Neuburg an der Donau[207]. Durch

198 Werner, Langobarden 51 ff., 172 ff. und Abb. 4.

199 Da dieses Ornament die Oberfläche verletzt, kann nach der hier gewählten Terminologie nicht von Fingernageleindrücken gesprochen werden.

200 z. B. Wilhelmsaue, Grab 53; 60: Schach-Dörges, Wilhelmsaue Taf. 25,1.30. — Westerwanna, Grab 19: von Quillfeldt und Roggenbuck, Westerwanna Taf. 4,19b; vgl. Leube, Oder-Spree-Gebiet 43. — Dienstedt: Schmidt, Spätphase Taf. 2,a. — Issendorf: Janssen, Issendorf Taf. 51.

201 Bei zylindrischen und konischen Facetten ist der Prozentsatz der sonst unverzierten Gefäße deutlich geringer.

202 Vgl. Zusammenfassung und Schlußbetrachtungen.

203 Zur Bezeichnung vgl. von Uslar, Bodenfunde 26 f.

204 Vgl. von Uslar, Bodenfunde 26 ff.; Pernička, Mähren 78 ff.

205 Vgl. Nowothnig, Brandgräber 57 ff.

206 Schulz, Leuna 34 und Taf. XXXII,3.

207 Roeren, Südwestdeutschland 227.248 Abb. 8.

ein Gefäß aus Schretzheim[208] ist das Muster für das späte 6. Jahrhundert belegt.

Furchenverzierung

Unter Furchenverzierung wird ein flächendeckender Dekor aus unregelmäßig angeordneten, sich zum Teil überschneidenden Strichen verstanden.

Bei den Pfingstberger Gefäßen findet sich Furchenverzierung nur auf Urne 650 (Taf. 87). Sie bedeckt als einziges Ornament an diesem Gefäß einen breiten Streifen, der vom Umbruch bis etwa vier Zentimeter oberhalb des Bodens reicht.

Das Ornament ist weit verbreitet[209] und gehört nach Pernička[210] ins 1. bis 3. Jahrhundert.

Gitter

Mit Gittermuster werden rechts- und linksläufige bzw. senkrechte und waagerechte, sich überkreuzende Rillenabschnitte oder Rillen bezeichnet. Die Fläche wird so in Rauten, Rechtecke oder Quadrate aufgelöst. Geradlinige Gitter finden sich nur auf drei Schalenurnen (Taf. 41,276; 61,451; 65,480), Rauten bildende Gitter sind dagegen häufiger anzutreffen (z. B. Taf. 6,37).

Zu unterscheiden sind flächig und bandförmig angelegte Gitter. Bei den Schalenurnen 252 (Taf. 37) und 451 (Taf. 61) sind breite Flächen mit dem Ornament versehen, bei 224 (Taf. 33) und 276 (Taf. 41) sind Gitter mit anderen Mustern Bestandteil von Feldern, bei allen anderen findet sich das Gittermuster als horizontal verlaufendes Band. Es liegt auf der Schulter bzw. dem Oberteil, gelegentlich auch auf dem Umbruch (Taf. 65,480). Auch der Kumpf 554 (Taf. 73) ist mit einem Gitterband verziert, das auf der größten Weite angebracht ist. In der Regel wird das Gittermuster oben und unten von Rillen begrenzt.

Neben Rillen sind Gitter häufig mit weiteren bandförmigen Mustern wie Sparren oder Schrägstrichband kombiniert. Auffällige Übereinstimmungen mit den Urnen 556 (Taf. 74) und 568 (Taf. 75) — vielleicht auch mit dem Gefäß 749 (Taf. 95) — hat eine Urne aus Nettlingen[211].

Gittermuster sind seit der älteren Römischen Kaiserzeit in ganz Mitteleuropa[212] verbreitet. Die mit diesem Ornament verzierten Pfingstberger Gefäße gehören — soweit sie sich datieren lassen — in die zweite Hälfte des 3. und ins 4. Jahrhundert. In der Völkerwanderungszeit ist das Gittermuster vor allem für Thüringer Drehscheibengefäße[213] charakteristisch.

Henkel und Ösen

Henkel sind bei der Keramik vom Pfingstberg nicht sicher nachweisbar. Lediglich die Schalenurne 934 (Taf. 110) könnte ursprünglich mit einem Henkel versehen gewesen sein, denn auf der Schulter dieses Gefäßes sind Reste eines plastischen Ansatzes erhalten.

Eine Öse befindet sich auf der Schalenurne 104 (Taf. 16; 112). Sie ist durch nachträgliche Durchbohrung einer der beiden plastisch aufgesetzten Buckel entstanden. Hinsichtlich des Gefäßaufbaues und der Anlage der Verzierung ist eine Urne aus Rebenstorf[214] vergleichbar. Die Buckel sind an diesem Gefäß jedoch nicht durchbohrt. Gefäße mit Ösenverzierung — oft in der Dreizahl angebracht[215] — sind dagegen nicht mit Urne 104 verwandt.

Kammstrichverzierung

Unter Kammstrichverzierung ist ein Ornament zu verstehen, das mit einem kammartigen Gerät mit kleiner Zinkenzahl ausgeführt wurde. Der Kammstrich kann gerade, bogenförmig oder schräg verlaufen. Bei dem einzigen, mit Kammstrich verzierten Gefäß vom Pfingstberger Gräberfeld (Taf. 44,303) sind unterschiedlich lange Streifen unregelmäßig angeordnet. Das Oberteil und eine Zone oberhalb des Bodens sind unverziert[216].

Die Kammstrichverzierung kommt in der Spätlatènezeit auf und ist in der älteren Kaiserzeit weit verbreitet[217]. In der jüngeren Kaiserzeit tritt das Ornament in den Hintergrund[218]. Für die Völkerwanderungszeit ist es zum Beispiel an Kümpfen aus Deersheim[219] nachzuweisen.

Kanneluren

Als Kanneluren werden horizontale, vertikale oder schräggestellte gleichförmige Vertiefungen bezeichnet, die einen Gefäßteil oder mehrere Gefäßteile bedecken. Nach der Art der Anbringung lassen sich scharfkantige und weichkantige Kanneluren unterscheiden. Gesondert behandelt werden jeweils Umbruchkanneluren.

Scharfkantige Kanneluren: Als scharfkantig sind Kanneluren zu bezeichnen, wenn sie unmittelbar nebeneinandergesetzt scharfe Grate bilden. Scharfkantige Kanneluren bestehen demnach aus rinnenförmigen Vertiefungen und scharfkantigen Graten — weichkantige dagegen aus rinnenförmigen Vertiefungen und stehengebliebenen Stegen.

Vertikale Kanneluren befinden sich stets auf dem Unterteil und reichen vom Boden bis auf oder über den Umbruch, horizontale bedecken in der Regel die Schulter, bei Urne 648 (Taf. 87) auch das Unterteil. Dieses Gefäß ist auch das einzige, an dem die Kanneluren ausschließlich horizontal ausgerichtet sind. Häufiger sind beide kombiniert (z. B. Taf. 42,289)[220]. Durch Beifunde ist das zu diesem Verzierungs-

208 Koch, Schretzheim 35 ff. und Taf. 11. Das Gefäß wird von Koch nach den im Grab gefundenen Fibeln in ihre Stufe 3 (565 — 590/600 n. Chr.) eingeordnet.

209 Vgl. von Uslar, Bodenfunde 37 f.

210 Pernička, Mähren 76 ff.

211 Voss, Nettlingen Abb. 9,a.

212 Pernička, Mähren 77.

213 z. B. Obermöllern: Schmidt, Völkerwanderungszeit Taf. 80.

214 Körner, Rebenstorf Abb. 53,Lbrg 2385.

215 z. B. Großbadegast: Schmidt, Großbadegast Abb. 6,f.

216 A. von Müller (von Müller, Formenkreise 18) weist darauf hin, daß bei älterkaiserzeitlichen Gefäßen mit Kammstrichverzierung die Schulter stets frei bleibt.

217 In Großromstedt z. B. liegt Kammstrichverzierung in verschiedener Ausprägung vor (Eichhorn, Großromstedt 60 ff.).

218 Es ist z. B. an Gefäßen aus Zauschwitz belegt (Meyer, Zauschwitz Abb. 49; 53,3; 68).

219 Schneider, Deersheim 151 ff.

220 Körner (Körner, Rebenstorf 115 ff.) hat Schalenurnen mit Kanneluren, die in Rebenstorf besonders häufig gefunden wurden, als „Bauchrillenschalen" bezeichnet. Hier gehören die betreffenden Gefäße dem Typ S11 an.

typ gehörende Gefäß aus Grab 699 von Kemnitz an den Anfang von Stufe C1 zu stellen[221]. An zwei Gefäßen des Pfingstberger Gräberfeldes läßt sich die Weiterentwicklung erkennen. Während die Kannelierung des Unterteils zunächst beibehalten wird, wird die der Schulter verschliffen, und die Übergänge werden weichkantig (Taf. 102,829)[222]. Die spätere Stellung wird durch die deutlich veränderte Proportionierung unterstrichen. Bei Urne 869 (Taf. 106) sind nur noch Rillen auf der Schulter angebracht, und die scharfkantigen Kanneluren des Unterteils sind schmaler. Auch gegenüber 829 ist die Gefäßform verändert worden, so daß 869 bereits in die späte Völkerwanderungszeit (vgl. S9) zu stellen ist.

Dieser ausschließlich an Schalenurnen beobachtete Dekor tritt allein oder mit Leisten, Kerben oder Rillen kombiniert auf.

Möglicherweise ist die Verzierung vom Dekor römischer Glasgefäße, den sog. Lotusschalen, beeinflußt worden[223]. Das Lotusmotiv war nach U. Lund Hansen[224] schon seit Christi Geburt beliebt. Es entwickelte sich während der ganzen Römischen Kaiserzeit fort und wurde den jeweiligen Gefäßformen angepaßt[225].

Scharfkantige Umbruchkanneluren: Die auf der Umbruchzone angebrachten scharfkantigen Kanneluren wurden als eigene Gruppe ausgesondert, weil sie sich von den anderen Kanneluren durch Lage und Aussehen unterscheiden. Sie sind wie die weichkantigen Umbruchkanneluren unterschiedlich breit und tief sowie schräg gesetzt, unterscheiden sich jedoch von diesen durch den scharfkantigen Grat. Scharfkantige Umbruchkanneluren treten an Pfingstberger Schalenurnen als einziges Ornament (Taf. 47,326), oder mit anderen Ornamenten kombiniert auf (z. B. Taf. 35,238).

Scharfkantige Umbruchkanneluren sind durch ein Gefäß aus Emersleben[226] ab Stufe C1b belegt und kommen bis ins 6. Jahrhundert vor[227].

Weichkantige Kanneluren: Als weichkantig werden Kanneluren bezeichnet, wenn sie nicht unmittelbar nebeneinander gesetzt, sondern durch Stege getrennt sind. Weichkantige Kanneluren sind auf das Unterteil von Gefäßen beschränkt. Entsprechende Verzierungen auf anderen Gefäßteilen werden nicht als Kanneluren angesprochen. Bei der Keramik vom Pfingstberg sind zwei Schalenurnen (Taf. 4,23; 111,951) mit vertikal verlaufenden Kanneluren vertreten[228]. Beide Gefäße sind zusätzlich mit Rillen und Schrägstrichband verziert. Zumindest das eine Gefäß, Urne 23, ist in das 3. Jahrhundert einzuordnen (vgl. S6).

Die Verzierung mit weichkantigen Kanneluren läßt sich bereits in der älteren Römischen Kaiserzeit[229] nachweisen und ist weit verbreitet. Sie findet sich nicht nur in Rebenstorf[230] und in der Altmark[231] häufiger, sondern auch im Gebiet zwischen Saale und Fläming[232] sowie im rheinwesergermanischen Raum[233].

Weichkantige Umbruchkanneluren: Für die gesonderte Behandlung der weichkantigen Umbruchkanneluren gelten dieselben Gründe wie sie im vorangehenden Abschnitt für scharfkantige Umbruchkanneluren dargelegt wurden. Die auf Schalenurnen angebrachten weichkantigen Umbruchkanneluren unterscheiden sich in Größe und Tiefe sowie durch den Abstand der einzelnen Vertiefungen zueinander. Urne 3 (Taf. 1) zum Beispiel zeichnet sich durch breite Stege und tiefe Rinnen aus, bei Urne 577 (Taf. 77) sind die Vertiefungen verhältnismäßig flach. Häufiger sind weichkantige Kanneluren mit Rillen (z. B. Taf. 17,111), gelegentlich auch mit anderen Ornamenten kombiniert. Ausschließlich weichkantige Umbruchkanneluren bilden den Dekor der Urnen 3 (Taf. 1), 565 (Taf. 74) und 847 (Taf. 103).

Weichkantige Umbruchkanneluren treten ab Stufe C2/C3 auf[234] und sind in der Völkerwanderungszeit ein beliebtes Verzierungsmotiv[235].

Kannelurelemente

Bei dem hier als Kannelurelemente bezeichneten Ornament handelt es sich um längliche Vertiefungen. Von Kerben unterscheiden sich Kannelurelemente dadurch, daß sie größer als diese, rinnenförmig und verhältnismäßig flach sind.

In der Regel wurden Kannelurelemente einzeln oder in Gruppen angebracht. Sie dienen als vertikale Trennelemente zwischen einzelnen dekorierten Flächen (z. B. Taf. 37,252) und treten als Bestandteil von Feldern auf (z. B. Taf. 62,455). Kannelurelemente finden sich auf dem Hals (Taf. 44,302) oder auf dem Unterteil (Taf. 1,5), meist aber in einem von Rillen begrenzten Streifen auf der Schulter (z. B. Taf. 63,462). Außer Schalenurnen ist auch das engmündige Gefäß 918 (Taf. 109) mit dem Ornament verziert.

Kannelurelemente treten im Verlauf der jüngeren Römischen Kaiserzeit — vermutlich ab Stufe C2 — an Pfingstberger Gefäßen auf und halten sich bis in die Völkerwanderungszeit[236].

Besonders zu erwähnen ist ein Gefäß aus Záluží[237], das auf dem Hals mit Kannelurelementen verziert ist.

Kehlen

Breite, horizontal umlaufende Einbuchtungen werden als Kehlen bezeichnet. Ihre Breite liegt deutlich über der von

221 Geisler, Katalog Taf. 69; ders., Kemnitz 97.

222 Sie entsprechen damit Wellen.

223 Vgl. Leube, Demmin 162. Die Ausführungen beziehen sich auf weichkantige Kanneluren.

224 Hansen, Import 108.107 Abb. 44.

225 Das Weiterbestehen des Ornaments zeigt der goldene Fußbecher der ersten Hälfte des 7. Jhds. aus Bsca: H. Roth, Kunst der Völkerwanderungszeit. Propyläen-Kunstgeschichte (1979) Abb. 105. Nur angemerkt sei, daß es sich bei Kanneluren um eine sehr alte Verzierung handelt.

226 Schulz, Emersleben Abb. 9 und Taf. XVII,2.

227 Schmidt, Schönebeck 303 f.

228 Urne 190 ist auf Grund des Erhaltungszustandes nicht mehr zu beurteilen.

229 z. B. Hohenferchesar: von Müller, Fohrde Taf. 74,368.

230 Körner, Rebenstorf Abb. 38.

231 Kuchenbuch, Schalenurnenfelder Taf. V,5 — 6; VI,3 — 5.

232 Laser, Katalog Taf. 1,13; 13,59; 16,82; 43,1.

233 von Uslar, Bodenfunde Taf. 5,8.13.15.

234 Vgl. Schach-Dörges, Bodenfunde 106.

235 z. B. Deersheim: Schneider, Deersheim 132 ff.

236 Vgl. Schmidt, Völkerwanderungszeit 99 f. Schmidt bezeichnet Verzierungen wie auf dem engmündigen Gefäß 918 als Hohlkehlen.

237 Svoboda, Völkerwanderungszeit Taf. LXXXVIII,7.

Riefen, und sie sind nicht wie Wellen mit Ausbuchtungen verbunden[238].

Die Mehrzahl der mit Kehlen verzierten Gefäße hat nur eine Kehle, zwei finden sich zum Beispiel an Urne 312 (Taf. 45)[239]. Kehlen sind zumeist auf der Schulter (z. B. Taf. 100,812) angebracht, gelegentlich zwischen Hals und Schulter (z. B. Taf. 69,517) sowie kurz unter dem Umbruch (z. B. Taf. 102,837). Daneben können Kehlen in Verbindung mit Facetten (gekehlte Facetten) auftreten. Gelegentlich ist analog zur gekehlten Schulter eine gekehlte Facette unter dem Umbruch angelegt worden (z. B. Taf. 109,925).

Kehlen sind einziges Verzierungselement (z. B. Taf. 22,145) oder mit Leisten, Facetten, Kerben oder Rillen kombiniert und kommen vorwiegend an Schalenurnen — darunter das Drehscheibengefäß 450:2 (Taf. 61) — vor. Sie finden sich auch an der Mischform 521 (Taf. 70).

Kehlen sind aus der älteren Römischen Kaiserzeit belegt[240]. In der späten Römischen Kaiserzeit ist das Ornament vor allem im nördlichen Teil des elbgermanischen Gebietes[241] beliebt. Das Vorkommen von Kehlen auch in der Völkerwanderungszeit beweist zum Beispiel ein Gefäß aus Bremen-Mahndorf[242].

Kerben

Als Kerben werden längliche, eingeschnittene Vertiefungen bezeichnet. Von Kannelurelementen unterscheiden sie sich in Größe und Tiefe. Kerben sind kleiner und tiefer. Die Mehrzahl der Kerben ist fortlaufend in Bändern angebracht, die oft von horizontalen Rillen begrenzt werden. Kerben sind vertikal (z. B. Taf. 56,404) oder diagonal orientiert (z. B. Taf. 68,504) und erinnern an Schrägstrichbänder[243]. Mehrfach sind plastische horizontale (z. B. Taf. 42,289) oder bogenförmig (z. B. Taf. 37,252) orientierte Leisten mit schrägen Kerben verziert. Außer in Bändern sind Kerben auch in Gruppen angeordnet (z. B. Taf. 45,313).

Kerben finden sich vor allem auf Schalenurnen, aber auch die Schüssel 481 (Taf. 65) und der Topf 93 (Taf. 14) sind damit dekoriert. Das Ornament ist auf der Schulter oder dem Umbruch angebracht.

Die mit Kerben verzierten Pfingstberger Gefäße belegen das Vorkommen dieses Ornamentes von Stufe C1 bis in die Völkerwanderungszeit. Kerben lassen sich jedoch schon in der älteren Römischen Kaiserzeit nachweisen[244].

Knubben

Knubben sind runde, spitzovale oder längliche plastische Verzierungen. Charakteristisch ist, daß sie nicht im Zusammenhang mit anderen Verzierungen (Felder) auftreten. In der Regel sind Knubben im Gegensatz zu den von innen herausgetriebenen Buckeln auf die Gefäßwand aufgesetzt. Bestimmend für die Unterscheidung ist jedoch nicht die Herstellungstechnik, sondern das Erscheinungsbild. Wenn das Erscheinungsbild als Knubbe anzusprechen ist, kann die Verzierung auch auf andere Weise hergestellt worden sein. So sind die runden Knubben bei Urne 446 (Taf. 61) aufgesetzt und bei 579 (Taf. 77) herausgetrieben; die spitzovale, aufgesetzte Knubbe des Kumpfes 914 (Taf. 108) ist mit der herausgetriebenen von Urne 374 (Taf. 52) vergleichbar. Neben runden und spitzovalen kommen eingedellte (154, Taf. 23) und schmale, z.T. weit vorkragende längliche Knubben (z. B. 340, Taf. 48) vor. Letztere sind gelegentlich an der Seite durch einen Rillenabschnitt begrenzt (z. B. 882, Taf. 107).

Knubben treten einzeln oder in Gruppen zu drei Knubben auf. Außer an Schalenurnen finden sie sich an Kümpfen (z. B. 670, Taf. 89), dem Napf 633 (Taf. 85), der Mischform 578 (Taf. 77) und Schüsseln (z. B. 640, Taf. 85). Knubben — im Umbruchbereich oder auf der Schulter angebracht — sind einziges Ornament oder mit anderen Ornamenten kombiniert.

Knubben sind weit verbreitet und treten ab dem Neolithikum fast durchlaufend auf. In der älteren Kaiserzeit kommen sie einzeln oder in Gruppen vor. Im Übergangshorizont von der älteren zur jüngeren Kaiserzeit finden sie sich vielfach an Schalenurnen. Besonders in Přov[245] ist das Ornament häufig. Später sind vor allem andere Gefäßformen wie Kümpfe oder Näpfe mit Knubben dekoriert worden. Kümpfe mit drei Knubben kommen nach Schmidt[246] bis ins 6. Jahrhundert vor.

Leisten

Schmale plastische Streifen werden als Leisten bezeichnet. Sie sind im Gegensatz zu anderen umlaufenden plastischen Verzierungen auf die Gefäßwand aufgesetzt. Leisten sind also plastische Applikationen[247], während bei Wülsten und Facetten die Gefäßwand selbst entsprechend geformt ist. Leisten sind auch wesentlich schmaler als Wülste und Facetten. Die Breite liegt selten über einem Zentimeter, und die Dicke beträgt nur wenige Millimeter.

Etwa ein Drittel der leistenförmigen Verzierungen ist im Querschnitt kantig (z. B. 456:2, Taf. 62) und dadurch von der Gefäßoberfläche zu beiden Seiten abgesetzt[248]. Die Mehrzahl der Leisten hat einen gerundeten Querschnitt, der von schwach bis stark gewölbt ist.

Leisten werden zumeist von horizontalen Rillen gerahmt (z. B. 205, Taf. 30). Sie sind zum Teil zusätzlich verziert mit Schrägstrichbändern (z. B. 4, Taf. 1), Gittermustern (z. B. 556, Taf. 74) oder Kerben (z. B. 289, Taf. 42).

Neben linearen kommen auch bogen- und zickzackförmige Leisten (z. B. 4, Taf. 1; 330, Taf. 48)[249] vor.

---

238 Gelegentliche Verdickungen im Profil an den Kanten der Kehlen sind durch die Herstellung bedingt.

239 Hier sind zwei unterschiedlich breite Kehlen am Hals und auf der Schulter angebracht, von Kanneluren kann deshalb nicht gesprochen werden.

240 z. B. Kemnitz: Geisler, Katalog Taf. 16,211.

241 z. B. Preetz: Brandt, Preetz.

242 Böhme, Grabfunde Taf. 10,9.

243 Diese werden jedoch mit Rillenabschnitten hergestellt (vgl. Schrägstrichbänder).

244 z. B. Kenmitz: Geisler, Katalog Taf. 1,1.3.

245 Rybov, Přov.

246 Schmidt, Butzow 87.

247 Vgl. Rahmenterminologie 432.

248 Gelegentlich sind flache, facettierte Wülste ebenfalls durch Verdickung der Gefäßwandung entstanden (z. B. 905:2). Sie sind aber maximal auf einer Seite abgesetzt.

249 Urne 374 hat von innen herausgetriebene Bögen.

Leisten wurden vorwiegend auf der Schulter, meist an deren Ansatz, angebracht. Daneben finden sie sich bei einigen Gefäßen auf dem Umbruch (z. B. 46, Taf. 7), der dadurch vorspringt[250]. Diese Gefäße weisen oft mehrere (zwei bis drei) Leisten auf. An Pfingstberger Gefäßen findet sich dieser Dekor zumeist auf Schalenurnen, aber auch die engmündigen Gefäße 62 (Taf. 9) und 96 (Taf.14) sind damit verziert.

Leisten sind bereits in der älteren Römischen Kaiserzeit belegt[251] und lassen sich auch noch in der Völkerwanderungszeit nachweisen[252].

Gekielte Leisten: Leisten werden als gekielte Leisten bezeichnet, wenn sie spitz zulaufen. Sie finden sich an Drehscheibengefäßen (z. B. 91, Taf. 14) sowie als Nachahmung an handgemachten Schalenurnen (z. B. 434, Taf. 59) auf dem Oberteil als einziges Ornament oder mit Rillen bzw. Riefen kombiniert.

Während Urne 91 bereits ins 5. Jahrhundert gehört, dürften die übrigen Gefäße ins 4. Jahrhundert einzuordnen sein[253].

Rädchenverzierung

Als Rädchenverzierung wird ein mehrzeiliges Band kleiner quadratischer oder rechteckiger Eintiefungen mit schmalen Zwischenstegen bezeichnet. Für die Herstellung wurde ein Rädchen benutzt[254].

Vom Pfingstberger Gräberfeld liegen insgesamt sechs rädchenverzierte Scherben von fünf Fundstellen vor. Zwei stammen aus gestörten Grabkomplexen (22, Taf. 3; 154, Taf. 23), die übrigen aus der Grabungsfläche (759; 780, Taf. 97; 798, Taf. 99). Da die Fundstellen verhältnismäßig nahe beieinander liegen und die Tonbeschaffenheit aller Scherben sehr ähnlich ist, könnte es sich um die Reste eines Gefäßes handeln. Das Ornament ist nicht mehr zu rekonstruieren, stellenweise ist der Verlauf unregelmäßig.

Die Rädchenverzierung setzt im elbgermanischen Gebiet mit der älteren Kaiserzeit ein und ist bis in Stufe C1 anzutreffen, nur in der Altmark hält sich das Ornament länger. Einige Zethlinger Urnen mit Rädchenbändern können nach Worbs[255] noch bis ins 4. Jahrhundert hineinreichen.

Riefen

Riefen sind schmale, horizontal umlaufende Einbuchtungen, die in der Regel die Oberfläche nicht verletzen. Sie sind breiter als Rillen, aber schmaler als Kehlen.

Riefen treten einzeln (z. B. 488, Taf. 66) oder mehrfach (z. B. 569, Taf. 76) an einem Gefäß auf. Nur selten sind zwei Riefen direkt aneinandergesetzt (z. B. 194, Taf. 28), meist bleibt zwischen den Riefen ein Steg stehen (911, Taf. 108).

Die Riefenverzierung findet sich ausschließlich auf Schalenurnen — darunter auch auf dem Drehscheibengefäß 376 (Taf. 53). Riefen liegen auf der Schulter, dem Umbruch oder kurz unterhalb des Umbruchs und können mit anderen Ornamenten kombiniert sein.

Riefen sind an Hand der Pfingstberger Gefäße für das 3. bis 5. Jahrhundert zu belegen[256].

Rillen

Als Rillen werden horizontal umlaufende Linien bezeichnet, die in den Ton eingeschnitten sind, d. h. im Gegensatz zu den meisten Riefen die Oberfläche verletzen. Von Riefen unterscheiden sie sich auch durch ihre geringere Breite. Sie liegt in der Regel zwischen 0,1 und 0,2 cm, während Riefen und Kehlen breiter sind. Die im Querschnitt halbrunden, nur ausnahmsweise spitzen (z. B. 95, Taf. 14) Rillen sind unterschiedlich tief[257].

Rillen stellen das mit großem Abstand am häufigsten verwendete Ornament dar. Rillen treten als einziges Verzierungsornament auf, kommen aber auch mit allen übrigen Ornamenten — die Fingerkniffverzierung ausgenommen — kombiniert vor.

Einzelne Rillen sind verhältnismäßig selten und immer mit anderen Verzierungselementen verbunden (z. B. 9, Taf. 1). Häufig treten drei oder vier Rillen auf, entweder als einziges Ornament (z. B. 65, Taf. 9; 134, Taf. 20) oder mit anderen Ornamenten kombiniert (z. B. 302, Taf. 44; 345, Taf. 49). Fünf (z. B. 111, Taf. 17) bis acht Rillen (z. B. 627, Taf. 84) sind vornehmlich mit anderen Mustern kombiniert. Urne 96 (Taf. 14) war mit mindestens 12 Rillen dekoriert.

Rillen sind in gleichmäßigen Abständen angebracht (z. B. 540, Taf. 72) oder gruppenweise angeordnet. Häufig treten Rillen als Rillenpaare auf (z. B. 520, Taf. 70).

Sehr häufig finden sich Rillen als begrenzendes oder begleitendes Ornament von fortlaufenden Liniendekoren wie Schrägstrichbändern oder Gittern (z. B. 344, Taf. 49).

Rillen sind nicht an eine bestimmte Gefäßform gebunden und können auf jedem Gefäßteil vorkommen. Bei einigen Gefäßen sind sie im Randbereich angebracht und grenzen den zumeist betonten Rand gegen den Hals ab (588, Taf. 78). Besonders häufig finden sich diese ‚Randrillen' an Gefäßen, die ausschließlich mit Rillen verziert sind.

Zeitlich ist die Rillenverzierung nicht einzugrenzen. Sie ist in der Römischen Kaiserzeit wie auch in der Völkerwanderungszeit allgemein gebräuchlich.

Rillenabschnitte

Als Rillenabschnitte werden diejenigen Rillen bezeichnet, die nicht horizontal umlaufen. Sie haben unterschiedliche Länge und können horizontal, vertikal oder diagonal angeordnet sein. Den Rillenabschnitten nach Orientierung auf dem Gefäß vergleichbar sind Kannelurelemente, die sich aber durch ihre größere Breite[258] unterscheiden.

---

250 Doch nicht alle vorspringenden Umbrüche sind durch Leisten entstanden (z. B. 164).

251 Wahlitz: Schmidt-Thielbeer, Wahlitz Taf. 24. — Nitzahn: von Müller, Nitzahn Abb. 1,4a; 2.

252 z. B. Liebenau: Bemmann, Drehscheibenkeramik 5 ff.

253 Vgl. „Drehscheibenkeramik".

254 In Darzau ist ein dreizeiliges Rädchen gefunden worden (Hostmann, Darzau Taf. X,17).

255 Worbs, Zethlingen 25.

256 Da oft nicht genau festzustellen ist, ob es sich um Riefen oder Rillen handelt, ist auf das Anführen von Vergleichsfunden verzichtet worden.

257 Als Ritzlinien werden dagegen diejenigen Linien angesprochen, die — zumeist unter 0,1 cm breit — kaum merkbar eingetieft sind (z. B. 35, Taf. 5).

258 Vgl. „Kannelurelemente".

Rillenabschnitte sind sehr häufig und in zahlreichen Variationen verwendet worden. Sie können die gesamte Fläche eines Gefäßteiles oder mehrerer Gefäßteile (z. B. 464, Taf. 63) bedecken oder in Gruppen auftreten. Häufig sind zwei bis vier Rillenabschnitte auf einem von Rillen begrenzten Streifen (z. B. 123, Taf. 18) angebracht oder an eine obere Begrenzungsrille (z. B. 82, Taf. 11) angeschlossen. Zum Teil sind die Streifen abwechselnd mit Rillenabschnitten und anderen Ornamenten wie Dellen (z. B. 359, Taf. 51) verziert. Daneben sind Rillenabschnitte Bestandteil der meisten Felder (z. B. 31, Taf. 5). Sie dienen zum Beispiel auch als seitliche Begrenzung von Schrägstrichbändern, die nicht horizontal angelegt sind (z. B. 154, Taf. 23). Auf dem Unterteil sind Rillenabschnitte im Gegensatz zu Strahlen entweder schräg gestellt (z. B. 393, Taf. 55) oder reichen nicht bis zum Boden (z. B. 330, Taf. 48).

Mit Rillenabschnitten ausgefüllte Dreiecke finden sich zum Beispiel bei Urne 142 (Taf. 21). Bei der sogenannten Rippenkeramik der Völkerwanderungszeit (852, Taf. 105) sind Rillenabschnitte und Rippen abwechselnd angebracht.

Rillenabschnitte finden sich vorwiegend auf Schalenurnen, daneben auf engmündigen Gefäßen, einem Topf (Taf. 14,93), einem Kumpf (Taf. 73,554) sowie dem Becher (Taf. 111,950).

Rillenabschnitte sind seit der älteren Römischen Kaiserzeit in unterschiedlicher Verwendung bekannt[259]. Als Bestandteil von Feldern sind sie vor allem im nördlichen Teil des elbgermanischen Gebietes verbreitet[260]. Im allgemeinen sind Felder zwar in den Stufen C1 und C2 häufiger, lassen sich aber auch in Stufe C3 und in der Völkerwanderungszeit nachweisen[261]. Gruppenweise angeordnete Rillenabschnitte im Unterteil, die nicht bis zum Boden reichen, sind charakteristisch für die Völkerwanderungszeit[262].

Rippen

Als Rippen werden schmale längliche, diagonal oder vertikal orientierte Ausbuchtungen bezeichnet. Sie sind wie die Mehrzahl der Buckel von innen herausgetrieben, aber nicht so breit und in keinem Fall in Felder eingebunden. Als Einzelelement treten Rippen auf dem Unterteil von Schalenurnen auf, die dem frühen Abschnitt der jüngeren Römischen Kaiserzeit angehören[263]. So sind bei Urne 154 (Taf. 23) vertikale Schrägstrichbänder durch Rippen plastisch hervorgehoben, und bei Urne 320 (Taf. 46) zum Beispiel ist eine Rippe in das Tannenbaummuster eingebunden.

Schulter und Umbruch von Urne 269 (Taf. 40) sind von kräftigen vertikalen Rippen in unregelmäßigen Abständen überzogen. Abwechselnd nach rechts und links gerichtete Rippen in Verbindung mit einem Sparrenband[264] finden sich auf Urne 45 (Taf. 7). Einzelne vertikale Rippen und dazwischenliegende Kannelurelemente betonen den Umbruch von Urne 302 (Taf. 44).

Neben Rippen als Einzelelement kommen Rippen auch als umlaufender Dekor vor. Die Urnen 14 (Taf. 2) und 852 (Taf. 105) weisen diagonal über den Umbruch gelegte kräftige Rippen auf, die von Rillenabschnitten und bei 852 zusätzlich von Eintiefungen begleitet werden. Das engmündige Gefäß 865 (Taf. 106) ist fast vollständig mit schwach ausgeprägten, vertikalen Rippen verziert, sonst findet sich der Dekor an Schalenurnen. Die Urnen 852 und 865 gehören in die Völkerwanderungszeit.

Rosetten

Rosetten bestehen aus einer zentralen Eintiefung oder Delle und konzentrisch angebrachten Eintiefungen. Nur bei einer Urne (Taf. 38,257) ist lediglich der äußere Ring vorhanden. In der Regel ist das zentrale Ornament eine große runde (z. B. 470, Taf. 64), mitunter ovale (z. B. 74, Taf. 10) und in einem Fall D-förmige Eintiefung (546, Taf. 72), selten ist es eine Delle (z. B. 58, Taf. 8). Zu Urne 546 ist anzumerken, daß auch der sie umgebende Ring aus D-förmigen Eintiefungen besteht, so daß hier nur ein Verzierungselement verwendet wurde. Meist wird der Ring aus kleineren runden, häufiger auch D-förmigen, manchmal ovalen oder sichelförmigen Eintiefungen gebildet.

Hergestellt wurden die Rosetten mit einfachen Geräten (Stäbchen o. ä.), Rosettenstempel wurden nicht verwendet[265].

Die Rosetten sind bei der Keramik vom Pfingstberg nur auf Schalenurnen zu finden und wurden stets in einem von Rillen begrenzten Streifen auf der Schulter angebracht. Meist stellen sie das einzige Motiv des Streifens dar, gelegentlich alternieren sie mit anderen wie zum Beispiel Sparren (477, Taf. 65) oder sind zentrales Ornament eines Feldes (z. B. 814, Taf. 100). Bei Urne 470 wechseln sich zwei übereinandergesetzte und eine einzelne Rosette ab.

Bei der Pfingstberger Keramik setzt die Verzierung mit Rosetten im Verlauf des 3. Jahrhunderts ein. Die Mehrzahl der datierbaren Gefäße gehört in Stufe C2 oder C3. Urne 254 dürfte nach dem entsprechend verzierten Gefäß aus Wulfen[266] bereits in die frühe Völkerwanderungszeit zu stellen sein. Durch die verhältnismäßig seltene Verwendung und das späte Auftreten unterscheidet sich die Pfingstberger Keramik von der Keramik des nördlichen Teils des elbgermanischen Gebietes, in dem Rosetten häufiges Verzierungsmotiv sind und hauptsächlich in Stufe C1 gehören, während sie in Stufe C2 zurücktreten[267].

Schrägstrichbänder

Parallel angeordnete, schräg und in gleichmäßigen Abständen kontinuierlich angebrachte Rillenabschnitte bilden das Schrägstrichband. In der überwiegenden Zahl sind die Gefäße mit rechtsläufigen Schrägstrichbändern verziert. Nur wenige (z. B. 37, Taf. 6) haben ausschließlich linksläufige Schrägstrichbänder und bei einigen Urnen (z. B. 196, Taf. 29) finden sich sowohl rechts- als auch linksläufige. In der Regel werden sie jeweils oben und unten durch eine Rille

---

259 z. B. Kemnitz: Geisler, Katalog Taf. 55,574; 64,642.

260 z. B. Pritzier: Schuldt, Pritzier Abb. 22; vgl. Schach-Dörges, Bodenfunde 106.

261 z. B. Heeslingen: Böhme, Grabfunde Taf. 21,2.

262 Vgl. Rehbein, Brandgräberfeld Taf. 38; Schmidt, Völkerwanderungszeit Taf. 10; 14; 15.

263 Vgl. z. B. Wechmar: Kaufmann, Wechmar Taf. XXXIV,1.

264 Offen bleibt, ob die Rippen in ein Sparrenmuster eingefügt wurden, oder die Rillenabschnitte als die Rippen begleitendes Motiv angesprochen werden müssen.

265 Vgl. Schmid, Stempelgerät 331 ff.

266 Schmidt, Wulfen Taf. 30.

267 Vgl. Schach-Dörges, Bodenfunde 106.

bzw. bei vertikaler Anbringung seitlich durch Rillenabschnitte (z. B. 16, Taf. 2) begrenzt. Bei einigen Urnen betonen sie plastische Verzierungen (z. B. 217, Taf. 31). Nur gelegentlich stellen die gerahmten Schrägstrichbänder das einzige Ornament eines Gefäßes dar (z. B. 265, Taf. 39). Häufiger sind sie mit weiteren Ornamenten kombiniert.

Meist betonen Schrägstrichbänder die Hals-Schulter-Partie oder die Schulter, seltener den Umbruch. Die mit Schrägstrichbändern verzierte Urne 96 (Taf. 14) gehört zu den engmündigen Gefäßen, im übrigen ist das Ornament auf Schalenurnen beschränkt.

Als Variante ist die Verzierung auf Urne 573 anzusprechen. Dort sind in einem von Rillen begrenzten Streifen ein hängendes linksläufiges und ein stehendes rechtsläufiges Schrägstrichband ineinandergesetzt.

Schrägstrichbänder sind nicht nur bei der Pfingstberger Keramik häufig vertreten, sondern allgemein weit verbreitet. Auffällig zahlreich finden sich Schrägstrich- und Kerbbänder an Gefäßen aus Preetz[268]. Schrägstrichbänder lassen sich von der älteren Römischen Kaiserzeit[269] bis in die Völkerwanderungszeit[270] nachweisen. Ihre hauptsächliche Verwendung fällt ins 3. Jahrhundert.

Sparren

Als Sparren werden schräg gegeneinander gestellte Rillenabschnitte bezeichnet, die im Gegensatz zu Winkelbändern, die an den Enden zusammenlaufen, sich in der Spitze nicht vereinigen. In der Regel liegen jeweils zwei oder drei Rillenabschnitte parallel nebeneinander. Gelegentlich schwankt die Zahl an einem Gefäß (z. B. 395/396, Taf. 55). Bei der Mehrzahl der Gefäße bilden Sparren ein fortlaufendes Band (z. B. 450, Taf. 61). Auch einzelne, sich nach unten öffnende Sparren sind häufiger[271] anzutreffen.

Sparren kommen fast ausnahmslos in Verbindung mit Rillen vor[272]. Zumeist werden sie von ihnen nach oben und unten begrenzt. Daneben finden sich häufiger an einer Rille „hängende" Sparren (z. B. 30, Taf. 5). Oft bilden Rillen (z. B. 484, Taf. 66) und Sparren den einzigen Dekor. Sie kommen aber auch mit anderen Ornamenten kombiniert vor.

In der Regel wurden Sparren auf Schulter und Umbruch angebracht. Mit diesem Ornament wurden im wesentlichen Schalenurnen verziert, eine Ausnahme bildet Schale 725 (Taf. 94).

Das Sparrenmuster ist weit verbreitet und von der älteren Kaiserzeit[273] bis in die Völkerwanderungszeit belegt[274].

Strahlen

Strahlen entstehen durch sternförmig um den Boden angeordnete Rillenabschnitte oder Flächen mit abwechselnd polierter und körniger Oberfläche. Der Kontrast der beiden Flächen beruht nicht nur auf dem Wechsel von glatter und stumpfer Oberfläche, sondern auch auf dem durch die Oberflächenbehandlung hervorgerufenen Farbeffekt von hell und dunkel. Diese Verzierung kommt nur bei Schalenurnen vor und ist ausschließlich auf das Unterteil beschränkt. Die Mehrzahl der strahlenverzierten Gefäße weist einen reichen Dekor auf.

Am häufigsten finden sich körnige und polierte Flächen, die durch einzelne Rillenabschnitte begrenzt sind. Entweder sind diese Flächen teils gleich breit (z. B. 302, Taf. 44), teils unterschiedlich breit (z. B. 64, Taf. 9), wobei die schmalen Flächen in der Regel die polierten sind. Daneben kommen auch zwei bis vier strahlenförmig angeordnete Rillenabschnitte vor (z. B. 561, Taf. 74). Ausschließlich aus Rillenabschnitten sind die Strahlen zum Beispiel auf Urne 75 (Taf. 11) gebildet; ausschließlich abwechselnde Oberflächen kommen nur selten vor (z. B. 126, Taf. 18).

Die mit Strahlen verzierten Gefäße des Pfingstberger Gräberfeldes, die sich zeitlich einordnen lassen, gehören den Stufen C2 und C3 an. Strahlen lassen sich jedoch auch für die Stufe C1[275] sowie für die Völkerwanderungszeit[276] nachweisen. Sie können aus älterkaiserzeitlichen Verzierungen abgeleitet werden[277]. Die besten Vergleichsfunde stammen aus Haldensleben, Rebenstorf, Billerbeck, Nettlingen und Kannawurf[278] — von Fundplätzen also, die nicht sehr weit vom Pfingstberg entfernt sind. Gerade in Rebenstorf ist das Ornament sehr häufig.

Unterschiedliche Oberflächenstruktur ist in der älteren Römischen Kaiserzeit vor allem für den norddeutschen und niederelbischen Raum typisch[279]. Von dort aus ist die Verzierung nach Osten und Südosten vorgedrungen[280].

Tannenbaummuster

Als Tannenbaummuster wird eine Verzierung bezeichnet, die aus zwei vertikal orientierten sowie mehreren davon ausgehenden, schräg nach oben laufenden, parallelen Rillenabschnitten besteht. Gelegentlich wird die Mitte durch eine Rippe (z. B. 320, Taf. 46) oder durch einen weiteren Rillenabschnitt hervorgehoben. Die vertikalen und die diagonalen Rillenabschnitte bilden zusammen ein Motiv, und dieses Motiv als Ganzes wird mehrfach wiederholt. Das älterkaiserzeitliche Tannenzweigmuster besteht dagegen nicht aus einzelnen Motiven, sondern aus einer kontinuierlich verlaufenden Verzierung mit vertikalen sowie abwechselnd nach oben und unten gerichteten schrägen Rillenabschnitten.

Das Tannenbaummuster ist bei der Pfingstberger Keramik ausschließlich auf Schalenurnen beschränkt und findet sich dort auf dem Gefäßunterteil. Der übrige Dekor setzt sich aus einem Rillenpaar auf oder kurz unter dem Umbruch

268 Brandt, Preetz.

269 z. B. Hohenferchesar: von Müller, Fohrde Taf. 39,168.

270 z. B. Mühlberg: Schmidt, Völkerwanderungszeit Taf. 13,g.

271 Eine Ausnahme bildet Urne 352, hier öffnen sich die Sparren nach oben.

272 Bei 934 sind es Riefen.

273 z. B. Kemnitz: Geisler, Katalog Taf. 38,421.

274 Schmidt, Nord- und Ostteil Taf. 7,5a.

275 z. B. Zethlingen: Kuchenbuch, Schalenurnenfelder Taf. IV,4 — 5.

276 z. B. Erfurt: Schmidt, Völkerwanderungszeit Taf. 12,g. Häufiger finden sie sich auch an Thüringer Drehscheibengefäßen wie z. B. aus Unterröblingen (Schmidt, Nord- und Ostteil Taf. 53,3a).

277 z. B. Wahlitz: Schmidt-Thielbeer, Wahlitz Taf. 60,145.

278 Haldensleben II: Stahlhofen, Haldensleben Taf. 30,d. — Rebenstorf: Körner, Rebenstorf Abb. 46; 52; 58 und Taf. 10; 11. — Billerbeck: Voelkel, Lüchow-Dannenberg Taf. 1. Die Strahlen sind jedoch schräg gestellt, nicht radial. — Nettlingen: Voss, Nettlingen Abb. 9,b.c. — Kannawurf: Schmidt, Artern Abb. 1,1.

279 Vgl. von Müller, Formenkreise 18.

280 Perniĉka, Mähren 82.

sowie entweder drei Rillen (z. B. 29, Taf. 5) oder einem von Rillen gerahmten Schrägstrichband (z. B. 320) am Schulteransatz zusammen. Die Urnen 218 (Taf. 32) und 807 (Taf. 100) haben darüber hinaus längliche Knubben auf der Schulter. Die enge Beziehung der Gefäße untereinander wird auch durch die Lage auf dem Gräberfeld unterstrichen (Karte 8).

Verschiedentlich ist das Tannenbaummuster als Lebensbaummotiv mit rituellem oder sinnbildlichem Charakter interpretiert worden[281]. Kuchenbuch weist jedoch darauf hin, daß die Grenzen zwischen Sinnbild und reinem Dekor schwer zu ziehen sind, da beides oft ineinander übergeht[282].

Die Tannenbaumverzierung verdeutlicht die Beziehung des Pfingstberger Gräberfeldes zu Rebenstorf[283]. Dort ist es auch mehrfach vertreten.

Das Ornament ist bereits aus der älteren Römischen Kaiserzeit bekannt[284]. Aus Preetz, Grab 9, stammt eine Urne, die abwechselnd mit hängenden Bögen und Tannenbaummotiv dekoriert ist. Sie ist durch eine Fibel mit hohem Nadelhalter (Almgren Gruppe VII, Serie 1)[285] an den Anfang der jüngeren Römischen Kaiserzeit zu stellen. Die Mehrzahl der mit Tannenbaummuster versehenen Schalenurnen wird ebenfalls dem 3. Jahrhundert zuzuordnen sein, wie Zusammenfunde mit Fibeln mit hohem Nadelhalter[286] und Kämmen mit kreissegmentförmigen Griffplatten[287] nahelegen. Das Gefäß aus Kahrstedt[288] gehört vermutlich dem 4. Jahrhundert an. Auf ein Fortleben des Motivs in der Völkerwanderungszeit weist Schneider[289] hin im Zusammenhang mit der Verzierung der Gefäße aus den Gräbern 3 und 36 aus Deersheim. Sie stammen aus der zweiten Hälfte des 5. bzw. aus der ersten Hälfte des 6. Jahrhunderts.

Warzen

Mit Warzen werden plastische Erhebungen bezeichnet, die durch das Anbringen von Kerben und Nachmodellieren der stehengebliebenen Flächen entstanden sind. Bei einzeiligen Warzenreihen befinden sich die parallel verlaufenden Kerben auf zwei gegenüberliegenden Seiten; bei flächendeckendem Warzendekor sind die Kerben netzartig angebracht.

Nur zwei Gefäße (Schalenurnen) vom Pfingstberger Gräberfeld sind mit Warzen verziert. Bei Urne 604 (Taf. 81) betonen sie den Umbruch, und bei 252 (Taf. 37) sind sie sowohl in Zonen flächendeckend angebracht als auch einzeilig auf von innen herausgedrückten Bögen.

Die Warzenverzierung kommt im 2. Jahrhundert[290] auf und ist charakteristisch für das 3. Jahrhundert, hält sich aber auch noch darüber hinaus. Oft sind bei C1-zeitlichen Gefäßen Warzen in breiten, durch Rippen, Kannelurelementen etc. abgegrenzten Flächen auf dem Unterteil angebracht[291]. Das weit verbreitete Ornament ist auf rheinwesergermanische Einflüsse[292] zurückzuführen.

Wellen

Als Wellen werden aufeinanderfolgende, horizontal verlaufende Ein- und Ausbuchtungen bezeichnet. Das Vorhandensein der beiden plastischen Verformungen der Gefäßwand ist Voraussetzung für die Bestimmung als Welle, während Kehlen nur aus Vertiefungen bzw. Wülste nur aus Erhebungen bestehen. Zudem kann erst dann von Wellen gesprochen werden, wenn jeweils zwei Ein- und Ausbuchtungen vorliegen. Beide plastischen Verformungen sind am betreffenden Gefäß in etwa gleichmäßig ausgeprägt.

Die Wellenverzierung ist auf der Schulter oder auf Schulter und Umbruch angebracht, wobei meist an ihrer Bildung gekehlte Facetten und Kehlen beteiligt sind (z. B. 543, Taf. 72). Nur die Schulter ist bei den Urnen 119 (Taf. 18) und 829 (Taf. 102) mit Wellen dekoriert, bei Urne 829 scheint die Wellenverzierung eine Weiterentwicklung der Kanneluren zu sein[293]. Bei Urne 375 (Taf. 53) ist der ganze Gefäßkörper mit Ausnahme des Halses gewellt. Wellen finden sich mit Ausnahme dieses topfartigen Gefäßes ausschließlich auf Schalenurnen. Meist sind Wellen einziger Dekor, gelegentlich treten sie mit anderen Ornamenten kombiniert auf.

Die mit Wellen verzierten Gefäße des Pfingstberger Gräberfeldes gehören vermutlich ins 4. Jahrhundert.

Winkel, Winkelbänder und Dreiecke

Zwei Rillenabschnitte, die einen gemeinsamen Ausgangspunkt haben, bilden einen Winkel. Aneinandergereihte zickzackförmig verlaufende Winkel werden als Winkelband bezeichnet. Winkelbänder können auch aus Leisten bestehen (330, Taf. 48; 378, Taf. 53). Neben Winkelbändern, die lediglich aus einer Reihe aneinandergereihter Winkel bestehen (z. B. 98, Taf. 15), kommen solche aus jeweils zwei parallelen Rillenabschnitten (z. B. 354:2, Taf. 50) vor. Urne 706 (Taf. 92) ist mit aneinandergesetzten Winkeln und unregelmäßig angebrachten Rillenabschnitten dekoriert. Urne 420 (Taf. 58) hat auf der Halspartie ein doppeltes Winkelband, das mit D-förmigen Eintiefungen gefüllt ist[294].

Meist sind Winkel bzw. Winkelbänder auf der Schulter bzw. dem Oberteil von Schalenurnen angebracht. Bei einer Urne befinden sie sich auf dem Hals (420), bei zwei Urnen auf der Umbruchzone (330, 378) und bei einer Urne auf dem Unterteil (706).

Dreiecke entstehen, wenn Winkel auf Rillen gestellt werden (z. B. 566, Taf. 75) oder wenn Winkelbänder durch Rillen abgeschlossen werden und die auf einer Rille befindlichen Winkel mit Mustern gefüllt werden. Als Füllmuster werden parallel verlaufende Rillenabschnitte (z. B. 142, Taf. 21)

---

281 Kuchenbuch, Schalenurnenfelder 13; Worbs, Zethlingen 26.

282 Kuchenbuch, Schalenurnenfelder 13.

283 Körner, Rebenstorf Abb. 45. 61.

284 von Müller, Fohrde Taf. 18,71.

285 Brandt, Preetz Taf. 5,9a.

286 Körner, Rebenstorf 129; Kuchenbuch, Schalenurnenfelder Taf. III,17 — 18.

287 Pfingstberg, Grab 24 (Taf. 3) und Grab 218 (Taf. 32). — Schäplitz: Kuchenbuch, Schalenurnenfelder Taf. VII,2.

288 Kuchenbuch, Schalenurnenfelder Taf. XIX,16.

289 Schneider, Deersheim 141 f.

290 Vgl. von Uslar, Bodenfunde 30 f. und 41 f.; Pernička, Mähren 81 f.

291 Vgl. Mildenberger, Wiederau 411 ff.; Voigt, Listerfehrda 31 ff.; Müller, Besiedlung Taf. XIII,1; Schirnig, Reden 276 Abb. 1,7.

292 Voigt, Listerfehrda 31 ff.

293 Vgl. „Scharfkantige Kanneluren".

294 Diesem Gefäß ist Urne 534 nach Form und Verzierung zur Seite zu stellen, aber hier ist das Winkelband in einzelne abwechselnd nach rechts oder links gestellte Streifen aufgelöst.

und Eintiefungen unterschiedlicher Form verwendet (z. B. 266, Taf. 39). Entweder sind jeweils die „hängenden" Dreiecke gefüllt oder die „stehenden". Stets sind die Dreiecke auf der Schulter bzw. dem Oberteil des Gefäßes — ausschließlich Schalenurnen — angebracht.

Winkelbänder sind von der älteren Römischen Kaiserzeit bis in die Völkerwanderungszeit nachzuweisen. In der älteren Kaiserzeit begegnen sie häufiger als Abschluß einer gerauhten Zone[295]. Gefüllte Winkelbänder sind auch in Großromstedt[296] belegt. In die Völkerwanderungszeit gehören zum Beispiel die mit Winkelbändern verzierten Gefäße aus Wulfen, Altenweddingen oder Toušeň[297]. Mit einem plastischen Winkelband ist ein Gefäß aus Zethlingen[298] dekoriert.

Gefüllte Dreiecke sind sowohl von älterkaiserzeitlicher Keramik bekannt[299] als auch von völkerwanderungszeitlicher[300].

Wülste

Wülste sind von innen herausgetriebene Erhebungen[301]. Sie sind, im Gegensatz zu den vertikal oder diagonal verlaufenden Rippen, ausschließlich horizontal orientiert. Es lassen sich gerundete und kantige (facettierte) Formen unterscheiden[302]. Die Gefäße 410 und 411 (Taf. 57) beweisen jedoch die enge Verbindung beider.

Gerundete Wülste: Neben breiten, wenig vorkragenden Wülsten (z. B. 264, Taf. 38) finden sich schmale (z. B. 306, Taf. 44) oder breite, kräftig gewölbte (z. B. 398, Taf. 55). Stets ist aber nur ein Wulst auf der Schulter bzw. dem Oberteil von Schalenurnen angebracht worden. Zumeist werden die gerundeten Wülste von einer bis drei parallelen Rillen begleitet (z. B. 217, Taf. 31). Lediglich Urne 856 (Taf. 105) sowie das Drehscheibengefäß 325 (Taf. 47) haben keine weitere Verzierung. Bei den Urnen 165 (Taf. 25) und 217 sind die Wülste mit einem Schrägstrichband hervorgehoben. Einzeln gesetzte Sparren betonen den Wulst auf Urne 240 (Taf. 35).

Facettierte Wülste: Facettierte Wülste sind — ebenso wie gerundete — unterschiedlich ausgeprägt. Neben der schmalen Form wie auf dem Drehscheibengefäß 582 (Taf. 77) kommen breite Wülste vor. Sie sind teils aus zwei gleich breiten Flächen zusammengesetzt (z. B. 72, Taf. 10) teils aus zwei unterschiedlich breiten (z. B. 215, Taf. 31). Bei einigen Gefäßen nimmt der Wulst die gesamte Schulter ein, und an den Wulst schließt eine Facette an (z. B. 496, Taf. 67). Die stark abgeplatteten Erhebungen auf den Drehscheibengefäßen 187 (Taf. 28) und 295 (Taf. 43) sowie der Nachahmung eines Drehscheibengefäßes 563 (Taf. 75) könnten als Sonderform der facettierten Wülste angesehen werden.

Facettierte Wülste sind ausschließlich auf der Schulter bzw. dem Oberteil (582) angebracht. Wie bei den gerundeten Wülsten findet sich an einem Gefäß nur jeweils ein Wulst. Sehr häufig sind die Wülste durch Rillen gerahmt, zum Teil wird auch die Mitte durch Rillen betont (z. B. 94, Taf. 14). Weitere Ornamente sind selten. Außer Schalenurnen ist das engmündige Gefäß 96 mit dem Dekor versehen.

Die Verzierung mit kräftigen Wülsten ist für Stufe C1 durch Gefäße aus Zauschwitz[303] nachzuweisen. Das Vorkommen facettierter Wülste im 3. Jahrhundert belegt ein weiteres Gefäß aus Zauschwitz[304]. Die mit Wülsten verzierten Urnen des Pfingstberger Gräberfeldes gehören überwiegend in die zweite Hälfte des 3. Jahrhunderts und ins 4. Jahrhundert. In Böhmen sind Wulstverzierungen verhältnismäßig häufig an völkerwanderungszeitlichen Gefäßen zu finden[305].

Zusammenfassung

Über drei Viertel der Keramik vom Pfingstberger Gräberfeld sind verziert. Innerhalb der einzelnen Formengruppen schwankt der Anteil der verzierten Gefäße jedoch erheblich. Auch wenn die Aussagekraft durch die geringen Stückzahlen in den meisten Formengruppen eingeschränkt wird, ist festzustellen, daß Schalen, Töpfe, Näpfe und Kümpfe verhältnismäßig selten verziert sind, während bei Schalenurnen und engmündigen Gefäßen die Verzierung ein charakteristischer Bestandteil ist.

Verziert wurden die Schalenurnen mit jeweils einem bis acht Ornamenten, die Gefäße der übrigen Formengruppen mit jeweils einem bis fünf Ornamenten. Bei Schalenurnen finden sich jeweils zwei Ornamente am häufigsten, es folgen ein Ornament bzw. drei Ornamente, bei den übrigen Gefäßen ist meist nur jeweils ein Ornament verwendet worden. Die Verzierungen liegen vor allem auf Schulter und Umbruch.

Insgesamt ließen sich an der Pfingstberger Keramik 30 unterschiedliche Ornamente — zum Teil mit mehreren Ausprägungen — feststellen. Das häufigste Ornament sind Rillen, der Anteil der verzierten Gefäße, die keinen Rillendekor haben, liegt bei 21 %. Es folgen mit großem Abstand Eintiefungen, Rillenabschnitte und Facetten, die alle über hundertmal belegt sind. Verhältnismäßig zahlreich sind auch Schrägstrichbänder, Sparren, Leisten und Wülste. Strahlen, Buckel und Kerben sind auch noch verhältnismäßig oft vertreten. Im Vergleich dazu sind Kanneluren, Knubben, Dellen, Kehlen, Rosetten, Kannelurelemente, Riefen, Winkel, Gitter, das Tannenbaummuster, Bögen und Rippen weniger häufig angebracht worden. Die übrigen Ornamente — die Wellen-, Fingerkniff-, Kamm-, Furchen-, Rädchen-, Warzen- und die Henkel- bzw. Ösenverzierung — sind nur an wenigen Gefäßen verwendet worden.

Die Mehrzahl dieser Ornamente ist von der älteren Römischen Kaiserzeit bis in die Völkerwanderungszeit belegt, wobei nur selten wie zum Beispiel bei Schrägstrichbändern, ein zeitlicher Schwerpunkt im Auftreten zu verzeichnen ist. Nur wenige Ornamente — so die Furchenverzierung — sind

295 z. B. Kemnitz: Geisler, Katalog Taf. 25,292.

296 Eichhorn, Großromstedt 10.

297 Wulfen: Schmidt, Wulfen Taf. 30. — Altenweddingen: Nowak und Schmidt, Altenweddingen 287 ff. — Toušeň: Svoboda, Völkerwanderungszeit Taf. LXXIV,1.

298 Worbs, Zethlingen Taf. 43,E97.

299 z. B. Niederhone: von Uslar, Bodenfunde Taf. 41,4.

300 z. B. Jiřice: Svoboda, Völkerwanderungszeit Taf. LXII,4.

301 Wellen haben demgegenüber nicht nur Wölbungen, sondern auch Kehlen. Leisten sind plastische Applikationen und in der Regel schmaler.

302 Während bei konischen oder zylindrischen Facetten nur ein Richtungswechsel vorliegt, erfolgt bei facettierten Wülsten ein zweifacher Richtungswechsel.

303 Meyer, Zauschwitz Abb. 17; 78.

304 Meyer, Zauschwitz Abb. 71.

305 Svoboda, Völkerwanderungszeit Taf. XXIV; XXV,3.

lediglich für den älteren Abschnitt charakteristisch. Einige Ornamente, dazu gehören die Fibelspiraleintiefungen, die Umbruchdellen oder einige formprägende plastische Verzierungen, treten erst im Verlauf der jüngeren Kaiserzeit auf.

In der Regel sind die Ornamente nicht nur über einen langen Zeitraum verwendet worden, sondern auch weit verbreitet gewesen. Bei Facetten und Strahlen scheinen sich im weiteren Umfeld des Pfingstberges Konzentrationen abzuzeichnen, während das seltene Vorkommen von Rosetten und Girlandenverzierungen das Pfingstberger Material gegen die Keramik des nördlichen Teils[306] des elbgermanischen Gebietes abgrenzt.

306 Vgl. „Kulturelle Einordnung".

Schalenurnen

Schalenurnen sind gegliederte Gefäße mit weiter Öffnung. Charakteristisch ist eine Breite, die stets über der jeweiligen Höhe liegt. Sie sind im elbgermanischen Raum für die jüngere Römische Kaiserzeit die kennzeichnende Gefäßform und machen einen erheblichen Anteil der völkerwanderungszeitlichen Keramik aus. Die Gefäßform bildete sich schon in der älteren Römischen Kaiserzeit heraus, nur werden entsprechend geformte älterkaiserzeitliche Gefäße nicht als Schalenurnen bezeichnet[307].

Der Begriff Schalenurne ist auf die Form und deren überwiegende Verwendung als Grabgefäß zurückzuführen und daher im eigentlichen Sinn nicht zutreffend bei entsprechend geformten Gefäßen, die nicht als Urnen gedient haben[308]. Da sich die Bezeichnung jedoch durchgesetzt hat, wird sie hier für alle betreffenden Gefäße gebraucht.

Insgesamt liegen vom Pfingstberger Gräberfeld 727 Gefäße vor, die als Schalenurnen angesprochen werden können. Die Gefäße zeichnen sich durch eine große Formenvielfalt aus. Die Mehrzahl weist ein in Hals und Schulter gegliedertes Oberteil auf, wobei Hals und Schulter sehr unterschiedlich geformt sein können. Daneben treten Schalenurnen auf, bei denen Hals und Schulter zu einem Gefäßteil verschmolzen sind.

Wie im methodischen Teil dargelegt wurde, beruht die Typeneinteilung auf der systematischen Analyse der Form der einzelnen Gefäßteile und der Verbindung zwischen den Gefäßteilen. Da jeweils mehrere Typen bestimmte Gemeinsamkeiten aufweisen, können Typengruppen gebildet werden. In vorliegender Arbeit sind vier Typengruppen unterschieden worden. Die erste Typengruppe umfaßt die streng profilierten Gefäße, die zweite Typengruppe die absatzlos und s-förmig profilierten Gefäße, die dritte Typengruppe die Gefäße mit formprägender plastischer Verzierung und die vierte Typengruppe die Gefäße mit eingliedrigem Oberteil.

Über drei Viertel der Pfingstberger Schalenurnen sind verziert. Am häufigsten fanden ein bis drei Ornamente Verwendung. Charakteristisch ist ein horizontal umlaufender Dekor, hauptsächliche Verzierungszone ist die Schulter.

307 Vgl. Geisler, Kemnitz 96 f.

308 Vgl. Mildenberger, Brandgräber 37 f.

Insgesamt können 29 Ornamente, z. T. mit mehreren Ausprägungen, unterschieden werden[309].

Kennzeichnend ist eine graubraune Farbe, aber auch zahlreiche andere Farbschattierungen liegen vor, im Bruch ist der Scherben oft schwarz. Die Oberfläche ist überwiegend außen poliert und innen geglättet. Zur Magerung wurde hauptsächlich Sand feiner oder mittlerer Korngröße verwendet.[310]

I. Streng profilierte Gefäße

In der ersten Typengruppe werden diejenigen Gefäße zusammengefaßt, die als streng profiliert zu bezeichnen sind[311]. Unter „strenger Profilierung" wird hier verstanden, daß das Gefäßoberteil in Hals und Schulter gegliedert ist, und beide Gefäßteile voneinander abgesetzt sind[312]. Hals und Schulter lassen sich also klar trennen.

Die Gliederung der streng profilierten Gefäße erfolgt systematisch nach der Form von Hals und Schulter sowie ggf. des Umbruchs. Bei der Analyse der Form der einzelnen Gefäßteile lassen sich für Hals und Schulter jeweils zwei Formen trennen. Der Hals ist entweder konisch oder gerade bis trichterförmig und die Schulter gewölbt oder konisch. Jede Halsform ist mit jeder Schulterform kombiniert, der konische Hals sowohl mit der gewölbten als auch mit der konischen Schulter und der gerade oder trichterförmige Hals sowohl mit der gewölbten als auch mit der konischen Schulter.

Bei Gefäßen mit konischer Schulter ist der kantige Umbruch die naheliegende Form, aber auch ein runder Umbruch bewirkt keine wesentliche Veränderung. Bei den Gefäßen mit gewölbter Schulter ist dagegen das Aussehen durch die Form des Umbruchs deutlich geprägt, so daß eine Aufspaltung in Gefäße mit rundem Umbruch und solche mit kantigem Umbruch sinnvoll erscheint.

309 Vgl. „Dekorstudien".

310 Vgl. „Materialanalysen".

311 Dieser Begriff wurde übernommen, weil er in der Literatur verwendet wird und so einen Anknüpfungspunkt darstellt.

312 Es gehören zu dieser Gruppe jedoch nur die streng profilierten Gefäße, die keine Erweiterungen in Form von plastischen Verzierungen aufweisen.

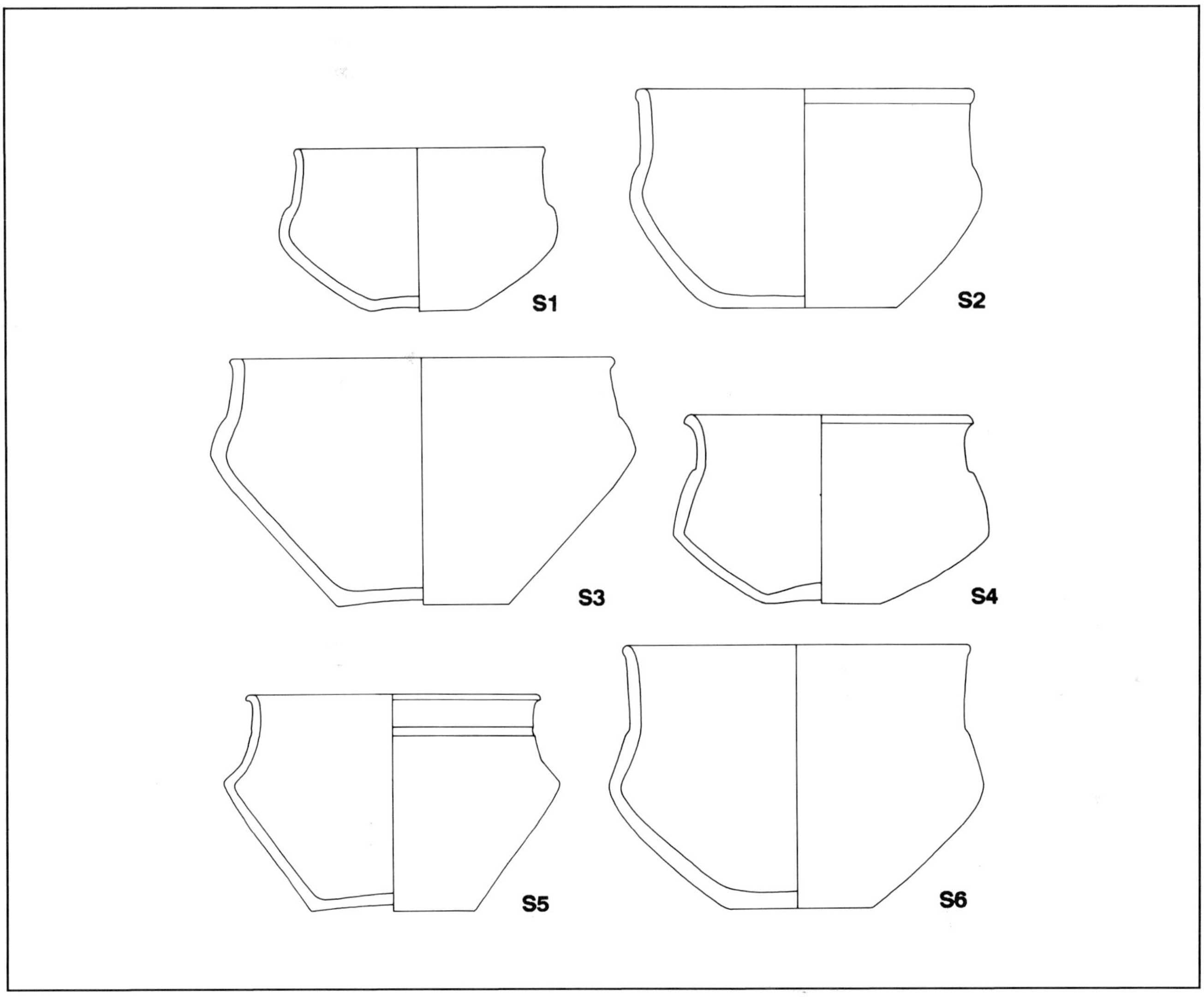

Abb. 13: Typenübersicht der streng profilierten Schalenurnen

Es ergeben sich daher für die streng profilierten Gefäße folgende sechs Typen (Abb. 13):

S1: Gefäße mit konischem Hals, abgesetzter gewölbter Schulter und rundem Umbruch

S2: Gefäße mit geradem, gelegentlich trichterförmigem Hals, abgesetzter gewölbter Schulter und rundem Umbruch

S3: Gefäße mit konischem Hals, abgesetzter gewölbter Schulter und kantigem Umbruch

S4: Gefäße mit geradem, gelegentlich trichterförmigem Hals, abgesetzter gewölbter Schulter und kantigem Umbruch

S5: Gefäße mit konischem Hals und abgesetzter konischer Schulter

S6: Gefäße mit geradem, gelegentlich trichterförmigem Hals und abgesetzter konischer Schulter

Dieses Einteilungsschema hat natürlich zur Folge, daß gelegentlich Gefäße, die in deutlicher Beziehung zueinander stehen, getrennt werden müssen. Als Beispiel mögen hier nur die sehr ähnlichen Urnen 871 (Taf. 106) und 647 (Taf. 86) aufgeführt werden, die auf Grund der Halsform zwei unterschiedlichen Typen (S1 und S2) zuzuweisen sind. Da jedoch ein Hauptanliegen der Einteilung in Typen darin besteht, ein von der Masse her unüberschaubares Material in überschaubare Einheiten zusammenzufassen, und scharfe Grenzen im Material selbst nicht erkennbar sind, sondern zahlreiche Übergänge und Verbindungen bestehen, ist diesem Schema der Vorzug gegeben worden.

Typ 1: Gefäße mit konischem Hals, abgesetzter gewölbter Schulter und rundem Umbruch

Zu Typ 1 gehören die Schalenurnen 3 (Taf. 1), 80 (Taf. 11), 134 (Taf. 20), 153 (Taf. 23), 154 (Taf. 23), 212 (Taf. 31), 221 (Taf. 32), 230 (Taf. 34), 248 (Taf. 37), 276 (Taf. 41), 318 (Taf. 46), 357 (Taf. 50), 373 (Taf. 52), 430 (Taf. 59), 444 (Taf. 60), 504 (Taf. 68), 517 (Taf. 69), 524 (Taf.70), 569 (Taf. 76), 646 (Taf. 86), 805 (Taf. 100), 871 (Taf. 106), 905:1 (Taf. 108), 952 (Taf. 111) sowie vermutlich 57 (Taf. 8) und 782:1 (Taf. 97).

Diese Gefäße haben einen betonten — ausbiegenden oder abgesetzten — Rand und in der Regel einen steilen Hals. Die

Schulter ist heruntergezogen oder mit dem Umbruch gleichmäßig gerundet. Bei einigen Gefäßen springt die Schulter weit vor. Das Unterteil ist konisch oder bauchig. Da ein Gefäß (276) mit einem Standring ausgestattet ist, werden die Urnen mit flachem oder eingezogenem Boden[313] als Variante a und das Gefäß mit Fuß als Variante b bezeichnet.

Es handelt sich in der Mehrzahl um große Gefäße (248 hat ein Volumen von etwa 4875 cm^3); die Höhe liegt selten unter 10 cm (153, 524, 871), die Hälfte der vollständig erhaltenen Urnen ist 14 bis 15 cm hoch. Die Breite — zwischen 12,9 cm (524) und 28,5 cm[314] (430) — überschreitet meist 20 cm.

Deutliche Unterschiede zeigen sich in der Proportionierung der Gefäße. Urne 646 ist mit einer Breiten-Höhen-Relation von 1,3:1 extrem hoch und 430 mit 2:1 extrem breit. Entsprechend der Form von Hals und Schulter weichen die Werte von geringster Weite zur Breite stark voneinander ab, bei Urne 430 liegt das Verhältnis bei 0,75:1 und bei 153 bei 0,92:1. Deutliche Schwankungen zeigen sich auch in bezug auf die Umbruchhöhe. Bei Urne 248 liegt der Umbruch sehr hoch, bei 444 sehr tief, die Mehrzahl der Gefäße hat aber einen Umbruch unterhalb der Gefäßmitte.

Mit fünf (153, 221, 248, 373, 871) von 26 Gefäßen ist der Anteil der unverzierten Keramik relativ gering (19 %). Bei den übrigen Gefäßen sind hauptsächlich Schulter und Umbruch dekoriert, selten lediglich die Schulter (z. B. 57) oder der Übergang von Hals zu Schulter (z. B. 517). Bei vier Gefäßen (154, 218, 230, 905:1) ist auch das Unterteil verziert.

Gut die Hälfte der verzierten Gefäße hat nur ein oder zwei Verzierungselemente, die andere Hälfte drei oder mehr. Jeweils ein Gefäß ist nur mit weichkantigen Umbruchkanneluren (3), Riefen (569), einer Kehle (517) oder Eintiefungen (646) ornamentiert. Fünf Gefäße (134, 212, 444, 524, 782:1) haben ausschließlich Rillendekor. Bei allen anderen Verzierungen kommen Rillen vor. Bei Urne 57 begrenzen Rillen ein Gittermuster und bei 952 weichkantige Umbruchkanneluren.

Bei den Gefäßen mit mehr als zwei Ornamenten ist meist ein Teil in Feldern angeordnet. Die Felder bestehen aus Kannelurelementen bei den beiden sehr ähnlichen Gefäßen 80 und 504[315] oder aus einer Kombination von Rillenabschnitten und anderen Ornamenten wie Gitter (276), Buckel (805) und Eintiefungen (357) oder Dellen (230, 905:1[316]). Kannelurelemente, Rillenabschnitte und Rillen dekorieren auch Urne 430. 154 ist auf dem Unterteil mit Rippen, die zusätzlich ornamentiert sind, und einem Schrägstrichband dekoriert. Urne 318 ist mit Eintiefungen, Schrägstrichbändern, Rillenabschnitten und Sparren verziert.

Über die Datierung der Gefäße gibt eine Reihe von Beigaben[317] Auskunft. Aus Urne 154 stammt eine Scheibenfibel, die — vorausgesetzt, daß die Bestimmung als Tierfibel zutrifft — in die Stufe C1a einzuordnen ist. Die Scheibenfibel aus Grab 248 ist in Stufe C1 zu stellen — entsprechend dürften die verwandten Gefäße 373 und vielleicht 153 einzuordnen sein. Kämme mit kreissegmentförmigen Griffplatten wie aus Urne 646 lassen sich nur den Stufen C1 und C2 zuweisen. Für die Urne 646 ist eine frühe Zeitstellung jedoch wahrscheinlicher. Vergleichsfunde wie aus Zauschwitz, Grab 10[318], werden in Stufe C1 eingeordnet. Das Gefäß entspricht von Uslars Form II[319], die noch vor dem Ende des 2. Jahrhunderts aus älterkaiserzeitlichen Formen entstanden ist.

Urne 569 ist durch eine Parallele aus Nettlingen[320] vermutlich dem 4. Jahrhundert zuzuordnen[321].

Urne 3 enthielt einen Kamm mit dreieckigen Griffplatten, der ab Stufe C2 auftritt. Für die Urne lassen sich Vergleichsfunde anführen, die eine Datierung in die Völkerwanderungszeit nahelegen. Die beste Parallele stammt aus Regensburg[322] und wird ins 5. bis 6. Jahrhundert eingeordnet. Für das verwandte Gefäß aus Gerbstedt[323] kommt nach Schmidt über den Vergleich mit datierbaren Gefäßen eine Einordnung in Gruppe IIb, vielleicht auch IIa in Betracht. Das mit Buckeln verzierte Gefäß aus Rockenthin[324] wird auf Grund typologischer Verbindungen ins 5. Jahrhundert gesetzt. Möglicherweise ist auch Urne 212 entsprechend zu datieren, denn das Gefäß ist sehr ähnlich geformt wie Urne 3, es fehlt jedoch die charakteristische Verzierung.

Der Typ 1 ist demzufolge von Stufe C1 bis in die späte Völkerwanderungszeit belegt. Betrachtet man jedoch die datierbaren Gefäße, so lassen sich Unterschiede feststellen. Die frühen Gefäße sind durch einen hochliegenden Umbruch und eine verhältnismäßig geringe Einziehung des Oberteils gekennzeichnet, die späten durch einen tieferen Umbruch und eine deutliche Verengung. Auch in der Rand- und Schulterform bestehen Unterschiede. Daher ist für die Urnen 80, 134[325], 230, 318, 504, 905:1 und eventuell 782:1 eine grobe Einordnung ins 3. Jahrhundert wahrscheinlich. Urne 430 dürfte später anzusetzen sein[326].

Typ 2: Gefäße mit geradem, gelegentlich trichterförmigem Hals, abgesetzter gewölbter Schulter und rundem Umbruch

Zu Typ 2 gehören die Schalenurnen 29 (Taf. 5), 45 (Taf 7), 111 (Taf. 17), 173 (Taf. 26), 235 (Taf. 35), 241 (Taf. 36), 269 (Taf. 40), 298 (Taf. 43), 300 (Taf. 44), 302 (Taf. 44), 320 (Taf. 46), 326 (Taf. 47), 440 (Taf. 60), 556 (Taf. 74),

313 Auffällig stark eingezogen ist der Boden von Urne 230.

314 Die Breite von 28,5 cm wird nur noch von einer Pfingstberger Schalenurne erreicht (628).

315 Weitgehende Übereinstimmung zeigt auch Urne 671, sie gehört jedoch Typ S9 an.

316 Auffällig ist die weitgehende Übereinstimmung in der Verzierung, auch wenn von Gefäß 905:1 nur eine Scherbe erhalten ist.

317 Für die chronologische Einordnung der Typen werden die Datierungen der Beigaben ohne gesonderten Verweis auf die Beigabenkapitel übernommen. In den Beigabenkapiteln werden die Datierungen ausführlich behandelt.

318 Meyer, Zauschwitz Abb. 16,2.

319 von Uslar, Bodenfunde 15 ff. 63 ff.

320 Voss, Nettlingen Abb. 10,c. Die Datierung der Nettlinger Gefäße wird von Voss nicht ausführlich dargelegt.

321 Verwandt ist auch das Gefäß aus Loitsche: Laser, Katalog Taf. 44,13.

322 Schwarz, Regensburg 134 Abb. 5,7.

323 Schmidt, Völkerwanderungszeit 92 ff. und Taf. 8,f.

324 Kuchenbuch, Schalenurnenfelder 17 und Taf. XX,15.

325 Verwandt ist ein Gefäß aus Zedau (Schultze, Zedau Abb. 7,3).

326 Beziehungen in Form und Proportionierung zeigt das spätvölkerwanderungszeitliche Gefäß aus Bernburg (Schmidt, Völkerwanderungszeit Taf. 10,d).

597 (Taf. 80), 625 (Taf. 83), 645 (Taf. 86), 647 (Taf. 86), 809 (Taf. 100), 815 (Taf. 100), 845 (Taf. 103), 849 (Taf. 103) sowie vermutlich 281:2 (Taf. 41), 426 (Taf. 58), 568 (Taf. 75), 590 (Taf. 79), 714 (Taf. 92), 797 (Taf. 99), 838 (Taf. 102) und 905:3 (Taf. 108).

Die Gefäße haben einen betonten — ausbiegenden, verdickten oder abgesetzten — und nur selten einen unbetonten Rand. Der oft hohe Hals ist überwiegend zylindrisch, mitunter schwingt er jedoch leicht ein, ohne daß der Charakter des geraden Halses dadurch verlorengeht. Bei einigen Gefäßen ist der Hals trichterförmig. Die abgesetzte gewölbte Schulter ist heruntergezogen oder — mit dem Umbruch gleichmäßig gerundet — vorspringend. Das Unterteil ist meist bauchig, seltener konisch, und der Boden ist bei Variante a flach oder eingezogen und bei Variante b, die nur für Urne 302 zutrifft, als Standring ausgebildet.

Die Mehrzahl der Gefäße des Typs 2 ist zwischen 12 und 16 cm hoch und zwischen 20 und 25,3 cm breit. Wesentlich kleiner sind nur die beiden fast gleich großen Gefäße 29 und 440 mit 9 bzw. 8,9 cm Höhe und 14,3 bzw. 14,2 cm Breite sowie Urne 714 mit etwa 16,5 cm Breite. Eine der Urnen fällt durch ihre Größe aus dem Rahmen, denn mit circa 26 cm Breite und einer ursprünglichen Höhe von über 17 cm (16,5 cm sind erhalten) gehört Urne 235 zu den extrem großen Gefäßen, die unter der Pfingstberger Keramik nur selten anzutreffen sind. Das Gefäß ist zwar nicht vollständig erhalten, aber die vorhandenen Teile ermöglichen eine gesicherte Rekonstruktion.

Das Verhältnis von Breite zu Höhe schwankt zwischen 1,3:1 (330) und 1,9:1 (815), die Hälfte der vollständig erhaltenen Gefäße weist ein Verhältnis von 1,6 bis 1,7:1 auf. Die Relation von geringster Weite zur Breite liegt zwischen 0,83:1 (269) und 0,94:1 (714).

Nach der Umbruchhöhe läßt sich das Material in zwei Gruppen einteilen. Für die eine Gruppe (29, 235, 298, 300, 320, 426, 440, 645, 647, 809, 838, 849) ist eine Umbruchhöhe bis zur Gefäßmitte kennzeichnend und für die andere Gruppe eine Umbruchhöhe unterhalb der Gefäßmitte (45, 111, 173, 241, 269, 281:2, 302, 326, 556, 568, 597, 625, 714, 815, 845).

Von den 30 Gefäßen dieses Typs sind sechs (235, 300, 590, 647, 845, 905:3) unverziert (20 %). Eine Schalenurne ist vom Rand bis zum Boden verziert (302), acht von der Schulter bis zum Boden und die übrigen auf Schulter und Umbruch. Gelegentlich greift die Verzierung auf das anschließende Gefäßteil über.

Auf sechs Gefäßen ist nur jeweils ein Ornament angebracht, auf zehn Gefäßen sind zwei und auf den übrigen acht jeweils drei bis sechs Ornamente. Behält man die Gruppierung nach Umbruchhöhe bei, zeigt sich, daß die Gefäße mit hohem Umbruch relativ einförmig verziert sind und daß insgesamt nur wenige Elemente verwendet wurden.

Von den Gefäßen mit nur einem Ornament ist Urne 269 mit Rippen, 326 mit scharfkantigen Umbruchkanneluren und 597 mit Knubben verziert, die drei anderen haben einen Rillendekor (241, 440, 645[327]). Rillen sind auch in allen anderen Mustern enthalten. Bei vier Urnen liegen jeweils zwei bis vier Rillen am Ende des Halses bzw. am Schulteransatz, gefolgt von einem breiten Ornamentstreifen. Dieser besteht aus Rippen und Sparren bei Urne 45, weichkantigen Umbruchkanneluren bei Urne 111, Rillenabschnitten, Buckeln und Knubben bei Urne 173 und einem Gitter bei Urne 815.

Schmale bandförmige Ornamente finden sich auf den Gefäßen 281:2 (Eintiefungen) und 298 (Schrägstrichband). Felder aus Rosetten und Rillenabschnitten dekorieren Urne 797. Die beiden sehr ähnlichen Gefäße 556 und 568 sind mit Feldern aus Buckeln und Rillenabschnitten sowie Sparren und Gittern — bei 556 auf einer Leiste — verziert.

Insgesamt sechs Gefäße sind mit dem Tannenbaummuster ornamentiert (29, 320, 426, 809, 838, 849). Es wird bei 320 durch Schrägstrichband und Rippe ergänzt. Die Urnen 625 und 714 sind mit Strahlen und 714 zusätzlich mit Umbruchdellen verziert. Urne 302 ist durch Rillen in drei Zonen gegliedert. Auf dem Hals sind Kannelurelemente gruppenweise angeordnet, auf der anschließenden Zone vertikale Rippen und Rillenabschnitte und auf der unteren Zone Strahlen.

Hinweise zur Datierung der Gefäße ergeben sich aus den Beigaben der Gräber 111, 235, 241, 298 und 647 sowie aus Vergleichsfunden.

Urne 647 enthielt eine Fibel mit hohem Nadelhalter (Almgren VII, 2). Sie gehört in die Stufe C1. Bestätigt wird diese Datierung durch Vergleichsfunde. Das Gefäß kann von Uslars Form II[328] zugewiesen werden, die aus älterkaiserzeitlicher Keramik entstanden ist. Sehr ähnlich geformt ist ein Gefäß aus Fohrde[329]. Ein entsprechendes Gefäß aus Großbadegast[330] enthielt wie das Pfingstberger Grab eine Fibel mit hohem Nadelhalter (A VII, 2).

Ein frühe Datierung ergibt sich auch für Urne 300. Vergleichsfunde stammen aus Merseburg-Süd, Preetz und Přov[331]. Während das Merseburger Gefäß nur allgemein dem 3. Jahrhundert zugewiesen wird, gehört das Gefäß aus Preetz durch eine Fibel mit hohem Nadelhalter (A VII, 1) in Stufe C1a[332], das Gefäß aus Přov ist nach Rybová vermutlich ins 2. Jahrhundert zu stellen.

Die mit Tannenbaummuster dekorierten Gefäße weisen zwar deutliche Unterschiede in der Form auf, sind in der Verzierung aber eng verwandt, so daß für sie eine etwa gleichzeitige Entstehung anzunehmen ist. Das Ornament ist seit der älteren Römischen Kaiserzeit belegt und war vor allem im 3. Jahrhundert gebräuchlich, wie Zusammenfunde mit Fibeln mit hohem Nadelhalter und Kämmen mit kreissegmentförmigen Griffplatten[333] beweisen. In diese Zeit dürften auch die Pfingstberger Urnen gehören, da die ebenfalls mit Tannenbaummuster verzierten, allerdings nicht vollständig erhaltenen Urnen 24 und 218 jeweils einen entsprechend geformten Kamm enthielten und die Form der Urnen mit der anderer datierbarer Gefäße verwandt ist. So

327 645 ist wie einige der mit Tannenbaummuster verzierten Gefäße mit drei Rillen am Schulteransatz und zwei Rillen unter dem Umbruch ornamentiert. Eine Verbindung zu diesen Gefäßen ergibt sich auch aus der Abstandsliste, in der Urne 645 beim Vergleich von 12 Merkmalen die tannenbaumverzierte Urne 29 als nächste Parallele zugeordnet wird.

328 von Uslar, Bodenfunde 15 ff. 63 ff. (vgl. auch Typ S1).

329 Leube, Nachträge Taf. 5,5.

330 Schmidt, Großbadegast Abb. 13,a.

331 Merseburg-Süd: Schmidt, Merseburg-Süd Abb. 3,10. — Preetz: Brandt, Preetz Taf. 19,53a. — Přov: Rybová, Přov 17 und Taf. III,1.

332 Keller, Chronologie 251 ff.

333 Vgl. „Dekorstudien".

zeigt ein Gefäß aus Kemnitz[334] deutliche Übereinstimmungen mit Urne 809. Es wird an den Beginn der Stufe C1a gestellt.

Da Urne 645 sehr enge Verbindungen zu Urne 29 zeigt, kann sie entsprechend datiert werden. Die in diesem Grab enthaltene Fibel ist nicht mehr zu bestimmen.

In Stufe C2 können Urne 45 über den Vergleichsfund aus Rathenow[335] und Urne 302 über den Fund aus Görzig[336] mit einer Schnalle der Gruppe J Typ 2 nach Madyda-Legutko[337] gesetzt werden. Verwandt ist auch ein Gefäß aus Rebenstorf[338]. Urne 556 ist durch einen mitgefundenen Kamm mit dreieckigen, im Scheitel gerundeten Griffplatten in Stufe C2 einzuordnen. Dieses Gefäß und entsprechend Urne 568 haben eine enge Parallele in Nettlingen[339].

Kämme mit dreieckigen Griffplatten wurden auch in den Gräbern 111, 235 und 298 geborgen, sie sind ab Stufe C2 anzusetzen. Mit Urne 111 ist ein, allerdings zeitlich nicht genauer einzuordnendes Gefäß aus Zedau verwandt[340]. In Stufe C2 oder C3 gehört wahrscheinlich auch Urne 597, die mit einem über eine Fibel mit dreieckigem Fuß und offenem Nadelhalter entsprechend zu datierenden Gefäß aus Kostelec[341] zu verbinden ist. Stufe C3 ergibt sich für Urne 241 über den Kamm mit dreieckigen, im Scheitel kantigen Griffplatten.

Urne 326 kann in die späte Kaiserzeit, aber auch in die Völkerwanderungszeit gehören[342].

Der Typ 2 ist für die Stufen C1 bis C3, vielleicht auch für die Völkerwanderungszeit belegt. Die Mehrzahl der Gefäße gehört jedoch ins 3. Jahrhundert. Wie bei Typ 1 läßt sich bei jüngeren Gefäßen ein Nachlassen der strengen Gefäßgliederung im Oberteil feststellen.

Bei einigen Urnen ist die Form des Halses und damit die Zugehörigkeit zu Typ 1 oder Typ 2 nicht mehr zu bestimmen. Es sind die unverzierten Urnen 315 (Taf. 45), 595 (Taf. 79) und 795 (Taf. 98), die mit Tannenbaummuster dekorierten Gefäße 218 (Taf. 32), 310 (Taf. 45) und 807 (Taf. 100) sowie Urne 244 (Taf. 36), die mit Standring ausgestattet und mit Feldern, Rillen und Schrägstrichband ornamentiert ist.

Typ 3: Gefäße mit konischem Hals, abgesetzter gewölbter Schulter und kantigem Umbruch

Zu Typ 3 gehören die Schalenurnen 208 (Taf. 30), 507 (Taf. 68), 596 (Taf. 79), 635 (Taf. 85), 915 (Taf. 109) sowie vermutlich 342 (Taf. 49) und 793 (Taf. 98).

Die Gefäße zeichnen sich durch einen betonten — verdickten, ausbiegenden oder abgesetzten — Rand aus. Der Hals ist steil und die Schulter heruntergezogen oder bei 635 vorspringend. Der Umbruch ist scharfkantig, das Unterteil konisch und der Boden flach oder eingezogen.

Die Höhe der Gefäße schwankt zwischen 11,1 cm (507) und 15 cm (635), die Breite zwischen 20 cm und 23,9 cm (208). Das Verhältnis von Breite zu Höhe reicht von 1,5:1 (635) bis 1,8:1 (507), das von geringster Weite zu Breite von 0,81:1 (635) bis 0,9:1 (915). Die Höhe des Umbruchs ist für diesen Typ nicht wesentlich, er liegt hoch (208, 635), etwas oberhalb (915) oder unterhalb (507, 596) der Gefäßmitte.

Auffällig ist das Fehlen einer Verzierung. Auch die fragmentiert erhaltenen Gefäße 342 und 793 waren vermutlich nicht dekoriert, soweit sich das aus den wenigen erhaltenen Scherben ableiten läßt. Es ist anzunehmen, daß für diesen Typ eine Verzierung nicht charakteristisch ist, wenn auch die geringe Stückzahl einen Unsicherheitsfaktor darstellt.

Aus drei Gefäßen des Typs 3 liegen Fibeln vor, doch Aussagen zur chronologischen Stellung der Funde anhand der Beigaben sind nur schwer möglich, da eine Fibel (208) nur fragmentiert erhalten, eine nur durch eine Skizze dokumentiert (915) und die dritte, aus Eisen hergestellte, korrodiert ist. Zudem ist die Zugehörigkeit zum Gefäß 793 nicht gesichert. Bei der Fibel aus Urne 208 könnte es sich um eine Fibel mit hohem Nadelhalter (A VII, 3) gehandelt haben, die in die Stufe C1b[343] gehört. Eine frühe Zeitstellung ist auch für die Fibel aus 915 (Abb. 32) zu veranschlagen, sofern die Bestimmung als Scheibenfibel auf Grund der Zeichnung von Siebers richtig ist. Die Eisenfibel (A VI) kann zeitlich nicht näher eingegrenzt werden. Urne 342 enthielt einen Kamm mit dreieckigen Griffplatten, der ab Stufe C2 anzusetzen ist.

Vergleichbare Gefäße stammen aus Schlotheim und Glaubitz[344]. Sie sind ebenfalls unverziert. Das Gefäß aus Glaubitz wird auf Grund der Gefäßform und der Metallbeigaben dem 3. Jahrhundert zugewiesen, das aus Schlotheim dem späten 3. Jahrhundert. Die Beigaben, darunter eine omegaförmige Schnalle mit Kreuzdorn und eine Fibel mit umgeschlagenem Fuß, können aber auch früher datiert werden[345]. Ein weiteres Stück aus Veltheim[346] — als ,,schalenurnenartiges'' Gefäß angesprochen — wird ebenfalls ins 3. Jahrhundert[347] eingeordnet. Es zeigt Gemeinsamkeiten mit Urne 635.

Typ 4: Gefäße mit geradem, gelegentlich trichterförmigem Hals, abgesetzter gewölbter Schulter und kantigem Umbruch

Zu Typ 4 gehören die Schalenurnen 8 (Taf. 1), 27 (Taf. 4), 58 (Taf. 8), 87 (Taf. 13), 97 (Taf. 14), 130 (Taf. 19), 196 (Taf. 29), 228 (Taf. 33), 239 (Taf. 35), 386 (Taf. 54), 392 (Taf. 55), 405 (Taf. 56), 414 (Taf. 57), 605 (Taf. 81), 607

334 Geisler, Kemnitz Taf. 77,758. Die in dem Grab enthaltenen Rollenkappenfibeln werden auf Grund der späten Gefäßform an den Beginn der Stufe C1a gesetzt.

335 Guthjahr, Rathenow 129 und Abb. 1,5. Die Datierung erfolgt auf Grund typologischer Erwägungen.

336 Laser, Katalog Taf. 28,4.

337 Madyda-Legutko, Gürtelschnallen 81. Die Schnallen werden dem jüngeren Abschnitt der spätrömischen Kaiserzeit zugerechnet.

338 Körner, Rebenstorf 144 und Abb. 52, Lbrg 2353.

339 Voss, Nettlingen Abb. 9,a. Das Gefäß wird ohne Begründung ins 4. Jahrhundert eingeordnet.

340 Schultze, Zedau Abb. 5,3.

341 Zeman, Mähren 86 Abb. 39,A. Zur Datierung der Fibel vgl. Keller, Chronologie 253 ff.

342 Vgl. ,,Kanneluren''.

343 Keller, Chronologie 251 ff.

344 Schlotheim: Schmidt — Albrecht, Schlotheim 186 Abb. 1,3. — Glaubitz: Mirtschin, Riesa 401 ff.

345 Raddatz, Moorfund 60; vgl. ,,Fibeln''.

346 von Uslar, Bodenfunde 80 f., Taf. 50,10.

347 Die Datierung ist jedoch nicht durch Beifunde gesichert.

(Taf. 81), 618 (Taf. 83), 637 (Taf. 85), 643 (Taf. 86), 654 (Taf. 87), 775 (Taf. 97), 781:1 (Taf. 98), 808 (Taf. 99), 811 (Taf. 100), 837 (Taf. 102), 848 (Taf. 104), 853 (Taf. 104), 907 (Taf. 108), 929 (Taf. 110) sowie vermutlich 781:2 (Taf. 98).

Innerhalb des Typs lassen sich hinsichtlich der Ausführung einige Unterschiede feststellen. Der Rand ist nur bei wenigen Urnen gerade (87, 239, 386, 837, 848, 853), sonst verdickt, abgesetzt oder — zum Teil sogar weit — ausbiegend. Der meist hohe Hals ist zylindrisch oder zum Rand und zur Schulter leicht ausschwingend. Das leichte Ausschwingen des Halses verändert die Form des Halses nicht grundsätzlich, sondern beruht auf dem Verschleifen des Übergangs zum anschließenden Gefäßteil. Bei einigen Urnen ist der Hals trichterförmig (z. B. 97). Die mehr oder weniger stark gewölbte, abgesetzte Schulter ist heruntergezogen oder springt vor, der Umbruch ist scharfkantig oder kantig und das Unterteil überwiegend konisch, nur gelegentlich bauchig oder einschwingend. Nach der Form des Bodens lassen sich zwei Varianten unterscheiden. Die Masse der Gefäße hat einen flachen, seltener eingezogenen Boden (Variante a), ein Standring oder Standfuß findet sich nur bei den Gefäßen 58, 228, 414, 808 (Variante b).

Bei den Maßen der Gefäße sind keine kennzeichnenden Werte feststellbar. Die Höhe schwankt zwischen 8,8 cm (781:1) und 15,9 cm (848), liegt jedoch meist über 10 cm. Die Breite bewegt sich zwischen 13,7 cm (8) und 25,3 cm (637). In der Proportionierung zeigen sich dagegen Tendenzen zu einer gewissen Konzentration. Das Verhältnis von Breite zu Höhe reicht von 1,3:1 (848) bis 2,1:1 (58), die Mehrzahl der Gefäße weist jedoch ein Verhältnis von 1,6 bis 1,7:1 auf. Charakteristisch ist auch der tiefe Umbruch, nur bei drei Gefäßen liegt er deutlich oberhalb der Gefäßmitte (405, 414, 775). Entsprechend der Form der Schulter schwankt das Verhältnis von geringster Weite zur Breite von 0,83:1 (130) bis 0,93:1 (239).

Auffällig ist der hohe Anteil unverzierter Keramik. Elf (8, 130, 239, 386, 392, 405, 605, 607, 781:1, 811, 853) von 29 Gefäßen sind nicht dekoriert (38 %). Bei den Verzierungen lassen sich zahlreiche Gemeinsamkeiten feststellen. In der Regel liegen die Ornamente auf Schulter und Umbruch, nur bei Urne 654 — einem der beiden Gefäße des Typs ohne Rillendekor — ist lediglich der Übergang von Hals zu Schulter durch eine Leiste hervorgehoben. Die Hälfte der verzierten Gefäße hat ein oder zwei Verzierungselemente, die anderen haben drei bis fünf. Die Zahl der insgesamt verwendeten Ornamente ist relativ gering. Sparren, Schrägstrichbänder, Rillenabschnitte und Eintiefungen kommen wiederholt vor. Ähnlichkeiten hinsichtlich der Anordnung der Ornamente bestehen bei jeweils mehreren Gefäßen. Zwischen Rillenpaaren angebrachte einzelne Sparren verzieren die Urnen 27 und 907. Zwei oder drei Schrägstrichbänder finden sich auf den Urnen 196, 643 und 929, bei 196 zusätzlich Eintiefungen und bei 643 zusätzlich Rillenabschnitte. Die Urnen 228, 618 und 637 sind mit Feldern verziert. Sie bestehen aus Rillenabschnitten und Eintiefungen. Bei 618 und 637 werden sie durch Buckel und bei 228 durch Dellen ergänzt.

Sparren und Schrägstrichband dekorieren die Gefäße 775 und 848, Sparren und Kerben die Urne 837. Urne 58 ist mit Rosetten und einem Kerbband verziert, das in regelmäßigen Abständen von jeweils drei kleinen Knubben unterbrochen wird. Ein einfacher Rillendekor findet sich auf den Urnen 87, 414, 781:2 und 808. Urne 97 ist mit drei Kehlen verziert.

Hinweise auf die Datierung der Gefäße geben die Beigaben aus den Gräbern 27, 58, 196, 637 und 848 sowie einige Vergleichsfunde. Eine Datierung in Stufe C1 ist für die beiden sehr ähnlichen Gefäße 643 und 929 wahrscheinlich. Sie sind mit Gefäßen aus Latdorf, Bleckendorf (Kr. Wanzleben), und Großbadegast, Grab 5[348], zu verbinden. Das zuletzt genannte Gefäß gehört nach einer Fibel mit hohem Nadelhalter (A VII, 2) in Stufe C1.

Während mit Silberring und Kapselanhänger eine genauere zeitliche Eingrenzung des Grabes 848 nicht möglich ist, erlaubt die Kombination von Scheibenfibel und Fibel mit festem Nadelhalter (A VI, 2) eine Einordnung in Stufe C1b.

In Stufe C1b ist Urne 654 zu setzen. Sie weist Beziehungen zu den Drehscheibengefäßen aus Rebenstorf[349] auf, von denen ein Gefäß durch eine Fibel mit hohem Nadelhalter nach Keller[350] in Stufe C1b gehört. Zwei der Rebenstorfer Gefäße (MBI 1 368 und 373) unterscheiden sich durch eine konische Schulter vom Pfingstberger Stück, das dritte weist zwar eine gewölbte Schulter auf, hat aber einen trichterförmigen Hals. Eine der Pfingstberger Urne entsprechende Randbildung zeigt das Drehscheibengefäß aus Langeleben[351], das wiederum den Rebenstorfer Gefäßen nahesteht. Urne 811 ist zwar nicht mit einer Leiste am Schulteransatz verziert, entspricht aber im übrigen Gefäßaufbau weitgehend Urne 654, so daß dieses Gefäß hier anzuschließen ist.

Auf Grund des strengen Gefäßaufbaus und der ebenfalls sehr breiten Schulter kann auch Urne 228 den genannten Stücken zur Seite gestellt werden. Die Urne ist mit breiten Feldern verziert, die denen eines Gefäßes aus Rebenstorf[352] entsprechen. Sehr ähnlich ist Urne 618 dekoriert, sie weist jedoch einen weit ausbiegenden Rand auf, durch den der strenge Gefäßaufbau aufgelöst wird. Diese häufiger zu beobachtende Veränderung kennzeichnet meist etwas jüngere Gefäße (vgl. S1). Einen weniger strengen Gefäßaufbau haben auch die ebenfalls mit Feldern verzierte Urne 637 und die unverzierten Urnen 239, 386 und 392. Urne 637 enthielt einen Kamm mit dreieckigen Griffplatten, der ab Stufe C2 anzusetzen ist.

Mit Urne 618 sind jedoch auch Gefäße mit trichterförmigem Hals zu verbinden (97, 130[353], 837).

Aber auch streng gegliederte Gefäße sind in Stufe C2 vertreten. Aus Urne 58 stammt ein Kamm mit kreissegmentförmigen Griffplatten (C1 bis C2) und aus Urne 196 ein Kamm mit dreieckigen Griffplatten (ab C2). Diesen Gefäßen ist Urne 607 zur Seite zu stellen.

In Stufe C2 oder C3 gehören Urne 27 auf Grund eines Kammes mit dreieckigen Griffplatten und Urne 907 über ein vergleichbares Gefäß aus Pritzier[354], das durch eine Armbrustfibel mit festem Nadelhalter und gleichbreitem Fuß zu datieren ist.

348 Bleckendorf: Schulz, Emersleben Abb. 29. — Latdorf: Laser, Katalog Taf. 2,2. — Großbadegast: Schmidt, Großbadegast Abb. 8; 9.

349 Körner, Rebenstorf Taf. 6, MBI 1 368.369.373 und Lbrg 2535.

350 Keller, Chronologie 251 ff.

351 Auf der Abbildung bei Krone ist der Rand nicht richtig wiedergegeben (Krone, Braunschweig 115).

352 Körner, Rebenstorf Abb. 42, Lbrg 2551.

353 Ein ähnliches Gefäß aus Dessau-Großkühnau ist nicht genauer zu datieren (Laser, Katalog Taf. 27,206).

354 Schuldt, Pritzier Abb. 115.

Der Typ 4 beginnt damit in Stufe C1 — möglicherweise C1b. Die Mehrzahl dürfte Stufe C2 zuzuweisen sein. Ein Fortbestehen in Stufe C3 ist nicht auszuschließen.

Die Form des Halses ist bei den Gefäßen 204, 207, 212:2, 331, 493, 522 und 758 nicht mehr zu ermitteln. Sie gehören deshalb entweder zu Typ 3 oder zu Typ 4. Die Schalenurnen 331 (Taf. 48) und 522 (Taf. 70) sind unverziert, 204 (Taf. 30) ist mit Rillen dekoriert, 212:2 (Taf. 31) mit Rillen, Sparren und Schrägstrichbändern, 207 (Taf. 30) mit Rillen und Dreiecken aus Sparren und Eintiefungen sowie 758 (Taf. 96) mit Feldern aus Kannelurelementen und Dellen sowie Schrägstrichband und Rillenabschnitten, die auf dem Unterteil angebracht sind. Bei Urne 493 (Taf. 66) ist das Muster nicht mehr zu rekonstruieren.

Typ 5: Gefäße mit konischem Hals und abgesetzter konischer Schulter

Zu Typ 5 gehören die Schalenurnen 137 (Taf. 21), 158 (Taf. 24), 175 (Taf. 26), 182 (Taf. 27), 309 (Taf. 45), 314 (Taf. 45), 336 (Taf. 49), 382 (Taf. 54), 480 (Taf. 65), 587 (Taf. 79), 626 (Taf. 83), 660 (Taf. 88) sowie vermutlich die stark beschädigten Urnen 232 (Taf. 34), 580 (Taf. 77) und 638 (Taf. 85).

Diese Gefäße zeichnen sich durch einen betonten, mehrfach mit einer Rille abgesetzten Rand aus. Der Hals ist meist steil und nur gelegentlich ausladend, die Schulter dagegen meist vorspringend und nur selten steil. Der Umbruch ist kantig oder schwach gerundet und das Unterteil überwiegend konisch geformt. Neben flachen oder eingezogenen Böden kommen vereinzelt Standringe vor, so daß der Typ 5 in die Varianten a und b gegliedert wird, wobei Variante b die Gefäße mit Fuß umfaßt (480, 587, 638).

In den einzelnen Maßen sind große Unterschiede festzustellen. Urne 660 gehört mit 6,7 cm Höhe und 9,3 cm Breite zu den sehr kleinen Gefäßen, Urne 158 mit 16,4 cm Höhe zu den hohen und Urne 309 mit 25,7 cm zu den breiten Gefäßen. Insgesamt sind die Gefäße des Typs 5 mit einem Breiten-Höhen-Verhältnis zwischen 1,3:1 und 1,7:1 relativ hoch. Die Form von Hals und Schulter bedingt eine deutliche Verengung im Oberteil, die sich in den niedrigen Werten bei dem Verhältnis von geringster Weite zur Breite niederschlägt (0,68:1 bei Urne 182 bis 0,85:1 bei Urne 137). Der Umbruch ist meist oberhalb der Gefäßmitte.

Von den 15 Gefäßen dieses Typs sind 13 dekoriert, der Anteil der unverzierten Gefäße (158, 314) ist damit extrem gering (13 %). Urne 580 ist von der Schulter bis zum Boden mit Rillenpaaren und Strahlen dekoriert. Bei Urne 382 ist auf dem Hals eine Riefe angebracht, sonst befindet sich die Verzierung auf Schulter und Umbruch, greift aber auch auf die anschließenden Gefäßteile über. Bis auf Urne 382 sind alle Gefäße mit Rillen verziert, die Urnen 175 und 587 ausschließlich mit Rillen. Bei den Schalenurnen 137, 626 und 638 rahmen Rillen Sparren, bei 232 und 336 Felder aus Buckeln und Rillenabschnitten. Urne 232 ist zusätzlich mit einem Schrägstrichband dekoriert. Urne 309 ist neben den Rillen mit Schrägstrichband und gruppenweise angeordneten Eintiefungen verziert. Zwei Rillenpaare auf dem Hals und scharfkantige Kanneluren auf Schulter und Umbruch zieren Urne 660.

Ungewöhnlich ist der Dekor der Urnen 182 und 480. Bei 182 liegen Dreiecke und begleitende Eintiefungen auf der Schulter, und hängende Bögen („Girlanden") schließen an den Umbruch an, der — wie Hals- und Schulteransatz — durch eine Rille markiert wird. Auf Urne 480 reichen kräftige, von Rillenabschnitten begleitete Buckel bis weit auf das Unterteil und werden durch ein Gitterband verbunden.

Die Datierung der Gefäße ist nur mit Schwierigkeiten vorzunehmen, da lediglich eine zeitlich grob einzuordnende Beigabe und wenige Vergleichsfunde vorliegen. Gefäße aus Dessau-Großkühnau und Schönebeck[355], die mit den Urnen 137 und 626 zu verbinden sind, lassen sich nicht genau datieren. Für eine Einordnung ins 3. Jahrhundert spricht jedoch der gesamte Gefäßaufbau. Das gilt auch für Urne 158.

Urne 314 ist mit dem Gefäß aus Glaubitz[356] aus dem 3. Jahrhundert in Verbindung zu bringen. Möglicherweise bestehen Beziehungen zu dem Drehscheibengefäß aus Püggen[357], das ebenfalls ein hohes Unterteil und eine starke Verengung im Oberteil aufweist. Allerdings lassen sich auch Gemeinsamkeiten mit den Thüringer Drehscheibengefäßen — zum Beispiel aus Stößen[358] — aus der späten Völkerwanderungszeit feststellen.

Grab 175 enthielt einen Kamm mit dreieckigen Griffplatten, der ab Stufe C2 anzusetzen ist. Der Urne 175 sind die Gefäße 336 und 480 zur Seite zu stellen, von denen Urne 480 mit einem Drehscheibengefäß aus Šaratice[359] aus dem 4. Jahrhundert zu verbinden ist, so daß eine Einordnung ins 4. Jahrhundert wahrscheinlich ist.

Mit Urne 382 ist das Gefäß aus Pritzier[360] verwandt, das durch eine beigegebene Fibel mit Rechteckfuß in Stufe C2 oder C3 gehört. Möglicherweise ist sie aber auch an Drehscheibengefäße aus Ahrbergen oder Hannover-Ricklingen[361] anzulehnen, die durch eine niedrige Schulter gekennzeichnet sind.

Der Typ 5 ist danach für das 3. und 4. Jahrhundert belegt, ein Fortbestehen in der Völkerwanderungszeit ist möglich.

Typ 6: Gefäße mit geradem, gelegentlich trichterförmigem Hals und abgesetzter konischer Schulter

Zu Typ 6 gehören die Schalenurnen 7 (Taf. 1), 18 (Taf. 3), 23 (Taf. 4), 31 (Taf. 5), 38 (Taf. 6), 74 (Taf. 10), 82 (Taf. 11), 89 (Taf. 13), 104 (Taf. 16), 115 (Taf. 17), 125 (Taf. 18), 205 (Taf. 30), 206 (Taf. 30), 210 (Taf. 30), 238a (Taf. 35), 266 (Taf. 39), 311 (Taf. 45), 322 (Taf. 46), 344 (Taf. 49), 351 (Taf. 50), 384 (Taf. 54), 394 (Taf. 55), 412 (Taf. 57), 432 (Taf. 59), 477 (Taf. 65), 490 (Taf. 66), 566 (Taf. 75), 570 (Taf. 76), 576 (Taf. 77), 602 (Taf. 80), 641 (Taf. 86), 666 (Taf. 88), 814 (Taf. 100), 874 (Taf. 106), 883 (Taf. 107), 948 (Taf. 111) und vermutlich 171 (Taf. 26).

---

355 Dessau-Großkühnau: Laser, Katalog Taf. 21,134. — Schönebeck: Laser, Schönebeck Abb. 8,d.

356 Mirtschin, Riesa 401 ff.; vgl. Typ S3.

357 Kuchenbuch, Schalenurnenfelder Taf. XXI,7.

358 Schmidt, Völkerwanderungszeit Taf. 34,2a.

359 Trňáčková, Šaratice Abb. 10,3; vgl. „Drehscheibenkeramik".

360 Schuldt, Pritzier Abb. 72. Zur Datierung der Fibel vgl. Keller, Chronologie 253 ff.

361 Nowothnig, Brandgräber Taf. 4,4; 12,2; vgl. „Drehscheibenkeramik".

Die Mehrzahl der Gefäße hat einen betonten — ausbiegenden, verdickten oder abgesetzten — Rand. Gerade, unbetonte Ränder finden sich bei vier Gefäßen (322, 432, 490 und 602). Der Hals ist zylindrisch bzw. mehr oder weniger trichterförmig. Die deutlich abgesetzte, konische Schulter springt vor oder ist heruntergezogen, der Umbruch meist kantig oder scharfkantig, das Unterteil konisch oder bauchig. Nach der Form des Bodens sind zwei Varianten zu unterscheiden: Gefäße mit einem flachen oder eingezogenen Boden bilden die Variante a und Gefäße mit einem Standring (7, 125, 351, 394, 412, 570, 576, 641, 666) bzw. einem Standfuß (490) die Variante b.

Bei Maßen und Proportionen lassen sich deutliche Unterschiede feststellen. Urne 18 und das nicht vollständig erhaltene Gefäß 23 fallen aus der Gruppe heraus. Urne 18 ist 17,5 cm hoch und 26 cm breit. Ihr Volumen von etwa 5250 cm^3 wird nur noch von einem Gefäß des Pfingstberger Gräberfeldes (628) übertroffen. Urne 23 ist nur wenig kleiner[362]. Beide Gefäße weisen auch einen deutlich oberhalb der Gefäßmitte liegenden Umbruch auf.

Bei den übrigen Gefäßen reicht die Höhe von 12,2 cm (7) bis 23,5 cm (570)[363], gewisse Schwerpunkte liegen bei 9 bis 13 cm Höhe und 20 bis 22 cm Breite. Das Verhältnis von Breite zu Höhe ist fast gleichmäßig auf die Werte von 1,3:1 bis 1,8:1 verteilt, 1,9:1 wird nur von den Urnen 74 und 566 erreicht bzw. überschritten. Das Verhältnis von geringster Weite zu Breite liegt zwischen 0,82:1 (311) und 0,94:1 (566).

Auffällig ist der sehr geringe Anteil der unverzierten Keramik. Nur fünf (18, 238A, 322, 384, 876) der 37 Urnen dieses Typs sind nicht dekoriert (14 %). Die Ornamente liegen auf Schulter und Umbruch, zum Teil wird auch der Übergang vom Hals zur Schulter durch eine Verzierung hervorgehoben. Drei Urnen (23, 74, 115) sind auch auf dem Unterteil verziert.

Auf fünf Gefäßen findet sich jeweils ein Ornament, fünf Ornamente kommen auf einem Gefäß vor (104); jeweils zwei, drei und vier Ornamente sind fast gleich häufig vertreten. Alle verzierten Urnen dieses Typs haben einen Rillendekor entweder als einziges Ornament (7, 210, 351, 412, 490) oder als Teil des Musters. Auf vier Gefäßen liegen Leisten am Übergang vom Hals zur Schulter (125, 205, 394, 641), bei 125 sind zusätzlich Rillenabschnitte und bei 394 zusätzlich Kerben angebracht. Sechs Gefäße sind mit Feldern aus unterschiedlichen Ornamenten dekoriert (31, 104, 171, 666, 814, 883). Bei Urne 104 wechseln Felder aus Dellen und Rillenabschnitten mit solchen aus Rillenabschnitten und Buckeln ab. Einer dieser Buckel ist nachträglich durchbohrt (Öse). Häufiger finden sich auch durch Rillen begrenzte Streifen, auf denen abwechselnd zwei unterschiedliche Ornamente angebracht sind. Neben Sparren bzw. Dreiecken sind es Eintiefungen (311, 566), Rillenabschnitte (38), Rosetten (477) oder Bögen (266).

Urne 570 ist mit unregelmäßig angeordneten Rillenabschnitten, D-förmigen Eintiefungen und Fibelspiraleintiefungen verziert. Eintiefungen unterschiedlicher Form und eine Riefe finden sich auf Urne 89. Bei den übrigen Urnen ist neben den Rillen nur jeweils ein weiteres Ornament in Gruppen (82, 432, 602, 948) oder kontinuierlich umlaufend (266, 344, 576) angebracht. Urne 23 ist auf dem Unterteil mit weichkantigen Kanneluren und auf Schulter und Umbruch mit Rillen und Schrägstrichband verziert. 115 hat einen durch Dellen hervorgehobenen Umbruch (Umbruchdellen) und dreieckige Eintiefungen auf der Schulter, und 74 weist Strahlen, Rosetten und gruppenweise angeordnete Eintiefungen auf.

Hinweise zur Datierung der Gefäße geben eine Reihe von Beigaben und Vergleichsfunde. Durch Kämme mit kreissegmentförmigen Griffplatten können die Gräber 18, 23, 31, 206 und 266 den Stufen C1 oder C2 zugewiesen werden. Für einen Teil dieser Urnen läßt sich die Datierung auf Grund von Parallelfunden eingrenzen. Urne 18 kann Stufe C1 zugeordnet werden. Es bestehen Gemeinsamkeiten zu einem Gefäß aus Großbadegast, das durch eine Fibel mit hohem Nadelhalter (A VII, 1) in Stufe C1a zu setzen ist[364]. Auch Gefäße aus Badeborn oder Zauschwitz[365] sind zu vergleichen.

Die Verzierung mit weichkantigen Kanneluren wie auf Urne 23 ist durch ein Gefäß aus Schäplitz[366] über eine Fibel mit hohem Nadelhalter (A VII, 3) für Stufe C1b belegt[367]. Auch die Größe und das hohe Unterteil der Urne 23 sprechen für eine frühe Datierung. Eine enge Parallele zu diesem Gefäß liegt aus Dessau-Großkühnau[368] vor.

Urne 206 ist über den Vergleich mit den Pfingstberger Urnen 643 und 929 und den entsprechenden Parallelfunden (vgl. S4) ab Stufe C1 anzusetzen.

Urne 31 und 814 sind durch eine sehr breite Schulter gekennzeichnet und lassen sich über die Urnen 228 und 654 (Typ S4) ab Stufe C1b datieren.

In die Stufen C1b oder C2 gehört eine große Gruppe verwandter Gefäße (7, 38, 82, 89, 104, 125, 171, 205, 266, 311, 344, 351 ?, 477, 566, 641, 666). Datierungshinweise liefern der Kamm mit kreissegmentförmigen Griffplatten (C1-C2) aus Grab 266, der Kamm mit dreieckigen Griffplatten (ab C2) aus Grab 205, die Riemenzunge aus Grab 344, die um 300 n. Chr. (C2) anzusetzen ist, und Vergleichsfunde aus Emersleben, Rebenstorf und Langeleben[369].

In Stufe C2 oder C3 ist Grab 576 über einen Kamm mit dreieckigen Griffplatten einzuordnen. Auf Grund der Verwandtschaft mit Urne 567 ist jedoch eine Einstufung ins 4. Jahrhundert wahrscheinlich. In Stufe C3 gehört Urne 432 nach dem im Grab enthaltenen Kamm mit dreieckigen, im Scheitel kantigen Griffplatten. Auffälliges Merkmal ist der gerade, unbetonte Rand. Entsprechend wird Urne 238A

362 Die Breite ist 25 cm, und die ursprüngliche Höhe liegt bei etwa 16 bis 17 cm.

363 Vermutlich reicht die Breite bis ca. 25 cm, aber Beschädigungen lassen eine sichere Aussage nicht mehr zu.

364 Schmidt, Großbadegast Abb. 11,g. Dieses Gefäß ist jedoch sehr unregelmäßig geformt, so daß es möglicherweise eher mit Urne 384 zu parallelisieren ist. Zur Datierung der Fibel vgl. Keller, Chronologie 251 ff.

365 Badeborn: Schmidt, Beiträge Taf. III,4. — Zauschwitz: Meyer, Zauschwitz Abb. 58.

366 Kuchenbuch, Schalenurnenfelder Taf. VI,3 — 5. Zur Datierung der Fibel vgl. Keller, Chronologie 251 ff.

367 Vgl. von Uslar, Bodenfunde 47.66.

368 Laser, Katalog Taf. 13,59.

369 Emersleben: Schulz, Emersleben Taf. XVII,1. — Rebenstorf: Körner, Rebenstorf Taf. 6, MbI 1 368. — Langeleben: Krone, Braunschweig 115.

über die Verbindung zu Urne 241 (S2) zu datieren sein. Die Verzierung mit Fibelspiraleintiefungen wie auf Urne 570 tritt ab dem 4. Jahrhundert auf[370].

Urne 322 ist verwandt mit dem Gefäß aus Aken[371], das Schmidt in Gruppe II setzt. Es handelt sich jedoch um einen Einzelfund. Die gedrungene Form und der unbetonte Rand sprechen jedenfalls für eine Datierung ab dem 4. Jahrhundert.

Der Typ 6 ist demnach von Stufe C1 an belegt. Die Mehrzahl der Gefäße gehört in Stufe C1b oder C2. Darüber hinaus ist der Typ im 4. Jahrhundert und möglicherweise auch in der Völkerwanderungszeit nachzuweisen.

Bei Urne 146 (Taf. 22) ist die Form des Halses nicht mehr zu ermitteln. Sie gehört deshalb entweder zu Typ 5 oder zu Typ 6. Das Gefäß ist mit Rillen, Eintiefungen und Strahlen verziert.

II. Absatzlos und s-förmig profilierte Gefäße

In der zweiten Typengruppe sind diejenigen Gefäße zusammengefaßt, die als absatzlos oder als s-förmig profiliert zu bezeichnen sind. S-förmig profiliert bedeutet, daß das Gefäßprofil an ein S erinnert, das heißt, daß der Hals einschwingt, die Schulter gewölbt und der Umbruch rund ist. Charakteristisch ist der absatzlose Übergang zwischen den Gefäßteilen. Diese Gefäße stehen damit im Gegensatz zu den streng profilierten, die durch Absätze zwischen Hals und Schulter gekennzeichnet sind.

Die S-Form ist jedoch sehr unterschiedlich. Der Hals schwingt zum Teil nur wenig ein oder ist im Extremfall fast gerade. Die Schulter ist kräftig bis schwach gewölbt, manchmal sogar konisch. Auch die Proportionierung ist bei einigen Gefäßen weit von der S-Form entfernt.

Trotz der Variationsbreite ist eine Aufspaltung dieser Gruppe von Gefäßen unter Verwendung unterschiedlicher Benennungen nicht sinnvoll, da zahlreiche Übergangsformen die Zusammenfassung nahelegen und die Bezeichnung „s-förmig profiliert" nur ungenügend durch andere Begriffe zu ersetzen ist, zumal sie allgemein zur Kurzcharakterisierung einer bestimmten Gruppe von Gefäßen verwendet wird.

Sinnvoll erscheint beim vorliegenden Material jedoch die Trennung in zwei unterschiedliche Typen. Die eine Gruppe von Gefäßen zeichnet sich durch einen tiefen Umbruch aus. Das Schwergewicht liegt im unteren Teil, der Schalenurnencharakter tritt deutlich hervor. Die andere Gruppe hat einen hohen Umbruch und durch das niedrige Oberteil teilweise Beziehungen zu den Töpfen.

Die wesentlichen Merkmale der s-förmig profilierten Gefäße — der absatzlose Übergang zwischen den einzelnen Gefäßteilen und der runde Umbruch — gelten für beide Typen gleichermaßen. Der absatzlose Übergang ist auch Kennzeichen von zwei weiteren Gefäßgruppen, die jedoch kaum den s-förmigen zuzurechnen sind. Die eine Gruppe umfaßt die Gefäße, die im Oberteil wie die s-förmigen mit einschwingendem, absatzlos in die konische oder gewölbte Schulter übergehendem Hals gestaltet sind, aber einen kantigen Umbruch haben und daher eher als „geschweift" zu bezeichnen sind[372]. Die andere Gruppe ist gekennzeichnet durch den geraden bis trichterförmigen, absatzlos in die konische Schulter übergehenden Hals. Diese Gefäße stehen in Zusammenhang mit den streng profilierten Gefäßen der entsprechenden Form (S6), nur ist eine Gruppe von Gefäßen absatzlos profiliert und die andere durch den Absatz charakterisiert.

Die Typengruppe der absatzlos und s-förmig profilierten Gefäße gliedert sich daher in folgende vier Typen (Abb. 14):

S7: Gefäße mit geradem, gelegentlich trichterförmigem, absatzlos in die konische Schulter übergehendem Hals

S8: Gefäße mit einschwingendem, absatzlos in die Schulter übergehenden Hals und kantigem Umbruch

S9: S-förmig profilierte Gefäße mit tiefliegendem Umbruch

S10: S-förmig profilierte Gefäße mit hochliegendem Umbruch.

Typ 7: Gefäße mit geradem, gelegentlich trichterförmigem, absatzlos in die konische Schulter übergehendem Hals

Zu Typ 7 gehören die Schalenurnen 70 (Taf. 10), 100 (Taf. 15), 102 (Taf. 15), 133 (Taf. 20), 135 (Taf. 20), 163 (Taf. 24), 197 (Taf. 28), 198 (Taf. 29), 227 (Taf. 33), 236 (Taf. 34), 242 (Taf. 36), 283 (Taf. 41), 328 (Taf. 47), 346 (Taf. 49), 431 (Taf. 59), 441 (Taf. 60), 453 (Taf. 62), 467 (Taf. 64), 471 (Taf. 64), 484 (Taf. 66), 489 (Taf. 66), 502 (Taf. 67), 506 (Taf. 68), 527 (Taf. 70), 539 (Taf. 72), 552 (Taf. 73), 555 (Taf. 73), 571 (Taf. 76), 588 (Taf. 78), 589 (Taf. 78), 591 (Taf. 79), 593 (Taf. 79), 828 (Taf. 102) sowie vermutlich 1 (Taf. 1) und 150 (Taf. 23).

Die diesem Typ zuzurechnenden Gefäße weisen innerhalb der vorgegebenen Form zahlreiche Unterschiede auf. Besonders deutlich zeigt sich dies in der Randausbildung. Von geraden, unbetonten bis weit ausbiegenden und abgesetzten Rändern sind alle Formen mehrfach vertreten. Der Hals ist gerade bis trichterförmig und schwingt zur konischen Schulter aus. Der Übergang zwischen beiden Gefäßteilen wird oft durch Rillen betont. Der Umbruch ist meist kantig oder scharfkantig, häufiger aber auch gerundet, das Unterteil bauchig oder konisch. Die Mehrzahl der Urnen ist mit einem flachen, seltener eingezogenen Boden ausgestattet — Variante a —, die übrigen sind mit einem Standring oder -fuß versehen (70, 588, 828) — Variante b.

Hinsichtlich Größe und Proportionierung sind nur wenige charakteristische Züge festzustellen. Auch ohne Berücksichtigung des sehr kleinen Gefäßes 328 mit 7,1 cm Höhe und 10,1 cm Breite liegen die jeweiligen Grenzwerte weit auseinander. Die Höhe reicht von 8,6 cm (552) bis 15,7 cm (571). Etwa die Hälfte der Gefäße ist zwischen 12 und 14 cm hoch. Die Breite schwankt zwischen 12,6 cm (501) und 23,8 cm (527). Der Großteil der Gefäße hat ein Verhältnis von Breite zu Höhe zwischen 1,5:1 (502, 571) und 2,1:1 (133, 506). Deutliche Unterschiede zeigen sich auch beim Verhältnis

370 Vgl. „Dekorstudien".

371 Schmidt, Völkerwanderungszeit 95 und Taf. 10,c.

372 Diese Gefäße zeigen mitunter Beziehungen zu denen mit einschwingendem Oberteil (S17). Es bestehen jedoch Unterschiede in der Verengung im Oberteil und dem Verhältnis von Randdurchmesser zu Breite.

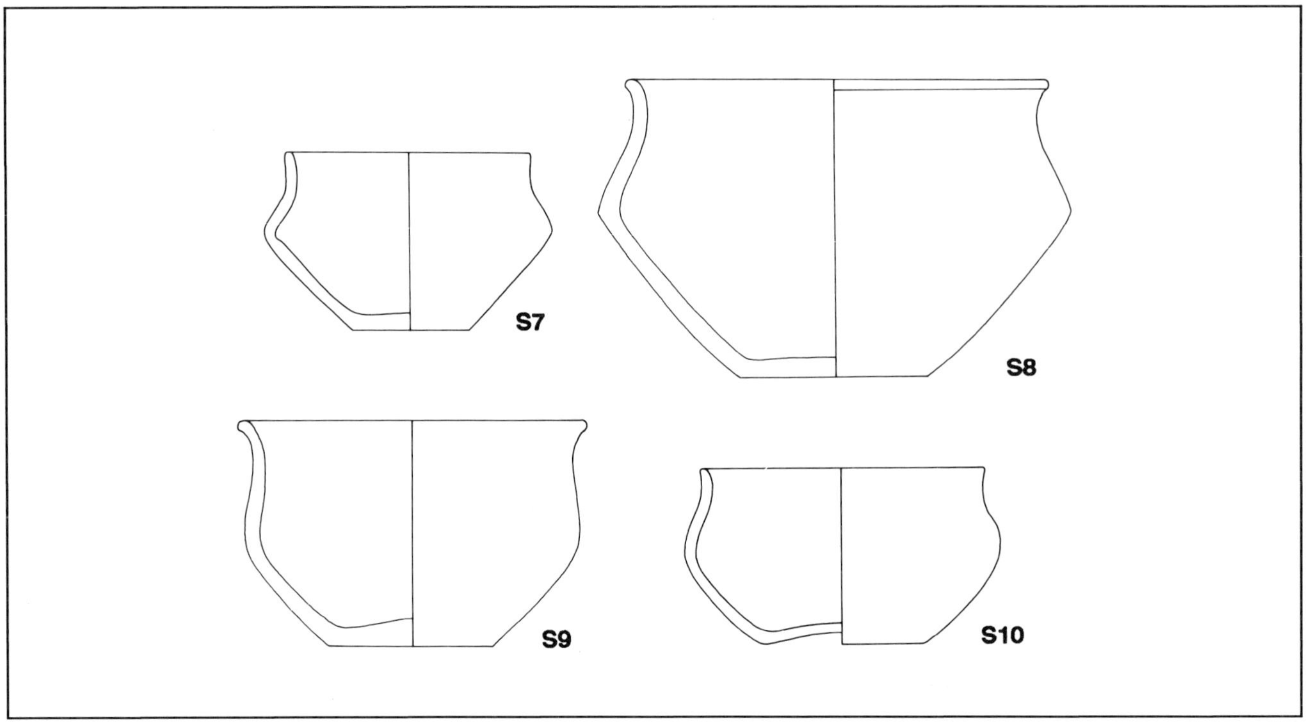

Abb. 14: Typenübersicht der absatzlos- und s-förmig profilierten Schalenurnen

von geringster Weite zur Breite von 0,79:1 (588) bis 0,94:1 (589) und bei der Umbruchhöhe. Die Mehrzahl der Schalenurnen hat einen tiefen, die übrigen haben einen hohen, zum Teil weit oberhalb der Gefäßmitte liegenden Umbruch.

Der Anteil der unverzierten Keramik liegt bei 26 %. Von 35 Gefäßen sind neun nicht dekoriert (100, 163, 328, 346, 431, 441, 539, 552, 555). Bei der Verzierung lassen sich deutliche Gemeinsamkeiten feststellen, wobei die geringe Zahl der jeweils verwendeten Ornamente auffällt. 16 von 26 verzierten Gefäßen weisen nur jeweils zwei Ornamente auf, auf neun Gefäßen findet sich jeweils ein Verzierungselement, und nur Urne 506 ist mit vier Ornamenten dekoriert.

Ähnlichkeiten zeigen sich auch in der Art der Anordnung und in der Auswahl der Ornamente. Bei elf Gefäßen liegen am Schulteransatz und auf oder kurz unter dem Umbruch Rillen. In den durch diese Rillen gebildeten Streifen sind runde Eintiefungen (227, 283, 467, 471, 591), Rillenabschnitte (527), Kannelurelemente (453), Rosetten (150, 197), Sternstempel (242) oder Buckel (571) einzeln oder in Gruppen angeordnet.

Bei fast allen übrigen mit zwei Ornamenten verzierten Gefäßen sind ebenfalls Schulter und Umbruch dekoriert. Neben Rillen sind entweder Fingernageleintiefungen (1), Sparren (198, 484) oder Schrägstrichband (236) angebracht. Urne 589 ist nur auf Umbruch und Unterteil mit einer Rille und Strahlen verziert. Das Muster von Urne 506, das von der Schulter bis zum Boden reicht, setzt sich zusammen aus Strahlen, Rillen, Eintiefungen und Rillenabschnitten.

Bei den Gefäßen mit nur einem Verzierungselement bilden die Urnen 70, 588 und 828 eine eng zusammenhängende Gruppe. Sie weisen jeweils ein Rillenpaar am Schulteransatz und auf dem Umbruch auf sowie eine Rille, die den Rand gegen den Hals absetzt. Einfache Rillenverzierungen haben auch die Urnen 102, 133, 135, 489 und 502. Urne 593 hat auf dem Umbruch eine Knubbenverzierung.

Fast die Hälfte der Urnen enthielt Kämme, doch nur bei wenigen Exemplaren kann die Form annähernd sicher bestimmt werden. Aus Grab 441 stammt ein Kamm mit kreissegmentförmigen Griffplatten, der in die Stufen C1 und C2 gehört. Der Urne 441 ist das Gefäß 431 zur Seite zu stellen. Beide sind durch einen hochliegenden Umbruch und eine verhältnismäßig kleine Standfläche gekennzeichnet. Diese Merkmale weisen auch die ebenfalls unverzierten Stücke 539 und 555 auf.

Durch einen Kamm mit dreieckigen Griffplatten kann Urne 227 ab Stufe C2 angesetzt werden. Dieses Gefäß bildet mit den Urnen 283, 467, 471, 591 und vermutlich 453 nach der Verzierung eine eng verwandte Gruppe, die auf Grund der Verbindung zu Urne 432 (S6) in Stufe C3 zu datieren ist. Für die Einordnung ins 4. Jahrhundert sprechen auch weitere Funde, die mit dieser Gruppe zu verbinden sind. Urne 133 ist durch einen Kamm mit dreieckigen, im Scheitel kantigen Griffplatten in Stufe C3 zu stellen. Ein Gefäß aus Preetz[373], das eine Armbrustfibel mit Trapezfuß enthielt und deutliche Gemeinsamkeiten zu Urne 527[374] aufweist, wird entsprechend datiert.

Von den Urnen mit trichterförmigem Hals — 102 und 197 mit hochliegendem sowie 135 und 242 mit tiefliegendem Umbruch — sind die Gefäße 102 und 242 durch Kämme mit dreieckigen Griffplatten ab Stufe C2 anzusetzen. In Stufe

373 Brandt, Preetz Taf. 18,172a. Zur Datierung der Fibel vgl. Keller, Chronologie 253 ff.

374 Der zu dieser Bestattung gehörende Kamm mit dreieckigen Griffplatten ist in Stufe C2 oder C3 zu stellen.

C2 oder C3 gehört auch Urne 100 über einen entsprechend geformten Kamm. Ein weiterer Kamm dieser Form stammt aus Urne 588. Sie läßt sich — zusammen mit den beiden sehr ähnlichen Gefäßen 70 und 828 — mit dem Drehscheibengefäß aus Litten[375] vergleichen, auch zu Urne 570 (S6) bestehen Verbindungen, so daß eine Datierung ins 4. Jahrhundert wahrscheinlich ist.

Schalenurnen des Typs 7 gehören vor allem ins 4. Jahrhundert. Der Beginn der Form fällt ins 3. Jahrhundert, vermutlich in dessen zweite Hälfte.

Bei den Urnen 388, 474 und 629 ist die Verbindung zwischen Hals und Schulter nicht mehr zu rekonstruieren, so daß die Gefäße entweder zu Typ 6 oder zu Typ 7 gehören. Urne 388 (Taf. 54) ist mit Rillen und Schrägstrichbändern ornamentiert, 474 (Taf. 64) mit Rillen und Kannelurelementen und 629 (Taf. 84) mit Rillen, Schrägstrichband und Eintiefungen.

Typ 8: Gefäße mit einschwingendem, absatzlos in die Schulter übergehendem Hals und kantigem Umbruch

Zu Typ 8 gehören die Schalenurnen 48 (Taf. 7), 142 (Taf. 21), 156 (Taf. 23), 169A (Taf. 25), 172 (Taf. 25), 185 (Taf. 27), 238 (Taf. 35), 254 (Taf. 37), 255 (Taf. 37), 256 (Taf. 37), 263 (Taf. 38), 265 (Taf. 39), 270 (Taf. 40), 284 (Taf. 42), 324 (Taf. 47), 352 (Taf. 50), 353 (Taf. 50), 359 (Taf. 51), 368 (Taf. 52), 397 (Taf. 55), 404 (Taf. 56), 439 (Taf. 60), 456 (Taf. 62), 462 (Taf. 63), 470 (Taf. 64), 472 (Taf. 64), 485 (Taf. 66), 495 (Taf. 67), 510 (Taf. 68), 525 (Taf. 70) 535 (Taf. 71), 537 (Taf. 71), 548 (Taf. 73), 564 (Taf. 75), 581 (Taf. 77), 599 (Taf. 80), 601 (Taf. 80), 604 (Taf. 81), 628 (Taf. 84), 673 (Taf. 89), 722 (Taf. 93), 819 (Taf. 101), 822 (Taf. 101), 835 (Taf. 102), 855 (Taf. 105), 934 (Taf. 110), 944 (Taf. 111) und vermutlich 668 (Taf. 88).

Innerhalb der definierten Grenzen bestehen sowohl hinsichtlich der Form als auch der Proportionierung deutliche Unterschiede. Eine weitere Aufteilung erscheint jedoch nicht sinnvoll, da die Übergänge fließend sind.

Die Gefäße dieses Typs haben einen geraden oder verdickten bzw. ausbiegenden, selten abgesetzten Rand. Der Hals schwingt unterschiedlich stark ein. Die Extremformen liegen im weit ausschwingenden Hals wie bei Urne 535 und im nahezu konischen Hals wie bei Urne 510. Die Schulter ist konisch oder gelegentlich gewölbt und geht absatzlos in den Hals über. Der Umbruch ist kantig, bisweilen scharfkantig, das Unterteil ist konisch oder bauchig. Eine Gliederung in zwei Varianten ergibt sich aus der Form des Bodens. Der Großteil der Gefäße ist mit flachem oder eingezogenem Boden versehen — Variante a —, die Urnen 238, 456, 470 und 604 sind mit einem Fuß ausgestattet — Variante b.

Bei Maßen und Proportionen lassen sich kaum charakteristische Eigenheiten erkennen. Urne 835 mit 5,2 cm Höhe und 11,5 cm Breite und Urne 142 mit 6 cm Höhe und 9,9 cm Breite gehören zu den kleinsten Schalenurnen des Pfingstberger Gräberfeldes. Urne 628 mit 16,7 cm Höhe und 28,5 cm Breite hat dagegen mit 5625 cm^3 das größte meßbare Volumen der hier untersuchten Gefäße.

Das Verhältnis von Breite zu Höhe liegt zwischen 1,4:1 und 1,8:1, nur das Gefäß 835 ist mehr als doppelt so breit wie hoch. Beim Verhältnis von geringster Breite zur Weite sind zwar auch Schwankungen festzustellen (von 0,7:1 bis 0,91:1), aber stets ist das Oberteil deutlich verengt. Etwa die Hälfte der Urnen hat einen Umbruch oberhalb der Gefäßmitte, bei den übrigen liegt er — zum Teil erheblich — darunter.

Elf (255, 270, 324, 472, 525, 535, 581, 599, 668, 673, 944) der 48 Gefäße sind nicht verziert (23 %). Von den verzierten Gefäßen ist etwa die Hälfte mit ein bis zwei Ornamenten und die andere Hälfte mit drei, seltener vier oder fünf Ornamenten dekoriert. Die Verzierungen liegen meist auf Schulter und Umbruch, häufiger ist zusätzlich auch das Unterteil ornamentiert.

Mit Ausnahme der zwei ausschließlich mit Riefen bzw. Wellen dekorierten Urnen 284 und 485 sowie der mit Riefen, Sparren, Dellen und ursprünglich einem Henkel verzierten Urne 934 finden sich an jedem Gefäß zwei bis sechs Rillen. Bei acht Gefäßen stellen Rillen das einzige Ornament dar (169A, 368, 397, 456, 510, 537, 601, 722). Meist liegen Rillen jeweils am Schulteransatz und auf oder unter dem Umbruch und bilden einen Streifen, in dem ein Ornament oder mehrere — darunter auch Rillen — einzeln in Gruppen oder fortlaufend angebracht sind. Neben Rillen kommen als alleiniges weiteres Ornament nur Eintiefungen (185, 256, 495) und Rosetten (254, 470) vor. Zwei weitere Ornamente sind in den Streifen entweder untereinander oder abwechselnd nebeneinander angeordnet (untereinander: Kerben und Sparren bei den Urnen 404 und 822 oder Kannelurelemente und Kerben bei Urne 462; miteinander kombiniert: Winkelbänder und Rillenabschnitte oder Eintiefungen bei 142 und 819; abwechselnd Rillenabschnitte und Dellen bei 172 und 359, Eintiefungen und Sparren bei 156 und 628, Eintiefungen und Schrägstrichband bei 353).

Neben einem Schulterdekor aus Rillen und Sparren sind die Urnen 352 und 835 auf dem Unterteil mit Rillenabschnitten und Buckeln bzw. Dellen ornamentiert. Von den übrigen verzierten Gefäßen sind vier mit Strahlen (263, 439, 564, 855) und zum Teil mit weiteren Ornamenten dekoriert. Umbruchkanneluren sind auf Urne 238 und Warzen sowie Leisten auf Urne 604 angebracht, die restlichen Gefäße sind mit Schrägstrichbändern (265) und Dellen (48), Kerben (548) und Rillenabschnitten verziert.

Zur Datierung der Gefäße des Typs 8 können nur zwei Beigaben, aber einige Vergleichsfunde herangezogen werden. Aus Grab 270 stammt ein Kamm mit kreissegmentförmigen Griffplatten, der in Stufe C1 oder C2 gehört, und aus Grab 722 ein Kamm mit dreieckigen Griffplatten, der ab Stufe C2 anzusetzen ist. Der Urne 722 ist das Gefäß 265 zur Seite zu stellen.

In das 4. Jahrhundert dürfte Urne 255 über die verwandten Gefäße aus Schönebeck und Kyritz[376] eingeordnet werden, auch wenn für die Datierung der Vergleichsfunde keine zeitlich genauer anzusprechenden Beigaben vorliegen. Urne 604 ist mit einem weiteren Gefäß aus Schönebeck[377] zu vergleichen, das zu den späten Funden dieses Bestattungsplatzes

375 Meyer, Katalog Abb. 65,2.

376 Schönebeck: Laser, Schönebeck Abb. 4,b. — Kyritz: Matthes, Prignitz 103 und Taf. 65,375.

377 Laser, Schönebeck Abb. 5,g.

gehört. Ins 4. Jahrhundert kann auch Urne 238 über einen Vergleichsfund aus Butzow[378] datiert werden.

Urne 185 hat eine Parallele in Rebenstorf[379], die durch eine Fibel mit dreieckigem Fußzuschnitt und offenem Nadelhalter in die Stufe C2 oder C3 zu stellen ist. Für eine Einordnung in Stufe C3 spricht die Verwandtschaft zu C3-zeitlichen Gefäßen der Typen S6 und S7. Urne 256 ist ebenfalls dieser Reihe von Gefäßen zuzuordnen. Ähnlich proportioniert sind die Urnen 169A und 456.

Ein zeitlicher Ansatz ab dem 4. Jahrhundert ergibt sich für Urne 470 über die Verwandtschaft zu Urne 570, die ebenfalls zu Typ 6 gehört. Die Urnen 263, 439 und 855 können auf Grund der Verzierung mit Strahlen in die Römische Kaiserzeit datiert werden[380].

Zeitlich nicht genauer anzusprechen sind ein Vergleichsfund zu Urne 368 aus Butzow[381] und ein Gefäß aus Perdöhl[382], das mit Urne 397 zu verbinden ist.

In die Völkerwanderungszeit dürfte das kleine Gefäß 944 gehören. Es ist mit einer Urne aus Hannover-Ahlem[383] zu vergleichen. Als völkerwanderungszeitlich ist auch Urne 673 anzusprechen. Das verwandte Gefäß aus Perdöhl[384] ist zwar nicht genauer zu datieren, aber die breite Standfläche kennzeichnet eine Reihe von Gefäßen des 5. und 6. Jahrhunderts[385]. Die Urnen 472 und 535 gehören nach einem vergleichbaren Gefäß aus Perdöhl[386], das einen kegelförmigen Beinanhänger enthielt, in die späte Völkerwanderungszeit. Vermutlich kann auch Urne 485 über den Vergleich mit einem Gefäß aus dem Grab aus Zweeloo[387] über eine mitgegebene gleicharmige Kerbschnittfibel ins 5. Jahrhundert gestellt werden.

Urne 525 ist mit den spätvölkerwanderungszeitlichen Gefäßen aus Stößen, Hannover-Misburg und einem weiteren aus Badeborn[388], das wie Urne 142 verziert ist, zu vergleichen. Das Gefäß aus Stößen ist durch ein Thüringer Drehscheibengefäß und einige Beigaben gut zu datieren. Eine Einordnung in die Völkerwanderungszeit ist auch für Urne 352 möglich, die mit einem Gefäß aus Jiřice[389] und einem weiteren aus Mochov[390] zu verbinden ist. Das Grab in Mochov enthielt eine Thüringer Fibel. Eine entsprechende Form weist auch Urne 353 auf.

Der hochliegende Umbruch und die Verzierung verbindet Urne 254 mit einem Gefäß aus einem Körpergrab aus Wulfen[391], das auf Grund der Bestattungsform in die frühe Völkerwanderungszeit gesetzt wird. Auf die Datierung der Urne 835 in die Völkerwanderungszeit hat bereits Schneider[392] aufmerksam gemacht.

Der Schalenurnentyp 8 ist für das gesamte 4. Jahrhundert und für die Völkerwanderungszeit belegt. Die Herausbildung der Form erfolgte im 3. Jahrhundert.

Typ 9: S-förmig profilierte Gefäße mit tiefliegendem Umbruch

Zu Typ 9 gehören die Schalenurnen 12 (Taf. 2), 14 (Taf. 2), 64 (Taf. 9), 71 (Taf. 10), 90 (Taf. 13), 98 (Taf. 15), 110 (Taf. 16), 132 (Taf. 20), 174 (Taf. 26), 176 (Taf. 26), 195 (Taf. 28), 202 (Taf. 29), 245 (Taf. 36), 252 (Taf. 37), 374 (Taf. 52), 446 (Taf. 61), 465 (Taf. 63), 482 (Taf. 65), 483 (Taf. 66), 501 (Taf. 67), 513 (Taf. 69), 515 (Taf. 69), 516 (Taf. 69), 538 (Taf. 71), 540 (Taf. 72), 573 (Taf. 76), 577 (Taf. 77), 592 (Taf. 79), 594 (Taf. 79), 609 (Taf. 81), 610 (Taf. 82), 613 (Taf. 82), 634 (Taf. 85), 669 (Taf. 89), 671 (Taf. 89), 850 (Taf. 104), 852 (Taf. 105), 857 (Taf. 105), 861 (Taf. 105), 869 (Taf. 106) und 943 (Taf. 111).

Die s-förmige Profilierung liegt — entsprechend der hier gegebenen Definition — in unterschiedlicher Ausprägung vor. Der Rand ist unbetont oder betont — abgesetzt bzw. verdickt. Die Randbildungen der Urnen 515 und 516 können als Keulenränder bezeichnet werden. Vom geraden, nur zur Schulter ausschwingenden Hals (z. B. 64) über den schwach einschwingenden (z. B. 98) bis zum trichterförmig ausladenden Hals (z. B. 516) sind alle Formen vertreten. Die mehr oder weniger kräftig gewölbte Schulter ist heruntergezogen oder vorspringend, der Umbruch rund und das Unterteil bauchig oder konisch, bzw. bei Urne 71 einschwingend. Der Boden ist bei Variante a flach oder eingezogen und bei Variante b als Standring (14, 71, 174, 176, 446, 465, 515) oder Standfuß (132, 252, 374) ausgebildet. Bei den Urnen 852 und 857 ist der Boden als „Kugelboden"[393] anzusprechen.

Die Höhe der Gefäße schwankt zwischen 8,6 (482) und 15,8 cm (195), die Mehrzahl der Gefäße ist zwischen 10 und 13 cm hoch. Von den sechs kleinen, bis 9 cm hohen Urnen sind drei auch nur bis 11,5 cm breit (400, 852, 861, 869). Bei den übrigen Gefäßen dieses Typs liegen die Breiten zwischen 14 und 23,6 cm (573), ohne daß auffällige Konzentrationen festzustellen sind. Die Breite ist jedoch nicht nur absolut, sondern auch relativ gering. Zwei Drittel der Gefäße haben ein Breiten-Höhen-Verhältnis von 1,3:1 bis 1,6:1, von den übrigen Urnen weisen zehn ein Verhältnis von 1,7:1 bis 1,8:1 auf, nur die Urnen 446 und 71 haben Proportionen von 1,9:1 bzw. 2:1.

Auffällig sind die hohen Werte beim Verhältnis von geringster Weite zu Breite. Die Mehrzahl der Urnen hat Proportio-

378 Schmidt, Butzow 87 und Taf. 9,138. In der Datierung lehnt sich Schmidt an Behm an (Behm, Elb-Havelgermanen 50).

379 Körner, Rebenstorf Taf. 7, MBI 1 409.410. Zur Datierung der Fibel vgl. Keller, Chronologie 253 ff.

380 Für das Gefäß 284 ist eine Einordnung in die späte Kaiserzeit wahrscheinlich, da die Urne gegenüber Gefäßen wie z. B. aus Mahlstedt (Wegner, Mahlstedt 57 Abb. 18,c.d), die dem 5. Jahrhundert zugewiesen werden, noch breiter ist und im Oberteil weniger stark einzieht.

381 Schmidt, Butzow Taf. 9,137.

382 Schuldt, Perdöhl Taf. 17,190. Insgesamt ist der Gefäßtyp in Perdöhl häufig vertreten. Viele dieser Urnen sind jedoch nicht genauer zu datieren.

383 Nowothnig, Brandgräber Taf. 2,12.

384 Schuldt, Perdöhl Taf. 25,300.

385 Schmidt, Völkerwanderungszeit Taf. 13; 14,b; ders., Nord- und Ostteil Taf. 8,5 f.

386 Schuldt, Perdöhl Taf. 11,104.

387 Böhme, Grabfunde Taf. 73,14; van Es und Ypey, Zweeloo 103.

388 Stößen: Südteil Taf. 29,4n. — Badeborn: ders., Nord- und Ostteil Taf. 102,3a. — Misburg: Nowothnig, Brandgräber Taf. 18,2.

389 Svoboda, Völkerwanderungszeit Taf. LXII,4. Svoboda ordnet das Gefäß über mitteldeutsche Vergleichsfunde ein.

390 Zeman, Mochov Abb. 24,1.

391 Schmidt, Wulfen Taf. 30,1.

392 Schneider, Deersheim 145.

393 Vgl. Rahmenterminologie 430.

nen zwischen 0,86:1 (12, 256) und 0,97:1 (110), nur acht Gefäße haben Proportionen von 0,72:1 (869) bis 0,84:1 (501). Charakteristisch ist der tiefe, in der Gefäßmitte oder darunter liegende Umbruch.

Von den 41 Gefäßen dieses Typs sind nur sechs unverziert (110, 245, 483, 538, 592, 943), das entspricht einem Anteil von 15 %. Die Verzierungen liegen auf Schulter und Umbruch, gelegentlich beginnt der Dekor auf dem Hals oder reicht deutlich über den Umbruch hinaus. Vier Gefäße sind auch auf dem Unterteil dekoriert.

Ein Viertel der Gefäße ist nur mit einem Ornament verziert — es handelt sich ausschließlich um Rillendekore (12, 71, 132, 195, 515, 540, 613, 634, 669). Drei Viertel haben zwei oder mehr Ornamente. Am häufigsten sind zwei Ornamente, es folgen drei und vier. Nur jeweils ein Gefäß ist mit fünf (446) bzw. acht (252) Ornamenten dekoriert.

In dem breiten Spektrum der verwendeten Verzierungen sind Kerben oder Eintiefungen unterschiedlicher Form und Rillenabschnitte besonders häufig. Bis auf die Urnen 14, 374, 577 und 610 sind alle verzierten Gefäße mit Rillen ornamentiert.

Bei den Verzierungen mit zwei Ornamenten handelt es sich meist um Rillen und gruppenweise angeordnete Elemente wie Rillenabschnitte (482, 513, 516), Eintiefungen (174, 202, 594) oder Sparren (609). Bei den Gefäßen mit drei oder mehr Elementen ist häufig ein Teil der Ornamente in Feldern angeordnet. Sie bestehen aus Kannelurelementen (501, 671) oder Rillenabschnitten und Buckeln (446, 465) bzw. Eintiefungen (90, 850). Abgesehen von Buckeln finden sich auf sieben weiteren Gefäßen plastische Verzierungen. Es sind Rippen bei den Urnen 14 und 852, scharfkantige Kanneluren bei Urne 869 und weichkantige Umbruchkanneluren bei den Urnen 577 und 861 sowie Knubben und Bögen bei Urne 374.

Urne 252 ist außerordentlich reich mit horizontalen, vertikalen und bogenförmig angeordneten Mustern dekoriert. Zwei plastische Bögen mit Kerbband werden von Warzen und Rillenabschnitten begleitet. Zwischen den Bögen liegen ein gerahmtes Schrägstrichband und Flächen mit abwechselnd angebrachtem Gittermuster und Warzen, die durch Kannelurelemente abgegrenzt werden.

Die Unterteilverzierungen sind die bereits erwähnten Kanneluren (869) sowie Strahlen (64, 98, 861).

Besonders hervorzuheben sind die Stempelverzierungen der Urnen 176 und 610. Urne 176 ist mit ringförmigen Stempeln und 610 mit Fibelspiraleintiefungen dekoriert.

Aufschluß über die Datierung der Gefäße geben einige Beigaben sowie Vergleichsfunde. Die Fibel mit umgeschlagenem Fuß (A VI, 1) aus Grab 850 und die Fibel mit festem Nadelhalter (A VI, 2) aus Grab 446 gehören in die zweite Hälfte des 3. Jahrhunderts oder ins 4. Jahrhundert. Die Urnen haben einen tiefliegenden Umbruch, eine geringe Einziehung im Oberteil und einen betonten Rand. Entsprechende Merkmale weisen die Gefäße 252 und 465 auf. Weit ausbiegende Ränder und geringe Verengung kennzeichnen darüber hinaus die unverzierten Urnen 110, 483, 538 und 943. Urne 483 dürfte der späteste Vertreter sein, er zeigt durch den sehr breiten Boden bereits Gemeinsamkeiten zu dem Gefäß aus einem Körpergrab aus Wulfen[394], das nach Schmidt in die erste Hälfte des 5. Jahrhunderts gehört.

Auffällig zahlreiche und verhältnismäßig wertvolle Beigaben fanden sich in den Urnen 90 und 202. Beide Gräber enthielten Bronzeblech, — vermutlich die Reste von Beschlägen —, Perlen, Armringe, zum Teil aus Elfenbein, Urnenharz und jeweils einen Kamm mit dreieckigen Griffplatten, die ab Stufe C2 anzusetzen sind. Bei dem Kamm aus Grab 90 ist der Scheitel gerundet, so daß dieses Stück in Stufe C2 einzuordnen ist. Die beiden Urnen 90 und 202 sind gekennzeichnet durch einen fast geraden Hals und eine vorspringende Schulter. Diese Merkmale haben auch die Urnen 64, 501, 573 und 857, von denen Urne 64 über einen Vergleichsfund aus Kannawurf[395] ins 4. Jahrhundert gestellt werden kann. Urne 573 ist über einen Kamm mit dreieckigen Griffplatten ebenfalls nur ab Stufe C2 zu datieren. Entsprechende Kämme stammen auch aus den Gräbern 195, 540 und 609.

Vermutlich dem 3. Jahrhundert sind die Urnen 98 und 671 auf Grund der Gemeinsamkeiten mit den Gefäßen 80 und 318 des Typs 1 zuzuordnen. Ins 4. Jahrhundert dürften die Urnen 515 und 516 über die Verbindung zu Urne 241 (S2) gehören.

Zu Urne 14 liegt ein Vergleichsfund aus der Kaiserzeit aus Kostelec[396] vor. Die Rippenverzierung der Urne begegnet auch an dem kleinen Gefäß 852, das bereits völkerwanderungszeitlich ist. Es weist Gemeinsamkeiten zu Gefäßen aus Meerdorf und Belleben[397] auf. In die späte Völkerwanderungszeit gehört Urne 869, die mit einem Gefäß aus Klein Ilsede[398] zu verbinden ist. Es wird von Nowothnig über mitteldeutsche Vergleichsfunde datiert.

Durch einen Kamm mit schmalen, gerundeten Griffplatten ist auch Grab 610 in die frühe Völkerwanderungszeit einzuordnen. Für die späte Zeitstellung spricht auch die Fibelspiralverzierung der Urne, die ins 4. Jahrhundert datiert wird[399].

S-förmig profilierte Gefäße mit tiefliegendem Umbruch treten demnach ab Stufe C2 auf und lassen sich bis in die Völkerwanderungszeit nachweisen.

Typ 10: S-förmig profilierte Gefäße mit hochliegendem Umbruch

Zu Typ 10 gehören die Schalenurnen 116 (Taf. 17), 123 (Taf. 18), 140 (Taf. 21), 166 (Taf. 25), 169 (Taf. 25), 177 (Taf. 26), 193 (Taf. 28), 213 (Taf. 31), 229 (Taf. 34), 313 (Taf. 45), 327 (Taf. 47), 332 (Taf. 48), 338 (Taf. 48), 343 (Taf. 49), 354 (Taf. 50), 419 (Taf. 58), 436 (Taf. 60), 443 (Taf. 60), 450 (Taf. 61), 460 (Taf. 63), 464 (Taf. 63), 479 (Taf. 65), 514 (Taf. 69), 565 (Taf. 74), 572 (Taf. 76), 584 (Taf. 78), 598 (Taf. 80), 606 (Taf. 81), 612 (Taf. 82), 652

394 Schmidt, Wulfen Taf. 30,4.

395 Schmidt, Artern Abb. 1,1. Die in dem Grab gefundene Drehscheibenflasche wird von Schmidt in einem späteren Aufsatz unter C2-zeitlicher Drehscheibenware erwähnt: Schmidt, Drehscheibenkeramik 21 ff.

396 Zeman, Mähren Taf. XV,b.

397 Meerdorf: Thaerigen, Nordharzgruppe Abb. 16. — Belleben: Schmidt, Völkerwanderungszeit Taf. 8,d. Schmidt ordnet dieses Gefäß in Gruppe IIb ein, weist aber darauf hin, daß die Zugehörigkeit einer Fibel mit rechteckiger Kopfplatte zum Grab unsicher ist.

398 Nowothnig, Brandgräber 63 f., Taf. 26,9.

399 Vgl. „Dekorstudien".

(Taf. 87), 674 (Taf. 89), 678 (Taf. 90), 681 (Taf. 90), 702 (Taf. 91), 706 (Taf. 92), 830 (Taf. 102), 863[400] (Taf. 105), 882 (Taf. 107), 935 (Taf. 110), 939 (Taf. 110), und vermutlich das in einer Skizze erhaltene Gefäß 910 (Abb. 30).

Die Gefäße dieses Typs haben einen geraden oder einen verdickten bzw. ausbiegenden Rand. Vom geraden, nur zur Schulter ausbiegenden Hals (z. B. 606) über den einschwingenden bis zum trichterförmigen Hals (z. B. 177) sind alle Formen vertreten. Die Schulter ist wenig bis stark gewölbt, der Umbruch rund und das Unterteil konisch oder bauchig. Die Mehrzahl der Gefäße ist mit einem flachen, seltener eingezogenen Boden ausgestattet — Variante a —, die übrigen besitzen einen Standring (338, 343) oder Standfuß (116, 213) — Variante b.

Die Bandbreite der Gefäßmaße ist erheblich. Neben mehreren niedrigen Gefäßen mit einer Höhe von nur 4,8 cm (652) bis 8,2 cm (116) finden sich hohe Gefäße mit einer Höhe zwischen 15 und 16 cm (166, 354, 584, 882); die Mehrzahl der Urnen ist zwischen 9 und 13 cm hoch. Die Breite — zwischen 8,9 (652) und 24,1 cm (882, 354) — ist absolut und in Relation zur Höhe verhältnismäßig gering. Fast drei Viertel der Gefäße haben Werte von 1,4:1 bis 1,7:1, die übrigen 1,3:1 oder zwischen 1,8:1 und 2,1:1[401].

Hinsichtlich der Relation von geringster Weite zur Breite ist festzustellen, daß auch etwa drei Viertel der Gefäße im Oberteil nur wenig verengt sind (zwischen 0,85:1 und 0,96:1). Extrem ist das Gefäßoberteil bei Urne 606 eingezogen (0,74:1). Charakteristisches Merkmal des Typs ist der hohe, aber nur selten extrem hochliegende Umbruch.

Hervorzuheben ist der hohe Anteil (37%) der unverzierten Gefäße (166, 193, 213, 229, 327, 332, 343, 354, 436, 443, 479, 514, 674, 830, 939). Bei den verzierten lassen sich einige Gemeinsamkeiten erkennen. Die Ornamente liegen auf Schulter und Umbruch, gelegentlich deutlich über den Umbruch ausgreifend, bei vier Gefäßen (652, 706, 882, 910) ist auch das Unterteil dekoriert. Auffällig ist die geringe Zahl der jeweils verwendeten Ornamente. Sieben von 26 verzierten Gefäßen haben nur jeweils ein Ornament, 12 haben zwei, sechs haben drei und nur eine Urne hat fünf Ornamente. Erwähnenswert ist auch die Beschränkung auf wenige Ornamente. Rillen sind bei fünf Urnen einziger Dekor (140, 177, 338, 460, 584).

Mit Ausnahme von Urne 565, die mit weichkantigen Umbruchkanneluren verziert ist, und der mit Bögen verzierten Urne 681 haben alle Urnen Rillen als Bestandteil des Musters. Rillenabschnitte und Sparren sind zahlreich vertreten. Am häufigsten wird durch Rillen ein Streifen abgegrenzt, auf dem Rillenabschnitte in Gruppen (123, 116, 598, 678) bzw. kontinuierlich umlaufend (464) angebracht sind. Es kommen auch zwei unterschiedliche Ornamente vor. Sie liegen untereinander (Eintiefungen und Sparren bei Urne 863) oder sind miteinander kombiniert (Eintiefungen und Bögen bei Urne 169). Bei vier Gefäßen befindet sich nur die obere Begrenzung durch Rillen entweder auf der Schulter oder dem Umbruch. Darunter liegen Rillenabschnitte (313, 606, 652) oder Winkelband und Rillenabschnitte (706). Urne 910 ist mit Rillenabschnitten auf der Schulter und auf dem Unterteil verziert. Bei Urne 419 liegt unterhalb des Umbruchs eine Kehle. Die einzige reicher ornamentierte Urne 882 hat einen Dekor aus Rillen, Schrägstrichbändern, Knubben und breiten auf dem Unterteil liegenden Feldern.

Hinweise auf die zeitliche Einordnung der Gefäße geben eine Reihe von Beigaben sowie Vergleichsfunde. Sowohl Beigaben als auch Vergleichsfunde legen eine Datierung ab Stufe C2 nahe. Meist handelt es sich um Kämme mit dreieckigen Griffplatten. Sie stammen aus den Gräbern 514, 565, 702 und 706 und sind ab Stufe C2 anzusetzen. Grab 706 gehört allerdings frühestens ins 4. Jahrhundert, da neben dem Kamm auch der Rest einer Geweihscheibe geborgen wurde. Die beiden Gefäße 702 und 706 sind mit den Urnen 123, 169, 572, 598 und 681 zu verbinden. Verwandt ist ein Gefäß aus Pegau[402], das durch einen dreieckigen Kamm entsprechend einzuordnen ist. Urne 514 sind die Gefäße 354 und 830 zur Seite zu stellen. Die ebenfalls unverzierten, allerdings nach dem Breiten-Höhen-Verhältnis höheren Gefäße 166 und 939 sind mit Funden aus Šaratice und Kuhbier III, Grab 110[403], zu vergleichen. Das Gefäß aus Kuhbier enthielt eine Fibel mit dreieckigem Fußzuschnitt und offenem Nadelhalter, ist also in Stufe C2 oder C3 zu datieren[404]. Urne 565 hat ein Vergleichsstück in Butzow[405].

Problematisch ist die Datierung der Urne 443. Sie hat in Urne 662 eine Parallele bei den Töpfen (T2). Die Vergleichsfunde zu diesem Gefäß gehören in die Stufen C2 oder C3, möglicherweise in Stufe C1b oder in die späte Völkerwanderungszeit.

Ins 4. Jahrhundert dürften die beiden sehr breiten Schalenurnen mit Fuß 116 und 338 einzuordnen sein. Vergleichbar ist Urne 73 aus Rathenow[406], die Guthjahr in Anlehnung an Behm ins 4. Jahrhundert stellt. Auch Schmidt[407] schließt sich für die Gefäße aus Butzow diesem Zeitansatz an.

Urne 882 hat eine enge Parallele in Dessau-Großkühnau[408], die jedoch nicht genauer zu datieren ist. Sehr ähnlich ist Urne 584, die durch den breiten Boden jedoch schon zu völkerwanderungszeitlichen Gefäßen wie zum Beispiel aus Gera[409] überleitet.

Ungesichert ist die Formbestimmung der Kammfragmente aus Urne 229. Möglicherweise handelt es sich um einen Kamm mit einer erweiterten Griffplatte — eine Form, die bereits in die Völkerwanderungszeit zu stellen ist. Diesem Zeitabschnitt ist auch der Kamm mit schmalen, gerundeten Griffleisten aus Urne 213 zuzurechnen. Das Gefäß aus Grab 49 von Deersheim, das Gemeinsamkeiten mit Urne 213 aufweist[410], könnte den späten Zeitansatz bestätigen. Ein weiteres verwandtes Gefäß aus Haldensleben II[411] ist nicht

400 Vgl. „Fensterurne".

401 Das Verhältnis bei Urne 910 liegt nach der Zeichnung bei 2,4:1.

402 Meyer, Katalog Abb. 154.

403 Šaratice: Trňáčková, Šaratice Abb. 7,5.8. — Kuhbier: Matthes, Prignitz Taf. 53,313.314.

404 Vgl. Keller, Chronologie 253 ff.

405 Schmidt, Butzow Taf. 11,155.

406 Guthjahr, Rathenow Abb. 4.

407 Schmidt, Butzow 87.

408 Laser, Katalog Taf. 26,202.

409 Schmidt, Völkerwanderungszeit 89 und Taf. 7,b. Die Datierung des Gefäßes erfolgt über die Form.

410 Schneider, Deersheim Taf. 12,6 und Abb. 107,7. Das Gefäß wird über die Ornamentik jedoch schon in die zweite Hälfte des 6. Jahrhunderts gestellt.

411 Stahlhofen, Haldensleben Taf. 30,c.

genauer zu datieren. Einen vermutlich zweireihigen Kamm enthielt Urne 678. Das Gefäß ist mit einem Fund aus Záluží[412] zu vergleichen, das über eine Bügelfibel mit halbrunder Kopfplatte und gleichbreitem Fuß ins 6. Jahrhundert gehört. Daneben zeigt es Beziehungen zu Urne 1163 aus Pritzier[413]. Mit diesem Gefäß verwandt sind die Urnen 419, 436, 460 und 464. Vielleicht ist auch das sehr kleine Gefäß 652 hier anzuschließen. Urne 606 hat wie diese Gefäße ein gedrungenes Unterteil und einen niedrigen Hals, es ist aber kleiner und im Oberteil stärker verengt.

In die Völkerwanderungszeit gehört auch Urne 479. Sie ist mit dem Topf 494 (T2) zu vergleichen, der über ein Gefäß aus Obermöllern[414] ins 5. oder 6. Jahrhundert gestellt werden kann.

S-förmig profilierte Gefäße mit hochliegendem Umbruch treten ab Stufe C2 auf und halten sich bis in die Völkerwanderungszeit.

III. Gefäße mit formprägender plastischer Verzierung

In der dritten Typengruppe werden diejenigen Gefäße zusammengefaßt, die durch formprägende plastische Verzierungen charakterisiert sind. „Formprägende plastische Verzierung" bedeutet, daß ein oder mehrere Gefäßteile — Schulter oder Umbruch bzw. Schulter und Umbruch — durch plastische Verzierungen — Wellen, Wülste, Leisten oder Facetten — verändert werden, so daß eine Formansprache ohne Berücksichtigung der Verzierung nicht mehr möglich ist, Gefäßteilbeschreibungen wie „konisch", „gewölbt" oder „rund" also nicht angewendet werden können. Daher entfällt eine Zuweisung an die Typen der Typengruppen I und II, in denen die Typen über die Form von Schulter und ggf. Umbruch definiert sind.

Wesentliche Unterschiede innerhalb der Typengruppe der Gefäße mit formprägender plastischer Verzierung bestehen in der Lage der Verzierung und in dem Gefäßaufbau bzw. der Halsform. Grundsätzlich werden die Gefäße mit profilierter Schulter von denen mit profiliertem Umbruch unterschieden. Sofern jedoch beide Gefäßteile plastisch verziert sind, wird das betreffende Stück dem entsprechenden Typ der Gefäße mit profiliertem Umbruch zugewiesen.

Beim Gefäßaufbau sind entsprechend den Typengruppen I und II sowohl bei den Gefäßen mit plastisch verzierter Schulter, also auch bei denen mit plastisch verziertem Umbruch, streng profilierte von absatzlos profilierten zu trennen. Innerhalb der Gruppe von Gefäßen mit gegliedertem Umbruch ist eine weitergehende Unterteilung sinnvoll. Bei einer Reihe sehr ähnlicher Urnen, die zwar eine vom Hals durch eine Leiste getrennte Schulter aufweisen, schwingt die Schulter ein, so daß der Eindruck entsteht, daß der Hals in der Schulter ausläuft. Eine weitere Gruppe von Gefäßen zeichnet sich durch einen einschwingenden oder konischen Hals aus.

Die Gefäße mit formprägender plastischer Verzierung sind demnach in folgende sechs Typen zu gliedern (Abb. 15):

S11: Gefäße mit abgesetzter profilierter Schulter

S12: Gefäße mit absatzlos in die profilierte Schulter übergehendem Hals

S13: Gefäße mit abgesetztem Hals und Facetten

S14: Gefäße mit von der Schulter durch eine Leiste abgesetztem Hals und Facetten

S15: Gefäße mit geradem, absatzlos in die Schulter übergehendem Hals und Facetten

S16: Gefäße mit einschwingendem oder konischem Hals und Facetten.

Typ 11: Gefäße mit abgesetzter profilierter Schulter

Zu Typ 11 gehören die Schalenurnen 9 (Taf. 1), 26 (Taf. 4), 72 (Taf. 10), 92 (Taf. 14), 94 (Taf. 14), 106 (Taf. 16), 128 (Taf. 19), 201 (Taf. 29), 215 (Taf. 31), 243 (Taf. 36), 269A (Taf. 39), 269B (Taf. 39), 289 (Taf. 42), 306 (Taf. 44), 367 (Taf. 52), 379 (Taf. 53), 665 (Taf. 88) und vermutlich 61 (Taf. 9) und 403:2 (Taf. 56) sowie die Drehscheibengefäße 187 (Taf. 28), 295 (Taf. 43) und 728 (Taf. 94).

Bei den Gefäßen des Typs 11 kommen sowohl unbetonte — gerade — als auch betonte — ausbiegende, verdickte, oft abgesetzte — Ränder vor. Bei den diesem Typ zuzuweisenden Drehschreibengefäßen ist der Rand schräg nach außen gestellt (187, 728) oder als Keulenrand (295) ausgebildet. Der Hals ist meist gerade, gelegentlich trichterförmig oder konisch und von der Schulter abgesetzt. Die Form der Schulter ist durch plastische Verzierungen geprägt, die entweder auf die Gefäßwand aufgelegt oder durch Verformung der Gefäßwand hergestellt wurden.

Typenspezifische Umbruchformen lassen sich nicht feststellen, scharfkantige oder kantige Umbrüche finden sich jedoch häufiger bei Gefäßen mit kantigen Verzierungen, gerundete Umbrüche bei solchen mit runden Verzierungen. Das Unterteil ist konisch oder bauchig. Auffällig ist der hohe Anteil an Gefäßen mit Fuß. Etwa 60% der Urnen[415] haben einen eingezogenen oder flachen Boden — Variante a — und etwa 40% einen Standring (26, 106, 128, 187, 215, 295) oder Standfuß (72, 728) — Variante b.

Die Mehrzahl der Gefäße ist verhältnismäßig groß, die Höhe liegt meist zwischen 12 und 15,7 cm (295), die Breite zwischen 20 und 25,1 cm (295). Deutlich heraus fallen nur das sehr kleine Drehscheibengefäß 728 mit 7,1 cm Höhe und 8,7 cm Breite (das entspricht einem Breiten-Höhen-Verhältnis von 1,2:1) sowie Urne 269A mit 11,4 cm Breite[416].

Das Verhältnis von Breite zu Höhe schwankt im übrigen zwischen 1,4:1 (665) und 1,9:1 (379), liegt meist jedoch bei 1,5:1 oder 1,6:1, das Verhältnis von geringster Weite zu Breite zwischen 0,8:1 und 0,92:1. Bei etwa der Hälfte der Gefäße befindet sich der Umbruch auf oder über der Gefäßmitte, bei der anderen darunter.

---

412 Svoboda, Völkerwanderungszeit 334 und Taf. LXXXVIII,1.

413 Schuldt, Pritzier Abb. 128. Das Gefäß wird von Schuldt in den Horizont C gestellt.

414 Schmidt, Völkerwanderungszeit Taf. 8,e.

415 Sofern die Fußbildungen bei den Urnen 367 und 403:2 denen der vollständig erhaltenen Gefäße mit Kanneluren entsprechen.

416 Da der obere Teil fehlt, kann die Höhe auf etwa 7 cm nur geschätzt werden. Dieses Gefäß ist die „Miniaturausgabe" der daneben gefundenen Urne 269B.

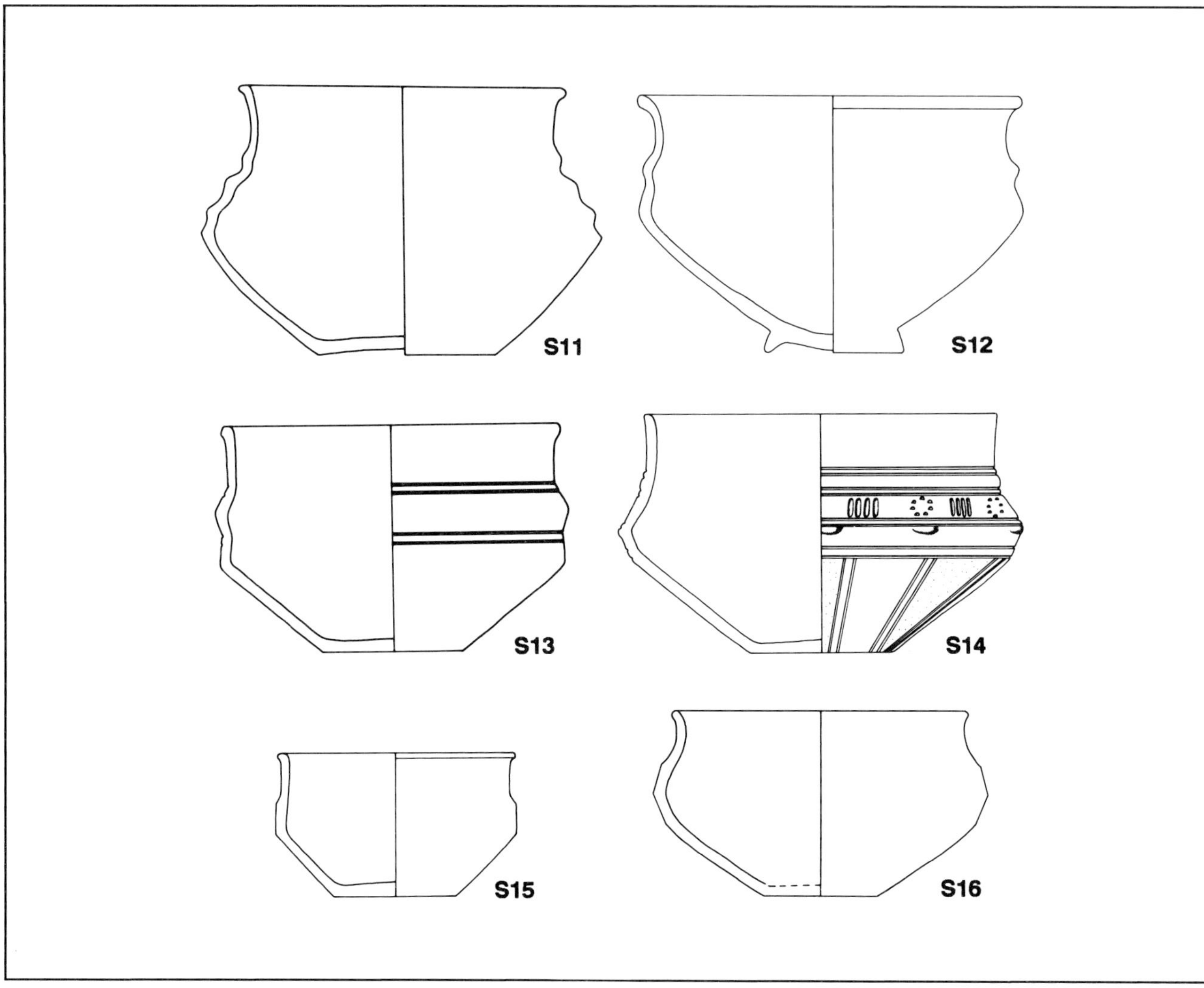

Abb. 15: Typenübersicht der Schalenurnen mit formprägender plastischer Verzierung

Charakteristisches Merkmal des Typs ist die auf der Schulter liegende plastische Verzierung. Darüber hinaus gehört der Umbruch häufig zur Verzierungzone, gelegentlich auch der untere Teil des Halses. Das Unterteil ist bei den kannelierten Urnen sowie zwei weiteren Gefäßen (72, 306) etwa zur Hälfte dekoriert.

Die plastischen Verzierungen sind Wülste — meist facettiert (72, 61, 94, 187, 295, 728), seltener gerundet (9, 106, 201, 306) —, Wellen (665), Kehlen (9, 26, 243, 379), Leisten (92, 128) sowie Kanneluren (269A, 269B, 289, 367, 403:2?). Diese Kanneluren sind auf der Schulter horizontal und auf dem Unterteil vertikal orientiert.

Bis auf sechs Gefäße sind alle Urnen mit zusätzlichen Ornamenten versehen, meist mit einem Ornament, selten mit zwei Ornamenten; drei, vier und fünf sind die Ausnahme. Hauptsächlich sind als zusätzliche Ornamente Rillen angebracht, besonders an den markanten Gefäßstellen. Nur die Urne 665 mit Wellen und die Urne 92 mit Riefe, Dellen und Eintiefungen weisen keinen Rillendekor auf. Als weitere Ornamente finden sich neben Rillen eine Riefe bei Urne 306, Kerben, Leiste und Schrägstrichband bei Urne 61 und Kerben bei Urne 128. Urne 72 ist auf dem Unterteil mit Feldern aus Buckeln, Rillenabschnitten und Eintiefungen verziert.

Zur Datierung der Gefäße stehen nur wenige auswertbare Beigaben und Vergleichsfunde zur Verfügung. Die Fibel mit festem Nadelhalter (A VI, 2) aus Grab 9 kann nicht näher bestimmt werden, da nur der Bügel erhalten ist. Die Kämme aus den Urnen 106 und 289 haben kreissegmentförmige Griffplatten und gehören damit in die Stufen C1 und C2. Für 289 läßt sich die Datierung auf Stufe C1 eingrenzen, da zu dem kannelierten Gefäß ein Vergleichstück aus Kemnitz, Grab 699, vorliegt, das durch eine andere Proportionierung und eine beigegebene Fibel (A V) noch in die ältere Römische Kaiserzeit gestellt werden kann[417]. Entsprechend dürften die übrigen mit Kanneluren verzierten Gefäße 269A, 269B, 367 und 403:2 in Stufe C1 zu datieren sein. Besonders hinzuweisen ist auf das häufige Vorkommen dieser Verzierung an Gefäßen aus Rebenstorf[418].

Die Verzierung mit kräftigen Wülsten ist für Stufe C1 in Zauschwitz[419] durch Grab 61, das eine Scheibenfibel mit

[417] Geisler, Katalog Taf. 69; ders., Kemnitz 97.

[418] Körner, Rebenstorf Abb. 38.

[419] Meyer, Zauschwitz Abb. 17; 78.

Blechhaube[420] enthielt, nachzuweisen. Das Vorkommen facettierter Wülste im 3. Jahrhundert belegt ein weiteres Gefäß aus Zauschwitz[421]. In Kombination mit Facetten finden sich derartige Verzierungen auf Pfingstberger Gefäßen der Stufen C2 oder C3 (vgl. S13).

Das mit Urne 61 verwandte Gefäß aus Dallmin[422] wird auf Grund der strengen Profilierung der Stufe C1 zugeordnet. Es ist jedoch fraglich, ob der strenge Gefäßaufbau ein ausreichendes Datierungskriterium darstellt. Zumindest für Pfingstberger Schalenurnen ist ein Fortbestehen der strengen Profilierung über Stufe C1 hinaus zu belegen (vgl. Typengruppe I).

Die drei Drehscheibengefäße 187, 295 und 728 können ins 4. Jahrhundert gestellt werden[423].

Streng gegliederte Gefäße mit profilierter Schulter sind demnach von Stufe C1 bis in Stufe C3 belegt.

Typ 12: Gefäße mit absatzlos in die profilierte Schulter übergehendem Hals

Zu Typ 12 gehören die Schalenurnen 25 (Taf. 4), 41 (Taf. 6), 55 (Taf. 8), 113 (Taf. 17), 119 (Taf. 18), 131 (Taf. 20), 145 (Taf. 22), 165 (Taf. 25), 214 (Taf. 31), 219 (Taf. 32), 240 (Taf. 35), 264 (Taf. 38), 293 (Taf. 43), 317 (Taf. 46), 355 (Taf. 50), 398 (Taf. 55), 563 (Taf. 75), 619 (Taf. 83), 632 (Taf. 84), 667 (Taf. 88), 812 (Taf. 100), 829 (Taf. 102), 839 (Taf. 103), 856 (Taf. 105), 941 (Taf. 111) und vermutlich 463 (Taf. 63) sowie die auf der Drehscheibe hergestellten Gefäße 50 (Taf. 7), 325 (Taf. 47), 364 (Taf. 51) und 533 (Taf. 71).

Die Gefäße haben meist einen betonten, häufig abgesetzten, selten einen unbetonten, geraden Rand. Der Hals ist gerade, nur selten zur Schulter ausschwingend, fast konisch oder gleichmäßig einschwingend und geht absatzlos in die durch plastische Verzierungen geprägte Schulter über. Der Umbruch ist kantig oder gerundet, das Unterteil konisch oder bauchig, gelegentlich zum Boden einschwingend. Der Anteil an Gefäßen mit Fuß (Variante b)[424] ist so außergewöhnlich hoch (69 %), daß im Fuß fast ein Merkmal zu sehen ist. Zur Variante a mit eingezogenem, selten flachem Boden gehören nur die Urnen 41, 55, 113, 119, 145, 219, 264, 667 und 829.

Bei den Maßen und Proportionen lassen sich gewisse Konzentrationen feststellen. Die Höhe, die von 9,7 cm (364) bis über 16 cm (145)[425] reicht, beträgt bei 60 % der Gefäße zwischen 12 und 14 cm, die Breite — zwischen 15,7 cm (364) und 23,6 cm (355) — liegt nur selten über 22 cm. Das Verhältnis von Breite zu Höhe umfaßt zwar Werte von 1,3:1 bis 1,8:1, liegt aber bei mehr als zwei Dritteln zwischen 1,5:1 und 1,6:1. Das Verhältnis von geringster Weite zu Breite schwankt entsprechend der Form zwischen 0,76:1 (119) und 0,95:1 (264), also zwischen deutlicher bis schwacher Verengung im Gefäßoberteil. Der Umbruch liegt meist etwa in der Mitte des Gefäßes, bei einigen Urnen jedoch auch sehr hoch, bei Urne 355 sehr tief.

Hinsichtlich der Verzierung sind zahlreiche Gemeinsamkeiten festzustellen. Sie befindet sich auf Schulter und Umbruch, eine Ausnahme bildet die auch auf dem Unterteil dekorierte Urne 829. Die den Typ bestimmenden, plastischen Verzierungen sind in erster Linie Wülste, die meist gerundet (25, 55, 113, 131, 165, 240, 264, 293, 325, 398, 619, 632, 839, 858, 941), seltener facettiert (214, 317, 463, 563, 667) sind. Wellen finden sich auf den Urnen 119 und 829. Mit Kehlen sind die Urnen 41, 50, 145, 219, 355, 364, 533 und 812 dekoriert.

Nur 18 der 30 Gefäße sind zusätzlich verziert. 16 Urnen haben lediglich ein weiteres Ornament, jeweils eine Urne hat zwei (240) bzw. drei (165) weitere Ornamente. Der zusätzliche Dekor besteht bei Urne 829 aus Kanneluren, bei Urne 240 aus Sparren und Rillen und bei Urne 165 aus Rillen, einer Leiste und einem Schrägstrichband. Alle übrigen Gefäße sind nur mit Rillen ornamentiert (25, 55, 131, 214, 264, 293, 317, 398, 563, 619, 632, 667, 839, 941). Sehr oft rahmen jeweils zwei Rillen die plastische Verzierung ein.

Hinweise zur Datierung der Gefäße geben Kämme aus den Gräbern 25, 113, 145 und 355 sowie Vergleichsfunde. Aus Grab 25 stammt ein Kamm mit kreissegmentförmigen Griffplatten, der in die Stufe C1 oder C2 zu stellen ist. Auf Grund der Verwandtschaft zu Urne 85 (S13), die in Stufe C2 oder C3 gehört, ist eine Einordnung in Stufe C2 wahrscheinlich. Die übrigen genannten Gräber enthielten Kämme mit dreieckigen Griffplatten, die ab Stufe C2 in Gebrauch kamen. Urne 355 ist über vergleichbare Drehscheibengefäße aus Grab 50, die ins 4. Jahrhundert einzuordnen ist[426], sowie aus Zernikow, das nach von Müller über ein verwandtes Gefäß aus Merseburg-Süd in die Zeit um 400 n. Chr. gehört[427], ins 4. Jahrhundert zu stellen. Mit diesen Gefäßen verwandt ist Urne 41. Ähnlich geformt, aber kräftiger profiliert ist Urne 55. Ihr können böhmische Gefäße[428] zur Seite gestellt werden.

Dem 4. Jahrhundert lassen sich auch die Drehscheibengefäße 325 und 533[429] zuweisen. Entsprechend ist die ähnlich geformte Urne 856 zu datieren. Über die Verbindung zu den Drehscheibengefäßen 187 und 295 (S11) ist auch Urne 563 ins 4. Jahrhundert einzuordnen. Mit einem Drehscheibengefäß aus Räbke[430] ist Urne 119 zu verbinden. Das kleine Drehscheibengefäß 364 gehört möglicherweise bereits in die frühe Völkerwanderungszeit[431].

Die Urnen 131, 293, 619, 632 und 839 bilden eine sehr enge Gruppe von Gefäßen. Verwandt sind auch die Stücke 264, 398 und 941. Ihre nächste Parallele stammt aus Kostelec[432]. Sie wurde mit einer Armbrustfibel mit dreieckigem Fuß-

420 Zur Datierung der Fibel vgl. Keller, Chronologie 251 ff.

421 Meyer, Zauschwitz Abb. 71. Das Gefäß ist zwar nicht genauer zu datieren, doch gibt die Belegungszeit des Friedhofes einen Hinweis. Zur Belegungszeit vgl. Keller, Chronologie 252.

422 Gralow und Stange, Dallmin 200 und Abb. 1,a.

423 Vgl. „Drehscheibenkeramik".

424 Es handelt sich um Standringe. Bei den nur im Photo erhaltenen Urnen 812, 839 und 941 ist die Fußform nicht mehr zu ermitteln.

425 Die ursprüngliche Höhe ist nicht mehr zu ermitteln.

426 Vgl. „Drehscheibenkeramik".

427 von Müller, Mark Brandenburg 143 und Abb. 25,c. Von Müller datiert nach Schulz, Merseburg 154 ff. Der Fund ist auch bei Schmidt, Merseburg-Süd, Abb. 12,4, publiziert.

428 Svoboda, Völkerwanderungszeit z. B. Taf. III,3.

429 Vgl. „Drehscheibenkeramik".

430 Thaerigen, Nordharzgruppe Abb. 36.

431 Vgl. „Drehscheibenkeramik".

432 Tejral, Mähren 26 und Taf. 2,1; Abb. 4,8 — 9.

zuschnitt[433] zusammen geborgen. Tejral bringt den Fund mit Urne 61 aus Zauschwitz[434] und der Keramik der reichen mitteldeutschen Körpergräber in Verbindung und ordnet ihn in die Zeit um 300 n. Chr. ein. Das wenig vergleichbare Gefäß aus Zauschwitz (vgl. S11) gehört auf Grund der Scheibenfibel mit Blechbelag in Stufe C1[435].

Urne 829 ist ähnlich wie die Schalenurnen 269A, 269B, 289 und 367 auf dem Unterteil mit Kanneluren verziert, hat jedoch eine gewellte, absatzlos in den einschwingenden Hals übergehende Schulter. Das Oberteil ist deutlich verengt. Damit leitet das Gefäß zu den kannelierten Gefäßen der Völkerwanderungszeit über, zu denen Urne 869 (S9) gehört[436].

Für die Gefäße mit absatzlos in den Hals übergehender, profilierter Schulter ergibt sich demnach eine Datierung von Stufe C2 bis in die Völkerwanderungszeit.

Das Gefäß, von dem nur eine Scherbe im Zusammenhang mit den Funden aus Grab 237 (Taf. 35) geborgen wurde, gehört entweder zu Typ 11 oder zu Typ 12. Erhalten sind die Reste des Schulterwulstes und einer Rillenverzierung.

Typ 13: Gefäße mit abgesetztem Hals und Facetten

Zu Typ 13 gehören die Schalenurnen 36 (Taf. 6), 56 (Taf. 8), 65 (Taf. 9), 85 (Taf. 12), 103 (Taf. 15), 105 (Taf. 16), 107 (Taf. 16), 126 (Taf. 18), 127 (Taf. 19), 144 (Taf. 22), 246:2 (Taf. 36), 259 (Taf. 38), 459 (Taf. 62), 509 (Taf. 68), 567 (Taf. 75), 579 (Taf. 77), 603 (Taf. 80), 631 (Taf. 84), 773 (Taf. 97), 938 (Taf. 110) und vermutlich 109 (Taf. 17).

Die Gefäße haben meist einen betonten — verdickten, abgesetzten oder (zum Teil weit) ausbiegenden — und nur selten einen unbetonten, geraden Rand. Der Hals ist überwiegend gerade, gelegentlich konisch bzw. bei Urne 567 trichterförmig ausladend und stets von der Schulter abgesetzt. Die Schulter ist in der Regel konisch. Bei einigen Gefäßen ist die gesamte Schulter als Wulst — meist facettiert — ausgebildet (z. B. 56). Charakteristisches Merkmal ist der durch eine Facette gegliederte Umbruch. Die Facetten sind zylindrisch oder konisch. Bei der Mehrzahl der Gefäße sind die Facetten plan, bei den übrigen gewölbt (36, 65, 105, 109, 459). Das Unterteil ist konisch oder bauchig bzw. bei Urne 107 einschwingend. Die Mehrzahl der Gefäße hat einen flachen, seltener eingezogenen Boden — Variante a —, die Gefäße 85, 107, 127, 509 und 603 haben einen Standring und Urne 103 einen Standfuß — Variante b.

Verhältnismäßig enge Beziehungen zeigen sich bei der Größe der Gefäße. Die Höhe liegt zwischen 11 und 14 cm, die Breite zwischen 17,9 cm (773) und 23,6 cm (107). Etwas kleiner ist nur Urne 567 mit 16,2 cm Breite. Die Breiten-Höhen-Relation verteilt sich fast gleichmäßig auf Werte von 1,5:1 bis 1,8:1. Urne 107 hat ein Verhältnis von 1,9:1. Das Verhältnis von geringster Weite zur Breite liegt zwischen 0,84:1 und 0,93:1, nur bei zwei Urnen (567, 579) ist das Gefäßoberteil deutlich verengt. Unterschiede zeigen sich hinsichtlich der Umbruchhöhe. Die Mehrzahl der Gefäße hat allerdings einen weit über der Mitte liegenden Umbruch.

Eine deutliche Verbindung der Gefäße zeigt sich auch bei der Verzierung. Sie liegt auf Schulter und Umbruch, bei den Urnen 105 und 144 auch auf dem Unterteil. Alle Schalenurnen sind außer mit den typenspezifischen Facetten mit zusätzlichen Ornamenten dekoriert, acht Urnen mit einem weiteren, zehn mit zwei weiteren, die Urnen 105 und 579 mit drei und Urne 126 mit vier weiteren Ornamenten.

Mit nur einem zusätzlichen Ornament — es handelt sich ausschließlich um Rillen — sind die Urnen 36, 65, 109, 127, 459, 567, 603 und 938 dekoriert. Bei den Gefäßen mit zwei weiteren Ornamenten sind zwei Gruppen zu unterscheiden. Die eine Gruppe hat einen zusätzlichen Dekor aus Rillen und Eintiefungen (107, 144) bzw. Rosetten (509) und die andere einen Dekor aus Rillen und — in der Regel facettierten — Wülsten. Diese zusätzliche plastische Verzierung bedeckt die Schulter und stellt eine Verbindung zu den Gefäßen her, die durch eine abgesetzte, gegliederte Schulter charakterisiert sind (S11).

Von den drei reicher ornamentierten Gefäßen ist Urne 126 ebenfalls mit einem Wulst verziert. Der übrige Dekor dieser Gefäße besteht aus Kerben, Strahlen und Rillen. Urne 105 ist zusätzlich mit Rillenabschnitten und Eintiefungen verziert und Urne 579 mit Bögen („Girlanden") und Knubben.

Hinweise auf die Datierung der Gefäße geben eine Reihe von Beigaben. Die Kämme aus den Gräbern 85, 103 und 107 haben dreieckige Griffplatten und sind ab Stufe C2 anzusetzen. Die Geweihscheiben aus den Gräbern 259 und 567 gehören ins 4. Jahrhundert. Urne 85, der die sehr ähnlich geformten Gefäße 56, 631 und 773 zur Seite zu stellen sind, hat eine enge Parallele in einem Drehscheibengefäß aus Rebenstorf[437]. Auch zu Urne 107 liegt ein gut vergleichbares Drehscheibengefäß vor. Es stammt aus Großpaschleben[438]. Weitere Drehscheibengefäße, zum Beispiel aus Treugeböhla, Gießmannsdorf oder Kostelec[439], sind auf Grund der Facetten lose mit den Gefäßen des Typs 13 zu verbinden. Die Datierung der Drehscheibengefäße in Stufe C2 oder C3[440] schließt sich dem zeitlichen Ansatz der Pfingstberger Urnen an.

Das Vorkommen von Facetten in Stufe C1b oder C2 ist zum Beispiel durch ein Gefäß aus Rebenstorf[441] belegt, das mit zwei Fibeln mit Fußschild und dem Rest eines Drehscheibengefäßes zusammen gefunden wurde[442].

Als weitere Vergleichsfunde sind ein Gefäß aus Rebenstorf[443], das mit Urne 509 zu verbinden ist, sowie ein Gefäß aus Gielde[444] zu nennen, das durch die vorspringende Schulter und den Fuß Ähnlichkeit mit Urne 107 hat und

433 Vermutlich hat die Fibel wie die ähnlichen Exemplare aus Grab 184 desselben Gräberfeldes (Tejral, Mähren Abb. 2,4 — 6) einen offenen Nadelhalter, so daß sie in Stufe C2 oder C3 zu datieren ist.

434 Meyer, Zauschwitz Abb. 78. Das Gefäß ist nur durch die Verzierung verwandt.

435 Vgl. Keller, Chronologie 251 ff.

436 Vgl. „Dekorstudien".

437 Körner, Rebenstorf Taf. 7, Lbrg 1672.

438 Laser, Katalog Taf. 30,78.

439 Treugeböhla: Meyer, Katalog Abb. 119,4. — Gießmannsdorf: Wetzel, Gießmannsdorf Abb. 5,3. — Kostelec: Zeman, Mähren Abb. 18 A/a.

440 Vgl. z. B. Meyer, Sachsen 246 ff; Trňáčková, Šaratice 608 f; Tejral, Drehscheibenkeramik 105 ff.

441 Kuchenbuch, Schalenurnenfelder Taf. I,12 — 14.

442 Zur Datierung der Fibeln vgl. Keller, Chronologie 251 ff.

443 Körner, Rebenstorf Abb. 42, Lbrg 2551.

444 Seemann, Gielde Abb. 44,1.

durch die in Gruppen angeordneten Eintiefungen mit Urne 144 verwandt ist.

Die Gefäße des Typs 13 gehören damit in die Stufen C2 und C3.

Typ 14: Gefäße mit von der Schulter durch eine Leiste abgesetztem Hals und Facetten

Zu Typ 14 gehören die Schalenurnen 69 (Taf. 10), 124 (Taf. 19), 162 (Taf. 24), 164 (Taf. 24), 231 (Taf. 34), 257 (Taf. 38), 260 (Taf. 38), 301 (Taf. 44), 348 (Taf. 49), 420 (Taf. 58), 534 (Taf. 71), 561 (Taf. 74), 627 (Taf. 84), 630 (Taf. 84), 872 (Taf. 106) sowie vermutlich 46 (Taf. 7), 222 (Taf. 33) und 761[445] (Taf. 96).

Die Gefäße dieses Typs bilden eine eng zusammenhängende Gruppe, auch wenn einige Unterschiede vorhanden sind. Der Rand ist wenig betont oder unbetont und der hohe Hals gerade, zum Teil leicht einschwingend, ohne daß jedoch der Charakter eines geraden Halses verlorengeht. Nur die in Größe und Proportionierung sich abhebende Urne 69 hat einen konischen Hals. Die Schulter schwingt ein, so daß der Eindruck entsteht, daß der Hals in der Schulter ausläuft. Getrennt werden beide Gefäßteile durch eine von Rillen begleitete Leiste. Der Umbruch ist durch eine plane oder gekehlte Facette gegliedert, das Unterteil konisch oder bauchig und der Boden flach oder eingezogen.

Der schlechte Erhaltungszustand verhältnismäßig vieler Gefäße beeinträchtigt die Analyse hinsichtlich der Maße und der Proportionen. Die Gefäße sind zwischen 11 und 14,4 cm (124) hoch und in der Mehrzahl zwischen 18 und 24 cm breit. Urne 69 hat bei einer Höhe von 11,7 cm eine Breite von 15,8 cm. Das Gefäß ist damit relativ hoch — das Verhältnis von Breite zu Höhe liegt bei 1,4:1 — während die übrigen mit Werten von 1,6:1 bis 2:1 relativ breit sind. Durch den konischen Hals ist bei Urne 69 auch das Gefäßoberteil stärker verengt als bei den übrigen Gefäßen — das Verhältnis von geringster Weite zu Breite beträgt hier 0,73:1, sonst zwischen 0,83:1 und 0,92:1. Der Umbruch liegt meist in der Gefäßmitte oder darunter.

Eine auffallende Ähnlichkeit besteht hinsichtlich der Verzierung. Nur bei fünf Gefäßen (69, 162, 231, 630, 872) bedeckt die Verzierung lediglich Schulter und Umbruch, bei allen übrigen Gefäßen ist auch das Unterteil und bei den Urnen 420 und 534 sogar der Hals dekoriert. Auch die Anzahl der jeweils verwendeten Verzierungselemente — einschließlich der den Typ ausmachenden — ist erheblich. Nur jeweils ein Gefäß hat lediglich drei bzw. vier Ornamente, jeweils vier Gefäße haben fünf bzw. sechs Ornamente, zwei sieben und ein Gefäß hat acht Ornamente (534)[446].

Außer mit den beiden typenspezifischen Verzierungen — der Leiste am Schulteransatz und der Facette am Umbruch — sind alle Gefäße mit Rillen ornamentiert. Die Verzierung des Unterteils besteht aus Strahlen. Auch bei der Verzierung des Halses zeigen sich weitgehende Übereinstimmungen. Urne 420 hat ein gefülltes Winkelband und 534 einzelne, abwechselnd nach rechts und links gesetzte Streifen aus Rillenabschnitten und Eintiefungen.

Zu den übrigen Ornamenten gehören auch weitere plastische Verzierungen wie facettierte Wülste (231, 872) oder zusätzliche Leisten (46, 69, 301, 348, 561, 627). Mit Ausnahme der Urne 46 sind diese Leisten, sofern sie an der weitesten Stelle des Gefäßes angebracht sind, mit Umbruchdellen ornamentiert. Umbruchdellen finden sich auch an den Urnen 162 und 164. Bei Urne 257 sitzen sechs kleine Zipfel auf dem Umbruch.

Viele Gefäße sind mit gruppenweise angeordneten Dellen (348), Eintiefungen (69, 124, 534, 561, 627) oder Kannelurelementen (257, 420) verziert. Einzeln sind Rosetten (164, 257) oder Knubben (534) angebracht. Ein umlaufendes Gitter findet sich bei Urne 162.

Hinweise auf die Datierung der Gefäße geben eine Reihe von Beigaben. Aus Grab 534 stammt ein Kamm mit dreieckigen, im Scheitel gerundeten Griffplatten, der Stufe C2 zuzuweisen ist. Dreieckige Griffplatten hat der Kamm aus Grab 231. Er ist ab Stufe C2 anzusetzen. Der Kamm aus Grab 260 mit dreieckigen, im Scheitel kantigen Griffplatten gehört in Stufe C3. Die fragmentiert erhaltene Fibel mit festem Nadelhalter aus dem beigabenreichen Grab 561 ist in die Stufen C2 oder C3 zu stellen. Die beste Parallele zu den Gefäßen stammt aus Nettlingen[447]. Sie wird ins 4. Jahrhundert datiert. Ein weiteres Stück aus Nettlingen[448] ist ebenfalls gut zu vergleichen. Ähnliche Gefäße sind aus Rebenstorf[449] bekannt. Strahlen und Facetten sind dort mehrfach belegt[450]. Leisten am Halsansatz sind seltener. Eine auch auf dem Hals verzierte Urne[451] hat ein umlaufendes Gitterband und Buckel.

Verwandt sind darüber hinaus Gefäße vom Heidberg bei Billerbeck[452] und aus Butzow[453].

Für die Gefäße des Typs 14 ergibt sich damit eine Datierung in die Stufen C2 und C3.

Typ 15: Gefäße mit geradem, absatzlos in die Schulter übergehendem Hals und Facetten

Zu Typ 15 gehören die Schalenurnen 33 (Taf. 5), 53 (Taf. 8), 83 (Taf. 12), 181 (Taf. 27), 191 (Taf. 28), 192 (Taf. 28), 369 (Taf. 52), 377:2 (Taf. 53), 422 (Taf. 58), 473 (Taf. 64), 544 (Taf. 72), 546 (Taf. 72), 611 (Taf. 82), 649 (Taf. 87), 707 (Taf. 92), 721 (Taf. 93), 730 (Taf. 94), 781:4 (Taf. 98), 817 (Taf. 101), 864 (Taf. 106), 940 (Taf. 111) sowie vermutlich 148 (Taf. 22), 492 (Taf. 66), 496 (Taf. 67), 713 (Taf. 93), 764 (Taf. 96), 768:1 (Taf. 96) und 784:1 (Taf. 98).

Bei den Gefäßen dieses Typs kommen beide Randformen — betonte und unbetonte — gleichermaßen vor. Der Hals ist gerade und geht absatzlos in die schmale bis breite, konische

445 Diese Gefäße werden dem Typ auf Grund der Übereinstimmungen zugerechnet, auch wenn ein typenspezifisches Element nicht mehr erhalten ist.

446 Bei den übrigen Gefäßen erlaubt der Erhaltungszustand keine Aussagen.

447 Voss, Nettlingen Abb. 9,b.

448 Voss, Nettlingen Abb. 9,c.

449 Körner, Rebenstorf Abb. 46; 58, MBl 1 129; Taf. 11, Lbrg 2723.

450 Eine breite Facette wie bei Urne 124 hat das Gefäß Lbrg 2361 (Museum Lüneburg).

451 Körner, Rebenstorf Taf. 12, ML 504.

452 Voelkel, Lüchow-Dannenberg 95 f.

453 Voss und Stimming, Alterthümer Abt. VI, Taf. 7,53.

Schulter über. Bei einigen Gefäßen wird die gesamte Schulter durch einen facettierten Wulst eingenommen (z. B. 496). Der Umbruch wird durch eine meist plane, selten gekehlte Facette (713, 721, 730) gegliedert. In der Mehrzahl sind diese Facetten zylindrisch. Das Unterteil ist konisch oder bauchig, der Boden bei Variante a flach oder gelegentlich eingezogen und bei Variante b, der nur Urne 817 zuzuweisen ist, als Fuß ausgebildet.

Eine große Bandbreite zeigt sich bei den Maßen und Proportionen. Das kleinste zum Typ gehörende Gefäß (422) ist 7,9 cm hoch und 13,2 cm breit, das größte Gefäß (611) ist 15,9 cm hoch und 25,4 cm breit. Das Verhältnis von Breite zu Höhe reicht zwar von 1,4:1 (707) bis 2:1 (369), liegt aber meist bei 1,6:1 oder 1,7:1. Sehr starke Schwankungen sind in bezug auf die Verengung im Gefäßoberteil festzustellen. Deutlich verengt ist das Gefäßoberteil bei den Urnen mit breiter Schulter, kaum merklich ist die Verengung bei den Gefäßen mit extrem schmaler Schulter, das Verhältnis von geringster Weite zur Breite liegt dementsprechend weit auseinander (von 0,8:1 bei 191 bis 0,96:1 bei 713). Auch die Umbruchhöhe ist unterschiedlich, wenn auch der Umbruch meist etwa in der Gefäßmitte liegt.

Dem Typ entsprechend sind alle Gefäße im Umbruchbereich mit Facetten verziert. Zusätzliche Ornamente liegen auf der Schulter, gelegentlich auf dem Hals (721) sowie bei vier Gefäßen (191, 473, 492, 784:1) auf dem Unterteil.

Sieben Gefäße weisen keine zusätzlichen Ornamente auf (33, 148, 369, 422, 544, 713, 781:4), fünf Gefäße sind mit einem weiteren Ornament, vier mit zwei, sechs mit drei und jeweils ein Gefäß ist mit (mindestens) vier (784:1) bzw. sechs weiteren Ornamenten (496) verziert[454]. Rillen sind entweder einziges zusätzliches Ornament (83, 707, 721, 764, 817, 940) oder Bestandteil des Musters. Relativ häufig sind auch bei diesem Typ facettierte Wülste (53, 181, 192 sowie 496 und 768:1). Die Unterteilverzierung besteht aus Strahlen (191, 492) oder Rillenabschnitten (473, 784:1). Die übrige Verzierung setzt sich zusammen aus Eintiefungen unterschiedlicher Form (191, 473, 496, 546, 649, 864), Dellen (377:2), Rosetten (546), Schrägstrichbändern (649, 730, 784:1), Sparren (377:2), Kerbband (784:1) und einer Kehle (730). Die Urnen 496 und 864 sind mit Feldern dekoriert. Bei Urne 611 ist der breite, zylindrische Umbruch in acht Flächen geteilt.

Zur Datierung der Gefäße können zwei Kämme und eine Bronzeschnalle herangezogen werden. Aus Grab 181 stammt ein C3-zeitlicher Kamm mit dreieckigen, im Scheitel kantigen Griffplatten. Entsprechend dürfte der Kamm aus Grab 192 geformt gewesen sein, nur ist er schlechter erhalten, so daß gesicherte Aussagen nicht möglich sind. Die Ähnlichkeit der beiden Urnen ist jedoch ein Hinweis darauf, daß die Herstellung etwa in der gleichen Zeit erfolgte. Verwandt sind die Urnen 53 und 707[455]. Die Bronzeschnalle gehört zu Grab 496. Sie ist ins 4./5. Jahrhundert einzuordnen.

Zu Urne 369 liegt ein Vergleichsfund aus Butzow[456] vor, der durch eine Fibel ins 4. Jahrhundert datiert werden kann[457]. Mit Urne 369 sind die Urnen 148, 377:2, 422, 544, 649 und 781:4 verwandt, so daß diese Gruppe von Gefäßen wie die durch Beigaben datierten Pfingstberger Gefäße ins 4. Jahrhundert zu stellen sind.

Eine Datierung in Stufe C2 oder C3 kommt für die Urnen 191, 492 und 768:1 auf Grund der Gemeinsamkeiten mit den Gefäßen des Typs 14 in Betracht.

Das mit Urne 546 vergleichbare Gefäß aus einem Hügelgrab in Sommerschenburg[458] ist nicht genauer zu datieren.

Die Gefäße des Typs 15 können damit im wesentlichen dem 4. Jahrhundert zugewiesen werden.

Typ 16: Gefäße mit einschwingendem oder konischem Hals und Facetten

Zu Typ 16 gehören die Schalenurnen 35 (Taf. 5), 68 (Taf. 10), 73 (Taf. 10), 79 (Taf. 11), 155 (Taf. 23), 168 (Taf. 25), 211 (Taf. 31), 237 (Taf. 35), 271 (Taf. 40), 288 (Taf. 42), 312 (Taf. 45), 350 (Taf. 49), 391 (Taf. 55), 393 (Taf. 55), 408 (Taf. 56), 423 (Taf. 58), 448 (Taf. 61), 449 (Taf. 61), 488 (Taf. 66), 542 (Taf. 72), 543 (Taf. 72), 827 (Taf. 101), 925 (Taf. 109), 947 (Taf. 111) und das auf der Drehscheibe hergestellte Gefäß 450:2 (Taf. 61).

Die Gefäße dieses Typs haben einen unbetonten — geraden — oder einen betonten — verdickten, ausbiegenden, selten abgesetzten — Rand. Der Hals schwingt ein oder ist konisch und geht entweder in die Schulter über oder ist von der Schulter abgesetzt. Häufiger ist die Schulter analog zum facettierten Umbruch als Facette ausgebildet (z. B. 35). Diese Facetten sind ebenso wie die Facetten am Umbruch gekehlt oder plan. Das Unterteil ist konisch, gelegentlich bauchig und der Boden bei Variante a flach oder eingezogen und bei Variante b, zu der nur die Urnen 237 und 391 gehören, zu einem Standring ausgeformt.

Insgesamt sind die Gefäße dieses Typs nicht sehr groß. Die Höhe liegt meist zwischen 8,4 cm (827) und 13 cm und die Breite zwischen 14,7 cm (827) und 22,4 cm (79). Nur Urne 68 hebt sich mit 17,2 cm Höhe und 26,1 cm Breite deutlich davon ab[459]. Beim Verhältnis von Breite zu Höhe, das von 1,3:1 (947) bis 2:1 (543) reicht, lassen sich keine Konzentrationen feststellen. Die Einziehung im Gefäßoberteil liegt meist im mittleren Bereich. Das Verhältnis von geringster Weite zu Breite umfaßt allerdings Werte von 0,75:1 (448) bis 0,93:1 (35). Der Umbruch liegt meist etwa in der Gefäßmitte, extrem hohe oder extrem tiefe Umbrüche sind nicht zu verzeichnen.

Bei der Verzierung läßt sich eine deutliche Verbindung der Gefäße feststellen. Die für den Typ charakteristische Facette ist etwa bei der Hälfte der Gefäße plan (35, 73, 79, 168, 237, 288, 312, 350, 408, 423, 488, 947) und bei der anderen Hälfte gekehlt. Neun Gefäße sind ausschließlich mit Facetten verziert (73, 155, 211, 391, 408, 423, 448, 449, 827). Bei den Urnen 73, 450:2, 542, 543 und 925 ist dic Schulter ana-

454 Die übrigen Gefäße sind nicht mehr zu beurteilen.

455 Diese Urnen stehen in Zusammenhang mit den Schalenurnen 56, 631 und 773 (S13).

456 Schmidt, Butzow 87 und Taf. 10,147.

457 Schmidt datiert die Niemberger Fibel in die 2. Hälfte des 4. Jahrhunderts. Sie dürfte in die Gruppe 107 bei Schulze gehören, die von der ersten Hälfte des 4. Jahrhunderts bis zum Ende des 6. Jahrhunderts nachzuweisen ist (Schulze, Armbrustfibeln 66 f.).

458 Hoffmann, Sommerschenburg Taf. XXIX,1.

459 Auf Grund der starken Verengung im Gefäßoberteil liegt das Volumen nur bei 4750 cm³.

log zur Umbruchfacette gestaltet, bei Urne 73 plan, bei den übrigen gekehlt. Durch die weichen Übergänge ist bei den Urnen 542 und 543 eine Wellenverzierung entstanden.

Sechs weitere Gefäße haben jeweils ein zusätzliches Ornament, vier Gefäße zwei und zwei Gefäße drei zusätzliche Ornamente. Diese Ornamente liegen auf der Schulter, zum Teil auf der Umbruchfacette und bei zwei Urnen (168, 393) auf dem Unterteil. Urne 312 ist mit Kehlen verziert und 488 mit einer Riefe. Bei den übrigen dekorierten Urnen sind Rillen einziges Ornament (25, 237, 271, 288) oder Bestandteil des Musters. Die übrigen Ornamente sind Schrägstrichband (68, 350), Umbruchdellen (79), Eintiefungen und Wulst (947), Strahlen (168) sowie Rillenabschnitte und Dellen (393).

Hinweise auf die Datierung der Gefäße geben die Kämme mit dreieckigen Griffplatten aus den Gräbern 288 und 391. Sie sind ab Stufe C2 anzusetzen. Entsprechend dürfte Urne 155 einzuordnen sein, da sie mit 391 zu verbinden ist. Ein mit Urne 391 vergleichbares Gefäß stammt aus Nettlingen[460]. Urne 288 ist mit einem Gefäß aus Sommerschenburg[461] verwandt, das jedoch wie einige weitere Vergleichsfunde — zum Beispiel das mit Urne 79 zu verbindende Gefäß aus Perdöhl, Grab 426[462] — nicht genauer zu datieren ist. Das gilt auch für die mit Urne 168 vergleichbaren Gefäße aus Rebenstorf[463] und aus dem Museum in Schwerin[464].

Eine Datierung ins 4. Jahrhundert ergibt sich für Urne 73 über die verwandten Gefäße aus Plotiště[465].

Die beiden ähnlichen Urnen 408 und 423 sind mit Gefäßen aus Butzow und Schönebeck[466] zu vergleichen, die jedoch nicht näher datiert werden können.

Nach Beigaben sind die Gefäße des Typs 16 ab Stufe C2 anzusetzen. Die Vergleichsfunde und die Verwandtschaft mit Gefäßen des Typs S15 legen eine Einordnung ins 4. Jahrhundert nahe.

Bei den Gefäßen 32, 63, 77 (Taf. 11), 99, 744:1 (Taf. 95), 792, 905:2 und 931 (Taf. 110) ist die Form des Halses nicht mehr zu ermitteln. Sie gehören deshalb entweder zu Typ 15 oder zu Typ 16. Neben den gekehlten oder planen Facetten am Umbruch sind Urne 32 (Taf. 5) mit Rillen verziert, Urne 99 (Taf. 14) mit Rillen und Sparren, die Urnen 63 (Taf. 9) und 905:2 (Taf. 108) mit Rillen und einem facettierten Wulst und Urne 792 (Taf. 98) mit Rillen, Eintiefungen und einem nicht mehr zu rekonstruierenden Unterteildekor.

IV. Gefäße mit eingliedrigem Oberteil

In der vierten Typengruppe werden diejenigen Gefäße zusammengefaßt, die ein eingliedriges Oberteil haben. ,,Eingliedrig'' bedeutet, daß das Oberteil nicht in die Gefäßteile Hals und Schulter gegliedert ist, sondern aus einem einzigen Gefäßteil besteht (vgl. Abb. 12).

Mit ,,eingliedrigem Oberteil'' ist die Beschreibung auf das Wesentliche beschränkt. Die Bezeichnung ,,zweigliedrig'' bezieht sich demgegenüber auf das Gefäß im ganzen, ist aber dann nicht zu verwenden, wenn das Gefäß mit einem Fuß ausgestattet ist. Da der Fuß im Gegensatz zum Rand zusätzliches Gefäßteil ist, müssen die betreffenden Gefäße als ,,dreigliedrig''[467] angesprochen werden. Wenn die Anzahl der Gefäßglieder als signifikantes Merkmal angesehen wird, führen Hilfskonstruktionen wie ,,zweigliedriges Gefäß mit Fuß'' zu einer Sinnentleerung des als Wesenszug bestimmten Merkmals. Auch die Bezeichnung ,,doppelkonisch'' oder ,,Doppelkonus'' ist nur für einen Teil der in diese Gruppe gehörenden Gefäße zu verwenden, und zwar nur für diejenigen, die sowohl ein konisches Oberteil als auch ein konisches Unterteil haben. Ist das Unterteil jedoch bauchig, trifft die Beschreibung nicht mehr zu. Unpassend erscheint der Ausdruck für Gefäße, die weder ein konisches Unterteil noch ein konisches Oberteil aufweisen. Innerhalb der Gruppe der Gefäße mit eingliedrigem Oberteil lassen sich verschiedene Formen trennen. Sie werden als einschwingend, konisch oder gerade und profiliert angesprochen. Als ,,einschwingend'' ist das Oberteil zu bezeichnen, wenn es vom Rand bis zum Umbruch etwa gleichmäßig einschwingt und der Randdurchmesser etwa der Breite entspricht[468]. Beim ,,konischen Oberteil'' verengt sich das Oberteil gleichmäßig zum Rand hin. ,,Profiliertes Oberteil'' bedeutet, daß die Form durch plastische Verzierungen geprägt ist[469].

Der Gruppe von Gefäßen mit konischem Oberteil sind die mit ,,geradem Oberteil'' angegliedert worden, da hier eine Trennung in verschiedene Typen nicht sinnvoll erscheint, weil auch die gerade erscheinenden Oberteile nicht völlig gerade sind. Sie bilden mit den Urnen mit geradem, profilierten Oberteil eine eng zusammenhängende Gruppe mit eigenständigem Charakter.

Die Typengruppe der Gefäße mit eingliedrigem Oberteil wird daher in folgende drei Typen unterteilt (Abb. 16):

S17: Gefäße mit einschwingendem Oberteil

S18: Gefäße mit konischem oder geradem Oberteil

S19: Gefäße mit profiliertem Oberteil.

Typ 17: Gefäße mit einschwingendem Oberteil

Zu Typ 17 gehören die Schalenurnen 152 (Taf. 23), 203 (Taf. 30), 234 (Taf. 34), 246 (Taf. 36), 262 (Taf. 38), 267 (Taf. 39), 279 (Taf. 41), 280 (Taf. 41), 316 (Taf. 46), 323 (Taf. 47), 329 (Taf. 47), 354:2 (Taf. 50), 418 (Taf. 58), 437 (Taf. 59), 519 (Taf. 69), 575 (Taf. 76), 600 (Taf. 80), 818 (Taf. 101), 859 (Taf. 105), 911 (Taf. 108) und 945 (Taf. 111).

---

460 Voss, Nettlingen Abb. 10,c.

461 Hoffmann, Sommerschenburg Taf. XXIX,1.

462 Schuldt, Perdöhl Taf. 37.

463 Körner, Rebenstorf Taf. 11, Lbrg 1763.

464 Schach-Dörges, Bodenfunde Taf. 68,2.

465 Rybová, Katalog Abb. 57,3.5; dies., Plotiště 130 f. Als Vergleichsfund wird ein Gefäß aus Merkendorf, Ldkr. Oldenburg, herangezogen, das durch mitgefundene Fibelbruchstücke und die Verzierung ins 4. Jahrhundert einzuordnen ist.

466 Butzow: Schmidt, Butzow Taf. 16,206. — Schönebeck: Laser, Schönebeck Abb. 8,g.

467 Unter ,,dreigliedrig'' wird jedoch im allgemeinen ein Gefäß mit Hals, Schulter und Unterteil verstanden.

468 Die verwandten Gefäße des Typs S8 haben demgegenüber ein stark verengtes Gefäßoberteil und einen deutlich unter der jeweiligen Breite liegenden Randdurchmesser.

469 Vgl. ,,Gefäße mit formprägender plastischer Verzierung''.

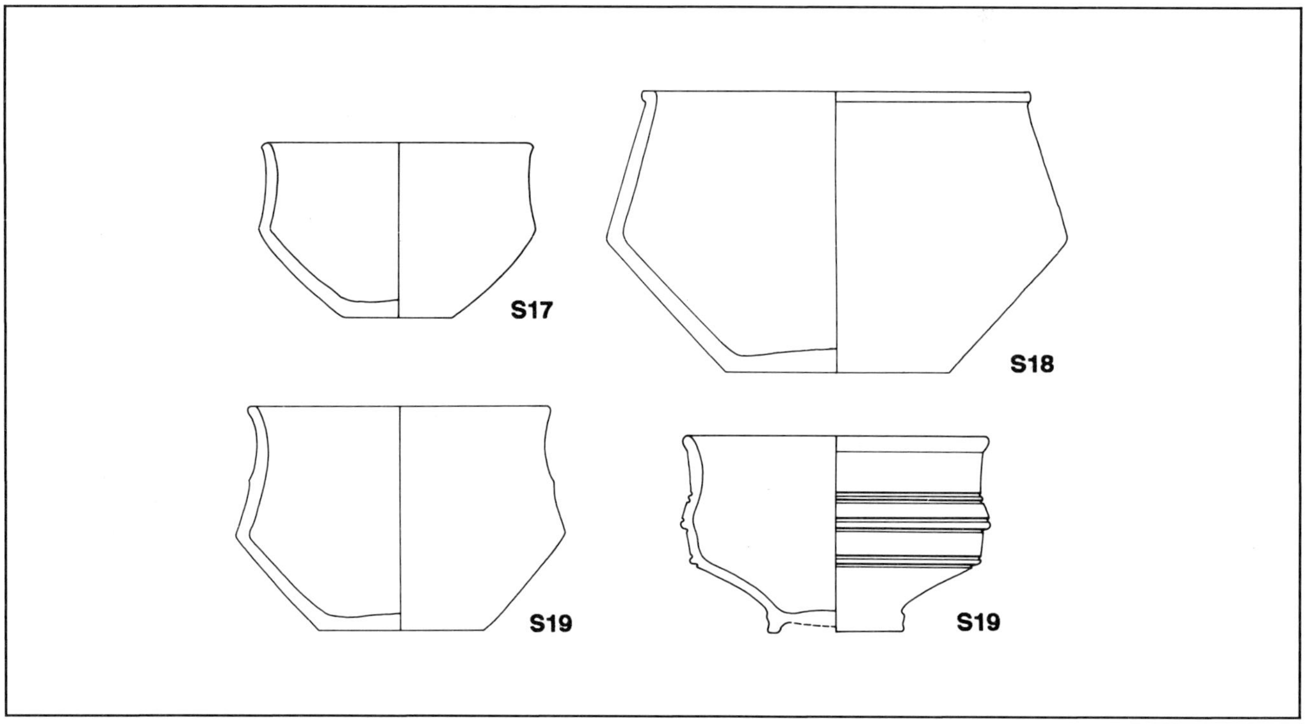

Abb. 16: Typenübersicht der Schalenurnen mit eingliederigem Oberteil

Die Gefäße haben meist einen unbetonten, geraden Rand, selten ist er verdickt oder abgesetzt. Charakteristisch ist das Einschwingen des Oberteils. Überwiegend ist das Einschwingen vom Rand bis zum Umbruch gleichmäßig. Die geringste Weite liegt etwa in der Mitte des Oberteils, und der Randdurchmesser entspricht ungefähr der Breite. Der Grad des Einschwingens ist unterschiedlich, neben kräftig einschwingenden Oberteilen finden sich häufig schwach ausgeprägte Formen. Der Umbruch ist scharfkantig oder kantig, das Unterteil bauchig oder konisch. Die Mehrzahl der Gefäße hat einen flachen oder eingezogenen Boden — Variante a —, zwei Gefäße (316, 945) sind mit einem Standring ausgestattet — Variante b.

Hinsichtlich der Maße und Proportionen lassen sich einige Schwerpunkte feststellen. Die Größe der Gefäße ist relativ gering, das Volumen liegt meist zwischen 1000 und 1500 cm^3, bei einigen Gefäßen auch deutlich unter 1000 cm^3. Aus dem Rahmen fällt Urne 323, die bei einer Höhe von 15,9 cm und einer Breite von 24,7 cm ein Volumen von 4250 cm^3 hat. Die Höhe der übrigen Gefäße schwankt zwischen 6,3 cm (354:2) und 13,2 cm (267), die Breite zwischen 9,1 cm (152) und 18 cm, nur Urne 316 ist 20,2 cm breit. Diese beiden Maße stehen jedoch nicht in bestimmten Relationen zueinander, das Verhältnis von Breite zu Höhe reicht von 1,3:1 (267, 418) bis 2,2:1 (859).

Charakteristisch ist bei den meisten Urnen die geringe Differenz zwischen geringster Weite und Breite — das Verhältnis liegt zwischen 0,85:1 (152) und 0,98:1 (519) — und zwischen Randdurchmesser und Breite — die Werte reichen von 0,91:1 (267) bis 1:1 (234, 519). Diese Proportionen sind ein zusätzliches Unterscheidungskriterium zu den Gefäßen von Typ 8, die in der Form mitunter gewisse Verwandtschaft zu den Gefäßen des Typs 17 zeigen. Für Gefäße des Typs 8 sind jedoch eine relativ starke Verengung im Gefäßoberteil und ein deutlich geringerer Randdurchmesser kennzeichnend.

Der Umbruch der Gefäße des Typs 17 liegt vorwiegend etwa in der Gefäßmitte, gelegentlich jedoch auch weit darunter oder bei Urne 945 sehr hoch.

Auffällig ist der extrem hohe Anteil der unverzierten Keramik, elf (203, 263, 267, 323, 329, 418, 519, 600, 818, 859, 945) von insgesamt 21 Gefäßen sind nicht dekoriert (52 %), die übrigen sind auf dem Oberteil (234, 246:2, 279, 280, 354:2, 316), dem Umbruch (437), dem Unterteil (575), auf Oberteil und Umbruch (911) oder in einem Fall vollständig ornamentiert (152). Jeweils vier Gefäße weisen ein bzw. zwei Ornamente auf, nur zwei Gefäße haben drei Ornamente. Urne 911 ist mit Riefen verziert, Urne 575 mit Strahlen, die ausschließlich durch unterschiedliche Oberflächenbehandlung entstanden sind, die übrigen Gefäße sind mit Rillen (316, 437) oder mit Rillen und Sparren (234, 354:2), Schrägstrichband (280), Kerbband (279) oder Eintiefungen (246:2, 280) dekoriert. Bei Urne 152 ist fast das ganze Oberteil mit Dreiecken aus Rillen und Winkelband — ausgefüllt mit Rillenabschnitten — bedeckt, und das Unterteil ist mit diagonalen Rillenabschnitten verziert.

Die Datierung der Schalenurnen mit einschwingendem Oberteil ist problematisch, da es sich um eine vergleichsweise einfache Form handelt, die nach Keller[470] ab Stufe C1b nachzuweisen ist. Das verhältnismäßig hohe Gefäß aus Arneburg, das mit Urne 365 (M2) zu verbinden ist, gehört nach einer mitgefundenen Fibel mit hohem Nadelhalter (A VII, 2) in Stufe C1.

Zu den frühen Funden könnte Urne 323 gehören. Sie ist mit einem Gefäß aus Zauschwitz[471] verwandt, das über eine mitgefundene Riemenzunge der Form Raddatz JII2 in Stufe

470 Keller, Chronologie 262 f.

471 Meyer, Zauschwitz 55 und Abb. 51.

C1 einzuordnen ist. Stufe C2 oder C3 ergibt sich für das Beigefäß 354:2 über die Datierung der Urne 354 (S10).

Kämme mit dreieckigen Griffplatten aus den Gräbern 267 und 329 sind ebenfalls ab Stufe C2 anzusetzen. Für Urne 329 liegt ein Vergleichsfund aus Merseburg[472] vor, der die gegebene Datierung bestätigt[473]. Urne 267 enthielt neben dem Kamm eine Eisenschnalle, die nach Keller[474] ab dem 4. Jahrhundert auftrat.

Zeitlich nicht genauer einzuordnen sind ein Vergleichsfund zu Urne 262 aus Perdöhl[475], ein Vergleichsfund zu Urne 859, der aus Schönebeck[476] stammt, sowie ein Vergleichsfund zu Urne 418 aus Nettlingen[477].

Mit Urne 279 ist ein Gefäß des 4. Jahrhunderts aus Plotiště[478] zu verbinden. Aus Plotiště[479] stammt auch ein Vergleichsfund zu 911. Es handelt sich um ein Gefäß des 5. Jahrhunderts. Als weiterer Vergleichsfund ist auch eine nicht näher datierbare Urne aus Butzow[480] anzusehen.

In die frühe Völkerwanderungszeit ist Urne 246 einzuordnen, die in Form und Verzierung mit einem Gefäß aus Sahlenburg[481] zu vergleichen ist. Es kann über eine Stützarmfibel nach Böhme in das letzte Drittel des 4. Jahrhunderts bzw. in die Zeit um 400 n. Chr. datiert werden. In die Völkerwanderungszeit dürfte auch die kleine Urne 152 gehören. Durch die starke Einziehung im Oberteil und den tiefliegenden Umbruch ist sie verwandt mit einem Gefäß aus Böhmen (Lotouš-Písek)[482].

Das Gefäß 945 wurde von Nowothnig als Vergleichsfund zu den unverzierten „Standfuß- und Standringschalen" aus Hannover-Ahlem, Grasdorf und Billerbeck[483] herangezogen, da es über ein Gefäß aus einem Grab mit Spitzbecher aus Wenigumstadt[484] ins 5. Jahrhundert zu datieren ist. Das Gefäß aus Bayern hat einen hochliegenden Umbruch, schwingt aber zum Rand weniger weit aus. Die „Standfuß- und Standringschalen" sind mit dem Pfingstberger Stück 945 jedoch nicht zu vergleichen. Sie haben dagegen Beziehungen zu Urne 316, der auch eine verzierte Urne aus Hannover-Ahlem[485] zur Seite zu stellen ist. Während Nowothnig[486] diese Gefäße der zweiten Hälfte des 5. Jahrhunderts zuordnen möchte, kommt zumindest für das Pfingstberger Exemplar über den Vergleich mit den Funden aus Velatice[487] auch die späte Römische Kaiserzeit in Betracht. Für eine solche Datierung sprechen die Gesamtgröße sowie die verhältnismäßig kleine Standfläche.

Als Vergleichsfund aus Mitteldeutschland hat Svoboda[488] die Pfingstberger Urne 818 für spätvölkerwanderungszeitliche Gefäße aus Záluží herangezogen. Das Pfingstberger Stück ist jedoch nicht verziert, so daß eine Beziehung zwischen den Gefäßen nicht sicher zu belegen ist.

Gefäße mit einschwingendem Oberteil sind demnach von Stufe C1 bis in die späte Völkerwanderungszeit in Gebrauch. Eine Veränderung der Proportionierung, die sich chronologisch auswerten ließe, ist nicht festzustellen. Weder der Grad der Einziehung im Oberteil noch die Höhe des Umbruchs sind auf bestimmte Zeiträume beschränkt.

Typ 18: Gefäße mit konischem oder geradem Oberteil

Zu Typ 18 gehören die Schalenurnen 15 (Taf. 2), 16 (Taf. 2), 34 (Taf. 5), 37 (Taf. 6), 47 (Taf. 7), 59 (Taf. 9), 66 (Taf. 9), 75 (Taf. 11), 95 (Taf. 14), 136 (Taf. 21), 167 (Taf. 25), 178 (Taf. 26), 180 (Taf. 27), 194 (Taf. 28), 249 (Taf. 37), 261 (Taf. 38), 275 (Taf. 40), 319 (Taf. 36), 345 (Taf. 49), 363 (Taf. 51), 381 (Taf. 54), 395 (Taf. 55), 402 (Taf. 56), 409 (Taf. 56), 415 (Taf. 57), 435 (Taf. 59), 469 (Taf. 64), 487 (Taf. 66), 518 (Taf. 69), 520 (Taf. 70), 547 (Taf. 73), 585 (Taf. 78), 608 (Taf. 81), 614 (Taf. 82), 636 (Taf. 85), 801 (Taf. 99), 846 (Taf. 103), 908 (Taf. 108), 930 (Taf. 109), 937(Taf. 110) sowie vermutlich 149 (Taf. 23), 360:2 (Taf. 51), 383 (Taf. 54) und 923 (Taf. 109).

In diesem Typ werden sowohl Gefäße mit konischem als auch solche mit geradem Oberteil zusammengefaßt, weil auch die gerade erscheinenden Oberteile nicht völlig gerade sind. Die Behandlung in verschiedenen Varianten — je nachdem ob die Oberteile nach ihrem Aussehen konischen oder geraden zuzuweisen sind — erscheint sinnvoller, um den eigenständigen Charakter der dem Erscheinungsbild nach geraden Oberteile herauszustellen.

Die überwiegende Mehrzahl der Urnen hat ein konisches Oberteil. Diese Gefäße sind gekennzeichnet durch einen betonten, häufig schräg nach außen gestellten Rand. Nur Urne 585 hat einen unbetonten, geraden Rand. Das konische Oberteil ist nur selten steil (z. B. 435), der Umbruch meist scharfkantig oder kantig und nur gelegentlich rund (z. B. 520) und das Unterteil konisch oder bauchig. Die Mehrzahl der Gefäße hat einen flachen oder eingezogenen Boden — Variante a[489] —, die übrigen sind mit einem Standring (37, 66, 275, 319, 469, 518) oder Standfuß (167) ausgestattet — Variante b[490]. Erwähnenswert ist der Boden von Urne 937, der als Kugelboden anzusprechen ist.

Deutliche Unterschiede bestehen bei den Maßen und Proportionen. Die Höhe schwankt zwischen knapp 6 cm (937) und 15,2 cm (136), die Breite zwischen etwa 10 cm (937) und 27 cm (608). Das Verhältnis von Breite zu Höhe, das von

472 Schmidt, Merseburg-Süd Taf. 8,8.

473 Das Gefäß stammt aus einem Körpergrab, die nach Schmidt ab Stufe C2 auftraten.

474 Keller, Chronologie 262 f.

475 Schuldt, Perdöhl Taf. 15,161.

476 Laser, Schönebeck Abb. 10,c.

477 Vgl. Gaedtke-Eckardt, Nettlingen.

478 Rybová, Katalog Abb. 52,2; dies., Plotiště 124.

479 Rybová, Katalog Abb. 69,6; dies., Plotiště 137; dies., Drehscheibenkeramik 85 ff.

480 Schmidt, Butzow Taf. 4,85.

481 Böhme, Grabfunde 10 ff., Taf. 36,7.

482 Svoboda, Völkerwanderungszeit Taf. LXVII,2.

483 Nowothnig, Brandgräber 67 f., Taf. 3,7.9 (Ahlem); 6,14 (Grasdorf); 20,9; 25,2 (Billerbeck).

484 Lindenschmit, Alterthümer Taf. 6,108.

485 Nowothnig, Brandgräber Taf. 3,1.

486 Nowothnig, Brandgräber 67 f.

487 Tejral, Mähren Abb. 14,1.2.4.6.8.

488 Svoboda, Völkerwanderungszeit 341 f., Taf. LXXXVII,8; XCIV,12.

489 15, 16, 34, 59, 75, 136, 149, 180, 261, 360:2, 363, 381, 383, 395, 402, 409, 415, 435, 487, 520, 547, 585, 608, 614, 636, 803, 846, 908, 930, 937.

490 Die Urnen 156, 194, 249, 324 und 923 gehören entweder zu Variante a oder zu Variante b, der Boden ist nicht erhalten.

1,3:1 (180) bis 2:1 (608, 801) reicht, liegt überwiegend zwischen 1,5:1 und 1,6:1. Bei der Mehrzahl der Gefäße verengt sich das Oberteil deutlich, die Relation von geringster Weite zur Breite liegt zwischen 0,76:1 (937) und 0,94:1 (801). Die Umbruchhöhe ist sehr unterschiedlich, wenn auch der Umbruch meist etwa in der Gefäßmitte ist.

Verhältnismäßig viele Gefäße (38 %) sind nicht verziert (15, 34, 66, 136, 167, 180, 249, 261, 381, 383, 409, 415, 487, 608, 846). Die übrigen sind auf dem Oberteil, dem Oberteil und dem Umbruch, selten nur auf dem Umbruch (z. B. 585) und gelegentlich auch auf dem Unterteil (16, 75, 937) dekoriert. Neun Gefäße sind nur mit einem Ornament verziert, sechs mit zwei Ornamenten, neun mit drei und nur ein Gefäß ist mit fünf (395) Ornamenten dekoriert. Von den neun Gefäßen mit nur einem Verzierungselement sind fünf ausschließlich mit Rillen ornamentiert (149, 319, 469, 520, 930), die anderen mit Riefen (194) oder einzeln bzw. in Gruppen angebrachten Dellen (585), Eintiefungen (360) oder Knubben (801). In allen übrigen Verzierungen sind Rillen enthalten. Sehr häufig wird durch Rillen ein Streifen abgegrenzt, in denen ein Ornament wie Sparren (363, 614), Schrägstrichbänder (163, 908), Eintiefungen (275) oder mehrere Ornamente untereinander oder miteinander kombiniert angebracht sind. Zumeist sind dies Sparren (363), Winkelband (923), Schrägstrichband (547) oder Rillenabschnitte (518) und Eintiefungen unterschiedlicher Form (bei 402 nur Eintiefungen). Urne 395 hat Bögen, Rillenabschnitte, Sparren und Eintiefungen. Urne 37 ist mit zwei Streifen (Gitter und Schrägstrichband) verziert. Gelegentlich schließen auch gruppenweise angeordnete Ornamente an den Streifen an (59, 435).

Von den drei auch auf dem Unterteil dekorierten Gefäßen ist Urne 16 mit Schrägstrichband und Rillenabschnitten verziert, 937 mit Dreiecken und Rillenabschnitten, und 75 ist durch Rillen in drei Zonen gegliedert. In den oberen beiden Zonen sind Rillenabschnitte angebracht und in der unteren Zone Strahlen.

Die Gefäße mit geradem Oberteil haben einen betonten Rand, einen kantigen oder scharfkantigen Umbruch, ein konisches oder einschwingendes Unterteil und einen flachen Boden (95) — Variante c —, oder einen Standring (178) bzw. Standfuß (47, 345) — Variante d.

Größe und Proportionierung weisen nur geringe Unterschiede auf. Das kleinste Gefäß, Urne 95, ist 8,7 cm hoch und 13,3 cm breit, das größte vollständig erhaltene Gefäß, Urne 178, ist 9,9 cm hoch und 15,3 cm breit[491]. Höhe und Breite stehen im Verhältnis von 1,5:1 oder 1,6:1 zueinander. Die Verengung im Oberteil ist sehr gering (das Verhältnis von geringster Weite zur Breite liegt zwischen 0,94:1 und 1:1), d. h., bei Urne 47 ist das Oberteil nicht verengt. Charakteristisch ist für diese Gefäße der tiefe Umbruch.

Alle Gefäße sind verziert, Urne 95 ausschließlich mit Rillen, Urne 178 mit Rillen und Eintiefungen. Die Gefäße 47 und 345 sind nahezu identisch mit jeweils drei oder vier Rillen unterhalb des Randes und oberhalb des Umbruchs und mit dazwischen liegenden Rosetten dekoriert.

Mit den Gefäßen mit geradem Oberteil und Fuß (S18, Var. d) stehen drei Urnen (91, 410, 411) in Zusammenhang, die dem Typ 19, Variante c zugeordnet werden, weil sie ein durch plastische Verzierungen gegliedertes Oberteil haben und dieses Merkmal das bestimmende Kriterium des Typs 19 ist. Alle Gefäße zeigen weitgehende Entsprechungen in Form, Größe und Proportionierung.

Die Datierung der Schalenurnen mit konischem Oberteil ist problematisch, da nur wenige direkte Vergleichsstücke vorliegen. Eine enge Beziehung besteht zwischen Urne 435 und einem kaiserzeitlichen Gefäß aus Goździg[492]. Gewisse Ähnlichkeit weist auch eine Urne aus Přov[493] auf, die über Vergleichsfunde in Stufe C2 gestellt wird.

Mit Urne 319 ist ein Gefäß aus Očkov[494] zu vergleichen, das in das 4. Jahrhundert datiert wird. Entsprechend dürfte das ähnlich geformte Gefäß 469 einzuordnen sein. Urne 520 ist mit einem Gefäß aus Pritzier[495] verwandt, das durch mitgegebene Armbrustfibeln mit Trapezfuß bzw. Rechteckfuß in Stufe C2 oder C3 zu stellen ist. Durch die Beziehungen zu Urne 588 (S7) wird diese Datierung bestätigt, wobei allerdings eine Einordnung ins 4. Jahrhundert eher anzunehmen ist.

Eine Reihe von Vergleichsfunden liegt aus Perdöhl vor, sie sind jedoch nicht genauer zu datieren[496]. So ist Urne 518 mit dem Gefäß 321 aus Perdöhl[497] zu verbinden. Mit Urne 261 und dem sehr ähnlichen Stück 487 ist das Gefäß 229 aus Perdöhl[498] vergleichbar. Urne 180 kann das Gefäß 117 aus Perdöhl[499] zur Seite gestellt werden. Urne 85 aus Perdöhl[500] ist mit der Pfingstberger Urne 614 verwandt. Gewisse Gemeinsamkeiten zu diesem Gefäß weist auch ein Fund aus der frühen Völkerwanderungszeit aus Wulfen[501] auf. Entsprechend wird von Schmidt-Thielbeer auch das verwandte Gefäß aus Großweißandt, Grab 1[502], datiert.

Das einzige mit Hilfe von Beigaben zu datierende Gefäß ist Urne 275. Es gehört durch einen zweireihigen Kamm in die Völkerwanderungszeit.

Eine starke Einziehung im Oberteil wie sie Urne 547 aufweist, hat ein Gefäß aus Butzow[503], das nicht genauer datiert werden kann. Eine Einordnung in die Völkerwanderungszeit legt der Fund aus Praha-Vokovice[504] nahe. Verhältnismäßig große Höhe, ebenfalls deutliche Verengung im Oberteil und ein tief liegender Umbruch verbinden Urne 363 mit einer Urne aus Deersheim[505], die Schneider ans Ende des 5. Jahrhunderts setzt.

491 Urne 345 ist nach der Rekonstruktion ca. 11,5 cm hoch und etwa 18 cm breit.

492 Niewgłowski, Goździk 138 Abb. 7,4.

493 Rybová, Přov 58 und Taf. VI,3.

494 Kolnik, Očkov 287 ff. und Taf. III,4.

495 Schuldt, Pritzier Abb. 139. Zur Datierung der Fibeln vgl. Keller, Chronologie 253 ff.

496 Der Beginn des Gräberfeldes in Perdöhl fällt jedoch in die „Jahrzehnte am Ende des 3. Jahrhunderts" (Schuldt, Perdöhl 52).

497 Schuldt, Perdöhl Taf. 26.

498 Schuldt, Perdöhl Taf. 20.

499 Schuldt, Perdöhl Taf. 13.

500 Schuldt, Perdöhl Taf. 9.

501 Schmidt, Wulfen Taf. 30,3.

502 Schmidt-Thielbeer, Großweißandt Abb. 1.

503 Schmidt, Butzow Taf. 5,96.

504 Svoboda, Völkerwanderungszeit 324 und Abb. 32,3.

505 Schneider, Deersheim Abb. 67,4.

Zu der unverzierten Urne 415 findet sich eine — allerdings verzierte — Parallele im Siedlungsmaterial von Naumburg[506], die der Gruppe IIb oder IIIa zugeordnet wird. Etwas schärfer profiliert, aber sehr ähnlich proportioniert ist Urne 34.

Zu Urne 95 mit fast senkrechtem Oberteil liegt ein Gegenstück in einem Drehscheibengefäß aus Rebenstorf[507] vor. Urne 37 ist mit Gefäßen aus Preußlitz und Přeštovice[508] verwandt. Eine Verbindung besteht auch zu dem Drehscheibengefäß aus Räbke-Lelm[509].

Die wenigen Gefäße, die sich über Vergleichsfunde zeitlich ansprechen lassen, gehören hauptsächlich in Stufe C3 und in die Völkerwanderungszeit. Gefäße mit konischem Oberteil sind allerdings nicht auf diesen Zeitraum beschränkt. Nach Keller[510] lassen sie sich auch für Stufe C2 nachweisen. Die Anfänge liegen jedoch in der älteren Kaiserzeit[511]. C1-zeitliche Funde stammen zum Beispiel aus Zauschwitz, Grab 26, — datierbar durch Scheibenfibeln[512] — oder Kiel-Elmschenhagen[513] — datierbar durch Fibeln mit hohem Nadelhalter. Weder einzelne Randbildungen oder Umbruchformen noch Proportionierungen sind auf bestimmte Zeiträume begrenzt, so daß sich daraus keine Datierungshinweise ergeben.

Typ 19: Gefäße mit profiliertem Oberteil

Zu Typ 19 gehören die Schalenurnen 217 (Taf. 31), 410 (Taf. 57), 411 (Taf. 57), 434 (Taf. 59), 466 (Taf. 63), 499 (Taf. 67) und vermutlich 6 (Taf. 1) sowie die auf der Drehscheibe hergestellten Urnen 91 (Taf. 14), 358 (Taf. 51), 376 (Taf. 53), 582 (Taf. 77) und 693 (Taf. 91).

Wie bei Typ 18 werden die in Typ 19 zusammengefaßten Gefäße entsprechend ihrem Erscheinungsbild unterschiedlichen Varianten zugeordnet, um die Gefäße, die gerade erscheinen (Variante c), gesondert zu behandeln.

Die Gefäße (Variante a und b) haben einen betonten Rand. Die Randformen reichen von schwach verdickt bis schräg nach außen gestellt. Das Oberteil ist durch eine oder zwei plastische Verzierungen gegliedert, der Umbruch scharfkantig oder kantig, bei Urne 466 gerundet, das Unterteil konisch, bauchig oder einschwingend und der Boden flach — Variante a — (217, 434, 499), meist aber als Fuß ausgebildet (Standring: 6, 358, 376, 466, 693; Standfuß: 582) — Variante b.

Die Mehrzahl der Gefäße ist relativ groß. Die Höhe liegt zwischen 11,6 cm (434) und mindestens 14 cm (bei den nicht vollständig erhaltenen Urnen 376 und 499) und die Breite zwischen 16,8 cm (434) und 23 cm (466). Nur das Drehscheibengefäß 693 ist mit 8,4 cm Höhe und 16 cm Breite deutlich kleiner (das Volumen beträgt 775 cm^3). Diese Urne hebt sich aber auch in der Proportionierung von den anderen Gefäßen ab, die Breiten-Höhen-Relation liegt bei 1,9:1, bei den übrigen liegt sie zwischen 1,4:1 und 1,7:1. Geringste Weite und Breite weichen jeweils nicht viel voneinander ab, das Verhältnis zwischen beiden hat Werte von 0,87:1 bis 0,96:1. Neben hohen kommen auch tiefe Umbrüche vor.

Außer dem Oberteil ist gelegentlich der Umbruch verziert. Drei Gefäße sind nur mit dem typenspezifischen Dekor versehen, vier Gefäße weisen jeweils ein zusätzliches Ornament auf, und ein Gefäß hat zwei weitere Ornamente[514]. Das bestimmende Merkmal, die plastische Verzierung, findet sich hauptsächlich in Form von gekielten Leisten. Dieses Ornament haben lediglich sieben Gefäße des Pfingstberger Gräberfeldes. Aus Grab 725 stammt eine entsprechend verzierte kleine Scherbe, bei der aber eine Typenzuweisung nicht mehr möglich ist, alle anderen Gefäße gehören dem Typ 19 an[515].

Gekielte Leisten sind eine für Drehscheibengefäße gebräuchliche Verzierung (376, 582), wurden aber auch an handgearbeiteten Gefäßen (434, 466, 499) nachgeahmt. Es wurde nicht nur das Verzierungselement übernommen, auch Form und Proportionierung der handgemachten Gefäße lehnen sich an die Drehscheibengefäße an. So ist die handgemachte Urne 434 offensichtlich von der gedrehten Urne 582 beeinflußt. Gleiches gilt für die Urnen 466 und 499 im Verhältnis zu Urne 376. 376 ist zusätzlich mit einer Riefe verziert, eine solche findet sich auf Urne 499.

Die übrigen plastischen Verzierungen sind Leiste (6), Kehle (693) und Wülste — facettiert bei Urne 358 und 582, gerundet sowie zusätzlich mit einem Schrägstrichband hervorgehoben bei Urne 217.

Die Gefäße mit annähernd geradem Oberteil (Variante c) haben einen abgesetzten oder verdickten Rand, das Oberteil ist durch Wülste (facettiert: 410, gerundet: 411) oder durch gekielte Leisten bei dem Drehscheibengefäß 91 gegliedert, der Umbruch kantig, das Unterteil konisch oder bauchig und der Boden als Standring ausgebildet.

Die Höhe liegt zwischen 9,1 cm und 10,3 cm (411), die Breite zwischen 14,3 (91) und 15,7 cm (410), das Verhältnis zwischen beiden beträgt 1,5:1 oder 1,6:1, der Umbruch liegt tief.

Die Urnen 410 und 411 sind zusätzlich mit Rillen verziert.

Zwischen diesen Gefäßen und den Urnen der Variante d des Typs 18 besteht eine enge Beziehung in Form, Größe und Proportionierung. Die dem Typ 18 zugewiesenen Urnen sind jedoch nicht durch plastische Verzierungen gegliedert.

Wenngleich zwei Drittel der Urnen des Typs 19 Kammbeigaben enthielten, so ist dennoch eine zeitliche Einordnung über die Beigaben nicht möglich, da die Form der Kämme nicht mehr zu bestimmen ist. Über Vergleichsfunde lassen sich jedoch die Drehscheibengefäße 358, 376 und 582 dem 4. Jahrhundert zuweisen[516]. Eine entsprechende Datierung kann für die Urnen 434, 466 und 499 angenommen werden, da sie die Drehscheibenkeramik nachahmen. Das Drehscheibengefäß 693 wird ebenfalls dem 4. Jahrhundert zuzuordnen sein.

---

506 Schmidt, Völkerwanderungszeit 98 f., Taf. 13,d.

507 Körner, Rebenstorf Taf. 6, Lbrg 2343.

508 Preußlitz: Laser, Katalog Taf. 3,2. — Přeštovice: Svoboda, Völkerwanderungszeit Taf. IV,1.

509 Krone, Braunschweig 115 ff.

510 Keller, Chronologie 263.

511 Vgl. von Uslar, Bodenfunde Taf. A,12.20.

512 Vgl. Keller, Chronologie 251 ff.

513 Zauschwitz: Meyer, Zauschwitz Abb. 38. — Elmschenhagen: Genrich, Formenkreise Taf. 8,A.

514 Urne 6 hat mindestens ein weiteres Ornament.

515 Urne 91 fällt in Variante c.

516 Vgl. „Drehscheibenkeramik".

Eine Datierung in Stufe C2 oder C3 ergibt sich für Urne 217 über ein vergleichbares Gefäß aus Kyritz[517], das durch eine Armbrustfibel mit gleichbreitem Fuß eingeordnet werden kann.

Das kleine Drehscheibengefäß 91 gehört vermutlich bereits der frühen Völkerwanderungszeit[518] an. Die in Größe und Proportionierung verwandten Gefäße 410 und 411 sind auf Grund ihrer Verzierung (vgl. S11 und S13) in die späte Kaiserzeit zu stellen. Die beste Parallele zu Urne 411 stammt aus Pritzier[519]. Sie kann nicht genauer datiert werden.

Die Gefäße des Typs 19 gehören damit im wesentlichen ins 4. Jahrhundert.

Zusammenfassung

Vom Pfingstberger Gräberfeld liegen mindestens 727 Schalenurnen vor. Bei 530 Gefäßen ist der Typ zu bestimmen, bei weiteren 30 Gefäßen ist eine Eingrenzung der in Frage kommenden Typen möglich.

Zur Gliederung des Materials wurden vier Typengruppen unterschieden. Jede Typengruppe besteht aus mehreren Typen.

Typengruppe I umfaßt die streng profilierten Gefäße, Typ 1 bilden die Gefäße mit konischem Hals, abgesetzter gewölbter Schulter und rundem Umbruch; Typ 2 die Gefäße mit geradem, gelegentlich trichterförmigem Hals, abgesetzter gewölbter Schulter und rundem Umbruch; Typ 3 die Gefäße mit konischem Hals, abgesetzter gewölbter Schulter und kantigem Umbruch; Typ 4 die Gefäße mit geradem, gelegentlich trichterförmigem Hals, abgesetzter gewölbter Schulter und kantigem Umbruch; Typ 5 die Gefäße mit konischem Hals und abgesetzter konischer Schulter und Typ 6 die Gefäße mit geradem, gelegentlich trichterförmigem Hals und abgesetzter konischer Schulter. S1 ist von Stufe C1 bis in die Völkerwanderungszeit nachzuweisen. S2 gehört hauptsächlich in die Stufen C1 und C2, C3 ist ebenfalls belegt, für ein Gefäß ist die Datierung in die Völkerwanderungszeit möglich. S3 beginnt in Stufe C1 (vielleicht C1b), gehört aber vor allem in Stufe C2, ein Vorkommen in Stufe C3 ist nicht sicher nachweisbar. S5 ist ins 3. und 4. Jahrhundert einzuordnen. Ein Fortbestehen in der Völkerwanderungszeit ist wie auch bei Typ 6, der vor allem in die Stufen C1b und C2, daneben aber auch ins 4. Jahrhundert gehört, nicht auszuschließen. Streng profilierte Gefäße sind damit vor allem für das 3. Jahrhundert charakteristisch. Sie entwickelten sich aus älterkaiserzeitlichen Formen.

Typengruppe II umfaßt die absatzlos und s-förmig profilierten Gefäße. Typ 7 bilden Gefäße mit geradem, gelegentlich trichterförmigem, absatzlos in die konische Schulter übergehendem Hals; Typ 8 die Gefäße mit einschwingendem, absatzlos in die Schulter übergehenden Hals und kantigem Umbruch; Typ 9 die s-förmig profilierten Gefäße mit tiefliegendem Umbruch und Typ 10 die s-förmig profilierten Gefäße mit hochliegendem Umbruch. S7 gehört vor allem ins 4. Jahrhundert. Der Beginn fällt ins 3. Jahrhundert, wahrscheinlich in dessen zweite Hälfte. S8 ist in Stufe C3 und in die Völkerwanderungszeit zu stellen, die Anfänge liegen im 3. Jahrhundert. S9 und S10 sind von Stufe C2 bis in die Völkerwanderungszeit nachzuweisen. Absatzlos und s-förmig profilierte Gefäße können aus streng profilierten Formen abgeleitet werden und sind hauptsächlich für einen späteren Abschnitt der Römischen Kaiserzeit sowie für die Völkerwanderungszeit kennzeichnend.

Typengruppe III bilden Gefäße mit formprägender plastischer Verzierung. Sie umfaßt Typ 11, die Gefäße mit abgesetzter profilierter Schulter; Typ 12, die Gefäße mit absatzlos in die profilierte Schulter übergehendem Hals; Typ 13, die Gefäße mit abgesetztem Hals und Facetten; Typ 14, die Gefäße mit von der Schulter durch eine Leiste abgesetztem Hals und Facetten; Typ 15, die Gefäße mit geradem, absatzlos in die Schulter übergehendem Hals und Facetten und Typ 16 die Gefäße mit einschwingendem oder konischem Hals und Facetten. Parallel zu Gefäßen der Typengruppen I und II entwickelt sich die Typengruppe III. S11 ist von Stufe C1 bis ins 4. Jahrhundert belegt. S12 beginnt erst in Stufe C2 und hält sich bis in die Völkerwanderungszeit. S13 und S14 gehören in die Stufen C2 und C3. S15 und S16 sind hauptsächlich dem 4. Jahrhundert zuzuordnen. Ein Vorkommen in Stufe C2 ist möglich.

Typengruppe IV umfaßt die Gefäße mit eingliedrigem Oberteil. Sie wird aus Typ 17, den Gefäßen mit einschwingendem Oberteil, Typ 18, den Gefäßen mit konischem oder geradem Oberteil und Typ 19, den Gefäßen mit profiliertem Oberteil, gebildet. S17 ist von Stufe C1 bis in die Völkerwanderungszeit nachzuweisen. S18 ist für Stufe C3 und die Völkerwanderungszeit belegt, der Typ ist an anderen Fundorten jedoch schon ab Stufe C1 vertreten. S19 gehört in Stufe C3 und die frühe Völkerwanderungszeit.

Die meisten Grundformen der spätkaiserzeitlichen und völkerwanderungszeitlichen Schalenurnen des Pfingstberger Gräberfeldes haben eine lange Laufzeit. Selbst einzelne Merkmale sind nur selten zeitlich einzugrenzen, wobei es sich ohnehin nur um Tendenzen handeln kann. So haben frühe Gefäße oft einen betonten Rand, spätere einen unbetonten oder extrem betonten — weit ausbiegenden — Rand. Der Hals ist bei frühen Gefäßen gerade oder konisch, bei späteren zeigt sich häufiger ein Ein- oder Ausschwingen zum anschließenden Gefäßteil. Breite Böden sowie extreme Verengung im Gefäßoberteil deuten auf Völkerwanderungszeit. Die übrigen Proportionen sind kaum auswertbar. Relativ hohe und relativ breite Gefäße kommen nebeneinander vor. Weder hochliegende noch tiefliegende Umbrüche können als Hinweis auf die Datierung dienen. Auch in der Größe kann kein genereller Hinweis auf die zeitliche Stellung gesehen werden. Sehr hohe Gefäße gehören lediglich in der Tendenz in den frühen Abschnitt, während kleine Gefäße vor allem in der Völkerwanderungszeit häufig sind[520]. Abgesehen von bestimmten Ornamenten, die zeitlich einzugrenzen sind, können auch aus der Verzierung keine Rückschlüsse auf die Datierung der Gefäße gezogen werden. Reich ornamentierte Gefäße sind nicht nur für die frühe Phase, sondern auch für das 4. Jahrhundert und ebenso für die Völkerwanderungszeit belegt.

517 Geisler, Kyritz 161 ff., Abb. 1,7.

518 Vgl. „Drehscheibenkeramik".

519 Beltz, Altertümer Taf. 67,55.

520 Gerade bei der Größe ist zu berücksichtigen, daß häufiger kleine Gefäße zur Beisetzung von Kinderleichenbränden gedient haben.

Pokale

Eine eigene Formengruppe bilden die Urnen 114 (Taf. 17) und 729 (Taf. 94). Beide Gefäße, die weit voneinander entfernt auf dem Gräberfeld niedergelegt wurden[521], weisen zahlreiche Gemeinsamkeiten auf. Charakteristisch ist der verhältnismäßig hohe Fuß, bei Urne 114 als weit ausschwingender Stengelfuß ausgebildet, bei Urne 729 von innen ausgehöhlt und der Boden leicht eingezogen. Der anschließende Gefäßkörper besteht aus einem bauchigen Unterteil, einem kantigen Umbruch sowie einer konischen Schulter, die absatzlos in den leicht einschwingenden Hals übergeht. Den Abschluß bildet ein gerader (729) bzw. mittels Rille abgesetzter Rand (114). Urne 114 ist auf dem Oberteil mit einer Kombination aus Rillen und rundlichen Eintiefungen dekoriert, 729 ist unverziert.

Die beiden Gefäße haben bei einer relativ großen Höhe von jeweils 14,4 cm nur eine verhältnismäßig geringe Breite (18,7 cm bei Urne 114 und 17,9 cm bei Urne 729). Das Verhältnis von Breite zu Höhe liegt bei 1,24:1 bzw. 1,3:1 (114). Berechnet man die geringste Weite im Verhältnis zur Höhe, so ist das Verhältnis bei 729 genau 1:1, bei 114 etwa 1,1:1[522]. In den Proportionszahlen zeigt sich auch ein weiterer Unterschied zwischen den beiden Gefäßen, denn das Oberteil der Urne 729 schwingt stärker ein als das von 114. Die Einziehung des Fußes ist bei 114 deutlicher ausgeprägt.

Diese Gefäße bezeichne ich als Pokale. Da der Begriff Pokal — wie verschiedentlich betont wird[523] — nicht immer gleichmäßig verwendet wurde, scheint eine eingehendere Erörterung dieser Form zweckmäßig. Laser[524] rechnet zu den Pokalen oder pokalähnlichen Gefäßen „alle Schalenurnen mit ausgeprägtem Standring oder -fuß". Meyer[525] trennt Pokale von gehenkelten Fußgefäßen und Schalen mit Standring. Die beiden aus seinem Arbeitsgebiet stammenden Exemplare[526] besitzen einen ausgeprägten Boden oder Standfuß und einen hohen, innen hohlen Fuß sowie eine Gefäßschale mit abgesetzter Schulter und konischem oder zylindrischem Hals. Das gehenkelte Fußgefäß aus Großenhain, Grab 7[527], weist einen hohen, leicht geschweiften Fuß, einen gerundeten Bauchumbruch und ein ausladendes, schalenförmiges Oberteil auf. Auch hier ist der Fuß von innen ausgehöhlt. Eine Reihe von Gefäßfüßen wird von Meyer als Reste von Pokalen oder pokalähnlichen Gefäßen angesprochen. Besonders hervorzuheben ist das Gefäßfragment von Birmenitz[528], denn der Fuß ist nur unten hohl.

521 Die Koordinaten für Urne 114 sind 32,75/18,70, die für Urne 729 115,80/53,90.

522 Schalenurnen mit Fuß sind demgegenüber breiter.

523 z. B. Meyer, Sachsen 230; Schach-Dörges, Wilhelmsaue 92.

524 Laser, Brandgräber 37 ff.

525 Meyer, Sachsen 230.

526 Meyer, Katalog Abb. 41,1 (Großenhain, Grab 1a); Abb. 53,3 (Kreinitz).

527 Im Katalogteil von Meyer noch als „einhenkliger Pokal" bezeichnet (Meyer, Katalog 80).

528 Meyer, Katalog Abb. 16,3.

Die Unterscheidung zwischen gehenkeltem Fußgefäß und Pokal wird demnach nach der Form der Gefäßschale getroffen. Dies scheint jedoch nicht gerechtfertigt, da die Beeinflussung durch die Schalenurnen offensichtlich ist. Stilistische Veränderungen in der Form der Schalenurnen können sich demgemäß ebenfalls auf die Pokale oder pokalähnlichen Gefäße ausgewirkt haben, und Schalenurnen werden trotz unterschiedlicher Profilierung als solche bezeichnet.

Schach-Dörges[529] betont als Merkmale der Pokale den ausgeprägten Boden bzw. Standfuß sowie den hohen, meist einschwingenden Fuß, der vom Gefäßinneren her ausgehöhlt und somit von Schalen mit Standring zu trennen ist. Die Form der Gefäßschale ist dagegen ihrer Ansicht nach nicht entscheidend.

Auf das Material vom Pfingstberg übertragen bedeutet das, daß Urne 729 als Pokal anzusprechen ist, da der Fuß von innen her ausgehöhlt ist, nicht aber das eng verwandte Gefäß 114, das mit einem „Stengelfuß" versehen ist. Doch gerade dieses Gefäß macht durch seine Verzierung deutlich, welche Seite die Ansichtsseite war. Meiner Ansicht nach sind auch technische Aspekte zu wenig beachtet worden. Wird beim Fuß mit der Herstellung begonnen, ist ein Aushöhlen leicht möglich. Ein Stengelfuß wird dagegen eher an eine bereits gefertigte Gefäßschale angesetzt werden.

Aus diesen Gründen und da eine Trennung der beiden Gefäße 114 und 729 nicht sinnvoll erscheint, werden in der vorliegenden Arbeit diejenigen Gefäße als Pokale bezeichnet, die sich durch die folgenden Kriterien auszeichnen: 1. Das Vorhandensein eines deutlich ausgeprägten Fußes, der mindestens ein Sechstel der Gesamthöhe umfaßt; in welcher Weise er geformt ist, spielt eine untergeordnete Rolle. 2. Der Gefäßkörper entspricht dem der Schalenurnen, die Ausprägung ist vom Zeitstil abhängig. 3. Pokale weisen eine relativ große Gesamthöhe auf. Schalenurnen mit Fuß sind demgegenüber breiter und somit von Pokalen zu trennen. Die eher hohe Form läßt auch die Deutung der ursprünglichen Funktion als Trinkgeschirr zu[530].

Die nächste Parallele zu den beiden Pokalen stammt aus Dahlhausen I, Grab 83[531]. Sie ist durch eine Fibel mit hohem Nadelhalter (A VII, 3) in die Stufe C1b zu datieren. In Größe[532] und Proportionierung ist das Stück mit den Pfingstberger Pokalen sehr gut zu vergleichen. Es unterscheidet sich jedoch in der Fußbildung und der Profilierung. Während dieses Gefäß fast kantig profiliert ist, haben die Pfingstberger Stücke ein verschliffenes Profil und sind mit den entsprechend geformten Schalenurnen des Typs 8 wie zum Beispiel 270 (Taf. 40) oder 535 (Taf. 71) zu verbinden. Urne 270 ist durch einen Kamm mit kreissegmentförmigen Griffplatten in Stufe C1 oder C2 einzuordnen. Es ist daher wahrscheinlich, daß die Pokale in C1b oder C2 zu stellen

529 Schach-Dörges, Wilhelmsaue 92.

530 Vgl. Schach-Dörges 93; Meyer, Sachsen 231.

531 Matthes, Prignitz Taf. 18,108 — 109.

532 Die Höhe liegt bei 13,5 cm und die Breite bei 17 cm.

sind[533]. Die deutliche Beziehung zu den Schalenurnen bestätigt Meyer[534], der auf die lokale Prägung der Pokale hinweist. Da die Entwicklung aus dem älterkaiserzeitlichen Material nicht unwahrscheinlich ist, muß eine Verbindung zu Pokalen anderer Gebiete nicht hergestellt werden[535].

533 Eine Datierung ab Stufe C2 nimmt auch Pescheck für die wesentlich größere „Fußterrine" aus Altendorf, Grab 9, an, deren Oberteil jedoch nicht vollständig erhalten ist (Pescheck, Mainfranken 63 und Taf. 2,16).

534 Meyer, Sachsen 231 mit entsprechenden Literaturhinweisen.

535 Nur angemerkt sei, daß gewisse Gemeinsamkeiten zu den Gefäßen aus Möllegårdsmark bestehen (Albrectsen, Jernaldergrave Taf. 5a).

Zusammenfassung

Zwei untereinander sehr ähnliche Gefäße des Pfingstberger Gräberfeldes sind als Pokale anzusprechen. Sie zeichnen sich durch einen ausgeprägten Fuß, einen schalenartigen Gefäßkörper und eine verhältnismäßig große Höhe aus. Über Vergleiche mit verwandten Gefäßen oder entsprechend geformten Schalenurnen sind sie in Stufe C1b oder C2 zu stellen.

Mischformen

Als Mischformen werden diejenigen Gefäße bezeichnet, die wesentliche Merkmale von zwei Formengruppen in sich vereinigen. Eine Zuweisung zu der einen oder der anderen Formengruppe würde dem Material nicht gerecht werden. Es handelt sich ausschließlich um Mischformen zwischen Schalenurnen und Töpfen. Zu unterscheiden sind (Abb. 17) topfartige Schalenurnen mit gegliedertem Oberteil (Typ 1) und topfartige Schalenurnen mit einschwingendem Oberteil (Typ 2).

Typ 1: Topfartige Schalenurnen mit gegliedertem Oberteil

Zu Typ 1 gehören die Gefäße 521 (Taf. 70), 578 (Taf. 77), 583 (Taf. 78) und vermutlich die unvollständig erhaltene Urne 657 (Taf. 87). Der Schalengefäßcharakter dieser Urnen wird deutlich an den einzelnen Formelementen mit Ausnahme des Randes sowie an dem gesamten Gefäßaufbau. Mit den Töpfen verbindet sie die Randbildung und die Einziehung im Oberteil. Die übrigen Maße und Proportionen verweisen lediglich in der Tendenz in die eine oder andere Formengruppe.

Von den vier Gefäßen wurden die drei vollständig erhaltenen auf dem Gräberfeld nah beieinander gefunden, während Urne 657, deren Rand fehlt[536], weit entfernt entdeckt wurde. Sie unterscheiden sich in mehreren Details. Der Boden ist flach oder eingezogen und das Unterteil bauchig bzw. konisch (657). Der Umbruch ist bei allen Gefäßen rund. Urne 583 weist eine abgesetzte, schwach gewölbte Schulter und einen konischen Hals auf. Gewölbt ist die Schulter auch bei 657, sie geht jedoch absatzlos in den ebenfalls konischen Hals über. Einen konischen Hals besitzt auch 521, die Schulter ist hier jedoch durch zwei Kehlen gegliedert. 578 ist mit einem einschwingenden Hals und einer gewölbten Schulter versehen; eine schwache Trennung dieser beiden Gefäßteile wird durch eine Leiste am Schulteransatz erreicht. 583 wird durch einen weit nach außen gebogenen, breiten Rand abgeschlossen; auch bei 521 biegt der Rand aus, jedoch weniger deutlich. Eine Besonderheit stellt die Randbildung bei Urne 578 dar. Der Rand ist verdickt und oben sowie an der Außenseite gerade abgestrichen (Plattenrand)[537].

536 Eine Zuweisung zu dieser Form ist auf Grund der übrigen Gemeinsamkeiten zu vertreten.

Die Gefäße sind absolut und in der Proportionierung verhältnismäßig hoch, die Höhe liegt zwischen 15,6 cm (521) und 16,4 cm (578)[538], das Verhältnis von Breite zu Höhe schwankt zwischen 1,27:1 (521) und 1,49:1 (583). Charakteristisch ist die starke Einziehung im Oberteil; das Verhältnis von geringster Weite zu Breite reicht von 0,75:1 bis 0,76:1[539]. Diese Maße und Proportionen sind zwar nicht auf Töpfe beschränkt, finden sich dort aber häufiger als bei den Schalenurnen. Für letztere sprechen dagegen die Höhe des Umbruchs und das Verhältnis von Oberteilhöhe zu Gesamthöhe, das zwischen 0,42:1 und 0,53:1 liegt. Die Masse der Töpfe hat einen sehr hochliegenden Umbruch (vgl. T1).

An Schalenurnen erinnert auch die Verzierung mit Kehlen bei Urne 521 sowie Leisten und Knubben bei 578. 583 ist nicht verziert. 657 hat große D-förmige Eintiefungen zwischen Hals und Schulter, die in der Größe und ohne Rilleneinfassung bei den Schalenurnen vom Pfingstberg sonst nicht nachzuweisen sind.

Die Gefäße sind poliert, 583 hat eine körnige Oberfläche. Der Ton wurde mit Sand feiner oder mittlerer Korngröße gemagert.

Einen Hinweis auf die Datierung der Gefäße anhand der Beigaben gibt nur der Kamm aus Urne 657 mit dreieckigen Griffplatten, der ab Stufe C2 anzusetzen ist.

Besonders aufschlußreich ist jedoch der „Plattenrand" von Urne 578. Er ist eine typische Form des östlichen Branden-

537 Leube, Teltow 147.

538 Bei 657 sind 13,4 cm erhalten, aber der Rand und möglicherweise der obere Teil des Halses fehlen.

539 Bei 657 beträgt es maximal 0,75:1.

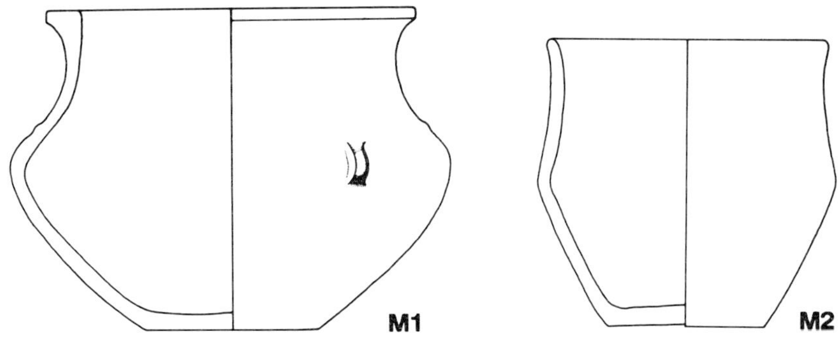

Abb. 17: Typenübersicht der Mischformen

burg und mittleren Odergebietes[540], wurde aber auch an anderen Stellen gefunden[541]. Das Gefäß aus Fern-Neuendorf ist ähnlich geformt wie das Pfingstberger Stück, jedoch größer und im Verhältnis breiter sowie mit Ösen im Umbruchbereich verziert. Das Gefäß aus Wilhelmsaue wird nach einer Zweirollenfibel mit halbrunder Kopfplatte in die Zeit um 300 n. Chr. gesetzt, das Gefäß aus Perdöhl nach einer Armbrustfibel mit bandförmigem Bügel ins 4. Jahrhundert. Das Gefäß aus Pritzier gehört nach der Verzierung mit einem ,,wulstartigen Band'' in den Anfang des 5. Jahrhunderts[542]. Ein weiterer völkerwanderungszeitlicher Beleg für ,,Plattenränder'' stammt aus Cuxhaven-Sahlenburg[543], Grab 19. Die Datierung in den Anfang oder die erste Hälfte des 5. Jahrhunderts ermöglichen eine frühe gleicharmige Fibel und zwei Schalenfibeln vom Typ Westerwanna.

Das Gefäß aus Häven, Körpergrab 2/1967[544], weist neben einem 1,8 cm breiten, zu beiden Seiten überstehenden Rand einen konischen Hals sowie eine gegliederte Schulter auf und ist daher auch in der Form mit den Pfingstberger Stücken zu verbinden. Das Grab gehört nach einer Armbrustfibel mit dreieckigem Fuß und offenem Nadelhalter[545] in die Stufe C2 oder C3.

Durch die Vergleichsfunde wird ein Zeitansatz der Gefäße ins 4. Jahrhundert wahrscheinlich. Zumindest für Urne 657 ist aber eine Datierung ins 5. Jahrhundert nicht auszuschließen. Durch den sehr gedrungenen Gefäßkörper zeigt sie Beziehungen zu den Funden aus Granstedt[546] aus der frühen Völkerwanderungszeit.

Typ 2: Topfartige Schalenurnen mit einschwingendem Oberteil

Typ 2 ist nur durch ein Gefäß, Urne 365 (Taf. 51), belegt. Der Mischcharakter tritt deutlich hervor, die Gefäßform ist von einigen Schalenurnen bekannt, das Breiten-Höhen-Verhältnis verbindet das Gefäß mit den Töpfen. Es scheint daher sinnvoll, auch für ein einzelnes Gefäß einen Typ auszuweisen.

Urne 365 hat einen geraden Rand und ein schwach einschwingendes Oberteil. Der Umbruch ist kantig, das Unterteil fast konisch und der Boden leicht eingezogen.

Die Höhe des Gefäßes beträgt 14,7 cm, die Breite 15,3 cm, das Verhältnis zwischen beiden liegt damit fast bei 1:1 — Schalenurnen sind demgegenüber deutlich breiter als hoch. Die Einziehung im Oberteil ist verhältnismäßig gering, der Umbruch liegt in der Gefäßmitte.

Das unverzierte Stück hat eine körnige Oberfläche, die bei den Schalenurnen ausgesprochen selten vorkommt[547].

Eine genaue zeitliche Einordnung der Urne 365 ist nicht möglich, datierende Beigaben fehlen. Ein relativ hohes Gefäß — das Breiten-Höhen-Verhältnis liegt bei 1,23:1 — stammt aus Arneburg[548]. Es ist durch eine Fibel mit hohem Nadelhalter (A VII, 2) in Stufe C1 zu stellen. Weitere entsprechend geformte Gefäße sind breiter und daher als Schalenurnen einzuordnen. Diese Schalenurnen — hier S17 — sind von Stufe C1 bis in die späte Völkerwanderungszeit belegt. Eine Veränderung der Proportionierung, die sich chronologisch auswerten ließe, ist nicht festzustellen, so daß Urne 365 nicht sicher zu datieren ist.

540 Leube, Teltow 148. Es werden hier jedoch nur die Ränder als Plattenrand bezeichnet, die deutlich verdickt sind. Die von Leube ebenfalls genannte Randform ohne Verdickung findet sich z. B. an den sog. ,,Bauchrillenschalen'' (S11).

541 Westerwanna: Zimmer-Linnfeld, Westerwanna Taf. 57,436. — Bordesholm: Saggau, Katalog Taf. 67,1355. — Lassahn: Kersten, Lauenburg Taf. 70,15 und Abb. 74,5. — Warlitz: Spantig, Sude-Niederung Abb. 16,b. — Perdöhl: Schuldt, Perdöhl Taf. 39,481. — Pritzier: Schuldt, Pritzier Abb. 132. — Kuhbier: Matthes, Prignitz Taf. 48,286. — Butzow: Voss und Stimming, Alterthümer Abt. VI, Taf. 6. — Fern Neuendorf: Leube, Teltow 147 Abb. 2. — Wilhelmsaue: Schach-Dörges, Wilhelmsaue Taf. 27,58.

542 Schuldt, Pritzier 31 ff.

543 Böhme, Grabfunde Taf. 36,19.

544 Hollnagel, Häven Abb. 185,c.

545 Vgl. Keller, Chronologie 253 ff.

546 Böhme, Grabfunde Taf. 18,11.16.

547 Charakteristisch ist die körnige Oberfläche bei Strahlenverzierungen (vgl. ,,Dekorstudien'').

548 Kuchenbuch, Schalenurnenfelder Taf. VIII,10 — 11.

Zusammenfassung

Fünf Urnen des Pfingstberger Gräberfeldes werden als Mischform bezeichnet. Sie weisen Merkmale von zwei Formengruppen auf, von Schalenurnen und Töpfen. Nach der Form lassen sich zwei Typen unterscheiden: Typ 1 umfaßt die topfartigen Schalenurnen mit gegliedertem Oberteil und Typ 2 die topfartigen Schalenurnen mit einschwingendem Oberteil. Während sich der einzige Vertreter des Typs 2 nicht genauer datieren läßt, ist für die Gefäße des Typs 1 eine Einordnung ins 4. Jahrhundert wahrscheinlich, Urne 657 kann auch dem 5. Jahrhundert angehören.

Töpfe

Mit Topf werden ,,Hochformen''[549] oder ,,hohe (geschlossene) Formen''[550] bezeichnet. Zum Teil wird das konkretisiert durch Richtwerte nach dem Verhältnis von Höhe zu Mündungsdurchmesser[551] oder nach dem Breiten-Höhen-Verhältnis. Nach Dexel[552] ist ein etwa ausgeglichenes Verhältnis von Breite und Höhe charakteristisch, und das Oberteil ist um maximal die halbe Breite eingezogen.

Der Gefäßkontur von Töpfen ist zylindrisch oder bauchig, im ,,Leitfaden zur Keramikbeschreibung''[553] wird auch noch ,,kugelig, leicht konisch oder leicht kegelförmig . . . auch bikonkav'' aufgeführt. Dexel[554] nennt als Merkmale des Topfes eine nach außen gewölbte Wandung, ein eingezogenes Oberteil und das Vorhandensein eines Randes — gemeint ist wohl ein betonter Rand.

Untersucht man bei der in Frage kommenden Keramik des Pfingstberger Gräberfeldes, also bei den Gefäßen, die entsprechende Formmerkmale aufweisen, die Proportionen, so findet sich nur ein Gefäß (11), das höher als breit ist, ein weiteres Gefäß (10) hat eine fast der Breite entsprechende Höhe. Alle übrigen Gefäße sind — mehr oder weniger deutlich — breiter als hoch. Auch der Mündungsdurchmesser ist deutlich größer als die halbe Höhe, meist ist er sogar größer als die volle Höhe. Obwohl die für Töpfe genannten Kriterien demnach nicht zutreffen[555], unterscheiden sich die Gefäße in einigen Merkmalen von den Schalenurnen[556]. Um eine für das vorliegende Material brauchbare Grundlage für die Zuweisung zur einen oder anderen Formengruppe zu haben, soll für die Bestimmung eines Gefäßes als Topf von folgenden Kriterien ausgegangen werden.

Als Töpfe werden diejenigen Gefäße bezeichnet, die einen bauchigen Körper mit rundem Umbruch, eine Einziehung im Oberteil und einen schräg nach außen gestellten Rand aufweisen. Der Umbruch liegt hoch, und das Oberteil ist nicht in Hals und Schulter gegliedert. Dazu gerechnet werden auch solche Stücke, die in der Form gewisse Abweichungen — wie zum Beispiel einen kantigen Umbruch — zeigen, in den übrigen Merkmalen aber deutlich den Kriterien entsprechen. Auch das Verschleifen des Profils von abgeknicktem Rand zu einem absatzlos in die Schulter übergehenden Hals sowie die oft damit verbundene Verlagerung des Umbruchs sind nicht hinderlich, wenn sich das Oberteil deutlich verjüngt. Außerdem werden auch solche Gefäße als Topf bezeichnet, die relativ hoch und schwach profiliert sind, aber keinen betonten Rand aufweisen.

Diesen Unterschieden wird durch die Gliederung in drei Typen Rechnung getragen. Typ 1 umfaßt die Töpfe mit ausbiegendem Rand und ungegliedertem Oberteil, Typ 2 die Töpfe mit ausbiegendem Rand und gegliedertem Oberteil und Typ 3 die Töpfe mit unbetontem Rand (Abb. 18).

Nach diesen Kriterien sind 17 vollständige bzw. rekonstruierbare und vier fragmentiert erhaltene Gefäße vom Pfingstberg als Töpfe anzusehen.

Grundsätzlich handelt es sich bei Töpfen um ,,Großformen'' (vgl. dagegen Näpfe). Die Volumina liegen zwischen 1750 cm^3 (138) und 3750 cm^3 (508), die Höhe schwankt zwischen 12,1 cm (19, 727) und 18,6 cm (508), die Breite zwischen 16,5 cm (11) und 23,7 cm (447)[557]. Die Töpfe sind verhältnismäßig hoch, das Breiten-Höhen-Verhältnis reicht von etwa 1:1 (10, 11) bis 1,75:1 (209). Hervorzuheben ist, daß Töpfe selten verziert sind (3 von 21). Die verwendeten Ornamente sind aus dem Dekorspektrum der Schalenurnen bekannt.

Hinsichtlich der Magerung und Oberflächenbearbeitung[558] bestehen stärkere Beziehungen zu den Schalenurnen als zu den Kümpfen.

Typ 1: Töpfe mit ausbiegendem Rand und ungegliedertem Oberteil

Zu Typ 1 gehören die Töpfe 10 (Taf. 2), 287 (Taf. 42), 427 (Taf. 59), 442 (Taf. 60), 447 (Taf. 61), 574 (Taf. 76), 615 (Taf. 82), 685 (Taf. 90), 700 (Taf. 91), 716 (Taf. 93), 727 (Taf. 93) und 867 (Taf. 106).

Die Töpfe haben einen schräg nach außen gestellten Rand und ein ungegliedertes gewölbtes oder konisches Oberteil.

549 Vorschläge zur systematischen Beschreibung von Keramik 6.

550 Leitfaden zur Keramikbeschreibung 28 ff.

551 Leitfaden zur Keramikbeschreibung 28 ff.

552 Dexel, Gefäßformen 22 ff.

553 Leitfaden zur Keramikbeschreibung 28.

554 Dexel, Gefäßformen 22 ff.

555 Das ist auch nicht erstaunlich, denn z. B. der ,,Leitfaden'' ist für mittelalterliche und neuzeitliche Keramik erstellt worden.

556 Darüber hinaus wurde eine Gruppe von Gefäßen ausgesondert, die sowohl Merkmale der Töpfe als auch solche der Schalenurnen aufweisen, sie werden als Mischformen bezeichnet (vgl. ,,Mischformen'').

557 Alle verwandten Formen geringerer Größe werden als Napf angesprochen. Näpfe haben Volumina bis 1000 cm^3.

558 Vgl. ,,Materialanalysen''.

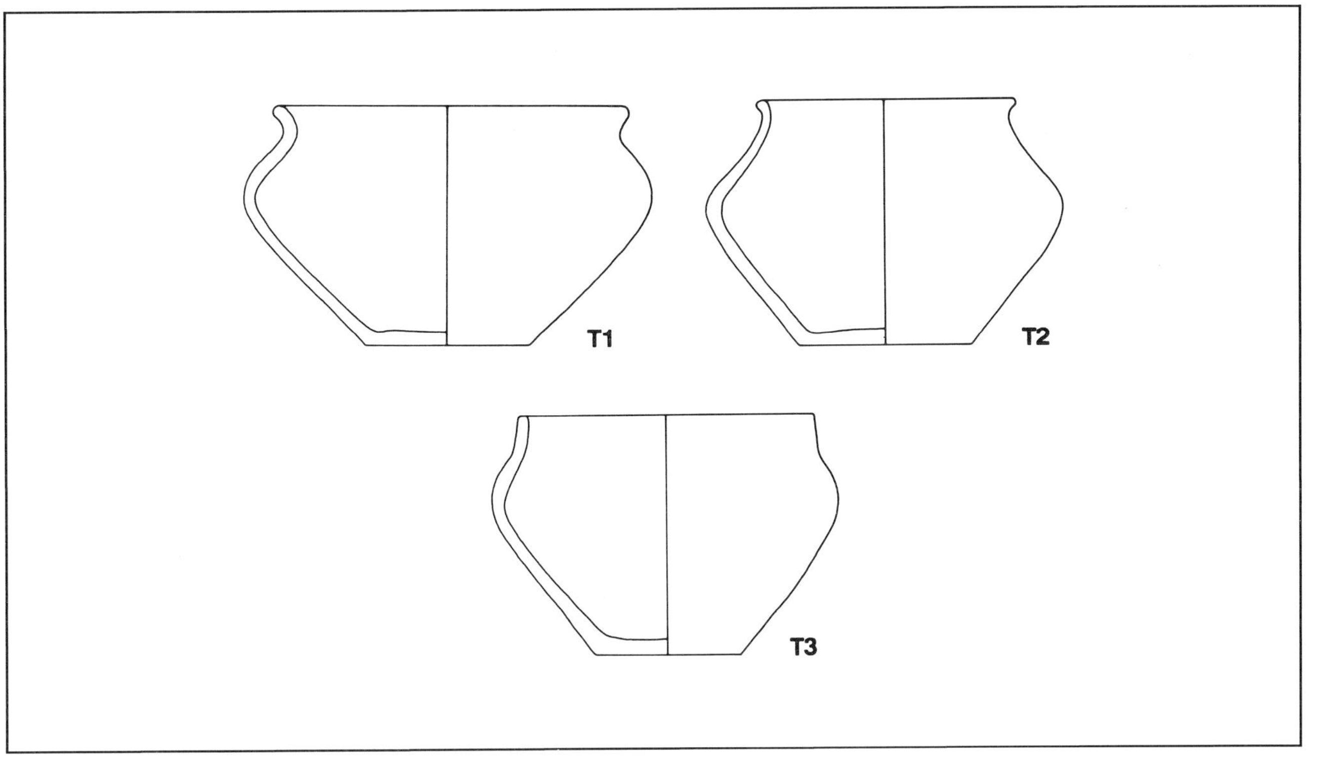

Abb. 18: Typenübersicht der Töpfe

Der Rand ist vom Gefäßkörper meist scharf abgesetzt, in einigen Fällen ist der Übergang vom Oberteil zum Rand jedoch weich, so daß fast ein einschwingender Hals mit geradem Rand vorliegt. Der hochliegende Umbruch ist rund, selten kantig — eine Ausnahme bildet der zergliederte Umbruch von Urne 447 — und das hohe Unterteil ist konisch oder schwach bauchig. Der Boden ist flach (Variante a), nur bei Urne 685 ist eine schwache Fußbildung (Variante b) zu erkennen.

Wenngleich die Mehrzahl der Gefäße sehr ähnlich gestaltet ist, lassen sich hinsichtlich der Maße und Proportionen zahlreiche Unterschiede feststellen. Die Höhe schwankt zwischen 12,1 cm (727) und 16,3 cm (287), die Breite zwischen 19,2 cm (574) und 23,7 (447), nur Urne 10 ist mit 16,7 cm Breite wesentlich schlanker, das Verhältnis von Breite zu Höhe liegt hier bei 1,08:1, bei den übrigen Gefäßen reicht es von 1,36:1 (287) bis 1,67:1 (700). Das Verhältnis von geringster Weite zu Breite schwankt zwischen 0,78:1 (10) und 0,84:1 (615). Weitere Unterschiede betreffen den Bodendurchmesser und die damit verbundenen Proportionen. Bei Urne 442 liegt der Bodendurchmesser mit 6,3 cm unter der halben Höhe, bei Urne 727 ist die Höhe dagegen nur wenig größer als der Bodendurchmesser.

Eine Verzierung findet sich lediglich bei Urne 447. Sie ist mit Rillen, D-förmigen Eintiefungen und einer Facette dekoriert. Diese Facetten treten sonst nur an Schalenurnen auf[559].

Die Urnen 287, 700 und 716 sind poliert, 447, 574, 615 und 685 sind geglättet, 10, 427 und 442 haben eine körnige, 727 hat eine rauhe und 867 eine aufgerauhte Oberfläche. Bei der Magerung der Gefäße überwiegt die mittlere Korngröße, feine Magerung liegt bei den Urnen 287, 685, 700 und 716 vor.

Aufschluß über die Datierung der Töpfe des Typs 1 geben sowohl einige Beigaben als auch Vergleichsfunde. Kämme mit dreieckigen Griffplatten, die ab Stufe C2 auftreten, fanden sich in den Gräbern 442, 716 und 867. Ein zweireihiger Kamm, der in die Völkerwanderungszeit zu setzen ist, stammt aus Grab 700.

Entsprechend geformte Töpfe sind ab Stufe C2 durch einen Fund aus Leuna, Grab 1/1926[560], belegt. ,,Hochschultrige Gefäße mit zylindrischen oder ausgestellten Rändern''[561] werden von Keller allerdings der Stufe C3 zugeordnet. Der Topf aus Leuna ist wie Urne 867 proportioniert, unterscheidet sich jedoch in der Oberflächenbehandlung. Rauhe Töpfe sind mehrfach für die Völkerwanderungszeit nachzuweisen[562]. Diese und weitere spätvölkerwanderungszeitliche Gefäße zeichnen sich allerdings durch eine andere Proportionierung aus. Die Töpfe sind höher, der Körper ist bauchiger, das Oberteil zieht stärker ein, und der Rand ist oft

559 Die Urne gehört jedoch zu den Töpfen, da die Mehrzahl der Merkmale denen der Töpfe entspricht. In einer ,,Abstandsliste'' wurden vom Computer nach dem Vergleich von neun Merkmalen die Töpfe 867, 427 und 287 als nächste Parallelen aufgelistet.

560 Schulz, Leuna Taf. XII,2. Nach Keller gehören Schildfibeln, von denen eine im Grab lag, in Stufe C1b oder C2 (Keller, Chronologie 251 ff.). Schulze datiert das Grab aus Leuna über die Verwandtschaft mit den Haßlebener Gräbern in die Zeit um 300 n. Chr. (Schulze, Armbrustfibeln 110).

561 Keller, Chronologie 263.

562 z. B. Stößen, Grab 104 und Deersheim, Grab 18: Schneider, Deersheim 149 f., Abb. 14; 91,5.

zylindrisch[563]. Von den Pfingstberger Töpfen zeigt nur Urne 10 Anklänge an diese Gefäße. Durch die enge Verbindung zu dem über Schalenfibeln vom Typ Mahndorf datierbaren Topf aus Bremen-Mahndorf[564] läßt sich dieses Gefäß dem 5. Jahrhundert zuweisen. Die Mehrzahl der Töpfe des Typs 1 wird demgegenüber ins 4. Jahrhundert einzuordnen sein.

Der leider nicht vollständig erhaltene Topf 685 dürfte auf Grund des gedrungenen Gefäßkörpers und der schwachen Fußbildung eher in die Völkerwanderungszeit als in die Kaiserzeit gehören.

Typ 2: Töpfe mit ausbiegendem Rand und gegliedertem Oberteil

Zu Typ 2 gehören die Töpfe 19 (Taf. 2), 93 (Taf. 14), 209 (Taf. 31), 494 (Taf. 67), 662 (Taf. 88) und vermutlich das fragmentiert erhaltene Gefäß 503 (Taf. 68).

Kennzeichnende Merkmale sind der betonte, ausbiegende Rand und der einschwingende oder konische, absatzlos in die gewölbte Schulter übergehende Hals. Der Umbruch ist rund, das Unterteil bauchig oder einschwingend und der Boden flach[565].

Die Töpfe des Typs 2 zeigen wenig Unterschiede hinsichtlich der Höhe, die zwischen 12,1 (19) und 13,7 cm (209) schwankt. Die Breite reicht demgegenüber von 18,5 cm (93, 662) bis 24 cm (209)[566]. Dementsprechend liegt das Breiten-Höhen-Verhältnis mit Werten von 1,45:1 (662) bis 1,75:1 (209) weit auseinander. Charakteristisches und zugleich von den Schalenurnen trennendes Merkmal ist die starke Einziehung im Oberteil, das Verhältnis von geringster Weite zu Breite schwankt zwischen 0,69:1 (662) und 0,77:1 (93). Der Umbruch liegt oberhalb der Gefäßmitte. Die Töpfe 209, 494 und 503 fallen durch ihre großen Bodendurchmesser auf.

Zwei der sechs Töpfe sind verziert. Die Verzierung besteht aus Rillen (19) und bei Urne 93 zusätzlich aus Rillenabschnitten und Kerben. Die Oberflächen sind poliert oder geglättet, bei Urne 93 ist das Unterteil körnig, das Oberteil poliert. Der Ton wurde mit Sand feiner oder mittlerer Korngröße gemagert.

Eine Reihe von Vergleichsfunden ermöglicht die zeitliche Einordnung der Gefäße. Mit Urne 662, die eine enge Parallele unter den Schalenurnen (443) hat, sind die Gefäße aus Berlin (Kr. Segeberg), Beringstedt und Großbadegast[567] zu verbinden. Während die beiden Gefäße aus Schleswig-Holstein durch Armbrustfibeln mit Rechteckfuß bzw. Trapezfuß[568] in Stufe C2 oder C3 einzuordnen sind, gehört das Stück aus Großbadegast durch eine Armbrustfibel mit spitzem Fuß und Nadelscheide in die Zeit von der ersten Hälfte des 3. bis in die erste Hälfte des 4. Jahrhunderts[569]. Das ebenfalls verwandte Gefäß aus Roßbach ist nicht genauer einzuordnen[570]. Gewisse Anklänge zeigt aber auch die Thüringer Drehscheibenschale aus Schafstedt[571], die in die späte Völkerwanderungszeit zu stellen ist.

Für Urne 19 kommt durch die Verbindung zu den s-förmig profilierten Schalenurnen (z. B. 12, vgl. S9) ebenfalls eine Datierung in die Römische Kaiserzeit in Betracht. Das durch die breite Standfläche gedrungener wirkende Gefäß aus Zörbig[572] wird von Schmidt in die Völkerwanderungszeit gesetzt.

Ins späte 4. Jahrhundert wird das Gefäß aus Schönebeck, Grab 20[573], eingeordnet, das mit Urne 93 zu verbinden ist. Eine Datierung in die Völkerwanderungszeit wird auch durch das Gefäß (Einzelfund) aus Bleckendorf (Kr. Staßfurt)[574] wahrscheinlich, das allerdings mit Buckeln verziert ist. Gefäße dieses Typs ordnet Schmidt[575] überwiegend der Gruppe II zu.

In die Völkerwanderungszeit kann auch der Topf 494, der Ähnlichkeit zur Schalenurne 479 (Taf. 65) aufweist, gehören. Entsprechend breit und gedrungen ist das mit Kanneluren verzierte Gefäß aus Obermöllern[576], das von Schmidt über verwandte Gefäße dem 5. oder 6. Jahrhundert zugeordnet wird.

Die Töpfe des Typs 2 sind demnach von der Römischen Kaiserzeit bis in die Völkerwanderungszeit nachweisbar. Die frühen Gefäße sind durch verhältnismäßig kleine Standflächen gekennzeichnet, die späten durch breite bis sehr breite Böden.

Typ 3: Töpfe mit unbetontem Rand

Zu Typ 3 gehören die Töpfe 138 (Taf. 21), 508 (Taf. 68) und vermutlich die fragmentiert erhaltene Urne 11 (Taf. 2).

Charakteristische Merkmale der Töpfe des Typs 3 sind der gerade, unbetonte Rand, der konische, absatzlos in die gewölbte Schulter übergehende Hals und der runde Umbruch. Das Unterteil ist konisch, schwach bauchig oder leicht einschwingend und der Boden flach.

Die Töpfe unterscheiden sich nicht nur in der Form, sondern auch in Maßen und Proportionen. Urne 508 ist 18,6 cm hoch und 21,6 cm breit, Urne 11 hat eine Breite von 16,5 cm und eine erhaltene Höhe von 16,8 cm, Urne 138 ist 12,5 cm hoch und 17,8 cm breit. Damit liegt das Breiten-Höhen-Verhältnis von Urne 11 unter 1:1, das von Urne 508 bei 1,16:1 und das von Urne 138 bei 1,42:1. Das Oberteil ist noch deutlich verengt — das Verhältnis von geringster Weite zur Breite reicht bis maximal 0,85:1. Der Umbruch liegt oberhalb der Gefäßmitte.

Die drei Töpfe sind unverziert. Der Topf aus Grab 11 weist eine aufgerauhte Oberfläche auf, Urne 508 ist poliert, und Urne 138 ist glänzend poliert. Der zur Magerung der Gefäße verwendete Sand hat die Korngröße mittel und bei Urne 508 sehr fein.

---

563 Vgl. z. B. Rebenstorf: Nowothnig, Brandgräber Taf. 21,14.

564 Böhme, Grabfunde Taf. 11,8.

565 Bei Urne 209 war er möglicherweise eingezogen.

566 Für Urne 494 wurde eine Breite von ca. 25 cm ermittelt.

567 Berlin, Beringstedt: Genrich, Formenkreise Taf. 2,A; 1,D. — Großbadegast: Schmidt, Großbadegast Abb. 11,a.

568 Vgl. Keller, Chronologie 253 ff.

569 Schulze, Armbrustfibeln 68 f. Keller setzt diesen Fibeltyp in Stufe C1b (Keller, Chronologie 251 ff.).

570 Mildenberger, Brandgräber Taf. 42,4.

571 Schmidt, Völkerwanderungszeit Taf. 23,g.

572 Schmidt, Völkerwanderungszeit Taf. 7,a.

573 Laser, Schönebeck 345 und Abb. 4,f. Insgesamt scheint die Datierung des Gräberfeldes allerdings etwas zu spät angesetzt zu sein.

574 Schmidt, Völkerwanderungszeit Taf. 14,d.

575 Schmidt, Völkerwanderungszeit 98 f.

576 Schmidt, Völkerwanderungszeit Taf. 8,e.

Eine Datierung der Töpfe des Typs 3 anhand der Beigaben ist nicht möglich. Zu Urne 508 liegt zwar eine sehr gute Parallele aus Perdöhl[577] vor, das Grab enthielt jedoch keine datierbaren Beigaben. Das Gefäß aus Perdöhl ist nicht nur sehr ähnlich geformt, sondern auch in Maßen und Proportionen vergleichbar. Es ist 19,5 cm hoch und 23,2 cm breit, das Breiten-Höhen-Verhältnis liegt damit bei 1,19:1.

Einen Anhaltspunkt zur chronologischen Einordnung gibt jedoch der Topf aus Preetz[578], in dem sich zwar nur eine Perle befand, der aber durch die Lage im Gräberfeld in Zone 6 annähernd eingeordnet werden kann. Brandt nimmt für Zone 6 den Zeitraum zwischen 325 und 375 n. Chr. an, der Topf gehört damit in Stufe C3.

Gewisse Beziehungen bestehen zwischen Urne 138 und einem aus typologischen Erwägungen in Stufe C2 eingeordneten Gefäß aus Přov[579], das allerdings höher und schärfer profiliert ist. Das ebenfalls mit 138 verwandte Gefäß aus Billerbeck[580] wird demgegenüber in die Völkerwanderungszeit gestellt. Es liegen aber weder datierbare Beigaben noch überzeugende völkerwanderungszeitliche Parallelen zu dem Gefäß vor, so daß eine Einordnung in die Römische Kaiserzeit wahrscheinlicher ist.

577 Schuldt, Perdöhl Taf. 23,272.

578 Brandt, Preetz 60 und Taf. 31,196a.

579 Rybová, Přov Taf. XIX,1.

580 Nowothnig, Brandgräber Taf. 20,4.

Zusammenfassung

Insgesamt liegen 21 Töpfe vor. Es lassen sich drei Typen unterscheiden. Typ 1 umfaßt die Töpfe mit ausbiegendem Rand und ungegliedertem Oberteil, Typ 2 die Töpfe mit ausbiegendem Rand und gegliedertem Oberteil und Typ 3 die Töpfe mit unbetontem Rand. Für die Töpfe des Typs 1 kommt als zeitliche Einordnung das ganze 4. Jahrhundert in Betracht, zumindest ein Gefäß ist ins 5. Jahrhundert zu setzen. Bei den Töpfen des Typs 2 läßt sich eine kaiserzeitliche Ausprägung mit verhältnismäßig kleiner Standfläche und eine völkerwanderungszeitliche mit breiter Standfläche unterscheiden. Die Töpfe des Typs 3 haben Beziehungen zu Gefäßen der Stufen C2 und C3.

Engmündige Gefäße

Die Formengruppe der engmündigen Gefäße ist nur mit vier vollständigen und zwei fragmentiert erhaltenen Exemplaren im Pfingstberger Material vertreten[581].

Allen sechs Gefäßen gemeinsam ist die starke Einziehung im Oberteil. In Zahlen ausgedrückt, liegt das Verhältnis von geringster Weite zu Breite zwischen 0,5:1 und 0,7:1. Charakteristisch ist der tiefe Umbruch, der immer unterhalb der Mitte liegt[582]. Wesentliche Unterschiede betreffen vor allem die Form. Bei den Gefäßen 847 und 865 wird das Oberteil, das nicht in Hals und Schulter gegliedert ist, durch einen schräg nach außen gestellten Rand abgeschlossen. 62 und 854[583] sind dagegen durch einen hohen Hals gekennzeichnet. Urne 62 hat einen abgesetzten Hals und eine konische, nur im unteren Teil gegliederte Schulter sowie einen Fuß. Bei 854 geht der einschwingende Hals in die gewölbte Schulter über, der Boden ist flach oder eingezogen[584]. Es lassen sich daher bei den engmündigen Gefäßen drei Typen unterscheiden (Abb. 19). Typ 1 bilden die vasenförmigen Gefäße mit kantigem Profil, Typ 2 die vasenförmigen Gefäße mit s-förmigem Profil und Typ 3 die beutelförmigen Gefäße.

581 Das in einer Skizze unter Kat.-Nr. 924 vorliegende Gefäß gehört möglicherweise ebenfalls hierher. Der Befund ist jedoch zu unsicher, so daß auf eine Analyse verzichtet wird.

582 Das trifft wahrscheinlich auch auf die beiden nicht vollständig erhaltenen Gefäße 96 und 918 zu.

583 Die Gefäße 96 und 918 wurden auf Grund ihres unvollständigen Erhaltungszustandes hier nicht berücksichtigt.

584 Eine Profilzeichnung des verlorenen Stückes liegt nicht vor.

Typ 1: Vasenförmige Gefäße mit kantigem Profil

Zu Typ 1 gehören die engmündigen Gefäße 62 (Taf. 9) und 96 (Taf. 14).

Charakteristisch sind der abgesetzte Hals, die breite gegliederte Schulter, das konische Unterteil und der Fuß, der als Standring ausgebildet ist. Die Ausführung im einzelnen, vor allem die Gestaltung des Umbruchs, ist unterschiedlich. Urne 96 hat durch die Verzierung mit einem facettierten Wulst eine vorkragende Schulter und einen nachfolgenden facettierten Umbruch. 62 weist im unteren Teil der Schulter einen mit Leisten betonten Wandungsknick (Facette) auf. Auch der Umbruch ist mit einer Leiste hervorgehoben, eine weitere trennt Hals und Schulter. Ihr folgen zwei Rillen. Urne 96 ist mit zahlreichen Rillen und drei Schrägstrichbändern verziert, von denen zwei im Umbruchbereich und eins auf einer Leiste am oberen Teil der Schulter angebracht sind.

Deutliche Gemeinsamkeiten zeigen sich in den Maßen, soweit der Erhaltungszustand Aussagen zuläßt. Urne 62 ist 14,8 cm hoch und 18,1 cm breit, bei Urne 96 liegt die Breite bei 17,7 cm. Der Bodendurchmesser beträgt 8 und 7,5 cm. Urne 62 hat ein Verhältnis von Breite zu Höhe von 1,15:1 und ein Verhältnis von geringster Weite zu Breite von 0,63:1 — bei Urne 96 beträgt es maximal 0,53:1.

Hinweise zur Datierung der engmündigen Gefäße des Typs 1 ergeben sich nur über den Vergleich mit verwandten Gefäßen anderer Fundorte. Die — geographisch gesehen — nächste Parallele stammt aus Haßleben, Grab XII[585]. Das

585 Schulz, Haßleben Taf. 14,10.

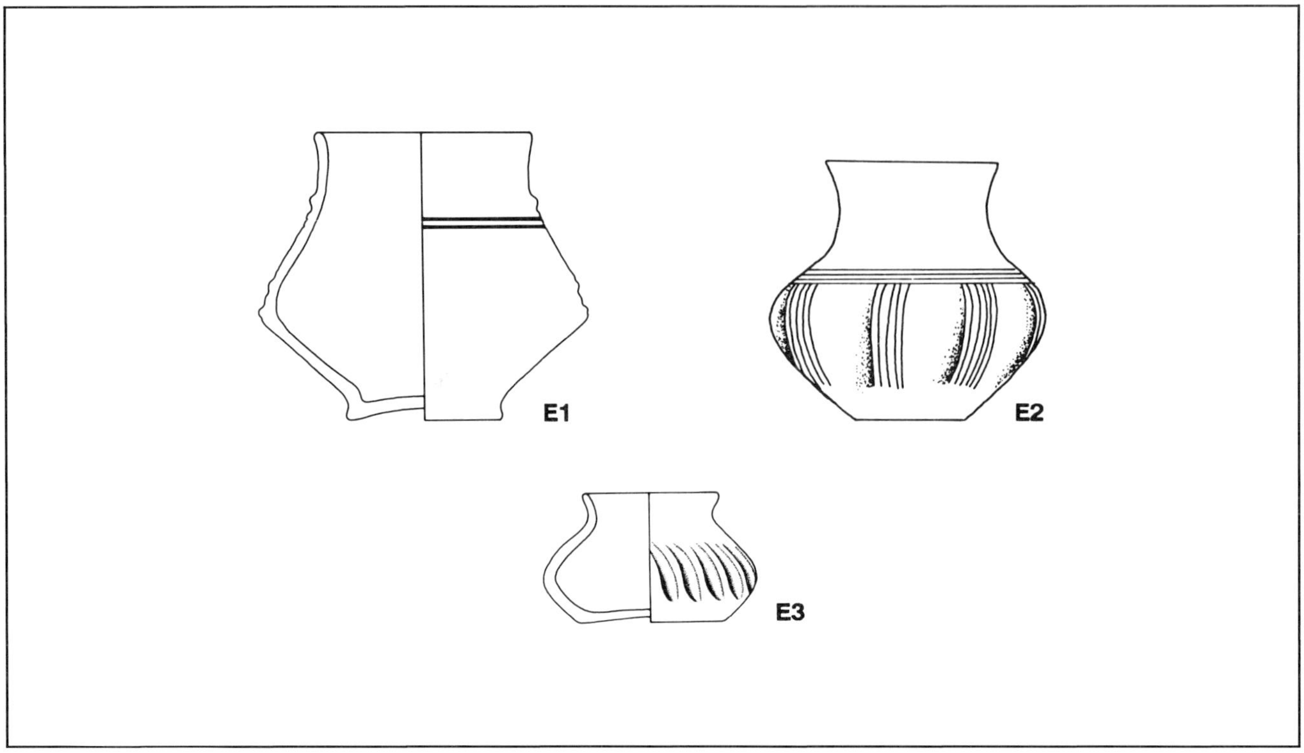

Abb. 19: Typenübersicht der engmündigen Gefäße

Gefäß zeigt in Form und Verzierung enge Verbindungen zu den Pfingstberger Stücken, ist allerdings kleiner und mit einem sehr hohen Fuß ausgestattet. Das Haßlebener Grab ist nicht genau zu datieren, wird aber „mit einiger Sicherheit"[586] mit den anderen Gräbern des Bestattungsplatzes in Stufe C2 zu stellen sein. Beziehungen zeigt auch ein Gefäß aus Kremmin[587].

Vergleichsstücke zu dem Gefäß liegen allerdings auch aus dem 5. Jahrhundert aus dem böhmischen Raum vor. Schon Schulz[588] hatte bei der Behandlung des Haßlebener Gefäßes auf die Beziehungen nach Böhmen hingewiesen, da sich das Gefäß durch das kantige Profil deutlich von den gedrehten Haßlebener Bechern abhebt. Bei diesen böhmischen Funden handelt es sich um die sog. böhmischen mehrwulstigen Becher[589], von denen die ersten, noch größeren Exemplare schon im 4. Jahrhundert auftreten. Das Stück aus Úherce wird über eine Bügelfibel mit halbrunder Kopfplatte und rhombischem Fuß in die Mitte des 5. Jahrhunderts gesetzt.

Schon von Uslar[590] hat darauf aufmerksam gemacht, daß sich die Form und bestimmte Verzierungen in einigen Regionen länger halten. Die frühesten „Becher", die sich jedoch in der Form unterscheiden, gehören in Stufe C1. Das Gefäß aus Rheindorf[591] mit reicher plastischer Verzierung ist durch eine Fibel ähnlich Almgren 207 in Stufe C1b zu stellen, das Gefäß aus dem Kastell Zugmantel[592] stammt aus dem älteren von zwei Bauten, die zusammen in die Zeit von 150 — 230 n. Chr. datiert werden.

Durch die lange Laufzeit von Gefäßen dieser Art wird die Datierung der beiden Pfingstberger Stücke erschwert. Da die Verzierung an Schalenurnen vor allem im 4. Jahrhundert auftritt und die böhmischen Parallelen auch im 4. Jahrhundert beginnen, ist eine Einordnung in diese Zeit wahrscheinlich. Auch der Zeitansatz des Haßlebener Gefäßes würde dem nicht im Wege stehen.

Typ 2: Vasenförmige Gefäße mit s-förmigem Profil

Zu Typ 2 gehören die engmündigen Gefäße 854 (Taf. 104) und 918 (Taf. 109).

Die Gefäße dieses Typs zeichnet der einschwingende Hals, die gewölbte Schulter und der weit vorspringende Umbruch aus. Eine besondere Fußbildung liegt zumindest bei Urne 854 nicht vor.

Das Gefäß 854 ist circa 12 cm hoch und 12,3 cm breit — das Verhältnis von Breite zu Höhe liegt damit bei etwa 1:1. 918 dürfte ungefähr 15 cm breit gewesen sein. Das Verhältnis von geringster Weite zu Breite schwankt zwischen 0,57:1 und 0,59:1. 854 hat durch den kleinen Bodendurchmesser

586 Schlüter, Haßleben-Leuna 121.

587 Schack, Kremmin, 26 Abb. 6,g.

588 Schulz, Haßleben 39. Schulz zieht als Vergleich das bei Píč, Urnengräber Taf. II,3 unter dem Fundort Vinařice abgebildete Gefäß heran. Bei Svoboda, Völkerwanderungszeit Taf. XXXI,16 wird dieses Gefäß unter dem Fundort Úherce abgebildet. Das Gefäß, das Píč (Taf. III,18) Úherce zuordnet, findet sich bei Svoboda unter Vinařicer Funden auf Taf. XXIV,17.

589 Svoboda, Völkerwanderungszeit 320 f.

590 von Uslar, Bodenfunde 81 ff.

591 von Uslar Taf. 35,1.

592 von Uslar Taf. 26,51.

von etwa 4,8 cm ein sehr schlankes Aussehen. Der Umbruch liegt unterhalb der Mitte.

Beide Gefäße sind verziert. Bei 854 wechseln jeweils vier vertikale Rillenabschnitte mit flachen Buckeln ab (Buckelkeramik). 918 ist mit vertikalen Kannelurelementen dekoriert, die von jeweils zwei Rillenabschnitten gerahmt werden. Den oberen Abschluß bilden auf beiden Gefäßen horizontale Rillen am Schulteransatz.

Das Gefäß 854 (U 50) wird von Schmidt[593] zitiert. Er rechnet es zu den engmündigen und flaschenförmigen Töpfen mit Buckeln. Auch Verzierungen mit Dellen[594] gehören bei Schmidt zu diesem Komplex. Diese Verzierungen treten in Mitteldeutschland etwa zu Beginn der Gruppe IIa (450 — 480 n. Chr.) auf und halten sich bis zum Ausgang von Gruppe IIb (480 — 525 n. Chr.).

Direkte Parallelen zu den Pfingstberger Stücken liegen im mitteldeutschen Raum nicht vor, die Gefäße sind wesentlich gedrungener — möglicherweise hatte aber auch 918 ein sehr bauchiges Unterteil. Die nächsten Vergleichsstücke stammen aus Ingersleben, Grab 1, und Wulfen Wörthgraben, Grab 4[595]. Das Gefäß aus Ingersleben ist wie Urne 854 verziert, und das Gefäß aus Wulfen — durch Armbrustfibeln mit Vogelschwanzfuß in die beginnende zweite Hälfte des 5. Jahrhunderts datiert — ist mit Dellen und Rillenabschnitten verziert. Ein kleines Buckelgefäß liegt auch aus Oldenstadt[596] vor. Nach Nowothnig gehören die ,,Rippengefäße'' ins 5. Jahrhundert, ,,gehen in das 6. Jahrhundert hinein und halten sich auch noch in verwaschener Form bis in das 7. Jahrhundert hinein''[597]. Nowothnig weist gleichzeitig darauf hin, daß diese Keramik nach Mitteldeutschland orientiert ist. Damit ergibt sich für die Pfingstberger Gefäße ein zeitlicher Ansatz ab der Mitte des 5. Jahrhunderts.

Typ 3: Beutelförmige Gefäße

Zu Typ 3 gehören die engmündigen Gefäße 847 (Taf. 103) und 865[598] (Taf. 106).

Merkmale dieses Typs sind der schräg nach außen gestellte Rand, der bei Urne 865 durch zwei horizontale Rillen zusätzlich abgesetzt ist, das ungegliederte Oberteil sowie der gerundete Umbruch. Eine Besonderheit stellt die Form des Bodens bei 865 dar. Sie ist als Linsenboden zu bezeichnen, der Boden ist also gerundet und nicht von der Wandung abgesetzt.

Urne 847 ist 6,7 cm hoch und 10,5 cm breit, bei 865 liegt die Höhe bei 8,2 cm und die Breite bei 12,1 cm. Das Verhältnis zwischen Breite und Höhe schwankt zwischen 1,6:1 und 1,5:1, das von geringster Weite zu Breite zwischen 0,6:1 und 0,7:1. Besonders hervorzuheben ist der sehr breite Boden von Urne 847. Er entspricht dem Randdurchmesser dieses Gefäßes.

Beide Gefäße sind verziert, Urne 865 mit senkrechten, nur wenig von innen herausgedrückten Längsbuckeln und Urne 847 mit tief eingedrückten weichkantigen Umbruchkanneluren.

Für die zeitliche Einordnung der beiden Gefäße stehen nur wenige annähernd vergleichbare Stücke anderer Fundorte zur Verfügung. Urne 847 läßt sich einem allerdings höheren Gefäß aus Göttin[599] zur Seite stellen, das mit mitteldeutschen Funden der Gruppe II zu verbinden ist. Mit Urne 865[600] ist ein Gefäß mit linsenförmigem Boden aus Tous̆en̆[601] verwandt. Beziehungen bestehen auch zu dem Gefäß aus Gollwitz[602], das allerdings schon in das zweite Viertel des 6. Jahrhunderts gesetzt wird — die Datierung erfolgt jedoch über den typologischen Vergleich der Keramik. Dieses und ein weiteres Gefäß aus Friedland[603] stehen aber durch das Vorhandensein eines Halses den Schalen[604] näher. Insgesamt zeigt sich jedoch, daß die engmündigen Gefäße mit Exemplaren aus dem späten 5. und dem 6. Jahrhundert zu verbinden sind. Sie gehören damit zu den jüngsten Funden des Gräberfeldes.

Zusammenfassung

Vom Pfingstberger Gräberfeld liegen sechs engmündige Gefäße vor. Es lassen sich drei Typen unterscheiden. Typ 1 bilden die vasenförmigen Gefäße mit kantigem Profil, Typ 2 die vasenförmigen Gefäße mit s-förmigem Profil und Typ 3 die beutelförmigen Gefäße.

Trotz weniger Vergleichsstücke läßt sich etwas über die Zeitstellung der Gefäße aussagen. Verzierung einerseits und das Vorkommen in Haßleben andererseits sowie im 5. Jahrhundert in Böhmen sprechen für eine Einordnung der Gefäße des Typs 1 ins 4. Jahrhundert. Die Urnen des Typs 2 dürften ins 5. und möglicherweise 6. Jahrhundert, die des Typs 3 ins späte 5. oder ins 6. Jahrhundert gehören.

593 Schmidt, Völkerwanderungszeit 99.

594 Bei Schmidt als Hohlkehlen bezeichnet (Schmidt, Völkerwanderungszeit 99 ff.).

595 Schmidt, Völkerwanderungszeit Taf. 15,f (Ingersleben); Taf. 18,d (Wulfen).

596 Nowothnig, Brandgräber Taf. 21,5.

597 Nowothnig, Brandgräber 64 f.

598 Dieses Gefäß wird auf Grund der Verwandtschaft zu Urne 847 und zu Vergleichsstücken den engmündigen Gefäßen zugerechnet.

599 Mangelsdorf, Havelland 148 Abb. 1,c.

600 Nur angemerkt sei der Vergleich mit dem allerdings späteren Holzgefäß aus Zeuzleben (Wamser, Zeuzleben Abb. 6,2). Es handelt sich jedoch um eine zeichnerische Rekonstruktion.

601 Svoboda, Völkerwanderungszeit Taf. XX,7.

602 Mangelsdorf, Havelland Abb. 1,b.

603 V. Schmidt, Weitere Bestattungen 211 Abb. 2,g.

604 Schmidt, Völkerwanderungszeit Taf. 7,d.f; 15,b.

Kümpfe

Als Kümpfe werden ungegliederte — z. T. allerdings mit Fuß versehene — Gefäße angesprochen, deren charakteristisches Merkmal der eingezogene Rand ist[605]. Die Bezeichnung dieser Gefäßform in der Literatur ist nicht einheitlich. ‚Spätrömischer Topf' wird für spätkaiserzeitliche Gefäße benutzt und ‚Kumpf' meist für völkerwanderungzeitliche. Darüber hinaus kennzeichnet ‚spätrömischer Topf' die Gefäße, die eine kleine Standfläche haben und ‚Kumpf' diejenigen Gefäße, die eine gedrungene Standfläche und einen nach unten verlagerten Schwerpunkt aufweisen[606]. Spätrömische Töpfe sind im übrigen nicht auf die spätrömische Kaiserzeit beschränkt, sie lassen sich bereits in der älteren Kaiserzeit nachweisen und sind auch aus völkerwanderungszeitlichen Fundkomplexen bekannt (s. u.), und plumpe Gefäße treten nicht erst in der Völkerwanderungszeit[607] auf. Auf die Bezeichnung spätrömischer Topf, die eine zeitliche Beschränkung beinhaltet, wurde deshalb verzichtet[608].

Matthes[609] benutzt in seiner Arbeit über die Prignitz den Ausdruck „Topf mit eingebogenem Rand". A. von Müller[610] bezeichnet die Gefäßform als „Näpfe mit eingezogener Mündung". Da die Gefäße jedoch unterschiedlich groß sind — beim Pfingstberger Material schwankt die Höhe zwischen 5,8 und 15,5 cm, und teilweise sind die Gefäße fast doppelt so breit wie hoch —, scheinen die Benennungen Topf und Napf nicht geeignet, denn mit Napf werden kleine Gefäße bezeichnet, die den „Breitformen" zuzurechnen sind, während Töpfe zu den „Hochformen" gehören[611]. Der Bezeichnung Kumpf ist deshalb der Vorzug zu geben, insbesondere auch weil sie lediglich für eine Formengruppe verwendet wird und nicht durch beschreibende Zusätze eingeengt werden muß.

Mit über 40 Exemplaren stellen die Kümpfe die nach den Schalenurnen am häufigsten als Leichenbrandbehälter verwendete Formengruppe dar. Gemessen am gesamten keramischen Bestand des Pfingstberger Gräberfeldes liegt ihr Anteil jedoch nur bei 5,4 %.

37 Gefäße sind vollständig erhalten bzw. rekonstruiert. Urne 878 aus der Grabung 1937 ist nicht mehr vorhanden, aber durch ein Photo dokumentiert. Die fragmentierten Gefäße 13, 670, 705 und 906 können gesichert als Kümpfe bestimmt werden, 13 und 906 sind jedoch nicht einem Typ zuweisbar. Bei 364:2, 680 und 733 handelt es sich mit großer Wahrscheinlichkeit um Kümpfe. Unter Kat.-Nr. 921 (Abb. 35) ist ein beschädigtes Gefäß aufgenommen, das nur in einer Skizze vorliegt. Oberflächenbehandlung, Größe und Randscherbe (sofern sie tatsächlich zugehörig ist) legen die Zuordnung in die Formengruppe nahe.

Die Kümpfe haben einen unterschiedlich stark, aber immer deutlich eingezogenen Rand. Das Verhältnis von Randdurchmesser zu Breite beträgt höchstens 0,93:1, während von ungegliederten Näpfen (N1) bzw. Schüsseln (SÜ1) sowie Schalen erst bei einem Verhältnis von mindestens 0,95:1 gesprochen werden kann. Die untere Grenze liegt bei 0,73:1[612]. Der Gefäßkörper ist mehr oder weniger bauchig. Zu unterscheiden sind gleichmäßig — stark oder schwach — gerundete Körper, konische, die nur im Umbruchbereich gerundet sind und solche, die zumindest stellenweise im Unterteil einschwingen. Verbunden mit diesem Einschwingen ist eine Fußbildung, die allerdings nur an Gefäßen mit rauher Oberfläche zu beobachten ist. Daneben kommen auch deutlich ausgeprägte Standfüße oder -ringe vor. Die meisten Böden sind jedoch flach bzw. eingezogen.

Verzierungen sind verhältnismäßig selten. Neben plastischen Ornamenten wie Knubben (z. B. 340) oder Fingerkniffverzierungen (z. B. 335) treten eingetiefte Muster auf. Es wurden Eintiefungen verschiedener Ausprägung (554, 617, 656), Rillen und Liniendekore wie Gittermuster (554) oder Bögen (675) angebracht.

Auffällig ist die unterschiedliche Behandlung der Oberfläche. Eine Reihe von Kümpfen ist wie die Schalenurnen auf der Außenseite geglättet oder poliert, andere sind dagegen rauh — d. h. nicht überarbeitet — bzw. zusätzlich aufgerauht. Diese Rauhung erfolgte durch einen unregelmäßig aufgebrachten Schlicküberzug, der zum Teil mit einem Gerät bzw, mit einem oder mehreren Fingern horizontal, vertikal oder diagonal durchzogen wurde (z. B. 500). In der Regel sind bei diesen Gefäßen die Zonen unterhalb des Randes und gelegentlich über dem Boden, sowie die Außenseite des Bodens geglättet. Die Innenseiten sind zumeist überarbeitet. Nur drei von insgesamt 25 Kümpfen haben eine rauhe Innenfläche, bei den geglätteten sind es zwei von 17[613]. In einigen Fällen ist die Innenseite sorgfältiger gearbeitet. Auf die Gefäßformen bezogen sind gewisse Abhängigkeiten der Oberflächengestaltung zu bemerken. Kümpfe mit breiter Standfläche haben häufiger rauhe oder aufgerauhte Oberflächen, große Kümpfe sind dagegen häufiger geglättet oder poliert. Es kommen aber auch ähnliche Gefäße mit unterschiedlicher Oberflächenstruktur bzw. -bearbeitung vor (z. B. 709 und 833). Gleiches hat Nowothnig in Ricklingen beobachten können[614]. Zu erwähnen ist, daß Strichmuster nur auf geglätteten oder polierten Gefäßen vorkommen[615].

Gerauhte Außenwände finden sich häufiger an den Gefäßen, die mit grobkörnigem Sand gemagert sind und geglät-

605 Die Abgrenzung gegenüber den ungegliederten Schüsseln und Schalen mit schwach einziehendem Rand erfolgt über die Proportionszahlen von Randdurchmesser zu Breite. Kümpfe dürfen maximal einen Wert bis 0,93:1 aufweisen, von Schüsseln und Schalen kann dagegen erst bei etwa 0,95:1 oder darüber gesprochen werden.

606 Schmidt, Völkerwanderungszeit 104.

607 z. B. Häven, Grab 2/1976: Schuldt, Häven Abb. 4.

608 Vgl. Schach-Dörges, Wilhelmsaue 90; Nowothnig, Brandgräber 54.

609 Matthes, Prignitz 51.

610 von Müller, Formenkreise 10 f.

611 Vorschläge zur systematischen Beschreibung von Keramik 6 f.

612 Vgl. „Näpfe" und „Schüsseln und Schalen". Urne 862 gehört mit einem Verhältnis von 0,62:1 zu den engmündigen Näpfen (N3).

613 Die Gefäße 701, 733, 878 und 921 wurden hier nicht berücksichtigt.

614 Nowothnig, Brandgräber 28.

615 Vgl. Nowothnig, Brandgräber 53.

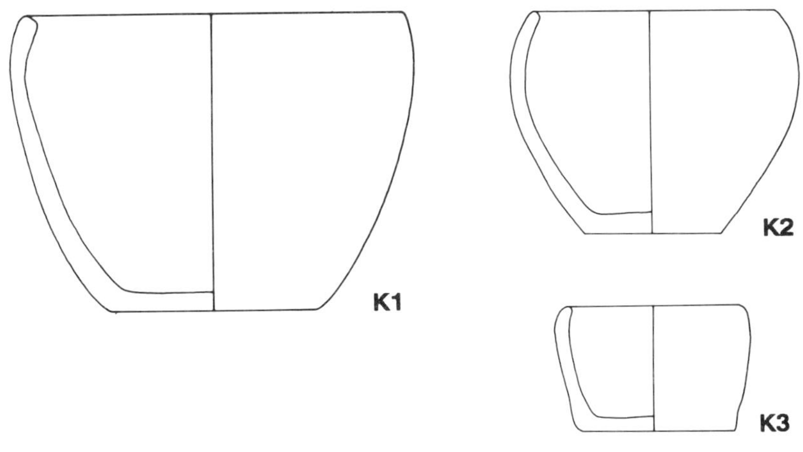

Abb. 20: Typenübersicht der Kümpfe

tete oder polierte an solchen, die sehr fein bis fein gemagert sind. Von 23 rauhen oder aufgerauhten Kümpfen sind neun mit grobem Material gemagert, drei mit feinem oder sehr feinem, die übrigen mit Sand mittlerer Korngröße. Bei den 17 polierten oder geglätteten Gefäßen sind neun sehr fein bis fein, sieben mittel und ein Gefäß grob gemagert[616]. Hier zeigt sich zwar eine deutliche Tendenz, aber eine Abhängigkeit zwischen Oberflächenbehandlung und Korngröße der Magerung liegt nicht vor.

Genausowenig bedingt die Korngröße die Wandstärke[617], die im Oberteil zwischen 0,4 und 1,0 cm beträgt. Der Anteil der fein oder sehr fein gemagerten liegt bei den dünnwandigen Gefäßen mit Wandstärken zwischen 0,4 und 0,6 cm etwa genauso hoch wie bei den dickwandigen (ab 0,7 cm). Gleichermaßen können auch grob gemagerte Gefäße dünne Wandungen haben (655 hat eine Wandstärke von 0,4 bis 0,5 cm, 906 eine von 0,5 cm). Oft hängt die Wandstärke eher von der gesamten Größe des Gefäßes ab. Sicherlich müssen auch technische Fähigkeiten berücksichtigt werden.

Die deutlichsten Unterschiede innerhalb der Formengruppe der Kümpfe zeigen sich in der Größe und Proportionierung. Die Höhe liegt zwischen 5,8 cm (806) und 15,5 cm (416, 617), die Breite zwischen 8,3 (806) und 23,3 cm (220). Neben Gefäßen, die nur wenig breiter als hoch sind (653 weist ein Verhältnis von Breite zu Höhe von 1,18:1 auf) finden sich Kümpfe, die fast doppelt so breit wie hoch sind (719 hat eine Proportion von Breite zu Höhe von 1,97:1). Unterschiede, die sich besonders auf die Form auswirken, verdeutlichen die Verhältniszahlen von Bodendurchmesser zu Höhe. Sie liegen zwischen 0,59:1 (617) und 1,3:1 (380). Der Bodendurchmesser umfaßt demnach ein Spektrum, das von gut der halben Höhe bis weit über die jeweilige Höhe reicht.

616 Die übrigen Gefäße sind nicht zu beurteilen.

617 Gemessen wurde im Oberteil.

Weniger krass, aber doch deutlich, differieren die Werte des Bodendurchmessers zur Breite. Urne 617 hat einen Bodendurchmesser, der unterhalb der halben Breite liegt (0,4:1), beim Gefäß 909 erreicht er fast 9/10 der Breite (0,88:1). Auch die Höhe des Umbruchs bestimmt die Form. Sie liegt in dem einen Extrem wenig oberhalb der Mitte — (701 hat eine Oberteilhöhe zu Gesamthöhe von 0,41:1) — und im anderen nur kurz unterhalb des Randes — (bei 308 ist das Verhältnis 0,13:1).

Es werden drei Typen[618] unterschieden (Abb. 20), Typ 1 bilden die großen Kümpfe, Typ 2 die mittelgroßen Kümpfe[619] und Typ 3 die Kümpfe mit breiter Standfläche (einschließlich kleiner Kümpfe). Die Gefäße der Typen 1 und 2 haben Bodendurchmesser, die deutlich unter der jeweiligen Höhe liegen und die Gefäße des Typs 3 solche, die fast die jeweilige Höhe erreichen, bzw. sie überschreiten.

618 Maße und Proportionen stellen deshalb den Ausgangspunkt für die Gliederung der Kümpfe dar. Die Gruppenbildung erfolgte nach Durchführung verschiedener Computer-Programme. Verfahrensweise und Auswertung der Ergebnisse sind im methodischen Teil erläutert. Die Einzelmaße, vor allem die Höhe, bestimmen die Gliederung. Die großen Gefäße werden in den mit Hilfe des Computers durchgeführten Analysen von den kleinen getrennt, doch die kleinen Gefäße stellen keine einheitliche Gruppe dar. Sie sind viel variantenreicher gebildet als die großen Kümpfe (vgl. Nowothnig, Brandgräber 27).

619 Vgl. Schneider, Deersheim 146 ff. Schneider trennt große, mittelgroße und kleine Kümpfe mit den Richtwerten 15 cm für große und 6,5 — 10 cm für kleine und mittelgroße. Die Trennung nach der Größe ist auch dadurch gerechtfertigt, daß die Gefäßgröße nicht grundsätzlich mit dem Alter des Bestatteten zusammenhängt (Schneider, Deersheim 147). Während Urne 708 220 g groben Leichenbrand enthielt, ließen sich in dem eng verwandten Gefäß 653 nur 15 g feiner Leichenbrand feststellen. Naturgemäß ist das Fassungsvermögen kleiner Kümpfe beschränkt, so daß die Leichenbrandgewichte dieser im allgemeinen gering sind, es handelt sich jedoch nur z. T. um feinen Leichenbrand.

Die Kartierung der Kümpfe (Karte 7) auf dem Gräberfeldplan ist nur insofern aufschlußreich, als eine gewisse Konzentration in dem nördlichen Abschnitt (Abb. 2) zu verzeichnen ist. Bei insgesamt 30 Gräbern in diesem Teil sind Kümpfe mit 23,3 % vertreten. Schalenurnen — darunter das Drehscheibengefäß 728 — machen 36,6 % aus, Töpfe und Näpfe jeweils 10 % und Schalen 6,7 %.

Wie bei den Töpfen fällt die verhältnismäßig häufige ,,Beigabe'' von Drehscheibengefäßscherben auf. Auch der Anteil der Urnenharzbeigabe ist hoch, Kammreste waren demgegenüber weitaus seltener. Ohne Leichenbrandanalysen sind weitergehende Aussagen nicht möglich.

Typ 1: Große Kümpfe

Zu Typ 1 gehören die Kümpfe 220 (Taf. 32), 340 (Taf. 48), 416 (Taf. 57), 500 (Taf. 67), 554 (Taf. 73), 617 (Taf. 83) sowie das fragmentiert erhaltene Gefäß 670 (Taf. 89).

Die Gefäße haben eine gerundete oder eine gerade abgestrichene Randlippe, der Gefäßkörper ist mehr oder weniger stark gewölbt und der Boden flach oder eingezogen. Charakteristisches Merkmal ist die Größe der Gefäße, die Volumina betragen 2500 cm^3 (340) bis 3550 cm^3 (617). Die Höhe liegt zwischen 13,3 cm (340) und 15,5 cm (416, 617), die Breite zwischen 19,8 cm (340) und 23,3 cm (220)[620]. Der Bodendurchmesser reicht von 9 cm (340, 500) bis 10,4 cm (554). Die Kümpfe sind zwar weder extrem breit noch extrem hoch, das Verhältnis von Breite zu Höhe schwankt aber immerhin zwischen 1,3:1 (416) und 1,7:1 (220). Relativ geringe Schwankungen zeigen sich beim Verhältnis von Randdurchmesser zu Breite, das zwischen 0,89:1 (220, 340) und 0,93:1 (416) beträgt. Kennzeichnend für die Kümpfe des Typs 1 ist der relativ kleine Bodendurchmesser. Der Bodendurchmesser ist maximal halb so groß wie die jeweilige Breite. Das Verhältnis von Bodendurchmesser zu Höhe liegt zwischen 0,59:1 (617) und 0,75:1 (554).

Über die Hälfte der Kümpfe dieses Typs ist verziert. Auf Urne 617 ist in Höhe der größten Breite eine Reihe rundlicher Eintiefungen angebracht, ebenso ca. 3 cm oberhalb des Bodens, dazwischen sind bei jeder zweiten Eintiefung drei Eintiefungen vertikal angebracht. Der Kumpf aus Grab 554 ist ebenfalls mit horizontalen und vertikalen Ornamenten versehen. Wenig unterhalb des Umbruchs bildet ein breites Gittermuster zwischen umlaufenden Rillen den oberen Abschluß. Darunter sind bis 2 cm über dem Boden vier Gruppen mit jeweils vier oder fünf vertikalen Rillen angebracht, die von ovalen Eintiefungen gerahmt werden. Plastische Verzierungen auf oder kurz oberhalb des Umbruchs bilden den Dekor der anderen verzierten Gefäße. Einzelne rundliche Buckel finden sich zusammen mit gerauhter Oberflächenstruktur auf Urne 670. Vier Längsbuckel sind auf dem polierten Gefäß 340 angebracht.

Drei Gefäße sind poliert, zwei haben eine körnige und zwei eine aufgerauhte Oberfläche. Der zur Magerung verwendete Sand hat die Korngröße mittel sowie jeweils einmal fein und sehr fein.

Hinweise zur Datierung der Kümpfe des Typs 1 geben ein Kamm und vergleichbare Gefäße anderer Fundorte. Urne 416 enthielt einen Kamm mit dreieckigen, im Scheitel gerundeten Griffplatten, der in Stufe C2 einzuordnen ist. Dem entspricht der Zeitansatz der Urne über den Vergleich mit dem Kumpf aus Leuna, Grab 3[621]. Durch die Ähnlichkeit in der Proportionierung ist ebenfalls Urne 500 mit dem Kumpf aus Leuna zu vergleichen. Verwandt mit diesen Gefäßen sind aber auch Kümpfe des 4./5. Jahrhunderts aus Butzow, Hannover-Ricklingen und aus der Zeit um 500 n. Chr. aus Deersheim[622]. Während das Deersheimer Stück geglättet ist, haben die beiden anderen aufgerauhte Oberflächen. Aus Butzow, Grab 243[623], stammt auch ein — allerdings unverzierter — Vergleichsfund zu Urne 617, der durch einen Dreipaßanhänger in die erste Hälfte des 5. Jahrhunderts zu stellen ist. Gewisse Anklänge zur Verzierung von Urne 617 zeigt der Kumpf aus Schönebeck, Grab 21[624]. In Grab 45 dieses Gräberfeldes wurde ein Kumpf geborgen, der wie Urne 340 mit einzelnen länglichen Knubben verziert ist[625]. Mit 340 sind entfernt verwandt ein Kumpf aus Butzow — ebenfalls verziert — und ein weiterer aus Jiřice, Grab 6[626]. Zu Urne 220 liegt ein Vergleichsstück aus Hannover-Ahlem[627] vor.

Die Mehrzahl dieser großen Kümpfe läßt sich nicht genauer datieren. Sie sind sowohl für die Völkerwanderungszeit als auch für die Kaiserzeit ab Stufe C1 zu belegen. In diesen Zeitraum gehört nach Fibeln mit hohem Nadelhalter (A VII, 1) der Kumpf aus Grab 60 von Zauschwitz[628].

Typ 2: Mittelgroße Kümpfe

Zu Typ 2 gehören die Kümpfe 54 (Taf. 8), 118 (Taf. 18), 296 (Taf. 43), 308 (Taf. 45), 335 (Taf. 48), 370 (Taf. 52), 424 (Taf. 58), 639 (Taf. 85), 653 (Taf. 87), 708 (Taf. 92) sowie das fragmentiert erhaltene Gefäß 705 (Taf. 91) und vielleicht auch 733 (Abb. 27).

Die Kümpfe dieses Typs haben eine meist gerundete, nur selten gerade abgestrichene Randlippe. Der Rand biegt unterschiedlich stark ein. Neben fast konischen, nur im hochliegenden Umbruchbereich gerundeten Kümpfen kommen sehr bauchige Formen vor. Nach der Gestaltung des Bodens lassen sich Kümpfe mit flachem oder eingezogenem Boden — Variante a — und solche mit Standring (370, 639, 708) — Variante b — unterscheiden.

Kennzeichnende Merkmale sind die Größe, die verhältnismäßig große Höhe und relativ kleine Bodendurchmesser. Das Volumen der Gefäße reicht von 950 cm^3 (370) bis 2000 cm^3 (296). Die Höhe liegt zwischen 11 cm (118) und 13,7 cm (653), die Breite zwischen 14 cm (370) und 18 cm (54, 296). Der Bodendurchmesser schwankt zwischen 7,2 cm (424) und 10,5 cm (296). Das Verhältnis von Breite zu Höhe reicht von 1,2:1 bis 1,4:1. Der Bodendurchmesser liegt zwar immer deutlich unter der jeweiligen Breite bzw. Höhe, die

620 Möglicherweise war Urne 670 ursprünglich noch etwas größer.

621 Schulz, Leuna Taf. XXI,4.

622 Butzow: Schmidt, Butzow Taf. 12,169. — Hannover-Ricklingen: Nowothnig, Brandgräber Taf. 9,7.- Deersheim: Schneider, Deersheim 150 und Abb. 81,3. Das Deersheimer Stück wird durch ein Perlrandbecken und die Lage im Gräberfeld in Gruppe IIb datiert.

623 Schmidt, Butzow Abb. 8.

624 Laser, Schönebeck Abb. 4,g.

625 Laser, Schönebeck Abb. 7,e.

626 Svoboda, Völkerwanderungszeit Taf. LXII,5.

627 Nowothnig, Brandgräber Taf. 2,10.

628 Meyer, Zauschwitz Abb. 77,8. Zur Datierung der Fibeln vgl. Keller, Chronologie 251 ff.

Verhältniszahlen von 0,62:1 (424) bis 0,84:1 (296) für Bodendurchmesser zu Höhe und 0,46:1 (118) bis 0,59:1 (370, 653) für Bodendurchmesser zu Breite zeigen aber die Schwankungsbreite von schlanken bis gedrungenen Gefäßen.

Vier Kümpfe dieses Typs sind verziert. Urne 296 ist im Bereich der größten Weite mit drei Gruppen aus jeweils drei Knubben dekoriert. Die übrigen verzierten Gefäße 335, 653 und 708 weisen eine in Gruppen angebrachte Fingerkniffverzierung auf. Die Oberfläche von 335 ist rauh, die von 653 und 708 aufgerauht.

Insgesamt überwiegt knapp die rauhe oder aufgerauhte Oberflächenstruktur, geglättete Außenseiten sind auch häufig, eine polierte Oberfläche hat nur Urne 424. Zur Magerung der Gefäße wurde überwiegend Sand mit der Korngröße mittel verwendet, grobe Beimengungen finden sich nur bei Urne 118. Drei Gefäße sind fein oder sehr fein gemagert.

Datierbare Beigaben enthielt nur Urne 708. Es handelt sich um einen Dreilagenkamm mit dreieckigen Griffplatten, der ab Stufe C2 auftritt. Durch einen Vergleichsfund läßt sich dieses Gefäß jedoch genauer einordnen. Aus Deersheim, Grab 14[629], stammt ein Kumpf, der trotz einiger Unterschiede eine Reihe von Gemeinsamkeiten in der Oberflächenbehandlung, der Fußbildung und der Verzierung aufweist. Er wird über ein im Grab gefundenes Perlrandbecken und die Lage des Grabes im Gräberfeld in die Stufe IIb gestellt. Auch für den Kumpf 335 mit Fingerkniffverzierung liegt eine Parallele aus Deersheim[630] aus dem Ende des 5. Jahrhunderts vor. Mit dem dritten Fingerkniff verzierten Stück 653 zeigt der Kumpf aus Obermöllern[631], der nach einem mitgegebenen Thüringer Drehscheibengefäß in Gruppe IIb gehört, gewisse Übereinstimmungen.

Die Fingerkniffverzierung ist — wie Nowothnig[632] dargelegt hat — jedoch nicht auf die Völkerwanderungszeit beschränkt. Sie läßt sich bereits für das 1. Jahrhundert nachweisen[633]. Ein weiterer Fund aus Menning[634] stammt nach Nowothnig aus dem späten 3. Jahrhundert. Nach Schmidt[635] ist aber in Mitteldeutschland in der spätrömischen Zeit die Fingerkniffverzierung als umlaufendes Band oder flächendeckend angebracht, während in der Völkerwanderungszeit von Ausnahmen abgesehen das Ornament in Gruppen angeordnet ist. Nach Nowothnig[636] liegen jedoch zu viele Ausnahmen vor, als daß eine Datierung anhand der Anordnung der Verzierung vorgenommen werden könnte. Das Siedlungsmaterial aus Ahrbergen, in dem Scherben mit unterschiedlichen Verzierungen vorhanden sind, scheint Nowothnig[637] für eine Gleichzeitigkeit zu sprechen. Die Fingerkniffverzierung ist also kaum für eine genauere Datierung heranzuziehen. Die völkerwanderungszeitlichen Parallelen zu den Pfingstberger Kümpfen und die verhältnismäßig große Höhe, die nach Schmidt[638] für das 5. Jahrhundert spricht, machen jedoch wahrscheinlich, daß die Pfingstberger Stücke in die Völkerwanderungszeit gehören.

In die Völkerwanderungszeit dürfte auch Urne 639 zu setzen sein, da sie sich gut mit dem Kumpf des frühen 6. Jahrhunderts aus Deersheim, Grab 36[639], vergleichen läßt. Die übrigen Parallelen zu den Kümpfen des Typs 2 lassen sich nicht genauer datieren. Verzierungen mit drei Gruppen aus jeweils drei Knubben wie auf Urne 296 finden sich zum Beispiel in Butzow[640]. Knubbenverzierungen kommen nach Schmidt[641] noch bis 500 n. Chr. und in Böhmen und Niederösterreich noch im 6. Jahrhundert vor. Den beiden Kümpfen 118 und 424, die sich im wesentlichen durch die Oberflächenstruktur unterscheiden — 118 hat eine aufgerauhte und 424 eine polierte Außenseite — sind die Kümpfe aus Hannover-Ahlem und Wilhelmsaue[642] zur Seite zu stellen.

Typ 3: Kümpfe mit breiter Standfläche (einschließlich kleiner Kümpfe)

Zu Typ 3 gehören die Kümpfe 200 (Taf. 29), 258 (Taf. 38), 272 (Taf. 40), 294 (Taf. 43), 371 (Taf. 52), 380 (Taf. 53), 445 (Taf. 61), 655 (Taf. 87), 656 (Taf. 87), 675 (Taf. 89), 701 (Taf. 91), 709 (Taf. 92), 719 (Taf. 93), 726A (Taf. 94), 806 (Taf. 99), 831 (Taf. 102), 833 (Taf. 102), 842 (Taf. 103), 878 (Taf. 107), 909 (Taf. 108), 914 (Taf. 108), 953 (Taf. 111) und vermutlich das fragmentiert erhaltene Gefäß 364:2 (Taf. 51).

Die Kümpfe dieses Typs weisen in der Regel eine gerundete Randlippe und oft einen kräftig gewölbten Gefäßkörper auf. Extreme Rundung zeigt sich bei den Urnen 675 und 701. Die Gefäße haben einen flachen oder eingezogenen Boden — Variante a — oder bei Variante b einen Fuß (200, 294, 364:2, 701, 831, 842, 909, 914). Dieser Fuß ist zum Teil nur schwach ausgebildet (zum Beispiel bei 914), zum Teil aber auch deutlich abgesetzt (zum Beipiel 701). Bei den sehr ähnlichen Urnen 371 und 445 sowie 655 und 878 schwingt das Unterteil stellenweise ein, so daß zumindest dort eine schwache Fußbildung vorliegt.

Die Mehrzahl der Gefäße ist verhältnismäßig klein. Läßt man die deutlich größere Urne 294 außer acht, so liegt das Volumen zwischen 150 und 1500 cm^3, die Höhe zwischen 5,8 und 10 cm, die Breite zwischen 8,3 und 16,8 cm, wobei jeweils die niedrigsten Werte für Urne 806 und die höchsten für Urne 258 gelten. Urne 294, die starke Übereinstimmungen zu 831 aufweist, ist 12,1 cm hoch, 19,2 cm breit und hat ein Volumen von 2250 cm^3. Der Bodendurchmesser liegt hier bei 14 cm, die übrigen Gefäße haben Bodendurchmes-

629 Schneider, Deersheim Abb. 80,3.

630 Schneider, Deersheim Abb. 90,11. Die Datierung erfolgt über Beigaben (z. B. Glockenbecher) und die Lage im Gräberfeld.

631 Schmidt, Völkerwanderungszeit 105 und Taf. 65.

632 Nowothnig, Brandgräber 57 ff.

633 Wiesbaden-Erbenheim: Schoppa, Wiesbaden-Erbenheim 25 und Abb. 4,1.

634 Reichart, Fundbericht 177 Abb. 27.

635 Schmidt, Völkerwanderungszeit 105.

636 Nowothnig, Brandgräber 57 f.

637 Nowothnig, Brandgräber 58.

638 Schmidt, Schönebeck 304.

639 Schneider, Brandgräber Abb. 100,1. Die Datierung erfolgt über die Lage des Grabes im Gräberfeld.

640 Schmidt, Butzow Abb. 5,128; Taf. 2,69.

641 Schmidt, Butzow 87.

642 Ahlem: Nowothnig, Brandgräber Taf. 2,7. — Wilhelmsaue: Schach-Dörges, Wilhelmsaue Taf. 8,3.

643 Das gilt auch für Urne 701.

644 Schuldt, Perdöhl Taf. 20,245.

ser von 5,7 cm (806) bis 12,6 cm (726A). Das Verhältnis von Breite zu Höhe schwankt zwischen 1,4:1 (z. B. 726A) und 2:1 (719), das von Randdurchmesser zu Breite zwischen 0,76:1 (655) und 0,93:1 (842, 878). Charakteristisch ist die relativ breite Standfläche. Das Verhältnis von Bodendurchmesser zu Höhe reicht von 0,89:1 (709) bis 1,33:1 (380), das von Bodendurchmesser zu Breite von 0,54:1 (272) bis 0,88:1 (909). Bei diesen Gefäßen mit sehr breiten Böden ist auch der Schwerpunkt nach unten verlagert[643], liegt also nicht mehr im oberen Drittel wie bei großen und mittelgroßen Kümpfen.

Gefäße dieses Typs sind deutlich seltener verziert als die der beiden anderen Typen. Von insgesamt 23 Gefäßen sind nur fünf dekoriert, bei Typ 2 sind es vier von insgesamt zwölf und bei Typ 1 vier von sieben. Urne 655 ist mit einer in Gruppen angeordneten Fingerkniffverzierung versehen. Bei 953 sind Fingerkniffe unregelmäßig angebracht. Urne 656 hat unterhalb des Umbruchs ein Band mit Fingernageleintiefungen. Der dünnwandige, sehr fein gemagerte Kumpf 675 ist wie andere mit Linienmustern ornamentierte Gefäße poliert und mit einem Muster verziert, das sich aus zwei Rillen unterhalb des Randes und Bögen aus jeweils zwei, fast bis zum Boden reichenden Rillenabschnitten zusammensetzt. Der Kumpf 914 hat in Höhe der größten Weite angebrachte längliche Knubben.

Die überwiegende Zahl der Kümpfe des Typs 3 hat eine rauhe oder aufgerauhte Oberfläche, polierte oder geglättete Außenseiten finden sich nur an sechs Gefäßen. Hinsichtlich der zur Magerung verwendeten Korngröße läßt sich feststellen, daß häufiger grobe Partikel verwendet wurden (acht Gefäße).

Über Beigaben lassen sich die Kümpfe 294 und 726A genauer datieren. Urne 294 enthielt einen völkerwanderungszeitlichen Kamm. Auf Grund weitgehender Übereinstimmungen — abgesehen von der geringeren Größe — ist auch Urne 831 in diese Zeit zu stellen. Ein vergleichbares Gefäß aus Perdöhl[644] läßt sich nicht genauer einordnen. Der ebenfalls verwandte, allerdings verzierte Kumpf aus Hannover-Ahlem[645] gehört nach Nowothnig vermutlich ins 5. Jahrhundert. In Grab 726A fand sich ein zweireihiger Kamm, der ab der zweiten Hälfte des 4. Jahrhunderts auftritt. Der Kumpf dieses Grabes ist sehr gedrungen, der Bodendurchmesser entspricht nahezu dem Randdurchmesser, und die Wandung ist kaum gewölbt. Ähnliche Gefäße stammen zum Beispiel aus Bottendorf[646]. Nach Schmidt[647] setzt dieser Typ in Gruppe I ein, die jüngsten Exemplare gehören in die Gruppe IIIb oder IV. Vergleichbar sind auch die völkerwanderungszeitlichen Kümpfe aus Friedland[648].

Wie der Kumpf aus Grab 656 ist das Stück aus Deersheim, Grab 18[649], — seiner Lage im Gräberfeld nach aus dem Ende des 5. Jahrhunderts — mit Fingernageleintiefungen verziert. Dem Gefäß 953 ist der Kumpf aus Haldensleben II, Grab 53[650], gegenüberzustellen. Verwandt sind auch ein Kumpf aus Phöben[651] und aus Schönebeck, Grab 70[652]. Eine Schalenurne aus Haldensleben II[653] zeigt Beziehungen zum Kumpf 701 durch den sehr bauchigen Körper und den abgesetzten Fuß, der Rand biegt hier jedoch stellenweise aus. Der Kumpf aus Hannover-Ahlem[654] hat zwar wie 701 einen Fuß und einen kräftig gewölbten Körper, ist aber insgesamt niedriger. Der Umbruch liegt zudem höher als beim Pfingstberger Stück.

Die Mehrzahl der übrigen Kümpfe des Typs 3 dürfte ebenfalls der Völkerwanderungszeit zuzurechnen sein. Eine leicht abgesetzte Standfläche begegnet an einem Kumpf aus Räpitz[655], den Schmidt auf Grund dieser Fußbildung dem 5. und 6. Jahrhundert zuordnen möchte. Weitere Stücke aus niedersächsischen Brandgräbern[656] zeigen ebenfalls Fußansätze durch Eindrücken des weichen Tones. Diese Fußbildung sieht Nowothnig[657] als charakteristisches Element der nachrömischen Zeit an.

Zusammenfassung

Mit 42 bis 46 Exemplaren stellen Kümpfe die nach den Schalenurnen häufigste Formengruppe des Pfingstberger Gräberfeldes dar. Sie lassen sich in drei Typen untergliedern. Typ 1 umfaßt die großen Kümpfe und Typ 2 die mittelgroßen Kümpfe. Für beide Typen ist die relativ kleine Standfläche charakteristisch. Typ 3 bilden die Kümpfe mit breiter Standfläche (einschließlich kleiner Kümpfe).

Kümpfe lassen sich, wie von Uslar[658] für den rheinwesergermanischen Raum gezeigt hat, aus latènezeitlichen Formen herleiten[659]. Die genaue Datierung der Kümpfe ist jedoch nur in wenigen Fällen möglich, da die Formen langlebig sind und nebeneinander vorkommen. Ab Stufe C1b treten sowohl Kümpfe mit relativ kleinen Standflächen als auch solche mit relativ breiten auf[660]. Beide Formen lassen sich auch in der Völkerwanderungszeit nachweisen[661]. Weder Oberflächenstruktur noch Verzierungen oder das Vorkommen eines Fußes allgemein können als Datierungskriterien herangezogen werden[662].

Die Mehrzahl der Pfingstberger Kümpfe hat allerdings Parallelen in völkerwanderungszeitlichen Komplexen, so daß sie wohl überwiegend in diesen Zeitraum gehören. Das stimmt mit der häufiger gemachten Beobachtung überein, daß Kümpfe die Schalenurnen in nachrömischer Zeit verdrängen[663]. Die Masse der Pfingstberger Kümpfe dürfte dem 5. Jahrhundert zuzuordnen sein.

645 Nowothnig, Brandgräber 68 und Taf. 3,2; 24,9.

646 Schmidt, Völkerwanderungszeit Taf. 26,b.f.h.

647 Schmidt, Völkerwanderungszeit 105.

648 V. Schmidt, Friedland 287 Abb. 5,7a; ders., Weitere Bestattungen 218 Abb. 7,a.

649 Schneider, Deersheim 156 und Abb. 91,1.

650 Stahlhofen, Haldensleben Taf. 30,a.

651 Hoffmann, Phöben 299 Abb. 3,6.

652 Laser, Schönebeck 341 Abb. 10,e.

653 Stahlhofen, Haldensleben Taf. 30,c.

654 Nowothnig, Brandgräber Taf. 2,3.

655 Schmidt, Räpitz 244 f., Abb. 1,g

656 Nowothnig, Brandgräber Taf. 17,15 — 17.

657 Nowothnig, Brandgräber 59 f.

658 von Uslar, Bodenfunde 75 f., Taf. A,35 — 40.

659 Auch Kuchenbuch hat auf die Möglichkeit aufmerksam gemacht, daß die Form aus der Siedlungskeramik übernommen sein könnte (Kuchenbuch, Schalenurnenfelder 19).

660 Häven 4/1971: Schuldt, Sondierungen Abb. 119,a.g

661 Der Kumpf aus Schöningen z. B. hat eine relativ kleine Standfläche (Busch, Funde 47 Abb. 68).

662 Vgl. Nowothnig, Brandgräber 57.

663 Ein Übergewicht der Kümpfe in einzelnen Gräberfeldern dürfte für

eine Datierung ins 5. und vielleicht noch 6. Jahrhundert sprechen (Nowothnig, Brandgräber 55). Ein ausschließliches Vorkommen auf Gräberfeldern des Nordharzvorlandes ist nicht gegeben (vgl. Schneider, Deersheim 148). Von den drei von Thaerigen genannten Friedhöfen sind aus Rötgesbüttel und Grasleben nur Gelegenheitsfunde bekannt wie Thaerigen selbst schreibt (Thaerigen, Nordharzgruppe 76), die keine Aussagen zulassen. Zudem wurden in Grasleben Drehscheibengefäßscherben gefunden (Thaerigen, Nordharzgruppe 35). Es handelt sich außerdem um Kummen, und Thaerigen rechnet auch Gefäße mit ausbiegendem Rand zu dieser Formengruppe (Thaerigen, Nordharzgruppe 54). Ein derartiger Topf aus Veltenhof ist bei Thaerigen auf Taf. 13,7 abgebildet.

Näpfe

Nach der Definition, die in den ,,Vorschlägen zur systematischen Beschreibung von Keramik''[664] gegeben wird, handelt es sich bei ,Napf' um eine ,,kleine Schalenform'', wobei ,Schale' eine ,,kleine Schüsselform''[665] darstellt. Es werden also zwei Faktoren berücksichtigt, zum einen die Form und zum anderen die Größe.

Diese Definition ist jedoch problematisch. Es ist zu fragen, warum das betreffende Gefäß nicht den Schalen zugeordnet werden kann, wenn die Bestimmung der Form als Schale möglich ist und wie von einer Kleinform, der Schale, eine weitere Kleinform, der Napf, abgetrennt werden kann. Darüber hinaus stellt sich die Frage, wie Gefäße zu benennen sind, die als Kleinformen, aber nicht als schalenförmig zu bezeichnen sind, und die auch keiner anderen, klarer definierbaren Gefäßgruppe zugewiesen werden können.

In vorliegender Arbeit wird die Bezeichnung Napf für Kleinformen verwendet. Die Gefäßform bildet somit einen Gegenpol zu den ,,Großformen'' Topf oder Schüssel. Es handelt sich bei den Pfingstberger Näpfen jedoch nicht nur um kleine Töpfe oder kleine Schüsseln, auch andere Kleinformen werden unter der Bezeichnung Napf subsumiert, und zwar diejenigen, die keiner anderen Gefäßform zuzuordnen sind, auch wenn zum Teil Beziehungen bestehen[666]. Nicht in die Gruppe der Näpfe gehören kleine Schalenurnen oder kleine Kümpfe, da diese Gefäßformen nicht über Größe definiert werden. Formalen Unterschieden wird durch entsprechende Typenbildungen Rechnung getragen. Es lassen sich ungegliederte Näpfe (Typ 1), gegliederte Näpfe (Typ 2) und engmündige Näpfe (Typ 3) unterscheiden (Abb. 21).

Insgesamt liegen 23 vollständige oder weitgehend vollständige Näpfe vor[667]. Sie haben Volumina bis 1000 cm^3, bei Urne 879 beträgt das Fassungsvermögen nur 70 cm^3. Die Höhe schwankt zwischen 4,2 cm (866) und 11,2 cm (285), die Breite zwischen 4,5 cm (866) und 15,1 cm (285). Die Mehrzahl der Näpfe ist relativ hoch, das Breiten-Höhen-Verhältnis liegt hauptsächlich zwischen 1:1 und 1,5:1, seltener darüber. Die relativ große Standfläche gibt den meisten Näpfen ein gedrungenes Aussehen.

Verzierungen finden sich nur an drei Gefäßen (13 %). Die Oberfläche der Näpfe ist körnig, zum Teil geglättet, seltener poliert oder rauh. Zur Magerung wurde Sand mittlerer, aber auch feiner oder sehr feiner Korngröße verwendet.

Typ 1: Ungegliederte Näpfe

Zu Typ 1 gehören die Näpfe 361 (Taf. 51), 633 (Taf. 85), 866 (Taf. 106)[668], 877 (Taf. 107) und 917 (Abb. 33).

Charakteristisch ist der ungegliederte konische, bauchige oder fast zylindrische (877) Gefäßkörper. Der Rand ist

664 Vorschläge zur systematischen Beschreibung von Keramik 7.

665 Vgl. ,,Schüsseln und Schalen''.

666 Auf Verbindungen zu anderen Gefäßformen wird bei der Behandlung der einzelnen Gefäße hingewiesen.

667 Die Gefäße 813, 866 und 880 sind nur durch ein Photo, 917 ist nur durch eine Skizze dokumentiert.

668 Das Gefäß aus der Grabung 1937 ist, wie zahlreiche andere Funde dieser Grabung, nicht mehr vorhanden. Allerdings steht eine Photographie für die Auswertung zur Verfügung. Der Becher lag laut Thaerigen neben den Scherben einer zerstörten Schale. Er enthielt drei winzige Knochenstückchen (Thaerigen, Nordharzgruppe 20.77 und Abb. 44).

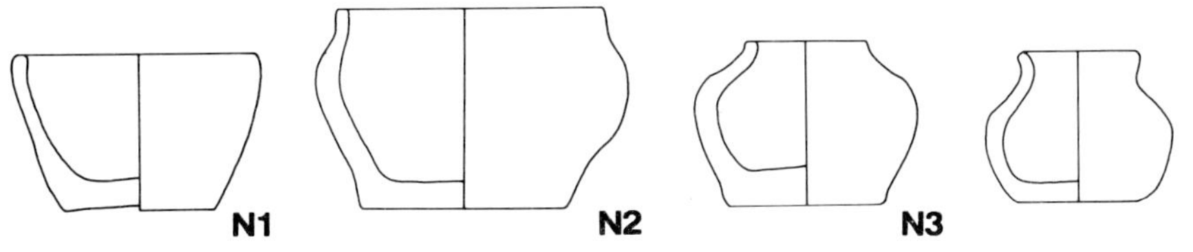

Abb. 21: Typenübersicht der Näpfe

meist etwas nach innen geneigt, die Randlippe gerundet. Neben flachen oder eingezogenen Böden — Variante a — läßt sich bei 877 und 917 eine schwache und bei 866 eine deutliche Fußbildung — Variante b — feststellen.

Die Gefäße sind zwischen 4,2 cm (866) und 7,9 cm (877) hoch sowie zwischen 4,5 cm (866) und 11 cm (917) breit. Das Breiten-Höhen-Verhältnis schwankt zwischen 1,07:1 (866) und 1,83:1 (917). Der Bodendurchmesser ist relativ groß.

Eine Verzierung findet sich lediglich auf Urne 361. Sie ist mit gruppenweise angeordneten runden Knubben im Bereich der größten Weite dekoriert.

Die Näpfe des Typs 1 sind jeweils entsprechend ihrer Form mit Kümpfen, Schalen oder Bechern[669] verwandt. Für die Abgrenzung der Urnen 361 und 877 gegenüber Kümpfen ist das Verhältnis von Breite zu Randdurchmesser wesentlich, das hier wenigstens 0,95:1 beträgt, während es bei Kümpfen maximal bei 0,93:1 liegt. Ein Verhältnis von mindestens 0,95:1 ist zwar auch für Schalen charakteristisch, von diesen unterscheiden sich die Näpfe 361 und 633 durch die Größe und die relativ große Höhe. Lediglich bei 917 liegt das Breiten-Höhen-Verhältnis im Bereich von Schalen, nur ist die Gesamtbreite für Schalen zu gering[670]. Urne 866 zeigt in der Form zwar Verbindungen zu Bechern, nicht aber in der Proportionierung, während sich Höhe und Breite bei 866 in etwa entsprechen, ist der einzige Pfingstberger Becher höher als breit[671].

Die Datierung der ungegliederten Näpfe ist problematisch[672], datierbare Beigaben fehlen. Ähnlichkeiten zu den Urnen 361 und 633 weisen Kümpfe aus Elstertrebnitz und Butzow[673] auf, von denen das Gefäß aus Butzow ebenfalls mit Knubben dekoriert ist. Die Knubbenverzierung ist zeitlich nicht genauer einzugrenzen, sie läßt sich nach Schmidt bis 500 n. Chr. bzw. bis ins 6. Jahrhundert nachweisen[674]. Konische Näpfe sind nach Schmidt hauptsächlich ins 5. und in die erste Hälfte des 6. Jahrhunderts zu stellen,in einer relativ hohen Ausprägung halten sie sich bis in die Gruppe IIIb[675].

Zylindrische Näpfe wurden in Mitteldeutschland weitaus seltener gefunden, ,,sie können nur allgemein in Gruppe II oder III datiert werden''[676]. Ein Urne 877 vergleichbares, von Nowothnig[677] als Becher anbesprochenes Gefäß mit schwacher Fußbildung stammt aus Hannover-Ricklingen.

Typ 2: Gegliederte Näpfe

Zu Typ 2 gehören die Näpfe 285 (Taf. 42), 339 (Taf. 48), 341 (Taf. 48), 385 (Taf. 54), 400 (Taf. 55), 421 (Taf. 58), 512 (Taf. 69), 642 (Taf. 86), 692 (Taf. 90), 698 (Taf. 91), 704 (Taf. 91), 813 (Taf. 100) und möglicherweise das nicht vollständig erhaltene Gefäß 526 (Taf. 70).

Kennzeichnend für die Näpfe des Typs 2 ist die Gliederung des Gefäßkörpers. Eine einheitliche Formgebung liegt nicht vor. Neben Gefäßen mit ungegliedertem Oberteil und ausgeprägtem Rand (z. B. 642) kommen Näpfe vor, die ein in Hals und Schulter gegliedertes Oberteil und einen unbetonten Rand (z. B. 341) aufweisen. Unabhängig davon lassen sich zwei Varianten unterscheiden. Variante a umfaßt die Näpfe mit flachem oder eingezogenem Boden, Variante b die Gefäße mit Fuß (692, 704). Bei den Urnen 339, 400 und 512 ist ein Fuß nur schwach angedeutet.

Zahlreiche Unterschiede sind auch bei Maßen und Proportionen festzustellen. Die Volumina liegen zwischen 100 cm^3 (400) und 1000 cm^3 (285), die Höhe schwankt zwischen 5 cm (400) und 11,2 cm (285), die Breite zwischen 7,7 cm (385) und 15,1 cm (285). Das Verhältnis von Breite zu Höhe liegt zwischen 1,17:1 (813) und 1,67:1 (341). Das Verhältnis von geringster Weite zu Breite, das von 0,76:1 (341) bis 0,92:1 (385) reicht, hat eine ebenso große Schwankungsbreite wie das Verhältnis von Bodendurchmesser zu Höhe bzw. Breite. Während bei Urne 421 der Bodendurchmesser nur knapp die halbe Höhe erreicht, entsprechen bei 339 und 813 die Bodendurchmesser der jeweiligen Höhe. Bei Urne 421 ist der Bodendurchmesser nicht halb so groß wie die Breite, bei 813 liegt die Breite nur wenig über dem Bodendurchmesser. Der Umbruch ist meist oberhalb der Gefäßmitte.

Bis auf Urne 698, die mit fünf Rillen dekoriert ist, sind die Näpfe unverziert.

Auch bei den Näpfen des Typs 2 lassen sich Verbindungen zu anderen Gefäßformen feststellen. Die Urnen 285, 421 und eventuell 341 erinnern an Töpfe, sind jedoch deutlich kleiner als diese, Urne 385 ist mit Schüsseln mit geschweiftem Profil (SÜ2) vergleichbar, die Urnen 400 und 512 haben Gemeinsamkeiten mit Schalenurnen.

Zu einigen Näpfen liegen Vergleichsstücke vor, die eine ungefähre zeitliche Einordnung ermöglichen. Der Napf 512 ist verwandt mit einer Urne aus Butzow[678], die durch eine beigegebene Fibel mit festem Nadelhalter zu datieren ist. Nach Schulze[679] kommt der Fibeltyp in der 1. Hälfte des 3. Jahrhunderts auf und wird in der ersten Hälfte des 4. Jahrhunderts von anderen Typen verdrängt. Nach Keller[680] ist die Fibel mit spitzem oder sich verjüngendem Fuß und Nadelscheide in Stufe C1b zu stellen.

Wenn eine Beziehung zwischen Urne 385 und den Schüsseln des Typs 2 besteht, läßt sich auch dieses Gefäß dem 3. Jahrhundert zuweisen[681].

Mit dem Napf 813 sind die von Schmidt als ,,unprofilierte Töpfe'' bezeichneten Gefäße aus Oberwerschen und Magdeburg-Neustadt zu verbinden[682]. Das Gefäß aus Mag-

669 Vgl. die entsprechenden Kapitel.

670 Ohnehin ist das Gefäß nur durch eine Skizze belegt.

671 In der Rahmenterminologie 435 Anm. 20 wird ein Orientierungswert von 1:1 gegeben.

672 Vgl. ,,Schalen''.

673 Elstertrebnitz: Mildenberger, Völkerwanderungszeit Abb. 33. — Butzow: Schmidt, Butzow Taf. 11,151.

674 Schmidt, Butzow 87; vgl. ,,Kümpfe''.

675 Schmidt, Völkerwanderungszeit 106.

676 Schmidt, Völkerwanderungszeit 106.

677 Nowothnig, Brandgräber 107 und Taf. 9,9.

678 Voss und Stimming, Alterthümer Abt. VI Taf. 2,14.

679 Schulze, Armbrustfibeln 68 f.

680 Keller, Chronologie 251 ff.

681 Vgl. ,,Schüsseln und Schalen''.

682 Schmidt, Völkerwanderungszeit 103.151 und Taf. 20,d; 62,d. Bei der Behandlung der Töpfe wird als Datierung Gruppe IIb angegeben, bei der Behandlung der Lanzenspitzen schreibt Schmidt, daß das Grab ,,ehestens in Gruppe IIb oder in den Anfang der Gruppe IIIa zu stellen sein wird''.

deburg wird von Schmidt in Gruppe IIb gestellt. Aus Zálužť[683] stammt ein spätvölkerwanderungszeitliches Gefäß, das als weitere Parallele in Betracht kommt. Urne 704 weist zwar gewisse Übereinstimmungen mit diesen Töpfen auf, hat aber auch Beziehungen zu schalenartigen Gefäßen wie zum Beispiel mit einem Gefäß aus Deersheim[684], das nach der Lage des Grabes im Gräberfeld ans Ende des 5. Jahrhunderts gesetzt wird. Vergleichbar ist auch der nicht genauer zu datierende Napf aus Weddel[685], der sich durch eine schwache Fußbildung auszeichnet.

Zu den übrigen Näpfen liegen keine überzeugenden Vergleichsfunde vor. Die Gefäße mit breitem Boden oder Fuß und hochliegendem Umbruch (339, 341, 692) dürften auf Grund der Gemeinsamkeiten mit Urne 704 und anderen völkerwanderungszeitlichen Gefäßen in die nachrömische Zeit gehören.

Type 3: Engmündige Näpfe

Zu Typ 3 gehören die Näpfe 184 (Taf. 27), 703 (Taf. 91), 862 (Taf. 105), 879 (Taf. 107) und 880 (Taf. 107 und Abb. 29).

Charakteristisch für die Näpfe des Typs 3 ist die starke Einziehung im Oberteil. Eine einheitliche Formgebung liegt nicht vor. Urne 862 ist ein fast kugeliges Gefäß. 879, 880 und vermutlich Urne 703, deren oberer Teil fehlt, haben ein bauchiges Unterteil, ein gewölbtes Oberteil und einen breiten, schräg nach außen gestellten Rand. Bei Urne 184 ist der einschwingende Hals mit gerade abgestrichener Randlippe von der gewölbten Schulter abgesetzt. Der Boden ist flach oder eingezogen — Variante a —, bei Urne 184 liegt eine schwache Fußbildung vor (Variante b).

Obwohl es sich bei dieser Formengruppe allgemein um kleine Gefäße handelt, zeigen sich auch in der Größe erhebliche Unterschiede. 879 hat ein Volumen von nur 70 cm^3. Die Höhe liegt zwischen 5,6 cm (862) und 9,9 cm (880), die Breite zwischen 7 cm (879) und 11,2 cm (703). Alle Gefäße sind relativ hoch. Das Breiten-Höhen-Verhältnis reicht von fast 1:1 (880) bis 1,46:1 (862). Das Verhältnis von geringster Weite zu Breite schwankt zwischen 0,52:1 (703) und 0,74:1 (880). Die Böden sind relativ groß, und der Umbruch liegt meist unterhalb der Gefäßmitte.

Von den Gefäßen ist nur Urne 880 verziert. Auf der Schulter liegen Rillen, daran schließen sich in Gruppen angeordnete Rillenabschnitte an, die bis zum Boden reichen[686].

Urne 862 erinnert zwar an Kümpfe, aber zum einen weist sie eine stärkere Einziehung des Randes auf — das Verhältnis von Randdurchmesser zu Breite beträgt hier 0,62:1, bei Kümpfen nicht unter 0,72:1 —, und zum anderen liegt der Umbruch bei Kümpfen immer oberhalb der Gefäßmitte, bei 862 dagegen sehr tief. Die Urnen 879 und 880 sind verwandt mit engmündigen Gefäßen des Typs 3, die aber deutlich breiter als hoch sind. Bei 880 ist zudem die Einziehung im Oberteil schwächer als bei engmündigen Gefäßen.

Zu dem Napf 184 liegen einige Vergleichsfunde vor. Aus Häven, Grab 2/1967[687], stammt ein verwandtes Gefäß, das durch eine mitgefundene Armbrustfibel mit dreieckigem Fuß und offenem Nadelhalter in Stufe C2 oder C3 einzuordnen ist. Ein ähnliches Gefäß wurde in Merseburg-Süd[688] in einem Körpergrab gefunden, das durch Schildfibeln in Stufe C3 einzuordnen ist. Das etwas höhere Gefäß aus Zeutern mit Knubbenverzierung könnte möglicherweise auch ins 4. Jahrhundert gehören[689].

Die engmündigen Näpfe mit ausgeprägtem Rand sind etwas später anzusetzen. Das nicht vollständig erhaltene Gefäß aus Wulfen[690] ist in die frühe Völkerwanderungszeit zu stellen, da es aus einer Bestattung in Hocklage stammt. Das Gefäß aus Zálužť wird in die erste Hälfte des 6. Jahrhunderts eingeordnet[691], es wurde mit einem entsprechend zu datierenden Schildbuckel zusammen gefunden.

Zusammenfassung

Insgesamt liegen vom Pfingstberger Gräberfeld 23 Näpfe vor. Als Näpfe werden diejenigen Kleinformen angesprochen, die nicht den anderen Gefäßformen zugeordnet werden können, auch wenn mitunter Beziehungen bestehen. Es werden drei Typen unterschieden. Typ 1 bilden die ungegliederten Näpfe, Typ 2 die gegliederten Näpfe und Typ 3 die engmündigen Näpfe. Die ungegliederten Näpfe sind in die Völkerwanderungszeit zu stellen, die Mehrzahl der gegliederten Näpfe gehört ebenfalls in die Völkerwanderungszeit, die übrigen sind in die Römische Kaiserzeit einzuordnen. Bei den engmündigen Näpfen läßt sich eine C2/C3- oder wahrscheinlicher C3-zeitliche Ausprägung mit unbetontem und eine völkerwanderungszeitliche mit betontem Rand unterscheiden.

683 Svoboda, Völkerwanderungszeit Taf. XCVI,18.

684 Schneider, Deersheim 144 und Abb. 90,7.

685 Thaerigen, Nordharzgruppe Taf. 15,12.

686 Die Verzierung ist auf dem Photo nicht mehr zu erkennen, daher muß auch die Zeichnung aus der Publikation von Thaerigen herangezogen werden.

687 Hollnagel, Häven 273. Zur Datierung der Fibel vgl. Keller, Chronologie 253 ff.

688 Schmidt, Merseburg-Süd 208 Abb. 21. Zur Datierung der Fibeln vgl. Keller, Chronologie 255 ff.

689 Dauber, Baden 157 ff., Taf. 57,11. „Eine genaue Datierung ist mit dem überlieferten Material nicht zu gewinnen, doch ist seine Stellung ins 4. Jhdt. n. Chr. sicher nicht falsch" (Dauber, Baden 160).

690 Schmidt, Nord- und Ostteil Taf. 178,5d; ders., Wulfen 293.

691 Svoboda, Bayern Taf. 20,1; ders., Völkerwanderungszeit 350 und Taf. CVIII,3.

Schüsseln und Schalen

Die Bezeichnungen ‚Schüssel' und ‚Schale' werden oft synonym gebraucht. Daß erhebliche Schwierigkeiten bei der Abgrenzung der beiden Formen bestehen, zeigen auch die Arbeiten zur Terminologie. In der „Rahmenterminologie"[692] werden Schalen von Schüsseln auf Grund der Proportionierung getrennt. Schüsseln haben ein Höhen-Breiten-Verhältnis von 1:3, bei Schalen liegt es bei 1:5. Der Proportionierung wird auch im „Leitfaden zur Keramikbeschreibung"[693] Bedeutung beigemessen, allerdings wird dort nur zwischen flachen Schüsseln und Schüssel/Schale unterschieden. Die Trennung zwischen Schüssel und Schale beruht danach eher auf „subjektiv" geprägten formalen Merkmalen. Schüsseln sind reicher profiliert, Schalen haben demgegenüber einen geraden Rand. Schalen sind zudem durch ein kleineres Format und eine geringere Höhe gekennzeichnet. Die Gesamtgröße ist wesentlicher Faktor bei den „Vorschlägen zur systematischen Beschreibung von Keramik"[694]. Die Schüssel ist nach der dort gegebenen Definition ein „großes kalottenförmiges oder zylindrisches Gefäß", die Schale eine „kleine Schüsselform".

Um die Möglichkeiten aufzuzeigen, die als entscheidend genannten Aspekte Form, Größe und Proportionierung bei der Einteilung zu berücksichtigen, erscheint es sinnvoll, das gesamte Material im Überblick vorzustellen.

Insgesamt liegen 22 vollständige oder rekonstruierbare Gefäße dieser Form vor. Dazu kommt ein weiteres, nur in einer Skizze erhaltenes Exemplar (926). Es handelt sich vorwiegend um ungegliederte Formen mit einer weiten Öffnung. Der Randdurchmesser beträgt mindestens 13,4 cm — verwandte kleinere Gefäße werden als Näpfe bezeichnet[695]. Der Körper ist gelegentlich konisch, meist aber bauchig — der Rand daher etwas nach innen geneigt, aber nicht eingezogen. Während bei den Kümpfen ein Verhältnis von Randdurchmesser zu Breite von 0,93:1 als Grenze gesehen wird, kann von Schüssel oder Schale erst bei einem Verhältnis von etwa 0,95:1 gesprochen werden[696]. Ausnahmen bilden Gefäße mit konischem Oberteil und kantigem Umbruch (297, 481), bei denen der Randdurchmesser deutlich unter der jeweiligen Breite liegt.

Neben diesen Gefäßen mit konischem Oberteil und ungegliederten Gefäßen läßt sich eine dritte Form mit einem schwach einschwingenden Oberteil und einem ausbiegendem Rand (321, 438, 640) trennen, so daß insgesamt drei Grundformen unterschieden werden. Die Mehrzahl aller Schüsseln und Schalen hat einen flachen oder eingezogenen Boden, bei einigen kleinen Gefäßen liegen Fußbildungen vor.

In der Größe der Gefäße lassen sich zahlreiche Unterschiede feststellen. Die Volumina liegen zwischen 500 cm^3 (401, 725) und 3500 cm^3 (616). Die Höhe schwankt zwischen 7,7 cm (717) und 15,1 cm (616), die Breite zwischen 13,9 cm (401, 725) und 25,1 cm (616). Anhand der Größe ist das Material in zwei Gruppen zu gliedern, in der einen finden sich Gefäße mit einer Höhe bis 11,2 cm (481), in der anderen solche mit einer Höhe ab 12,5 cm (297). Das Verhältnis von Breite zu Höhe reicht von 1,4:1 (321) bis 2,2:1 (717)[697]. Eine sinnvolle Trennung auf Grund der Proportionierung ist jedoch nicht möglich, es zeigt sich lediglich die Tendenz, daß niedrige Gefäße häufiger relativ breit sind.

Zusammenfassend läßt sich also feststellen, daß drei Formen bzw. zwei Größengruppen unterschieden werden können. Dementsprechend wird das Material gegliedert. Da Profilierung Kennzeichen der Schüsseln ist, werden alle profilierten Gefäße als Schüsseln bezeichnet. Die ungegliederten Gefäße werden zusätzlich nach der Größe in Schüsseln und Schalen getrennt. Es liegen damit ein Schalentyp und drei Schüsseltypen vor (Abb. 22): Typ 1 bilden die ungegliederten Schüsseln, Typ 2 die Schüsseln mit schwach geschweiftem Profil und Typ 3 die Schüsseln mit geknicktem Profil.

Sieben der 23 Gefäße — es handelt sich um sechs Schüsseln und eine Schale — sind mit plastischen (640, 920) oder eingetieften Ornamenten dekoriert. Zweimal sind jeweils zwei Ornamente kombiniert (481, 725), die übrigen sind nur mit jeweils einem Ornament versehen. Die Verzierung liegt im Bereich der größten Weite oder unterhalb.

Die Oberflächen der Schüsseln sind körnig, geglättet oder poliert, die der Schalen in der Regel poliert. Zur Magerung wurde Sand feiner oder mittlerer Korngröße verwendet, nur jeweils einmal wurde Sand sehr feiner oder grober Korngröße benutzt. Insgesamt zeigt sich bei den kleineren Gefäßen die Tendenz zu feinerer Magerung, bei den größeren zu einer gröberen Magerung.

Schüsseln

Typ 1: Ungegliederte Schüsseln

Zu Typ 1 gehören die Schüsseln 179 (Taf. 27), 334 (Taf. 48), 452 (Taf. 61), 528 (Taf. 71), 616 (Taf. 82), 920 (Taf. 109) und vermutlich 303 (Taf. 44).

Die Gefäße haben einen geraden oder verdickten, zum Teil schwach nach innen weisenden Rand, der ungegliederte Körper ist mehr oder weniger gewölbt und der Boden flach oder eingezogen.

Die Höhe der Schüsseln liegt zwischen 12,9 cm (179)[698] und 15,1 cm (920), die Breite zwischen 22,6 cm (528) und 25,1 cm (616). Das Verhältnis von Breite zu Höhe schwankt zwischen 1,56:1 (920) und 1,94:1 (179). Bei vier Gefäßen ließen sich Volumina, die von 2850 bis 3500 cm^3 reichen, ermitteln.

692 Rahmenterminologie 435 Anm. 20.

693 Leitfaden zur Keramikbeschreibung 29 ff.

694 Vorschläge zur systematischen Beschreibung von Keramik 7.

695 Vgl. „Näpfe".

696 Vgl. „Kümpfe" und „Näpfe".

697 926 ist nach Angaben auf der Skizze 7,5 cm hoch und hat bei einer Breite von 19 cm ein Breiten-Höhen-Verhältnis von 2,5:1.

698 Bei Urne 452 möglicherweise auch knapp darunter.

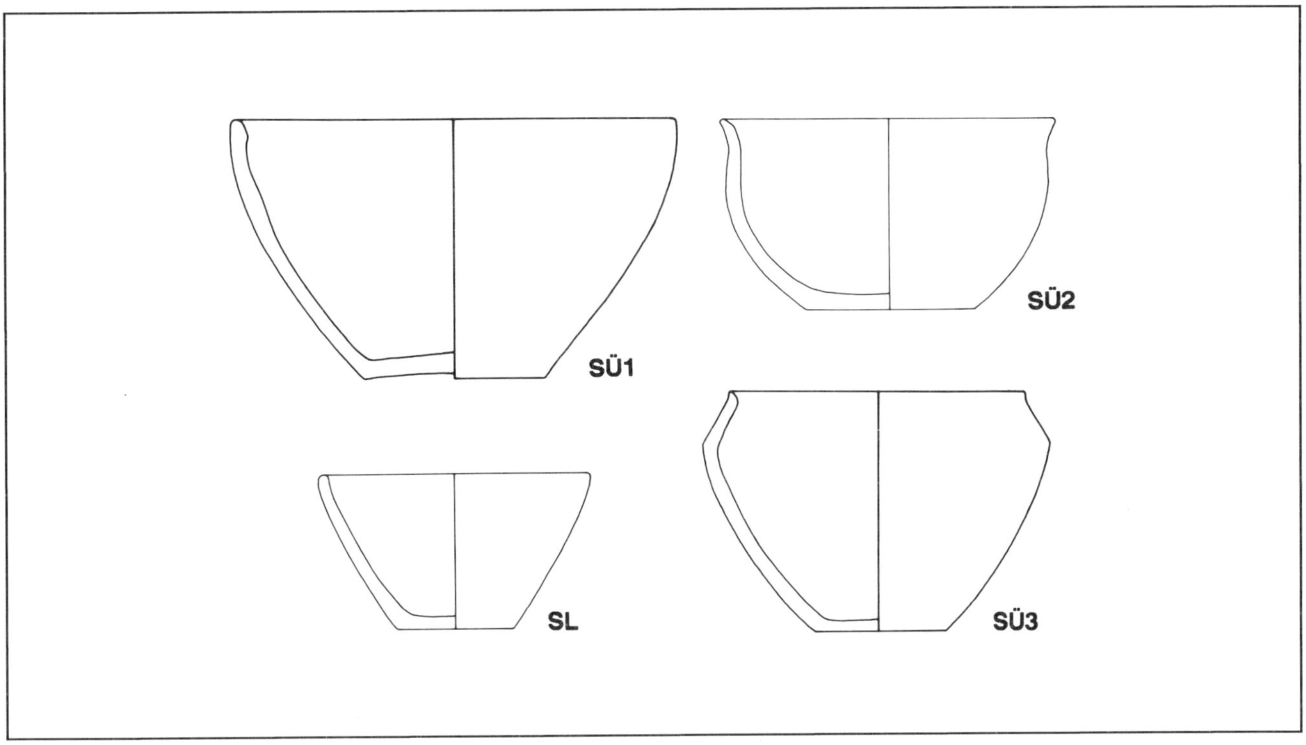

Abb. 22: Typenübersicht der Schüsseln und Schalen

Von den sieben Schüsseln sind drei unverziert und vier mit unterschiedlichen Ornamenten versehen. Urne 616 hat eine Verzierung mit drei Gruppen aus jeweils zwei Rillen. Urne 452 ist mit rundlichen Eintiefungen dekoriert, die in vertikalen Reihen gruppenweise angebracht sind, und auf Urne 303 findet sich eine unregelmäßig angeordnete Kammstrichverzierung. Bei allen drei Gefäßen ist der obere Teil unverziert. Die Schüssel 920 weist vier längliche Knubben im Bereich der größten Weite auf.

Einen Hinweis auf die Datierung der Gefäße gibt nur der Kamm mit dreieckigen Griffplatten aus Grab 616, der ab Stufe C2 anzusetzen ist. Im übrigen ist die Datierung der Schüsseln des Typs 1 kaum möglich, da es sich um eine einfache, über einen langen Zeitraum gebräuchliche Form handelt. Weder Größe noch Proportionierung oder Verzierung können als chronologisch auswertbare Merkmale angesehen werden. Relativ hohe sind ebenso wie relativ breite Schüsseln in der Kaiserzeit als auch in der Völkerwanderungszeit belegt[699]. Die Größe dürfte vor allem auf den ursprünglichen Verwendungszweck zurückzuführen sein bzw. mit dem tatsächlichen Verwendungszweck in Zusammenhang stehen, denn häufiger wurden für Kinderbestattungen kleine Gefäße benutzt.

Die Kammstrichverzierung ist in verschiedenen Ausführungen seit der Jastorfkultur verbreitet[700] und läßt sich auch in der Völkerwanderungszeit nachweisen[701]. Eine ähnliche Rillenverzierung wie auf Urne 616 findet sich an Schalen aus Rathenow oder Rebenstorf[702] und einem Kumpf aus Butzow[703]. Diese Gefäße sind nicht genauer zu datieren.

Typ 2: Schüsseln mit schwach geschweiftem Profil

Zu Typ 2[704] gehören die Schüsseln 321 (Taf. 46), 438 (Taf. 60) und 640 (Taf. 85).

Die Schüsseln dieses Typs zeichnen sich durch ein leicht einschwingendes Oberteil und einen ausschwingenden Rand aus. Der Gefäßkörper ist schwach gewölbt und der Boden flach.

Die Höhe der Gefäße liegt zwischen 9,9 cm (438) und 14,3 cm (321), die Breite zwischen 15,1 cm (640) und 20 cm (321). Die Volumina von 1000 cm^3 (640), 1500 cm^3 (438) und 2750 cm^3 (321) verdeutlichen die Größenunterschiede innerhalb des Typs. Urne 321 ist zudem relativ hoch, das Verhältnis zwischen Breite zu Höhe liegt bei 1,4:1, bei Urne 640 bei 1,54:1 und bei Urne 438 bei 1,7:1. Der weiche Umbruch befindet sich im oberen Gefäßdrittel.

Urne 640 ist mit drei länglichen Knubben dekoriert, die anderen Gefäße dieses Typs sind unverziert.

Gefäße mit verwandter Formgebung liegen aus der kaiserzeitlichen Siedlung von Mansie (Gem. Westerstede)[705] vor. Die Siedlung gehört ins 1. bis 2. oder frühe 3. Jahrhundert. Auch ein weiteres Gefäß aus Gübs[706] könnte nach typologi-

699 Vgl. z. B. Schulz, Haßleben Taf. 15; Svoboda, Völkerwanderungszeit Taf. CVI,13; Schmidt, Nord- und Ostteil Taf. 11,4a; ders., Butzow Abb. 9.

700 von Uslar, Bodenfunde 25.35 ff.

701 z. B. Schneider, Deersheim 151 ff.

702 Rathenow: Guthjahr, Rathenow Abb. 1,18. — Rebenstorf: Körner, Rebenstorf Abb. 68 und Taf. 8,Lbrg 1723.

703 Voss und Stimming, Alterthümer Abt. VI, Taf. 3,22.

704 Vergleichbar ist der Napf 385 (N2).

705 Zoller, Ammerland 209 ff., Taf. 1,3; 2,1.

706 Schlette, Gübs Taf. XIX,2.

schen Erwägungen ins 3. Jahrhundert gehören, so daß der Typ 2 vermutlich dem 3. Jahrhundert zuzuweisen ist.

Typ 3: Schüsseln mit geknicktem Profil

Zu Typ 3 gehören die Schüsseln 297 (Taf. 43) und 481 (Taf. 65).

Charakteristische Merkmale dieser Schüsseln sind ein kantiger oder scharfkantiger Umbruch und ein konisches Oberteil. Der Rand ist ausgezogen oder gerade abgestrichen, der Gefäßkörper schwach gewölbt und der Boden flach.

Beide Gefäße sind unterschiedlich proportioniert. Urne 297 ist mit 12,5 cm Höhe und 18 cm Breite relativ hoch — das Verhältnis von Breite zu Höhe liegt bei 1,44:1 —, Urne 481 ist nur 11,2 cm hoch, aber 20 cm breit — das Verhältnis liegt hier bei 1,79:1. Das Volumen beträgt 2000 (297) und 1675 cm^3 (481). Der Umbruch befindet sich im oberen Gefäßviertel.

Urne 297 ist unverziert, bei Urne 481 sind in Höhe des Umbruchs in Gruppen angeordnete Kerben angebracht und darunter zwei Rillen.

Direkte Vergleichsstücke liegen zu diesen Schüsseln nicht vor. Gewisse Übereinstimmungen zeigt jedoch ein Gefäß aus Quedlinburg[707], das durch einen mitgefundenen Spitzbecher in die späte Völkerwanderungszeit (Schmidts Gruppe IIb oder III) zu setzen ist. Es wird von Schmidt als Kumpf angesprochen. Gleiches gilt für ein Gefäß aus Ahlem[708], das mit den Pfingstberger Schüsseln verbunden werden kann. Eine genaue zeitliche Einordnung dieser Urne ist nicht möglich[709]. Verwandt sind auch das Gefäß aus Kuhbier und der völkerwanderungszeitliche Kumpf aus Deersheim[710].

Schalen

Die Gefäße 291 (Taf. 42), 299 (Taf. 44), 401 (Taf. 56), 417 (Taf. 57), 672 (Taf. 89), 717 (Taf. 93), 723 (Taf. 93), 725 (Taf. 94), 841 (Taf. 103), 926 (Abb. 38) und vermutlich das fragmentiert erhaltene Gefäß 748:1 (Taf. 95) werden als Schalen bezeichnet.

Die Gefäße haben eine gerade abgestrichene bzw. gerundete Randlippe. Der Gefäßkörper ist konisch (401, 672, 717) oder mehr oder weniger kräftig gewölbt, wobei neben einer gleichmäßigen Wölbung auch eine Wölbung nur zum Rand hin vorliegen kann. Der Boden ist flach bzw. eingezogen oder als Standring bzw. -fuß ausgebildet (291, 299). Bei 672 ist ein Fuß nur schwach angedeutet.

Charakteristische Merkmale sind die Größe und die Proportionierung. Die Schalen haben eine Höhe zwischen 7,7 cm (717) und 10,4 cm (723), die Breite schwankt zwischen 13,9 cm (401, 725) und 19,6 cm (723). Das Breiten-Höhen-Verhältnis liegt zwischen 1,7:1 und 2,2:1. Das Fassungsvermögen reicht von 500 cm^3 bis mindestens 1250 cm^3.

Bis auf Urne 725, die mit zwei Rillen unterhalb der größten Weite und daran anschließenden Sparren dekoriert ist, sind die Pfingstberger Schalen unverziert.

Die Datierung der Schalen ist wie die der ungegliederten Schüsseln kaum möglich. ,,Die Lebensdauer der einfachen unverzierten Schalen war auch während der Römerzeit zweifellos sehr lang, so daß etwaige Versuche um ihre engere Datierung kaum zu positiven Resultaten führen können''[711]. Einfache konische Schalen sind bereits aus der älteren Kaiserzeit bekannt[712], lassen sich für die jüngere Kaiserzeit nachweisen[713] und sind auch für die Völkerwanderungszeit belegt[714]. Entsprechendes gilt für gewölbte Formen[715]. Auch die Schale aus Rathenow[716], die mit 926 zu vergleichen ist, kann nicht datiert werden.

Schalen mit Fuß waren sowohl in der Kaiserzeit als auch in der Völkerwanderungszeit weit verbreitet. Aus Rebenstorf[717] stammt eine Schale, die zusammen mit einer Fibel mit hohem Nadelhalter (Stufe C1) geborgen wurde. Häufiger gehören Schalen mit Fuß zu den Geschirrsätzen der mitteldeutschen Körpergräber[718]. Eine der Schalen aus Leuna[719] (Stufe C2) ist mit Urne 299 zu vergleichen, die aber auch Beziehungen aufweist zu der ,,Fußschale'' aus dem Ende des 2. Jahrhunderts aus Vávrovice, Brandgrab 5[720], bzw. zu der Schale aus Wulfen, Grab 9[721], die durch mitgefundene Armbrustfibeln mit rhombischem Fuß (Typ Wiesbaden nach Werner) in die erste Hälfte des 5. Jahrhunderts gesetzt wird. Weniger gedrungen — und daher mit Urne 291 zu vergleichen — ist die Schale aus der Zeit um 400 n. Chr. aus Jena-Lobeda[722]. Sie stammt aus einer Grube, in der auch ein Kamm mit erweiterter Griffplatte gefunden wurde. Eine schwache Fußbildung wie Urne 672 zeigt die Schale des 4. Jahrhunderts aus Gübs[723].

Verzierte Schalen können zwar besser in ihrer Zeitstellung bestimmt werden[724], aber für die verzierte Urne vom Pfingstberg liegen nur Vergleichsfunde vor, die nicht genauer datiert werden können (Butzow, Rebenstorf und Hannover-Laatzen II[725]).

707 Schmidt, Nord- und Ostteil Taf. 103,2g.

708 Nowothnig, Brandgräber Taf. 2,2.

709 Es ist nicht auszuschließen, daß Beziehungen zu älterkaiserzeitlichem Material bestehen, wie es bei von Uslar, Bodenfunde Taf. 17,2.3.15 abgebildet ist. Von Uslar möchte die Gefäße allerdings dem älteren Abschnitt des von ihm behandelten Zeitraumes (1. — 3. Jahrhundert) zuweisen (von Uslar, Bodenfunde 76).

710 Kuhbier: Matthes, Prignitz Taf. 54,318. — Deersheim: Schneider, Deersheim Abb. 95,2.

711 Pernička, Mähren 54.

712 Vgl. z. B. Pernička, Mähren Taf. XIII,2; XXXI,3; von Uslar, Bodenfunde 21 ff.

713 Schulz, Haßleben Taf. 15.

714 z. B. Svoboda, Völkerwanderungszeit Taf. LXXI,9.

715 Vgl. von Uslar, Bodenfunde 77.

716 Guthjahr, Rathenow Abb. 1,10.

717 Kuchenbuch, Schalenurnenfelder Taf. I,7.

718 z. B. Schulz, Haßleben Taf. 15.

719 Schulz, Leuna Taf. IV,4.

720 Pernička, Mähren 95 und Taf. LXVI,8. Die Schale wird über Vergleichsmaterial zeitlich eingeordnet.

721 Schmidt, Wulfen Taf. 31.

722 Neumann, Jena-Lobeda Taf. 36,c.

723 Schlette, Gübs Taf. XIX,5. Die Datierung erfolgt über ein stilistisch eingeordnetes Gefäß desselben Grabes.

724 Pernička, Mähren 55.

725 Butzow: Schmidt, Butzow Taf. 11,150. — Rebenstorf: Körner, Rebenstorf Abb. 68. — Laatzen II: Nowothnig, Brandgräber Taf. 22,4.

Zusammenfassung

Vom Pfingstberger Gräberfeld liegen zwölf Schüsseln und elf Schalen vor. Als Schüsseln werden profilierte und große ungegliederte Gefäße angesprochen, als Schalen kleine ungegliederte.

Es werden drei Schüsseltypen unterschieden. Typ 1 umfaßt die ungegliederten Schüsseln, Typ 2 die Schüsseln mit schwach geschweiftem Profil und Typ 3 die Schüsseln mit geknicktem Profil. Während die ungegliederten Schalen und Schüsseln nicht genauer zu datieren sind, können die Schüsseln des Typs 2 mit einiger Wahrscheinlichkeit dem 3. Jahrhundert zugewiesen werden. Für die Schüsseln des Typs 3 ist eine Einordnung in die Völkerwanderungszeit möglich.

Becher

Ein nicht vollständig erhaltenes Gefäß (950, Taf. 111) ist als Becher zu bestimmen. Es gehört zum alten Bestand des Museums. Der Fundplatz Pfingstberg ist gesichert, aber die genaue Lage auf dem Gräberfeld ist nicht bekannt. Ebenso fehlen Angaben zu den Fundumständen und dem Zeitpunkt des Fundes sowie über den Inhalt.

Der Becher weist einen Standring auf, an ihn schließt sich ein leicht bauchiger Gefäßkörper an; der obere Teil fehlt, so daß weitere Aussagen zur Form nicht möglich sind. Erhalten sind sowohl in der Breite als auch in der Höhe 7,3 cm. Nach Anlage des Musters[726] ist hier jedoch mit einer ursprünglichen Höhe von mindestens 10 cm zu rechnen. Das Gefäß war ursprünglich deutlich höher als breit[727].

Der Dekor besteht aus Rillen und gruppenweise angeordneten, schräg gestellten Rillenabschnitten[728].

Möglicherweise handelt es sich um die Nachahmung eines Glasbechers in Ton.

Eine zeitliche Eingrenzung ist nicht möglich, da etwa entsprechend geformte Glasbecher von der ersten Hälfte des 1. Jahrhunderts an nachweisbar sind[729]. Ein großer Teil der Gläser kann zwar genauer datiert werden[730], die Keramikkopien jedoch nur, wenn sie direkt die Glasvorbilder widerspiegeln wie zum Beispiel bei dem Fund aus Sindelfingen, der einen Glockenbecher imitiert[731]. Andere Stücke sind nur in Anlehnung an Glasbecher entstanden[732]. Eine derartige Nachahmung liegt zum Beispiel aus Somogyszil[733] vor. Der 8,5 cm hohe unverzierte Becher stammt aus einem Doppelgrab, von dem die eine Bestattung durch eine Münzbeigabe in die Zeit ab 341 n. Chr. zu setzen ist. Möglicherweise in die zweite Hälfte des 5. Jahrhunderts gehört der Becher aus Gnotzheim, Grab 13[734]. Den Becher aus Görlitz[735] weist Meyer der späten Kaiserzeit zu, jedoch ohne schlüssige Beweise vorzulegen.

Zusammenfassung

Das einzige, als Becher zu bestimmende Pfingstberger Gefäß kann nicht näher datiert werden.

726 Es ist anzunehmen, daß auch oberhalb der Rillenabschnitte horizontale Rillen als Abschluß des Musters angebracht waren.

727 Bei einer Höhe von 10 cm und einer Breite von 7,5 cm liegt das Verhältnis bei 3:4. In der Form verwandt ist Urne 866, die jedoch als Napf angesprochen wird (vgl. „Näpfe").

728 Entsprechende Verzierungen finden sich auch an Schalenurnen (z. B. 116, Taf. 17).

729 Isings, Roman glass 48 f.

730 Vgl. z. B. Goethert-Polaschek, Gläser; Polónyi-Fremersdorf und Fremersdorf, Gläser; Barkóczi, Glasfunde.

731 Christlein, Alamannen Taf. 62.

732 Darüber hinaus gibt es auch römische Keramikbecher, die genauso Vorbild gewesen sein könnten.

733 Burger, Somogyszil 20 f., Taf. 30,4.

734 Dannheimer, Mittelfranken 177 ff., Taf. 27,D4. Das Grab enthielt Bronzedrahtanhänger.

735 Meyer, Katalog Abb. 35,4; ders., Sachsen 234.

Sonderform

Sehr ungewöhnlich ist Urne 375 (Taf. 53) gestaltet. Dieses Gefäß hat einen geraden, zur Schulter ausschwingenden Hals — der obere Teil des Halses und der Rand sind nicht erhalten. Der übrige, bauchige Gefäßkörper — auch der Boden — ist gewellt. Die Höhe des Gefäßes beträgt noch 16,5 cm, die Breite liegt bei 21 cm, das Gefäß ist damit verhältnismäßig hoch.

Die Wellenverzierung ist zwar relativ selten[736], aber nicht ungewöhnlich, auffällig ist nur, daß nicht nur Schulter und Umbruch, sondern auch Unterteil und vor allem der Boden derartig dekoriert sind. Verwandte Gefäße liegen meines Wissens nicht vor. Daher ist die Urne hier als Sonderform aufgenommen worden.

736 Vgl. „Wellen".

Fensterurne

Eine gesonderte Betrachtung der heute nicht mehr vorhandenen Schalenurne 863 ist notwendig, da Thaerigen das Gefäß als Fensterurne angesprochen hat[737].

Es handelte sich bei der Urne (Taf. 105) um ein s-förmig profiliertes Gefäß mit hochliegendem Umbruch (S10). Das Gefäß war bei einer Höhe von 11,7 cm und einer Breite von 17,7 cm verhältnismäßig hoch (die Breiten-Höhen-Relation liegt bei 1,5:1). Es war auf Schulter und Umbruch mit Rillen, einem Band aus vermutlich dreieckigen Eintiefungen und einem Sparrenband dekoriert.

Abb. 23: Urne 863

Thaerigen stellte beim Zusammensetzen des Gefäßes ein Loch in der Wandung fest, dessen Bruchflächen mit einem „grauschwarzen mattglänzenden Überzug von Urnenharz"[738] bestrichen gewesen seien. Reste einer Glasscherbe oder eines Einsatzes aus anderem Material waren jedoch schon damals nicht erhalten. Auf dem bei Thaerigen abgebildeten Photo (Abb. 23) der Urne 863 ist zwar das Loch, nicht aber der Urnenharzüberzug mit Sicherheit zu erkennen, so daß eine Überprüfung der Angaben Thaerigens nicht mehr erfolgen kann.

Auffällig sind Lage, Unregelmäßigkeit und Größe des Loches (mindestens 4,5 x 3 cm). Ähnlich große Aussparungen sind sonst nur bei Fenstern im Boden beobachtet worden[739]. Die Lage des Loches auf der Gefäßwandung verbindet die Urne mit sächsischen Funden. Das von Thaerigen[740] genannte Vergleichsgefäß aus Westerwanna, das auch Roeder in seiner Arbeit über die sächsischen Fenstergefäße der Völkerwanderungszeit anführt[741], hat ein nahezu rundes Loch im Schulter-Umbruch-Bereich, das wie beim Pfingstberger Stück nachträglich angebracht wurde. Glasreste sind dort ebenfalls nicht mehr vorhanden. Weitere bei Roeder besprochene Gefäße haben neben Fenstern in der Wandung auch Bodenfenster[742].

Die Lage der Fenster im Gefäßboden ist weit häufiger anzutreffen[743] und charakteristisch für die der Urne 863 typologisch näher stehenden Fenstergefäße des Elbe-Saale-Gebietes[744]. Diese Gefäße gehören in die Zeit vom 3. bis zur ersten Hälfte des 5. Jahrhunderts.

Wiederholt ist versucht worden, die Funktion der Fenstergefäße zu deuten. Roeder[745] schließt sich Jahn an und sieht in den Fenstergefäßen Ersatz oder Nachahmung der seltenen und kostbaren römischen Glasgefäße und stellt sie damit in den profanen Bereich. Schmidt[746] betont in diesem Zusammenhang die geistig-religiöse Komponente, die magische Wirkung beim Leeren der Gefäße. Tatsächliche Verwendung belegen die Abnutzungsspuren z. B. auf dem Gefäß aus Kasseedorf[747]. Hinzuweisen ist jedoch auf ein Gefäß aus Gettorf[748] und ein weiteres aus Pinnow[749], bei denen auf ein Loch im Boden eine Scherbe gelegt war. Keiling macht zu Recht darauf aufmerksam, daß die Scherbe des Pinnower Gefäßes bei profaner Verwendung hätte verkittet sein müssen. Auch reine Zierfunktion ist nach Šakar nicht völlig auszuschließen[750].

Es muß meiner Ansicht nach nicht notwendigerweise nur ein Verwendungszweck angenommen werden, denn einmal handelt es sich bei den Fenstergefäßen um eine weit verbreitete und zeitlich verhältnismäßig lang andauernde Erscheinung, und zum anderen wurden verschiedene Gefäßformen benutzt[751], die unterschiedliche Funktionen nahelegen[752].

737 Thaerigen, Nordharzgruppe 60.

738 Thaerigen, Nordharzgruppe 60.

739 z. B. Kasseedorf, Kr. Ostholstein: Artikus, Kasseedorf 303; Großpaschleben, Kr. Köthen: Laser, Katalog Taf. 30,27. Es ist natürlich zu berücksichtigen, daß in der Mehrzahl die Fenster im Boden eingelassen sind.

740 Thaerigen, Nordharzgruppe 60.

741 Roeder, Fenstergefäße 176 und Abb. 35.

742 Roeder, Fenstergefäße 180.

743 Vgl. Šakar, Fensterurnen 429 ff.

744 Vgl. Schmidt, Wulfen 275 ff.

745 Roeder, Fenstergefäße 180.

746 Schmidt, Wulfen 294 f.

747 Artikus, Kasseedorf 303.

748 Artikus, Kasseedorf 304.

749 Keiling, Schwerin 138 Abb. 2a.

750 Šakar, Fensterurnen 429 ff. Šakar erwähnt in diesem Zusammenhang einen mit Glas besetzten Spinnwirtel aus Zuravka.

751 Auf diesen Umstand macht auch Šakar aufmerksam. Er unterscheidet zwei Formen, zum einen Trinkschalen mit „Fenstern" und zum anderen Gefäße mit unbestimmbarer Funktion (Šakar, Fensterurnen 429 ff.).

752 Erinnert sei in diesem Zusammenhang an das Urnenharz, das ebenfalls weit verbreitet war und auch verschiedene Funktionen hatte (vgl. „Urnenharz").

Drehscheibenkeramik

Drehscheibengefäße oder -scherben stammen mindestens aus 71 Komplexen. Neun Gefäße sind vollständig (91, Taf. 14; 187, Taf. 28; 295, Taf. 43; 325, Taf. 47; 358, Taf. 51; 364, Taf. 51; 582, Taf. 77; 693, Taf. 91; 728, Taf. 94), drei zum großen Teil erhalten (50, Taf. 7; 376, Taf. 53; 533, Taf. 71). Mit einem weiteren, nur durch wenige Scherben belegten Gefäß (677) liegen insgesamt 13 Stücke vor, die als Urnen dienten[753]. Bei den übrigen Funden mit Ausnahme der Flächenfunde 756 (Taf. 96), 765, 768:2, 778:3 (Taf. 97) und 789 (Taf. 98), die nicht sicher zu beurteilen sind, handelt es sich um Scherben, die in oder mit Urnen zusammen geborgen wurden[754]. Bei weiteren Scherben aus neun Komplexen[755] ist die Bestimmung als Drehscheibengefäßscherben unsicher, ebenso ihre Datierung in die Römische Kaiserzeit oder Völkerwanderungszeit.

Diese Scherben[756] sind entweder zufällig in die Urnen gelangt oder als Reste von Beigefäßen bzw. als Beigabenscherben anzusprechen[757]. Der Befund ist jedoch selten eindeutig zu klären[758]. Für die Scherben 55:2, 118:2, 487:2 und 617:2 ist belegt, daß sie sich im bzw. unter (487:2) dem Leichenbrand befunden haben. Die Scherben 514:2 und jeweils eine Scherbe aus den Gräbern 158 und 561 sind sekundär gebrannt, haben also vermutlich im Scheiterhaufenfeuer gelegen. Auch die häufig beobachtete Zersplitterung der Scherben könnte auf Hitzeeinwirkung zurückzuführen sein. Unsicher ist die Interpretation bei den Scherben 450:2 und 452:2 sowie vermutlich 458:2 und 461:2, die wahrscheinlich jeweils zu einem Gefäß gehören.

Die Mehrzahl der Scherben stammt zwar aus Schalenurnen, aber beim Vergleich mit der Gesamtzahl der Gefäßformen wurden Drehscheibengefäße bei Töpfen und Kümpfen bedeutend häufiger als bei Schalenurnen angetroffen.

753 Aus Grab 364 stammen zwei Gefäße, der Kumpf ist jedoch nicht vollständig erhalten, so daß er wohl als Beigefäß oder Rest einer gestörten Bestattung anzusehen ist.

754 10:2, 54:2 (Taf. 8), 55:2 (Taf. 8), 118:2 (Taf. 18), 158:2, 161:2, 177:2, 192:2, 193:2, 267:2, 277:2, 294:2 (Taf. 43), 295:2 (Taf. 43), 311:2, 349:2, 355:2 (Taf. 50), 379:2, 414:2 (Taf. 57), 429:2, 442:2 (Taf. 60), 447:2 (Taf. 61), 450:2 (Taf. 61), 452:2, 453:2, 454:2, 458:2, 461:2, 472:2, 483:2, 487:2, 496:2 (Taf. 67), 507:2 (Taf. 68), 514:2, 521:2 (Taf. 70), 525:2, 530:2, 539:2, 551:2 (Taf. 73), 561:2 (Taf. 74), 582:2, 614:2 (Taf. 82), 615:2, 617:2, 639:2, 641:2, 657:2, 683:2 (Taf. 90), 686:2, 695:2, 701:2, 705:2, 712:2 (Taf. 92), 718:2, 726A (Taf. 94), 867:2. Nach Angaben im Museum bzw. der Publikation von Thaerigen enthielten auch Grab 159 und U 51 (Kat.-Nr. 855) Drehscheibengefäßscherben.

755 25:2, 45:2, 460:2, 563:2, 571:2 (Taf. 76), 574:2, 585:2, 604:4, 674:2.

756 Oft handelt es sich nur um jeweils eine Scherbe, häufiger liegen jedoch auch zahlreiche, meist allerdings stark zersplitterte Scherben vor.

757 Vgl. Nowothnig, Brandgräber 15.37. — Sehr häufig wurden Drehscheibengefäßscherben in den Urnen des Nettlinger Gräberfeldes gefunden (vgl. Gaedtke-Eckardt, Nettlingen).

758 Vgl. ,,Grabausstattung''.

Materialanalyse

Die Drehscheibenkeramik des Pfingstberger Gräberfeldes zeichnet sich meist durch eine im Bruch graue Farbe aus. Das Spektrum reicht von hell- bis dunkelgrau. An Innen- und Außenseiten überwiegen demgegenüber ins Braune gehende Farbtöne. Dunkelbraune bis schwarze Oberflächen finden sich an den Gefäßen, die nachträglich poliert wurden (25:2, 50, 91, 187, 295, 533, 582, 756, 768:2, 789:2). Die übrigen Gefäße sind nicht überarbeitet, d. h. außen und innen rauh. Nicht in diese Gruppe gehören die Scherben 442:2 und 756. Mit Urne 442 wurde eine Scherbe eines Gefäßes mit Standring zusammen gefunden. Sie ist weiß und hat eine ‚mehlige' Oberfläche. Es dürfte sich um den Rest eines importierten römischen Gefäßes handeln. Als Streufund (Kat.-Nr. 756) wurden Scherben eines auch im Bruch schwarzen Gefäßes mit polierter Außenseite geborgen. Es ist mit der Haßlebener Drehscheibenkeramik bzw. der aus Haarhausen[759] zu verbinden.

Hergestellt wurden die Gefäße in der Regel aus sehr fein gemagertem Ton. Häufiger wurden allerdings einzelne grobe Partikel, — verwendet wurde Schamott — beigemengt. Nur bei den Gefäßen 295, 376, 571:2, 574:2 und 585:2 ist die Korngröße der Magerung als fein anzusprechen.

Drehriefen, die häufiger im Unterteil festgestellt wurden, deuten darauf hin, daß eine schnell rotierende Töpferscheibe benutzt wurde. Die Unregelmäßigkeiten in der Form wie zum Beispiel eine schwach ovale Mündung (z. B. 728) dürften später — etwa beim Abnehmen von der Drehscheibe — entstanden sein. Die Füße wurden möglicherweise nach dem Formen auf der Drehscheibe angebracht[760] bzw. nachträglich überarbeitet (50, 376)[761].

Für die Drehscheibenkeramik des Pfingstberger Gräberfeldes sind verhältnismäßig geringe Brenntemperaturen anzunehmen, denn alle untersuchten Scherben ließen sich mit Talk oder Gips, den Mineralien 1 und 2 der Härteskala nach Mohs zur Feststellung der Ritzhärte, ritzen und sind entsprechend als weich einzuordnen[762]. Brenntemperaturen von 500 bis 600 æC rekonstruiert Seemann nach Durchführung von Brennversuchen für die Drehscheibenkeramik aus Gielde[763].

Typen

Die Pfingstberger Drehscheibengefäße bilden eine verhältnismäßig enge Gruppe. Bei vielen Gefäßen sind zwar auf

759 Dušek, Produktion.

760 Bei den Urnen 358 und 364 ist der Standring nicht überall gleichweit von der Gefäßmitte entfernt.

761 Seemann geht davon aus, daß es sich nicht um Massenfabrikate handelt, da keine zwei in Form und Größe identischen Gefäße gefunden wurden (Seemann, Gielde 92). Die Urnen 187 und 295 gehören zwar eng zusammen, sind aber nicht völlig identisch. Die Abweichungen zwischen beiden Gefäßen zeigen, daß keine Formschablonen benutzt wurden.

762 Vgl. ,,Materialanalysen''.

763 Seemann, Gielde 106 ff.

Grund des Erhaltungszustandes keine genauen Aussagen mehr möglich, aber die vorhandenen Scherben lassen sich in das Bild einfügen, das die vollständigeren Gefäße ergeben. Es handelt sich ausschließlich um Schalenurnen — andere Gefäßformen sind nicht nachzuweisen —, die sich mit den handgemachten Schalenurnen vergleichen lassen und deshalb auch mit ihnen zusammen behandelt werden.

Die Gefäße zeichnen sich durch einen ausgeprägten Rand aus, lediglich Urne 91 hat einen unbetonten Rand[764]. Mit einer Ausnahme (582) weisen die Drehscheibengefäße einen Standring bzw. -fuß (728) auf[765]. Nach der Form von Hals, Schulter bzw. Oberteil und Umbruch lassen sich vier Typen unterscheiden, die alle durch plastische Verzierungen geprägt sind, denn charakteristischerweise sind die beurteilbaren Gefäße mit Wülsten, Facetten oder Leisten dekoriert[766]. Diese Ornamente bieten sich allerdings bei der Herstellung mittels Drehscheibe an. Sieben Gefäße weisen eine gegliederte Schulter auf, die bei den Urnen 187, 295 und 728 vom Hals abgesetzt ist (S11) und bei den Urnen 50, 325, 364 und 533 absatzlos in den Hals übergeht (S12). Das Gefäß 450:2 hat einen einschwingenden Hals und einen durch Facette gegliederten Umbruch (S16). Die Gefäße 91, 358, 376, 582 und 693 zeichnen sich durch ein profiliertes Oberteil (S19) aus.

Größe

Die Größe der Gefäße ist sehr unterschiedlich. Nach den Volumina lassen sich vier Gruppen trennen — Gefäße mit einem Volumen von 250 cm^3 (728), von 875 bis 725 cm^3 (91, 364, 693), von 2750 bis 2050 cm^3 (325, 358, 582) und über 4000 cm^3 (187, 295). Entsprechend verhält es sich mit den einzelnen Maßen. Geringste Höhe (7,1 cm) und Breite (8,7 cm) weist Urne 728 auf, maximale Höhe (15,7 cm) und Breite (25,1 cm) finden sich bei Urne 295. In den Proportionen zeigen sich dagegen stärkere Gemeinsamkeiten. Läßt man die extrem hohe Urne 728 mit einem Breiten-Höhen-Verhältnis von 1,2:1 und die extrem breite Urne 693 mit 1,9:1 unberücksichtigt, liegt das Verhältnis zwischen 1,5:1 und 1,7:1. Die Verengung im Oberteil ist bei allen Gefäßen relativ gering (die geringste Weite zur Breite liegt zwischen 0,87:1 und 0,97:1). Der Umbruch befindet sich meist leicht oberhalb der Gefäßmitte, bei Urne 364 deutlich darüber und bei Urne 582 deutlich darunter.

Die Größe der nur in wenigen Scherben erhaltenen Gefäße ist nur schwer zu beurteilen. Die Wandstärke ermöglicht jedoch eine ungefähre Einschätzung. Wenngleich keine feste Relation zwischen Größe und Wandstärke besteht, so zeigt sich dennoch, daß die kleinen Gefäße dünnere Wandungen haben. Auffälligerweise zeichnet sich die Mehrzahl der Scherben durch eine geringe Wandstärke aus, deshalb dürfte es sich bei den ‚Beigefäßen' meist um relativ kleine Gefäße gehandelt haben.

764 Randscherben liegen auch aus den Komplexen 54, 294, 295, 355, 414, 450, 458, 507, 521, 561, 571, 614, 641, 683 und 726A vor. Bei allen ist der Rand betont.

765 Standringe sind auch für 496:2, 539:2, 551:2 und vielleicht auch 657:2 nachgewiesen. 756 hatte ebenfalls einen ausgeprägten Fuß.

766 Plastische Verzierungen finden sich auch bei den Scherben 54:2, 55:2, 158:2, 294:2, 379:2, 447:2, 460:2, 514:2, 561:2, 582:2, 639:2, 657:2, 712:2 und 789.

Zur Herkunft

Die Frage nach der Herkunft der Drehscheibenkeramik stellt sich, weil zur Fertigung eine Technik erforderlich ist, die in der älteren Römischen Kaiserzeit im betreffenden Gebiet nicht angewendet worden ist. Wenn es sich bei den Gefäßen nicht um Importware gehandelt hat, muß zumindest das Herstellungsverfahren übernommen worden sein.

Um Aufschluß über die Herkunft der Drehscheibenware zu erlangen, werden die Pfingstberger Drehscheibengefäße nicht nur mit denen anderer Fundorte verglichen, sondern auch mit der handgemachten Keramik vom Pfingstberg. So kann festgestellt werden, inwieweit die Drehscheibenware einen eigenständigen Charakter hat. Aus dem Vergleich der handgemachten Pfingstberger Keramik mit der Drehscheibenware anderer Fundorte ergeben sich interessante Aspekte.

Vergleich der Pfingstberger Drehscheibenkeramik mit der anderer Fundorte im germanischen Gebiet

Direkte Parallelen zu den Pfingstberger Drehscheibengefäßen liegen nicht vor. Verhältnismäßig enge Beziehungen bestehen zwischen den Urnen 325, 358 und Gefäßen aus Šaratice[767]. Urne 364 ist mit den Gefäßen aus Braunschweig-Rüningen und Räbke-Lelm zu verbinden[768]. Auf die Verwandtschaft von Urne 91 mit einem Gefäß aus Nordstemmen[769] ist bereits von Nowothnig hingewiesen worden. Dieses ebenfalls kleine Gefäß mit Standring hat wie das Pfingstberger Exemplar ein fast senkrechtes, gegliedertes Oberteil[770]. Mit Urne 50 entfernt verwandt ist ein Gefäß aus Zernikow[771]. Darüber hinaus gibt es Gemeinsamkeiten hinsichtlich der Farbe (meist grau) und der Verwendung fein geschlämmten Tons[772]. Allerdings sind die charakteristischen plastischen Verzierungen auf zahlreichen Drehscheibengefäßen von Fundorten der näheren Umgebung als auch von weiter entfernten Fundplätzen[773] bekannt. Besonders enge Verbindungen bestehen zur sog. braunschweigischen[774] und zur sog. hannoverschen Drehscheibenkeramik[775]. Die braunschweigische Drehscheibenware ist in Südostniedersachsen um Braunschweig, Wolfenbüttel und

767 Trňáčková, Šaratice Abb. 14,1.2.

768 Busch, Verbreitungskarten Taf. 11.

769 Nowothnig, Brandgräber 47 und Taf. 19,11.

770 Der von Nowothnig angeführte Parallelfund aus Šaratice, Grab 75 (Trňáčková, Šaratice Abb. 14,4) ist wesentlich größer und anders proportioniert.

771 von Müller, Brandenburg Abb. 25c.

772 Vgl. z. B. Leube, Drehscheibenkeramik 142 ff.; Seemann, Gielde 94 ff.

773 Von den zahlreichen Fundplätzen seien nur einzelne herausgegriffen: Leuben: Baumann und Kroitzsch, Leuben 100 ff. — Püggen: Kuchenbuch, Schalenurnenfelder Taf. XXI,7. — Merseburg-Süd: Schmidt, Merseburg-Süd Taf. 9,5.7. Speichrow: Leube, Drehscheibenkeramik 142 ff. — Nur hingewiesen sei auf die Verwandtschaft der Urnen 187 sowie 295 und einer Scherbe aus Inowrocław (Bednarczyk, Inowrocław Abb. 12,7).

774 Räbke-Lelm: Niquet, Ole Hai 306 Abb. 1,b. Hier liegen zahlreiche verwandte Gefäße vor, sie sind bislang jedoch nur z. T. publiziert. — Salzgitter-Lesse: Busch, Salzgitter-Lesse 460 Abb. 2. — Gielde: Wendorff, Gielde Abb. 11,12.

775 z. B. Harkenbleck: Schlüter, Harkenbleck 143 ff.

Helmstedt verbreitet, die hannoversche südlich von Hannover beiderseits der Leine[776].

Vergleich der Pfingstberger Drehscheibenkeramik mit der Drehscheibenware im provinzialrömischen Gebiet

Der Vergleich zwischen germanischer und provinzialrömischer Drehscheibenware ist nötig, weil in den Provinzen die Scheibentechnik angewendet wurde, und es deshalb naheliegt, daß auch die Erzeugnisse Vorbilder waren[777]. Direkte Beziehungen zwischen der Pfingstberger und der provinzialrömischen Drehscheibenware bestehen jedoch nicht, wie es schon Seemann[778] für die von ihm untersuchte braunschweigische Drehscheibenkeramik feststellen konnte. Lediglich die mitteldeutsche Drehscheibenware der Körpergräbergruppe von Haßleben und Leuna ist mit der römischen Nigraproduktion zu verbinden. Bernhard[779] sieht jedoch eine von der Nigraproduktion des Oberrheingebietes unabhängige Entwicklung der mitteldeutschen Drehscheibenware, weil letztere früher auftritt und grau- und nicht brauntonig ist. Allerdings zeigen sich gewisse Anklänge in der Form, und eine Herausbildung der mitteldeutschen Drehscheibenkeramik ohne direkte römische Einflüsse ist nach Bernhard undenkbar. Zum einen spielt jedoch die Warenart keine entscheidende Rolle, und zum anderen hebt sich die mitteldeutsche Drehscheibenkeramik der sog. ,,Fürstengräber'' deutlich von der anderer Fundorte ab, so daß hier eine Beeinflussung wahrscheinlich ist. Inwieweit das Pfingstberger Gefäß 756 mit der Keramik von Haßleben-Leuna über das Material hinaus zu verbinden ist, kann auf Grund des schlechten Erhaltungszustandes nicht geklärt werden.

Vergleich zwischen der Drehscheibenware und der handgemachten Keramik vom Pfingstberg

Die Pfingstberger Drehscheibenkeramik zeigt enge Verbindungen zu den handgemachten Schalenurnen[780]: Größe, Proportionierung und allgemeiner Gefäßaufbau entsprechen sich. Bei der Herstellung von Drehscheibengefäßen wird also auf vorhandenes Formengut zurückgegriffen. Darüber hinaus finden sich an einigen Drehscheibengefäßen polierte Oberflächen. Die Fertigung der Drehscheibengefäße hat sich demnach an der der handgearbeiteten Keramik orientiert[781]. Man könnte sogar einen Schritt weitergehen und behaupten, daß eine Angleichung[782] versucht wurde.

Andererseits gibt es auch eine Reihe von handgemachten Stücken, die den Drehscheibengefäßen direkt zur Seite zu stellen sind. Die Verzierung der Drehscheibengefäße 187 und 295 begegnet auf Urne 563 (Taf. 75). Urne 856 (Taf. 105) zeigt starke Übereinstimmungen mit den gedrehten Gefäßen 325 und 533. Mit Urne 50 sind die Urnen 41 (Taf. 6) und 355 (Taf. 50) zu verbinden. Die Urnen 73 (Taf. 10), 543 (Taf. 72) und 925 (Taf. 109) zeigen Anlehnungen an 450:2. Den gedrehten Gefäßen 358, 376 und 582 können die Urnen 434 (Taf. 59), 466 (Taf. 63) und 499 (Taf. 67) zugeordnet werden. Urne 91 bildet auf Grund ihrer Größe und Proportionierung sowie des fast senkrechten Oberteils mit den Urnen 47,178, 345, 410 und 411 (vgl. S18 und S19) eine eigene Gruppe von Schalenurnen.

Bei diesen Übereinstimmungen ist die Richtung der Beeinflussung zwar nicht mit Sicherheit festzustellen, aber die Art der Verzierung könnte darauf hindeuten, daß die Drehscheibenware den Anstoß zu neuen Formen und Verzierungen gegeben hat[783], denn Facetten, Wülste, Riefen und vor allem gekielte Leisten sind Ornamente, die beim Drehen verhältnismäßig leicht zu erzeugen sind. Die Verbindung zwischen Drehscheibengefäßen und handgemachter Keramik ist auch an anderen Fundorten festgestellt worden[784], wobei vor allem die Drehscheibenkeramik als der gebende Teil angesehen wird. Rybová[785] hat den meisten Typen gedrehter Keramik vom Gräberfeld von Plotiště solche handgemachter Nachahmungen gegenüberstellen können. Nur ausnahmsweise imitiert dort die Drehscheibenware die handgeformte Keramik. Im übrigen unterscheidet sich die Drehscheibenkeramik in Plotiště stärker von der handgemachten Keramik, als es bei den Pfingstberger Funden der Fall ist.

Vergleich der handgemachten Gefäße vom Pfingstberg mit der Drehscheibenkeramik anderer Fundorte

Die Verbindungen zwischen handgemachter und gedrehter Keramik zeigen sich auch durch den Vergleich der handgemachten Pfingstberger Schalenurnen mit gedrehten Gefäßen anderer Fundorte. So hat Urne 654 (Taf. 87) deutliche Beziehungen zu den gedrehten Gefäßen aus Räbke-Lelm und Rebenstorf[786]. Die auf dem Pfingtberg häufig gefundenen Gefäße mit Facetten (z. B. 103, Taf. 15) sind mit Drehscheibengefäßen aus Treugeböhla, Großpaschleben, Očkov oder Kostelec[787] zu verbinden. Urne 355 (Taf. 50) ist mit einem Gefäß aus Zernikow[788] verwandt. Ein weiteres Rebenstorfer Gefäß[789] hat enge Verbindung zu Urne 85 (Taf. 12). Gemeinsamkeiten zeigen auch Urne 95 (Taf. 14) und ein drittes Drehscheibengefäß aus Rebenstorf[790]. Der steile Hals und die kleine vorspringende Schulter bei den Gefäßen aus Hannover-Ricklingen und Ahrbergen[791] kennzeichnen auch Urne 382 (Taf. 54). Möglicherweise gehört auch das

776 Zusammenstellungen der Fundorte finden sich bei von Uslar, Drehscheibenkeramik 249 ff.; Seemann, Gielde 96 ff.; Busch, Verbreitungskarten 69 ff.; ders., Gielde 139 Anm. 16; Zedelius, Drehscheibenkeramik 445 ff.

777 Beziehungen wurden verschiedentlich angenommen. Eine Übersicht über die unterschiedlichen Auffassungen mit entsprechenden Literaturhinweisen findet sich bei von Uslar, Drehscheibenkeramik 255 f. Vgl. dazu auch Ziegel, Thüringe 33 ff.

778 Seemann, Gielde 94.

779 Bernhard, Terra nigra 107 ff.

780 Vgl. Laser, Brandgräber 44.

781 Vgl. Knaack, Germanen 126.

782 In diese Richtung weist auch die nachträgliche Überarbeitung von gedrehten Gefäßen, die Geisler festgestellt hat (Geisler, Jessen 76 f.; ders., Achsabdrücke 47).

783 Dagegen spricht nicht, daß Urne 91 vermutlich jünger als die übrigen genannten Gefäße ist.

784 Vgl. z. B. Svoboda, Völkerwanderungszeit 339 f.

785 Rybová, Plotiště 108 ff.

786 Räbke-Lelm: Krone, Braunschweig 115. — Rebenstorf: Körner, Rebenstorf Taf. 6, MBl 1 368.373.

787 Treugeböhla: Meyer, Katalog Abb. 119,4. — Großpaschleben: Laser, Katalog Taf. 30,78. — Očkov: Kolnik, Očkov Taf. III,3. — Kostelec: Zeman, Mähren Abb. 18,Aa.

788 von Müller, Mark Brandenburg 143 und Abb. 25,c.

789 Körner, Rebenstorf Taf. 6, Lbrg 1672.

790 Körner, Rebenstorf Taf. 6, Lbrg 2343.

791 Nowothnig, Brandgräber Taf. 12.2; 4,4.

fragmentierte Drehscheibengefäß aus Kostelec, Grab 321[792], dazu. Auch das engmündige Gefäß 62 (Taf. 9) könnte an das nur fragmentiert erhaltene Gefäß aus Breslack[793] anzulehnen sein. Urne 119 sind Funde aus Räbke-Lelm[794] zur Seite zu stellen. Bei Schalen mit Fuß (z. B. 291) handelt es sich um eine einfache Form, die nicht mit gedrehten Gefäßen in Zusammenhang gebracht werden muß.

Zusammenfassend läßt sich feststellen, daß sich die Formgebung der Drehscheibenkeramik zunächst an die der handgemachten Schalenurnen anlehnt, die Form nahezu kopiert wird. Besonders deutlich wird das z. B. an dem streng profilierten Gefäß aus Rebenstorf MBI 1 368 (Stufe C1b). Später entwickelt sich die Drehscheibenware etwas eigenständiger und scheint auch z.T. die handgemachte Keramik beeinflußt zu haben, eine enge Verbindung zwischen beiden Gruppen bleibt jedoch bestehen.

Beim Vergleich der Drehscheibenware verschiedener Fundorte zeigen sich in Material, Form und Verzierung Gemeinsamkeiten. Sie sind jedoch nicht als Hinweis auf direkte Beziehungen zu verstehen. Es handelt sich um Stileigentümlichkeiten, die allgemein verbreitet waren und die sich ja auch in der handgemachten Keramik abzeichnen. Wichtiger ist, daß die Gefäße nicht übereinstimmen, sondern eher lokal geprägt sind. Daraus ist auf eine einheimische Produktion[795] und zwar in der Nähe des Fundplatzes, zu schließen. Diese lokale Prägung bzw. die Variationsbreite der Drehscheibenware insgesamt sowie ihr Vorkommen sprechen auch gegen Töpferzentren, wie sie zum Beispiel in Igołomia bei Krakau[796] für die Przeworskkultur belegt sind. Drehscheibenware ist mittlerweile von so vielen Fundplätzen, — Siedlungen und Gräberfeldern[797] — bekannt, daß eine Produktion für den Eigenbedarf der Siedlungen[798] wahrscheinlich ist. Es ist daher auch anzunehmen, daß die Technik von den Germanen beherrscht wurde. Von einer bloßen Übernahme der Technik geht auch Svoboda[799] aus: „die neu erworbene Arbeitsmethode bewirkte aber keine einheitliche Form, ganz im Gegenteil, die über weite Gebiete verstreuten Werkstätten drehten Gefäße nach einheimischen Mustern".

Zur Datierung

Für Aussagen über die Herleitung der Drehscheibenware ist ihre Datierung eine wesentliche Voraussetzung. Drehscheibenkeramik tritt ab dem 3. Jahrhundert auf. Stufe C2 ist durch die reichen „Fürstengräber" Mitteldeutschlands hinreichend belegt, aber auch für Stufe C1 gibt es einige Nachweise. Die Gräber 74 und 80 aus Wilhelmsaue[800] gehören nach den Beigaben — Fibeln mit hohem Nadelhalter in Grab 74 und Riemenzunge und Schnalle in Grab 80 — in Stufe C1. Grab 62 dieses Gräberfeldes enthielt neben Drehscheibenkeramik Terra sigilata, die ins späte 2. Jahrhundert oder in die erste Hälfte des 3. Jahrhunderts zu setzen ist[801]. Schach-Dörges stellt dieses Grab in Stufe C1 oder ins frühe C2[802]. Auch für eine Scherbe aus Britz[803] ist ein zeitlicher Ansatz in Stufe C1 anzunehmen. Die Scherbe wurde mit hauptsächlich B2-zeitlicher Keramik zusammengefunden. Schon Schulz[804] hat darauf hingewiesen, daß die odergermanische Drehscheibenware gegenüber der elbgermanischen früher auftritt. Doch auch die elbgermanische Drehscheibenkeramik ist für Stufe C1 belegt. Keller[805] datiert das o. g. Rebenstorfer Gefäß (MBI 1 368) auf Grund der mitgefundenen Fibel mit hohem Nadelhalter (A VII, 3) in Stufe C1b[806].

Die vollständigen oder weitgehend erhaltenen Drehscheibengefäße des Pfingstberger Gräberfeldes lassen sich an Hand der Beigaben nicht zeitlich einordnen. Datierungsansätze mit Hilfe von Beigaben sind lediglich bei einem Teil der mit anderen Urnen zusammen gefundenen Scherben möglich. Hier ist jedoch zu berücksichtigen, daß die Scherben meist nicht sicher dem Grabkomplex zuzuweisen sind. Wenige dieser Komplexe könnten ins 3. Jahrhundert gehören, wobei eher an Stufe C2 als an C1 zu denken ist. Für die Mehrzahl der datierbaren Komplexe kommt nach den Kämmen (192, 267, 355, 496, 514, 657, 867) bzw. der Fibel aus Grab 561 ein Ansatz ab Stufe C2 in Betracht, die Keramik dieser Gräber bzw. die Schnalle aus Grab 267 verweisen jedoch ins 4. Jahrhundert. Urne 294 dürfte bereits der Völkerwanderungszeit zuzurechnen sein[807].

Die den Pfingstberger Drehscheibengefäßen vergleichbaren Gefäße gehören — soweit datierbar — ebenfalls ins 4. und 5. Jahrhundert[808]. Die Gefäße aus Šaratice werden von Trňáčková[809] ins 4. Jahrhundert gestellt. Die Datierung erfolgt über zwei durch Fibeln ins 4. Jahrhundert datierte Gräber aus Kostelec (Gräber 201 und 415). Nach Überlagerung in Očkov fällt der Beginn der Drehscheibenkeramik in Očkov in die Zeit um 300 n. Chr., durch Überlagerung in Šaratice ließ sich feststellen, daß Drehscheibenware in Mähren noch in der zweiten Hälfte des 4. Jahrhunderts hergestellt wurde. Bereits in die Völkerwanderungszeit werden die Funde aus Berlin-Marzahn[810], Merseburg-Süd, Körpergrab 19[811] (Hocklage), Harkenbleck[812] und Nordstem-

792 Zeman, Mähren Abb. 65,Aa.

793 Geisler, Breslack 144 Abb 5,1.

794 Thaerigen, Nordharzgruppe Abb. 36.

795 Vgl. z. B. Kuchenbuch, Schalenurnenfelder 18 f.

796 Dobrzańska, Ceramics 48 ff.

797 Eine Produktionsstätte für Drehscheibenkeramik konnte in Haarhausen bei Arnstadt untersucht werden (Dušek, Produktion 5 ff.).

798 Vgl. Zedelius, Drehscheibenkeramik 456.

799 Svoboda, Mitteleuropa 329.

800 Schach-Dörges, Wilhelmsaue 84.

801 Schach-Dörges, Wilhelmsaue 79.

802 Schach-Dörges, Wilhelmsaue 84.

803 Kohtz, Drehscheibenware 169 ff.

804 Schulz, Ost- und Elbgermanen 87.

805 Keller, Chronologie 251 ff.

806 Auch Seemann setzt dieses und vergleichbare Gefäße ins 3. Jahrhundert. Die beiden vom Pfingstberger Gräberfeld zur Bestätigung herangezogenen Gefäße 248 (nicht 848) und 647 weisen lediglich gewisse Ähnlichkeiten auf (Seemann, Gielde 95).

807 Die von Seemann für Urne 565 angegebenen Drehscheibengefäßscherben sind entweder verloren oder stammen aus einem anderen Grab (Seemann, Gielde 95).

808 Es ist daher nicht unwahrscheinlich, daß die anderen Drehscheibengefäße, auch wenn für sie Vergleichsfunde fehlen, entsprechend zu datieren sind.

809 Trňáčková, Šaratice 608 f.

810 Seyer, Besiedlung 195 ff.

811 Schmidt, Merseburg-Süd 210.

812 Schlüter, Harkenbleck 143 ff.

men[813] eingeordnet. Schlüter faßt in seiner Publikation über Harkenbleck die Überlegungen Nowothnigs zur Datierung der Drehscheibenware im Raum Hannover zusammen und fügt eine eigene Beurteilung an: ,,W. Nowothnig datiert die Drehscheibenkeramik aus der Umgebung von Hannover später als dies für die Ware der anderen Gebiete üblich ist, nämlich in das 5. Jahrhundert. Als Beleg für seine Auffassung führt er erstens einen Befund aus dem Gräberfeld Ricklingen an. Hier wurde eine profilierte Drehscheibenschale in unmittelbarer Nähe einer in die Zeit um 500 zu datierenden Thüringer Drehscheibenschale mit eingeglätteten Mustern gefunden. Da nach W. Nowothnigs Ansicht Funde des 4. Jahrhunderts auf dem Gräberfeld mit absoluter Sicherheit fehlen, sei damit zu rechnen, daß die beiden Gefäße im gleichen Zeitraum in die Erde gelangten. Zweitens weist W. Nowothnig auf das oben bereits erwähnte Grab 79 aus Stößen, Kr. Hohenmölsen[814] hin, das neben zwei profilierten Drehscheibenschalen einen Dreilagenkamm mit hoher dreieckiger Griffplatte und eine Thüringer Zangenfibel enthielt. Die Fibel erlaubt eine Einordnung des Grabfundes in die Zeit von der 2. Hälfte des 5. Jahrhunderts bis zum beginnenden 6. Jahrhundert. Auch wenn die Fundsituation vom Gräberfeld Ricklingen nicht als schlüssiger Beweis für W. Nowothnigs Auffassung gelten kann und die Fundvergesellschaftung des Grabes 79 von Stößen nicht verallgemeinert werden darf — darauf weist schon der Kamm hin, für den gewöhnlich ein früherer Zeitabschnitt in Anspruch genommen wird —, so ist ein Auftreten der Drehscheibenkeramik im Raum Hannover doch erst bzw. noch im 5. Jahrhundert wahrscheinlich.''[815] Die Urnen 91 und vielleicht 364 können daher in die frühe Völkerwanderungszeit gestellt werden.

Für das Pfingstberger Gräberfeld scheint Drehscheibenkeramik als Leichenbrandbehälter oder Beigefäß bzw. Beigabenscherben demnach ab dem 4. Jahrhundert verwendet worden zu sein. Vermutlich war sie erst in dieser Zeit in größerem Umfang vorhanden.

813 Nowothnig, Brandgräber 38 ff.

814 Schmidt, Völkerwanderungszeit 20 Abb. 6.

815 Schlüter, Harkenbleck 153.

Beigaben

Tracht und Schmuck

Fibeln

Vom Pfingstberg liegen 23 Fibeln vor, 20 stammen sicher aus Grabkomplexen (9, 154, 196, 208, 218, 233, 248, 378, 426, 444, 446, 561, 645, 647, 821, 848, 850, 915), zwei Fibeln wurden ohne sicheren Grabzusammenhang in der Fläche geborgen (791, 793) und eine weitere, von Niquet ausgegrabene, läßt sich heute nicht mehr zuweisen (Kat.-Nr. 803). Die Fibeln wurden vor allem im südlichen Teil des Gräberfeldes geborgen (Karte 9). Grab 378 und Grab 44 der Grabung 1937 (Kat.-Nr. 848) enthielten jeweils zwei Fibeln. In Grab 378 fanden sich zwei gleichartige Scheibenfibeln, in Grab 848 eine Scheibenfibel und eine Fibel mit festem Nadelhalter. Alle übrigen Komplexe enthielten nur eine Fibel. 17 sind aus Bronze hergestellt, vier aus Eisen und eine aus Silber. Die Achse wurde bei der Silberfibel aus Bronze und bei einigen Bronzefibeln aus Eisen gefertigt (z. B. 848).

Nur noch fünf Fibeln sind weitgehend vollständig erhalten, bei weiteren fünf Fibeln ist eine genauere Bestimmung der Form nach Almgren möglich, bei sieben nur die der Gruppe, und bei den restlichen sechs Fibeln ist lediglich festzustellen, daß es sich um Armbrustfibeln gehandelt hat.

Die bestimmbaren Fibeln verteilen sich auf die großen spätkaiserzeitlichen Fibelgruppen. Aus der Gruppe der Scheibenfibeln liegen sieben Exemplare vor, aus der Gruppe A VII, der Fibeln mit hohem Nadelhalter, zwei, und aus der Gruppe A VI insgesamt acht, wobei nur eine auf die Serie 1, die Fibeln mit umgeschlagenem Fuß, entfällt, bei den übrigen sieben handelt es sich um Fibeln mit festem Nadelhalter.

Scheibenfibeln

Von den sieben aus Bronze[816] hergestellten Scheibenfibeln lassen sich nur die aus den Gräbern 154, 248 und 848 näher bestimmen.

Von der beschädigten Fibel aus Grab 154 (Taf. 23) sind Teile der Scheibe, der Nadelhalter und die Spirale mit Nadelrest erhalten. Die Länge beträgt noch 3,7 cm. Für den Nadelhalter ist ein Teil der Scheibe herausgeschnitten und nach unten gebogen worden. Es handelt sich daher vermutlich um eine Scheibenfibel in Tierform, denn bei regelmäßiger geformten — ovalen, runden oder blattförmigen — Scheibenfibeln wäre das kaum möglich[817].

Aus Grab 248 (Taf. 37) stammt eine runde Scheibenfibel mit Mittelniet und hohem Nadelhalter. Der Durchmesser der Scheibe beträgt etwa 2,9 cm. Sie gehört — dem Gliederungsschema von Thomas[818] folgend — zu den Scheibenfibeln mit gewölbtem Blechbelag, bei denen der Belag nur durch einen Mittelniet befestigt wurde (Thomas Typ B, Serie 2, Variante 1). Der Belag ist beim Pfingstberger Stück allerdings nicht erhalten.

Um eine ähnliche Fibel könnte es sich bei dem stark zerschmolzenen Bronzerest aus Grab 233 (Taf. 34) gehandelt haben. Die vorhandenen Reste deuten auf Mittelniet und hohen Nadelhalter.

Grab 44 der Grabung 1937 (Kat.-Nr. 848, Taf. 104) enthielt neben einer Fibel mit festem Nadelhalter eine bronzene Scheibenfibel[819]. Die Scheibe ist heute stark beschädigt, Blechbelag und Nadelhalter fehlen. Es handelt sich um eine runde Scheibenfibel mit einem Durchmesser von etwa 3,7 cm und ursprünglich hohem Nadelhalter[819]. Die Fibel läßt sich dem von Thomas[820] definierten Typ A, den Fibeln mit flachem Blechbelag zuweisen, ohne den Belag ist jedoch eine genauere Klassifizierung nicht möglich.

Urne 378 enthielt die Reste von zwei Scheibenfibeln (Taf. 53). Von beiden sind Nadel, Spirale und die Halterung für die Scheibe erhalten. Bei einer Fibel (378:2) befindet sich auf der Halterung eine konkave rechteckige Platte. Die Nadellänge liegt bei 4 cm.

Von einer weiteren Scheibenfibel (915) liegt nur eine sehr grobe Skizze vor (Abb. 32), die von Studienrat Siebers angefertigt worden ist. Es handelt sich um eine kleine Scheibenfibel mit hohem Nadelhalter, die Form der Scheibe ist nicht mehr festzustellen.

Scheibenfibeln treten mit Beginn der späten Römischen Kaiserzeit auf. Zu den frühesten Typen gehören die Scheibenfibeln in Tierform. Da sie im wesentlichen mit streng profilierten Gefäßen zusammen auftreten und das eine Exemplar aus Preetz in Zone 1 lag, möchte Keller die Tierfibeln in Stufe C1a setzen[822]. Auch das Pfingstberger Stück gehört zu einer streng profilierten Urne.

Scheibenfibeln mit Blechhauben waren nach ihrem Vorkommen in Preetz in den Zonen 1 bis 4 vergleichsweise länger in Gebrauch. Sie sind aber im wesentlichen mit C1-zeitlichen Fibeln vergesellschaftet, so daß sich nach Keller[823] ein Ansatz in Stufe C1 ergibt. Eine verhältnismäßig frühe Datierung ist auch für das Gefäß 248, in dem die Fibel lag, wahrscheinlich.

Nach Keller[824] gehören auch Scheibenfibeln mit einem Durchmesser unter 5 cm in Stufe C1. Sie sind häufiger mit Fibeln mit hohem Nadelhalter gefunden worden, aber auch

816 Für das Stück 917 ist eine Materialangabe nicht mehr möglich.

817 Vielleicht ist auch bei der von Kuchenbuch abgebildeten Eberfibel aus Cheine entsprechend verfahren worden (Kuchenbuch, Schalenurnenfelder Taf. XXVIII,11).

818 Thomas, Scheibenfibeln 31 ff.

819 Bei Thomas unter der Nr. 355 aufgenommen (Thomas, Scheibenfibeln 122).

820 Thaerigen, Nordharzgruppe 65.

821 Thomas, Scheibenfibeln 18 ff.

822 Keller, Chronologie 252 f.

823 Keller, Chronologie 252 f.

824 Keller, Chronologie 252 f.

mit Scheibenfibeln mit Blechhauben. Das Pfingstberger Exemplar (848) stammt aus einem Grab, das eine Armbrustfibel mit festem Nadelhalter enthielt. Derartige Fibeln sind nach Keller[825] in Stufe C1b zu stellen. Die zugehörige Urne ist streng profiliert und sehr groß, weist also Merkmale auf, die vor allem für C1 charakteristisch sind. Auch der Silberring und der Kapselanhänger aus diesem Grab stehen einer Einordnung des Komplexes in Stufe C1b nicht entgegen.

Die übrigen Pfingstberger Scheibenfibeln sind nur grob bzw. nicht näher zu datieren. Das Stück 915 ist nach Größe und zugehörigem Gefäß vermutlich zu den C1-zeitlichen Formen zu stellen. Sofern es sich bei dem Exemplar aus Grab 233 um eine Scheibenfibel mit Blechhaube gehandelt hat, ist sie ebenfalls in diesen Zeitraum zu setzen. Die zugehörige Urne ist leider nicht vollständig erhalten, so daß sich hier keine Hinweise auf die Datierung ergeben. Die beiden Fibeln aus Grab 378 sind nicht einzuordnen, da der Aufsatz fehlt. Einen Hinweis auf die späte Zeitstellung gibt die zugehörige Urne, die vermutlich dem 4. Jahrhundert zuzuordnen ist. In diesen Zeitraum gehören die Tutulusfibeln, die sich aus den Dosenfibeln der zweiten Hälfte des 3. Jahrhunderts entwickelt haben[826]. Möglicherweise handelt es sich bei den Pfingstberger Stücken ebenfalls um Tutulusfibeln. Die Größe der Nadeln entspricht der der Tutulusfibel aus Issendorf, Grab 130[827], die ebenfalls eine Auflageplatte hat.

Fibeln mit hohem Nadelhalter

Armbrustfibeln mit hohem Nadelhalter (Almgren Gruppe VII) liegen nur in zwei Exemplaren vom Pfingstberger Gräberfeld vor. Die eine Fibel stammt aus Grab 647 (Taf. 86), die andere (Kat.-Nr. 803, Taf. 99) läßt sich keinem Grabverband mehr zuweisen. Sie gehören beide zu Almgrens Serie 2 der Gruppe VII, die Fibeln mit dickem, scharf abgeschnittenen Fußende umfaßt[828]. Beide Stücke haben eine Fußscheibe und sind circa 3,6 cm lang. Der wesentliche Unterschied zwischen beiden liegt in der Gestaltung des Bügels. Während bei 647 der Querschnitt des Bügels trapezförmig ist, ist er bei 803 dachförmig.

Vergleichbare Fibeln zu 647 liegen zum Beispiel aus Rebenstorf[829], Preetz[830] oder Rockenthin[831] und zu Fibel 803 aus Rebenstorf[832] vor. Mit dem zuletzt genannten Stück wurde eine Fibel der Almgren Gruppe VI, 2 gefunden, die sich mit der Pfingstberger Fibel aus Grab 848 vergleichen läßt. Es zeigt sich also eine verhältnismäßig enge Beziehung zwischen dem Lüneburger Raum und Helmstedt.

Die Fußscheibe findet sich allerdings häufiger. Sie begegnet zum Beispiel an Fibeln in Pritzier[833], Kyritz II, Grab 1[834], Cheine[835] oder Sörup[836].

Fibeln mit hohem Nadelhalter der Serie 2 sind der Stufe C1 zuzuweisen[837]. Sie treten bereits in Zone 1 des Gräberfeldes von Preetz[838] auf. Nach Godłowski[839] setzen sie im Verlauf von Stufe C1a ein[840].

Fibeln mit umgeschlagenem Fuß

Die Almgren Gruppe VI, Serie 1, die Fibel mit umgeschlagenem Fuß, ist nur durch ein Exemplar aus Grab 46 der Grabung 1937 (Kat.-Nr. 850, Taf. 104) vertreten. Die Fibel ist fast vollständig erhalten und, wie die Mehrzahl dieser Form[841], aus Bronze hergestellt. Sie hat eine zweigliedrige Armbrustkonstruktion, einen stark gebogenen, im Querschnitt rautenförmigen Bügel und einen schmalen Fuß.

Vergleichbare Fibeln mit rautenförmigem Bügelquerschnitt liegen zum Beispiel aus Bautzen Seidau II, Grab 3[842], und Schlotheim[843] vor. Das Schlotheimer Körpergrab wird von Schmidt ins späte 3. Jahrhundert gesetzt[844], die übrigen Beigaben erlauben aber auch eine frühere Datierung (vgl. S3).

Fibeln mit umgeschlagenem Fuß sind nicht auf Stufe C2 beschränkt. In Pritzier haben sie Anfang des 4. Jahrhunderts ihre größte Verbreitung[845], die Fibel aus Grab 846 gehört bereits ins letzte Drittel des 4. Jahrhunderts[846]. Auch aus Merseburg-Süd liegt eine Fibel mit umgeschlagenem Fuß vor, die in Stufe C3 gestellt wird[847]. Andererseits sind Fibeln der Gruppe VI, 1 mit Fibeln mit hohem Nadelhalter vergesellschaftet[848]. Auch das Grab von Stolpe dürfte nach Schach-Dörges[849] in Stufe C1 gehören. Nach Diaconu[850] treten Fibeln mit umgeschlagenem Fuß in Dakien seit etwa 160 n. Chr. auf. Diaconu unterscheidet vier Typen, den römischen, den dakischen, den sarmatischen und den gotischen Typ. Der römische und der gotische Typ gelangen nach Norden[851]. Sie stehen in enger Verbindung mit der Vermittlung der Kenntnis der Töpferscheibe, die in der ersten Hälfte des 3. Jahrhunderts erfolgte[852].

Fibeln mit festem Nadelhalter

Armbrustfibeln mit festem Nadelhalter (Almgren Gruppe VI, Serie 2) liegen aus den Komplexen 9, 444, 446, 561, 791, 821 und 848 vor. Lediglich zwei Exemplare sind weitgehend

825 Keller, Chronologie 254.

826 Böhme, Grabfunde 19 ff.

827 Janssen, Issendorf Taf. 23,130c; 64.

828 Almgren, Fibelformen 93 ff.

829 Kuchenbuch, Schalenurnenfelder Taf. XXVI,7.

830 Brandt, Preetz Taf. 16,110b.

831 Matthes, Elbgermanen Taf. 13,f.

832 Körner, Rebenstorf Taf. 7,388b.

833 Schuldt, Pritzier 49 Abb. 215.

834 Matthes, Prignitz Taf. 63,361.

835 Kuchenbuch, Schalenurnenfelder Taf. II,2.

836 Raddatz, Sörup Taf. 51,308.

837 Keller, Chronologie 251 ff.

838 Brandt, Preetz.

839 Prof. Godłowski sei für die Information an dieser Stelle herzlich gedankt.

840 Vgl. Godłowski, Chronology 70.

841 Vgl. Schach-Dörges, Bodenfunde 59.

842 Meyer, Katalog Abb. 8,1.

843 Schmidt und Albrecht, Schlotheim 186 Abb. 1,1.

844 Schmidt und Albrecht, Schlotheim 187 ff.

845 Schuldt, Pritzier 101.

846 Schach-Dörges, Bodenfunde 59.

847 Schmidt, Merseburg-Süd 210 und Abb. 18,12.

848 z. B. in Zauschwitz, Grab 60 (Meyer, Zauschwitz Abb. 77).

849 Schach-Dörges, Bodenfunde 59.

850 Diaconu, Fibel 248.

851 Der gotische Typ kann aber auch im Norden auf der Grundlage der Fibel römischen Typs entstanden sein (Diaconu, Fibel 263).

852 Diaconu, Fibel 263.

vollständig erhalten, die übrigen lassen sich nur grob einordnen. Sämtliche Stücke sind aus Bronze hergestellt.

Grab 44 der Grabung 1937 (Kat.-Nr. 848, Taf. 104) enthielt neben der Scheibenfibel eine Fibel mit dreieckigem Fuß und Nadelscheide. Der im Querschnitt rechteckige Bügel ist mit einer sehr eng gestellten Tremolierstichreihe verziert. M. Schulze hat dieses Stück ihrer Gruppe 175)[853] zugeordnet. Diese Gruppe ist jedoch durch den facettierten Bügel gekennzeichnet. Schulze konnte das Stück nicht im Original sehen — daher der Hinweis im Katalog ,,ehem. M. Braunschweig'', da es zum Zeitpunkt ihrer Materialaufnahme nicht auffindbar war[854]. Bei der Abbildung des Stückes hat Schulze einen Bügelquerschnitt ergänzt[855], der bei Thaerigen fehlt. Da Thaerigen in der Beschreibung der Fibel[856] nur den Tremolierstich erwähnt, hat Schulze vermutlich die randbegleitenden Striche auf der Zeichnung für Facetten gehalten. Der rechteckige Querschnitt ist Merkmal der Gruppe Schulze 170)[857].

Von der Fibel aus Grab 17 der Grabung 1937 (Kat.-Nr. 821, Taf. 101) sind der Bügel und ein Teil der Bügelöse sowie der Fuß mit Nadelhalter und Resten der Nadel erhalten. M. Schulze ordnet diese Fibel ihrer Gruppe 145)[858] zu, deren wesentliche Merkmale der lange, im Querschnitt rechteckige Bügel und der lange trapezförmige Fuß mit Nadelscheide sind. Das Pfingstberger Exemplar ist mit randbegleitenden Linien, zwei Linien an der Bügelöse und einer vertikalen Tremolierstichreihe verziert.

Eine weitere Fibel mit langem trapezförmigen Fuß und Nadelscheide stammt aus Grab 446 (Taf. 61). Erhalten ist jedoch nur der Fuß mit Nadelhalter und Bügelansatz. Fuß und Bügel sind durch zwei Linien voneinander getrennt.

Eine Fibel mit spitzem oder sich verjüngendem Fuß und offenem Nadelhalter fand sich in Urne 561 (Taf. 74). Erhalten sind der leicht verschmolzene Bügel mit Fuß und Nadelhalter[859].

Von der Fibel aus Grab 9 (Taf. 1) ist lediglich der stark verbogene, im Querschnitt rechteckige Bügel mit Bügelöse vorhanden. Er ist mit einer Ringpunze verziert worden. Die Fibel, die auch von Schulze[860] in ihren Katalog aufgenommen worden ist, läßt sich nicht näher einordnen. Verzierung mit Ringpunzen haben zum Beispiel die Stücke aus Pritzier[861], Zörbig[862] oder Merseburg-Süd[863].

Urne 444 (Taf. 60) enthielt ein Bronzeblech mit Drahtumwicklung. Es könnte sich hier um den Rest eines Fibelbügels mit Drahtumwicklung handeln. Solche Umwicklungen finden sich häufiger an Schildfibeln zum Beispiel aus Pritzier[864] oder Perdöhl[865]. Die Fibel aus Perdöhl weist einen ähnlich breiten Bügel wie das Pfingstberger Exemplar auf. Aus Dahlhausen I, Grab 3[866], stammt der Rest einer Fibel mit Drahtumwicklung. Die Enden der Drähte berühren sich wie beim Pfingstberger Stück nicht[867]. Diese Fibel läßt sich wie das Stück aus Neu Kaliß[868] lediglich als Fibel mit festem Nadelhalter ansprechen.

In der Grabungsfläche (XX,34) wurde neben Scherben mehrerer Gefäße ein Fibelbügel (791, Taf. 98) geborgen. Es handelt sich um einen breiten bandförmigen, zum Fuß etwas schmaler werdenden Bügel mit breiter Bügelöse, in der sich die Reste einer eisernen Achse befinden. Bügel und Fuß sind durch zwei Linien voneinander getrennt. Die Form der Fibel läßt sich nicht mehr ermitteln.

Fibeln mit dreieckigem Fuß und Nadelscheide werden von Keller[869] in Stufe C1b gesetzt. Sie sind sowohl mit C1a-zeitlichen Fibeln verknüpft als auch mit Fibeln der Stufe C2[870]. In Stufe C1b gehört auch das Pfingstberger Stück 848, da es mit einer kleinen Scheibenfibel zusammen geborgen wurde. Die beste Parallele zu der Armbrustfibel stammt aus Rebenstorf[871]. Die Unterschiede liegen im wesentlichen in dem Fehlen einer Verzierung und in der Form der Öse[872].

Fibeln mit trapezförmigem Fuß gehören nach Keller[873] in die Stufen C2 und C3. Sie treten in Preetz erst in Zone 4 (C2) auf. Für die Pfingstberger Stücke ist nach Schulze[874] der Zeitraum auf die zweite Hälfte des 3. und das frühe 4. Jahrhundert zu beschränken, da die Nadelscheide gegen das fortgeschrittene 4. Jahrhundert spricht. Die Parallelen zur Fibel 821 stammen aus Gielde[875] und Seinstedt (zwei Stücke)[876]. Die Seinstedter Exemplare sind ebenfalls mit Tremolierstich verziert. Das Verbreitungsgebiet dieser Fibeln ist damit verhältnismäßig klein[877].

Tremolierstichverzierte Fibeln sind aber auch aus anderen Gebieten und mit unterschiedlicher Zeitstellung bekannt. Exemplarisch seien die Fundorte Skovsgård[878], Wechmar[879],

853 Schulze, Armbrustfibeln 271 Kat.-Nr. 271.

854 Die Fibel ist erst im Laufe meiner Materialaufnahme wiedergefunden worden.

855 Schulze, Armbrustfibeln Taf. 12,175.

856 Thaerigen, Nordharzgruppe 64 f.

857 Schulze, Armbrustfibeln 97 f.

858 Schulze, Armbrustfibeln 86 und 271 Kat.-Nr. 270.

859 Da sie nur unvollständig geborgen wurde, ist sie zwar von Schulze in den Katalog aufgenommen, aber nicht näher bestimmt worden (Schulze, Armbrustfibeln 271 Kat.-Nr. 268).

860 Schulze, Armbrustfibeln 271 Kat.-Nr. 269.

861 Schuldt, Pritzier 55 Abb. 259.

862 Schulz, Niemberg Abb. 2,4.

863 Schmidt, Merseburg-Süd 199 Abb. 12,2.

864 Schuldt, Pritzier 59 Abb. 274.

865 Schuldt, Perdöhl Taf. 8,80b.

866 Matthes, Prignitz Taf. 8,41.

867 Matthes, Prignitz 14.

868 Schach-Dörges, Bodenfunde Taf. 36,11.

869 Keller, Chronologie 252.

870 Der Fund aus Gundelsheim (Roeren, Südwestdeutschland 83 ff., Taf. 45) ist in die Zeit um 300 n. Chr. zu setzen. Neben der Fibel mit Nadelscheide enthielt die Bestattung mehrere Fibeln mit dreieckigem Fuß und offenem Nadelhalter.

871 Körner, Rebenstorf Taf. 7,MBI 1 388.

872 Durch den Zusammenfund mit einer Fibel A VII, 2, die mit dem Pfingstberger Stück 803 sehr gut zu vergleichen ist, läßt sich die Rebenstorfer Fibel ebenfalls in Stufe C1b einordnen.

873 Keller, Chronologie 253 ff.

874 Schulze, Armbrustfibeln 86.

875 Wendorff, Gielde Abb. 12,10.

876 Niquet, Seinstedt Abb. 12,2.

877 Verwandt ist noch die Fibel aus Westerhamm (Schulze, Armbrustfibeln 89 und Taf. 11,154).

878 Albrectsen, Jernaldergrave Taf. 99,e.

879 Kaufmann, Wechmar Taf. II,1.

Zauschwitz[880] oder das Kastell Saalburg[881] genannt. Ohnehin ist das Ornament nicht auf Fibeln beschränkt[882].

Fibeln mit spitzem oder sich verjüngendem Fuß und offenem Nadelhalter sind ebenfalls den Stufen C2 und C3 zuzuordnen[883]. Das Pfingstberger Stück 561 ist nach der Keramik dem 4. Jahrhundert zuzuweisen.

Die übrigen Fibeln lassen sich zeitlich nicht einordnen.

Sonstige Fibeln

Weitere sechs Fibeln stammen aus den Komplexen 196, 208, 218, 426, 645 und 793. Sie lassen sich als Armbrustfibeln bestimmen, der Typ ist jedoch nicht mehr festzustellen.

Aus Grab 196 (Taf. 29) stammen die Reste einer korrodierten Eisenfibel. Mehrere Teile einer Eisenfibel lagen in Urne 208 (Taf. 30), sie sind jedoch stark korrodiert. In Urne 426 (Taf. 58) fanden sich die Reste einer Eisenfibel. Erhalten sind Nadel, Spirale und Bügelansatz. Auf der Spirale und dem im Querschnitt viereckigen Bügel liegen noch Blechreste, die vermutlich zur Fibel gehörten, eine Rekonstruktion ist jedoch nicht mehr möglich. Aus der Fläche (XX,58) stammen die Reste einer korrodierten Eisenfibel (793, Taf. 98). Nach den Resten handelte es sich um eine Fibel mit schmal umgeschlagenem Fuß oder eine Fibel mit spitzem oder sich verjüngendem Fuß und Nadelscheide.

Grab 218 (Taf. 32) enthielt Teile einer oder zweier Silberfibeln[884]. Erhalten sind ein bandförmiges Stück Silberblech sowie die Spiralkonstruktion und der Ansatz eines bandförmigen Bügels, um den ein Perldraht gelegt ist. Die Achse ist aus Bronze. Bandförmige Bügel mit Perldraht finden sich sowohl an Fibeln der Gruppe A VII[885] als auch an Fibeln der Gruppe A VI[886], so daß eine nähere Bestimmung nicht möglich ist.

Reste einer Bronzefibel enthielt Urne 645 (Taf. 86). Erhalten sind die Achse, Teile der Spirale und der Ansatz eines bandförmigen Bügels.

Zusammenfassend läßt sich feststellen, daß die Mehrzahl der Fibeln ins 3. Jahrhundert gehört und die übrigen dem 4. oder zumindest mit großer Wahrscheinlichkeit dem 4. Jahrhundert zuzuordnen sind. Deutliche Verbindungen bestehen zu den Fibeln des lüneburgischen Raumes und der Altmark. Hinsichtlich der Herstellung der Fibeln ist wohl eher Cosack[887] beizupflichten, daß die Fibeln individuell und nicht — wie Drescher[888] annimmt — als ,,Massenerzeugnisse'' gefertigt wurden. Dafür sprechen die beiden nur weitgehend übereinstimmenden Fibeln aus Grab 378[889] und die Fibel 647, deren Bügel nicht gleichmäßig gearbeitet ist.

880 Meyer, Zauschwitz 184.

881 Böhme, Fibeln Taf. 23,915.

882 Vgl. z. B. das Armband aus Grab 90 (Taf. 13).

883 Keller, Chronologie 253 ff.

884 Vgl. ,,Objekte unbekannter Zweckbestimmung''.

885 z. B. Pritzier (Schuldt, Pritzier 49 Abb. 255).

886 Vgl. Schulze, Armbrustfibeln Taf. 12 und Karte 27.

887 Cosack, Fibeln 73 ff.

888 Drescher, Fibelspiralen 348.

889 Es ist allerdings zu berücksichtigen, daß der Fibelaufbau fehlt.

Nadeln

Nadeln sind mit mindestens 16 Exemplaren vertreten. Es handelt sich um neun Knochennadeln (23, 196, 218, 349, 556, 890 — 893), vier Eisennadeln (886 — 889) und drei Bronzenadeln (27, 840, 881). Dazu kommen sechs weitere Funde, die nicht sicher als Nadeln angesprochen werden können. Drei dieser Stücke sind aus Knochen (561 [2 Stück], 604), ein Stück ist aus Eisen (47), eins aus Bronze (230) und eins aus Silber (218).

Von den Knochennadeln läßt sich auf Grund ihres schlechten Erhaltungszustandes kein genaues Bild zeichnen. Nadelköpfe sind nur bei vier Stücken (218, 556, 890, 891) vorhanden. Aus Urne 218 (Taf. 32) stammt eine noch 30 cm lange Nadel[890]. Ihr Durchmesser beträgt 0,6 cm. Der Kopf besteht aus einer kleinen Scheibe, die durch ein eingezogenes Halsstück abgesetzt ist. Urne 556 (Taf. 74) enthielt eine nur noch 5,3 cm lange Nadel mit einem Durchmesser von 0,4 cm. Der Kopf dieses Stückes ist reich profiliert. Er setzt sich aus konischen, zum Teil gegenständig angebrachten Scheiben, eingezogenen Halsstücken und einem kronenförmigen Abschluß zusammen. Die Nadeln 890 und 891 sind nicht mehr erhalten. Nach den Zeichnungen (Taf. 107), die aus der Publikation von Thaerigen[891] übernommen wurden, hatten beide einen halbkugelförmigen Kopfabschluß, bei 890 war noch ein Wulst angeschlossen. Beide Nadeln waren über 10 cm lang. Von den übrigen fünf Knochennadeln sind nur unterschiedlich große Fragmente des Schaftes erhalten. Ihr Durchmesser liegt zwischen 0,4 und 0,6 cm.

Nicht sicher den Knochennadeln zuweisbar sind das Fragment aus Grab 604 (Taf. 81) wegen seiner geringen Größe und die beiden weitgehend übereinstimmenden Funde aus Grab 561 (Taf. 74) wegen ihrer Form. Sie haben weder einen ausgeprägten Kopf noch eine ausgeprägte Spitze[892]. Der Schaft ist im mittleren Teil rund und wird zu den Enden D-förmig. Das eine Stück ist vollständig und hat eine Länge von 27,2 cm, bei dem anderen sind noch insgesamt 22,8 cm erhalten.

Die vier Eisennadeln 886 — 889 sind nicht mehr vorhanden. Nach den aus der Publikation von Thaerigen[893] übernommenen Zeichnungen (Taf. 107) handelt es sich bei 886 um eine etwa 13 cm lange Nadel mit einem kugelförmigen, durch ein eingezogenes Halsstück abgesetzten Kopfabschluß, eine Nadel mit vierkantigem (888) bzw. mit kugelförmigem Kopfabschluß (889) sowie eine Nadel mit umgebogenem, verdickten Kopfteil (887). Unsicher ist die Bestimmung der Eisenfragmente aus Grab 47 (Taf. 7). Sie könnten die Reste einer dünnen Nadel sein, wobei es sich aber auch um eine Fibelnadel oder Nähnadel handeln könnte.

Die drei Bronzenadeln sind weitgehend vollständig erhalten. Das Stück aus Urne 27 (Taf. 4) ist 6,2 cm lang und hat einen Durchmesser von maximal 0,2 cm. Der Kopf ist winklig abgebogen und abgeplattet. Die Nadel 840 (Taf. 103) ist bei

890 Es ist nicht mehr zu ermitteln, ob die Nadel ursprünglich gebogen war, oder ob die Form auf Hitzeeinwirkung zurückzuführen ist.

891 Thaerigen, Nordharzgruppe Taf. 22,11.12.

892 Gewisse Beziehungen zeigen beide Stücke auch zu den Knochenarmringen, unterscheiden sich von ihnen aber im Querschnitt und in einigen Maßen.

893 Thaerigen, Nordharzgruppe Taf. 22,16 — 19.

einem Durchmesser von maximal 0,3 cm 9,4 cm lang. Der Kopf ist am Schaftende verdickt und krückstockartig umgebogen, das Ende des Kopfes ist abgeplattet. Die dritte, nur 5 cm lange Bronzenadel aus Grab 77 der Grabung 1937 (881, Taf. 107) hat einen Durchmesser von nur ein bis zwei Milimetern. Der winklig abgebogene Kopf läuft spitz aus. In Grab 230 (Taf. 34) wurde ein Stück Bronzedraht gefunden, bei dem es sich um den Rest einer Nadel handeln könnte, da der Durchmesser des Drahtes zu einem Ende hin abnimmt.

Anzuschließen ist ein Stück Silberdraht aus Urne 218 (Taf. 32, 218:8)[894]. Da das eine Ende des sonst runden Drahtes quadratisch ist, erinnert er an die Nadeln mit vierkantigem Kopf. Derartige Nadeln liegen zum Beispiel aus Rebenstorf[895] oder Pritzier[896] vor. Bei den übrigen Drahtstücken aus Grab 218 und dem Silberdraht aus Grab 273 (Taf. 40) ist ebenfalls nicht auszuschließen, daß es sich um Nadeln gehandelt hat[897].

Über die Verwendung der Nadeln sind keine Aussagen mehr möglich[898]. Sie können als Werkzeug[899], als Verschluß oder als Schmuck gedient haben. Gerade ihr Vorkommen in Frauen- und Männergräbern[900] sowie die Größenunterschiede können auf unterschiedliche Funktionen deuten. In Körpergräbern wurden sie gelegentlich[901] am Kopf beobachtet[902]. So befanden sich am Kopf der in Haßleben bestatteten Frau zwei Schmucknadeln[903]. In Brustlage könnten Nadeln als Fibelersatz bzw. Ergänzung zur Fibel oder rein dekorativ verwendet worden sein[904]. Darüber hinaus käme die Befestigung eines Leichentuches in Betracht, sofern solche benutzt wurden. Besonders die großen Nadeln könnten diesen Zweck erfüllt haben. Auch Nadeln mit wenig ausgeprägter Spitze lassen sich durch einen grob gewebten Stoff stecken.

Da mit unterschiedlichen Funktionen zu rechnen ist, lassen sich nur wenig chronologische Schlüsse aus den einzelnen Typen ziehen[905]. Die reich profilierte Nadel 556 stammt aus einem Gefäß, das eine gute Parallele zu einem Gefäß aus Nettlingen hat (vgl. S2), das ins 4. Jahrhundert gestellt wird. Der in Grab 556 mitgefundene Kamm mit dreieckigen, im Scheitel gerundeten Griffplatten gehört in Stufe C2. Kronenköpfe liegen aber auch an C1-zeitlichen Nadeln vor, die zum Beispiel in Preetz, Grab 2[906], oder Merseburg-Süd, Brandgrab 35[907], das eine Hirschfibel enthielt, gefunden wurden. Diese Nadeln schließen an älterkaiserzeitliches Material an[908].

Die beiden Nadeln mit einfach profiliertem Kopf sind nicht zu datieren, da der Grabzusammenhang fehlt. Nach Meyer sind diese einfachen Formen jedoch für Stufe C1 charakteristisch[909]. Lange Nadeln treten schon seit Ende der älteren Kaiserzeit auf[910]. Die Nadel aus Grab 218 gehört in Stufe C1. Eine ähnlich lange Nadel fand sich in einem ebenfalls nach Fibeln mit hohem Nadelhalter C1-zeitlichen Grab in Großbadegast[911]. Sofern es sich bei den Stücken aus Grab 561 um Nadeln handelt, sind sie auf dem Pfingstberger Gräberfeld auch für das 4. Jahrhundert belegt. Unter den Knochennadelfragmenten ohne Kopf ist das Stück aus Grab 23 nach der Grabkeramik in Stufe C1, das aus Grab 196 vermutlich in Stufe C2 zu stellen.

Von den Bronzenadeln ist das Exemplar aus Grab 27 einzuordnen. Der in der Urne enthaltene Kamm hat dreieckige Griffplatten, der Scheitel ist jedoch nicht erhalten, so daß sowohl eine Datierung in Stufe C2 als auch in Stufe C3 in Frage kommt. Das Gefäß dürfte jedoch eher dem 3. oder frühen 4. Jahrhundert, also Stufe C2 angehören.

Vier der sechs Pfingstberger Metallnadeln aus der Grabung 1937 sind von Beckmann in seinen Katalog aufgenommen worden[912]. Es sind die Stücke, die Thaerigen in den Grabbeschreibungen erwähnt[913]. Die beiden übrigen Eisennadeln werden von Thaerigen nur in der Zusammenfassung der Funde genannt[914]. Beckmann spricht alle Pfingstberger Nadeln als unbestimmt an. Thaerigen hatte es versäumt, die jeweilige Grabnummer zu den abgebildeten Funden anzugeben. Bei den Bronzenadeln ist allerdings über den Hinweis, daß es sich bei dem Stück aus Grab 77 um eine kleine Nadel handelt, eine Zuweisung zu den Gräbern möglich. Die beiden Bronzenadeln lassen sich keiner der von Beckmann aufgestellten Gruppen zuweisen. Die Gruppen V und VI haben zwar umgebogene Köpfe, die Ausgestaltung ist jedoch nicht zu vergleichen. Bei der Nadel 840 ist durch die Verdickung am Kopf eine Verwendung als Verschluß gut vorstellbar[915]. 881 gehört auf Grund der kontinuierlichen Verjüngung zur Spitze hin nicht zu den Hakennadeln, die z. B. in Lalendorf[916] geborgen wurden. Hakennadeln zeichnen sich dadurch aus, daß beide Enden rechtwinklig umgebogen sind und spitz zulaufen. Beim Pfingstberger Stück ist jedoch nur

894 Vgl. ,,Objekte unbekannter Zweckbestimmung''.

895 Körner, Rebenstorf Taf. 15,4.

896 Schuldt, Pritzier 84.

897 Vgl. ,,Objekte unbekannter Zweckbestimmung''.

898 Vgl. Raddatz, Sörup 45.

899 Nach Beckmann (Beckmann, Metallnadeln 8) lassen die reich profilierten schon an ihrer Ausgestaltung erkennen, daß sie Schmuckgegenstände, nicht Geräte waren.

900 Vgl. Meyer, Sachsen 112.

901 Für die ältere Kaiserzeit konnte M. Gebühr feststellen, daß Nadeln aus Frauengräbern, ,,soweit die Körpergräber eine Aussage ermöglichen, ein reiner Kopfschmuck, der vermutlich ein Bekleidungsstück (Haube, Kopftuch, Schleier, Haarnetz) befestigt hat'', sind. ,,Nähnadeln und Knochennadeln können daneben auch, landschaftlich bedingt, als Gerät Verwendung finden.'' In Männergräbern treten Nadeln selten auf und haben nach Gebühr eine ,,Funktion als Gerätschaft'' erfüllt (Gebühr, Trachtschmuck 53.60).

902 Beckmann, Metallnadeln 8.

903 Schulz, Haßleben 4 ff.

904 Beckmann, Metallnadeln 8.

905 Vgl. Meyer, Sachsen 111 ff.

906 Brandt, Preetz Taf. 2,2i. Das Grab enthielt Scheibenfibeln mit aufgesetzter Blechhaube (zur Datierung der Fibeln vgl. Keller, Chronologie 251 ff.).

907 Schmidt, Merseburg-Süd Abb. 3.

908 Vgl. Kuchenbuch, Schalenurnenfelder 43 f.

909 Meyer, Sachsen 113.

910 Vgl. Geisler, Kemnitz 122.

911 Schmidt, Großbadegast 262.

912 Beckmann, Metallnadeln 76 Nr. 611 — 613.

913 Thaerigen, Nordharzgruppe 15 ff.

914 Thaerigen, Nordharzgruppe 15 ff.

915 Eine ,,Bohrnadel'' liegt nicht vor, denn Bohrnadeln haben nur ein sehr kurzes umgebogenes Ende (vgl. Blume, Kulturen 109).

916 Keiling, Lalendorf 143 f.

eins der beiden erhaltenen Enden umgebogen. Nadeln mit umgebogenem Kopf liegen aus Zethlingen[917] vor; bei dem Stück aus Grab 243 handelt es sich allerdings um eine Nähnadel. Behm[918] vermerkt eine „krückenartig gebogene Nadel" aus Butzow, die sich in einer Schale des 3. Jahrhunderts befand.

Die Eisennadeln können nicht durch Beifunde datiert werden. Die weit verbreiteten Nadeln mit vierkantigem Kopf[919] lassen sich den Stufen C1 und C2 zuweisen. Sie sind aber auch für die ältere Kaiserzeit belegt.

Zusammenfassend läßt sich feststellen, daß Nadeln vor allem in C1-zeitlichen Gräbern geborgen wurden[920]. Sie sind aber auch für die Stufen C2 und C3[921] sowie die Völkerwanderungszeit[922] nachgewiesen. Es zeichnet sich nach Schach-Dörges[923] in dem Auftreten von Nadeln eher ein Grabbrauch als die tatsächliche Verwendung ab. Insgesamt ist die Nadelbeigabe in der jüngeren Kaiserzeit gegenüber der älteren Kaiserzeit deutlich zurückgegangen.[924]

Ringschmuck

Aus fünf Komplexen des Pfingstberger Gräberfeldes stammen Metallringe. Die Gräber 273, 646 und 826 enthielten jeweils einen Bronzering, in Grab 848 fand sich ein Silberring und in Grab 861 ein Eisenring. Der Eisenring ist nur durch eine Zeichnung dokumentiert. Da seine Funktion nicht mehr zu klären ist, wird er den unbestimmbaren Metallfunden zugewiesen. Der Silberring ist zwar nur noch fragmentarisch erhalten; Vergleichsfunde ermöglichen jedoch die Bestimmung als Halsring. Die beiden Bronzeringe 646 und 826 sind unterschiedlich groß und hatten daher vermutlich unterschiedliche Funktionen. Der kleinere von beiden (826) läßt sich nach der Größe als Fingerring ansprechen, der andere als Gürtelring[925]. Der Bronzering aus Grab 273 ist nur durch Aufzeichnungen im Museum belegt. Über Aussehen und Größe des Stückes können keine Aussagen gemacht werden.

Armringe aus Bein fanden sich in 30 Komplexen.

Halsring

Aus Grab 44 der Grabung 1937 (848) stammen zwei Teile eines Ringes. Hergestellt wurde der Ring aus einem vierkantigen, gedrehten Silberdraht (Taf. 104). Die Torsion läuft zum einen Ende aus, dieser Abschnitt ist jedoch etwas beschädigt. Über die Form der Enden bzw. über die Gestaltung des Verschlusses lassen sich keine Aussagen mehr machen. Die erhaltene Länge des Ringes beträgt insgesamt 17 cm, die Stärke liegt bei 0,4 cm.

Die Bestimmung der ursprünglichen Funktion ist nicht mehr möglich. Nach der erhaltenen Länge handelt es sich nicht um einen Fingerring in der Art des Ringes aus Wennungen[926]. Tordierte Armringe sind aus der Völkerwanderungszeit bekannt[927], der Pfingstberger Ring ist jedoch nach den übrigen Beigaben des Grabes in die erste bzw. beginnende zweite Hälfte des 3. Jahrhunderts (C1b) zu stellen. Aus Stufe C1b liegen jedoch Halsringfunde vor, die wahrscheinlich machen, daß auch das Pfingstberger Stück als Halsring anzusprechen ist.

Halsringe sind in der späten Römischen Kaiserzeit vielfach belegt[928]. Ihr Verbreitungsgebiet reicht in einer Südwest-Nordost gerichteten Achse vom römischen Rheinland und den Limeskastellen bis nach Litauen. Auch in Skandinavien sind Halsringe nachgewiesen. Eine weitere Gruppe bilden die Funde aus dem Donau-Theiß-Gebiet[929]. Es handelt sich bei diesen Halsringen nicht um einen einheitlichen Typ. Vielmehr sind unterschiedliche Verschlüsse und unterschiedliche Ringkörper belegt. Neben glatten, zum Teil mit Draht umwickelten Ringen finden sich tordierte. Auch das Material und die Herstellung sind nicht identisch. Im römischen oder römisch beeinflußten Gebiet finden sich vor allem gegossene Bronzeringe, im Freien Germanien treten Bronzeringe gegenüber handgearbeiteten Silber- und Goldringen in den Hintergrund[930]. Halsringe sind keine geschlechtsspezifische Beigabe. Sie sind sowohl in Frauen- als auch in Männerbestattungen nachgewiesen[931].

Tordierte Silberhalsringe sind zwar seltener als glatte, können aber schon für die Stufe C1 belegt werden. Sie treten mit einer gewissen Konzentration im Ostseegebiet auf[932], sind aber auch aus anderen Regionen bekannt[933]. Aus Simris[934] stammt ein silberner Halsring, der durch Fibeln mit hohem Nadelhalter in die Stufe C1 zu setzen ist. Eine Datierung in die Stufe C1b ergibt sich für den Silberhalsring aus Erfurt, Grab 3, auf Grund der Armbrustfibel mit dreieckigem Fuß und Nadelscheide[935]. Beide Halsringe sind mit birnen- bzw. schlüssellochförmigen Ösen versehen. Derartige Verschlüsse begegnen uns vor allem an Halsringen des Körpergräberhorizontes des 3. und 4. Jahrhunderts. Bei dem Ring aus Klietzen[936] ist das verbreiterte Ende durchbrochen. Eine andere Form ist auf dem Gräberfeld von Rebenstorf gefunden worden. Der tordierte Ring[937] endet in

917 Worbs, Zethlingen Taf. 3,243a; 7,366d (links).

918 Behm, Elb-Havelgermanen 81.

919 Vgl. Schach-Dörges, Bodenfunde 82.

920 Vgl. Godłowski, Chronology 70.

921 Vgl. Keller, Chronologie 263.

922 Vgl. Schmidt, Völkerwanderungszeit 139.

923 Schach-Dörges, Bodenfunde 82.

924 Es lassen sich auch regionale Unterschiede feststellen. Zum Beispiel in Zethlingen ist die Nadel nach der Fibel die häufigste Beigabe (Worbs, Zethlingen 46 f.), in Pritzier sind nur wenige Nadeln gefunden worden (Schuldt, Pritzier 84).

925 Die Größenunterschiede sind auch auf anderen Fundplätzen beobachtet worden. In Preetz z. B. liegt der Durchmesser der Ringe zwischen 2,1 und 7 cm (Brandt, Preetz 27).

926 Mildenberger, Brandgräber 56 und Taf. 6.

927 z. B. aus Warnikam Grab 1 (Tischler, Altertümer Taf. XV,10). Ein „singuläres" Stück ist bei Keller (Keller, Grabfunde Taf. 41,2) abgebildet.

928 Sie treten auch in der Völkerwanderungszeit auf.

929 Rau, Körpergräber 147 ff.

930 Rau, Körpergräber 147 ff.

931 In Groß-Gerau fand sich ein tordierter Silberring in einem Knabengrab (Roeren, Südwestdeutschland 246).

932 Raddatz, Funde 173 f.

933 Eine Liste mit Funden ist bei Rau zusammengestellt (Rau, Körpergräber 148 ff.).

934 Stjernquist, Simris Taf. XXVI, 18.

935 Schnellenkamp, Erfurt 259 ff., Abb.3,1.

936 Laser, Brandgräber 90; ders., Katalog Taf. 31,2.

zwei zurückgebogenen Haken. Haken-Ösen-Verschlüsse liegen an den beiden Silberringen aus Sendelbach[938] vor, von denen einer gedreht ist. Neben diesen vollständig tordierten Ringen gibt es gelegentlich teilweise tordierte. Ein Halsring dieser Form stammt aus Wedderwill[939].

Armringe

In 30 Komplexen wurden insgsamt mindestens 42 schmale Leisten aus Bein festgestellt[940]. Drei Gräber (84:2.3.4; Taf. 12; 90:2.3.4, Taf. 13; 586:3.4, Taf. 78) enthielten jeweils drei Stücke, sechs Gräber (56:2.3, Taf. 8; 100:2.3, Taf. 15; 124:3.4, Taf. 19; 453:3.4, Taf. 62; 563:3.4, Taf. 75; 856:2, Taf. 105) jeweils zwei und die übrigen 21 Komplexe (46, Taf. 7; 58, Taf. 8; 104, Taf. 16; 135, Taf. 20; 136, Taf. 21; 139; 201, Taf. 29; 202, Taf. 29; 224, Taf. 33; 225, Taf. 33; 316; 317, Taf. 46; 406:2, Taf. 56; 479, Taf. 65; 543:2, Taf. 72; 555, Taf. 73; 567, Taf. 75; 575, Taf. 76; 666, Taf. 88; 674, Taf. 89; 774, Taf. 97) nur jeweils ein Stück. Die Armringe wurden vor allem in westlichen Teil des Gräberfeldes geborgen (Karte 10)[941].

Bis auf kleine Beschädigungen vollständig erhalten sind nur die Stücke aus den Gräbern 453, 479 und 567. Alle drei zeichnen sich durch einen D-förmigen Querschnitt aus. Die Enden — meist etwas schmaler — sind entweder gerundet oder gerade abgeschnitten. Sie haben Längen von 25,1 cm (453), 24 cm (479) und 23,4 cm (567), die Breite beträgt bei 453 0,45 — 0,75 cm, bei 479 0,65 — 0,8 cm und bei 567 0,7 — 1 cm, die maximale Dicke liegt zwischen 0,28 und 0,4 cm. Keines der Stücke ist verziert. Hinweise auf eine ursprüngliche Verbindung der beiden Enden finden sich nicht.

Alle übrigen Stücke sind fragmentiert erhalten. Die Mehrzahl läßt sich jedoch den vollständigen anschließen. Sie haben — soweit erhalten — vergleichbare Enden, die Breiten liegen zwischen 0,6 und 1,1 cm, die Dicke beträgt maximal 0,45 cm. Nach einer von Prof. Herrmann, Göttingen[942], durchgeführten Materialanalyse sind sie aus Knochen hergestellt. Wie die o. g., ebenfalls aus Knochen hergestellten Stücke sind sie mehr oder weniger sorgfältig geglättet. Im Querschnitt lassen sich zum Teil gewisse Unterschiede feststellen. Neben weiteren D-förmigen Stücken (56:2; 84:3.4; 453:4) liegen auch rechteckige mit scharfen oder gerundeten Kanten vor (56:3; 58:3; 84:2; 100:2.3; 201; 224:2; 543:2; 575; 774;856:2) oder solche mit unregelmäßigem Querschnitt (124:3.4), wobei gelegentlich auch unterschiedliche Querschnitte an einem Stück zu beobachten sind (z. B. 224).

Anzuschließen sind Stücke aus den Gräbern 90, 563 und 586. Sie unterscheiden sich lediglich durch ihre Verzierung. Aus Grab 90 stammt ein rechteckiger Knochenstreifen mit Linien- und Kreuzverzierung (90:3). Grab 563 enthielt ein entsprechend verziertes Stück und ein weiteres mit mehreren Kreuzen. Beide haben einen D-förmigen Querschnitt. In Grab 586 fanden sich fünf Fragmente mit Kreisaugenverzierung (586:4). Sie gehören vermutlich zu mehreren Stücken, da die erhaltene Länge der Fragmente insgesamt fast 40 cm beträgt.

Zwei weitere aus Knochen hergestellte Stücke fallen aus dieser Gruppe etwas heraus. Es handelt sich um ein nur 0,15 cm dickes, aber 1,2 cm breites, noch insgesamt 21,3 cm langes Stück mit Tremolierstich-, Linien- und Punktverzierung (90:4). Das andere stammt aus Grab 135. Es hat eine maximale Breite von 1,7 cm. Das eine Ende ist verjüngt und mit senkrechten Furchen verziert, das andere Ende ist eingeschnürt und am Rand gekerbt.

14 weitere Stücke — sämtlich mit D-förmigem Querschnitt (46; 90:2; 104:2; 136:3; 139; 202:2; 225; 316; 317:2; 406:2; 555:3; 586:3; 666; 674:4) — bilden eine eigene Gruppe. Es handelt sich durchweg um kleine Fragmente, das Material ist stark verbrannt, zum Teil ist es schiefrig auseinandergeplatzt. Entsprechendes wurde andernorts beobachtet[943]. Behm wies auf die Möglichkeit hin, daß es sich um Elfenbein handeln könnte. Geisler bestimmt das Material der sehr gut vergleichbaren Stücke aus Ketzin und Wittstock als Elfenbein. Um Aufschluß über das Material der Pfingstberger Stücke zu erlangen, sind von Prof. Herrmann Untersuchungen durchgeführt worden. Es konnte nachgewiesen werden, daß es sich um Dentin (Zahnbein) — vermutlich Elfenbein — handelt. Elfenbein war im Römischen Reich weit verbreitet.

Unter diesen 14 Stücken finden sich eins (136) mit einem Nietloch an dem einen Ende und eins (406) mit sieben Nietlöchern bzw. Bronzenietresten. Die Funktion dieser Niete ist jedoch nicht mehr zu ermitteln[944].

Nicht nur der schlechte Erhaltungszustand allgemein, sondern auch die Deformierungen, die auf Hitze zurückzuführen sind, erschweren die Analyse der ursprünglichen Funktion. Aus sich heraus ergibt das Pfingstberger Material keine Hinweise. Vergleichbare Funde liegen jedoch aus anderen Gräberfeldern vor. E. Schultze[945] nennt „bearbeitete Röhren- und Rippenknochenfragmente" unter den Beigaben des spätkaiserzeitlichen Gräberfeldes von Zedau. Das aus Grab 14 stammende Stück ist gut vergleichbar, ein anderes „aus Knochen geschnitztes Stück mit eingeritztem Kreuz und Viereck" ist nicht abgebildet. Körner[946] erwähnt „falzbeinartige Knochengeräte, die in Lüneburg bisher als Webekämme gedeutet wurden", sowie „zwei Knochenbänder von ca. 23 cm Länge mit quergekerbten Enden". Als Webkamm scheinen die Stücke jedoch ungeeignet zu sein. Behm[947] übernimmt die bei Voss, Stimming[948] gegebene mögliche Erklärung der Knochenleisten aus Butzow als Beschläge für einen Holzkasten und verweist auf Knochenplatten, die als Beschlagstücke nach spätrömischem Vorbild angesprochen werden. Die fragmentiert erhaltenen Butzower Leisten haben Breiten von maximal 1,15 cm, einen recht-

937 Körner, Rebenstorf Taf. 15,16.

938 Pescheck, Mainfranken Taf. 132A.

939 Kunkel, Pommern 124 f., Taf. XVII,3.

940 Die genaue Zahl läßt sich nicht mehr ermitteln, da die meisten nur fragmentiert erhalten sind.

941 Die Fibelfunde stammen demgegenüber vor allem aus dem südlichen Teil des Gräberfeldes (Karte 9).

942 Prof. Herrmann sei an dieser Stelle für seine Bemühungen herzlich gedankt.

943 Behm, Elb-Havelgermanen 78; Geisler und Grebe, Ketzin 133 ff.; Geisler, Neuaufnahme 86 und Abb. 1.

944 In Pätow wurden die Reste eines „achtmal zusammengenieteten Knochenarmbandes" gefunden (Spantig, Pätow 40).

945 Schultze, Zedau 134.146 und Abb. 3,6.

946 Körner, Rebenstorf 104.

947 Behm, Elb-Havelgermanen 80.

948 Voss und Stimming, Alterthümer Abt. VI, Taf. 1, Grab 2.

eckigen Querschnitt und sind wie die Pfingstberger Stücke mit Linien und Kreuzen verziert. Behm[949] trennt von diesen ‚Knochenleisten' „zerbrochene bandförmige gebogene Teile aus einer schiefrig abblätternden Masse", die als Reste von Armbändern angesprochen werden. Beim Pfingstberger Material scheint eine Trennung nicht sinnvoll, da sich weitgehende Übereinstimmungen in den Maßen — Länge, soweit feststellbar, Breite und Dicke — sowie der Form, dem Querschnitt und der Gestaltung der Enden zeigen.

Für die Deutung als Armringe sprechen Funde aus Wittstock[950], Pritzier und Perdöhl[951], dort sind an einigen Schellen erhalten, mit denen die beiden Enden verbunden wurden. Diese Stücke schließen sich an die Armringe an, die zahlreich in den Rheinprovinzen, Frankreich, Churrätien, Südbayern und Pannonien[952] geborgen wurden. Diese Armringe stammen aus Körpergräbern und sind daher wesentlich besser erhalten. Es handelt sich um Knochen-, seltener Elfenbeinringe[953] mit unterschiedlichen Querschnitten — darunter D-förmigen und rechteckigen —, die häufig mit Kreisaugen verziert sind und deren Enden durch Niete oder Manschetten verbunden sind. Die Breite liegt in der Regel zwischen 0,3 und 0,8 cm[954], der Durchmesser der Ringe meist zwischen 5,5 und 7,5 cm[955], wobei von Schnurbein darauf hinweist, daß bei den sehr kleinen Stücken die Verwendung als Armring nicht gesichert ist. Bei einem Teil dürfte es sich um Kinderarmringe handeln[956].

Es stellt sich die Frage, ob die Pfingstberger Stücke mit diesen Funden in Verbindung gebracht werden können. Folgende Gründe sprechen dafür: 1. Material und Querschnitte stimmen überein. Auch in Perdöhl wurde beobachtet, daß die Stücke zu den Enden schmaler werden[957]. 2. Ähnliche Verzierungen finden sich ebenfalls auf sicher als Armring ansprechbaren Stücken, so zum Beispiel in Tokod, Grab 52[958]. Die Verzierung mit Kreuzen ist aber auch von anderen Gegenständen, zum Beispiel Nadelbüchsen, bekannt, und die Kreisaugenverzierung ist ohnehin allgemein gebräuchlich. 3. Das Vorkommen mehrerer Stücke in einem Grab spricht nicht gegen die Deutung, denn zum Beispiel in Tokod fanden sich zwei bis sechs Knochenarmringe jeweils am linken Arm des Toten[959]. 4. Auch die Länge der Knochenstreifen würde zur Herstellung eines Knochenarmringes ausreichen, denn ein Ring mit übereinander gelegten Enden und einem Durchmesser von 7,5 cm ergibt ausgerollt einen etwa 24 cm langen Knochenstreifen. 5. Selbst das sich durch Maße und Verzierung abhebende Stück aus Grab 90 hat Parallelen. In Heidenheim[960] wurde ein 1,2 cm breiter Armring geborgen, der von Heege als Altstück angesprochen wird.

Das Hauptproblem bei der Identifizierung der Pfingstberger Stücke als Armringe liegt in den fehlenden Verschlüssen. Die Funktion der Niete bzw. Nietlöcher bei den Stücken aus den Gräbern 406 und 136 kann nicht mehr geklärt werden. Möglicherweise wurden Manschetten wie zum Beispiel in Augsburg[961] oder Heidenheim[962] verwendet. Die Manschette aus Heidenheim wurde mit zwei Punzschlägen festgedrückt. Das Armband ist auch unterhalb der Manschette verziert. Ungewöhnlich wäre jedoch, daß bei den Knochenstäbchen, die nur am Ende ornamentiert sind, die Verzierung nicht sichtbar gewesen sein soll.

Wenngleich nicht beweisbar, so ist es dennoch am wahrscheinlichsten, daß es sich bei den Pfingstberger Stücken um Armringe gehandelt hat. Gewisse Unterschiede zu den Funden aus den Rhein- und Donauprovinzen beruhen auch auf dem zeitlichen Unterschied, denn im provinzialrömischen Gebiet sind Armringe erst in der zweiten Hälfte des 4. Jahrhunderts belegt[963]. Im Freien Germanien sind sie im ganzen 4. Jahrhundert in Gebrauch[964], nach Keller[965] auch im 3. Jahrhundert (Stufe C2). Diese Armringe wurden aber auch noch im 5. Jahrhundert benutzt. Das Stück aus Ketzin gehört nach dem mitgegebenen Gefäß ins 5./6. Jahrhundert[966]. Die Pfingstberger Stücke sind in der Mehrzahl den Stufen C2 und C3 zuzuweisen.

Fingerring

Der Bronzering[967] aus Grab 22 der Grabung 1937 (826) ist von C. Beckmann[968] als Fingerring bezeichnet worden. Es handelt sich bei dem heute nicht mehr vorhandenen Stück um einen geschlossenen Ring mit einem Durchmesser von circa zwei Zentimetern und einer Stärke von etwa 0,2 cm (Taf. 101). Soweit sich aus der Zeichnung ersehen läßt, ist der Reifquerschnitt rund. Beckmann ordnet den Ring in ihre Gruppe I ein, die „einfache unverzierte Fingerringe in Eheringform" umfaßt. Eine weitere Zuweisung in einer der fünf Untergruppen, die sich aus der Form der Reifquerschnitte ergeben, erfolgt nicht, da bei Thaerigen genauere Angaben fehlen.

Derartige einfache Ringe sind seit der Spätlatènezeit vielfach belegt[969]. Sie treten sowohl im römischen als auch im germanischen Raum auf. Die Bestimmung ihrer Funktion ist oft nicht mehr möglich. Die Bezeichnung als Fingerring ist darauf zurückzuführen, daß zum einen der Durchmesser die Verwendung zuläßt und zum anderen Ringe in einigen Körpergräbern an Fingerknochen geborgen wurden[970]. Es müssen jedoch nicht alle als Fingerringe gedient haben. Sie können auch von einem Gehänge, einer Kette oder ähn-

949 Behm, Elb-Havelgermanen 78.

950 Geisler, Neuaufnahme 86 und Abb. 1,i.

951 Schuldt, Pritzier 86; ders., Perdöhl 43.

952 Vgl. Heege, Grabfunde 68.

953 Vgl. z. B. Burger, Ságvár 99 ff.

954 Vgl. Keller, Grabfunde 106 f.

955 Vgl. von Schnurbein, Regensburg 80 ff.

956 Lányi, Tokod 186.

957 Schuldt, Perdöhl 43.

958 Lányi, Tokod 183 ff. Sie liegen allerdings auch an Bronzeblechringen vor (Lányi, Pannonien Abb. 59,5.6).

959 Lányi, Tokod 186.

960 Heege, Grabfunde 68 ff.

961 Pohl, Augsburg 439.

962 Heege, Grabfunde 68 ff.

963 Heege, Grabfunde 68 ff.

964 Schuldt, Pritzier 86.

965 Keller, Chronologie 263.

966 Geisler und Grebe, Ketzin 133 ff.

967 Vgl. „Ringschmuck".

968 Beckmann, Metallfingerringe 88 Nr. 612.

969 Vgl. Fundlisten bei Beckmann, Metallfingerringe 26 ff.

970 Beckmann, Metallfingerringe 7 f.

lichem stammen[971]. Gerade die Verwendung als Anhänger ist für das Pfingstberger Stück in Betracht zu ziehen, da sich in demselben Grab 15 Perlen befanden. Die Menge der Perlen spricht dafür, daß es sich um eine verhältnimäßig reiche Frauenbestattung handelt. Insgesamt kommen Fingerringe aber sowohl in Frauen- als auch in Männergräbern vor und finden sich in einfach bis reich ausgestatteten Gräbern.

Gürtelschmuck

Gürtelschmuck gehört zu den seltenen Beigaben. Lediglich aus fünf Komplexen des Pfingstberger Gräberfeldes stammen Gürtelteile. Es handelt sich um zwei Schnallen aus den Gräbern 267 und 496, eine Riemenzunge aus Grab 344, einen Gürtelbeschlag, der bei der Grabung 1937 geborgen wurde, sowie einen Gürtelring[972] aus Grab 646. Wenngleich Riemenzunge und Gürtelbeschlag andeuten, daß nur eine Auswahl an Gürtelteilen in die Urnen gelangte, ist der Anteil gering[937].

Schnallen

Die Gräber 267 und 496 enthielten jeweils eine Schnalle. Bei dem Exemplar aus Urne 267 (Taf. 39) handelt es sich um eine korrodierte, vermutlich halbkreisförmige Eisenschnalle mit sich zur Spitze verjüngendem, viereckigem Dorn für einen etwa zwei Zentimeter breiten Riemen. Der Rahmenquerschnitt ist rundlich. Aus Urne 496 (Taf. 67) stammt eine einteilige, D-förmige Bronzeschnalle. Der Querschnitt des Bügels ist flachoval, der der abgesetzten Dornachse rund. Eine Riemenkappe ist nicht vorhanden. Soweit sie nicht ursprünglich dazugehörte, könnte die Schnalle für einen 2,2 cm breiten Riemen benutzt worden sein. Der eckige Schnallendorn ist etwa zur Hälfte auf beiden Seiten facettiert. Auf dem Bügel befinden sich eingepunzte Dreiecke.

Die ursprüngliche Verwendung der Schnallen ist nicht mehr zu ermitteln. Sie können zum Leib- oder Waffengurt oder zum Beispiel zum Pferdegeschirr gehört haben. Raddatz[974] kann für Sörup die Benutzung als Gürtelverschluß wahrscheinlich machen, da Pferdegeschirrteile im Gesamtinventar vollkommen fehlen und Schuhschnallen insgesamt nur äußerst selten belegt und im wesentlichen auf die „Fürstengräber" beschränkt sind. Sie sind zudem wesentlich kleiner[975]. Diese Argumente gelten auch für das Pfingstberger Material. Hier ist jedoch durch das Fehlen von Waffen im Gesamtinventar die Zugehörigkeit zum Waffengurt sehr unwahrscheinlich, so daß sich der ursprüngliche Verwendungszweck weiter einengen läßt.

Nach Keller[976] kommen halbkreisförmige Gürtelschnallen aus Eisen in der ersten Hälfte des 4. Jahrhunderts auf. Einer Datierung in dieses Jahrhundert würden weder der in der Urne 267 ebenfalls gefundene Kamm noch die Urne selbst widersprechen.

Entscheidenden Hinweis auf die Einordnung der Bronzeschnalle aus Grab 496 gibt die Punzverzierung. Sie stellt die Verbindung zu den spätrömischen Kerbschnittgarnituren her, die ins 4. und 5. Jahrhundert einzuordnen sind[977]. Das Pfingstberger Exemplar wird dem 4. Jahrhundert zuzuweisen sein, da das Gefäß, in dem die Schnalle lag, eine charakteristische Form des 4. Jahrhunderts darstellt.

Riemenzunge

Eine Riemenzunge ist nur aus Grab 344 belegt. Es handelt sich sich um eine rechteckige Riemenzunge (Taf. 49) aus Bronze. Hergestellt wurde sie aus einem rechteckigen Bronzeblech. Die Umschlagfalte wurde über einen Stab röhrenförmig gebogen. Der Beschlag wurde auf das Riemenende geschoben und an der Basis durch zwei Niete fixiert. Die Vorderseite des Pfingstberger Stückes ist entlang der Ränder mit einer s-förmigen Punze verziert worden.

Diese Riemenzungen wurden als Abschlußplatten am Riemenende angebracht, um ein Aufrollen des Lederriemens zu verhindern und ein leichteres Durchziehen durch die Schnalle zu ermöglichen[978].

Rechteckige Riemenzungen sind auch von anderen Fundplätzen belegt. Ein unverziertes, wohl dem 4. Jahrhundert zuzurechnendes Stück stammt zum Beispiel aus Westerwanna, Grab 660[979]. Eine punzverzierte Riemenzunge aus Cuxhaven-Sahlenburg wird von Böhme[980] in seine Stufe II (380 — 420 n. Chr.) gestellt. Sommer[981] setzt die gallisch-rheinischen Stücke etwas früher an, in die Zeit zwischen 364/70 und 407 n. Chr. Er weist jedoch darauf hin, daß sie auf die im germanischen Bereich gefundenen rechteckigen Riemenzungen wie aus Sackrau[982] oder Böckingen[983] zurückgehen, die um 300 n. Chr. zu datieren sind. Das Böckinger Stück ist unverziert, das aus Sackrau ist mit Tieren und Ornamenten dekoriert. Auch wenn diese beiden Funde keine direkten Parallelen zum Pfingstberger Exemplar darstellen, dürfte es in diese Gruppe einzuordnen sein, da die Urne, in der die Riemenzunge lag, ins 3. oder frühe 4. Jahrhundert gehört.

Gürtelbeschlag

Bei der Ausgrabung 1937 wurde ein Gürtelbeschlag (902) geborgen. Thaerigen bildete das heute nicht mehr erhaltene Stück ab (Taf. 108), erwähnte jedoch nicht, aus welchem Grab der Beschlag stammt. Es handelt sich vermutlich um einen rechteckigen Bronzeblechstreifen mit jeweils einem Niet an den Schmalseiten. Die Länge beträgt etwa 2,5 cm, die Breite liegt bei 0,8 bis 0,9 cm. Die Verzierung besteht aus Linien und Kerben (?).

Nach Bullinger[984] dienten rechteckige (und anders geformte) Gürtelbeschläge zur Gürtelversteifung. Sie wurden senk-

---

971 Beckmann, Metallfingerringe 29 f.

972 Vgl. „Ringschmuck".

973 Aus Perdöhl z. B. liegen 77 Schnallen, 12 Riemenzungen und mindestens 7 Gürtelringe vor (Schuldt, Perdöhl 36 ff.).

974 Raddatz, Sörup 50.

975 Vgl. Schulz, Haßleben Taf. 7,13 — 14.

976 Keller, Chronologie 269.

977 Vgl. z. B. Bullinger, Gürtelbeschläge 11; Keller, Grabfunde 172 f.; Sommer, Gürtel 2.

978 Bullinger, Gürtelbeschläge 18 f.

979 Zimmer-Linnfeld, Westerwanna Taf. 87.

980 Böhme, Grabfunde 79 ff., Taf. 40,12.

981 Sommer, Gürtel 62 ff.

982 Grempler, Sackrau Taf. VI, 8.

983 Werner, Böckingen 114 ff.

984 Bullinger, Gürtelbeschläge 20.

recht auf dem Ledergürtel festgenietet, wobei sich die Größe wohl nach der Gürtelbreite gerichtet haben wird.

Ein dem Pfingstberger Stück vergleichbarer Gürtelbeschlag stammt aus Bliederstorf[985]. Er zeigt weitgehende Ähnlichkeiten in den Maßen — die Länge beträgt 2,8 cm und die Breite 0,9 cm — und ist ebenfalls mit Linien und Kerben verziert. Der Grabfund wird nach der Keramik ins frühe 5. Jahrhunderts datiert[986]. Ein weiterer kleiner Riemenverstärker von 2,9 cm Länge, der mit Linien und Kerben dekoriert ist, wurde in Bonn gefunden[987]. Er ist ebenfalls in das 5. Jahrhundert zu stellen.

Gürtelring

Grab 646 (Taf. 86) enthielt einen geschlossenen Bronzering mit rundem Querschnitt. Der Durchmesser beträgt 2,8 cm und die Stärke liegt bei 0,3 bis 0,35 cm. Abnutzungsspuren lassen sich nicht feststellen.

Einfache Bronze- oder Eisenringe mit einem Durchmesser, der meist zwischen 3 und 6 cm liegt, sind vielfach in spätkaiserzeitlichen, seltener auch in völkerwanderungszeitlichen[988] Komplexen gefunden worden[989]. Für das Pfingstberger Exemplar ist eine frühe Zeitstellung (C1) auf Grund der übrigen Funde des Grabes gegeben.

Raddatz[990] hat nachgewiesen, daß es sich bei diesen Ringen um Gürtelringe gehandelt haben kann. Auf Grund der Größe können sie nicht als Arm- oder Fingerringe gedient haben. Sie treten meist in der Einzahl[991] auf und wurden nicht in Gräbern gefunden, die Schnallen enthielten[992]. Mehrfach ließen sich bei den Ringen an zwei gegenüberliegenden Seiten Abnutzungsspuren feststellen[993], und in Körpergräbern wurden sie häufiger in der Magengegend beobachtet. Ein weiteres Argument für die Deutung als Gürtelring sind auch die Darstellungen von Soldaten mit Gürtelring auf römischen Grabsteinen. Es ist allerdings nicht auszuschließen, daß die Ringe möglicherweise auch andere Funktionen erfüllt haben könnten, so zum Beispiel als Anhänger[994], Trage- oder Trensenring[995].

985 Böhme, Gürtelbeschläge Taf. 5,12.

986 Der Datierung widersprechen weder die übrigen Beigaben des Grabes noch der zeitliche Ansatz der Fibeln (Meyer, Bügelknopffibel 239 f.).

987 Sommer, Gürtel Taf. 76,1.

988 Vgl. Pescheck, Mainfranken 36.

989 z. B. in Preetz (Brandt, Preetz 27) oder Plotiště (Rybová, Plotiště 143).

990 Raddatz, Ringform 73 ff.

991 Gelegentlich wurden zwei Ringe unterschiedlicher Größe in einem Grab beobachtet, sie können nach Raddatz (Raddatz, Sörup 51) zu unterschiedlichen Gurten gehören (Leib- und Waffengurt).

992 Raddatz verweist in diesem Zusammenhang besonders auf Grab 13 aus Dahlhausen, das zwei Riemenzungen, aber keine Schnalle enthielt (Raddatz, Ringform 73 ff.).

993 z. B. in Preetz (Brandt, Preetz 27).

994 Vgl. „Fingerring".

995 Nach Brandt (Brandt, Preetz 27) spricht in Preetz das Inventar gegen die Verwendung beim Pferdegeschirr.

Geweihscheiben

Vier Komplexe des Pfingstberger Gräberfeldes enthielten Geweihscheiben. Sie sind nur fragmentiert erhalten. Aus Grab 143 (Taf. 22) stammt der Rest einer Scheibe mit rechteckigem Querschnitt. Die Kanten sind gerundet. Am Rand verlaufen feine Ritzlinien. Der ursprüngliche Durchmesser betrug etwa 4 cm. Die Stärke liegt zwischen 0,5 und 0,7 cm. Eine entsprechende Stärke hat die Scheibe aus Grab 259 (Taf. 38), der Durchmesser beträgt etwa 5 cm. Die Kanten sind ebenfalls gerundet, Ober- und Unterseite sind plan und mit Kreisaugen verziert. Von der Geweihscheibe aus Grab 706 (Taf. 92) ist so wenig erhalten, daß der ursprüngliche Durchmesser nicht mehr zu ermitteln ist[996]. Die Stärke beträgt 1 cm. Auf einer der beiden planen Seiten sind die Reste einer Verzierung aus konzentrischen Kreisen vorhanden. Der Rand ist gerade abgeschnitten. Bei diesen sorgfältig gearbeiteten Scheiben ist eine gesicherte Rekonstruktion nicht mehr möglich. Das vierte Stück aus Grab 567 (Taf. 75) unterscheidet sich sowohl in der Form als auch in der Stärke. Es handelt sich um einen Ring von 4,5 bis 5 cm Durchmesser und einer Breite von 1 bis 1,25 cm. Die Stärke beträgt nur 0,3 cm. Ober- und Unterseite sind ebenfalls flach und mit Kreisaugen verziert, wobei sich die Lage der Kreisaugen in etwa entspricht. Der Rand ist dreieckig zugeschnitten.

Aus Geweih oder Knochen hergestellte Scheiben liegen auch von anderen Fundplätzen vor. Besonders häufig fanden sie sich in Pritzier[997]. Einige dieser Scheiben sind den Pfingstberger Exemplaren zur Seite zu stellen. Das Stück aus Grab 706 ist mit dem Fund aus Klein Denkte[998] zu vergleichen. Diese Scheibe ist allerdings noch etwas dicker. Vergleichsstücke zu dem Beinring aus Grab 567 stammen aus Pritzier, Grab 1639[999], Gramnitz (Einzelfund)[1000] oder Kostelec[1001]. Sie haben jedoch keine facettierten Ränder. Kreisaugenverzierungen sind sehr häufig, Liniendekore finden sich weitaus seltener und oft in Kombination mit Kreisaugen[1002].

Die weit verbreiteten Geweihscheiben unterschiedlichster Ausprägung treten erst im 4. Jahrhundert auf. In Plotiště konzentrieren sich die Funde in Phase III (300 — 400 n. Chr.)[1003]. In Pritzier kommen sie bis 500 n. Chr. vor. Aber auch im 6. und 7. Jahrhundert sind Geweihscheiben belegt[1004]. Eine Datierung der Pfingstberger Stücke ins 4. Jahrhundert würde in Einklang mit dem Zeitansatz der übrigen Beigaben — Kämme mit dreieckigen Griffplatten in den Gräbern 143 und 706 — sowie der Urnen 259 und 567 stehen.

Die Frage nach der Funktion der Geweihscheiben kann nicht zweifelsfrei beantwortet werden. Die Deutung als

996 Der Durchmesser lag jedoch nicht unter 3 cm.

997 Schuldt, Pritzier 89.

998 Thaerigen, Nordharzgruppe Taf. 24,3.

999 Schuldt, Pritzier 89 und Abb. 462,1639.

1000 Spantig, Gramnitz Abb. 25.

1001 Zeman, Mähren Abb. 10 A/i.

1002 z. B. in Ahlem (Nowothnig, Brandgräber Taf. 3,5).

1003 Rybová, Plotiště 158.

1004 Vgl. z. B. Schmidt, Völkerwanderungszeit 138; Werner, Grabfunde Taf. 36, A2c.

Spinnwirtel[1005] ist jedoch unwahrscheinlich, da die Scheiben ein zu geringes Eigengewicht haben[1006]. Ohnehin wäre dies nur eine Erklärung für einen Typ von Scheiben, nämlich den zentral durchbohrten. Bei Beinringen wie aus Grab 567 oder Stücken, die mehrfach oder nur in der Nähe des Randes durchbohrt sind, kommt diese Funktion nicht in Betracht. Bei Stücken mit mehreren kleinen Randdurchlochungen wird angenommen, daß sie aufgenäht waren[1007]. Beidseitig verzierte Scheiben werden dagegen kaum als Besatz von Taschen etc. benutzt worden sein. Sie haben vermutlich als Anhänger gedient. Dies ist auch deshalb nicht unwahrscheinlich, weil sie häufiger mit kegelförmigen Anhängern zusammen gefunden wurden[1008]. Bei der Verwendung als Anhänger können die Scheiben reinen Schmuckcharakter oder symbolische Bedeutung besessen haben[1009]. Nowothnig[1010] erinnert in diesem Zusammenhang an die merowingerzeitlichen Amulettanhänger, die in der unteren Körperhälfte gefunden wurden[1011].

Perlen

77 Komplexe[1012] — bzw. 75 von 830 Gräbern (9 %) — enthielten Glasperlen oder Glasreste. Durch das Scheiterhaufenfeuer sind die meisten beigegebenen Stücke bis zur Unkenntlichkeit zerschmolzen oder verschmort, denn zur Verformung von Glas sind keine hohen Temperaturen notwendig[1013]. Die überwiegende Zahl wird als Perlen anzusprechen sein; es ist jedoch nicht auszuschließen, daß einzelne Glasscherben oder Spielsteine aus Glas[1014] mit in die Gräber gelangten.

Das Scheiterhaufenfeuer hat nicht nur die Form und gegebenenfalls die Verzierung der Perlen zerstört, auch die ursprüngliche Menge bzw. Größe kann bei den zahllosen, zu unförmigen Schmelzklumpen verformten Glasresten oder zersplitterten Fragmenten nicht mehr festgestellt werden[1015]. Ohnehin ist durch selektives Absammeln des Scheiterhaufens das Bild der tatsächlichen Ausstattung in ganz erheblicher Weise verzerrt. So können die nachfolgenden Zahlen nur eine ungefähre Vorstellung von den in den Gräbern enthaltenen Perlen vermitteln.

Bei der Auswertung entscheidend waren neben der tatsächlichen Zahl die Farben sowie die Größe und Beschaffenheit der Fragmente. Da die Perlen des betreffenden Zeitraumes eine z. T. beachtliche Größe aufweisen, ist auch bei großen Stücken gleicher Farbe eine Zusammengehörigkeit möglich. So ist es wahrscheinlich, daß die sieben Splitter aus farblosem Glas aus Grab 509 die Reste einer Perle sind. Der Glasrest aus Grab 450 kann dagegen aus zwei zusammengeschmolzenen Perlen entstanden sein.

Mindestens 57,3 % der Gräber, d. h. 43 von 75 auszuwertenden Gräbern, enthielten nur eine Perle; werden heute verlorene Komplexe mit einer Perle hinzugerechnet, erhöht sich die Zahl auf 48, d.h. 64 %. Weitere sieben Gräber können nur eine Perle enthalten haben, so daß bis 73,3 % der Gräber nur mit einer Perle ausgestattet waren. Mehr als eine Perle fanden sich in mindestens 26,7 % bis höchstens 36 % der Gräber[1016]. Meist handelt es sich um zwei Perlen, seltener drei. Etwas größere Mengen sind nicht auszuschließen, jedoch auch nicht sicher zu belegen. Eine Ausnahme bildet nur Grab 826 mit 15 oder 16 Perlen.

Auf dem Pfingstberger Gräberfeld gelangten demnach Perlen hauptsächtlich als Einzelstücke in die Gräber. Eine chronologisch bedingte Entwicklung der Stückzahlen läßt sich nicht feststellen. Die im elbgermanischen Gebiet gemachte Beobachtung[1017], daß in der frühen Völkerwanderungszeit ein deutlicher Anstieg der Perlenzahlen zu verzeichnen ist, kann nicht bestätigt werden.

Die Farbe der Perlen oder Glasreste ist in den meisten Fällen bestimmbar[1018]. Zur Herstellung wurde sowohl durchsichtiges bzw. durchscheinendes als auch undurchsichtiges Glas verwendet. Neben farblosem Glas findet sich durchsichtiges hellblaues und durchscheinendes kobaltblaues Glas. Schwarzes, weißes, gelbes, rotes und türkises Glas liegt nur in undurchsichtiger Form vor. Grünes und violettes Glas kommt sowohl in disluzider als auch in transluzider Form vor.

Die überwiegende Zahl der Gräber enthält lediglich einfarbige Perlen. Gräber mit ausschließlich mehrfarbigen sind wesentlich seltener; bei einigen Gräbern kommen einfarbige und mehrfarbige Perlen vor. Der Erhaltungszustand läßt oft jedoch keine eindeutigen Aussagen zu. Insgesamt am weitaus häufigsten — in mindestens 29 Gräbern — fanden sich kobaltblaue Perlen, nur neun Gräber enthielten schwarze Perlen, je sechs Gräber farblose bzw. rote Perlen; alle übrigen Farben wurden seltener angetroffen.

Problematisch ist auch die Bestimmung der Form und des Verzierungstyps. Unter den einfarbigen Perlen finden sich tonnenförmige, gedrücktkugelige, ringförmige und schraubenförmige. Aus Grab 414 (Taf. 57) stammt eine undurchsichtige helle und aus Grab 826 (Taf. 101) eine kobaltblaue tonnenförmige Perle. Einfarbige tonnenförmige Perlen

1005 z. B. Janssen, Issendorf 57.

1006 Vgl. Nowothnig, Brandgräber 75 f.

1007 Vgl. Schach-Dörges, Wilhelmsaue 84 f.

1008 Schach-Dörges, Wilhelmsaue 84 f.

1009 Vgl. Tejral, Mähren 70 ff.

1010 Nowothnig, Brandgräber 75 ff.

1011 In Richtung Symbolcharakter weist auch die Geweihscheibe mit ausgeschnittenem Kreuz aus Stößen (Schmidt, Südteil Taf. 20,o).

1012 23; 29; 31; 75; 83:2, Taf. 12; 90:2, Taf. 13; 103; 111; 145:2, Taf. 22; 177; 181:3, Taf. 27; 202; 218:6, Taf. 32; 231; 241; 242:2, Taf. 36; 243; 246; 252; 255; 271; 273; 289; 302; 327;2, Taf. 47; 342; 355; 402; 414:3, Taf. 57; 418; 420; 439:2, Taf. 60; 442:3, Taf. 60; 445; 449; 450:3, Taf. 61; 454; 467; 473; 479; 509; 512; 523:2, Taf. 70; 525:3.4.5, Taf. 70; 535; 540; 543:3.4, Taf. 72; 548:3, Taf. 73; 552; 554; 555; 556; 565:2, Taf. 74; 566:2, Taf. 75; 578; 584; 586; 602:2, Taf. 80; 608; 609; 644:2, Taf. 86; 665; 675:2, Taf. 89; 699; 702; 712; 727; 793; 805; 816; 826:2 — 13, Taf. 101; 840; 844; 848; 856; 867; 929.

1013 Tempelmann-Mączyńska, Perlen 8. Bernsteinperlen können gänzlich durch das Feuer zerstört sein. Vgl. Mączyńska, Chronologie 388.

1014 Artikus (Artikus, Import 212) macht darauf aufmerksam, daß Spielsteine mit angeschmolzenem Glas verwechselt werden können.

1015 Vgl. z. B. Worbs, Zethlingen 44.

1016 Die Richtigkeit der Angaben zu den heute verlorenen Komplexen vorausgesetzt.

1017 Tempelmann-Mączyńska, Perlen 114 ff.

1018 Allerdings ist zu berücksichtigen, daß durch die Hitze die Farbe nachträglich verändert worden sein kann.

sind, wie Tempelmann-Mączyńska[1019] feststellen konnte, die am weitesten verbreitete Form, die von der älteren Römischen Kaiserzeit bis in die Völkerwanderungszeit vorkommt.

Als gedrücktkugelig sind die kobaltblauen Perlen aus Grab 90 (Taf. 13,90:5) und Grab 242 (Taf. 36) zu bezeichnen. Gedrücktkugelige kobaltblaue Perlen lassen sich von der älteren Römischen Kaiserzeit bis in die Völkerwanderungszeit nachweisen[1020]. Aus Grab 525 (Taf. 70) liegen eine weiße sowie eine rote und aus Grab 566 (Taf. 75) eine gelbe ringförmige Perle vor. Das Vorkommen dieser Perlen setzt nach Tempelmann-Mączyńska[1021] erst in Stufe C2 ein.

Das Fragment aus schwarzem Glas aus Grab 439 (Taf. 60) ist wahrscheinlich den schraubenförmigen Perlen zuzuweisen. Nach Tempelmann-Mączyńska[1022] sind vergleichbare Stücke in die Stufen C1b bis D zu stellen.

Bei den polychromen Perlen läßt sich nur ein kleiner Teil bestimmten Typen zuweisen, meist erlaubt der Erhaltungszustand keine exakte Zuordnung. In die große Gruppe der gestreiften Perlen[1023] gehört die schwarze Perle mit weißer achtförmiger Auflage aus Grab 218 (Taf. 32). Derartige Perlen sind zwar in Stufe C2 sehr häufig, liegen jedoch auch aus B2/C1a und aus der Völkerwanderungszeit vor. Grab 218 ist in Stufe C1 zu stellen. Die hellgrüne Halbperle aus Grab 602 (Taf. 80) mit gelben Zickzacklinien zwischen geraden roten Linien[1024] ist vor allem in den Stufen C1b und C2 vertreten, läßt sich aber auch für B2/C1a und an C2 anschließende Phasen nachweisen. Das sogenannte Prinzessingrab von Zweeloo[1025], das unter anderem diesen Perlentyp enthielt, wird in die Zeit um 450 n. Chr. eingeordnet. In die Gruppe der gestreiften Perlen gehören wahrscheinlich noch weitere Funde vom Pfingstberg, wie z. B. die schwarz-gelbe Perle aus Grab 826 (Taf. 101). Tempelmann-Mączyńska, die die 1939 publizierten Funde aufgenommen hat[1026], verzichtet auf die Bestimmung des Typs oder der Gruppe. Zugewiesen wird nur die gut erhaltene Mosaikperle des genannten Grabes. Es handelt sich dabei um eine rote Perle mit weißen und gelben Streifen sowie einem schwarzen Ornament, das Tempelmann-Mączyńska[1027] als Mäandermuster bzw. mäanderähnliches Motiv beschreibt[1028]. Datiert werden diese Perlen vor allem in die Stufe C1b und C2; ihre Herstellung wird im Mittelmeerraum angenommen[1029].

Als Mosaikperlen sind auch die vier Perlenfragmente aus der Grabung 1937 anzusprechen, von denen zwei[1030] ebenfalls aus dem mit zahlreichen Perlen ausgestatteten Grab 826 (Taf. 101) stammen.

Um ein Gesamtbild der Perlenbeigabe zu entwerfen, muß die Prozentzahl der mit Perlen ausgestatteten Gräber berücksichtigt werden. Wie an Hand der zwölf ,,reichsten Gräber''[1031] zu belegen ist, gehört die Perle zu den charakteristischen Ausstattungsstücken. Da insgesamt nur 9 % der Gräber Perlen enthielten, muß mit starken Verlusten gerechnet werden. Sie können zum Beispiel darauf beruhen, daß Perlen im oberen Teil der Urne lagen, der oftmals verloren ist. Die Prozentzahl ist jedoch gering. In Zauschwitz[1032] fanden sich dagegen in 34 % der Gräber Perlen; 21 bis 27 % wurden für das Gebiet zwischen Saale und Fläming[1033] ermittelt. In Wilhelmsaue[1034] konnte Schach-Dörges 25 % feststellen und für Mecklenburg[1035] insgesamt 16 bis 25 %. Dagegen wurden geringe Stückzahlen in den Gräbern einiger weiterer Gräberfelder beobachtet. In Wilhelmsaue[1036] schwankt die Zahl zwischen einer und fünf Perlen. Diese Anzahl ist auch für das Sachsen typisch, das Meyer[1037] zusammenfassend untersucht hat. Auch Mildenberger[1038] weist darauf hin, daß viele Gräber nur eine Perle enthalten.

Die geringe Zahl von Perlen ist wahrscheinlich auch mit ihrer relativen Kostbarkeit zu erklären, denn der überwiegende Teil dürfte Import aus dem Imperium Romanum sein. Perlen werden vor allem als Handelsgut ins Freie Germanien gelangt sein. Geringe Größe und geringes Gewicht waren für den Transport besonders günstige Eigenschaften. Daneben könnten Perlen aber auch durch Wiedereinschmelzen von Glasbruchstücken hergestellt worden sein. In Mühlberg[1039], einer Siedlung des 3./4. Jahrhundert n.Chr., fanden sich Glasbruchstücke, ein Glasbruchstück, an dem Abrißspuren der Schmelze zu erkennen waren, angeschmolzene Scherben gleicher Struktur und gefärbte Glasperlen.

Sicherlich spielen auch Trachtgewohnheiten in bezug auf die Menge der Perlen eine Rolle. Aussagen darüber sind jedoch bei Brandgräbern kaum möglich. Meist kann nicht einmal die Trageweise der Perlen rekonstruiert werden. Nach ihrer Lage in Körpergräbern dienten Perlen vorwiegend als Halsschmuck. Als solcher wurden sie vermutlich an einer Schnur getragen, denn Ketten oder Verschlüsse sind nicht mit Perlen zusammen gefunden worden. Neben den Glasperlen könnten auch organische Materialien aufgezogen gewesen sein[1040]. Zumindest in einem Pfingstberger Grab war ein Bronzeanhänger nachzuweisen. Urne 848 (Taf. 104) enthielt neben einer Halbperle[1041] eine Bronzekapsel. Vielleicht ist auch das zerdrückte Bronzeblechfragment, an dem

1019 Tempelmann-Mączyńska, Perlen 27 ff. (Gruppe I, Typen 1 — 12). M. Tempelmann-Mączyńska listet auf für jeden Typ die Fundorte auf (ebd. 166 ff.), so daß hier im allgemeinen auf eine Nennung der Vergleichsstücke verzichtet werden kann.

1020 Tempelmann-Mączyńska, Perlen 29 ff. (Gruppe II).

1021 Tempelmann-Mączyńska, Perlen 29 ff.

1022 Tempelmann-Mączyńska, Perlen 39 (Gruppe XVII, Typen 151 — 153).

1023 Tempelmann-Mączyńska, Perlen 52 ff. (Gruppe XXII, Typ 266).

1024 Tempelmann-Mączyńska, Perlen 52 ff. (Gruppe XXII, Typ 297a).

1025 van Es und Ypey, Zweeloo 113 ff.

1026 Tempelmann-Mączyńska, Perlen 216 Nr. 65.

1027 Tempelmann-Mączyńska, Perlen 22 und 59.

1028 Ähnlich bei Stawiarska, Paciorki 44.

1029 Dazu Tempelmann-Mączyńska, Perlen 131 ff.

1030 Die beiden anderen lassen sich keinem Fundverband zuweisen.

1031 Vgl. ,,Grabausstattung''.

1032 Meyer, Sachsen 120.

1033 Laser, Brandgräber 140 f.

1034 Schach-Dörges, Wilhelmsaue 39.

1035 Schach-Dörges, Bodenfunde 82.

1036 Schach-Dörges, Wilhelmsaue 39.

1037 Meyer, Sachsen 120 ff.

1038 Mildenberger, Brandgräber 58.

1039 Laser, Glasverarbeitung 479 ff.

1040 Tempelmann-Mączyńska, Perlen 137 f.

1041 Thaeringen, Nordharzgruppe Abb. 28. Vielleicht handelt es sich bei dem links von der Halbperle abgebildeten Gegenstand um eine weitere Perle.

Glas festgeschmolzen ist, der Rest eines Metallanhängers. Es ist neben einem großen, farblosen Glasfragment in Grab 543 (Taf. 72,543:3.4) gefunden worden.

Daneben könnten Perlen am Arm getragen worden sein. In einigen Fällen ist auch die Lage am Kopf beobachtet worden. Neben Ohrgehängen ist die Verwendung als Haubenbesatz oder ähnlichem möglich. Auch auf andere Kleidungsstücke könnten Perlen aufgenäht gewesen sein[1042].

Perlen könnten natürlich auch in einem Behältnis aus organischem Material aufbewahrt worden sein. Möglich wären „Schmuckkästen" oder Beutel, die am Gürtel getragen wurden. In diesen Zusammenhang gehören auch Überlegungen, ob die Deutung der Perlenbeigabe oder der Perlen als Amulette denkbar wäre, für die sich hier allerdings keine sicheren Beweise erbringen lassen[1043].

Eine besondere Funktion könnten Perlen gehabt haben, die in Männergräbern[1044] gefunden wurden. Da Leichenbranduntersuchungen für das Pfingstberger Gräberfeld jedoch nicht vorliegen, kann keine Aussage über das Geschlecht des mit Perlen Bestatteten getroffen werden[1045].

Anhänger

Ein Anhänger liegt aus Grab 44 der Grabung 1937 (848, Taf. 104) vor[1046]. Es handelt sich um einen Kapselanhänger[1047] aus Bronze. Die Kapsel ist rund und flach und mit einer über die Breite hinausgehenden trapezförmigen Trageöse versehen. Die Länge der Öse liegt bei 1,6 cm. Das circa 0,3 cm breite Seitenteil ist mit der einteiligen Vorder- und Rückseite fest verbunden, so daß die Kapsel nicht zu öffnen ist. Nur unterhalb der Öse ist die Kapsel offen. Die Vorderseite ist am Rand mit kleinen Kerben verziert.

Der Kapselanhänger gehört damit zu den Formen, die Beckmann in seiner Gruppe 1 zusammengestellt hat[1048]. Die meist aus Bronze, seltener aus Eisen, Silber oder Gold hergestellten Kapselanhänger sind weit verbreitet[1049]. Sie finden sich in Mittel-, Ost- und Norddeutschland bis zum westlichen Ostseebecken, bis nach Polen und in die Tschechoslowakei. Sie sind im Freien Germanien ab Stufe B1 nachzuweisen, ihre hauptsächliche Verbreitung fällt in Stufe B2, sie sind aber auch aus der späten Kaiserzeit belegt[1050]. Das Pfingstberger Exemplar ist nach den in Grab 44 (848) enthaltenen Fibeln in Stufe C1b zu stellen. Auch der Anhänger aus Zauschwitz, Grab 56[1051], und die beiden Stücke aus einem Fund aus Rebenstorf[1052] gehören in Stufe C1. Alle drei sind aus Bronze hergestellt, haben jedoch eine schmalere Öse. Ein Exemplar mit breiter Öse stammt aus Dessau-Großkühnau, Grab 42[1053], es gehört nach Scheibenfibeln mit aufgesetzter Blechhaube in die Stufe C1. Die Gleichzeitigkeit der beiden Ösenformen belegt der Fund von fünf Kapselanhängern in einem Komplex aus Nieblum auf Föhr[1054].

Im allgemeinen werden Kapselanhänger von den römischen bullae hergeleitet[1055]. Sie unterscheiden sich von ihnen durch Größe und dadurch, daß die Kapselanhänger nicht zu öffnen waren. Nach Jankuhn[1056] kann es sich jedoch auch nur um eine formale Nachahmung der bulla handeln.

1042 Tempelmann-Mączyńska, Perlen 141 ff.; Mildenberger, Völkerwanderungszeit 115.

1043 Für die dem Exemplar aus Grab 602 nahestehenden Perlen mit drei Wellenbändern zwischen vier geraden Streifen ist Schulze von ihrem Amulettcharakter überzeugt (Schulze, Glasperlen 51 ff.). Sie kommen, wie auch die Pfingstberger Perle, stets als Einzelstücke — allerdings in reichen Gräbern — im elbgermanischen Gebiet vor. M. Schulze sieht in ihnen regional- und zeitgebundene Sonderformen des Aberglaubens. Leider fehlt jedoch eine ausführliche Begründung für die Annahme.

1044 Tempelmann-Mączyńska, Perlen 145 f.

1045 Wahrscheinlich stammen die Perlen wie auch auf anderen Gräberfeldern in der Mehrzahl aus Frauengräbern.

1046 Vgl. „Fingerring".

1047 Nach der Definition, die Beckmann gibt, ist das Stück auch als „Berlock" anzusprechen, denn mit Berlock werden alle die Anhänger aus Metall bezeichnet, die bei unterschiedlicher Formgebung einen hohlen Körper haben, von möglichen Füllungen aus organischem Material abgesehen (RGA IV, 334 f.).

1048 Beckmann, Kapselanhänger 13 ff.

1049 Beckmann, Kapselanhänger 13 ff.; Raddatz, Moorfund Karte 14.

1050 Raddatz, Moorfund 135 ff.

1051 Meyer, Zauschwitz 119. Das Grab enthielt kleine Scheibenfibeln (zur Datierung der Fibeln vgl. Keller, Chronologie 251 ff.).

1052 Körner, Rebenstorf Taf. 2.

1053 Laser, Katalog Taf. 10. Zur Datierung der Fibeln vgl. Keller, Chronologie 251 ff.

1054 Genrich, Formenkreise Taf. 53,1.

1055 Vgl. Raddatz, Moorfund 135 ff. Nach Beckmann spricht gegen die Herleitung, daß die im Freien Germanien gefundenen bullae spät anzusetzen sind und die wenigen vorhandenen Exemplare aus Pommern, Ostpreußen und der Slowakei stammen (Beckmann, Kapselanhänger 15).

1056 RGA IV 111.

Geräte

Kämme

Kämme liegen aus 329[1057] Komplexen vor. Sie stellen die nach dem Urnenharz häufigste Beigabe dar. Da die genaue Gräberzahl nicht mehr festzustellen ist, kann auch der prozentuale Anteil der Kämme enthaltenden Gräber nicht mehr sicher ermittelt werden. Legt man lediglich die von Niquet und Thaerigen als Gräber gekennzeichneten Komplexe zugrunde, ergibt sich eine Zahl von 830 Gräbern, von denen 325 Kämme enthielten. Das entspricht einem Anteil von 39,2 %. Kämme sind auch von anderen Gräberfeldern verhältnismäßig häufig belegt. Zum Vergleich seien nur vier Prozentzahlen genannt: In Zauschwitz enthielten 62 % der Gräber Kämme, in Pňov waren es 41 %, in Sörup 29 % und in Preetz 14 %[1058]. Fundumstände und Zeitpunkt der Grabung können sich jedoch auf die Menge der Kämme auswirken[1059]. Darüber hinaus muß davon ausgegangen werden, daß die Zahl schon deshalb nicht den ursprünglichen Anteil widerspiegelt[1060], weil lediglich Niete — bei acht Gräbern ausschließlich Niete[1061] — und durch Hitze beim Verbrennungsvorgang kalzinierte Kammfragmente erhalten sind. Die Analyse der zwölf „reichsten" Gräber, unter denen nur ein Grab ohne Kamm war, sowie die genannte Mindestmenge an sich machen jedenfalls deutlich, welchen Stellenwert das Gerät hatte, das zur Haar- oder Körperpflege bzw. als Haarschmuck[1062] verwendet wurde[1063].

Bei den Pfingstberger Stücken handelt es sich ausschließlich um Dreilagenkämme. Die Herstellung der Dreilagenkämme ist mehrfach beschrieben worden[1064], so daß es ausreichend erscheint, einige Gesichtspunkte herauszustellen. Wie anderenorts auch wird im wesentlichen Geweih verwendet worden sein[1065]. Zumeist wurden die Lagen durch Eisenniete verbunden. Lediglich bei 20 Kämmen konnten Bronzeniete nachgewiesen werden. Zweimal fanden sich sowohl Bronze- als auch Eisenniete (192, 325)[1066]. Besonders erwähnenswert ist der Bronzeniet aus Grab 715 (Taf. 93). Er ist aus Blech hergestellt mit leicht überlappenden Enden. So ließ er sich dem Material besser anpassen[1067]. Die Zahnplatten sind meist in der Mitte, selten am Rand (z. B. 11, Taf. 2) und vereinzelt an zwei Stellen (z. B. 269, Taf. 40) vernietet. Bei einem Zahnplättchen ist kein Nietloch vorhanden (128, Taf. 19). Die Verzierung wurde vermutlich nach der Vernietung angebracht. Es konnte zumindest nicht festgestellt werden, daß sich ein Niet mit der Verzierung überschneidet[1068]. Die Zähne wurden häufiger von beiden Seiten als von einer Seite eingesägt. Werkzeugspuren sind sehr selten festzustellen (z. B. 214). Nach Pietzsch[1069] verschleifen sich die bei der Nachbearbeitung der Zinken entstehenden feinen Facetten erst nach 100- bis 120stündigem Kämmen. Die Pfingstberger Kämme waren demnach längere Zeit in Gebrauch. Gelegentlich waren die Griffplatten abgegriffen.

Durch die Hitzeeinwirkung beim Verbrennungsvorgang sind die Kämme weitgehend zerstört worden. Bei etwa 71 %[1070] ist die ursprüngliche Form nicht mehr zu ermit-

---

1057 Neun sind nicht mehr erhalten (88, 126, 321, 832 und fünf weitere aus der Grabung 1937).

1058 Zauschwitz: Meyer, Sachsen 146 f. — Pňov: Rybová, Pňov 72. — Sörup: Raddatz, Sörup 35 f. — Preetz: Brandt, Preetz 30.

1059 Vgl. Mildenberger, Brandgräber 63 f.

1060 Vgl. Vencl, Kamm 181.

1061 126, 302, 324, 376, 398, 469, 769, 832 (verloren).

1062 Vgl. Meyer, Sachsen 151.

1063 Raddatz, Sörup 36.

1064 z. B. Thomas, Kämme; Ulbricht, Geweihverarbeitung. Sehr instruktiv sind auch die Arbeiten von Pietzsch, Nachbildungen; Christopherson, Comb 150 ff.; Galloway und Newcommer, Comb-making 73 ff.

1065 Für einige Stücke ist diese Materialbestimmung von Prof. Herrmann (Göttingen) bestätigt worden, wofür ihm an dieser Stelle gedankt sei.

1066 Es könnte sich hier um zwei Kämme handeln wie in Zauschwitz, Grab 49 (Meyer, Zauschwitz 146 Anm. 1438) oder um Ersatz, z. B. nach einer Reparatur.

1067 Vgl. Behn, Trebur 178 f., Abb. 2.

1068 Vgl. demgegenüber Heege, Grabfunde 109.

1069 Pietzsch, Nachbildungen 81 f.

1070 1, 4, 5 (Taf. 1), 6, 7 (Taf. 1), 8, 9 (Taf. 1), 11 (Taf. 2), 15, 19, 30 (Taf. 5), 33, 35 (Taf. 5), 38, 43, 45 (Taf. 7), 48 (Taf. 7), 49 (Taf. 7), 50 (Taf. 7), 55 (Taf. 8), 56, 71 (Taf. 10), 73 (Taf. 10), 75 (Taf. 11), 80, 84 (Taf. 12), 89 (Taf. 13), 93 (Taf. 14), 94 (Taf. 14), 98 (Taf. 15), 99 (Taf. 14), 101 (Taf. 15), 104 (Taf. 16,104:3), 115, 124 (Taf. 19,124:5), 128 (Taf. 19), 135 (Taf. 20,135:3), 136 (Taf. 21,136:4), 138 (Taf. 21), 139, 140, 143 (Taf. 22), 144 (Taf. 22), 158 (Taf. 24), 167 (Taf. 25), 168, 169 (Taf. 25), 173 (Taf. 26), 174, 178 (Taf. 26), 179 (Taf. 27), 185, 187 (Taf. 28), 191, 193 (Taf. 28), 199, 204, 206A, 214, 216 (Taf. 31), 222, 223 (Taf. 33), 225, 228, 233 (Taf. 34), 236 (Taf. 34), 240 (Taf. 35), 243 (Taf. 36), 245, 246, 247, 252 (Taf. 37), 254, 256 (Taf. 37), 263, 264, 265 (Taf. 39), 269 (Taf. 40), 271 (Taf. 40), 273 (Taf. 40), 276 (Taf. 41), 283, 293, 297 (Taf. 43), 300 (Taf. 44), 303 (Taf. 44), 309 (Taf. 45), 312 (Taf. 45), 315, 316, 317 (Taf. 46), 322, 323 (Taf. 47), 325 (Taf. 47), 326, 327 (Taf. 47,327:3), 335 (Taf. 48), 341, 344 (Taf. 49), 348, 351 (Taf. 50), 358, 363, 368 (Taf. 52), 369 (Taf. 52), 374, 379 (Taf. 53), 383 (Taf. 54), 387 (Taf. 54), 397, 402 (Taf. 56), 406 (Taf. 56), 411 (Taf. 57), 412 (Taf. 57), 414 (Taf. 57), 415 (Taf. 57), 420 (Taf. 58), 423, 427 (Taf. 59), 429, 430, 433 (Taf. 59), 439, 447 (Taf. 61), 449 (Taf. 61), 453 (Taf. 62,453:5), 455 (Taf. 62), 456 (Taf. 62), 459, 466, 467, 470 (Taf. 64), 471 (Taf. 64), 472, 479, 483 (Taf. 66), 485 (Taf. 66), 496, 499 (Taf. 67), 510 (Taf. 68), 516, 518, 520 (Taf. 70), 521 (Taf. 70), 522 (Taf. 70), 528 (Taf. 71), 530 (Taf. 71), 533, 535 (Taf. 71), 537, 541 (Taf. 72), 543 (Taf. 72,543:3), 547, 551 (Taf. 73), 555 (Taf. 73), 561 (Taf. 74,561:6), 563 (Taf. 75), 566 (Taf. 75), 567 (Taf. 75,567:4), 569 (Taf. 76), 570, 574 (Taf. 76), 578, 582, 585 (Taf. 78), 587, 592, 593, 595, 597 (Taf. 80), 599 (Taf. 80), 604 (Taf. 81), 608 (Taf. 81), 611, 615, 617 (Taf. 83), 624, 625 (Taf. 83), 627, 629 (Taf. 84), 630 (Taf. 84), 631 (Taf. 84), 638, 639 (Taf. 85), 641, 643, 645, 652, 663 (Taf. 88), 665, 667 (Taf. 88), 669, 670 (Taf. 89), 671, 674 (Taf. 89), 679 (Taf. 90), 681 (Taf. 90), 683 (Taf. 90), 693 (Taf. 91), 699 (Taf. 91), 707, 714, 715 (Taf. 93), 721, 723 (Taf. 93), 730 (Taf. 94), 738 (Taf. 95), 739, 741, 742 (Taf. 95), 743 (Taf. 95), 760 (Taf. 96), 816 (Taf. 101), 836 (Taf. 102), 846 (Taf. 103), 848 (Taf. 104), 856 (Taf. 105), 872 (Taf. 106), 901 (Taf. 108). Dazu kommen die Komplexe, die lediglich Niete enthielten, und die Kämme, die nicht mehr erhalten sind (s. o.).

teln. Nur 13 % der Kämme lassen sich einigermaßen rekonstruieren. Bei den übrigen 16 % ist es immerhin möglich, die Form auf zwei Typen einzugrenzen. Die Formbestimmung erfolgt auf der Grundlage der Typeneinteilung von Thomas[1071]. Thomas unterscheidet für die späte Römische Kaiserzeit drei Typen, die Kämme mit kreissegmentförmiger Griffplatte (Typ I), die Kämme mit dreieckiger Griffplatte (Typ II) und Kämme mit erweiterter Griffplatte (Typ III). Dazu kommen Formen aus der Völkerwanderungszeit.

Zu Typ I, den Kämmen mit kreissegmentförmiger Griffplatte gehören die Stücke aus den Gräbern 18 (Taf. 3), 20 (Taf. 3), 23 (Taf. 3), 24 (Taf. 3), 25 (Taf. 4), 31 (Taf. 5), 51 (Taf. 7), 58 (Taf. 8,58:4), 90 (Taf. 13), 106 (Taf. 16), 206 (Taf. 30), 218 (Taf. 32), 224 (Taf. 33), 266 (Taf. 39), 270 (Taf. 40), 289 (Taf. 42), 416 (Taf. 57), 441 (Taf. 60), 454 (Taf. 62), 534 (Taf. 71), 556 (Taf. 71), 580 (Taf. 77), 646 (Taf. 86). Kennzeichen dieser Kämme ist der gerundete Scheitel. Alle drei Varianten sind vertreten. Auf Variante 1 mit stärker gewölbtem Rücken entfallen die Kämme 20, 646, und 289, auf Variante 2 mit schwächer gewölbtem Rücken die Kämme 25, 106 und 266, auf Variante 3 mit seitlich abgeflachten Griffplatten die Kämme 90, 534 und 556[1072]. Die übrigen sind nicht sicher zu beurteilen. Neun der insgesamt 23 Kämme dieses Typs sind verziert. Inwieweit auch die anderen verziert waren, läßt sich nicht mehr feststellen. Zumindest der Kamm 106 war unverziert.

Zu Typ II, den Kämmen mit dreieckigen Griffplatten, gehören die Stücke aus den Komplexen 133 (Taf. 20), 181 (Taf. 27), 241 (Taf. 36), 260 (Taf. 38), 432 (Taf. 59), 475 (Taf. 65), 586 (Taf. 78), 731 (Taf. 94), 800 (Taf. 99), 900 (Taf. 108)[1073]. Die Kämme haben abgeflachte Seiten und einen kantigen Scheitel. Einen hohen Rücken (Variante 1) weisen die Kämme 133, 432 und 475 auf, die übrigen sind der Variante 2, den Kämmen mit langgestrecktem Rücken, zuzuordnen. Drei der zehn Kämme sind verziert, zwei unverziert, und die übrigen sind nicht mehr sicher zu beurteilen.

Anzuschließen ist eine Gruppe von 52 Kämmen[1074]. Sie haben abgeflachte Seiten, der Scheitel ist jedoch nicht erhalten, so daß nicht mehr entschieden werden kann, ob sie zu Typ I, Variante 3, oder zu Typ II gehören. Es wurden in diese Gruppe jedoch nur die Kämme aufgenommen, von denen ausreichend große Fragmente vorliegen, die eine Formbestimmung ermöglichen[1075]. Es handelt sich auch hier um hohe und langgestreckte Formen. Insgesamt 22 sind verziert, mindestens sieben unverziert, bei den übrigen kann eine Aussage über Verzierung nicht mehr getroffen werden.

Sichere Nachweise für den Typ III, den Kämmen mit erweiterter Griffplatte, sind nicht zu erbringen. Die Kämme 229 (Taf. 34) und 710 (Taf. 92) haben jedoch Griffplatten mit parallel verlaufenden Kanten, wie sie bei Kämmen des Typs III vorkommen. Beide Stücke sind verziert.

Zweireihige Kämme liegen aus den Gräbern 275, 700 und 726A vor. Der Kamm 275 (Taf. 40) hat sehr flache, etwa 1 cm breite Griffleisten. Bei den Kämmen 700 (Taf. 91) und 726A (Taf. 94) sind die Griffleisten gewölbt. Die Schmalseite des Kammes 700 ist profiliert. Alle Stücke sind verziert. Vermutlich gehört auch der Kamm aus Grab 678 (Taf. 90) in diese Gruppe, denn die Zähne sind wie bei anderen zweireihigen Kämmen sehr eng gestellt.

Schmale gerundete Griffleisten weisen die Kämme aus den Gräbern 213 (Taf. 31) und 610 (Taf. 82) auf. Nur wenig gewölbt sind die Griffplatten des Kammes aus Grab 294 (Taf. 43). Alle Stücke sind verziert.

Der Rest eines Kammetuis stammt aus Grab 726 (Taf. 94). Es ist mit Linien und Kreisaugen verziert. Kammfragmente liegen aus dem Grab ebenfalls vor.

Die Verzierungen sind im wesentlichen vom Typ unabhängig. Lediglich die flächendeckenden Strichverzierungen sind auf die schmalen Griffleisten der zweireihigen Kämme beschränkt (700, 726A). An insgesamt 87 Kämmen konnten Verzierungen nachgewiesen werden. Die Mehrzahl dieser Kämme ist nicht vollständig verziert. Meist sind die Muster auf die Mitte und die Ränder der Griffplatten beschränkt[1076]. Sie sind nur sehr selten vollständig erhalten (z. B. 181, 294), in wenigen Fällen können sie rekonstruiert werden (z. B. 646). Kreisaugen sind das mit Abstand häufigste Motiv[1077]. Sie treten allein (z. B. 900), mit konzentrischen Kreisen (z. B. 104), mit Linien (z. B. 708) oder mit beidem (z. B. 710) kombiniert auf. Ob Linien oder konzentrische Kreise auch allein verwendet wurden, ist nicht mehr zu ermitteln. Rädchenverzierung scheint jedoch stets allein vorzukommen (z. B. 235). Tremolierstich ist nur bei Kamm 901 (lediglich in einer Zeichnung erhalten) belegt. Die unterschiedlichen Verzierungsarten lassen sich nicht chronologisch auswerten.

Die einzelnen Kammtypen können nach Keller verschiedenen Stufen zugewiesen werden[1078]. Kämme mit kreissegmentförmigen Griffplatten (Thomas I, Varianten 1 und 2) gehören in die Stufen C1 und C2. Schon Thomas[1079] hat dargelegt, daß sich diese Form bis in die Völkerwanderungszeit hält. Die völkerwanderungszeitlichen Griffplatten sind in der Regel jedoch nur noch leicht geschweift. Hier werden diese Griffplatten als gerundet angesprochen, um sie von den in der Masse ins 3. und frühe 4. Jahrhundert[1080] ge-

1071 Thomas, Kämme.

1072 Sie werden als Kämme mit dreieckigen, im Scheitel gerundeten Griffplatten bezeichnet.

1073 900 dürfte dazugehören, auch wenn der Scheitel fehlt, da sonst kein Platz für einen Niet gewesen wäre.

1074 3 (Taf. 1), 27 (Taf. 4), 85 (Taf. 12), 100 (Taf. 15), 102 (Taf. 15), 103 (Taf. 15), 107 (Taf. 16), 108 (Taf. 16), 111 (Taf. 17), 113 (Taf. 17), 145 (Taf. 22), 160 (Taf. 24), 175 (Taf. 26), 192 (Taf. 28), 195 (Taf. 28), 196 (Taf. 29), 202 (Taf. 29), 205 (Taf. 30), 227 (Taf. 33), 231 (Taf. 34), 235 (Taf. 35), 242 (Taf. 36), 267 (Taf. 36), 277 (Taf. 40), 288 (Taf. 42), 298 (Taf. 43), 329 (Taf. 47), 342 (Taf. 49), 355 (Taf. 50), 391 (Taf. 55), 442 (Taf. 60), 514 (Taf. 69), 523 (Taf. 70), 527 (Taf. 70), 540 (Taf. 72), 565 (Taf. 74), 573 (Taf. 76), 576 (Taf. 77), 588 (Taf. 78), 609 (Taf. 81), 616 (Taf. 82), 637 (Taf. 85), 657 (Taf. 87), 686 (Taf. 90), 702 (Taf. 91), 706 (Taf. 92), 708 (Taf. 92), 716 (Taf. 93), 722 (Taf. 93), 801 (Taf. 99), 808 (Taf. 99), 867 (Taf. 106). Die Griffplatten werden als dreieckig bezeichnet.

1075 Unter den als nicht bestimmbar klassifizierten Stücken finden sich weitere, die vermutlich in diese Gruppe gehören. Von ihnen sind jedoch nur kleine Fragmente erhalten.

1076 Da diese Teile oft fehlen, ist nicht zu ermitteln, wieviele Kämme verziert waren.

1077 Gleiches ließ sich z. B. in Mecklenburg feststellen (Schach-Dörges, Bodenfunde 100 f.).

1078 Keller, Chronologie 262 f.

1079 Thomas, Kämme 77 ff.

1080 Sie treten aber auch schon mit Beginn der Stufe C1, also bereits in der 2. Hälfte des 2. Jahrhunderts auf (vgl. Schmid, Kammfunde 145 ff.).

hörenden Kämmen abzugrenzen. Die Kämme mit dreieckigen Griffplatten mit grundetem Scheitel (Thomas I, Variante 3) treten in Stufe C2 auf. Kämme mit dreieckigen Griffplatten (Thomas II) sind in Stufe C3 und in die Völkerwanderungszeit[1081] zu stellen. Dreilagenkämme mit erweiterter Griffplatte sowie zweireihige Kämme sind völkerwanderungszeitlich[1082].

Der Rest des Kammetuis aus Grab 726 ist mit dem Fund aus Issendorf, Grab 239[1083], der über das Grabgefäß und vergleichbare Kämme ins 4. Jahrhundert einzuordnen ist, zu verbinden, auch wenn das Pfingstberger Stück nicht in Tierköpfen endet.

Nadelbüchsen

Nadelbüchsen fanden sich nur in zwei Gräbern. Aus Grab 561 (Taf. 74) stammt ein fast vollständig erhaltenes Exemplar. Das Stück hat einen viereckigen Querschnitt mit gerundeten Kanten. Beide Enden sind geglättet und offen. Die Länge liegt bei 8,5 cm und der Durchmesser zwischen 0,65 mal 0,9 cm und 0,8 mal 1 cm. Es ist nicht verziert. Die Nadelbüchse aus Grab 302 (Taf. 44) ist nur fragmentiert erhalten. Es handelt sich ebenfalls um ein Gerät mit viereckigem Querschnitt mit gerundeten Kanten, das erhaltene Ende ist glatt abgeschnitten und geglättet. Die Länge beträgt noch 4,3 cm, der Durchmesser 0,7 bis 0,85 cm. Die Oberfläche ist sehr sorgfältig geglättet. Wenige Millimeter vom Ende entfernt ist eine wahrscheinlich umlaufende Verzierung angebracht. Sie besteht aus zwei Linien, zwischen die auf den drei erhaltenen Seiten ein Kreuz gesetzt ist. Diese Verzierung wurde mit einem sehr feinen Gerät eingeritzt. Die Linien sind doppelt oder dreifach gezogen, daher wirkt die Verzierung etwas unsorgfältig.

Hergestellt wurden Nadelbüchsen aus einem Röhrenknochen[1084]. Die Außenseiten wurden vierkantig geschnitten und geglättet. Die Enden sind — soweit erhalten — meist offen. Ein Exemplar mit Bodenstück stammt aus Rebenstorf (Lbrg 2374)[1085]. Die Länge liegt meist zwischen 7 und 10 cm, der Durchmesser zwischen 0,7 und 1 cm. Ein sehr kleines Stück mit 4,7 cm Länge und 0,4 bis 0,6 cm Durchmesser wurde auf dem Galgenberg bei Cuxhaven gefunden[1086].

Diese Geräte werden als Nadelbüchsen angesprochen, weil gelegentlich Reste von Nadeln in ihnen beobachtet wurden[1087]. Es gibt daneben ähnliche Knochenröhren, die als Messergriff gedient haben[1088]. Diese Knochengriffe weisen jedoch einen größeren Durchmesser auf.

Die Mehrzahl der Nadelbüchsen ist verziert[1089]. Am häufigsten finden sich Kreisaugen oder konzentrische Kreise. Linienverzierungen sind selten, gelegentlich sind beide Verzierungen miteinander kombiniert. Dem Pfingstberger Exemplar aus Grab 302 verwandt ist die Dekoration der Nadelbüchse aus Grab 223 von Westerwanna II[1090]. Sie ist etwa in der Mitte auf allen vier Seiten mit Linien und jeweils einem Kreuz versehen. Flächendeckende Kreuzverzierungen finden sich ebenfalls in Westerwanna I, Grab 226, in Hemmoor-Warstade und in Plotište[1091]. Gemeinsamkeiten weist auch die mit Linien, Kreuzen und Gittermuster verzierte Nadelbüchse aus Zedau[1092] auf. Unverzierte Nadelbüchsen liegen zum Beispiel aus Westerwanna, Pritzier, Rebenstorf, Meerdorf und Plotište[1093] vor.

Aufschlußreich ist die Verbreitung der Nadelbüchsen. Sie sind vor allem auf norddeutschen Gräberfeldern gefunden worden. Etwa 82 Stück stammen aus Westerwanna. Als weitere Fundorte seien beispielsweise Wehden, der Galgenberg bei Cuxhaven, Altenwalde, Issendorf und Maschen[1094]. genannt. Aus Pritzier stammt ein Exemplar und aus Lassahn[1095] ein weiteres. Eine größere Anzahl von Nadelbüchsen wurde in Rebenstorf festgestellt (circa 25 Stück)[1096]. Weiter südlich sind nur wenige Nadelbüchsen belegt. Aus Plotište stammen acht Stücke[1097]. Zwei davon haben einen runden Querschnitt. Diese Stücke sind nach Tejral[1098] mit den Knochenröhrchen aus Südosteuropa in Verbindung zu bringen. Runde Nadelbüchsen sind auch aus der Niemberger Gruppe bekannt[1099]. In Norddeutschland sind runde Nadelbüchsen dagegen verhältnismäßig selten[1100].

Regionale Unterschiede scheinen sich nicht nur in der Form, sondern auch in der Verzierung zu zeigen. Mit Kreisaugen verzierte Nadelbüchsen treten häufiger in Norddeutschland auf, während unverzierte oder mit Rillen verzierte Nadelbüchsen vor allem weiter südlich verbreitet waren[1101]. So

1081 Vgl. Schmidt, Völkerwanderungszeit 142 f.

1082 Da die Kammformen Aufschluß über die chronologische Stellung der Urnen geben, sind nur die besser erhaltenen Kämme ausgewertet worden.

1083 Janssen, Issendorf 50 und Taf. 41,239e.

1084 Nach Körner (Körner, Rebenstorf 101) und anderen handelt es sich um Vogelknochen. Eine Nadelbüchse aus Bronze ist z. B. aus Westerwanna bekannt (Zimmer-Linnfeld, Westerwanna Taf. 13,98c).

1085 Körner, Rebenstorf 102 Abb. 32.

1086 Waller, Galgenberg 57.

1087 z. B. in Rockenthin (Kuchenbuch, Schalenurnenfelder 49). Die Enden könnten mit organischem Material verschlossen gewesen sein.

1088 z. B. Westerwanna, I Grab 1505 (Zimmer-Linnfeld, Westerwanna Taf. 194,1505d).

1089 Es ist jedoch zu berücksichtigen, daß unverzierte, fragmentiert erhaltene Stücke leicht mit Leichenbrand verwechselt werden können.

1090 von Quillfeldt und Roggenbuck, Westerwanna Taf. 48,223e.

1091 Westerwanna: Zimmer-Linnfeld, Westerwanna Taf. 31,226 b. — Hemmoor: Waller, Hemmoor Taf. 11,g. — Plotište: Rybová, Katalog Abb. 43,29.

1092 Schultze, Zedau Abb. 8,7.

1093 Westerwanna: Zimmer-Linnfeld, Westerwanna Taf. 53,411b. — Pritzier: Schuldt, Pritzier Abb. 438. — Rebenstorf: Körner, Rebenstorf 102 Abb. 32. — Meerdorf: Thaerigen, Nordharzgruppe Taf. 21,16. — Plotište: Rybová, Plotište 148.

1094 Wehden: Waller, Wehden Taf. 49,791. — Galgenberg: Waller, Galgenberg 57. — Altenwalde: Waller, Altenwalde Taf. 6. — Issendorf: Janssen, Issendorf 58. — Maschen: Wegewitz, Harburg 28 ff., Taf. 2.

1095 Pritzier: Schuldt, Pritzier Abb. 438. — Lassahn: Keiling, Lassahn 138 und 137 Abb. 5,21.

1096 Körner, Rebenstorf 101 f.

1097 Rybová, Plotište 148.

1098 Tejral, Mähren 70 f.

1099 z. B. Görzig (Schmidt, Mittelelbe-Saalegebiet 346 Abb. 2,2) und Großweißandt (Schmidt-Thielbeer, Großweißandt 187 Abb.1).

1100 Ein Exemplar stammt z. B. aus einem Frauengrab aus Buchholz-Vaensen (Wegewitz, Harburg 49 Abb. 21).

1101 Die geringen Fundmengen in diesem Bereich beeinträchtigen jedoch die Aussagemöglichkeiten.

sind in Westerwanna von etwa 82 Nadelbüchsen nur zehn unverziert, reine Kreis- und Kreisaugenverzierungen finden sich auf 62 Stücken. In Plotiště sind von acht Nadelbüchsen vier unverziert und vier mit Rillen dekoriert.

Nadelbüchsen treten Ende des 3. Jahrhunderts[1102] auf und halten sich bis in die Völkerwanderungszeit. Die Masse gehört ins 4. Jahrhundert. In diese Zeit ist auch das Pfingstberger Exemplar aus Grab 561 zu stellen, die im Grab enthaltene Fibel ist in Stufe C2 oder C3 zu datieren. Das Stück aus Grab 302 dürfte in Stufe C2 einzuordnen sein (vgl. S2).

Spielsteine

Spielsteine wurden nur in zwei Gräbern gefunden. Aus Grab 582 (Taf. 77) stammen zwei und aus Grab 667 (Taf. 88) drei Spielsteine. Es handelt sich ausschließlich um beinerne Stücke. Glasspielsteine konnten nicht nachgewiesen werden. Es ist jedoch zu berücksichtigen, daß angeschmolzene Glasspielsteine nicht zweifelsfrei von verschmorten Perlen zu trennen sind. Reste von Spielbrettern oder sonstige Zubehörteile konnten ebenfalls nicht festgestellt werden. Aber auch hier sind durch den schlechten Erhaltungszustand der meisten Beigaben die Aussagemöglichkeiten eingeschränkt.

Die fünf nur fragmentiert erhaltenen Spielsteine unterscheiden sich in Form und Größe. Drei Exemplare (582:5; 667:3.5) gehören zu der weit verbreiteten Form mit flacher Unterseite und gewölbter Oberseite[1103]. Sie haben einen Durchmesser von ca. 1,6 bis 1,85 cm und eine maximale Höhe zwischen 0,3 und 0,5 cm. Die beiden übrigen Spielsteine (582:4; 667:4) sind scheibenförmig[1104] mit 1,7 cm Durchmesser und 0,23 cm Höhe bzw. 1,8 cm Durchmesser und 0,2 cm Höhe. Alle Stücke sind sorgfältig überarbeitet und weisen — soweit Aussagen zu treffen sind — weder Verzierungen noch Einbohrungen auf. Auch Reste einer Bemalung konnten nicht festgestellt werden[1105]. Eine Bemalung wäre durchaus zu erwarten, wenn die Beinspielsteine die gläsernen ersetzen sollten, denn die bekannten erhaltenen Spielbretter deuten auf zwei Parteien, und häufig werden helle und dunkle Glasspielsteine zusammen gefunden. Vier Spielsteine sind aus Knochen oder Geweih hergestellt und einer der scheibenförmigen Spielsteine (582:4) aus Elfenbein[1106].

Beinspielsteine sind im Freien Germanien seit der Spätlatènezeit nachweisbar[1107], treten aber erst seit der jüngeren Kaiserzeit in größerer Zahl auf. Verbreitet sind sie im wesentlichen zwischen Rhein und Oder sowie in Skandinavien[1108]. Auffällig ist die meist kleine Anzahl an Beinspielsteinen in einem Grab. Oft sind es nur ein bis drei Stück, selten über zehn[1109].

Die Mehrzahl der Beinspielsteine ist unverziert. Ihr Durchmesser liegt zwischen 1,1 und 3,9 cm, bei der Masse zwischen 2,1 und 2,3 cm[1110]. Sie werden als einheimische Produkte angesehen und ahmen vermutlich die importierten Glasspielsteine nach[1111]. Insgesamt scheinen Brettspiele von den Römern übernommen zu sein, darauf deuten die sprachlichen Zeugnisse[1112], die Glasspielsteine selbst und die erhaltenen Spielbretter[1113].

Die Spielsteine aus Elfenbein oder Narwalzahn dürften dagegen importiert sein. Bedauerlicherweise wird in der Literatur das Material meist nicht genauer angegeben, so daß eine Zusammenstellung der Elfenbeinfunde nicht möglich ist. Zu erwähnen sind ein älterkaiserzeitlicher Fund mit Elfenbein- oder Narwalzahnstücken aus Groß Kelle[1114] und ein Elfenbeinspielstein aus Kasseedorf, Grab 182[1115].

Spielsteine kommen sowohl in Männer- als auch in Frauengräbern vor; als Beigabe in Kindergräbern sind sie sehr selten[1116]. Die Pfingstberger Stücke stammen nach dem Leichenbrand aus Erwachsenengräbern. Ein Hinweis auf eine sozial gehobene Stellung läßt sich aus der Beigabe von Spielsteinen nicht ablesen[1117]. Auch bei dem Pfingstberger Gräberfeld gehören die Gräber mit Spielsteinen nicht zu den beigabenreichsten. Beide Gräber enthalten jeweils Urnenharz und einen Kamm, Urne 582 darüber hinaus Drehscheibengefäßscherben. Allerdings handelt es sich bei Urne 582 selbst um ein Drehscheibengefäß, und der hier gefundene Elfenbeinspielstein könnte einen gewissen Wert darstellen.

Spinnwirtel

Mit vier Stücken sind auch Spinnwirtel äußerst selten unter den Beigaben vertreten. Die Gräber 18 (Taf. 3) und 20 (Taf. 3) enthielten jeweils einen Spinnwirtel, das dritte Exemplar stammt aus einem gestörten Komplex (778, Taf. 97) mit mehreren Gefäßen — darunter einem Drehscheibengefäß —, und der vierte Wirtel (804, Taf. 99) läßt sich keinem Grab mehr zuweisen.

Auch auf anderen Fundplätzen wurden Spinnwirtel vorwiegend in Einzelstücken in den Gräbern gefunden[1118], wenngleich mehrfach auch zwei[1119] oder drei[1120] Exemplare in

1102 Rybová, Plotiště 158 ff.

1103 Vgl. Krüger, Brett- und Würfelspiel 159.

1104 Krüger, Brett- und Würfelspiel 159.

1105 Bemalung zeigen 14 Spielsteine aus einem Grab aus Ehestorf-Vahrendorf (Artikus, Import 220 Fundliste Nr. 24).

1106 Für die Bestätigung der Materialanalyse ist Dr. Kleinschmidt, Wolfenbüttel, zu danken.

1107 Krüger, Brett- und Würfelspiel 178.

1108 Krüger, Brett- und Würfelspiel 135 ff. Aus Böhmen sind die Funde aus Plotiště zu ergänzen (Rybová, Plotiště 150).

1109 Grab 410 aus Sörup enthielt 15 Beinspielsteine (Raddatz, Sörup 47 f).

1110 Krüger, Brett- und Würfelspiel 158 ff.

1111 Krüger, Brett- und Würfelspiel 175 f. Ebenso Laser, Brandgräber 129 f.

1112 RGA III (1978) 452.

1113 Artikus, Import 214.

1114 Krüger, Brett- und Würfelspiel 302 f. Kat.-Nr. 111.

1115 Artikus, Import 219 Fundliste Nr. 8.

1116 Artikus, Import 214; Krüger, Brett- und Würfelspiel 211.

1117 Vgl. Krüger, Brett- und Würfelspiel 212 ff.

1118 Vgl. Leube, Oder-Spree-Gebiet 35.

1119 z. B. Wilhelmsaue, Gräber 15, 30, 32 und 89 (Schach-Dörges, Wilhelmsaue 65 f.); Großenhain Grab 1b (Meyer, Sachsen 165). Grundsätzlich ist natürlich zu untersuchen, ob es sich um Doppelbestattungen handelt.

1120 z. B. Wilhelmsaue, Gräber 84 und 85 (Schach-Dörges, Wilhelmsaue 65 f.); Obernau, Brandgrab (Pescheck, Mainfranken 51 f.); Latdorf, Grab 2 (Laser, Brandgräber 118). Auch hier müssen Mehrfachbestattungen ausgeschlossen werden können.

einem Grab beobachtet werden konnten[1121]. Ungewöhnlich ist jedoch die geringe Gesamtzahl. In Wilhelmsaue sind Spinnwirtel neben Keramik die häufigste Beigabe in Frauengräbern[1122]. In Großromstedt enthielt fast die Hälfte der Gräber (14 von 31 Gräbern) Spinnwirtel[1123]. Aus Rebenstorf stammen 60 Wirtel[1124] und aus Zethlingen[1125] bisher 36.

Die Spinnwirtel vom Pfingstberg sind aus Ton hergestellt[1126]. Ihr Durchmesser liegt zwischen 3 und 4 cm, die Höhe zwischen 2 und 2,7 cm. Sie sind unterschiedlich geformt. Zwei Exemplare (18 und 778) gehören zur großen Gruppe der asymmetrisch doppelkonischen Wirtel. Bei 18 ist die eine Seite deutlich eingezogen. Der Spinnwirtel aus Grab 20 ist symmetrisch doppelkonisch und der Wirtel 804 flachkugelig gerippt und mit einer Poldelle versehen. Die Wirtel 18 und 778 sind ebenfalls verziert. 778 ist mit Rillen dekoriert und 18 mit Dellen.

Zu letztgenanntem Stück gibt es einen Parallelfund in Plotiště, Grab 996[1127]. Er kann jedoch nicht genauer als zwischen 300 und 500 n. Chr. datiert werden. Das Pfingstberger Stück ist durch die Urne, in der er lag, und den ebenfalls beigegebenen Kamm sicher in die erste Hälfte des 3. Jahrhunderts zu setzen. In Stufe C1a oder vielleicht in den Übergangshorizont von Stufe B2 zu C1 gehört ein Wirtel aus Gießmannsdorf[1128], der ebenfalls gewisse Übereinstimmungen zum Pfingstberger Exemplar zeigt. Er wurde mit einer Fibel Almgren Gruppe II und einem kreissegmentförmigen Kamm zusammen gefunden. Kerben finden sich auch gelegentlich auf mainfränkischen Wirteln[1129].

Rillenverzierungen sind zwar nachweisbar[1130], aber nicht in der Anordnung wie auf dem Pfingstberger Spinnwirtel. Asymmetrisch doppelkonische Wirtel treten nach Leube[1131] vorwiegend in der späten Kaiserzeit auf, lassen sich aber auch in der späten Völkerwanderungszeit nachweisen[1132].

Der gerippte Spinnwirtel 804 ist nach von Uslar[1133] als Nachahmung von Melonenperlen aufzufassen. Diese Form ist in der jüngeren Kaiserzeit mehrfach belegt[1134]. Eine zeitliche Einordnung ist bei diesen Stücken nicht möglich. Durch den Fund aus Stößen, Grab 43[1135], ist die Form auch für die späte Völkerwanderungszeit gesichert.

Ebensowenig lassen sich symmetrisch doppelkonische Wirtel genauer datieren. Es handelt sich um einen ausgesprochen langlebigen Typ mit weiter Verbreitung[1136]. Das Pfingstberger Exemplar kann allerdings durch den beigegebenen Kamm mit kreissegmentförmigen Griffplatten in die Stufe C1 oder C2 gestellt werden.

Spinnwirtel werden im allgemeinen als Kennzeichen von Frauengräbern angesehen, doch gibt es auch Belege für Wirtel aus Waffengräbern[1137]. Sofern es sich nicht um tatsächliche Doppelbestattungen handelt, werden diese Spinnwirtel eine besondere Funktion besessen haben. Sie könnten z. B. Ausdruck einer symbolischen Mitbestattung[1138] sein. An einer besonderen Funktion ist jedenfalls nicht zu zweifeln, wenn man die Bedeutung des Spinnens und Webens berücksichtigt. Beide gehörten in der antiken Literatur zu den ‚Tugenden' der Frau[1139].

Pinzetten

Zwei Komplexe (131, Taf. 20; 217, Taf. 31) des Pfingstberger Gräberfeldes enthielten Pinzetten. Obwohl beide Stücke nur fragmentiert erhalten sind, ist die Bestimmung als Pinzette wahrscheinlich. Die Pinzetten sind aus dünnem Bronzeblech hergestellt. Die erhaltene Länge beträgt 2,3 cm (131) und 2 cm (217), die Breite bei 217 maximal 0,9 cm und bei 131 mindestens 0,8 cm[1140]. Zumindest die Pinzette aus Grab 217 hat schwach verbreiterte Bügel. Eine Verzierung ist auf den erhaltenen Teilen nicht vorhanden.

Pinzetten liegen von den einzelnen Fundplätzen in sehr unterschiedlicher Menge vor bzw. fehlen ganz. Während in Sörup 19 % der beigabenführenden Gräber Pinzetten enthielten[1141], wurde in Preetz nur eine Pinzette festgestellt[1142]. In Perdöhl wurden vier Pinzetten und zwei Toilettbestecke geborgen[1143]. Zahlreiche Pinzetten wurden zum Beispiel in

---

1121 Vier Spinnwirtel sind in Grab 14 von Wilhelmsaue belegt (Schach-Dörges, Wilhelmsaue 65 f.). Schach-Dörges führt in diesem Zusammenhang den Fund von 14 Wirteln aus Grab 60 von Młodzikowo, pow. Sroda an.

1122 Schach-Dörges, Wilhelmsaue 65 f.

1123 Mildenberger, Brandgräber 62.

1124 Körner, Rebenstorf 105.

1125 Worbs, Zethlingen 43 f.

1126 Glasspinnwirtel konnten nicht nachgewiesen werden. Es ist jedoch zu berücksichtigen, daß zerschmolzene Glaswirtel nicht zweifelsfrei von verschmorten Perlen zu trennen sind.

1127 Rybová, Katalog Abb. 63,16.

1128 Wetzel, Gießmannsdorf 188 Abb. 5,5 und 201.

1129 Pescheck, Mainfranken Taf. 57,4.

1130 Niedergurig ist wie einige andere Wirtel mit umlaufenden Rillen verziert (Meyer, Katalog Abb. 99,5).

1131 Leube, Oder-Spree-Gebiet 35.

1132 z. B. Rathewitz, Grab 10 (Schmidt, Nord-Ostteil Taf. 96,4d).

1133 von Uslar, Bodenfunde 136.

1134 z. B. Zahna: Schulz, Ost- und Elbgermanen Taf. XX,50. — Eischleben: Mildenberger, Brandgräber Taf. 6,Dc. — Westerwanna II, 108: von Quillfeldt und Roggenbuck, Westerwanna Taf. 25,108. — Rebenstorf: Körner, Rebenstorf Taf. 8. — Schweinitz, Komplex 14: Geisler, Schweinitz Abb.4,14. — Groß Denkte, Räbke: Thaerigen, Nordharzgruppe Taf. 24,12.19.

1135 Schmidt, Südteil Taf. 18,1e. Das Grab enthielt u. a. ein Kleinfibelpaar mit halbrunder Kopfplatte und Almandineinlage.

1136 z. B. Plotiště, Grab 326: Rybová, Katalog Abb. 48,7. — Klein Kedingshagen: Leube, Rostock 200 f., Abb. 1,a. — Stößen, Grab 22: Schmidt, Südteil Taf. 12,n.

1137 z. B. Falkenberg, Riedebeck: Leube, Oder-Spree-Gebiet 35.

1138 Meyer, Sachsen 165.

1139 Eibner, Webstuhlszene 39 f. Unter diesem Gesichtspunkt ist vielleicht auch die Tatsache zu betrachten, daß in Wilhelmsaue nur in reicheren Gräbern mehr als ein Spinnwirtel geborgen wurde (Schach-Dörges, Wilhelmsaue 65 f.).

1140 Die ursprüngliche Breite ist nicht mehr zu ermitteln.

1141 Raddatz, Sörup 34 f.

1142 Brandt, Preetz 33 und Taf. 12,99.

1143 Schuldt, Perdöhl 41.

Bordesholm, Westerwanna und Issendorf[1144] gefunden. In der Altmark sind Pinzettenfunde sehr selten. Körner erwähnt für Rebenstorf ein silbernes Exemplar[1145], Kuchenbuch ein Stück aus Mechau[1146]. In Zethlingen fehlen Pinzetten. Für das Nordharzgebiet bildet Thaerigen[1147] ein Stück aus Querum ab. Weiter südlich sind Pinzetten ebenfalls selten[1148].

Pinzetten treten in Stufe C1 auf[1149] und lassen sich auch in der späten Völkerwanderungszeit nachweisen. Die unverzierten Exemplare mit schwach verbreiterten Bügeln können chronologisch aus ihrer Form heraus nicht näher eingegrenzt werden[1150]. Nach der Keramik gehören jedoch die beiden Pfingstberger Exemplare in die Zeit um 300 n. Chr. und ins 4. Jahrhundert.

Pinzetten werden zum Teil als Kennzeichen von Männerbestattungen angesehen[1151], zum Teil als nicht geschlechtsspezifische Beigabe[1152]. Eine eiserne Pinzette stammt aus dem Frauengrab von Weißenfels[1153]. Möglicherweise hatten Pinzetten jedoch unterschiedliche Funktionen. So spricht sich Leube[1154] gegen die generelle Verwendung als Toilettbesteck aus und führt als Beispiel ein Stück aus Krossen an, das mit Arbeitsgeräten zusammen gefunden wurde und daher auch als Arbeitsgerät gedient haben könnte.

Nägel

Drei Gräber enthielten Nägel. Aus Grab 4 stammt ein Bronzenagel mit sechskantigem Kopf. Er ist aus Bronzeblech (Taf. 1) hergstellt und hat eine Gesamtlänge von 2,9 cm. Der Durchmesser des Kopfes beträgt 1,5 cm. Ein weiterer aus Bronzeblech gefertigter Nagel wurde in Grab 326 (Taf. 47) zusammen mit zwei Eisennägeln geborgen. Der Bronzenagel hat einen vierkantigen Schaft und eine Länge von 2 cm. Von den Eisennägeln dieses Grabes ist ein Stück weitgehend vollständig, das andere nur bruchstückhaft erhalten. Der vollständige Nagel hat einen im unteren Teil umgebogenen Schaft und ist etwa 2 cm lang. Die Herstellung erfolgte mittels Guß. Ein Eisennagel mit vierkantigem Schaft wurde in Grab 525 gefunden (Taf. 70, 525:8).

Nägel unterschiedlicher Größe sind auch auf weiteren Fundplätzen geborgen worden. Den Bronzenägeln ist zum Beispiel das Stück aus Plotiště[1155] zur Seite zu stellen. Eisennägel sind von demselben Gräberfeld zahlreich belegt[1156]. Es handelt sich um Zweckformen, die keiner typologischen Vergleiche bedürfen.

Schwieriger ist die Beurteilung der ursprünglichen Funktion der Nägel. In Betracht[1157] kommen die Verwendung an Holzkästchen oder als Schildnägel. Meyer[1158] möchte die Eisennägel seines Arbeitsgebietes, die aus Männergräbern stammen, als Schildnägel ansprechen. Die Funktion der Stücke aus Frauengräbern oder geschlechtsindifferenten Gräbern ist nach Meyer nicht mehr zu ermitteln. Da vom Pfingstberger Gräberfeld keine sicheren Waffenfunde vorliegen und auch das Geschlecht der Bestatteten nicht untersucht wurde[1159], wird hier auf eine Funktionsbestimmung der Nägel verzichtet.

Von den Gräbern mit Nägeln ist Urne 4 der jüngeren Kaiserzeit zuzuordnen, Urne 525 der späten Völkerwanderungszeit. Urne 326 ist nicht genauer zu datieren.

Kettengeflecht

Grab 525, das in die späte Völkerwanderungszeit einzuordnen ist, enthielt neben Nagel, undefinierbaren Eisenfragmenten und einem Bronzeblech einen Teil eines Kettengeflechtes (Taf. 70). Trotz fortgeschrittener Korrosion lassen sich noch die Reste von sechs miteinander verbundenen Eisenringen erkennen. Der Durchmesser der einzelnen Ringe ist wegen der Korrosion jedoch nicht mehr zu ermitteln.

Teile von Kettengeflechten wurden auch auf anderen Fundplätzen geborgen. In Westerwanna[1160] zum Beispiel sind sie mehrfach belegt. Eines dieser Stücke (1001) läßt sich von der Anordnung der Ringe gut mit dem Pfingstberger Kettengeflecht vergleichen. Als weitere Fundplätze seien hier nur noch Hemmoor-Warstade und Mattstedt[1161] genannt. Meist werden diese Teile als Kettenpanzer angesprochen[1162].

Die Identifizierung mit Kettenpanzern ist möglich, da einige vollständiger erhaltene Funde aus der betreffenden Zeit vorliegen[1163]. Es handelt sich jedoch bei den oben genannten Funden aus mehreren Gründen nicht um die Reste der Bewaffnung des Verstorbenen: Panzerhemden sind äußerst selten und entsprechen nicht der germanischen Kampfes-

1144 Bordesholm: Saggau, Bordesholm 54 f. — Westerwanna: von Quillfeldt und Roggenbuck, Westerwanna. — Issendorf: Janssen, Issendorf 55.

1145 Körner, Rebenstorf 104 und Taf. 15,14.

1146 Kuchenbuch, Schalenurnenfelder 49 und Taf. XXXVI,8.

1147 Thaerigen, Nordharzgruppe Abb. 21,2.

1148 Als Fundplätze sind z. B. zu nennen: Großromstedt, Weißenfels, III,3: Mildenberger, Brandgräber 62. — Stockstadt, Grab 1: Pescheck, Mainfranken Taf. 136,5. — Plotiště, Grab 426: Rybová, Plotiště 148.

1149 Raddatz, Sörup 34 f.

1150 Schach-Dörges, Bodenfunde 102.

1151 Raddatz, Sörup 34 f.

1152 Schuldt, Pritzier 81; Janssen, Issendorf 55.

1153 Mildenberger, Brandgräber 62.

1154 Leube, Oder-Spree-Gebiet 34.

1155 Rybová, Katalog Abb. 31,14.

1156 Rybová, Plotiště 150.

1157 Für Totenbahren sind die Pfingstberger Stücke auf Grund ihrer geringen Größe nicht geeignet. Auf diese Verwendungmöglichkeit weist Schach-Dörges für einige Wilhelmsauer Nägel hin (Schach-Dörges, Wilhelmsaue 12).

1158 Vgl. Meyer, Sachsen 210.

1159 In Grab 525 wurden neben dem Nagel ein Kettengeflecht, aber auch drei Perlen geborgen, die eher für eine Frauenbestattung sprechen.

1160 Zimmer-Linnfeld, Westerwanna Taf. 50,389k; 95,723h; 105,818 f; von Quillfeldt und Roggenbuck, Westerwanna Taf. 11,47a.b; 13,53b; 75,386b; 98,546c; 104,582c; 147,1001.

1161 Hemmoor: Waller, Hemmoor Taf. 6,h. — Mattstedt: Mildenberger, Brandgräber Taf. 26,8h.

1162 z. B. von Quillfeldt und Roggenbuck, Westerwanna 109. Beim Mattstedter Kettengeflecht entspricht der Ringdurchmesser dem römischer Panzerhemden (Mildenberger, Brandgräber 52).

1163 Vgl. Jahn, Bewaffnung 209 ff.

weise[1164]; insgesamt fehlen Waffenbeigaben in der jüngeren Kaiserzeit in einigen Landschaften des Freien Germaniens weitgehend[1165]. Auch auf dem Pfingstberger Gräberfeld wurden keine Waffen geborgen. Wesentlichstes Argument ist jedoch, daß die Kettenfragmente zumeist in Frauengräbern[1166] gefunden wurden[1167].

Es stellt sich die Frage, welche Funktion die Kettengeflechte in diesen Gräbern hatten. In Körpergräbern, wie zum Beispiel Schönebeck, Grab 8[1168], wurde Kettengeflecht am Oberschenkel beobachtet. Es könnte sich daher um eine Tasche oder ein Gürtelgehänge handeln, wobei Schmidt[1169] jedoch darauf hinweist, daß solche Taschen aufwendige Herstellung erforderten und wegen der dauernden Rostbildung unpraktisch gewesen wären. Die Lage am Oberschenkel ließe sich auch dahingehend interpretieren, daß Teile von Ringpanzern als ,,Souvenir''[1170] oder als Amulett[1171] in Taschen aus organischem Material getragen wurden.

1164 Raddatz, Bewaffnung 318 f.

1165 Raddatz, Bewaffnung 310.

1166 Urne 525 enthielt drei Perlen, die eher auf weibliches Geschlecht des Bestatteten deuten.

1167 Vgl. Raddatz, Äxte 24 und Anm. 20.

1168 Schmidt, Schönebeck 306.

1169 Schmidt, Schönebeck 306.

1170 Raddatz, Äxte 24.

1171 Christlein, Alamannen 114.

Objekte unbekannter Zweckbestimmung

In einer Reihe von Gräbern wurden Metallreste geborgen, bei denen die Bestimmung ihrer Funktion nicht mehr sicher möglich bzw. überhaupt unmöglich ist, da es sich meist um Bruchstücke oder um verschmolzenes bzw. weitgehend korrodiertes Metall handelt. Für die ,,Ermittlung der Anzahl und des Wertes der Beigaben''[1172] müssen sie jedoch berücksichtigt werden.

Aus Grab 57 der Grabung 1937 (Kat.-Nr. 861) stammt ein heute verlorener Eisenring[1173] (Taf. 105). Thaerigen[1174] vermutete, daß es ein Lanzenring gewesen sein könnte. Gegen die Deutung als Lanzenring sprechen die Form, das nahezu völlige Fehlen von Lanzenschuhen im betreffenden Zeitraum[1175] und das Fehlen von Waffen im Gesamtinventar des Pfingstberger Gräberfeldes.

Bronzebleche unterschiedlicher Form liegen aus den Gräbern 46 (Taf. 7), 75 (Taf. 11), 103 (Taf. 15), 139 (Taf. 21), 192 (Taf. 28), 202 (Taf. 29), 214 (Taf. 31), 222 (Taf. 33), 224 (Taf. 33) und 426 (Taf. 58)[1176] vor. In Grab 135 (Taf. 20) wurden zwei winklig gebogene Bronzeblechstreifen geborgen, in Grab 136 (Taf. 21) neben einem Bronzeblech ein Bronzeband, dessen erhaltenes Ende sich verschmälert und hakenförmig umgebogen ist[1177], in Grab 525 ein Bronzeblech mit zwei Nietlöchern und zusammengebogenem Ende, in Grab 543 ein Bronzeblechstreifen, der mit Glas verschmolzen ist[1178], und in Grab 708 (Taf. 92) ein bandförmiges Bronzeblech mit umgebogenen Enden. Aus Grab 406 (Taf. 56) stammt ein Bronzeblech, das in einen Niet übergeht. Bei den meisten dieser Stücke wird es sich vermutlich um Beschläge oder Bestandteile von Holzkästchen etc. gehandelt haben.

Bronzedraht wurde in den Urnen 218 (Taf. 32, 218:11) und 932 (Taf. 110) geborgen[1179]. Völlig verschmorte Bronzereste fanden sich in den Gräbern 90 (Taf. 13, 90:7), 289 und 814 (nicht erhalten). Bronzeschmelztropfen liegen aus den Gräbern 23, 27, 28, 74 und 90 vor.

Silber ist gegenüber Bronze wesentlich seltener verwendet worden. Aus Grab 230 (Taf. 34) stammen ein sehr dünnes fragmentiertes Silberblech sowie eine dornartige Spitze aus Silber[1180] und aus Grab 273 (Taf. 40) Silberdraht — vielleicht der Rest einer Nadel. Grab 218[1181] (Taf. 32) enthielt drei zerschmolzene Stücke Silber, ein oder zwei Teile von einer Fibel bzw. zwei Fibeln und insgesamt fünf Drahtstücke, bei denen es sich — zumindest bei einem (218:8) — um Nadeln handeln könnte. Eines dieser Stücke ist mit Kerben verziert. Möglicherweise sind diese Funde Altmaterial eines Silberschmiedes. Ein Schmelztropfen aus Silber stammt aus Grab 23.

1172 Geisler, Forschungsprobleme 138.

1173 Vgl. ,,Ringschmuck''.

1174 Thaerigen, Nordharzgruppe 20.

1175 Raddatz, Bewaffnung 311.

1176 Nach Aufzeichnungen im Museum enthielt auch Grab 303 Bronzeblech. Thaerigen erwähnt im Katalog für Grab 40 (Kat.-Nr. 844) ,,kleiner Bronzebügel (Fibel?)'' (Thaerigen, Nordharzgruppe 19).

1177 Vgl. Schach-Dörges, Stavenow 133 und Abb. 55b.

1178 Vgl. ,,Perlen''.

1179 ,,Bronzegerät oder -schmuck'' ist nach Aufzeichnungen im Museum in den Gräbern 420 und 479 festgestellt worden. Die Funde sind nicht mehr vorhanden.

1180 Vielleicht gehören beide Teile auch zusammen.

1181 Vgl. ,,Fibeln'' und ,,Nadeln''.

Eisen enthielten die Gräber 21, 370, 372, 384, 460, 502, 523 (mit Bronzeschmelztropfen, Taf. 70) und 525[1182]. Einige weitere Eisenfunde sind wahrscheinlich Niete bzw. Nietreste und damit Beleg für Kämme[1183].

Bei der erneuten Durchsicht des Leichenbrandes fanden sich in 27 Gräbern[1184] kleinste Eisenteilchen. Darunter sind millimeterdicke Bruchstücke vollständig korrodierten Metalls unterschiedlicher Größe[1185] zu verstehen. Die Eisenteilchen haben eine stumpfe, etwas glattere und eine rauhe, glänzende Seite. Die ursprüngliche Funktion läßt sich nicht mehr ermitteln. Möglicherweise handelt es sich um die Überreste von Besatzstücken. In diese Richtung geht auch der Deutungsvorschlag von Stahlhofen[1186], der unbestimmbare Bronze- und Eisenteile aus Haldensleben als Bestandteil der Kleidung ansieht.

Aus Grab 705 (Taf. 91) stammt ein fragmentiert erhaltener Geweihstreifen mit einer schrägen und einer spitz(?) zugeschnittenen Schmalseite. Er ist mit Kreisaugen und konzentrischen Kreisen verziert und entspricht weitgehend der „Knochenauflage" aus Rathenow[1187].

1182 Vgl. „Kettengeflecht". Nach Aufzeichnungen im Museum fanden sich auch in den Urnen 28 und 479 Eisenreste.

1183 Vgl. „Kämme".

1184 123, 132, 138, 167, 169, 181, 204, 211, 217, 227, 236, 238, 246, 269, 284, 323, 339, 357, 394, 441, 487, 555, 556, 631, 675, 716, 719.

1185 Der maximale Durchmesser von 1,5 cm wurde bei den insgesamt 2 g in Grab 394 beobachtet.

1186 Stahlhofen, Haldensleben 202.

1187 Guthjahr, Rathenow 127 und Abb. 3,58:3.

Urnenharz

Für 365 Komplexe des Pfingstberger Gräberfeldes ist Urnenharz belegt. Urnenharz stellt damit die häufigste und oft auch die einzige Beigabe dar. Gleiches gilt auch für eine Reihe weiterer Gräberfelder wie z. B. das in Rathenow[1188].

Die Ermittlung des prozentualen Anteils ist jedoch mit Schwierigkeiten verbunden, da die Zahl der Gräber — wie bereits erwähnt — insgesamt nicht mehr festzustellen ist. Legt man nur die von Niquet und Thaerigen als Gräber gekennzeichneten Komplexe zugrunde, ergibt sich eine Zahl von 830 Gräbern, von denen 357 Urnenharz enthielten. Das entspricht einem Anteil von 43 %. Zu berücksichtigen ist natürlich, daß sich auch unter diesen 830 Gräbern gestörte Komplexe befinden.

Beim Vergleich mit den Prozentzahlen einiger anderer Gräberfelder zeigen sich erhebliche Schwankungen. Diese Schwankungen deuten auf regionale Unterschiede, wenngleich die Verlustquoten unterschiedlich hoch sind[1189]. Sehr selten wurde Urnenharz in Plotiště gefunden[1190]. Mildenberger konnte für den thüringischen Raum Urnenharzbeigaben nur in 19 — 28 % der Gräber nachweisen[1191]. In Sachsen ist die Urnenharzbeigabe, abgesehen vom Gräberfeld in Zauschwitz mit Urnenharz in 37 % der Gräber, sehr selten[1192]. Für das westliche mittlere Elbegebiet liegen die Prozentzahlen zwischen 56 und 88 % — durchschnittlich bei 62 %[1193] —, wobei darauf hinzuweisen ist, daß von der jeweiligen Gesamtgräberzahl die nicht auswertbaren Grabverbände abgezogen sind[1194]. Die höchsten Prozentzahlen stammen von den großen Gräberfeldern der „Burger Gruppe" (Loitsche, Haldensleben II), die erst vor kurzem ausgegraben wurden. Für Loitsche sind 75 % sicher nachgewiesen, zuzüglich der gestörten Komplexe liegt der Anteil nach Stahlhofen bei über 80 %[1195]. Weiter nördlich ist die Urnenharzbeigabe weitaus seltener belegt[1196].

Etwas einheitlicher gestaltet sich das Bild hinsichtlich der jeweiligen Anzahl von Harzstücken in einem Grab. Die Mehrzahl der Gräber enthält nur jeweils ein Stück. Zwei Stücke sind noch verhältnismäßig häufig, größere Mengen sind selten[1197]. In Dessau-Großkühnau wurden acht Stücke[1198] und in Pritzier zehn Stücke[1199] als maximale Menge in einem Grab festgestellt.

Beim Pfingstberger Gräberfeld ist die mengenmäßige Verteilung nur ungefähr zu ermitteln, da bei etwa 10 % der Gräber genaue Angaben nicht möglich sind. 46 % der Gräber enthalten ein Stück, 19 % zwei Stücke, 13 % drei Stücke, 6 % vier Stücke und 6 % fünf bis vierzehn Stücke[1200]. Bei den jeweils zehn bis 14 Stücken Urnenharz

1188 Guthjahr, Rathenow 121 ff.; vgl. auch Kuchenbuch, Schalenurnenfelder 50.

1189 Vgl. Meyer, Sachsen 283.

1190 Rybová, Plotiště 140 f.

1191 Mildenberger, Brandgräber 67 f.

1192 Meyer, Sachsen 283.

1193 Laser, Urnenharz 319 ff.

1194 Inwieweit auch dieses Verfahren das Bild verfälscht, muß dahingestellt bleiben.

1195 Stahlhofen, Urnenharz 20 ff.

1196 Beim Zethlinger Gräberfeld beträgt der Anteil nach freundlicher Auskunft von Frau R. Leineweber 20 %. Zugrunde liegen 900 auswertbare Gräber. — In Perdöhl liegt der Anteil bei 10 % (Schuldt, Perdöhl 43).

1197 Vgl. Laser, Urnenharz 319 ff.; Meyer, Sachsen 283 f.

1198 Laser, Urnenharz 319 ff.

1199 Schuldt, Pritzier 94.

1200 7 x 5 Stücke, 2 x 6 Stücke, 3 x 7 Stücke, 3 x 8 Stücke, 1 x 9 Stücke, 2 x 10 Stücke, 2 x 11 Stücke, 1 x 13 Stücke, 2 x 14 z.T. Bruchstücke.

handelt es sich jedoch zumindest teilweise um Bruchstücke, so daß in diesen Fällen verläßliche Zahlen nicht zu ermitteln sind. Es kann jedoch festgestellt werden, daß in Urne 738 mit 14 zum Teil zerbrochenen Stücken auch das mit Abstand größte Stück mit 5 g Gewicht enthalten war.

Meist sind die hell- bis dunkelbraunen Stücke zwischen wenigen Millimetern und ein bis zwei Zentimetern lang — die größten Stücke haben eine Länge von drei bis vier Zentimetern. Sie sind überwiegend unregelmäßig geformt, bei den etwas regelmäßiger geformten Stücken überwiegen rundliche, seltener runde Formen. Nur ausnahmsweise liegen gedrehte Stücke vor. Bei einem Teil lassen sich Fingerabdrücke (9 Stücke), Gewebeabdrücke (5 Stücke), Zahnabdrücke (6 Stücke), Leichenbrandeinschlüsse (4 Stücke), Feuerspuren (19 Stücke) und einmal ein Pflanzenfaserabdruck nachweisen. Diese Abdrücke und Spuren wurden auch an Urnenharzstücken anderer Fundplätze festgestellt[1201] und gaben seit geraumer Zeit Anlaß zu verschiedenen Deutungsversuchen[1202].

Urnenharz[1203] besteht hauptsächlich aus Baumharz, dem andere Betandteile beigefügt sind. Auf Grund unterschiedlicher Beimengungen differieren die Härte und der Farbton, der von hell- bis dunkelbraun und schwarz reicht — sowie der Duft, der beim Verbrennen entsteht. Es ist leicht entzündbar und hat einen niedrigen Schmelzpunkt[1204].

Leichenbrand- oder Metalleinschlüsse[1205] sowie auf dem Boden der Urne festgeklebte Harzstücke deuten auf brennende Fackeln während des Bestattungsvorganges[1206]. Die Feuerspuren legen nahe, daß das Urnenharz zumindest kurzfristig mit Feuer in Berührung war.

Gewebeabdrücke können nach Behm-Blancke[1207] von Stoffumwicklungen der Fackeln stammen oder nach Schach-Dörges[1208] darauf zurückzuführen sein, daß Urnenharz zu Lebzeiten in Gewebe (Beutel etc.) verwahrt und dem Toten dann als Amulett mitgegeben wurde. Für Amulett könnte auch sprechen, daß mit Harz gefüllte Anhänger gefunden wurden[1209]. Möglicherweise war auch den Germanen die Heilwirkung des Harzes bekannt[1210].

Bei den Zahnabdrücken konnte Laser[1211] feststellen, daß es sich meist um Abdrücke der vorderen Schneidezähne, also nicht um Bißspuren handelt. Sie sind entstanden, so Laser, bei dem Mundverschluß, der entweder den Toten am Reden hindern oder das Herunterklappen des Kiefers vor Eintritt der Leichenstarre unmöglich machen sollte. Das Urnenharz muß dann vor der Verbrennung entfernt und nachträglich in die Urne gelegt worden sein.

In einem mittelneolithischen Grab wurde ein Stück „Urnenharz" mit Bißspuren in der Mundöffnung eines Skelettes gefunden[1212]. Bastian, der diesen Fund vorlegt, versucht zur Deutung Hostmann heranzuziehen, der Mushard (1760) zitiert: „Es ist mit den Zähnen hineingebissen, als ob sie darauf den Schmerz bei der Leiche ausgebissen . . ." Das Verbeißen des Schmerzes (echt oder symbolisch) scheint hier jedoch wenig begründet zu sein, da das Stück Urnenharz im Mund des Toten lag.

Stahlhofen deutet Urnenharz als kultische Beigabe für den Gebrauch im Jenseits. Als Gründe führt er an, daß das Urnenharz aus Loitsche absichtlich geformt worden ist[1213]. Zudem können Zahnabdrücke nicht an Tropfrückständen vorkommen.

Keine der bisher gegebenen Erklärungen kann sämtliche Phänomene abdecken. Es ist lediglich möglich, für einzelne Erscheinungen Deutungsvorschläge zu machen. Wahrscheinlich handelt es sich auch nicht um eine einheitliche Verwendung des Urnenharzes[1214]. Dafür sprechen die weite Verbreitung der Urnenharzbeigabe, die verschiedenen, sich zum Teil widersprechenden Erscheinungen (Leichenbrandeinschlüsse, Bißspuren) sowie andere Verwendungszwecke im betreffenden Zeitraum. So ist Urnenharz zur Ausbesserung von Gefäßen zum Beispiel in Butzow[1215] oder Loitsche[1216] und in Skandinavien als Dichtungsmittel[1217] nachgewiesen. Interessant ist auch der Befund aus Loitsche[1218]. Hier wurde beobachtet, daß mit Urnenharz fehlende Schädelteile in der Urne ergänzt worden waren.

1201 Vgl. z. B. Laser, Urnenharz 319 ff.

1202 Zusammenstellungen der verschiedenen Deutungen geben Behm, Elb-Havelgermanen 27 ff.; Meyer, Sachsen 284 f.

1203 Stahlhofen, Urnenharz 20 ff.

1204 Urnenharz würde also verbrennen, wenn es beim Toten auf dem Scheiterhaufen gelegen hätte.

1205 Vgl. Guthjahr, Rathenow 123.

1206 Behm-Blancke, Bestattungssitten 279 f.

1207 Behm, Elb-Havelgermanen 27 ff.

1208 Schach-Dörges, Wilhelmsaue 73 ff.

1209 Behm, Elb-Havelgermanen 27 ff.

1210 Behm, Elb-Havelgermanen 27 ff.

1211 Laser, Urnenharz 319 ff.

1212 Bastian, Ostorf 106.

1213 Stahlhofen, Urnenharz 20 ff.

1214 Vgl. Mildenberger, Brandgräber 68.

1215 Stimming, Harz 192 f.

1216 Stahlhofen, Urnenharz 22.

1217 Vgl. Laser, Brandgräber 143.

1218 Stahlhofen, Urnenharz 22.

Sonstige Funde

Unter sonstigen Funden sind die Gegenstände zu verstehen, die entweder in den Urnen oder im Bereich der Urnen gelegen haben und vom Ausgräber dem jeweiligen Grab zugeordnet wurden. Es handelt sich um Flint, Scherben anderer Zeitstufen, Lehmbewurf, Holzkohle, Tierknochen und Steine.

Abgesehen von der Holzkohle, die vermutlich als Rest des Scheiterhaufens anzusehen ist, und einigen Scherben läßt sich nicht mehr feststellen, ob die Gegenstände absichtlich in die Urne gelangten und dementsprechend als Beigaben einzuordnen sind. Auch Altfunde können als Amulette oder sonstiges bewußt „verwendet" worden sein. Die Unsicherheit in der Beurteilung beruht auf folgenden Gründen. Viele Komplexe wurden gestört aufgefunden oder bei der Ausgrabung beschädigt[1219]. Die Dokumentation ist unzureichend und läßt keine sicheren Aussagen zu. Mittelalterliche Scherben in den Urnen beweisen, daß äußerste Vorsicht bei der Bewertung mancher Funde notwendig ist. Darüber hinaus wurden auf dem Pfingstberg Funde aller übrigen großen Zeitepochen in so erheblicher Zahl geborgen, daß eine zufällige Beimengung[1220] nicht von einer gewollten unterschieden werden kann[1221].

Holzkohle wurde in etwa 100 Leichenbränden beobachtet. Zumeist sind es nur sehr kleine Fragmente. Aus dem Fund von Holzkohle bzw. ihrem Fehlen lassen sich Rückschlüsse auf den Bestattungsbrauch[1222] ziehen.

Tierknochen wurden von Niquet für einzelne Gräber erwähnt. Niquet[1223] schreibt, daß von den aus dem Leichenbrand ausgelesenen „Brandknochen" einer als „Basis des 7. und 8. Brustwirbels eines Rehbockes" bestimmt werden konnte[1224]. Tierknochen können Fleischbeigaben gewesen sein, aber auch Reste des Totenmahls oder von Tieropfern. Zahlreiche Fleischbeigaben — meist in Zusammenhang mit Geschirrteilen — wurden z. B. in Leuna beobachtet[1225].

Häufiger fanden sich unter den Funden Flintstücke oder Scherben sowie gelegentlich Lehmbewurf. Es ist nicht auszuschließen, daß die Flintstücke der Feuererzeugung dienten, auch wenn Feuerstahle nicht zu belegen sind. So sieht Böhme[1226] in den Silices den „einzigen Hinweis für ursprünglich vorhandene Feuerzeuge". Es kann sich jedoch auch nur um zufällig in die Urne gelangte steinzeitliche Artefakte handeln. Dementsprechend ist eine sichere Beurteilung dieser Funde nicht möglich[1227].

Besondere Erwähnung verdient ein Stück Hämatit (Blutstein) aus Grab 263 (Taf. 38). Hämatit wurde schon im Altertum als Mittel gegen Blutungen verwendet[1228]. Aus Bittenbrunn stammt ein gefaßter Hämatit[1229]. Hier ist die Fassung eindeutiger Hinweis auf die bewußte Nutzung des Hämatits, wobei meines Erachtens offen ist, ob er als Amulett oder nur als farbiger Anhänger verwendet wurde. Bei dem Pfingstberger Stück ist nicht zu entscheiden, ob es bewußt in die Urne gelegt wurde oder zufällig hineingelangte. Nach Auskunft von Prof. Schneider, Braunschweig[1230], ist ein natürliches Vorkommen auf dem Fundplatz möglich.

1219 Im Grabungstagebuch hat Niquet vermerkt, welche Urnen bei der Grabung beschädigt wurden.

1220 Vgl. Heege, Grabfunde 21.

1221 Aus diesen Gründen ist auf die Aufnahme im Katalog verzichtet worden.

1222 Vgl. „Bestattungsbrauch".

1223 Niquet, Urnenfriedhof 203.

1224 Die Leichenbrände sind nicht systematisch auf das Vorkommen von Tierknochen untersucht worden.

1225 Schulz, Leuna 44 f.

1226 Böhme, Grabfunde 116.

1227 Vgl. z. B. Schuldt, Wischuer 215; Keiling, Lassahn 134; Rybová, Plotiště 157.

1228 Röschmann, Schalensteine 137.

1229 Christlein, Alamannen 114 f. Der Fund gehört ins 6. Jahrhundert.

1230 Prof. Schneider sei an dieser Stelle für seine Auskunft herzlich gedankt.

Zusammenfassung und Schlußbetrachtungen

Chronologische Einordnung

Die zeitliche Einordnung des hier vorgelegten Komplexes ist außerordentlich schwierig, da die Mehrzahl der Fundobjekte nicht näher zu datieren ist. Forminstabile Funde gelangten nur selten in die Gräber, und oft läßt ihr Erhaltungszustand keine genaueren Aussagen mehr zu. Es ist jedoch über Vergleiche möglich, den Belegungszeitraum des Gräberfeldes grob zu umreißen. Der Beginn fällt in Stufe C1: Es sind sowohl Fibeln als auch Gefäße vorhanden, die diesem Zeitabschnitt zugewiesen werden können. Bei einigen Gefäßen ist allerdings nicht auszuschließen, daß sie bereits der älteren Kaiserzeit oder dem Übergangshorizont B2/C1 angehören, da sich die Schalenurne kontinuierlich aus älterkaiserzeitlichen Formen entwickelt hat. Funde, die eindeutig der älteren Kaiserzeit zuzuordnen sind, fehlen: Es liegen weder Einlagenkämme noch Fibeln oder andere Beigaben vor, die mit Sicherheit älterkaiserzeitlich sind. Die wenigen rädchenverzierten Scherben können Altmaterial darstellen oder mit den spätkaiserzeitlichen rädchenverzierten Gefäßen der Altmark in Verbindung stehen, da auch andere Funde des Pfingstberges zu denen der Altmark Beziehungen aufweisen. Für den zeitlichen Ansatz ab C1 spricht auch, daß während der Markomannenkriege in sehr vielen Fällen ein Wechsel der Bestattungsplätze erfolgte.

Es ist verständlicherweise nicht festzustellen, ob die Belegung des Pfingstberger Gräberfeldes gleich am Anfang oder erst im Verlauf der Stufe C1 einsetzt. Der Beginn ist daher nur schwer in absoluten Zahlen auszudrücken, zumal ein absolutes Datum ohnehin nur einen Annäherungswert darstellen kann. Als grobe Orientierung ist mit der Anlage des Bestattungsplatzes ab der Mitte der zweiten Hälfte des 2. Jahrhunderts zu rechnen.

Das Ende der Belegungszeit fällt in die späte Völkerwanderungszeit, in die Gruppe II (450 — 525 n. Chr.) nach Schmidt. Dieser Zeitansatz beruht auf dem Vorkommen bestimmter Gefäßformen. Vergleichbare Gefäße in anderen Fundkomplexen werden in die Gruppe II und zum Teil in die Gruppe III eingeordnet. Es liegen vom Pfingstberg jedoch keine Beigaben vor, die eindeutig dem 6. Jahrhundert zugewiesen werden können. Da zudem ausschließlich in Urnen bestattet wurde — Körpergräber also fehlen — ist damit zu rechnen, daß der Bestattungsplatz bald nach der Mitte des 5. Jahrhunderts aufgegeben wurde, das heißt in der Gruppe IIa nach Schmidt zwischen 450 und 480 n. Chr. Vermutlich noch im 5. Jahrhundert setzte sich auch im braunschweigischen Raum die Körperbestattung durch; das Frauengrab von Schöningen gehört ins 5./6. Jahrhundert, die Gräber aus Beuchte werden dem 6. Jahrhundert zugewiesen[1231]. Auch zum Beispiel im Uelzener Raum[1232] hörte die Sitte der Brandbestattung Ende des 5. Jahrhunderts auf.

Schwerpunkte in der Belegung lassen sich nicht feststellen. Die datierbaren Gräber verteilen sich in etwa gleichmäßig auf den gesamten Belegungszeitraum. Wesentliche Bevölkerungsverschiebungen lassen sich dementsprechend nicht erkennen.

1231 Vgl. Busch, Funde 46.

1232 Schirnig, Uelzen 54.

Kulturelle Einordnung

Zum Stand der Forschung

Durch den Vergleich mit anderen kaiserzeitlichen bis völkerwanderungszeitlichen Komplexen kann das Pfingstberger Material nicht nur chronologisch eingeordnet werden, sondern auch hinsichtlich der kulturellen Beziehungen ausgewertet werden. Verbunden wird diese Auswertung mit einer Stellungnahme zu regionalen Gliederungsversuchen bzw. Stammeszuweisungen in der Literatur, die zunächst kurz zu skizzieren sind.

1931 definierte W. Matthes[1233] den elbgermanischen Formenkreis auf Grund charakteristischer Gemeinsamkeiten der Bestattungssitten und hinsichtlich des Auftretens bestimmter Typen in dem Gebiet, das durch den Elbelauf „zusammengehalten" wird. Kennzeichnend sind die Anlage von Urnengräbern, die Verwendung von Schalenurnen, Kümpfen („spätrömischen Töpfen"), das häufige Vorkommen von Urnenharz und bestimmten Fibelformen, das seltene Vorkommen von Waffen sowie die allgemein[1234] spärliche Ausstattung der Gräber mit Beigaben. Danach umfaßt der elbgermanische Formenkreis der jüngeren Römischen Kaiserzeit Ostholstein, das östliche Niedersachsen, die Altmark, Mecklenburg, Sachsen-Anhalt und Thüringen, Teile von Brandenburg und Sachsen, Böhmen, Mähren, die

1233 Matthes, Elbgermanen.

1234 Preetz zum Beispiel stellt eine Ausnahme dar.

Slowakei, Teile von Baden-Württemberg, Hessen und Nordbayern[1235].

Dieser elbgermanische Formenkreis bestand, wie Matthes bereits festgestellt hat, schon in der älteren Römischen Kaiserzeit, nur war das Verbreitungsgebiet etwas nach Osten erweitert.

Auf Grund der Fundverteilung schien es Matthes[1236] berechtigt, eine Untergliederung des elbgermanischen Formenkreises in eine böhmische Gruppe, eine Saalegruppe, eine Harzvorlandgruppe, eine Gruppe in der Altmark und Osthannover, eine Havelgruppe und eine Nordgruppe vorzunehmen. Kuchenbuch[1237] hob eine mährische Gruppe, eine braunschweigische Gruppe sowie eine kleine hannoversche Leinegruppe heraus, gliederte die Harzvorlandgruppe der Saalegruppe an und folgte im übrigen der Gruppeneinteilung von Matthes. „Wohl nicht elbgermanisch"[1238] sind nach Kuchenbuch die Körpergräbergruppe und die Brandgrubengräbergruppe zwischen Mulde und Schwarzer Elster.

Schmidt[1239] gliederte Mitteldeutschland in mehrere Gruppen, die nach charakteristischen Fundplätzen benannt werden. Die Wechmarer Gruppe in Thüringen und im südlichen Teil des Gebietes um Halle bildet die Fortsetzung der rheinwesergermanisch beeinflußten Bevölkerung der frührömischen Kaiserzeit und wird von der Haßlebener Gruppe abgelöst. Die Großbadegaster Gruppe zwischen Unterlauf der Weißen Elster, der Ohre, dem Nordostharz und dem Fläming besteht bis zum Ende der spätrömischen Kaiserzeit. Zu den wichtigsten Gräberfeldern gehören — neben dem namengebenden Fundplatz — Zauschwitz und Dessau-Großkühnau. Neben Brandgräbern treten auch Körperbestattungen auf, die der Haßlebener Gruppe „ähneln bzw. zuzuordnen"[1240] sind. Aus der Großbadegaster Gruppe geht die im wesentlichen völkerwanderungszeitliche Niemberger Gruppe an mittlerer und unterer Saale hervor, für die die Körperbestattung charakteristisch ist. Die Burger Gruppe reicht von Genthin bis Haldensleben[1241] und hält sich bis in die Völkerwanderungszeit hinein. Die wichtigsten Fundplätze der durch Beigabenarmut gekennzeichneten Gruppe sind Burg, Loitsche, Haldensleben II und Schönebeck[1242]. Es machen sich hier nach Schmidt Einflüsse aus der Butzower Gruppe des Elb-Havel-Gebietes bemerkbar. In der Altmark und im nordwestlich anschließenden Raum ist die Zethlinger Gruppe verbreitet, die bis in die Völkerwanderungszeit hineinreicht. Schmidt stellte auch eine Helmstedt Gruppe heraus, ohne diese jedoch zu erläutern.

Von Uslar[1243] gliederte das elbgermanische Gebiet in einen nördlichen und einen südlichen Teil[1244]. „Eine wenn auch nicht sehr deutliche Zweiteilung scheint sich etwa in der Höhe von Magdeburg bis Braunschweig, also nördlich der Harz-Barriere für den Beginn der jüngeren Kaiserzeit, die Stufe C1, abzuzeichnen, um später wohl wieder zu verwischen . . ."[1245].

Nowothnig[1246] stellte die völkerwanderungszeitlichen Brandgräber Südniedersachsens zu einer Gruppe zusammen. Ihr Verbreitungsgebiet reichte von der Leine bis zu den Vorkommen im Ohregebiet und im Magdeburger Raum. Im Norden bildete das Allerurstromtal und im Süden die Mittelgebirgsschwelle die Grenze.

Für die späte Völkerwanderungszeit tritt durch eine bessere Quellenlage die Zuweisung an bestimmte Stammesgruppen in den Vordergrund. Schon Thaerigen[1247] gab seiner Publikation den Titel „Die Nordharzgruppe der Elbgermanen bis zur sächsischen Überlagerung" und nahm damit eine Zuweisung vor. Zusammengefaßt stellte er den Besiedlungsablauf wie folgt dar. In der vorrömischen Eisenzeit wanderten Langobarden in das Nordharzgebiet ein. Ein Teil dieser Langobarden soll wie in der Altmark und im Gebiet um Lüneburg um 400 n. Chr. das Nordharzgebiet verlassen haben, so daß die Thüringer durch Bildung des Nordthüringgaues ihr Reich bis an den Südrand des Elms ausdehnen konnten. Das seltene Vorkommen von thüringischen Funden deutet für Thaerigen jedoch darauf hin, daß mehr eine politische als eine kulturelle Beeinflussung vorgelegen hat. „Weit stärker und besser belegt ist die etwa gegen 400 einsetzende sächsische Überlagerung"[1248], die sich in sächsischen Gefäßen zeigt und friedlich gewesen sein muß, da die Gräberfelder weiter belegt wurden. „Durch die friedliche Überlagerung haben die Sachsen im nördlichen Harzvorland so Fuß gefaßt, daß sie in den Jahren 529 — 531 von hier aus an der Zerstörung des Thüringer Reiches gemeinsam mit den Franken teilnehmen und den Nordthuringau ihrem Reiche einverleiben können"[1249].

Nach Schmidt[1250] läßt sich vor allem auf Grund des Vorkommens bestimmter handgeformter Keramiktypen das Nordharzgebiet bis in die Gegend um Braunschweig und Goslar in der späten Völkerwanderungszeit dem Stammesverband oder Großstamm der Thüringer zuweisen, während das Gebiet westlich des Harzes, das Leinetal, „wohl unter politischer Vorherrschaft der Thüringer"[1251] gestanden hat. Die Unterschiede — sie zeigen sich besonders im Fehlen der Thüringer Drehscheibenkeramik und der reichen Edelmetall- und Fibelbeigaben — sind nach Schmidt[1252] Ausdruck für ein „relativ selbständiges Kulturleben" der Nordthüringer.

1235 Vgl. Keller, Chronologie 249; RGA (1986) VII 110 ff. s.v. Elbgermanen (G. Mildenberger).

1236 Matthes, Elbgermanen 68 ff.

1237 Kuchenbuch, Schalenurnenfelder 56 ff.

1238 Kuchenbuch, Schalenurnenfelder 59.

1239 Schmidt, Frühgeschichtsforschung 145 ff.

1240 Schmidt, Frühgeschichtsforschung 156 f.

1241 Vgl. Stahlhofen, Haldensleben.

1242 Vgl. Schmidt, Burger Gruppe 41 ff.; Behm, Elb-Havelgermanen 120 ff.; Schmidt-Thielbeer, Besiedlung 185 ff.; Stahlhofen, Haldensleben 199 ff.; ders., Loitsche 43 ff.

1243 von Uslar, Fundkarte 140.

1244 Mildenberger trennt drei Gruppen: einen nördlichen, Holstein, Nordostniedersachsen, Mecklenburg, die Altmark und das Havelland umfassenden Teil, einen mittleren, Mitteldeutschland umfassenden Teil und einen südlichen, Böhmen, Mähren und Südwestdeutschland umfassenden Teil (RGA [1986] VII 110).

1245 von Uslar, Fundkarte.

1246 Nowothnig, Brandgräber 81 ff.

1247 Thaerigen, Nordharzgruppe.

1248 Thaerigen, Nordharzgruppe 88.

1249 Thaerigen, Nordharzgruppe 88.

1250 Schmidt, Völkerwanderungszeit 172.

1251 Schmidt, Völkerwanderungszeit 172.

1252 Schmidt, Nordharzvorland 34.

Auch Nowothnig[1253] schließt sich bei der Behandlung der südniedersächsischen Brandgräber der Völkerwanderungszeit dieser Zuweisung weitgehend an. In dem Vorkommen einer Thüringer Drehscheibenschale in Ricklingen sowie bestimmter Gefäßformen sieht er ,,unwiderlegbare Beweise eines starken thüringischen Einflusses . . ., so daß die Annahme berechtigt erscheint, daß das südniedersächsische Gebiet zwischen Aller und Leine im 5./6. Jahrhundert zur thüringischen Interessensphäre, wenn nicht zum thüringischen Machtbereich gehörte. Das besagt aber nicht, daß die Träger der Brandgräbergruppe mit den Trägern der thüringischen Kultur in Mitteldeutschland eines Stammes sind.''[1254] Beim Vergleich der Keramik verschiedener Fundorte hat Nowothnig festgestellt, daß die Funde weder als langobardisch noch als sächsisch anzusprechen seien[1255].

Zur Einordnung des Pfingstberger Gräberfeldes

Stellt man die Ergebnisse der vorliegenden Arbeit diesen Gruppenbildungen bzw. Stammeszuweisungen gegenüber, zeigt sich folgendes. Die Zuordung der Pfingstberger Funde zum elbgermanischen Formenkreis steht nicht nur auf Grund der Nähe zur Elbe außer Zweifel. Die von Matthes herausgestellten Kennzeichen charakterisieren auch das Pfingstberger Gräberfeld: Die Toten wurden in Urnen bestattet, es dominieren Schalenurnen, daneben treten Kümpfe auf; Urnenharz ist sehr häufig belegt, Waffen fehlen, und die Grabausstattung ist ärmlich. Rheinwesergermanische Elemente sind demgegenüber nur schwach vertreten.

Es stellt sich die Frage, ob eines der für die innere Gliederung des elbgermanischen Raumes vorgeschlagenen Systeme übernommen werden kann. Um die Frage beantworten zu können, werden im folgenden die Kulturkontakte untersucht. Dazu werden die wichtigsten, wiederholt Vergleichsmaterial liefernden Fundorte zusammengestellt[1256].

Sehr deutliche Beziehungen bestehen zum Gräberfeld in Rebenstorf[1257]. Dort begegnen einige direkt vergleichbare Beigaben wie Fibeln oder Armringe sowie bestimmte Keramikformen und -verzierungen. Es dominieren ebenfalls Schalenurnen, andere Gefäßformen sind selten. Neben zahlreichen streng profilierten Gefäßen kommen absatzlos und s-förmig profilierte Gefäße sowie solche mit eingliedrigem Oberteil vor. Neben der insgesamt oft reichen Verzierung finden sich dort die auf Schulter und Unterteil liegenden Kanneluren, das Tannenbaummuster und Strahlen. Weitere Ornamente oder Ornamentkombinationen, die sowohl die Pfingstberger als auch die Rebenstorfer Keramik kennzeichnen, sind allgemein verbreitet und daher in diesem Zusammenhang von geringerer Bedeutung. Ein wesentlicher Unterschied zwischen beiden Gräberfeldern besteht in dem selteneren Vorkommen von formprägenden plastischen Verzierungen in Rebenstorf. Vermutlich unterschied sich auch die Beigabenausstattung, die Fundumstände erschweren jedoch genaue Aussagen darüber. In der benachbarten Altmark finden sich ebenfalls reich verzierte Gefäße. Auf dem wichtigsten Fundort dieser Region, dem Zethlinger Gräberfeld[1258], zeigt sich eine deutlich anders geartete Beigabenausstattung als auf dem Pfingstberger Gräberfeld: Fibeln stellen den größten Teil der Beigaben, sehr häufig sind Nadeln und Perlen, während Kämme und Urnenharz seltener in die Gräber gelangten. Darüber hinaus sind dort Waffen sicher zu belegen.

In Perdöhl[1259] finden sich vor allem Gefäße mit einschwingendem, absatzlos in die Schulter übergehendem Hals (hier S8) sowie Gefäße mit eingliedrigem Oberteil (hier S17 und S18). Da das Gräberfeld in Perdöhl erst später einsetzt, liegen wenige streng gegliederte Gefäße vor. Die Ornamentik läßt zwar Verbindungen erkennen, die Unterschiede insgesamt sind jedoch stärker. Eine deutliche Trennung zeigt sich auch hinsichtlich der Beigabenausstattung.

Mit Butzow[1260] (,,Butzower Gruppe'') verbindet das Pfingstberger Gräberfeld die Beigabenarmut, das Vorkommen vergleichbarer Kümpfe oder Schalenurnen und Verzierungen mit Facetten und Umbruchkanneluren. Schönebeck[1261] (,,Burger Gruppe'') hat ebenfalls bei der Keramik — zum Beispiel bei den s-förmig profilierten Gefäßen — deutliche Übereinstimmungen mit den Pfingstberger Funden sowie ärmlich ausgestattete Gräber. Urnenharz und Kämme sind wie in den Pfingstberger Gräbern die häufigste Beigabe. Auf beiden Gräberfeldern beginnt die Belegung jedoch später als auf dem Pfingstberg.

Soweit sich anhand des bisher publizierten Materials Aussagen treffen lassen, zeigen die beiden Gräberfelder von Haldensleben II und Loitsche[1262] (,,Burger Gruppe'') enge Beziehungen zum Pfingstberger Gräberfeld sowohl hinsichtlich der Keramik als auch der Grabausstattung. In Haldensleben wurde jedoch bei 30 bis 40 % der Urnen ein Steinschutz festgestellt, in Loitsche nur in einem Fall. Auch aus Rathenow[1263], einem weiteren Gräberfeld der ,,Burger Gruppe'', liegen verwandte Funde vor.

Wiederholt Vergleichsmaterial liefern aber auch die Fundplätze Zauschwitz und Dessau-Großkühnau[1264] aus der ,,Großbadegaster Gruppe'' bzw. dem ,,südlichen Teil'' des elbgermanischen Gebietes. Hinsichtlich der Beigabenausstattung bestehen jedoch Unterschiede.

Nach seiner Lage gehört Helmstedt in den ,,südlichen Teil'' des elbgermanischen Gebietes. Auch das seltene Vorkommen von Kehlen, Girlanden- und Rosettenverzierungen spricht für die Zugehörigkeit zu diesem Teil. Andererseits sind starke Beziehungen zum ,,nördlichen Teil'' des elb-

1253 Nowothnig, Brandgräber 89.

1254 In späteren Arbeiten verwendet auch Schmidt den Ausdruck ,,Machtbereich'', um die Situation im Nordharzgebiet zu charakterisieren (Schmidt, Sachsenfrage 444).

1255 Nowothnig, Brandgräber 9.84.

1256 Auf die wohl der ,,Helmstedter Gruppe'' zuzuordnenden Gräberfelder Räbke-Lelm und Nettlingen, die deutliche Gemeinsamkeiten zum Pfingstberger Gräberfeld aufweisen, soll hier auf Grund der Publikationslage nicht näher eingegangen werden.

1257 Körner, Rebenstorf.

1258 Worbs, Zethlingen.

1259 Schuldt, Perdöhl.

1260 Schmidt, Butzow.

1261 Laser, Schönebeck.

1262 Stahlhofen, Haldensleben 199 ff.; ders., Loitsche 43 ff.

1263 Guthjahr, Rathenow.

1264 Zauschwitz: Meyer, Zauschwitz. — Dessau-Großkühnau: Laser, Brandgräber.

germanischen Gebietes festzustellen, und zwar bereits in Stufe C1. Die Mehrzahl der Fundorte, die wiederholt eng verwandtes Vergleichsmaterial zu den Pfingstberger Funden liefern, liegt in dem ,,nördlichen Teil''. Da sich diese Fundorte auf mehrere Gruppen des von Schmidt herausgearbeiteten Systems verteilen, scheint mir eine klare Abgrenzung, die eine Trennung in Gruppen rechtfertigen würde, nicht möglich zu sein.

Besonders problematisch ist die Abgrenzung gegen die Burger Gruppe, die nicht nur geographisch am engsten mit dem Helmstedter Raum verbunden ist, sondern auch durch starke Gemeinsamkeiten hinsichtlich der Bestattungssitten und des Fundgutes. Erst nach Vorlage der Gräberfelder von Haldensleben und Loitsche sowie der Neubearbeitung der Funde aus Räbke-Lelm (Ldkr. Helmstedt)[1265] läßt sich feststellen, ob zwei unterschiedliche Gruppen vorliegen. Insgesamt betrachtet können meines Erachtens über Regionalgruppen im elbgermanischen Raum erst nach einer detaillierten Untersuchung der Keramikverzierung Aussagen getroffen werden.

Das vorgelegte Material ermöglicht eine Zuweisung des Helmstedter Raumes an den Stammesverband oder Großstamm der Thüringer. Es liegen zahlreiche Gefäße vor, die deutlich mit thüringischem Material zu verbinden sind. Anzeichen einer sächsischen Überlagerung zeigen sich dagegen nicht.

Betrachtet man jedoch das Gräberfeld vom Pfingstberg insgesamt, so läßt sich weder bei den Bestattungssitten noch bei der Grabausstattung eine wesentliche Veränderung feststellen, auch die Keramik entwickelt sich im großen und ganzen kontinuierlich[1266]. Es kann daraus auf eine Kontinuität in der Bevölkerung geschlossen werden. Daher wird man Nowothnig und Schneider[1267] folgen können, die darauf hinweisen, daß die Zugehörigkeit des Gebietes zum Machtbereich der Thüringer nicht bedeutet, daß es auch Thüringer waren, die in diesem Gebiet gelebt haben.

1265 Vgl. Thaerigen, Nordharzgruppe.

1266 Vgl. Schneider, Deersheim 100.

1267 Nowothnig, Brandgräber 89; Schneider, Deersheim 245.

Zur Sozialstruktur

Angaben zur Sozialstruktur der auf dem Pfingstberg Bestatteten sind kaum möglich. Leichenbrandanalysen konnten aus finanziellen Gründen nicht durchgeführt werden. Da auch kaum geschlechtsspezifische Beigaben vorliegen, sofern nicht die Perlen als typische Beigabe von Frauenbestattungen angesehen werden, sind hinsichtlich des Geschlechts der Bestatteten keine Aussagen möglich. Es läßt sich nach Durchsicht der Leichenbrände nur sagen, daß mit Sicherheit Kinderbestattungen vorgenommen wurden. Als Leichenbrandbehälter fanden hier, wie auch andernorts belegt, vor allem kleine Gefäße Verwendung, doch eine Regelhaftigkeit läßt sich daraus nicht ableiten.

62,4 % der Gräber (d. h. 518 von 830 Gräbern) enthielten Beigaben[1268], 37,6 % wurden ohne Beigaben angetroffen. Beigabenlose Gräber gehören zum Bild der kaiserzeitlichen Brandgräberfelder. Ihr prozentualer Anteil ist jedoch unterschiedlich hoch. So fanden sich in Wilhelmsaue zum Beispiel unter 100 Gräbern nur drei beigabenlose[1269], in Zethlingen waren es 281 von 611[1270] (46 %). Neben Unterschieden im Bestattungsbrauch dürfte hier auch der Erhaltungszustand der Urnen eine Rolle spielen, so daß die Aussagekraft dieser Prozentzahl eingeschränkt ist.

Von den beigabenführenden Gräbern enthielten 49,4 % eine Beigabenart[1271], 34,2 % zwei, 11,4 % drei, 2,7 % vier, 1,4 % fünf und 1 % der Gräber sechs bis sieben Beigabenarten. 84 Prozent der Gräber waren also nur mit ein bis zwei Beigabenarten ausgestattet. Es zeigt sich das charakteristische Bild, daß viele Gräber wenige Beigaben und nur wenige Gräber viele Beigaben haben[1272].

Mit maximal sieben ist die Zahl der Beigabenarten insgesamt gering. Daran ändert sich auch nichts Grundlegendes, wenn die jeweiligen Stückzahlen berücksichtigt werden. Lediglich drei Gräber (218, 525, 826) fallen durch größere Stückzahlen auf. Eine herausragende Gruppe zeichnet sich nach der Beigabenzahl also nicht ab.

Der Materialwert der meisten Beigaben ist gering. Neben dem Urnenharz — der häufigsten Beigabe — wurden in der Hauptsache Objekte aus Geweih oder Knochen mitgegeben[1273]. Nur 17,6 % der Gräber enthielten Metallbeigaben. In insgesamt 52 Gräbern fand sich Bronze, in 45 Gräbern Eisen und nur in fünf Gräbern Silber. Gold wurde nicht gefunden.

1268 Beigefäße oder Beigabenscherben werden auf Grund der genannten Unsicherheiten nicht einbezogen (vgl. ,,Grabausstattung'').

1269 Schach-Dörges, Wilhelmsaue 17.

1270 Worbs, Zethlingen 13 ff. Das Gräberfeld ist jedoch noch nicht vollständig freigelegt.

1271 Durch den schlechten Erhaltungszustand kann oft die jeweilige Stückzahl einer Beigabe wie z. B. der Perlen nicht ermittelt werden, so daß hier nur die Beigabenart berücksichtigt wird.

1272 Vgl. Steuer, Sozialstrukturen 84 mit entsprechenden Literaturhinweisen.

1273 Auch Beigefäße oder die Reste davon dürften einen nicht unerheblichen Anteil gehabt haben.

Einen gewissen Materialwert dürften die Glasperlen, die in 75 Gräbern nachgewiesen wurden, die Elfenbeinarmringe aus 14 Gräbern sowie ein Elfenbeinspielstein besessen haben. Bei den Objekten aus Elfenbein, dem Kettengeflecht, der Scherbe aus Grab 442 und zumindest einem Teil der Perlen handelt es sich um römische Importe.

Aus der geringen Zahl der Metallbeigaben könnte auf eine verhältnismäßig arme Bevölkerung geschlossen werden. Doch einige Gründe sprechen gegen diese Interpretation: Zum einen ist es das häufige Vorkommen von Knochen oder Geweih; beide Materialien unterscheiden sich nämlich kaum vom Leichenbrand, und da es sich oft nur um kleine Fragmente handelt, können sie auch beim Auslesen des Leichenbrandes übersehen worden sein. Auch von den Perlen sind oft nur unkenntliche Reste erhalten[1274]. Darüber hinaus können viele Metallobjekte nicht mehr bestimmt werden. Es sind also keine Aussagen darüber möglich, ob es sich um Trachtbestandteile oder Schmuck, ob es sich um Geräte oder zum Beispiel Luxusgüter wie Bronzegeschirr gehandelt hat. Zum anderen ist damit zu rechnen, daß nicht nur Teile des Leichenbrandes, sondern auch Beigaben nicht mit in die Urne gelangt sind. Darauf weist zumindest das an vorliegendem Material beobachtete steigende Vorkommen der in jeweils größeren Mengen vorliegenden Beigaben bei zunehmendem Leichenbrandgewicht hin. Auch allgemein lassen sich beim Vergleich zwischen Beigabenzahl und Leichenbrandgewicht Unterschiede feststellen. Von den Gräbern mit 1 bis 10 g Leichenbrand enthielten 74 % keine Beigaben, während von den Gräbern mit Leichenbrandmengen über 500 g nur 6 % beigabenlos waren.

Die Leichenbrandmenge muß zwar nicht mit der Beigabenzahl zusammenhängen, aber die Analyse der zwölf „reichsten" Gräber zeigt, daß die Mehrzahl viel Leichenbrand enthielt.

Daraus ergibt sich, daß die Masse der Gräber mit wenig Leichenbrand kaum im Hinblick auf die soziale Stellung des Bestatteten auszuwerten ist, lediglich die verhältnismäßig reichen Gräber dieser Gruppe könnten eine gehobene Schicht widerspiegeln. Gräber mit viel Leichenbrand und relativ vielen Beigaben müssen nicht unbedingt als besonders reich angesehen werden, da die Wahrscheinlichkeit, daß zahlreiche Beigaben vorkommen, größer ist. Enthalten diese Gräber jedoch nur wenig Beigaben, könnte auf einen niedrigen Sozialstatus geschlossen werden.

Auf Grund der Einschränkungen und der insgesamt geringen Zahl von Beigaben ist eine differenzierte Gesellschaft nicht aus den Grabsitten abzulesen. Daraus ist jedoch nicht zu schließen, daß es sie nicht gegeben hat. Es zeigt sich vielmehr, daß die Bestattungen „Abbilder . . . der Vorstellungswelt dieser Gesellschaft"[1275] sind, die Grabsitten also nicht mit der gesellschaftlichen Realität in Beziehung gesetzt werden können.

[1274] Ohnehin hatten Perlen keinen materiellen Wert mehr, nachdem sie im Feuer waren.

[1275] Vgl. Steuer, Sozialstrukturen 81.73.

Zusammenfassung

Der Pfingstberg liegt am nordwestlichen Rand von Helmstedt. Durch Sand- und Kiesabbau wurden seit den zwanziger Jahren dieses Jahrhunderts immer wieder prähistorische Funde beobachtet. Wiederholt wurden auch kleinere Grabungen vorgenommen. Erst die direkte Gefährdung durch die verstärkte wirtschaftliche Nutzung des Sandhügels war Anlaß zu umfassenderen Grabungen, die in fünf Kampagnen zwischen 1956 und 1960 durchgeführt wurden. Die Dokumentation dieser, besonders aber der vorhergehenden Grabungen ist unzureichend, und zahlreiche Funde sind aus verschiedenen Gründen verloren oder beschädigt. Die Zufallsbergungen und Grabungen erbrachten Material vom Spätpaläolithikum/Mesolithikum bis ins Mittelalter. Den wichtigsten Komplex bildet das Gräberfeld der jüngeren Römischen Kaiserzeit bis Völkerwanderungszeit.

Die Belegung des Gräberfeldes begann in Stufe C1 und endete in der Gruppe IIa nach Schmidt, das heißt in der Zeit zwischen 450 und 480 n. Chr. Die Gliederung des Gesamtmaterials mit Hilfe horizontalstratigraphischer Beobachtungen ist nicht möglich. Zur Belegungsabfolge läßt sich nur feststellen, daß im südlichen Teil die ältesten Gräber angelegt wurden, daß aber noch im 3. Jahrhundert das Bestattungsareal ausgedehnt und im 4. und 5. Jahrhundert das gesamte Areal genutzt wurde.

Das Gräberfeld mit einer Gesamtausdehnung von 120 bis 140 mal 145 m umfaßte ursprünglich über 1000 Bestattungen. Die Toten wurden während der gesamten Belegungszeit in Urnen beigesetzt, andere Bestattungsformen ließen sich nicht nachweisen. In der Regel wurden die Urnen ohne Steinschutz frei in den Boden gesetzt. In einem Fall konnte ein zugehöriger Kreisgraben festgestellt werden. Es ist anzunehmen, daß die Urne überhügelt war.

Insgesamt ließ sich bei 855 Gefäßen die Form bestimmen; den Hauptanteil bilden die Schalenurnen. Die Typengliederung erfolgte auf Grund der Analyse von über 500 vollständigen bzw. vollständig rekonstruierten Gefäßen.

Bei den Schalenurnen erweisen sich als wesentliche Elemente der Variation die Form von Hals, Schulter bzw. Oberteil und Umbruch sowie die Verbindung zwischen Hals und Schulter. Aus der unterschiedlichen Form dieser Gefäßteile sowie dem Vorhandensein oder Fehlen eines Absatzes zwischen Hals und Schulter ergeben sich die Typen. Jeweils mehrere Typen sind durch bestimmte Gemeinsamkeiten charakterisiert.

Für eine Reihe von Schalenurnentypen bildet die strenge Profilierung das gemeinsame Merkmal. Andere Typen sind durch das Fehlen des Absatzes zusammenzustellen. Die streng profilierten Gefäße gehören vor allem ins 3. Jahrhundert; die daraus abzuleitenden absatzlos und s-förmig profilierten Gefäße sind für das 4. und 5. Jahrhundert kennzeichnend. Die Ausbildung dieser Form fällt ins 3. Jahrhundert.

Einen erheblichen Anteil haben Schalenurnen, bei denen ein oder mehrere Gefäßteile mit plastischen Verzierungen dekoriert sind, die bei der Formansprache des oder der Gefäßteile zu berücksichtigen sind. Innerhalb dieser Typengruppe sind von den streng profilierten Gefäßen diejenigen mit gegliederter Schulter ab Stufe C1 anzusetzen, die mit gegliedertem Umbruch sowie die absatzlos profilierten erst ab Stufe C2. Die Mehrzahl dieser Gefäße ist dem 4. Jahrhundert zuzuordnen.

Eine eigene Gruppe bilden Gefäße mit eingliedrigem Oberteil. Sie sind zwar für das 3. Jahrhundert belegt, scheinen jedoch erst im Verlauf der späten Römischen Kaiserzeit häufiger aufzutreten und gehören dann zum Formenrepertoire der Völkerwanderungszeit.

Während die Masse handgearbeitet ist, wurden in dreizehn Fällen Drehscheibengefäße als Urnen verwendet. Darüber hinaus liegen aus mindestens 58 Komplexen Scherben von Drehscheibengefäßen vor. Die vollständigen bzw. weitgehend erhaltenen Stücke sind alle mit plastischen Verzierungen dekoriert. Einige handgemachte Pfingstberger Urnen ahmen die Drehscheibenware nach, andererseits wurden viele Drehscheibengefäße poliert und damit der handgeformten Keramik angeglichen. Mit Hilfe von Vergleichsfunden läßt sich die Drehscheibenkeramik dem 4. und frühen 5. Jahrhundert zuordnen.

Über drei Viertel der Schalenurnen sind mit einem bis acht Ornamenten verziert, wobei zwei Ornamente am häufigsten sind. Hauptsächliche Verzierungszone ist die Schulter. Insgesamt wurden die Verzierungen in 30 Einzelornamente getrennt, die zum Teil in unterschiedlichen Ausprägungen vorliegen. In der Mehrzahl der Muster sind Rillen enthalten. Oft heben sie Gefäßteile hervor oder begrenzen Streifen, in denen gruppenweise angeordnete Ornamente liegen. Zahlreich sind Rillenabschnitte, Eintiefungen unterschiedlicher Form, Sparren und Schrägstrichbänder angebracht worden. Charakteristisch ist die Verzierung mit Facetten. Für die kulturelle Einordnung sind Umbruchdellen, Strahlen und das Tannenbaummuster von Bedeutung sowie das verhältnismäßig seltene Vorkommen von Rosetten, Girlanden und Kehlen.

Insgesamt läßt sich feststellen, daß die Mehrzahl der Ornamente schon in der älteren Kaiserzeit verwendet worden ist und sich bis in die späte Völkerwanderungszeit gehalten hat. Auch die streng profilierten Gefäße lassen sich aus älterkaiserzeitlichem Material ableiten. Es zeigt sich hier eine kontinuierliche Entwicklung von der älteren Kaiserzeit bis in die späte Völkerwanderungszeit.

Andere Gefäßformen machen nur 15 % des gesamten keramischen Bestandes aus. Ihre Bedeutung nahm aber im Verlauf der späten Römischen Kaiserzeit zu. Kümpfe sind mit 46 Exemplaren am häufigsten vertreten. Es liegen unterschiedliche Ausprägungen vor, aber eine Entwicklung, die sich chronologisch auswerten ließe, ist nicht festzustellen. Näpfe wurden in 22 Fällen als Leichenbrandbehälter verwendet und Töpfe in 21 Fällen. Schüsseln sind zwölfmal belegt und Schalen elfmal. Alle übrigen Gefäßformen — die engmündigen Gefäße, die Mischformen, die Pokale und die Becher — sind noch seltener verwendet worden. Schalen, Töpfe, Näpfe und Kümpfe wurden verhältnismäßig selten verziert.

Aus der Grabausstattung kann die Gesellschaftsstruktur nicht abgelesen werden. 62 % der Gräber enthielten Beigaben. Die Anzahl der Beigaben pro Grab ist gering, und die Beigaben sind selten als wertvoll anzusprechen. In fast der Hälfte (49,4 %) der mit Beigaben ausgestatteten Gräber fand sich nur eine Beigabenart, zwei Beigabenarten stammen aus etwa einem Drittel der Gräber (34,2 %). Nur 5,1 % enthielten vier bis sieben verschiedene Beigabenarten.

Den wesentlichen Anteil machen nichtmetallische Beigaben aus. Nur in 17,6 % der Gräber konnten Metallbeigaben nachgewiesen werden.

15 % der Gräber enthielten Trachtbestandteile und Schmuck, 1 % Geräte mit Ausnahme der Kämme und 7,8 % Metallobjekte, die nicht mehr bestimmt werden konnten.

Unter den Beigaben dominieren Urnenharz, das in 43 % der Gräber festgestellt wurde, und Kämme, die in 39,2 % gefunden wurden. Unter den übrigen Beigabenarten sind Perlen (9 %), Armringe aus Knochen oder Elfenbein (3,4 %), Fibeln (2,4 %) und Nadeln (1,4 — 2,4 %) etwas häufiger, die übrigen Beigaben — Halsring, Fingerring, Schnallen, Riemenzunge, Gürtelbeschlag, Gürtelring, Anhänger, Nadelbüchsen, Spinnwirtel, Pinzetten, Spielsteine, Nägel und Kettengeflecht — haben jeweils Anteile unter 1 %.

Einen nicht unerheblichen Anteil an der Grabausstattung dürften Beigefäße oder Beigabenscherben — darunter häufiger von Drehscheibengefäßen — gehabt haben.

Die geringen Fundmengen erschweren Aussagen zur Entwicklung der Beigabensitte, aber es scheinen Unterschiede vorzuliegen. In Stufe C1 gehören Spinnwirtel, Silberhalsring, Kapselanhänger und Gürtelring sowie die Mehrzahl der Fibeln. Nadeln gelangten hauptsächlich im 3. Jahrhundert in die Gräber. Die einzige Riemenzunge ist in Stufe C2 zu stellen. Armringe, Nadelbüchsen und Pinzetten sind den Stufen C2 und C3 zuzuweisen. Gürtelschnallen, Geweihscheiben und Spielsteine können ins 4. Jahrhundert eingeordnet werden, Gürtelbeschlag und Kettengeflecht in die Völkerwanderungszeit. Perlen, Kämme und Nägel verteilen sich in etwa gleichmäßig auf den gesamten Belegungszeitraum.

Verzeichnis der Fundorte mit Kreisangaben

Ahrbergen, Ldkr. Hildesheim
Aken, Kr. Köthen
Altenbühlstedt, Kr. Bremervörde
Altenwalde, Ldkr. Cuxhaven (früher Kr. Land Hadeln)
Altenweddingen, Kr. Wanzleben
Arneburg, Kr. Stendal
Augsburg
Badeborn, Kr. Quedlinburg
Bautzen-Seidau
Belleben, Kr. Bernburg
Beringstedt, Kr. Rendsburg-Eckernförde
Berlin, Kr. Segeberg
Berlin-Britz
Berlin-Marzahn
Bernburg
Beuchte, Ldkr. Wolfenbüttel
Bevensen, Ldkr. Uelzen
Billerbeck, Ldkr. Lüchow-Dannenberg
Birmenitz, Kr. Meißen
Bittenbrunn, Stadt Neuburg a. d. Donau
Egeln-Bleckendorf, Kr. Staßfurt
Bleckendorf, Kr. Wanzleben
Bliedersdorf, Ldkr. Stade
Bonn
Bordesholm, Kr. Rendsburg-Eckernförde
Borstel, Kr. Stendal
Bothmer, Kr. Soltau-Fallingbostel
Bottendorf, Kr. Artern
Böckingen, Stadt Heilbronn
Braunschweig-Querum
Braunschweig-Rüningen
Braunschweig-Veltenhof
Bremen-Mahndorf
Breslack, Kr. Eisenhüttenstadt
Buchholz-Vaensen, Ldkr. Harburg
Butzow, Kr. Brandenburg
Cheine, Kr. Salzwedel
Cuxhaven-Sahlenburg
Dahlhausen, Kr. Pritzwalk
Dallmin, Kr. Perleberg
Darzau, Ldkr. Lüchow-Dannenberg
Deersheim, Kr. Halberstadt
Dessau-Großkühnau
Dienstedt, Kr. Arnstadt
Dütschow, Kr. Parchim
Ehestorf-Vahrendorf, Ldkr. Harburg
Eischleben, Kr. Arnstadt
Elsterstrebnitz, Kr. Borna
Emersleben, Kr. Halberstadt
Erfurt
Falkenberg, Kr. Fürstenwalde
Fern Neuendorf, Kr. Zossen
Fohrde, Kr. Brandenburg
Friedland, Kr. Neubrandenburg
Galgenberg bei Cuxhaven
Gera
Gerbstedt, Kr. Hettstedt
Gettorf, Kr. Rendsburg-Eckernförde
Gielde, Ldkr. Wolfenbüttel
Gießmannsdorf, Kr. Luckau
Glaubitz, Kr. Riesa
Gnotzheim, Kr. Weißenburg-Gunzenhausen
Gollwitz, Kr. Brandenburg
Goździg, woi. Siedlce (Polen)
Görlitz
Görzig, Kr. Köthen
Göttin, Kr. Brandenburg
Gramnitz, Kr. Hagenow
Granstedt, Ldkr. Rotenburg
Grasdorf, Ldkr. Hannover
Grasleben, Ldkr. Helmstedt
Groß Denkte, Ldkr. Wolfenbüttel
Groß Kelle, Kr. Röbel
Groß-Gerau
Großbadegast, Kr. Köthen
Großenhain
Großpaschleben, Kr. Köthen
Großromstedt, Kr. Apolda
Großweißandt, Kr. Köthen
Gundelsheim, Kr. Heilbronn
Gübs, Kr. Burg
Haarhausen, Kr. Arnstadt
Halberstadt-Wehrstedt
Haldensleben
Hannover-Ahlem
Hannover-Laatzen
Hannover-Misburg
Hannover-Ricklingen
Harkenbleck, Ldkr. Hannover
Haßleben, Kr. Erfurt
Häven, Kr. Sternberg
Heeslingen, Ldkr. Rotenburg
Heidenheim-Großkuchen
Hemmoor-Warstade, Ldkr. Cuxhaven
Hohenferchesar, Kr. Brandenburg
Horno, Kr. Guben
Ingersleben, Kr. Erfurt
Inowrocław, Kujawien (Polen)
Issendorf, Ldkr. Stade
Jena-Lobeda
Jiřice, okr. Mělník (Tschechoslowakei)
Kahrstedt, Kr. Salzwedel
Kannawurf, Kr. Artern
Kasseedorf, Kr. Ostholstein
Kastell Holzhausen, Rhein-Lahn-Kreis
Kastell Saalburg, Stadt Bad Homburg
Kastell Zugmantel, Rheingau-Taunus-Kreis
Kemnitz, Kr. Potsdam
Ketzin, Kr. Nauen
Kiel-Elmschenhagen
Klein Denkte, Ldkr. Wolfenbüttel
Klein Ilsede, Ldkr. Peine
Klein Kedingshagen, Bez. Rostock
Kleinlangheim, Kr. Kitzingen
Klietzen, Kr. Köthen
Kostelec na Hané, okr. Prostějow (Tschechoslowakei)

Kremmin, Kr. Ludwigslust
Krossen, Kr. Luckau
Kuhbier, Kr. Pritzwalk
Kyritz
Laisacker b. Neuburg a. d. Donau
Lalendorf, Kr. Güstrow
Langeleben-Lelm-Räbke, Ldkr. Helmstedt
Lassahn, Kr. Hagenow
Latdorf, Kr. Bernburg
Leuben, Kr. Oschatz
Leuna, Kr. Merseburg
Liebenau, Kr. Nienburg
Liebstein, Kr. Görlitz
Lindau/Sorge, Kr. Zerbst
Litten, Kr. Bautzen
Loitsche, Kr. Wolmirstedt
Lotouš-Písek, okr. Slaného (Tschechoslowakei)
Magdeburg
Mahlstedt, Ldkr. Oldenburg
Mansie, Stadt Westerstede, Ldkr. Ammerland
Maschen, Ldkr. Harburg
Mattstedt, Kr. Apolda
Mechau, Kr. Salzwedel
Meerdorf, Ldkr. Peine
Menning, Kr. Pfaffenhofen a. d. Ilm
Merseburg
Młodzikowo, pow. Sroda (Polen)
Mochov, okr. Praha
(Tschechoslowakei)
Möllegårdsmark, Fünen (Dänemark)
Mühlberg, Kr. Gotha
Naumburg
Nettlingen, Ldkr. Hildesheim
Neu Kaliß, Kr. Ludwigslust
Nieblum auf Föhr
Niedergurig, Kr. Bautzen
Niederhone, Werra-Meißner-Kreis
Nitzahn, Kr. Rathenow
Nordstemmen, Ldkr. Hildesheim (früher Kr. Alfeld)
Obermöllern, Kr. Naumburg
Obernau, Kr. Aschaffenburg
Oberwerschen, Kr. Hohenmölsen
Očkov, okr. Pieštany (Tschechoslowakei)
Oedeme, Stadt Lüneburg
Oldenstadt, Ldkr. Uelzen
Osendorf, Stadtkr. Halle
Pätow, Kr. Hagenow
Pegau, Kr. Borna
Perdöhl, Kr. Hagenow
Phöben, Kr. Potsdam
Pinnow, Kr. Schwerin
Plänitz, Kr. Kyritz
Plotiště nad Labem, okr. Hrádec Králové
(Tschechoslowakei)
Pňov, okr. Nymburk (Tschechoslowakei)
Praha-Vokovice (Tschechoslowakei)
Preetz, Kr. Plön
Přeštovice, okr. Strakonice (Tschechoslowakei)
Preußlitz, Kr. Bernburg
Pritzier, Kr. Hagenow
Püggen, Kr. Salzwedel
Quedlinburg
Räbke-Lelm, Ldkr. Helmstedt
Räpitz, Kr. Leipzig
Rathenow
Rathewitz, Kr. Naumburg
Rebenstorf, Kr. Lüchow-Dannenberg
Regensburg
Rheindorf, Rhein-Sieg-Kreis
Riedebeck, Kr. Luckau
Rockenthin, Kr. Salzwedel
Roßbach, Kr. Naumburg
Rötgesbüttel, Ldkr. Gifhorn
Runow, Kr. Schwerin
Sackrau = Zakrzów, woj. Wrocław (Polen)
Salzgitter-Lesse
Šaratice, okr. Vyškov (Tschechoslowakei)
Schafstädt, Kr. Merseburg
Schäplitz, Kr. Stendal
Schlotheim, Kr. Mühlhausen
Schönebeck (Elbe)
Schöningen, Ldkr. Helmstedt
Schretzheim, Kr. Dillingen
Schwanbeck, Kr. Neubrandenburg
Schweinitz, Kr. Jessen
Seinstedt, Ldkr. Wolfenbüttel
Sendelbach, Kr. Forchheim
Simris, Schonen (Schweden)
Sindelfingen, Kr. Böblingen
Skovsgård, Fünen (Dänemark)
Sommerschenburg, Kr. Oschersleben
Somogyszil, Kom. Somogy (Ungarn)
Sörup, Kr. Schleswig-Flensburg
Speichrow, Kr. Beeskow
Stockstadt, Kr. Aschaffenburg
Stößen, Kr. Hohenmölsen
Tokod, Kom. Komárom (Ungarn)
Toušeň, okr. Praha-Východ (Tschechoslowakei)
Trebur, Kr. Groß-Gerau
Treugeböhla, Kr. Großenhain
Úherce, okr. Louny (Tschechoslowakei)
Vavrovice, Bez. Opava (Tschechoslowakei)
Velatice bei Brno (Tschechoslowakei)
Veltheim, Kr. Minden
Vinařice, okr. Slaný (Tschechoslowakei)
Wahlitz, Kr. Burg
Warlitz, Kr. Hagenow
Warnikam/Warnikajmy, Bez. Ładuškin (Sowjetunion)
Wechmar, Kr. Gotha
Weddel, Ldkr. Wolfenbüttel
Wedderwill/Mezne, woj. Szczecin (Polen)
Wehden, Ldkr. Cuxhaven
Weißenfels
Wenigumstedt, Kr. Aschaffenburg
Westerhamm, Ldkr. Cuxhaven
Westerwanna, Ldkr. Cuxhaven (früher Kr. Land Hadeln)
Wiesbaden-Erbenheim
Wilhelmsaue, Kr. Seelow
Wulfen, Kr. Köthen
Zahna, Kr. Wittenberg
Zauschwitz, Kr. Borna
Záluží bei Čelákovice (Tschechoslowakei)
Zedau, Kr. Osterburg
Seelow-Zernikow, Kr. Seelow
Zethlingen, Kr. Salzwedel (früher Kr. Kalbe/Milde)
Zeutern, Kr. Karlsruhe
Zeuzleben, Kr. Schweinfurt
Zörbig, Kr. Bitterfeld
Zweeloo, Prov. Drenthe (Niederlande)

Verzeichnis der abgekürzt zitierten Literatur

Albrectsen, Jernaldergrave
E. Albrectsen, Fynske Jernaldergrave, Bd. 3 (1968).

Almgren, Fibelformen
O. Almgren, Studien über nordeuropäische Fibelformen der ersten nachchristlichen Jahrhunderte. Mannus-Bibliothek 32 (1923).

Artikus, Kasseedorf
R. Artikus, Eine „Fensterurne" vom kaiserzeitlichen Urnenfriedhof Kasseedorf, Kr. Ostholstein. Die Heimat 86, 1979, 303 ff.

Artikus, Import
R. Artikus, Ein Fund mit römischem Import vom Gräberfeld Bordesholm, Kr. Rendsburg-Eckernförde. Hammaburg N.F. 6, 1984, 207 ff.

Assendorp, Lüneburg
J. Assendorp, Der Sandabbau um Lüneburg und die Lüneburger Vor- und Frühgeschichte. Ausgrabungen in Niedersachsen. Archäologische Denkmalpflege 1979 — 1984 (1985) 206 ff.

Assendorp, Friedhöfe
J. Assendorp, Völkerwanderungszeitliche Friedhöfe bei Lüneburg, Niedersachsen. Studien zur Sachsenforschung 6, 1987, 7 ff.

Barkóczi, Glasfunde
L. Barkóczi, Pannonische Glasfunde in Ungarn. Studia Archaeologica 9 (1988).

Bastian, Ostorf
W. Bastian, Das jungsteinzeitliche Flachgräberfeld von Ostorf, Kreis Schwerin. Bodendenkmalpflege in Mecklenburg, Jahrbuch 1961, 7 ff.

Baumann und Kroitzsch, Leuben
W. Baumann und K. Kroitzsch, Rettungsgrabung in der kaiserzeitlichen Siedlung von Leuben, Kr. Oschatz. Vorbericht. Ausgrabungen und Funde 19, 1974, 100 ff.

Beckmann, Kapselanhänger
B. Beckmann, Zu den kaiserzeitlichen Kapselanhängern in der Germania libera. Bonner Hefte zur Vorgeschichte 4 (1973) 13 ff.

Beckmann, Metallnadeln
B. Beckmann, Studien über die Metallnadeln der römischen Kaiserzeit im freien Germanien. Saalburg-Jahrbuch 23, 1966, 5 ff.

Beckmann, Metallfingerringe
C. Beckmann, Metallfingerringe der römischen Kaiserzeit im freien Germanien. Saalburg-Jahrbuch 26, 1969, 5 ff.

Bednarczyk, Inowrocław
J. Bednarczyk, Die Ausgrabung eines Kultplatzes und einer Siedlung der Przeworsk-Kultur in Inowrocław, Kujawien. Offa 45, 1988, 167 ff.

Behm, Elb-Havelgermanen
G. Behm, Kultur und Stammesgeschichte der Elb-Havelgermanen des 3. bis 5. Jahrhunderts (Ungedr.Phil.Diss.Berlin 1943).

Behm-Blancke, Bestattungssitten
G. Behm-Blancke, Neue Erkenntnisse über westgermanische Bestattungssitten. Forschungen und Fortschritte 24, 1948, 275 ff.

Behn, Trebur
F. Behn, Ein völkerwanderungszeitliches Frauengrab von Trebur Starkenburg. Germania 22, 1938, 175 ff.

Beltz, Altertümer
R. Beltz, Die vorgeschichtlichen Altertümer des Großherzogtums Mecklenburg-Schwerin (1910).

Bemmann, Drehscheibenkeramik
M. Bemmann, Zur Drehscheibenkeramik aus dem Gräberfeld Liebenau, Kr. Nienburg (Weser). Studien zur Sachsenforschung 2, 1980, 5 ff.

Bernhard, Terra Nigra
H. Bernhard, Studien zur spätrömischen Terra Nigra zwischen Rhein, Main und Neckar. Saalburg-Jahrbuch 40/41, 1984/85, 34 ff.

Billig, Formholz
G. Billig, Das Formholz als Werkzeug des Aunjetitzer Töpfers. Arbeits- und Forschungsberichte zur sächsischen Bodendenkmalpflege 7, 1960, 208 ff.

Blume, Kulturen
E. Blume, Die germanischen Stämme und die Kulturen zwischen Oder und Passarge zur römischen Kaiserzeit, 1.Teil. Mannus-Bibliothek 8 (1912).

Böhme, Fibeln
A. Böhme, Die Fibeln der Kastelle Saalburg und Zugmantel. Saalburg-Jahrbuch 29, 1972, 5 ff.

Böhme, Grabfunde
H.W. Böhme, Germanische Grabfunde des 4. bis 5. Jahrhunderts zwischen unterer Elbe und Loire. Münchner Beiträge zur Vor- und Frühgeschichte 19 (1974).

Böhner, Saalburgmuseum
K. Böhner, Die merowingerzeitlichen Altertümer des Saalburgmuseums. Saalburg-Jahrbuch 15, 1956, 102 ff.

Brandt, Preetz
J.Brandt, Das Urnengräberfeld von Preetz in Holstein. Offa-Bücher 16 (1960).

Bullinger, Gürtelbeschläge
H. Bullinger, Spätantike Gürtelbeschläge. Dissertationes Archaeologicae Gandenses 12 (1969).

Burger, Ságvár
A. S. Burger, The Late Roman Cemetery at Ságvár. Acta Archaeologica Academiae Scientiarum Hungaricae 18, 1966, 99 ff.

Burger, Somogyszil
A. S. Burger, Das spätrömische Gräberfeld von Somogyszil. Fontes Archaeologici Hungariae (1979).

Busch, Salzgitter-Lesse
R. Busch, Eine kaiserzeitliche Siedlung von Salzgitter-Lesse. Nachrichten aus Niedersachsens Urgeschichte 45, 1976, 459 ff.

Busch, Funde
R. Busch, Frühgeschichtliche Funde aus dem Braunschweiger Land. Veröffentlichungen des Braunschweigischen Landesmuseums 6 (1976).

Busch, Verbreitungskarten
R. Busch, Zwei Verbreitungskarten zur Frühgeschichte des Nordharzvorlandes. Archäologisches Korrespondenzblatt 8, 1978, 69 ff.

Busch, Gielde
R. Busch, Einige Bemerkungen zur Datierung der kaiser- und merowingerzeitlichen Siedlung von Gielde — ,,Am Hetelberg'', Ldkr. Wolfenbüttel. Nachrichten aus Niedersachsens Urgeschichte 50, 1981, 131 ff.

Christlein, Alamannen
R. Christlein, Die Alamannen — Archäologie eines lebendigen Volkes (1978).

Christopherson, Comb
A. Christopherson, Raw material, resources and production capacity in early medieval comb manufacture in Lund. Meddelanden Lund 1979/80, 150 ff.

Cosack, Fibeln
E. Cosack, Die Fibeln der Älteren Römischen Kaiserzeit in der Germania libera (Dänemark, DDR, BRD, Niederlande, CSSR). Eine technologisch-archäologische Analyse. Teil 1. Armbrustfibeln, Rollenkappenfibeln, Augenfibeln. Göttinger Schriften zur Vor- und Frühgeschichte 19 (1979).

Cosack, Liebenau
E. Cosack, Das sächsische Gräberfeld bei Liebenau, Kr. Nienburg (Weser), Teil 1. Germanische Denkmäler der Völkerwanderungszeit, Ser. A, 15 (1982).

Dannheimer, Mittelfranken
H. Dannheimer, Die germanischen Funde der späten Kaiserzeit und des frühen Mittelalters in Mittelfranken. Germanische Denkmäler der Völkerwanderungszeit, Ser. A, 7 (1962).

Dauber, Baden
A. Dauber, Neue Funde der Völkerwanderungszeit aus Baden. Badische Fundberichte 21, 1958, 139 ff.

Dexel, Gefäßformen
T. Dexel, Über die Benennung von Gefäßformen. Keramos 19, 1963, 22 ff.

Diaconu, Fibel
G. Diaconu, Über die Fibel mit umgeschlagenem Fuß in Dazien. Dacia N.S. 15, 1971, 239 ff.

Dobrzańska, Ceramics
H. Dobrzańska, Problems concerning the study of wheelmade ceramics in pottery workshops in the region of Upper Vistula in late Roman period. — Römerzeitliche Drehscheibenware im Barbarikum. Weimarer Monographien zur Ur- und Frühgeschichte 11 (1984) 48 ff.

Dörges, Stavenow
H. Dörges, Das frühkaiserzeitliche Gräberfeld von Stavenow, Kr. Perleberg. Bodendenkmalpflege in Mecklenburg, Jahrbuch 1956, 117 ff.

Drescher, Fibelspiralen
H. Drescher, Die Herstellung von Fibelspiralen. Germania 33, 1955, 340 ff.

Dušek, Produktion
S. Dušek, Die Produktion römischer Drehscheibenkeramik in Thüringen — Technologie, ökonomische und gesellschaftliche Konsequenzen. — Römerzeitliche Drehscheibenware im Barbarikum. Weimarer Monographien zur Ur- und Frühgeschichte 11 (1984) 5 ff.

Eggers, Chronologie
H. J. Eggers, Zur absoluten Chronologie der römischen Kaiserzeit im Freien Germanien. Jahrbuch des Römisch-Germanischen Zentralmuseums Mainz 2, 1955, 196 ff.

Eibner, Webstuhlszene
A. Eibner, Die Webstuhlszene des Ödenburger Kegelhalsgefäßes — eine historische Aussage? Zur Rolle der Frau in der Hallstattzeit. Mitteilungen der Österreichischen Arbeitsgemeinschaft für Ur- und Frühgeschichte 32, 1982, 39 f.

Eichhorn, Großromstedt
G. Eichhorn, Der Urnenfriedhof auf der Schanze von Großromstedt. Mannus Bibliothek 41 (1927).

Endres und Loers, Keramik
W. Endres und V. Loers, Spätmittelalterliche Keramik aus Regensburg. Neufunde in Prebrunn (1981).

van Es und Ypey, Zweeloo
J. van Es und J. Ypey, Das Grab der ,,Prinzessin'' von Zweeloo und seine Bedeutung im Rahmen des Gräberfeldes. Studien zur Sachsenforschung 1977, 97 ff.

Ethelberg, Hjemsted
P. Ethelberg, Hjemsted — en gravplads fra 4. og 5. rh. e.kr. Skrifter fra Museumsrådet for Sonderjyllands Amt, 2 (1986).

Gaedtke-Eckardt, Neolithische Funde
D. Gaedtke-Eckardt, Zu den neolithischen Funden vom Pfingstberg — Eine Übersicht. Die Kunde N.F. 41/42, 1990/91, 57 ff.

Gaedtke-Eckardt, Nettlingen
D. Gaedtke-Eckardt, Kaiserzeitliche Hügelgräber aus dem Stobenholz bei Nettlingen, Ldkr. Hildesheim. Die Kunde N.F. 43, 1992 (in Vorbereitung).

Galloway und Newcommer, Comb-making
P. Galloway und M. Newcommer, The craft of combmaking — An experimental enquiry. Bulletin of the Institute of Archaeology London 18, 1981, 73 ff.

Gebühr, Beigabenvergesellschaftungen
M. Gebühr, Beigabenvergesellschaftungen in mecklenburgischen Gräberfeldern der älteren römischen Kaiserzeit. Neue Ausgrabungen und Forschungen in Niedersachsen 6, 1970, 93 ff.

Gebühr, Auswertung
M. Gebühr, Versuch einer statistischen Auswertung von Grabfunden der römischen Kaiserzeit am Beispiel der Gräberfelder von Hamfelde und Kemnitz. Zeitschrift für Ostforschung 24, 1975, 433 ff.

Gebühr und Kunow, Kemnitz
M. Gebühr und J. Kunow, Der Urnenfriedhof von Kemnitz, Kr. Potsdam-Land. Zeitschrift für Archäologie 10, 1976, 185 ff.

Gebühr, Trachtschmuck
M. Gebühr, Der Trachtschmuck der älteren römischen Kaiserzeit im Gebiet zwischen unterer Elbe und Oder und auf den westlichen dänischen Inseln. Göttinger Schriften zur Vor- und Frühgeschichte 18 (1976).

Geisler, Katalog
H. Geisler, Das germanische Urnengräberfeld bei Kemnitz, Kr. Potsdam-Land. Teil I. Veröffentlichungen des Museums für Ur- und Frühgeschichte Potsdam 8, 1974.

Geisler, Breslack
H. Geisler, Ein Gerätedepot der späten römischen Kaiserzeit aus Breslack, Kr. Eisenhüttenstadt. Veröffentlichungen des Museums für Ur- und Frühgeschichte Potsdam 10, 1976, 141 ff.

Geisler, Kyritz
H. Geisler, Spätkaiserzeitliche Urnenfunde von Kyritz, Kr. Kyritz. Veröffentlichungen des Museums für Ur- und Frühgeschichte Potsdam 10, 1976, 161 ff.

Geisler, Jessen
H. Geisler, Achsabdrücke an Gefäßen der späten römischen Kaiserzeit aus Schweinitz, Kr. Jessen. Ausgrabungen und Funde 23, 1978, 76 f.

Geisler, Schweinitz
H. Geisler, Germanische Brandgräber der späten römischen Kaiserzeit aus Schweinitz, Kr. Jessen. Veröffentlichungen des Museums für Ur- und Frühgeschichte Potsdam 12, 1979, 81 ff.

Geisler, Keramik
H. Geisler, Achsabdrücke an ,,handgemachter'' Keramik. — Römerzeitliche Drehscheibenware im Barbarikum. Weimarer Monographien zur Ur- und Frühgeschichte 11 (1984) 47.

Geisler, Kemnitz
H. Geisler, Das germanische Urnengräberfeld bei Kemnitz, Kr. Potsdam-Land. Teil II. Veröffentlichungen des Museums für Ur- und Frühgeschichte Potsdam 18, 1984, 77 ff.

Geisler, Forschungsprobleme
H. Geisler, Forschungsprobleme der Luboszyce-Kultur zwischen mittlerer Oder und mittlerer Elbe in der späten römischen Kaiserzeit und Völkerwanderungszeit. Przegląd archeologiczny 31, 1984, 183 ff.

Geisler, Neuaufnahme
H. Geisler, Die Neuaufnahme des römischen Imports im Bezirk Potsdam. Ausgrabungen und Forschungen 35, 1990, 82 ff.

Geisler und Grebe, Ketzin
H. Geisler und K. Grebe, Völkerwanderungszeitliche Körpergräber aus Ketzin, Kr. Nauen. Veröffentlichungen des Museums für Ur- und Frühgeschichte Potsdam 17, 1983, 133 ff.

Genrich, Formenkreise
A. Genrich, Formenkreise und Stammesgruppen in Schleswig-Holstein nach geschlossenen Funden des 3. bis 6. Jahrhunderts. Offa-Bücher 10 (1954).

Godłowski, Chronology
K. Godłowski, The Chronology of the Late Roman and Early Migration Periods in Central Europe. Prace Archeologiczne 11 (1970).

Goethert-Polaschek, Gläser
K. Goethert-Polaschek, Katalog der römischen Gläser des Rheinischen Landesmuseums. Trierer Grabungen und Forschungen 9 (1977).

Gralow und Stange, Dallmin
K.-D. Gralow und H. Stange, Notbergungen auf einem Gräberfeld der spätrömischen Kaiserzeit bei Dallmin, Kr. Perleberg. Bodendenkmalpflege in Mecklenburg, Jahrbuch 34, 1986, 191 ff.

Grempler, Sackrau
W. Grempler, Der II. und III. Fund von Sackrau (1888).

Guthjahr, Rathenow
R. Guthjahr, Germanische Brandgräber des 3. bis 5. Jahrhunderts. u. Z. vom ,,Rauhen Berg'' bei Rathenow, Bez. Potsdam. Veröffentlichungen des Museums für Ur- und Frühgeschichte Potsdam 17, 1983, 121 ff.

Hansen, Römischer Import
U. Lund Hansen, Römischer Import im Norden. Nordiske Fortidsminder Ser.B,10 (1987).

Hedeager, Besiedlung
L. Hedeager, Besiedlung, soziale Struktur und politische Organisation in der älteren und jüngeren römischen Kaiserzeit Ostdänemarks. Prähistorische Zeitschrift 55, 1980, 38 ff.

Heege, Grabfunde
A. Heege, Grabfunde der Merowingerzeit aus Heidenheim-Großkuchen. Materialhefte zur Vor- und Frühgeschichte in Baden-Württemberg 9 (1987).

Hills, Keramik
C.M. Hills, Sächsische und Angelsächsische Keramik. Sachsen und Angelsachsen. — Ausstellung im Helms-Museum (1978).

Hoffmann, Phöben
R. Hoffmann, Spätgermanische Grabfunde von Phöben Kreis Zauch-Belzig. Mannus 31, 1939, 295 ff.

Hoffmann, Sommerschenburg
W. Hoffmann, Hügelgräber der römischen Kaiserzeit bei Sommerschenburg, Kr. Oschersleben. Jahresschrift für Mitteldeutsche Vorgeschichte 38, 1954, 215 ff.

Hollnagel, Häven
A. Hollnagel, Zwei neue Körpergräber der spätrömischen Kaiserzeit von Häven, Kreis Sternberg. Bodendenkmalpflege in Mecklenburg, Jahrbuch 1968, 265 ff.

Hostmann, Darzau
C. Hostmann, Der Urnenfriedhof bei Darzau, Prov. Hannover (1874).

Isings, Roman glass
C. Isings, Roman glass from dated finds. Archaeologica Traiectina 2 (1957).

Jahn, Bewaffnung
M. Jahn, Die Bewaffnung der Germanen in der älteren Eisenzeit. Mannus-Bibliothek 16 (1916).

Janssen, Issendorf
W. Janssen, Issendorf. Ein Urnenfriedhof der späten Kaiserzeit und der Völkerwanderungszeit. Materialhefte zur Ur- und Frühgeschichte Niedersachsens 6 (1972).

Jensen, Keramik
S. Jensen, Fynsk Keramik. I gravfund fra sen romersk jernalder. Kuml 1976, 151 ff.

Kaufmann, Wechmar
H. Kaufmann, Das spätkaiserzeitliche Brandgräberfeld von Wechmar, Kreis Gotha. Weimarer Monographien zur Vor- und Frühgeschichte 9 (1984).

Keiling, Lalendorf
H. Keiling, Ein frühkaiserzeitliches ,,Fürstengrab'' von Lalendorf, Kreis Güstrow. Bodendenkmalpflege in Mecklenburg, Jahrbuch 1972, 127 ff.

Keiling, Dütschow
H. Keiling, Der jungbronze- und spätkaiserzeitliche Urnenfriedhof von Dütschow, Kreis Parchim. Bodendenkmalpflege in Mecklenburg, Jahrbuch 1976, 83 ff.

Keiling, Lassahn
H. Keiling, Neue Grabfunde der spätrömischen Kaiser- und Völkerwanderungszeit von Lassahn, Kreis Hagenow. Bodendenkmalpflege in Mecklenburg, Jahrbuch 1979, 129 ff.

Keiling, Schwerin
H. Keiling, Neue spätkaiser- und völkerwanderungszeitliche Funde aus dem Bezirk Schwerin. Ausgrabungen und Funde 24, 1979, 135 ff.

Keller, Grabfunde
E. Keller, Die spätrömischen Grabfunde in Südbayern. Münchner Beiträge zur Vor- und Frühgeschichte 14 (1971).

Keller, Chronologie
E. Keller, Zur Chronologie der jüngerkaiserzeitlichen Grabfunde aus Südwestdeutschland und Nordbayern. — Studien zur vor- und frühgeschichtlichen Archäologie. Festschrift für J. Werner. Münchner Beiträge zur Vor- und Frühgeschichte, Ergänzungsband 1, Teil 1 (1974) 247 ff.

Keller, Synchronisierung
E. Keller, Möglichkeiten der Synchronisierung spätrömischer Fundgruppen aus den Provinzen an Oberrhein und oberer Donau mit elbgermanischen der jüngeren Kaiserzeit. — Archäologische Beiträge zur Chronologie der Völkerwanderungszeit. Antiquitas Reihe 3,20 (1977) 11 ff.

Kersten, Lauenburg
K. Kersten, Vorgeschichte des Kreises Herzogtum Lauenburg. Die vor- und frühgeschichtlichen Denkmäler und Funde in Schleswig-Holstein 2 (1951).

Knaack, Germanen
A. Knaack in: Die Germanen. Ein Handbuch, Band II. Veröffentlichungen des Zentralinstituts für Alte Geschichte und Archäologie der Akademie der Wissenschaften der DDR, 4/II (1983) 126.

Koch, Schretzheim
U. Koch, Das Reihengräberfeld von Schretzheim. Germanische Denkmäler der Völkerwanderungszeit, Ser. A, 13 (1977).

Kohtz, Drehscheibenware
H. Kohtz, Theoretische Erörterungen und praktische Versuche zur frühen Drehscheibenware im Berliner Raum. Ausgrabungen in Berlin 7, 1986, 169 ff.

Kolník, Očkov
T. Kolník, Ein Urnengräberfeld aus der spätrömischen Kaiserzeit und vom Anfang der Völkerwanderungszeit in Očkov bei Piešťany. Slovenská Archeológia. 4, 1956, 233 ff.

Körner, Rebenstorf
G. Körner, Der Urnenfriedhof von Rebenstorf im Amte Lüchow. Die Urnenfriedhöfe in Niedersachsen 2,3/4 (1939).

Krone, Braunschweig
O. Krone, Vorgeschichte des Landes Braunschweig (1931).

Krüger, Brett- und Würfelspiel
T. Krüger, Das Brett- und Würfelspiel der Spätlatènezeit und der römischen Kaiserzeit im freien Germanien. Neue Ausgrabungen und Forschungen in Niedersachsen 15, 1982, 135 ff.

Kuchenbuch, Schalenurnenfelder
F. Kuchenbuch, Die altmärkisch-osthannöverschen Schalenurnenfelder der spätrömischen Zeit. Jahresschrift für die Sächsisch-Thüringischen Länder 27, 1938.

Kunkel, Pommern
O. Kunkel, Vorläufige Mitteilungen über neue kaiserzeitliche Funde in Pommern. Mannus Ergänzungsband 5, 1927, 119 ff.

Lányi, Pannonien
V. Lányi, Die spätantiken Gräberfelder von Pannonien. Acta Archaeologica Academiae Scientiarum Hungaricae 24, 1972, 53 ff.

Lányi, Tokod
V. Lányi, Das spätrömische Gräberfeld, in: A. Móczy, Die spätrömische Festung und das Gräberfeld von Tokod. Akadmiai Kiadó (1981).

Laser, Brandgräber
R. Laser, Die spätkaiserzeitlichen Brandgräber zwischen Saale und Fläming. (Ungedr. Phil. Diss. Leipzig 1960).

Laser, Urnenharz
R. Laser, Zu den Zahnabdrücken im Urnenharz der spätrömischen Kaiserzeit. Jahresschrift für Mitteldeutsche Vorgeschichte 46, 1962, 319 ff.

Laser, Schönebeck
R. Laser, Ein Brandgräberfeld der spätrömischen Kaiserzeit bei Schönebeck (Elbe). Jahresschrift für Mitteldeutsche Vorgeschichte 47, 1963, 325 ff.

Laser, Katalog
R. Laser, Die Brandgräber der spätrömischen Kaiserzeit im nörndlichen Mitteldeutschland, Teil 1. Forschungen zur Vor- und Frühgeschichte 7 (1965).

Laser, Glasverarbeitung
R. Laser, Hinweise auf Glasverarbeitung in der spätkaiserzeitlichen Siedlung vom Mühlberg (Kr. Gotha). — Produktivkräfte und Gesellschaftsformationen in vorkapitalistischer Zeit. Veröffentlichungen des Zentralinstituts für Alte Geschichte und Archäologie der Akademie der Wissenschaften der DDR 12 (1982) 479 ff.

Leitfaden zur Keramikbeschreibung
I. Bauer, W. Endres, B. Kerkhoff-Hader, R. Koch und H.-G. Stephan, Leitfaden zur Keramikbeschreibung (Mittelalter — Neuzeit). Terminologie — Typologie — Technologie. Kataloge der prähistorischen Staatssammlung, Beiheft 2 (1987).

Leube, Rostock
A. Leube, Frühgeschichtliche Neufunde aus dem Bezirk Rostock. Ausgrabungen und Funde 12, 1967, 200 ff.

Leube, Teltow
A. Leube, Spätkaiserzeitliche Siedlungsfunde aus dem Teltow. Ausgrabungen und Funde 15, 1970, 145 ff.

Leube, Nachträge
A. Leube, Fohrde und Hohenferchesar. Nachträge zu zwei frühkaiserzeitlichen Gräberfeldern. Veröffentlichungen des Museums für Ur- und Frühgeschichte Potsdam 6, 1971, 89 ff.

Leube, Drehscheibenkeramik
A. Leube, Spätkaiserzeitliche Drehscheibenkeramik aus dem östlichen Brandenburg. Ausgrabungen und Funde 17, 1972, 142 ff.

Leube, Oder-Spree-Gebiet
A. Leube, Die römische Kaiserzeit im Oder-Spree-Gebiet. Veröffentlichungen des Museums für Ur- und Frühgeschichte Potsdam 9, 1975.

Leube, Demmin
A. Leube, Kaiser- und frühvölkerwanderungszeitliche Grabfunde von Demmin. Bodendenkmalpflege in Mecklenburg, Jahrbuch 1985, 153 ff.

Lindenschmit, Alterthümer
L. Lindenschmit, Die Alterthümer unserer heidnischen Vorzeit, Bd. 5 (1911).

Löbert, Hatzum
H.W. Löbert, Die Keramik der vorrömischen Eisenzeit und der römischen Kaiserzeit von Hatzum / Boomberg (Kr. Leer). Zugleich ein Beitrag zur Theorie und Methode der Bearbeitung von Siedlungskeramik. Probleme der Küstenforschung im südlichen Nordseegebiet 14, 1982, 11 ff.

Mączyńska, Chronologie
M. Mączyńska, Bemerkungen zur Chronologie und Verbreitung der Perlen in der Römischen Kaiserzeit und frühen Phase der Völkerwanderungszeit. Archeologia Polski 17, 1972, 349 ff.

Madyda-Legutko, Gürtelschnallen
R. Madyda-Legutko, Die Gürtelschnallen der Römischen Kaiserzeit und der frühen Völkerwanderungszeit im mitteleuropäischen Barbaricum. British Archaeological Reports, International Series 360 (1986).

Mangelsdorf, Havelland
G. Mangelsdorf, Spätvölkerwanderungszeitliche Funde aus dem Havelland. Ausgrabungen und Funde 20, 1975, 147 ff.

Matthes, Elbgermanen
W. Matthes, Die nördlichen Elbgermanen in spätrömischer Zeit. Mannus-Bibliothek 48 (1931).

Matthes, Prignitz
W. Matthes, Die Germanen in der Prignitz zur Zeit der Völkerwanderung im Spiegel der Urnenfelder von Dahlhausen, Kuhbier und Kyritz. Mannus-Bibliothek 49 (1931).

Meyer, Bügelknopffibel
E. Meyer, Die Bügelknopffibel. Arbeits- und Forschungsberichte zur sächsischen Bodendenkmalpflege 8, 1960, 216 ff.

Meyer, Zauschwitz
E. Meyer, Das germanische Gräberfeld von Zauschwitz, Kr. Borna. Arbeits- und Forschungsberichte zur sächsischen Bodendenkmalpflege, Beiheft 6 (1969).

Meyer, Katalog
E. Meyer, Die germanischen Bodenfunde der spätrömischen Kaiserzeit und der frühen Völkerwanderungszeit in Sachsen. I. Katalog. Arbeits- und Forschungsberichte zur sächsischen Bodendenkmalpflege, Beiheft 9 (1971).

Meyer, Sachsen
E. Meyer, Die germanischen Bodenfunde der spätrömischen Kaiserzeit und der frühen Völkerwanderungszeit in Sachsen. II. Text. Arbeits- und Forschungsberichte zur sächsischen Bodendenkmalpflege, Beiheft 11 (1976).

Mildenberger, Wiederau
G. Mildenberger, Zwei Gräber der spätrömischen Zeit von Wiederau, Kr. Borna. Arbeits- und Forschungsberichte zur sächsischen Bodendenkmalpflege 4, 1952, 409 ff.

Mildenberger, Völkerwanderungszeit
G. Mildenberger, Die germanischen Funde der Völkerwanderungszeit in Sachsen. Arbeits- und Forschungsberichte zur sächsischen Bodendenkmalpflege, Beiheft 2 (1959).

Mildenberger, Brandgräber
G. Mildenberger, Die thüringischen Brandgräber der spätrömischen Zeit. Mitteldeutsche Forschungen 60 (1970).

Mirtschin, Riesa
A. Mirtschin, Drei germanische Brandgräber aus der Umgebung von Riesa. Arbeits- und Forschungsberichte zur sächsischen Bodendenkmalpflege 4, 1952, 401 ff.

Mittelhäusser, Natur
K. Mittelhäusser, Die Natur des Landes. — H. Patze, Geschichte Niedersachsens 1 (1985) 97 ff.

Müller, Besiedlung
D.W. Müller, Die ur- und frühgeschichtliche Besiedlung des Gothaer Landes. Alt-Thüringen 17, 1980, 19 ff.

von Müller, Nitzahn
A. von Müller, Das frühkaiserzeitliche Gräberfeld von Nitzahn, Kr. Rathenow (fr. Kr. Jerichow II). Jahreschrift für Mitteldeutsche Vorgeschichte 40, 1956, 179 ff.

von Müller, Formenkreise
A. von Müller, Formenkreise der älteren römischen Kaiserzeit im Raum zwischen Havelseenplatte und Ostsee. Berliner Beiträge zur Vor- und Frühgeschichte 1 (1957).

von Müller, Fohrde
A. von Müller, Fohrde und Hohenferchesar. Zwei germanische Gräberfelder der frühen römischen Kaiserzeit aus der Mark Brandenburg. Berliner Beiträge zur Vor- und Frühgeschichte 3 (1962).

von Müller, Mark Brandenburg
A. von Müller, Völkerwanderungszeitliche Körpergräber und spätgermanische Siedlungsräume in der Mark Brandenburg. Berliner Jahrbuch für Vor- und Frühgeschichte 2, 1962, 105 ff.

Neumann, Jena-Lobeda
G. Neumann, Germanische Ackerbaugeräte des 4. bis 5. Jh. von Jena-Lobeda. Ausgrabungen und Funde 11, 1966, 260 ff.

Niewęgłowski, Goździk
A. Niewęgłowski, Two Cemeteries of the Roman Period of Goździk, Commune of Borowie, Province of Siedlce. Sprawozdania Archeologicze 35, 1983, 131 ff.

Niquet, Ausgrabungen 1955
F. Niquet, Ausgrabungen, Fundbergungen und Einzelfunde im Arbeitsbereich des Braunschw. Landesmuseums f. Geschichte und Volkstum Abt. Vorgesch., vom 1. 1. bis 31. 12. 1955. Braunschweigische Heimat 42, 1956, 156.

Niquet, Ausgrabungen 1956
F. Niquet, Ausgrabungen, Fundbergungen und Einzelfunde im Arbeitsbereich des Braunschw. Landesmuseums f. Geschichte und Volkstum Abt. Vorgesch., vom 1. 1. bis 31. 12. 1956. Braunschweigische Heimat 43, 1957, 124 f.

Niquet, Ausgrabungen 1957
F. Niquet, Ausgrabungen, Fundbergungen und Einzelfunde im Arbeitsbereich des Braunschw. Landesmuseums f. Geschichte und Volkstum Abt. Vorgesch., vom 1. 1. bis 31. 12. 1957. Braunschweigische Heimat 44, 1958, 93 f.

Niquet, Urnenfriedhof
F. Niquet, Ein Urnenfriedhof der jüngeren römischen Kaiserzeit auf dem Pfingstberge bei Helmstedt. Germania 36, 1958, 202 f.

Niquet, Braunschweig
F. Niquet, Die vor- und frühgeschichtliche Bodenforschung im Niedersächsischen Verwaltungsbezirk Braunschweig. Braunschweigisches Jahrbuch 39, 1958, 5 ff.

Niquet, Ausgrabungen 1958 — 1959
F. Niquet, Ausgrabungen, Fundbergungen und Einzelfunde im Arbeitsbereich des Braunschw. Landesmuseums f. Geschichte und Volkstum in Wolfenbüttel und d. Amtes f. vor- u. frühgesch. Bodendenkmalpfl. des nieders. Verwaltungsbezirkes Braunschweig vom 1. 1. 1958 bis 31. 12. 1959. Braunschweigische Heimat 46, 1960, 93 f.

Niquet, Bedeutsame Funde
F. Niquet, Bedeutsame Funde. Der Pfingstberg bei Helmstedt eine hervorragende prähistorische Stätte. Braunschweigische Kohlenbergwerke, Mitteilungen 3, 1960.

Niquet, Pfingstberg
F. Niquet, Urnenfeld der jüngeren Römischen Kaiserzeit auf dem Pfingstberg bei Helmstedt. Nachrichten aus Niedersachsens Urgeschichte 30, 1961, 95 ff.

Niquet, Seinstedt
F. Niquet, Probegrabung auf dem „Erbbrink" bei Seinstedt, Kreis Wolfenbüttel, einem Siedlungsplatz des ersten Jahrtausends nach Chr. Geb. Neue Ausgrabungen und Forschungen in Niedersachsen 3, 1966, 102 ff.

Niquet, Ole Hai
F. Niquet, Untersuchungen auf dem Hügelgrabfeld der nachchristlichen Eisenzeit im „Ole Hai" im Elm, Gemarkungen Lelm und Räbke, Kr. Helmstedt. Nachrichten aus Niedersachsens Urgeschichte 39, 1970, 305 ff.

Nowak und Schmidt, Altenweddingen
A. Nowak und B. Schmidt, Ein thüringisches Gräberfeld des 6. Jahrhunderts bei Altenweddingen, Kr. Wanzleben. Jahresschrift für Mitteldeutsche Vorgeschichte 50, 1966, 287 ff.

Nowothnig, Brandgräber
W. Nowothnig, Brandgräber der Völkerwanderungszeit im südlichen Niedersachsen. Göttinger Schriften zur Vor- und Frühgeschichte 4 (1964).

Pernička, Mähren
R. M. Pernička, Die Keramik der älteren römischen Kaiserzeit in Mähren. Opera universitatis Purkynianae Brunensis Facultas Philosophica 112 (1966).

Pescheck, Mainfranken
C. Pescheck, Die germanischen Bodenfunde der römischen Kaiserzeit in Mainfranken. Münchner Beiträge zur Vor-und Frühgeschichte 27 (1978).

Píč, Urnengräber
J. L. Píč, Die Urnengräber Böhmens. Bd. 3 (1907).

Pietzsch, Nachbildungen
A. Pietzsch, Nachbildungen von Knochen- und Geweihkämmen aus der römischen Kaiserzeit und der Völkerwanderungszeit. Arbeits- und Forschungsberichte zur sächsischen Bodendenkmalpflege 23, 1979, 57 ff.

Pohl, Augsburg
G. Pohl, Die spätrömischen Gräber mit Beigaben. — Die Ausgrabungen in St. Ulrich und Afra in Augsburg 1961 — 1968. Münchner Beiträge zur Vor- und Frühgeschichte 23 (1977) 437 ff.

Polónyi-Fremersdorf und Fremersdorf, Gläser
E. Polónyi-Fremersdorf und F. Fremersdorf, Die farblosen Gläser der Frühzeit in Köln. Die Denkmäler des römischen Köln 9 (1984).

von Quillfeldt und Roggenbuck, Westerwanna
I. von Quillfeldt und P. Roggenbuck, Westerwanna II. Die Urnenfriedhöfe in Niedersachsen 14 (1985).

Raddatz, Ringform
K. Raddatz, Zweck und Herkunft einer jungkaiserzeitlichen Ringform. Offa 12, 1953, 73 ff.

Raddatz, Moorfund
K. Raddatz, Der Thorsberger Moorfund. Gürtelteile und Körperschmuck. Offa-Bücher 13 (1957).

Raddatz, Funde
K. Raddatz, Einige ungewöhnliche kaiser- und völkerwanderungszeitliche Funde aus Schleswig-Holstein. Offa 17/18, 1959/61, 171 ff.

Raddatz, Äxte
K. Raddatz, Römische Äxte aus dem freien Germanien. Offa 17/18, 1959/61, 17 ff.

Raddatz, Sörup
K. Raddatz, Sörup I. Ein Gräberfeld der Eisenzeit in Angeln. Offa-Bücher 46 (1981).

Raddatz, Bewaffnung
K. Raddatz, Die Bewaffnung der Germanen vom letzten Jahrhundert v. Chr. bis zur Völkerwanderungszeit. — Aufstieg und Niedergang der römischen Welt II,12 (1985) 281 ff.

Rahmenterminologie
W. Erdmann, H. J. Kühn, H. Lüdtke, E. Ring und W. Wessel, Rahmenterminologie zur mittelalterlichen Keramik in Norddeutschland. Archäologisches Korrespondenzblatt 14, 1984, 417 ff.

Rau, Körpergräber
G. Rau, Körpergräber mit Glasbeigaben des 4. nachchristlichen Jahrhunderts im Oder-Weichsel-Raum. Acta Praehistorica et Archaeologica 3, 1972, 109 ff.

Rehbein, Brandgräberfeld
F. Rehbein, Das Brandgräberfeld der Völkerwanderungszeit in der Stühheide, Gemarkung Bülten, Kr. Peine (Eine Notgrabung). Nachrichten aus Niedersachsens Urgeschichte 40, 1971, 289 ff.

Reichart, Fundbericht
J. Reichart, Fundbericht für das Jahr 1957. Bayerische Vorgeschichtsblätter 23, 1958, 132 ff.

Roeder, Fenstergefäße
F. Roeder, Die sächsischen Fenstergefäße der Völkerwanderungszeit. Bericht der Römisch-Germanischen Kommission 18, 1928, 149 ff.

Roeren, Südwestdeutschland
R. Roeren, Zur Archäologie und Geschichte Südwestdeutschlands im 3. bis 5. Jahrhundert n. Chr. Jahrbuch des Römisch-Germanischen Zentralmuseums Mainz 7, 1960, 214 ff.

Röhrer-Ertl, Westerwanna
O. Röhrer-Ertl, Untersuchungen am Material des Urnenfriedhofes von Westerwanna, Kreis Land Hadeln. Ein Beitrag zur Typologie und Chronologie des Weser-Elbe-Mündungsgebietes in der Eisenzeit. (Phil. Diss. Hamburg 1971).

Röschmann, Schalensteine
J. Röschmann, Schalensteine. Offa 19, 1962, 133 ff.

Rösing, Leichenbrandbearbeitung
F. W. Rösing, Methoden und Aussagemöglichkeiten der anthropologischen Leichenbrandbearbeitung. Archäologie und Naturwissenschaften 1, 1977, 53 ff.

Rottländer, Methoden
R. C. Rottländer, Einführung in die naturwissenschaftlichen Methoden in der Archäologie. Archaeologica Venatoria 6 (1983).

Rybová, Přnov
A. Rybová, Das Brandgräberfeld der jüngeren römischen Kaiserzeit von Přnov. Arch. studijní materiály 9 (1970).

Rybová, Drehscheibenkeramik
A. Rybová, Die Bedeutung der mitteleuropäischen Drehscheibenkeramik für die Entwicklung Böhmens im 4. und 5. Jahrhundert u. Z. Památky Archeologické 67, 1976, 85 ff.

Rybová, Katalog
A. Rybová, Plotiště nad Labem. Eine Nekopole des 2. bis 5. Jahrhunderts u. Z. I. Teil. Památky Archeologické 70, 1979, 353 ff.

Rybová, Plotiště
A. Rybová, Plotiště nad Labem. Eine Nekopole des 2.-5. Jahrhunderts u.Z. II.Teil. Památky Archeologické 71, 1980, 93 ff.

Saggau, Katalog
H. E. Saggau, Bordesholm. Der Urnenfriedhof am Brautberg bei Bordesholm in Holstein. Teil 2. Urnenfriedhöfe Schleswig-Holsteins 7. Offa-Bücher 48 (1981).

Saggau, Bordesholm
H. E. Saggau, Bordesholm. Der Urnenfriedhof am Brautberg bei Bordesholm in Holstein. Teil 1. Urnenfriedhöfe Schleswig-Holsteins 10. Offa-Bücher 60 (1986).

Šakar, Fensterurnen
V. Šakar, Fensterurnen in Mittel- und Osteuropa. Památky Archeologické 58, 1967, 416 ff.

Schach-Dörges, Wilhelmsaue
H. Schach-Dörges, Das jungkaiserzeitliche Gräberfeld von Wilhelmsaue in Brandenburg. Berliner Beiträge zur Vor- und Frühgeschichte 13 (1969).

Schach-Dörges, Bodenfunde
H. Schach-Dörges, Die Bodenfunde des 3. bis 6. Jahrhunderts nach Chr. zwischen unterer Elbe und Oder. Offa-Bücher 23 (1970).

Schack, Kremmin
K. Schack, Ein spätkaiserzeitliches Urnenfeld von Kremmin, Kr. Ludwigslust (Vorbericht). Informationen des Bezirksarbeitskreises für Ur- und Frühgeschichte Schwerin 16, 1976, 24 ff.

Schirnig, Bevensen
H. Schirnig, Ausgrabungen eines Buckelgräberfeldes in Bevensen, Kr. Uelzen. Nachrichten aus Niedersachsens Urgeschichte 39, 1970, 265 f.

Schirnig, Reden
H. Schirnig, Ein Siedlungsplatz der Römischen Kaiserzeit in Reden, Ldkr. Hannover. Nachrichten aus Niedersachsens Urgeschichte 40, 1971, 275.

Schirnig, Uelzen
H. Schirnig, Funde und Fundstellen um Uelzen. Nachrichten aus Niedersachsens Urgeschichte 40, 1971, 28 ff.

Schlette, Gübs
F. Schlette, Ein Beitrag zur Besiedlung der Elbaue von Gübs, Kr. Burg. Jahresschrift für Mitteldeutsche Vorgeschichte 35, 1951, 80 ff.

Schlüter, Harkenbleck
W. Schlüter, Ein Siedlungsplatz der römischen Kaiserzeit und der Völkerwanderungszeit in Harkenbleck, Lkr. Hannover. Nachrichten aus Niedersachsens Urgeschichte 43, 1974, 143 ff.

Schlüter, Haßleben-Leuna
W. Schlüter, Versuch einer sozialen Differenzierung der jungkaiserzeitlichen Körpergräbergruppe von Haßleben-Leuna anhand einer Analyse der Grabfunde. Neue Ausgrabungen und Forschungen in Niedersachsen 6, 1970, 117 ff.

Schmid, Kammfunde
P. Schmid, Die Kammfunde der Feddersen Wierde. Die Kunde N.F. 25, 1974, 145 ff.

Schmid, Stempelgerät
P. Schmid, Ein Stempelgerät aus der Wurtensiedlung Feddersen Wierde, Kr. Cuxhaven. — Beiträge zur Archäologie Nordwestdeutschlands und Mitteleuropas. Materialhefte zur Ur- und Frühgeschichte Niedersachsens 16 (1980) 331 ff.

Schmidt, Schönebeck
B. Schmidt, Ein Reihengräberfeld des 6. Jahrhunders bei Schönebeck (Elbe). Jahresschrift für Mitteldeutsche Vorgeschichte 37, 1953, 281 ff.

Schmidt, Nordharzvorland
B. Schmidt, Zur späten Völkerwanderungszeit im Nordharzvorland. Ausgrabungen und Funde 4, 1959, 33 ff.

Schmidt, Großbadegast
B. Schmidt, Ein Urnengräberfeld der spätrömischen Kaiserzeit bei Großbadegast, Kr. Köthen. Jahreschrift für Mitteldeutsche Vorgeschichte 44, 1960, 252 ff.

Schmidt, Völkerwanderungszeit
B. Schmidt, Die späte Völkerwanderungszeit in Mitteldeutschland. Veröffentlichungen des Landesmuseums für Vorgeschichte in Halle 18 (1961).

Schmidt, Räpitz
B. Schmidt, Völkerwanderungszeitliche Funde von Räpitz, Kreis Leipzig. Arbeits- und Forschungsberichte zur sächsischen Bodendenkmalpflege 10, 1962, 243 ff.

Schmidt, Butzow
B. Schmidt, Das spätkaiserzeitlich-frühvölkerwanderungszeitliche Brandgräberfeld von Butzow, Kr. Brandenburg-Land. I. Teil. Veröffentlichungen des Museums für Ur- und Frühgeschichte Potsdam 2, 1963, 68 ff.

Schmidt, Beiträge
B. Schmidt, Beiträge zur spätrömischen Kaiserzeit und Völkerwanderungszeit im Nordharzvorland. Wissenschaftliche Zeitschrift der Martin-Luther-Universität Halle-Wittenberg 13 Heft 11/12, 1964, 813 ff.

Schmidt, Artern
B. Schmidt, Körpergräber der spätrömischen Kaiserzeit aus den Kreisen Erfurt und Artern. Alt-Thüringen 7, 1964/65, 280 ff.

Schmidt, Oberwerschen
B. Schmidt, Opferplatz und Gräberfeld des 6. Jahrhunderts bei Oberwerschen, Kreis Hohenmölsen. Jahresschrift für Mitteldeutsche Vorgeschichte 50, 1966, 275 ff.

Schmidt, Südteil
B. Schmidt, Die späte Völkerwanderungszeit in Mitteldeutschland. Katalog (Südteil). Veröffentlichungen des Landesmuseums für Vorgeschichte in Halle 25 (1970).

B. Schmidt, Burger Gruppe
B. Schmidt, Die Burger Gruppe der spätrömischen Kaiserzeit und frühen Völkerwanderungszeit. Ausgrabungen und Funde 15, 1970, 41 ff.

Schmidt, Spätphase
B. Schmidt, Die Spätphase der Haßlebener Gruppe. Ausgrabungen und Funde 19, 1974, 19 ff.

Schmidt, Nord- und Ostteil
B. Schmidt, Die späte Völkerwanderungszeit in Mitteldeutschland (Katalog Nord- und Ostteil). Veröffentlichungen des Landesmuseums für Vorgeschichte in Halle 29 (1976).

Schmidt, Mittelelbe- und Saalegebiet
B. Schmidt, Zur kulturellen Gliederung des Mittelelbe- und Saalegebietes während der spätrömischen Kaiserzeit und der frühen Völkerwanderungszeit. Prace Archeologiczne 22, 1976, 341 ff.

Schmidt, Sachsenfrage
B. Schmidt, Zur Sachsenfrage im Unstrut-Saale-Gebiet und im Nordharzvorland. Studien zur Sachsenforschung 2, 1980, 423 ff.

Schmidt, Frühgeschichtsforschung
B. Schmidt, Stand und Aufgaben der Frühgeschichtsforschung im Mittelelbe-Saale-Gebiet. Jahresschrift für Mitteldeutsche Vorgeschichte 65, 1982, 145 ff.

Schmidt, Merseburg-Süd
B. Schmidt, Hermunduren — Warnen — Thüringer. Zur Geschichte des 3. bis 5. Jh. im Saalegebiet anhand des birituellen Gräberfeldes von Merseburg-Süd. Jahresschrift für Mitteldeutsche Vorgeschichte 65, 1982, 173.

Schmidt, Drehscheibenkeramik
B. Schmidt, Drehscheibenkeramik der spätrömischen Kaiserzeit und frühen Völkerwanderungszeit im Mittelelbe-Saale-Gebiet. — Römerzeitliche Drehscheibenware im Barbarikum. Weimarer Monographien zur Ur- und Frühgeschichte 11 (1984) 21 ff.

Schmidt, Wulfen
B. Schmidt, Körpergräber eines birituellen Gräberfeldes der spätrömischen Kaiserzeit und frühen Völkerwanderungszeit bei Wulfen, Kr. Köthen. Jahresschrift für Mitteldeutsche Vorgeschichte 68, 1985, 279 ff.

Schmidt-Albrecht, Schlotheim
B. Schmidt u. H. Albrecht, Ein münzdatiertes Grab der spätrömischen Kaiserzeit von Schlotheim, Kr. Mühlhausen. Alt-Thüringen 9, 1967, 184 ff.

V. Schmidt, Friedland
V. Schmidt, Das völkerwanderungszeitliche Brandgräberfeld von Friedland, Kreis Neubrandenburg. Bodendenkmalpflege in Mecklenburg, Jahrbuch 32, 1984, 281.

V. Schmidt, Weitere Bestattungen
V. Schmidt, Weitere Bestattungen vom spätgermanischen Gräberfeld bei Friedland, Kreis Neubrandenburg. Bodendenkmalpflege in Mecklenburg, Jahrbuch 34, 1986, 205 ff.

Schmidt-Thielbeer,Wahlitz
E. Schmidt-Thielbeer, Das Gräberfeld von Wahlitz, Kr. Burg. Ein Beitrag zur frühen römischen Kaiserzeit im nördlichen Mitteldeutschland. Veröffentlichungen des Landesmuseums für Vorgeschichte in Halle 22 (1967).

Schmidt-Thielbeer, Besiedlung
E. Schmidt-Thielbeer, Die Besiedlung der Landschaft östlich Magdeburgs von der Bronzezeit bis zum Beginn der Frühgeschichte. Jahresschrift für Mitteldeutsche Vorgeschichte 54, 1970, 169 ff.

Schmidt-Thielbeer, Großweißandt
E. Schmidt-Thielbeer, Ein frühvölkerwanderungszeitliches Gräberfeld der Niemberger Gruppe in Großweißandt, Kr. Köthen. Ausgrabungen und Funde 30, 1985, 186 ff.

Schneider, Deersheim
J. Schneider, Deersheim. Ein völkerwanderungszeitliches Gräberfeld im Nordharzvorland. Jahresschrift für Mitteldeutsche Vorgeschichte 66, 1983, 75 ff.

Schneider, Untersuchungen
W. Schneider, Erläuterungen zu mineralogisch-petrographischen Untersuchungen an Keramikscherben aus dem 3. und 4. Jahrhundert n. Chr. von Seinstedt, Gielde und Haverlah. Neue Ausgrabungen und Forschungen in Niedersachsen 9, 1975, 195 ff.

Schnellenkamp, Erfurt
W. Schnellenkamp, Haßlebener Gräberfunde in Erfurt. Mannus 32, 1940, 259 ff.

von Schnurbein, Regensburg
S. von Schnurbein, Das römische Gräberfeld von Regensburg. Materialhefte zur bayerischen Vorgeschichte, Reihe A,31 (1977).

Schoppa, Wiesbaden-Erbenheim
H. Schoppa, Römische Siedlungsspuren bei Wiesbaden-Erbenheim. Nassauische Heimatblätter 48, 1958, 19 ff.

Schuldt, Pritzier
E. Schuldt, Pritzier. Ein Urnenfriedhof der späten römischen Kaiserzeit in Mecklenburg. Deutsche Akademie der Wissenschaften zu Berlin, Schriften der Sektion für Ur- und Frühgeschichte 4 (1955).

Schuldt, Wischuer
E. Schuldt, Das spätgermanische Grabfeld von Wischuer, Kreis Bad Doberan. Bodendenkmalpflege in Mecklenburg, Jahrbuch 1963, 185 ff.

Schuldt, Sondierungen
E. Schuldt, Sondierungen auf dem Friefhof der spätrömischen Kaiserzeit von Häven, Kreis Sternberg. Bodendenkmalpflege in Mecklenburg, Jahrbuch 1972, 213 ff.

Schuldt, Runow
E. Schuldt, Ein Urnenfriefhof der spätrömischen Zeit von Runow, Kreis Schwerin. Bodendenkmalpflege in Mecklenburg, Jahrbuch 1973, 207 ff.

Schuldt, Häven
E. Schuldt, Ein weiterer germanischer Bestattungsplatz bei Häven, Kr. Sternberg. Bodendenkmalpflege in Mecklenburg, Jahrbuch 1976, 117 ff.

Schuldt, Perdöhl
E. Schuldt, Perdöhl. Ein Urnenfriedhof der späten Kaiserzeit und der Völkerwanderungszeit in Mecklenburg. Beiträge zur Ur- und Frühgeschichte der Bezirke Rostock, Schwerin und Neubrandenburg 9 (1976).

Schultze, Zedau
E. Schultze, Das spätkaiserzeitliche Gräberfeld von Zedau, Kr. Osterburg. Jahresschrift für Mitteldeutsche Vorgeschichte 71, 1988, 125 ff.

Schulz, Niemberg
W. Schulz, Die Fibeln des Begräbnisplatzes von Niemberg, Saalkreis (IV. Jahrh. n. Chr.). Mannus 16, 1924, 99 ff.

Schulz, Beziehungen
W. Schulz, Mitteldeutsch-südwestdeutsche Beziehungen in der spätrömischen Germanenkultur. — Schumacher-Festschrift (1930) 319 ff.

Schulz, Ost-und Elbgermanen
W. Schulz, Ost- und Elbgermanen in spätrömischer Zeit in den Ostkreisen der Provinz Sachsen. Jahresschrift für Mitteldeutsche Vorgeschichte 19, 1931, 62 ff.

Schulz, Haßleben
W. Schulz, Das Fürstengrab und das Gräberfeld von Haßleben. Römisch-Germanische Forschungen 7 (1933).

Schulz, Merseburg
W. Schulz, Zwei Bestattungsplätze bei Merseburg. Jahresschrift für Mitteldeutsche Vorgeschichte 34, 1950, 154 ff.

Schulz, Emersleben
W. Schulz, Die Grabfunde des 4. Jahrhunderts von Emersleben bei Halberstadt. Jahresschrift für Mitteldeutsche Vorgeschichte 36, 1952, 102 ff.

Schulz, Leuna
W. Schulz, Leuna. Ein germanischer Bestattungsplatz der spätrömischen Kaiserzeit. Schriften der Sektion für Vor- und Frühgeschichte 1 (1953).

Schulze, Armbrustfibeln
M. Schulze, Die spätkaiserzeitlichen Armbrustfibeln mit festem Nadelhalter. Antiquitas Reihe 3,19 (1977).

Schulze, Glasperlen
M. Schulze, Zur Interpretation spätkaiserzeitlicher Glasperlen. Archäologisches Korrespondenzblatt 8, 1978, 51 ff.

Schwarz, Regensburg
K. Schwarz, Das spätmerowingerzeitliche Grab des Heiligen Bischofs Erhard im Niedermünster zu Regensburg. — Ausgrabungen in Deutschland 2 (1975) 129 ff.

Seemann, Gielde
H. Seemann, Die Keramik der Römischen Kaiserzeit und der Merowingerzeit der Siedlung am Hetelberg bei Gielde, Kreis Goslar. Neue Ausgrabungen und Forschungen in Niedersachsen 9, 1975, 59 ff.

Seyer, Besiedlung
R. Seyer, Zur Besiedlung Berlins in der Kaiser- und Völkerwanderungszeit. Zeitschrift für Archäologie 17, 1983, 195 ff.

Sommer, Gürtel
M. Sommer, Die Gürtel und Gürtelbeschläge des 4. und 5. Jahrhunderts im römischen Reich. Bonner Hefte zur Vorgeschichte 22 (1984).

Spantig, Sude-Niederung
S. Spantig, Die römische Kaiserzeit und die Völkerwanderungszeit an der rechten Sude-Niederung. Informationen des Bezirksarbeitskreises für Ur- und Frühgeschichte Schwerin 18, 1978, 35 ff.

Spantig, Pätow
S. Spantig, Der Urnenfriedhof der spätrömischen Kaiserzeit von Pätow, Kreis Hagenow. Informationen des Bezirksarbeitskreises für Ur- und Frühgeschichte Schwerin 21, 1981, 38 ff.

Spantig, Gramnitz
S. Spantig, Der Urnenfriedhof der spätrömischen Kaiserzeit und Völkerwanderungszeit von Gramnitz, Kreis Hagenow. Informationen des Bezirksarbeitskreises für Ur- und Frühgeschichte Schwerin 24, 1984, 44 ff.

Stahlhofen, Loitsche
H. Stahlhofen, Ur- und frühgeschichtliche Brandgräber auf dem Roten Berg bei Loitsche, Kr. Wolmirstedt. Jahresheft des Kreismuseums Wolmirstedt 3, 1977, 43 ff.

Stahlhofen, Urnenharz
H. Stahlhofen, Urnenharz — Relikt der Bestattungszeremonie oder kultbedingte Beigabe. Interessante Untersuchungsbefunde an Leichenbränden vom Urnengräberfeld Loitsche, Kr. Wolmirstedt. Jahresheft des Kreismuseums Wolmirstedt 5, 1979, 20 ff.

Stahlhofen, Haldensleben
H. Stahlhofen, Ein Brandgräberfeld im westlichen Randgebiet der Burger Gruppe bei Haldensleben. Vorbericht. Ausgrabungen und Funde 25, 1980, 199 ff.

Stawiarska, Paciorki
T. Stawiarska, Paciorki szklane z obszaru Polski Północnej w okresie wpływów rzymskich. Biblioteka Archeologiczna 28 (1985).

Steuer, Sozialstrukturen
H. Steuer, Frühgeschichtliche Sozialstrukturen in Mitteleuropa. Abhandlungen der Akademie der Wissenschaften in Göttingen, Philologisch-Historische Klasse, 3. Folge, Nr. 128 (1982).

Stimming, Harz
R. Stimming, Das Vorkommen von Harz in der prähistorischen Zeit und seine Verwendungsweise in der Mark Brandenburg. Prähistorische Zeitschrift 6, 1914, 192 f.

Stjernquist, Simris
B. Stjernquist, Simris, on cultural connections of Scandia in the roman iron age (1955).

Svoboda, Bayern
B. Svoboda, Zum Verhältnis frühgeschichtlicher Funde des 4. und 5. Jahrhunderts aus Bayern und Böhmen. Bayerische Vorgeschichtsblätter 28, 1963, 97 ff.

Svoboda, Völkerwanderungszeit
B. Svoboda, Böhmen in der Völkerwanderungszeit. Monumenta Archaeologica 13 (1965).

Svoboda, Mitteleuropa
B. Svoboda, Zu Problemen des 5. Jahrhunderts in Mitteleuropa. Arbeits- und Forschungsberichte zur sächsischen Bodendenkmalpflege 16/17, 1967, 327 ff.

Szydłowski, Brandbestattung
J. Szydłowski, Zum Problem der Brandbestattung in der Przeworsk-Kultur. Zeitschrift für Archäologie 9, 1975, 65 ff.

Tejral, Mähren
J. Tejral, Die Probleme der späten römischen Kaiserzeit in Mähren. Studie Archeologického Ustavu Československé Akademie věd v Brně 3,2 (1975).

Tejral, Drehscheibenkeramik
J. Tejral, Spätrömische und völkerwanderungszeitliche Drehscheibenkeramik in Mähren. Archaeologia Austriaca 69, 1985, 105 ff.

Tempelmann-Mączyńska, Perlen
M. Tempelmann-Mączyńska, Die Perlen der römischen Kaiserzeit und der frühen Phasen der Völkerwanderungszeit im mitteleuropäischen Barbaricum. Römisch-Germanische Forschungen 43 (1985).

Thaerigen, Nordharzgruppe
Thaerigen, Die Nordharzgruppe der Elbgermanen bis zur sächsischen Überlagerung. Ahnenerbe, Reihe B,2 (1939).

Thomas, Kämme
S. Thomas, Studien zu den germanischen Kämmen der römischen Kaiserzeit. Arbeits- und Forschungsberichte zur sächsischen Bodendenkmalpflege 8, 1960, 54 ff.

Thomas, Scheibenfibeln
S. Thomas, Die germanischen Scheibenfibeln der Römischen Kaiserzeit im freien Germanien. Berliner Jahrbuch für Vor- und Frühgeschichte 7, 1967, 1 ff.

Tischler, Altertümer
O. Tischler, Ostpreußische Altertümer aus der Zeit der großen Gräberfelder nach Christi Geburt (1902).

Träger, Stempelverzierung
A. Träger, Die Verbreitung der Stempelverzierung auf der Keramik des 5. bis 8. Jahrhunderts zwischen Oder/Neiße und Weser. Arbeits- und Forschungsberichte zur sächsischen Bodendenkmalpflege 29, 1985, 159 ff.

Trňáčková, Šaratice
Z. Trňáčková, Das Brandgräberfeld aus der späteren Kaiserzeit in Šaratice. Památky Archeologické 51, 1960, 561 ff.

Ulbricht, Geweihverarbeitung
I. Ulbricht, Die Geweihverarbeitung in Haithabu. Die Ausgrabungen in Haithabu 7 (1978).

von Uslar, Drehscheibenkeramik
R. von Uslar, Zur spätkaiserzeitlichen Drehscheibenkeramik im West- und Mitteldeutschland. Germania 18, 1935, 249 ff.

von Uslar, Bodenfunde
R. von Uslar, Westgermanische Bodenfunde des ersten bis dritten Jahrhunderts nach Christus aus Mittel- und Westdeutschland. Germanische Denkmäler der Frühzeit 3 (1938).

von Uslar, Fundkarte
R. von Uslar, Zu einer Fundkarte der jüngeren Kaiserzeit in der westlichen Germania libera. Prähistorische Zeitschrift 52, 1977, 121 ff.

Vencl, Kamm
S. Vencl, Der Kamm: Ein Beispiel für die Instabilität einer archäologischen Aussage bei einem kontinuierlich bestehenden Phänomen. Archäologisches Korrespondenzblatt 13, 1983, 179 ff.

Voelkel, Lüchow-Dannenberg
G. Voelkel, Ein römischer Importfund im Kreise Lüchow-Dannenberg. Die Kunde N.F. 9, 1958, 95 f.

Voigt, Listerfehrda
Th. Voigt, Eine reliefartig verzierte Fußschale aus der mittleren römischen Kaiserzeit von Listerfehrda, Kr. Jessen. Ausgrabungen und Funde 4, 1959, 31 ff.

Vorschläge zur systematischen Beschreibung von Keramik
J. Kunow, J. Giesler, M. Gechter, W. Gaitzsch, A.B. Follmann-Schulz und D. von Brandt, Vorschläge zur systematischen Beschreibung von Keramik. Kunst und Altertum am Rhein. Führer des Rheinischen Landesmuseums Bonn 124 (1986).

Voss, Nettlingen
K. L. Voss, Ein Grabhügelfriedhof der jüngeren Kaiserzeit im Stobenholz bei Nettlingen, Kreis Hildesheim-Marienburg. Nachrichten aus Niedersachsens Urgeschichte 31, 1962, 147 ff.

Voss und Stimming, Alterthümer
A. Voss und G. Stimming, Vorgeschichtliche Alterthümer aus der Mark Brandenburg (1887).

Vossen, Klassifikationsprobleme
R. Vossen, Klassifikationsprobleme und Klassifikationssysteme in der Amerikanischen Archäologie. Acta Praehistorica et Archaelogica 1, 1970, 29 ff.

Waller, Galgenberg
K. Waller, Der Galgenberg bei Cuxhaven. Hamburger Schriften zur Vorgeschichte und Germanischen Frühgeschichte 1 (1938).

Waller, Altenwalde
K. Waller, Das Gräberfeld von Altenwalde Kreis Land Hadeln. 5. Beiheft zum Atlas der Urgeschichte (1957).

Waller, Hemmoor
K. Waller, Die Gräberfelder von Hemmoor, Quelkhorn, Gudendorf und Duhnen-Wehrberg in Niedersachsen. 8. Beihelft zum Atlas der Urgeschichte (1959).

Waller, Wehden
K. Waller, Der Urnenfriedhof in Wehden. Die Urnenfriedhöfe in Niedersachsen 4 (1961).

Wamser, Zeuzleben
L. Wamser, Eine thüringisch-fränkische Adels- und Gefolgschaftsgrablege des 6./7. Jahrhunderts bei Zeuzleben. Wegweiser zu vor- und frühgeschichtlichen Stätten Mainfrankens 5 (1984).

Wegewitz, Harburg
W. Wegewitz, Stand der Sachsenforschung im Kreise Harburg. Die Kunde N.F. 11, 1960, 28 ff.

Wegner, Mahlstedt
G. Wegner, Eine Siedlung der römischen Kaiserzeit und Völkerwanderungszeit in Mahlstedt, Gem. Winkelsett, Ldkr. Oldenburg. Archäologische Mitteilungen in Nordwestdeutschland 4, 1981, 43 ff.

Wendorff, Gielde
C. Wendorff, Die Kleinfunde der Siedlungen ,,Hetelberg'' und ,,Kaiserstein'' bei Gielde, Kreis Wolfenbüttel. Neue Ausgrabungen und Forschungen in Niedersachsen 15, 1982, 59 ff.

Werner, Grabfunde
J. Werner, Münzdatierte austrasische Grabfunde. Germanische Denkmäler der Völkerwanderungszeit 3 (1935).

Werner, Böckingen
J. Werner, Ein frühalamannischer Grabfund von Böckingen, Württemberg. Germania 22, 1938, 114 ff.

Werner, Langobarden
J. Werner, Die Langobarden in Pannonien. Bayerische Akademie der Wissenschaften, Philologisch-Historische Klasse, Abhandlungen N.F. 55 (1962).

Wetzel, Gießmannsdorf
I. Wetzel, Die spätkaiserzeitlichen und frühvölkerwanderungszeitlichen Gräber von Gießmannsdorf, Kr. Luckau. Veröffentlichungen des Museums für Ur- und Frühgeschichte Potsdam 21, 1987, 183 ff.

Worbs, Zethlingen
R. Worbs, Zethlingen — ein Brandgräberfeld der spätrömischen Kaiserzeit aus der Altmark. Wissenschaftliche Beiträge der Martin-Luther-Universität Halle-Wittenberg 12 (1979).

Worbs und Leineweber, Siedlungsfunde
R. Worbs und B. Leineweber, Siedlungsfunde der römischen Kaiserzeit von Zethlingen, Kr. Kalbe/M. Ausgrabungen und Funde 26, 1981, 185 ff.

Zedelius, Drehscheibenkeramik
V. Zedelius, Hannoversche Drehscheibenkeramik. Studien zur Sachsenforschung 1977, 445 ff.

Zeman, Mochov
J. Zeman, Das völkerwanderungszeitliche Gräberfeld in Mochov. Památky Archeologické 49, 1958, 423 ff.

Zeman, Mähren
J. Zeman, Nordmähren in der jüngeren Römischen Kaiserzeit (1961).

Ziegel, Thüringe
K. Ziegel, Die Thüringe der späten Völkerwanderungszeit im Gebiet östlich der Saale. Jahresschrift für die Sächsisch-Thüringischen Länder 31, 1939.

Zimmer-Linnfeld, Westerwanna
K. Zimmer-Linnfeld, Westerwanna I. 9. Beiheft zum Atlas der Urgeschichte (1960).

Zoller, Ammerland
D. Zoller, Kaiserzeitliche Siedlungen im Ammerland. Die Kunde N.F. 9, 1958, 209 ff.

Katalog

Vorbemerkungen zum Katalog

Die Funde des Pfingstberger Gräberfeldes werden nicht in der Reihenfolge ihrer Auffindung vorgelegt, da zum einen bei vielen Altfunden die Fundzeit nicht bekannt ist und zum anderen die Grabnummern der Grabung Niquet mit der laufenden Numerierung übereinstimmen sollten. So beginnt der Katalog mit den Gräbern 1 — 743 der Grabungen 1956 bis 1960.

Angeschlossen werden Funde, die aus diesen Grabungen stammen, von Niquet aber nicht als Gräber angesprochen und daher nicht numeriert worden sind: die Funde der Nummern 744 — 754 sind im Umfeld numerierter Urnen geborgen worden. Die Funde der Nummern 755 — 802 stammen aus den einzelnen Grabungsabschnitten, sie sind nach Fundjahren sortiert. Es wurden aus einer großen Anzahl von Scherben nur diejenigen aufgenommen, bei denen sichergestellt werden konnte, daß sie nicht zu einer der „743" Urnen gehören bzw. die Scherben aus Komplexen mit Leichenbrand oder Beigaben. Die Funde 803 — 804 sind der Grabung Niquets, nicht aber einem bestimmten Komplex oder einer Fundstelle zuzuordnen.

Unter den Nummern 805 — 885 sind die 81 Gräber aufgeführt, die Thaerigen ausgegraben und publiziert hat; im Anschluß (886 — 904) finden sich die Funde, die entweder bei Thaerigen abgebildet oder die heute noch vorhanden sind, sich aber nicht einem bestimmten Grab zuweisen lassen, da die Originalfunde nicht beschriftet wurden und Thaerigen im Abbildungsverzeichnis die entsprechende Grabnummer meist nicht angegeben hat.

Unter den Nummern 905 — 953 sind sämtliche nachweisbare Altfunde aufgeführt. Ein Teil ist von Thaerigen veröffentlicht worden, ein Teil stammt aus einem Skizzenbuch. Es sind also auch heute verlorene Funde aufgenommen worden.

Im Katalogtext wird zunächst die laufende Nummer angegeben, sie wird im Text- und Tafelteil verwendet. Es folgt die ursprüngliche Bezeichnung der Funde. Soweit die Funde auf dem Gräberfeld genau zu lokalisieren sind, werden Koordinaten (z.B. 41,10/47,50) — zunächst der Rechts- dann der Hochwert — aufgeführt. Sofern Angaben von Niquet über die Grabtiefe oder besondere Beobachtungen zu den einzelnen Gräbern ins Grabungstagebuch eingetragen worden sind, werden sie — mitunter mit geringen Veränderungen — übernommen. Wurden Aufzeichnungen beim Entleeren der Urne gemacht, so findet sich im Katalog ein Hinweis. Bei heute verlorenen Funden sind die Angaben aus dem Skizzenbuch bzw. der Publikation Thaerigens wörtlich wiedergegeben worden.

Die Funde eines Komplexes sind fortlaufend numeriert — soweit nötig, stehen diese Nummern auch im Tafelteil neben der jeweiligen Abbildung. Bei der Keramik wird die Gefäßform und wenn möglich der Typ bestimmt, bzw. das Vorhandene beschrieben, wenn eine genaue Bestimmung nicht mehr möglich ist. Zur Verzierung werden nur ergänzende Angaben gemacht. Es folgt die Beschreibung des Erhaltungszustandes. Da die Untersuchung der Farbe — es wurde die Farbe der Außen- und Innenseite sowie im Bruch festgestellt — bei der handgemachten Keramik keine weiterführenden Ergebnisse gebracht hat, wird hier auf die Angabe verzichtet. Die Oberflächenbearbeitung wird in der Regel nur für die Außenseite vermerkt. Lediglich bei Kümpfen wird auch die Oberfläche der Innenseite erwähnt. Angegeben werden die Korngröße der Magerung sowie die wichtigsten Maße (Höhe, Breite, Rand- und Bodendurchmesser). Darüber hinaus wird die Ausführung beschrieben. Ist die Keramik auf der Drehscheibe hergestellt und fehlen Abnutzungsspuren, wird das ebenfalls vermerkt.

In Einzelfällen werden Funde oder Befunde in Anmerkungen erläutert.

Als Abkürzungen werden verwendet:

Anm.	Anmerkung
Bdm.	Bodendurchmesser
Br.	Breite
D.	Dicke
Dm.	Durchmesser
erh.	erhalten
H.	Höhe
L.	Länge
o. Abb.	ohne Abbildung
Rdm.	Randdurchmesser
rek.	rekonstruiert
St.	Stärke
Var.	Variante
WS	Wandstärke.

Um das umfangreiche Material in Abbildungen vorlegen zu können, war bei der zeichnerischen Wiedergabe eine gewisse Vereinfachung und Schematisierung erforderlich. Unregelmäßigkeiten in Form und Verzierung sind nur in Einzelfällen dargestellt worden — Angaben zur Ausführung sind jedoch dem Katalogtext zu entnehmen. Wenn einzelne Gegenstände nicht abgebildet sind, ist das im Katalog vermerkt. Urnenharz und kleinste Eisenteilchen sind jedoch grundsätzlich nicht abgebildet worden. Keramik ist im Maßstab 1:3, die Beigaben sind im Maßstab 2:3 abgebildet. Dieser Maßstab gilt auch für die aus der Publikation von Thaerigen übernommenen Photos und Zeichnungen (Taf. 101,826:1; 102,838; 105,861:2; 107,886 — 891; 108,901 — 902; 110,937.939; 111,941.943 — 944.947 — 948).

Die Zeichnungen wurden nach Vorlagen der Verfasserin von S. Wiese und W. Peikert, beide Wolfenbüttel, sowie von der Verfasserin selbst erstellt. Die Photos der Tafeln 112 — 114 wurden von I. Döring, Wolfenbüttel angefertigt, ebenso die Abzüge der alten Museumsphotographien auf den Tafeln 100 — 107. Der Gesamtplan und die Karten 2 und 4 wurden von W. Peikert gezeichnet. Die Beschriftung der Tafeln 1 — 114 sowie die Vorbereitung der Textabbildungen übernahm B. Niemann, Wolfenbüttel. Den Genannten sei an dieser Stelle für ihre Hilfe gedankt.

Die Funde des Pfingstberger Gräberfeldes befinden sich, soweit nicht anders angegeben, im Braunschweigischen Landesmuseum, Abteilung Ur- und Frühgeschichte in Wolfenbüttel.

Funde der Grabungen 1956 — 1960

1 Grab 1 (Taf. 1)

(41,10/47,50)

Tiefe 0,20 m; etwas höher einzelne Scherben und Leichenbrand.

1. **Schalenurne** Typ 7: Gefäß mit geradem, absatzlos in die konische Schulter übergehendem Hals; Variante und Maße nicht mehr zu ermitteln; wenige Scherben erhalten; außen poliert; Korngröße sehr fein; rekonstruiert.
2. 1 Fragment eines **Dreilagenkammes** (?); Form nicht mehr zu ermitteln (o. Abb.).
3. 70 g **Leichenbrand**.
4. 2 **Tierknochen**.

Inv.-Nr. 56:40

2 Grab 2 (Taf. 1)

(36,50/51,30)

Tiefe 0,20 m; Scherben auf einer Fläche von 0,20 x 0,20 m.

1. 1 **Scherbe**; außen poliert; Korngröße sehr fein.
2. 3 g **Leichenbrand**.

Inv.-Nr. 56:41

3 Grab 3 (Taf. 1)

(38,80/51,20)

Tiefe 0,20 m; bis 7 cm wenig Leichenbrand, ab 7 cm starker Leichenbrand.

1. **Schalenurne** Typ 1, Var. a: Gefäß mit konischem Hals, abgesetzter, gewölbter Schulter und rundem Umbruch; an Rand und Hals ergänzt; außen poliert; Korngröße fein; sorgfältig gearbeitet; H. 13,3 cm, Br. 20,6 cm, Rdm. 16,6 cm, Bdm. 8,9 cm.
2. 6 Fragmente eines **Dreilagenkammes** mit dreieckigen Griffplatten und Kreisaugenverzierung.
3. 2 Bruchstücke **Urnenharz**.
4. **Holzkohle**.
5. 220 g **Leichenbrand**.

Inv.-Nr. 56:42

4 Grab 4 (Taf. 1)

(40,50/51,65)

Tiefe 0,25 m.

1. **Schalenurne**; Typ nicht mehr zu ermitteln; Unterteil mit Teilen der Schulter erhalten; insgesamt mit zwei bogenförmigen Leisten verziert; außen poliert; Korngröße fein; Verzierung sorgfältig; ohne Abnutzungsspuren; Br. 19,3 cm, Bdm. 7,3 cm.
2. 10 Fragmente eines **Dreilagenkammes**; Form nicht mehr zu ermitteln (o. Abb.).
3. **Bronzenagel** mit sechskantigem Kopf; aus Bronzeblech hergestellt; L. 2,9 cm, Dm. des Kopfes 1,5 cm.
4. **Holzkohle**.
5. 75 g **Leichenbrand**.

Inv. Nr. 56:43

5 Grab 5 (Taf. 1)

(32,05/41,50)

1. **Schalenurne**; Typ nicht mehr zu ermitteln; etwa die Hälfte des Bodens mit Teilen der aufgehenden Wandung bis zum Umbruch erhalten; mit 3 Gruppen (ursprünglich 4?) aus jeweils 3 Kannelurelementen verziert; außen poliert; Korngröße mittel; gleichmäßig gearbeitet; Bdm. ca. 6,5 cm; rekonstruiert.
2. 1 **Scherbe**; außen glänzend poliert; Korngröße fein.
3. 1 Fragment eines **Dreilagenkammes**; Form nicht mehr zu ermitteln; Zähne einseitig von vorn eingesägt.

Inv.-Nr. 56:44

6 Grab 6 (Taf. 1)

(30,85/41,60)

1. **Schalenurne** Typ 19, Var. b: Gefäß mit profiliertem Oberteil; nur wenige **Scherben** erhalten; außen geglättet; Korngröße mittel; sorgfältig gearbeitet; Br. ca. 22 cm, Bdm. ca. 9 cm; rekonstruiert.
2. 5 Fragmente eines **Dreilagenkammes** mit Eisennieten; Form nicht mehr zu ermitteln (o. Abb.).
3. 440 g **Leichenbrand**.

Inv.-Nr. 56:45

7 Grab 7 (Taf. 1)

(25,20/44,50)

Tiefe 0,30 m.

1. **Schalenurne** Typ 6, Var. b: Gefäß mit geradem Hals und abgesetzter konischer Schulter; ca. die Hälfte des Randes ergänzt; außen poliert; Korngröße fein; kleine Unregelmäßigkeiten in Form und Verzierung, Überarbeitung sorgfältig; H. 8,6 cm. Br. 12,2 cm, Rdm. ca. 11,3 cm, Bdm. ca. 5,5 cm.
2. 1 **Scherbe**; außen poliert; Korngröße fein; Datierung fraglich (o. Abb.).
3. 13 Fragmente eines **Dreilagenkammes**; Form nicht mehr zu ermitteln.
4. 1 Stück **Urnenharz**.
5. Ca. 20 g **Leichenbrand**.

Inv.-Nr. 56:46

8 Grab 8 (Taf. 1)

(25,40/45,85)

Tiefe 0,25 m; Leichenbrand ab Umbruchhöhe.

1. **Schalenurne** Typ 4, Var. a: Gefäß mit geradem bis schwach trichterförmigem Hals, abgesetzter gewölbter Schulter und kantigem Umbruch; vor allem am Rand ergänzt; außen poliert; Korngröße mittel; Unregelmäßigkeiten in der Form, Überarbeitung wenig sorgfältig; H. 9 — 10 cm, Br. 13,7 cm, Rdm. 12,9 cm, Bdm. 6 cm.
2. **Gefäß**; Form und Maße nicht mehr zu ermitteln; wenige **Scherben** erhalten; außen poliert; Korngröße mittel.
3. 1 **Scherbe**; außen poliert; Korngröße fein.
4. 1 **Scherbe** eines Standringgefäßes; außen glänzend poliert; Korngröße fein.
5. 13 Fragmente eines **Dreilagenkammes**; Form nicht mehr zu ermitteln; Eisenniete: 0,9 cm und 1 cm L. (o. Abb.).
6. **Holzkohle**.
7. Ca. 85 g **Leichenbrand**.

Inv.-Nr. 56:47

9 Grab 9 (Taf. 1)

(25,40/47,60)

Tiefe 0,20 m; Urnengrube bis unter das Gefäß gut zu erkennen; Leichenbrand ab 4 cm unterhalb des Randes; Fibelbügel in 9 cm Tiefe; 2 Scherben eines Beigefäßes; 1 Stück Urnenharz.

1. **Schalenurne** Typ 11, Var. a: Gefäß mit abgesetzter profilierter Schulter; z.T. ergänzt; außen poliert; Korngröße mittel; kleine Unregelmäßigkeiten in Form und Verzierung; H. 12,1 cm, Br. 18,1 cm, Rdm. 15,4 cm, Bdm. 8,3 cm.
2. Bügel einer **Armbrustfibel** mit festem Nadelhalter (Almgren Gruppe VI, 2); mit einer Ringpunze verziert; Bronze; verbogen.
3. 1 Fragment eines **Dreilagenkammes**; Form nicht mehr zu ermitteln; braune Verfärbungen deuten auf die Verwendung von Eisennieten.
4. 135 g **Leichenbrand**.

Inv.-Nr. 56:48

10 Grab 10 (Taf. 2)

(92,95/38,00)

Vom Bagger erfaßt; Leichenbrand ab 5 cm unterhalb des Randes; ab 7 cm sehr dicht gepackt; Schädelstücke in 6 bis 9 cm.

1. **Topf** Typ 1, Var. a : Topf mit ausbiegendem Rand und ungegliedertem Oberteil; leicht ergänzt; außen körnig, untere 2 cm und Boden poliert; Korngröße mittel; kleine Unregelmäßigkeiten in der Form, bcsonders am Rand; ohne Abnutzungsspuren; H. 15,4 cm, Br. 16,7 cm, Rdm. 13,6 cm, Bdm. 8,5 cm.
2. 2 **Scherben**; **Drehscheibenkeramik**; hellgraubraun, im Bruch mittelgrau; außen rauh; Korngröße sehr fein (o. Abb.).
3. 450 g **Leichenbrand**.

Inv.-Nr. 56:49

11 Grab 11 (Taf. 2)

(91,15/38,85)

Bei der Baggerarbeit geborgen; auf der Fläche einige Scherben.

1. **Topf** Typ 3 (?): Topf mit unbetontem Rand; im Oberteil ergänzt, Rand nicht erhalten; außen aufgerauht; Korngröße mittel; sehr unsorgfältig gearbeitet; Br. 16,5 cm, Bdm. 7,8 cm.
2. 3 Fragmente eines **Dreilagenkammes**; Form nicht mehr zu ermitteln; Mittellage im Zahnbereich deutlich dünner; braune Verfärbungen deuten auf die Verwendung von Eisennieten.
3. 4 Stücke **Urnenharz**: 2 Stücke mit Feuerspuren.
4. 365 g **Leichenbrand**.

Inv.-Nr. 56:50

12 Grab 12 (Taf. 2)

„Urne 12 wurde in der Mitte der Ausfahrt vom Bagger zerstört.'' Tiefe in aufgeschwemmten Boden ca. 0,80 m.

1. **Schalenurne** Typ 9, Var. a: s-förmig profiliertes Gefäß mit tiefliegendem Umbruch; stark ergänzt; außen poliert; Korngröße mittel; Überarbeitung wenig sorgfältig; H. 11,2 cm, Br. 19,9 cm, Rdm. ca. 18,1 cm, Bdm. 6,5 cm.
2. 175 g **Leichenbrand**.

Inv.-Nr. 56:51

13 Grab 13 (Taf. 2)

Die Urnen 13 und 14 sind „dicht zu Beginn der Ausfahrt'' vom Bagger zerdrückt worden.

1. **Kumpf;** Typ nicht mehr zu ermitteln; wenige Scherben erhalten; außen aufgerauht; Korngröße grob; Unregelmäßigkeiten in der Form; ohne Abnutzungsspuren; Bdm. ca. 9 cm; rekonstruiert.

Inv.-Nr. 56:52

14 Grab 14 (Taf. 2)

Die Urnen 13 und 14 sind „dicht zu Beginn der Ausfahrt" vom Bagger zerdrückt worden.

1. **Schalenurne** Typ 9, Var. b: s-förmig profiliertes Gefäß mit tiefliegendem Umbruch; vor allem im Oberteil und am Boden ergänzt; außen poliert; Korngröße überwiegend fein; Unregelmäßigkeiten in Form und Verzierung; H. 11,4 cm, Br. 20,2 cm, Rdm. ca. 19 cm, Bdm. 7,2 cm.
2. 25 g **Leichenbrand.**

Inv.-Nr. 56:52

15 Grab 15 (Taf. 2)

(107,30/27,90)

Tiefe 0,40 m.

1. **Schalenurne** Typ 18, Var. a: Gefäß mit konischem Oberteil; vor allem im Oberteil ergänzt; außen poliert; Korngröße fein; Überarbeitung unsorgfältig; H. 9,2 cm, Br. 15 cm, Rdm. ca. 13,2 cm, Bdm. 6,9 cm.
2. 4 Fragmente eines **Dreilagenkammes**; Form nicht mehr zu ermitteln; Eisenniete: 1,1 cm L. (o. Abb).
3. 1 Stück **Urnenharz** mit Fingerabdruck.
4. Ca. 27 g **Leichenbrand.**

Inv.-Nr. 56:53

16 Grab 16 (Taf. 2)

(87,80/35,45)

„Urne 16 und 17 standen zusammen in bereits teilweise abgeschobenem Boden".

1. **Schalenurne** Typ 18, Var. a: Gefäß mit konischem Oberteil; Verzierung auf dem Unterteil kreuzförmig angebracht; drei Viertel ergänzt; außen poliert; Korngröße mittel; kleine Unregelmäßigkeiten in der Verzierung; H. 12,1 cm, Br. 21,5 cm, Rdm. 17,9 cm, Bdm. 7,2 cm.
2. 22 g **Leichenbrand.**

Inv.-Nr. 56:54

17 Grab 17 (Taf. 2)

(87,50/35,40)

„Urne 16 und 17 standen zusammen in bereits teilweise abgeschobenem Boden."

1. **Gefäß;** Form nicht mehr zu ermitteln; Boden und wenige Wandungsscherben erhalten; außen körnig; Korngröße mittel; Bdm. ca. 6,5 cm.

Inv.-Nr. 56:54

18 Grab 18 (Taf. 3)

(86,50/33,20)

Tiefe 0,30 m; Boden bereits teilweise abgeschoben; Leichenbrand auch außerhalb der Urne; 1 bis 5 cm unterhalb des Randes wenig Leichenbrand; in 7 cm Tiefe und 2 cm vom Rand ein Spinnwirtel; in 13 cm Tiefe ein Stück Urnenharz; die Mehrzahl der Schädelstücke auf der Leichenbrandpackung (ab 5 cm); in der unteren Schicht und auf dem Boden die starken Knochen; direkt auf dem Boden ein Bronzeniet.

1. **Schalenurne** Typ 6, Var. a: Gefäß mit geradem Hals und abgesetzter konischer Schulter; etwa zur Hälfte ergänzt; außen poliert; Korngröße mittel; kleine Unregelmäßigkeiten in der Form; H. 17,5 cm, Br. 26 cm, Rdm. 23,2 cm, Bdm. 8,7 cm.
2. 13 Fragmente eines **Dreilagenkammes** mit kreissegmentförmigen Griffplatten; Eisenniete: 1 und 1,3 cm L.
3. Asymmetrisch doppelkonischer **Spinnwirtel** mit Dellenverzierung; aus Ton hergestellt; mittelbraun; außen poliert; Korngröße überwiegend fein.
4. 1 Stück **Urnenharz** mit Feuerspuren.
5. 850 g **Leichenbrand.**

Inv.-Nr. 56:55

19 Grab 19 (Taf. 2)

(85,60/33,10)

Tiefe 0,40 m.

1. **Topf** Typ 2: Topf mit ausbiegendem Rand und gegliedertem Oberteil; z.T. ergänzt; außen poliert; Korngröße fein; kleine Unregelmäßigkeiten in der Form, Verzierung wenig sorgfältig; H. 12,1 cm, Br. 19,4 cm, Rdm. 15 cm, Bdm. 6,9 cm.
2. 2 Fragmente eines **Dreilagenkammes;** Form nicht mehr zu ermitteln; braune Verfärbungen deuten auf die Verwendung von Eisennieten; geringer Zahnabstand (o. Abb.).
3. 105 g **Leichenbrand.**

Inv.-Nr. 56:56

20 Grab 20 (Taf. 3)

(88,80/40,70)

1. **Schalenurne;** Typ nicht mehr zu ermitteln; Unterteil mit Teilen von Umbruch und Schulter erhalten; außen poliert; Korngröße fein; kleine Unregelmäßigkeiten in der Form, Überarbeitung im Oberteil sorgfältiger als im Unterteil, Verzierung sorgfältig; Br. 24,9 cm, Bdm. 8 cm.
2. 1 **Scherbe;** außen poliert; Korngröße mittel (o. Abb.).
3. 1 **Scherbe;** außen poliert; Korngröße fein.
4. Fragmentiert erhaltener **Dreilagenkamm** mit kreissegmentförmigen Griffplatten und einer Verzierung aus konzentrischen Kreisen, Kreisaugen und Linien; Zahnplatten in der Mitte vernietet; 5 Eisenniete erhalten: 1 bis 1,3 cm L.

5. Symmetrisch doppelkonischer **Spinnwirtel;** aus Ton hergestellt; mittelbraun und grau; außen poliert; Korngröße mittel.
6. 1 Stück **Urnenharz** mit Feuerspuren.
7. 485 g **Leichenbrand.**

Inv.-Nr. 56:57

21 Grab 21

(107,35/28,70)

Tiefe 0,35 m unter der Grasnarbe; nur noch Reste eines Gefäßes mit Leichenbrand und darin ein Eisenstück.

1. **Gefäß;** Form und Maße nicht mehr zu ermitteln; wenige Scherben erhalten; ursprünglich überarbeitet; Korngröße mittel (o. Abb.).
2. 3 **Eisenfragmente;** Funktion nicht mehr zu ermitteln (o. Abb.).
3. 7 g **Leichenbrand.**

Inv.-Nr. 56:58

22 Grab 22 (Taf. 3)

(83,80/32,70)

Tiefe des Bodens 0,20 m unter der Ackerschicht; von der Planierraupe beschädigt; Leichenbrand auf dem Boden der Urne.

1. **Schalenurne** mit Tannenbaumverzierung; Typ nicht mehr zu ermitteln; wenige Scherben erhalten; außen poliert; Korngröße fein; ohne Abnutzungsspuren; Bdm. ca. 8 cm; rekonstruiert.
2. **Schalenurne;** Typ und Maße nicht mehr zu ermitteln; wenige Scherben erhalten; außen poliert; Korngröße mittel; rekonstruiert.
3. 1 **Scherbe** mit Rädchenverzierung; außen geglättet; Korngröße mittel.
4. 30 g **Leichenbrand.**

Inv.-Nr. 56:59, 61

Anm.: Es ist fraglich, ob es sich hier um den ursprünglichen Standort der Urne handelt, da auch Scherben von Urne 24 an dieser Stelle lagen. Die Gräber 22 und 24 sind vermutlich vermischt worden. Die Scherben unter 2. haben haben die Inv.-Nr. des Grabes 24 (56:61). Zu 3.: Auf dem Grabungsgelände wurden vier weitere Scherben mit Rädchenverzierung gefunden (Kat.-Nr. 759, 780, 798).

23 Grab 23 (Taf. 4)

(87,75/31,20)

Tiefe nicht feststellbar; Hals und Rand von der Planierraupe abgeschoben; Teile davon lagen in der Umgebung.

1. **Schalenurne** Typ 6, Var. a: Gefäß mit geradem Hals und abgesetzter konischer Schulter; Unterteil fast vollständig mit Teilen der Schulter und des Halses erhalten; außen körnig; Korngröße mittel; sorgfältig gearbeitet; Br. 25 cm, Bdm. 9 cm.
2. 1 Fragment einer **Knochennadel;** Dm. 0,55 cm.
3. Ca. 30 zerschmolzene und z.T. zersplitterte Glasreste von 2 bis 3 **Perlen** (?): durchsichtiges hellblaues Glas; durchsichtiges hellblaues Glas mit undurchsichtigen roten Glasresten; farbloses Glas (o. Abb.).
4. 14 Fragmente eines **Dreilagenkammes** mit kreissegmentförmigen Griffplatten und Kreisaugenverzierung; Eisenniet: 0,85 cm L.
5. 4 **Schmelztropfen:** 1 Silberschmelztropfen; 3 Bronzeschmelztropfen (o. Abb.).
6. 2 Stücke **Urnenharz.**
7. Ca. 900 g **Leichenbrand.**

Inv.-Nr. 56:60

24 Grab 24 (Taf. 3)

(85,30/30,50)

Tiefe nicht feststellbar.

1. **Schalenurne** mit Tannenbaumverzierung; Typ nicht mehr zu ermitteln; sehr wenige Scherben erhalten; außen glänzend poliert; Korngröße fein; Br. ca. 24 cm; rekonstruiert.
2. 2 Fragmente eines **Dreilagenkammes** mit kreissegmentförmigen Griffplatten.
3. 220 g **Leichenbrand.**

Inv.-Nr. 56:61

25 Grab 25 (Taf. 4)

(35,20/39,90)

Tiefe 0,25 m; vom Rand bis zum Umbruch nur wenig Leichenbrand; in 3,5 cm Kammreste; ab 7 cm die Masse des Leichenbrandes.

1. **Schalenurne** Typ 12, Var. b: Gefäß mit absatzlos in die profilierte Schulter übergehendem Hals; vor allem an Rand und Boden stark ergänzt; außen poliert; Korngröße sehr fein; kleine Unregelmäßigkeiten in Form und Verzierung, Überarbeitung wenig sorgfältig; H. 12,3 cm, Br. 19,7 cm, Rdm. ca. 18,7 cm, Bdm. ca. 7,4 cm.
2. 1 **Randscherbe** (Splitter); möglicherweise von einem überarbeiteten Drehscheibengefäß; außen graubraun, im Bruch dunkelgrau; außen poliert; Korngröße sehr fein; (o. Abb.).
3. 6 Fragmente eines **Dreilagenkammes** mit kreissegmentförmigen Griffplatten; beim Einsägen der Zähne ist der untere Rand der Griffplatten teilweise eingekerbt worden; Eisenniete: 1,1 bis 1,2 cm L.; Gesamthöhe ca. 4 cm.
4. 3 Stücke **Urnenharz**: 2 Stücke mit Fingerabdrücken.
5. Ca. 260 g **Leichenbrand.**

Inv.-Nr. 56:62

26 Grab 26 (Taf. 4)

(34,50/38,40)

Tiefe 0,30 m; 0 bis 3 cm nur Erde, ab 3 cm Leichenbrand.

1. **Schalenurne** Typ 11, Var. b: Gefäß mit abgesetzter profilierter Schulter; vor allem im Unterteil und am Rand ergänzt; außen poliert; Korngröße mittel; Unregelmäßigkeiten in der Form; H. 9,3 — 10,9 cm, Br. 17,8 cm, Rdm. 16 cm, Bdm. ca. 7,5 cm.

2. 185 g **Leichenbrand.**

Inv.-Nr. 56:63

27 Grab 27 (Taf. 4)

(31,60/40,25)

Tiefe 0,35 m; Leichenbrand ab Rand mit Schädel-, Röhren- und Gelenkknochen; in 1 cm Tiefe Schädelknochen mit bronzenem Schmelztropfen; in 3 cm Tiefe Reste vom Kamm; in 8 cm Tiefe eine Bronzenadel.

1. **Schalenurne** Typ 4, Var. a: Gefäß mit geradem Hals, abgesetzter gewölbter Schulter und kantigem Umbruch; ein Drittel des Unterteils mit Teilen der Schulter und Einzelscherben erhalten; außen poliert; Korngröße fein bis mittel; sorgfältig gearbeitet; Br. ca. 22 cm, Bdm. 7 — 8 cm; rekonstruiert.
2. **Bronzenadel** mit winklig abgebogenem, abgeplattetem Kopf; L. 6,2 cm, Br. des Kopfes 0,4 cm.
3. 5 Fragmente eines **Dreilagenkammes** mit dreieckigen Griffplatten; Bronzeniete: 0,85 cm L.; rekonstruierte Gesamtlänge ca. 13 — 14 cm.
4. 1 Stück **Urnenharz** mit Feuerspuren.
5. 725 g **Leichenbrand.**

Inv.-Nr. 56:64

28 Grab 28 (Taf. 4)

(39,90/38,30)

Tiefe 0,35 m; die Schädelreste lagen in der oberen Schicht, die starken Röhrenknochen auf dem Boden; eine bronzene Schmelzperle, Urnenharz und etwas geschmolzenes Eisen.

1. **Schalenurne**; Typ nicht mehr zu ermitteln; Unterteil mit Teilen der Schulter erhalten; außen poliert; Korngröße sehr fein; bis auf kleine Unregelmäßigkeiten sorgfältig gearbeitet; Br. 21,2 cm, Bdm. 11,2 cm.
2. 1 **Bronzetropfen** an Knochen (o. Abb.).
3. 1 Stück **Urnenharz** mit Feuerspuren.
4. 550 g **Leichenbrand.**

Inv.-Nr. 56:65

29 Grab 29 (Taf. 5)

(82,00/30,20)

Tiefe 0,35 m; hangwärts geneigt.

1. **Schalenurne** Typ 2, Var. a: Gefäß mit geradem Hals, abgesetzter gewölbter Schulter und rundem Umbruch; Tannenbaummotiv insgesamt dreimal angebracht; etwas mehr als die Hälfte ergänzt; außen poliert; Korngröße fein; sorgfältig gearbeitet; H. 9 cm, Br. 14,3 cm, Rdm. ca. 12,6 cm, Bdm. ca. 5,5 cm.
2. 6 zerschmolzene und z.T. verbrannte Glasreste von 2 oder mehr **Perlen**: undurchsichtiges schwarzes Glas (5 Stücke); durchsichtiges hellblaues Glas, stark verbrannt (o. Abb.).
3. 1 Stück **Urnenharz.**
4. 40 g **Leichenbrand.**

Inv.-Nr. 56:66

30 Grab 30 (Taf. 5)

(82,85/30,15)

Tiefe 0,40 m.

1. **Schalenurne**; Typ nicht mehr zu ermitteln; Teile vom Boden bis zur Schulter erhalten; außen geglättet; Korngröße mittel; Br. 18,2 cm, Bdm. ca. 8 cm; rekonstruiert.
2. 1 **Scherbe**; außen poliert; Korngröße mittel.
3. 9 — 12 Fragmente eines **Dreilagenkammes** mit Kreisaugenverzierung; Form nicht mehr zu ermitteln; Eisenniete: 1 cm L.
4. **Holzkohle.**
5. 175 g **Leichenbrand.**

Inv.-Nr. 56:67

31 Grab 31 (Taf. 5)

(27,00/49,20)

Tiefe 0,28 m; hangwärts geneigt; 0 bis 3 cm nur kleine Leichenbrandteile; 3 bis 5 cm Beginn der Leichenbrandpackung; 5 bis 7,5 cm Schädel- und Röhrenknochen, Kammteile; 7,5 bis 10 cm Schädel-, Gelenk- und Röhrenknochen durcheinander; 10 bis 14 cm nur noch starke Knochen.

1. **Schalenurne** Typ 6, Var. a: Gefäß mit geradem Hals und abgesetzter konischer Schulter; insgesamt mit 3 Feldern verziert; beschädigt; außen körnig; Korngröße überwiegend fein; Unregelmäßigkeiten in Form und Verzierung, Überarbeitung im Oberteil sorgfältiger als im Unterteil; H. 14,9 cm, Br. 21 cm, Rdm. 18,2 cm, Bdm. 8,1 cm.
2. 3 zerschmolzene Glasreste von 2 oder mehr **Perlen** (?): durchscheinendes kobaltblaues Glas mit undurchsichtigen roten und türkisen Glasresten; durchscheinendes kobaltblaues Glas mit undurchsichtigen roten Glasresten; undurchsichtiges rotes Glas mit undurchsichtigen türkisen Glasresten (o. Abb.).
3. 15 Fragmente eines **Dreilagenkammes** mit kreissegmentförmigen Griffplatten; Eisenniete: 0,8 cm L.; Zähne von beiden Seiten eingesägt.
4. 3 Stücke **Urnenharz.**
5. 680 g **Leichenbrand.**

Inv.-Nr. 56:68

32 Grab 32 (Taf. 5)

(21,50/52,50)

Tiefe 0,22 m; in dunkelgraubraunem Feinsand.

1. **Schalenurne** Typ 15/16, Var. a: Gefäß mit Facette; Form des Halses nicht mehr zu ermitteln; Unterteil weitgehend, sowie Teile der Schulter mit Halsansatz erhalten; außen poliert; Korngröße mittel; außen sorgfältig gearbeitet; Br. 19,8 cm, Bdm. 7,3 cm.
2. 29 g **Leichenbrand**.

Inv.-Nr. 56:69

33 Grab 33 (Taf. 5)

(22,20/51,00)

Tiefe 0,30 m; 1 bis 6 cm nur wenig Leichenbrand, ab 6 cm gleichmäßig durchgehender Leichenbrand.

1. **Schalenurne** Typ 15, Var. a: Gefäß mit geradem, absatzlos in die Schulter übergehendem Hals und Facette; im Oberteil ergänzt; außen poliert; Korngröße sehr fein; Unregelmäßigkeiten in der Form, Überarbeitung wenig sorgfältig; H. 12,5 cm, Br. 21,6 cm, Rdm. 20,8 cm, Bdm. 7,2 cm.
2. 1 Fragment eines **Dreilagenkammes**; Form nicht mehr zu ermitteln; braune Verfärbungen deuten auf die Verwendung von Eisennieten (o. Abb.).
3. 2 Stücke **Urnenharz**.
4. 230 g **Leichenbrand**.

Inv.-Nr. 56:70

34 Grab 34 (Taf. 5)

(20,60/48,90)

Tiefe 0,23 m; Leichenbrand unter der Urne ist auf Tierwühlung zurückzuführen; der obere Teil ist abgebrochen und liegt z.T. in der oberen Schicht; bis Umbruchhöhe nur sehr wenig Leichenbrand, vom Umbruch bis zum Boden wenig Leichenbrand.

1. **Schalenurne** Typ 18, Var. a: Gefäß mit konischem Oberteil; vor allem im Oberteil ergänzt; außen geglättet; Korngröße mittel; gleichmäßig geformt, Überarbeitung wenig sorgfältig; H. 14,8 cm, Br. 23,8 cm, Rdm. ca. 20 cm, Bdm. ca. 11,6 cm.
2. 40 g **Leichenbrand**.

Inv.-Nr. 56:47

35 Grab 35 (Taf. 5)

(20,20/47,55)

Tiefe 0,35 m; sehr wenig Leichenbrand auf dem Boden der Urne.

1. **Schalenurne** Typ 16, Var. a: Gefäß mit einschwingendem Hals und Facette; Rillenverzierung in den bereits getrockneten Ton eingeritzt; etwa zur Hälfte ergänzt; außen im Oberteil glänzend poliert und im Unterteil körnig; Korngröße sehr fein bis fein; gleichmäßig geformt, Überarbeitung des Unterteils wenig sorgfältig; H. 8,9 cm, Br. 15,4 cm, Rdm. ca. 15 cm, Bdm. 6,5 cm.
2. 9 Fragmente eines **Dreilagenkammes** mit Linienverzierung; Form nicht mehr zu ermitteln; Eisennietreste.
3. 13 g **Leichenbrand**.

Inv.-Nr. 56:71

36 Grab 36 (Taf. 6)

(27,90/80,10)

„Grabungsstelle 3 (Nord) liegt am ziemlich steilen Nordhang. Es zeigt sich ein nach Süden gerichteter Bogen aus dunkelgrauer Erde, der nach Westen zu auf Feinkies (weißgelb) liegt. Im Bogen eine Urne. Es dürfte der Halbkreis zur Urnenbestattung gehören. Der Graben war an der Böschung zu sehen. Profil A — B weniger scharf begrenzt, da durch Tier gestört; C — D klar und scharf. Füllerde: dunkelgraubraun."

Starke Knochen auf dem Boden der Urne.

1. **Schalenurne** Typ 13, Var. a: Gefäß mit abgesetztem Hals und Facette; Unterteil weitgehend mit Teilen des Umbruchs und eine Randscherbe erhalten; außen poliert; Korngröße mittel; gleichmäßig gearbeitet; Br. 23 — 24 cm, Bdm. 8 cm.
2. 385 g **Leichenbrand**.

Inv.-Nr. 56:72

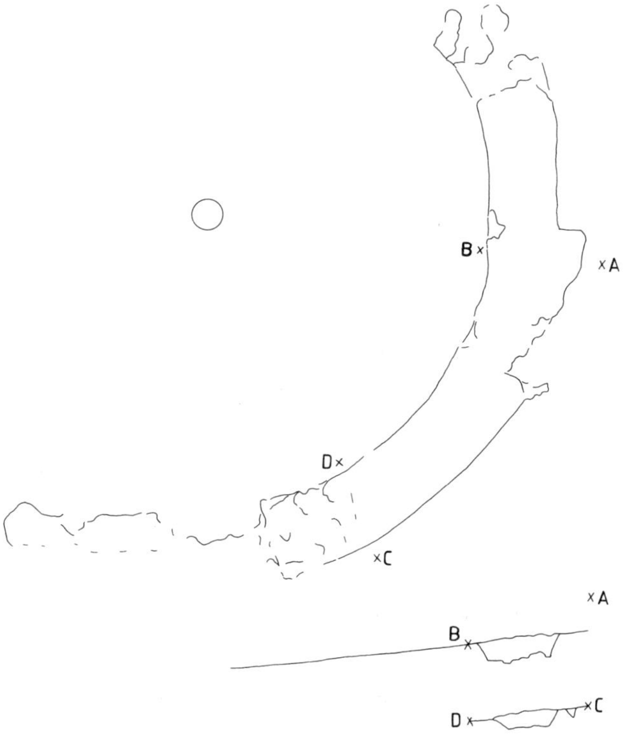

Abb. 24 Kreisgraben Grab 36. M. 1:50

37 Grab 37 (Taf. 6)

(29,60/53,50)

Tiefe 0,25 m; wenig Leichenbrand direkt auf dem Boden der Urne.

1. **Schalenurne** Typ 18, Var. b: Gefäß mit konischem Oberteil; im Oberteil stark ergänzt; außen poliert; Korngröße fein; kleine Unregelmäßigkeiten in Form und Verzierung; H. 13,1 cm, Br. 20,8 cm, Rdm. 19,9 cm, Bdm. ca. 7,7 cm.
2. 50 g **Leichenbrand.**

Inv.-Nr. 56:75

38 Grab 38 (Taf. 6)

(28,25/72,30)

Tiefe 0,30 m; Leichenbrand ab 4 cm unterhalb des Randes.

1. **Schalenurne** Typ 6, Var. a: Gefäß mit geradem Hals und abgesetzter konischer Schulter; etwas ergänzt; außen geglättet; Korngröße grob; kleine Unregelmäßigkeiten in Form und Verzierung, Überarbeitung wenig sorgfältig; ohne Abnutzungsspuren; H. 12,1 cm, Br. 20,5 cm, Rdm. 19,6 cm, Bdm. 7,5 cm.
2. 1 Fragment eines **Dreilagenkammes**; Form nicht mehr zu ermitteln (o. Abb.).
3. 6 g **Leichenbrand.**

Inv.-Nr. 56:74

39 Grab 39 (Taf. 6)

(23,80/54,80)

Tiefe 0,23 cm.

1. **Schalenurne**; Typ nicht mehr zu ermitteln; Boden mit Teilen der aufgehenden Wandung und eine Umbruchscherbe erhalten; außen poliert; Korngröße sehr fein; Bdm. 9,3 cm; rekonstruiert.
2. 3 **Scherben** einer **Schalenurne**; Typ und Maße nicht mehr zu ermitteln; außen poliert; Korngröße fein; rekonstruiert.
3. 3 **Scherben** einer **Schalenurne** (?); Typ und Maße nicht mehr zu ermitteln; außen poliert; Korngröße fein.
4. 93 g **Leichenbrand.**

Inv.-Nr. 56:73

Anm.: Die unter 1. aufgeführte Schalenurne ist von Niquet als Grabgefäß 39 bezeichnet worden; die unter 2. und 3. aufgeführten Scherben wurden dem Gefäß zugewiesen.

40 Grab 40

(21,00/46,60)

Tiefe 0,25 m; Oberteil abgepflügt.
Funde nicht vorhanden.

41 Grab 41 (Taf. 6)

(20,70/44,80)

Tiefe 0,26 m; Leichenbrand ab Umbruch; Reste eines Kammes?

1. **Schalenurne** Typ 12, Var. a: Gefäß mit absatzlos in die profilierte Schulter übergehendem Hals; fast zur Hälfte ergänzt; außen poliert; Korngröße mittel; Unregelmäßigkeiten in der Form; H. 12,7 cm, Br. 21 cm, Rdm. 18 cm, Bdm. 6,2 cm.
2. 220 g **Leichenbrand.**

Inv.-Nr. 56:76

42 Grab 42 (Taf. 6)

(23,40/44,20)

Tiefe 0,25 m.

1. **Schalenurne** (?); Typ nicht mehr zu ermitteln; wenige Scherben erhalten; außen körnig; Korngröße grob; sorgfältig gearbeitet; Dm. am unteren Teil des Halses ca. 22 cm; rekonstruiert.
2. **Gefäß**; Form nicht mehr zu ermitteln; wenige Scherben vom Unterteil erhalten; außen körnig; Korngröße grob; Bdm. ca. 10 cm; WS 0,7 — 1,1 cm; rekonstruiert.
3. 7 g **Leichenbrand.**

Inv.-Nr. 56:77; Inv.-Nr. 56:117 für 2.

43 Grab 43 (Taf. 6)

(31,10/70,20)

Tiefe 0,25 m; Leichenbrand ab 5 cm.

1. **Schalenurne**; Typ nicht mehr zu ermitteln; der obere Teil des Gefäßes fehlt; außen poliert; Korngröße mittel; sorgfältig gearbeitet; Br. 19,7 cm, Bdm. 8,5 cm.
2. 19 Fragmente eines **Dreilagenkammes**; Form nicht mehr zu ermitteln; Eisenniet: 0,9 cm L.; Zähne von beiden Seiten eingesägt (o. Abb.).
3. 2 Stücke **Urnenharz.**
4. 550 g **Leichenbrand.**

Inv.-Nr. 56:78

44 Grab 44 (Taf. 6)

(31,05/69,55)

Tiefe 0,25 m.

1. **Schalenurne**; Typ nicht mehr zu ermitteln; Teile von Boden bis Schulter erhalten; außen poliert; Korngröße fein; sorgfältig gearbeitet; ohne Abnutzungsspuren; Br. rek. 21,4 cm, Bdm. ca. 7 cm (der Boden ist nicht deutlich abgesetzt); rekonstruiert.
2. 1 **Randscherbe**; außen poliert; Korngröße überwiegend fein; Datierung fraglich (o. Abb.).
3. 25 g **Leichenbrand.**

Inv.-Nr. 56:79

45 Grab 45 (Taf. 7)

(21,90/55,30)

Tiefe 0,30 m; Leichenbrand ab 7,5 cm unterhalb des Randes; in 9 cm ein Kammfragment, in 11 cm ein Bronzeniet; die Drehscheibengefäßscherbe befand sich im Leichenbrand.

1. **Schalenurne** Typ 2, Var. a: Gefäß mit geradem Hals, abgesetzter gewölbter Schulter und rundem Umbruch; am Boden und im Unterteil ergänzt; außen flüchtig poliert; Korngröße mittel; Verzierung gleichmäßig, Form und Überarbeitung wenig sorgfältig; (ohne Abnutzungsspuren); H. 14,3 cm, Br. 21,4 cm, Rdm. 19,9 cm, Bdm. 7 cm.
2. 1 **Scherbe** (Splitter); verwittert; hellgraubraun; nach der Farbe könnte es sich um Drehscheibenkeramik handeln (o. Abb.).
3. 6 Fragmente eines **Dreilagenkammes**; Form nicht mehr sicher zu ermitteln; Eisenniet: 1,05 cm L.; enger Zahnabstand.
4. 1 Stück **Urnenharz**.
5. 265 g **Leichenbrand**.

Inv.-Nr. 56:80

46 Grab 46 (Taf. 7)

(27,00/55,70)

1. **Schalenurne** Typ 14: Gefäß mit von der Schulter durch eine Leiste abgesetztem Hals und Facette; nur wenige Scherben erhalten; außen poliert, Strahlen abwechselnd poliert und körnig; Korngröße fein; sorgfältig gearbeitet; Br. ca. 18 cm; rekonstruiert.
2. 1 Fragment eines **Armringes** mit D-förmigem Querschnitt; Elfenbein; erh. L. 1 cm, Br. 1 cm.
3. **Bronzeblech**; ursprüngliche Funktion nicht mehr zu ermitteln.
4. 20 g **Leichenbrand**.

Inv.-Nr. 56:81

47 Grab 47 (Taf. 7)

(24,60/56,60)

Tiefe 0,40 m; sehr wenig Leichenbrand auf dem Boden der Urne.

1. **Schalenurne** Typ 18, Var. d: Gefäß mit geradem Oberteil; insgesamt mit 3 Rosetten verziert; wenig ergänzt; außen poliert; Korngröße fein bis mittel; gleichmäßig geformt, kleine Unregelmäßigkeiten bei der Verzierung; H. 9,3 cm, Br. (am Umbruch) 14 cm, Rdm. 14,7 cm, Bdm. 7,1 cm.
2. 4 Fragmente einer **Nadel** (?); Eisen; korrodiert.
3. 1 Stück **Urnenharz**.
4. 5 g **Leichenbrand**.

Inv.-Nr. 56:82

48 Grab 48 (Taf. 7)

(23,40/56,90)

Tiefe 0,55 m; Leichenbrand ab 3 cm Tiefe; in 4 cm ein Kammfragment, Urnenharz.

1. **Schalenurne** Typ 8, Var. a: Gefäß mit einschwingendem, absatzlos in die Schulter übergehendem Hals; insgesamt mit 4 Gruppen aus jeweils 3 Dellen verziert; z.T. ergänzt; außen poliert; Korngröße mittel; gleichmäßig geformt, Überarbeitung sorgfältig, Verzierung flüchtig; H. 13,7 cm, Br. 21,1 cm, Rdm. 19,5 cm, Bdm. 8,4 cm.
2. 1 Fragment eines **Dreilagenkammes** mit Eisenniet; Form nicht mehr zu ermitteln; an Knochen festgerostet.
3. 3 Stücke **Urnenharz**.
4. **Holzkohle**.
5. 840 g **Leichenbrand**.

Inv.-Nr. 56:83

49 Grab 49 (Taf. 7)

(30,15/58,00)

Tiefe 0,25 m; Leichenbrand ab Umbruch; dabei Boden- und Wandungsscherben einer zweiten Urnenbestattung.

1. **Schalenurne**; Typ nicht mehr zu ermitteln; Unterteil mit Teilen von Umbruch und Schulter erhalten; außen flüchtig poliert; Korngröße überwiegend mittel; Überarbeitung unsorgfältig; ohne Abnutzungsspuren; Br. rek. 14,5 cm, Bdm. 7,9 cm; rekonstruiert.
2. **Schalenurne** (?); Typ nicht mehr zu ermitteln; wenige Scherben erhalten; außen poliert; Korngröße fein; Bdm. ca. 8 cm (?).
3. 4 Fragmente eines **Dreilagenkammes** mit Eisennieten; Form nicht mehr zu ermitteln.
4. 1 Stück **Urnenharz**.
5. 85 g **Leichenbrand**.

Inv.-Nr. 56:84

50 Grab 50 (Taf. 7)

(32,20/58,70)

Tiefe 0,30 m; Leichenbrand ab Umbruch; die Scherben lagen in der Urne.

1. **Schalenurne** Typ 12, Var. b: Gefäß mit absatzlos in die profilierte Schulter übergehendem Hals; **Drehscheibenkeramik**; Unterteil mit Teilen der Schulter und einzelne Halsscherben erhalten; außen dunkelbraun, innen dunkelgrau, im Bruch mittelgrau und außen hellbraun; außen poliert und Boden verstrichen; Korngröße sehr fein; gleichmäßig gearbeitet; Br. 20,3 cm, Bdm. 8,2 cm.
2. 1 **Scherbe**; außen poliert; Korngröße fein.
3. 1 **Scherbe** mit Rillenverzierung; außen poliert; Korngröße fein (o. Abb.).
4. 1 **Scherbe** mit Rillenverzierung; außen poliert; Korngröße mittel (o. Abb.).
5. **Gefäß**; Form nicht mehr zu ermitteln; sehr wenige Scherben erhalten; außen poliert; Korngröße mittel; Bdm. 8 — 9 cm; Datierung fraglich (o. Abb.).
6. 3 Fragmente eines **Dreilagenkammes**; Form nicht mehr zu ermitteln; braune Verfärbungen deuten auf die Verwendung von Eisennieten.
7. 180 g **Leichenbrand**.

Inv.-Nr. 56:85; Inv.-Nr. 56:126 für 2.

51 Grab 51 (Taf. 7)

(30,40/58,40)

Tiefe 0,25 m.

1. **Schalenurne** Typengruppe III: Gefäß mit Facette; Typ nicht mehr zu ermitteln; wenige Scherben erhalten; außen poliert; Korngröße überwiegend fein; sorgfältig gearbeitet; Br. ca. 24 cm, Bdm. 7,5 cm; rekonstruiert.
2. 5 Fragmente eines **Dreilagenkammes** mit kreissegmentförmigen Griffplatten und Kreisaugenverzierung.
3. 140 g **Leichenbrand.**

Inv.-Nr. 56:86

52 Grab 52 (Taf. 8)

(29,50/58,30)

„Von einer Urnenbestattung Bodenteil und einige Scherben erhalten. Dabei Scherben von einem zweiten Gefäß mit Standring, das jedoch kein Beigefäß zu Urne 52 ist, sondern wohl der Rest einer Urnenbestattung."

1. **Gefäß**; Form nicht mehr zu ermitteln; Teile des Bodens und der aufgehenden Wandung erhalten; außen poliert; Korngröße mittel; Bdm. ca. 6,5 cm; rekonstruiert.
2. **Schalenurne**; Typ und Maße nicht mehr zu ermitteln; wenige Scherben erhalten; außen poliert; Korngröße fein.

Inv.-Nr. 56:88

53 Grab 53 (Taf. 8)

(29,00/59,80)

An Beigaben ein Stück Urnenharz.

1. **Schalenurne** Typ 15: Gefäß mit geradem, absatzlos in die Schulter übergehendem Hals und Facette; Variante nicht mehr zu ermitteln; sehr wenige Scherben erhalten; außen poliert; Korngröße mittel; außen sorgfältig gearbeitet; Br. ca. 14 cm, Rdm. rek. 12,4 cm; rekonstruiert.
2. 80 g **Leichenbrand.**

Inv.-Nr. 56:87

54 Grab 54 (Taf. 8)

(37,50/54,40)

Tiefe 0,25 m; Leichenbrand ab 5 cm Tiefe.

1. **Kumpf** Typ 2, Var. a: mittelgroßer Kumpf; besonders am Rand ergänzt; außen geglättet, innen rauh; Korngröße überwiegend mittel; sehr unregelmäßig geformt; H. 11,1 — 13 cm, Br. ca. 18 cm, Rdm. 15 — 16 cm, Bdm. 9,5 cm.
2. 3 **Scherben; Drehscheibenkeramik**; hellbraun, im Bruch dunkelgrau; außen rauh; Korngröße sehr fein.
3. 1 **Scherbe**; außen poliert; Korngröße sehr fein (o. Abb.).
4. 4 Stücke **Urnenharz**: 1 Stück mit Feuerspuren.
5. 275 g **Leichenbrand.**

Inv.-Nr. 56:89

55 Grab 55 (Taf. 8)

(24,20/58,50)

Tiefe 0,25 m; in der Urne Scherben eines Drehscheibengefäßes.

1. **Schalenurne** Typ 12, Var. a: Gefäß mit absatzlos in die profilierte Schulter übergehendem Hals; Unterteil mit Teilen der Schulter sowie Einzelscherben erhalten; außen im Oberteil poliert und im Unterteil geglättet; Korngröße fein; gleichmäßig gearbeitet; H. rek. 12,9 cm, Br. 23,2 cm, Rdm. 19,1 cm, Bdm. 8 cm.
2. **Drehscheibengefäß**; Form und Maße nicht mehr zu ermitteln; sehr wenige Scherben (Splitter) erhalten; außen mittel- bis dunkelbraun, im Bruch hellgrau; außen rauh; Korngröße sehr fein.
3. 3 Fragmente eines **Dreilagenkammes**; Form nicht mehr zu ermitteln.
4. 60 g **Leichenbrand.**

Inv.-Nr. 56:90

56 Grab 56 (Taf. 8)

(25,25/60,75)

Tiefe 0,33 m; Leichenbrand ab Umbruchhöhe; „in 8 cm steht senkrecht im Leichenbrand ein Knochengerät" (Armring); in 10 cm Reste vom Kamm.

1. **Schalenurne** Typ 13, Var. a: Gefäß mit abgesetztem Hals und Facette; vor allem im Oberteil stark ergänzt; außen poliert; Korngröße sehr fein; Unregelmäßigkeiten in der Form, Überarbeitung und Verzierung gleichmäßig; H. 13 cm, Br. 20,3 cm, Rdm. ca. 19,2 cm, Bdm. 8 cm.
2. 1 Fragment eines **Armringes** mit D-förmigem Querschnitt; Knochen.
3. 1 Fragment eines **Armringes** mit rechteckigem Querschnitt; Knochen; erh. L. 9,7 cm, Br. 0,9 cm, D. 0,4 cm.
4. 6 Fragmente eines **Dreilagenkammes** mit Eisennieten; Form nicht mehr zu ermitteln; nicht gleichmäßig gearbeitet (o. Abb.).
5. 235 g **Leichenbrand.**

Inv.-Nr. 56:91

57 Grab 57 (Taf. 9)

(36,80/55,20)

1. **Schalenurne** Typ 1: Gefäß mit konischem Hals, abgesetzter gewölbter Schulter und rundem Umbruch; Variante nicht mehr zu ermitteln; wenige Scherben erhalten; außen poliert; Korngröße fein; kleine Unregelmäßigkeiten in der Verzierung; Br. ca. 19 cm; rekonstruiert.
2. 3 **Scherben**; außen poliert; Korngröße mittel (o. Abb.).
3. 40 g **Leichenbrand.**

Inv.-Nr. 56:92

58 Grab 58 (Taf. 8)

(23,10/59,30)

Tiefe 0,35 m; Kammreste und Scherben eines Gefäßes im Leichenbrand.

1. **Schalenurne** Typ 4, Var. b: Gefäß mit geradem Hals, abgesetzter gewölbter Schulter und kantigem Umbruch; insgesamt mit 3 Rosetten und 3 Gruppen aus jeweils 3 Knubben verziert; zwei Drittel ergänzt; außen poliert; Korngröße fein; kleine Unregelmäßigkeiten in der Verzierung, Überarbeitung gleichmäßig; H. 11,2 cm, Br. 23,5 cm, Rdm. ca. 20,9 cm, Bdm. ca. 8,2 cm.
2. **Gefäß**; Form und Maße nicht mehr zu ermitteln; wenige Randscherben erhalten; außen poliert; Korngröße fein (o. Abb.).
3. 2 Fragmente eines **Armringes** mit rechteckigem Querschnitt; Knochen.
4. 26 Fragmente eines **Dreilagenkammes** mit kreissegmentförmigen Griffplatten und Eisennieten; Zähne von beiden Seiten eingesägt, dabei Unterkante der Griffplatten eingekerbt.
5. 260 g **Leichenbrand.**

Inv.-Nr. 56:93

59 Grab 59 (Taf. 8)

(35,80/55,20)

Tiefe 0,25 m.

1. **Schalenurne** Typ 18, Var. a: Gefäß mit konischem Oberteil; mit mindestens 3 Gruppen aus jeweils 3 Dellen verziert; Teile von Boden bis Schulter erhalten; außen poliert; Korngröße fein; sorgfältig verziert, Überarbeitung wenig sorgfältig; ohne Abnutzungsspuren; Br. ca. 17 cm, Bdm. ca. 7 cm; rekonstruiert.
2. 1 Stück **Urnenharz.**
3. 20 g **Leichenbrand.**

Inv.-Nr. 56:94

60 Grab 60

(33,60/57,60)

Tiefe 0,25 m.

1. **Schalenurne** (?); Typ nicht mehr zu ermitteln; sehr wenige Scherben erhalten; außen poliert; Korngröße fein; Br. mind. 20 cm (o. Abb.).
2. 230 g **Leichenbrand.**

Inv.-Nr. 56:95

Anm.: Auf Grund der Brüchigkeit ist das Gefäß nicht aus dem Gipsmantel herausgelöst worden.

61 Grab 61 (Taf. 9)

(27,10/61,80)

1. **Schalenurne** Typ 11, Var. a: Gefäß mit abgesetzter profilierter Schulter; Teile von Boden bis Schulter erhalten; außen poliert; Korngröße fein; sorgfältig gearbeitet; Br. ca. 24 cm, Bdm. ca. 6,5 cm; rekonstruiert.
2. 1 **Randscherbe** mit Rillenverzierung; außen poliert; Korngröße mittel (o. Abb.).
3. 4 g **Leichenbrand.**

Inv.-Nr. 56:96

62 Grab 62 (Taf. 9)

(32,10/56,70)

Tiefe 0,25 m; Leichenbrand ab 3 cm vom Boden; Schädelknochen zur Mehrzahl in der oberen Schicht.

1. **Engmündiges Gefäß** Typ 1: vasenförmiges Gefäß mit kantigem Profil; vor allem im Oberteil ergänzt; außen poliert; Korngröße überwiegend mittel; kleine Unregelmäßigkeiten in der Form, Verzierung und Überarbeitung sorgfältig; H. 14,8 cm, Br. 17,4 cm, Rdm. ca. 12 cm, Bdm. 8 cm.
2. 2 Stücke **Urnenharz**: 1 Stück mit Pflanzenfaserabdruck.
3. 440 g **Leichenbrand.**

Inv.-Nr. 56:97

63 Grab 63 (Taf. 9)

(28,30/66,80)

Tiefe 0,25 m.

1. **Schalenurne** Typ 15/16: Gefäß mit Facette; Form des Halses nicht zu ermitteln; Teile von Boden bis Schulter erhalten, z.T. ergänzt; außen poliert; Korngröße überwiegend fein; sorgfältig gearbeitet; Br. ca. 22 cm, Bdm. max. 8 cm; rekonstruiert.
2. 5 g **Leichenbrand.**

Inv.-Nr. 56:98

64 Grab 64 (Taf. 9)

(29,00/65,70)

Tiefe 0,28 m; Leichenbrand ab 3 cm.

1. **Schalenurne** Typ 9, Var. a: s-förmig profiliertes Gefäß mit tiefliegendem Umbruch; insgesamt mit 8 Strahlen verziert; z.T. ergänzt; außen poliert, Strahlen abwechselnd poliert und körnig; Korngröße mittel; Form nicht ganz gleichmäßig, Überarbeitung wenig sorgfältig, kleine Unregelmäßigkeiten in der Verzierung; H. 13 cm, Br. 20,6 cm, Rdm. 17,6 cm, Bdm. ca. 6,5 cm.
2. 1 **Scherbe**; außen poliert; Korngröße sehr fein (o. Abb.).
3. 1 Stück **Urnenharz.**
4. 380 g **Leichenbrand.**

Inv.-Nr. 56:99

65 Grab 65 (Taf. 9)

(28,70/69,10)

Leichenbrand im unteren Teil der Urne.

1. **Schalenurne** Typ 13, Var. a: Gefäß mit abgesetztem Hals und Facette; Oberteil fast vollständig ergänzt; außen flüchtig poliert; Korngröße mittel; kleine Unregelmäßigkeiten in der Form, Überarbeitung wenig sorgfältig; H. 12 cm, Br. 19,3 cm. Rdm. ca. 17,9 cm, Bdm. ca. 7 cm.
2. 107 g **Leichenbrand.**

Inv.-Nr. 56:100

66 Grab 66 (Taf. 9)

(26,50/65,00)

1. **Schalenurne** Typ 18, Var. b: Gefäß mit konischem Oberteil; etwa drei Viertel ergänzt; außen flüchtig poliert; Korngröße sehr fein; wenig sorgfältig gearbeitet; H. ca. 12 cm, Br. ca. 18,9 cm, Rdm. 16 cm, Bdm. 8 cm.
2. 18 g **Leichenbrand**.

Inv.-Nr. 56:101

67 Grab 67 (Taf. 9)

(26,30/66,10)

1. **Schalenurne**; Typ nicht mehr zu ermitteln; Boden mit Teilen der aufgehenden Wandung bis zur Schulter erhalten; außen poliert; Korngröße fein; Überarbeitung sehr sorgfältig; ohne Abnutzungsspuren; Br. 22,4 cm, Bdm. 7,2 cm; rekonstruiert.
2. 2 **Scherben** mit Rillenverzierung; außen glänzend poliert; Korngröße überwiegend fein (o. Abb.).

Inv.-Nr. 56:102

68 Grab 68 (Taf. 10)

(26,60/67,30)

Tiefe 0,28 m; eine große Scherbe aus dem Umbruchbereich lag bei Urne 67; Leichenbrand ab 7 cm unterhalb des Randes.

1. **Schalenurne** Typ 16, Var. a: Gefäß mit konischem Hals und Facette; vor allem im Oberteil ergänzt; außen glänzend poliert; Korngröße fein; kleine Unregelmäßigkeiten in der Form, Verzierung und Überarbeitung sorgfältig; H. 17,5 cm, Br. 26,5 cm, Rdm. 20,6 cm, Bdm. 8,3 cm.
2. 110 g **Leichenbrand**.

Inv.-Nr. 56:103

69 Grab 69 (Taf. 10)

(27,20/70,10)

Tiefe 0,27 m; Leichenbrand ab Umbruchhöhe.

1. **Schalenurne** Typ 14: Gefäß mit von der Schulter durch eine Leiste abgesetztem Hals und Facette; etwas ergänzt; außen poliert; Korngröße fein; bis auf kleine Unregelmäßigkeiten sorgfältig gearbeitet; H. 12 cm, Br. 16,2 cm, Rdm. 11,6 cm, Bdm. 6,2 cm.
2. 80 g **Leichenbrand**.

Inv.-Nr. 56:104

70 Grab 70 (Taf. 10)

(25,70/71,00)

Tiefe 0,15 m unter der Ackerschicht; nur wenig Leichenbrand auf dem Boden der Urne.

1. **Schalenurne** Typ 7, Var. b: Gefäß mit trichterförmigem, absatzlos in die konische Schulter übergehendem Hals; etwas ergänzt; außen poliert; Korngröße fein; bis auf kleine Unregelmäßigkeiten in Form und Verzierung sorgfältig gearbeitet; H. 10,4 cm, Br. 16 cm, Rdm. 14,2 cm, Bdm. 7,2 cm.
2. 12 g **Leichenbrand**.

Inv.-Nr. 56:105

71 Grab 71 (Taf. 10)

(25,80/72,30)

Tiefe 0,15 m unterhalb der Ackerschicht; Beginn des Leichenbrandes kurz unterhalb des Umbruchs.

1. **Schalenurne** Typ 9, Var. b: s-förmig profiliertes Gefäß mit tiefliegendem Umbruch; etwas ergänzt; außen poliert; Korngröße fein; kleine Unregelmäßigkeiten in der Form, Überarbeitung und Verzierung gleichmäßig; H. 10,3 — 11,3 cm, Br. 22,7 cm, Rdm. 21,3 cm, Bdm. 9,9 cm.
2. 10 — 12 Fragmente eines **Dreilagenkammes** mit Eisennieten; Form nicht mehr zu ermitteln; Zähne von beiden Seiten eingesägt.
3. 1 Stück **Urnenharz**.
4. 143 g **Leichenbrand**.

Inv.-Nr. 56:106

72 Grab 72 (Taf. 10)

(27,20/74,90)

0,10 m über gelbmeliertem Untergrund; der Rest einer Urne mit Leichenbrand lag mit dem Boden nach oben.

1. **Schalenurne** Typ 11, Var. b: Gefäß mit abgesetzter profilierter Schulter; ursprüngliche Zahl der Felder im Unterteil nicht mehr zu ermitteln; meist einzelne Scherben erhalten; außen poliert; Korngröße überwiegend fein; sorgfältig gearbeitet; (ohne Abnutzungsspuren); H. rek. 14,7 cm, Br. ca. 24 cm, Rdm. ca. 22 cm, Bdm. ca. 7 cm; rekonstruiert.
2. 115 g **Leichenbrand**.

Inv.-Nr. 56:107

73 Grab 73 (Taf. 10)

(25,20/53,60)

Wenig Leichenbrand auf dem Boden der Urne.

1. **Schalenurne** Typ 16, Var. a: Gefäß mit einschwingendem Hals und Facette; z.T. ergänzt; außen glänzend poliert; Korngröße mittel; kleine Unregelmäßigkeiten in der Form, Überarbeitung im Oberteil außen sehr sorgfältig, im Unterteil etwas weniger sorgfältig; H. 10,2 cm, Br. 18,1 cm, Rdm. ca. 16 cm, Bdm. ca. 6 cm.
2. 10 Fragmente eines **Dreilagenkammes**; Form nicht mehr zu ermitteln; Eisenniet: 0,8 cm L.
3. 3 Stücke **Urnenharz**.
4. 18 g **Leichenbrand**.

Inv.-Nr. 56:108

74 Grab 74 (Taf. 10)

(34,90/54,50)

1. **Schalenurne** Typ 6, Var. a: Gefäß mit trichterförmigem Hals und abgesetzter konischer Schulter; Teile von Hals bis Unterteil, sowie Bodenscherben erhalten; außen poliert, Strahlen abwechselnd poliert und körnig; Korngröße mittel; kleine Unregelmäßigkeiten in der Verzierung; Br. ca. 22 cm, Bdm. ca. 9 cm; rekonstruiert.
2. 1 **Scherbe** mit Rillenverzierung; außen poliert; Korngröße fein (o. Abb.).
3. 2 **Scherben** mit Rillenverzierung; außen poliert; Korngröße fein (o. Abb.).
4. **Bronzeschmelztropfen** an Knochen (o. Abb.).
5. 1 Stück **Urnenharz** mit Fingerabdruck.
6. **Holzkohle.**
7. 430 g **Leichenbrand.**

Inv.-Nr. 56:109

75 Grab 75 (Taf. 11)

(38,30/54,30)

Leichenbrand ab 3,5 cm unterhalb des Randes; Reste vom Kamm; in 7 cm ein kleines Stück Bronzeblech; Urnenharz; in 8 cm Randstück eines Beigefäßes und eine zerschmolzene Perle.

1. **Schalenurne** Typ 18, Var. a: Gefäß mit konischem Oberteil; Rand und Oberteil mit unregelmäßig angebrachten Rillenabschnitten, Umbruch mit 8 Gruppen aus jeweils 3 Rillenabschnitten und Unterteil mit 6 Strahlen verziert; etwas ergänzt; außen im Oberteil glänzend poliert und im Unterteil poliert; Korngröße fein bis mittel; Unregelmäßigkeiten in Form und Verzierung, Überarbeitung sorgfältig H. 13,4 cm, Br. 23,7 cm, Rdm. 19,6 cm, Bdm. 9,5 cm.
2. 1 **Randscherbe;** außen poliert; Korngröße fein.
3. 1 zerschmolzener Glasrest vermutlich einer mehrfarbigen **Perle** aus undurchsichtigem schwarzen Glas mit undurchsichtigen gelben Glasresten (o. Abb.).
4. 4 Fragmente eines **Dreilagenkammes**; Form nicht mehr zu ermitteln.
5. **Bronzeblech;** ursprüngliche Funktion nicht mehr sicher zu ermitteln (Beschlagblech?); korrodiert.
6. 1 Stück **Urnenharz.**
7. 650 g **Leichenbrand.**

Inv.-Nr. 56:110

76 Grab 76 (Taf. 11)

(18,80/44,20)

Tiefe 0,30 m.

1. **Schalenurne** (?); Typ nicht mehr zu ermitteln; wenige Scherben vom Unterteil erhalten; außen poliert; Korngröße mittel; Bdm. ca. 7 cm; rekonstruiert.
2. 1 Stück **Urnenharz.**
3. 22 g **Leichenbrand.**

77 Grab 77 (Taf. 11)

(19,70/42,80)

Tiefe 0,30 m.

1. **Schalenurne** Typ 15/16, Var. a: Gefäß mit Facette; Form des Halses nicht mehr zu ermitteln; wenige, meist einzelne Scherben erhalten; außen glänzend poliert; Korngröße mittel; sehr sorgfältig gearbeitet; ohne Abnutzungsspuren; Br. ca. 21 cm; rekonstruiert.
2. 1 **Scherbe** mit Rillenverzierung; außen poliert; Korngröße mittel (o. Abb.).
3. 16 g **Leichenbrand.**

78 Grab 78 (Taf. 11)

(18,50/41,95)

Tiefe ca. 0,30 m.

1. **Schalenurne** (?); Typ nicht mehr zu ermitteln; Teile des Bodens mit Wandung bis Umbruch erhalten; außen poliert; Korngröße mittel; Form gleichmäßig, Überarbeitung sorgfältig; ohne Abnutzungsspuren; Bdm. ca. 9 cm; rekonstruiert.
2. 32 g **Leichenbrand.**

79 Grab 79 (Taf. 11)

(16,55/40,90)

Tiefe 0,40 m; Leichenbrand ab Umbruchhöhe.

1. **Schalenurne** Typ 16, Var. a: Gefäß mit einschwingendem Hals und Facette; etwas ergänzt; außen im Oberteil poliert und im Unterteil geglättet; Korngröße fein; sorgfältig gearbeitet; H. 12,7 cm, Br. 22,4 cm, Rdm. 20,7 cm, Bdm. 8 cm.
2. 540 g **Leichenbrand.**

80 Grab 80 (Taf. 11)

(15,40/31,00)

Tiefe 0,45 m; Leichenbrand ab 4 cm unterhalb des Randes.

1. **Schalenurne** Typ 1, Var. a: Gefäß mit konischem Hals, abgesetzter gewölbter Schulter und rundem Umbruch; insgesamt mit 3 Gruppen aus jeweils 4 bis 5 Kannelurelementen verziert; bis auf kleine Beschädigungen am Rand vollständig erhalten; außen poliert; Korngröße fein; Form und Überarbeitung sehr sorgfältig, kleine Unregelmäßigkeiten in der Verzierung; H. 15 cm, Br. 21,9 cm, Rdm. 20,1 cm, Bdm. 8,7 cm.
2. 2 Fragmente eines **Dreilagenkammes** (?); Form nicht mehr zu ermitteln (o. Abb.).
3. 1 Stück **Urnenharz** mit Abdruck des oberen Schneidezahnes (?).
4. 660 g **Leichenbrand.**

81 Grab 81 (Taf. 11)

(17,40/27,30)

Tiefe 0,50 m.

1. **Schalenurne**; Typ nicht mehr zu ermitteln; Unterteil mit Teilen der Schulter erhalten; außen poliert; Korngröße mittel; Unregelmäßigkeiten in Form und Verzierung; ohne Abnutzungsspuren; Br. 24,2 cm, Bdm. 7,2 cm; rekonstruiert.
2. 110 g **Leichenbrand**.

82 Grab 82 (Taf. 11)

(18,10/26,30)

Tiefe 0,53 m.

1. **Schalenurne** Typ 6, Var. a: Gefäß mit geradem Hals und abgesetzter konischer Schulter; insgesamt mit 5 Gruppen aus jeweils 3 Rillenabschnitten verziert; insgesamt etwa zur Hälfte ergänzt; außen flüchtig poliert; Korngröße grob; Unregelmäßigkeiten in der Form, Überarbeitung und Verzierung nicht gleichmäßig; H. 9,5 cm, Br. 17,5 cm, Rdm. ca. 15,7 cm, Bdm. 7,4 cm.

Anm.: Zumindest die Keramik aus Grab 88 gehört zu diesem Komplex.

82A Grab 82A (Taf. 12)

Tiefe 0,55 m; rund 5 cm von Grab 82 entfernt.

1. **Gefäß**; Form nicht mehr zu ermitteln; Teile des Bodens und der Wandung erhalten; außen geglättet; Korngröße mittel; wenig sorgfältig gearbeitet; (ohne Abnutzungsspuren); Br. ca. 13 cm, Bdm. ca. 7,5 cm; rekonstruiert.
2. 40 g **Leichenbrand**.

83 Grab 83 (Taf. 12)

(16,70/26,20)

Tiefe 0,65 m.

1. **Schalenurne** Typ 15, Var. a: Gefäß mit geradem, absatzlos in die Schulter übergehendem Hals und Facette; bis auf einen Teil von Rand und Hals vollständig erhalten; außen poliert; Korngröße fein; sorgfältig gearbeitet; H. 8,2 cm, Br. 13,6 cm, Rdm. 12,9 cm, Bdm. 4,2 cm.
2. 2 zerschmolzene Glasreste von 1 bis 2 **Perlen** aus durchscheinendem kobaltblauen Glas.
3. 1 Stück **Urnenharz**.
4. 130 g **Leichenbrand**.

84 Grab 84 (Taf. 12)

(18,00/13,30)

Tiefe 1,05 m.

1. **Schalenurne**; Typ nicht mehr zu ermitteln; Teile von Boden bis Umbruch erhalten; ausgelaugt, ursprünglich überarbeitet; sorgfältig gearbeitet; (ohne Abnutzungsspuren); Br. ca. 25 cm, Bdm. ca. 10 cm; rekonstruiert.
2. 6 Fragmente eines **Armringes** mit einer planen und einer schwach gewölbten Seite; Knochen; zumindest ein Ende gerade abgeschnitten; flache Seite geglättet, gewölbte Seite weniger sorgfältig bearbeitet; erh. L. 19,2 cm, Br. 1 — 1,1 cm.
3. 1 Fragment eines **Armringes** mit D-förmigem Querschnitt und gerundetem Ende; Knochen; nicht sehr sorgfältig bearbeitet; L. 3,7 cm, Br. 0,9 — 1 cm.
4. 4 Fragmente eines **Armringes** mit einer planen und einer gewölbten Seite, gesäumten Rändern und gerade abgeschnittenen Enden (Spongiosa sichtbar); Knochen; plane Seite sorgfältig geglättet, gewölbte Seite weniger sorgfältig bearbeitet; erh. L. 13,8 cm, Br. 0,75 — 1,1 cm.
5. 3 Fragmente eines **Dreilagenkammes**; Form nicht mehr zu ermitteln; braune Verfärbungen deuten auf die Verwendung von Eisennieten.
6. 1 Stück **Urnenharz**.
7. 600 g **Leichenbrand**.

85 Grab 85 (Taf. 12)

(19,30/41,10)

Tiefe 0,30 m; Leichenbrand ab 4,5 cm; in 5 und 6 cm Reste vom Kamm.

1. **Schalenurne** Typ 13, Var. b: Gefäß mit abgesetztem Hals und Facette; etwas ergänzt; außen poliert; Korngröße sehr fein bis fein; Unregelmäßigkeiten in der Form, Überarbeitung im Unterteil außen wenig sorgfältig; H. 12,2 cm, Br. 18,6 cm, Rdm. 17,8 cm, Bdm. 7 cm.
2. 39 Fragmente eines **Dreilagenkammes** mit dreieckigen Griffplatten und Kreisaugenverzierung; Eisenniete: 1,1 — 1,25 cm L.; Zähne von beiden Seiten eingesägt; Abnutzungsspuren.
3. 375 g **Leichenbrand**.

87 Grab 87 (Taf. 13)

(21,20/25,80)

Tiefe 0,35 m; Leichenbrand ab 3 cm unterhalb des Randes.

1. **Schalenurne** Typ 4, Var. a: Gefäß mit geradem Hals, abgesetzter gewölbter Schulter und kantigem Umbruch; vor allem im Oberteil ergänzt; außen poliert; Korngröße fein; Form und Überarbeitung gleichmäßig, Verzierung unsorgfältig; H. 14 cm, Br. 22,1 cm, Rdm. 19,2 cm, Bdm. 7,4 cm.
2. 400 g **Leichenbrand**.

88 Grab 88

(20,90/24,50)

Tiefe 0,35 m; ein Stück vom Kamm.

1. 27 g **Leichenbrand**.

Anm.: Zumindest die als ,,Urne 88'' angesprochenen Scherben gehören zu Urne 82.

89 Grab 89 (Taf. 13)

(20,90/24,00)

1. **Schalenurne** Typ 6, Var. a: Gefäß mit trichterförmigem Hals und abgesetzter konischer Schulter; ursprünglich mit 8 (?) Gruppen aus jeweils 2 Eintiefungen verziert (2 Gruppen erhalten); zwei Drittel ergänzt; ausgelaugt, außen ursprünglich überarbeitet; H. 9,2 cm, Br. 16,8 cm, Rdm. ca. 15,6 cm, Bdm. ca. 6,2 cm.
2. 2 Fragmente eines **Dreilagenkammes**; Form nicht mehr zu ermitteln; braune Verfärbungen deuten auf die Verwendung von Eisennieten.
3. 100 g **Leichenbrand.**

90 Grab 90 (Taf. 13)

(22,50/39,70)

Tiefe 0,25 m; der Leichenbrand beginnt oben; die einzelnen Teile des Knochengerätes (Armring) sind im Leichenbrand verteilt.

1. **Schalenurne** Typ 9, Var. a: s-förmig profiliertes Gefäß mit tiefliegendem Umbruch; insgesamt mit 3 Feldern verziert; Hals fast vollständig ergänzt, Rand nicht erhalten; außen im Oberteil glänzend poliert und im Unterteil geglättet; Korngröße sehr fein; kleine Unregelmäßigkeiten in Form und Verzierung, im Oberteil sorgfältig überarbeitet; Br. 20 cm, Bdm. 7 cm.
2. 3 zerschmolzene und z.T. verbrannte Glasreste von 3 **Perlen**: 1 durchsichtiger hellblauer Glasrest (o. Abb.); 1 stark verbrannter Glasrest (o. Abb.); 1 zerschmolzene gedrückt kugelige/ringförmige ? Perle aus durchscheinendem kobaltblauen Glas.
3. 35 sehr kleine Fragmente und ein Endstück eines **Armringes** mit D-förmigem Querschnitt; Elfenbein; stark verbrannt; sorgfältig geglättet; erh. L. 1,3 cm, Br. 1 — 1,1 cm.
4. 2 Fragmente eines **Armringes** mit rechteckigem Querschnitt, gerade abgeschnittenem Ende und Linienverzierung; Knochen; wenig sorgfältig bearbeitet; am verzierten Fragment zwei Bronzeschmelztropfen; erh. L. 23,1 cm, Br. 0,8 — 0,95 cm, D. 0,2 — 0,3 cm.
5. 2 Fragmente eines **Armringes** mit planer Ober- und Unterseite, gerundeten Kanten und Enden sowie Tremolierstich-, Linien- und Punktverzierung; Bein; sorgfältig geglättet; erh. L. ca. 21,3 cm, Br. 1,2 cm, D. 0,15 cm.
6. 31 Fragmente eines **Dreilagenkammes** mit dreieckigen, im Scheitel gerundeten Griffplatten und Kreisaugenverzierung; Eisenniet: 1 cm L.; Zähne von beiden Seiten eingesägt; an zwei Zähnen sehr kleine Bronzeschmelztropfen.
7. **Bronzerest;** ursprüngliche Funktion nicht mehr zu ermitteln; stark zerschmolzen.
8. 3 **Leichenbrandteile** mit bronzenen Schmelztropfen (o. Abb.).
9. 1 Stück **Urnenharz.**
10. 735 g **Leichenbrand.**

91 Grab 91 (Taf. 14)

(19,65/22,00)

Tiefe 0,50 m.

1. **Schalenurne** Typ 19, Var. c: Gefäß mit profiliertem Oberteil; **Drehscheibenkeramik;** an Rand und Boden ergänzt; außen und innen hell- bis dunkelbraun und hellgraubraun; außen poliert; Korngröße sehr fein; kleine Unregelmäßigkeiten in der Form, Überarbeitung außen sehr sorgfältig; H. 9,1 cm, Br. 14,3 cm, Rdm. 14,2 cm, Bdm. 5,5 cm, WS am Boden 0,1 — 0,2 cm.
2. 5 g **Leichenbrand.**

Anm.: Die geringe Wandstärke wurde vor der Restaurierung vermerkt. Diese geringe Wandstärke macht das Gefäß für den Gebrauch ungeeignet. Es sind jedoch Abnutzungsspuren am Standring festzustellen. Möglicherweise handelt es sich um rezente Abriebspuren.

92 Grab 92 (Taf. 14)

(23,80/23,60)

1. **Schalenurne** Typ 11, Var. a: Gefäß mit abgesetzter profilierter Schulter; insgesamt mit 4 Gruppen aus jeweils 3 Dellen verziert; vor allem im Oberteil und am Boden ergänzt; außen körnig; Korngröße mittel; kleine Unregelmäßigkeiten in Form und Verzierung, Überarbeitung nicht gleichmäßig; ohne Abnutzungsspuren; H. 12,2 cm, Br. 20,6 cm, Rdm. 19,9 cm, Bdm. 6,9 cm.
2. 270 g **Leichenbrand.**

93 Grab 93 (Taf. 14)

(24,80/23,00)

Leichenbrand ab Randhöhe; Beigaben im Leichenbrand.

1. **Topf** Typ 2: Topf mit ausbiegendem Rand und gegliedertem Oberteil; insgesamt mit 5 gefüllten Rillenabschnittbändern verziert; vor allem im Oberteil ergänzt; außen im Oberteil poliert und im Unterteil körnig; Korngröße mittel; kleine Unregelmäßigkeiten in Form und Verzierung, Überarbeitung sorgfältig; H. 12,4 cm, Br. 18,5 cm, Rdm. 15,1 cm, Bdm. 8,7 cm.
2. 4 Fragmente eines **Dreilagenkammes**; Form nicht mehr zu ermitteln; Eisenniet: 0,85 cm L.; Zähne von beiden Seiten eingesägt; Zahnl. 1,7 cm.
3. 1 Stück **Urnenharz.**
4. 650 g **Leichenbrand.**

94 Grab 94 (Taf. 14)

(25,00/22,20)

Leichenbrand ab 4,5 cm unterhalb des Randes.

1. **Schalenurne** Typ 11, Var. b: Gefäß mit abgesetzter profilierter Schulter; fast vollständig erhalten; außen poliert; Korngröße mittel; kleine Unregelmäßigkeiten in Form und Verzierung, Überarbeitung sorgfältig; H. 13,1 — 14,3 cm, Br. 20,9 cm, Rdm. 19,8 cm. Bdm. 7,9 cm.
2. 7 Fragmente eines **Dreilagenkammes**; Form nicht mehr zu ermitteln; Eisenniet: 0,95 cm L.
3. 1 Stück **Urnenharz.**
4. 540 g **Leichenbrand.**

95 Grab 95 (Taf. 14)

(25,50/22,70)

1. **Schalenurne** Typ 18, Var. c: Gefäß mit geradem Oberteil; etwas ergänzt; außen poliert; Korngröße fein und mittel; kleine Unregelmäßigkeiten in der Form, Verzierung unsorgfältig, Überarbeitung sorgfältig; H. 8,8 cm, Br. 12,6 cm, Rdm. 13,2 cm, Bdm. 6,5 cm.
2. 1 Stück **Urnenharz.**
3. 12 g **Leichenbrand.**

96 Grab 96 (Taf. 14)

(26,00/31,10)

Tiefe 0,50 m.

1. **Engmündiges Gefäß** Typ 1: vasenförmiges Gefäß mit kantigem Profil; z.T. ergänzt, Rand und Hals fehlen; außen poliert; Korngröße mittel; gleichmäßig gearbeitet; ohne Abnutzungspuren; Br. 17,7 cm, Bdm. 7,5 cm.
2. 175 g **Leichenbrand.**

97 Grab 97 (Taf. 14)

(26,10/20,40)

Tiefe 0,50 m.

1. **Schalenurne** Typ 4, Var. a: Gefäß mit trichterförmigem Hals, abgesetzter gewölbter Schulter und kantigem Umbruch; vor allem im Oberteil und am Boden stark ergänzt; außen im Oberteil glänzend poliert und im Unterteil körnig und poliert; Korngröße fein; sorgfältig gearbeitet; H. 10,5 cm, Br. 16,4 cm, Rdm. ca. 16,2 cm. Bdm. 7,9 cm.
2. 1 Stück **Urnenharz.**
3. **Holzkohle.**
4. 17 g **Leichenbrand.**

98 Grab 98 (Taf. 15)

(27,60/20,40)

Tiefe 0,50 m.

1. **Schalenurne** Typ 9, Var. a: s-förmig profiliertes Gefäß mit tiefliegendem Umbruch; Unterteil mit 4 Strahlen verziert: 2 Strahlen bestehen aus jeweils 2 Rillenabschnitten, 2 aus jeweils 3 Rillenabschnitten, die Abstände zwischen den Strahlen sind unterschiedlich; vor allem im Oberteil stark ergänzt; außen poliert; Korngröße grob; kleine Unregelmäßigkeiten in der Verzierung, Überarbeitung im Unterteil weniger sorgfältig als im Oberteil; H. 13 cm, Br. 20,7 cm, Rdm. ca. 19,9 cm, Bdm. ca. 7,3 cm (Boden nicht deutlich abgesetzt).
2. 3 Fragmente eines **Dreilagenkammes;** Form nicht mehr zu ermitteln; Eisenniet: 1 cm L.; Zähne von beiden Seiten eingesägt.
3. 100 g **Leichenbrand.**

99 Grab 99 (Taf. 14)

(30,55/31,70)

Tiefe 0,35 m.

1. **Schalenurne** Typ 15/16; Var. a: Gefäß mit Facette; Form des Halses nicht mehr zu ermitteln; zumindest ausgelaugt, außen ursprünglich überarbeitet; Bdm. ca. 7 cm; rekonstruiert.
2. 1 Fragment eines **Dreilagenkammes;** Form nicht mehr zu ermitteln.
3. 34 g **Leichenbrand.**

100 Grab 100 (Taf. 15)

(31,10/29,30)

Tiefe 0,35 m; Leichenbrand ab 2 cm unterhalb des Randes.

1. **Schalenurne** Typ 7, Var. a: Gefäß mit geradem, absatzlos in die konische Schulter übergehendem Hals; stark ergänzt; außen glänzend poliert; Korngröße fein; sorgfältig gearbeitet; H. 13 cm, Br. 22,6 cm, Rdm. 19,5 cm, Bdm. ca. 7,5 cm.
2. 2 Fragmente eines **Armringes** mit rechteckigem Querschnitt; Knochen; Oberfläche grob geglättet; erh. L. insgesamt 5,6 cm, Br. 0,7 — 0,8 cm, D. 0,29 — 0,36 cm.
3. 1 Fragment eines **Armringes** mit abgeflachten Seiten und gerundeten Kanten; Knochen; Oberfläche grob geglättet; erh. L. 4,1 cm, Br. 0,9 cm, D. 0,33 — 0,35 cm.
4. 3 Fragmente eines **Dreilagenkammes** mit dreieckigen Griffplatten; braune Verfärbungen deuten auf die Verwendung von Eisennieten.
5. 4 Stücke **Urnenharz.**
6. 675 g **Leichenbrand.**

101 Grab 101 (Taf. 15)

(29,10/28,20)

Tiefe 0,35 m.

1. **Schalenurne;** Typ nicht mehr zu ermitteln; Boden und meist kleine Scherben erhalten; außen poliert; Korngröße mittel bis grob; ohne Abnutzungsspuren; Bdm. ca. 8 cm; rekonstruiert.
2. 1 Fragment eines **Dreilagenkammes;** Form nicht mehr zu ermitteln; sorgfältig gearbeitet.
3. 9 g **Leichenbrand.**

102 Grab 102 (Taf. 15)

(29,40/24,40)

Tiefe 0,40 m; Leichenbrand ab 4 cm unterhalb des Randes; Beigaben im Leichenbrand.

1. **Schalenurne** Typ 7, Var. a: Gefäß mit trichterförmigem, absatzlos in die konische Schulter übergehendem Hals; etwas ergänzt; außen im Oberteil poliert und im Unterteil körnig; Korngröße mittel; bis auf kleine Unregelmäßigkeiten in Form und Verzierung sorgfältig gearbeitet; H. 13 cm, Br. 23,2 cm, Rdm. 22,5 cm, Bdm. 8 cm.

2. 12 Fragmente eines **Dreilagenkammes** mit dreieckigen Griffplatten; Eisenniet: 1,1 cm L.; Zähne von beiden Seiten eingesägt.
3. Ca. 4 Stücke **Urnenharz**; zerbrochen.
4. 620 g **Leichenbrand**.

2. 3 **Randscherben**; außen poliert; Korngröße fein (o. Abb.).
3. 1 **Umbruchscherbe**; außen poliert; Korngröße fein (o. Abb.).
4. 3 g **Leichenbrand**.

103 Grab 103 (Taf. 15)

(31,40/21,75)

Tiefe 0,55 m; Leichenbrand ab 4,5 cm unterhalb des Randes.

1. **Schalenurne** Typ 13, Var. b: Gefäß mit abgesetztem Hals und Facette; fast vollständig erhalten; außen poliert; Korngröße mittel; bis auf kleine Unregelmäßigkeiten in der Verzierung sorgfältig gearbeitet; H. 13 cm, Br. 23,2 cm, Rdm. 21 cm, Bdm. 10,5 cm.
2. 6 zerschmolzene Glasreste von einer oder mehr **Perlen** aus durchscheinendem kobaltblauen Glas (o. Abb.).
3. 15 Fragmente eines **Dreilagenkammes** mit dreieckigen Griffplatten; Eisenniet: 0,8 cm L.
4. 4 **Bronzeblechfragmente**; ursprüngliche Funktion nicht mehr zu ermitteln.
5. 520 g **Leichenbrand**.

104 Grab 104 (Taf. 16)

(29,90/20,60)

Tiefe 0,60 m.

1. **Schalenurne** Typ 6, Var. a: Gefäß mit geradem Hals und abgesetzter konischer Schulter; insgesamt mit 4 Feldern verziert: zentrales Motiv der Felder abwechselnd Dellen und aufgesetzte Buckel, ein Buckel nachträglich durchbohrt (Öse); vollständig erhalten; außen poliert; Korngröße mittel; bis auf kleine Unregelmäßigkeiten sorgfältig gearbeitet; H. 11,3 cm, Br. 19,3 cm, Rdm. 17,1 cm, Bdm. 8,7 cm.
2. 3 Fragmente eines **Armringes** mit D-förmigem Querschnitt; Elfenbein; erh. L. insgesamt 3,2 cm, Br. 1,1 cm.
3. 2 Fragmente eines **Dreilagenkammes** mit Verzierung aus Kreisaugen und konzentrischen Kreisen; Form nicht mehr zu ermitteln; braune Verfärbungen deuten auf die Verwendung von Eisennieten.
4. 370 g **Leichenbrand**.

105 Grab 105 (Taf. 16)

(32,20/25,60)

Tiefe 0,30 m.

1. **Schalenurne** Typ 13, Var. a: Gefäß mit abgesetztem Hals und Facette; Verzierung nicht mehr zu ermitteln; Teile von Boden bis Schulter sowie Einzelscherben erhalten; außen glänzend poliert; Korngröße mittel; Überarbeitung außen sehr sorgfältig, Unregelmäßigkeiten in der Verzierung; Br. ca. 23 cm, Bdm. mind. 12 cm; rekonstruiert.

106 Grab 106 (Taf. 16)

(32,85/28,50)

Tiefe 0,45 m; Leichenbrand ab 5 cm unterhalb des Randes.

1. **Schalenurne** Typ 11, Var. b: Gefäß mit abgesetzter profilierter Schulter; etwas ergänzt; außen körnig; Korngröße mittel; Form sorgfältig, kleine Unregelmäßigkeiten in der Verzierung; H. 13,5 cm, Br. 22,2 cm, Rdm. 18,9 cm, Bdm. 9,5 cm.
2. 3 Fragmente eines **Dreilagenkammes** mit kreissegmentförmigen Griffplatten; Eisenniete: 1 cm L.
3. 1 Stück **Urnenharz**.
4. **Holzkohle**.
5. 295 g **Leichenbrand**.

107 Grab 107 (Taf. 16)

(31,90/32,60)

Tiefe 0,40 m.

1. **Schalenurne** Typ 13, Var. b: Gefäß mit abgesetztem Hals und Facette; z.T. ergänzt; außen glänzend poliert; Korngröße fein; sorgfältig gearbeitet, Oberteil sorgfältiger überarbeitet als Unterteil; H. 12,4 cm, Br. 23,6 cm, Rdm. 21 cm, Bdm. ca. 8 cm.
2. 2 **Scherben** mit Riefenverzierung; sekundär gebrannt? (o. Abb.).
3. 37 Fragmente eines **Dreilagenkammes** mit dreieckigen Griffplatten und Resten einer Kreisaugenverzierung; Eisenniet: 0,85 cm L.; Zähne von beiden Seiten eingesägt; Zahnl. 2,5 cm.
4. 2 Stücke **Urnenharz**.
5. 600 g **Leichenbrand**.

108 Grab 108 (Taf. 16)

(32,55/23,40)

Tiefe 0,35 m.

1. **Schalenurne**; Typ und Muster nicht mehr zu ermitteln; Teile von Boden und Wandung sowie Einzelscherben erhalten; außen poliert; Korngröße fein; ohne Abnutzungsspuren; Bdm. 6,5 — 7 cm.
2. 1 **Randscherbe**; außen körnig; Korngröße fein (o. Abb.).
3. 25 Fragmente eines **Dreilagenkammes** mit dreieckigen Griffplatten; Eisenniet: 1 cm L.; Zähne von beiden Seiten eingesägt; Zahnl. 2,2 cm.
4. 1 Stück **Urnenharz**.
5. 500 g **Leichenbrand**.

109 Grab 109 (Taf. 17)

(33,60/21,60)

Tiefe 0,30 m; Reste einer Urne mit Leichenbrand.

1. **Schalenurne** Typ 13, Var. a: Gefäß mit abgesetztem Hals und Facette; etwa die Hälfte von Boden und aufgehender Wandung sowie Einzelscherben erhalten; außen poliert; Korngröße fein; Form und Verzierung sorgfältig, Überarbeitung sehr sorgfältig; Br. ca. 23 cm; Bdm. 7,6 — 8,0 cm; rekonstruiert.

110 Grab 110 (Taf. 16)

(34,30/24,00)

Tiefe 0,45 m.

1. **Schalenurne** Typ 9, Var. a: s-förmig profiliertes Gefäß mit tiefliegendem Umbruch; nur z.T. zusammensetzbar; außen poliert; Korngröße mittel; innen nicht gleichmäßig überarbeitet; H. rek. 10,5 cm, Br. ca. 16 cm, Rdm. rek. 16,9 cm, Bdm. 6 — 7 cm; rekonstruiert.
2. 2 g **Leichenbrand.**

111 Grab 111 (Taf. 17)

(32,90/23,30)

Tiefe 0,30 m; Leichenbrand ab Umbruchhöhe.

1. **Schalenurne** Typ 2, Var. a: Gefäß mit geradem Hals, abgesetzter gewölbter Schulter und rundem Umbruch; fast vollständig erhalten; außen glänzend poliert; Korngröße mittel; Form und Verzierung gleichmäßig, Überarbeitung sehr sorgfältig; H. 14,3 cm, Br. 21,5 cm, Rdm. 20,7 cm, Bdm. 7,5 cm.
2. 3 zerschmolzene Glasreste vermutlich mehrerer **Perlen** aus durchscheinendem kobaltblauen Glas (o. Abb.).
3. 5 Fragmente eines **Dreilagenkammes** mit dreieckigen Griffplatten; braune Verfärbungen deuten auf die Verwendung von Eisennieten.
4. 3 Stücke **Urnenharz.**
5. 450 g **Leichenbrand.**

112 Grab 112 (Taf. 17)

(32,50/20,90)

Tiefe 0,30 m; 3 Stücke Leichenbrand.

1. **Schalenurne;** Typ nicht mehr zu ermitteln; wenige Scherben erhalten; außen poliert; Korngröße mittel; Bdm. 5,6 cm; rekonstruiert.

113 Grab 113 (Taf. 17)

(34,75/22,40)

Tiefe 0,40 m; Leichenbrand ab Umbruchhöhe.

1. **Schalenurne** Typ 12, Var. a: Gefäß mit absatzlos in die profilierte Schulter übergehendem Hals; etwa zur Hälfte ergänzt; außen poliert; Korngröße sehr fein; Unregelmäßigkeiten in der Form; H. 15,2 cm, Br. 19,8 cm, Rdm. 18,3 cm, Bdm. 10,3 cm.
2. 1 Fragment eines **Dreilagenkammes** mit dreieckigen Griffplatten und Verzierung aus konzentrischen Kreisen und Kreisaugen.
3. 3 Stücke **Urnenharz.**
4. **Holzkohle.**
5. 270 g **Leichenbrand.**

114 Grab 114 (Taf. 17)

(32,75/18,70)

Tiefe 0,40 m.

1. **Pokal;** vor allem im Oberteil ergänzt; außen poliert; Korngröße sehr fein; kleine Unregelmäßigkeiten in der Form, Überarbeitung und Verzierung sorgfältig; H. 14,4 cm, Br. 18,7 cm, Rdm. 17 cm, Bdm. 8,2 cm.
2. 70 g **Leichenbrand.**

115 Grab 115 (Taf. 17)

(33,85/19,85)

Tiefe 0,50 m.

1. **Schalenurne** Typ 6, Var. a: Gefäß mit trichterförmigem Hals und abgesetzter konischer Schulter; insgesamt mit 4 Gruppen aus 5 bis 7 dreieckigen Eintiefungen verziert; fast vollständig erhalten; außen glänzend poliert; Korngröße sehr fein bis fein; Form gleichmäßig, Überarbeitung sehr sorgfältig, kleine Unregelmäßigkeiten in der Verzierung; H. 8,7 cm, Br. 14,8 cm, Rdm. 14,4 cm, Bdm. ca. 6 cm.
2. 2 Fragmente eines **Dreilagenkammes;** Form nicht mehr zu ermitteln; korrodierter Eisenniet: 1,1 cm L.; Zähne von beiden Seiten eingesägt (o. Abb.).
3. 22 g **Leichenbrand.**

116 Grab 116 (Taf. 17)

(15,20/44,00)

Tiefe 0,55 m.

1. **Schalenurne** Typ 10, Var. b: s-förmig profiliertes Gefäß mit hochliegendem Umbruch; Rand und Hals etwa zur Hälfte ergänzt; außen poliert; Korngröße sehr fein bis fein; Unregelmäßigkeiten in der Form, Überarbeitung außen wenig sorgfältig, Verzierung flüchtig; H. 8,2 cm, Br. 16,8 cm, Rdm. 15,7 cm, Bdm. 7 — 7,6 cm.
2. 50 g **Leichenbrand.**

117 Grab 117 (Taf. 18)

(14,90/41,60)

Tiefe 0,65 m.

1. **Schalenurne;** Typ nicht mehr zu ermitteln; sehr wenige Scherben erhalten; ausgelaugt, außen ursprünglich poliert; Br. ca. 22 cm; rekonstruiert.
2. 1 Stück **Urnenharz.**
3. 45 g **Leichenbrand.**

118 Grab 118 (Taf. 18)

(13,40/44,50)

Tiefe 0,70 m; Leichenbrand ab Umbruchhöhe; 4 Scherben eines Drehscheibengefäßes im Leichenbrand.

1. **Kumpf** Typ 2, Var. a: mittelgroßer Kumpf; vollständig erhalten; außen aufgerauht (horizontale Arbeitsrichtung) und die oberen 1,5 bis 2,5 cm geglättet, innen geglättet; Korngröße grob; kleine Unregelmäßigkeiten in der Form, Überarbeitung innen sorgfältig; H. 11 cm, Br. 15,2 cm, Rdm. 12,2 cm, Bdm. 7 cm.
2. 2 **Scherben**; **Drehscheibenkeramik**; hellbraun, im Bruch dunkelgrau; außen rauh; Korngröße sehr fein.
3. 280 g **Leichenbrand**.

119 Grab 119 (Taf. 18)

(13,30/39,40)

Tiefe 0,70 m; Leichenbrand ab 2 cm oberhalb des Umbruchs.

1. **Schalenurne** Typ 12, Var. a: Gefäß mit absatzlos in die profilierte Schulter übergehendem Hals; stark ergänzt; außen geglättet; Korngröße überwiegend mittel; Form sehr unregelmäßig; H. 15 — 16,4 cm, Br. 22,1 — 23,3 cm, Rdm. 18,3 cm, Bdm. 9,5 — 9,8 cm.
2. **Holzkohle**.
3. 450 g **Leichenbrand**.

120 Grab 120

(35,90/37,25)

Tiefe 0,20 m.

1. **Gefäß**; Form und Maße nicht mehr zu ermitteln; wenige Scherben erhalten; außen poliert; Korngröße mittel; WS 0,5 cm, am Boden 0,65 — 1 cm (o. Abb.).
2. 35 g **Leichenbrand**.

121 Grab 121 (Taf. 18)

(35,60/34,60)

Tiefe 0,25 m.

1. **Schalenurne**; Typ nicht mehr zu ermitteln; Teile von Hals bis Unterteil, bzw. Boden und aufgehender Wandung erhalten; außen poliert; Korngröße fein; sorgfältig gearbeitet; Br. ca. 21 cm, Bdm. ca. 8 cm; rekonstruiert.
2. 14 g **Leichenbrand**.

122 Grab 122 (Taf. 18)

(37,00/33,55)

Tiefe 0,20 m.

1. **Schalenurne**; Typ nicht mehr zu ermitteln; wenige Scherben erhalten; außen im Oberteil schwach körnig und im Unterteil stark körnig; Korngröße mittel; wenig sorgfältig gearbeitet; ohne Abnutzungsspuren; Br. unter 20 cm, Bdm. ca. 8 cm; rekonstruiert.
2. 55 g **Leichenbrand**.

123 Grab 123 (Taf. 18)

(35,90/33,70)

Tiefe 0,45 m; Leichenbrand ab 5 cm oberhalb des Bodens.

1. **Schalenurne** Typ 10, Var. a: s-förmig profiliertes Gefäß mit hochliegendem Umbruch; insgesamt mit 5 Gruppen aus jeweils 2 Rillenabschnitten verziert; fast vollständig erhalten, am Rand etwas ergänzt; außen körnig; Korngröße fein; kleine Unregelmäßigkeiten in der Form, Überarbeitung und Verzierung etwas flüchtig; (ohne Abnutzungsspuren); H. 10,7 cm, Br. 17,6 cm, Rdm. 16,8 cm, Bdm. 7,1 cm.
2. Kleinste **Eisenteilchen**.
3. 120 g **Leichenbrand**.

124 Grab 124 (Taf. 19)

(36,70/28,35)

Tiefe 0,40 m; Leichenbrand ab Rand; in 4,5 cm Tiefe unterhalb des Randes ein „Knochengerät" (Armring); 2 Stücke Urnenharz.

1. **Schalenurne** Typ 14: Gefäß mit von der Schulter durch eine Leiste abgesetztem Hals und Facette; etwas ergänzt; außen glänzend poliert, Strahlen abwechselnd poliert und körnig; Korngröße fein; bis auf kleine Unregelmäßigkeiten in Form und Verzierung sorgfältig gearbeitet; H. 14,4 cm, Br. 22,8 cm, Rdm. 21,1 cm, Bdm. 7,5 cm.
2. 1 **Scherbe**; sekundär gebrannt?; außen poliert; Korngröße fein; Datierung fraglich (o. Abb.).
3. 1 Fragment eines **Armringes** mit etwa rechteckigem Querschnitt; Knochen; nicht gleichmäßig geformt; Oberfläche geglättet; erh. L. 6,1 cm, Br. 0,75 cm, D. 0,25 — 0,4 cm.
4. 2 Fragmente eines **Armringes** mit einer abgeflachten und einer schwach gewölbten Seite sowie gesäumten Kanten; z.T. D-förmiger Querschnitt; am erhaltenen Ende abgeschnitten; Knochen; sorgfältig geglättet; erh. L. 18,7 cm, Br. 0,35 — 1,28 cm, D. 0,15 — 0,35 cm.
5. 3 Fragmente eines **Dreilagenkammes**; Form nicht mehr zu ermitteln; Zähne von vorne eingesägt.
6. **Holzkohle**.
7. 375 g **Leichenbrand**.

125 Grab 125 (Taf. 18)

(27,05/31,60)

Tiefe 0,05 m „unter Niveau"; Leichenbrand ab Umbruchhöhe.

1. **Schalenurne** Typ 6, Var. b: Gefäß mit geradem Hals und abgesetzter konischer Schulter; insgesamt mit 4 Gruppen aus jeweils 2 Rillenabschnitten verziert; fast vollständig erhalten; außen poliert; (Korngröße mittel); sorgfältig gearbeitet; H. 10,2 cm, Br. 18,8 cm, Rdm. 17,1 cm, Bdm. 6,7 cm.
2. 3 Stücke **Urnenharz**.
3. 200 g **Leichenbrand**.

126 Grab 126 (Taf. 18)

(22,80/42,00)

Eisenniet.

1. **Schalenurne** Typ 13, Var. a: Gefäß mit abgesetztem Hals und Facette; insgesamt mit 8 Gruppen aus 4 bis 6 Kerben und 9 Strahlen verziert; vollständig erhalten; außen poliert, im Unterteil schmale polierte Strahlen (vertikale Arbeitsrichtung) und breite körnige Strahlen; Korngröße mittel; kleine Unregelmäßigkeiten in der Form, Verzierung unsorgfältig, Überarbeitung innen sorgfältig; H. 12,9 cm, Br. 20,8 cm, Rdm. 19,1 cm, Bdm. ca. 7 cm (Boden nicht deutlich abgesetzt).
2. 4 Stücke **Urnenharz**: 1 Stück mit Zahnabdruck.
3. 580 g **Leichenbrand**.

127 Grab 127 (Taf. 19)

(33,80/24,00)

Tiefe 0,60 m; Leichenbrand ab 2 cm unterhalb des Randes.

1. **Schalenurne** Typ 13, Var. b: Gefäß mit abgesetztem Hals und Facette; etwas ergänzt; außen poliert; Korngröße fein; sorgfältig gearbeitet; H. 11,5 cm, Br. 19,2 cm, Rdm. 17,5 cm, Bdm. 8,6 cm.
2. 1 Stück **Urnenharz**.
3. 355 g **Leichenbrand**.

128 Grab 128 (Taf. 19)

(32,90/26,40)

Tiefe 0,65 m; Leichenbrand ab 3 cm unterhalb des Randes.

1. **Schalenurne** Typ 11, Var. b: Gefäß mit abgesetzter profilierter Schulter; insgesamt mit 4 Gruppen aus jeweils 3 bis 4 Kerben verziert; fast vollständig erhalten; außen poliert; Korngröße fein; sorgfältig gearbeitet; H. 11,5 cm, Br. 20,5 cm, Rdm. 19,2 cm, Bdm. 7,8 cm.
2. 1 **Scherbe**; außen geglättet; Korngröße mittel (o. Abb.).
3. 1 **Scherbe**; außen poliert; Korngröße fein (o. Abb.).
4. 8 Fragmente eines **Dreilagenkammes**; Form nicht mehr zu ermitteln; braune Verfärbungen deuten auf die Verwendung von Eisennieten; 1 Zahnplättchen ohne Nietloch; Zähne von beiden Seiten eingesägt.
5. 1 Stück **Urnenharz**.
6. 465 g **Leichenbrand**.

129 Grab 129

(40,00/41,50)

Tiefe nicht mehr festzustellen, da unter dem Abraum; sekundäre Lage möglich; nur noch Reste eines Gefäßes und etwas Leichenbrand.

1. **Gefäß** mit Rillenverzierung; Form und Maße nicht mehr zu ermitteln; wenige Scherben erhalten; außen poliert; Korngröße fein (o. Abb.).
2. 5 g **Leichenbrand**.

Anm.: Die Gräber 129 und 142 sind vermischt worden. Der Leichenbrand gehört vermutlich zu Urne 129.

130 Grab 130 (Taf. 19)

(42,30/43,30)

1. **Schalenurne** Typ 4, Var a: Gefäß mit trichterförmigem Hals, abgesetzter gewölbter Schulter und kantigem Umbruch; etwas ergänzt; außen im Oberteil glänzend poliert und im Unterteil geglättet; Korngröße mittel; Unregelmäßigkeiten in der Form, Überarbeitung sorgfältig; H. 11,2 — 12,4 cm, Br. 18 cm, Rdm. 15,9 cm, Bdm. 7 cm.
2. 1 **Scherbe**; außen poliert; Korngröße fein (o. Abb.).
3. 3 Stücke **Urnenharz**: 1 Stück mit Fingerabdruck, 1 Stück mit Feuerspuren.
4. 15 g **Leichenbrand**.

131 Grab 131 (Taf. 20)

(45,90/47,50)

Tiefe 0,28 m; Leichenbrand ab 2 cm oberhalb des Umbruchs.

1. **Schalenurne** Typ 12, Var. b: Gefäß mit absatzlos in die profilierte Schulter übergehendem Hals; vollständig erhalten; außen poliert; Korngröße fein; sorgfältig gearbeitet; H. 13,2 cm, Br. 20,9 cm, Rdm. 19,7 cm, Bdm. 8,8 cm.
2. 1 Fragment einer **Pinzette;** erh. L. 2,25 cm, Br. max. 0,75 cm.
3. 3 Stücke **Urnenharz**.
4. **Holzkohle**.
5. 560 g **Leichenbrand**.

132 Grab 132 (Taf. 20)

(45,60/43,70)

Tiefe 0,30 m.

1. **Schalenurne** Typ 9, Var. b: s-förmig profiliertes Gefäß mit tiefliegendem Umbruch; an Rand und Hals ergänzt; außen glänzend poliert; Korngröße überwiegend sehr fein; sorgfältig gearbeitet; H. 9 cm, Br. 15,5 cm, Rdm. ca. 15,1 cm, Bdm. 7 cm.
2. 1 **Scherbe**; außen poliert; Korngröße fein (o. Abb.).
3. Kleinste **Eisenteilchen**.
4. 125 g **Leichenbrand**.

Anm.: Zehn zur Urne gehörende Scherben fanden sich auf der Fläche um die Urnen 131 bis 133.

133 Grab 133 (Taf. 20)

(45,20/44,80)

Tiefe 0,36 m; ,,in einer, oberhalb der Urne deutlich erkennbaren, graugelben Verfärbung.''

1. **Schalenurne** Typ 7, Var. a: Gefäß mit geradem, absatzlos in die konische Schulter übergehendem Hals; vor allem am Boden ergänzt; außen poliert; Korngröße fein und mittel; sorgfältig gearbeitet; H. 11,7 cm, Br. 23,3 cm, Rdm. 20 cm, Bdm. 7,1 cm.
2. 15 Fragmente eines **Dreilagenkammes** mit dreieckigen, im Scheitel kantigem Griffplatten; Eisenniete: mind. 0,9 cm L.
3. 405 g **Leichenbrand**.

134 Grab 134 (Taf. 20)

(43,10/40,50)

Tiefe 0,20 m.

1. **Schalenurne** Typ 1, Var. a: Gefäß mit konischem Hals, abgesetzter gewölbter Schulter und rundem Umbruch; etwas ergänzt; außen glänzend poliert; Korngröße mittel; sorgfältig gearbeitet; H. 16 cm, Br. 22,2 cm, Rdm. 20,8 cm, Bdm. 9,3 cm.
2. 3 Stücke **Urnenharz**.
3. 65 g **Leichenbrand**.

135 Grab 135 (Taf. 20)

(44,00/40,50)

1. **Schalenurne** Typ 7, Var. a: Gefäß mit geradem, absatzlos in die konische Schulter übergehendem Hals; ca. zwei Drittel ergänzt; außen poliert; Korngröße fein; Form gleichmäßig, kleine Unregelmäßigkeiten in der Verzierung; H. 12,5 cm, Br. ca. 19,6 cm, Rdm. ca. 20 cm, Bdm. ca. 9,5 cm, WS stellenweise 0,3 cm.
2. 6 Fragmente eines **Armringes** mit D-förmigem Querschnitt; ein Ende eingeschnürt und mit Kerben verziert, das andere Ende schwach verjüngt und mit Furchen verziert; Knochen; erh. L. 18 cm, Br. 0,5 — 1,7 cm, D. 0,2 — 0,4 cm.
3. 2 Fragmente eines **Dreilagenkammes**; Form nicht mehr zu ermitteln; Eisenniet: max. 1 cm L.
4. 2 winklig gebogene **Bronzebleche**; (Beschläge?); L. 5,3 cm und 5,55 cm, Br. 0,3 cm.
5. 1 Stück **Urnenharz**.
6. 58 g **Leichenbrand**.

136 Grab 136 (Taf. 21)

(48,20/42,00)
In grobkiesigem Boden; Leichenbrand ab 4 cm unterhalb des Randes; Beigaben im Leichenbrand; 1 Stück Leichenbrand neben der Urne.

1. **Schalenurne** Typ 18, Var. a: Gefäß mit konischem Oberteil; im Oberteil etwas ergänzt; außen körnig; Korngröße mittel; Form sehr unregelmäßig, Überarbeitung unsorgfältig; H. 14,2 — 15,6 cm, Br. 20,8 cm, Rdm. 18,5 cm, Bdm. 9,8 cm.
2. 1 **Randscherbe**; außen geglättet; Korngröße überwiegend fein (o. Abb.).
3. 9 Fragmente eines **Armringes** mit wahrscheinlich D-förmigem Querschnitt; Elfenbein; stark verbrannt; Br. mind. 1 cm.
4. 7 Fragmente eines **Dreilagenkammes**; Form nicht mehr zu ermitteln; braune Verfärbungen deuten auf die Verwendung von Eisennieten; Kerben an der unteren Kante der Griffplatten vom Einsägen der Zähne.
5. **Bronzeblech**; (Beschlag?); L. 2,5 cm, Br. bis 1,4 cm.
6. **Bronzeblech**; (Beschlag eines Kästchens?); L. 4 cm, Br. 0,6 — 1,0 cm.
7. **Holzkohle**.
8. 630 g **Leichenbrand**.

137 Grab 137 (Taf. 21)

(11,45/45,05)

Tiefe 0,60 m unter der heutigen Oberfläche.

1. **Schalenurne** Typ 5, Var. a: Gefäß mit konischem Hals und abgesetzter konischer Schulter; vor allem an Rand und Boden ergänzt; außen körnig; Korngröße fein; Form sehr unregelmäßig, Verzierung wenig sorgfältig, innen gleichmäßig überarbeitet; H. 13,3 — 15,1 cm, Br. 22,9 cm, Rdm. ca. 20,1 cm, Bdm. ca. 8,8 cm.
2. 4 g **Leichenbrand**.

138 Grab 138 (Taf. 21)

(11,20/43,80)

Tiefe 0,65 m unter der heutigen Oberfläche; Leichenbrand ab 3 cm über dem Boden; Beigaben im Leichenbrand.

1. **Topf** Typ 3: Topf mit unbetontem Rand; Rand und Hals fast zur Hälfte ergänzt; außen im Oberteil glänzend poliert und im Unterteil geglättet; Korngröße mittel; kleine Unregelmäßigkeiten in der Form, im Oberteil sorgfältiger überarbeitet als im Unterteil; H. 12,5 cm, Br. 17,8 cm, Rdm. 15,2 cm, Bdm. 7,5 cm.
2. 7 Fragmente eines **Dreilagenkammes**; Form nicht mehr zu ermitteln; braune Verfärbungen deuten auf die Verwendung von Eisennieten; Zähne von beiden Seiten eingesägt.
3. Kleinste **Eisenteilchen**.
4. 2 Stücke **Urnenharz**: 1 Stück mit Feuerspuren.
5. 120 g **Leichenbrand**.

139 Grab 139 (Taf. 21)

(10,20/44,30)

Tiefe 0,55 m; Beigaben im Leichenbrand; im Leichenbrand ein Stück Holzkohle.

1. **Gefäß**; Form nicht mehr zu ermitteln; Boden und Teile der aufgehenden Wandung erhalten; außen körnig, Boden und untere 1 bis 2 cm geglättet; Korngröße mittel; Unregelmäßigkeiten in der Form; Br. mind. 23 cm, Bdm. 13 cm.
2. 1 Fragment eines **Armringes**?; Elfenbein?, stark verbrannt (o. Abb.).
3. 10 — 12 Fragmente eines **Dreilagenkammes**; Form nicht mehr zu ermitteln; Eisenniet: 1,05 cm L. (o. Abb.).
4. **Bronzeblechfragment**; Funktion nicht mehr zu ermitteln; L. 1,05 cm, Br. 0,8 cm.
5. 1 Stück **Urnenharz**.
6. 170 g **Leichenbrand**.

140 Grab 140 (Taf. 21)

(55,40/41,80)

Tiefe 0,20 m.

1. **Schalenurne** Typ 10, Var. a: s-förmig profiliertes Gefäß mit hochliegendem Umbruch; ca. zwei Drittel des Unter-

teils mit Teilen von Schulter und Hals erhalten; außen poliert; Korngröße mittel; kleine Unregelmäßigkeiten in der Form; Br. 22,2 cm, Bdm. 8 cm; rekonstruiert.

2. 1 Fragment eines **Dreilagenkammes**; Form nicht mehr zu ermitteln; braune Verfärbungen deuten auf die Verwendung von Eisennieten (o. Abb.).
3. 4 Stücke **Urnenharz**.
4. **Holzkohle**.
5. 155 g **Leichenbrand**.

141 Grab 141 (Taf. 22)

(12,50/38,60)

Tiefe 0,65 m.

1. **Schalenurne**; Typ nicht mehr zu ermitteln; Boden mit Teilen der Wandung und eine Scherbe des Oberteils erhalten; Umbruch ursprünglich mit 4 bis 5 Buckeln (3 in Ansätzen erhalten) und Unterteil mit 10 Strahlen verziert; außen poliert; Korngröße mittel; kleine Unregelmäßigkeiten in der Verzierung; ohne Abnutzungsspuren; Br. 21 cm, Bdm. 6,6 — 7 cm; rekonstruiert.
2. 25 g **Leichenbrand**.

142 Grab 142 (Taf. 21)

(82,35/43,30)

Tiefe 0,30 m; steiniger Boden; ,,nur zwei Stück verbrannter Knochen, wohl kaum Leichenbrand von einem Menschen''.

1. **Schalenurne** Typ 8, Var. a: Gefäß mit einschwingendem, absatzlos in die Schulter übergehendem Hals und kantigem Umbruch; im Oberteil ergänzt; außen poliert; Korngröße mittel; Form gleichmäßig; kleine Unregelmäßigkeiten in der Verzierung; H. 6 cm, Br. 9,9 cm, Rdm. 7,3 cm, Bdm. ca. 4,3 cm (Boden nicht deutlich abgesetzt).

143 Grab 143 (Taf. 22)

(11,75/43,00)

1. **Gefäß**; Form und Maße nicht mehr zu ermitteln; fast vollständig vergangen; Korngröße fein (o. Abb.).
2. **Geweihscheibe**; fragmentiert erhalten; sorgfältig geglättet; Dm. ursprünglich ca. 4 cm, D. 0,5 — 0,7 cm.
3. 3 Fragmente eines **Dreilagenkammes** mit Linienverzierung; Form nicht zu ermitteln.
4. 4 Stücke **Urnenharz**: 1 Stück mit Fingerabdruck.
5. 300 g **Leichenbrand**.

144 Grab 144 (Taf. 22)

(10,30/38,20)

Tiefe 0,75; Leichenbrand ab Umbruchhöhe.

1. **Schalenurne** Typ 13, Var. a: Gefäß mit abgesetztem Hals und Facette; insgesamt in jedem Streifen mit jeweils 5 Gruppen aus jeweils 3 Eintiefungen verziert; vollständig erhalten; außen poliert; Korngröße fein oder mittel; kleine Unregelmäßigkeiten in Form und Verzierung, Überarbeitung sorgfältig; H. 12,2 cm, Br. 19,5 cm, Rdm. 19 cm, Bdm. 7,7 cm.
2. 5 — 7 Fragmente eines **Dreilagenkammes** mit Kreisaugenverzierung; Form nicht zu ermitteln.
3. 300 g **Leichenbrand**.

145 Grab 145 (Taf. 22)

(12,15/35,60)

Tiefe 0,60 m.

1. **Schalenurne** Typ 12, Var. a: Gefäß mit absatzlos in die profilierte Schulter übergehendem Hals; Unterteil mit Teilen von Hals und Schulter sowie Randscherben erhalten; außen geglättet; Korngröße fein; kleine Unregelmäßigkeiten in der Form, Überarbeitung wenig sorgfältig; Br. 22,3 cm, Bdm. 10,8 cm; rekonstruiert.
2. **Perle** aus durchsichtigem farblosen Glas; stark verbrannt.
3. 13 Fragmente eines **Dreilagenkammes** mit dreieckigen Griffplatten; Eisenniet: 0,8 cm L.; Zähne von beiden Seiten eingesägt.
4. 3 Stücke **Urnenharz**.
5. **Holzkohle**.
6. 425 g **Leichenbrand**.

146 Grab 146 (Taf. 22)

(76,00/38,40)

Tiefe 0,35 m.

1. **Schalenurne** Typ 5/6: Gefäß mit abgesetzter konischer Schulter; Stellung des Halses nicht mehr zu ermitteln; nur wenige Scherben zusammensetzbar; außen poliert; Korngröße sehr fein; sorgfältig gearbeitet; Br. ca. 24 cm; rekonstruiert.
2. 65 g **Leichenbrand**.

147 Grab 147 (Taf. 22)

(71,70/38,00)

Tiefe 0,25 m.

1. **Gefäß**; Form nicht mehr zu ermitteln; insgesamt mit 4 Gruppen aus jeweils 3 Rillenabschnitten verziert; drei Viertel des Unterteils sowie eine Umbruchscherbe erhalten; außen poliert; Korngröße mittel; Verzierung gleichmäßig; Bdm. 9 cm; rekonstruiert.
2. 1 Stück **Urnenharz**.
3. 400 g **Leichenbrand**.

148 Grab 148 (Taf. 22)

(12,10/31,70)

Tiefe 0,75 m.

1. **Schalenurne** Typ 15: Gefäß mit geradem, absatzlos in die Schulter übergehendem Hals und Facette; Variante und Maße nicht mehr zu ermitteln; wenige Scherben erhalten; außen poliert; Korngröße mittel; rekonstruiert.
2. 38 g **Leichenbrand**.

149 Grab 149 (Taf. 23)

(61,00/37,50)

Tiefe 0,25 m.

1. **Schalenurne** Typ 18: Gefäß mit konischem Oberteil; Variante nicht mehr zu ermitteln; wenige Scherben erhalten; außen poliert; Korngröße mittel; gleichmäßig gearbeitet; Br. ca. 18 cm; rekonstruiert.
2. 2 **Scherben**; außen geglättet; Korngröße fein.
3. 40 g **Leichenbrand**.

150 Grab 150 (Taf. 23)

(10,90/31,70)

Tiefe 0,80 m; Beginn des Leichenbrandes direkt unterhalb des Umbruchs.

1. **Schalenurne** Typ 7, Var. a: Gefäß mit geradem, absatzlos in die konische Schulter übergehendem Hals; insgesamt mit 3 Rosetten verziert; drei Viertel des Unterteils mit Teilen des Oberteils erhalten; außen körnig; Korngröße mittel; sorgfältig gearbeitet; Br. 13,7 cm, Bdm. 5,6 cm.
2. 40 g **Leichenbrand**.

151 Grab 151 (Taf. 23)

(55,40/38,40)

Tiefe 0,25 m.

1. **Gefäß**; Form nicht mehr zu ermitteln; wenige Scherben erhalten; außen geglättet; Korngröße mittel; Bdm. ca. 9 cm; rekonstruiert.
2. 3 **Scherben**; außen poliert; Korngröße mittel (o. Abb.).
3. 28 g **Leichenbrand**.

152 Grab 152 (Taf. 23)

(79,80/34,10)

Tiefe 0,40 m.

1. **Schalenurne** Typ 17, Var. a: Gefäß mit einschwingendem Oberteil; insgesamt mit 7 gefüllten Dreiecken und 8 Gruppen aus jeweils 3 Rillenabschnitten verziert; Rand und Hals etwas ergänzt; außen poliert; Korngröße fein und mittel; kleine Unregelmäßigkeiten in der Form, Verzierung und Überarbeitung gleichmäßig; H. 6,5 cm, Br. 9,1 cm, Rdm. 8,3 cm, Bdm. ca. 4,5 cm (Boden nicht deutlich abgesetzt).
2. 2 g **Leichenbrand**.

153 Grab 153 (Taf. 23)

(81,30/35,00)

1. **Schalenurne** Typ 1, Var. a: Gefäß mit konischem Hals, abgesetzter gewölbter Schulter und rundem Umbruch; Teile von Boden bis Schulter, sowie Einzelscherben erhalten; außen poliert; Korngröße fein; sorgfältig gearbeitet; ohne Abnutzungsspuren; H. rek. 8,7 cm, Br. 15,5 cm, Rdm. ca. 14,5 cm, Bdm. 6,6 cm; rekonstruiert.
2. 1 Stück **Urnenharz**.
3. 6 g **Leichenbrand**.

154 Grab 154 (Taf. 23)

(80,30/35,00)

Auf Fläche XX,60 kam in 0,30 m Tiefe eine Scheibenfibel zutage, in 0,35 m und anderen Tiefen lagen Scherben einer Urne, die anscheinend auseinander geschoben war. Wahrscheinlich gehört die Fibel zu Urne 154. — Unter den Scherben der Urne 154 mehrere Scherben weiterer Gefäße.

1. **Schalenurne** Typ 1, Var. a: Gefäß mit konischem Hals, abgesetzter gewölbter Schulter und rundem Umbruch; insgesamt mit 4 Rippen verziert; etwa zwei Drittel ergänzt; außen poliert; Korngröße fein; Verzierung sorgfältig, Überarbeitung nicht gleichmäßig; H. 14,9 cm, Br. ca. 25,9 cm, Rdm. 24 cm, Bdm. ca. 11 cm.
2. 2 **Scherben**; außen glänzend poliert; Korngröße fein.
3. 1 **Scherbe**; außen poliert; Korngröße mittel (o. Abb.).
4. 3 **Scherben** mit Rillenverzierung; außen poliert; Korngröße mittel (o. Abb.).
5. 1 **Scherbe** mit Rädchenverzierung; außen geglättet; Korngröße mittel.
6. Bronzescheibenfibel; vermutlich handelt es sich um die Reste einer Tierfibel; fragmentiert erhalten; ein Teil der Scheibe als Nadelhalter nach unten gebogen; erh. L. 3,7 cm, L. der Spirale 1,9 cm.
7. 1 Stück **Urnenharz**.
8. 47 g **Leichenbrand**.

Anm.: Zu 5. vgl. Grab 22.

155 Grab 155 (Taf. 23)

(10,20/32,70)

Tiefe 0,70 m.

1. **Schalenurne** Typ 16, Var. a: Gefäß mit einschwingendem Hals und Facette; stark ergänzt; außen körnig; Korngröße mittel; Form unregelmäßig, Überarbeitung im Unterteil bis auf den Boden wenig sorgfältig; H. 12 cm, Br. 21,8 cm, Rdm. 19,8 cm, Bdm. 9 cm.
2. 200 g **Leichenbrand**.

156 Grab 156 (Taf. 23)

(41,75/35,80)

Tiefe 0,30 m.

1. **Schalenurne** Typ 8: Gefäß einschwingendem, absatzlos in die Schulter übergehendem Hals und kantigem Umbruch; Variante nicht mehr zu ermitteln; zwei Drittel des Oberteils mit Resten des Unterteils sowie Einzelscherben erhalten; außen poliert; Korngröße sehr fein; Unregelmäßigkeiten in der Verzierung; Br. 13,4 cm, Rdm. ca. 11 cm; rekonstruiert.
2. 10 g **Leichenbrand**.

157 Grab 157

(76,05/36,05)

Tiefe 0,50 m; in der Nähe ein Bronzebügel.

1. **Gefäß**; Form und Maße nicht mehr zu ermitteln; zahlreiche Scherben erhalten; außen rauh; Korngröße grob; sehr unsorgfältig gearbeitet, Überarbeitung innen sorgfältiger als außen (o. Abb.).

2. 2 Stücke **Urnenharz**.

3. 530 g **Leichenbrand**.

Anm.: Der Bronzebügel ist unter der Nr. 791 im Katalog aufgenommen.

158 Grab 158 (Taf. 24)

(8,90/29,70)

Tiefe 0,80 m; Leichenbrand ab Umbruchhöhe.

1. **Schalenurne** Typ 5, Var. a: Gefäß mit konischem Hals und abgesetzter konischer Schulter; bis auf kleine Beschädigungen am Rand vollständig erhalten; außen im Oberteil bis zum Umbruch poliert und im Unterteil körnig; Korngröße mittel; kleine Unregelmäßigkeiten in der Form, Überarbeitung wenig sorgfältig; H. 16,4 cm, Br. 23,1 cm, Rdm. 19,8 cm, Bdm. 10,2 cm.
2. **Drehscheibengefäß;** Form und Maße nicht mehr zu ermitteln; sehr wenige Scherben erhalten; hellgrau und hell- bis mittelbraun, im Bruch dunkelgrau; außen rauh; Korngröße sehr fein; eine Scherbe sekundär gebrannt (o. Abb.).
3. 9 Fragmente eines **Dreilagenkammes**; Form nicht mehr zu ermitteln; Zähne von beiden Seiten eingesägt.
4. 1 Stück **Urnenharz**.
5. 240 g **Leichenbrand**.

159 Grab 159 (Taf. 24)

(75,10/35,25)

Tiefe 0,30 m; 2 Scherben eines hellgrauen Drehscheibengefäßes; 1 Stück Urnenharz.

1. **Schalenurne**; Typ und Maße nicht mehr zu ermitteln; sehr wenige Scherben erhalten; außen poliert; Korngröße fein; rekonstruiert.
2. 85 g **Leichenbrand**.

160 Grab 160 (Taf. 24)

(74,00/34,80)

Tiefe 0,30 m.

1. **Schalenurne** Typ 13 — 16, Var. a: Gefäß mit Facette; Stellung des Halses und Übergang zur Schulter nicht mehr zu ermitteln; Unterteil mit Resten der Schulter erhalten; außen poliert; Korngröße mittel und grob; Form und Verzierung gleichmäßig, Überarbeitung wenig sorgfältig; Br. 24,4 cm, Bdm. 7,2 cm.
2. 10 Fragmente eines **Dreilagenkammes** mit dreieckigen Griffplatten und Kreisaugen- und Rillenverzierung; Eisenniet: 0,9 cm L.; Zähne von beiden Seiten eingesägt.
3. 2 Stücke **Urnenharz**.
4. **Holzkohle**.
5. 365 g **Leichenbrand**.

161 Grab 161 (Taf. 24)

(74,60/35,10)

Tiefe 0,35 m.

1. **Schalenurne**; Typ nicht mehr zu ermitteln; sehr wenige, meist kleine Scherben erhalten; außen poliert; Korngröße fein; Br. ca. 11 cm; rekonstruiert.
2. 2 **Scherben** (Splitter); **Drehscheibenkeramik**; außen hellbraun, im Bruch dunkelgrau; außen rauh; Korngröße sehr fein (o. Abb.).
3. 2 Stücke **Urnenharz**.
4. 45 g **Leichenbrand**.

162 Grab 162 (Taf. 24)

(19,40/51,80)

Tiefe 0,40 m.

1. **Schalenurne** Typ 14: Gefäß mit von der Schulter durch eine Leiste abgesetztem Hals und Facette; wenige Scherben erhalten; ausgelaugt, ursprünglich überarbeitet; rekonstruiert.
2. 3 **Scherben**; außen poliert; Korngröße fein (o. Abb.).
3. 1 **Scherbe**; außen poliert; Korngröße mittel (o. Abb.).
4. 225 g **Leichenbrand**.

163 Grab 163 (Taf. 24)

(19,00/49,35)

Tiefe 0,30 m.

1. **Schalenurne** Typ 7, Var. a: Gefäß mit geradem, absatzlos in die konische Schulter übergehendem Hals; vor allem am Rand ergänzt; außen körnig; Korngröße mittel; kleine Unregelmäßigkeiten in der Form, Überarbeitung wenig sorgfältig; H. 15,1 cm, Br. 22,2 cm, Rdm. 20 cm, Bdm. 9,5 cm.
2. **Holzkohle**.
3. Ca. 135 g **Leichenbrand**.

164 Grab 164 (Taf. 24)

(19,00/48,20)

Tiefe 0,45 m.

1. **Schalenurne** Typ 14: Gefäß mit von der Schulter durch eine Leiste abgesetztem Hals und Facette; insgesamt mit ursprünglich 5 (?) Rosetten verziert (3 erhalten); insgesamt etwa zur Hälfte erhalten; außen poliert, Strahlen im Unterteil abwechselnd poliert und körnig; Korngröße überwiegend sehr fein; sorgfältig gearbeitet; H. rek. 13,4 cm, Br. rek. 22,4 cm, Rdm. ca. 19 cm, Bdm. ca. 6,5 cm; rekonstruiert.
2. 215 g **Leichenbrand**.

165 Grab 165 (Taf. 25)

(17,90/46,40)

Tiefe 0,45 m.

1. **Schalenurne** Typ 12: Gefäß mit absatzlos in die profilierte Schulter übergehendem Hals; Variante nicht mehr zu ermitteln; Oberteil weitgehend mit Teilen des Unterteils erhalten; außen flüchtig poliert; Korngröße grob; Form sehr unregelmäßig, Verzierung und Überarbeitung sorgfältig; Br. 21 cm, Rdm. rek. 18,6 cm.

2. 1 **Scherbe** mit Rillenverzierung; außen poliert; Korngröße überwiegend fein; Datierung fraglich (o. Abb.).

3. 80 g **Leichenbrand**.

166 Grab 166 (Taf. 25)

(78,30/33,90)

Tiefe 0,40 m; Leichenbrand ab 4 cm unterhalb des Randes.

1. **Schalenurne** Typ 10, Var. a: s-förmig profiliertes Gefäß mit hochliegendem Umbruch; vor allem am Rand ergänzt; außen flüchtig poliert; Korngröße mittel; kleine Unregelmäßigkeiten in der Form, Überarbeitung außen wenig sorgfältig (ohne Abnutzungsspuren); H. 15,1 cm, Br. 20,9 cm, Rdm. 18,9 cm, Bdm. 8,1 cm.

2. 5 Stücke **Urnenharz**.

3. **Holzkohle**.

4. 935 g **Leichenbrand**.

167 Grab 167 (Taf. 25)

(77,40/32,90)

Tiefe 0,40 m; Leichenbrand ab 3 cm unterhalb des Randes; Beigaben im Leichenbrand.

1. **Schalenurne** Typ 18, Var. a: Gefäß mit konischem Oberteil; fast vollständig erhalten; außen körnig; Korngröße mittel; Unregelmäßigkeiten in der Form, Überarbeitung außen wenig sorgfältig; H. 12,8 — 13,8 cm, Br. 22,8 cm, Rdm. 20 cm, Bdm. 7 cm.

2. 1 **Scherbe**; sekundär gebrannt (o. Abb.).

3. 13 Fragmente eines **Dreilagenkammes**; Form nicht mehr zu ermitteln; Eisenniete: 0,9 cm L.; Zähne von beiden Seiten eingesägt; Zahnl. ca. 1,5 cm.

4. Kleinste **Eisenteilchen**.

5. 3 Stücke **Urnenharz**: 1 Stück mit Gewebeabdruck.

6. 615 g **Leichenbrand**.

168 Grab 168 (Taf. 25)

(78,60/33,55)

Tiefe 0,50 m.

1. **Schalenurne** Typ 16, Var. a: Gefäß mit einschwingendem Hals und Facette; ursprünglich mit insgesamt 4 Strahlen verziert (2 erhalten); fast die Hälfte des Unterteils ergänzt; außen glänzend poliert, Strahlen abwechselnd poliert und körnig; Korngröße fein und mittel; kleine Unregelmäßigkeiten in Form und Verzierung, Überarbeitung sehr sorgfältig; H. 9 — 10 cm, Br. 17,9 cm, Rdm. 16,4 cm, Bdm. 6,1 cm.

2. 1 **Randscherbe**; außen poliert; Korngröße fein (o. Abb.).

3. 2 Fragmente eines **Dreilagenkammes**; Form nicht mehr zu ermitteln; an der Unterkante der Griffplatte Werkzeugspuren (o. Abb.).

4. 1 Stück **Urnenharz**.

5. 280 g **Leichenbrand**.

169 Grab 169 (Taf. 25)

(79,10/34,40)

Tiefe 0,50 m; Leichenbrand auch neben der Urne.

1. **Schalenurne** Typ 10, Var. a: s-förmig profiliertes Gefäß mit hochliegendem Umbruch; Teile von Rand bis Bodenansatz erhalten; außen poliert; Korngröße mittel; Überarbeitung sorgfältig, Verzierung sehr unsorgfältig; H. rek. 12,2 cm, Br. ca. 19 cm, Rdm. ca. 17 cm, Bdm. ca. 10 cm; rekonstruiert.

2. 3 Fragmente eines **Dreilagenkammes**; Form nicht mehr zu ermitteln; Eisenniet: 0,9 cm L.

3. Kleinste **Eisenteilchen**.

4. 2 Stücke **Urnenharz**.

5. 380 g **Leichenbrand**.

169A Grab 169 II (Taf. 25)

Neben Grab 169 fanden sich die Reste einer zweiten Urnenbestattung.

1. **Schalenurne** Typ 8: Gefäß mit einschwingendem, absatzlos in die Schulter übergehendem Hals und kantigem Umbruch; Variante nicht mehr zu ermitteln; nur einzelne Scherben zusammensetzbar; außen körnig; Korngröße mittel; gleichmäßig gearbeitet; Br. ca. 25 cm; rekonstruiert.

2. 1 **Scherbe**; außen glänzend poliert; Korngröße mittel (o. Abb.).

3. 75 g **Leichenbrand**.

170 Grab 170 (Taf. 25)

(79,00/32,00)

Tiefe 0,43 m.

1. **Gefäß**; Form und Maße nicht mehr zu ermitteln; wenige Scherben erhalten; außen poliert; Korngröße fein (o. Abb.).

2. 1 **Boden-/Wandungsscherbe** mit Verzierung aus Rillenabschnitten; außen poliert; Korngröße fein.

3. 18 g **Leichenbrand**.

171 Grab 171 (Taf. 26)

(39,60/34,75)

Tiefe 0,25 m.

1. **Schalenurne** Typ 6, Var. a: Gefäß mit geradem Hals und abgesetzter konischer Schulter; insgesamt mit 4 Feldern verziert, Felder vermutlich alternierend mit gegeneinander gestellten Kerben und in einer Richtung verlaufenden Kerben dekoriert (1 Feld nicht vollständig erhalten); Teile vom Boden bis zum Halsansatz erhalten; außen flüchtig poliert; Korngröße mittel; Verzierung sorgfältig; Br. ca. 22,5 cm, Bdm. ca. 9 cm; rekonstruiert.

2. 1 **Bodenscherbe**; außen poliert; Korngröße mittel; ohne Abnutzungsspuren; Bdm. ca. 10 cm.

3. 155 g **Leichenbrand**.

172 Grab 172 (Taf. 25)

(40,45/33,80)

Tiefe 0,30 m.

1. **Schalenurne** Typ 8, Var. a: Gefäß mit einschwingendem, absatzlos in die Schulter übergehendem Hals und kantigem Umbruch; insgesamt mit 6 Gruppen aus jeweils 3 Rillenabschnitten verziert; stark ergänzt; außen poliert; Korngröße sehr fein; Unregelmäßigkeiten in der Form, Verzierung unsorgfältig, außen nicht gleichmäßig überarbeitet; H. 13,2 cm, Br. 18,2 cm, Rdm. 13,5 cm, Bdm. 7,2 cm.
2. 1 **Scherbe**; sekundär gebrannt (o. Abb.).
3. 58 g **Leichenbrand**.

173 Grab 173 (Taf. 26)

(16,30/45,10)

Tiefe 0,35 m; Leichenbrand ab 4 cm unterhalb des Randes.

1. **Schalenurne** Typ 2, Var. a: Gefäß mit geradem Hals, abgesetzter gewölbter Schulter und rundem Umbruch; insgesamt mit jeweils 5 alternierend gesetzten Buckeln und Knubben verziert; stellenweise ergänzt; außen glänzend poliert; Korngröße mittel; sorgfältig gearbeitet; H. 12 cm, Br. 20,5 cm, Rdm. 18,8 cm, Bdm. 5,6 cm.
2. 5 Fragmente eines **Dreilagenkammes**; Form nicht mehr zu ermitteln.
3. 1 Stück **Urnenharz**.
4. 250 g **Leichenbrand**.

174 Grab 174 (Taf. 26)

(44,90/35,80)

Tiefe 0,35 m.

1. **Schalenurne** Typ 9, Var. b: s-förmig profiliertes Gefäß mit tiefliegendem Umbruch; insgesamt mit 5 Gruppen aus 5, 6 oder 8 Eintiefungen verziert; wenig ergänzt; außen poliert; Korngröße sehr fein; kleine Unregelmäßigkeiten in der Form, Verzierung gleichmäßig; H. 8,9 cm, Br. 14,7 cm, Rdm. 14,4 cm, Bdm. 5,9 cm.
2. 2 Fragmente eines **Dreilagenkammes**; Form nicht mehr zu ermitteln; Eisenniete; Zähne von beiden Seiten eingesägt (o. Abb.).
3. 49 g **Leichenbrand**.

175 Grab 175 (Taf. 26)

(40,80/34,75)

Tiefe 0,45 m.

1. **Schalenurne** Typ 5, Var. a: Gefäß mit konischem Hals und abgesetzter konischer Schulter; vor allem im Oberteil ergänzt; außen poliert; Korngröße sehr fein; gleichmäßig gearbeitet; H. 11,4 cm, Br. 19,1 cm, Rdm. 16,3 cm, Bdm. 7,9 cm.
2. 8 Fragmente eines **Dreilagenkammes** mit dreieckigen Griffplatten; Eisenniete: 0,85 m L.; Zähne von beiden Seiten eingesägt.
3. 265 g **Leichenbrand**.

176 Grab 176 (Taf. 26)

(15,00/45,60)

Tiefe 0,65 m.

1. **Schalenurne** Typ 9, Var. a: s-förmig profiliertes Gefäß mit tiefliegendem Umbruch; insgesamt mit 14 eingestempelten Kreisen verziert; vor allem am Rand stark ergänzt; außen im Oberteil glänzend poliert und im Unterteil geglättet; Korngröße fein; sorgfältig gearbeitet; H. 12,7 cm, Br. 21 cm, Rdm. 20,1 cm, Bdm. 7,5 cm.
2. 2 Stücke **Urnenharz**.
3. 425 g **Leichenbrand**.

177 Grab 177 (Taf. 26)

(20,20/58,80)

Tiefe 0,50 m; im Leichenbrand einige Scherben eines Drehscheibengefäßes, der Rest einer kleinen Glasperle, 3 Stücke Urnenharz.

1. **Schalenurne** Typ 10, Var. a: s-förmig profiliertes Gefäß mit hochliegendem Umbruch; vor allem am Rand stark ergänzt; außen im Oberteil bis über den Umbruch poliert und im Unterteil geglättet; Korngröße grob; kleine Unregelmäßigkeiten in der Form, Verzierung unsorgfältig; H. 9,7 cm, Br. 14 cm, Rdm. 12,5 cm, Bdm. 5,5 cm.
2. 4 **Scherben; Drehscheibenkeramik**; weißbraun, im Bruch dunkelgrau; außen rauh; Korngröße sehr fein (o. Abb.).
3. 4 — 5 Stücke **Urnenharz**.
4. **Holzkohle**.
5. 90 g **Leichenbrand**.

178 Grab 178 (Taf. 26)

(44,15/34,55)

Tiefe 0,25 m.

1. **Schalenurne** Typ 18, Var. d: Gefäß mit geradem Oberteil; insgesamt mit 5 Gruppen aus 3 Eintiefungen verziert; vor allem im Oberteil stark ergänzt; außen poliert; Korngröße fein bis mittel; sorgfältig gearbeitet; H. 9,9 cm, Br. 15,3 cm, Rdm. 15,3 cm, Bdm. 8,3 cm.
2. 2 Fragmente eines **Dreilagenkammes**; Form nicht mehr zu ermitteln; Zähne im wesentlichen von vorne eingesägt.
3. 1 Stück **Urnenharz**.
4. 22 g **Leichenbrand**.

179 Grab 179 (Taf. 27)

(46,90/33,80)

Tiefe 0,35 m.

1. **Schüssel** Typ 1: ungegliederte Schüssel; insgesamt etwa zur Hälfte ergänzt; außen geglättet; Korngröße überwiegend mittel; Form sehr unregelmäßig, Überarbeitung wenig sorgfältig; H. 12,9 cm, Br. 25 cm, Rdm. 24,1 cm, Bdm. 11,4 cm.
2. 1 **Scherbe** mit Verzierung aus Rillen und Schrägstrichband (?); ursprünglich überarbeitet; Korngröße mittel (o. Abb.).

3. 13 Fragmente eines **Dreilagenkammes**; Form nicht mehr zu ermitteln; Eisenniet: 0,9 cm L.

4. 1 Stück **Urnenharz**.

5. **Holzkohle**.

6. 565 g **Leichenbrand**.

180 Grab 180 (Taf. 27)

(17,45/48,00)

Tiefe 0,45 m; sehr wenig Leichenbrand.

1. **Schalenurne** Typ 18, Var. a: Gefäß mit konischem Oberteil; bis auf kleine Beschädigungen am Rand vollständig erhalten; außen im Oberteil poliert und im Unterteil geglättet; (Korngröße mittel); kleine Unregelmäßigkeiten in der Form, Oberarbeitung wenig sorgfältig; H. 9,8 cm, Br. 12,9 cm, Rdm. 11,4 cm, Bdm. 7,5 cm.

181 Grab 181 (Taf. 27)

(52,60/36,60)

Leichenbrand ab Randhöhe; Beigaben im Leichenbrand.

1. **Schalenurne** Typ 15, Var. a: Gefäß mit geradem, absatzlos in die Schulter übergehendem Hals und Facette; bis auf kleine Beschädigungen, vor allem am Rand, vollständig erhalten; außen im Oberteil glänzend poliert und unterhalb der Verzierung körnig; Korngröße fein; sorgfältig gearbeitet; H. 12,2 cm, Br. 21 cm, Rdm. 18,9 cm, Bdm. 7,7 cm.

2. 2 **Scherben**; sekundär gebrannt; außen ursprünglich überarbeitet; Korngröße mittel (o. Abb.).

3. **Perle** aus undurchsichtigem schwarzen Glas mit undurchsichtigen roten Glasresten; stark verbrannt.

4. Fragmentiert erhaltener **Dreilagenkamm** mit dreieckigen, im Scheitel kantigen Griffplatten und Kreisaugenverzierung; Eisenniete: 0,85 cm und 0,9 cm L.; L. der Griffplatten rek. 11,5 cm.

5. Kleinste **Eisenteilchen**.

6. Ca. 570 g **Leichenbrand**.

182 Grab 182 (Taf. 27)

(77,30/29,80)

Tiefe (des Gefäßbodens) 0,25 m unter 0,25 m Ackerboden.

1. **Schalenurne** Typ 5, Var. a: Gefäß mit konischem Hals und abgesetzter konischer Schulter; insgesamt mit 5 Dreiecken verziert; ein Drittel des Randes ergänzt; außen poliert; Korngröße mittel; kleine Unregelmäßigkeiten in Form und Verzierung; H. 8,4 cm; Br. 11,1 cm, Rdm. 8 cm, Bdm. 5 cm.

2. 20 g **Leichenbrand**.

183 Grab 183

(77,20/30,20)

Tiefe 0,50 m brauner Sand und 0,35 m Ackerboden; in rostbrauner Verfärbung; vollständig erhalten.
Urne gestohlen.

184 Grab 184 (Taf. 27)

(80,70/31,40)

Tiefe 0,25 m brauner Sand und 0,35 m Ackerboden; nach Norden geneigt.

1. **Napf** Typ 3, Var. b: engmündiger Napf; etwa zur Hälfte ergänzt; außen poliert; Korngröße mittel und grob; Form gleichmäßig, Überarbeitung wenig sorgfältig; H. 6,2 cm, Br. 8,3 cm, Rdm. ca. 4,6 cm, Bdm. 5,8 cm.

185 Grab 185 (Taf. 27)

(13,20/45,60)

Tiefe 0,45 m; in schwarzgrauem Feinsand.

1. **Schalenurne** Typ 8, Var. a: Gefäß mit einschwingendem, absatzlos in die Schulter übergehendem Hals und kantigem Umbruch; ingesamt mit 7 Gruppen aus jeweils 3 Eintiefungen verziert; vor allem im Oberteil und am Boden ergänzt; außen glänzend poliert; Korngröße mittel; kleine Unregelmäßigkeiten in Form und Verzierung; H. 14,1 cm, Br. 22 cm, Rdm. 20,4 cm, Bdm. 9,1 cm.

2. 1 Fragment eines **Dreilagenkammes** (?); Form nicht mehr zu ermitteln (o. Abb.).

3. 175 g **Leichenbrand**.

186 Grab 186

(72,60/34,00)

Tiefe 0,40 m; ,,kleine Urne; 5. — 6. Jahrhundert.''

Urne gestohlen.

187 Grab 187 (Taf. 28)

(20,75/63,90)

Tiefe 0,60 m.

1. **Schalenurne** Typ 11, Var. b: Gefäß mit abgesetzter profilierter Schulter; **Drehscheibenkeramik**; vor allem am Rand ergänzt; außen mittelbraun, im Oberteil dunkelgrau und mittelbraun, innen dunkelgrau und mittelbraun, im Bruch hellrotbraun mit mittelgrauem Kern; außen poliert; Korngröße sehr fein; kleine Unregelmäßigkeiten in der Form; H. 15 cm, Br. 25 cm, Rdm. 23,4 cm, Bdm. 9,2 cm.

2. 1 Fragment eines **Dreilagenkammes** mit Kreisaugenverzierung; Form nicht mehr zu ermitteln.

3. 130 g **Leichenbrand**.

188 Grab 188 (Taf. 27)

(74,40/34,20)

Tiefe 0,40.

1. **Schalenurne**; Typ nicht mehr zu ermitteln; Boden weitgehend mit Teilen der Wandung sowie Einzelscherben erhalten; außen flüchtig poliert; Korngröße mittel; ohne Abnutzungsspuren; Bdm. ca. 5 cm; rekonstruiert.

2. 2 g **Leichenbrand**.

189 Grab 189

(76,55/32,70)

Tiefe 0,35 m; „nur noch Mergelboden und einige Scherben mit Leichenbrand; auch Scherben eines zweiten Gefäßes."

Funde nicht mehr vorhanden.

190 Grab 190 (Taf. 27)

(76,80/32,20)

Tiefe 0,35 m; auf der gleichen Fläche in 0,30 m eine eiserne Fibel.

1. **Gefäß**; Form nicht mehr zu ermitteln; Boden mit Teilen der aufgehenden Wandung und Einzelscherben erhalten; außen geglättet; Korngröße grob; Unregelmäßigkeiten in Form und Verzierung, Überarbeitung wenig sorgfältig; (ohne Abnutzungsspuren); Bdm. 9 cm; rekonstruiert.
2. 5 g **Leichenbrand**.

191 Grab 191 (Taf. 28)

(37,90/29,90)

Tiefe 0,20 m.

1. **Schalenurne** Typ 15, Var. a: Gefäß mit geradem, absatzlos in die Schulter übergehendem Hals und Facette; insgesamt mit 5 Gruppen aus jeweils 3 oder 4 Eintiefungen und 8 Strahlen verziert; Rand und Hals fast vollständig ergänzt; außen glänzend poliert, Strahlen abwechselnd poliert und körnig; Korngröße fein und mittel; bis auf kleine Unregelmäßigkeiten sorgfältig gearbeitet; H. 10,4 cm, Br. 16,8 cm, Rdm. 13,6 cm, Bdm. 4,3 cm.
2. 1 Fragment eines **Dreilagenkammes** (?); Form nicht mehr zu ermitteln (o. Abb.).
3. 13 g **Leichenbrand**.

192 Grab 192 (Taf. 28)

(38,80/30,20)

Tiefe 0,20 m.

1. **Schalenurne** Typ 15, Var. a: Gefäß mit geradem, absatzlos in die Schulter übergehendem Hals und Facette; meist einzelne Scherben erhalten; außen poliert; Korngröße mittel; sorgfältig gearbeitet; H. rek. 11 cm, Br. ca. 21 cm, Rdm. rek. 19,5 cm, Bdm. ca. 9 cm; rekonstruiert.
2. **Drehscheibengefäß;** Form und Maße nicht mehr zu ermitteln; sehr wenige Scherben erhalten; außen dunkelbraun, innen hellbraun, im Bruch hell- bis dunkelgrau; außen rauh; Korngröße sehr fein (o. Abb.).
3. 4 **Scherben**; außen poliert; Korngröße fein bis mittel.
4. 8 Fragmente eines **Dreilagenkammes** mit dreieckigen Griffplatten und Kreisaugenverzierung; Eisenniet: 0,9 cm L.; Bronzeniet: 0,75 cm L.
5. **Bronzeblech;** korrodiert; Funktion nicht mehr zu ermitteln.
6. 1 Stück **Urnenharz**.
7. **Holzkohle**.
8. 200 g **Leichenbrand**.

193 Grab 193 (Taf. 28)

(75,70/32,20)

Tiefe 0,50 m; Leichenbrand ab 3 cm unterhalb des Randes.

1. **Schalenurne** Typ 10, Var. a: s-förmig profiliertes Gefäß mit hochliegendem Umbruch; bis auf kleine Beschädigungen am Rand vollständig erhalten; außen körnig; Korngröße mittel; gleichmäßig gearbeitet, Rand etwas wellig; H. 9 cm, Br. 15,1 cm, Rdm. 15,3 cm, Bdm. 7,7 cm.
2. 1 **Scherbe**; **Drehscheibenkeramik**; hellbraungrau, im Bruch dunkelgrau; außen rauh; Korngröße sehr fein (o. Abb.).
3. 2 Fragmente eines **Dreilagenkammes**; Form nicht mehr zu ermitteln.
4. 2 Stücke **Urnenharz**.
5. 35 g **Leichenbrand**.

Anm.: Zu 2. vgl. 192:2.

194 Grab 194 (Taf. 28)

(75,60/32,70)

Tiefe 0,60 m.

1. **Schalenurne** Typ 18: Gefäß mit konischem Oberteil; Variante nicht mehr zu ermitteln; wenige Scherben erhalten; außen poliert; Korngröße fein; kleine Unregelmäßigkeiten in der Verzierung; Br. ca. 19 cm, Rdm. ca. 17 cm; rekonstruiert.
2. 1 **Scherbe**; außen glänzend poliert; Korngröße mittel.
3. 180 g **Leichenbrand**.

195 Grab 195 (Taf. 28)

(42,20/32,10)

Tiefe 0,30 m.

1. **Schalenurne** Typ 9, Var. a: s-förmig profiliertes Gefäß mit tiefliegendem Umbruch; über die Hälfte ergänzt; ausgelaugt, ursprünglich überarbeitet; Unregelmäßigkeiten in der Form; H. 15,8 cm, Br. 20,3 cm. Rdm. ca. 17,5 cm, Bdm. 8,5 — 9,5 cm.
2. 6 Fragmente eines **Dreilagenkammes** mit dreieckigen Griffplatten und Kreisaugenverzierung; Eisenniete: 0,9 cm L.
3. 525 g **Leichenbrand**.

196 Grab 196 (Taf. 29)

(75,50/31,20)

Tiefe 0,45 m.

1. **Schalenurne** Typ 4, Var. a: Gefäß mit geradem Hals, abgesetzter gewölbter Schulter und kantigem Umbruch; ursprünglich mit insgesamt 7 Gruppen aus jeweils 2 Eintiefungen verziert (3 erhalten); vor allem im Oberteil stark ergänzt; außen poliert; Korngröße fein und mittel; bis auf kleine Unregelmäßigkeiten in der Form sorgfältig gearbeitet; H. 11,3 cm, Br. 22,2 cm, Rdm. 19,3 cm, Bdm. 7,7 cm.

2. Spirale einer **Eisenfibel**; Form nicht mehr zu ermitteln; korrodiert.
3. 1 Fragment einer **Knochennadel**; erh. L. 1,6 cm, Dm. 0,4 cm.
4. 5 Fragmente eines **Dreilagenkammes** mit dreieckigen Griffplatten.
5. 125 g **Leichenbrand**.

197 Grab 197 (Taf. 28)

(43,10/32,30)

Tiefe 0,20 m.

1. **Schalenurne** Typ 7, Var. a: Gefäß mit trichterförmigem, absatzlos in die konische Schulter übergehendem Hals; insgesamt mit 3 Rosetten verziert; etwas ergänzt; außen körnig; Korngröße mittel; kleine Unregelmäßigkeiten in der Form, Verzierung und Überarbeitung wenig sorgfältig; H. 10,7 cm, Br. 18,7 cm, Rdm. 17,4 cm, Bdm. 6,1 cm.
2. 4 Bruchstücke **Urnenharz**.
3. 85 g **Leichenbrand**.

198 Grab 198 (Taf. 29)

(44,90/31,35)

Tiefe 0,30 m; ,,Oberfläche abgepflügt, daneben Unterteil und ein zweites Gefäß (?)''.

1. **Schalenurne** Typ 7, Var. a: Gefäß mit geradem, absatzlos in die konische Schulter übergehendem Hals; Unterteil mit Teilen der Schulter und des Halses sowie Einzelscherben erhalten; außen körnig; Korngröße mittel bis grob; Form und Verzierung sorgfältig, außen nicht gleichmäßig überarbeitet (unebene Oberfläche); (ohne Abnutzungsspuren); H. 10,5 cm, Br. ca. 18,5 cm, Rdm. rek. 16,6 cm, Bdm. 6,2 cm; rekonstruiert.
2. 9 g **Leichenbrand**.

198A Grab 198A (Taf. 29)

(45,05/31,40)

Leichenbrand bis auf einige kleine Stücke nicht mehr vorhanden.

1. **Schalenurne**; Typ und Maße nicht mehr zu ermitteln; etwa die Hälfte des Unterteils sowie 3 kleine Scherben erhalten; außen poliert; Korngröße mittel; ohne Abnutzungsspuren; rekonstruiert.

199 Grab 199 (Taf. 29)

(40,40/21,00)

1. **Schalenurne**; Form nicht mehr zu ermitteln; etwa die Hälfte des Unterteils mit Teilen der Schulter erhalten; außen poliert; Korngröße überwiegend mittel; sorgfältig gearbeitet; Br. ca. 23 cm, Bdm. rek. 9,4 cm; rekonstruiert.
2. 3 Fragmente eines **Dreilagenkammes**; Form nicht mehr zu ermitteln (o. Abb.).
3. 105 g **Leichenbrand**.

200 Grab 200 (Taf. 29)

(72,90/31,60)

Tiefe 0,40 m; steiniger Boden.

1. **Kumpf** Typ 3, Var. b: Kumpf mit breiter Standfläche; oberer Teil fast vollständig ergänzt; außen rauh, innen geglättet; Korngröße mittel bis grob; gleichmäßig gearbeitet, innen sorgfältig überarbeitet; (ohne Abnutzungsspuren); H. 6,5 cm, Br. 10 cm, Rdm. 9 cm, Bdm. 7,9 cm.

201 Grab 201 (Taf. 29)

(17,35/54,20)

Tiefe 0,50 m.

1. **Schalenurne** Typ 11, Var. a: Gefäß mit abgesetzter gegliederter Schulter; vor allem im Oberteil ergänzt; außen glänzend poliert; Korngröße fein; bis auf kleine Unregelmäßigkeiten in der Form sorgfältig gearbeitet; H. 12,6 cm, Br. 22,2 cm, Rdm. 19,5 cm, Bdm. 8,1 cm.
2. 3 Fragmente eines **Armringes** mit rechteckigem Querschnitt; Knochen; Überarbeitung wenig sorgfältig; erh. L. ca. 15,5 cm, Br. 0,9 cm; D. 0,35 — 0,4 cm.
3. 80 g **Leichenbrand**.

202 Grab 202 (Taf. 29)

(16,80/55,20)

Tiefe 0,70 m.

1. **Schalenurne** Typ 9, Var. a: s-förmig profiliertes Gefäß mit tiefliegendem Umbruch; insgesamt mit 4 Gruppen aus jeweils 3 Eintiefungen verziert; vor allem an Rand und Boden ergänzt; außen poliert; Korngröße mittel; kleine Unregelmäßigkeiten in Form und Verzierung; H. 14,2 cm, Br. 19,9 cm, Rdm. 17 cm, Bdm. 7 — 8 cm.
2. 8 Fragmente eines **Armringes** mit D-förmigem Querschnitt; Elfenbein; stark verbrannt; erh. L. 3,4 cm.
3. 3 zerschmolzene Glasreste von 3 (?) **Perlen**; durchscheinendes kobaltblaues Glas; farbloses Glas mit durchscheinenden kobaltblauen und violetten Glasresten (o. Abb.).
4. 9 Fragmente eines **Dreilagenkammes** mit dreieckigen Griffplatten.
5. **Bronzeblechfragment**; Beschlag (?); Blechst. 0,1 cm.
6. 1 Stück **Urnenharz**.
7. 720 g **Leichenbrand**.

203 Grab 203 (Taf. 30)

(18,10/55,90)

Tiefe 0,60 m.

1. **Schalenurne** Typ 17, Var. a: Gefäß mit einschwingendem Oberteil; vollständig erhalten; außen poliert; Korngröße fein bis mittel; bis auf kleine Unregelmäßigkeiten in der Form sorgfältig gearbeitet; H. 10 cm, Br. 14,7 cm, Rdm. 13,6 cm, Bdm. 6,3 cm.
2. 1 Stück **Urnenharz**.
3. 30 g **Leichenbrand**.

204 Grab 204 (Taf. 30)

(18,00/50,70)

Tiefe 0,50 m.

1. **Schalenurne** Typ 3/4: Gefäß mit abgesetzter gewölbter Schulter und kantigem Umbruch; Stellung des Halses und Variante nicht mehr zu ermitteln; zwei Drittel von Hals und Schulter mit Teilen des Umbruchs, eine Randscherbe sowie ein Teil des Unterteils erhalten; außen flüchtig poliert; Korngröße mittel und grob; Unregelmäßigkeiten in der Verzierung; Br. ca. 19 cm; rekonstruiert.
2. 1 Fragment eines **Dreilagenkammes**; Form nicht mehr zu ermitteln; Zähne von beiden Seiten eingesägt (o. Abb.).
3. Kleinste **Eisenteilchen**.
4. 1 Stück **Urnenharz**.
5. 209 g **Leichenbrand**.

205 Grab 205 (Taf. 30)

(66,60/29,90)

1. **Schalenurne** Typ 6, Var. a: Gefäß mit geradem Hals und abgesetzter konischer Schulter; vor allem am Rand ergänzt; außen poliert; Korngröße mittel; bis auf kleine Unregelmäßigkeiten in der Form sorgfältig gearbeitet; H. 12,1 cm, Br. 20,3 cm, Rdm. 17 cm, Bdm. 7,2 cm.
2. 8 Fragmente eines **Dreilagenkammes** mit dreieckigen Griffplatten; Eisenniet: 0,8 cm L.
3. 355 g **Leichenbrand**.

206 Grab 206 (Taf. 30)

(63,75/31,90)

Tiefe 0,30 m.

1. **Schalenurne** Typ 6, Var. a: Gefäß mit geradem Hals und abgesetzter konischer Schulter; vor allem am Boden ergänzt; außen im Oberteil glänzend poliert und im Unterteil poliert; Korngröße überwiegend fein; sorgfältig gearbeitet; Br. 21,7 cm, Bdm. 8 cm.
2. 12 Fragmente eines **Dreilagenkammes** mit kreissegmentförmigen Griffplatten; Eisenniete: 1,1 cm L.; Zähne von beiden Seiten eingesägt.
3. 1 Stück **Urnenharz** mit Gewebe- und Zahnabdruck (oberer Schneidezahn).
4. 380 g **Leichenbrand**.

206A Grab 206A

(62,60/30,80)

Tiefe 0,30 m.

1. **Gefäß**; Form und Maße nicht mehr zu ermitteln; wenige Scherben erhalten; ausgelaugt, ursprünglich überarbeitet (o. Abb.).
2. 1 Fragment eines **Dreilagenkammes** (?); Form nicht mehr zu ermitteln; braune Verfärbungen deuten auf die Verwendung von Eisennieten (o. Abb.).
3. 58 g **Leichenbrand**.

207 Grab 207 (Taf. 30)

(60,70/31,00)

Tiefe 0,25 m.

1. **Schalenurne** Typ 3/4: Gefäß mit gewölbter Schulter und kantigem Umbruch; Stellung des Halses nicht mehr zu ermitteln; Boden mit Teilen der aufgehenden Wandung sowie Einzelscherben erhalten; außen poliert; Korngröße fein; sorgfältig gearbeitet; Bdm. 8,2 cm; rekonstruiert.
2. 65 g **Leichenbrand**.

208 Grab 208 (Taf. 30)

(77,90/28,60)

Tiefe 0,50 m; Leichenbrand ab 6 cm unterhalb des Randes.

1. **Schalenurne** Typ 3: Gefäß mit konischem Hals, abgesetzter gewölbter Schulter und kantigem Umbruch; fast vollständig erhalten; außen poliert; Korngröße fein; bis auf kleine Abweichungen in der Form sorgfältig gearbeitet; H. 13 — 14,2 cm, Br. 23,9 cm, Rdm. 21,6 cm, Bdm. 9,8 cm.
2. **Eisenfibel**; Typ nicht mehr sicher zu ermitteln (Almgren Gruppe VII, Serie 3?); korrodiert.
3. 265 g **Leichenbrand**.

209 Grab 209 (Taf. 31)

(78,30/28,40)

Tiefe 0,55 m.

1. **Topf** Typ 2: Topf mit ausbiegendem Rand und gegliedertem Oberteil; zwei Drittel des Oberteils und Teile des Unterteils erhalten; außen geglättet; Korngröße mittel; Form unregelmäßig, Überarbeitung gleichmäßig; H. rek. 13,7 cm, Br. ca. 24 cm, Rdm. rek. 18 cm, Bdm. 10 — 11 cm; rekonstruiert.
2. 3 — 4 Stücke **Urnenharz**.
3. 400 g **Leichenbrand**.

210 Grab 210 (Taf. 30)

(78,00/29,60)

Tiefe 0,60 m.

1. **Schalenurne** Typ 6, Var. a: Gefäß mit trichterförmigem Hals und abgesetzter konischer Schulter; etwas ergänzt; außen poliert; Korngröße überwiegend fein; bis auf kleine Unregelmäßigkeiten sorgfältig gearbeitet; H. 11,2 cm, Br. 18 cm, Rdm. 16,4 cm, Bd. 5,6 cm.
2. Ca. 300 g **Leichenbrand**.

211 Grab 211 (Taf. 31)

(79,10/27,70)

Tiefe 0,60 m.

1. **Schalenurne** Typ 16: Gefäß mit einschwingendem, absatzlos in die Schulter übergehendem Hals und Facette; Variante nicht mehr zu ermitteln; wenige Scherben erhalten; außen geglättet; Korngröße mittel; Br. mind. 24 cm; rekonstruiert.

2. **Gefäß**; Form und Maße nicht mehr zu ermitteln; sehr wenige Scherben erhalten; außen glänzend poliert; Korngröße mittel.
3. Kleinste **Eisenteilchen**.
4. 1 Stück **Urnenharz**.
5. 45 g **Leichenbrand**.

212 Grab 212 (Taf. 31)

(76,00/28,90)

Tiefe 0,50 m.

1. **Schalenurne** Typ 1, Var. a: Gefäß mit konischem Hals, abgesetzter gewölbter Schulter und rundem Umbruch; nur z. T. zusammensetzbar; außen poliert; Korngröße mittel; kleine Unregelmäßigkeiten in der Form, Überarbeitung sorgfältig; ohne Abnutzungsspuren; H. rek. 11 cm, Br. rek. 18,6 cm, Rdm. rek. 15,2 cm, Bdm. 5 cm; rekonstruiert.
2. **Schalenurne** Typ 3/4: Gefäß mit abgesetzter gewölbter Schulter und kantigem Umbruch; Stellung des Halses und Maße nicht mehr zu ermitteln; sehr wenige Scherben erhalten; außen poliert; Korngröße mittel bis grob.
3. 1 **Scherbe** mit Schrägstrichbandverzierung; außen poliert; Korngröße fein (o. Abb.).
4. 1 **Scherbe** mit Rillenverzierung; außen poliert; Korngröße fein (o. Abb.).
5. 1 **Scherbe** mit Rillenverzierung; außen poliert; Korngröße mittel (o. Abb.).
6. 1 Stück **Urnenharz**.
7. 18 g **Leichenbrand**.

213 Grab 213 (Taf. 31)

(75,70/29,10)

Tiefe 0,53 m.

1. **Schalenurne** Typ 10, Var. b: s-förmig profiliertes Gefäß mit hochliegendem Umbruch; im Unterteil ergänzt; außen flüchtig poliert; Korngröße fein; Unregelmäßigkeiten in der Form, Überarbeitung wenig sorgfältig; ohne Abnutzungsspuren; H. 10 — 10,8 cm, Br. 13,8 cm, Rdm. 12 cm, Bdm. 6,4 cm.
2. 4 Fragmente eines **Dreilagenkammes** mit schmalen, gerundeten Griffplatten und Kreisaugenverzierung.
3. **Holzkohle**.
4. 85 g **Leichenbrand**.

214 Grab 214 (Taf. 31)

(45,00/27,80)

Tiefe 0,20 m.

1. **Schalenurne** Typ 12, Var. b: Gefäß mit absatzlos in die gegliederte Schulter übergehendem Hals; Unterteil mit Teilen von Schulter und Hals erhalten; außen poliert; Korngröße fein; sehr sorgfältig gearbeitet; Br. 18 cm, Bdm. 6,9 cm.
2. 1 Fragment eines **Dreilagenkammes**; Form nicht mehr zu ermitteln; braune Verfärbungen deuten auf die Verwendung von Eisennieten; ohne Abnutzungsspuren; z.T. Sägespuren (o. Abb.).
3. 3 **Bronzeblechfragmente** (Beschläge?).
4. 10 g **Leichenbrand**.

215 Grab 215 (Taf. 31)

(17,75/62,30)

Tiefe 0,75 m.

1. **Schalenurne** Typ 11, Var. b: Gefäß mit abgesetzter gegliederter Schulter; vor allem im Unterteil ergänzt; außen poliert; Korngröße fein; bis auf kleine Unregelmäßigkeiten in der Form sorgfältig gearbeitet; H. 13,1 — 14,7 cm, Br. 21 cm, Rdm. 20 cm, Bdm. 8,9 cm.
2. 465 g **Leichenbrand**.

216 Grab 216 (Taf. 31)

(76,30/27,40)

Tiefe 0,55 m.

1. **Gefäß**; Form und Maße nicht mehr zu ermitteln; sehr wenige Scherben (Splitter) erhalten; Korngröße fein bis mittel (o. Abb.).
2. 3 Fragmente eines **Dreilagenkammes**; Form nicht mehr zu ermitteln; braune Verfärbungen deuten auf die Verwendung von Eisennieten.
3. 1 Stück **Urnenharz** mit Leichenbrandeinschluß (?).
4. Ca. 300 g **Leichenbrand**.

217 Grab 217 (Taf. 31)

(16,55/66,20)

Tiefe 0,85 m.

1. **Schalenurne** Typ 19, Var. a: Gefäß mit gegliedertem Oberteil; z.T. ergänzt; außen poliert; Korngröße mittel; kleine Unregelmäßigkeiten in der Form, Verzierung gleichmäßig; H. 11,2 — 12,3 cm, Br. 20,4 cm, Rdm. 18,2 cm, Bdm. 7,5 cm.
2. **Pinzette**; fragmentiert erhalten; Br. max. 0,9 cm.
3. Kleinste **Eisenteilchen**.
4. 1 Stück **Urnenharz**.
5. Ca. 390 g **Leichenbrand**.

218 Grab 218 (Taf. 32)

(73,50/28,70)

Tiefe 0,45 m.

1. **Schalenurne** Typ 1/2: Gefäß mit abgesetzter gewölbter Schulter und rundem Umbruch; Stellung des Halses und Variante nicht mehr zu ermitteln; ursprünglich mit insgesamt 4 Knubben und entsprechend 4 Tannenbaummotiven verziert (3 erhalten); nur z.T. zusammensetzbar; außen poliert; Korngröße fein; sorgfältig gearbeitet; Br. ca. 24 cm; Rdm. rek. 22,2 cm; rekonstruiert.

2. 1 **Scherbe**; außen poliert; Korngröße fein.
3. Spirale und Bronzeachse mit einem Endknopf und Ansatz des Bügels einer **Silberfibel**; Typ nicht mehr zu ermitteln.
4. **Silberblech**; zu einer Fibel gehörig (?); L. 2,9 cm.
5. **Knochennadel** mit scheibenförmigem Kopf; erh. L. ca. 30 cm, Dm. 0,6 cm.
6. Gedrückt kugelige **Perle** aus undurchsichtigem schwarzen Glas mit achtförmigem Linienband aus aufgelegtem, undurchsichtigem weißen Glas; Dm. 2 cm.
7. 17 Fragmente eines **Dreilagenkammes** mit kreissegmentförmigen Griffplatten und Verzierung aus konzentrischen Kreisen und Kreisaugen; Bronzenietrest; Zähne von beiden Seiten eingesägt.
8. 1 Stück **Silberdraht** mit rundem, teilweise kantigem Querschnitt; möglicherweise handelt es sich um eine Nadel, bzw. die Reste einer Nadel; L. ca. 3,3 cm, Dm. 2,1 — 2,3 cm.
9. 1 Stück **Silberdraht** mit rechteckigem Querschnitt und mit kleinen Kerben verzierten Kanten; L. ca. 3,6 cm, Dm. 0,26 cm.
10. 1 Stück **Silberdraht**; L. ca. 1,3 cm, Dm. 0,19 cm.
11. 1 Stück **Bronzedraht**; L. 0,8 cm, Dm. 0,2 cm.
12. 1 Stück **Silberdraht**; L. 1,6 cm, Dm. 0,24 cm.
13. 1 Stück **Silber**; durch Hitzeeinwirkungen beschädigt; L. ca. 2,3 cm.
14. 3 Stücke **Silber**; zerschmolzen.
15. 1 Stück **Urnenharz**.
16. **Holzkohle**.
17. Ca. 480 g **Leichenbrand**.

219 Grab 219 (Taf. 32)

(20,90/65,70)

Tiefe 1,05 m; Leichenbrand ab Randhöhe.

1. **Schalenurne** Typ 12, Var. a: Gefäß mit absatzlos in die gegliederte Schulter übergehendem Hals; im Oberteil stark ergänzt; ursprünglich überarbeitet; Korngröße fein; kleine Unregelmäßigkeiten in der Form; H. 10,9 cm, Br. 17,6 cm, Rdm. 15,9 cm, Bdm. 6,4 cm.
2. 7 Bruchstücke **Urnenharz**.
3. 500 g **Leichenbrand**.

220 Grab 220 (Taf. 32)

(70,60/28,80)

Tiefe 0,40 m.

1. **Kumpf** Typ 1: großer Kumpf; an Rand und Boden ergänzt; außen körnig, obere und untere 2 cm flüchtig poliert, innen geglättet; Korngröße mittel; Form sehr unregelmäßig, außen nicht gleichmäßig überarbeitet; H. 13,9 cm, Br. 23,3 cm, Rdm. 20,7 cm, Bdm. 9,8 cm.
2. 65 g **Leichenbrand**.

221 Grab 221 (Taf. 32)

(22,15/28,30)

Tiefe 0,35 m.

1. **Schalenurne** Typ 1, Var. a: Gefäß mit konischem Hals, abgesetzter gewölbter Schulter und rundem Umbruch; Unterteil mit Teilen der Schulter sowie Einzelscherben erhalten; außen poliert; Korngröße fein bis mittel; Form und Überarbeitung gleichmäßig; Br. 16,2 cm, Bdm. 6 cm, rekonstruiert.
2. Ca. 125 g **Leichenbrand**.

222 Grab 222 (Taf. 33)

(52,20/28,20)

Tiefe 0,55 m.

1. **Schalenurne** Typ 14 (?): Gefäß mit von der Schulter durch eine Leiste abgesetztem Hals und Facette; insgesamt mit 11 Strahlen verziert; etwa ein Drittel des Unterteils sowie Einzelscherben erhalten; außen poliert, Strahlen abwechselnd poliert und körnig; Korngröße fein; sorgfältig gearbeitet; ohne Abnutzungsspuren; Bdm. 7,9 cm; rekonstruiert.
2. 9 Fragmente eines **Dreilagenkammes**; Form nicht mehr zu ermitteln (o. Abb.).
3. **Bronzeblech**; Funktion nicht mehr zu ermitteln.
4. 1 Stück **Urnenharz**.
5. Ca. 230 g **Leichenbrand**.

223 Grab 223 (Taf. 33)

(53,70/29,00)

Tiefe 0,25 m.

1. **Schalenurne**; Typ nicht mehr zu ermitteln; etwa ein Drittel des Unterteils sowie Einzelscherben erhalten; außen poliert; Korngröße fein bis mittel; Überarbeitung sorgfältig; ohne Abnutzungsspuren; Bdm. ca. 7,5 cm; rekonstruiert.
2. 5 Fragmente eines **Dreilagenkammes** mit Rädchenverzierung; Form nicht mehr zu ermitteln.
3. Ca. 185 g **Leichenbrand**.

224 Grab 224 (Taf. 33)

(54,05/28,55)

Tiefe 0,25 m; Leichenbrand ab 7 cm unterhalb des Randes; Beigaben im Leichenbrand.

1. **Schalenurne**; Typ nicht mehr zu ermitteln; Unterteil mit Teilen von Schulter und Hals erhalten; insgesamt mit 4 Feldern verziert, Felder alternierend mit Gittermuster und Rillenabschnitten dekoriert; außen poliert; Korngröße fein bis mittel; kleine Unregelmäßigkeiten in der Form, Verzierung sorgfältig; Br. 20 cm, Bdm. 7,5 cm.
2. 3 Fragmente eines **Armringes** mit rechteckigem Querschnitt und gerundeten Kanten; zumindest ein Ende gerade abgeschnitten; Knochen; erh. L. ca. 17 cm, Br. 0,6 — 1 cm, D. 0,35 cm.

3. 3 Fragmente eines **Dreilagenkammes** mit kreissegmentförmigen Griffplatten; Eisenniet: 0,9 cm L.

4. **Bronzeblech;** Funktion nicht mehr zu ermitteln.

5. 3 Stücke **Urnenharz** mit Feuerspuren.

6. 255 g **Leichenbrand.**

225 Grab 225 (Taf. 33)

(55,50/28,30)

Tiefe 0,20 m.

1. **Schalenurne;** Typ nicht mehr zu ermitteln; Teile von Boden bis Schulter sowie Einzelscherben erhalten; außen poliert; Korngröße mittel; sorgfältig gearbeitet (ohne Abnutzungsspuren); Br. ca. 21 cm, Bdm. 10 cm; rekonstruiert.

2. 2 Fragmente eines **Armringes** mit D-förmigem Querschnitt; Elfenbein; erh. L. 2,2 cm, Br. 0,8 cm, D. — 0,3 cm.

3. 7 Fragmente eines **Dreilagenkammes;** Form nicht mehr zu ermitteln; Eisenniete: 1 cm L.; Zähne von beiden Seiten eingesägt (o. Abb.).

4. 170 g **Leichenbrand.**

226 Grab 226 (Taf. 33)

(56,60/28,40)

Tiefe 0,20 m.

1. **Gefäß;** Form, Maße und Verzierung nicht mehr zu ermitteln; wenige, kleine Scherben erhalten; außen geglättet; Korngröße mittel.

2. 1 g **Leichenbrand.**

227 Grab 227 (Taf. 33)

(57,10/28,05)

Tiefe 0,20 m; Leichenbrand ab 4 cm unterhalb des Randes.

1. **Schalenurne** Typ 7, Var. a: Gefäß mit geradem, absatzlos in die konische Schulter übergehendem Hals; insgesamt mit 6 einzeln oder in Gruppen angeordneten Eintiefungen verziert (zweimal einzelne, einmal zwei und dreimal drei); etwas ergänzt; außen glänzend poliert; Korngröße mittel; Unregelmäßigkeiten in der Form, Verzierung sehr unsorgfältig, Überarbeitung sorgfältig; H. 12,3 — 14 cm, Br. 23,3 cm, Rdm. 20,5 cm, Bdm. ca. 7 cm.

2. 11 Fragmente eines **Dreilagenkammes** mit dreieckigen Griffplatten; braune Verfärbungen deuten auf die Verwendung von Eisennieten.

3. Kleinste **Eisenteilchen.**

4. **Holzkohle.**

5. 655 g **Leichenbrand.**

228 Grab 228 (Taf. 33)

(67,10/27,45)

Tiefe 0,35 m; Leichenbrand ab Umbruchhöhe.

1. **Schalenurne** Typ 4, Var. b: Gefäß mit geradem Hals, abgesetzter gewölbter Schulter und kantigem Umbruch; insgesamt mit 4 Feldern verziert; fast vollständig erhalten; außen glänzend poliert; Korngröße mittel; kleine Unregelmäßigkeiten in Form und Verzierung, Überarbeitung sorgfältig; H. 13,5 cm, Br. 21,5 cm, Rdm. 19,1 cm, Bdm. 9,1 cm.

2. 4 Fragmente eines **Dreilagenkammes;** Form nicht mehr zu ermitteln; braune Verfärbungen deuten auf die Verwendung von Eisennieten; Zahnl. mind. 1,9 cm (o. Abb.).

3. 275 g **Leichenbrand.**

229 Grab 229 (Taf. 34)

(63,90/29,00)

Tiefe 0,35 m.

1. **Schalenurne** Typ 10, Var. a: s-förmig profiliertes Gefäß mit hochliegendem Umbruch; etwa ein Drittel ergänzt; außen poliert; Korngröße mittel; gleichmäßig gearbeitet; H. 14,2 cm, Br. 20,8 cm, Rdm. ca. 19,5 cm, Bdm. 10,4 cm.

2. 3 Fragmente eines **Dreilagenkammes** mit erweiterter (?) Griffplatte und Kreisaugenverzierung; Bronzenietrest; sorgfältig gearbeitet.

3. 1 Stück **Urnenharz.**

4. 585 g **Leichenbrand.**

230 Grab 230 (Taf. 34)

(62,80/27,80)

Tiefe 0,35 m.

1. **Schalenurne** Typ 1, Var. a: Gefäß mit konischem Hals, abgesetzter gewölbter Schulter und rundem Umbruch; Omphalosboden; insgesamt mit 4 Gruppen aus jeweils 2 Dellen und 4 Feldern im Unterteil verziert; vor allem im Oberteil ergänzt; außen poliert; Korngröße mittel; sehr sorgfältig gearbeitet; H. 14,5 cm, Br. 23,7 cm, Rdm. 22,2 cm, Bdm. 7,1 cm.

2. **Bronzenadel** (?); fragmentiert erhalten; erh. L. 3,2 cm, Dm. 0,2 — 0,25 cm.

3. **Silberblechfragment;** Beschlag (?).

4. Dornartige Spitze aus **Silberblech;** Beschlag (?).

5. 1 Stück **Urnenharz.**

6. 750 g **Leichenbrand.**

Anm.: 3. und 4. können auch zusammengehören.

231 Grab 231 (Taf. 34)

(58,30/28,60)

Tiefe 0,25 m; Beigaben im Leichenbrand.

1. **Schalenurne** Typ 14: Gefäß mit von der Schulter durch eine Leiste abgesetztem Hals und Facette; Unterteil mit Teilen der Schulter erhalten; außen poliert; Korngröße fein; bis auf kleine Unregelmäßigkeiten in der Form sorgfältig gearbeitet (ohne Abnutzungsspuren); Br. 24,3 cm, Bdm. 7,2 cm.

2. 1 zerschmolzener Glasrest einer **Perle** aus durchscheinendem hellgrünen Glas (o. Abb.).

3. 13 Fragmente eines **Dreilagenkammes** mit dreieckigen Griffplatten und Kreisaugenverzierung; Zähne von beiden Seiten eingesägt.

4. 2 Stücke **Urnenharz**.

5. 295 g **Leichenbrand**.

232 Grab 232 (Taf. 34)

(58,80/29,60)

Tiefe 0,25.

1. **Schalenurne** Typ 5: Gefäß mit konischem Hals und abgesetzter konischer Schulter; Variante und ursprüngliche Anzahl der Felder nicht mehr zu ermitteln (2 erhalten); wenige Scherben erhalten; außen poliert; Korngröße mittel; Überarbeitung sorgfältig, kleine Unregelmäßigkeiten in der Verzierung; Br. ca. 24 cm; rekonstruiert.

2. 27 g **Leichenbrand**.

233 Grab 233 (Taf. 34)

(64,30/28,10)

Tiefe 0,35 m.

1. **Schalenurne**; Typ nicht mehr zu ermitteln; Boden und Teile der aufgehenden Wandung erhalten; außen poliert; Korngröße überwiegend fein; gleichmäßig gearbeitet; Br. rek. 17 cm, Bdm. 7,8 cm; rekonstruiert.

2. **Scheibenfibel** (?) mit Mittelniet und hohem Nadelhalter; stark zerschmolzen.

3. 10 Fragmente eines **Dreilagenkammes** mit Ritzlinienverzierung; Form nicht mehr zu ermitteln; Eisenniet: 0,85 cm L.

4. 19 g **Leichenbrand**.

234 Grab 234 (Taf. 34)

(64,00/28,15)

Tiefe 0,35 m.

1. **Schalenurne** Typ 17, Var. a: Gefäß mit einschwingendem Oberteil; etwa zur Hälfte ergänzt; außen poliert; Korngröße sehr fein; kleine Unregelmäßigkeiten in der Form, Überarbeitung wenig sorgfältig, Verzierung unsorgfältig; H. 10,6 cm, Br. 16,9 cm, Rdm. 16,9 cm, Bdm. 8 cm.

2. 250 g **Leichenbrand**.

235 Grab 235 (Taf. 35)

(64,70/28,40)

Tiefe 0,40 m.

1. **Schalenurne** Typ 2: Gefäß mit trichterförmigem Hals, abgesetzter gewölbter Schulter und rundem Umbruch; Variante nicht mehr zu ermitteln; nur z.T. zusammensetzbar; außen geglättet; Korngröße grob; Überarbeitung unsorgfältig; Br. ca. 26 cm, Rdm. ca. 24 cm; rekonstruiert.

2. 3 Fragmente eines **Dreilagenkammes** mit dreieckigen Griffplatten und Rädchenverzierung.

3. 1 Stück **Urnenharz**.

4. Ca. 490 g **Leichenbrand**.

236 Grab 236 (Taf. 34)

(16,80/58,60)

Tiefe 0,70 m; Leichenbrand ab Umbruchhöhe.

1. **Schalenurne** Typ 7, Var. a: Gefäß mit trichterförmigem, absatzlos in die konische Schulter übergehendem Hals; fast vollständig erhalten; außen poliert; Korngröße mittel; kleine Unregelmäßigkeiten in der Form, Verzierung sehr unsorgfältig, Überarbeitung gleichmäßig; H. 11,6 — 12,5 cm, Br. 18,3 cm, Rdm. 17,2 cm, Bdm. 6 cm.

2. 3 Fragmente eines **Dreilagenkammes**; Form nicht mehr zu ermitteln; braune Verfärbungen deuten auf die Verwendung von Eisennieten.

3. Kleinste **Eisenteilchen**.

4. 1 Stück **Urnenharz**.

5. 330 g **Leichenbrand**.

237 Grab 237 (Taf. 35)

(16,00/59,30)

Tiefe 0,80 m.

1. **Schalenurne** Typ 16, Var. b: Gefäß mit einschwingendem Hals und Facette; Teile von Boden bis Hals sowie Einzelscherben erhalten; außen poliert; Korngröße überwiegend fein; gleichmäßig überarbeitet (ohne Abnutzungsspuren); H. rek. 12,5 cm, Br. rek. 20,7 cm, Rdm. rek. 16,6 cm, Bdm. ca. 8 cm; rekonstruiert.

2. 1 **Scherbe** einer **Schalenurne** Typ 11/12: Gefäß mit gegliederter Schulter; Maße nicht mehr zu ermitteln; außen poliert; Korngröße mittel.

3. 44 g **Leichenbrand**.

238 Grab 238 (Taf. 35)

(14,70/57,50)

Tiefe 0,80 m; Leichenbrand ab 6 cm unterhalb des Randes.

1. **Schalenurne** Typ 8, Var. b: Gefäß mit einschwingendem, absatzlos in die Schulter übergehendem Hals und kantigem Umbruch; etwas ergänzt; außen poliert; Korngröße fein; kleine Unregelmäßigkeiten in der Form, Verzierung und Überarbeitung gleichmäßig (ohne Abnutzungsspuren); H. 11,6 — 12,7 cm, Br. 20,5 cm, Rdm. 18,8 cm, Bdm. 8,5 cm.

2. Kleinste **Eisenteilchen**.

3. Ca. 150 g **Leichenbrand**.

238A Grab 238A (Taf. 35)

1. **Schalenurne** Typ 6: Gefäß mit trichterförmigem Hals und abgesetzter konischer Schulter; Variante nicht mehr zu ermitteln; nur z.T. zusammensetzbar; außen geglättet; Korngröße mittel; Überarbeitung wenig sorgfältig; Br. ca. 21 cm, Rdm. rek. 21,3 cm; rekonstruiert.

2. 18 g **Leichenbrand**.

239 Grab 239 (Taf. 35)

(41,80/28,70)

Tiefe 0,50 m; Leichenbrand ab 6 cm unterhalb des Randes.

1. **Schalenurne** Typ 4, Var. a: Gefäß mit geradem Hals, abgesetzter gewölbter Schulter und kantigem Umbruch; vor allem am Boden ergänzt; außen im Oberteil glänzend poliert und im Unterteil poliert; Korngröße überwiegend fein; Form unsorgfältig, Überarbeitung im Unterteil weniger sorgfältig als im Oberteil; H. 11,2 cm, Br. 17,5 — 18,6 cm, Rdm. 16,5 — 18,9 cm, Bdm. 6 cm.
2. 1 **Scherbe; Drehscheibenkeramik** (?); sekundär gebrannt; hellgraubraun, im Bruch hell- bis dunkelgrau; außen rauh; Korngröße mittel (o. Abb.).
3. **Holzkohle.**
4. 250 g **Leichenbrand.**

240 Grab 240 (Taf. 35)

(38,90/25,20)

Tiefe 0,40 m.

1. **Schalenurne** Typ 12, Var. b: Gefäß mit absatzlos in die gegliederte Schulter übergehendem Hals; insgesamt mit 5 Sparren verziert; fast vollständig erhalten; außen poliert; Korngröße mittel; Unregelmäßigkeiten in Form und Verzierung, Überarbeitung sorgfältig; H. 12,8 cm, Br. 20 cm, Rdm. 17 cm, Bdm. 7,7 cm.
2. 9 Fragmente eines **Dreilagenkammes**; Form nicht mehr sicher zu ermitteln; braune Verfärbungen deuten auf die Verwendung von Eisennieten.
3. 2 Stücke **Urnenharz**: 1 Stück mit feinen Leichenbrandteilen.
4. 300 g **Leichenbrand.**

241 Grab 241 (Taf. 36)

(35,60/24,45)

Tiefe 0,50 m; Leichenbrand ab 4 cm unterhalb des Randes.

1. **Schalenurne** Typ 2, Var. a: Gefäß mit trichterförmigem Hals, abgesetzter gewölbter Schulter und rundem Umbruch; fast vollständig erhalten; außen poliert; Korngröße fein; Unregelmäßigkeiten in Form und Verzierung; H. 11,8 — 13,3 cm, Br. 18,4 cm, Rdm. 18,4 cm, Bdm. 6,7 cm.
2. 2 zerschmolzene Glasreste von 1 bis 2 **Perlen** aus durchscheinendem kobaltblauen Glas (o. Abb.).
3. 9 Fragmente eines **Dreilagenkammes** mit dreieckigen, im Scheitel kantigen Griffplatten; Eisenniete: 1 cm L.; Zähne von beiden Seiten eingesägt.
4. 1 Stück **Urnenharz.**
5. 575 g **Leichenbrand.**

242 Grab 242 (Taf. 36)

(35,40/20,50)

Tiefe 0,45 m.

1. **Schalenurne** Typ 7, Var. a: Gefäß mit trichterförmigem, absatzlos in die konische Schulter übergehendem Hals; Motiv mit dem Sternstempel insgesamt 18 mal angebracht; fast vollständig erhalten; außen körnig; Korngröße mittel; bis auf kleine Unregelmäßigkeiten sehr sorgfältig gearbeitet; H. 12,8 cm, Br. 20,6 cm, Rdm. 19,6 cm, Bdm. 7,6 cm.
2. Gedrückt kugelige **Perle** aus durchscheinendem kobaltblauen Glas; Dm. ca. 1,4 cm.
3. Fragmentiert erhaltener **Dreilagenkamm** mit dreieckigen Griffplatten; Bronzeniete: 0,75 und 0,8 cm L.; Zähne von beiden Seiten eingesägt.
4. 1 Stück **Urnenharz.**
5. 450 g **Leichenbrand.**

243 Grab 243 (Taf. 36)

(35,80/20,75)

Tiefe 0,50 m.

1. **Schalenurne** Typ 11, Var. a: Gefäß mit abgesetzter gegliederter Schulter; fast vollständig erhalten; außen glänzend poliert; Korngröße mittel; sehr sorgfältig gearbeitet; H. 14 cm, Br. 21 cm, Rdm. 18,2 cm, Bdm. 8,7 cm.
2. 2 zerschmolzene und z.T. verbrannte Glasreste zweier **Perlen**: 1 stark verbrannter Glasrest (o. Abb.); 1 zerschmolzene Perle aus durchscheinendem kobaltblauen Glas.
3. 7 Fragmente eines **Dreilagenkammes**; Form nicht mehr zu ermitteln; Zähne von beiden Seiten eingesägt.
4. 2 Stücke **Urnenharz.**
5. 625 g **Leichenbrand.**

244 Grab 244 (Taf. 36)

(43,30/27,30)

Tiefe 0,20 m.

1. **Schalenurne**; Typ, Maße und Verzierung nicht mehr zu ermitteln; sehr wenige Scherben erhalten; außen poliert; Korngröße fein; sehr sorgfältig gearbeitet (ohne Abnutzungsspuren); rekonstruiert.
2. 2 g **Leichenbrand.**

245 Grab 245 (Taf. 36)

(44,30/26,00)

Tiefe 0,25 m; Leichenbrand ab 4 cm unterhalb des Randes.

1. **Schalenurne** Typ 9, Var. a: s-förmig profiliertes Gefäß mit tiefliegendem Umbruch; Rand mit Teilen des Halses abgebrochen, Unterteil etwas ergänzt; außen körnig; Korngröße mittel; kleine Unregelmäßigkeiten in der Form, Überarbeitung nicht gleichmäßig; H. rek. 11,5 cm, Br. 16,1 cm, Rdm. ca. 15,5 cm, Bdm. 6,7 cm.
2. 1 Fragment eines **Dreilagenkammes**; Form nicht mehr zu ermitteln (o. Abb.).
3. 165 g **Leichenbrand.**

246 Grab 246 (Taf. 36)

(35,00/18,80)

Tiefe 0,60 m.

1. **Schalenurne** Typ 17, Var. a: Gefäß mit einschwingendem Oberteil; im Oberteil ergänzt; außen poliert; Korngröße sehr fein; kleine Unregelmäßigkeiten in Form und Verzierung; H. 11,6 cm, Br. 16 cm, Rdm. 15 cm, Bdm. ca. 5,6 cm (Boden nicht deutlich abgesetzt).
2. **Schalenurne** Typ 13: Gefäß mit abgesetztem Hals und Facette; Variante nicht mehr zu ermitteln; Teile von Unterteil bis Schulter und Einzelscherben erhalten; außen poliert; Korngröße fein; sorgfältig gearbeitet; Br. ca. 24 cm; rekonstruiert.
3. **Schalenurne** (?); Typ und Maße nicht mehr zu ermitteln; 7 Scherben erhalten; außen poliert; Korngröße fein.
4. 6 zerschmolzene Glasreste von zwei oder mehr **Perlen**: durchscheinendes kobaltblaues Glas (4 Stücke); kobaltblaues Glas mit farblich unbestimmbaren Glasresten; farbloses Glas (o. Abb.).
5. 3 Fragmente eines **Dreilagenkammes**; Form nicht mehr zu ermitteln; Eisenniet: 0,8 cm L. (o. Abb.).
6. Kleinste **Eisenteilchen**.
7. 1 Stück **Urnenharz**.
8. 85 g **Leichenbrand**.

247 Grab 247 (Taf. 36)

(46,80/26,90)

Tiefe 0,25 m.

1. **Schalenurne** (?); Typ nicht mehr zu ermitteln; sehr wenige Scherben erhalten; außen poliert; Korngröße mittel bis grob; Bdm. ca. 7 cm.
2. 1 Fragment eines **Dreilagenkammes** (?); Form nicht mehr zu ermitteln (o. Abb.).
3. 13 g **Leichenbrand**.

248 Grab 248 (Taf. 37)

(81,00/29,35)

Tiefe 0,30 m.

1. **Schalenurne** Typ 1, Var. a: Gefäß mit konischem Hals, abgesetzter gewölbter Schulter und rundem Umbruch; ca. drei Viertel des Oberteils und Teile des Unterteils ergänzt; außen poliert; Korngröße fein; kleine Unregelmäßigkeiten in der Form, Überarbeitung gleichmäßig; H. 15,2 cm, Br. 27,3 cm, Rdm. 24,2 cm, Bdm. 9 cm.
2. **Bronzescheibenfibel** mit Mittelniet und hohem Nadelhalter; Dm. der Scheibe ca. 2,9 cm.

249 Grab 249 (Taf. 37)

(82,60/27,50)

Tiefe 0,50 m; hangwärts geneigt.

1. **Schalenurne** Typ 18: Gefäß mit konischem Oberteil; Variante nicht mehr zu ermitteln; ca. ein Drittel des Oberteils mit Teilen des Unterteils sowie Einzelscherben erhalten; außen körnig; Korngröße mittel; nicht gleichmäßig überarbeitet; Br. rek. 21,6 cm, Rdm. ca. 19 cm; rekonstruiert.
2. 16 g **Leichenbrand**.

250 Grab 250

(47,00/26,30)

Tiefe 0,25 m; größtenteils zerpflügt.

Funde nicht vorhanden.

251 Grab 251 (Taf. 37)

(53,90/26,85)

Tiefe 0,35 m.

1. **Schalenurne**; Typ und Maße nicht mehr zu ermitteln; sehr wenige Scherben erhalten; außen poliert; Korngröße fein.
2. 3 g **Leichenbrand**.

252 Grab 252 (Taf. 37)

(15,00/55,55)

Tiefe 0,80 m.

1. **Schalenurne** Typ 9, Var. b: s-förmig profiliertes Gefäß mit tiefliegendem Umbruch; insgesamt mit zwei Bögen verziert; Boden sowie Teile der Wandung und des Randes ergänzt; außen glänzend poliert; Korngröße mittel; sehr sorgfältig gearbeitet; H. 14,3 cm, Br. 22 cm, Rdm. 20,8 cm, Bdm. ca. 6,4 cm.
2. 1 zerschmolzener Glasrest einer (?) **Perle** aus durchscheinendem kobaltblauen Glas (o. Abb.).
3. 24 Fragmente eines **Dreilagenkammes**; Form nicht mehr zu ermitteln; Eisenniete: 0,85 und 0,9 cm L.; Zähne von beiden Seiten eingesägt.
4. 10 Stücke **Urnenharz**; z.T. zerbrochen.
5. Ca. 320 g **Leichenbrand**.

253 Grab 253

Tiefe 0,60 m; Rand z.T. erhalten.

Funde nicht vorhanden.

254 Grab 254 (Taf. 37)

(15,10/54,30)

1. **Schalenurne** Typ 8, Var. a: Gefäß mit einschwingendem, absatzlos in die Schulter übergehendem Hals und kantigem Umbruch; insgesamt mit 4 Rosetten verziert; fast vollständig erhalten; außen poliert; Korngröße mittel; gleichmäßig gearbeitet; H. 12,5 cm, Br. 20,5 cm, Rdm. 17,9 cm, Bdm. 9,2 cm.
2. 7 Fragmente eines **Dreilagenkammes**; Form nicht mehr zu ermitteln (o. Abb.).
3. 340 g **Leichenbrand**.

255 Grab 255 (Taf. 37)

(14,20/53,90)

Leichenbrand ab 6 cm unterhalb des Randes.

1. **Schalenurne** Typ 8, Var. a: Gefäß mit einschwingendem, absatzlos in die Schulter übergehendem Hals und kantigem Umbruch; fast vollständig erhalten; außen poliert; Korngröße fein; Form und Überarbeitung nicht gleichmäßig; H. 12,3 cm, Br. 21,6 cm, Rdm. 18,3 cm, Bdm. 8,9 cm.
2. 1 stark verbrannter Glasrest einer **Perle** aus durchscheinendem violetten Glas (o. Abb.).
3. 2 Stücke **Urnenharz**.
4. 295 g **Leichenbrand**.

256 Grab 256 (Taf. 37)

(14,70/52,50)

1. **Schalenurne** Typ 8, Var. a: Gefäß mit einschwingendem, absatzlos in die Schulter übergehendem Hals und kantigem Umbruch; insgesamt mit 4 Gruppen aus jeweils 3 Eintiefungen verziert; am Boden ergänzt; außen im Oberteil glänzend poliert und im Unterteil z.T. körnig; Korngröße überwiegend sehr fein; bis auf kleine Unregelmäßigkeiten sorgfältig gearbeitet; H. 14,4 cm, Br. 21,5 cm, Rdm. 20 cm, Bdm. 7,9 cm.
2. 5 Fragmente eines **Dreilagenkammes**; Form nicht mehr sicher zu ermitteln; korrodierter Eisenniet: 1,1 cm L.; Zähne von beiden Seiten eingesägt.
3. 3 Stücke **Urnenharz**.
4. 295 g **Leichenbrand**.

257 Grab 257 (Taf. 38)

(14,00/48,75)

1. **Schalenurne** Typ 14: Gefäß mit von der Schulter durch eine Leiste abgesetztem Hals und Facette; insgesamt mit jeweils 8 alternierend angebrachten Gruppen aus 3 bis 4 Kannelurelementen und D-förmigen Eintiefungen sowie 6 Zipfeln am Umbruch und 17 strahlenförmig angeordneten Gruppen aus jeweils 2 Rillenabschnitten verziert; wenig ergänzt; außen poliert, Strahlen abwechselnd poliert und körnig; Korngröße sehr fein; unregelmäßig geformt, Verzierung und Überarbeitung sorgfältig; H. 11,6 — 13,6 cm, Br. 22,3 cm, Rdm. 19,5 cm, Bdm. 8 cm.
2. 90 g **Leichenbrand**.

258 Grab 258 (Taf. 38)

(12,55/46,80)

1. **Kumpf** Typ 3, Var. a: Kumpf mit breiter Standläche; vor allem am Rand ergänzt; außen poliert, innen geglättet; Korngröße fein bis mittel; unsorgfältig geformt, Überarbeitung nicht gleichmäßig; H. 10 cm, Br. 16,8 cm, Rdm. 14,3 — 15,9 cm, Bdm. 10 cm.
2. 110 g **Leichenbrand**.

259 Grab 259 (Taf. 38)

(15,40/52,90)

1. **Schalenurne** Typ 13: Gefäß mit abgesetztem Hals und Facette; Variante nicht mehr zu ermitteln; Tcile von Hals bis Unterteil zusammensetzbar; außen geglättet; Korngröße mittel; sorgfältig gearbeitet; Br. ca. 22 cm, Rdm. rek. 20,8 cm; rekonstruiert.
2. 6 Fragmente einer **Geweihscheibe** mit Kreisaugenverzierung auf Ober- und Unterseite; sorgfältig geglättet; ursprüngl. Dm. ca. 5 cm, St. 0,55 — 0,7 cm.
3. 1 Stück **Urnenharz**.
4. 70 g **Leichenbrand**.

260 Grab 260 (Taf. 38)

(38,00/22,95)

Tiefe 0,30 m.

1. **Schalenurne** Typ 14: Gefäß mit von der Schulter durch eine Leiste abgesetztem Hals und Facette; Unterteil mit 4 Strahlen verziert; Teile von Boden bis Schulter erhalten; außen poliert; Korngröße fein; sorgfältig gearbeitet (ohne Abnutzungsspuren); Br. ca. 18 cm, Bdm. ca. 7 cm; rekonstruiert.
2. 1 **Bodenscherbe**; außen geglättet; Korngröße mittel; Bdm. ca. 13 cm, WS 1,4 cm; Datierung fraglich (o. Abb.).
3. 14 — 16 Fragmente eines **Dreilagenkammes** mit dreieckigen, im Scheiten kantigen Griffplatten; Eisenniete: 0,9 cm L.; Zähne von einer Seite eingesägt.
4. Ca. 125 g **Leichenbrand**.

261 Grab 261 (Taf. 38)

(46,15/23,30)

Tiefe 0,50 m.

1. **Schalenurne** Typ 18, Var. a: Gefäß mit konischem Oberteil; stark ergänzt; außen poliert; Korngröße überwiegend fein; wenig sorgfältig gearbeitet; H. 12,9 cm, Br. ca. 18,9 cm, Rdm. ca. 18,5 cm, Bdm. ca. 7,5 cm.
2. 3 Stücke **Urnenharz**.
3. 120 g **Leichenbrand**.

262 Grab 262 (Taf. 38)

(46,10/23,40)

Tiefe 0,40 m.

1. **Schalenurne** Typ 17, Var. a: Gefäß mit einschwingendem Oberteil; vor allem im Oberteil ergänzt; außen poliert; Korngröße fein bis mittel; kleine Unregelmäßigkeiten in der Form, Überarbeitung wenig sorgfältig; H. 9,8 cm, Br. 14,3 cm, Rdm. 13,8 cm, Bdm. 6,4 cm.
2. 5 g **Leichenbrand**.

263 Grab 263 (Taf. 38)

(45,05/23,90)

Tiefe 0,60 m.

1. **Schalenurne** Typ 8: Gefäß mit einschwingendem, absatzlos in die Schulter übergehendem Hals und kantigem Umbruch; Variante und Anzahl der Verzierungsgruppen nicht mehr zu ermitteln; sehr wenige Scherben erhalten; außen poliert, Strahlen abwechselnd poliert und körnig; Korngröße fein; sorgfältig gearbeitet; Br. ca. 14 cm: rekonstruiert.
2. 7 Fragmente eines **Dreilagenkammes**; Form nicht mehr zu ermitteln (o. Abb.).
3. 1 Stück **Urnenharz** mit Zahnabdruck.
4. 1 kleines Stück **Hämatit**.
5. **Holzkohle**.
6. 125 — 150 g **Leichenbrand**.

264 Grab 264 (Taf. 38)

(44,90/23,70)

Tiefe 0,55 m.

1. **Schalenurne** Typ 12, Var. a: Gefäß mit absatzlos in die gegliederte Schulter übergehendem Hals; etwas ergänzt; außen glänzend poliert; Korngröße fein; bis auf kleine Unregelmäßigkeiten in der Form sorgfältig gearbeitet; H. 10,3 cm, Br. 17,6 cm, Rdm. 17,5 cm, Bdm. 7,5 cm.
2. 5 Fragmente eines **Dreilagenkammes**; Form nicht mehr zu ermitteln; Eisenniete: 1 und 1,1 cm L. (o. Abb.).
3. **Holzkohle**.
4. 150 g **Leichenbrand**.

265 Grab 265 (Taf. 39)

(43,40/23,70)

Tiefe 0,35 m.

1. **Schalenurne** Typ 8, Var. a: Gefäß mit einschwingendem, absatzlos in die Schulter übergehendem Hals und kantigem Umbruch; Unterteil mit Teilen von Schulter und Hals erhalten; außen körnig; Korngröße fein bis mittel; Unregelmäßigkeiten in Form und Verzierung, Überarbeitung unsorgfältig; Br. 22,6 cm, Bdm. 7,8 cm.
2. 10 Fragmente eines **Dreilagenkammes** mit Kreisaugenverzierung; Form nicht mehr zu ermitteln; Zähne von beiden Seiten eingesägt.
3. 4 Stücke **Urnenharz**.
4. 500 g **Leichenbrand**.

266 Grab 266 (Taf. 39)

(42,40/23,30)

Tiefe 0,30 m.

1. **Schalenurne** Typ 6, Var. a: Gefäß mit trichterförmigem Hals und abgesetzter konischer Schulter; ursprünglich vermutlich mit jeweils 5 alternierend angebrachten Bögen und Dreiecken verziert (3 erhalten); nur z.T. zusammensetzbar; außen poliert; Korngröße fein; sehr sorgfältig gearbeitet; Br. ca. 25 cm, Bdm. rek. 9,5 cm; rekonstruiert.
2. 6 Fragmente eines **Dreilagenkammes** mit kreissegmentförmigen Griffplatten.
3. 3 — 4 Stücke **Urnenharz**.
4. Ca. 375 g **Leichenbrand**.

267 Grab 267 (Taf. 39)

(40,40/24,30)

Tiefe 0,55 m; „in braungrauer Grabgrube"; Eisenschnalle im Leichenbrand.

1. **Schalenurne** Typ 17, Var. a: Gefäß mit einschwingendem Oberteil; wenig ergänzt; außen körnig; Korngröße fein; Unregelmäßigkeiten in der Form, Überarbeitung unsorgfältig; H. 12,7 — 14 cm, Br. 17,8 cm, Rdm. 16,2 cm, Bdm. 8,5 — 9,5 cm.
2. 1 **Scherbe**; **Drehscheibenkeramik**; hellbraun, im Bruch dunkelgrau; außen rauh; Korngröße sehr fein (o. Abb.).
3. Halbkreisförmige **Eisenschnalle** für einen ca. 2 cm breiten Riemen; korrodiert.
4. 8 Fragmente eines **Dreilagenkammes** mit dreieckigen Griffplatten; Eisenniet: 0,95 cm L.
5. 3 Stücke **Urnenharz**.
6. 470 g **Leichenbrand**.

268 Grab 268 (Taf. 39)

(58,00/25,40)

Tiefe 0,30 m.

1. **Schalenurne**; Typ nicht mehr zu ermitteln; Tannenbaummotiv insgesamt viermal angebracht; Unterteil weitgehend mit Ansatz des Umbruchs erhalten; außen poliert; Korngröße fein; bis auf kleine Unregelmäßigkeiten in der Verzierung sorgfältig gearbeitet; Br. ca. 23 cm, Bdm. ca. 8 cm.
2. 185 g **Leichenbrand**.

269 Grab 269 (Taf. 40)

(61,40/25,55)

Tiefe 0,25 m; „südlich der Urne zwei kleinere Gefäße, zerpflügt und ohne Leichenbrand, der in dem dritten Gefäß gefunden wurde; zwei Beigefäße (?)".

1. **Schalenurne** Typ 2, Var. a: Gefäß mit geradem Hals, abgesetzter gewölbter Schulter und rundem Umbruch; insgesamt mit 3 Gruppen aus 3 Rippen verziert, die alternierend mit einzelnen Rippen angebracht sind; vor allem an Rand und Boden ergänzt; außen körnig; Korngröße mittel; gleichmäßig geformt, Überarbeitung wenig sorgfältig; Br. 22,6 cm, Bdm. ca. 5 cm (Boden nicht deutlich abgesetzt).
2. 3 Fragmente eines **Dreilagenkammes**; Form nicht mehr zu ermitteln; Bronzeniete; Zähne von vorne eingesägt.
3. Kleinste **Eisenteilchen**.
4. **Holzkohle**.
5. 165 g **Leichenbrand**.

269A Grab 269A (Taf. 39)

(61,90/25,40)

1. **Schalenurne** Typ 11, Var. a: Gefäß mit abgesetzter gegliederter Schulter; Unterteil mit Teilen der Schulter und Halsansatz erhalten; außen poliert; Korngröße mittel; sorgfältig gearbeitet (ohne Abnutzungsspuren); Br. 11,4 cm, Bdm. 4,9 cm.
2. 2 g **Leichenbrand**.

269B Grab 269B (Taf. 39)

(61,60/25,40)

1. **Schalenurne** Typ 11, Var. a: Gefäß mit abgesetzter gegliederter Schulter; ca. ein Drittel des Gefäßes erhalten; außen poliert; Korngröße mittel; sorgfältig gearbeitet; H. ca. 13,2, Br. ca. 21 cm, Rdm. rek. 19,2 cm, Bdm. ca. 8,5 cm; rekonstruiert.
2. 1 **Scherbe**; außen poliert; Korngröße mittel.

270 Grab 270 (Taf. 40)

(51,80/23,25)

Tiefe 0,55 m.

1. **Schalenurne** Typ 8: Gefäß mit einschwingendem, absatzlos in die Schulter übergehendem Hals und kantigem Umbruch; Variante nicht mehr zu ermitteln; Teile von Rand bis Unterteil erhalten; außen poliert; Korngröße mittel; wenig sorgfältig gearbeitet; Br. rek. 21 cm, Rdm. ca. 17 cm; rekonstruiert.
2. 6 Fragmente eines **Dreilagenkammes** mit kreissegmentförmigen Griffplatten; braune Verfärbungen deuten auf die Verwendung von Eisennieten.
3. 3 Stücke **Urnenharz**.
4. 570 g **Leichenbrand**.

271 Grab 271 (Taf. 40)

(62,20/26,85)

Tiefe 0,40 m.

1. **Schalenurne** Typ 16: Gefäß mit einschwingendem Hals und Facette; Variante nicht mehr zu ermitteln; Teile von Unterteil bis Rand erhalten; außen poliert; Korngröße überwiegend fein; sorgfältig gearbeitet; Br. rek. 20,3 cm, Rdm. ca. 18 cm; rekonstruiert.
2. 1 stark verbrannter Glasrest einer **Perle** aus undurchsichtigem roten Glas (o. Abb.).
3. 1 Fragment eines **Dreilagenkammes**; Form nicht mehr zu ermitteln; Bronzeniet; Zähne von beiden Seiten eingesägt: z.T. von vorne, z.T. von hinten, wobei die jeweils andere Seite nur kurz zum Heraustrennen des Spans eingesägt wurde.
4. 225 g **Leichenbrand**.

272 Grab 272 (Taf. 40)

(58,90/27,00)

Tiefe 0,50 m.

1. **Kumpf** Typ 3, Var. a: Kumpf mit breiter Standfläche; etwa zur Hälfte ergänzt; außen körnig, innen geglättet; Korngröße fein; unregelmäßig geformt, Überarbeitung sorgfältig (ohne Abnutzungsspuren); H. 8,6 cm, Br. 15,1 cm, Rdm. 13,2 cm, Bdm. 8,1 cm, WS 0,35 — 0,55 cm.
2. **Schalenurne** (?); Typ und Maße nicht mehr zu ermitteln; sehr wenige Scherben erhalten; außen poliert; Korngröße fein.
3. 90 g **Leichenbrand**.

Inv.-Nr. 53:130 (für 1.)

273 Grab 273 (Taf. 40)

(60,30/25,80)

Tiefe 0,50 m; im Leichenbrand eine Gewandnadel aus Silber, ein Bronzering und der Rest eines Eisennietes.

1. **Schalenurne**; Typ und Maße nicht mehr zu ermitteln; sehr wenige Scherben erhalten; mit Tannenbaummuster verziert; außen poliert; Korngröße fein; sorgfältig gearbeitet.
2. 1 stark verbrannter Glasrest einer **Perle** (?); Farbe nicht mehr feststellbar (o. Abb.).
3. 8 Fragmente eines **Dreilagenkammes** mit Kreisaugenverzierung auf den Griffplatten und dem Rücken; Form nicht mehr zu ermitteln.
4. **Silberdraht** (Nadel?); L. 1,7 cm, St. 0,25 cm.
5. 25 g **Leichenbrand**.

274 Grab 274 (Taf. 40)

(60,35/26,05)

Tiefe 0,30 m.

1. **Schalenurne**; Typ nicht mehr zu ermitteln; Unterteil weitgehend, vom Oberteil eine Scherbe erhalten; außen poliert; Korngröße mittel; sorgfältig überarbeitet; Bdm. ca. 8 cm; rekonstruiert.
2. 17 g **Leichenbrand**.

275 Grab 275 (Taf. 40)

(60,40/25,80)

Tiefe 0,45 m.

1. **Schalenurne** Typ 18, Var. b: Gefäß mit konischem Oberteil; Unterteil weitgehend mit Teilen des Oberteils erhalten; außen glänzend poliert; Korngröße sehr fein; kleine Unregelmäßigkeiten in der Form, Verzierung wenig sorgfältig, Überarbeitung außen sorgfältig; Br. 14,7 cm, Bdm. 5,7 cm.
2. 1 **Scherbe**; außen poliert; Korngröße mittel (o. Abb.).
3. 3 **Scherben** einer **Schalenurne** (?); Typ und Maße nicht mehr zu ermitteln; außen glänzend poliert; Korngröße sehr fein bis fein.
4. 1 Fragment eines **Dreilagenkammes** mit schmalen Griffleisten mit parallelen Rändern und Kreisaugenverzierung sowie randbegleitenden feinen Riefen; Bronzeniet.
5. 1 Stück **Urnenharz**.
6. 9 g **Leichenbrand**.

276 Grab 276 (Taf. 41)

(53,40/22,90)

Tiefe 0,35 m.

1. **Schalenurne** Typ 1, Var. b: Gefäß mit konischem Hals, abgesetzter gewölbter Schulter und rundem Umbruch; insgesamt mit 4 Feldern verziert; Teile von Hals und Rand fehlen, Boden weitgehend ergänzt; außen poliert; Korngröße fein; sorgfältig gearbeitet; Br. 24 cm, Bdm. ca. 8 cm.
2. 9 — 10 Fragmente eines **Dreilagenkammes** mit Rädchenverzierung; Form nicht mehr zu ermitteln; Eisenniet: 0,9 cm L.; Zähne von beiden Seiten eingesägt.
3. 145 g **Leichenbrand**.

277 Grab 277 (Taf. 40)

(53,70/23,70)

Tiefe 0,35 m.

1. **Schalenurne** (?); Typ und Maße nicht mehr zu ermitteln; wenige Scherben erhalten; außen körnig; Korngröße mittel; rekonstruiert.
2. 4 **Scherben; Drehscheibenkeramik**; hellbraun, im Bruch hellgrau mit dunkelgrauem Kern; außen rauh; Korngröße sehr fein (o. Abb.).
3. 4 Fragmente eines **Dreilagenkammes** mit dreieckigen Griffplatten; Eisenniet: 0,8 cm L., Zahnl. 1,8 — 1,9 cm; Querschnitt rekonstruiert.
4. 1 Stück **Urnenharz**.
5. 215 g **Leichenbrand**.

278 Grab 278 (Taf. 41)

(54,10/24,05)

Tiefe 0,35 m.

1. **Schalenurne**; Typ nicht mehr zu ermitteln; nur z.T. zusammensetzbar; außen poliert; Korngröße mittel; kleine Unregelmäßigkeiten in der Verzierung (ohne Abnutzungsspuren); Br. ca. 21 cm, Bdm. ca. 7 cm; rekonstruiert.
2. 15 g **Leichenbrand**.

279 Grab 279 (Taf. 41)

(65,60/25,85)

1. **Schalenurne** Typ 17, Var. a: Gefäß mit einschwingendem Oberteil; nur z.T. zusammensetzbar; außen poliert; Korngröße fein bis mittel; gleichmäßig gearbeitet; Br. rek. 17,3 cm, Rdm. rek. 17,2 cm, Bdm. ca. 6,5 cm; rekonstruiert.
2. 1 g **Leichenbrand**.

280 Grab 280 (Taf. 41)

(65,90/26,60)

1. **Schalenurne** Typ 17, Var. a: Gefäß mit einschwingendem Oberteil; ursprüngliche Zahl der in Gruppen angebrachten Eintiefungen nicht mehr zu ermitteln; wenige Scherben erhalten; außen poliert; Korngröße überwiegend fein; sehr sorgfältig gearbeitet; H. rek. 9,4 cm, Br. rek. 18 cm, Rdm. ca. 17,8 cm, Bdm. ca. 7 cm; rekonstruiert.

281 Grab 281 (Taf. 41)

(54,30/24,70)

Tiefe 0,40 m.

1. **Gefäß**; Form nicht mehr zu ermitteln; Teile von Boden und aufgehender Wandung erhalten; außen poliert; Korngröße fein bis mittel; gleichmäßig gearbeitet; Bdm. 9,4 cm.
2. **Schalenurne** Typ 2: Gefäß mit geradem Hals, abgesetzter gewölbter Schulter und kantigem Umbruch; Variante nicht mehr zu ermitteln; wenige Scherben erhalten; außen poliert; sorgfältig gearbeitet; Br. ca. 16,5 cm; rekonstruiert.
3. 1 **Scherbe**; außen poliert; Korngröße sehr fein.
4. 1 **Scherbe**; außen poliert; Korngröße fein (o. Abb.).
5. 8 g **Leichenbrand**.

282 Grab 282 (Taf. 41)

(56,70/23,10)

Tiefe 0,30 m.

1. **Schalenurne**; Typ und ursprüngliche Anzahl der Felder nicht mehr zu ermitteln (3 Felder erhalten); zwei Drittel des Unterteils mit Teilen der Schulter erhalten; außen körnig; Korngröße fein bis mittel; kleine Unregelmäßigkeiten in der Form, Überarbeitung wenig sorgfältig; Br. rek. 23,8 cm, Bdm. 8,4 cm; rekonstruiert.
2. 1 **Randscherbe;** außen poliert; Korngröße fein.
3. 45 g **Leichenbrand**.

283 Grab 283 (Taf. 41)

(12,40/52,60)

Tiefe 0,70 m.

1. **Schalenurne** Typ 7, Var. a: Gefäß mit geradem, absatzlos in die konische Schulter übergehendem Hals; insgesamt mit 4 Gruppen aus jeweils 3 Eintiefungen verziert; Rand und Hals stark ergänzt; außen poliert; Korngröße fein; sorgfältig geformt und verziert, außen sehr sorgfältig überarbeitet; H. 12,1 cm, Br. 21,3 cm, Rdm. 19,6 cm, Bdm. ca. 6,5 cm (Boden nicht deutlich abgesetzt).
2. 14 Fragment eines **Dreilagenkammes**; Form nicht mehr zu ermitteln; korrodierte Eisenniete: 1,1 und 1,45 cm L.; Zähne im wesentlichen von der Rückseite eingesägt (o. Abb.).
3. 355 g **Leichenbrand**.

284 Grab 284 (Taf. 42)

(11,85/49,60)

Tiefe 0,50 m.

1. **Schalenurne** Typ 8, Var. a: Gefäß mit einschwingendem, absatzlos in die Schulter übergehendem Hals und kantigem Umbruch; Oberteil zur Hälfte, Unterteil zu einem

Drittel ergänzt; außen glänzend poliert; Korngröße fein; gleichmäßig geformt, Überarbeitung sehr sorgfältig; H. 8,7 cm, Br. 16 cm, Rdm. ca. 14 cm, Bdm. 5,4 cm.

2. Kleinste **Eisenteilchen**.

3. 1 g **Leichenbrand**.

285 Grab 285 (Taf. 42; 114)

(11,20/50,80)

Tiefe 0,85 m; Leichenbrand auf dem Boden der Urne.

1. **Napf** Typ 2, Var. a: gegliederter Napf; fast vollständig erhalten, Rand teilweise ergänzt; außen körnig; Korngröße mittel; Unregelmäßigkeiten in der Form, Überarbeitung außen nicht gleichmäßig; H. 11,2 cm, Br. 15,1 cm, Rdm. 13,1 cm, Bdm. 8,5 cm.

2. 33 g **Leichenbrand**.

286 Grab 286

(11,10/45,20)

Tiefe 0,45 m; vollständig zerstört.

Funde nicht vorhanden.

287 Grab 287 (Taf. 42)

(80,40/25,90)

Tiefe 0,95 m; ,,anscheinend durch Tiere zerstört''.

1. **Topf** Typ 1, Var. a: Topf mit ausbiegendem Rand und ungegliedertem Oberteil; ca. zwei Drittel ergänzt; außen flüchtig poliert; Korngröße fein bis mittel; Unregelmäßigkeiten in der Form; H. 16,6 cm, Br. ca. 22 cm, Rdm. 18,2 cm, Bdm. 9 cm.

2. 70 g **Leichenbrand**.

288 Grab 288 (Taf. 42)

(70,10/25,25)

Leichenbrand ab 3 cm unterhalb des Randes; in 6 cm Reste eines Kammes.

1. **Schalenurne** Typ 16, Var. a: Gefäß mit einschwingendem Hals und Facette; Rand z.T. ergänzt; außen poliert; Korngröße fein bis mittel; Unregelmäßigkeiten in Form und Verzierung; H. 10,8 — 12,1 cm, Br. 20,7 cm, Rdm. 18,2 cm, Bdm. 7,2 cm.

2. 10 Fragmente eines **Dreilagenkammes** mit dreieckigen Griffplatten; Eisenniete: 0,85 cm L., Zahnl. ca. 2 cm.

3. 280 g **Leichenbrand**.

289 Grab 289 (Taf. 42; 112)

(82,70/26,00)

Tiefe 0,75 m; Leichenbrand ab 6 cm unterhalb des Randes; in der oberen Schicht des Leichenbrandes ein Stück Urnenharz; Reste eines Kammes im Leichenbrand.

1. **Schalenurne** Typ 11, Var. a: Gefäß mit abgesetzter gegliederter Schulter; bis auf kleine Beschädigungen vollständig erhalten; außen glänzend poliert; Korngröße mittel; sehr sorgfältig gearbeitet; H. 12,8 cm, Br. 23,2 cm, Rdm. 20,6 cm, Bdm. 11,2 cm.

2. 6 zerschmolzene Glasreste einer oder mehrerer **Perlen** aus durchscheinendem kobaltblauen Glas (o. Abb.).

3. Fragmentiert erhaltener **Dreilagenkamm** mit kreissegmentförmigen Griffplatten; Eisenniete: 1 — 1,4 cm L.

4. 1 kleiner, an Knochen geschmolzener **Bronzerest** (o. Abb.).

5. 1 Stück **Urnenharz**.

6. 445 g **Leichenbrand**.

290 Grab 290

(80,90/25,30)

Tiefe 0,90 m; ,, . . . sehr schlecht gebrannt, so daß das **Gefäß** als . . . (?) grauer Streifen zu erkennen ist''.

Urne nicht vorhanden.

1. **Holzkohle**.

2. 120 g **Leichenbrand**.

291 Grab 291 (Taf. 42)

(11,10/48,20)

Tiefe 0,65 m.

1. **Schale** mit Fuß; etwas ergänzt; außen poliert; Korngröße fein bis mittel; kleine Unregelmäßigkeiten in der Form, Überarbeitung nicht gleichmäßig; H. 9,2 cm, Rdm. 15,9 cm, Bdm. 6,9 cm.

2. 75 g **Leichenbrand**.

292 Grab 292 (Taf. 42)

(73,00/26,65)

Tiefe 0,40 m.

1. **Schalenurne**; Typ nicht mehr zu ermitteln; sehr wenige Scherben erhalten; außen poliert; Korngröße überwiegend fein; Bdm. ca. 10,5 cm.

2. 1 Stück **Urnenharz**.

3. 20 g **Leichenbrand**.

293 Grab 293 (Taf. 43; 113)

(11,70/45,90)

Tiefe 0,50 m.

1. **Schalenurne** Typ 12, Var. b: Gefäß mit absatzlos in die gegliederte Schulter übergehendem Hals; vollständig erhalten; außen poliert; (Korngröße fein); kleine Unregelmäßigkeiten in der Form, Überarbeitung sehr sorgfältig, Verzierung gleichmäßig; H. 12,5 — 14 cm, Br. 20,8 cm, Rdm. 18,3 cm, Bdm. 9,9 cm.

2. 6 Fragmente eines **Dreilagenkammes**; Form nicht mehr zu ermitteln; braune Verfärbungen deuten auf die Verwendung von Eisennieten (o. Abb.).

3. 230 g **Leichenbrand**.

294 Grab 294 (Taf. 43)

(10,90/45,80)

Tiefe 0,60 m; Leichenbrand ab 4 cm unterhalb des Randes.

1. **Kumpf** Typ 3, Var. b: Kumpf mit breiter Standfläche; etwas ergänzt; außen aufgerauht, innen geglättet; Korngröße überwiegend mittel; Unregelmäßigkeiten in der Form, Überarbeitung sorgfältig; H. 12,1 cm, Br. 19,2 cm, Rdm. 17 cm, Bdm. 14 cm.
2. **Drehscheibengefäß;** Form und Maße nicht mehr zu ermitteln; wenige Scherben erhalten; hell- bis mittelbraun, im Bruch hellgrau oder -braun mit dunkelgrauem Kern; außen rauh; Korngröße sehr fein.
3. Fragmentiert erhaltener **Dreilagenkamm** mit schwach gewölbten Griffplatten und Verzierung aus konzentrischen Kreisen und Kreisaugen; braune Verfärbungen deuten auf die Verwendung von Eisennieten; Zähne von einer Seite eingesägt; Vernietung zwischen zwei Zahnplatten.
4. 3 Stücke **Urnenharz**.
5. **Holzkohle**.
6. 395 g **Leichenbrand**.

295 Grab 295 (Taf. 43; 113)

(10,00/45,90)

Tiefe 0,80 m.

1. **Schalenurne** Typ 11, Var. b: Gefäß mit abgesetzter gegliederter Schulter; **Drehscheibenkeramik**; vollständig erhalten; außen mittel- und graubraun, innen hellbraun; außen poliert; Korngröße fein, z.T. grob und sehr grob; Form bis auf Rand und Boden gleichmäßig; H. 15,7 cm, Br. 25,1 cm, Rdm. 22,9 cm, Bdm. 9,7 cm.
2. 1 **Randscherbe; Drehscheibenkeramik**; hellbraun, im Bruch hellgrau; außen rauh; Korngröße sehr fein.
3. 1 Stück **Urnenharz**.
4. 1200 g **Leichenbrand**.

296 Grab 296 (Taf. 43; 114)

(73,20/25,40)

Tiefe 0,45 m.

1. **Kumpf** Typ 2, Var. a: mittelgroßer Kumpf; insgesamt mit 3 Gruppen aus jeweils 3 Knubben verziert; fast vollständig erhalten; außen aufgerauht, unterhalb des Randes geglättet, innen Wandung geglättet und Boden rauh; Korngröße mittel; Unregelmäßigkeiten in der Form, Überarbeitung innen wenig sorgfältig, Verzierung unsorgfältig; H. 12,5 cm, Br. 18 cm, Rdm. 14,2 cm, Bdm. 10,5 cm.
2. 2 Stücke **Urnenharz**.
3. 105 g **Leichenbrand**.

297 Grab 297 (Taf. 43; 114)

(74,20/25,80)

Tiefe 0,45 m.

1. **Schüssel** Typ 3: Schüssel mit geknicktem Profil; vollständig erhalten; außen poliert; Korngröße fein; bis auf kleine Unregelmäßigkeiten in der Form sehr sorgfältig gearbeitet; ohne Abnutzungsspuren; H. 12,5 cm, Br. 18 cm, Rdm. 15,3 cm, Bdm. 6,8 cm.
2. 3 Fragmente eines **Dreilagenkammes**; Form nicht mehr zu ermitteln; korrodierter Eisenniet: 0,9 cm L.
3. 2 Stücke **Urnenharz**.
4. 365 g **Leichenbrand**.

298 Grab 298 (Taf. 43)

(78,10/26,80)

Tiefe 0,55 m.

1. **Schalenurne** Typ 2, Var. a: Gefäß mit geradem Hals, abgesetzter gewölbter Schulter und rundem Umbruch; wenig ergänzt; außen glänzend poliert; Korngröße fein; kleine Unregelmäßigkeiten in Form und Verzierung, Überarbeitung vor allem außen sehr sorgfältig; H. 15 cm, Br. 21,7 cm, Rdm. 19,5 cm, Bdm. 7,3 cm.
2. 2 Fragmente eines **Dreilagenkammes** mit dreieckigen Griffplatten; Bronzeniete.
3. 1 Stück **Urnenharz**.
4. 530 g **Leichenbrand**.

299 Grab 299 (Taf. 44)

(78,80/26,10)

Tiefe 0,70 m; gut verbrannnter Leichenbrand; keine Beigaben.

1. **Schale** mit Fuß; etwas ergänzt;. außen rauh, Boden und untere cm geglättet; Korngröße mittel; Unregelmäßigkeiten in der Form, Überarbeitung innen sorgfältig; ohne Abnutzungsspuren; H. 9,4 — 10,9 cm, Rdm. 17,7 cm, Bdm. 10,5 cm.

300 Grab 300 (Taf. 44)

(79,30/25,30)

Tiefe 0,85 — 0,90 m; hangabwärts geneigt.

1. **Schalenurne** Typ 2, Var. a: Gefäß mit geradem Hals, abgesetzter gewölbter Schulter und rundem Umbruch; etwas ergänzt; außen poliert; Korngröße überwiegend fein; sorgfältig gearbeitet; H. 16 cm, Br. 21,2 cm, Rdm. 19,8 cm, Bdm. 8,6 cm.
2. 7 Fragmente eines **Dreilagenkammes**; Form nicht mehr zu ermitteln; Eisenniet: 0,85 cm L., Zahnl. mind. 1,8 cm; Zähne von der Vorderseite eingesägt.
3. 1 Stück **Urnenharz**.
4. **Holzkohle**.
5. 380 g **Leichenbrand**.

301 Grab 301 (Taf. 44)

(39,90/21,50)

Tiefe 0,40 m.

1. **Schalenurne** Typ 14: Gefäß mit von der Schulter durch eine Leiste abgesetztem Hals und Facette; insgesamt mit

6 Strahlen verziert; Unterteil weitgehend mit Teilen von Schulter und Hals erhalten; außen poliert, Strahlen abwechselnd poliert und körnig; Korngröße fein bis mittel; bis auf kleine Unregelmäßigkeiten in der Verzierung gleichmäßig gearbeitet; Br. 18,7 cm, Bdm. 5,7 cm.

2. 1 Stück **Urnenharz**.

3. 87 g **Leichenbrand**.

302 Grab 302 (Taf. 44)

(55,70/25,00)

Tiefe 0,50 m; Leichenbrand ab 6 cm unterhalb des Randes.

1. **Schalenurne** Typ 2, Var. b: Gefäß mit geradem Hals, abgesetzter gewölbter Schulter und rundem Umbruch; insgesamt mit 5 Gruppen aus 3, 5 und 6 Kannelurelementen am Hals, 12 Rippen im Umbruchbereich und 6 Strahlen verziert; etwas ergänzt; außen glänzend poliert, Strahlen abwechselnd poliert und körnig; Korngröße fein; gleichmäßig geformt, sorgfältig überarbeitet, kleine Unregelmäßigkeiten in der Verzierung; H. 13 cm, Br. 21,4 cm, Rdm. 19,5 cm, Bdm. 6,9 cm.
2. 46 z.T. kleinste Glassplitter einer **Perle** (?) aus durchscheinendem kobaltblauen Glas (o. Abb.).
3. 1 Fragment einer **Nadelbüchse** mit Strichverzierung; sorgfältig geglättet; Verzierung mit einem feinen Gerät (Messer?) angebracht, die Linien sind doppelt oder dreifach gezogen; erh. L. 4,3 cm, Dm. 0,7 — 0,85 cm.
4. Eisennietfragment eines **Dreilagenkammes** (?).
5. 1 Stück **Urnenharz**.
6. 405 g **Leichenbrand**.

303 Grab 303 (Taf. 44)

(61,60/24,20)

Tiefe 0,45 m; an Beigaben Bronzeblech und Urnenharz.

1. **Schüssel** Typ 1: ungegliederte Schüssel; nur z.T. zusammensetzbar; außen körnig; Korngröße überwiegend fein; Br. ca. 24 cm; rekonstruiert.
2. 4 Fragmente eines **Dreilagenkammes**; Form nicht mehr zu ermitteln.
3. 160 g **Leichenbrand**.

304 Grab 304

(74,80/25,80)

Tiefe 0,40 m; ,,kleine Kumme, Rand abgepflügt''.

Funde nicht vorhanden.

305 Grab 305 (Taf. 44)

(41,70/21,45)

Tiefe 0,45 m.

1. **Schalenurne** (?); Typ, Maße und Verzierung nicht mehr zu ermitteln; sehr wenige Scherben erhalten; außen geglättet; Korngröße sehr fein und fein; unsorgfältig gearbeitet.
2. 3 g **Leichenbrand**.

306 Grab 306 (Taf. 44)

(42,00/21,35)

Tiefe 0,45 m.

1. **Schalenurne** Typ 11, Var. a: Gefäß mit abgesetzter gegliederter Schulter; vor allem im Oberteil stark ergänzt; außen glänzend poliert; Korngröße sehr fein; bis auf kleine Unregelmäßigkeiten sorgfältig gearbeitet; H. 9,7 cm, Br. 15,7 cm, Rdm. 15,2 cm, Bdm. 6 cm.

307 Grab 307 (Taf. 44)

(57,80/23,20)

Tiefe 0,45 m.

1. **Schalenurne**; Typ nicht mehr zu ermitteln; sehr wenige Scherben erhalten; außen poliert; Korngröße überwiegend fein; sorgfältig gearbeitet; Br. ca. 15 cm; rekonstruiert.
2. 5 g **Leichenbrand**.

308 Grab 308 (Taf. 45)

(58,70/22,55)

Tiefe 0,35 m.

1. **Kumpf** Typ 2, Var. a: mittelgroßer Kumpf; etwas ergänzt; außen und innen geglättet; Korngröße mittel; kleine Unregelmäßigkeiten in der Form, Überarbeitung gleichmäßig; ohne Abnutzungsspuren; H. 11,3 cm, Br. 16,2 cm, Rdm. 15 cm, Bdm. 8,8 cm.

309 Grab 309 (Taf. 45)

(42,50/20,00)

Tiefe 0,50 m.

1. **Schalenurne** Typ 5, Var. a: Gefäß mit konischem Hals und abgesetzter konischer Schulter; ursprünglich mit 8 (?) Gruppen aus Eintiefungen unterschiedlicher Anzahl und Anordnung verziert (5 erhalten); Teile von Boden bis Hals erhalten; außen glänzend poliert; Korngröße mittel; sorgfältig gearbeitet; ohne Abnutzungsspuren; Br. 25,7 cm, Bdm. 8,7 cm.
2. 1 **Bodenscherbe;** außen körnig; Korngröße mittel; Datierung fraglich (o. Abb.).
3. 1 Fragment eines **Dreilagenkammes**; Form nicht mehr zu ermitteln; sorgfältig geglättet.
4. **Holzkohle**.
5. Ca. 220 g **Leichenbrand**.

310 Grab 310 (Taf. 45)

(59,10/22,50)

Tiefe 0,40 m.

1. **Schalenurne** Typ 1/2, Var. a: Gefäß mit abgesetzter gewölbter Schulter und rundem Umbruch; Stellung des Halses nicht mehr zu ermitteln; Tannenbaummotiv insgesamt viermal angebracht; Unterteil weitgehend mit Teilen von Schulter und Hals erhalten; außen poliert; Korngröße fein; bis auf Unregelmäßigkeiten in der Verzierung sorgfältig gearbeitet; Br. 22 cm, Bdm. 6,1 cm.

2. 1 **Randscherbe;** außen geglättet; Korngröße mittel; Datierung fraglich (o. Abb.).

3. 3 g **Leichenbrand.**

311 Grab 311 (Taf. 45)

(59,70/23,60)

Tiefe 0,50 m.

1. **Schalenurne** Typ 6, Var. a: Gefäß mit geradem Hals und abgesetzter konischer Schulter; insgesamt mit 4 Gruppen aus Sparren und Eintiefungen verziert; etwas ergänzt; außen körnig; Korngröße fein; sorgfältig gearbeitet (ohne Abnutzungsspuren); H. 9,1, Br. 15,1 cm, Rdm. 13,2 cm, Bdm. 6 cm.
2. **Drehscheibengefäß;** Form und Maße nicht mehr zu ermitteln; wenige Scherben erhalten; hell- bis mittelbraun, z.T. dunkelgrau, im Bruch hell- bis dunkelgrau; außen rauh; Korngröße sehr fein (o. Abb.).
3. 1 Stück **Urnenharz.**
4. 55 g **Leichenbrand.**

312 Grab 312 (Taf. 45)

(58,50/23,70)

Tiefe 0,55 m; Leichenbrand ab Randhöhe.

1. **Schalenurne** Typ 16, Var. a: Gefäß mit einschwingendem Hals und Facette; vollständig erhalten; außen poliert; Korngröße fein; bis auf kleine Unregelmäßigkeiten sorgfältig gearbeitet; H. 11,6 cm, Br. 19 cm, Rdm. 17,6 cm, Bdm. 7,3 cm.
2. 3 Fragmente eines **Dreilagenkammes;** Form nicht mehr zu ermitteln; braune Verfärbungen deuten auf die Verwendung von Eisennieten.
3. 550 g **Leichenbrand.**

313 Grab 313 (Taf. 45)

(59,50/22,70)

Tiefe 0,55 m.

1. **Schalenurne** Typ 10, Var. a: s-förmig profiliertes Gefäß mit hochliegendem Umbruch; insgesamt mit 5 Gruppen aus jeweils 3 Kerben und 8 Gruppen aus jeweils 2 Rillenabschnitten verziert; ein Viertel des Randes mit Teilen des Halses ergänzt; außen poliert; Korngröße mittel; kleine Unregelmäßigkeiten in Form und Verzierung; H. 7,1 cm, Br. 10,8 cm, Rdm. 10,5 cm, Bdm. 4,1 — 4,5 cm.
2. 4 Stücke **Urnenharz** mit Zahn- und Fingerabdrücken.
3. 11 g **Leichenbrand.**

314 Grab 314 (Taf. 45)

(59,80/22,50)

Tiefe 0,58 m.

1. **Schalenurne** Typ 5, Var. a: Gefäß mit konischem Hals und abgesetzter konischer Schulter; etwas ergänzt; außen im Oberteil körnig und im Unterteil geglättet; Korngröße mittel; sehr unregelmäßig geformt, Überarbeitung innen sorgfältiger als außen; H. 12,8 — 14,2 cm, Br. 19 cm, Rdm. 13,9 cm, Bdm. 9,9 cm.
2. 8 Stücke **Urnenharz.**
3. 345 g **Leichenbrand.**

315 Grab 315 (Taf. 45)

(63,80/24,10)

Tiefe 0,40 m.

1. **Schalenurne** Typ 1/2, Var. a: Gefäß mit abgesetzter gewölbter Schulter und rundem Umbruch; Stellung des Halses nicht mehr zu ermitteln; zwei Drittel des Unterteils mit Teilen der Schulter und Einzelscherben erhalten; außen körnig; Korngröße mittel; kleine Unregelmäßigkeiten in der Form, Überarbeitung wenig sorgfältig; Br. 27,3 cm, Bdm. 8 cm; rekonstruiert.
2. 1 **Scherbe;** außen poliert; Korngröße fein.
3. 1 **Scherbe;** außen poliert; Korngröße fein (o. Abb.).
4. 1 Fragment eines **Dreilagenkammes;** Form nicht mehr zu ermitteln (o. Abb.).
5. **Holzkohle.**
6. 190 g **Leichenbrand.**

316 Grab 316 (Taf. 46)

(44,10/20,10)

Tiefe 0,45 m.

1. **Schalenurne** Typ 17, Var. b: Gefäß mit einschwingendem Oberteil; vor allem am Rand ergänzt; außen poliert; Korngröße fein; gleichmäßig geformt, Überarbeitung außen im Oberteil sorgfältiger als im Unterteil; H. 12,5 cm, Br. 20,2 cm, Rdm. 20 cm, Bdm. 8,5 cm.
2. 7 Fragmente eines **Armringes;** Elfenbein; stark verbrannt (o. Abb.).
3. 2 Fragmente eines **Dreilagenkammes;** Form nicht mehr zu ermitteln; Zähne von beiden Seiten eingesägt (o. Abb.).
4. 1 Stück **Urnenharz.**
5. **Holzkohle.**
6. Ca. 250 g **Leichenbrand.**

317 Grab 317 (Taf. 46; 113)

(43,60/21,55)

Tiefe 0,60 m; Leichenbrand ab 3 cm unterhalb des Randes.

1. **Schalenurne** Typ 12, Var. b: Gefäß mit absatzlos in die gegliederte Schulter übergehendem Hals; bis auf kleine Beschädigungen am Rand vollständig erhalten; außen glänzend poliert; Korngröße mittel; Form und Überarbeitung sorgfältig; Verzierung gleichmäßig; H. 13,8 cm, Br. 22,2 cm, Rdm. 20,7 cm, Bdm. 8,8 cm.
2. 5 Fragmente eines **Armringes** mit D-förmigem Querschnitt; Elfenbein; stark verbrannt; erh. L. insgesamt 4,9 cm, Br. mind. 1,15 cm, D. 0,28 cm.
3. 10 Fragmente eines **Dreilagenkammes;** Form nicht mehr zu ermitteln; Eisenniet: 0,9 cm L.

4. 5 Stücke **Urnenharz**.

5. **Holzkohle**.

6. 500 g **Leichenbrand**.

318 Grab 318 (Taf. 46)

(65,80/24,00)

Tiefe 0,35 m.

1. **Schalenurne** Typ 1, Var. a: Gefäß mit konischem Hals, abgesetzter gewölbter Schulter und rundem Umbruch; Unterteil fast vollständig mit Teilen von Hals und Schulter sowie Einzelscherben erhalten; außen glänzend poliert; Korngröße mittel; sorgfältig gearbeitet; H. rek. 14,1 cm, Br. 23,8 cm, Rdm. rek. 21,3 cm, Bdm. 7,7 cm; rekonstruiert.

2. 2 g **Leichenbrand**.

319 Grab 319 (Taf. 46)

(65,20/24,30)

Tiefe 0,30 — 0,35 m.

1. **Schalenurne** Typ 18, Var. b: Gefäß mit konischem Oberteil; ca. ein Drittel des Unterteils und drei Viertel des Oberteils ergänzt; außen glänzend poliert; Korngröße fein; sorgfältig geformt, kleine Unregelmäßigkeiten in der Verzierung, Überarbeitung sorgfältig; ohne Abnutzungsspuren; H. 9,2 cm, Br. 16 cm, Rdm. 14,4 cm, Bdm. 6,7 cm.

320 Grab 320 (Taf. 46)

(67,70/23,30)

Tiefe 0,40 m.

1. **Schalenurne** Typ 2, Var. a: Gefäß mit geradem Hals, abgesetzter gewölbter Schulter und rundem Umbruch; Tannenbaummotiv insgesamt viermal angebracht; nur z.T. zusammensetzbar; außen poliert; Korngröße fein; bis auf kleine Unregelmäßigkeiten sorgfältig gearbeitet; H. rek. 14,7 cm, Br. ca. 25,3 cm, Rdm. rek. 23,8 cm, Bdm. rek. 9,2 cm; rekonstruiert.

2. Ca. 225 g **Leichenbrand**.

321 Grab 321 (Taf. 46; 114)

(61,60/23,10)

Tiefe 0,65 m; Leichenbrand ab 2 cm unterhalb des Randes; kleine Bruchstücke vom Kamm.

1. **Schüssel** Typ 2: Schüssel mit schwach geschweiftem Profil; bis auf kleine Beschädigungen am Rand vollständig erhalten; außen körnig; Korngröße mittel; unregelmäßig geformt, nicht gleichmäßig überarbeitet; H. 12,8 — 14,6 cm, Br. 20 cm, Rdm. 20 cm, Bdm. 9,9 cm.

2. 1 Stück **Urnenharz**.

3. 600 g **Leichenbrand**.

322 Grab 322 (Taf. 46)

(68,70/23,20)

Tiefe 0,40 m.

1. **Schalenurne** Typ 6, Var. a: Gefäß mit geradem Hals und abgesetzter konischer Schulter; bis auf kleine Beschädigungen im Oberteil vollständig erhalten; außen im Oberteil poliert und im Unterteil geglättet; Korngröße fein; Unregelmäßigkeiten in der Form, Überarbeitung außen flüchtig; H. 11,5 cm, Br. 15,7 cm, Rdm. 13,4 cm, Bdm. 8,1 cm.

2. 1 **Randscherbe**; sekundär gebrannt (o. Abb.).

3. 2 Fragmente eines **Dreilagenkammes**; Form nicht mehr zu ermitteln (o. Abb.).

4. 2 Stücke **Urnenharz**.

5. Ca. 95 g **Leichenbrand**.

323 Grab 323 (Taf. 47)

(70,10/23,40)

Tiefe 0,35 m.

1. **Schalenurne** Typ 17, Var. a: Gefäß mit einschwingendem Oberteil; im Oberteil stark ergänzt; außen körnig; Korngröße mittel; sorgfältig geformt, Überarbeitung außen im Oberteil sorgfältiger als im Unterteil; H. 15,9 cm, Br. 24,7 cm, Rdm. ca. 24 cm, Bdm. 9,6 cm.

2. 12 Fragmente eines **Dreilagenkammes** mit Verzierung aus konzentrischen Kreisen und Kreisaugen; Form nicht mehr zu ermitteln.

3. Kleinste **Eisenteilchen**.

4. 400 g **Leichenbrand**.

324 Grab 324 (Taf. 47)

(66,30/22,60)

Tiefe 0,50 m; bei der Beisetzung der Urne 339 beschädigt.

1. **Schalenurne** Typ 8: Gefäß mit einschwingendem, absatzlos in die Schulter übergehendem Hals und kantigem Umbruch; Variante nicht mehr zu ermitteln; drei Viertel des Oberteils mit Teilen des Unterteils erhalten; außen körnig; Korngröße mittel; wenig sorgfältig gearbeitet; Br. ca. 25 cm, Rdm. 21,9 cm.

2. 4 **Eisenfragmente**; Niete (?) (o. Abb.).

3. 1 Stück **Urnenharz**.

4. 700 g **Leichenbrand**.

325 Grab 325 (Taf. 47; 113)

(47,80/20,30)

Tiefe 0,55 m.

1. **Schalenurne** Typ 12, Var. b: Gefäß mit absatzlos in die gegliederte Schulter übergehendem Hals; **Drehscheibenkeramik**; fast vollständig erhalten; außen mittelbraun, etwas grau, innen hellbraun und Oberteil graubraun, im Bruch mittelgrau; außen poliert; Korngröße sehr fein; bis auf den Boden gleichmäßig geformt; H. 14,2 cm, Br. 21 cm, Rdm. 21 cm, Bdm. 7,7 cm.

2. 14 Fragmente eines **Dreilagenkammes** mit Kreisaugenverzierung; Form nicht mehr zu ermitteln; Eisenniet: 1,1 cm L.; Bronzeniet: 0,75 cm L.
3. 135 g **Leichenbrand**.

326 Grab 326 (Taf. 47)

(48,90/21,00)

Tiefe 0,35 m.

1. **Schalenurne** Typ 2, Var. a: Gefäß mit geradem Hals, abgesetzter gewölbter Schulter und rundem Umbruch; z.T. ergänzt; außen glänzend poliert; Korngröße mittel; sorgfältig geformt und überarbeitet, gleichmäßig verziert; H. 12,3 cm, Br. 20,3 cm, Rdm. 19,4 cm, Bdm. 9,3 cm.
2. 20 Fragmente eines **Dreilagenkammes**; Form nicht mehr zu ermitteln; Zähne von einer Seite eingesägt (o. Abb.).
3. **Bronzenagel** mit vierkantigem, hohlem Schaft; aus Bronzeblech hergestellt; L. ca. 2 cm.
4. **Eisennagel;** gegossen; L. ca. 2 cm.
5. 3 Fragmente der Kopfplatte und weitere Fragmente eines **Eisennagels** (o. Abb.).
6. **Holzkohle**.
7. Ca. 475 g **Leichenbrand**.

327 Grab 327 (Taf. 47)

(47,75/22,30)

Tiefe 0,55 m; Leichenbrand ab 2 cm unterhalb des Randes.

1. **Schalenurne** Typ 10, Var. a: s-förmig profiliertes Gefäß mit hochliegendem Umbruch; fast vollständig erhalten; außen körnig; Korngröße mittel; kleine Unregelmäßigkeiten in der Form, Überarbeitung wenig sorgfältig; H. 12,6 cm, Br. 17,8 cm, Rdm. 15 cm, Bdm. 8,7 cm.
2. 3 zerschmolzene und z.T. stark verbrannte Glasreste mehrerer **Perlen**: 1 stark verbrannter Glasrest; 1 durchscheinender kobaltblauer Glasrest; 1 vermutlich aus mehreren Perlen zusammengeschmolzener Glasrest, Farbe nur z.T. feststellbar: durchscheinend kobaltblau und violett (?), undurchsichtig weiß (?) (o. Abb.).
3. 2 Fragmente eines **Dreilagenkammes** mit Verzierung aus konzentrischen Kreisen; Form nicht mehr zu ermitteln; Eisennietfragment.
4. 530 g **Leichenbrand**.

328 Grab 328 (Taf. 47)

(71,20/25,10)

Tiefe 0,60 m; Scherben eines Gefäßes ohne Leichenbrand.

1. **Schalenurne** Typ 7, Var. a: Gefäß mit geradem, absatzlos in die konische Schulter übergehendem Hals; ca. zwei Drittel ergänzt; außen ursprünglich überarbeitet; Korngröße sehr fein; wenig sorgfältig gearbeitet; H. 7,1 cm, Br. 10,1 cm, Rdm. ca. 8,5 cm, Bdm. ca. 3 cm (Boden nicht deutlich abgesetzt).

329 Grab 329 (Taf. 47)

(47,90/22,50)

Tiefe 0,75 m; Leichenbrand ab Umbruchhöhe.

1. **Schalenurne** Typ 17, Var. a: Gefäß mit einschwingendem Oberteil; bis auf eine kleine Beschädigung vollständig erhalten; außen poliert; Korngröße fein; kleine Unregelmäßigkeiten in der Form, sorgfältig überarbeitet; H. 11,8 cm, Br. 17,6 cm, Rdm. 16,8 cm, Bdm. 7,2 cm.
2. 16 Fragmente eines **Dreilagenkammes** mit dreieckigen Griffplatten; Eisenniete aus Eisenblech: 0,95 und 1 cm L.; Zähne von einer Seite eingesägt, Griffplatten dabei z.T. eingekerbt.
3. 2 Stücke **Urnenharz**.
4. 220 g **Leichenbrand**.

330 Grab 330 (Taf. 48)

(72,25/24,40)

Tiefe 0,35 m.

1. **Schalenurne**; Typ nicht mehr zu ermitteln; insgesamt mit 9 Gruppen aus Rillenabschnitten verziert; Boden mit der Hälfte des Unterteils mit Umbruchansatz sowie Einzelscherben erhalten; außen poliert; Korngröße fein bis mittel; gleichmäßig geformt, zumindest außen sorgfältig überarbeitet; Br. ca. 24 cm, Bdm. 6,6 cm; rekonstruiert.
2. 10 g **Leichenbrand**.

331 Grab 331 (Taf. 48)

(72,20/23,75)

Tiefe 0,40 m.

1. **Schalenurne** Typ 3/4: Gefäß mit abgesetzter gewölbter Schulter und kantigem Umbruch; Stellung des Halses, Variante und Maße nicht mehr zu ermitteln; nur wenige Scherben erhalten; außen rauh; Korngröße mittel; unregelmäßig geformt, unsorgfältig überarbeitet.
2. 90 g **Leichenbrand**.

332 Grab 332 (Taf. 48)

(72,10/23,45)

Tiefe 0,60 m.

1. **Schalenurne** Typ 10, Var. a: s-förmig profiliertes Gefäß mit hochliegendem Umbruch; nur z.T. zusammensetzbar; außen geglättet; Korngröße mittel und grob; unsorgfältig geformt und überarbeitet; Br. ca. 23 cm, Bdm. ca. 9 cm; rekonstruiert.
2. 3 Stücke **Urnenharz**: 1 Stück mit Feuerspuren.
3. 1010 g **Leichenbrand**.

333 Grab 333

(70,80/23,20)

Tiefe 0,55 m; „von dem Gefäß keine Spur, in diesem Teil wohl vergangen; nur Leichenbrand; keine Urne vorhanden".

1. 1 **Scherbe** (Splitter); außen poliert; Korngröße fein (o. Abb.).

2. 175 g **Leichenbrand**.

334 Grab 334 (Taf. 48)

(75,00/23,30)

Tiefe 0,45 m; Leichenbrand ab 4 cm unterhalb des Randes.

1. **Schüssel** Typ 1: ungegliederte Schüssel; vor allem am Boden ergänzt; außen körnig; Korngröße mittel; Unregelmäßigkeiten in der Form; H. 14,5 cm, Br. 23,7 cm, Rdm. 23,3 cm, Bdm. ca. 10,5 cm.

2. Ca. 325 g **Leichenbrand**.

335 Grab 335 (Taf. 48)

(75,15/24,75)

Tiefe 0,50 m.

1. **Kumpf** Typ 2, Var. a: mittelgroßer Kumpf; insgesamt mit 3 Gruppen aus Fingerkniffen verziert; an Rand und Boden ergänzt; außen rauh und im Randbereich geglättet, innen geglättet; Korngröße sehr fein; Unregelmäßigkeiten in der Form, Überarbeitung innen sorgfältiger als außen; H. 12,9 cm, Br. 16 cm, Rdm. 13,4 — 14,3 cm, Bdm. 8,8 cm.

2. 5 Fragmente eines **Dreilagenkammes** mit Rädchenverzierung; Form nicht mehr zu ermitteln.

3. 325 g **Leichenbrand**.

336 Grab 336 (Taf. 49)

(73,80/22,70)

Tiefe 0,60 m.

1. **Schalenurne** Typ 5: Gefäß mit konischem Hals und abgesetzter konischer Schulter; Variante nicht mehr zu ermitteln; insgesamt mit 4 Feldern verziert; Umbruch mit Teilen von Ober- und Unterteil erhalten; außen poliert; Korngröße sehr fein bis fein; sorgfältig gearbeitet; Br. ca. 24 cm, Rdm. rek. 20,8 cm; rekonstruiert.

2. **Holzkohle**.

3. 240 g **Leichenbrand**.

337 Grab 337 (Taf. 48)

(52,40/22,10)

Tiefe 0,45 m.

1. **Gefäß**; Form, Maße und Verzierung nicht mehr zu ermitteln; wenige Scherben erhalten; außen poliert; Korngröße mittel.

2. 2 **Scherben**; außen poliert; Korngröße überwiegend mittel (o. Abb.).

3. **Holzkohle**.

4. 5 g **Leichenbrand**.

338 Grab 338 (Taf. 48)

(51,20/21,30)

Tiefe 0,50 m.

1. **Schalenurne** Typ 10, Var. b: s-förmig profiliertes Gefäß mit hochliegendem Umbruch; im Oberteil ergänzt; außen im Oberteil körnig und im Unterteil geglättet; Korngröße fein; kleine Unregelmäßigkeiten in Form und Verzierung, Überarbeitung wenig sorgfältig; H. 10,8 cm, Br. 22,3 cm, Rdm. 21,5 cm, Bdm. 9,1 cm.

2. Mind. 350 g **Leichenbrand**.

339 Grab 339 (Taf. 48)

(66,10/22,80)

Tiefe 0,75 m.

1. **Napf** Typ 2, Var. b: gegliederter Napf; bis auf kleine Beschädigungen vollständig erhalten; außen körnig; Korngröße mittel; unregelmäßig geformt, außen sehr unsorgfältig gearbeitet, innen etwas sorgfältiger; H. 7,6 cm, Br. 11,6 cm, Rdm. 10 cm, Bdm. 7,6 cm.

2. Kleinste **Eisenteilchen**.

3. 1 Stück **Urnenharz**.

4. 32 g **Leichenbrand**.

340 Grab 340 (Taf. 48)

(50,80/21,50)

Tiefe 0,50 m.

1. **Kumpf** Typ 1: großer Kumpf; ursprünglich mit 4 Knubben verziert; ca. zwei Drittel ergänzt; außen flüchtig poliert, innen geglättet; Korngröße sehr fein; Überarbeitung unsorgfältig; H. 13,3 cm, Br. ca. 20,3 cm, Rdm. 18,2 cm, Bdm. ca. 9 cm.

2. 270 g **Leichenbrand**.

341 Grab 341 (Taf. 48)

(73,80/23,85)

Tiefe 0,70 m.

1. **Napf** Typ 2, Var. b: gegliederter Napf; im Unterteil beschädigt; außen geglättet; Korngröße fein; gleichmäßig geformt, Überarbeitung wenig sorgfältig; H. 8,7 cm, Br. 14,5 cm, Rdm. 11 cm, Bdm. ca. 9 cm; rekonstruiert.

2. 5 Fragmente eines **Dreilagenkammes**; Form nicht mehr zu ermitteln; Zähne von beiden Seiten eingesägt (o. Abb.).

3. Ca. 200 g **Leichenbrand**.

342 Grab 342 (Taf. 49)

(75,30/23,70)

Tiefe 0,45 m.

1. **Schalenurne** Typ 3: Gefäß mit konischem Hals, abgesetzter gewölbter Schulter und kantigem Umbruch; wenige Scherben erhalten; ausgelaugt, außen ursprünglich poliert; Korngröße fein; Br. ca. 21 cm (?); rekonstruiert.

2. 1 verzierte **Scherbe**; Ornament nicht mehr zu ermitteln; außen glänzend poliert; Korngröße mittel (o. Abb.).
3. 1 stark verbrannter Glasrest einer **Perle** (?) aus undurchsichtigem roten Glas (o. Abb.).
4. 4 Fragmente eines **Dreilagenkammes** mit dreieckigen Griffplatten und Kreisaugenverzierung.
5. 1 Stück **Urnenharz** mit Feuerspuren.
6. 45 g **Leichenbrand**.

343 Grab 343 (Taf. 49)

(75,25/24,30)

Tiefe 0,55 m.

1. **Schalenurne** Typ 10, Var. b: s-förmig profiliertes Gefäß mit hochliegendem Umbruch; bis auf kleine Beschädigungen vollständig erhalten; außen poliert; Korngröße überwiegend fein; kleine Unregelmäßigkeiten in der Fußbildung, Überarbeitung sorgfältig; H. 6,9 cm, Br. 10,4 cm, Rdm. 9,9 cm, Bdm. 6,5 cm.
2. 3 Stücke **Urnenharz**.
3. 14 g **Leichenbrand**.

344 Grab 344 (Taf. 49)

(51,00/21,40)

Tiefe 0,50 m.

1. **Schalenurne** Typ 6, Var. a: Gefäß mit geradem Hals und abgesetzter konischer Schulter; z.T. ergänzt; außen im Oberteil glänzend poliert und im Unterteil poliert; Korngröße überwiegend fein; Unregelmäßigkeiten in der Form, Verzierung und Überarbeitung sorgfältig; H. 11,2 — 12,8 cm, Br. 21,5 cm, Rdm. 19,6 cm, Bdm. 7,5 cm.
2. 7 Fragmente eines **Dreilagenkammes**; Form nicht mehr zu ermitteln; braune Verfärbungen deuten auf die Verwendung von Eisennieten.
3. Rechteckige **Riemenzunge** aus Bronze mit 2 Bronzenieten und Punzverzierung; aus einem Bronzeblech hergestellt; H. ca. 2,8 cm, Br. ca. 2,2 cm.
4. 400 g **Leichenbrand**.

345 Grab 345 (Taf. 49)

(76,90/23,70)

Tiefe 0,55 m.

1. **Schalenurne** Typ 18, Var. d: Gefäß mit geradem Oberteil; ursprüngliche Anzahl der Rosetten nicht mehr zu ermitteln; Teile von Rand bis Fuß erhalten; außen poliert; Korngröße überwiegend fein; kleine Unregelmäßigkeiten in der Verzierung, Überarbeitung sorgfältig; Br. ca. 18 cm, Bdm. ca. 8 cm; rekonstruiert.
2. 375 g **Leichenbrand**.

346 Grab 346 (Taf. 49)

(77,30/23,45)

Tiefe 0,55 m; Leichenbrand ab 2 cm unterhalb des Randes.

1. **Schalenurne** Typ 7, Var. a: Gefäß mit geradem, absatzlos in die konische Schulter übergehendem Hals; z.T. ergänzt; außen poliert; Korngröße sehr fein; kleine Unregelmäßigkeiten in der Form, Überarbeitung wenig sorgfältig; H. 9,2 cm, Br. 15,7 cm, Rdm. 14,6 cm, Bdm. 7,5 cm.
2. 4 — 5 Stücke **Urnenharz**.
3. 175 g **Leichenbrand**.

347 Grab 347

(53,40/21,05)

Tiefe 0,45 m; „nur Leichenbrand in dieser Tiefe".

1. **Gefäß**; Form nicht mehr zu ermitteln; sehr wenige Scherben erhalten; Korngröße mittel (o. Abb.).
2. 1 **Scherbe**; außen körnig; Korngröße mittel (o. Abb.).
3. Ca. 325 g **Leichenbrand**.

348 Grab 348 (Taf. 49)

(53,20/20,40)

Tiefe 0,40 m.

1. **Schalenurne** Typ 14: Gefäß mit von der Schulter durch eine Leiste abgesetztem Hals und Facette; insgesamt mit 8 Strahlen verziert; ursprüngliche Anzahl der Gruppen von Dellen nicht mehr zu ermitteln; Unterteil und Umbruch weitgehend mit Teilen der Schulter mit Halsansatz sowie Einzelscherben erhalten; außen poliert, Strahlen abwechselnd poliert und körnig; Korngröße fein; sorgfältig gearbeitet; ohne Abnutzungsspuren; H. rek. 12,1 cm, Br. 20,1 cm, Rdm. rek. 18,8 cm, Bdm. 6,8 cm; rekonstruiert.
2. 4 Fragmente eines **Dreilagenkammes**; Form nicht mehr zu ermitteln (o. Abb.).
3. 3 g **Leichenbrand**.

349 Grab 349 (Taf. 49)

(53,90/21,10)

Tiefe 0,45 m.

1. **Schalenurne**; Typ nicht mehr zu ermitteln; sehr wenige Scherben erhalten; außen geglättet; Korngröße mittel; Br. ca. 19 cm.
2. 4 **Scherben**; **Drehscheibenkeramik**; hellbraun, im Bruch mittelgrau; außen rauh; Korngröße sehr fein (o. Abb.).
3. 1 Fragment einer **Knochennadel** (?); Dm. 0,6 cm.
4. 1 Stück **Urnenharz**.
5. Ca. 200 g **Leichenbrand**.

350 Grab 350 (Taf. 49)

(54,60/21,50)

Tiefe 0,35 m.

1. **Schalenurne** Typ 16, Var. a.: Gefäß mit einschwingendem Hals und Facette; vor allem im Oberteil ergänzt; außen poliert; Korngröße mittel; bis auf kleine Unregelmäßigkeiten sorgfältig gearbeitet; ohne Abnutzungsspuren; H. 11,4 cm, Br. 18,5 cm, Rdm. 16,8 cm, Bdm. 7,9 cm.

2. 6 g **Leichenbrand**.

Anm.: In der Fläche (X, 62) vier zur Urne gehörende Scherben, ein Stück Urnenharz und 20 g Leichenbrand.

351 Grab 351 (Taf. 50)

(54,90/22,50)

Tiefe 0,30 m.

1. **Schalenurne** Typ 6, Var. b: Gefäß mit trichterförmigem Hals und abgesetzter konischer Schulter; Unterteil mit Umbruch weitgehend und Teile der Schulter und des Halses erhalten; außen poliert; Korngröße fein; sehr sorgfältig gearbeitet; Br. 16,4 cm, Bdm. 7,9 cm.
2. 3 Fragmente eines **Dreilagenkammes**; Form nicht mehr zu ermitteln.
3. 9 g **Leichenbrand**.

352 Grab 352 (Taf. 50)

(55,40/20,50)

Tiefe 0,40 m.

1. **Schalenurne** Typ 8, Var. a: Gefäß mit einschwingendem, absatzlos in die Schulter übergehendem Hals und kantigem Umbruch; ursprünglich mit 9 bis 10 Buckeln verziert (8 erhalten); etwa die Hälfte des Oberteils ergänzt; außen poliert; Korngröße fein; sorgfältig gearbeitet; H. 12,4 cm, Br. 20,6 cm, Rdm. ca. 17,4 cm, Bdm. ca. 7 cm (Boden nicht deutlich abgesetzt).
2. 4 Stücke **Urnenharz**: 1 Stück mit Feuerspuren.
3. Ca. 235 g **Leichenbrand**.

353 Grab 353 (Taf. 50)

(55,80/20,80)

Tiefe 0,40 m.

1. **Schalenurne** Typ 8, Var. a: Gefäß mit einschwingendem, absatzlos in die Schulter übergehendem Hals und kantigem Umbruch; insgesamt mit 5 Gruppen aus 4 Eintiefungen verziert; an Rand und Boden ergänzt; außen poliert; Korngröße mittel; bis auf kleine Unregelmäßigkeiten sorgfältig gearbeitet (ohne Abnutzungsspuren); H. 11,2 cm, Br. 17,6 cm, Rdm. ca. 14,6 cm, Bdm. ca. 6,2 cm.
2. 1 **Scherbe** eines Standringgefäßes; ausgelaugt; ohne Abnutzungsspuren.
3. 5 Stücke **Urnenharz**.
4. 82 g **Leichenbrand**.

354 Grab 354 (Taf. 50)

(56,20/20,65)

Tiefe 0,45 m; Leichenbrand ab 6 cm unterhalb des Randes; auf der Urne lagen Reste eines kleinen Gefäßes.

1. **Schalenurne** Typ 10, Var. a: s-förmig profiliertes Gefäß mit hochliegendem Umbruch; vor allem am Rand ergänzt; außen im Oberteil geglättet und im Unterteil rauh; Korngröße mittel; unregelmäßig geformt; H. 15,3 — 16,4 cm, Br. ca. 24,1 cm, Rdm. ca. 22,6 cm, Bdm. 11,1 cm.
2. **Schalenurne** Typ 17, Var. a: Gefäß mit einschwingendem Oberteil; etwa die Hälfte des Unterteils und weite Teile des Oberteils ergänzt; außen poliert; (Korngröße fein); sorgfältig gearbeitet; H. 6,3 cm, Br. 11,4 cm, Rdm. 10,9 cm, Bdm. 4,5 cm.
3. 2 — 3 Stücke **Urnenharz**.
4. Ca. 420 g **Leichenbrand**.

355 Grab 355 (Taf. 50)

(57,10/20,75)

Tiefe 0,45 m.

1. **Schalenurne** Typ 12, Var. b: Gefäß mit absatzlos in die gegliederte Schulter übergehendem Hals; ca. ein Drittel des Unterteils ergänzt; außen im Oberteil glänzend poliert und im Unterteil poliert; Korngröße überwiegend fein; trotz kleiner Unregelmäßigkeiten sorgfältig gearbeitet; H. 13,7 cm, Br. 23,6 cm, Rdm. 21,7 cm, Bdm. ca. 8 cm.
2. **Drehscheibengefäß;** Form und Maße nicht mehr zu ermitteln; wenige Scherben erhalten; hellbraun, im Bruch mittel- bis dunkelgrau; außen rauh; Korngröße sehr fein.
3. 1 stark verbrannter Glasrest einer **Perle** (?); Farbe nicht mehr sicher feststellbar, möglicherweise durchscheinendes grünes Glas (o. Abb.).
4. 3 Fragmente eines **Dreilagenkammes** mit dreieckigen Griffplatten.
5. 1 Stück **Urnenharz**.
6. 630 g **Leichenbrand**.

356 Grab 356 (Taf. 50)

(58,40/20,95)

Tiefe 0,45 m; hangabwärts geneigt.

1. **Schalenurne** (?); Typ und Maße nicht mehr zu ermitteln; sehr wenige Scherben erhalten; außen geglättet; Korngröße grob; sehr unsorgfältig gearbeitet; rekonstruiert.
2. Ca. 200 g **Leichenbrand**.

357 Grab 357 (Taf. 50)

(58,80/20,95)

Tiefe 0,40 m; hangwärts geneigt.

1. **Schalenurne** Typ 1, Var. a: Gefäß mit konischem Hals, abgesetzter gewölbter Schulter und rundem Umbruch; Stellung des Halses nicht mehr zu ermitteln; ursprünglich mit 4 Feldern verziert; etwa die Hälfte von Unterteil und Schulter sowie Einzelscherben erhalten; außen poliert; Korngröße fein; sorgfältig gearbeitet; Br. 21,2 cm, Bdm. ca. 7,6 cm (Boden nicht deutlich abgesetzt); rekonstruiert.
2. Kleinste **Eisenteilchen**.
3. 62 g **Leichenbrand**.

358 Grab 358 (Taf. 51; 113)

(63,30/22,60)

Tiefe 0,70 m.

1. **Schalenurne** Typ 19, Var. b: Gefäß mit gegliedertem Oberteil; **Drehscheibenkeramik**; im Oberteil ergänzt; außen hellbraungrau und braun, innen hellgraubraun und dunkelbraun, im Bruch hellbraun mit hellgrauem Kern; außen ursprünglich überarbeitet (?); Korngröße sehr fein, einige sehr grobe Partikel; Unregelmäßigkeiten in der Form, u.a. große Abweichungen in der Fußbildung, ovale Mündung, Fuß nicht in der Mitte des Gefäßes; im Unterteil innen deutliche Drehriefen; H. 12,9 — 13,6 cm, Br. 19,8 cm, Rdm. 19,7 — 20,2 cm, Bdm. 7,7 — 8,1 cm.
2. 7 Fragmente eines **Dreilagenkammes**; Form nicht mehr sicher zu ermitteln; korrodierter Eisenniet: 1,05 cm L.; Zähne von beiden Seiten eingesägt (o. Abb.).
3. Ca. 390 g **Leichenbrand**.

359 Grab 359 (Taf. 51)

(18,80/60,20)

Tiefe unterhalb der Kulturschicht.

1. **Schalenurne** Typ 8, Var. a: Gefäß mit einschwingendem, absatzlos in die Schulter übergehendem Hals und kantigem Umbruch; insgesamt mit jeweils 6 alternierend angebrachten Dellen und Gruppen aus 3 Rillenabschnitten verziert; am Boden ergänzt; außen poliert; Korngröße fein; gleichmäßig geformt, Verzierung und Überarbeitung wenig sorgfältig; H. 13,7 cm, Br. 19 cm, Rdm. 16 cm, Bdm. 9 cm.
2. 3 Stücke **Urnenharz**.
3. 480 g **Leichenbrand**.

360 Grab 360 (Taf. 51)

(42,70/20,00)

„In dem Erdblock von Urne 360 steckten zwei Urnenböden; in den Böden etwas Leichenbrand; keine Beigaben."

1. **Gefäß**; Form nicht mehr zu ermitteln; Boden mit Teilen der aufgehenden Wandung erhalten; außen körnig; Korngröße mittel; gleichmäßig gearbeitet; Bdm. 10,9 cm.
2. **Schalenurne** Typ 18, Var. a: Gefäß mit konischem Oberteil; ursprüngliche Anzahl der Dellengruppen nicht mehr zu ermitteln; Boden mit Teilen des Unterteils und Einzelscherben erhalten; außen körnig; Korngröße mittel; gleichmäßig gearbeitet (ohne Abnutzungsspuren); Br. 13,7 cm, Bdm. 6,1 cm; rekonstruiert.
3. 3 **Scherben** einer **Schalenurne**; außen poliert; Korngröße fein.
4. 32 g **Leichenbrand**.

361 Grab 361 (Taf. 51)

(36,30/129,60)

Tiefe 0,85 m.

1. **Napf** Typ 1, Var. a: ungegliederter Napf; etwas ergänzt; außen flüchtig poliert; Korngröße mittel; Unregelmäßigkeiten in der Form, Überarbeitung innen sorgfältiger als außen; H. 6 cm, Br. 9,2 cm, Rdm. 9 cm, Bdm. 5,3 cm.
2. 3 Stücke **Urnenharz**.
3. 2 g **Leichenbrand**.

362 Grab 362

(34,70/131,30)

Tiefe 0,85 m.

Funde nicht vorhanden; folgende Angaben nach Skizze (Abb. 25) im Grabungstagebuch.

1. **Schalenurne**.

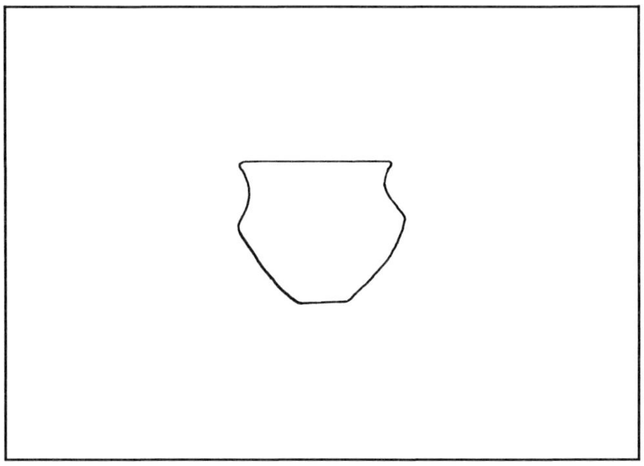

Abb. 25 Urne 362

363 Grab 363 (Taf. 51)

Von Herrn Brühmann (Helmstedt) am 10. Januar 1959 auf dem Pfingstberg geborgen.

1. **Schalenurne** Typ 18, Var. a: Gefäß mit konischem Oberteil; insgesamt mit 6 Sparren verziert; etwas ergänzt; außen körnig; Korngröße mittel; Form und Verzierung sorgfältig; H. 13,2 cm, Br. 19,3 cm, Rdm. 16,4 cm, Bdm. 6,7 cm.
2. 22 Fragmente eines **Dreilagenkammes**; Form nicht mehr sicher zu ermitteln; braune Verfärbungen deuten auf die Verwendung von Eisennieten.
3. 102 g **Leichenbrand**.

364 Grab 364 (Taf. 51; 113)

(79,10/23,90)

„Tiefe nicht mehr feststellbar, da Oberfläche abgeschoben."

1. **Schalenurne** Typ 12, Var. b: Gefäß mit absatzlos in die gegliederte Schulter übergehendem Hals; **Drehscheibenkeramik**; bis auf Beschädigungen der Oberfläche vollständig erhalten; außen und innen mittel- und graubraun; außen rauh; Korngröße sehr fein, einige grobe Partikel; Unregelmäßigkeiten in der Form, u.a. Mündung schwach oval, Boden nicht in der Mitte des Gefäßes, Unterteil unregelmäßig gewellt, leichte Schwankungen in der Höhe; H. 9,7 cm, Br. 15,2 cm, Rdm. 14,8 — 15,4 cm, Bdm. 5,2 cm.

2. **Kumpf** Typ 3, Var. b: Kumpf mit breiter Standfläche; Boden und Teil der aufgehenden Wandung erhalten; außen aufgerauht und Boden geglättet, innen geglättet; Korngröße mittel; Boden innen sehr unsorgfältig geformt (ohne Abnutzungsspuren); Br. 10,9 cm, Bdm. 9,3 cm.
3. 1 Stück **Urnenharz**.
4. 190 g **Leichenbrand**.

365 Grab 365 (Taf. 51)

(80,80/24,20)

„Tiefe nicht mehr feststellbar, da Oberfläche abgeschoben."

1. **Mischform** Typ 2: topfartige Schalenurne mit einschwingendem Oberteil; im Oberteil ergänzt; außen körnig und stellenweise geglättet (Korngröße mittel); sorgfältig gearbeitet; H. 14,7 cm, Br. 15,3 cm, Rdm. ca. 14,5 cm, Bdm. 8 cm.
2. 1 **Scherbe** mit Rillenverzierung; außen poliert; Korngröße fein (o. Abb.).
3. 380 g **Leichenbrand**.

366 Grab 366 (Taf. 51)

(80,80/24,55)

„Tiefe nicht mehr feststellbar, da Oberfläche abgeschoben."

1. **Schalenurne**; Typ nicht mehr zu ermitteln; Teile des Bodens und der aufgehenden Wandung sowie Einzelscherben erhalten; außen poliert; Korngröße fein; sorgfältig gearbeitet; Bdm. 8,2 cm.
2. 2 **Scherben** eines Gefäßes mit Standring und Rillenverzierung; außen poliert; Korngröße fein (o. Abb.).
3. 23 g **Leichenbrand**.

367 Grab 367 (Taf. 52)

(79,30/23,30)

„Tiefe nicht mehr feststellbar, da Oberfläche abgeschoben"; nur Scherben und Leichenbrand erhalten.

1. **Schalenurne** Typ 11: Gefäß mit abgesetzter gegliederter Schulter; Variante nicht mehr zu ermitteln; Teile von Rand bis Unterteil zusammensetzbar; außen poliert; Korngröße überwiegend fein; sehr sorgfältig gearbeitet; Br. ca. 23 cm, Rdm. rek. 20,5 cm.

368 Grab 368 (Taf. 52)

(78,40/21,85)

„Tiefe nicht mehr feststellbar, da Oberfläche abgeschoben;" — Leichenbrand ab 1 cm unterhalb des Randes.

1. **Schalenurne** Typ 8, Var. a: Gefäß mit einschwingendem, absatzlos in die Schulter übergehendem Hals und kantigem Umbruch; vor allem am Rand ergänzt; außen poliert; Korngröße mittel, einige grobe Partikel; Überarbeitung sorgfältig, kleine Unregelmäßigkeiten in der Verzierung; H. 13,7 cm, Br. 19,6 cm, Rdm. 17,9 cm, Bdm. 8,2 cm.
2. 1 **Scherbe**; außen poliert; Korngröße mittel.
3. 1 Fragment eines **Dreilagenkammes**; Form nicht mehr zu ermitteln.
4. 335 g **Leichenbrand**.

369 Grab 369 (Taf. 52)

(77,10/21,50)

„Tiefe nicht feststellbar, da Oberfläche abgeschoben."

1. **Schalenurne** Typ 15, Var. a: Gefäß mit geradem, absatzlos in die Schulter übergehendem Hals und Facette; wenige Scherben zusammensetzbar; außen geglättet; Korngröße sehr fein; Form und Überarbeitung unsorgfältig; H. rek. 10 cm, Br. ca. 22 cm, Rdm. rek. 21,6 cm, Bdm. ca. 10 cm; rekonstruiert.
2. 2 Fragmente eines **Dreilagenkammes** mit Kreisaugenverzierung; Form nicht mehr zu ermitteln; braune Verfärbungen deuten auf die Verwendung von Eisennieten.
3. 2 Stücke **Urnenharz**.
4. **Holzkohle**.
5. Ca. 370 g **Leichenbrand**.

370 Grab 370 (Taf. 52)

(35,75/135,80)

Tiefe 1,15 m, davon 0,35 m braungrauer Auftrag; Leichenbrand ab 1 cm unterhalb des Randes.

1. **Kumpf** Typ 2, Var. b: mittelgroßer Kumpf; am Rand ergänzt; außen oberhalb der Mitte poliert und im Unterteil geglättet, innen Wandung geglättet und Boden rauh; Korngröße fein; gleichmäßig geformt, innen sorgfältig überarbeitet; H. 11,3 cm, Br. 14 cm, Rdm. 10,2 cm, Bdm. 8,3 cm.
2. **Eisen;** korrodierter Eisenrest zwischen Knochen; möglicherweise handelt es sich um die Reste eines Kammes (o. Abb.).
3. Ca. 230 g **Leichenbrand**.

371 Grab 371 (Taf. 52; 114)

(89,25/35,00)

1. **Kumpf** Typ 3, Var. b: Kumpf mit breiter Standfläche; bis auf Beschädigungen am Rand vollständig erhalten; außen rauh, innen Wandung geglättet und Boden rauh; Korngröße mittel; unsorgfältig gearbeitet; H. 6,4 — 7,2 cm, Br. 10,5 cm, Rdm. 9,4 cm, Bdm. 7,4 cm.
2. 5 g **Leichenbrand**.

372 Grab 372 (Taf. 52)

(91,60/32,00)

1. **Schalenurne**; Typ nicht mehr zu ermitteln; Unterteil weitgehend sowie Einzelscherben erhalten; außen poliert; Korngröße mittel; Überarbeitung sorgfältig; ohne Abnutzungsspuren; Br. mind. 18,2 cm, Bdm. 7,1 — 7,6 cm; rekonstruiert.
2. 4 **Eisenfragmente;** Funktion nicht mehr zu ermitteln; korrodiert (o. Abb.).
3. 25 g **Leichenbrand**.

373 Grab 373 (Taf. 52)

(90,20/30,50)

1. **Schalenurne** Typ 1, Var. a: Gefäß mit konischem Hals, abgesetzter gewölbter Schulter und rundem Umbruch; Unterteil mit Teilen der Schulter und des Halses erhalten; außen glänzend poliert; Korngröße mittel; sorgfältig gearbeitet; Br. 23,7 cm, Bdm. 9,5 cm; rekonstruiert.
2. 1 **Scherbe**; außen poliert; Korngröße mittel.
3. 2 Stücke **Urnenharz**.
4. Ca. 290 g **Leichenbrand**.

374 Grab 374 (Taf. 52)

(88,60/30,40)

1. **Schalenurne** Typ 9, Var. b: s-förmig profiliertes Gefäß mit tiefliegendem Umbruch; insgesamt mit jeweils 5 alternierend angebrachten Bögen und Buckeln verziert; Rand und Hals stark ergänzt; ausgelaugt, außen ursprünglich poliert; kleine Unregelmäßigkeiten in Form und Verzierung, Überarbeitung sorgfältig; H. 12,9 cm, Br. ca. 23,7 cm, Rdm. ca. 21,1 cm, Bdm. 8,6 cm.
2. 11 Fragmente eines **Dreilagenkammes** mit Kreisaugenverzierung; Form nicht mehr zu ermitteln (o. Abb.).
3. 1 Stück **Urnenharz**.
4. Ca. 170 g **Leichenbrand**.

375 Grab 375 (Taf. 53)

(87,10/29,50)

1. **Sonderform**; ca. zwei Drittel des Körpers und ein Teil des Halses erhalten; außen poliert, innen geglättet; Korngröße fein; sorgfältig, wenn auch nicht ganz gleichmäßig geformt, Überarbeitung innen nicht sehr sorgfältig; Br. 21 cm, Bdm. 10,2 cm.
2. 33 g **Leichenbrand**.

376 Grab 376 (Taf. 53)

(86,10/29,20)

1. **Schalenurne** Typ 19, Var. b: Gefäß mit gegliedertem Oberteil; **Drehscheibenkeramik**; Unterteil mit Teilen der Schulter sowie Einzelscherben erhalten; außen mittelbraun, innen hellgraubraun, im Bruch hellrotbraun mit mittelgrauem Kern; außen rauh; Korngröße fein; Unterteil etwas unregelmäßig geformt; Br. 21,3 cm, Bdm. ca. 8,7 cm; rekonstruiert.
2. **Gefäß**; Form nicht mehr zu ermitteln; wenige Scherben erhalten; außen poliert; Korngröße mittel; Bdm. ca. 9 cm.
3. 1 Fragment eines **Dreilagenkammes**; Form nicht mehr zu ermitteln (o. Abb.).
4. **Bronzerest** an Knochen; möglicherweise zum Kamm gehörig (o. Abb.).
5. Ca. 220 g **Leichenbrand**.

377 Grab 377 (Taf. 53)

(85,70/28,30)

1. **Schalenurne**; Typ nicht mehr zu ermitteln; wenige Scherben zusammensetzbar; außen poliert; Korngröße mittel; Br. rek. 17,2 cm, Bdm. ca. 9 cm; rekonstruiert.
2. **Schalenurne** Typ 15: Gefäß mit geradem, absatzlos in die Schulter übergehendem Hals und Facette; Variante nicht mehr zu ermitteln; wenige Scherben erhalten; außen glänzend poliert; Korngröße fein; Br. rek. 16,6 cm, Rdm. ca. 16 cm; rekonstruiert.
3. 1 Stück **Urnenharz**.
4. 14 g **Leichenbrand**.

378 Grab 378 (Taf. 53)

(86,20/27,30)

1. **Schalenurne**; Typ und Muster nicht mehr zu ermitteln; wenige Scherben zusammensetzbar; außen poliert; Korngröße überwiegend mittel; Unregelmäßigkeiten in der Verzierung; Br. 23 — 24 cm, Bdm. ca. 9 cm; rekonstruiert.
2. Nadel, Spirale und Halterung einer **Scheibenfibel** (?); rechteckige Auflage konkav; Bronze.
3. Nadel, Spirale und Halterung einer **Scheibenfibel** (?); Bronze.
4. 245 g **Leichenbrand**.

Anm.: Zu 1. vgl. Urne 330.

379 Grab 379 (Taf. 53)

(84,25/26,00)

1. **Schalenurne** Typ 11, Var. a: Gefäß mit abgesetzter gegliederter Schulter; im Oberteil stark ergänzt; außen poliert; Korngröße fein bis mittel; bis auf kleine Unregelmäßigkeiten sorgfältig gearbeitet; H. 12,5 cm, Br. 23,2 cm, Rdm. 20,8 cm, Bdm. 8,4 cm.
2. **Drehscheibengefäß**; Form und Maße nicht mehr zu ermitteln; wenige Scherben erhalten; außen und innen hellbraun, im Bruch hellgrau mit dunkelgrauem Kern; außen rauh; Korngröße sehr fein (o. Abb.).
3. 19 Fragmente eines **Dreilagenkammes** mit Kreisaugenverzierung; Form nicht mehr zu ermitteln; Eisenniete; Zähne von beiden Seiten eingesägt.
4. 1 Stück **Urnenharz**.
5. 635 g **Leichenbrand**.

380 Grab 380 (Taf. 53)

(84,15/25,85)

1. **Kumpf** Typ 3, Var. b: Kumpf mit breiter Standfläche; z.T. ergänzt; außen rauh und stellenweise geglättet, innen rauh; Korngröße sehr fein; wenig sorgfältig gearbeitet, außen weniger sorgfältig geformt als innen; H. 6,6 cm, Br. 12,6 cm, Rdm. 10,7 cm, Bdm. 8,8 cm.
2. 1 **Scherbe**; außen poliert; Korngröße mittel (o. Abb.).
3. 1 **Scherbe**; außen poliert; Korngröße fein (o. Abb.).
4. 11 Bruchstücke **Urnenharz**.
5. 3 g **Leichenbrand**.

381 Grab 381 (Taf. 54)

(84,05/25,00)

1. **Schalenurne** Typ 18, Var a: Gefäß mit konischem Oberteil; vor allem im Oberteil stark ergänzt; außen poliert; Korngröße überwiegend fein; außen nicht gleichmäßig überarbeitet; H. 10,5 cm, Br. 18 cm, Rdm. ca. 14,8 cm, Bdm. 5,9 cm.

382 Grab 382 (Taf. 54)

(76,50/21,30)

„Tiefe nicht mehr feststellbar, da Oberfläche abgeschoben."

1. **Schalenurne** Typ 5, Var. a: Gefäß mit konischem Hals und abgesetzter konischer Schulter; etwas ergänzt; außen im Oberteil poliert und im Unterteil körnig; Korngröße fein; Unregelmäßigkeiten in der Form; H. 12,3 cm, Br. 19,1 cm, Rdm. 16,5 cm, Bdm. 9,3 cm.
2. 2 Stücke **Urnenharz**.
3. Ca. 150 g **Leichenbrand**.

383 Grab 383 (Taf. 54)

(42,20/14,50)

1. **Schalenurne** Typ 18, Var. a: Gefäß mit konischem Oberteil; zwei Drittel des Unterteils mit Teilen der Schulter erhalten; außen poliert; Korngröße grob; Überarbeitung wenig sorgfältig; ohne Abnutzungsspuren; Br. 21,5 cm, Bdm. ca. 8,5 cm; rekonstruiert.
2. 1 Fragment eines **Dreilagenkammes**; Form nicht mehr zu ermitteln; Bronzenietrest.
3. 1 Stück **Urnenharz**.
4. 24 g **Leichenbrand**.

384 Grab 384 (Taf. 54)

(25,00/19,20)

1. **Schalenurne** Typ 6, Var. a: Gefäß mit geradem Hals und abgesetzter konischer Schulter; im Oberteil stark ergänzt; außen poliert; Korngröße mittel; sorgfältig gearbeitet; H. 15 cm, Br. 21 cm, Rdm. 19,3 cm, Bdm. 8,2 cm.
2. 5 **Eisenfragmente**; Funktion nicht mehr zu ermitteln; Datierung fraglich (o. Abb.).
3. 1 Stück **Urnenharz**.
4. Ca. 280 g **Leichenbrand**.

385 Grab 385 (Taf. 54)

(89,50/32,90)

1. **Napf** Typ 2, Var. a: gegliederter Napf; fast vollständig erhalten; außen körnig; Korngröße mittel; sorgfältig gearbeitet; ohne Abnutzungsspuren; H. 5,4 cm, Br. 7,7 cm, Rdm. 7,6 cm, Bdm. ca. 4 cm.
2. 16 g **Leichenbrand**.

386 Grab 386 (Taf. 54)

(89,70/32,40)

Urne 386 stand unmittelbar neben Urne 385, jedoch mit dem Rand 0,35 m tiefer als der Boden von Urne 385; Leichenbrand ab 4 cm unterhalb des Randes; Urnenharz im Leichenbrand.

1. **Schalenurne** Typ 4, Var. a: Gefäß mit geradem Hals, abgesetzter gewölbter Schulter und kantigem Umbruch; zur Hälfte ergänzt; außen poliert; Korngröße fein; kleine Unregelmäßigkeiten in der Form, Überarbeitung gleichmäßig; H. 11,5 cm, Br. 19,6 cm, Rdm. 17,7 cm, Bdm. ca. 8 cm.
2. 250 g **Leichenbrand**.

387 Grab 387 (Taf. 54)

(90,00/29,65)

1. **Schalenurne**; Typ nicht mehr zu ermitteln; wenige Scherben erhalten; außen poliert; Korngröße fein; Verzierung wenig sorgfältig; Bdm. ca. 6 cm; rekonstruiert.
2. 24 Fragmente eines **Dreilagenkammes** mit Linienverzierung; Form nicht mehr zu ermitteln; braune Verfärbungen deuten auf die Verwendung von Eisennieten; Kante der Deckplatte z.T. beim Einsägen der Zähne gekerbt.
3. 7 g **Leichenbrand**.

388 Grab 388 (Taf. 54)

(90,05/28,40)

1. **Schalenurne** Typ 6/7, Var. a: Gefäß mit konischer Schulter und kantigem Umbruch; Stellung des Halses nicht mehr zu ermitteln; Unterteil weitgehend mit Teilen der Schulter sowie Einzelscherben erhalten; außen poliert; Korngröße überwiegend fein; sehr sorgfältig gearbeitet; ohne Abnutzungsspuren; Br. 21,9 cm, Bdm. 7,8 cm; rekonstruiert.
2. 66 g **Leichenbrand**.

389 Grab 389 (Taf. 55)

(87,95/28,00)

1. **Schalenurne**; Typ und Maße nicht mehr zu ermitteln; sehr wenige Scherben erhalten; außen im Oberteil geglättet und im Unterteil augerauht; Korngröße sehr fein und fein; unsorgfältig gearbeitet; rekonstruiert.
2. **Holzkohle**.
3. Ca. 130 g **Leichenbrand**.

390 Grab 390

(87,90/27,50)

„Urne gut erhalten; Rand bei Ausgrabung beschädigt."

Funde nicht vorhanden.

391 Grab 391 (Taf. 55)

(87,90/26,70)

1. **Schalenurne** Typ 16, Var. b: Gefäß mit einschwingendem Hals und Facette; über die Hälfte ergänzt; außen poliert; Korngröße fein; sorgfältig gearbeitet; H. 9,8 cm, Br. ca. 18,1 cm, Rdm. ca. 17,4 cm, Bdm. ca. 8,2 cm.
2. 1 **Scherbe**; außen poliert; Korngröße fein.
3. 7 Fragmente eines **Dreilagenkammes** mit dreieckigen Griffplatten und Kreisaugenverzierung.
4. 3 Stücke **Urnenharz**.
5. **Holzkohle**.
6. Ca. 160 g **Leichenbrand**.

392 Grab 392 (Taf. 55)

(86,75/23,50)

1. **Schalenurne** Typ 4, Var. a: Gefäß mit geradem Hals, abgesetzter gewölbter Schulter und kantigem Umbruch; z.T. ergänzt; außen flüchtig geglättet; Korngröße fein und wenig grob; sehr unsorgfältig gearbeitet, Überarbeitung außen etwas sorgfältiger als innen; H. 9,2 cm Br. 16,8 cm, Rdm. 16 cm, Bdm. ca. 5 cm (Boden nicht deutlich abgesetzt).
2. 1 Stück **Urnenharz**.
3. Ca. 170 g **Leichenbrand**.

393 Grab 393 (Taf. 55)

(83,70/23,00)

1. **Schalenurne** Typ 16, Var. a: Gefäß mit einschwingendem Hals und Facette; ursprüngliche Anzahl der Gruppen aus Rillenabschnitten nicht mehr zu ermitteln; zwei Drittel des Unterteils mit Teilen des Oberteils erhalten; außen im Oberteil poliert und im Unterteil geglättet; Korngröße fein; Form und Verzierung sehr unsorgfältig; H. 10,4 cm, Br. rek. 19,4 cm, Rdm. rek. 18,9 cm, Bdm. 6,5 cm; rekonstruiert.
2. 1 **Randscherbe**; außen poliert; ausgelaugt; Rdm. ca. 18 cm.
3. Ca. 145 g **Leichenbrand**.

394 Grab 394 (Taf. 55)

(82,45/22,85)

1. **Schalenurne** Typ 6, Var. b: Gefäß mit geradem Hals und abgesetzter konischer Schulter; insgesamt mit 5 bis 6 Gruppen aus jeweils 6 Kerben verziert (5 Gruppen erhalten); vor allem im Oberteil ergänzt; außen poliert; Korngröße fein; sorgfältig gearbeitet; H. 12,2 cm, Br. 19,9 cm, Rdm. 18,2 cm, Bdm. 8,3 cm.
2. Kleinste **Eisenteilchen**.
3. **Holzkohle**.
4. Ca. 310 g **Leichenbrand**.

395 Grab 395/396 (Taf. 55)

(81,90/23,20 — 82,05 /23,05)

„Urne 395 und 396 stehen so dicht beieinander, daß sie nur an der unterschiedlichen Verzierung erkannt werden können. Urne 395 (nördlich) mit Bogenverzierung; Urne 396 (südlich) mit Strichwinkelverzierung und Eindrücken."

1. **Schalenurne** Typ 18, Var. a: Gefäß mit konischem Oberteil; z.T. ergänzt; außen poliert; Korngröße fein; Unregelmäßigkeiten in der Form, Verzierung wenig sorgfältig, Überarbeitung gleichmäßig; H. 12 cm, Br. 22,3 cm, Rdm. 19,9 cm, Bdm. 7 cm.
2. Ca. 210 g **Leichenbrand**.

Anm.: Es handelt sich um ein Gefäß.

397 Grab 397 (Taf. 55)

(80,65/22,55)

1. **Schalenurne** Typ 8: Gefäß mit einschwingendem, absatzlos in die Schulter übergehendem Hals und kantigem Umbruch; Variante nicht mehr zu ermitteln; ein Teil von Rand bis Unterteil zusammensetzbar; außen poliert; Korngröße überwiegend sehr fein und wenig grob; unsorgfältig verziert; Br. ca. 21 cm, Rdm. rek. 17,4 cm; rekonstruiert.
2. 3 Fragmente eines **Dreilagenkammes**; Form nicht mehr zu ermitteln (o. Abb.).
3. Ca. 175 g **Leichenbrand**.

398 Grab 398 (Taf. 55)

(78,75/22,00)

1. **Schalenurne** Typ 12, Var. b: Gefäß mit absatzlos in die gegliederte Schulter übergehendem Hals; ca. ein Viertel des Gefäßes erhalten; außen poliert; Korngröße mittel; gleichmäßig geformt und überarbeitet, sorgfältig verziert; (ohne Abnutzungsspuren); H. 12 cm, Br. rek. 18,4 cm, Rdm. rek. 17,2 cm, Bdm. ca. 9 cm; rekonstruiert.
2. 1 **Scherbe**; außen poliert; Korngröße sehr fein (o. Abb.).
3. Korrodierter **Eisenniet**, vermutlich zu einem Dreilagenkamm gehörig (o. Abb.).
4. Ca. 165 **Leichenbrand**.

399 Grab 399 (Taf. 55)

(83,80/28,10)

1. **Schalenurne**; Typ nicht mehr zu ermitteln; wenige Scherben erhalten; außen poliert; Korngröße mittel und etwas grob; Überarbeitung wenig sorgfältig; Bdm. ca. 9 cm.
2. 4 **Scherben**; außen poliert; Korngröße mittel (o. Abb.).
3. 2 **Scherben**; außen poliert; Korngröße mittel (o. Abb.).
4. Ca. 185 g **Leichenbrand**.

400 Grab 400 (Taf. 55)

(82,90/28,75)

Leichenbrand ab 4 cm unterhalb des Randes.

1. **Napf** Typ 2, Var. a: gegliederter Napf; im Oberteil stark ergänzt; außen rauh; Korngröße mittel; Unterteil außen

sehr unsorgfältig gearbeitet; H. 5 cm, Br. 7,6 cm, Rdm. ca. 7,4 cm, Bdm. 4,9 — 5,4 cm.

2. 8 g **Leichenbrand**.

401 Grab 401 (Taf. 56)

(87,60/24,80)

1. **Schale**; vor allem am Rand ergänzt; außen poliert; Korngröße fein; kleine Unregelmäßigkeiten in der Form, Überarbeitung wenig sorgfältig, innen sorgfältiger überarbeitet als außen; H. 8,2 cm, Br. 13,9 cm, 6,5 cm.
2. 4 g **Leichenbrand**.

402 Grab 402 (Taf. 56)

(85,35/22,90)

1. **Schalenurne** Typ 18, Var. a: Gefäß mit konischem Oberteil; ca. ein Viertel erhalten; außen poliert; Korngröße sehr fein; bis auf kleine Unregelmäßigkeiten in der Form sorfgältig gearbeitet; Br. rek. 20,6 cm, Rdm. ca. 18 cm; rekonstruiert.
2. 1 stark verbrannter Glasrest einer mehrfarbigen **Perle** (?) aus undurchsichtigem, vermutlich grünen Glas mit roten und eventuell weiteren Glasresten (o. Abb.).
3. 7 Fragmente eines **Dreilagenkammes**; Form nicht mehr zu ermitteln (o. Abb.).
4. 1 Stück **Urnenharz**.
5. Ca. 335 g **Leichenbrand**.

403 Grab 403 (Taf. 56)

(75,45/20,40)

1. **Gefäß**; Form nicht mehr zu ermitteln; sehr wenige Scherben erhalten; außen poliert; Korngröße sehr fein; flüchtig gearbeitet; Bdm. ca. 9,5 cm; rekonstruiert.

2.1 **Scherbe** einer **Schalenurne** Typ 11 (?): Gefäß mit abgesetzter gegliederter Schulter; Variante und Maße nicht mehr zu ermitteln; außen poliert; Korngröße mittel.

3. 18 g **Leichenbrand**.

Anm.: Die Zuweisung der einzelnen Scherbe unter 2. zu Typ 11 ist wahrscheinlich, da die vorhandenen Reste dem Schema der kannelierten Gefäße (z. B. 289) entsprechen.

404 Grab 404 (Taf. 56)

(75,10/21,00)

Leichenbrand ab 5 cm unterhalb des Randes.

1. **Schalenurne** Typ 8, Var. a: Gefäß mit einschwingendem, absatzlos in die Schulter übergehendem Hals und kantigem Umbruch; insgesamt mit 4 Sparren verziert; vor allem im Oberteil ergänzt; außen glänzend poliert; Korngröße mittel; bis auf kleine Unregelmäßigkeiten sorgfältig gearbeitet; H. 9,6 cm, Br. 14,1 cm, Rdm. 12 cm, Bdm. ca. 6 cm (Boden nicht deutlich abgesetzt).
2. 2 **Scherben**; Korngröße mittel bis grob; Datierung fraglich (o. Abb.).
3. Mindestens 3 Stücke **Urnenharz**.
4. 52 g **Leichenbrand**.

405 Grab 405 (Taf. 56)

(74,60/21,30)

1. **Schalenurne** Typ 4, Var. a: Gefäß mit geradem Hals, abgesetzter gewölbter Schulter und kantigem Umbruch; vollständig erhalten; außen glänzend poliert; Korngröße überwiegend fein; bis auf kleine Unregelmäßigkeiten sorgfältig gearbeitet; H. 12,7 cm, Br. 21,4 cm, Rdm. 20 cm, Bdm. 8 cm.
2. 4 Stücke **Urnenharz**.
3. 815 g **Leichenbrand**.

406 Grab 406 (Taf. 56)

(74,85/21,90)

1. **Gefäß**; Form nicht mehr zu ermitteln; Teile von Boden bis Schulter erhalten; außen rauh; Korngröße sehr fein; unsorgfältig gearbeitet; Br. 17,7 cm, Bdm. 8 cm.
2. 33 Fragmente eines **Armringes** mit D-förmigem Querschnitt und Bronzenieten bzw. Nietlöchern; Elfenbein; stark verbrannt.
3. 15 Fragmente eines **Dreilagenkammes**; Form nicht mehr zu ermitteln; korrodierte Eisenniete: 0,85 und 0,95 cm L.; ohne Abnutzungsspuren; z.T. Sägespuren erhalten.
4. **Bronzebeschlag**, der in einen Niet übergeht (?); Funktion nicht mehr zu ermitteln; fragmentiert, verschmolzen.
5. 3 Stücke **Urnenharz**: ein Stück mit Fingerabdruck.
6. Ca. 180 g **Leichenbrand**.

407 Grab 407 (Taf. 56)

(73,90/20,45)

1. **Gefäß**; Form und Maße nicht mehr zu ermitteln; sehr wenige Scherben erhalten; außen körnig; Korngröße fein.
2. 6 Stücke **Urnenharz**.
3. 80 g **Leichenbrand**.

408 Grab 408 (Taf. 56)

(73,30/20,20)

1. **Schalenurne** Typ 16, Var. a: Gefäß mit einschwingendem Hals und Facette; vor allem am Rand ergänzt; außen poliert; Korngröße mittel; kleine Unregelmäßigkeiten in der Form, Überarbeitung sorgfältig; H. 12,8 cm, Br. 19 cm, Rdm. 17,5 cm, Bdm. 6,8 cm.
2. 3 Stücke **Urnenharz**.
3. Ca. 250 g **Leichenbrand**.

409 Grab 409 (Taf. 56)

(73,60/20,55)

Leichenbrand ab 5 cm unterhalb des Randes.

1. **Schalenurne** Typ 18, Var. a: Gefäß mit konischem Oberteil; an Rand und Boden ergänzt; außen poliert; Korngröße sehr fein und fein; Unregelmäßigkeiten in der Form, Überarbeitung vor allem im Unterteil wenig sorgfältig; H. 10,7 cm, Br. 14,8 cm, Rdm. 13,6 cm, Bdm. 7,1 cm.

2. Mindestens 2 Stücke **Urnenharz**.

3. 85 g **Leichenbrand**.

410 Grab 410 (Taf. 57)

(72,90/21,50)

1. **Schalenurne** Typ 19, Var. c: Gefäß mit gegliedertem Oberteil; ein Drittel ergänzt; außen poliert; Korngröße mittel; Unregelmäßigkeiten in der Form; H. 10,1 cm, Br. 15,7 cm, Rdm. 15,4 cm, Bdm. ca. 6,7 cm.

2. 1 Stück **Urnenharz** mit Feuerspuren.

3. 47 g **Leichenbrand**.

411 Grab 411 (Taf. 57)

(72,80/21,70)

Leichenbrand ab 2 cm unterhalb des Randes.

1. **Schalenurne** Typ 19, Var. a: Gefäß mit gegliedertem Oberteil; etwas ergänzt; außen poliert; Korngröße fein; gleichmäßig geformt, Unregelmäßigkeiten in der Verzierung; H. 10,3 cm, Br. 15 cm, Rdm. 14,5 cm, Bdm. 6,6 cm.

2. 7 Fragmente eines **Dreilagenkammes**; Form nicht mehr zu ermitteln; korrodierte Eisenniete: 1,15 cm, 1 cm und 1,1 cm L.

3. 2 Stücke **Urnenharz** mit Feuerspuren.

4. **Holzkohle**.

5. Ca. 130 g **Leichenbrand**.

412 Grab 412 (Taf. 57)

(72,20/22,50)

1. **Schalenurne** Typ 6, Var. b: Gefäß mit trichterförmigem Hals und abgesetzter konischer Schulter; etwas ergänzt; außen poliert; Korngröße fein; Unregelmäßigkeiten in Form und Verzierung, Überarbeitung im Unterteil weniger sorgfältig als im Oberteil; H. 7,7 cm, Br. 12,6 cm, Rdm. 12,4 cm, Bdm. 6,1 cm.

2. 3 Fragmente eines **Dreilagenkammes**; Form nicht mehr zu ermitteln; braune Verfärbungen deuten auf die Verwendung von Eisennieten; Rand der Griffplatten z.T. gekerbt.

3. 1 g **Leichenbrand**.

413 Grab 413 (Taf. 57)

(71,90/22,65)

1. **Gefäß**; Form und Maße nicht mehr zu ermitteln; sehr wenige Scherben erhalten; außen aufgerauht; Korngröße überwiegend sehr fein; sehr unsorgfältig gearbeitet; rekonstruiert.

2. 3 Stücke **Urnenharz**.

3. 50 g **Leichenbrand**.

414 Grab 414 (Taf. 57)

(71,95/19,70)

1. **Schalenurne** Typ 4, Var. b: Gefäß mit geradem Hals, abgesetzter gewölbter Schulter und kantigem Umbruch; vor allem am Rand ergänzt; außen poliert; Korngröße sehr fein und fein; wenig sorgfältig gearbeitet; H. 13 cm, Br. 21,6 cm, Rdm. 19,4 cm, Bdm. 8,6 cm.

2. 1 **Scherbe**; **Drehscheibenkeramik**; hellbraun, im Bruch dunkelgrau; außen rauh; Korngröße sehr fein.

3. 1 beschädigte tonnenförmige (?) **Perle** aus undurchsichtigem hellen Glas, Farbe nicht mehr feststellbar.

4. 2 Fragmente eines **Dreilagenkammes**; Form nicht mehr zu ermitteln.

5. 6 Stücke **Urnenharz**.

6. **Holzkohle**.

7. Ca. 290 g **Leichenbrand**.

415 Grab 415 (Taf. 57)

(71,00/21,90)

1. **Schalenurne** Typ 18, Var. a: Gefäß mit konischem Oberteil; z.T. ergänzt; außen im Oberteil poliert und im Unterteil geglättet; Korngröße mittel und etwas grob; kleine Unregelmäßigkeiten in der Form, Überarbeitung vor allem im Unterteil wenig sorgfältig; H. 14,8 cm, Br. 24,5 cm, Rdm. 22 cm, Bdm. 10,5 cm.

2. 1 **Scherbe**; außen rauh; Korngröße mittel; Bdm. ca. 6 cm.

3. 10 Fragmente eines **Dreilagenkammes** mit Kreisaugenverzierung; Form nicht mehr zu ermitteln; Eisenniet: 1,05 cm L.; Zähne von beiden Seiten eingesägt.

4. 3 Stücke **Urnenharz**.

5. 680 g **Leichenbrand**.

416 Grab 416 (Taf. 57; 114)

(71,40/21,50)

1. **Kumpf** Typ 1: großer Kumpf; fast vollständig erhalten; außen poliert, innen Boden rauh, Wandung geglättet und obere 4 — 5 cm poliert; Korngröße mittel; kleine Unregelmäßigkeiten in der Form, Überarbeitung nicht gleichmäßig; H. 15,5 cm, Br. 20,6 cm, Rdm. 19,1 cm, Bdm. 10,3 cm.

2. 4 Fragmente eines **Dreilagenkammes** mit kreissegmentförmigen Griffplatten und Kreisaugenverzierung; Bronzenietfragment; Zähne von beiden Seiten eingesägt.

3. 1 Stück **Urnenharz**.

4. 770 g **Leichenbrand**.

417 Grab 417 (Taf. 57)

(71,10/21,90)

1. **Schale** mit Fuß; Teile von Boden und aufgehender Wandung sowie Einzelscherben erhalten; außen poliert; Korngröße sehr fein; Bdm. ca. 7 cm; rekonstruiert.

2. 2 Stücke **Urnenharz**.

3. 83 g **Leichenbrand**.

418 Grab 418 (Taf. 58; 112)

(70,40/22,15)

Leichenbrand ab 1 cm unterhalb des Randes.

1. **Schalenurne** Typ 17, Var. a: Gefäß mit einschwingendem Oberteil; vollständig erhalten; außen im Oberteil körnig und im Unterteil rauh; Korngröße mittel; Unregelmäßigkeiten in der Form, Überarbeitung nicht gleichmäßig; H. 12 cm, Br. 16 cm, Rdm. 14,4 cm, Bdm. 7,3 cm.
2. 2 zerschmolzene Glasreste zweier **Perlen**; durchscheinendes kobaltblaues Glas; undurchsichtiges gelbes Glas (o. Abb.).
3. 1 Stück **Urnenharz**.
4. 220 g **Leichenbrand**.

419 Grab 419 (Taf. 58)

(68,50/19,15)

1. **Schalenurne** Typ 10, Var. a: s-förmig profiliertes Gefäß mit hochliegendem Umbruch; weite Teile des Unterteils mit einem Teil der Schulter sowie Einzelscherben erhalten; außen poliert; Korngröße überwiegend fein; im Unterteil wenig sorgfältig überarbeitet; H. rek. 10,2 cm, Br. rek. 17,6 cm, Rdm. rek. 15,2 cm, Bdm. 8,4 cm; rekonstruiert.
2. 20 g **Leichenbrand**.

420 Grab 420 (Taf. 58)

(69,00/20,60)

,,Bronzegerät oder -schmuck''

1. **Schalenurne** Typ 14, Gefäß mit von der Schulter durch eine Leiste abgesetztem Hals und Facette; insgesamt mit 6 Gruppen aus 4 bis 7 Kannelurelementen und 10 Strahlen verziert; fast vollständig erhalten; außen poliert, Strahlen abwechselnd poliert und körnig; Korngröße fein; bis auf kleine Unregelmäßigkeiten sorgfältig gearbeitet; H. 13,1 cm, Br. 24 cm, Rdm. 22,8 cm, Bdm. 8,5 cm.
2. 1 **Scherbe** mit Rillenverzierung; außen poliert; Korngröße fein (o. Abb.).
3. 1 zerschmolzener Glasrest einer **Perle** (?) aus durchscheinendem kobaltblauen Glas (o. Abb.).
4. 6 Fragmente eines **Dreilagenkammes**; Form nicht mehr zu ermitteln; Eisenniet: 0,9 cm L.
5. 2 Stücke **Urnenharz**.
6. 725 g **Leichenbrand**.

421 Grab 421 (Taf. 58)

(68,70/21,20)

1. **Napf** Typ 2, Var. a: gegliederter Napf; Oberteil stark ergänzt; außen körnig, innen geglättet; Korngröße mittel; sorgfältig geformt, Überarbeitung außen weniger sorgfältig als innen; H. 10,8 cm, Br. 13 cm, Rdm. 11,4 cm, Bdm. 6,3 cm.
2. 65 g **Leichenbrand**.

422 Grab 422 (Taf. 58)

(67,90/20,70)

Leichenbrand ab 4 cm unterhalb des Randes; im Leichenbrand Urnenharz.

1. **Schalenurne** Typ 15, Var. a: Gefäß mit geradem, absatzlos in die Schulter übergehendem Hals und Facette; vollständig erhalten; außen poliert, z.T. glänzend poliert; Korngröße fein; sorgfältig gearbeitet; H. 7,9 cm, Br. 13,2 cm, Rdm. 13 cm, Bdm. 6 cm.
2. 87 g **Leichenbrand**.

423 Grab 423 (Taf. 58)

(11,65/27,10)

,,Urne 423 stand verhältnismäßig tief''; Leichenbrand ab 4 cm unterhalb des Randes.

1. **Schalenurne** Typ 16, Var. a: Gefäß mit einschwingendem Hals und Facette; vor allem am Rand ergänzt; außen poliert; Korngröße mittel; kleine Unregelmäßigkeiten in der Form, Oberteil außen sorgfältig überarbeitet; H. 13,2 — 14,4 cm, Br. 19,5 cm, Rdm. 16,9 cm, Bdm. 8 cm.
2. 2 Fragmente eines **Dreilagenkammes**; Form nicht mehr zu ermitteln; Zähne von beiden Seiten eingesägt (o. Abb.).
3. 1 Stück **Urnenharz**.
4. Ca. 385 g **Leichenbrand**.

424 Grab 424 (Taf. 58)

(67,20/20,30)

1. **Kumpf** Typ 2, Var. a: mittelgroßer Kumpf; vollständig erhalten; außen geglättet und im Randbereich poliert, innen Wandung geglättet und Boden rauh; Korngröße mittel, etwas grob; sorgfältig gearbeitet; H. 11,6 cm, Br. 15,1 cm, Rdm. 12,6 cm, Bdm. 7,2 cm.
2. 2 Stücke **Urnenharz**.
3. Ca. 250 g **Leichenbrand**.

425 Grab 425 (Taf. 58)

(67,05/20,45)

,,Neben Urne 424 einige Scherben; senkrecht stehend; wohl Reste einer älteren Urne''.

1. **Gefäß**; Form und Maße nicht mehr zu ermitteln; sehr wenige Scherben erhalten; außen geglättet; Korngröße mittel; rekonstruiert.
2. 1 **Scherbe**; außen geglättet; Korngröße sehr fein (o. Abb.).

426 Grab 426 (Taf. 58)

(64,75/22,00)

1. **Schalenurne** Typ 2: Gefäß mit geradem Hals, abgesetzter gewölbter Schulter und rundem Umbruch; Variante nicht mehr zu ermitteln; Tannenbaummotiv insgesamt viermal angebracht; Teile von Rand bis Unterteil erhalten; außen poliert; Korngröße mittel; Überarbeitung sorgfältig, Unregelmäßigkeiten in der Verzierung; Br. ca. 25 cm, Rdm. rek. 22,4 cm; rekonstruiert.

2. Nadel, Spirale und Bügelansatz einer **Eisenfibel**; Form nicht mehr zu ermitteln; korrodiert.

3. 2 Fragmente eines **Bronzebleches**; Funktion nicht mehr zu ermitteln (Beschläge?).

4. 45 g **Leichenbrand**.

427 Grab 427 (Taf. 59)

(64,80/20,50)

1. **Topf** Typ 1, Var. a: Topf mit ausbiegendem Rand und ungegliedertem Oberteil; leicht ergänzt; außen körnig; Korngröße mittel; gleichmäßig geformt, Überarbeitung wenig sorgfältig; (ohne Abnutzungsspuren); H. 14,7 cm, Br. 20,3 cm, Rdm. 17,3 cm, Bdm. 9,1 cm.

2. 6 Fragmente eines **Dreilagenkammes**; Form nicht mehr zu ermitteln; braune Verfärbungen deuten auf die Verwendung von Eisennieten; Zähne von beiden Seiten eingesägt.

3. 3 Stücke **Urnenharz**.

4. Ca. 280 g **Leichenbrand**.

428 Grab 428 (Taf. 59)

(64,20/20,80)

„Leichenbrandhaufen"

1. 1 **Randscherbe**; außen poliert; Korngröße mittel; Datierung fraglich (o. Abb.).

2. 65 g **Leichenbrand**.

429 Grab 429

(63,65/20,65)

1. **Gefäß**; Form und Maße nicht mehr zu ermitteln; sehr wenige Scherben erhalten; außen geglättet; Korngröße mittel (o. Abb.).

2. **Drehscheibengefäß**; Form und Maße nicht mehr zu ermitteln; wenige Scherben erhalten; hellbraun bis hellgrau, im Bruch hell- bis dunkelgrau; außen rauh; Korngröße sehr fein (o. Abb.).

3. 1 **Scherbe**; ausgelaugt (o. Abb.).

4. 1 **Scherbe**; außen poliert; Korngröße sehr fein (o. Abb.).

5. 13 Fragmente eines **Dreilagenkammes**; Form nicht mehr zu ermitteln; braune Verfärbungen deuten auf die Verwendung von Eisennieten (o. Abb.).

6. 710 g **Leichenbrand**.

430 Grab 430 (Taf. 59)

(63,30/20,10)

„Urnenharz"

1. **Schalenurne** Typ 1, Var. a: Gefäß mit konischem Hals, abgesetzter gwölbter Schulter und rundem Umbruch; insgesamt mit 8 Kannelurelementen verziert; etwas ergänzt; außen flüchtig poliert; Korngröße fein und mittel; kleine Unregelmäßigkeiten in der Form, Verzierung und Überarbeitung wenig sorgfältig; H. 14,4 cm, Br. 28,5 cm, Rdm. 22,2 cm, Bdm. 10,1 cm.

2. 1 Fragment eines **Dreilagenkammes**; Form nicht mehr zu ermitteln; braune Verfärbungen deuten auf die Verwendung von Eisennieten; Zähne von beiden Seiten eingesägt (o. Abb.).

3. 540 g **Leichenbrand**.

431 Grab 431 (Taf. 59)

(62,45/20,10)

1. **Schalenurne** Typ 7, Var. a: Gefäß mit geradem, absatzlos in die konische Schulter übergehendem Hals; vor allem im Oberteil ergänzt; außen im Oberteil flüchtig poliert und im Unterteil körnig; Korngröße mittel; gleichmäßig geformt, wenig sorgfältig überarbeitet; ohne Abnutzungsspuren; H. 9,3 cm, Br. 15 cm, Rdm. 12,8 cm, Bdm. 6,2 cm.

2. 27 g **Leichenbrand**.

432 Grab 432 (Taf. 59)

(62,60/20,40)

Leichenbrand ab 4 cm unterhalb des Randes.

1. **Schalenurne** Typ 6, Var. a: Gefäß mit geradem bis schwach trichterförmigem Hals und abgesetzter konischer Schulter; insgesamt mit 5 Gruppen aus jeweils 3 Kannelurelementen verziert; z.T. ergänzt; außen glänzend poliert; Korngröße mittel; bis auf kleine Unregelmäßigkeiten in der Verzierung sehr sorgfältig gearbeitet; H. 13,3 cm, Br. 19,3 cm, Rdm. 17 cm, Bdm. 6 cm.

2. 7 Fragmente eines **Dreilagenkammes** mit Kreisaugenverzierung; Form nicht mehr zu ermitteln; Bronzeniet: 0,95 cm L.

3. 1 Stück **Urnenharz**.

4. **Holzkohle**.

5. Ca. 450 g **Leichenbrand**.

433 Grab 433 (Taf. 59)

(63,15/21,00)

1. **Schalenurne**; Typ nicht mehr zu ermitteln; Teile von Rand bis Unterteil erhalten; außen flüchtig geglättet; Korngröße mittel; Überarbeitung wenig sorgfältig; Br. ca. 25 cm; rekonstruiert.

2. 7 Fragmente eines **Dreilagenkammes**; Form nicht mehr zu ermitteln; braune Verfärbungen deuten auf die Verwendung von Eisennieten; Zähne von beiden Seiten eingesägt.

3. 600 g **Leichenbrand**.

434 Grab 434 (Taf. 59)

(62,70/21,80)

„Urne 434 durch 435 halb zerschnitten."

1. **Schalenurne** Typ 19, Var. a: Gefäß mit gegliedertem Oberteil; etwa ein Viertel ergänzt; außen poliert; Korngröße fein; wenig sorgfältig gearbeitet; H. 11,6 cm, Br. 16,8 cm, Rdm. 15,6 cm, Bdm. 8,5 cm.

2. Ca. 190 g **Leichenbrand**.

435 Grab 435 (Taf. 59)

(62,60/21,85)

Leichenbrand ab 1 cm unterhalb des Randes.

1. **Schalenurne** Typ 18, Var a: Gefäß mit konischem Oberteil; insgesamt mit 6 Gruppen aus jeweils 3 Rillenabschnitten verziert; fast vollständig erhalten; außen im Oberteil poliert und im Unterteil geglättet; Korngröße mittel und grob; Unregelmäßigkeiten in der Form, Verzierung unsorgfältig; H. 8,4 cm, Br. 14,7 cm, Rdm. 14,8 cm, Bdm. 5,7 cm.
2. 7 Stücke **Urnenharz**.
3. Ca. 200 g **Leichenbrand**.

436 Grab 436 (Taf. 60)

(62,55/21,70)

Leichenbrand ab 5 cm unterhalb des Randes.

1. **Schalenurne** Typ 10, Var. a: s-förmig profiliertes Gefäß mit hochliegendem Umbruch; etwas ergänzt; außen körnig; Korngröße mittel; kleine Unregelmäßigkeiten in der Form, Überarbeitung wenig sorgfältig; H. 9,1 cm, Br. 15,9 cm, Rdm. 14,4 cm, Bdm. 8 cm.
2. 23 g **Leichenbrand**.

437 Grab 437 (Taf. 59)

(61,70/21,80)

Leichenbrand ab 3 cm unterhalb des Randes.

1. **Schalenurne** Typ 17, Var. a: Gefäß mit einschwingendem Oberteil; vor allem am Rand ergänzt; außen poliert; Korngröße fein; Unregelmäßigkeiten in Form und Verzierung, Überarbeitung flüchtig; H. 7,6 cm, Br. 12,6 cm, Rdm. 11,9 cm, Bdm. 6 cm.
2. 8 g **Leichenbrand**.

438 Grab 438 (Taf. 60)

(62,00/20,80)

1. **Schüssel** Typ 2: Schüssel mit schwach geschweiftem Profil; über die Hälfte ergänzt; außen körnig; Korngröße mittel; Unregelmäßigkeiten in der Form; ohne Abnutzungsspuren; H. 9,9 cm, Br. 16,8 cm, Rdm. 17,4 cm, Bdm. ca. 9 cm (Boden nicht deutlich abgesetzt).
2. 15 g **Leichenbrand**.

439 Grab 439 (Taf. 60)

(60,40/21,45)

1. **Schalenurne** Typ 8, Var a: Gefäß mit einschwingendem, absatzlos in die Schulter übergehendem Hals und kantigem Umbruch; ursprünglich mit 10 Strahlen verziert, ursprüngliche Anzahl der Gruppen aus 3 Eintiefungen nicht mehr zu ermitteln (3 erhalten); ca. drei Viertel ergänzt; außen glänzend poliert, Strahlen abwechselnd poliert und körnig; Korngröße mittel; sorgfältig gearbeitet; H. 12,1 cm, Br. 21,2 cm, Rdm. ca. 18,2 cm, Bdm. ca. 7 cm.
2. Schraubenförmige **Perle** aus undurchsichtigem schwarzen Glas.
3. 6 Fragmente eines **Dreilagenkammes**; Form nicht mehr zu ermitteln (o. Abb.).
4. Ca. 155 g **Leichenbrand**.

440 Grab 440 (Taf. 60)

(60,90/20,80)

Leichenbrand ab 5 cm unterhalb des Randes.

1. **Schalenurne** Typ 2, Var. a: Gefäß mit geradem Hals, abgesetzter gewölbter Schulter und rundem Umbruch; ein Drittel des Randes ergänzt; außen poliert; Korngröße fein und mittel; gleichmäßig geformt, Überarbeitung außen wenig sorgfältig; H. 8,9 cm, Br. 14,2 cm, Rdm. 12,4 cm, Bdm. 6,6 cm.
2. 8 g **Leichenbrand**.

441 Grab 441 (Taf. 60)

(61,45/20,85)

Leichenbrand ab 1 cm unterhalb des Randes; Scherbe, Kamm und Urnenharz auf dem Leichenbrand.

1. **Schalenurne** Typ 7, Var. a: Gefäß mit geradem, absatzlos in die konische Schulter übergehendem Hals; vollständig erhalten; außen poliert; Korngröße mittel; kleine Unregelmäßigkeiten in der Form, Überarbeitung nicht gleichmäßig; H. 12,2 cm, Br. 19,8 cm, Rdm. 17,2, Bdm. 7,5 cm.
2. 4 Fragmente eines **Dreilagenkammes** mit kreissegmentförmigen Griffplatten; korrodierter Eisenniet: 1,2 cm L.; Werkzeugspuren am Rand.
3. Kleinste **Eisenteilchen**.
4. 2 Stücke **Urnenharz**.
5. Ca. 425 g **Leichenbrand**.

442 Grab 442 (Taf. 60)

(61,55/19,40)

„Leichenbrand ab 3 cm unterhalb des Randes; 1 Scherbe eines Drehscheibengefäßes lag auf der eingewickelten Urne."

1. **Topf** Typ 1, Var, a: Topf mit ausbiegendem Rand und ungegliedertem Oberteil; am Rand ergänzt; außen körnig; Korngröße mittel; Unregelmäßigkeiten in der Form, Überarbeitung außen wenig sorgfältig; H. 13,2 cm, Br. 19,9 cm, Rdm. 19 cm, Bdm. 6,3 cm.
2. 1 **Scherbe**; **Drehscheibenkeramik**; vermutlich römischer Import; weiß; außen und innen rauh; Korngröße sehr fein; Bdm. ca. 6 cm.
3. 1 zerschmolzener Glasrest einer mehrfarbigen **Perle** aus undurchsichtigem schwarzen Glas mit gelben Farbresten (o. Abb.).
4. 5 Fragmente eines **Dreilagenkammes** mit dreieckigen Griffplatten und Kreisaugenverzierung; korrodierter Eisenniet: 1 cm L.
5. 4 Stücke **Urnenharz**.
6. 320 g **Leichenbrand**.

443 Grab 443 (Taf. 60)

(62,00/19,20)

1. **Schalenurne** Typ 10, Var. a: s-förmig profiliertes Gefäß mit hochliegendem Umbruch; Rand weitgehend ergänzt; ausgelaugt, außen ursprünglich poliert; kleine Unregelmäßigkeiten in der Form; H. 14,6 cm, Br. 20,7 cm, Rdm. 16,6 cm, Bdm. 10,3 cm.
2. 1 **Scherbe**; außen poliert; Korngröße überwiegend fein.
3. 1 Stück **Urnenharz**.
4. 880 g **Leichenbrand**.

444 Grab 444 (Taf. 60)

(60,20/19,50)

1. **Schalenurne** Typ 1, Var. a: Gefäß mit konischem Hals, abgesetzter gewölbter Schulter und rundem Umbruch; vor allem im Oberteil und am Boden ergänzt; außen poliert; Korngröße fein; sorgfältig gearbeitet; H. 10,1 cm, Br. ca. 15 cm, Rdm. ca. 13,9 cm, Rdm. 6 cm.
2. Bruchstück einer **Bronzefibel**; auf dem Bügel Klammern (Schildfibel?).
3. 1 Stück **Urnenharz**.
4. 3 g **Leichenbrand**.

Anm.: Zu 2. vgl. Keiling, Dütschow 112 und Abb 19,a.

445 Grab 445 (Taf. 61)

(60,60/18,70)

Leichenbrand ab 4 cm unterhalb des Randes.

1. **Kumpf** Typ 3, Var. b: breiter Kumpf; wenig ergänzt; außen rauh, Boden und obere 1 — 2 cm geglättet, innen Wandung geglättet und Boden rauh; Korngröße grob; Unregelmäßigkeiten in der Form; ohne Abnutzungsspuren; H. 8,3 cm, Br. 14,1 cm, Rdm. 11,1 cm, Bdm. 9,5 cm.
2. 1 stark verbrannter Glasrest einer mehrfarbigen (?) **Perle** aus undurchsichtigem roten Glas mit schwarzen Glasresten (o. Abb.).
3. 2 Stücke **Urnenharz**.
4. 22 g **Leichenbrand**.

446 Grab 446 (Taf. 61)

(60,80/18,05)

1. **Schalenurne** Typ 9, Var. b: s-förmig profiliertes Gefäß mit tiefliegendem Umbruch; insgesamt mit 4 Feldern verziert; nur z.T. erhalten; außen poliert; Korngröße mittel; gleichmäßig geformt, Verzierung und Überarbeitung außen sehr sorgfältig; H. rek. 11,8 cm, Br. rek. 23 cm, Rdm. rek. 22,2 cm, Bdm. 6,8 cm; rekonstruiert.
2. Fuß mit verbogenem Nadelhalter einer **Bronzefibel** mit festem Nadelhalter und trapezförmigem Fuß (Almgren Gruppe VI, Serie 2); Fußende beschädigt; 2 Rillen grenzen den Fuß vom Bügel ab.
3. 3 Stücke **Urnenharz**.
4. Ca. 275 g **Leichenbrand**.

447 Grab 447 (Taf. 61)

(48,95/17,05)

1. **Topf** Typ 1, Var. a: Topf mit ausbiegendem Rand und ungegliedertem Oberteil; stark ergänzt; außen im Oberteil poliert und im Unterteil geglättet; Korngröße mittel; sorgfältig geformt, gleichmäßig verziert; ohne Abnutzungsspuren; H. 14,7 cm, Br. 23,7 cm, Rdm. ca. 20,3 cm, Bdm. 8,4 cm.
2. 1 **Scherbe**; **Drehscheibenkeramik**; mittel- bis dunkelbraun, im Bruch hellgrau mit dunkelgrauem Kern; außen rauh; Korngröße sehr fein.
3. 5 Fragmente eines **Dreilagenkammes**; Form nicht mehr zu ermitteln; korrodierter Eisenniet: 1,2 cm L.
4. 1 Stück **Urnenharz**.
5. 700 g **Leichenbrand**.

448 Grab 448 (Taf. 61)

(49,50/16,65)

1. **Schalenurne** Typ 16, Var. a: Gefäß mit einschwingendem Hals und Facette; im Oberteil ergänzt; außen poliert; Korngröße fein; Unregelmäßigkeiten in der Form, Überarbeitung nicht gleichmäßig; H. 11,7 cm, Br. 20,6 cm, Rdm. 15,7 cm, Bdm. 8,5 — 9 cm.
2. 1 **Scherbe**; außen poliert; Korngröße sehr fein.
3. 3 Stücke **Urnenharz**.
4. Ca. 155 g **Leichenbrand**.

449 Grab 449 (Taf. 61)

(50,00/16,10)

1. **Schalenurne** Typ 16, Var. a: Gefäß mit einschwingendem Hals und Facette; vor allem im Oberteil ergänzt; außen poliert; Korngröße fein; Form gleichmäßig, Überarbeitung nicht gleichmäßig; H. 10,2 cm, Br. 16 cm, Rdm. 16 cm, Bdm. 7 cm.
2. 1 **Scherbe** eines Gefäßes mit Standring; außen geglättet; Korngröße mittel; ohne Abnutzungsspuren; Bdm. 5 — 6 cm; Datierung fraglich (o. Abb.).
3. 26 zerschmolzene und z.T. zersplitterte Glasreste mehrerer **Perlen**: durchscheinendes kobaltblaues Glas (4 größere Stücke und 15 Splitter); 1 durchscheinender blauer Glasrest mit roten Glasresten; Farbe nicht mehr feststellbar bei 6 Glasresten; (o. Abb.).
4. 13 Fragmente eines **Dreilagenkammes**; Form nicht mehr zu ermitteln; Eisenniet: 0,95 cm L.
5. 3 Stücke **Urnenharz**.
6. Ca. 275 g **Leichenbrand**.

450 Grab 450 (Taf. 61)

(50,20/17,50)

Leichenbrand ab 5 cm unterhalb des Randes.

1. **Schalenurne** Typ 10, Var. a: s-förmig profiliertes Gefäß mit hochliegendem Umbruch; vor allem im Oberteil ergänzt; außen im Oberteil glänzend poliert und im

Unterteil poliert; Korngröße mittel; gleichmäßig geformt, Verzierung etwas unregelmäßig; ohne Abnutzungsspuren; H. 10,3 cm, Br. 16,3 cm, Rdm. ca. 14,8 cm, Bdm. 7,3 cm.

2. **Schalenurne** Typ 16: Gefäß mit einschwingendem Hals und Facette; **Drehscheibenkeramik**; Variante und Maße nicht mehr zu ermitteln; wenige Scherben erhalten; außen hellbraun, braungrau und dunkelbraun, innen hellbraun und dunkelgraue Flecken, im Bruch dunkelgrau; außen rauh; Korngröße sehr fein.
3. 1 zerschmolzener Glasrest zweier (?) **Perlen** aus undurchsichtigem gelben und roten Glas mit durchscheinendem kobaltblauen Glasrest.
4. **Holzkohle**.
5. Ca. 125 g **Leichenbrand**.

Anm.: Die Drehscheibengefäßscherben stammen vermutlich von dem Gefäß, zu dem auch die Scherben aus Grab 452 gehören.

451 Grab 451 (Taf. 61)

(49,50/18,85)

Geringe Tiefe.

1. **Schalenurne**; Typ nicht mehr zu ermitteln; Teile des Unterteils, des Umbruchs und der Schulter erhalten; außen poliert; Korngröße fein; sorgfältig gearbeitet; ohne Abnutzungsspuren; Br. mind. 21 cm, Bdm. 7,3 cm; rekonstruiert.
2. 60 g **Leichenbrand**.

452 Grab 452 (Taf. 61)

(51,00/17,35)

1. **Schüssel** Typ 1: ungegliederte Schüssel; insgesamt mit 5 Gruppen von in 3 Reihen angeordneten Eintiefungen verziert; Boden mit Teilen der aufgehenden Wandung sowie Einzelscherben erhalten; außen poliert; Korngröße mittel; sorgfältig gearbeitet; Bdm. 9,5 cm; rekonstruiert.
2. 1 **Scherbe** (Splitter); **Drehscheibenkeramik**; innen hellbraun, dunkelgraue Flecken, im Bruch hell- bis dunkelgrau; Korngröße sehr fein (o. Abb.).
3. 1 **Scherbe**; außen poliert; Korngröße fein.
4. 1 **Scherbe**; außen poliert; Korngröße mittel.
5. 95 g **Leichenbrand**.

Anm.: Die Drehscheibengefäßscherbe stammt vermutlich von dem Gefäß, zu dem auch die Scherben aus Grab 450 gehören.

453 Grab 453 (Taf. 62)

(51,55/16,85)

1. **Schalenurne** Typ 7, Var. a: Gefäß mit geradem, absatzlos in die konische Schulter übergehendem Hals; insgesamt mit 6 Gruppen aus 3 Kannelurelementen verziert; vor allem im Oberteil ergänzt; außen poliert; Korngröße fein; sorgfältig gearbeitet; H. 13,2 cm, Br. 22,3 cm, Rdm. ca. 20,6 cm, Bdm. 7,3 cm.
2. **Drehscheibengefäß**; Form und Maße nicht mehr zu ermitteln; wenige Scherben erhalten; mittelgrau, im Bruch hell- bis dunkelgrau; außen rauh; Korngröße sehr fein (o. Abb.).
3. **Armring** mit D-förmigem Querschnitt; fast vollständig erhalten; Knochen; L. 25,1 cm, Br. 0,45 — 0,75 cm, D. 0,28 cm.
4. **Armring** mit D-förmigem Querschnitt; Knochen; erh. L. 12,5 cm, Br. 0,65 — 0,8 cm, D. 0,3 cm.
5. 25 Fragmente eines **Dreilagenkammes**; Form nicht mehr zu ermitteln; Bronzeniete: 0,95 cm L.
6. **Holzkohle**.
7. Ca. 335 g **Leichenbrand**.

454 Grab 454 (Taf. 62)

(51,65/16,00)

1. **Gefäß**; Form und Maße nicht mehr zu ermitteln; wenige Scherben erhalten; außen poliert; Korngröße sehr fein.
2. 2 **Scherben**; **Drehscheibenkeramik**; hellbraun, im Bruch dunkelgrau; außen rauh; Korngröße sehr fein (o. Abb.).
3. 1 zerschmolzener Glasrest einer **Perle** aus durchscheinendem violetten Glas mit dunklen Glasresten (o. Abb.).
4. 1 Fragment eines **Dreilagenkammes** mit kreissegmentförmigen Griffplatten; braune Verfärbungen deuten auf die Verwendung von Eisennieten.
5. Ca. 140 g **Leichenbrand**.

455 Grab 455 (Taf. 62)

(51,35/19,35)

1. **Schalenurne**; Typ nicht mehr zu ermitteln; ursprünglich mit 4 bis 5 Feldern verziert (2 erhalten); Unterteil weitgehend mit Teilen der Schulter erhalten; außen poliert; Korngröße fein; sorgfältig gearbeitet; Br. 21 cm, Bdm. 7,7 cm; rekonstruiert.
2. **Gefäß**; Form und Maße nicht mehr zu ermitteln; wenige Scherben erhalten; außen poliert; Korngröße mittel (o. Abb.).
3. 2 Fragmente eines **Dreilagenkammes**; Form nicht mehr sicher zu ermitteln; Bronzenietrest; Zahnplatte mit 2 Nietlöchern und winklig geschnittener Oberkante.
4. 1 Stück **Urnenharz**.
5. Ca. 250 g **Leichenbrand**.

456 Grab 456 (Taf. 62)

(49,25/15,50)

1. **Schalenurne** Typ 8, Var. b: Gefäß mit einschwingendem, absatzlos in die Schulter übergehendem Hals und kantigem Umbruch; im Oberteil beschädigt; außen poliert; Korngröße sehr fein; sehr sorgfältig gearbeitet; Br. 24,3 cm, Bdm. 9,6 cm.
2. **Schalenurne**; Typ nicht mehr zu ermitteln; sehr wenige Scherben erhalten; außen poliert; Korngröße mittel; Br. ca. 13 cm.

3. 9 Fragmente eines **Dreilagenkammes** mit Kreisaugenverzierung; Form nicht mehr zu ermitteln; Eisenniet: 1 cm L.

4. 8 Stücke **Urnenharz.**

5. Ca. 350 g **Leichenbrand.**

457 Grab 457 (Taf. 63)

(40,70/15,20)

1. **Schalenurne**; Typ nicht mehr sicher zu ermitteln; etwa die Hälfte des Unterteils mit Teilen der Schulter und Halsansatz erhalten; außen poliert; Korngröße sehr fein; sorgfältig gearbeitet; Br. rek. 23,5 cm, Bdm. ca. 9,5 cm; rekonstruiert.

2. 45 g **Leichenbrand.**

458 Grab 458 (Taf. 62)

(41,60/15,00)

Ca. 0,20 m tiefer als Urne 457.

1. **Schalenurne** Typ 9/10, Var. b: s-förmig profiliertes Gefäß; Höhe des Umbruchs nicht mehr zu ermitteln; wenige Scherben erhalten; außen poliert; Korngröße mittel; sorgfältig gearbeitet; ohne Abnutzungsspuren; Br. 17 cm; Bdm. 7 cm; rekonstruiert.

2. **Drehscheibengefäß;** Form und Maße nicht mehr zu ermitteln; wenige Scherben erhalten; hellbraun, im Bruch hell- bis dunkelgrau; außen rauh; Korngröße sehr fein (o. Abb.).

3. 2 Stücke **Urnenharz.**

4. 28 g **Leichenbrand.**

Anm.: Die Drehscheibengefäßscherben stammen vermutlich von dem Gefäß, zu dem auch die Scherben aus Grab 461 gehören.

459 Grab 459 (Taf. 63)

(54,35/19,15)

1. **Schalenurne** Typ 13, Var. a: Gefäß mit abgesetztem Hals und Facette; etwas ergänzt; außen körnig; Korngröße mittel; sorgfältig gearbeitet; (ohne Abnutzungsspuren); H. 14 cm, Br. 22,2 cm, Rdm. 21,4 cm, Bdm. ca. 9 cm (Boden nicht deutlich abgesetzt).

2. 2 **Scherben**; außen poliert; Korngröße mittel (o. Abb.).

3. 6 Fragmente eines **Dreilagenkammes**; Form nicht mehr zu ermitteln (o. Abb.).

4. 1 Stück **Urnenharz.**

5. Ca. 300 g **Leichenbrand.**

460 Grab 460 (Taf. 63)

(53,50/16,20)

1. **Schalenurne** Typ 10, Var a: s-förmig profiliertes Gefäß mit hochliegendem Umbruch; wenige Scherben erhalten; außen poliert; Korngröße sehr fein; Bdm. ca. 9 cm; rekonstruiert.

2. 1 **Scherbe; Drehscheibenkeramik;** außen dunkelbraun, innen hellbraun, im Bruch hellrotbraun; außen rauh; Korngröße sehr fein; Datierung fraglich.

3. 2 **Eisenfragmente;** korrodiert; Datierung fraglich (o. Abb.).

4. 12 g **Leichenbrand.**

461 Grab 461 (Taf. 63)

(53,70/16,75)

1. **Schalenurne;** Typ und Maße nicht mehr zu ermitteln; wenige Scherben erhalten; ausgelaugt.

2. **Drehscheibengefäß;** Form und Maße nicht mehr zu ermitteln; sehr wenige Scherben erhalten; hellbraun, im Bruch hell- bis dunkelgrau; außen rauh; Korngröße sehr fein (o. Abb.).

3. 30 g **Leichenbrand.**

Anm.: Die Drehscheibengefäßscherben stammen vermutlich von dem Gefäß, zu dem auch die Scherben aus Grab 458 gehören.

462 Grab 462 (Taf. 63)

(53,55/18,05)

1. **Schalenurne** Typ 8, Var. a: Gefäß mit einschwingendem, absatzlos in die Schulter übergehendem Hals und kantigem Umbruch; ursprüngliche Anzahl der in Gruppen angebrachten Kannelurelemente und Kerben nicht mehr zu ermitteln; stark ergänzt; außen glänzend poliert; Korngröße fein; Unregelmäßigkeiten in der Form, Überarbeitung außen im Unterteil nicht gleichmäßig, Verzierung gleichmäßig; H. 9,4 cm, Br. 16,3 cm, Rdm. 13,2 cm, Bdm. 6,2 cm.

2. 2 Stücke **Urnenharz.**

3. 60 g **Leichenbrand.**

463 Grab 463 (Taf. 63)

(54,60/19,30)

1. **Schalenurne** Typ 12, Var. b: Gefäß mit absatzlos in die gegliederte Schulter übergehendem Hals; weite Teile des Unterteils sowie ein Teil der Schulter erhalten; außen poliert; Korngröße mittel; sorgfältig gearbeitet; Br. 18,6 cm, Bdm. ca. 8 cm.

2. **Holzkohle.**

3. 42 g **Leichenbrand.**

464 Grab 464 (Taf. 63)

(52,90/15,90)

Leichenbrand ab 6 cm unterhalb des Randes.

1. **Schalenurne** Typ 10, Var. a: s-förmig profiliertes Gefäß mit hochliegendem Umbruch; im Oberteil ergänzt; außen poliert; Korngröße sehr fein; Form gleichmäßig, Überarbeitung im Unterteil weniger sorgfältig als im Oberteil, Verzierung unsorgfältig; H. 10,5 cm, Br. 16 cm, Rdm. 14,6 cm, Bdm. 7 cm.

2. 1 Stück **Urnenharz**.

3. **Holzkohle**.

4. 20 g **Leichenbrand**.

465 Grab 465 (Taf. 63)

(55,95/17,50)

1. **Schalenurne** Typ 9, Var. b: s-förmig profiliertes Gefäß mit tiefliegendem Umbruch; insgesamt mit 4 Buckeln verziert; z.T. ergänzt; außen poliert; Korngröße fein; sorgfältig gearbeitet; H. 10,6 cm, Br. 16,5 cm, Rdm. ca. 16,1 cm, Bdm. 6,1 cm.
2. 1 Stück **Urnenharz**.
3. Ca. 170 g **Leichenbrand**.

466 Grab 466 (Taf. 63)

(56,50/18,50)

1. **Schalenurne** Typ 19, Var. b: Gefäß mit gegliedertem Oberteil; nur z.T. zusammensetzbar; außen poliert; Korngröße sehr fein und fein; im Oberteil sorgfältiger überarbeitet als im Unterteil; H. 13,4 cm, Br. ca. 23 cm, Rdm. ca. 21 cm, Bdm. ca. 10 cm; rekonstruiert.
2. 4 Fragmente eines **Dreilagenkammes**; Form nicht mehr zu ermitteln; braune Verfärbungen deuten auf die Verwendung von Eisennieten (o. Abb.).
3. 5 Stücke **Urnenharz**.
4. 195 g **Leichenbrand**.

467 Grab 467 (Taf. 64)

(56,90/18,70)

Leichenbrand ab 4 cm unterhalb des Randes.

1. **Schalenurne** Typ 7, Var. a: Gefäß mit geradem, absatzlos in die konische Schulter übergehendem Hals; insgesamt mit 4 Gruppen aus jeweils 3 Eintiefungen verziert; vor allem im Oberteil ergänzt; außen poliert; Korngröße mittel; bis auf kleine Unregelmäßigkeiten in der Form gleichmäßig gearbeitet; H. 13,2 cm, Br. 22,5 cm, Rdm. 20,4 cm, Bdm. 8 cm.
2. 1 zerschmolzener Glasrest einer **Perle** (?) aus durchsichtigem hellblauen Glas (o. Abb.).
3. 2 Fragmente eines **Dreilagenkammes**; Form nicht mehr zu ermitteln (o. Abb.).
4. Ca. 480 g **Leichenbrand**.

468 Grab 468 (Taf. 64)

(56,65/19,20)

1. **Schalenurne**; Typ nicht mehr sicher zu ermitteln; Teile des Unterteils und Umbruchs sowie Einzelscherben erhalten; außen poliert; Korngröße fein; sorgfältig gearbeitet; Br. rek. 13,5 cm, Bdm. 7 cm; rekonstruiert.
2. **Holzkohle**.
3. 1 g **Leichenbrand**.

469 Grab 469 (Taf. 64)

(56,90/19,20)

Leichenbrand ab 5 cm unterhalb des Randes.

1. **Schalenurne** Typ 18, Var. b: Gefäß mit konischem Oberteil; vollständig erhalten; außen poliert; Korngröße mittel; kleine Unregelmäßigkeiten in der Form, Überarbeitung wenig sorgfältig, Verzierung flüchtig; H. 9,1 cm, Br. 15,3 cm, Rdm. 13,8 cm, Bdm. 6,1 cm.
2. **Eisenfragment**; wahrscheinlich handelt es sich um einen Niet (o. Abb.).
3. 26 g **Leichenbrand**.

470 Grab 470 (Taf. 64)

(58,00/18,70)

1. **Schalenurne** Typ 8, Var. b: Gefäß mit einschwingendem, absatzlos in die konische Schulter übergehendem Hals und kantigem Umbruch; insgesamt mit 2 einzelnen und zweimal 2 Rosetten verziert; vor allem im Oberteil ergänzt; außen poliert; Korngröße überwiegend fein; kleine Unregelmäßigkeiten in der Form, Überarbeitung und Verzierung sorgfältig; H. 15,5 cm, Br. ca. 24 cm, Rdm. 21 cm, Bdm. 7,6 cm.
2. 8 Fragmente eines **Dreilagenkammes** mit einer Verzierung aus konzentrischen Kreisen und Kreisaugen; Form nicht mehr zu ermitteln; korrodierter Eisenniet: 1,1 cm L.
3. 1 Stück **Urnenharz**.
4. Ca. 450 g **Leichenbrand**.

471 Grab 471 (Taf. 64)

(58,40/17,90)

1. **Schalenurne** Typ 7, Var. b: Gefäß mit geradem, absatzlos in die konische Schulter übergehendem Hals; ursprünglich mit 5 (?) Gruppen aus jeweils 3 Eintiefungen verziert (4 erhalten); stark ergänzt; außen poliert; Korngröße mittel; kleine Unregelmäßigkeiten in der Form, Überarbeitung sorgfältig, Rillenverzierung gleichmäßig; H. 14,7 cm, Br. 22,8 cm, Rdm. 19,3 cm, Bdm. 8 cm.
2. 12 Fragmente eines **Dreilagenkammes** mit Kreisaugenverzierung; Form nicht mehr zu ermitteln; braune Verfärbungen deuten auf die Verwendung von Eisennieten.
3. 7 Stücke **Urnenharz**.
4. 750 g **Leichenbrand**.

472 Grab 472 (Taf. 64)

(59,40/18,30)

Leichenbrand ab 6 cm unterhalb des Randes.

1. **Schalenurne** Typ 8, Var. a: Gefäß mit einschwingendem, absatzlos in die konische Schulter übergehenden Hals und kantigem Umbruch; an Rand und Boden beschädigt; außen körnig; Korngröße mittel; Unregelmäßigkeiten in der Form, Überarbeitung wenig sorgfältig; H. 14,2 cm, Br. 23,5 cm, Rdm. 18,3 — 19,9 cm, Bdm. ca. 9,4 cm.
2. **Drehscheibengefäß**; Form und Maße nicht mehr zu ermitteln; sehr wenige Scherben erhalten; hellbraungrau, im Bruch dunkelgrau; außen rauh; Korngröße sehr fein (o. Abb.).

3. 2 Fragmente eines **Dreilagenkammes**; Form nicht mehr zu ermitteln (o. Abb.).
4. 2 Stücke **Urnenharz**.
5. Ca. 425 g **Leichenbrand**.

473 Grab 473 (Taf. 64)

(62,60/17,80)

1. **Schalenurne** Typ 15, Var a: Gefäß mit geradem, absatzlos in die Schulter übergehendem Hals und Facette; insgesamt mit jeweils 5 Gruppen aus 4 Eintiefungen bzw. Rillenabschnitten verziert; im Oberteil stark ergänzt; außen poliert; Korngröße überwiegend sehr fein; Unregelmäßigkeiten in Form und Verzierung; H. 12,4 cm, Br. 19,5 cm, Rdm. 18,4 cm, Bdm. ca. 6,3 cm (Boden nicht deutlich abgesetzt).
2. 1 stark verbrannter Glasrest einer **Perle** (?) aus durchscheinendem blauen (?) Glas (o. Abb.).
3. 1 Stück **Urnenharz**.
4. 52 g **Leichenbrand**.

474 Grab 474 (Taf. 64)

(47,50/19,65)

1. **Schalenurne**; Typ nicht mehr sicher zu ermitteln; insgesamt mit 6 Gruppen aus jeweils 2 Kannelurelementen verziert; Unterteil mit Teilen der Schulter erhalten; außen körnig; Korngröße mittel; sorgfältig gearbeitet; ohne Abnutzungsspuren; Br. 21,6 cm, Bdm. 7,9 cm.
2. 2 **Scherben** mit Rillenverzierung; außen poliert; Korngröße sehr fein (o. Abb.).
3. Ca. 110 g **Leichenbrand**.

475 Grab 475 (Taf. 65)

(48,10/18,35)

1. **Schalenurne**; Typ und Verzierung nicht mehr zu ermiteln; sehr wenige Scherben erhalten; außen poliert; Korngröße mittel; Bdm. ca. 6 — 7 cm; rekonstruiert.
2. 7 Fragmente eines **Dreilagenkammes** mit dreieckigen Griffplatten; korrodierter Eisenniet: 0,9 cm L.; Zähne von beiden Seiten eingesägt.
3. 1 Stück **Urnenharz**.
4. 65 g **Leichenbrand**.

476 Grab 476

(46,95/18,60)

1. 10 g **Leichenbrand**.

Anm.: Die in diesem Komplex enthaltene Scherbe gehört zu Urne 475, möglicherweise ist auch der Leichenbrand diesem Grab zuzuweisen.

477 Grab 477 (Taf. 65)

(46,40/18,05)

Leichenbrand ab 5 cm unterhalb des Randes.

1. **Schalenurne** Typ 6, Var. a: Gefäß mit geradem Hals und konischer Schulter; mit insgesamt jeweils 4 Rosetten und Sparren, die alternierend angebracht sind, verziert; im Oberteil ergänzt; außen poliert; Korngröße mittel; sehr sorgfältig gearbeitet; (ohne Abnutzungsspuren); H. 9,5 cm, Br. 13,6 cm, Rdm. 12,6 cm, Bdm. 5,4 cm.
2. 3 **Scherben** einer **Schalenurne**; Typ und Maße nicht mehr zu ermitteln; außen poliert; Korngröße mittel.
3. **Holzkohle**.
4. 5 g **Leichenbrand**.

478 Grab 478 (Taf. 65)

(46,60/16,80)

1. **Schalenurne**; Typ und Anzahl der Felder nicht mehr zu ermitteln; Teile vom Unterteil bis zur Schulter erhalten; außen poliert; Korngröße mittel; sorgfältig gearbeitet; Br. rek. 21 cm, Bdm. ca. 8 cm; rekonstruiert.
2. 30 g **Leichenbrand**.

479 Grab 479 (Taf. 65)

(46,60/15,70)

Leichenbrand ab 3 cm unterhalb des Randes; an Beigaben: „Bronzegerät oder Schmuck, Eisengerät oder Schmuck, Glasperlen, Knochengerät [Armring] in und unter dem Leichenbrand, Keramik [Scherben, Perlen], Urnenharz, ein Eisenstück lag unter dem Leichenbrand.''

1. **Schalenurne** Typ 10, Var. a: s-förmig profiliertes Gefäß mit hochliegendem Umbruch; etwas ergänzt; außen geglättet; Korngröße mittel und grob; Form und Überarbeitung unsorgfältig; H. 12,4 cm, Br. 20,8 cm, Rdm. 18 cm, Bdm. 10,9 cm.
2. **Armring** mit D-förmigem Querschnitt; Knochen; fast vollständig erhalten; wenig sorgfältig geglättet; L. ca. 24,3 cm, Br. 0,95 cm, D. ca. 0,35 cm.
3. 4 Fragmente eines **Dreilagenkammes**; Form nicht mehr zu ermitteln; Eisenniet: 0,9 cm L. (o. Abb.).
4. Ca. 450 g **Leichenbrand**.

480 Grab 480 (Taf. 65)

(45,80/15,20)

1. **Schalenurne** Typ 5, Var b: Gefäß mit konischem Hals und abgesetzter konischer Schulter; insgesamt mit 3 Buckeln verziert; im Oberteil stark ergänzt; außen flüchtig poliert; Korngröße fein; wenig sorgfältig gearbeitet; H. 11,2 cm, Br. 19,4 cm, Rdm. 16,4 cm, Bdm. 8,7 cm.
2. Ca. 140 g **Leichenbrand**.

481 Grab 481 (Taf. 65)

(45,90/15,00)

„Urne 481 durch die Beisetzung von Urne 480 gestört.''

1. **Schüssel** Typ 3: Schüssel mit geknicktem Profil; ursprüngliche Anzahl der Gruppen aus jeweils 4 Kerben nicht mehr zu ermitteln; etwa die Hälfte ergänzt; außen

flüchtig poliert; Korngröße fein und mittel; kleine Unregelmäßigkeiten in Form und Verzierung; H. 11,2 cm, Br. 20 cm, Rdm. ca. 18,7 cm, Bdm. 9,5 cm.

2. 4 **Scherben** mit Rillenverzierung; außen poliert; Korngröße überwiegend fein (o. Abb.).
3. 2 **Scherben** mit Rillenverzierung; außen poliert; Korngröße sehr fein (o. Abb.).
4. 2 Stücke **Urnenharz**.
5. 95 g **Leichenbrand**.

482 Grab 482 (Taf. 65)

(47,75/16,80)

Leichenbrand ab 4 cm unterhalb des Randes.

1. **Schalenurne** Typ 9, Var. a: s-förmig profiliertes Gefäß mit tiefliegendem Umbruch; insgesamt mit 5 Gruppen aus jeweils 4 Rillenabschnitten verziert; etwas ergänzt; außen poliert; Korngröße fein und mittel; kleine Unregelmäßigkeiten in Form und Verzierung; (ohne Abnutzungsspuren); H. 8,6 cm, Br. 15 cm, Rdm. 13,6 cm, Bdm. ca. 6 cm (Boden nicht deutlich abgesetzt).
2. Ca. 195 g **Leichenbrand**.

483 Grab 483 (Taf. 66; 112)

(48,25/16,50)

Leichenbrand ab 6 cm unterhalb des Randes.

1. **Schalenurne** Typ 9, Var. a: s-förmig profiliertes Gefäß mit tiefliegendem Umbruch; vollständig erhalten; außen poliert; Korngröße mittel und grob; kleine Unregelmäßigkeiten in der Form; H. 11,4 — 12,4 cm, Br. 19,2 cm, Rdm. 19,4 cm, Bdm. 11 cm.
2. 1 **Scherbe; Drehscheibenkeramik**; mittel- bis dunkelgrau; außen rauh; Korngröße sehr fein (o. Abb.).
3. 1 Fragment eines **Dreilagenkammes** mit Linienverzierung; Form nicht mehr zu ermitteln.
4. 80 g **Leichenbrand**.

484 Grab 484 (Taf. 66)

(48,75/16,50)

1. **Schalenurne** Typ 7, Var. a: Gefäß mit geradem, absatzlos in die konische Schulter übergehendem Hals; vor allem im Oberteil ergänzt; außen körnig; Korngröße mittel; kleine Unregelmäßigkeiten in der Form, Überarbeitung und Verzierung gleichmäßig; H. 12 cm, Br. 20,1 cm, Rdm. ca. 18 cm, Bdm. ca. 7,5 cm (Boden nicht deutlich abgesetzt).
2. Ca. 180 g **Leichenbrand**.

485 Grab 485 (Taf. 66)

(48,30/16,00)

„Urne 485 durch 505 gestört."

1. **Schalenurne** Typ 8: Gefäß mit einschwingendem, absatzlos in die konische Schulter übergehendem Hals und kantigem Umbruch; Variante nicht mehr zu ermitteln; nur Teile von Rand bis Unterteil zusammensetzbar; außen poliert; Korngröße fein; bis auf kleine Unregelmäßigkeiten sorgfältig gearbeitet; Br. ca. 22 cm, Rdm. ca. 19 cm; rekonstruiert.
2. 4 Fragmente eines **Dreilagenkammes** mit Kreisaugenverzierung; Form nicht mehr zu ermitteln; braune Verfärbungen deuten auf die Verwendung von Eisennieten; Zähne von beiden Seiten eingesägt.
3. **Holzkohle**.
4. Ca. 290 g **Leichenbrand**.

486 Grab 486 (Taf. 66)

(48,30/15,15)

1. **Schalenurne** (?); Typ nicht mehr zu ermitteln; sehr wenige Scherben erhalten; außen geglättet; Korngröße mittel; (ohne Abnutzungsspuren); Bdm. ca. 5 cm; rekonstruiert.
2. 2 g **Leichenbrand**.

487 Grab 487 (Taf. 66)

(47,50/16,10)

Leichenbrand ab 6 cm unterhalb des Randes; Beigaben auf dem Boden der Urne.

1. **Schalenurne** Typ 18, Var. a: Gefäß mit konischem Oberteil; am Rand ergänzt; außen im Oberteil glänzend poliert und im Unterteil poliert; Korngröße mittel; sorgfältig gearbeitet; H. 11,3 cm, Br. 16,7 cm, Rdm. 15,6 cm, Bdm. 6,5 cm.
2. 3 **Scherben; Drehscheibenkeramik**; hellbraun, im Bruch hell- bis dunkelgrau; außen rauh; Korngröße sehr fein (o. Abb.).
3. Kleinste **Eisenteilchen**.
4. 2 Stücke **Urnenharz**.
5. 17 g **Leichenbrand**.

488 Grab 488 (Taf. 66)

(47,30/15,60)

Leichenbrand ab 6 cm unterhalb des Randes.

1. **Schalenurne** Typ 16, Var. a: Gefäß mit einschwingendem Hals und Facette; fast vollständig erhalten; außen poliert; Korngröße fein; Unregelmäßigkeiten in Form und Verzierung; Überarbeitung sorgfältig; H. 10,8 cm, Br. 20,1 cm, Rdm. 18,6 cm, Bdm. 6,5 — 6,9 cm.
2. 11 Stücke **Urnenharz**; z.T. zerbrochen.
3. Ca. 270 g **Leichenbrand**.

489 Grab 489 (Taf. 66)

(47,60/15,60)

„Urne 489 bei der Beisetzung von 488 beschädigt."

1. **Schalenurne** Typ 7: Gefäß mit geradem, absatzlos in die konische Schulter übergehendem Hals; Variante nicht mehr zu ermitteln; nur z.T. zusammensetzbar; außen im Oberteil geglättet und im Unterteil körnig; Korngröße mittel; Überarbeitung wenig sorgfältig; Br. ca. 12,5 cm; rekonstruiert.
2. 3 g **Leichenbrand**.

490 Grab 490 (Taf. 66)

(47,60/15,30)

Leichenbrand ab 4 cm unterhalb des Randes.

1. **Schalenurne** Typ 6, Var. b: Gefäß mit geradem Hals und abgesetzter gewölbter Schulter; fast vollständig erhalten; außen poliert; Korngröße mittel; bis auf kleine Unregelmäßigkeiten sorgfältig gearbeitet; H. 9,2 cm, Br. 14,3 cm, Rdm. 12,5 cm, Bdm. 8,5 cm.
2. 13 g **Leichenbrand**.

491 Grab 491 (Taf. 66)

(45,90/18,75)

1. **Schalenurne**; Typ und Verzierung nicht mehr zu ermitteln; sehr wenige Scherben erhalten; außen poliert; Korngröße fein; Bdm. ca. 6 cm; rekonstruiert.
2. **Schalenurne** (?); Typ nicht mehr zu ermitteln; wenige Scherben erhalten; außen geglättet; Korngröße mittel; Rdm. ca. 16 cm; rekonstruiert.
3. 3 **Scherben**; außen poliert; Korngröße sehr fein (o. Abb.).
4. Ca. 450 g **Leichenbrand**.

492 Grab 492 (Taf. 66)

(45,80/17,45)

1. **Schalenurne** Typ 15, Var. a: Gefäß mit geradem, absatzlos in die Schulter übergehendem Hals und Facette; insgesamt mit 6 Strahlen verziert; wenige Scherben erhalten; außen poliert, Strahlen abwechselnd poliert und körnig; Korngröße mittel; sorgfältig gearbeitet; Br. ca. 15,5 cm, Bdm. ca. 4 cm (Boden nicht deutlich abgesetzt); rekonstruiert.
2. 3 g **Leichenbrand**.

493 Grab 493 (Taf. 66)

(44,70/18,15)

1. **Schalenurne**; Typ, Maße und Verzierung nicht mehr zu ermitteln; sehr wenige Scherben erhalten; außen poliert; Korngröße mittel; Überarbeitung sorgfältig; rekonstruiert.
2. 1 **Scherbe**; außen poliert; Korngröße überwiegend fein (o. Abb.).
3. **Holzkohle**.
4. 11 g **Leichenbrand**.

494 Grab 494 (Taf. 67)

(46,35/14,30)

1. **Topf** Typ 2: Topf mit ausbiegendem Rand und gegliedertem Oberteil; nur z.T. zusammensetzbar; außen geglättet; Korngröße mittel; kleine Unregelmäßigkeiten in der Form; (ohne Abnutzungsspuren); Br. ca. 25 cm, Bdm. ca. 14,7 cm; rekonstruiert.
2. Ca. 265 g **Leichenbrand**.

495 Grab 495 (Taf. 67)

(45,20/15,25)

1. **Schalenurne** Typ 8, Var. a: Gefäß mit einschwingendem, absatzlos in die Schulter übergehendem Hals und kantigem Umbruch; ca. ein Drittel erhalten; außen poliert; Korngröße fein und mittel; sorgfältig gearbeitet; Br. ca. 12 cm, Bdm. ca. 4,5 cm; rekonstruiert.
2. 7 g **Leichenbrand**.

496 Grab 496 (Taf. 67)

(44,85/15,00)

1. **Schalenurne** Typ 15, Var. a: Gefäß mit geradem, absatzlos in die Schulter übergehendem Hals und Facette; insgesamt mit 5 Feldern verziert; stark ergänzt; außen poliert; Korngröße fein; kleine Unregelmäßigkeiten in der Verzierung, Überarbeitung im Oberteil sorgfältiger als im Unterteil; (ohne Abnutzungsspuren); Br. 23,4 cm, Bdm. 7,3 cm.
2. 1 **Scherbe**; **Drehscheibenkeramik**; außen hellbraun, im Bruch hellgrau mit dunkelgrauem Kern; außen rauh; Korngröße sehr fein; (ohne Abnutzungsspuren); Bdm. ca. 6 cm.
3. **Bronzeschnalle** mit eingeschnürtem Dorn, abgesetzter Dornachse und Verzierung aus eingepunzten Dreiecken; für einen 2,2 cm breiten Riemen.
4. 7 Fragmente eines **Dreilagenkammes**; Form nicht mehr zu ermitteln; Eisenniet: 1,1 cm L. (o. Abb.).
5. Ca. 400 g **Leichenbrand**.

497 Grab 497 (Taf. 67)

(44,50/14,65)

1. **Schalenurne** (?); Typ und Maße nicht mehr zu ermitteln; sehr wenige Scherben erhalten; außen poliert; Korngröße fein (o. Abb.).
2. 1 **Scherbe** einer **Schalenurne** mit Strahlenverzierung; Typ und Maße nicht mehr zu ermitteln; außen poliert und körnig; Korngröße sehr fein.
3. 12 g **Leichenbrand**.

498 Grab 498 (Taf. 67)

(43,70/14,00)

1. **Schalenurne**; Typ, Maße und Verzierung nicht mehr zu ermitteln; wenige Scherben erhalten; außen im Oberteil glänzend poliert und im Unterteil poliert; Korngröße fein; sorgfältig gearbeitet; rekonstruiert.
2. 5 g **Leichenbrand**.

499 Grab 499 (Taf. 67)

(43,45/13,30)

1. **Schalenurne** Typ 19, Var. a: Gefäß mit gegliedertem Oberteil; im Oberteil ergänzt; außen poliert; Korngröße überwiegend fein; kleine Unregelmäßigkeiten in der Form, Verzierung gleichmäßig; Br. 22,9 cm, Bdm. 8,9 cm.

2. 8 Fragmente eines **Dreilagenkammes**; Form nicht mehr zu ermitteln; korrodierter Eisenniet: 1,1 cm L.

3. 4 Stücke **Urnenharz**.

4. Ca. 265 g **Leichenbrand**.

500 Grab 500 (Taf. 67)

(45,35/16,95)

Leichenbrand ab 5 cm unterhalb des Randes.

1. **Kumpf** Typ 1: großer Kumpf; vollständig erhalten; außen Randzone waagerecht geglättet, untere 3 cm geglättet und dazwischen aufgerauht, innen Wandung poliert und Boden rauh; Korngröße mittel; Unregelmäßigkeiten in der Form, Überarbeitung sorgfältig; H. 12,4 — 14,8 cm, Br. 19,8 cm, Rdm. 17,3 cm, Bdm. 9 cm.

2. 1 Stück **Urnenharz**.

3. Ca. 250 g **Leichenbrand**.

501 Grab 501 (Taf. 67)

(43,70/16,10)

1. **Schalenurne** Typ 9: s-förmig profiliertes Gefäß mit tiefliegendem Umbruch; Variante nicht mehr zu ermitteln; insgesamt mit 8 Rosetten und 2 Gruppen aus jeweils 3 Kannelurelementen verziert; Teile von Hals bis Unterteil zusammensetzbar; außen im Oberteil glänzend poliert und im Unterteil poliert; Korngröße fein; gleichmäßig gearbeitet; Br. 13,9 cm, Rdm. rek. 11,7 cm; rekonstruiert.

2. 42 g **Leichenbrand**.

502 Grab 502 (Taf. 67)

(42,50/15,60)

1. **Schalenurne** Typ 7, Var. a: Gefäß mit geradem, absatzlos in die konische Schulter übergehendem Hals; ca. zwei Drittel von Rand und Hals ergänzt; außen geglättet; Korngröße grob; Form gleichmäßig, Überarbeitung flüchtig; ohne Abnutzungsspuren; H. 9,6 cm, Br. 12,6 cm, Rdm. 11,8 cm, Bdm. 6,2 cm.

2. **Schalenurne**; Typ, Maße und Verzierung nicht mehr zu ermitteln; wenige Scherben erhalten; außen poliert; Korngröße sehr fein; rekonstruiert.

3. **Gefäß** mit Rillenverzierung; Form und Maße nicht mehr zu ermitteln; sehr wenige Scherben erhalten; außen körnig; Korngröße mittel (o. Abb.).

4. 8 **Eisenfragmente**; Funktion nicht mehr zu ermitteln; korrodiert (o. Abb.).

5. 14 g **Leichenbrand**.

503 Grab 503 (Taf. 68)

(42,15/13,45)

1. **Topf** Typ 2: Topf mit ausbiegendem Rand und gegliedertem Oberteil; wenige Scherben erhalten; außen poliert; Korngröße mittel; ohne Abnutzungsspuren; Bdm. ca. 11 cm; rekonstruiert.

2. 1 Stück **Urnenharz**.

3. 80 g **Leichenbrand**.

504 Grab 504 (Taf. 68)

(43,55/15,10)

1. **Schalenurne** Typ 1, Var a: Gefäß mit konischem Hals, abgesetzter gewölbter Schulter und rundem Umbruch; ursprünglich mit 3 (?) Gruppen aus jeweils 4 Kannelurelementen verziert (1 Gruppe erhalten); Teile von Boden bis Hals erhalten; außen poliert; Korngröße fein; kleine Unregelmäßigkeiten in der Verzierung; (ohne Abnutzungsspuren); Br. 20,5 cm, Bdm. 7,5 cm.

2. Ca. 140 g **Leichenbrand**.

505 Grab 505 (Taf. 68)

(48,20/15,95)

1. **Schalenurne**; Typ nicht mehr zu ermitteln; sehr wenige Scherben erhalten; außen poliert; Korngröße fein; sorgfältig gearbeitet; Br. ca. 18 cm; rekonstruiert.

2. 1 Stück **Urnenharz**.

3. 6 g **Leichenbrand**.

506 Grab 506 (Taf. 68)

(53,45/15,50)

1. **Schalenurne** Typ 7, Var. a: Gefäß mit trichterförmigem, absatzlos in die konische Schulter übergehendem Hals; ursprüngliche Anzahl der Strahlen nicht mehr zu ermitteln; im Oberteil stark ergänzt; außen poliert, Strahlen abwechselnd poliert und körnig; Korngröße fein; kleine Unregelmäßigkeiten in der Verzierung; H. 10,5 cm, Br. ca. 21,2 cm, Rdm. ca. 20,9 cm, Bdm. 8,5 cm.

2. Ca. 170 g **Leichenbrand**.

507 Grab 507 (Taf. 68)

(54,75/16,60)

Tiefe 0,10 m unter Urne 508.

1. **Schalenurne** Typ 3: Gefäß mit konischem Hals, abgesetzter gewölbter Schulter und kantigem Umbruch; im Oberteil stark ergänzt; außen im Oberteil poliert und im Unterteil geglättet; Korngröße sehr fein; unregelmäßig geformt, flüchtig überarbeitet; H. 11,1 cm, Br. 20 cm, Rdm. 18,6 cm, Bdm. 7,9 cm.

2. 1 **Scherbe**; **Drehscheibenkeramik**; außen hellbraun, im Bruch hell- bis dunkelgrau; außen rauh; Korngröße sehr fein.

3. Mindestens 4 Stücke **Urnenharz**.

4. Ca. 300 g **Leichenbrand**.

508 Grab 508 (Taf. 68)

(54,40/15,90)

Leichenbrand ab 8 cm unterhalb des Randes.

1. **Topf** Typ 3: Topf mit unbetontem Rand; etwas ergänzt; außen poliert; Korngröße sehr fein bis fein; kleine Unregelmäßigkeiten in der Form, Überarbeitung innen sorgfältiger als außen; H. 18,6 cm, Br. 21,6 cm, Rdm. 18,2 cm, Bdm. 10,8 cm.

2. 1 **Scherbe**; außen poliert; Korngröße fein.

3. Ca. 1100 g **Leichenbrand**.

509 Grab 509 (Taf. 68)

(45,15/14,10)

Leichenbrand ab 4 cm unterhalb des Randes.

1. **Schalenurne** Typ 13, Var. b: Gefäß mit abgesetztem Hals und Facette; insgesamt mit 5 Rosetten verziert; vor allem an Rand und Boden ergänzt; außen im Oberteil glänzend poliert und im Unterteil poliert; Korngröße fein und mittel; Unregelmäßigkeiten in der Form, Überarbeitung vor allem innen sorgfältig; H. 11,1 cm, Br. 20,4 cm, Rdm. ca. 17,1 cm, Bdm. ca. 7 cm.
2. 7 zersplitterte Glasreste einer (?) **Perle** aus durchsichtigem farblosen Glas (o. Abb.).
3. Ca. 390 g **Leichenbrand.**

510 Grab 510 (Taf. 68)

(45,00/13,80)

Leichenbrand ab 6 cm unterhalb des Randes.

1. **Schalenurne** Typ 8, Var. a: Gefäß mit einschwingendem, absatzlos in die Schulter übergehendem Hals und kantigem Umbruch; vor allem an Rand und Boden ergänzt; außen poliert; Korngröße fein; Form und Überarbeitung sorgfältig, kleine Unregelmäßigkeiten in der Verzierung; H. 10 cm, Br. 17,4 cm, Rdm. 15,9 cm, Bdm. 6 cm.
2. 8 Fragmente eines **Dreilagenkammes** mit Kreisaugenverzierung; Form nicht mehr zu ermitteln; Zähne von beiden Seiten eingesägt.
3. 1 Stück **Urnenharz.**
4. 85 g **Leichenbrand.**

511 Grab 511 (Taf. 68)

(45,10/13,70)

1. **Schalenurne** (?); Typ und Maße nicht mehr zu ermitteln; wenige Scherben erhalten; außen poliert; Korngröße fein; rekonstruiert.
2. 1 Stück **Urnenharz.**
3. Ca. 410 g **Leichenbrand.**

512 Grab 512 (Taf. 69)

(41,35/13,50)

1. **Napf** Typ 2, Var. b: gegliederter Napf; im Oberteil stark ergänzt; außen im Oberteil geglättet und im Unterteil rauh; Korngröße mittel; Unregelmäßigkeiten in der Verzierung, Überarbeitung im Unterteil sehr flüchtig; ohne Abnutzungsspuren; Br. 13,6 cm, Bdm. 6,8 cm.
2. 2 zerschmolzene und stark verbrannte Glasreste zweier **Perlen:** 1 durchscheinender kobaltblauer Glasrest; 1 stark verbrannter Glasrest, Farbe nicht mehr feststellbar (o. Abb.).
3. 9 g **Leichenbrand.**

513 Grab 513 (Taf. 69)

(41,25/12,80)

1. **Schalenurne** Typ 9, Var. a: s-förmig profiliertes Gefäß mit tiefliegendem Umbruch; insgesamt mit 3 Gruppen aus jeweils 3 Rillenabschnitten verziert; fast vollständig erhalten; außen poliert; Korngröße fein; gleichmäßig geformt, Verzierung wenig sorgfältig; H. 10,5 cm, Br. 19,7 cm, Rdm. 18 cm, Bdm. 7,7 cm.
2. 1 Stück **Urnenharz.**
3. 650 g **Leichenbrand.**

514 Grab 514 (Taf. 69)

(40,80/13,30)

Leichenbrand ab 4 cm unterhalb des Randes.

1. **Schalenurne** Typ 10: s-förmig profiliertes Gefäß mit hochliegendem Umbruch; Variante nicht mehr zu ermitteln; Teile von Rand bis Unterteil erhalten; außen geglättet; Korngröße grob; wenig sorgfältig gearbeitet; Br. ca. 25 cm, Rdm. ca. 23 cm; rekonstruiert.
2. 5 **Scherben; Drehscheibenkeramik;** hellbraun oder rötlich, im Bruch hell- bis dunkelgrau; außen rauh; Korngröße sehr fein; stark verwittert (o. Abb.).
3. 20 Fragmente eines **Dreilagenkammes** mit dreieckigen Griffplatten; korrodierte Eisenniete.
4. Ca. 230 g **Leichenbrand.**

515 Grab 515 (Taf. 69)

(40,30/12,00)

1. **Schalenurne** Typ 9, Var b: s-förmig profiliertes Gefäß mit tiefliegendem Umbruch; wenige Scherben erhalten; außen poliert; Korngröße mittel; sorgfältig gearbeitet; ohne Abnutzungsspuren; Rdm. 16 — 17 cm, Bdm. 6,7 cm; rekonstruiert.
2. 3 Stücke **Urnenharz.**
3. 25 g **Leichenbrand.**

516 Grab 516 (Taf. 69)

(40,50/11,85)

1. **Schalenurne** Typ 9, Var. a: s-förmig profiliertes Gefäß mit tiefliegendem Umbruch; insgesamt mit 6 Gruppen aus jeweils 3 Rillenabschnitten verziert; vor allem im Oberteil ergänzt; außen flüchtig poliert; Korngröße mittel; kleine Unregelmäßigkeiten in Form und Verzierung; H. 11,1 cm, Br. 17,4 cm, Rdm. ca. 18 cm, Bdm. ca. 7 cm (Boden nicht deutlich abgesetzt).
2. 2 Fragmente eines **Dreilagenkammes** mit Eisenresten; Form nicht mehr zu ermitteln (o. Abb.).
3. 1 Stück **Urnenharz.**
4. Ca. 265 g **Leichenbrand.**

517 Grab 517 (Taf. 69)

(39,70/13,90)

1. **Schalenurne** Typ 1: Gefäß mit konischem Hals, abgesetzter gewölbter Schulter und rundem Umbruch; Variante nicht mehr zu ermitteln; Teile von Rand bis Unterteil erhalten; außen körnig; Korngröße überwiegend fein; außen gleichmäßig gearbeitet; Br. ca. 21 cm; rekonstruiert.
2. 5 g **Leichenbrand.**

518 Grab 518 (Taf. 69)

(39,30/13,40)

Leichenbrand ab 1 cm unterhalb des Randes.

1. **Schalenurne** Typ 18, Var. b: Gefäß mit konischem Oberteil; insgesamt mit 10 Gruppen aus 2 bis 3 Rillenabschnitten verziert, 2 Gruppen mit Eintiefungen verbunden; an Rand und Fuß etwas ergänzt; außen poliert; Korngröße fein; gleichmäßig geformt und überarbeitet, sehr flüchtig verziert; H. 11,4 cm, Br. 19 cm, Rdm. 17,5 cm, Bdm. ca. 7,5 cm.
2. 3 Fragmente eines **Dreilagenkammes**; Form nicht mehr zu ermitteln (o. Abb.).
3. 2 — 3 Stücke **Urnenharz**.
4. **Holzkohle**.
5. Ca. 335 g **Leichenbrand**.

519 Grab 519 (Taf. 69)

(35,90/12,10)

1. **Schalenurne** Typ 17, Var. a: Gefäß mit einschwingendem Oberteil; Oberteil stark ergänzt; außen körnig; Korngröße mittel und etwas grob; Form und Überarbeitung wenig sorgfältig; H. 9 cm, Br. 17,2 cm, Rdm. 17,9 cm, Bdm. 6,4 cm.
2. Ca. 25 g **Leichenbrand**.

520 Grab 520 (Taf. 70)

(43,65/14,70)

„Urne 520 steht unterhalb von 504, von Rand zu Rand ca. 0,30 m Höhenunterschied"; Leichenbrand ab 6 cm unterhalb des Randes.

1. **Schalenurne** Typ 18, Var. a: Gefäß mit konischem Oberteil; bis auf kleine Beschädigungen vollständig erhalten; außen poliert; Körngröße fein und mittel; bis auf kleine Unregelmäßigkeiten in der Verzierung gleichmäßig gearbeitet; H. 12,9 cm, Br. 19,3 cm, Rdm. 17,5 cm, Bdm. 7,3 cm.
2. 3 Fragmente eines **Dreilagenkammes**; Form nicht mehr zu ermitteln; Eisenniet: 0,85 cm L.
3. 1 — 2 Stücke **Urnenharz**.
4. Ca. 160 g **Leichenbrand**.

521 Grab 521 (Taf. 70)

(41,50/11,40)

Leichenbrand ab 8 cm unterhalb des Randes.

1. **Mischform** Typ 1: topfartige Schalenurne mit gegliedertem Oberteil; z.T. ergänzt; außen poliert; Korngröße mittel; Unregelmäßigkeiten in der Form; H. 15,6 cm, Br. 19,8 cm, Rdm. 16 cm, Bdm. ca. 8 cm (Boden nicht deutlich abgesetzt).
2. 1 **Scherbe**; **Drehscheibenkeramik**; außen hellbraun, im Bruch hell- bis dunkelgrau; außen rauh; Korngröße sehr fein.
3. 1 Fragment eines **Dreilagenkammes**; Form nicht mehr zu ermitteln; korrodierter Eisenniet.
4. 1 Stück **Urnenharz**.
5. 635 g **Leichenbrand**.

522 Grab 522 (Taf. 70)

(42,10/12,30)

1. **Schalenurne** Typ 3/4: Gefäß mit abgesetzter, gewölbter Schulter und kantigem Umbruch; Stellung des Halses und Variante nicht mehr zu ermitteln; wenige Scherben erhalten; außen poliert; Korngröße fein; sorgfältig gearbeitet; Br. ca. 17 cm; rekonstruiert.
2. 7 Fragmente eines **Dreilagenkammes** mit Kreisaugenverzierung; Form nicht mehr zu ermitteln.
3. 40 g **Leichenbrand**.

523 Grab 523 (Taf. 70)

(41,75/14,50)

„Nur Leichenbrandhaufen."

1. **Gefäß**; Form, Maße und Verzierung nicht mehr zu ermitteln; sehr wenige Scherben erhalten; ausgelaugt, zumindest außen überarbeitet (o. Abb.).
2. 1 zerschmolzener Glasrest einer **Perle** (?) aus durchscheinendem kobaltblauen Glas (o. Abb.).
3. 6 Fragmente eines **Dreilagenkammes** mit dreieckigen Griffplatten und Kreisaugenverzierung.
4. **Eisenfragment** mit **Bronzerest**; ursprüngliche Funktion nicht mehr zu ermitteln; korrodiert.
5. Ca. 175 g **Leichenbrand**.

524 Grab 524 (Taf. 70)

(38,70/11,50)

Leichenbrand ab 6 cm unterhalb des Randes.

1. **Schalenurne** Typ 1, Var. a: Gefäß mit konischem Hals, abgesetzter gewölbter Schulter und rundem Umbruch; vor allem im Oberteil ergänzt; außen poliert; Korngröße sehr fein; sorgfältig gearbeitet; H. 9,5 cm, Br. 12,9 cm, Rdm. 11,5 cm, Bdm. 5,2 cm.
2. 1 Stück **Urnenharz**.
3. 15 g **Leichenbrand**.

525 Grab 525 (Taf. 70)

(36,35/11,80)

Leichenbrand ab 4 cm unterhalb des Randes.

1. **Schalenurne** Typ 8, Var. a: Gefäß mit einschwingendem, absatzlos in die Schulter übergehendem Hals und kantigem Umbruch; vor allem im Oberteil ergänzt; außen geglättet; Korngröße mittel; unsorgfältig geformt und überarbeitet (ohne Abnutzungsspuren); H. 8 cm, Br. 12,6 cm, Rdm. 11 cm, Bdm. 6,6 cm.
2. 4 **Scherben**; **Drehscheibenkeramik**; hellbraun, im Bruch grau; außen rauh; Korngröße sehr fein (o. Abb.).
3. 1 ringförmige **Perle** aus undurchsichtigem weißen Glas; Dm. 0,7 — 0,8 cm.

4. 1 ringförmige **Perle** aus undurchsichtigem roten Glas; Dm. 0,85 cm.
5. 1 zerschmolzener Glasrest einer (?) **Perle** aus durchscheinendem kobaltblauen Glas.
6. **Bronzeblech** mit zusammengebogenem Ende und 2 Nietlöchern; Beschlag (?).
7. **Kettengeflecht;** ein Teil aus 6 Eisenringen; korrodiert.
8. **Nagel** mit vierkantigem Schaft; Eisen; korrodiert; L. 2,9 cm.
9. 10 **Eisenfragmente;** Funktion nicht mehr zu ermitteln; korrodiert (o. Abb.).
10. 3 Stücke **Urnenharz.**
11. 9 g **Leichenbrand.**

526 Grab 526 (Taf. 70)

(36,00/12,70)

1. **Napf** Typ 2, Var. b: gegliederter Napf; wenige Scherben erhalten; außen körnig; Korngröße fein; Überarbeitung wenig sorgfältig; Bdm. ca. 7 cm; rekonstruiert.
2. 1 Stück **Urnenharz.**
3. Ca. 105 g **Leichenbrand.**

527 Grab 527 (Taf. 70)

(34,20/10,60)

Leichenbrand ab 7 cm unterhalb des Randes.

1. **Schalenurne** Typ 7, Var. a: Gefäß mit geradem, absatzlos in die konische Schulter übergehendem Hals; insgesamt mit 6 Gruppen aus jeweils 3 Rillenabschnitten verziert; vor allem an Rand und Boden ergänzt; außen poliert; Korngröße fein und mittel; Unregelmäßigkeiten in Form und Verzierung; H. 13,2 cm, Br. 23,8 cm, Rdm. 21,9 cm, Bdm. ca. 8,8 cm.
2. 13 Fragmente eines **Dreilagenkammes** mit dreieckigen Griffplatten und Kreisaugenverzierung; korrodierter Eisenniet: ca. 1,1 cm L.
3. 1 Stück **Urnenharz.**
4. Ca. 485 g **Leichenbrand.**

528 Grab 528 (Taf. 71)

(38,00/10,65)

,,Urne 528 stand sehr tief.''

1. Schüssel Typ 1: ungegliederte Schüssel; fast vollständig erhalten; außen körnig; Korngröße überwiegend fein; Unregelmäßigkeiten in der Form, Überarbeitung innen sorgfältig; (ohne Abnutzungsspuren); H. 13,5 cm, Br. 22,6 cm, Rdm. 22,4 cm, Bdm. 9,2 cm.
2. 6 Fragmente eines **Dreilagenkammes;** Form nicht mehr zu ermitteln; braune Verfärbungen deuten auf die Verwendung von Eisennieten.
3. 2 Stücke **Urnenharz.**
4. Ca. 350 g **Leichenbrand.**

529 Grab 529 (Taf. 71)

(36,85/11,50)

1. **Gefäß;** Form und Maße nicht mehr zu ermitteln; wenige Scherben erhalten; außen poliert; Korngröße überwiegend fein.
2. 15 g **Leichenbrand.**

530 Grab 530 (Taf. 71)

(36,10/11,10)

1. **Schalenurne;** Typ nicht mehr zu ermitteln; wenige Scherben erhalten; außen poliert; Korngröße fein bis mittel; gleichmäßig gearbeitet, Verzierung z.T. nur eingeritzt; Br. ca. 20,5 cm, Rdm. ca. 19 cm; rekonstruiert.
2. **Drehscheibengefäß;** Form und Maße nicht mehr zu ermitteln; sehr wenige Scherben erhalten; hellbraun, im Bruch hell- bis dunkelgrau; außen rauh; Korngröße sehr fein (o. Abb.).
3. 3 Fragmente eines **Dreilagenkammes;** Form nicht mehr zu ermitteln; korrodierter Eisenniet: 1,45 cm L.; Zähne von der Rückseite eingesägt.
4. 2 Stücke **Urnenharz.**
5. **Holzkohle.**
6. 685 g **Leichenbrand.**

531 Grab 531

(36,40/10,90)

,,Rand zum größten Teil erhalten.''

Funde nicht vorhanden.

532 Grab 532

(35,80/10,30)

,,Aufgeweichte Urne, zum Teil erhalten.''

1. 5 g **Leichenbrand.**

Anm.: Möglich ist die Zugehörigkeit zu Urne 541, da die beiden Komplexe vermischt wurden.

533 Grab 533 (Taf. 71)

(35,45/10,35)

1. **Schalenurne** Typ 12, Var. b: Gefäß mit absatzlos in die gegliederte Schulter übergehendem Hals; **Drehscheibenkeramik;** Unterteil mit Teilen der Schulter sowie Einzelscherben erhalten; graubraun, im Bruch hellrot mit grauem Kern; außen geglättet; Korngröße sehr fein; weitgehend gleichmäßig geformt; Br. 19,3 cm, Bdm. 8,3 cm.
2. 1 Fragment eines **Dreilagenkammes;** Form nicht mehr zu ermitteln (o. Abb.).
3. 75 g **Leichenbrand.**

534 Grab 534 (Taf. 71)

(33,90/12,50)

Leichenbrand ab 5 cm unterhalb des Randes.

1. **Schalenurne** Typ 14: Gefäß mit von der Schulter durch eine Leiste abgesetztem Hals und Facette; insgesamt mit 7 gefüllten Streifen am Hals, 4 Gruppen aus jeweils 4 bis 5 Eintiefungen, 7 Buckeln und 4 Strahlen verziert; etwas ergänzt; außen glänzend poliert, Strahlen abwechselnd poliert und körnig; Korngröße fein; sorgfältig gearbeitet; H. 13 cm, Br. 21,7 cm, Rdm. 21,2 cm, Bdm. 6,4 cm.
2. 13 Fragmente eines **Dreilagenkammes** mit dreieckigen, im Scheitel gerundeten Griffplatten und Kreisaugenverzierung; braune Verfärbungen deuten auf die Verwendung von Eisennieten.
3. 2 Stücke **Urnenharz**.
4. Ca. 400 g **Leichenbrand**.

535 Grab 535 (Taf. 71)

(32,40/12,70)

1. **Schalenurne** Typ 8, Var. a: Gefäß mit einschwingendem, absatzlos in die Schulter übergehendem Hals und kantigem Umbruch; Unterteil und Teile des Oberteils sowie Einzelscherben erhalten; außen poliert; Korngröße fein; Unterteil weniger sorgfältig gearbeitet als Oberteil; H. 15,9 cm, Br. 23,1 cm, Rdm. rek. 18,8 cm, Bdm. 10,3 cm; rekonstruiert.
2. 3 zerschmolzene Glasreste einer (?) **Perle** aus undurchsichtigem roten Glas; 1 Stück mit dunklem Glaskern (o. Abb.).
3. 6 Fragmente eines **Dreilagenkammes**; Form nicht mehr zu ermitteln; korrodierter Eisenniet: 1,1 cm L.; Zähne von beiden Seiten eingesägt.
4. 2 Stücke **Urnenharz**.
5. 635 g **Leichenbrand**.

536 Grab 536 (Taf. 71)

(32,35/12,35)

1. **Schalenurne**; Typ nicht mehr zu ermitteln; ursprünglich mit 4 bis 5 Strahlen verziert; ca. ein Drittel des Unterteils erhalten; außen Strahlen abwechselnd poliert und körnig; Korngröße fein; gleichmäßig gearbeitet; ohne Abnutzungsspuren; Bdm. 5,7 cm; rekonstruiert.
2. 7 g **Leichenbrand**.

537 Grab 537 (Taf. 71)

(35,00/11,20)

1. **Schalenurne** Typ 8: Gefäß mit einschwingendem, absatzlos in die Schulter übergehendem Hals und kantigem Umbruch; Variante und Maße nicht mehr zu ermitteln; wenige Scherben erhalten; außen flüchtig poliert; Korngröße mittel; wenig sorgfältig gearbeitet; rekonstruiert.
2. 5 Fragmente eines **Dreilagenkammes**; Form nicht mehr zu ermitteln; korrodierter Eisenniet: 1,25 cm L. (o. Abb.).
3. **Holzkohle**.
4. Ca. 120 g **Leichenbrand**.

538 Grab 538 (Taf. 71)

(41,30/18,00)

Leichenbrand ab 4 cm unterhalb des Randes.

1. **Schalenurne** Typ 9, Var. a: s-förmig profiliertes Gefäß mit tiefliegendem Umbruch; im Oberteil ergänzt; außen flüchtig poliert; Korngröße sehr fein bis fein; gleichmäßig geformt, Überarbeitung wenig sorgfältig; H. 11,7 cm, Br. 17,3 cm, Rdm. 17,9 cm, Bdm. 8,5 cm.
2. 58 g **Leichenbrand**.

539 Grab 539 (Taf. 72)

(34,65/11,20)

1. **Schalenurne** Typ 7, Var. a: Gefäß mit geradem, absatzlos in die konische Schulter übergehendem Hals; stark ergänzt; außen poliert; Korngröße fein; kleine Unregelmäßigkeiten in der Form, Überarbeitung wenig sorgfältig; H. 12,3 cm, Br. 17,4 cm, Rdm. 15,8 cm, Bdm. 7,3 cm.
2. **Drehscheibengefäß**; Form nicht mehr zu ermitteln; wenige Scherben erhalten; hellbraun, im Bruch hell- bis dunkelgrau; außen rauh; Korngröße sehr fein; Bdm. ca. 6 cm (o. Abb.).
3. 1 Stück **Urnenharz**.
4. **Holzkohle**.
5. 47 g **Leichenbrand**.

540 Grab 540 (Taf. 72)

(41,45/11,20)

1. **Schalenurne** Typ 9, Var. a: s-förmig profiliertes Gefäß mit tiefliegendem Umbruch; vor allem im Oberteil stark ergänzt; außen poliert; Korngröße sehr fein; Unregelmäßigkeiten in der Form; H. 14 cm, Br. ca. 20,4 cm, Rdm. ca. 17,8 cm, Bdm. 8,5 cm.
2. **Schalenurne**; Typ, Maße und Verzierung nicht mehr zu ermitteln; sehr wenige Scherben erhalten; außen poliert; Korngröße fein; rekonstruiert.
3. 1 **Scherbe**; außen poliert; Korngröße fein.
4. 2 **Scherben** einer **Schalenurne** mit Strahlenverzierung; Typ und Maße nicht mehr zu ermitteln; außen poliert, Strahlen abwechselnd poliert und körnig; Korngröße sehr fein.
5. 1 zerschmolzener Glasrest einer **Perle** aus undurchsichtigem schwarzen Glas (o. Abb.).
6. 4 Fragmente eines **Dreilagenkammes** mit dreieckigen Griffplatten; Zähne von beiden Seiten eingesägt.
7. 2 Stücke **Urnenharz**.
8. 610 g **Leichenbrand**.

541 Grab 541 (Taf. 72)

(41,60/16,50)

1. **Gefäß**; Form nicht mehr zu ermitteln; wenige Scherben erhalten; außen poliert; Korngröße fein; Br. ca. 20 cm; rekonstruiert.

2. 1 Fragment eines **Dreilagenkammes**; Form nicht mehr zu ermitteln.
3. 1 Stück **Urnenharz**.
4. 80 g **Leichenbrand**.

542 Grab 542 (Taf. 72)

(41,20/16,40)

1. **Schalenurne** Typ 16, Var. a: Gefäß mit einschwingendem oder konischem Hals und Facette; Unterteil mit Teilen der Schulter sowie Einzelscherben erhalten; außen poliert; Korngröße mittel; Form und Überarbeitung sorgfältig; ohne Abnutzungsspuren; Br. rek. 16,8 cm, Bdm. 6 cm; rekonstruiert.
2. 1 **Scherbe**; außen glänzend poliert; Korngröße fein.
3. 1 **Randscherbe**; außen poliert; Korngröße fein (o. Abb.).
4. 8 g **Leichenbrand**.

543 Grab 543 (Taf. 72)

(40,95/16,20)

1. **Schalenurne** Typ 16, Var. a: Gefäß mit einschwingendem oder konischem Hals und Facette; Unterteil mit Teilen der Schulter sowie Einzelscherben erhalten; außen poliert; Korngröße fein; gleichmäßig gearbeitet; H. rek. 9,9 cm, Br. 18,4 cm, Rdm. rek. 17,1 cm, Bdm. 7 cm; rekonstruiert.
2. 11 Fragmente eines **Armringes** mit rechteckigem Querschnitt und gerundeten Kanten; Knochen.
3. 1 zerschmolzener, zersplitterter Glasrest einer **Perle** aus durchsichtigem farblosen Glas.
4. 1 **Bronzeblechfragment** mit festgeschmolzenem farblosen Glas.
5. 16 — 26 Fragmente eines **Dreilagenkammes** mit Rädchenverzierung; Form nicht mehr zu ermitteln; korrodierter Eisenniet: 1,15 cm L.; Zähne von der Rückseite eingesägt.
6. 1 Stück **Urnenharz**.
7. Ca. 165 g **Leichenbrand**.

Anm.: Zu 4. Die Bestimmung als Blechperle oder Rest eines Bronzebeschlages von einem Kästchen, in dem eine Perle aufbewahrt wurde, ist unsicher.

544 Grab 544 (Taf. 72)

(40,30/14,90)

1. **Schalenurne** Typ 15, Var. a: Gefäß mit geradem, absatzlos in die Schulter übergehendem Hals und Facette; wenige Scherben erhalten; ausgelaugt, ursprünglich sorgfältig überarbeitet; Br. ca. 16 cm, Rdm. rek. 15,7 cm, Bdm. ca. 5,4 cm (Boden nicht deutlich abgesetzt); rekonstruiert.
2. 1 **Scherbe**; außen poliert; Korngröße sehr fein (o. Abb.).
3. 3 Stücke **Urnenharz**.
4. Ca. 200 g **Leichenbrand**.

545 Grab 545 (Taf. 72)

(40,60/14,80)

„0,20 m tiefer als Urne 544."

1. **Schalenurne**; Typ und Maße nicht mehr zu ermitteln; wenige Scherben erhalten; ausgelaugt, ursprünglich überarbeitet; rekonstruiert.
2. 4 Stücke **Urnenharz** mit Feuerspuren.
3. Ca. 485 g **Leichenbrand**.

546 Grab 546 (Taf. 72)

(39,00/16,10)

1. **Schalenurne** Typ 15, Var. a: Gefäß mit geradem, absatzlos in die Schulter übergehendem Hals und Facette; ursprünglich mit 9 (?) Rosetten verziert (7 erhalten); vor allem im Oberteil ergänzt; außen poliert; Korngröße fein und mittel; Unregelmäßigkeiten in Form und Verzierung, Überarbeitung im Unterteil außen wenig sorgfältig; H. 13 cm, Br. 22 cm, Rdm. 18,2 cm, Bdm. 8,9 cm.
2. Ca. 330 g **Leichenbrand**.

547 Grab 547 (Taf. 73)

(39,20/14,40)

Leichenbrand ab 4 cm unterhalb des Randes.

1. **Schalenurne** Typ 18, Var. a: Gefäß mit konischem Oberteil; bis auf kleine Beschädigungen am Rand vollständig erhalten; außen poliert; Korngröße mittel; gleichmäßig geformt, sorgfältig überarbeitet, unregelmäßig verziert; H. 13,1 cm, Br. 20,8 cm, Rdm. 17 cm, Bdm. 7,5 cm.
2. 1 Fragment eines **Dreilagenkammes**; Form nicht mehr zu ermitteln (o. Abb.).
3. Ca. 300 g **Leichenbrand**.

548 Grab 548 (Taf. 73)

(37,10/11,00)

Leichenbrand ab 4 cm unterhalb des Randes.

1. **Schalenurne** Typ 8, Var. a: Gefäß mit einschwingendem, absatzlos in die Schulter übergehendem Hals und kantigem Umbruch; ca. drei Viertel erhalten; außen poliert (?); Korngröße fein; sorgfältig gearbeitet; H. 9 cm, Br. 14,5 cm, Rdm. 13,8 cm, Bdm. 4,5 cm.
2. 1 **Scherbe**; Korngröße fein (o. Abb.).
3. 1 zerschmolzener Glasrest vermutlich zweier **Perlen**: undurchsichtiges gelbes Glas mit dunklen Glasresten und stark verbranntes, durchscheinendes violettes Glas (o. Abb.).
4. 1 Stück **Urnenharz**.
5. 15 g **Leichenbrand**.

549 Grab 549 (Taf. 73)

(36,45/10,20)

1. **Gefäß**; Form nicht mehr zu ermitteln; sehr wenige Scherben erhalten; ursprünglich überarbeitet; Korngröße fein; Bdm. ca. 7 cm.
2. 9 g **Leichenbrand**.

550 Grab 550 (Taf. 73)

(35,80/9,70)

1. **Schalenurne**; Typ nicht mehr zu ermitteln; sehr wenige Scherben erhalten; außen poliert; Korngröße fein; sorgfältig gearbeitet; Bdm. ca. 6 cm; rekonstruiert.
2. 28 g **Leichenbrand**.

551 Grab 551 (Taf. 73)

(36,50/11,40)

Leichenbrand ab 4 cm unterhalb des Randes.

1. **Schalenurne**; Typ nicht mehr zu ermitteln; wenige Scherben erhalten; außen poliert; Korngröße fein; sorgfältig überarbeitet; Br. ca. 26 cm; rekonstruiert.
2. 3 **Scherben; Drehscheibenkeramik**; hellbraun, im Bruch hell- bis dunkelgrau; außen rauh; Korngröße sehr fein; Bdm. ca. 7 cm.
3. 4 Fragmente eines **Dreilagenkammes**; Form nicht mehr zu ermitteln.
4. 3 Stücke **Urnenharz**.
5. 525 g **Leichenbrand**.

552 Grab 552 (Taf. 73)

(36,60/14,30)

1. **Schalenurne** Typ 7, Var. a: Gefäß mit trichterförmigem, absatzlos in die konische Schulter übergehendem Hals; etwas ergänzt; außen flüchtig poliert; Korngröße mittel; Unregelmäßigkeiten in der Form, Überarbeitung außen wenig sorgfältig; H. 9,3 cm, Br. 14,6 cm, Rdm. 13,3 cm, Bdm. 6 cm.
2. 1 zerschmolzener Glasrest einer **Perle** aus durchscheinendem kobaltblauen Glas (o. Abb.).
3. 2 Stücke **Urnenharz**.
4. 14 g **Leichenbrand**.

553 Grab 553 (Taf. 73)

(32,10/10,90)

1. **Schalenurne** (?); Typ nicht mehr zu ermitteln; sehr wenige Scherben erhalten; außen geglättet; Korngröße fein; Br. ca. 24 cm (?); rekonstruiert.
2. 1 g **Leichenbrand**.

554 Grab 554 (Taf. 73)

(33,80/16,90)

1. **Kumpf** Typ 1: großer Kumpf; insgesamt mit 4 Feldern verziert; etwas ergänzt; außen poliert; Korngröße fein; kleine Unregelmäßigkeiten in Form und Verzierung, Überarbeitung innen sorgfältiger als außen; H. 13,9 cm, Br. 21,1 cm, Rdm. 19,4 cm, Bdm. 10,4 cm.
2. 1 zerschmolzener Glasrest einer **Perle** (?) aus undurchsichtigem schwarzen Glas (o. Abb.).
3. Ca. 250 g **Leichenbrand**.

555 Grab 555 (Taf. 73)

(38,50/14,90)

Leichenbrand ab 1 cm unterhalb des Randes.

1. **Schalenurne** Typ 7, Var. a: Gefäß mit geradem bis schwach trichterförmigem, absatzlos in die konische Schulter übergehendem Hals; fast vollständig erhalten; außen poliert; Korngröße fein; kleine Unregelmäßigkeiten in der Form, Oberteil außen sorgfältiger überarbeitet als Unterteil; H. 14 cm, Br. 20,4 cm, Rdm. 18,7 cm, Bdm. 9,2 cm.
2. 1 **Scherbe** mit Rillenverzierung; außen poliert; Korngröße mittel (o. Abb.).
3. 24 Fragmente eines **Armringes** mit vermutlich D-förmigem Querschnitt; Elfenbein; stark verbrannt.
4. 1 stark verbrannter Glasrest einer **Perle** (?); Farbe nicht sicher feststellbar, möglicherweise undurchsichtiges gelbes und schwarzes Glas (o. Abb.).
5. 7 Fragmente eines **Dreilagenkammes**; Form nicht mehr zu ermitteln.
6. Kleinste **Eisenteilchen**.
7. 1 Stück **Urnenharz**.
8. 520 g **Leichenbrand**.

556 Grab 556 (Taf. 74)

(36,25/14,80)

1. **Schalenurne** Typ 2, Var. a: Gefäß mit geradem Hals, abgesetzter gewölbter Schulter und rundem Umbruch; Unterteil mit Teilen von Hals und Schulter erhalten; außen poliert; Korngröße fein; gleichmäßig geformt, sorgfältig überarbeitet, sehr sorgfältig verziert (ohne Abnutzungsspuren); Br. 20 cm, Bdm. 7 cm; rekonstruiert.
2. 2 Fragmente einer **Knochennadel** mit profiliertem Kopf; erh. L. 5,3 cm, St. 4 cm.
3. 1 zerschmolzener Glasrest einer **Perle** aus durchscheinendem kobaltblauen Glas (o. Abb.).
4. Fragmentiert erhaltener **Dreilagenkamm** mit dreieckigen, im Scheitel gerundeten Griffplatten; Eisenniete: 0,8 — 1,1 cm L.
5. Kleinste **Eisenteilchen**.
6. Ca. 100 g **Leichenbrand**.

557 Grab 557

(39,00/18,30)

1. **Gefäß**; Form nicht mehr zu ermitteln; sehr wenige Scherben erhalten; außen poliert; Korngröße fein (ohne Abnutzungsspuren); Bdm. ca. 8 cm.
2. 1 **Umbruchscherbe** mit schräg gestellten weichkantigen Umbruchkanneluren; außen poliert; Korngröße sehr fein (o. Abb.).
3. 30 g **Leichenbrand**.

558 Grab 558

(37,50/15,50)

1. **Gefäß** mit Rillenverzierung; Form und Maße nicht mehr zu ermitteln; sehr wenige Scherben erhalten; ausgelaugt, zumindest außen ursprünglich überarbeitet (o. Abb.).
2. 73 g **Leichenbrand**.

559 Grab 559

(37,85/14,40)

„Nur Leichenbrand."

1. Ca. 420 g **Leichenbrand**.

Anm.: Es ist zu bezweifeln, daß hier der Leichenbrand nicht in einem Gefäß beigesetzt wurde: Der Erhaltungszustand der Keramik in diesem Bereich des Gräberfeldes ist außerordentlich schlecht.

560 Grab 560 (Taf. 73)

(38,30/14,10)

1. **Schalenurne**; Typ und Maße nicht mehr zu ermitteln; sehr wenige Scherben erhalten; außen flüchtig poliert; Korngröße mittel; wenig sorgfältig gearbeitet; rekonstruiert.
2. 65 g **Leichenbrand**.

561 Grab 561 (Taf. 74)

(37,50/13,10)

Leichenbrand ab 4 cm unterhalb des Randes.

1. **Schalenurne** Typ 14: Gefäß mit von der Schulter durch eine Leiste abgesetztem Hals und Facette; insgesamt mit 4 Gruppen aus jeweils 3 bis 4 Eintiefungen und 9 Strahlen verziert; z.T. ergänzt; außen poliert, Strahlen abwechselnd poliert und körnig; Korngröße fein; gleichmäßig geformt und verziert, Überarbeitung außen im Oberteil sorgfältiger als im Unterteil; H. 12 cm, Br. 23,5 cm, Rdm. 20,6 cm, Bdm. 6,5 — 7 cm.
2. **Drehscheibengefäß**; Form und Maße nicht mehr zu ermitteln; sehr wenige Scherben erhalten; hellbraun und dunkelgrau, im Bruch hell- bis dunkelgrau; außen rauh; Korngröße sehr fein.
3. Bügel und Fuß einer **Bronzefibel** mit festem Nadelhalter und sich verjüngendem Fuß (Almgren, Gruppe VI, Serie 2).
4. **Nadel** (?) mit rundem Querschnitt sowie einem runden und einem abgeflachten Ende; Knochen; vollständig erhalten; L. 27,2 cm, Br. 0,4 — 0,5 cm.
5. 4 Fragmente einer **Nadel** (?) mit ovalem Querschnitt sowie einem runden und einem abgeflachten Ende; Knochen; erh. L. 22,8 cm, Br. 0,45 — 0,6 cm.
6. 13 Fragmente eines **Dreilagenkammes** mit Kreisaugenverzierung; Form nicht mehr zu ermitteln.
7. **Nadelbüchse** mit viereckigem Querschnitt mit gerundeten Kanten; beide Enden offen; L. 8,5 cm, Dm. 0,85 — 1,1 cm.
8. 1 Stück **Urnenharz**.
9. **Holzkohle**.
10. Ca. 485 g **Leichenbrand**.

562 Grab 562

(33,85/17,10)

„Rest mit Leichenbrand, alt gestört."

1. 30 g **Leichenbrand**.

Anm.: Hier gefundene Scherben stammen von Urne 554, möglicherweise gehört auch der Leichenbrand zu dieser Bestattung.

563 Grab 563 (Taf. 75)

(34,10/15,00)

1. **Schalenurne** Typ 12, Var.b: Gefäß mit absatzlos in die gegliederte Schulter übergehendem Hals; vor allem im Oberteil ergänzt; außen poliert; Korngröße sehr fein; sehr sorgfältig geformt, Überarbeitung im Oberteil sorgfältiger als im Unterteil; H. 13,5 cm, Br. 21,8 cm, Rdm. 18,1 cm, Bdm. 7 cm.
2. 1 **Scherbe** (Splitter); **Drehscheibenkeramik** (?); im Bruch dunkelgrau; Korngröße sehr fein (o. Abb.).
3. 3 Fragmente eines **Armringes** mit D-förmigem Querschnitt, gerundeten Kanten und Linienverzierung; Knochen; erh. L. 12,4 cm, Br. 0,7 cm.
4. 5 Fragmente eines **Armringes** mit D-förmigem Querschnitt, gerundeten Kanten und Linienverzierung; Knochen; erh. L. 15,8 cm, Br. 0,7 cm.
5. 7 Fragmente eines **Dreilagenkammes**; Form nicht mehr mehr zu ermitteln.
6. 1 Stück **Urnenharz**.
7. Ca. 490 g **Leichenbrand**.

564 Grab 564 (Taf. 75)

(35,15/16,10)

„0,15 m tiefer als die in normaler Höhe stehende Urne 565."

1. **Schalenurne** Typ 8: Gefäß mit einschwingendem, absatzlos in die Schulter übergehendem Hals und kantigem Umbruch; Variante und ursprüngliche Zahl der Strahlen und der in Gruppen angeordneten Eintiefungen nicht mehr zu ermitteln; wenige Scherben erhalten; außen glänzend poliert, Strahlen abwechselnd poliert und körnig; Korngröße fein; kleine Unregelmäßigkeiten in Form und Verzierung, sehr sorgfältig überarbeitet; Br. ca. 18 cm, Rdm. ca. 17 cm; rekonstruiert.
2. 5 g **Leichenbrand**.

565 Grab 565 (Taf. 74)

(35,25/15,50)

1. **Schalenurne** Typ 10, Var. a: s-förmig profiliertes Gefäß mit hochliegendem Umbruch; im Oberteil etwas ergänzt; außen flüchtig poliert; Korngröße mittel; Unregelmäßigkeiten in der Form, Überarbeitung außen weniger sorgfältig als innen; (ohne Abnutzungsspuren); H. 12,2 cm, Br. 18,2 cm, Rdm. 18,6 cm, Bdm. 6,7 cm.

2. 1 zerschmolzener Glasrest einer **Perle** aus undurchsichtigem schwarzen Glas (o. Abb.).
3. 15 Fragmente eines **Dreilagenkammes** mit dreieckigen Griffplatten; Eisenniet: ca. 1 cm L.
4. 1 Stück **Urnenharz**.
5. Ca. 385 g **Leichenbrand**.

566 Grab 566 (Taf. 75)

(32,10/17,20)

1. **Schalenurne** Typ 6, Var. a: Gefäß mit schwach trichterförmigem Hals und abgesetzter konischer Schulter; ursprünglich mit insgesamt 5 Dreiecken verziert; stark ergänzt; außen poliert; Korngröße fein; außen nicht gleichmäßig überarbeitet; ohne Abnutzungsspuren; H. 8,1 cm, Br. ca. 15,3 cm, Rdm. rek. 15,2 cm, Bdm. 5,2 — 5,5 cm; rekonstruiert.
2. 1 ringförmige **Perle** aus undurchsichtigem gelben Glas; Dm. 1,05 cm.
3. 20 Fragmente eines **Dreilagenkammes**; Form nicht mehr zu ermitteln; korrodierte Eisenniete: 1 cm L.
4. 1 Stück **Urnenharz**.
5. 25 g **Leichenbrand**.

567 Grab 567 (Taf. 75)

(31,90/16,00)

Leichenbrand ab 5 cm unterhalb des Randes.

1. **Schalenurne** Typ 13, Var. a: Gefäß mit abgesetztem Hals und Facette; fast vollständig erhalten; außen im Oberteil poliert und im Unterteil geglättet; Korngröße fein; sorgfältig geformt und überarbeitet, Unregelmäßigkeiten in der Verzierung; (ohne Abnutzungsspuren); H. 11 cm, Br. 16,2 cm, Rdm. 15,4 cm, Bdm. ca. 5,5 cm (Boden nicht deutlich abgesetzt).
2. **Armring** mit D-förmigem Querschnitt; Knochen; vollständig erhalten; L. 23,4 cm, Br. 0,7 — 1 cm, D. 0,4 cm.
3. 1 Fragment einer **Geweihscheibe** mit Kreisaugenverzierung auf beiden Seiten; Rand facettiert; ursprünglicher Dm. ca. 4,5 — 5 cm.
4. 25 Fragmente eines **Dreilagenkammes**; Form nicht mehr zu ermitteln; Eisenniete: 0,9 cm, 1,05 cm, 1,15 cm L.
5. 2 Stücke **Urnenharz**.
6. 90 g **Leichenbrand**.

568 Grab 568 (Taf. 75)

(31,55/15,30)

1. **Schalenurne** Typ 2, Var. a: Gefäß mit geradem Hals, abgesetzter gewölbter Schulter und rundem Umbruch; ursprüngliche Anzahl der Felder nicht mehr zu ermitteln; wenige Scherben erhalten; außen poliert; Korngröße fein; Form und Überarbeitung sorgfältig, Unregelmäßigkeiten in der Verzierung; Bdm. ca. 7 cm; rekonstruiert.
2. 22 g **Leichenbrand**.

Anm.: Zu 1. vgl. Urne 556.

569 Grab 569 (Taf. 76)

(32,10/14,80)

Leichenbrand ab 2 cm unterhalb des Randes.

1. **Schalenurne** Typ 1, Var. a: Gefäß mit konischem Hals, abgesetzter gewölbter Schulter und rundem Umbruch; vollständig erhalten; außen im Oberteil und untere 2 cm poliert und im Unterteil körnig; Korngröße mittel; sorgfältig geformt und überarbeitet; H. 14,6 cm, Br. 24,5 cm, Rdm. 22,2 cm, Bdm. 11,2 cm.
2. 13 Fragmente eines **Dreilagenkammes**; Form nicht mehr zu ermitteln; Eisenniet: 1,15 cm L.
3. 955 g **Leichenbrand**.

570 Grab 570 (Taf. 76; 112)

(30,95/14,15)

Leichenbrand ab 8 cm unterhalb des Randes.

1. **Schalenurne** Typ 6, Var. b: Gefäß mit geradem Hals und abgesetzter konischer Schulter; fast vollständig erhalten; außen körnig; Korngröße fein; Unregelmäßigkeiten in Form und Verzierung; H. 15,6 — 16,7 cm, Br. 23,5 cm, Rdm. 21,1 cm, Bdm. 9,8 cm.
2. 5 Fragmente eines **Dreilagenkammes**; Form nicht mehr zu ermitteln; braune Verfärbungen deuten auf die Verwendung von Eisennieten (o. Abb.).
3. 1 Stück **Urnenharz**.
4. Ca. 430 g **Leichenbrand**.

571 Grab 571 (Taf. 76)

(32,05/14,00)

1. **Schalenurne** Typ 7, Var. a: Gefäß mit geradem, absatzlos in die konische Schulter übergehendem Hals; insgesamt mit 5 Buckeln verziert; im Oberteil stark ergänzt; außen poliert, nur der Boden rauh; Korngröße mittel; Unregelmäßigkeiten in der Form, Buckelverzierung gleichmäßig, Rillenverzierung unsorgfältig; H. 15,7 cm, Br. 20,6 cm, Rdm. 18,4 cm, Bdm. ca. 8,6 cm.
2. 1 **Scherbe**; **Drehscheibenkeramik**; außen hellbraun, im Bruch hell- bis dunkelgrau; außen rauh; Korngröße fein; Datierung fraglich.
3. 3 **Scherben**; außen glänzend poliert; Korngröße überwiegend sehr fein (o. Abb.).
4. 1 **Scherbe** mit Rillenverzierung; außen poliert; Korngröße mittel (o. Abb.).
5. Ca. 210 g **Leichenbrand**.

572 Grab 572 (Taf. 76)

(32,20/13,70)

1. **Schalenurne** Typ 10, Var. a: s-förmig profiliertes Gefäß mit hochliegendem Umbruch; vor allem im Oberteil ergänzt; außen poliert; Korngröße fein; gleichmäßig geformt, sorgfältig überarbeitet, Verzierung unsorgfältig; H. 11,7 cm, Br. 17,1 cm, Rdm. 15,6 cm, Bdm. 6,7 cm.
2. 3 Stücke **Urnenharz**.
3. 37 g **Leichenbrand**.

573 Grab 573 (Taf. 76)

(31,30/13,00)

1. **Schalenurne** Typ 9, Var. a: s-förmig profiliertes Gefäß mit tiefliegendem Umbruch; ursprünglich mit 6 Gruppen aus jeweils 3 Eintiefungen verziert (4 erhalten); Teile von Boden bis Hals erhalten; außen flüchtig poliert; Korngröße mittel; Form und Verzierung sorgfältig, Überarbeitung innen sorgfältiger als außen; (ohne Abnutzungsspuren); Br. 23,6 cm, Bdm. 8,5 cm.
2. 1 **Scherbe** mit Rillenverzierung; außen poliert; Korngröße fein (o. Abb.).
3. 4 Fragmente eines **Dreilagenkammes** mit dreieckigen Griffplatten und Verzierung aus konzentrischen Kreisen und Kreisaugen; deutliche Abnutzungsspuren.
4. Ca. 105 g **Leichenbrand**.

574 Grab 574 (Taf. 76)

(32,10/12,30)

Leichenbrand ab 5 cm unterhalb des Randes.

1. **Topf** Typ 1, Var. a: Topf mit ausbiegendem Rand und ungegliedertem Oberteil; am Rand ergänzt; außen geglättet; Korngröße mittel; gleichmäßig geformt, Überarbeitung wenig sorgfältig; H. 12,5 cm, Br. 19,2 cm, Rdm. 16,8 cm, Bdm. 9,5 cm.
2. 1 **Scherbe**; **Drehscheibenkeramik**; hellbraun, im Bruch mittelgrau; außen rauh; Korngröße fein (o. Abb.).
3. 1 Fragment eines **Dreilagenkammes**; Form nicht mehr zu ermitteln.
4. 2 Stücke **Urnenharz**.
5. Ca. 165 g **Leichenbrand**.

575 Grab 575 (Taf. 76)

(30,25/11,20)

Leichenbrand ab 3 cm unterhalb des Bodens.

1. **Schalenurne** Typ 17, Var. a: Gefäß mit einschwingendem Oberteil; insgesamt mit 4 Strahlen verziert; im Oberteil ergänzt; außen poliert, Strahlen abwechselnd poliert und körnig; Korngröße fein; kleine Unregelmäßigkeiten in der Form; H. 10,3 cm, Br. 16,4 cm, Rdm. 16,1 cm, Bdm. ca. 6,5 cm (Boden nicht deutlich abgesetzt).
2. 8 Fragmente eines **Armringes** mit rechteckigem Querschnitt und gerundeten Kanten; Knochen (?).
3. 1 Stück **Urnenharz**.
4. 14 g **Leichenbrand**.

576 Grab 576 (Taf. 77)

(29,05/9,90)

1. **Schalenurne** Typ 6, Var. b: Gefäß mit trichterförmigem Hals und abgesetzter konischer Schulter; vor allem im Oberteil ergänzt; außen poliert; Korngröße überwiegend fein; sorgfältig geformt, kleine Unregelmäßigkeiten in der Verzierung; H. 12,1 cm, Br. 16 cm, Rdm. ca. 15,7 cm, Bdm. 6,4 cm.
2. 4 Fragmente eines **Dreilagenkammes** mit dreieckigen Griffplatten; Eisenniet: 0,7 cm L.
3. 9 Stücke **Urnenharz**.
4. Ca. 170 g **Leichenbrand**.

577 Grab 577 (Taf. 77)

(28,90/11,20)

1. **Schalenurne** Typ 9, Var. a: s-förmig profiliertes Gefäß mit tiefliegendem Umbruch; wenige Scherben erhalten; außen poliert; Korngröße fein; sorgfältig gearbeitet; Br. ca. 14 cm, Bdm. ca. 5 cm; rekonstruiert.

578 Grab 578 (Taf. 77)

(29,00/13,80)

1. **Mischform** Typ 1: topfartige Schalenurne mit gegliedertem Oberteil; insgesamt mit 3 Knubben verziert; im Oberteil stark ergänzt; außen poliert; Korngröße fein; bis auf Unregelmäßigkeiten in der Form sorgfältig gearbeitet; ohne Abnutzungsspuren; H. 16,4 cm, Br. 22,1 cm, Rdm. ca. 18,6 cm, Bdm. 8,7 cm.
2. 1 stark verbrannter Glasrest einer **Perle** (?); Farbe nicht mehr feststellbar (o. Abb.).
3. 1 Fragment eines **Dreilagenkammes**; Form nicht mehr zu ermitteln (o. Abb.).
4. 1 Stück **Urnenharz**.
5. Ca. 450 g **Leichenbrand**.

579 Grab 579 (Taf. 77)

(27,15/12,90)

1. **Schalenurne** Typ 13, Var. a: Gefäß mit abgesetztem Hals und Facette; insgesamt mit 3 Knubben verziert; z.T. ergänzt; außen glänzend poliert; Korngröße fein; kleine Unregelmäßigkeiten in der Form, Verzierung gleichmäßig; H. 11,2 cm, Br. 21,3 cm, Rdm. 18 cm, Bdm. ca. 9 cm (Boden nicht deutlich abgesetzt).
2. 1 Stück **Urnenharz**.
3. Ca. 265 g **Leichenbrand**.

580 Grab 580 (Taf. 77)

(27,00/10,40)

Leichenbrand ab 2 cm unterhalb des Randes.

1. **Schalenurne** Typ 5, Var. a: Gefäß mit konischem Hals und abgesetzter konischer Schulter; insgesamt mit 3 Strahlen verziert; Teile von Boden bis Hals zusammensetzbar; außen poliert; Korngröße fein; sorgfältig gearbeitet; Br. 18,9 cm, Bdm. 7 cm; rekonstruiert.
2. 16 Fragmente eines **Dreilagenkammes** mit kreissegmentförmigen Griffplatten und Kreisaugenverzierung; ein Zahnplättchen mit 2 Nietlöchern; korrodierter Eisenniet: 1 cm L.
3. 1 Stück **Urnenharz**.
4. **Holzkohle**.
5. 500 g **Leichenbrand**.

581 Grab 581 (Taf. 77)

(24,30/17,40)

Leichenbrand ab 6 cm unterhalb des Randes; Urnenharz.

1. **Schalenurne** Typ 8, Var. a: Gefäß mit einschwingendem, absatzlos in die Schulter übergehendem Hals und kantigem Umbruch; fast vollständig erhalten; außen flüchtig poliert; Korngröße fein; sorgfältig, aber nicht ganz gleichmäßig geformt, Überarbeitung innen sorgfältiger als außen; H. 15,2 — 16,4 cm, Br. 24,3 cm, Rdm. 21,7 cm, Bdm. 9,8 cm.
2. 1 **Scherbe**; sekundär gebrannt (o. Abb.).
3. 520 g **Leichenbrand**.

582 Grab 582 (Taf. 77; 113)

(20,40/18,90)

Leichenbrand ab 3 cm unterhalb des Randes.

1. **Schalenurne** Typ 19, Var. a: Gefäß mit gegliedertem Oberteil; **Drehscheibenkeramik**; etwas ergänzt; außen braun, innen graubraun, im Bruch grau und außen braun; außen poliert; Korngröße sehr fein, einige grobe Partikel; im Oberteil gleichmäßig geformt, im Unterteil etwas uneben (ohne Drehrillen); H. 11,8 cm, Br. 19,6 cm, Rdm. 19,1 cm, Bdm. 7 cm.
2. **Drehscheibengefäß**; Form und Maße nicht mehr zu ermitteln; wenige Scherben erhalten; hellbraun, im Bruch hell- bis dunkelgrau; außen rauh; Korngröße sehr fein (o. Abb.).
3. 8 Fragmente eines **Dreilagenkammes**; Form nicht mehr zu ermitteln; Zähne von beiden Seiten eingesägt (o. Abb.).
4. 1 Fragment eines **Spielsteines**; Elfenbein; Dm. 1,7 cm, D. 0,23 cm.
5. 1 Fragment eines **Spielsteines**; Bein; Dm. ca. 1,6 cm, D. mind. 0,3 cm.
6. 1 Stück **Urnenharz**.
7. **Holzkohle**.
8. 590 g **Leichenbrand**.

583 Grab 583 (Taf. 78)

(26,50/16,20)

1. **Mischform** Typ 1: topfartige Schalenurne mit gegliedertem Oberteil; im Oberteil stark ergänzt; außen körnig; Korngröße fein; sorgfältig gearbeitet; H. 15,8 cm, Br. 23,5 cm, Rdm. 19,4 cm, Bdm. 7,8 cm.
2. Ca. 335 g **Leichenbrand**.

584 Grab 584 (Taf. 78)

(28,50/15,60)

Leichenbrand ab 6 cm unterhalb des Randes.

1. **Schalenurne** Typ 10, Var. a: s-förmig profiliertes Gefäß mit hochliegendem Umbruch; im Oberteil ergänzt; außen poliert; Korngröße mittel; gleichmäßig geformt, sorgfältig überarbeitet, kleine Unregelmäßigkeiten in der Verzierung; H. 15 cm, Br. 23,7 cm, Rdm. 20,9 cm, Bdm. 11,4 cm.
2. 1 zerschmolzener Glasrest einer **Perle** aus durchscheinendem kobaltblauen Glas (o. Abb.).
3. 1 Stück **Urnenharz**.
4. **Holzkohle**.
5. Ca. 335 g **Leichenbrand**.

585 Grab 585 (Taf. 78)

(29,70/14,90)

1. **Schalenurne** Typ 18, Var. a: Gefäß mit konischem Oberteil; insgesamt mit 3 Dellen verziert; etwas ergänzt; außen flüchtig poliert; Korngröße mittel; kleine Unregelmäßigkeiten in der Form, Überarbeitung wenig sorgfältig; H. 14,9 cm, Br. 22,3 cm, Rdm. 19,5 cm, Bdm. ca. 8 cm.
2. 1 **Scherbe**; **Drehscheibenkeramik** (?); hellbraun, im Bruch hellbraun bis hellgrau; außen rauh; Korngröße fein (o. Abb.).
3. 13 Fragmente eines **Dreilagenkammes**; Form nicht mehr zu ermitteln; Zähne von beiden Seiten eingesägt.
4. Ca. 180 g **Leichenbrand**.

586 Grab 586 (Taf. 78)

(27,80/17,30)

1. **Schalenurne** (?); Typ und Maße nicht mehr zu ermitteln; sehr wenige Scherben erhalten; ausgelaugt, ursprünglich überarbeitet (o. Abb.).
2. 5 zerschmolzene Glasreste vermutlich mehrerer **Perlen** aus durchscheinendem kobaltblauen Glas (o. Abb.).
3. 11 Fragmente eines **Armringes** mit D-förmigem Querschnitt; Elfenbein; stark verbrannt; erh. L. 2,1 cm, D. mind. 0,3 cm.
4. 5 Fragmente von zwei oder mehr **Armring**en mit rechteckigem Querschnitt und Kreisaugenverzierung; Knochen; erh. L. 39,7 cm; Br. 0,8 cm, D. max. 0,4 cm.
5. 8 Fragmente eines **Dreilagenkammes** mit dreieckigen, im Scheitel kantigen Griffplatten und Kreisaugenverzierung; Eisennietrest.
6. 1 Stück **Urnenharz**.
7. 525 g **Leichenbrand**.

587 Grab 587 (Taf. 79)

(13,95/24,50)

1. **Schalenurne** Typ 5, Var. b: Gefäß mit konischem Hals und abgesetzter konischer Schulter; im Oberteil stark ergänzt; außen poliert; Korngröße fein; kleine Unregelmäßigkeiten in der Form, Überarbeitung außen nicht gleichmäßig; Br. 22,8 cm, Bdm. 8 cm.
2. 3 Fragmente eines **Dreilagenkammes**; Form nicht mehr zu ermitteln; Eisennietrest; Zähne von beiden Seiten eingesägt (o. Abb.).
3. Ca. 190 g **Leichenbrand**.

588 Grab 588 (Taf. 78)

(10,90/25,50)

Leichenbrand ab 4 cm unterhalb des Randes; Urnenharz.

1. **Schalenurne** Typ 7, Var. b: Gefäß mit geradem, absatzlos in die konische Schulter übergehendem Hals; im Oberteil etwas ergänzt; außen poliert; Korngröße fein; kleine Unregelmäßigkeiten in der Form, Überarbeitung und Verzierung sorgfältig; H. 12,1 — 13,1 cm, Br. 19,2 cm, Rdm. 16,6 cm, Bdm. 8,6 cm.
2. 2 **Scherben**; außen poliert; Korngröße sehr fein (o. Abb.).
3. 1 **Scherbe**; außen poliert; Korngröße fein.
4. 1 **Scherbe**; außen poliert; Korngröße fein.
5. 5 Fragmente eines **Dreilagenkammes** mit dreieckigen Griffplatten und Kreisaugenverzierung.
6. Ca. 135 g **Leichenbrand**.

589 Grab 589 (Taf. 78)

(9,00/24,70)

Leichenbrand ab 4 cm unterhalb des Randes.

1. **Schalenurne** Typ 7, Var. a: Gefäß mit geradem, absatzlos in die konische Schulter übergehendem Hals; insgesamt mit 7 Strahlen verziert; im Oberteil stark ergänzt; außen poliert, Strahlen abwechselnd poliert und körnig; Korngröße fein; gleichmäßig geformt, kleine Unregelmäßigkeiten in der Verzierung; H. 11,2 cm, Br. 18,4 cm, Rdm. 17,6 cm, Bdm. 5,5 cm.
2. 85 g **Leichenbrand**.

590 Grab 590 (Taf. 79)

(22,85/16,15)

1. **Schalenurne** Typ 2, Var. a: Gefäß mit geradem Hals, abgesetzter gewölbter Schulter und rundem Umbruch; wenige Scherben erhalten; außen poliert; Korngröße mittel; außen gleichmäßig überarbeitet; (ohne Abnutzungsspuren); Br. ca. 20 cm, Bdm. ca. 6 cm; rekonstruiert.
2. 3 g **Leichenbrand**.

591 Grab 591 (Taf. 79)

(24,35/14,50)

1. **Schalenurne** Typ 7, Var. a: Gefäß mit geradem, absatzlos in die konische Schulter übergehendem Hals; ursprüngliche Zahl der Eintiefungen nicht mehr sicher zu ermitteln; vor allem im Oberteil und am Boden ergänzt; außen poliert; Korngröße fein; kleine Unregelmäßigkeiten in Form und Verzierung, Überarbeitung gleichmäßig; H. 13,8 cm, Br. 23,3 cm, Rdm. 20,5 cm, Bdm. 8,5 cm.
2. 1 Stück **Urnenharz**.
3. Ca. 130 g **Leichenbrand**.

592 Grab 592 (Taf. 79)

(12,50/21,20)

1. **Schalenurne** Typ 9, Var. a: s-förmig profiliertes Gefäß mit tiefliegendem Umbruch; im Oberteil stark ergänzt; außen poliert; Korngröße fein und mittel; Unregelmäßigkeiten in der Form, Überarbeitung flüchtig; H. 12,4 cm, Br. 22 cm, Rdm. 21,3 cm, Bdm. 10 cm.
2. 2 Fragmente eines **Dreilagenkammes**; Form nicht mehr zu ermitteln (o. Abb.).
3. 4 Stücke **Urnenharz**.
4. Ca. 285 g **Leichenbrand**.

593 Grab 593 (Taf. 79)

(10,60/23,00)

Leichenbrand ab 3 cm unterhalb des Randes; Urnenharz.

1. **Schalenurne** Typ 7, Var. a: Gefäß mit geradem, absatzlos in die konische Schulter übergehendem Hals; insgesamt mit 5 Knubben verziert; am Rand etwas ergänzt; außen poliert; Korngröße mittel; bis auf kleine Unregelmäßigkeiten sorgfältig gearbeitet; H. 12,1 cm, Br. 20,6 cm, Rdm. 18,5 cm, Bdm. 8,1 cm.
2. 3 Fragmente eines **Dreilagenkammes**; Form nicht mehr zu ermitteln; stark verbrannt; braune Verfärbungen deuten auf die Verwendung von Eisennieten (o. Abb.).
3. 515 g **Leichenbrand**.

594 Grab 594 (Taf. 79)

(21,60/15,95)

1. **Schalenurne** Typ 9, Var. a: s-förmig profiliertes Gefäß mit tiefliegendem Umbruch; ursprünglich mit 4 Gruppen aus jeweils 3 Eintiefungen verziert (3 erhalten); vor allem im Oberteil ergänzt; außen poliert; Korngröße fein; Unregelmäßigkeiten in Form und Verzierung, wenig sorgfältig überarbeitet; H. 9,2 — 10,2 cm, Br. 15 cm, Rdm. 13,5 cm, Bdm. 5,3 cm.
2. 3 g **Leichenbrand**.

595 Grab 595 (Taf. 79)

(23,90/14,70)

1. **Schalenurne** Typ 1/2, Var. a: Gefäß mit abgesetzter gewölbter Schulter und rundem Umbruch; Stellung des Halses nicht mehr zu ermitteln; Teile von Boden bis Schulter und Randscherben erhalten; außen poliert; Korngröße sehr fein; Form und Überarbeitung gleichmäßig; Br. rek. 18,8 cm, Bdm. 7,9 cm; rekonstruiert.
2. 1 **Randscherbe**; außen poliert; Korngröße fein (o. Abb.).
3. 3 Fragmente eines **Dreilagenkammes**; Form nicht mehr zu ermitteln (o. Abb.).
4. 2 Stücke **Urnenharz**.
5. Ca. 130 g **Leichenbrand**.

596 Grab 596 (Taf. 79)

(24,50/12,60)

1. **Schalenurne** Typ 3: Gefäß mit konischem Hals, abgesetzter gewölbter Schulter und kantigem Umbruch; im Oberteil stark ergänzt; außen flüchtig poliert; Korngröße mittel; kleine Unregelmäßigkeiten in der Form, vor allem außen unsorgfältig überarbeitet; H. 13,8 cm, Br. 22,6 cm, Rdm. 20,5 cm, Bdm. 8,6 cm.

2. 1 Stück **Urnenharz**.

3. Ca. 350 g **Leichenbrand**.

597 Grab 597 (Taf. 80)

(25,80/12,60)

1. **Schalenurne** Typ 2, Var. b: Gefäß mit geradem bis schwach trichterförmigem Hals, abgesetzter gewölbter Schulter und rundem Umbruch; insgesamt mit 3 Knubben verziert; im Oberteil stark ergänzt; außen poliert; Korngröße fein; gleichmäßig gearbeitet; H. 14,7 cm, Br. 22,8 cm, Rdm. ca. 20,3 cm, Bdm. 11,4 cm.

2. 5 **Scherben**; sekundär gebrannt (o. Abb.).

3. 50 Fragmente eines **Dreilagenkammes**; Form nicht mehr zu ermitteln; Bronzeniete: 0,9 cm L.; Zähne von beiden Seiten eingesägt; Zahnl. 2,8 cm.

4. 5 Stücke **Urnenharz**.

5. Ca. 465 g **Leichenbrand**.

598 Grab 598 (Taf. 80)

(24,60/10,85)

„Die Reste der Urne 598 liegen durcheinander (vielleicht sekundäre Lage)."

1. **Schalenurne** Typ 10, Var. a: s-förmig profiliertes Gefäß mit tiefliegendem Umbruch; ursprüngliche Anzahl der in Gruppen angeordneten Rillenabschnitte nicht mehr zu ermitteln (2 Gruppen erhalten); wenige Scherben erhalten; außen poliert; Korngröße fein; gleichmäßig verziert; H. rek. 11,9 cm, Br. rek. 18,8 cm, Rdm. rek. 17,5 cm, Bdm. 8,2 cm; rekonstruiert.

2. 5 g **Leichenbrand**.

599 Grab 599 (Taf. 80)

(23,60/9,90)

Durch Urne 600 beschädigt; Leichenbrand ab 5 cm unterhalb des Randes.

1. **Schalenurne** Typ 8, Var. a: Gefäß mit einschwingendem, absatzlos in die Schulter übergehendem Hals und kantigem Umbruch; etwas ergänzt; außen poliert; Korngröße mittel; unsorgfältig geformt und überarbeitet; H. 13,4 — 14,7 cm, Br. 21,4 cm, Rdm. 19,9 cm, Bdm. 11,6 cm.

2. **Schalenurne** (?); Typ und Maße nicht mehr zu ermitteln; sehr wenige Scherben erhalten; außen poliert; Korngröße fein.

3. 8 Fragmente eines **Dreilagenkammes** mit Kreisaugenverzierung; Form nicht mehr zu ermitteln; braune Verfärbungen deuten auf die Verwendung von Eisennieten.

4. 500 g **Leichenbrand**.

600 Grab 600 (Taf. 80)

(23,95/9,90)

„Nr. 600 hat 599 bei der Beisetzung z.T. zerstört."

1. **Schalenurne** Typ 17, Var. a: Gefäß mit einschwingendem Oberteil; im Oberteil ergänzt; außen poliert; Korngröße fein; Unregelmäßigkeiten in der Form, Überarbeitung außen nicht gleichmäßig; H. 8,7 cm, Br. 14,8 cm, Rdm. 13,8 cm, Bdm. 4,6 cm.

2. 2 Stücke **Urnenharz**.

3. 19 g **Leichenbrand**.

601 Grab 601 (Taf. 80)

(24,05/10,25)

„0,12 m tiefer als die Urnen 599 und 600, die die gleiche Höhe hatten."

1. **Schalenurne** Typ 8, Var. a: Gefäß mit einschwingendem, absatzlos in die Schulter übergehendem Hals und kantigem Umbruch; vor allem im Oberteil ergänzt; außen poliert; Korngröße fein; gleichmäßig gearbeitet; ohne Abnutzungsspuren; H. 8,6 cm, Br. 15 cm, Rdm. ca. 13,3 cm, Bdm. 5,2 cm.

2. 1 Stück **Urnenharz** mit Leichenbrandeinschluß.

3. 50 g **Leichenbrand**.

602 Grab 602 (Taf. 80)

(21,30/12,25)

1. **Schalenurne** Typ 6, Var. a: Gefäß mit geradem Hals und abgesetzter konischer Schulter; fast vollständig erhalten; außen poliert; Korngröße mittel; Unregelmäßigkeiten in Form und Verzierung; H. 10,2 cm, Br. 14,1 cm, Rdm. 12 cm, Bdm. 5,1 cm.

2. 1 tonnenförmige (?) gestreifte (Halb-)**Perle** aus durchscheinendem hellgrünen Glas mit 2 aufgelegten Zickzacklinien zwischen roten geraden Linien; Dm. urspr. ca. 2 cm.

3. **Holzkohle**.

4. 71 g **Leichenbrand**.

603 Grab 603 (Taf. 80)

(16,50/16,60)

Leichenbrand ab 2 cm unterhalb des Randes.

1. **Schalenurne** Typ 13, Var. b: Gefäß mit abgesetztem Hals und Facette; fast vollständig erhalten; außen poliert; Korngröße fein; sorgfältig geformt und überarbeitet, gleichmäßig verziert; H. 11,5 cm, Br. 19,5 cm, Rdm. 17,8 cm, Bdm. 7,1 cm.

2. 550 g **Leichenbrand**.

604 Grab 604 (Taf. 81)

(21,30/10,50)

In schwärzlichem Feinsand (Mooruntergrund); Leichenbrand ab 4 cm unterhalb des Randes.

1. **Schalenurne** Typ 8, Var. b: Gefäß mit einschwingendem, absatzlos in die Schulter übergehendem Hals und kantigem Umbruch; fast vollständig erhalten; außen poliert; Korngröße überwiegend fein; kleine Unregelmäßigkeiten in Form und Verzierung, Überarbeitung außen nicht gleichmäßig; H. 14,1 — 15,8 cm, Br. 25 cm, Rdm. 22,3 cm, Bdm. 8,7 cm.

2. **Drehscheibengefäß** (?); Form und Maße nicht mehr zu ermitteln; sehr wenige Scherben (Splitter) erhalten; dunkelgrau; Korngröße sehr fein (o. Abb.).
3. 1 Fragment einer **Knochennadel** (?); L. 1,2 cm, Dm. 0,6 cm.
4. 12 Fragmente eines **Dreilagenkammes**; Form nicht mehr zu ermitteln; braune Verfärbungen deuten auf die Verwendung von Eisennieten.
5. Ca. 380 g **Leichenbrand**.

605 Grab 605 (Taf. 81)

(92,80/31,10)

1. **Schalenurne** Typ 4, Var. a: Gefäß mit trichterförmigem Hals, abgesetzter gewölbter Schulter und kantigem Umbruch; vor allem im Oberteil ergänzt; außen poliert; Korngröße fein und mittel; kleine Unregelmäßigkeiten in der Form; H. 9,5 cm, Br. 15,4 cm, Rdm. 14,8 cm, Bdm. 6 cm.
2. 33 g **Leichenbrand**.

606 Grab 606 (Taf. 81)

(92,50/30,80)

1. **Schalenurne** Typ 10, Var. a: s-förmig profiliertes Gefäß mit hochliegendem Umbruch; insgesamt mit 8 Gruppen aus 5 bzw. 6 Rillenabschnitten verziert; im Oberteil stark ergänzt; außen Wandung poliert und Boden rauh; Korngröße sehr fein; gleichmäßig geformt, flüchtig verziert; H. 6,9 cm, Br. 12,5 cm, Rdm. ca. 9,3 cm, Bdm. 7,7 cm.
2. 1 g **Leichenbrand**.

607 Grab 607 (Taf. 81)

(92,10/28,70)

1. **Schalenurne** Typ 4, Var. a: Gefäß mit geradem Hals, abgesetzter gewölbter Schulter und kantigem Umbruch; wenige Scherben erhalten; außen poliert; Korngröße fein und mittel; sorgfältig gearbeitet; ohne Abnutzungsspuren; Br. ca. 24 cm, Bdm. ca. 10 cm; rekonstruiert.
2. 14 g **Leichenbrand**.

608 Grab 608 (Taf. 81)

(91,00/27,00)

1. **Schalenurne** Typ 18, Var. a: Gefäß mit konischem Oberteil; im Oberteil und am Boden stark ergänzt; außen poliert; Korngröße fein; unsorgfältig gearbeitet; H. 12,5 — 13,5 cm, Br. 27 cm, Rdm. 24,8 cm, Bdm. ca. 11,8 cm.
2. 1 stark verbrannter Glasrest einer **Perle** (?); Farbe nicht mehr sicher feststellbar, möglicherweise durchscheinendes blaues Glas (o. Abb.).
3. 4 Fragmente eines **Dreilagenkammes**; Form nicht mehr zu ermitteln; Bronzeniet: 0,9 cm L.; Zähne von der Rückseite eingesägt.
4. 1 Stück **Urnenharz**.
5. **Holzkohle**.
6. 630 g **Leichenbrand**.

609 Grab 609 (Taf. 81)

(89,60/26,60)

1. **Schalenurne** Typ 9, Var. a: s-förmig profiliertes Gefäß mit tiefliegendem Umbruch; im Oberteil stark ergänzt; außen poliert; Korngröße fein und mittel; gleichmäßig geformt, Sparrenmuster flüchtig; H. 10,1 cm, Br. 14,7 cm, Rdm. 13,9 cm, Bdm. ca. 7 cm.
2. **Schalenurne**; Typ, Maße und Verzierung nicht mehr zu ermitteln; wenige Scherben erhalten; außen poliert; Korngröße mittel; sorgfältig überarbeitet.
3. 1 zerschmolzener Glasrest einer **Perle** (?); Farbe nicht mehr feststellbar (o. Abb.).
4. 3 Fragmente eines **Dreilagenkammes** mit dreieckigen Griffplatten; Eisennietrest.
5. 1 Stück **Urnenharz**.
6. **Holzkohle**.
7. 36 g **Leichenbrand**.

610 Grab 610 (Taf. 82)

(13,20/15,50)

Leichenbrand ab 2 cm unterhalb des Randes.

1. **Schalenurne** Typ 9, Var. a: s-förmig profiliertes Gefäß mit tiefliegendem Umbruch; ingesamt mit 3 Gruppen aus Eintiefungen in Höhe des Umbruchs verziert; fast vollständig erhalten; außen poliert; Korngröße fein; gleichmäßig gearbeitet; H. 13,1 cm, Br. 18,3 cm, Rdm, 17,1 cm, Bdm. 5,7 cm.
2. 2 **Scherben;** Datierung fragtlich (o. Abb.).
3. 2 Fragmente eines **Dreilagenkammes** mit gerundeten Griffplatten und Rädchenverzierung.
4. 1 Stück **Urnenharz.**
5. 655 g **Leichenbrand**.

611 Grab 611 (Taf. 82)

(10,10/18,90)

Leichenbrand ab 5 cm unterhalb des Randes; Urnenharz.

1. **Schalenurne** Typ 15, Var. a: Gefäß mit geradem, absatzlos in die Schulter übergehendem Hals und Facette; zylindrischer Umbruch in insgesamt 8 Flächen geteilt; z.T. ergänzt; außen poliert; Korngröße fein; kleine Unregelmäßigkeiten in Form und Verzierung, Überarbeitung wenig sorgfältig; H. 15,9 cm, Br. 25,4 cm, Rdm. 22,7 cm, Bdm. 10,5 cm.
2. 1 Fragment eines **Dreilagenkammes**; Form nicht mehr zu ermitteln (o. Abb.).
3. 710 g **Leichenbrand**.

612 Grab 612 (Taf. 82)

(14,25/16,50)

Leichenbrand ab 2 cm oberhalb des Bodens.

1. **Schalenurne** Typ 10, Var. a: s-förmig profiliertes Gefäß mit hochliegendem Umbruch; insgesamt mit 4 Dreiecken verziert; am Rand stark ergänzt; außen poliert; Korn-

größe mittel; Unregelmäßigkeiten in Form und Verzierung; H. 10,4 cm, Br. 14,9 cm, Rdm. 13,1 cm, Bdm. 5,7 cm.

2. **Holzkohle**.
3. 32 g **Leichenbrand**.

613 Grab 613 (Taf. 82)

(12,35/17,00)

,,Ca. 3 cm über der Urne und zwar etwa in deren Mitte lagen einige Leichenbrandteile vom Schädel".

1. **Schalenurne** Typ 9, Var. a: s-förmig profiliertes Gefäß mit tiefliegendem Umbruch; etwas ergänzt; Fehlbrand: Oberteil rot, Unterteil außen dunkelbraun und innen dunkelbraun und schwarz, im Bruch braun oder rotbraun; außen glänzend poliert; Korngröße sehr fein; Form und Überarbeitung sehr sorgfältig, Verzierung unsorgfältig; H. 10,2 cm, Br. 17,3 cm, Rdm. 16,6 cm, Bdm. 6 cm.
2. 1 **Scherbe**; außen poliert; Korngröße fein (o. Abb.).
3. 500 g **Leichenbrand**.

614 Grab 614 (Taf. 82)

(15,40/11,45)

Tiefe 0,55 m; ,,7 cm unter Rand Roststreifen"; der Leichenbrand zwischen den Urnen 614 und 615 gehört sicherlich zu der beschädigten Urne 614; Leichenbrand ab 6 cm unterhalb des Randes.

1. **Schalenurne** Typ 18, Var. a: Gefäß mit konischem Oberteil; z.T. zusammensetzbar; außen poliert; Korngröße mittel; gleichmäßig gearbeitet; H. 13,3 cm, Br. ca. 23 cm, Rdm. rek. 22 cm, Bdm. rek. 9 cm; rekonstruiert.
2. **Drehscheibengefäß;** Form und Maße nicht mehr zu ermitteln; wenige Scherben erhalten; hellgrau, im Bruch hell- bis dunkelgrau; außen rauh; Korngröße sehr fein.
3. **Holzkohle**.
4. Ca. 115 g **Leichenbrand**.

615 Grab 615 (Taf. 82)

(15,80/10,90)

,,Tiefe 0,50 m unter Rasendecke; 11 cm unter Rand Rostschicht"; Leichenbrand ab 2 cm unterhalb des Randes.

1. **Topf** Typ 1, Var. a: Topf mit ausbiegendem Rand und ungegliedertem Oberteil; im Oberteil stark ergänzt; außen geglättet; Korngröße mittel; wenig sorgfältig gearbeitet; H. 13,5 cm, Br. 20 cm, Rdm. 18,2 cm, Bdm. 11 cm.
2. 4 **Scherben; Drehscheibenkeramik**; hellbraun, im Bruch hell- bis dunkelgrau; außen rauh; Korngröße sehr fein (o. Abb.).
3. 6 Fragmente eines **Dreilagenkammes**; Form nicht mehr zu ermitteln; Eisennietfragment (o. Abb.).
4. **Holzkohle**.
5. 810 g **Leichenbrand**.

616 Grab 616 (Taf. 82)

(11,60/15,50)

Tiefe 0,30 m; in braungrauem Sand.

1. **Schüssel** Typ 1: ungegliederte Schüssel; am Rand ergänzt; außen poliert; Korngröße mittel; gleichmäßig geformt, unsorgfältig verziert; H. 14,3 cm, Br. = Rdm. 25,1 cm, Bdm. 12,4 cm.
2. 2 **Randscherben;** verwittert; Datierung fraglich (o. Abb.).
3. 8 Fragmente eines **Dreilagenkammes** mit dreieckigen Griffplatten; Eisennietfragmente; Zähne von beiden Seiten eingesägt.
4. 500 g **Leichenbrand**.

617 Grab 617 (Taf. 83)

(11,25/15,80)

1. **Kumpf** Typ 1: großer Kumpf; z.T. ergänzt; außen körnig und im Randbereich geglättet, innen poliert; Korngröße mittel; kleine Unregelmäßigkeiten in Form und Verzierung; H. 15,5 cm, Br. 22,1 cm, Rdm. ca. 20 cm, Bdm. 9,2 cm.
2. 5 **Scherben; Drehscheibenkeramik**; hellgraubraun, im Bruch hell- bis dunkelgrau; außen rauh; Korngröße sehr fein (o. Abb.).
3. 14 Fragmente eines **Dreilagenkammes;** Form nicht mehr zu ermitteln.
4. 585 g **Leichenbrand**.

618 Grab 618 (Taf. 83)

(13,95/13,60)

Tiefe 0,35 m; in braungrauem Sand; Leichenbrand ab 5 cm unterhalb des Randes.

1. **Schalenurne** Typ 4, Var. a: Gefäß mit geradem bis trichterförmigem Hals, abgesetzter gewölbter Schulter und kantigem Umbruch; insgesamt mit 4 Feldern verziert; z.T. beschädigt; außen poliert; Korngröße mittel; sorgfältig gearbeitet; H. 13,7 cm, Br. 24,7 cm, Rdm. rek. 22,1 cm, Bdm. 9,2 cm.
2. 1 Stück **Urnenharz**.
3. Ca. 475 g **Leichenbrand**.

619 Grab 619 (Taf. 83)

(14,70/14,30)

Tiefe 0,40 m; Leichenbrand ab 6 cm unterhalb des Randes.

1. **Schalenurne** Typ 12, Var. b: Gefäß mit absatzlos in die profilierte Schulter übergehendem Hals; ca. zwei Drittel ergänzt; außen poliert; Korngröße mittel; sorgfältig gearbeitet; H. 12,3 cm, Br. ca. 20,3 cm, Rdm. ca. 18,9 cm, Bdm. ca. 9,7 cm.
2. Ca. 240 g **Leichenbrand**.

620 Grab 620 (Taf. 83)

(11,85/11,05)

In moorigem Boden.

1. **Schalenurne** (?); Typ nicht mehr zu ermitteln; Boden und Teil der aufgehenden Wandung erhalten; außen poliert; Korngröße fein; sorgfältig gearbeitet; ohne Abnutzungsspuren; Bdm. 10,6 cm; rekonstruiert.
2. 1 **Umbruchscherbe** mit Rillenverzierung; außen poliert; Korngröße fein (o. Abb.).
3. 585 g **Leichenbrand.**

621 Grab 621

(13,00/8,90)

Tiefe 0,80 m.

1. **Gefäß**; Form und Maße nicht mehr zu ermitteln; wenige Scherben erhalten; außen rauh; Korngröße sehr fein (o. Abb.).
2. 3 g **Leichenbrand.**

622 Grab 622

(11,80/9,90)

Tiefe 0,70 m; 0,10 m höher als Urne 621 (hangaufwärts).

1. **Gefäß**; Form und Maße nicht mehr zu ermitteln; sehr wenige Scherben erhalten; außen rauh; Korngröße fein (o. Abb.).
2. 1 Stück **Urnenharz.**
3. 50 g **Leichenbrand.**

623 Grab 623 (Taf. 83)

(10,50/8,85)

1. **Schalenurne**; Typ nicht mehr zu ermitteln; wenige Scherben erhalten; außen poliert; Korngröße fein und mittel; Bdm. ca. 10 cm; rekonstruiert.
2. 2 **Scherben**; außen poliert; Korngröße fein.
3. 1 Stück **Urnenharz.**
4. **Holzkohle.**
5. Ca. 325 g **Leichenbrand.**

624 Grab 624 (Taf. 83)

(22,90/86,60)

1. **Schalenurne**; Typ nicht mehr zu ermitteln; wenige Scherben erhalten; außen poliert; Korngröße sehr fein; sorgfältig überarbeitet; Br. rek. 17,4 cm, Bdm. ca. 6 cm; rekonstruiert.
2. 4 **Scherben** einer **Schalenurne**; Typ und Maße nicht mehr zu ermitteln; außen poliert; Korngröße überwiegend fein.
3. 5 Fragmente eines **Dreilagenkammes**; Form nicht mehr zu ermitteln; korrodierter Eisenniet: 0,9 cm L. (o. Abb.).
4. Ca. 120 g **Leichenbrand.**

625 Grab 625 (Taf. 83)

(21,80/83,60)

1. **Schalenurne**; Typ 2, Var. a: Gefäß mit trichterförmigem Hals, abgesetzter gewölbter Schulter und rundem Umbruch; insgesamt mit 5 Strahlen verziert; Teile von Boden bis Hals sowie Einzelscherben erhalten; außen poliert, Strahlen abwechselnd poliert und rauh; Korngröße überwiegend fein; sorgfältig überarbeitet, Verzierung sehr unsorgfältig; ohne Abnutzungsspuren; Br. rek. 17,8 cm, Bdm, 5 cm; rekonstruiert.
2. 17 Fragmente eines **Dreilagenkammes**; Form nicht mehr zu ermitteln; Eisenniete: 0,9 cm L.; Zähne von beiden Seiten eingesägt.
3. Ca. 130 g **Leichenbrand.**

626 Grab 626 (Taf. 83)

(19,30/81,80)

1. **Schalenurne** Typ 5, Var. a: Gefäß mit konischem Hals und abgesetzter konischer Schulter; Unterteil mit der Hälfte der Schulter und Halsansatz erhalten; außen poliert; Korngröße fein; gleichmäßig gearbeitet; (ohne Abnutzungsspuren); Br. 22,1 cm, Bdm. 7,9 cm; rekonstruiert.
2. Ca. 135 g **Leichenbrand.**

627 Grab 627 (Taf. 84)

(18,00/79,10)

1. **Schalenurne** Typ 14: Gefäß mit von der Schulter durch eine Leiste abgesetztem Hals und Facette; ursprüngliche Anzahl der gruppenweise angeordneten Eintiefungen und Strahlen nicht mehr zu ermitteln; Scherben von Rand bis Unterteil erhalten; außen poliert, Strahlen abwechselnd poliert und körnig; Korngröße überwiegend fein; kleine Unregelmäßigkeiten in der Rillenverzierung; Br. ca. 24 cm; rekonstruiert.
2. 2 Fragmente eines **Dreilagenkammes**; Form nicht mehr zu ermitteln; Eisennietfragment (o. Abb.).
3. Ca. 275 g **Leichenbrand.**

628 Grab 628 (Taf. 84)

(17,70/76,80)

Tiefe 0,30 m im Feinsand; Leichenbrand ab 5 cm unterhalb des Randes.

1. **Schalenurne** Typ 8, Var. a: Gefäß mit einschwingendem, absatzlos in die Schulter übergehendem Hals und kantigem Umbruch; ursprüngliche Anzahl der Sparren nicht mehr zu ermitteln; Oberteil zur Hälfte und Teile des Bodens ergänzt; außen poliert; Korngröße mittel; Form und Überarbeitung wenig sorgfältig, Verzierung sehr unsorgfältig; H. 16,7 cm, Br. 28,5 cm, Rdm. 25 cm, Bdm. 12,4 cm.
2. 3 Stücke **Urnenharz.**
3. Ca. 1240 g **Leichenbrand.**

629 Grab 629 (Taf. 84)

(19,90/73,60)

1. **Schalenurne**; Typ nicht mehr zu ermitteln; wenige Scherben erhalten; außen poliert; Korngröße fein; sorgfältig gearbeitet; Br. mind. 23 cm; rekonstruiert.
2. 1 **Scherbe**; außen poliert; Korngröße sehr fein.
3. 2 Fragmente eines **Dreilagenkammes**; Form nicht mehr zu ermitteln.
4. 42 g **Leichenbrand**.

630 Grab 630 (Taf. 84)

(18,70/69,75)

1. **Schalenurne** Typ 14: Gefäß mit von der Schulter durch eine Leiste abgesetztem Hals und Facette; wenige Scherben erhalten; außen poliert; Korngröße sehr fein; Br. ca. 20 cm, Bdm. ca. 6 cm; rekonstruiert.
2. **Schalenurne**; Typ und Anzahl der Strahlen nicht mehr zu ermitteln; wenige Scherben erhalten; außen poliert, Strahlen abwechselnd poliert und körnig; Korngröße fein; außen sorgfältig überarbeitet; Br. 17 cm (?); rekonstruiert.
3. 1 **Scherbe**; außen poliert; Korngröße mittel; Bdm. ca. 8 cm.
4. 5 Fragmente eines **Dreilagenkammes** mit Rädchenverzierung; Form nicht mehr zu ermitteln; braune Verfärbungen deuten auf die Verwendung von Eisennieten.
5. Ca. 115 g **Leichenbrand**.

631 Grab 631 (Taf. 84)

(20,65/68,40)

1. **Schalenurne** Typ 13, Var. a: Gefäß mit abgesetztem Hals und Facette; Teile von Boden bis Schulter mit Halsansatz sowie Einzelscherben erhalten; außen poliert; Korngröße sehr fein; kleine Unregelmäßigkeiten in Form und Verzierung, Überarbeitung sorgfältig; H. rek. 12,6 cm, Br. 19,5 cm, Rdm. rek. 18,7 cm, Bdm. 8 cm; rekonstruiert.
2. 1 **Scherbe** einer **Schalenurne**; Typ und Maße nicht mehr zu ermitteln; außen poliert; Korngröße mittel.
3. 12 Fragmente eines **Dreilagenkammes**; Form nicht mehr zu ermitteln; Eisenniete: 0,9 cm L.; Zähne von beiden Seiten eingesägt.
4. Kleinste **Eisenteilchen**.
5. **Holzkohle**.
6. 550 g **Leichenbrand**.

632 Grab 632 (Taf. 84)

(24,70/70,50)

1. **Schalenurne** Typ 12, Var. b: Gefäß mit absatzlos in die profilierte Schulter übergehendem Hals; Unterteil mit Teilen des Umbruchs und eine Randscherbe erhalten; außen poliert; Korngröße fein; sorgfältig gearbeitet; ohne Abnutzungsspuren; Br. rek. 21,6 cm, Bdm. 9,6 cm; rekonstruiert.
2. **Schalenurne**; Typ nicht mehr zu ermitteln; wenige Scherben von Boden bis Schulter erhalten; außen poliert; Korngröße überwiegend mittel; Br. ca. 17 cm, Bdm. ca. 8 cm; rekonstruiert.
3. 1 **Scherbe** mit Rillenverzierung; außen körnig; Korngröße fein; Datierung fraglich (o. Abb.).
4. 2 Stücke **Urnenharz**.
5. Ca. 340 g **Leichenbrand**.

633 Grab 633 (Taf. 85)

(88,45/26,00)

1. **Napf** Typ 1, Var. a: ungegliederter Napf; insgesamt mit 3 Gruppen aus jeweils 3 Knubben verziert; bis auf kleine Beschädigungen vollständig erhalten; außen oberhalb der Verzierung geglättet und im Unterteil rauh; Korngröße mittel; innen sorgfältig überarbeitet; H. 7,1 cm, Br. 10,4 cm, Rdm. 9,9 cm, Bdm. 5,6 cm.
2. 3 g **Leichenbrand**.

634 Grab 634 (Taf. 85)

(87,80/23,80)

1. **Schalenurne** Typ 9: s-förmig profiliertes Gefäß mit tiefliegendem Umbruch; Variante nicht mehr zu ermitteln; Teile von Rand bis Unterteil erhalten; außen flüchtig poliert; Korngröße grob; Verzierung wenig sorgfältig; Br. ca. 19 cm, Rdm. rek. 17,3 cm; rekonstruiert.
2. 1 Stück **Urnenharz**.
3. Ca. 275 g **Leichenbrand**.

635 Grab 635 (Taf. 85)

(90,40/24,15)

Leichenbrand ab 6 cm unterhalb des Randes.

1. **Schalenurne** Typ 3: Gefäß mit konischem Hals, abgesetzter gewölbter Schulter und kantigem Umbruch; etwas ergänzt; außen im Oberteil poliert und im Unterteil körnig; Korngröße mittel; gleichmäßig geformt, Überarbeitung im Unterteil weniger sorgfältig; H. 15 cm, Br. 22,7 cm, Rdm. 19,4 cm, Bdm. 10,3 cm.
2. Ca. 425 g **Leichenbrand**.

636 Grab 636 (Taf. 85)

(91,75/25,80)

1. **Schalenurne** Typ 18, Var. a: Gefäß mit konischem Oberteil; im Oberteil ergänzt; außen poliert; Korngröße fein; Unregelmäßigkeiten in Form und Verzierung; H. 9,1 cm, Br. 15,2 cm, Rdm. 13,7 cm, Bdm. 6 cm.
2. 1 Stück **Urnenharz**.
3. **Holzkohle**.
4. 35 g **Leichenbrand**.

637 Grab 637 (Taf. 85)

(93,05/27,00)

Leichenbrand ab 6 cm unterhalb des Randes.

1. **Schalenurne** Typ 4, Var. a: Gefäß mit geradem Hals, abgesetzter gewölbter Schulter und kantigem Umbruch; insgesamt mit 4 Feldern verziert; fast vollständig erhalten; außen poliert; Korngröße mittel; bis auf kleine Unregelmäßigkeiten sehr sorgfältig gearbeitet; H. 14,4 cm, Br. 25,3 cm, Rdm. 23,4 cm, Bdm. 9,1 cm.
2. 5 Fragmente eines **Dreilagenkammes** mit dreieckigen Griffplatten und Rädchenverzierung.
3. 1 Stück **Urnenharz**.
4. **Holzkohle**.
5. 540 g **Leichenbrand**.

638 Grab 638 (Taf. 85)

(97,90/27,10)

1. **Schalenurne** Typ 5, Var. b: Gefäß mit konischem Hals und abgesetzter konischer Schulter; ursprüngliche Anzahl der Sparren nicht mehr zu ermitteln; Teile von Boden bis Schulter erhalten; außen flüchtig poliert; Korngröße mittel; Überarbeitung wenig sorgfältig; Br. rek. 19,4 cm, Bdm. 9,3 cm; rekonstruiert.
2. 1 Fragment eines **Dreilagenkammes**; Form nicht mehr zu ermitteln; braune Verfärbungen deuten auf die Verwendung von Eisennieten (o. Abb.).
3. Ca. 440 g **Leichenbrand**.

639 Grab 639 (Taf. 85)

(95,70/26,40)

Leichenbrand ab 6 cm unterhalb des Randes.

1. **Kumpf** Typ 2, Var. b: mittelgroßer Kumpf; fast vollständig erhalten; außen rauh und am Rand geglättet, innen poliert; Korngröße mittel; kleine Unregelmäßigkeiten in der Form, innen sorgfältig überarbeitet; (ohne Abnutzungsspuren); H. 12,3 cm, Br. 15,6 cm, Rdm. 13,7 cm, Bdm. 8,8 cm.
2. **Drehscheibengefäß;** Form und Maße nicht mehr zu ermitteln; sehr wenige Scherben erhalten; hellbraun, im Bruch hell- bis dunkelgrau; außen rauh; Korngröße sehr fein (o. Abb.).
3. 5 Fragmente eines **Dreilagenkammes** mit Kreisaugenverzierung; Form nicht mehr zu ermitteln; korrodierter Eisenniet: 1,3 cm L.
4. 2 Stücke **Urnenharz**.
5. Ca. 125 g **Leichenbrand**.

640 Grab 640 (Taf. 85)

(94,10/25,45)

1. **Schüssel** Typ 2: Schüssel mit schwach geschweiftem Profil; insgesamt mit 3 Knubben verziert; im Oberteil stark ergänzt; außen Wandung poliert und Boden rauh; Korngröße fein; Unregelmäßigkeiten in der Form, Überarbeitung wenig sorgfältig; H. 10 cm, Br. 15,6 cm, Rdm. 15,4 cm, Bdm. 5,9 cm.
2. 2 Stücke **Urnenharz**.
3. Ca. 110 g **Leichenbrand**.

641 Grab 641 (Taf. 86)

(105,60/44,25)

1. **Schalenurne** Typ 6, Var. b: Gefäß mit geradem Hals und abgesetzter konischer Schulter; ca. die Hälfte des Unterteils mit einem Teil der Schulter zusammensetzbar und einzelne Scherben erhalten; außen poliert; Korngröße mittel; sorgfältig gearbeitet; (ohne Abnutzungsspuren); H. rek. 12,5 cm, Br. rek. 21,6 cm, Rdm. rek. 20,2 cm, Bdm. ca. 8 cm; rekonstruiert.
2. **Drehscheibengefäß;** Form und Maße nicht mehr zu ermitteln; sehr wenige Scherben erhalten; hell- und graubraun, im Bruch hell- bis dunkelgrau; außen rauh; Korngröße sehr fein (o. Abb.).
3. 12 Fragmente eines **Dreilagenkammes**; Form nicht mehr zu ermitteln (o. Abb.).
4. 1 Stück **Urnenharz**.
5. Ca. 1085 g **Leichenbrand**.

642 Grab 642 (Taf. 86)

(105,60/44,00)

1. **Napf** Typ 2, Var. a: gegliederter Napf; nicht vollständig erhalten; außen rauh und am Rand geglättet; Korngröße mittel; Überarbeitung sorgfältig; H. 8,2 cm, Br. 12,4 cm, Rdm. 10 cm, Bdm. 7,8 cm.
2. 5 g **Leichenbrand**.

642a Grab 642a

(105,60/44,00)

,,Über der Urne 642 soll der Rest eines kleinen Gefäßes gelegen haben.''

1. **Gefäß**; Form und Maße nicht mehr zu ermitteln; sehr wenige Scherben erhalten; außen poliert; Korngröße mittel (o. Abb.).

Anm.: Eine Interpretation ist nicht mehr möglich, da Niquet den Befund selbst offensichtlich nicht gesehen hat. Es kann sich um ein Beigefäß, aber auch um eine stark gestörte Bestattung handeln.

643 Grab 643 (Taf. 86)

(105,90/43,25)

1. **Schalenurne** Typ 4, Var. a: Gefäß mit geradem Hals, abgesetzter gewölbter Schulter und kantigem Umbruch; insgesamt mit 6 Gruppen aus jeweils 3 Rillenabschnitten verziert; im Oberteil ergänzt; außen poliert; Korngröße fein; bis auf kleine Unregelmäßigkeiten sorgfältig gearbeitet; H. 12,7 cm, Br. 21 cm, Rdm. 19 cm, Bdm. 8,1 cm.
2. 4 — 5 Fragmente eines **Dreilagenkammes**; Form nicht mehr zu ermitteln; korrodierter Eisenniet: 1 cm L. (o. Abb.).
3. 3 Stücke **Urnenharz**.
4. Ca. 340 g **Leichenbrand**.

644 Grab 644 (Taf. 86)

(104,60/43,60)

1. **Schalenurne**; Typ und Verzierung nicht mehr zu ermitteln; wenige Scherben erhalten; außen geglättet; Korngröße mittel; Bdm. ca. 6 cm; rekonstruiert.
2. 15 Splitter vermutlich einer **Perle** aus durchscheinendem hellgrünen Glas.

645 Grab 645 (Taf. 86)

(104,70/43,25)

1. **Schalenurne** Typ 2, Var. a: Gefäß mit geradem Hals, abgesetzter gewölbter Schulter und rundem Umbruch; Unterteil mit Teilen der Schulter sowie Einzelscherben erhalten; außen poliert; Korngröße fein; sorgfältig gearbeitet; ohne Abnutzungsspuren; H. rek. 10,7 cm, Br. 18,5 cm, Rdm. rek. 16,9 cm, Bdm. 5,9 cm; rekonstruiert.
2. Fragment einer zweigliedrigen **Armbrustfibel** mit bandförmigem Bügel; Bronze.
3. 7 Fragmente eines **Dreilagenkammes**; Form nicht mehr zu ermitteln (o. Abb.).
4. 2 Stücke **Urnenharz**.
5. 90 g **Leichenbrand**.

646 Grab 646 (Taf. 86)

(106,80/41,95)

0,25 m tiefer als Urne 643.

1. **Schalenurne** Typ 1, Var. a: Gefäß mit konischem Hals, abgesetzter gewölbter Schulter und rundem Umbruch; insgesamt mit 7 Gruppen aus jeweils 3 Eintiefungen verziert; vollständig erhalten; außen poliert; Korngröße mittel bis grob; sorgfältig geformt, Verzierung wenig sorgfältig; H. 14,6 cm, Br. 18,8 cm, Rdm. 16,8 cm, Bdm. 7,9 cm.
2. Fragmentiert erhaltener **Dreilagenkamm** mit kreissegmentförmigen Griffplatten und Verzierung aus konzentrischen Kreisen und Kreisaugen; korrodierte Eisennietreste.
3. **Gürtelring**; Bronze; gegossen; ohne Abnutzungsspuren; Dm. 2,7 cm, St. 0,3 cm.
4. Ca. 460 g **Leichenbrand**.

647 Grab 647 (Taf. 86)

(105,30/42,10)

Leichenbrand ab 4 cm unterhalb des Randes.

1. **Schalenurne** Typ 2, Var. a: Gefäß mit geradem Hals, abgesetzter gewölbter Schulter und rundem Umbruch; vor allem im Oberteil stark ergänzt; außen poliert; Korngröße mittel; gleichmäßig geformt; (ohne Abnutzungsspuren); H. 12,4 cm, Br. 19,6 cm, Rdm. 18,8 cm, Bdm. 10 cm.
2. Zweigliedrige **Armbrustfibel** mit hohem Nadelhalter und dickem, scharf abgeschnittenen Fußende (Almgren Gruppe VII, Serie 2); sorgfältig, aber nicht gleichmäßig gearbeitet; L. 3,6 cm, L. der Spirale 2,7 cm.
3. 1 Stück **Urnenharz**.
4. Ca. 360 g **Leichenbrand**.

648 Grab 648 (Taf. 87)

(104,80/41,30)

1. **Schalenurne**; Typ nicht mehr zu ermitteln; Unterteil mit Teilen der Schulter erhalten; außen poliert; Korngröße fein; sorgfältig gearbeitet; Br. ca. 16,8 cm, Bdm. ca. 5,5 cm (Boden nicht deutlich abgesetzt).
2. **Schalenurne**; Typ, Maße und Verzierung nicht mehr zu ermitteln; sehr wenige Scherben erhalten; außen poliert; Korngröße fein.
3. 10 g **Leichenbrand**.

649 Grab 649 (Taf. 87)

(105,00/40,65)

1. **Schalenurne** Typ 15, Var. a: Gefäß mit geradem, absatzlos in die Schulter übergehendem Hals und Facette; vor allem im Oberteil stark ergänzt; außen poliert; Korngröße fein; sorgfältig gearbeitet; Br. 16,7 cm, Bdm. 5,1 cm.
2. 2 g **Leichenbrand**.

650 Grab 650 (Taf. 87)

(105,80/39,95)

1. **Schalenurne**; Typ nicht mehr zu ermitteln; ca. zwei Drittel des Unterteils mit Teilen der Schulter erhalten; außen geglättet; Korngröße mittel und etwas grob; Br. rek. 26,6 cm, Bdm. 10 cm; rekonstruiert.
2. 15 g **Leichenbrand**.

651 Grab 651

(106,80/39,50)

0,20 m tiefer als Urne 650.

1. **Gefäß**; Form und Maße nicht mehr zu ermitteln; sehr wenige Scherben erhalten; außen poliert; Korngröße überwiegend fein (o. Abb.).
2. 93 g **Leichenbrand**.

652 Grab 652 (Taf. 87)

(103,30/39,90)

1. **Schalenurne** Typ 10, Var. a: s-förmig profiliertes Gefäß mit hochliegendem Umbruch; insgesamt mit 7 Gruppen aus Rillenabschnitten verziert; ca. zwei Drittel erhalten; außen poliert; Korngröße mittel; kleine Unregelmäßigkeiten in Form und Verzierung; ohne Abnutzungsspuren; H. 4,8 cm, Br. 8,9 cm, Rdm. rek. 8 cm, Bdm. 5,8 cm; rekonstruiert.
2. 4 Fragmente eines **Dreilagenkammes**; Form nicht mehr zu ermitteln (o. Abb.).
3. 4 g **Leichenbrand**.

653 Grab 653 (Taf. 87)

(106,10/37,00)

1. **Kumpf** Typ 2, Var. a: mittelgroßer Kumpf; insgesamt mit 4 Gruppen aus Fingerkniffen verziert; etwas ergänzt; außen aufgerauht (vertikale Arbeitsrichtung), Randbereich und untere 2 cm geglättet, innen rauh; Korngröße fein; Unregelmäßigkeiten in der Form; H. 13,7 cm, Br. 16,2 cm, Rdm. 12 cm, Bdm. 9,6 cm.
2. 2 Stücke **Urnenharz**.
3. **Holzkohle**.
4. 15 g **Leichenbrand**.

654 Grab 654 (Taf. 87)

(102,50/39,20)

1. **Schalenurne** Typ 4, Var. a: Gefäß mit geradem bis schwach trichterförmigem Hals, abgesetzter gewölbter Schulter und kantigem Umbruch; im Oberteil stark ergänzt; außen poliert; Korngröße sehr fein; sorgfältig gearbeitet; H. 14,4 cm, Br. 22,8 cm, Rdm. ca. 21 cm, Bdm. 9,8 cm.
2. Ca. 180 g **Leichenbrand**.

655 Grab 655 (Taf. 87)

(105,45/38,35)

1. **Kumpf** Typ 3, Var. b: Kumpf mit breiter Standfläche; insgesamt mit 4 Gruppen aus jeweils 3 — 5 Fingerkniffen verziert; Rand und Boden weitgehend ergänzt; außen rauh, Boden und Randbereich geglättet, innen Wandung geglättet und Boden rauh; Korngröße grob; kleine Unregelmäßigkeiten in der Form; ohne Abnutzungsspuren; H. 6,5 cm, Br. 11,5 cm, Rdm. ca. 8,7 cm, Bdm. 7,5 cm.
2. 4 g **Leichenbrand**.

656 Grab 656 (Taf. 87)

(105,90/38,10)

1. **Kumpf** Typ 3, Var. a: Kumpf mit breiter Standfläche; am Rand stark ergänzt; außen aufgerauht, Randbereich grob geglättet, innen Wandung geglättet und Boden rauh; kleine Unregelmäßigkeiten in der Form, Überarbeitung innen sorgfältig; (ohne Abnutzungsspuren); H. 7,7 — 8,3 cm, Br. 12,7 cm, Rdm. ca. 11,2 cm, Bdm. 7,5 cm.
2. 4 g **Leichenbrand**.

657 Grab 657 (Taf. 87)

(103,80/34,55)

1. **Mischform** Typ 1: topfartige Schalenurne mit gegliedertem Oberteil; ca. die Hälfte des Unterteils mit Teilen der Schulter erhalten; außen poliert; Korngröße fein; gleichmäßig überarbeitet; ohne Abnutzungsspuren; Br. rek. 21,7 cm, Bdm ca. 14 cm; rekonstruiert.
2. **Drehscheibengefäß;** Form und Maße nicht mehr zu ermitteln; wenige Scherben erhalten; hellbraun, im Bruch hell- bis dunkelgrau; außen rauh; Korngröße sehr fein; WS 0,7 cm (o. Abb.).
3. 19 Fragmente eines **Dreilagenkammes** mit dreieckigen Griffplatten; Eisenniete: 0,95 cm L.
4. Ca. 300 g **Leichenbrand**.

658 Grab 658 (Taf. 88)

(106,65/33,30)

1. **Schalenurne** (?); Typ nicht mehr zu ermitteln; wenige Scherben erhalten; außen poliert; Korngröße fein; (ohne Abnutzungsspuren); Br. ca. 18 cm (?), Bdm. ca. 12 cm (?); rekonstruiert.
2. 14 g **Leichenbrand**.

659 Grab 659 (Taf. 88)

(103,40/32,70)

1. **Gefäß**; Form und Maße nicht mehr zu ermitteln; sehr wenige Scherben erhalten; außen poliert; Korngröße fein.
2. 38 g **Leichenbrand**.

660 Grab 660 (Taf. 88)

(105,50/40,20)

„Der Rand steht ca. 0,05 m tiefer als der Boden der Urne 550."

1. **Schalenurne** Typ 5, Var. a: Gefäß mit konischem Hals und abgesetzter konischer Schulter; fast vollständig erhalten; außen poliert; Korngröße fein; kleine Unregelmäßigkeiten in der Form, Rillenverzierung unsorgfältig; H. 6,7 cm, Br. 9,3 cm, Rdm. 7,3 cm, Bdm. 4,6 cm.

661 Grab 661 (Taf. 88)

(107,10/46,70)

1. **Gefäß**; Form nicht mehr zu ermitteln; wenige Scherben erhalten; außen poliert; Korngröße fein; (ohne Abnutzungsspuren); Bdm. 9 cm.
2. 27 g **Leichenbrand**.

662 Grab 662 (Taf. 88)

(108,50/41,95)

Leichenbrand ab 3 cm unterhalb des Randes.

1. **Topf** Typ 2: Topf mit ausbiegendem Rand und gegliedertem Oberteil; im Oberteil etwas ergänzt; außen poliert; Korngröße fein; kleine Unregelmäßigkeiten in der Form, Überarbeitung außen weniger sorgfältig als innen; H. 12,8 cm, Br. 18,5 cm, Rdm. 13,5 cm, Bdm. 9 cm.
2. 2 Stücke **Urnenharz**.
3. Ca. 120 g **Leichenbrand**.

663 Grab 663 (Taf. 88)

(108,30/41,05)

1. **Schalenurne**; Typ und Maße nicht mehr zu ermitteln; wenige Scherben erhalten; außen poliert; Korngröße fein.

2. 17 Fragmente eines **Dreilagenkammes**; Form nicht mehr zu ermitteln; braune Verfärbungen deuten auf die Verwendung von Eisennieten.
3. 1 Stück **Urnenharz**.
4. 700 g **Leichenbrand**.

664 Grab 664

(107,80/41,50)

1. **Gefäß**; Form und Maße nicht mehr zu ermitteln; sehr wenige Scherben erhalten; außen rauh; Korngröße mittel (o. Abb.).
2. 1 g **Leichenbrand**.

665 Grab 665 (Taf. 88)

(107,00/40,20)

1. **Schalenurne** Typ 11, Var. a: Gefäß mit abgesetzter profilierter Schulter; vor allem an Rand und Boden ergänzt; außen poliert; Korngröße überwiegend fein; Unregelmäßigkeiten in der Form, außen im Unterteil weniger sorgfältig überarbeitet; H. 14,8 cm, Br. 21 cm, Rdm. 19,9 cm, Bdm. ca. 7 cm.
2. 1 zerschmolzener Glasrest einer **Perle** (?) aus undurchsichtigem schwarzen Glas (o. Abb.).
3. 10 Fragmente eines **Dreilagenkammes**; Form nicht mehr zu ermitteln; Zähne von beiden Seiten eingesägt (o. Abb.).
4. **Holzkohle**.
5. 550 g **Leichenbrand**.

666 Grab 666 (Taf. 88)

(108,10/44,40)

Leichenbrand ab 5 cm unterhalb des Randes; Beigaben im Leichenbrand.

1. **Schalenurne** Typ 6, Var. b: Gefäß mit geradem Hals und abgesetzter konischer Schulter; insgesamt mit 4 Feldern verziert; fast vollständig erhalten; außen im Oberteil glänzend poliert und im Unterteil poliert; Korngröße fein; Form und Verzierung bis auf kleine Unregelmäßigkeiten sorgfältig; H. 12,7 cm, Br. 20,6 cm, Rdm. 19,1 cm, Bdm. 9 cm.
2. 8 Fragmente eines **Armringes** mit D-förmigem Querschnitt; Elfenbein; stark verbrannt.
3. 14 Stücke **Urnenharz**, z.T. zerbrochen.
4. Ca. 325 g **Leichenbrand**.

667 Grab 667 (Taf. 88)

(108,25/49,25)

Leichenbrand ab 4 cm unterhalb des Randes.

1. **Schalenurne** Typ 12, Var. a: Gefäß mit absatzlos in die profilierte Schulter übergehendem Hals; z.T. ergänzt; außen poliert; Korngröße überwiegend fein; Unregelmäßigkeiten in der Form, Überarbeitung und Verzierung gleichmäßig; H. 11,9 — 13,4 cm, Br. 19,8 cm, Rdm. 16,8 cm, Bdm. 7,2 cm.
2. 8 Fragmente eines **Dreilagenkammes**; Form nicht mehr zu ermitteln.
3. **Spielsteinfragment**; Bein; sorgfältig geglättet; Dm. 1,8 cm, D. mind. 0,35 cm.
4. **Spielsteinfragment**; Bein; sorgfältig geglättet; Dm. 1,8 cm, D. 0,2 cm.
5. **Spielsteinfragment**; Bein; sorgfältig geglättet; Dm. 1,85 cm, D. 0,5 cm.
6. 1 Stück **Urnenharz**.
7. 660 g **Leichenbrand**.

668 Grab 668 (Taf. 88)

(106,20/47,20)

1. **Schalenurne** Typ 8, Var. a: Gefäß mit einschwingendem, absatzlos in die Schulter übergehendem Hals und kantigem Umbruch; Unterteil mit der Hälfte des Oberteils ohne Rand erhalten; außen poliert; Korngröße fein; gleichmäßig gearbeitet; Br. 11 cm, Bdm. ca. 4 — 4,6 cm (Boden nicht deutlich abgesetzt).
2. 3 g **Leichenbrand**.

669 Grab 669 (Taf. 89)

(108,00/45,50)

1. **Schalenurne** Typ 9, Var. a: s-förmig profiliertes Gefäß mit tiefliegendem Umbruch; Teile von Boden bis Hals erhalten; außen poliert; Korngröße sehr fein; Verzierung unsorgfältig; Br. rek. 19,3 cm, Bdm. ca. 9 cm; rekonstruiert.
2. 5 Fragmente eines **Dreilagenkammes**; Form nicht mehr zu ermitteln; Eisenniet: 1,1 cm L. (o. Abb.).
3. Ca. 300 g **Leichenbrand**.

670 Grab 670 (Taf. 89)

(107,45/42,70)

1. **Kumpf** Typ 1: großer Kumpf; ursprüngliche Anzahl der Knubben nicht mehr zu ermitteln (2 erhalten); ca. ein Drittel und Einzelscherben erhalten; außen aufgerauht (vertikale Arbeitsrichtung), am Rand und oberhalb des Bodens geglättet, innen Wandung poliert und Boden rauh; Korngröße mittel; wenig sorgfältig gearbeitet; Br. ca. 23 cm; rekonstruiert.
2. 4 Fragmente eines **Dreilagenkammes**; Form nicht mehr zu ermitteln.
3. 1 Stück **Urnenharz**.
4. **Holzkohle**.
5. Ca. 635 g **Leichenbrand**.

670A Grab 670A (Taf. 89)

(107,45/42,60)

„Dicht neben Urne 670 stand ein kleines Gefäß mit feinem Leichenbrand."

1. **Schalenurne**; Typ nicht mehr zu ermitteln; sehr wenige Scherben erhalten; außen geglättet; Korngröße fein bis mittel; sorgfältig gearbeitet; Br. ca. 10 cm; rekonstruiert.

Anm.: Es handelt sich entweder um eine Beiurne, oder, da an beiden Gefäßen jeweils ein Teil fehlt, um nicht gleichzeitige Bestattungen.

671 Grab 671 (Taf. 89)

(108,55/41,70)

0,08 cm tiefer als 662; Leichenbrand ab 2 cm unterhalb des Randes; Urnenharz.

1. **Schalenurne** Typ 9: s-förmig profiliertes Gefäß mit tiefliegendem Umbruch; ursprünglich mit 3 bis 4 Gruppen aus Kannelurelementen verziert (1 Gruppe vollständig erhalten); Variante nicht mehr zu ermitteln; ca. Hälfte ohne Boden erhalten; außen poliert; Korngröße fein; sorgfältig überarbeitet und verziert; Br. 21,8 cm, Rdm. rek. 19,8 cm; rekonstruiert.
2. 3 Fragmente eines **Dreilagenkammes**; Typ nicht mehr zu ermitteln; braune Verfärbungen deuten auf die Verwendung von Eisennieten; Zähne von beiden Seiten eingesägt (o. Abb.).
3. **Holzkohle**.
4. 735 g **Leichenbrand**.

Anm.: Vermutlich ist die Holzkohle mit Urnenharz verwechselt worden.

672 Grab 672 (Taf. 89)

(109,00/40,10)

Tiefe 0,30 m.

1. **Schale** mit Fuß; an Rand und Boden ergänzt; außen poliert; Korngröße mittel; Unregelmäßigkeiten in der Form; H. 8,2 cm, Br. = Rdm. 14,7 cm, Bdm. 6 cm.
2. 1 Stück **Urnenharz** mit Feuerspuren.
3. 27 g **Leichenbrand**.

673 Grab 673 (Taf. 89)

(109,10/39,80)

0,03 m höher als Urne 672.

1. **Schalenurne** Typ 8, Var. a: Gefäß mit einschwingendem, absatzlos in die Schulter übergehendem Hals und kantigem Umbruch; ca. zwei Drittel des Unterteils mit Teilen der Schulter sowie Einzelscherben erhalten; außen poliert; Korngröße fein; Überarbeitung wenig sorgfältig; (ohne Abnutzungsspuren); Br. rek. 21 cm, Bdm. 9,6 cm; rekonstruiert.
2. Ca. 100 g **Leichenbrand**.

674 Grab 674 (Taf. 89)

(108,75/39,85)

0,16 m höher als Urne 673.

1. **Schalenurne** Typ 10, Var. a: s-förmig profiliertes Gefäß mit hochliegendem Umbruch; vor allem an Rand und Boden ergänzt; außen poliert; Korngröße mittel; Unregelmäßigkeiten in der Form; H. 13 cm, Br. 22,4 cm, Rdm. 20,3 cm, Bdm. ca. 7,5 cm.
2. 1 **Scherbe**; **Drehscheibenkeramik** (?), Innen- und Außenseite nicht erhalten; im Bruch hell- bis dunkelgrau; Korngröße sehr fein (o. Abb.).
3. 1 **Boden-Wandungsscherbe**; durch Hitzeeinwirkung deformiert; Korngröße grob; Datierung fraglich (o. Abb.).
4. 2 Fragmente eines **Armringes** mit vermutlich D-förmigem Querschnitt; Elfenbein; stark verbrannt.
5. 10 Fragmente eines **Dreilagenkammes**; Form nicht mehr zu ermitteln; braune Verfärbungen deuten auf die Verwendung von Eisennieten.
6. Ca. 150 g **Leichenbrand**.

675 Grab 675 (Taf. 89)

(107,90/40,10)

,,Etwas tiefer als Urne 674''; Leichenbrand ab 1 cm unterhalb des Randes.

1. **Kumpf** Typ 3, Var. a: Kumpf mit breiter Standfläche; insgesamt mit 6 Bögen verziert; fast vollständig erhalten; außen poliert, innen geglättet; Korngröße sehr fein; Unregelmäßigkeiten in der Form; Verzierung unsorgfältig; Überarbeitung innen sorgfältig; H. 7 — 8 cm, Br. 12,9 cm, Rdm. 10 cm, Bdm. 7,4 cm.
2. 1 zerschmolzene **Perle** aus undurchsichtigem dunkelgrünen Glas, vermutlich mit 3 aufgetropften Augen aus gelbem Glas: an drei Stellen ist die Oberfläche abgeplatzt, an den Rändern befinden sich gelbe Glasreste.
3. Kleinste **Eisenteilchen**.
4. 2 Stücke **Urnenharz**.
5. 65 g **Leichenbrand**.

676 Grab 676 (Taf. 89)

(107,20/40,20)

1. **Schalenurne**; Typ nicht mehr zu ermitteln; wenige Scherben erhalten; außen poliert; Korngröße mittel; ohne Abnutzungsspuren; gleichmäßig überarbeitet; Bdm. 6 cm; rekonstruiert.
2. 85 g **Leichenbrand**.

677 Grab 677

(108,10/39,50)

,,Rest einer kleinen Urne.''

1. **Drehscheibengefäß**; Form und Maße nicht mehr zu ermitteln; sehr wenige Scherben erhalten; braun oder hellgraubraun, im Bruch hellbraun; außen rauh; Korngröße sehr fein (o. Abb.).
2. 1 g **Leichenbrand**.

678 Grab 678 (Taf. 90)

(108,10/39,00)

Leichenbrand ab 6 cm unterhalb des Randes.

1. **Schalenurne** Typ 10, Var. a: s-förmig profiliertes Gefäß mit hochliegendem Umbruch; insgesamt mit 5 Gruppen aus jeweils 3 Rillenabschnitten verziert; im Oberteil ergänzt; außen poliert; Korngröße mittel; Unregelmäßig-

keiten in der Form, Verzierung wenig sorgfältig; H. 11,3 cm, Br. 19,1 cm, Rdm. 17,5 cm, Bdm. 6,6 cm.

2. 4 Fragmente eines zweireihigen (?) **Dreilagenkammes**; Zähne sehr eng gestellt; Eisenniet: 1,05 cm L.

3. 4 Stücke **Urnenharz**.

5. Ca. 300 g **Leichenbrand**.

679 Grab 679 (Taf. 90)

(107,60/39,05)

1. **Gefäß**; Form und Maße nicht mehr zu ermitteln; sehr wenige Scherben erhalten; außen poliert; Korngröße mittel und etwas grob (o. Abb.).

2. 12 Fragmente eines **Dreilagenkammes**; Form nicht mehr zu ermitteln; braune Verfärbungen deuten auf die Verwendung von Eisennieten.

3. Ca. 190 g **Leichenbrand**.

680 Grab 680 (Taf. 90)

(107,20/37,60)

1. **Kumpf**; Typ nicht mehr zu ermitteln; ein Teil von Boden und aufgehender Wandung erhalten; außen rauh, die unteren 2 — 3 cm geglättet, innen geglättet; Korngröße fein; wenig sorgfältig gearbeitet, innen sorgfältiger als außen überarbeitet; Bdm. 8,8 cm; rekonstruiert.

2. 3 g **Leichenbrand**.

681 Grab 681 (Taf. 90)

(108,80/37,15)

1. **Schalenurne** Typ 10, Var. a: s-förmig profiliertes Gefäß mit hochliegendem Umbruch; ursprünglich mit 4 bis 5 Bögen verziert; im Oberteil stark ergänzt; außen poliert; Korngröße mittel; kleine Unregelmäßigkeiten in der Form, wenig sorgfältig überarbeitet; H. 12,4 cm, Br. 21,1 cm, Rdm. ca. 20 cm, Bdm. 7,5 cm.

2. 7 Fragmente eines **Dreilagenkammes**; Form nicht mehr zu ermitteln; korrodierter Eisennietrest.

3. 2 Stücke **Urnenharz**.

4. Ca. 225 g **Leichenbrand**.

682 Grab 682 (Taf. 90)

(107,90/36,45)

1. **Schalenurne**; Typ und Verzierung nicht mehr zu ermitteln; wenige Scherben erhalten; außen poliert; Korngröße fein und mittel; sorgfältig verziert; Bdm. ca. 9 cm; rekonstruiert.

2. 85 g **Leichenbrand**.

683 Grab 683 (Taf. 90)

(109,35/35,80)

1. **Gefäß**; Form und Maße nicht mehr zu ermitteln; sehr wenige Scherben erhalten; außen geglättet; Korngröße mittel (o. Abb.).

2. 1 **Scherbe**; **Drehscheibenkeramik**; hellbraun, im Bruch hell- bis dunkelgrau; außen rauh; Korngröße sehr fein.

3. 25 Fragmente eines **Dreilagenkammes** mit Verzierung aus konzentrischen Kreisen und Kreisaugen; Form nicht mehr zu ermitteln.

4. Ca. 165 g **Leichenbrand**.

684 Grab 684 (Taf. 90)

(108,90/35,20)

1. **Gefäß**; Form nicht mehr zu ermitteln; sehr wenige Scherben erhalten; außen poliert; Korngröße mittel; ohne Abnutzungsspuren; Bdm. 8,1 cm.

685 Grab 685 (Taf. 90)

(108,90/35,00)

1. **Topf** Typ 1, Var. b: Topf mit ausbiegendem Rand und ungegliedertem Oberteil; Boden mit Teilen der aufgehenden Wandung und Einzelscherben erhalten; außen geglättet; Korngröße überwiegend fein; innen sorgfältiger überarbeitet als außen; ohne Abnutzungsspuren; Br. rek. 17,6 cm, Bdm. 10,7 cm; rekonstruiert.

2. 1 Stück **Urnenharz**.

3. Ca. 160 g **Leichenbrand**.

686 Grab 686 (Taf. 90)

(109,20/30,75)

1. **Schalenurne** Typ 11/12, Var. a: Gefäß mit gegliederter Schulter; Stellung des Halses nicht mehr zu ermitteln; Teile von Boden bis Schulter erhalten; außen im Oberteil glänzend poliert und im Unterteil poliert; Korngröße sehr fein; Oberteil sorgfältiger überarbeitet als Unterteil; Br. 18,8 cm, Bdm. 8,3 cm; rekonstruiert.

2. 1 **Scherbe**; **Drehscheibenkeramik**; hell- bis mittelbraun, im Bruch mittel- bis dunkelgrau; außen rauh; Korngröße sehr fein (o. Abb.).

3. 10 Fragmente eines **Dreilagenkammes** mit dreieckigen Griffplatten und Kreisaugenverzierung; Eisenniet: 0,75 cm L.

4. Ca. 190 g **Leichenbrand**.

687 Grab 687 (Taf. 90)

(108,70/28,65)

1. **Schalenurne**; Typ nicht mehr zu ermitteln; wenige Scherben erhalten; außen poliert; Korngröße fein; sorgfältig gearbeitet; Br. ca. 21 cm; rekonstruiert.

2. 32 g **Leichenbrand**.

688 Grab 688

(109,15/37,25)

0,20 m tiefer als Urne 681.

1. **Gefäß**; Form und Maße nicht mehr zu ermitteln; sehr wenige Scherben erhalten; außen rauh; Korngröße mittel (o. Abb.).

2. Ca. 5 g **Leichenbrand**.

689 Grab 689

(110,80/38,20)

1. **Gefäß**; Form und Maße nicht mehr zu ermitteln; sehr wenige Scherben erhalten; außen poliert; Korngröße fein (o. Abb.).
2. 1 Stück **Urnenharz**.
3. Ca. 320 g **Leichenbrand**.

690 Grab 690

(110,20/38,70)

1. **Gefäß**; Form und Maße nicht mehr zu ermitteln; wenige Scherben erhalten; außen poliert; Korngröße sehr fein (o. Abb.).
2. Ca. 180 g **Leichenbrand**.

691 Grab 691

(109,50/40,30)

1. **Gefäß**; Form und Maße nicht mehr zu ermitteln; sehr wenige Scherben erhalten; außen rauh; Korngröße mittel (o. Abb.).
2. 19 g **Leichenbrand**.

692 Grab 692 (Taf. 90)

(111,60/41,20)

1. **Napf** Typ 2, Var. b: gegliederter Napf; Unterteil mit Teilen der Schulter und Halsansatz erhalten; außen poliert; Korngröße sehr fein; kleine Unregelmäßigkeiten in der Form; Br. 13,8 cm, Bdm. 9,9 cm.
2. 2 Stücke **Urnenharz**.
3. 55 g **Leichenbrand**.

693 Grab 693 (Taf. 91)

(109,40/41,35)

1. **Schalenurne** Typ 19, Var. b: Gefäß mit profiliertem Oberteil; **Drehscheibenkeramik**; im Oberteil ergänzt; graubraun, im Bruch hellbraun mit hellgrauem Kern; außen überarbeitet (?); Korngröße sehr fein, einige grobe Partikel; kleine Unregelmäßigkeiten in der Form, innen wenig sorgfältig gearbeitet; (ohne Abnutzungsspuren); H. 8,4 cm, Br. 16 cm, Rdm. 15,5 cm, Bdm. 6,1 cm.
2. 8 Fragmente eines **Dreilagenkammes** mit Kreisaugenverzierung; Form nicht mehr zu ermitteln.
3. Ca. 135 g **Leichenbrand**.

694 Grab 694

(111,70/43,25)

Tiefe 0,35 m.

1. **Gefäß**; Form und Maße nicht mehr zu ermitteln; sehr wenige Scherben erhalten; außen rauh; Korngröße überwiegend mittel (o. Abb.).

695 Grab 695

(111,00/44,80)

Tiefe 0,45 m.

1. **Gefäß**; Form und Maße nicht mehr zu ermitteln; sehr wenige Scherben erhalten; außen rauh; Korngröße grob (o. Abb.).
2. 1 **Scherbe**; **Drehscheibenkeramik**; hellbraun; außen rauh; Korngröße sehr fein (o. Abb.).
3. 22 g **Leichenbrand**.

696 Grab 696 (Taf. 91)

(32,90/136,90)

Tiefe 0,45 m.

1. 2 **Scherben** einer **Schalenurne** (?); ursprünglich poliert; Korngröße fein.
2. 1 g **Leichenbrand**.

697 Grab 697

(110,10/46,70)

Tiefe 0,50 m.

1. **Gefäß**; Form und Maße nicht mehr zu ermitteln; sehr wenige Scherben erhalten; außen ursprünglich überarbeitet; Korngröße mittel (o. Abb.).
2. 2 g **Leichenbrand**.

698 Grab 698 (Taf. 91)

(111,90/51,70)

Tiefe 0,45 m (Boden ca. 0,10 m abgeschoben).

1. **Napf** Typ 2, Var b: gegliederter Napf; im Oberteil stark ergänzt; außen poliert; Korngröße fein; kleine Unregelmäßigkeiten in Form und Verzierung; ohne Abnutzungsspuren; H. 6,5 cm, Br. 8,1 cm, Rdm. ca. 7 cm, Bdm. 4,3 cm.
2. 1 **Scherbe**; außen poliert; Korngröße sehr fein (o. Abb.).
3. 10 g **Leichenbrand**.

699 Grab 699 (Taf. 91)

(11,05/41,30)

Tiefe 0,45 m.

1. **Schalenurne**; Typ und Maße nicht mehr zu ermitteln; sehr wenige Scherben erhalten; außen ursprünglich poliert; Korngröße mittel (Abb. 26).
2. 4 zerschmolzene Glasreste von zwei oder mehr **Perlen** (?): undurchsichtiges schwarzes Glas (3 Stücke); undurchsichtiges rotes Glas (o. Abb.).
3. 1 Fragment eines **Dreilagenkammes** mit Kreisaugenverzierung; Form nicht mehr zu ermitteln.
4. Ca. 275 g **Leichenbrand**.

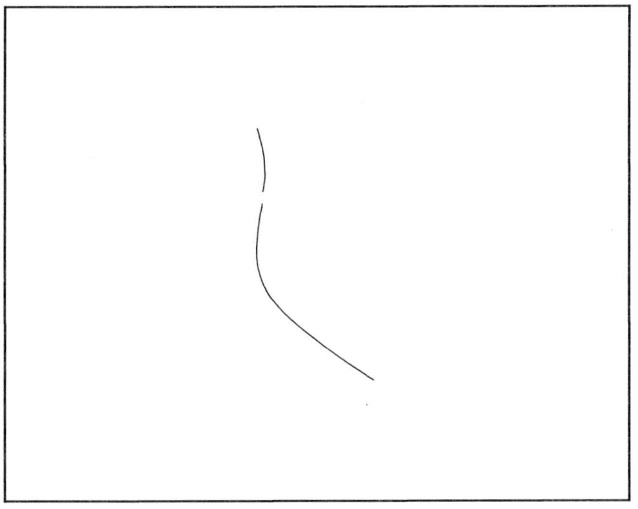

Abb. 26 Urne 699

700 Grab 700 (Taf. 91)

(24,70/118,50)

1. **Topf** Typ 1, Var. a: Topf mit ausbiegendem Rand und ungegliedertem Oberteil; vor allem am Rand ergänzt; außen poliert; Korngröße fein; kleine Unregelmäßigkeiten in der Form, Überarbeitung im Unterteil weniger sorgfältig als im Oberteil; H. 12,6 cm, Br. 21 cm, Rdm. 17,8 — 18,9 cm, Bdm. 8,9 cm.
2. 3 Fragmente eines zweireihigen **Dreilagenkammes** mit profilierten Enden und gewölbten Griffleisten sowie Linienverzierung; korrodierter Eisenniet; Querschnitt rekonstruiert.
3. **Holzkohle**.
4. 550 g **Leichenbrand**.

701 Grab 701 (Taf. 91)

(24,45/121,10)

Tiefe 0,70 m.

1. **Kumpf** Typ 3, Var. b: Kumpf mit breiter Standfläche; Boden und etwa die Hälfte der aufgehenden Wandung sowie Einzelscherben erhalten; außen und innen geglättet; Korngröße grob; außen weniger sorgfältig gearbeitet als innen; ohne Abnutzungsspuren; H. 9,7 cm, Br. 14,9 cm, Rdm. rek. 12 cm, Bdm. 8,8 cm; rekonstruiert.
2. 1 **Scherbe** (Splitter); **Drehscheibenkeramik**; innen graubraun, im Bruch hellbraun mit schwarzem Kern; Korngröße sehr fein (o. Abb.).
3. Ca. 275 g **Leichenbrand**.

702 Grab 702 (Taf. 91)

(24,20/121,75)

Tiefe ca. 0,85 m; Leichenbrand ab 1 cm unterhalb des Randes.

1. **Schalenurne** Typ 10, Var. a: s-förmig profiliertes Gefäß mit hochliegendem Umbruch; am Rand etwas ergänzt; außen poliert; Korngröße sehr fein; Überarbeitung gleichmäßig, kleine Unregelmäßigkeiten in Form und Verzierung; H. 11,9 cm, Br. 18,5 cm, Rdm. 17,6 cm, Bdm. 8,3 cm.
2. 1 stark verbrannter Glasrest einer **Perle** (?); Farbe nicht mehr feststellbar (o. Abb.).
3. 12 Fragmente eines **Dreilagenkammes** mit dreieckigen Griffplatten und Verzierung aus konzentrischen Kreisen, Kreisaugen und Linien; Eisenniet: 0,95 cm L.
4. 540 g **Leichenbrand**.

703 Grab 703 (Taf. 91)

(25,25/122,05)

Tiefe ca. 0,85 m; Leichenbrand ab 2 cm unterhalb des Randes; Urnenharz unter dem Leichenbrand auf dem Boden der Urne.

1. **Napf** Typ 3, Var. a: engmündiger Napf; oberer Teil nicht erhalten; außen flüchtig poliert; Korngröße sehr fein; kleine Unregelmäßigkeiten in der Form, Überarbeitung nicht gleichmäßig; Br. 11,2 cm, Bdm. 5,8 cm.
2. 1 Stück **Urnenharz**.
3. 32 g **Leichenbrand**.

704 Grab 704 (Taf. 91)

(26,30/121,10)

Leichenbrand ab 6 cm unterhalb des Randes; Urnenharz unter dem Leichenbrand auf dem Boden der Urne.

1. **Napf** Typ 2, Var. b: gegliederter Napf; am Rand ergänzt; außen poliert; Korngröße sehr fein bis fein; sorgfältig gearbeitet, innen sorgfältiger überarbeitet als außen; H. 10,7 cm, Br. 13,7 cm, Rdm. 12 cm, Bdm. 9,4 cm.
2. 10 Stücke **Urnenharz**.
3. 7 g **Leichenbrand**.

705 Grab 705 (Taf. 91)

(26,95/121,70)

1. **Kumpf** Typ 2: mittelgroßer Kumpf; Variante nicht mehr zu ermitteln; Teile von Rand und Wandung erhalten; außen und innen flüchtig geglättet; Korngröße mittel; Überarbeitung unsorgfältig; Br. rek. 18 cm, Rdm. ca. 16 — 17 cm; rekonstruiert.
2. 1 **Scherbe**; **Drehscheibenkeramik**; außen hellbraungrau, innen hellbraun, im Bruch mittelgrau; außen rauh; Korngröße sehr fein; WS 0,4 cm (o. Abb.).
3. 2 Fragmente eines **Geweihstreifens** mit Verzierung aus konzentrischen Kreisen und Kreisaugen; Auflage (?); sorgfältig geglättet; erh. L. 6,9 cm, Br. 1,4 — 1,6 cm.
4. Ca. 260 g **Leichenbrand**.

Anm.: Zu 3. vgl. „Objekte unbekannter Zweckbestimmung".

706 Grab 706 (Taf. 92)

(25,50/124,50)

Tiefe 0,75 m.

1. **Schalenurne** Typ 10, Var. a: s-förmig profiliertes Gefäß mit hochliegendem Umbruch; vor allem an Rand und Boden ergänzt; außen flüchtig poliert; Korngröße fein; Unregelmäßigkeiten in der Form, Verzierung unsorgfältig; H. 12,8 cm, Br. 18,3 cm, Rdm. 16,7 cm, Bdm. ca. 9,2 cm.
2. 3 Fragmente eines **Dreilagenkammes** mit dreieckigen Griffplatten und Linienverzierung.
3. 4 Fragmente einer **Geweihscheibe** mit einer Verzierung aus konzentrischen Kreisen; sorgfältig gearbeitet; ursprünglicher Durchmesser nicht mehr zu ermitteln; St. 1 cm.
4. 2 Stücke **Urnenharz**.
5. 565 g **Leichenbrand**.

707 Grab 707 (Taf. 92)

(25,75/125,00)

Tiefe 0,55 m.

1. **Schalenurne** Typ 15, Var. a: Gefäß mit geradem, absatzlos in die Schulter übergehendem Hals und Facette; Oberteil ca. zur Hälfte ergänzt; außen poliert; Korngröße fein; Unregelmäßigkeiten in der Form, Überarbeitung wenig sorgfältig; H. ca. 12,8 cm, Br. 18,1 cm, Rdm. ca. 17,4 cm, Bdm. 8,4 cm.
2. **Schalenurne**; Typ nicht mehr zu ermitteln; wenige Scherben erhalten; außen poliert; Korngröße sehr fein und fein; Bdm. 7,7 — 8 cm; rekonstruiert.
3. 1 **Scherbe** einer **Schalenurne** (?); Typ und Maße nicht mehr zu ermitteln; außen poliert; Korngröße mittel.
4. 2 Fragmente eines **Dreilagenkammes**; Form nicht mehr zu ermitteln; braune Verfärbungen deuten auf die Verwendung von Eisennieten (o. Abb.).
5. 550 g **Leichenbrand**.

708 Grab 708 (Taf. 92)

(26,50/124,30)

Tiefe ca. 0,70 m; Leichenbrand ab 5 cm unterhalb des Randes.

1. **Kumpf** Typ 2, Var. b: mittelgroßer Kumpf; insgesamt mit 3 Gruppen aus Fingerkniffen verziert; bis auf kleine Beschädigungen vollständig erhalten; außen aufgerauht und Randbereich poliert, innen poliert; Korngröße mittel; sorgfältig gearbeitet; H. 13,5 cm, Br. 16,1 cm, Rdm. 12 cm, Bdm. 9,1 cm.
2. 12 Fragmente eines **Dreilagenkammes** mit dreieckigen Griffplatten sowie einer Verzierung aus Kreisaugen und Linien; Eisenniete: 1,05 cm L.; Zahnplatten an der Seitenkante vernietet.
3. **Bronzeblech**; Krampe (?); beschädigt.
4. 2 Stücke **Urnenharz**.
5. **Holzkohle**.
6. Ca. 220 g **Leichenbrand**.

709 Grab 709 (Taf. 92)

(26,80/123,90)

Tiefe 0,70 m.

1. **Kumpf** Typ 3, Var. a: Kumpf mit breiter Standfläche; an Rand und Boden ergänzt; außen poliert, innen geglättet; Korngröße fein; sorgfältig gearbeitet; H. 9,9 cm, Br. ca. 13,7 cm, Rdm. 11,3 cm, Bdm. 8,8 cm.
2. 2 Stücke **Urnenharz**.
3. 10 g **Leichenbrand**.

710 Grab 710 (Taf. 92)

(30,50/123,70)

1. **Gefäß**; Form nicht mehr zu ermitteln; ein Teil von Boden und aufgehender Wandung erhalten; außen flüchtig poliert; Korngröße sehr fein; nicht gleichmäßig überarbeitet; Bdm. ca. 12 cm; rekonstruiert.
2. 9 Fragmente eines **Dreilagenkammes** mit erweiterten Griffplatten (?) und einer Verzierung aus konzentrischen Kreisen, Kreisaugen und Linien; braune Verfärbungen deuten auf die Verwendung von Eisennieten; Unterkante beim Einsägen der Zähne eingekerbt.
3. **Holzkohle**.
4. 34 g **Leichenbrand**.

711 Grab 711 (Taf. 92)

(30,70/125,70)

1. **Gefäß**; Form nicht mehr zu ermitteln; wenige Scherben des Unterteils erhalten; außen flüchtig poliert; Korngröße überwiegend fein; Bdm. ca. 8 cm; rekonstruiert.
2. 1 Stück **Urnenharz** mit Gewebeabdruck.
3. 23 g **Leichenbrand**.

712 Grab 712 (Taf. 92)

(27,30/119,50)

Leichenbrand ab 4 cm unterhalb des Randes.

1. **Schalenurne**; Typ nicht mehr zu ermitteln; Teile des Bodens mit aufgehender Wandung und Schulteransatz erhalten; außen poliert; Korngröße fein; Überarbeitung wenig sorgfältig; Br. rek. 19,8 cm, Bdm. 7,9 cm; rekonstruiert.
2. 2 **Scherben**; **Drehscheibenkeramik**; hellbraun, im Bruch mittel- bis dunkelgrau; außen rauh; Korngröße sehr fein.
3. 1 zerschmolzener Glasrest einer **Perle** aus durchscheinendem kobaltblauen Glas (o. Abb.).
4. 1 Stück **Urnenharz**.
5. Ca. 180 g **Leichenbrand**.

713 Grab 713 (Taf. 93)

(35,05/138,50)

1. **Schalenurne** Typ 15, Var. a: Gefäß mit geradem, absatzlos in die Schulter übergehendem Hals und Facette; wenige Scherben erhalten; außen poliert; Korngröße mittel; (ohne Abnutzungsspuren); Br. ca. 23 cm, Bdm. 5,2 cm; rekonstruiert.

2. 1 Stück **Urnenharz**.
3. Ca. 300 g **Leichenbrand**.

714 Grab 714 (Taf. 92)

(36,00/140,60)

1. **Schalenurne** Typ 2: Gefäß mit trichterförmigem Hals, abgesetzter gewölbter Schulter und rundem Umbruch; Variante und ursprüngliche Anzahl der Strahlen nicht mehr zu ermitteln; wenige Scherben erhalten; außen glänzend poliert, Strahlen abwechselnd poliert und körnig; Korngröße fein und mittel; sorgfältig gearbeitet; Br. 16 — 17 cm; rekonstruiert.
2. 9 Fragmente eines **Dreilagenkammes**; Form nicht mehr zu ermitteln; stark verbrannt (o. Abb.).
3. Ca. 180 g **Leichenbrand**.

715 Grab 715 (Taf. 93)

(36,20/141,00)

1. **Schalenurne**; Typ nicht mehr zu ermitteln; wenige Scherben erhalten; außen poliert; Korngröße grob; außen sorgfältiger überarbeitet als innen; Br. ca. 18 cm, Bdm. 9 — 10 cm; rekonstruiert.
2. 1 **Scherbe**; außen poliert; Korngröße sehr fein (o. Abb.).
3. 1 Fragment eines **Dreilagenkammes**; Form nicht mehr zu ermitteln; Bronzenietfragment aus Bronzeblech.
4. 4 Stücke **Urnenharz**.
5. Ca. 175 g **Leichenbrand**.

716 Grab 716 (Taf. 93)

(35,10/142,10)

Leichenbrand ab 2 cm unterhalb des Randes.

1. **Topf** Typ 1, Var. a: Topf mit ausbiegendem Rand und ungegliedertem Oberteil; im Oberteil ergänzt; außen im Oberteil poliert und im Unterteil stellenweise körnig; Korngröße fein; kleine Unregelmäßigkeiten in der Form, Unterteil weniger sorgfältig gearbeitet als Oberteil; (ohne Abnutzungsspuren); H. 13,1 cm, Br. 19,5 cm, Rdm. 17,3 cm, Bdm. 8,5 cm.
2. 6 Fragmente eines **Dreilagenkammes** mit dreieckigen Griffplatten und Kreisaugenverzierung; braune Verfärbungen deuten auf die Verwendung von Eisennieten.
3. Kleinste **Eisenteilchen**.
4. 3 Stücke **Urnenharz**.
5. Ca. 315 g **Leichenbrand**.

717 Grab 717 (Taf. 93)

(35,60/131,50)

„Tiefe 0,85 m unter heutiger Oberfläche."

1. **Schale**; zwei Drittel ergänzt; außen körnig; Korngröße fein; H. 7,7 cm, Br. = Rdm. ca. 17,1 cm, Bdm. ca. 7,4 — 7,9 cm.
2. 60 g **Leichenbrand**.

718 Grab 718 (Taf. 93)

(31,20/132,85)

1. **Gefäß**; Form nicht mehr zu ermitteln; Boden mit einem Teil der aufgehenden Wandung sowie Einzelscherben erhalten; außen poliert; Korngröße fein und mittel; (ohne Abnutzungsspuren); Bdm. 7,7 cm; rekonstruiert.
2. 3 **Scherben**; **Drehscheibenkeramik**; braungrau, im Bruch mittel- bis dunkelgrau; außen rauh; Korngröße sehr fein (o. Abb.).
3. Ca. 125 g **Leichenbrand**.

719 Grab 719 (Taf. 93)

(30,55/130,40)

Leichenbrand ab 2 cm unterhalb des Randes.

1. **Kumpf** Typ 3, Var. a: Kumpf mit breiter Standfläche; am Rand ergänzt; poliert, innen Boden geglättet; Korngröße sehr fein; Unregelmäßigkeiten in der Form, Überarbeitung sorgfältig; H. 8 cm, Br. 15,8 cm, Rdm. 14,2 cm, Bdm. 9,5 — 10,2 cm.
2. Kleinste **Eisenteilchen**.
3. 3 Stücke **Urnenharz**.
4. Ca. 160 g **Leichenbrand**.

721 Grab 721 (Taf. 93; 112)

(37,10/133,40)

Tiefe 0,65 m (Rand).

1. **Schalenurne** Typ 15, Var. a: Gefäß mit geradem, absatzlos in die Schulter übergehendem Hals und Facette; vollständig erhalten; außen glänzend poliert; Unregelmäßigkeiten in Form und Verzierung, Überarbeitung sehr sorgfältig; H. 12,9 — 14 cm, Br. 21,9 cm, Rdm. 19 cm, Bdm. 9,5 cm.
2. 4 Fragmente eines **Dreilagenkammes**; Form nicht mehr zu ermitteln; braune Verfärbungen deuten auf die Verwendung von Eisennieten; Zähne von beiden Seiten eingesägt (o. Abb.).
3. 1 Stück **Urnenharz**.
4. **Holzkohle**.
5. 660 g **Leichenbrand**.

722 Grab 722 (Taf. 93)

(38,85/130,40)

Tiefe 0,35 m.

1. **Schalenurne** Typ 8, Var. a: Gefäß mit einschwingendem, absatzlos in die Schulter übergehendem Hals und kantigem Umbruch; im Oberteil ergänzt; außen im Oberteil glänzend poliert und im Unterteil poliert; Korngröße mittel; sorgfältig gearbeitet, Überarbeitung im Oberteil sorgfältiger als im Unterteil; H. 15,2 cm, Br. 22 cm, Rdm. ca. 18 cm, Bdm. 8,2 cm.
2. 6 Fragmente eines **Dreilagenkammes** mit dreieckigen Griffplatten; Eisennietfragmente; Zähne von beiden Seiten eingesägt.

3. 1 Stück **Urnenharz**.

4. **Holzkohle**.

5. 645 g **Leichenbrand**.

723 Grab 723 (Taf. 93)

(1,00/56,00)

1. **Schale** mit Fuß; im oberen Teil beschädigt; außen poliert; Korngröße mittel; Unregelmäßigkeiten in der Form; H. 10,5 cm, Br. 19,4 cm, Rdm. rek. 19,2 cm, Bdm. 9,3 cm.

2. 2 Fragmente eines **Dreilagenkammes** mit Verzierung aus konzentrischen Kreisen und Kreisaugen; Form nicht mehr zu ermitteln; Abnutzungsspuren.

3. 3 Stücke **Urnenharz**.

4. Ca. 440 g **Leichenbrand**.

724 Grab 724

(2,20/54,10)

Tiefe 0,40 m; in dunkelgraubraunem Feinsand; Eisenstreifen unter der Urne.

Funde nicht vorhanden.

725 Grab 725 (Taf. 94)

(39,20/135,35)

Tiefe 0,75 m; nur der Bodenteil; „soll mit dem Boden nach oben gelegen haben (sekundäre Lage?)".

1. **Schale;** vor allem am Rand ergänzt; außen poliert; Korngröße fein; innen sorgfältig, außen flüchtig überarbeitet, Unregelmäßigkeiten in der Verzierung; H. 7,9 cm, Br. ca. 13,9 cm, Rdm. ca. 13,4 cm, Bdm. 5 cm.

2. 2 **Scherben;** außen poliert; Korngröße fein.

3. 3 Stücke **Urnenharz** mit Feuerspuren.

4. **Holzkohle**.

5. 43 g **Leichenbrand**.

726 Grab 726 (Taf. 94)

(39,00/136,40)

Tiefe 0,80 m; „nur Leichenbrandhaufen".

1. **Gefäß;** Form und Maße nicht mehr zu ermitteln; sehr wenige Scherben erhalten; Korngröße mittel (o. Abb.).

2. 4 Fragmente eines **Dreilagenkammes** sowie eines Kammetuis mit Linien- und Kreisaugenverzierung; Eisenniet: 0,7 cm L.

3. Ca. 165 g **Leichenbrand**.

726A Grab 726A (Taf. 94)

(39,00/136,40)

Tiefe 0,90 m; mindestens 0,10 m tiefer als 726 in dunkelgraubrauner Erde.

1. **Kumpf** Typ 3, Var. a: Kumpf mit breiter Standfläche; fast vollständig erhalten; außen aufgerauht, innen geglättet; Korngröße grob; Unregelmäßigkeiten in der Form, Oberfläche uneben; H. 10,4 — 11,6 cm, Br. 15,6 cm, Rdm. 13,6 cm, Bdm. 12,6 cm.

2. 2 **Scherben; Drehscheibenkeramik;** hellbraun, im Bruch mittelgrau; außen rauh; Korngröße sehr fein.

3. 7 Fragmente eines zweireihigen **Dreilagenkammes** mit gewölbten Griffleisten und Linienverzierung; Eisenniet.

4. 3 Stücke **Urnenharz**.

5. Ca. 475 g **Leichenbrand**.

727 Grab 727 (Taf. 94)

(40,70/138,95)

Tiefe 0,65 m; Leichenbrand ab 4 cm unterhalb des Randes.

1. **Topf** Typ 1, Var. a: Topf mit ausbiegendem Rand und ungegliedertem Oberteil; an Rand und Boden ergänzt; außen im Oberteil geglättet und im Unterteil rauh; Korngröße mittel; wenig sorgfältig geformt, flüchtig überarbeitet; ohne Abnutzungsspuren; H. 12,1 cm, Br. 19,8 cm, Rdm. 17,8 cm, Bdm. 10,7 cm.

2. 1 stark verbrannter Glasrest einer (?) **Perle;** Farbe nicht mehr feststellbar (o. Abb.).

3. Ca. 440 g **Leichenbrand**.

728 Grab 728 (Taf. 94; 113)

(41,20/139,25)

Tiefe 0,75 m.

1. **Schalenurne** Typ 11, Var. b: Gefäß mit abgesetzter profilierter Schulter; **Drehscheibenkeramik;** vollständig erhalten; außen hellbraun, innen braungrau, im Bruch hellgrau; außen überarbeitet (?); Korngröße sehr fein und etwas grob; Unregelmäßigkeiten in der Form: ovale Mündung, unterschiedlich hoher Fuß; ohne Abnutzungsspuren; H. 7,1 — 7,8 cm, Br. 8,7 cm, Rdm. 8,9 — 9,5 cm, Bdm. 4,1 cm.

2. 13 Bruchstücke **Urnenharz**.

3. **Holzkohle**.

4. 4 g **Leichenbrand**.

729 Grab 729 (Taf. 94)

(115,80/53,90)

Tiefe nicht mehr feststellbar; am Hang.

1. **Pokal;** vor allem im Oberteil ergänzt; außen poliert; Korngröße sehr fein; kleine Unregelmäßigkeiten in der Form; H. 14,4 cm, Br. 17,9 cm, Rdm. ca. 14,7 cm, Bdm. 7,8 cm.

2. Ca. 150 g **Leichenbrand**.

730 Grab 730 (Taf. 94)

(116,80/54,60)

Am Hang; einige Scherben bis 0,20 m hangabwärts.

1. **Schalenurne** Typ 15, Var. a: Gefäß mit geradem, absatzlos in die Schulter übergehendem Hals und Facette; vor

allem im Oberteil stark ergänzt; außen geglättet; Korngröße fein; Verzierung wenig sorgfältig; (ohne Abnutzungsspuren); Br. 19,4 cm, Bdm. 8,5 cm.

2. 1 Fragment eines **Dreilagenkammes**; Form nicht mehr zu ermitteln; braune Verfärbungen deuten auf die Verwendung von Eisennieten.
3. **Holzkohle**.
4. Ca. 325 g **Leichenbrand**.

731 Grab 731 (Taf. 94)

(112,50/51,80)

1. **Schalenurne**; Typ nicht mehr zu ermitteln; wenige Scherben erhalten; außen im Oberteil glänzend poliert und im Unterteil poliert; Korngröße fein; sorgfältig gearbeitet; Br. 19 — 20 cm, Bdm. ca. 8 cm; rekonstruiert.
2. 12 Fragmente eines **Dreilagenkammes** mit dreieckigen, im Scheitel kantigen Griffplatten; Eisenniete: 0,75 cm L.; Zähne von beiden Seiten eingesägt.
3. 8 Bruchstücke **Urnenharz**.
4. Ca. 150 g **Leichenbrand**.

732 Grab 732 (Taf. 94)

(113,30/49,40)

An der Böschung.

1. **Schalenurne**; Typ nicht mehr zu ermitteln; Unterteil mit Teilen der Schulter sowie Einzelscherben erhalten; außen Wandung poliert und Boden rauh; Korngröße fein; Unterteil wenig sorgfältig geformt, Sparren und Eintiefungen sorgfältig angebracht, Rillenverzierung weniger sorgfältig; Br. 11,9 cm, Bdm. 7 cm; rekonstruiert.
2. 2 Stücke **Urnenharz**.
3. 1 g **Leichenbrand**.

733 Grab 733

(113,40/47,90)

Am Hang.

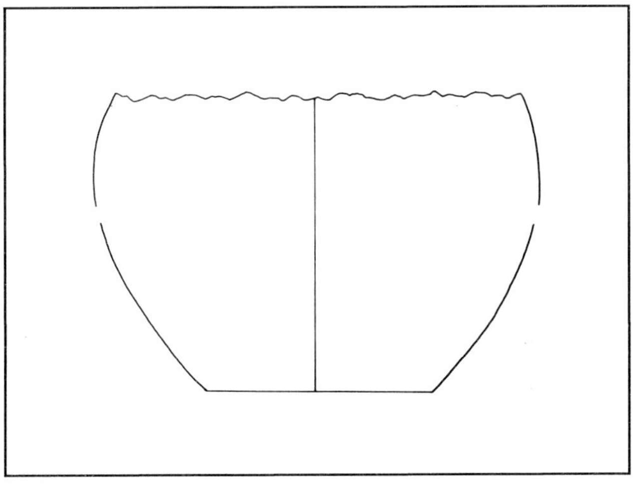

Abb. 27 Urne 733

1. **Kumpf** Typ 2 (?), Var. a: mittelgroßer Kumpf; Korngröße mittel; sehr wenige Scherben und Negativprofil im Boden erhalten; Br. ca. 17 — 18 cm, Bdm. ca. 9 cm; rekonstruiert (Abb. 27).
2. 1 Stück **Urnenharz**.
3. **Leichenbrand** (Menge nicht mehr zu ermitteln).

734 Grab 734

(112,00/43,60)

1. **Gefäß**; Form, Maße und Verzierung nicht mehr zu ermitteln; sehr wenige Scherben erhalten; Korngröße fein (o. Abb.).
2. 22 g **Leichenbrand**.

735 Grab 735

(112,00/44,00)

0,05 m tiefer als Urne 734.

1. **Schalenurne**; Typ nicht mehr zu ermitteln; sehr wenige Scherben und Negativprofil im Boden erhalten; Korngröße mittel; Br. ca. 22 — 23 cm, Bdm. ca. 7,5 cm; rekonstruiert (Abb. 28).
2. Ca. 380 g **Leichenbrand**.

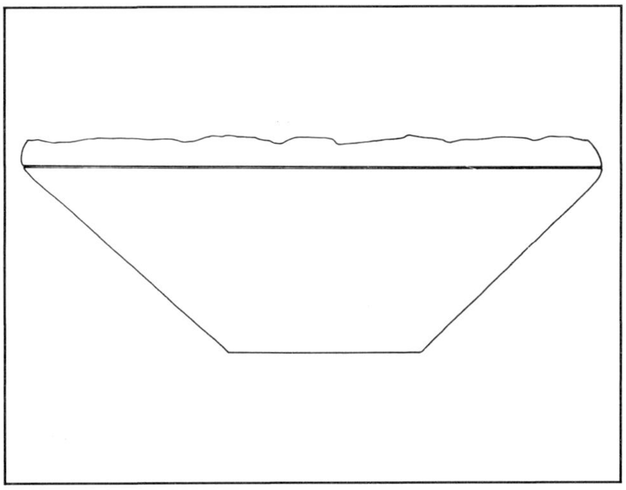

Abb. 28 Urne 735

736 Grab 736 (Taf. 94)

(112,20/41,70)

1. **Gefäß**; Form nicht mehr zu ermitteln; sehr wenige Scherben erhalten; außen poliert; Korngröße sehr fein; ohne Abnutzungsspuren; Bdm. ca. 8 cm; rekonstruiert.
2. 2 Stücke **Urnenharz**.
3. Ca. 165 g **Leichenbrand**.

737 Grab 737

(112,30/44,40)

0,10 m tiefer als Urne 734.

1. **Gefäß**; Form und Maße nicht mehr zu ermitteln; sehr wenige Scherben erhalten; Korngröße fein (o. Abb.).

3. 3 g **Leichenbrand**.

738 Grab 738 (Taf. 95)

(113,60/46,00)

Tiefe 0,90 m.

1. **Gefäß**; Form nicht mehr zu ermitteln; sehr wenige Scherben erhalten; außen geglättet oder poliert; Korngröße sehr fein; Bdm. ca. 10 cm.
2. 6 Fragmente eines **Dreilagenkammes** mit Verzierung aus konzentrischen Kreisen, Kreisaugen und Linien; Form nicht mehr zu ermitteln.
3. 14 Stücke **Urnenharz**; davon 11 Bruchstücke und ein Stück mit 5 g Gewicht; insgesamt 7,5 g.
4. Ca. 235 g **Leichenbrand**.

739 Grab 739 (Taf. 95)

(114,50/47,60)

Tiefe 1,10 m.

1. **Gefäß**; Form nicht mehr zu ermitteln; sehr wenige Scherben erhalten; außen geglättet oder poliert; Korngröße grob; Bdm. ca. 10 cm; rekonstruiert.
2. 3 Fragmente eines **Dreilagenkammes**; Form nicht mehr zu ermitteln (o. Abb.).
3. 55 g **Leichenbrand**.

740 Grab 740

(114,50/48,10)

Tiefe 1,10 m.

1. **Gefäß**; Form und Maße nicht mehr zu ermitteln; sehr wenige Scherben erhalten; außen poliert; Korngröße mittel (o. Abb.).
2. 550 g **Leichenbrand**.

741 Grab 741

(113,20/44,00)

Tiefe 0,90 m.

1. **Gefäß**; Form und Maße nicht mehr zu ermitteln; sehr wenige Scherben erhalten; außen geglättet; Korngröße mittel (o. Abb.).
2. 1 Fragment eines **Dreilagenkammes**; Form nicht mehr zu ermitteln (o. Abb.).
3. Ca. 125 g **Leichenbrand**.

742 Grab 742 (Taf. 95)

(112,70/44,80)

1. **Gefäß**; Form nicht mehr zu ermitteln; Unterteil weitgehend sowie Scherben des Oberteils erhalten; außen körnig; Korngröße mittel; Unregelmäßigkeiten in der Form, zumindest innen gleichmäßig überarbeitet; Br. rek. 21,6 cm, Bdm. 10,4 cm; rekonstruiert.
2. 22 Fragmente eines **Dreilagenkammes** mit Kreisaugenverzierung; Form nicht mehr zu ermitteln; braune Verfärbungen deuten auf die Verwendung von Eisennieten.
3. 2 Stücke **Urnenharz**.
4. 550 g **Leichenbrand**.

743 Grab 743 (Taf. 95)

(111,60/42,50)

1. **Gefäß**; Form nicht mehr zu ermitteln; sehr wenige Scherben (Splitter) erhalten; Korngröße mittel; Bdm. ca. 10 cm; rekonstruiert.
2. 12 Fragmente eines **Dreilagenkammes** mit Kreisaugen- und Linienverzierung; Form nicht mehr zu ermitteln.
3. 2 Stücke **Urnenharz**.
4. 50 g **Leichenbrand**.

Funde aus dem Umfeld der Urnen 1 – 743

744 Fläche um Urne 12 (Taf. 95)

1. 2 **Scherben** einer **Schalenurne** Typ 15/16: Gefäß mit Facette; Form des Halses und Variante nicht mehr zu ermitteln; außen poliert; Korngröße fein; Br. ca. 23 cm.
2. 1 **Scherbe** einer **Schalenurne**; Typ und Maße nicht mehr zu ermitteln; außen poliert; Korngröße mittel.

Inv.-Nr. 56:51

745 Fläche um die Urnen 31 und 35 (Taf. 95)

1. 4 **Scherben** einer **Schalenurne**; Typ und Maße nicht mehr zu ermitteln; außen poliert; Korngröße überwiegend fein.

Inv.-Nr. 56:71

746 Fläche um Urne 38 (Taf. 95)

1. **Schalenurne** (?); Typ nicht mehr zu ermitteln; wenige Scherben erhalten; außen poliert; Korngröße fein; Bdm. ca. 7 cm; rekonstruiert.

Inv.-Nr. 56:191

747 Fläche um Urne 39 (Taf. 95)

1. **Schalenurne** Typ 13, Var. a: Gefäß mit Facette; sehr wenige Scherben erhalten; außen glänzend poliert; Korngröße sehr fein; Bdm. ca. 11 cm; rekonstruiert.

Inv.-Nr. 56:75

748 Fläche um die Urnen 40 — 42 (Taf. 95)

1. 3 **Scherben** einer **Schale**; außen poliert; Korngröße fein; Rdm. ca. 14 cm.
2. 2 **Scherben** einer **Schalenurne** (?); Typ und Maße nicht mehr zu ermitteln; außen glänzend poliert; Korngröße fein.
3. 9 g **Leichenbrand**.

Inv.-Nr. 56:127

749 Fläche um die Urnen 66 — 69 (Taf. 95)

1. 1 **Scherbe** einer **Schalenurne** (?); Typ und Maße nicht mehr zu ermitteln; außen poliert; Korngröße fein.

Anm.: Vgl. die Urnen 556 und 568.

Inv.-Nr. 56:185

750 Fläche um die Urnen 372 — 401 (Taf. 95)

1. **Schalenurne**; Typ und Verzierung nicht mehr zu ermitteln; sehr wenige Scherben erhalten; außen poliert; Korngröße mittel; Rdm. ca. 16 cm; rekonstruiert.

751 Fläche um Urne 385 (Taf. 95)

„Östlich der Urne 385 zwei oder drei zerdrückte Urnen; nur noch Reste."

1. 4 **Scherben** einer **Schalenurne**; Typ und Maße nicht mehr zu ermitteln; außen poliert; Korngröße mittel.
2. 3 **Scherben** einer **Schalenurne**; Typ und Maße nicht mehr zu ermitteln; außen poliert; Korngröße mittel.

752 Fläche um die Urnen 587 — 602 (Taf. 95)

1. **Schalenurne**; Typ nicht mehr zu ermitteln; wenige Scherben erhalten; außen poliert; Korngröße mittel; Rdm. ca. 21 cm; rekonstruiert.
2. 30 g **Leichenbrand**.

753 Fläche südlich Urne 605 (Taf. 96)

1. 1 **Scherbe** einer **Schalenurne**; Typ nicht mehr zu ermitteln; außen poliert; Korngröße mittel; Br. ca. 15 cm.

754 Fläche um Urne 701 (Taf. 96)

1. **Schalenurne**; Typ und Verzierung nicht mehr zu ermitteln; wenige Scherben erhalten; außen poliert; Korngröße überwiegend fein; Bdm. ca. 8 cm; rekonstruiert.

Funde 1956

755 Stelle 29 (Taf. 96)

1. 1 **Scherbe** einer **Schalenurne** (?); Typ und Maße nicht mehr zu ermitteln; außen glänzend poliert; Korngröße fein.
2. 7 g **Leichenbrand**.

Anm.: Auf Stelle 29 fanden sich einige Scherben, die zu Urne 29 gehören. Möglicherweise gehören auch die Scherbe als Beigabenscherbe oder ähnliches und der Leichenbrand zu Urne 29.

Inv.-Nr. 56:122

756 Streufund (Taf. 96)

1. **Schalenurne**; Typ und Maße nicht mehr zu ermitteln; sehr wenige Scherben erhalten; **Drehscheibenkeramik**; außen und im Bruch schwarz, innen mittelbraun/schwarz; außen glänzend poliert, innen rauh; Korngröße sehr fein.

757 Westteil, obere Schicht (Taf. 96)

1. 1 **Scherbe** einer **Schalenurne** (?); Typ und Maße nicht mehr zu ermitteln; außen poliert; Korngröße mittel.

Inv.-Nr. 56:135

758 Ostteil Grabung, Abraum (Taf. 96)

1. **Schalenurne** Typ 3/4: Gefäß mit abgesetzter gewölbter Schulter und kantigem Umbruch; Variante und Maße nicht mehr zu ermitteln; außen poliert; Korngröße mittel; rekonstruiert.

Inv.-Nr. 56:133

759 Ostteil, Abräumen

1. 1 **Scherbe** mit Rädchenverzierung; außen geglättet; Korngröße fein (o. Abb.).

Anm.: Vgl. 22:3

Funde 1957

760 Stelle 30/57 (Taf. 96)

1. 3 Fragmente eines **Dreilagenkammes**; Form nicht mehr zu ermitteln; braune Verfärbungen deuten auf die Verwendung von Eisennieten; Zähne von beiden Seiten eingesägt.
2. 1 Stück **Urnenharz**.
3. 15 g **Leichenbrand**.

761 Fläche I (Taf. 96)

Tiefe 0,30 m.

1. **Schalenurne** Typ 14: Gefäß mit von der Schulter durch eine Leiste abgesetztem Hals und Facette; sehr wenige Scherben erhalten; außen poliert, Strahlen abwechselnd poliert und körnig; Korngröße sehr fein; Bdm. rek. 5 cm; rekonstruiert.

762 Fläche II (Taf. 96)

Tiefe 0 — 0,30 (0,35 m) m.

1. **Schalenurne**; Typ nicht mehr zu ermitteln; sehr wenige Scherben erhalten; außen glänzend poliert; Korngröße mittel; Br. ca. 16 cm; Bdm. 5,5 cm; rekonstruiert.

763 Fläche V (Taf. 96)

Tiefe 0 m.

1. **Schalenurne**; Typ nicht mehr zu ermitteln; sehr wenige Scherben erhalten; außen poliert; Korngröße mittel; Bdm. ca. 10 cm; rekonstruiert.

764 Fläche VII (Taf. 96)

Tiefe 0,55 — 0,60 m; einige zum Gefäß gehörige Scherben bereits in Tiefe 0,30 — 0,55 m.

1. **Schalenurne** Typ 15: Gefäß mit geradem, absatzlos in die Schulter übergehendem Hals und Facette; Variante und Maße nicht mehr zu ermitteln; wenige Scherben erhalten; außen poliert; Korngröße mittel; rekonstruiert.

765 Fläche VII,2

Tiefe 0 — 0,30 m.

1. 1 **Scherbe**; **Drehscheibenkeramik**; außen braungrau, innen hellgraubraun, im Bruch hellbraun mit dunkelgrauem Kern; außen poliert; Korngröße sehr fein (o. Abb.).

766 Fläche VIII,3 (Taf. 96)

Tiefe 0 — 0,40 m.

1. **Schalenurne**; Typ nicht mehr zu ermitteln; wenige Scherben erhalten; außen poliert; Korngröße sehr fein; Verzierung unsorgfältig; Br. ca. 22 cm; rekonstruiert.
2. 1 g **Leichenbrand**.

767 Fläche VIII,4 (Taf. 96)

Tiefe 0 — 0,40 m.

1. **Schalenurne**; Typ nicht mehr zu ermitteln; wenige Scherben erhalten; außen körnig; Korngröße fein; ohne Abnutzungsspuren; Bdm. ca. 6,5 cm; rekonstruiert.
2. 1 g **Leichenbrand**.

768 Fläche IX (Taf. 96)

Tiefe 0 — 0,55 m.

1. **Schalenurne** Typ 15: Gefäß mit geradem, absatzlos in die Schulter übergehendem Hals und Facette; Variante nicht mehr zu ermitteln; meist einzelne Scherben erhalten; außen poliert; Korngröße mittel; kleine Unregelmäßigkeiten in Form und Verzierung; Br. ca. 24,5 cm; rekonstruiert.
2. 2 **Scherben**; **Drehscheibenkeramik**; außen graubraun, innen hellbraungrau, im Bruch dunkelgrau; außen poliert; Korngröße sehr fein, einige grobe Partikel (o. Abb.).
3. 9 g **Leichenbrand**.

Tiefe 0,55 — 0,60 m.

4. **Schalenurne**; Typ nicht mehr zu ermitteln; wenige Scherben erhalten; außen körnig; Korngröße sehr fein bis fein; Br. ca. 15 cm; rekonstruiert.
5. 1 g **Leichenbrand**.

769 Fläche IX,3 (Taf. 97)

Tiefe 0 — 0,40 m.

1. **Gefäß**; Form und Maße nicht mehr zu ermitteln; wenige Scherben erhalten; außen poliert; Korngröße mittel.
2. **Bronzeniet**; wahrscheinlich zu einem **Dreilagenkamm** gehörend (o. Abb.).
3. 43 g **Leichenbrand**.

770 Fläche X,3 (Taf. 97)

Tiefe 0,40 — 0,70 m.

1. **Schalenurne**; Typ nicht mehr zu ermitteln; sehr wenige Scherben erhalten; außen poliert; Korngröße sehr fein; Br. ca. 20,5 cm; rekonstruiert.

Funde 1958

771 Stelle 60/58 (Taf. 97)

„Stelle 60/58 enthielt den Boden einer Urne mit Leichenbrand."

1. **Gefäß**; Form nicht mehr zu ermitteln; sehr wenige Scherben erhalten; ausgelaugt, außen ursprünglich überarbeitet; Bdm. 9,2 cm; rekonstruiert.
2. Ca. 155 g **Leichenbrand**.

772 Fläche 4

1. 1 Stück **Urnenharz**.

773 Fläche 14 (Taf. 97)

1. **Schalenurne** Typ 13, Var. a: Gefäß mit abgesetztem Hals und Facette; wenige Scherben erhalten; außen poliert; Korngröße mittel; gleichmäßig gearbeitet; ohne Abnutzungsspuren; Br. rek. 17,9 cm, Bdm. 7 cm; rekonstruiert.
2. 5 g **Leichenbrand**.

774 Fläche 20 (Taf. 97)

1. 1 **Randscherbe**; außen poliert; Korngröße fein (o. Abb.).
2. 1 **Scherbe** einer **Schalenurne** (?); Typ und Maße nicht mehr zu ermitteln; außen poliert; Korngröße fein.
3. 2 Fragmente eines **Armringes** mit rechteckigem Querschnitt und gerundeten Kanten; Knochen; erh. L. 9 cm, Br. 0,9 cm, D. 0,4 cm.
4. 5 g **Leichenbrand**.

775 Flächen 21 — 22 (Taf. 97)

Tiefe 0 — 0,85 m.

1. **Schalenurne** Typ 4, Var. a: Gefäß mit geradem Hals, abgesetzter gewölbter Schulter und kantigem Umbruch; wenige Scherben erhalten; außen poliert; Korngröße mittel; nicht gleichmäßig überarbeitet; H. rek. 11,7 cm, Br. ca. 21 cm, Rdm. rek. 18 cm, Bdm. ca. 9 cm; rekonstruiert.
2. 4 g **Leichenbrand**.

776 Fläche 25 (Taf. 97)

1. **Schalenurne**; Typ nicht mehr zu ermitteln; sehr wenige Scherben erhalten; außen poliert; Korngröße mittel; sorgfältig überarbeitet; Br. ca. 21 cm, Rdm. ca. 19 cm; rekonstruiert.
2. 13 g **Leichenbrand**.

777 Fläche 36 (Taf. 97)

Tiefe 0 — 1 m.

1. **Schalenurne**; Typ nicht mehr zu ermitteln; sehr wenige Scherben erhalten; ausgelaugt, außen ursprünglich überarbeitet; Br. ca. 19 cm; rekonstruiert.

778 Fläche 46 (Taf. 97)

1. 2 **Scherben** einer **Schalenurne**; Typ und Maße nicht mehr zu ermitteln; außen poliert; Korngröße fein.
2. 1 **Scherbe** einer **Schalenurne**; Typ und Maße nicht mehr zu ermitteln; außen poliert; Korngröße mittel.
3. 1 **Scherbe**; **Drehscheibenkeramik**; hellbraun und hellgrau, im Bruch hellgrau; außen rauh; Korngröße sehr fein; Bdm. ca. 5 cm.
4. Asymmetrisch doppelkonischer **Spinnwirtel** mit Linienverzierung; aus Ton hergestellt.
5. 5 g **Leichenbrand**.

779 Fläche X,12 (Taf. 97)

1. **Schalenurne**; Typ nicht mehr zu ermitteln; wenige Scherben erhalten; außen poliert; Korngröße mittel; Rdm. ca. 19 cm, Bdm. ca. 7 cm; rekonstruiert.
2. 1 **Randscherbe** einer **Schalenurne** (?); Typ und Maße nicht mehr zu ermitteln; außen poliert; Korngröße fein (o. Abb.).
3. 14 g **Leichenbrand**.

780 Fläche X,14 (Taf. 97)

1. 1 **Scherbe** mit Rädchenverzierung; außen geglättet; Korngröße fein.

Anm.: Vgl. 22:3

781 Fläche X,16 (Taf. 98)

„Auf Fläche X,16 in 0,50 m Tiefe Rest einer Urne, völlig auseinandergepflügt. Leichenbrand in der Nähe verstreut."

1. **Schalenurne** Typ 4, Var. a: Gefäß mit geradem bis schwach trichterförmigem Hals, abgesetzter gewölbter Schulter und kantigem Umbruch; ca. zu einem Drittel erhalten; außen geglättet; Korngröße mittel; wenig sorgfältig überarbeitet; H. 8,8 cm, Br. ca. 14 cm, Rdm. rek. 13,2 cm, Bdm. 3,6 cm.
2. **Schalenurne** Typ 4: Gefäß mit geradem Hals, abgesetzter gewölbter Schulter und kantigem Umbruch; Variante nicht mehr zu ermitteln; sehr wenige Scherben erhalten; außen poliert; Korngröße mittel; Br. ca. 18 cm; rekonstruiert.

3. 1 **Randscherbe;** außen glänzend poliert; Korngröße sehr fein (o. Abb.).

4. **Schalenurne** Typ 15: Gefäß mit geradem, absatzlos in die Schulter übergehendem Hals und Facette; Variante nicht mehr zu ermitteln; wenige Scherben erhalten; außen poliert; Korngröße mittel; Br. ca. 16 cm; rekonstruiert.

5. 1 Stück **Urnenharz**.

6. 36 g **Leichenbrand**.

782 Fläche X,24 (Taf. 97)

1. 1 **Scherbe** einer **Schalenurne** Typ 1: Gefäß mit konischem Hals, abgesetzter gewölbter Schulter und rundem Umbruch; Variante nicht mehr zu ermitteln; außen poliert; Korngröße mittel; Br. ca. 14 cm; rekonstruiert.

2. 4 **Scherben**; außen poliert; Korngröße fein bis mittel; ohne Abnutzungsspuren; Bdm. ca. 7 cm.

783 Fläche X,26

1. 1 **Randscherbe;** außen poliert; Korngröße mittel (o. Abb.).

2. 1 Stück **Urnenharz** mit Leichenbrandeinschlüssen.

3. 1 g **Leichenbrand**.

784 Fläche X,28 (Taf. 98)

1. **Schalenurne** Typ 15: Gefäß mit geradem, absatzlos in die Schulter übergehendem Hals und Facette; Variante nicht mehr zu ermitteln; wenige Scherben erhalten; außen poliert; Korngröße mittel; Bdm. ca. 9,5 cm; rekonstruiert.

2. 3 **Scherben**; außen poliert; Korngröße fein.

3. 2 **Scherben**; außen poliert; Korngröße mittel.

4. 14 g **Leichenbrand**.

785 Fläche X,44 (Taf. 98)

1. **Schalenurne** Typ 13 — 16: Gefäß mit Facette; sehr wenige Scherben erhalten; außen poliert; Korngröße mittel; Maße nicht mehr zu ermitteln.

786 Fläche X,60 (Taf. 98)

1. 1 **Scherbe** einer **Schalenurne** (?); Typ und Maße nicht mehr zu ermitteln; außen poliert; Korngröße mittel.

787 Fläche X,63 (Taf. 98)

1. 2 **Scherben** einer **Schalenurne**; Typ und Maße nicht mehr zu ermitteln; außen poliert; Korngröße fein.

788 Fläche XX,17 (Taf. 98)

Tiefe 0 — 0,45 m.

1. **Gefäß**; Form nicht mehr zu ermitteln; sehr wenige Scherben erhalten; außen poliert; Korngröße mittel; Bdm. ca. 10 cm.

789 Fläche XX,19 (Taf. 98)

1. **Drehscheibengefäß;** Form und Maße nicht mehr zu ermitteln; wenige Scherben erhalten; außen dunkelgrau und schwarzbraun, innen graubraun, im Bruch mittelgrau; außen poliert; außen sehr sorgfältig überarbeitet.

790 Fläche XX,30 (Taf. 98)

1. **Schalenurne**; Typ, Maße und Verzierung nicht mehr zu ermitteln; sehr wenige Scherben erhalten; außen poliert; Korngröße mittel.

2. 2 g **Leichenbrand**.

791 Fläche XX,34 (Taf. 98)

1. **Schalenurne**; Typ und Maße nicht mehr zu ermitteln; sehr wenige Scherben erhalten; ausgelaugt, ursprünglich überarbeitet; Verzierung nur schwach sichtbar; rekonstruiert.

2. 3 **Scherben** einer **Schalenurne** (?); außen poliert; Korngröße fein.

3. Bügel mit Öse und Ansatz des Fußes einer **Bronzefibel;** Bügel vom Fuß durch 2 Rillen abgesetzt; in der Öse Reste eines korrodierten Eisenstiftes.

4. 8 g **Leichenbrand**.

Anm.: Die Funde gehören vermutlich nicht zusammen. Im Grabungstagebuch wird bei den Angaben zu Urne 157 der Bügel in der Nähe der Funde erwähnt.

792 Fläche XX,54 (Taf. 98)

Tiefe 0 — 0,45 m.

1. **Schalenurne** Typ 15/16, Var. a: Gefäß mit Facette; Stellung des Halses nicht sicher zu ermitteln; wenige Scherben erhalten; außen poliert; Korngröße fein; außen nicht gleichmäßig überarbeitet; Bdm. ca. 7 cm; rekonstruiert.

793 Fläche XX,58 (Taf. 98)

(Fibel: 76,45/34,10)

1. **Schalenurne** Typ 3: Gefäß mit konischem Hals, abgesetzter gewölbter Schulter und kantigem Umbruch; außen poliert; Korngröße mittel.

2. 18 g **Leichenbrand**.

3. Fragmentiert erhaltene **Eisenfibel** mit festem Nadelhalter (Almgren Gruppe VI); korrodiert.

4. 1 zerschmolzener Glasrest einer **Perle** aus undurchsichtigem schwarzen Glas (o. Abb.).

5. 25 g **Leichenbrand**.

Anm.: Die Zusammengehörigkeit aller Funde ist unsicher; 1. und 2. sowie 4. und 5. gehören jeweils zusammen. Zu 1.: Scherben zu diesem Gefäß fanden sich auch in der angrenzenden Fläche XX,59.

794 Fläche XX,62 (Taf. 98)

1. 1 **Scherbe** einer **Schalenurne** (?); Typ und Maße nicht mehr zu ermitteln; außen poliert; Korngröße fein.
2. 1 **Scherbe** mit Rillenverzierung; außen poliert; Korngröße fein bis mittel (o. Abb.).
3. 1 Stück **Urnenharz**.
4. 30 g **Leichenbrand**.

795 Fläche XX,65 (Taf. 98)

1. **Schalenurne** Typ 1/2: Gefäß mit abgesetzter gewölbter Schulter und rundem Umbruch; Stellung des Halses nicht mehr zu ermitteln; wenige Scherben erhalten; außen poliert; Korngröße mittel; Br. ca. 20 cm; rekonstruiert.
2. 1 g **Leichenbrand**.

796 Fläche XX,66 (Taf. 99)

Tiefe 0,50 m; völlig auseinandergepflügt; Leichenbrand in der Nähe verstreut.

1. **Schalenurne**; Typ, Maße und Verzierung nicht mehr zu ermitteln; wenige Scherben erhalten; außen poliert; Korngröße fein bis mittel; rekonstruiert.
2. 3 g **Leichenbrand**.

797 Fläche XX,70 (Taf. 99)

1. **Schalenurne** Typ 2: Gefäß mit geradem Hals, abgesetzter gewölbter Schulter und rundem Umbruch; Variante und ursprüngliche Anzahl der Felder nicht mehr zu ermitteln; wenige Scherben erhalten; außen poliert; Korngröße fein; Br. rek. 21 cm, Rdm. ca. 19 cm; rekonstruiert.
2. 10 g **Leichenbrand**.

798 Fläche XX,90 (Taf. 99)

1. 1 **Scherbe** mit Rädchenverzierung; außen geglättet; Korngröße fein.

Anm.: Vgl. 22:3.

Funde 1959

799 Fläche 10 — 12,50 m (Taf. 99)

1. **Gefäß**; Form nicht mehr zu ermitteln; sehr wenige Scherben erhalten; außen poliert; Korngröße sehr fein; ohne Abnutzungsspuren; Bdm. ca. 10 cm; rekonstruiert.
2. 7 g **Leichenbrand**.

800 Fläche 17,50 — 20 m (Taf. 99)

1. **Kumpf/Schüssel** (?); sehr wenige Scherben erhalten; außen poliert, innen geglättet; Korngröße mittel.
2. 1 Fragment eines **Dreilagenkammes** mit dreieckigen Griffplatten.
3. 4 g **Leichenbrand**.

801 (Taf. 99)

1. **Schalenurne** Typ 18, Var. a: Gefäß mit konischem Oberteil; insgesamt mit 7 von innen herausgedrückten Knubben verziert (kaum sichtbar); im Oberteil ergänzt; außen poliert; Korngröße fein; sorgfältig gearbeitet, Überarbeitung innen weniger sorgfältig als außen; H. 7,8 cm, Br. 15,4 cm, Rdm. 14,7 cm, Bdm. 5,1 cm.
2. 18 Fragmente eines **Dreilagenkammes** mit dreieckigen Griffplatten und Kreisaugenverzierung; braune Verfärbungen deuten auf die Verwendung von Eisennieten.
3. 2 Stücke **Urnenharz**.
4. **Holzkohle**.
5. 43 g **Leichenbrand**.

Anm.: Der Komplex enthielt Scherben, die zu Urne 439 gehören.

Funde 1960

802 Stelle IV/60 4 — 8 m (Taf. 99)

1. **Schalenurne** Typengruppe III: Gefäß mit formprägender plastischer Verzierung; sehr wenige Scherben erhalten; außen poliert; Korngröße mittel; Br. 19 — 20 cm; rekonstruiert.

Funde der Ausgrabungen 1956 - 1960

803 (Taf. 99)

1. **Bronzefibel** mit hohem Nadelhalter und scharf abgeschnittenem Fußende (Almgren Gruppe VII, Serie 2); L. 3,65 cm.

804 (Taf. 99)

1. Melonenförmiger **Spinnwirtel** mit Poldelle; aus Ton hergestellt; mittelbraun mit grauen Flecken; in den Vertiefungen poliert.

Grabung 1937

805 Grab 1 (U1) (Taf. 100)

(123,30/68,30)

„Gut erhaltenes Schalengefäß, Umbruch im oberen Drittel, kein abgesetzter Rand, braun gefleckt, Verzierung am Umbruch, rechteckige Felder, durch plastische Leisten und Strichgruppen gebildet, darin unregelmäßig drei Vertiefungen, Inhalt: wenige, kleine Knochenstückchen, ein Stückchen Urnenharz, Reste von verschmorten blauen Glasperlen." (Thaerigen, Nordharzgruppe 15 und Taf. 1,1).

Funde nicht vorhanden; folgende Angaben nach Photo und Zeichnung.

1. **Schalenurne** Typ 1, Var. a: Gefäß mit konischem Hals, abgesetzter gewölbter Schulter und rundem Umbruch; H. 12,6 cm, Br. 18,1 cm, Rdm. 16,8 cm, Bdm. 6,9 cm.

806 Grab 2 (U2) (Taf. 99)

(121,25/71,85)

„Inhalt: wenige Knochenstückchen." (Thaerigen, Nordharzgruppe 15 und Taf. 6,6).

1. **Kumpf** Typ 3, Var a: Kumpf mit breiter Standfläche; im oberen Teil etwas ergänzt; außen aufgerauht, innen Wandung geglättet und Boden rauh; Korngröße grob; unsorgfältig gearbeitet; ohne Abnutzungsspuren; H. 5,7 — 6,3 cm, Br. 8,4 cm, Rdm. 7,5 cm, Bdm. 5,7 cm.

807 Grab 3 (U3) (Taf. 100)

(122,85/71,80)

„Gut erhaltene Schale, Umbruch wenig oberhalb der Mitte, kein abgesetzter Rand, Hals geschweift, dunkelbraun, Umbruch durch Strichgruppen hervorgehoben, vier kleine nicht durchbohrte Henkel. Das Unterteil des Gefäßes trägt Bäumchenmuster in Strichgruppen, Inhalt: große Stücke schlecht gebrannter Knochen, Schädelstücke nur am Boden, Reste vom Knochenkamm, Urnenharz." (Thaerigen, Nordharzgruppe 15 ff. und Taf. 3,1).

Funde nicht vorhanden; folgende Angaben nach Photo und Zeichnung.

1. **Schalenurne** Typ 1/2, Var. a: Gefäß mit abgesetzter gewölbter Schulter und rundem Umbruch; Stellung des Halses nicht sicher zu ermitteln; H. 12 cm, Br. 22,5 cm, Rdm. 20,4 cm, Bdm. 7 cm.

808 Grab 4 (U4) (Taf. 99)

(125,00/70,30)

„Inhalt: grobe Knochen, unregelmäßig geschichtet, keine Beigaben." (Thaerigen, Nordharzgruppe 17 und Taf. 3,9).

1. **Schalenurne** Typ 4, Var. b: Gefäß mit geradem Hals, abgesetzter gewölbter Schulter und kantigem Umbruch; fast vollständig erhalten; außen poliert; Korngröße mittel; sorgfältig gearbeitet; H. 13,6 cm, Br. 20,9 cm, Rdm. 17,7 cm, Bdm. 7,8 cm.
2. 7 Fragmente eines **Dreilagenkammes** mit dreieckigen Griffplatten; braune Verfärbungen deuten auf die Verwendung von Eisennieten; Zähne von beiden Seiten eingesägt.
3. **Holzkohle**.
4. 675 g **Leichenbrand**.

Anm.: Die Kammfragmente und die Holzkohle befanden sich noch im Leichenbrand.

809 Grab 5 (U5) (Taf. 100)

(125,50/74,50)

„Schlecht erhaltene Schale, abgesetzter ausladender Hals, kein Rand, braun, Strichgruppen am Umbruch, am unteren Teil in Strichgruppen dreimal das Baummuster, Inhalt: einige große Steine, die den Rand des Gefäßes eingedrückt haben, ein Nest kleiner Kiesel, Reste eines zweiten Gefäßes, Kammfragment mit Bronzeniet, Urnenharz." (Thaerigen, Nordharzgruppe 17 und Taf. 4,6).

Funde nicht vorhanden; folgende Angaben nach Photo und Zeichnung.

1. **Schalenurne** Typ 2, Var. a: Gefäß mit geradem Hals, abgesetzter gewölbter Schulter und rundem Umbruch; H. 11,7 cm, Br. 21 cm, Rdm. 20,1 cm, Bdm. 7,2 cm.

810 Grab 6 (U6)

(123,00/74,30)

,,Durch Pflug zerstörte, schwach gebrannte Schale, gelb-grau-braun, Form muß etwa ähnlich wie Nr. 15 gewesen sein, ganz wenig Knochen, keine Beigaben.'' (Thaerigen, Nordharzgruppe 17).

Funde nicht vorhanden.

811 Grab 7 (U7) (Taf. 100)

(127,30/71,85)

,,Inhalt: grobe Knochen, Schädelknochen zumeist oben, in der Mitte ein Stück Urnenharz.'' (Thaerigen, Nordharzgruppe 17 und Taf. 4,7).

1. **Schalenurne** Typ 4, Var. a: Gefäß mit geradem bis trichterförmigem Hals, abgesetzter gewölbter Schulter und kantigem Umbruch; an Rand und Hals beschädigt; außen poliert; Korngröße fein; sehr sorgfältig gearbeitet; H. 10,6 cm, Br. 17,4 cm, Rdm. 16 cm, Bdm. 6 — 7 cm.
2. Ca. 385 g **Leichenbrand**.

812 Grab 8 (U8) (Taf. 100)

(124,50/72,55)

,,Zerbrochene Schale, abgesetzter Fuß, Umbruch in der Mitte, kein abgesetzter Rand, keine Verzierung, nur am Umbruch eine umlaufende Riefe, dunkelbraun flammig, Inhalt wenig grobe Knochen, Kammreste.'' (Thaerigen, Nordharzgruppe 17 und Taf. 4,2).

Funde nicht vorhanden; folgende Angaben nach Photo und im Museum befindlicher Zeichnung.

1. **Schalenurne** Typ 12, Var. b: Gefäß mit absatzlos in die profilierte Schulter übergehendem Hals; H. 12,6 cm, Br. 18,6 cm, Rdm. 16,8 cm, Bdm. 9,7 cm.

813 Grab 9 (U9) (Taf. 100)

(125,70/72,00)

,,Am Rand zerstörte kleine Kumme, Hals leicht eingezogen, lichtocker, keine Verzierung, Inhalt: wenig Knochen, ohne Beigaben.'' (Thaerigen, Nordharzgruppe 17 und Taf. 6,10).

Funde nicht vorhanden; folgende Angaben nach Photo und Zeichnung.

1. **Napf** Typ 2, Var. a: gegliederter Napf; H. 7,2 cm, Br. 8,4 cm, Rdm. 7,2 cm, Bdm. 6,9 cm.

814 Grab 10 (U10) (Taf. 100)

(123,80/69,40)

,,Inhalt: oben Schädelknochen, Urnenharz, in halber Höhe ein Bronzestückchen, Holzkohlenreste, verziertes Gefäßstück (?), Beinknochen auf dem Boden, fast regelmäßig gepackt.'' (Thaerigen, Nordharzgruppe 17 und Taf. 3,4).

1. **Schalenurne** Typ 6, Var. a: Gefäß mit geradem Hals und abgesetzter konischer Schulter; insgesamt mit 3 Feldern verziert; an Rand und Hals beschädigt; außen poliert; Korngröße mittel; sorgfältig gearbeitet; H. 13,6 cm, Br. 21 cm, Rdm. 19,3 cm, Bdm. 6,1 — 6,6 cm.
2. **Holzkohle**.
3. Ca. 650 g **Leichenbrand**.

815 Grab 11 (U11) (Taf. 100)

(118,90/71,40)

,,Stark beschädigte Schale, Rand eingedrückt, nicht abgesetzt, Umbruch in der Mitte, braun, Gittermuster am Umbruch, Inhalt: Knochen durcheinander, in der Höhe des Umbruchs feste Erdschicht, keine Beigaben.'' (Thaerigen, Nordharzgruppe 17 und Taf. 3,5).

Funde nicht vorhanden; folgende Angaben nach Photo und Zeichnung.

1. **Schalenurne** Typ 2, Var. b: Gefäß mit geradem Hals, abgesetzter gewölbter Schulter und rundem Umbruch; H. 10,5 cm, Br. 18,9 cm, Rdm. 17,1 cm, Bdm. 5,1 cm.

816 Grab 12 (U12) (Taf. 101)

(120,60/67,40)

,,Zerstörte Schale, abgeplattet, braun, am Umbruch Schrägriefelung, Inhalt: (?) Knochen, neben den Resten eines verbrannten Kammes mit Eisennieten 2 Stückchen Urnenharz, an einem Knochen festsetzend eine zerstörte angeschmorte Glasperle.'' (Thaerigen, Nordharzgruppe 17 und Taf. 23,4).

Von den Funden nur der Kamm vorhanden; die Zuweisung ist jedoch nicht vollkommen sicher.

1. 4 Fragmente eines **Dreilagenkammes**; Form nicht mehr zu ermitteln; Eisenniete: 0,9 und 0,95 cm L.

817 Grab 13 (U 13) (Taf. 101)

(123,20/67,10)

,,Schlecht erhaltene Schale, durch Pflug auseinander gerissen, abgesetzter Rand und Fuß, Umbruch etwa in der Mitte, grau, 3 umlaufende plastische Leisten als Verzierung, Inhalt: Knochen, teilweise blaugrün gefärbt, kleines Stückchen Urnenharz.'' (Thaerigen, Nordharzgruppe 17 und Taf. 1,5).

Funde nicht vorhanden; folgende Angaben nach Photo und Zeichnung.

1. **Schalenurne** Typ 15, Var. b: Gefäß mit geradem, absatzlos in die Schulter übergehendem Hals und Facette; Verzierung sehr unsorgfältig; H. 13,5 cm, Br. 21 cm, Rdm. 18 cm, Bdm. 8,1 cm.

818 Grab 14 (U14) (Taf. 101)

(122,90/66,85)

,,Inhalt ; wenig Knochen, kleines Stück Urnenharz.'' (Thaerigen, Nordharzgruppe 17 und Taf. 4,4).

1. **Schalenurne** Typ 17, Var. a: Gefäß mit einschwingendem Oberteil; im Oberteil stark ergänzt; außen poliert; Korngröße mittel; Unregelmäßigkeiten in der Form, Verzierung und Überarbeitung sorgfältig; H. 9 cm, Br. 14,2 cm, Rdm. 13,9 cm, Bdm. 5,6 cm.

819 Grab 15 (U15) (Taf. 101)

(123,35/66,80)

„Schlecht gebranntes Schalengefäß, kein abgesetzter Rand, Umbruch über der Mitte, gelb-grau-braun, eingeritzte Dreiecke, z.T. durch Punkte gefüllt über dem Umbruch, Inhalt: im oberen Drittel reine Erde, dann grobe Knochen, Zehenglied, 2 Stückchen Urnenharz." (Thaerigen, Nordharzgruppe 17 und Taf. 4,1).

Funde nicht vorhanden; folgende Angaben nach Photo und Zeichnung.

1. **Schalenurne** Typ 8, Var. a: Gefäß mit einschwingendem, absatzlos in die Schulter übergehendem Hals und kantigem Umbruch; H. 11,7 cm, Br. 20,1 cm, Rdm. 17,7 cm, Bdm. 8,7.

820 Grab 16 (U16)

(122,10/65,80)

„Stark beschädigte Schale, nicht zu ergänzen, Knochen, Urnenharz." (Thaerigen, Nordharzgruppe 18).

Funde nicht vorhanden.

821 Grab 17 (U17) (Taf. 101)

(120,30/64,70)

„Stark zerstörte Schale, nur kleine Scherben, wenig Knochen, Fibelbügel." (Thaerigen, Nordharzgruppe 15 ff. und Taf. 19,3).

Funde bis auf die Fibel nicht vorhanden.

1. Fragmentiert erhaltene **Armbrustfibel** mit festem Nadelhalter und trapezförmigem Fuß (Almgren Gruppe VI, Serie 2); mit Tremulierstich und randbegleitenden Linien verziert, Verzierung nur schwach zu erkennen; Bronze; L. ca. 5,8 cm.

822 Grab 18 (U18) (Taf. 101)

(118,15/69,85)

„Schale, Rand abgepflügt, stark abgeplatzt, Knochen beginnen am Umbruch, dazwischen ein Bodenstück eines anderen Gefäßes, oben viel Schädelknochen, keine Beigaben." (Thaerigen, Nordharzgruppe 18 und Taf. 2,4).

1. **Schalenurne** Typ 8, Var. a: Gefäß mit einschwingendem, absatzlos in die Schulter übergehendem Hals und kantigem Umbruch; H. 12,3 cm, Br. 19,8 cm, Rdm. 17,4 cm, Bdm. 6,9 cm.

823 Grab 19 (U19)

(119,00/69,30)

„Nur wenige kleine Scherben." (Thaerigen, Nordharzgruppe 18).

Funde nicht vorhanden.

824 Grab 20 (U20)

(121,00/67,75)

„Durch Pflug vollkommen zerstört, keine Scherben, ohne Beigaben." (Thaerigen, Nordharzgruppe 18).

Funde nicht vorhanden.

825 Grab 21 (U21)

„wie Grab 20." (Thaerigen, Nordharzgruppe 18).

Funde nicht vorhanden.

826 Grab 22 (U22) (Taf. 101)

(119,50/67,95)

„Zerstörte Schale, nur kleine Scherben, verschmorte Perlen, kleiner Bronzering, Knochennadel, Kammreste, Urnenharz." (Thaerigen, Nordharzgruppe 18.97 und Taf. 20,27 — 31; 21,7; 22,11.12.13 oder 20).

Von den Funden nur 14 Perlen erhalten; folgende Angaben nach Originalfunden und Zeichnungen.

1. **Fingerring;** Bronze; Dm. ca. 2 cm, St. ca. 0,25 cm.
2. 1 gedrückt kugelige **Mosaikperle** aus undurchsichtigem roten Glas mit weißem Streifen in der Mitte, der von gelben Streifen mit schwarzer Spiralauflage gerahmt wird; Dm. ca. 1,3 cm.
3. 2 zerschmolzene Glasreste von 1 bis 2 **Mosaikperlen** aus undurchsichtigen türkisen, roten, weißen, gelben, dunklen und durchscheinenden grünen Glasstäbchen.
4. 1 zerschmolzener Glasrest einer mehrfarbigen **Perle** aus durchsichtigem hellblauen Glas mit undurchsichtigen gelben Glasresten.
5. 2 zerschmolzene Glasreste von 1 bis 2 **Perlen** aus undurchsichtigem türkisen Glas.
6. 1 gedrückt kugelige (?) gestreifte **Perle** aus undurchsichtigem schwarzen Glas mit wellenförmiger (?) gelber Glasauflage.
7. 1 zerschmolzener Glasrest einer (?) **Perle** aus undurchsichtigem schwarzen Glas mit gelben Glasresten (o. Abb.).
8. 1 tonnenförmige **Perle** aus durchscheinendem kobaltblauen Glas; L. 1 cm.
9. 1 zerschmolzener Glasrest vermutlich zweier **Perlen** aus undurchsichtigem türkisen und schwarzen Glas.
10. 1 zerschmolzener Glasrest einer **Perle** aus undurchsichtigem schwarzen Glas.
11. 1 zerschmolzener Glasrest einer **Perle** aus durchsichtigem farblosen Glas (o. Abb.).
12. 1 stark verbrannter Glasrest einer **Perle** aus undurchsichtigem roten Glas.
13. 1 stark zerschmolzener Glasrest einer mehrfarbigen **Perle** aus undurchsichtigem roten und gelben Glas.

827 Grab 23 (U23) (Taf. 101)

(118,00/68,15)

„Gut erhaltene Schale, Umbruch im oberen Drittel schwarzbraun flammig, als Verzierung nur eine Delle am

Umbruch, Rand nicht abgesetzt, Inhalt: wenig Knochen, Urnenharz.'' (Thaerigen, Nordharzgruppe 18 und Taf. 4,5).

Funde nicht vorhanden; folgende Angaben nach Photo und Zeichnung.

1. **Schalenurne** Typ 16, Var. a: Gefäß mit einschwingendem Hals und Facette; H. 8,4 cm, Br. 14,7 cm, Rdm. 13,8 cm, Bdm. 8 cm.

828 Grab 24 (U24) (Taf. 102)

(117,65/68,00)

,,Inhalt: grobe Knochen, Urnenharz.'' (Thaerigen, Nordharzgruppe 18 und Taf. 4,9).

1. **Schalenurne** Typ 7, Var. b: Gefäß mit geradem bis schwach trichterförmigem, absatzlos in die konische Schulter übergehendem Hals; ca. die Hälfte des Oberteils fehlt; außen poliert; Korngröße fein; sehr sorgfältig gearbeitet; H. 9,2 cm, Br. 15,1 cm, Rdm. 14,1 cm, Bdm. 6,5 cm.
2. **Holzkohle**.
3. 18 g **Leichenbrand**.

829 Grab 25 (U25) (Taf. 102)

(130,50/71,50)

,,Inhalt ; wenig Knochen, 3 Stückchen Urnenharz.'' (Thaerigen, Nordharzgruppe 18 und Taf. 5,2).

1. **Schalenurne** Typ 12, Var. b: Gefäß mit absatzlos in die profilierte Schulter übergehendem Hals; fast vollständig erhalten; außen poliert; Korngröße mittel; sehr sorgfältig gearbeitet; H. 13,7 cm, Br. 20 cm, Rdm. 15,9 cm, Bdm. 9,5 cm.

830 Grab 26 (U26) (Taf. 102)

(131,50/71,55)

,,Gut erhaltene Schale, kein abgesetzter Rand, Umbruch im oberen Drittel, graubraun, keine Verzierung, Hals eingezogen, Inhalt: sehr grober Leichenbrand, schon am Rand einzelne Knochen, keine Beigaben.'' (Thaerigen, Nordharzgruppe 18 und Taf. 1,2).

Funde nicht vorhanden; folgende Angaben nach Photo und Zeichnung.

1. **Schalenurne** Typ 10, Var. a: s-förmig profiliertes Gefäß mit hochliegendem Umbruch; H. 13,2 cm, Br. 20,4 cm, Rdm. 20,1 cm, Bdm. 8,1 cm.

831 Grab 27 (U27) (Taf. 102)

(134,90/67,20)

,,Wenig Knochen, keine Beigaben.'' (Thaerigen, Nordharzgruppe 18 und Taf. 6,1).

1. **Kumpf** Typ 3, Var. b: Kumpf mit breiter Standfläche; im oberen Teil vollständig ergänzt; außen rauh, untere 1 bis 2 cm geglättet, innen geglättet; Korngröße grob; Unregelmäßigkeiten in der Form, Überarbeitung innen sorgfältig; H. 9,3 cm, Br. 14,5 cm, Rdm. 13 cm, Bdm. 9,8 cm.

832 Grab 28 (U28) (Taf. 102)

(128,75/72,95)

,,Schale, Rand abgepflügt, Niet vom Knochenkamm, keine Beigaben.'' (Thaerigen, Nordharzgruppe 18).

Funde nicht vorhanden; folgende Angaben nach Photo und im Museum befindlicher Zeichnung.

1. **Schalenurne**; Typ nicht mehr zu ermitteln; Unterteil weitgehend mit Teilen der Schulter erhalten; Br. ca. 21,6 cm, Bdm. 9,3 cm.

Anm.: Auf der Zeichnung findet sich der Hinweis, daß in der Urne Leichenbrand enthalten war.

833 Grab 29 (U29) (Taf. 102)

(128,40/73,20)

,,Inhalt: wenig Knochen, Urnenharz.'' (Thaerigen, Nordharzgruppe 18 und Taf. 6,4).

1. **Kumpf** Typ 3, Var. a: Kumpf mit breiter Standfläche; fast vollständig erhalten; außen rauh, innen geglättet; Korngröße mittel; wenig sorgfältig gearbeitet; H. 8,1 cm, Br. 11 cm, Rdm. 9,2 cm, Bdm. 7,3 cm.

834 Grab 30 (U30)

(130,10/73,55)

,,Scherben eines Kummengefäßes, rot-gelb, keine Verzierung, keine Beigaben.'' (Thaerigen, Nordharzgruppe 18).

Funde nicht vorhanden.

835 Grab 31 (U31) (Taf. 102)

(123,95/66,70)

,,Inhalt: ganz wenig Knochen, keine Beigaben.'' (Thaerigen, Nordharzgruppe 18 und Taf. 5,8).

1. **Schalenurne** Typ 8, Var. a: Gefäß mit einschwingendem, absatzlos in die Schulter übergehendem Hals und kantigem Umbruch; Rand nicht vollständig erhalten; ursprünglich überarbeitet; Korngröße grob; gleichmäßig geformt und verziert; H. 5,6 cm, Br. 11,5 cm, Rdm. 8,5 cm, Bdm. ca. 5,5 cm (Boden nicht deutlich abgesetzt).

836 Grab 32 (U32) (Taf. 102)

(124,45/66,15)

,,Scherben eines Schalengefäßes, Reste vom Kamm mit Eisenniet, großes Stück Urnenharz.''(Thaerigen, Nordharzgruppe 18 und Taf. 23,12).

Von den Funden nur der Kamm vorhanden; die Zuweisung zu diesem Grab ist jedoch nicht vollkommen sicher.

1. 2 Fragmente eines **Dreilagenkammes**; Form nicht mehr zu ermitteln; Eisenniet: 0,85 cm L.

837 Grab 33 (U33) (Taf. 102)

(125,10/68,10)

,,Inhalt: wenig Knochen, Urnenharz.'' (Thaerigen, Nordharzgruppe 18 und Taf. 5,12).

1. **Schalenurne** Typ 4, Var. a: Gefäß mit trichterförmigem Hals, abgesetzter gewölbter Schulter und kantigem Umbruch; insgesamt mit 4 Gruppen aus jeweils 7 bis 9 Kerben und 4 Sparren verziert; im Oberteil nicht vollständig erhalten; außen poliert; Korngröße fein; bis auf kleine Unregelmäßigkeiten sorgfältig gearbeitet; H. 9,3 cm, Br. 14,3 cm, Rdm. 13,7 cm, Bdm. 6,5 cm.

838 Grab 34 (U34) (Taf. 102)

(125,45/68,05)

,,Beschädigte Schale, Oberteil abgepflügt, kein abgesetzter Rand, Umbruch im oberen Drittel, dunkelbraun, umlaufende Strichgruppe, darunter dreimal Baummuster, Inhalt: wenig grobe Knochen, Urnenharz.'' (Thaerigen, Nordharzgruppe 18 und Taf. 3,2).

Funde nicht vorhanden; folgende Angaben nach Zeichnung.

1. **Schalenurne** Typ 2, Var. a: Gefäß mit geradem Hals, abgesetzter gwölbter Schulter und rundem Umbruch; H. 16,4 cm, Br. 24,4 cm, Rdm. 22 cm, Bdm. 9,8 cm.

839 Grab 35 (U35) (Taf. 103)

(125,75/68,90)

,,Gut erhaltene Schale, abgesetzter Rand und Fuß, abgesetzter Umbruch, braungrau, umlaufende Linien, Inhalt: grober Knochenbrand, oben Schädelknochen, keine Beigaben.'' (Thaerigen, Nordharzgruppe 18 und Taf. 1,6).

Funde nicht vorhanden; folgende Angaben nach Photo und Zeichnung.

1. **Schalenurne** Typ 12, Var. b: Gefäß mit absatzlos in die profilierte Schulter übergehendem Hals; H. 11,4 cm, Br. 18,3 cm, Rdm. 17,1 cm, Bdm. 6,3 cm.

840 Grab 36 (U36) (Taf. 103)

(126,55/70,10)

,,Schale, oberer Rand abgepflügt, abgesetzter Rand, Umbruch in der Mitte, graubraun, Strichband am Umbruch, Inhalt: Knochenstücke, Bronzenadel, geschmolzene Glasperle, Eisennadel, Urnenharz mit Gewebeabdruck.'' (Thaerigen, Nordharzgruppe 18 und Taf. 4,8; 22,14).

Von den Funden nur die Bronzenadel und das Urnenharz erhalten; folgenden Angaben nach Originalfunden, Photo und Zeichnungen.

1. **Schalenurne**; Typzuweisung nicht mehr möglich; H. 12,6 cm, Br. 20,7 cm, Rdm. 20,1 cm, Bdm. 8,2 cm.
2. **Bronzenadel** mit umgebogenem Kopf; L. 9,4 cm, St. 0,3 cm.
3. 1 Stück **Urnenharz** mit Gewebeabdruck.

841 Grab 37 (U37) (Taf. 103)

(129,10/70,95)

,,Gut erhaltene Kumme, braun, unverziert, Inhalt: Knochen bis an den Rand, kleines Stückchen Urnenharz.'' (Thaerigen, Nordharzgruppe 18 und Taf. 6,5).

Funde nicht vorhanden; folgende Angaben nach Photo und Zeichnung.

1. **Schale**; H. 8,7 cm, Br. 16,9 cm, Rdm. 16,6 cm, Bdm. 6,6 cm.

842 Grab 38 (U38) (Taf. 103)

(130,15/70,15)

,,Inhalt: wenige Knochen am Boden, keine Beigaben.'' (Thaerigen, Nordharzgruppe 19 und Taf. 6,8).

1. **Kumpf** Typ 3, Var. b: Kumpf mit breiter Standfläche; fast vollständig erhalten; außen rauh, innen geglättet; Korngröße grob; wenig sorgfältig gearbeitet, innen sorgfältiger überarbeitet als außen; H. 6,1 cm, Br. 10,7 cm, Rdm. 9,9 cm, Bdm. 7,8 cm.

843 Grab 39 (U39)

(130,50/69,20)

,,Scherben einer Schale, Strichgruppen im Winkelband, wenige, dicke Knochenstücke.'' (Thaerigen, Nordharzgruppe 19)

Funde nicht vorhanden.

844 Grab 40 (U40)

(131,80/69,10)

,,Scherben einer Schale, Reste vom Knochenkamm, Halbperle, kleiner Bronzebügel (Fibel ?).'' (Thaerigen, Nordharzgruppe 19).

Funde nicht vorhanden.

845 Grab 41 (U41) (Taf. 103)

(128,40/68,10)

,,Gut erhaltene Schale, Umbruch in der Mitte, abgesetzter Rand, braun, keine Verzierung, Inhalt: in den oberen 2 Dritteln nur Erde, wenig Knochen, keine Beigaben.'' (Thaerigen, Nordharzgruppe 19 und Taf. 2,7).

Funde nicht vorhanden; folgende Angaben nach Photo und Zeichnung.

1. **Schalenurne** Typ 2, Var. a: Gefäß mit geradem Hals, abgesetzter gewölbter Schulter und rundem Umbruch; H. 14,4 cm, Br. 20,1 cm, Rdm. 18,6 cm, Bdm. 6 cm.

846 Grab 42 (U42) (Taf. 103)

(127,10/67,45)

,,Inhalt: im oberen Drittel nur Erde, dann Knochen mit Kammteilen, Eisennieten, Urnenharz.'' (Thaerigen, Nordharzgruppe 19 und Taf. 5,13).

1. **Schalenurne** Typ 18, Var. a: Gefäß mit konischem Oberteil; fast vollständig erhalten; außen poliert; Korngröße mittel; Unregelmäßigkeiten in der Form, Überarbeitung gleichmäßig; H. 12 cm, Br. 16,7 cm, Rdm. 14,1 cm, Bdm. 8,5 cm.
2. 27 Fragmente eines **Dreilagenkammes**; Form nicht mehr zu ermitteln; korrodierter Eisenniet: 0,8 cm L.
3. **Holzkohle**.
4. Ca. 300 g **Leichenbrand**.

Anm.: Die Schalenurne wird den Gefäßen mit konischem Oberteil zugewiesen. Der stellenweise ausgebauchte Umbruch verbindet das Gefäß aber auch mit Gefäßen des Typs S5.

847 Grab 43 (U43) (Taf. 103)

(127,75/66,55)

,,Inhalt: fast keine Knochen, 2 winzige Stückchen Urnenharz.'' (Thaerigen, Nordharzgruppe 19 und Taf. 5,3).

1. **Engmündiges Gefäß** Typ 3: beutelförmiges Gefäß; fast vollständig erhalten; außen im Oberteil poliert und im Unterteil rauh; Korngröße mittel; Form und Verzierung sorgfältig, Überarbeitung im Unterteil unsorgfältig; H. 6,7 cm, Br. 10,5 cm, Rdm. 7 cm, Bdm. ca. 7 cm (Boden nicht deutlich abgesetzt).
2. **Holzkohle**.
3. 10 g **Leichenbrand**.

848 Grab 44 (U44) (Taf. 104)

(127,35/66,40)

,,Gut erhaltene Schale, ausladender Hals, schwarz-braun, Strichgruppen im Winkelband, Umbruch in der Mitte, Inhalt: Knochen gleich oben am Rand beginnend, in der zweiten Hälfte 2 Fibeln, ein Bronzeanhänger, Randstück eines zweiten Gefäßes, 2 Stücke eines gedrehten Silberringes, Teile vom Knochenkamm, halbe Glasperle, Urnenharz.'' (Thaerigen, Nordharzgruppe 15ff. 53 Abb. 28 und Taf. 2,1; 19,1; 18,12; 21,5.6; 23,11).

Von den Funden fehlen die Urne und die Randscherbe; folgende Angaben nach Photo, Zeichnungen und Originalfunden.

1. **Schalenurne** Typ 4, Var. a: Gefäß mit trichterförmigem Hals, abgesetzter gewölbter Schulter und kantigem Umbruch; H. 15,9 cm, Br. 21,3 cm, Rdm. 20,9 cm, Bdm. 7,5 cm.
2. **Armbrustfibel** mit festem Nadelhalter und dreieckigem Fußabschluß (Almgren Gruppe VI, Serie 2); Tremulierstichverzierung; Bronze, Achse aus Eisen; L. 5,2 cm.
3. **Scheibenfibel** mit hohem Nadelhalter (?); Bronze, Achse aus Eisen; Belag nicht erhalten; Dm. der Scheibe ca. 3,8 cm.
4. 2 Fragmente eines tordierten **Halsringes**; Silber.
5. **Kapselanhänger** mit Kerbverzierung; Bronze.
6. 4 Fragmente eines **Dreilagenkammes** mit Verzierung aus konzentrischen Kreisen und Kreisaugen; Form nicht mehr zu ermitteln.
7. 1 Stück **Urnenharz** mit Fingerabdruck.

849 Grab 45 (U45) (Taf. 103)

(128,55/66,75)

,,Gut erhaltene kleine Schale, abgesetzter Rand, braun, umlaufende Strichgruppen am Umbruch, darunter Baummuster (dreimal), Inhalt: vom Umbruch an Knochen, Urnenharz.'' (Thaerigen, Nordharzgruppe 19 und Taf. 3,6).

Funde nicht vorhanden; folgende Angaben nach Photo und Zeichnung.

1. **Schalenurne** Typ 2, Var. a: Gefäß mit geradem Hals, abgesetzter gewölbter Schulter und rundem Umbruch; H. 9,6 cm, Br. 16,2 cm, Rdm. 15,3 cm, Bdm. 5,7 cm.

850 Grab 46 (U46) (Taf. 104)

(129,15/64,90)

,,Große Schale, eingedrückt, Rand ausladend, Umbruch im unteren Drittel, graubraun, Gruppe von 3 Dellen übereinander, Strichgruppen am Umbruch, Inhalt: wenig Knochen, Fibel.'' (Thaerigen, Nordharzgruppe 19 und Taf. 2,5; 19,2).

Von den Funden nur die Fibel vorhanden; folgende Angaben nach Photo, Zeichnung und Originalfund.

1. **Schalenurne** Typ 9, Var. a: s-förmig profiliertes Gefäß mit tiefliegendem Umbruch; H. 12,3 cm, Br. 22,2 cm, Rdm. 21,6 cm, Bdm. 7 cm.
2. Zweigliedrige **Armbrustfibel** mit umgeschlagenem Fuß (Almgren Gruppe VI, Serie 1); vierkantiger, stark gebogener Bügel; Bronze.

851 Grab 47 (U47)

(130,45/64,50)

,,Scherben einer Kumme, keine Beigaben.'' (Thaerigen, Nordharzgruppe 19).

Funde nicht vorhanden.

852 Grab 48 (U48) (Taf. 105)

(130,95/64,55)

1. **Schalenurne** Typ 9, Var. a: s-förmig profiliertes Gefäß mit tiefliegendem Umbruch; jede 2. Rippe mit 6 bis 9 Kerben verziert; im Oberteil beschädigt; außen geglättet; Korngröße mittel; sorgfältig gearbeitet; H. 5,8 cm, Br. 9,3 cm, Rdm. 8,2 cm, Bdm. ca. 2 cm (Boden nicht deutlich abgesetzt).

Anm.: Grab 48 ist bei Thaerigen im Katalog nicht aufgeführt, das Gefäß ist jedoch abgebildet (Thaerigen, Nordharzgruppe Taf. 5,6).

853 Grab 49 (U49) (Taf. 104)

(129,55/64,90)

,,Gut erhaltene Schale, Umbruch in der Mitte, ausladender Hals, keine Verzierung, dunkelbraun, Inhalt: Knochen beginnen in 3/4 Höhe, keine Beigaben.'' (Thaerigen, Nordharzgruppe 19 und Taf. 2,2).

Funde nicht vorhanden; folgende Angaben nach Photo und Zeichnung.

1. **Schalenurne** Typ 4, Var. a: Gefäß mit geradem Hals, abgesetzter gewölbter Schulter und kantigem Umbruch; H. 13,5 cm, Br. 19,5 cm, Rdm. 16,8 cm, Bdm. 8,2 cm.

854 Grab 50 (U50) (Taf. 104)

(129,30/65,45)

,,Kleines flaschenartiges Gefäß, Strichgruppen am Umbruch, ockerfarbig, Inhalt: wenig Knochen, keine Beigaben.'' (Thaerigen, Nordharzgruppe 19 und Taf. 5,1).

Funde nicht vorhanden; folgende Angaben nach Photo und Zeichnung.

1. **Engmündiges Gefäß** Typ 2: vasenförmiges Gefäß mit s-förmigem Profil; H. 12 cm, Br. 12,3 cm, Rdm. 7,5 cm, Bdm. 4,8 cm.

855 Grab 51 (U51) (Taf. 105)

(129,90/64,80)

,,Gut erhaltene Schale, zweigliedrig, kein abgesetzter Rand, braun-grau, Unterteil verziert, aufgerauhte Streifen, Strichgruppe, Inhalt: obere Drittel nur Erde, dann Knochen mit Urnenharz und Randstück eines Drehscheibengefäßes.'' (Thaerigen, Nordharzgruppe 19 und Taf. 4,3).

Funde nicht vorhanden; folgende Angaben nach Photo und Zeichnung.

1. **Schalenurne** Typ 8, Var. a: Gefäß mit einschwingendem, absatzlos in die Schulter übergehendem Hals und kantigem Umbruch; H. 11,4 cm, Br. 19,5 cm, Rdm. 17,4 cm, Bdm. 5,2 cm.

856 Grab 52 (U52) (Taf. 105)

(131,80/65,15)

,,Inhalt: Eisennadel in 3/4 Höhe, eine Glasperle, grobe Knochen, auch Wirbelknochen, bearbeitete Knochenstreifen.'' (Thaerigen, Nordharzgruppe 19 und Taf. 1,7; 22,10).

Von den Funden sind nur das Gefäß und der Leichenbrand erhalten. In dem Leichenbrand fanden sich noch Fragmente eines Kammes, Urnenharz und ein Glasrest; folgende Angaben nach Originalfunden, Photo und Zeichnungen.

1. **Schalenurne** Typ 12, Var. b: Gefäß mit absatzlos in die profilierte Schulter übergehendem Hals; z.T. ergänzt; außen poliert; Korngröße mittel; sorgfältig gearbeitet; H. 14,4 cm, Br. 21,1 cm, Rdm. 19,4 cm, Bdm. 6,7 cm.
2. 5 (abgebildete) Fragmente von **Armring**en mit vermutlich rechteckigem Querschnitt; nach der Länge handelt es sich um mindestens 2 Armringe.
3. 1 zerschmolzener Glasrest einer **Perle** aus durchscheinendem mittel- bis kobaltblauen Glas (o. Abb.).
3. 4 Fragmente eines **Dreilagenkammes**; Form nicht mehr zu ermitteln.
5. 4 Stücke **Urnenharz**.
6. **Holzkohle**.
7. Mindestens 814 g **Leichenbrand**.

Anm.: Unter den Funden 175 g Leichenbrand ohne Beschriftung. Der unter 7. aufgeführte Leichenbrand ist auf Grund der Beschriftung sicher dem Grabkomplex zuzuweisen.

857 Grab 53 (U53) (Taf. 105)

(131,75/66,90)

,,Gut erhaltene Schale, Umbruch in der Mitte, schwarzbraun, Strich- und Punktreihen, Inhalt: Knochen ab 3/4 Höhe, keine Beigaben.'' (Thaerigen, Nordharzgruppe 19 und Taf. 2,3).

Funde nicht vorhanden; folgende Angaben nach Photo und Zeichnung.

1. **Schalenurne** Typ 9, Var. a: s-förmig profiliertes Gefäß mit tiefliegendem Umbruch; H. 12,9 cm, Br. 23,1 cm, Rdm. 20,7 cm, Bdm. 8,4 cm.

858 Grab 54 (U54) (Taf. 105)

(130,55/63,20)

,,Zerstörte kleine Kumme, dickwandig, Hals eingezogen (?), gelb-braun, Inhalt: wenig Knochenreste, keine Beigaben.'' (Thaerigen, Nordharzgruppe 19 und Taf. 6,11).

Funde nicht vorhanden; folgende Angaben nach Photo und Zeichnung.

1. **Gefäß**; Form nicht mehr zu ermitteln; Unterteil weitgehend mit Teilen des Oberteils erhalten; Br. 7,2 cm, Bdm. 3,9 cm.

859 Grab 55 (U55) (Taf. 105)

(133,70/68,20)

,,Stark zerstörte Schale, zweigliedrig, abgesetzter Rand, Umbruch in der Mitte, keine Verzierung, dunkelbraun, Inhalt: kaum Knochen, Urnenharz.'' (Thaerigen, Nordharzgruppe 19 und Taf. 1,4).

Funde nicht vorhanden; folgende Angaben nach Photo und Zeichnung.

1. **Schalenurne** Typ 17, Var. a: Gefäß mit einschwingendem Oberteil; H. 6,6 cm, Br. 14,4 cm, Rdm. 13,8 cm, Bdm. 5,4 cm.

860 Grab 56 (U56)

(128,15/63,00)

,,Zerstörte Schale, nur kleine Scherben, Harz, Knochennadel.'' (Thaerigen, Nordharzgruppe 19).

Funde nicht vorhanden.

861 Grab 57 (U57) (Taf. 105)

(130,15/62,05)

,,Am Rand beschädigte Schale, Umbruch in der Mitte, schräge Riefen am Umbruch, am unteren Teil Strichgruppen, dunkelbraun, Inhalt: Knochen, eiserner Lanzenring (?), Urnenharz.'' (Thaerigen, Nordharzgruppe 20 und Taf. 5,7; 21,12).

Funde nicht vorhanden; folgende Angaben nach Photo und Zeichnungen.

1. **Schalenurne** Typ 9, Var. a: s-förmig profiliertes Gefäß mit tiefliegendem Umbruch; H. 6,7 cm, Br. 9 cm, Rdm. 8,7 cm, Bdm. 3,3 cm.
2. **Ring**; Eisen; Dm. ca. 2,8 cm.

862 Grab 58 (U58) (Taf. 105)

(131,20/62,30)

„Inhalt: wenige kleine Knochenstückchen, vorwiegend am Boden, keine Beigaben." (Thaerigen, Nordharzgruppe 20 und Taf. 6,9).

1. **Napf** Typ 3, Var. a: engmündiger Napf; etwas ergänzt; außen geglättet; Korngröße mittel; kleine Unregelmäßigkeiten in der Form; H. 5,6 cm, Br. 8,2 cm, Rdm. 5,1 cm, Bdm. 6,3 cm.
2. 8 g **Leichenbrand**.

863 Grab 59 (U59) (Taf. 105)

(132,30/62,80)

„Zerstörte Schale, zweigliedrig, Umbruch in der Mitte, schwarz-braun, Loch mit Harzflickung, Winkelband aus Strichgruppen am Umbruch, Inhalt: Urnenharz." (Thaerigen, Nordharzgruppe 20, Abb. 40 und Taf. 5,10).

Funde nicht erhalten; folgende Angaben nach Photo und Zeichnung.

1. **Schalenurne** Typ 10, Var. a: s-förmig profiliertes Gefäß mit hochliegendem Umbruch; H. 11,7 cm, Br. 17,7 cm, Rdm. 16,5 cm, Bdm. 6,3 cm.

Anm.: Vgl. „Fensterurne".

864 Grab 60 (U60) (Taf. 106)

„Stark beschädigte Schale, Umbruch über der Mitte, graubraun, Inhalt: grobe Knochen, Knochenkamm über dem Boden." (Thaerigen, Nordharzgruppe 20 und Taf. 3,8).

Funde nicht vorhanden; folgende Angaben nach Photo und Zeichnung.

1. **Schalenurne** Typ 15, Var. a: Gefäß mit geradem, absatzlos in die Schulter übergehendem Hals und Facette; H. 12,9 cm, Br. 21,6 cm, Rdm. 18 cm, Bdm. 7,8 cm.

865 Grab 61 (U61) (Taf. 106)

(130,90/60,30)

„Wenig Knochen, keine Beigaben." (Thaerigen, Nordharzgruppe 20 und Taf. 5,4).

1. **Engmündiges Gefäß** Typ 3: beutelförmiges Gefäß; fast vollständig erhalten; außen im Oberteil poliert und im Unterteil rauh; Korngröße überwiegend fein; sorgfältig geformt und verziert, Überarbeitung im Unterteil unsorgfältig; H. 8,2 cm, Br. 12,1 cm, Rdm. 8,8 cm, Bdm. 2,5 cm (Boden nicht deutlich abgesetzt).

866 Grab 62 (U62A) (Taf. 106)

(130,80/59,85)

„Zerstörte Schale, nur kleine Scherben, daneben kleiner Becher mit abgesetztem Fuß, mit 3 winzigen Knochenstückchen." (Thaerigen, Nordharzgruppe 20 und Taf. 6,3).

Funde nicht vorhanden; folgende Angaben nach Photo und Zeichnung.

1. **Napf** Typ 1, Var. b: ungegliederter Napf; H. 4,2 cm, Br. 4,5 cm, Rdm. 4,5 cm, Bdm. 3,6 cm.

867 Grab 63 (U63) (Taf. 106)

(131,05/62,65)

„Inhalt: Knochen, Urnenharz." (Thaerigen, Nordharzgruppe 20 und Taf. 1,3).

1. **Topf** Typ 1, Var. a: Topf mit ausbiegendem Rand und ungegliedertem Oberteil; vollständig erhalten; außen im Oberteil geglättet und im Unterteil aufgerauht; Korngröße mittel; Unregelmäßigkeiten in der Form, innen gleichmäßig überarbeitet; H. 15,5 cm, Br. 21,2 cm, Rdm. 18,8 cm, Bdm. 10,7 cm.
2. **Drehscheibengefäß**; Form und Maße nicht mehr zu ermitteln; sehr wenige Scherben erhalten; hellrotbraun und hellbraun; außen rauh; Korngröße sehr fein (o. Abb.).
3. 1 zerschmolzener Glasrest einer **Perle** aus durchscheinendem kobaltblauen Glas (o. Abb.).
4. 22 — 25 Fragmente eines **Dreilagenkammes** mit dreieckigen Griffplatten; korrodierter Eisenniet: 1,1 cm L.
5. **Holzkohle**.
6. 815 g **Leichenbrand**.

868 Grab 64 (U64)

(129,70/61,25)

„Zerstörte Schale, nur wenige kleine Scherben, keine Beigaben." (Thaerigen, Nordharzgruppe 20).

Funde nicht vorhanden.

869 Grab 65 (U65) (Taf. 106)

(132,85/60,00)

„Inhalt: wenig Knochen, keine Beigaben." (Thaerigen, Nordharzgruppe 20 und Taf. 5,5).

1. **Schalenurne** Typ 9, Var. a: s-förmig profiliertes Gefäß mit tiefliegendem Umbruch; im Oberteil ergänzt; außen poliert; Korngröße sehr fein; sehr sorgfältig gearbeitet; H. 7,2 cm, Br. 11,5 cm, Rdm. 8,4 cm, Bdm. 2 cm (Boden nicht deutlich abgesetzt).
2. 1 **Scherbe** einer **Schalenurne** (?); Typ und Maße nicht mehr zu ermitteln; außen poliert; Korngröße mittel.

870 Grab 66 (U66)

(135,15/66,20)

„Stark zerstörte Schale, kleine Scherben, keine Beigaben, wenig Knochen." (Thaerigen, Nordharzgruppe 20).

Funde nicht vorhanden.

871 Grab 67 (U67) **(Taf. 106)**

(121,90/64,35)

„Feine Knochen, Urnenharz." (Thaerigen, Nordharzgruppe 20 und Taf. 3,7).

1. **Schalenurne** Typ 1, Var. a: Gefäß mit konischem Hals, abgesetzter gewölbter Schulter und rundem Umbruch; Teile von Rand und Hals fehlen; außen poliert; Korngröße sehr fein; sorgfältig gearbeitet; H. 9,2 cm, Br. 15,7 cm, Rdm. rek. 14,1 cm, Bdm. 5,6 cm.
2. 1 **Scherbe** (Splitter); außen poliert; Korngröße fein (o. Abb.).

872 Grab 68 (U68) **(Taf. 106)**

(122,05/64,40)

„Inhalt: Knochen vom Rand an, Urnenharz." (Thaerigen, Nordharzgruppe 20 und Taf. 1,8).

1. **Schalenurne** Typ 14: Gefäß mit von der Schulter durch eine Leiste abgesetztem Hals und Facette; außen ursprünglich poliert; Korngröße mittel; bis auf kleine Unregelmäßigkeiten sorgfältig gearbeitet; H. 11,6 cm, Br. 19,9 cm, Rdm. 17,6 cm, Bdm. 8 cm.
2. 5 Fragmente eines **Dreilagenkammes**; Form nicht mehr zu ermitteln; braune Verfärbungen deuten auf die Verwendung von Eisennieten.
3. **Holzkohle**.
4. 615 g **Leichenbrand**.

873 Grab 69 (U69)

(122,65/64,75)

„Zerstörte Schale, kleine Scherben, wenig Knochen, keine Beigaben." (Thaerigen, Nordharzgruppe 20).

Funde nicht vorhanden.

874 Grab 70 (U70) **(Taf. 106)**

(123,60/63,30)

„Gut erhaltene Schale, abgesetzter Rand, Umbruch über der Mitte, braun, keine Verzierung, Knochen, Urnenharz." (Thaerigen, Nordharzgruppe 20 und Taf. 2,6).

Funde nicht vorhanden; folgende Angaben nach Photo und Zeichnung.

1. **Schalenurne** Typ 6, Var. a: Gefäß mit geradem Hals und abgesetzter konischer Schulter; H. 14,1 cm, Br. 24,6 cm, Rdm. 22,8 cm, Bdm. 8,7 cm.

875 Grab 71 (U71)

(124,75/64,30)

„Stark zerstörte Schale, keine Beigaben." (Thaerigen, Nordharzgruppe 20).

Funde nicht vorhanden.

876 Grab 72 (U72)

(127,20/62,50)

„Stark zerstörte Schale, keine Beigaben." (Thaerigen, Nordharzgruppe 20).

Funde nicht vorhanden.

877 Grab 73 (U73) **(Taf. 107)**

(125,45/62,15)

„Inhalt: wenig Knochen, keine Beigaben." (Thaerigen, Nordharzgruppe 20 und Taf. 6,2).

1. **Napf** Typ 1, Var. b: ungegliederter Napf; Teile des Randes fehlen; außen körnig; Korngröße mittel; Unregelmäßigkeiten in der Form, innen sorgfältig gearbeitet; H. 7,9 cm, Br. 9,8 cm, Rdm. ca. 9,6 cm, Bdm. 8,2 cm.
2. **Holzkohle**.
3. 12 g **Leichenbrand**.

878 Grab 74 (U74) **(Taf. 107)**

(130,35/58,65)

„Gut erhaltene kleine Kumme, dunkelbraun, Inhalt: kleine Knochenstücke, keine Beigaben." (Thaerigen, Nordharzgruppe 20 und Taf. 6,7).

Funde nicht vorhanden; folgende Angaben nach Photo und Zeichnung.

1. **Kumpf** Typ 3, Var. b ; Kumpf mit breiter Standfläche; H. 7 cm, Br. 12 cm, Rdm. 11,1 cm, Bdm. 7,2 cm.

879 Grab 75 (U75) **(Taf. 107)**

(127,35/76,50)

„Inhalt: wenig Knochen, keine Beigaben." (Thaerigen, Nordharzgruppe 20 und Taf. 6,12).

1. **Napf** Typ 3, Var. a: engmündiger Napf; im Oberteil etwas ergänzt; außen geglättet; Korngröße fein; wenig sorgfältig gearbeitet; H. 5,8 cm, Br. 7 cm, Rdm. 4,7 cm, Bdm. 4,5 cm.
2. 3 g **Leichenbrand**.

880 Grab 76 (U76) **(Taf. 107)**

(128,90/75,40)

„Zerstörtes flaschenartiges Gefäß, Strichgruppen, hellgraubraun, Inhalt: wenig Knochen, keine Beigaben." (Thaerigen, Nordharzgruppe 20 und Taf. 6,13).

Funde nicht vorhanden; folgende Angaben nach Photo und Zeichnung (Abb. 29)

1. **Napf** Typ 3, Var. a: engmündiger Napf; H. 9,9 cm, Br. 10,2 cm, Rdm. 8,7 cm, Bdm. 5,1 cm.

Abb. 29 Urne 880

881 Grab 77 (U77) (Taf. 107)

(129,10/74,70)

,,Zerstörte Schale, Inhalt: Knochen schon am Rande, kleine Bronzenadel in Höhe des Umbruchs, Urnenharz.'' (Thaerigen, Nordharzgruppe 20 und Taf. 22,15).

Von den Funden nur die Nadel vorhanden.

1. **Bronzenadel** mit winklig umgebogenem Kopf; L. 5 cm.

882 Grab 78 (U78) (Taf. 107)

(131,85/75,60)

,,Inhalt: Knochen, keine Beigaben.'' (Thaerigen, Nordharzgruppe 20 und Taf. 2,8).

1. **Schalenurne** Typ 10, Var. a: s-förmig profiliertes Gefäß mit hochliegendem Umbruch; insgesamt mit 4 Knubben und 4 Feldern verziert; zwei Drittel des Halses mit Rand und Teilen der Schulter mit Umbruch fehlen; außen ursprünglich poliert; Korngröße mittel; sorgfältig gearbeitet; H. 15,9 cm, Br. 24,1 cm, Rdm. rek. 21,4 cm, Bdm. 8 cm.
2. **Holzkohle.**
3. Ca. 1125 g **Leichenbrand.**

883 Grab 79 (U79) (Taf. 107)

(131,15/73,40)

,,Dünnwandige Schale, abgesetzter Rand, schmutzig braungelb flammig, Inhalt: neben Leichenbrand Stück vom Knochenkamm, Urnenharz.'' (Thaerigen, Nordharzgruppe 20 und Taf. 3,3).

Funde nicht vorhanden; folgende Angaben nach Photo und Zeichnung.

1. **Schalenurne** Typ 6, Var. a: Gefäß mit geradem Hals und abgesetzter konischer Schulter; H. 12 cm, Br. 21 cm, Rdm. 20,1 cm, Bdm. 8,4 cm.

884 Grab 80 (U80)

(132,20/72,85)

,,Reste einer kleinen Schale, nur kleine Scherben, keine Beigaben.'' (Thaerigen, Nordharzgruppe 20).

Funde nicht vorhanden.

885 Grab 81 (U81)

(136,70/67,60)

,,Reste einer Kumme, nur Unterteil, Schädelknochen liegen zusammen, winziges Stück Urnenharz.'' (Thaerigen, Nordharzgruppe 20).

Funde nicht vorhanden.

Nicht zuweisbare Funde der Grabung 1937

886 (Taf. 107)

1. **Eisennadel** (nach Thaerigen, Nordharzgruppe Taf. 22,16).

887 (Taf. 107)

1. **Eisennadel** mit winklig umgebogenem Kopf (nach Thaerigen, Nordharzgruppe Taf. 22,17).

888 (Taf. 107)

1. **Eisennadel** (nach Thaerigen, Nordharzgruppe Taf. 22,18).

889 (Taf. 107)

1. **Eisennadel** (nach Thaerigen, Nordharzgruppe Taf. 22,19).

890 (Taf. 107)

1. **Knochennadel** mit Kopf aus Wulst und halbkugeligem Kopfabschluß (nach Thaerigen, Nordharzgruppe Taf. 22,11).

891 (Taf. 107)

1. **Knochennadel** mit halbkugeligem Kopfabschluß (nach Thaerigen, Nordharzgruppe Taf. 22,12).

892 (Taf. 107)

1. 1 Fragment einer **Knochennadel;** erh. L. 10,2 cm, St. 0,5 cm.

893 (Taf. 107)

1. 1 Fragment einer **Knochennadel;** erh. L. 4,2 cm, St. 0,2 — 0,5 cm.

894 (Taf. 108)

1. 1 gedrückt kugelige **Perle** aus undurchsichtigem schwarzen Glas.

895

1. 2 zerschmolzene Glasreste von 1 bis 2 **Perlen** aus undurchsichtigem schwarzen Glas (o. Abb.).

896

1. 4 zerschmolzene Glasreste von vier **Perlen** aus durchscheinendem kobaltblauen Glas (o. Abb.).

897

1. 1 zerschmolzener Glasrest einer **Perle** aus undurchsichtigem roten Glas (o. Abb.).

898

1. 1 zerschmolzener Glasrest einer mehrfarbigen **Perle** aus undurchsichtigem gelben, rötlichen und grünen (?) Glas (o. Abb.).

899

1. 2 zerschmolzene Glasreste von 1 bis 2 **Mosaikperlen** aus undurchsichtigen gelben, weißen, roten, dunklen und durchsichtigen grünen Glasstäbchen (o. Abb.).

900 (Taf. 108)

1. 1 Fragment eines **Dreilagenkammes** mit dreieckigen Griffplatten und Kreisaugenverzierung (nach Thaerigen, Nordharzgruppe Taf. 23,5).

901 (Taf. 108)

1. 2 Fragmente eines **Dreilagenkammes** mit Linienverzierung; Form nicht mehr zu ermitteln (nach Thaerigen, Nordharzgruppe Taf. 23,7).

902 (Taf. 108)

1. **Gürtelverstärkung** aus einem vermutlich rechteckigen Bronzeblechstreifen; jeweils 1 Niet an den Schmalseiten; mit Kerben und Linien verziert (nach Thaerigen, Nordharzgruppe Taf. 21,4).

903

1. 40 Stücke oder Bruchstücke **Urnenharz**: drei Stücke mit Feuerspuren.

904

1. **Holzkohle.**

Alte Grabungen

905 Aus Urne Haberland 1 (Taf. 108)

1. 1 **Scherbe** einer **Schalenurne** Typ 1: Gefäß mit konischem (?) Hals, abgesetzter gewölbter Schulter und rundem Umbruch; Variante nicht mehr zu ermitteln; außen glänzend poliert; Korngröße mittel und etwas grob; Br. ca. 25 cm; rekonstruiert.

2. **Schalenurne** Typ 15/16: Gefäß mit absatzlos in die Schulter übergehendem Hals und Facette; Form des Halses und Variante nicht mehr zu ermitteln; wenige Scherben erhalten; außen poliert; Korngröße fein; Br. ca. 22 cm; rekonstruiert.

3. **Schalenurne** Typ 2: Gefäß mit geradem Hals, abgesetzter gewölbter Schulter und rundem Umbruch; Variante nicht mehr zu ermitteln; ca. ein Viertel des Oberteils mit Teilen des Unterteils erhalten; außen poliert; Korngröße grob; Br. ca. 25 cm, Rdm. ca. 23 cm; rekonstruiert.

Anm.: Zu 2. vgl. Urne 230.

906 Urne 2 Haberland (Taf. 108)

1. **Kumpf;** Typ nicht mehr zu ermitteln; Boden mit Teilen der Wandung und Einzelscherben erhalten; außen und innen geglättet; Korngröße grob; ohne Abnutzungsspuren; Bdm. 6,3 cm; rekonstruiert.

907 Grab 2 (Taf. 108)

September 1954 geborgen.

Im Sand.

1. **Schalenurne** Typ 4, Var a: Gefäß mit geradem Hals, abgesetzter gewölbter Schulter und kantigem Umbruch; ursprünglich mit 4 (?) Sparren (2 erhalten) verziert; weitgehend erhalten; außen poliert; Korngröße mittel; (ohne Abnutzungsspuren); bis auf kleine Unregelmäßigkeiten sorgfältig gearbeitet; H. 10,7 cm, Br. 16 cm, Rdm. 14,4 cm, Bdm. 6,6 cm.
2. 1 zerbrochenes Stück **Urnenharz** mit Zahnabdruck.

Museum Helmstedt; Inv.-Nr. HE 3467

908 Urne 2 (Taf. 108)

1955 geborgen.

1. **Schalenurne** Typ 18, Var a: Gefäß mit konischem Oberteil; bis auf die Hälfte des Randes mit Teilen des Oberteils vollständig erhalten; außen poliert; Korngröße sehr fein; sorgfältig gearbeitet; H. 8,5 cm, Br. 13 cm, Rdm. rek. 11,7 cm, Bdm. 5,9 cm.

Museum Helmstedt; Inv.-Nr. HE 3461

909 Urne 3 Haberland (Taf. 108)

1. **Kumpf** Typ 3, Var. b: Kumpf mit breiter Standfläche; fast vollständig erhalten; außen rauh; Korngröße mittel; einige Unregelmäßigkeiten in der Form, Überarbeitung flüchtig; H. 6,3 cm, Br. 9,1 cm, Rdm. 7,8 cm, Bdm. 8 cm.

Museum Helmstedt

910 Pfingstberg Urne Nr. 3

,,1/2 natürl. Gr. Zu 4/5 erhalten. Aus unregelmäßigen Wülsten zusammengesetzt. Aschenbrand. Ort des Fundes nicht mehr bekannt.

Höhe: 4 1/2 : 2 : 1 1/2. Breite: 11 : 21 : 18 cm.

Hellbrauner, ins Gelblich gehender Ton. Sehr hart gebrannt, ohne Bindestein. Dickwandig.''

Funde nicht vorhanden; folgende Angaben nach Skizze (Abb. 30).

1. **Schalenurne** Typ 10, Var. a: s-förmig profiliertes **Gefäß** mit hochliegendem Umbruch; H. ca. 8,5 cm, Br. ca. 21 cm, Rdm. ca. 17 — 18 cm, Bdm. ca. 11 cm.

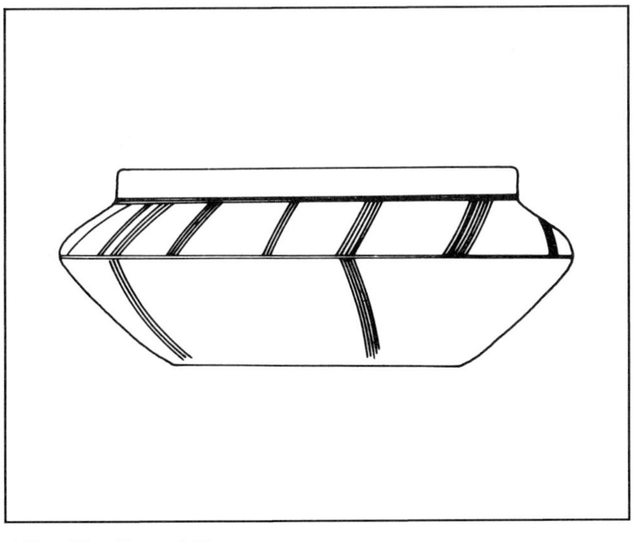

Abb. 30 Urne 910

911 Urne 3 (Taf. 108)

1. **Schalenurne** Typ 17, Var. a: Gefäß mit einschwingendem Oberteil; ca. zu einem Drittel erhalten; außen glänzend poliert; Korngröße sehr fein bis fein; sehr sorgfältig gearbeitet; H. 8,4 cm, Br. ca. 17,5 cm, Rdm. ca. 16,7 cm, Bdm. 6,2 cm.

Museum Helmstedt; Inv.-Nr. HE 3722

912 Pfingstberg Urne Nr. 4

,,Natürliche Größe. Ganze obere Teil fehlt.

Ort: Südfuß, am Durchbruch. Aschenbrand.

Braun-rötl. Ton. Außen und innen mit glasurartigem Überzug, der blättert. Hart gebrannt. Mit schmalem Holzstäbchen geglättet.

Stabverzierungen sehr flach.

Boden 5, erhaltene Breite 12 cm.''

Funde nicht vorhanden; folgende Angaben nach Skizze (Abb. 31).

1. **Gefäß**; Form nicht mehr zu ermitteln; Bdm. ca. 5,5 cm.

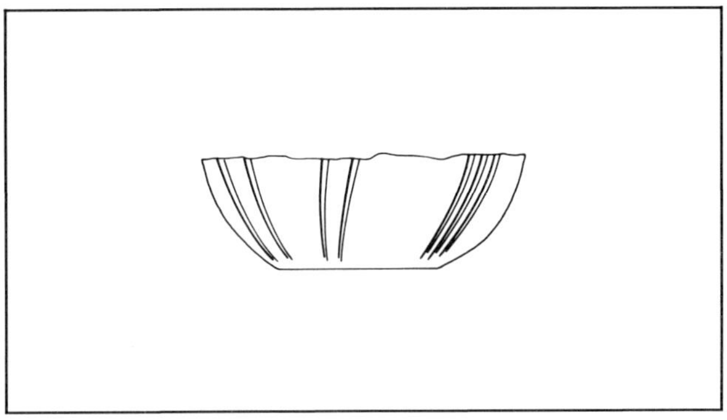

Abb. 31 Urne 912

913 Urne 4 (Taf. 108)

Pfingstberg West.

1955 geborgen.

,,Wenig Leichenbrand (Kind ?).''

1. **Schalenurne**; Typ nicht mehr zu ermitteln; weite Teile des Unterteils und ein Viertel des Umbruchs mit Teilen der Schulter erhalten; außen poliert; Korngröße fein; kleine Unregelmäßigkeiten in der Form; Br. rek. 16,2 cm, Bdm. 6 cm.
2. Wenig **Leichenbrand**.

Museum Helmstedt

914 Urne Haberland 5 (Taf. 108)

1. **Kumpf** Typ 3, Var. b: Kumpf mit breiter Standfläche; ursprüngliche Zahl der Knubben nicht mehr zu ermitteln; knapp zur Hälfte erhalten; außen rauh, innen geglättet; Korngröße grob; H. 9,3 cm, Br. 13,6 cm, Rdm. rek. 12,2 cm, Bdm. 8,8 cm; rekonstruiert.

915 Urne 5 ? (Taf. 109)

Von Studienrat Siebers 1955 in der Nähe der zuvor gefundenen vier Urnen am ,,unteren Teil des Westrandes'' geborgen.

1. **Schalenurne** Typ 3: Gefäß mit konischem Hals, abgesetzter gewölbter Schulter und kantigem Umbruch; bis auf die Hälfte des Randes mit Teilen des Oberteils vollständig erhalten; außen körnig; Korngröße mittel; sorgfältig gearbeitet, innen sorgfältig überarbeitet; H. 14,1 cm, Br. 22,4 cm, Rdm. 21 cm, Bdm. 8,9 cm.

2. **Fibel**; nach der Skizze (Abb. 32) handelt es sich um eine fragmentiert erhaltene kleine Scheibenfibel mit hohem Nadelhalter.

1.: Museum Helmstedt; Inv.-Nr. HE 3466

2.: Privatbesitz

Abb. 32 Fibel 915. M. 1:1.

916 Urne 6 aus dem Heimatmuseum (Taf. 109)

1. **Schalenurne**; Typ nicht mehr zu ermitteln; Unterteil weitgehend mit Ansatz des Bodens und Teilen der Schulter erhalten; außen poliert; Korngröße mittel; sorgfältig gearbeitet; Br. rek. 24,6 cm, Bdm. ca. 10 cm; rekonstruiert.
2. 1 **Scherbe**; außen poliert; Korngröße fein.

917 Pfingstberg Urne Nr. 11

„Süd-Fuß.

Aschenbrand.

Hellbraun u. schwärzlich (mit kl. Steinchen).

Rand des Bodens erst etwas eingezogen, dann leicht wulstig.

Boden 7 1/2, oberer Rand 11, Höhe 6 cm."

Funde nicht vorhanden; folgende Angaben nach Skizze (Abb. 33).

1. **Napf** Typ 1, Var. b: ungegliederter Napf; H. ca. 6 cm, Br. = Rdm. ca. 11 cm, Bdm. ca. 6,8 cm.

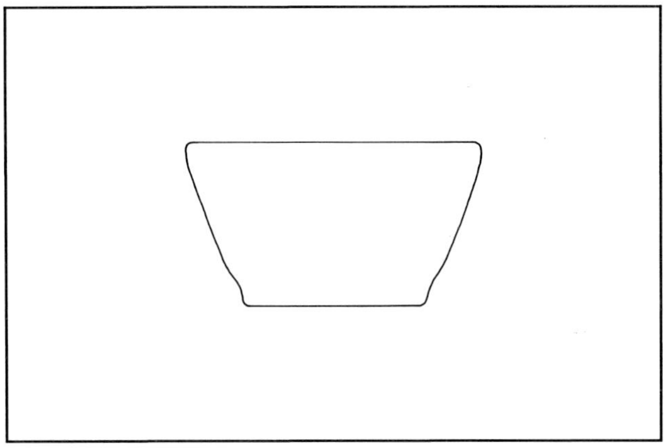

Abb. 33 Urne 917

918 Pfingstberg Urne Nr. 12 (Taf. 109)

„Südabhang?"

1. **Engmündiges Gefäß** Typ 2: vasenförmiges Gefäß mit s-förmigem Profil; außen poliert; Korngröße mittel; Rdm. ca. 9 cm; rekonstruiert.

919 Pfingstberg Urne Nr. 14

„Süd, vermutl. Aschenbrand.

Hellbraun, hart gebrannt. Ohne Verzierung. Glatt."

Funde nicht vorhanden; folgende Angaben nach Skizze (Abb. 34).

1. **Gefäß**; Form nicht mehr zu ermitteln; Bdm. ca. 7 cm.

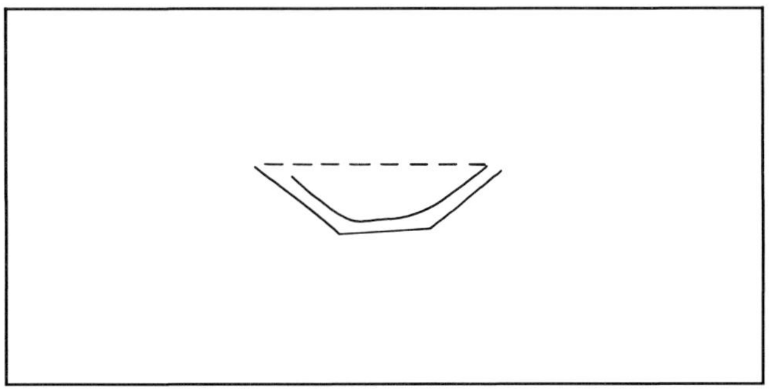

Abb. 34 Urne 919

920 Urne 15 (Taf. 109)

1. **Schüssel** Typ 1: ungegliederte Schüssel; insgesamt mit 4 Knubben verziert; fast vollständig erhalten; außen geglättet; Korngröße grob; bis auf Unregelmäßigkeiten in der Form gleichmäßig gearbeitet; H. 15,1 cm, Br. 23,5 cm, Rdm. 22,3 cm, Bdm. 9,4 cm.

Museum Helmstedt; Inv.-Nr. HE 4970

921 Pfingstberg Urne Nr. 15

„Süd. Wohl Aschenbrand.

Erhalten: kleines Randstück und Wulst einer Seitenwand.

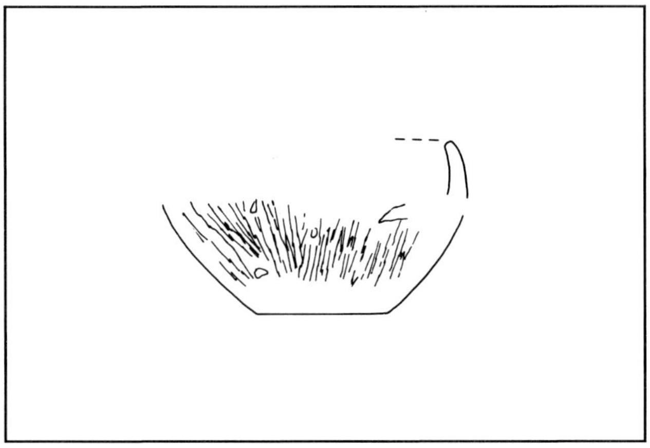

Abb. 35 Urne 921

Falls 2 Wülste übereinander lagen, Urne so groß wie durch Rot (gestrichelte Linie) bezeichnet.

Hellgelb-rötlich. Hart gebrannt.

Gerauht (Bürstenstrich), innen glatt. Rauhung mit Höckern.

Boden (nicht erhalten) 4 1/2, erhaltene Breite 11, erhaltene Höhe 4 1/2."

Funde nicht vorhanden; folgende Angaben nach Skizze (Abb. 35).

1. **Kumpf**; Typ nicht mehr zu ermitteln; Bdm. ca. 4,8 cm.

922 Pfingstberg Urne Nr. 18

„Süd, nach oben zu.

Außen bräunlich, innen schwarz (nicht so glatt wie Nr. 6 [nicht vorhanden]). Material wie Nr. 6.

Erhalten nur unterer Teil mit Bodenstück.

Boden 7 1/2, größte Breite 13, erhaltene Höhe 4 cm.

Die Verzierung setzt direkt unter der Waagerechten an."

Funde nicht vorhanden; folgende Angaben nach Skizze (Abb. 36).

1. **Schalenurne**; Typ nicht mehr zu ermitteln (Maße nicht zu ermitteln, da Zeichnung nicht die o. g. Maße wiedergibt).

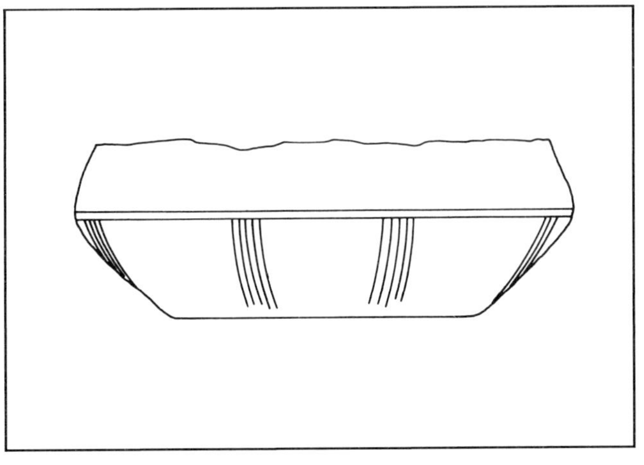

Abb. 36 Urne 922

923 Pfingstberg Urne Nr. 19 (Taf. 109)

„Ort: Haupthöhe (Stelle der Bronze). Aschenbrand . . .

Im Boden vielleicht stempelartiges Zeichen (angedeutet !) . . ."

1. 1 **Scherbe** einer **Schalenurne** Typ 18: Gefäß mit konischem Oberteil; Variante nicht mehr zu ermitteln; außen poliert; Korngröße fein; erhalten; Br. ca. 22 cm, Rdm. ca. 20 cm; rekonstruiert.

924 Pfingstberg Urne Nr. 20

„Süd, Abhang. Schwarz-bräunlich, etwas glänzend.

Erhalten: Stück Rand und Stück bis Brust, Rand 12 cm (?), Breite (erhalten) 17 cm.

Verzierung von Hals ab: 1) Linie 2) Wulst (bandartig gekerbt) 3) zwei Linien 4) Wulst mit Muster. Der nicht gestrichelte Teil des Stückes tritt weit wulstartig hervor."

Funde nicht vorhanden; folgende Angaben nach Skizze (Abb. 37).

1. **Engmündiges Gefäß?**

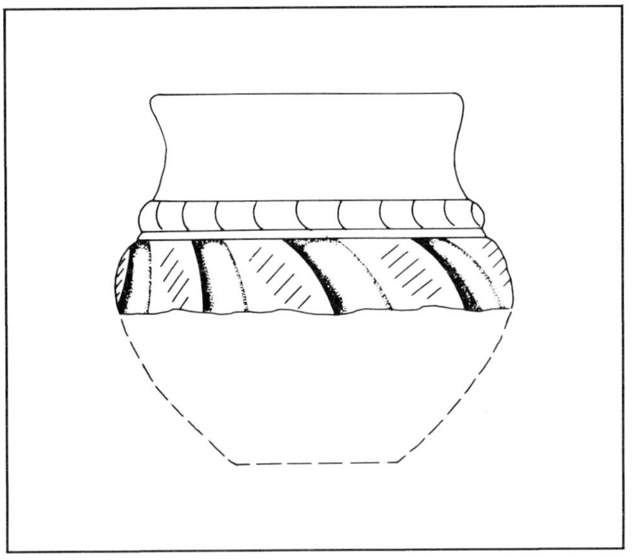

Abb. 37 Urne 924

925 Pfingstberg Urne Nr. 21 (Taf. 109)

„Süd, Kuppe (Mitte)."

1. **Schalenurne** Typ 16, Var. a: Gefäß mit einschwingendem Hals und Facette; zwei Drittel des Oberteils sowie Boden mit Teilen der aufgehenden Wandung erhalten; außen poliert; Korngröße fein; sorgfältig überarbeitet; H. rek. 12,2 cm, Br. rek. 19,6 cm, Rdm. 19,7 cm, Bdm. 9 cm; rekonstruiert.

926 Pfingstberg Urne Nr. 22

„Südhang. Hell- bis dunkelbraun. Poliert, so daß glasurähnlicher Glanz. Hart gebrannt.

Aus Wülsten zusammengesetzt. Boden auch in Wülsten.

Boden 7 1/2, Rand 19, Höhe 7 1/2."

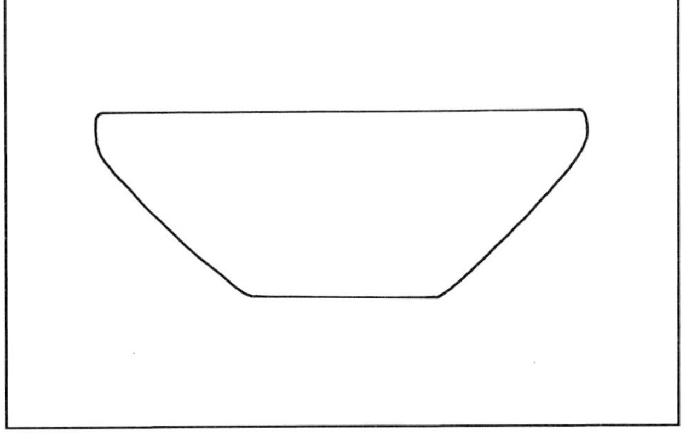

Abb. 38 Urne 926

Funde nicht vorhanden; folgende Angaben nach Skizze (Abb. 38).

1. **Schale** (Maße nicht zu ermitteln, da Zeichnung nicht die o.g. Maße wiedergibt).

927 Pfingstberg Urne Nr. 23

,,Erhalten 3 Bodenränder, kleine Scherben.

Weißlich-grau, innen bräunlich. Etwas glasiert. Boden unten eingezogen. Hart gebrannt.

Südhang.

Das dabei liegende Randstück: innen tiefschwarz, flache Linien. Daher nicht dazugehörend.''

Funde nicht vorhanden; folgende Angaben nach Skizze (Abb. 39).

1. **Gefäß**; Form nicht mehr zu ermitteln.

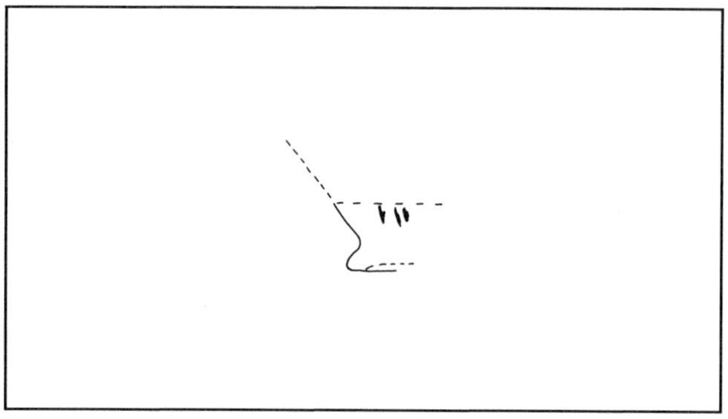

Abb. 39 Urne 927

928 Pfingstberg Urne Nr. 25 (Taf. 109)

,,Aschenbrand. Stelle der Urne Nr. 11. Rotbräunlich.

Erhalten Seitenstück bis Umbruch mit kleinem Bodenansatz.

Erhalten einzelne Stücke des Umbruchs.

1929. Stelle der Bronze.''

1. **Schalenurne**, Typ nicht mehr zu ermitteln; sehr wenige Scherben erhalten; außen körnig; Korngröße mittel; Br. ca. 19 cm, Bdm. max. 9 — 10 cm (innen ist der Ansatz erhalten); rekonstruiert.
2. 50 g **Leichenbrand**.

929 Urne 3310 (Taf. 110)

1935 beim Sandabbau in einer Tiefe von ca. 0,50 m gefunden.

,,Beim Durchsieben des Inhalts wurde aber noch der Abdruck einer länglichen Perle gefunden, die abhanden gekommen sein muß.'' (Thaerigen, Nordharzgruppe 14)

1. **Schalenurne** Typ 4, Var. a: Gefäß mit geradem Hals, abgesetzter gewölbter Schulter und kantigem Umbruch; fast vollständig erhalten; außen poliert; Korngröße fein; Form und Verzierung gleichmäßig, Überarbeitung weniger sorgfältig; H. 13,4 cm, Br. 21,6 cm, Rdm. 19 cm, Bdm. 8,3 cm.
2. 1 Stück **Urnenharz**.
3. **Holzkohle**.
4. Ca. 280 g **Leichenbrand**.

930 Aus dem Heimatmuseum (Taf. 109)

1. **Schalenurne** Typ 18, Var. a: Gefäß mit konischem Oberteil; ca. drei Viertel des Gefäßes erhalten; außen poliert; Korngröße mittel; bis auf kleine Unregelmäßigkeiten sorgfältig gearbeitet; H. 7,3 cm, Br. rek. 12,8 cm, Rdm. rek. 11,4 cm, Bdm. 5,2 cm; rekonstruiert.

931 Alte Grabung (Taf. 110)

1. **Schalenurne** Typ 15/16: Gefäß mit absatzlos in die Schulter übergehendem Hals und Facette; Form des Halses, Variante und Maße nicht mehr zu ermitteln; wenige Scherben erhalten; außen poliert; Korngröße sehr fein; rekonstruiert.

932 (Taf. 110)

1. **Schalenurne**; Typ nicht mehr zu ermitteln; Unterteil weitgehend mit Teilen von Umbruch und Schulter mit Halsansatz erhalten; außen poliert; Korngröße fein; Br. 17,9 cm, Bdm. 8,4 cm.
2. **Bronzedraht** mit rundem bis ovalem Querschnitt; St. 0,26 — 0,31 cm.

Museum Helmstedt; Inv.-Nr. HE 3464

933 (Taf. 110)

1. **Schalenurne**; Typ nicht mehr zu ermitteln; Unterteil weitgehend mit zwei Dritteln der Schulter und Teilen des Halses erhalten; außen poliert; Korngröße mittel; Form und Überarbeitung bis auf kleine Unregelmäßigkeiten gleichmäßig, Verzierung sehr unsorgfältig, im Unterteil sorgfältiger als im Oberteil gearbeitet; Br. 25,5 cm, Bdm. 8,5 cm.

Museum Helmstedt; Inv.-Nr. HE 3468

934 (Taf. 110)

1. **Schalenurne** Typ 8, Var. a: Gefäß mit einschwingendem, absatzlos in die Schulter übergehendem Hals und kantigem Umbruch; ursprünglich mit Henkel versehen; fast vollständig erhalten; außen poliert; Korngröße mittel und grob; Unregelmäßigkeiten in Form und Verzierung; Überarbeitung sorgfältig; H. 8,2 — 9,1 cm, Br. 12 cm, Rdm. 11,1 cm, Bdm. 5 cm.

Museum Helmstedt; Inv.-Nr. HE 4967

935 (Taf. 110)

1. **Schalenurne** Typ 10, Var. a: s-förmig profiliertes Gefäß mit hochliegendem Umbruch; ca. die Hälfte des Unterteils und ein Fünftel des Oberteils erhalten; außen Wandung poliert und Boden rauh; Korngröße fein; bis auf

kleine Unregelmäßigkeiten in der Verzierung sorgfältig gearbeitet; H. 9 cm, Br. 15 cm, Rdm. rek. 12,6 cm, Bdm. 7,2 cm.

Museum Helmstedt

Lit.: Thaerigen, Nordharzgruppe Taf. 10,10.

936

,,Kummengefäß, Fingereindrücke in einer Reihe an der größten Weite umlaufend, rauhe Oberfläche, braun." (Thaerigen, Nordharzgruppe 13).

Funde nicht vorhanden.

937 H 91 (Taf. 110)

,,Kleines Schalengefäß, scharfer Umbruch, abgesetzter Rand, Hals einziehend, Unterteil ausgerundet, mit Strichgruppen vom Umbruch zum Boden, darüber ausgefüllte Dreiecke bis zur Einschnürung des Halses, schwarz." (Thaerigen, Nordharzgruppe 13).

Funde nicht vorhanden; folgende Angaben nach Photo (Thaerigen, Nordharzgruppe Taf. 14,10).

1. **Schalenurne** Typ 18, Var. a: Gefäß mit konischem Oberteil; H. ca. 6 cm, Br. ca. 9,5 cm, Rdm. ca. 7,5 cm, Bodendurchmesser nicht mehr zu ermitteln.

938 H 92 (Taf. 110)

1. **Schalenurne** Typ 13, Var. a: Gefäß mit abgesetztem Hals und Facette; ca. ein Drittel des Oberteils fehlt; außen poliert; Korngröße fein; sorgfältig gearbeitet; H. 12,8 cm, Br. 21,6 cm, Rdm. rek. 19,6 cm, Bdm. 7,4 cm.

Museum Helmstedt; Inv.-Nr. HE 3460

Lit.: Thaerigen, Nordharzgruppe 13 und Taf. 12,11.

939 H 93 (Taf. 110)

,,Schalengefäß, ausladender Rand, Umbruch über der Mitte, braun, keine Verzierung." (Thaerigen, Nordharzgruppe 13).

Funde nicht vorhanden; folgende Angaben nach Photo (Thaerigen, Nordharzgruppe Taf. 10,2).

1. **Schalenurne** Typ 10, Var. a: s-förmig profiliertes Gefäß mit hochliegendem Umbruch; H. ca. 17,4 cm, Br. ca. 21,3 cm, Rdm. ca. 19,5 cm, Bdm. ca. 7,6 cm.

940 H 94 (Taf. 111)

1. **Schalenurne** Typ 15, Var. a: Gefäß mit geradem, absatzlos in die Schulter übergehendem Hals und Facette; insgesamt ein Viertel des Oberteils fehlt; außen poliert; Korngröße fein und mittel; gleichmäßig geformt, Verzierung z.T. unsorgfältig, Überarbeitung innen sorgfältiger als außen; H. 12,3 cm, Br. 18,5 cm, Rdm. 16,9 cm, Bdm. 7 cm.

Museum Helmstedt

Lit.: Thaerigen, Nordharzgruppe 13 und Taf. 12,10.

941 H 95 (Taf. 111)

,,Fuß-Schale, stark beschädigt, ausladender Hals, stark profiliert, am Umbruch umlaufende Riefen." (Thaerigen, Nordharzgruppe 13).

Funde nicht vorhanden; folgende Angaben nach Photo (Thaerigen, Nordharzgruppe Taf. 13,1).

1. **Schalenurne** Typ 12, Var. b: Gefäß mit absatzlos in die profilierte Schulter übergehendem Hals; H. ca. 13,5 cm, Br. ca. 18 cm, Rdm. ca. 16 cm, Bdm. ca. 8 cm.

942 H 96

,,Kummengefäß, stark beschädigt, wie 90." (Thaerigen, Nordharzgruppe 13).

Funde nicht vorhanden.

943 H 97 (Taf. 111)

,,Schalengefäß, Umbruch in Höhe der Mitte, Hals ausladend, kein abgesetzter Rand, keine Verzierung, rauhe Oberfläche, braun." (Thaerigen, Nordharzgruppe 13).

Funde nicht vorhanden; folgende Angaben nach Photo (Thaerigen, Nordharzgruppe Taf. 11,8).

1. **Schalenurne** Typ 9, Var. a: s-förmig profiliertes Gefäß mit tiefliegendem Umbruch; H. ca. 10,5 cm, Br. ca. 15 cm, Rdm. ca. 15 cm, Bdm. ca. 7,5.

944 H 98 (Taf. 111)

,,Kleines Schalengefäß, Umbruch in der Mitte, Hals einziehend, keine Verzierung, braun." (Thaerigen, Nordharzgruppe 13).

Funde nicht vorhanden; folgende Angaben nach Photo (Thaerigen, Nordharzgruppe Taf. 11,7).

1. **Schalenurne** Typ 8, Var a.: Gefäß mit einschwingendem, absatzlos in die Schulter übergehendem Hals und kantigem Umbruch; H. ca. 8 cm, Br. ca. 10,5 cm.

945 H 99 (Taf. 111)

1. **Schalenurne** Typ 17, Var. b: Gefäß mit einschwingendem Oberteil; fast vollständig erhalten; außen im Oberteil poliert und im Unterteil körnig; Korngröße fein; Unregelmäßigkeiten in der Form, vor allem im Unterteil wenig sorgfältig und innen sorgfältiger als außen überarbeitet; H. 6,8 cm, Br. 12,6 cm, Rdm. 12,3 cm, Bdm. 6,8 cm.

Museum Helmstedt; Inv.-Nr. HE 4968

Lit.: Thaerigen, Nordharzgruppe 13 und Taf. 13,9.

946 H 100

,,Kummengefäß, Verzierung und Farbe wie 90, äußere Wandung mit Besenstrich." (Thaerigen, Nordharzgruppe 14).

Funde nicht vorhanden.

947 H 101 (Taf. 111)

„Stark profilierte Fuß-Schale, abgesetzter Rand, umlaufende Riefen mit Punktgruppen, dunkelbraun, Umbruch unter der Mitte der Gesamthöhe." (Thaerigen, Nordharzgruppe 13).

Funde nicht vorhanden; folgende Angaben nach Photo (Thaerigen, Nordharzgruppe Taf. 13,10).

1. **Schalenurne** Typ 16, Var. a: Gefäß mit einschwingendem Hals und Facette; H. ca. 15 cm, Br. ca. 19,5 cm, Rdm. ca. 16,5 cm, Bdm. ca. 8 cm.

948 H 102 (Taf. 111)

„Stark beschädigtes Schalengefäß, scharfer Umbruch über der Mitte, am Umbruch umlaufende Riefen, desgleichen an der Einschnürung des Halses, dazwischen einige schräglaufende Strichgruppen als Verbindung, schwarz." (Thaerigen, Nordharzgruppe 13).

Funde nicht vorhanden; folgende Angaben nach Photo (Thaerigen, Nordharzgruppe Taf. 5,11; 12,12).

1. **Schalenurne** Typ 6, Var. a: Gefäß mit geradem bis schwach trichterförmigem Hals und abgesetzter konischer Schulter; H. ca. 14 cm, Br. ca. 18 cm, Rdm ca. 15 cm, Bdm. nicht mehr zu ermitteln.

949 H 103

„Kummengefäß mit stark einziehendem Rand, abgesetzter Fuß, keine Verzierung, braun." (Thaerigen, Nordharzgruppe 14).

Funde nicht vorhanden.

950 (Taf. 111)

1. **Becher**; oberer Teil nicht erhalten; außen poliert, innen geglättet; Korngröße mittel; erh. H. 7,7 cm, Bdm. 4,4 cm.

951 (Taf. 111)

1. **Schalenurne**; Typ nicht mehr zu ermitteln; wenige Scherben erhalten; außen poliert; Korngröße mittel; Br. rek. 18,4 cm, Bdm. 5,4 cm; rekonstruiert.
2. **Gefäß**; Form und Maße nicht mehr zu ermitteln; wenige Scherben erhalten; außen poliert; Korngröße fein; Datierung fraglich (o. Abb.).

952 (Taf. 111)

1. **Schalenurne** Typ 1: Gefäß mit konischem Hals, abgesetzter gewölbter Schulter und rundem Umbruch; Variante nicht mehr zu ermitteln; sehr wenige Scherben erhalten; außen glänzend poliert; Korngröße fein; sorgfältig gearbeitet; Br. ca. 23 cm; rekonstruiert.

953 (Taf. 111)

1. **Kumpf** Typ 3, Var. a: Kumpf mit breiter Standfläche; insgesamt mit mindestens 11 unregelmäßig angebrachten Fingerkniffen verziert; Teile von Boden und Wandung fehlen; außen aufgerauht und im Randbereich geglättet, innen rauh; Korngröße mittel; H. 9,2 cm, Br. 14,1 cm, Rdm. 12,1 cm, Bdm. 8,7 cm.

Karten

Karte 1

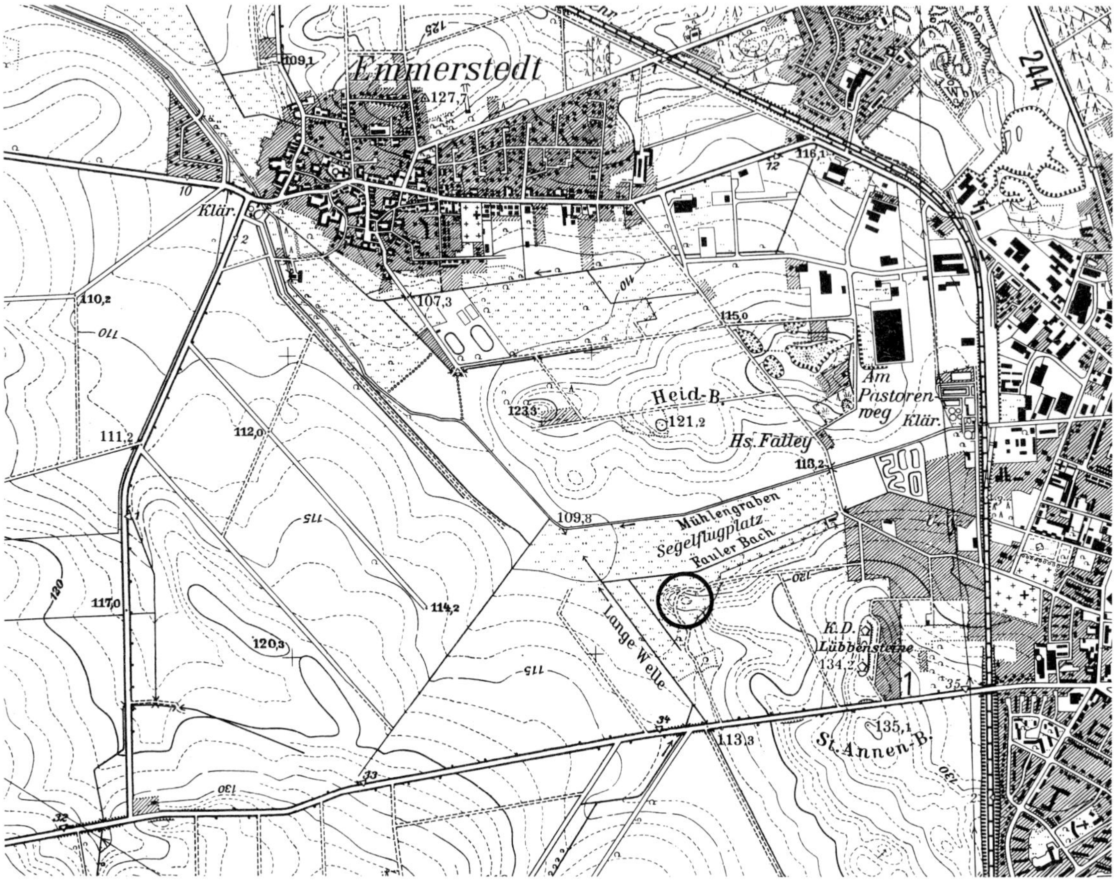

Kartengrundlage: Topographische Karte 1:25 000, 3731 (1986). Vervielfältigt mit Erlaubnis des Herausgebers: Niedersächsisches Landesverwaltungsamt — Landvermessung — B 5 275/89.

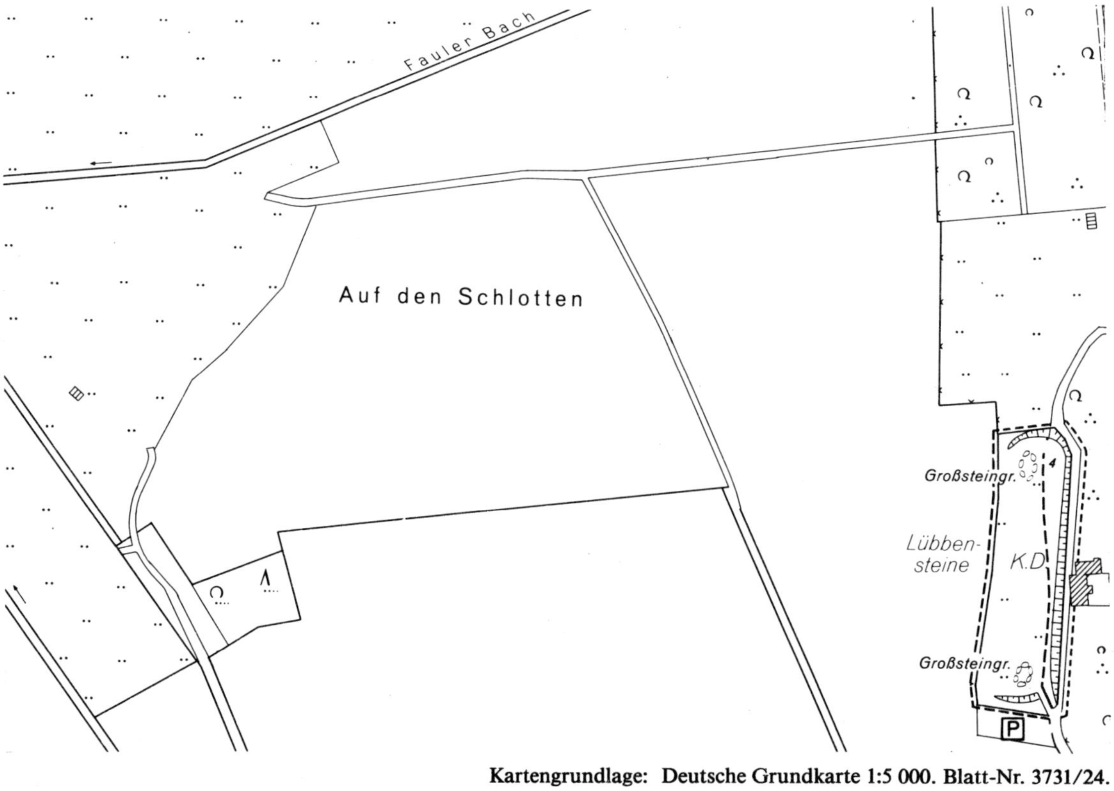

Kartengrundlage: Deutsche Grundkarte 1:5 000. Blatt-Nr. 3731/24. Vervielfältigt mit Erlaubnis des Herausgebers: Katasteramt Helmstedt. Az.: AK 226/88. Helmstedt, 7. 10. 88.

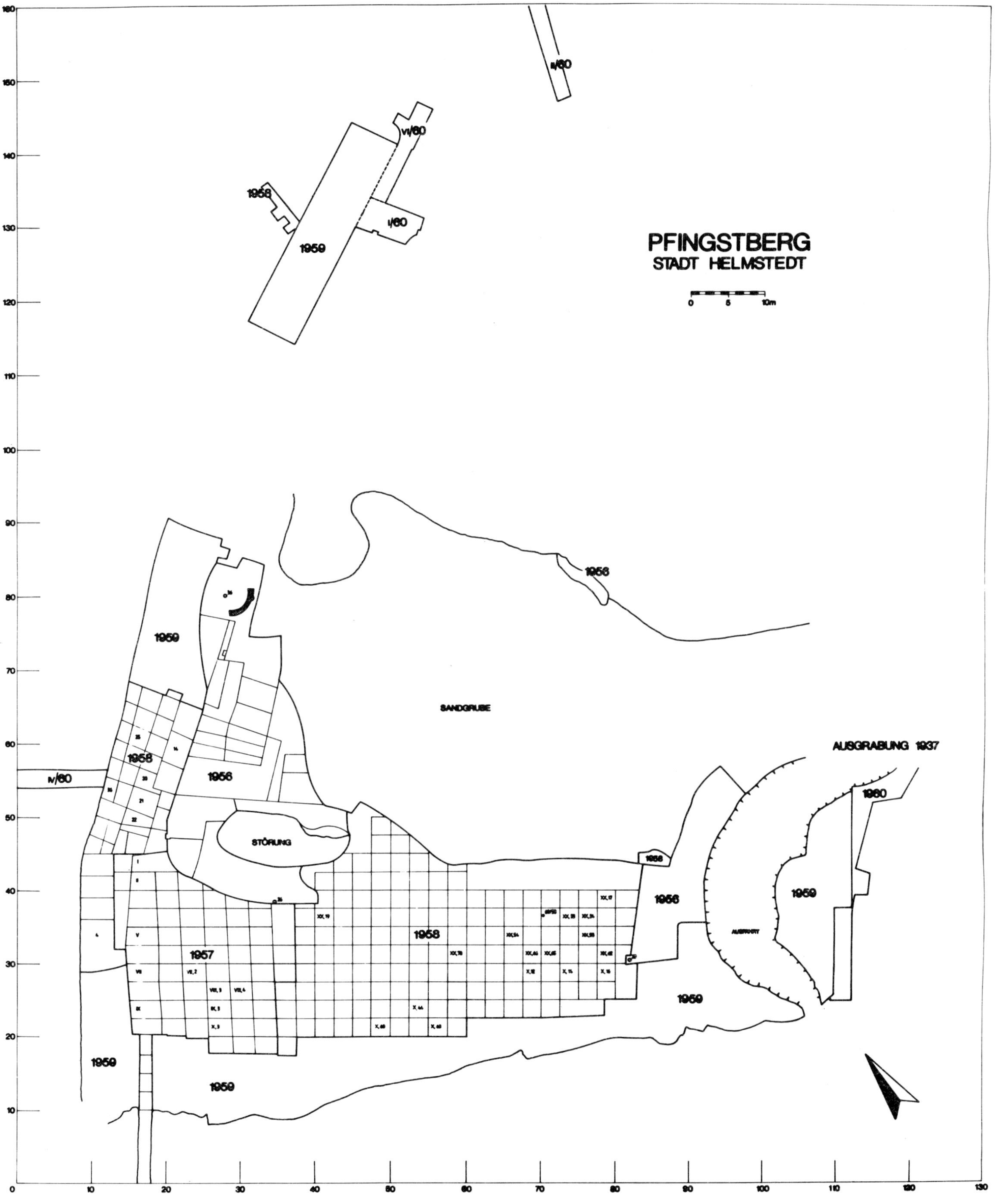
PFINGSTBERG
STADT HELMSTEDT
0 5 10m
II/60
VI/60
1956
I/60
1959
1956
1959
SANDGRUBE
AUSGRABUNG 1937
IV/60
1956
1956
STÖRUNG
1960
1956
1956
1959
1958
1957
1959
1959
1959
0 10 20 30 40 50 60 70 80 90 100 110 120 130
10 20 30 40 50 60 70 80 90 100 110 120 130 140 150 160

Karte 3

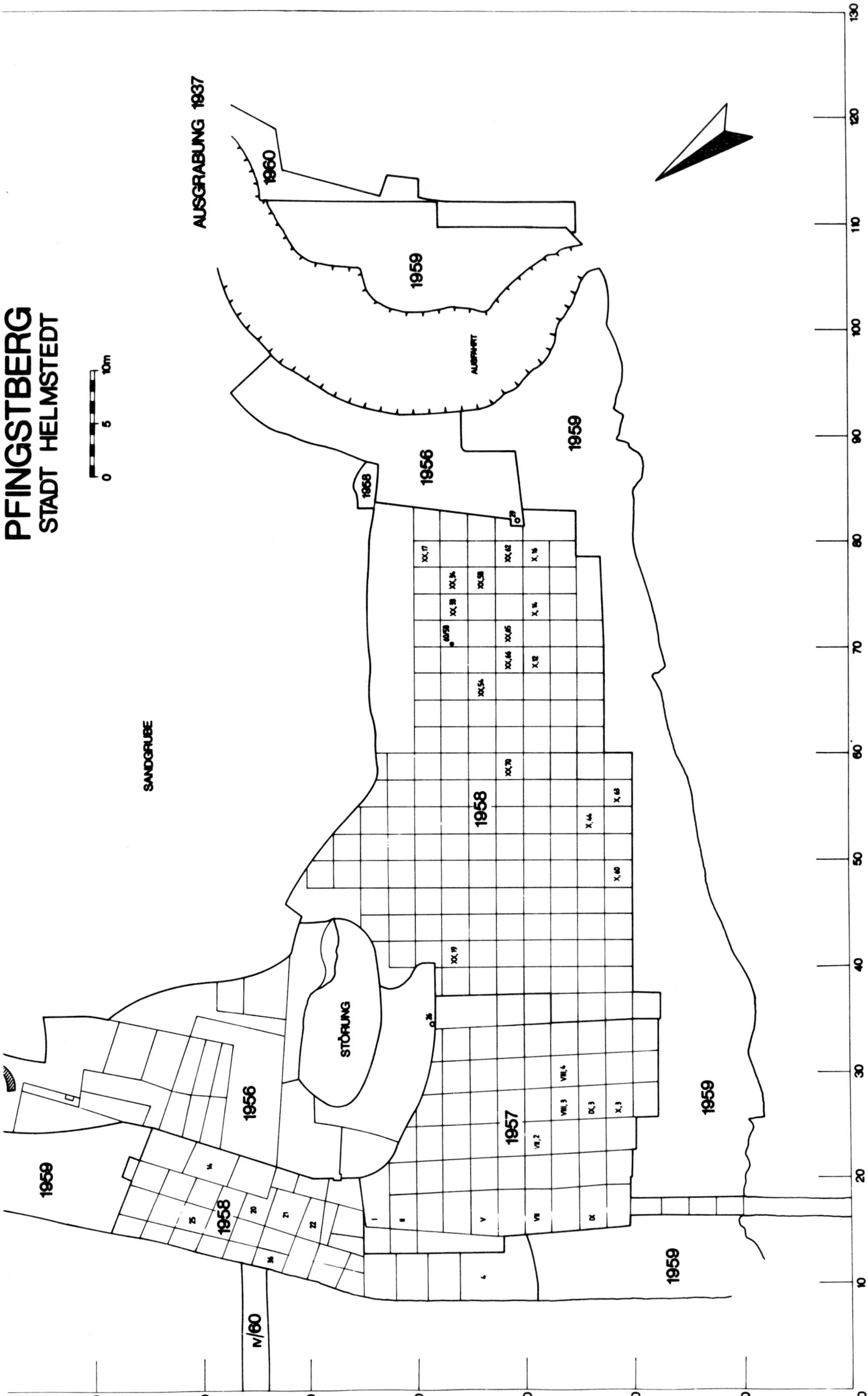
PFINGSTBERG
STADT HELMSTEDT
0 5 10m
AUSGRABUNG 1937
1960
1959
1956
1958
1957
1959
SANDGRUBE
STÖRUNG
AUSFAHRT
IV/60

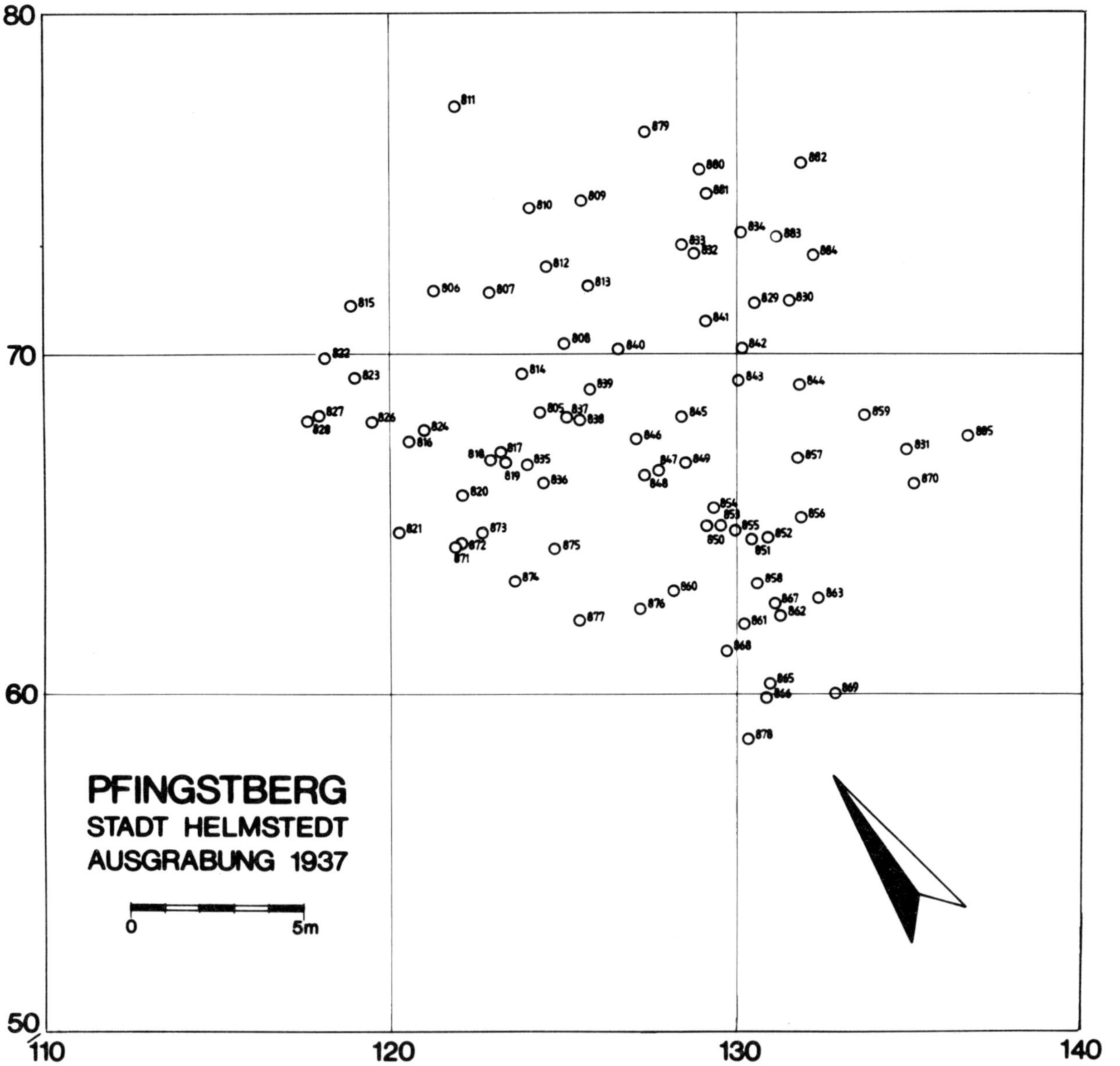
80
70
60
50
110
120
130
140
PFINGSTBERG
STADT HELMSTEDT
AUSGRABUNG 1937
0
5m

Karte 5

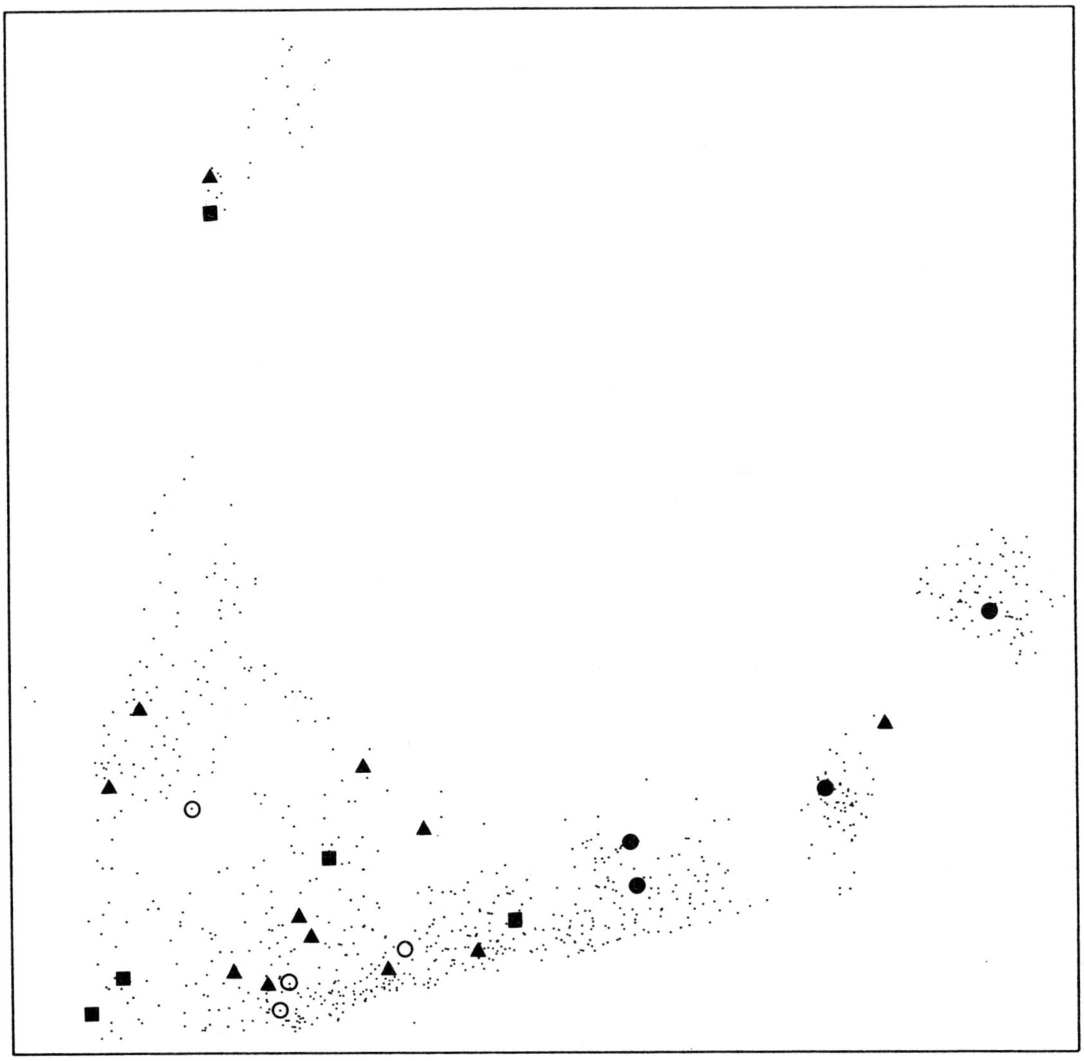

Durch Beigaben datierte Gräber

- ● C1
- ○ C2
- ▲ C3
- ■ Gruppe I

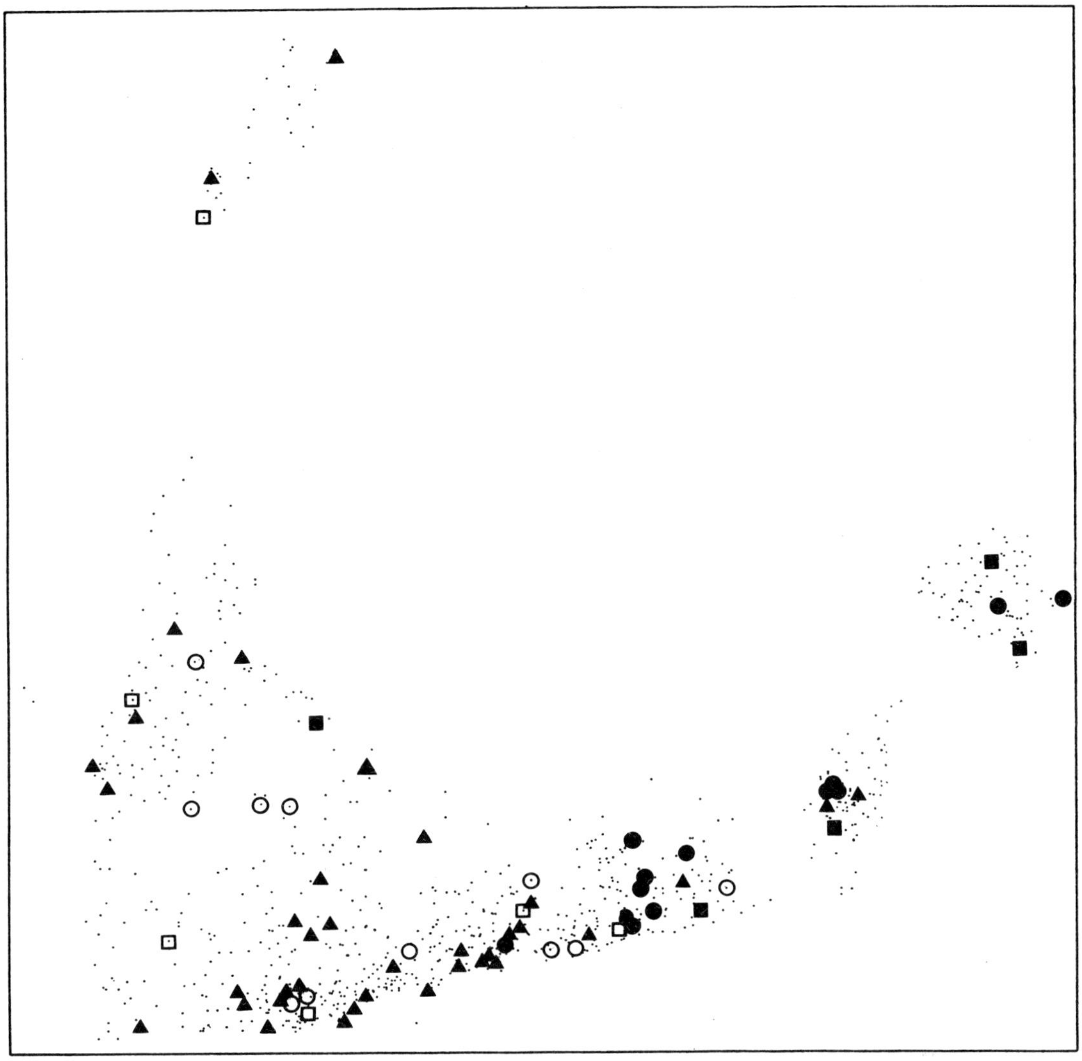

Datierte Gräber

- ● C1
- ○ C2
- ▲ C3
- □ Gruppe I
- ■ Gruppe II

Karte 7

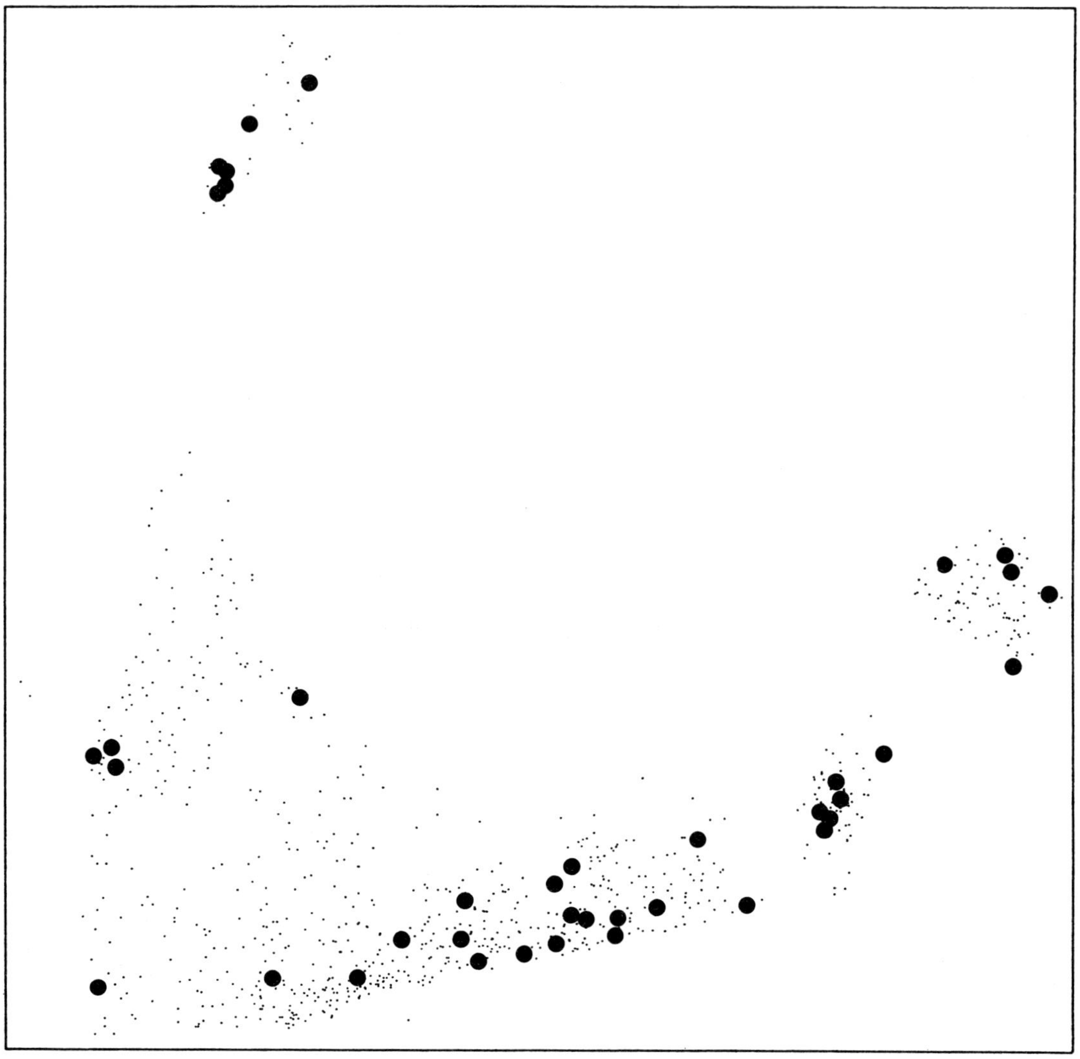

Kümpfe

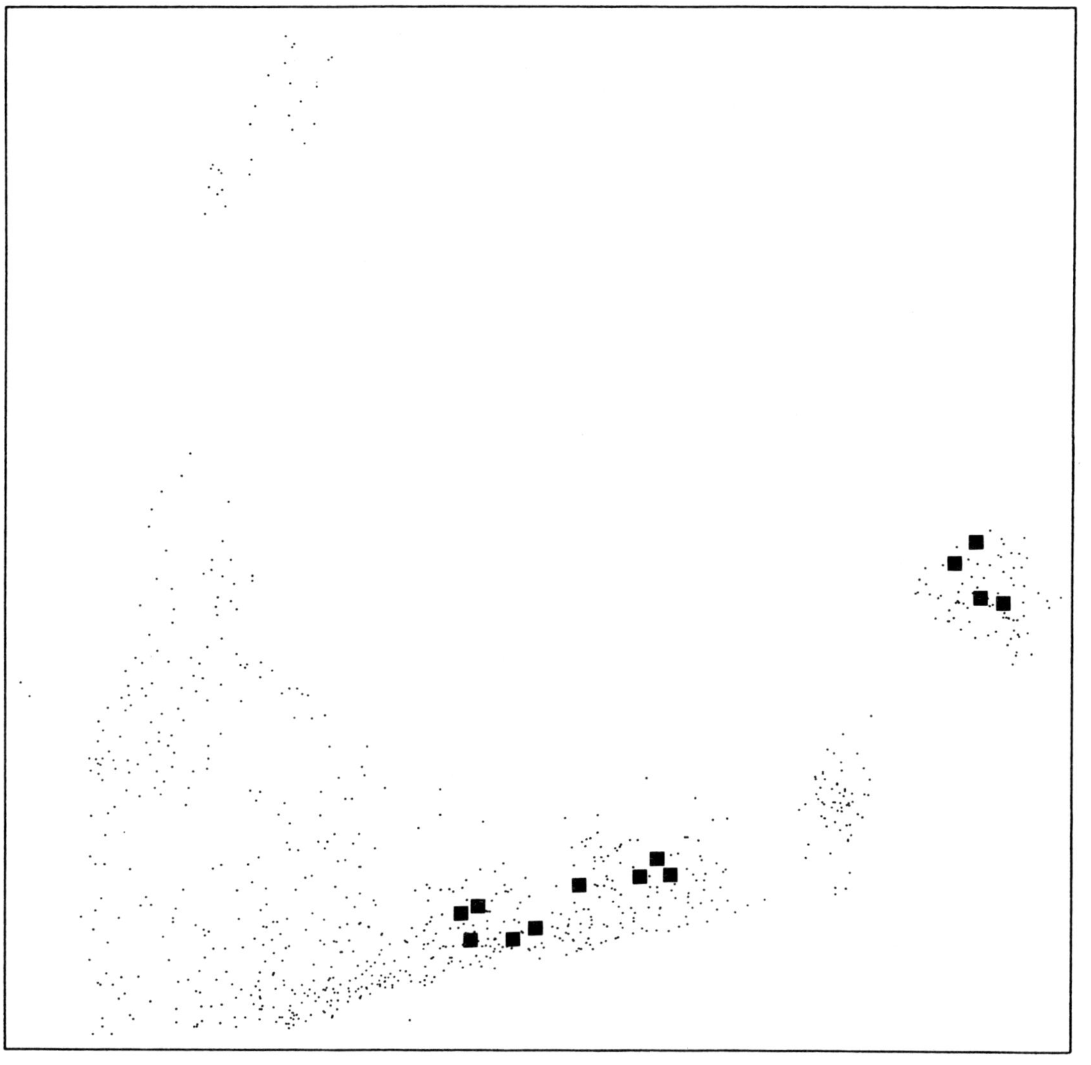

Tannenbaummuster

Karte 9

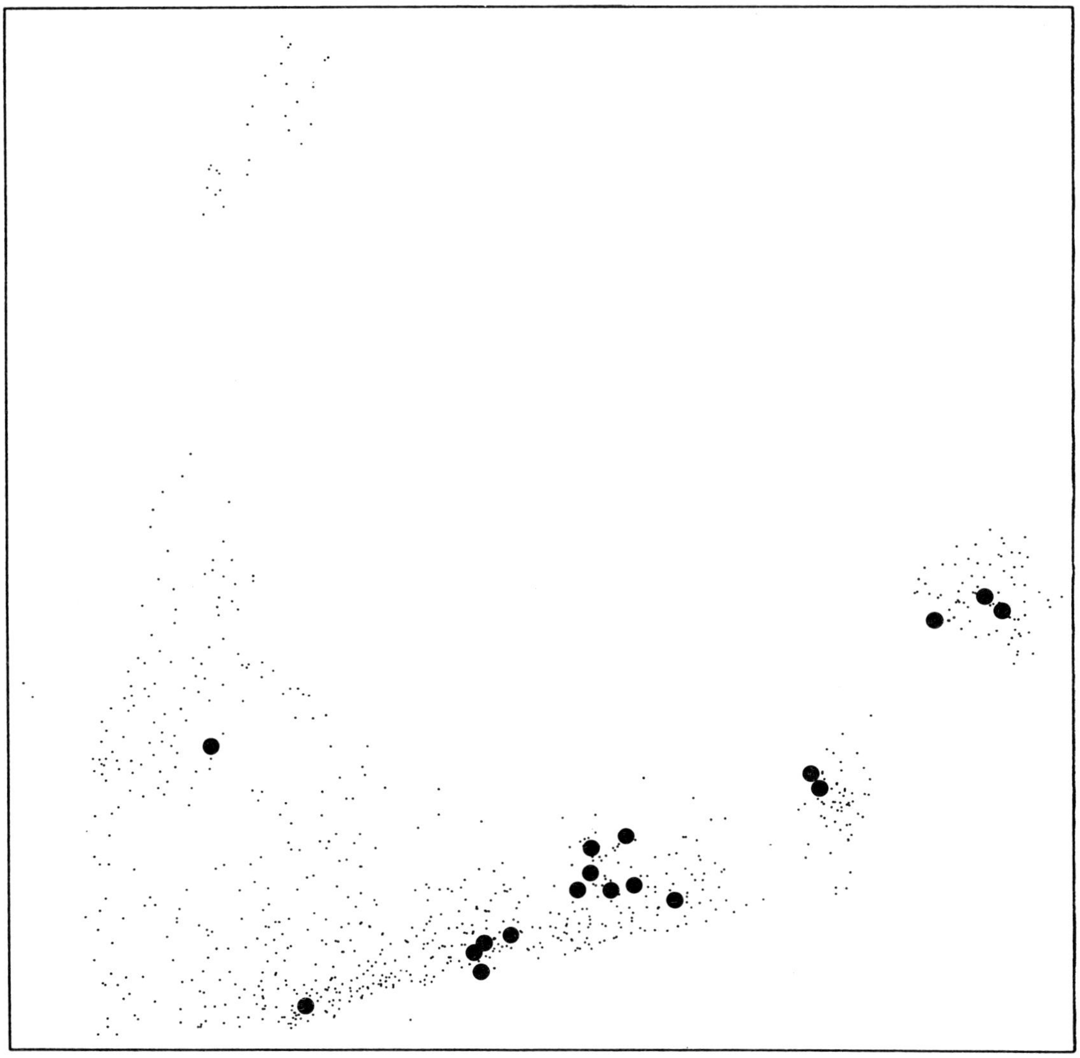

Fibeln

Karte 10

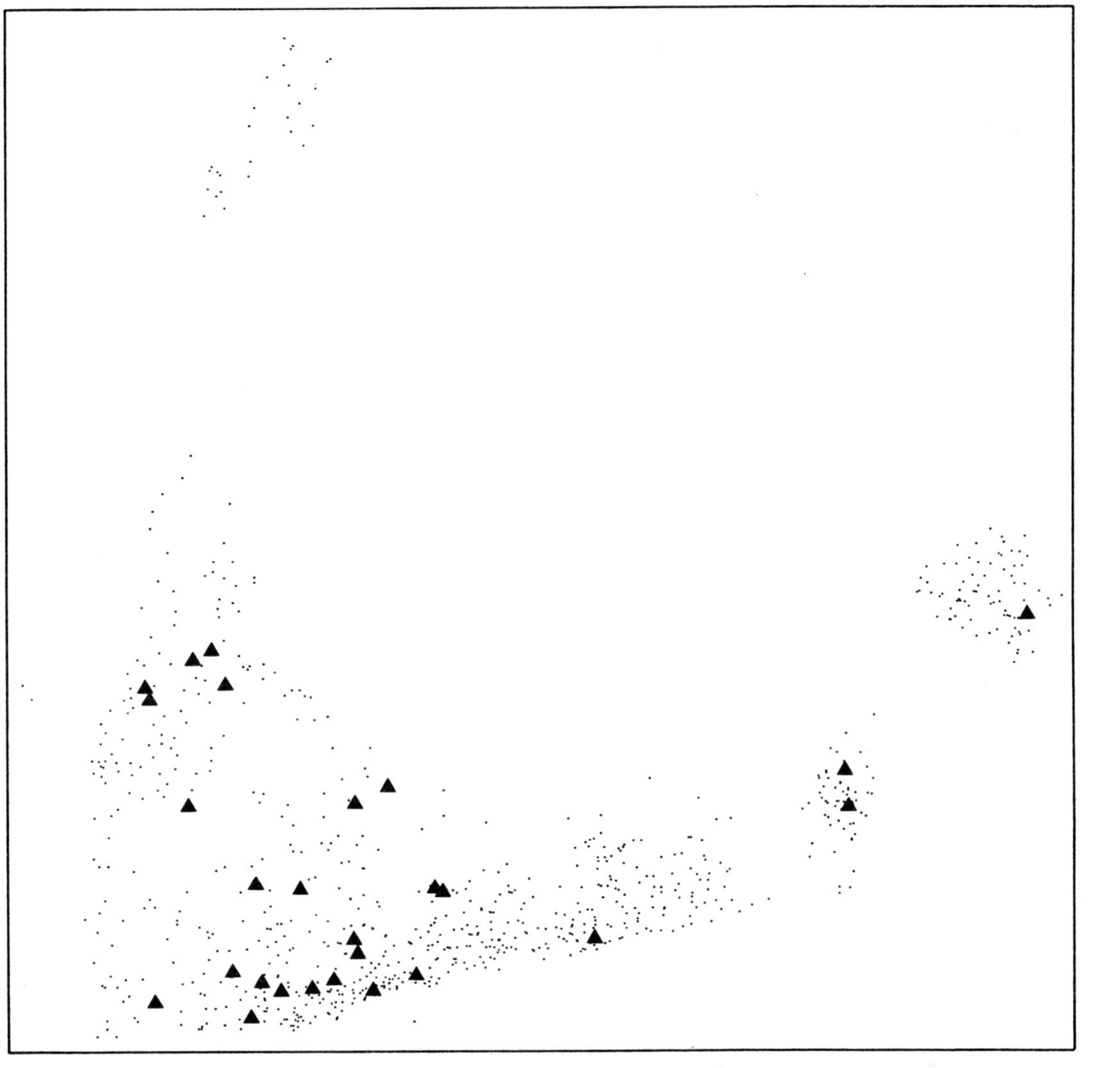

Armringe

Tafeln

Tafel 1

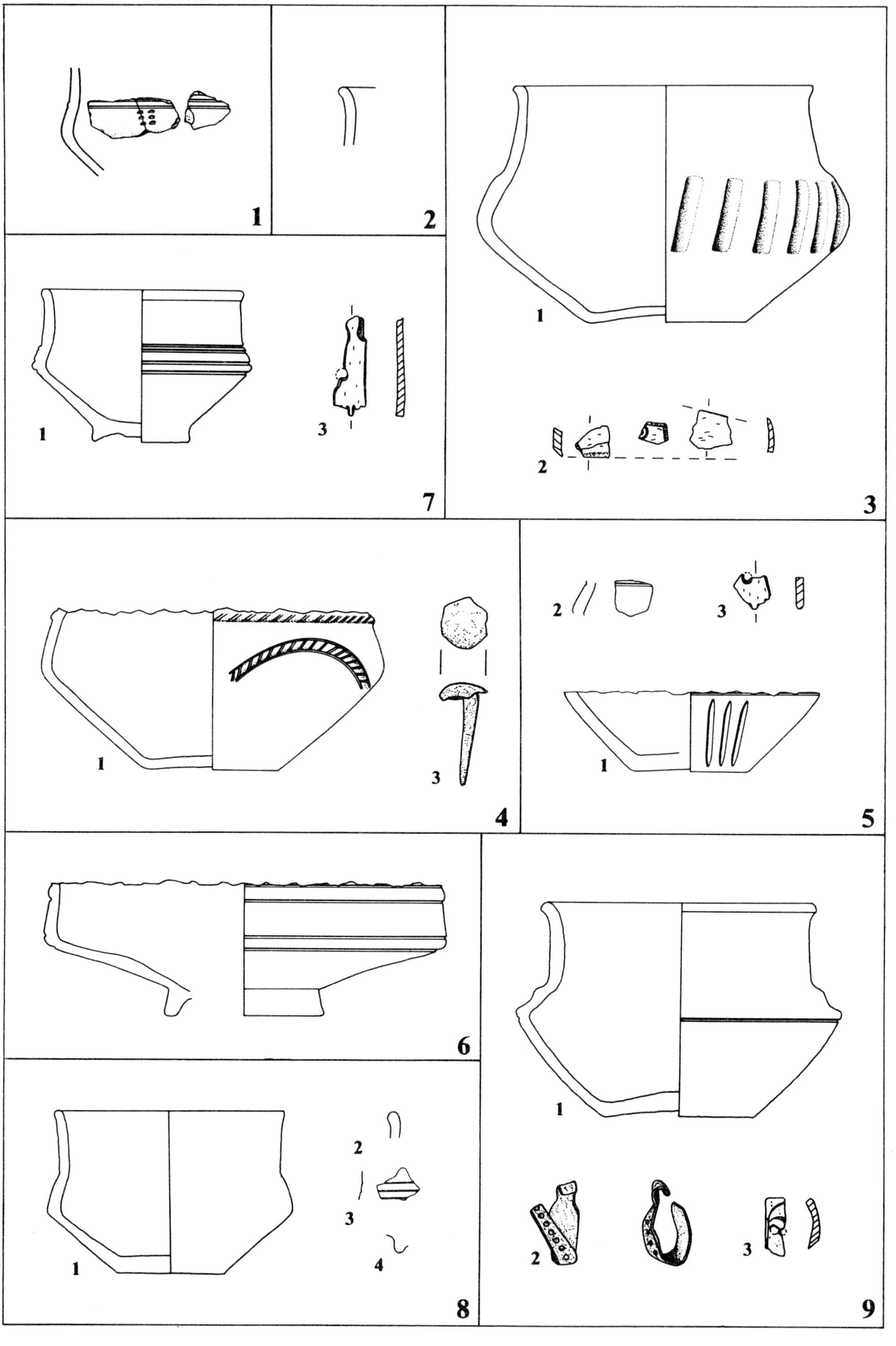

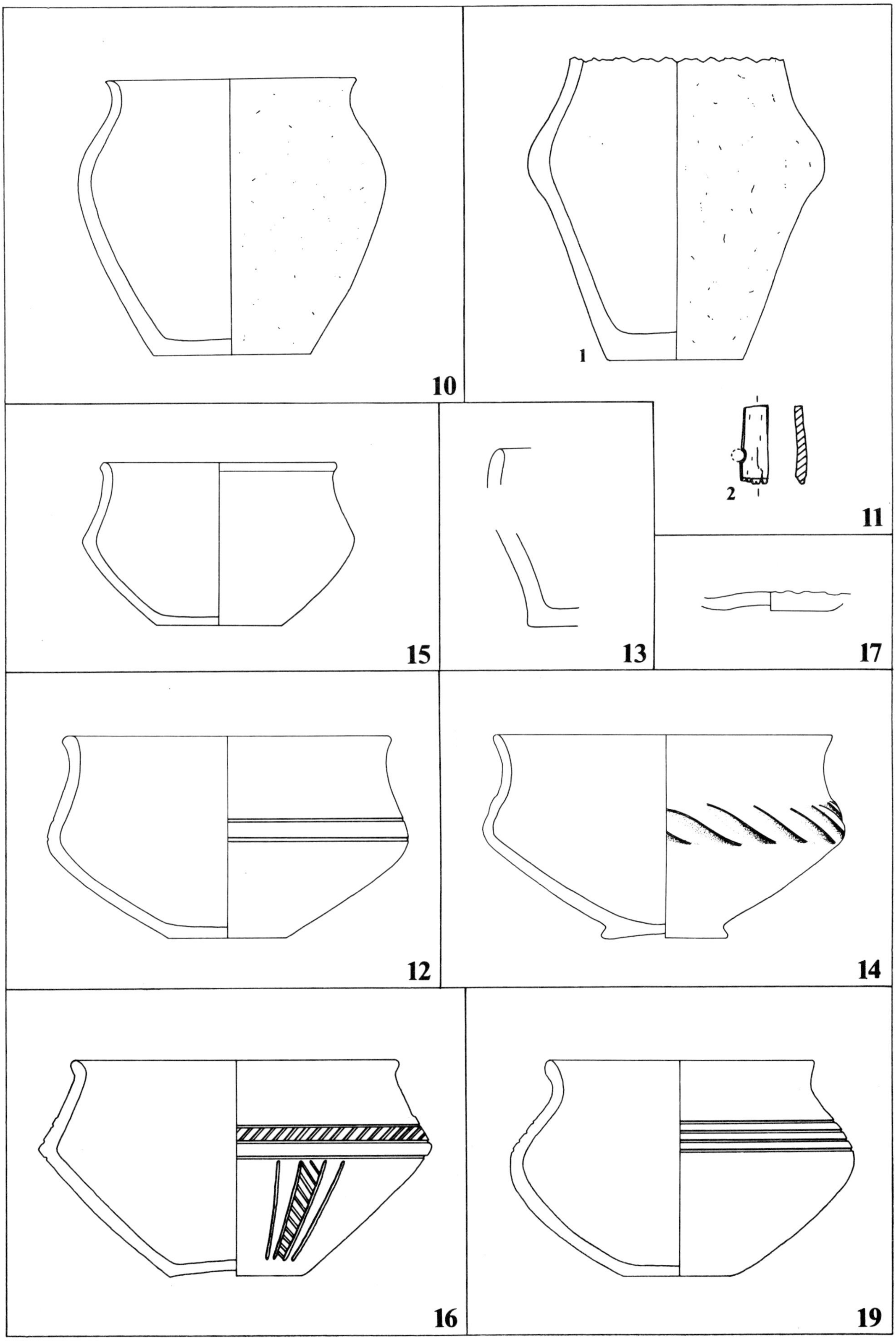
10
1
2
11
15
13
17
12
14
16
19

Tafel 3

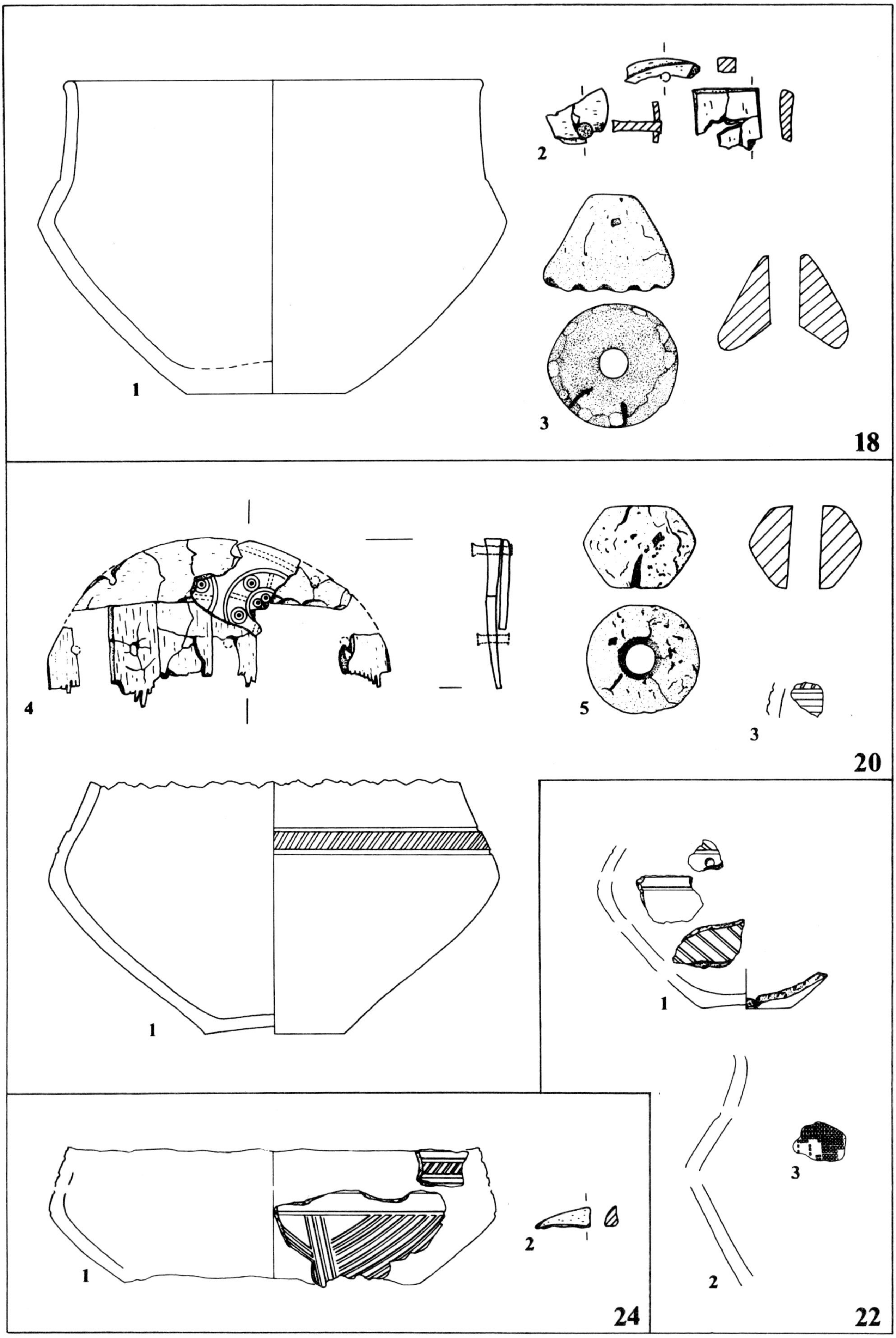

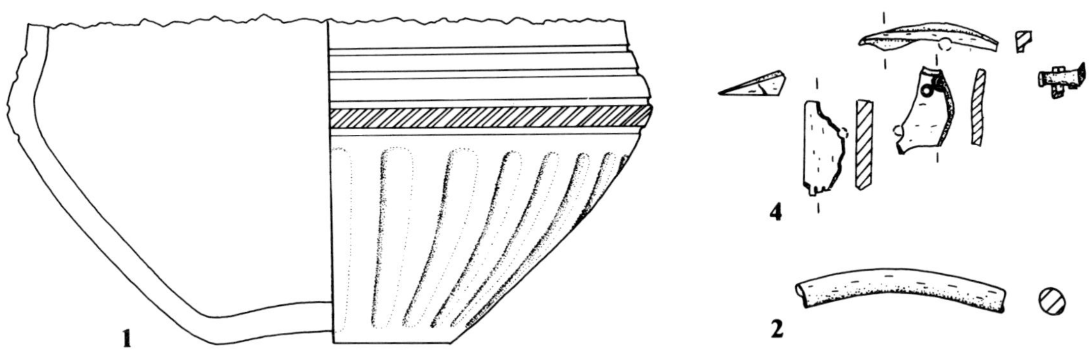

23

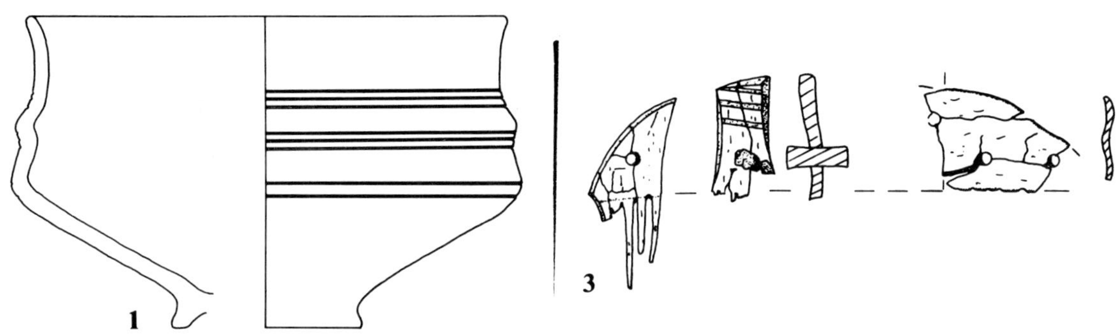

25

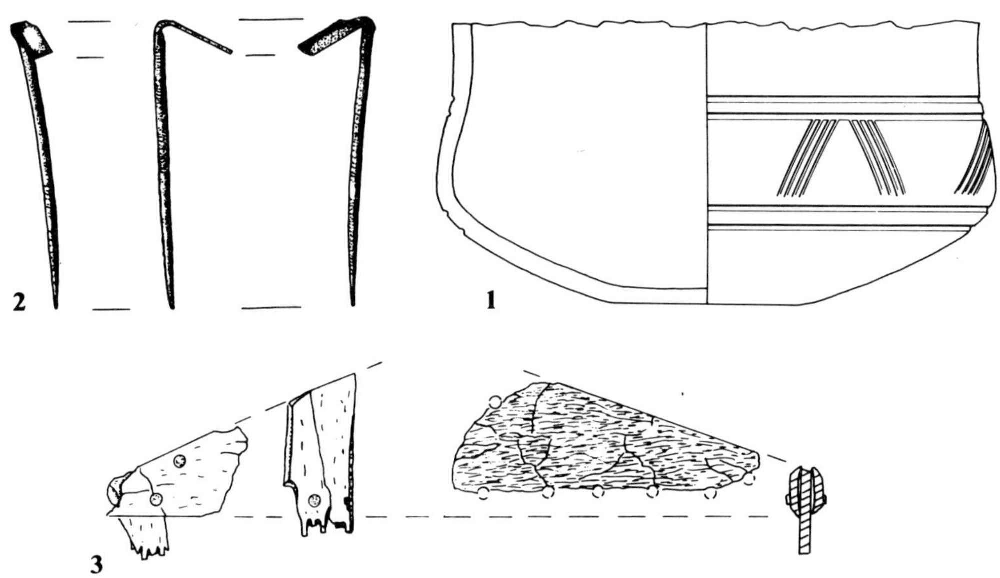

27

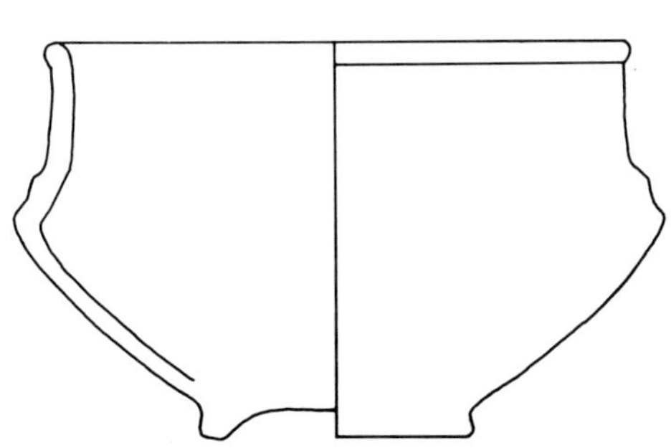

26

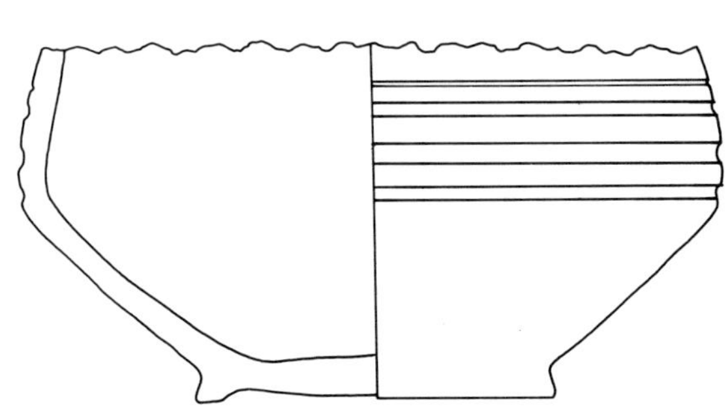

28

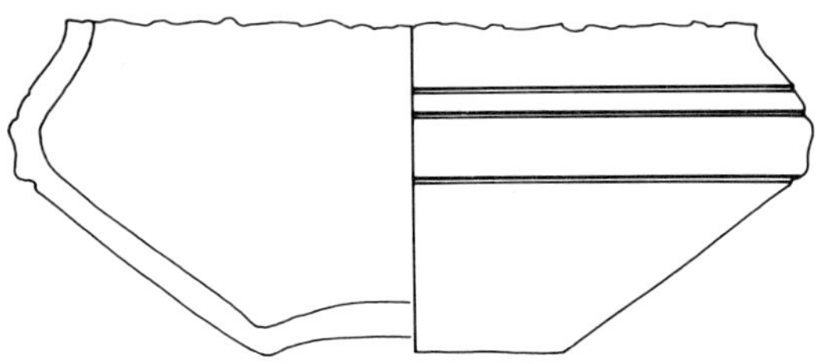

32

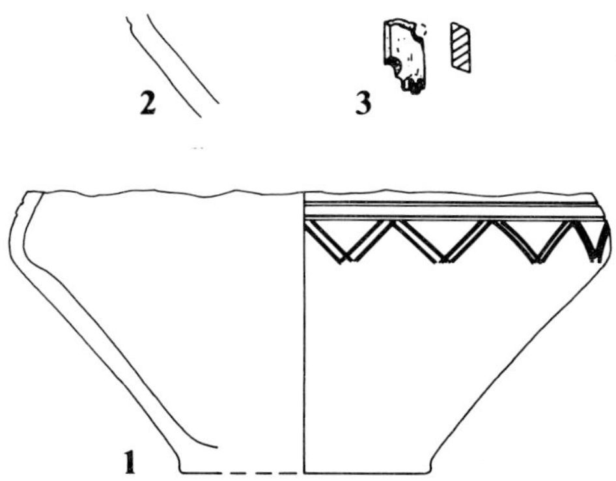

30

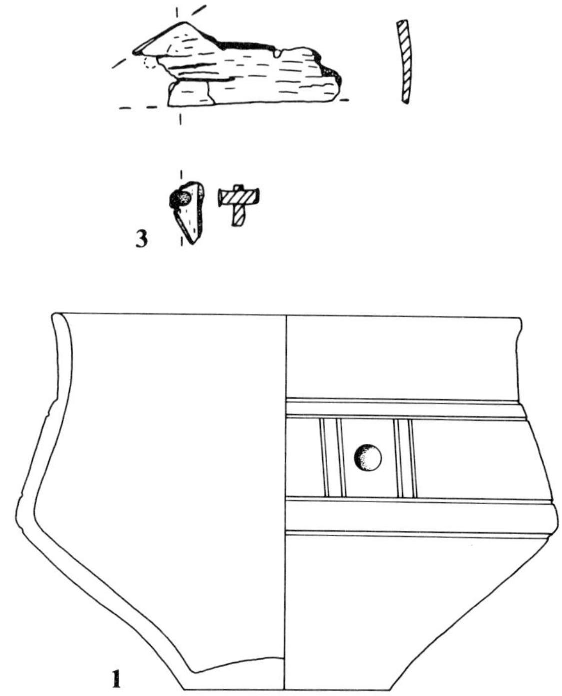

31

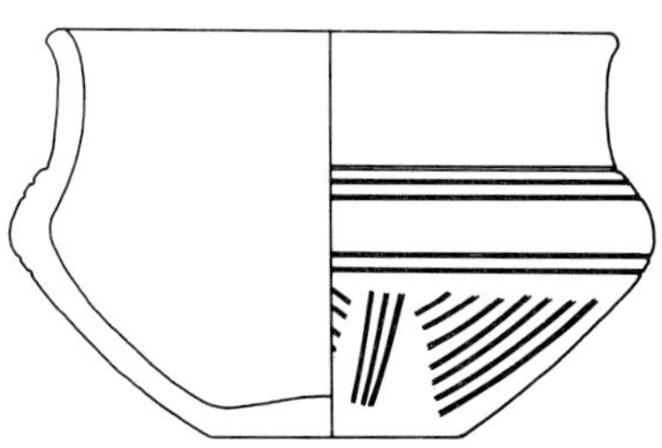

29

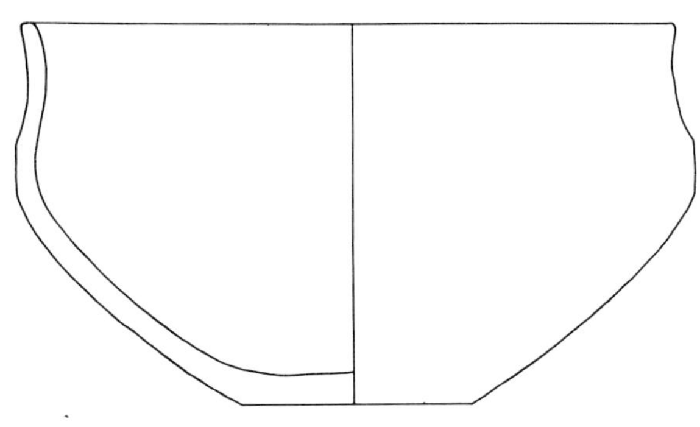

33

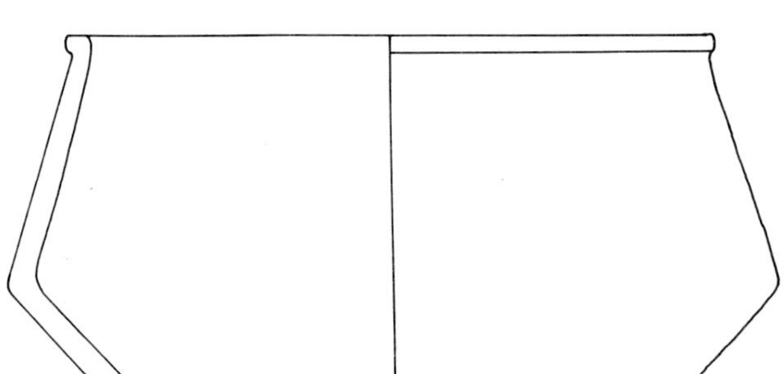

34

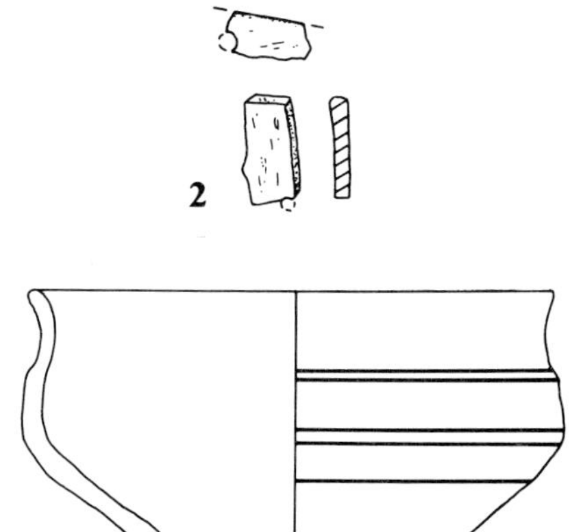

35

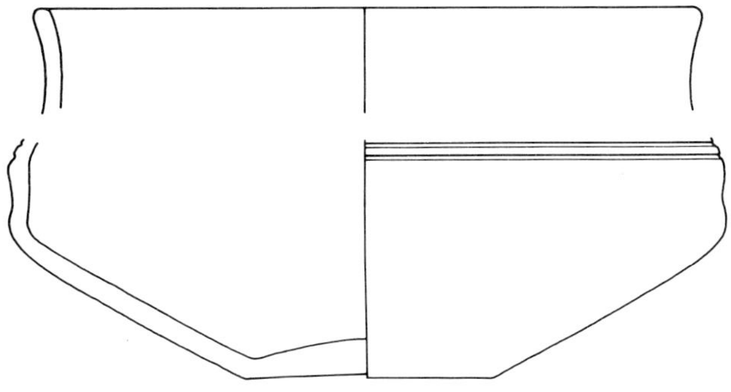

36

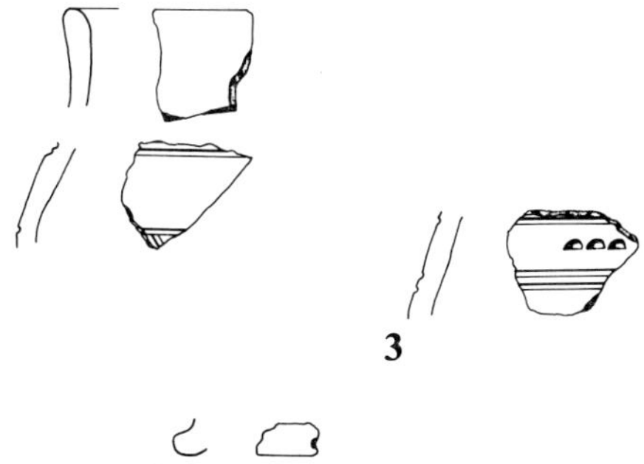

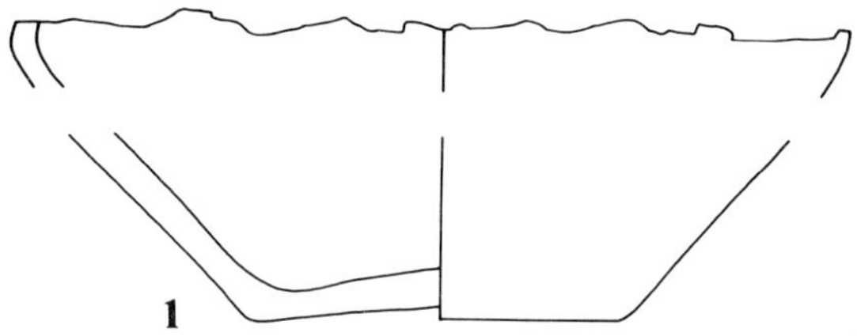

1

39

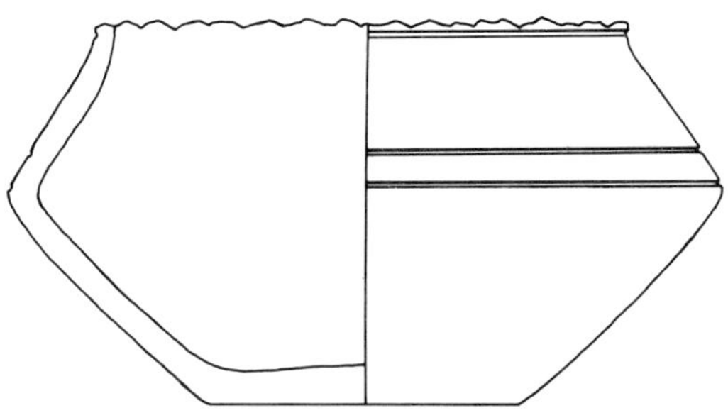

43

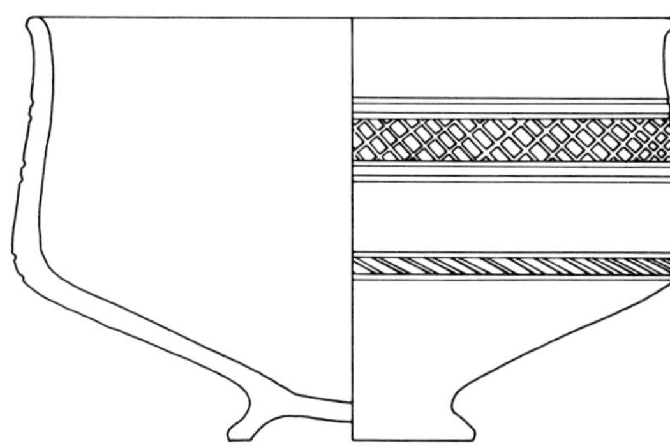

37

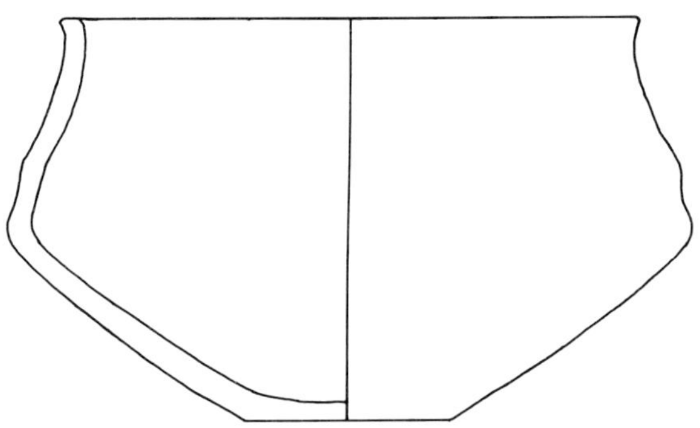

41

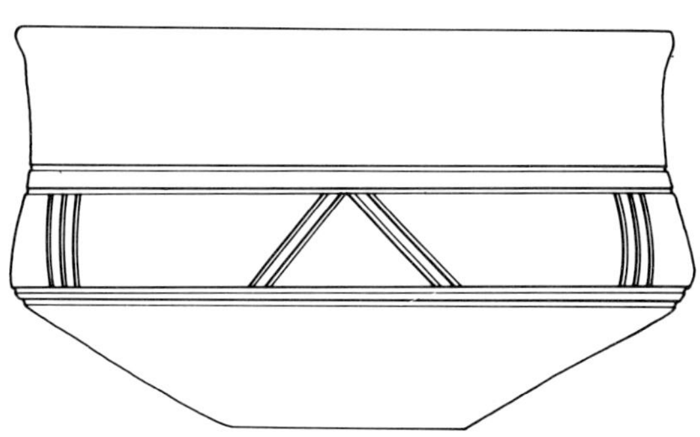

38

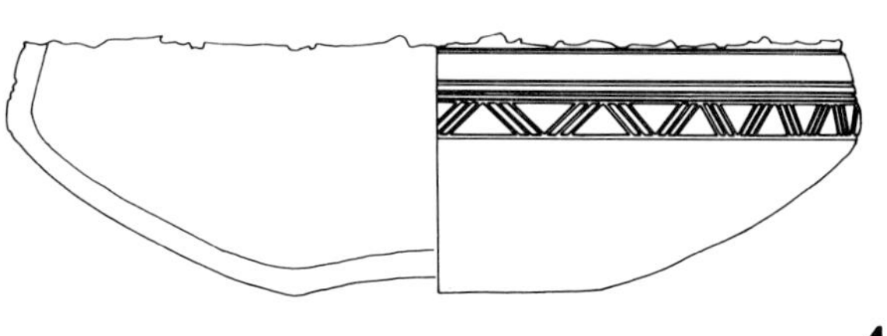

44

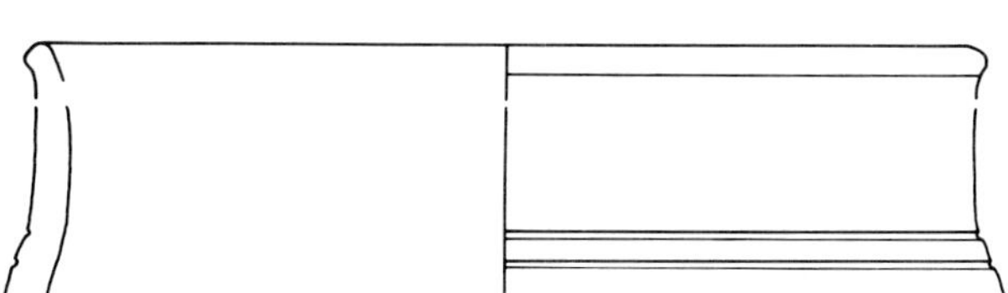

1

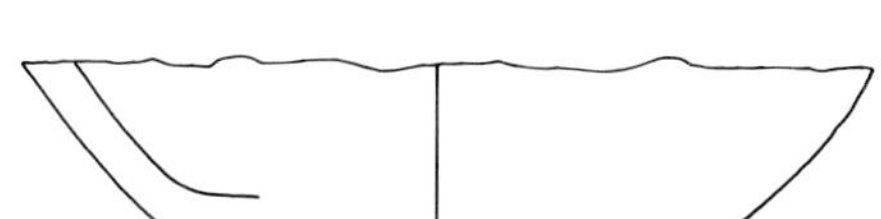

2

42

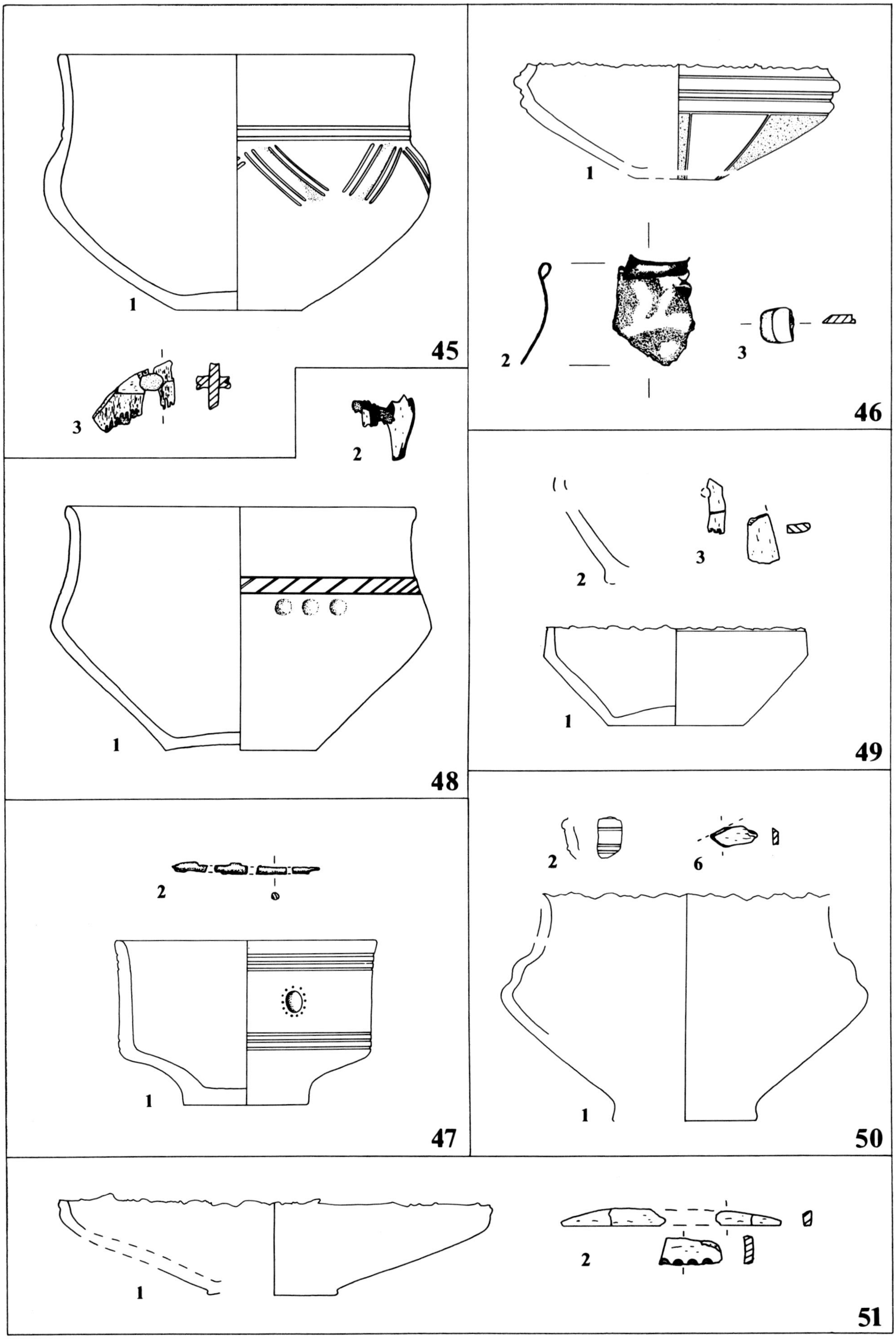
45
46
48
49
47
50
51

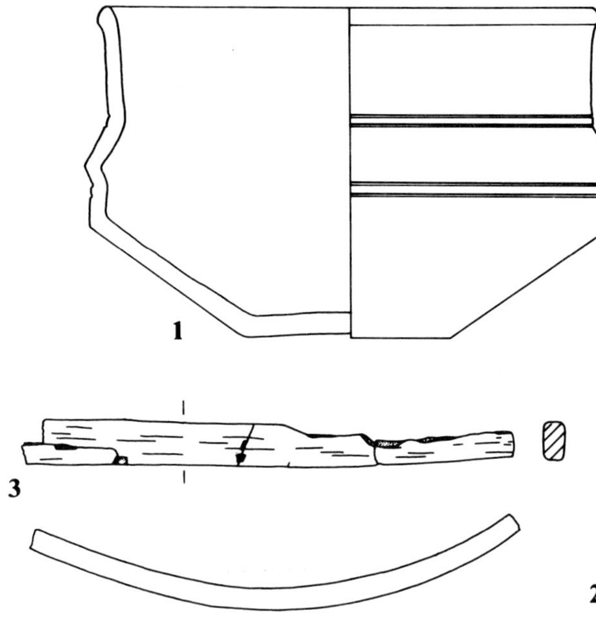

56

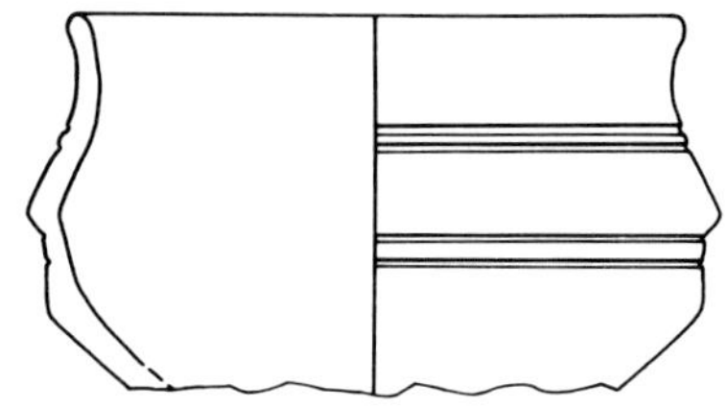

53

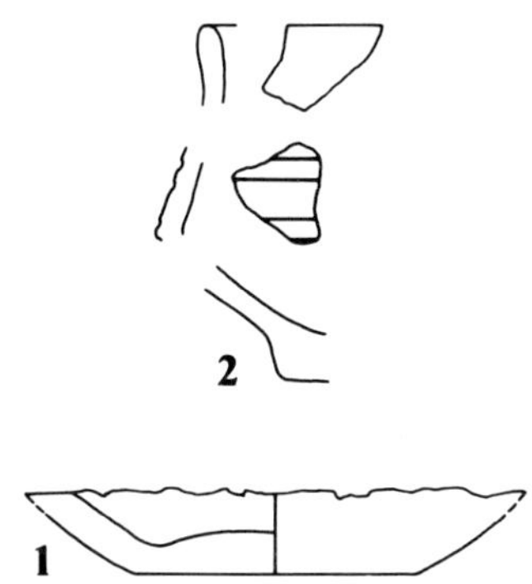

52

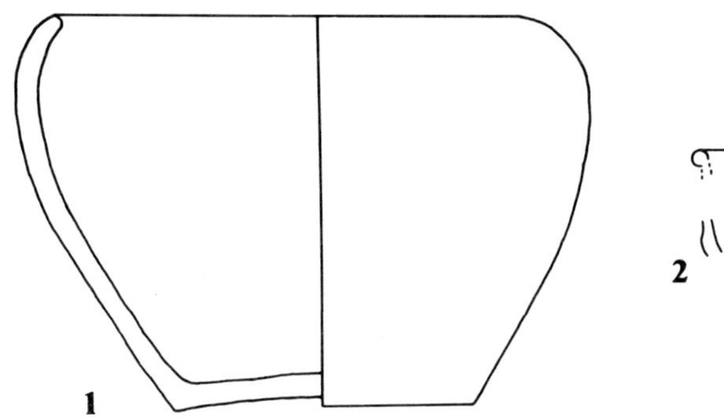

54

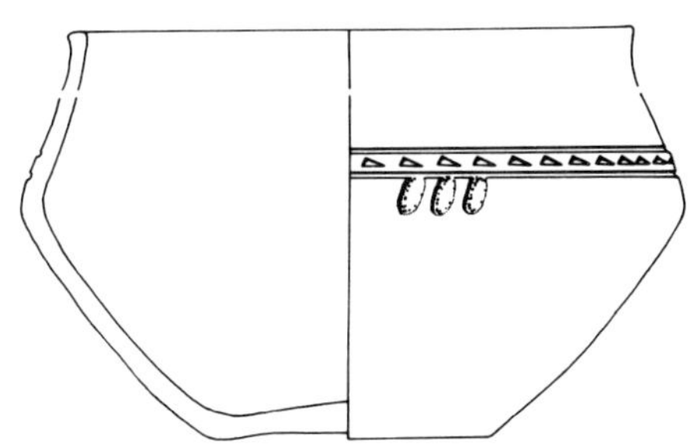

59

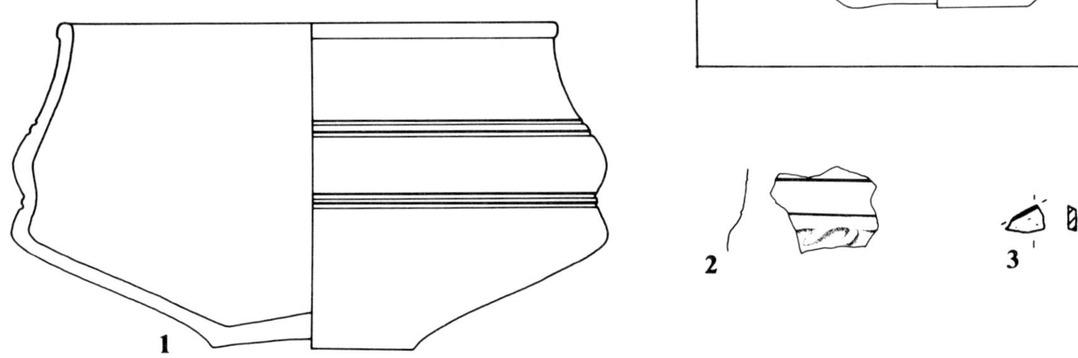

55

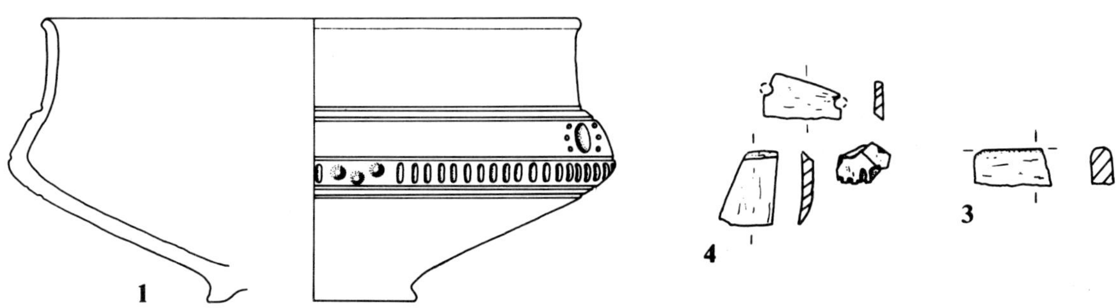

58

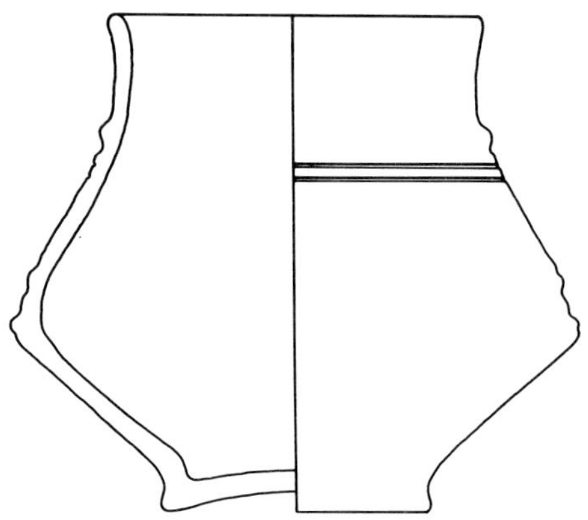

62

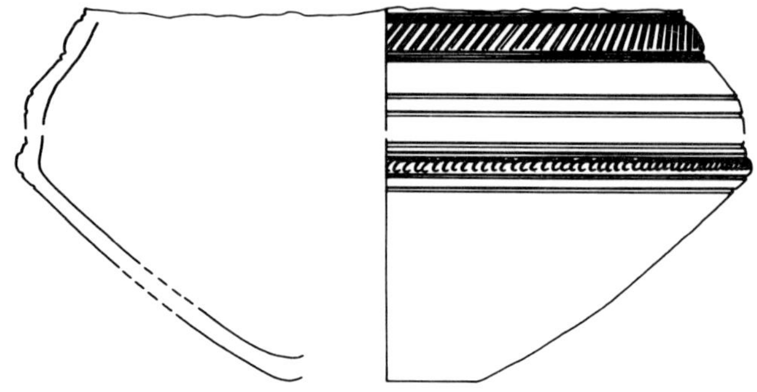

61

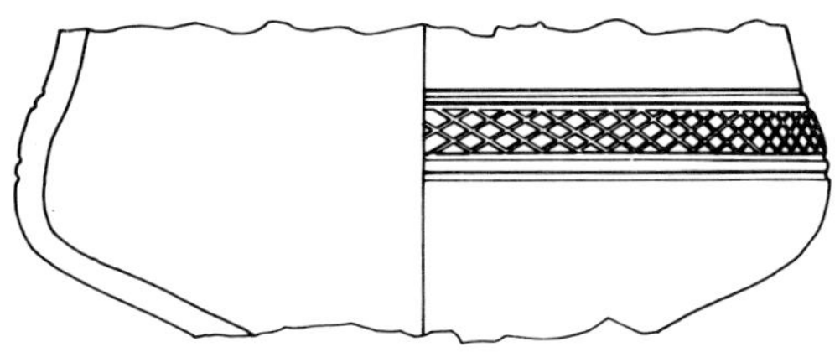

57

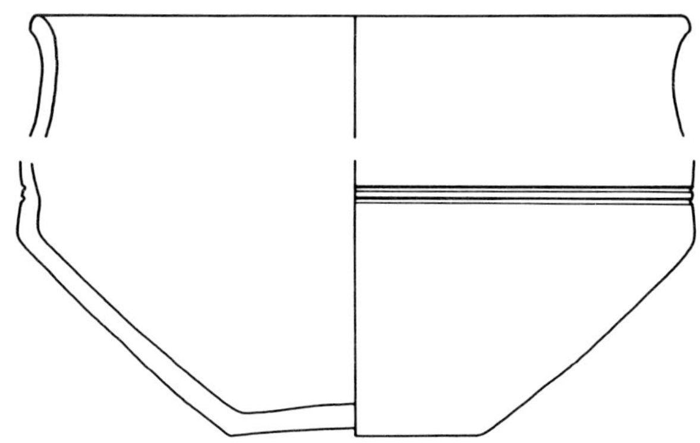

63

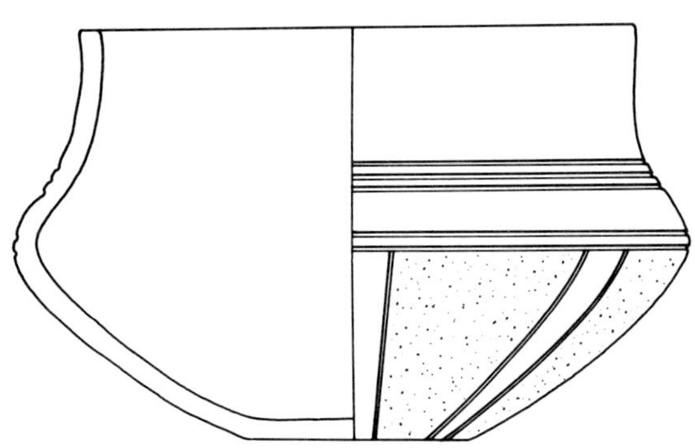

64

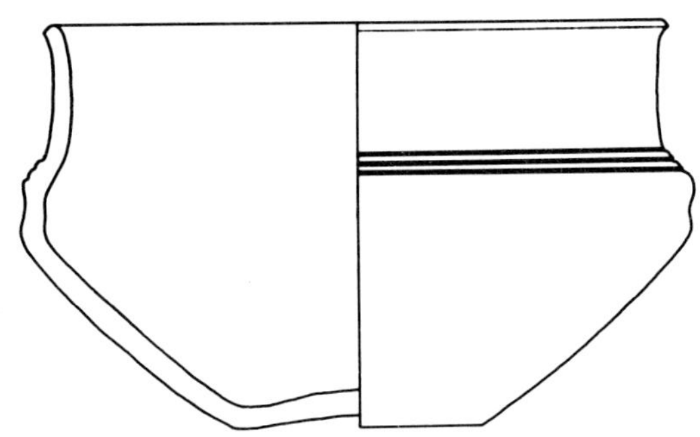

65

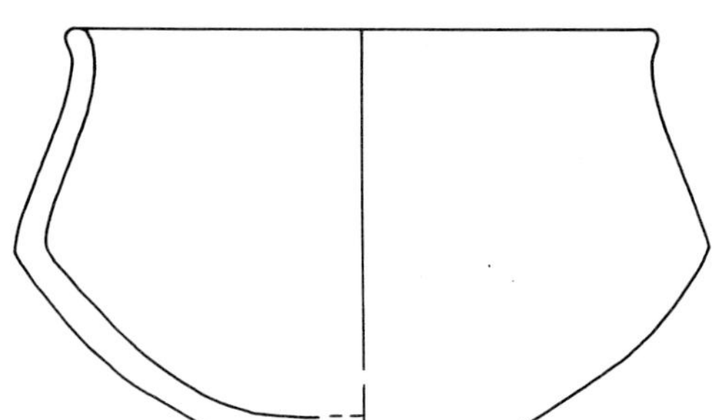

66

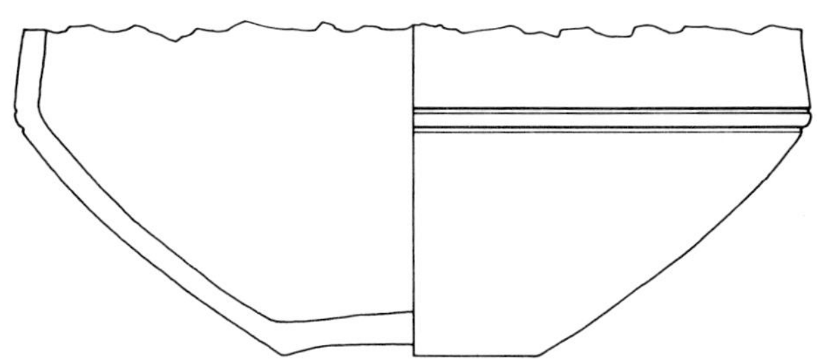

67

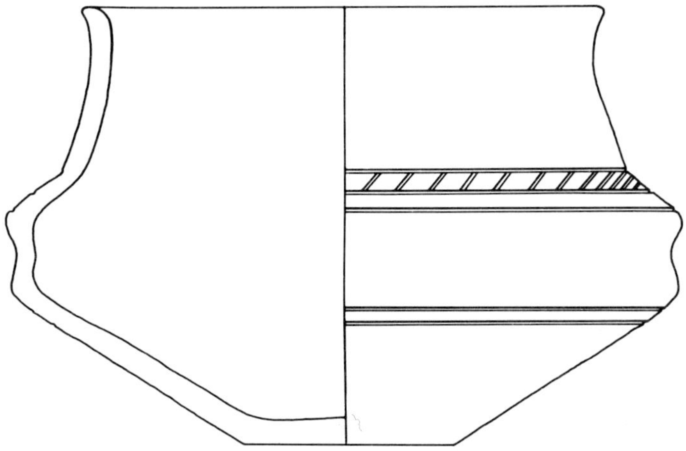

68

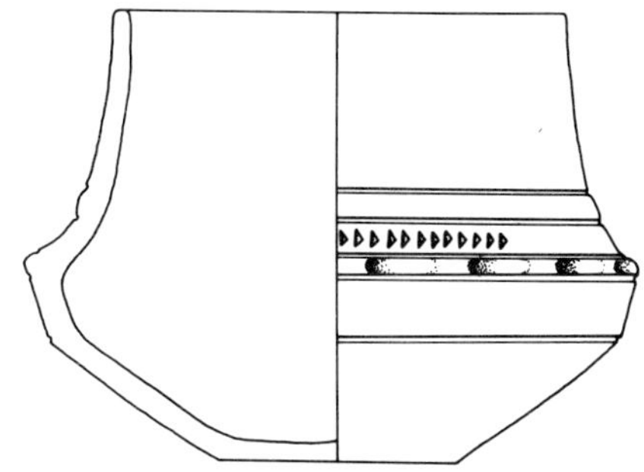

69

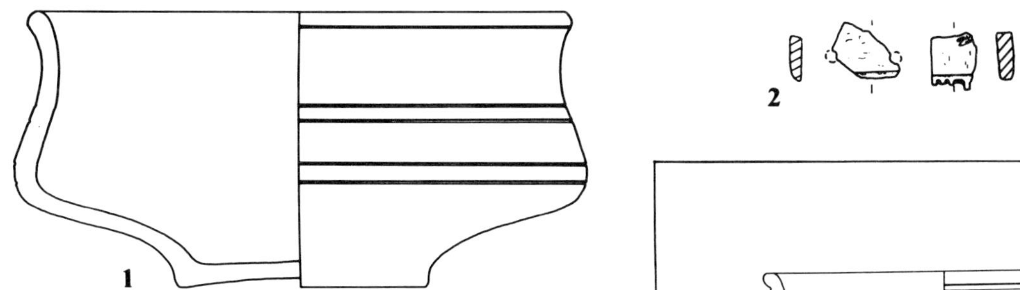

1

2

71

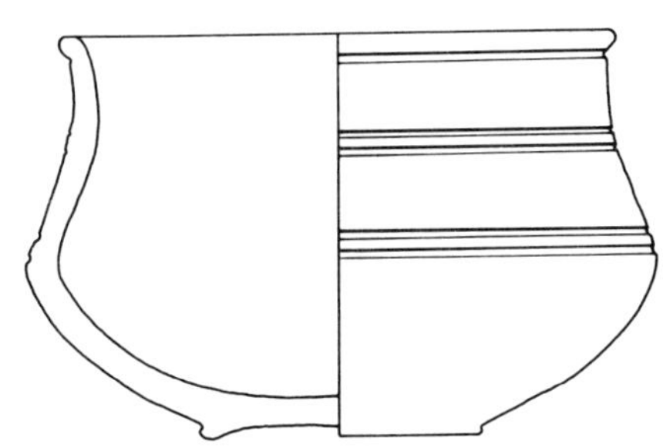

70

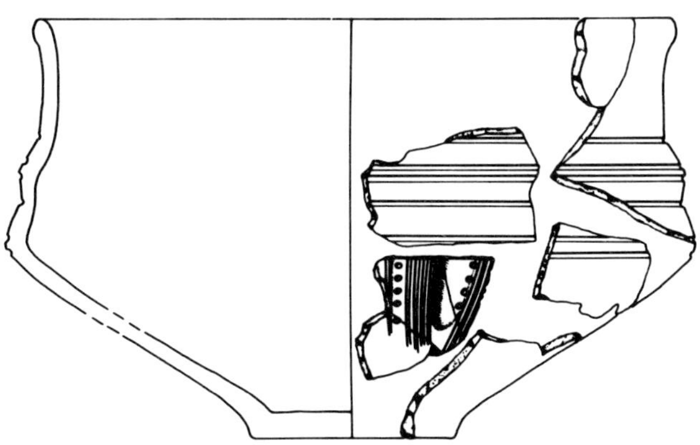

72

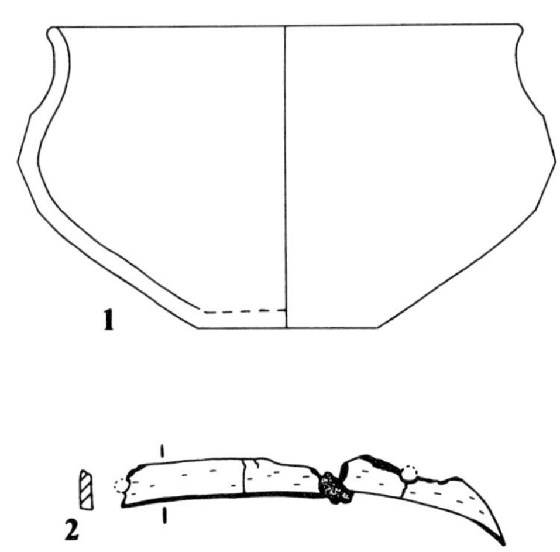

1

2

73

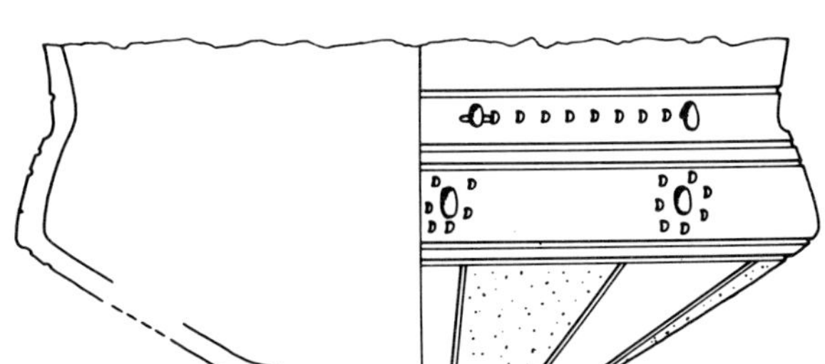

74

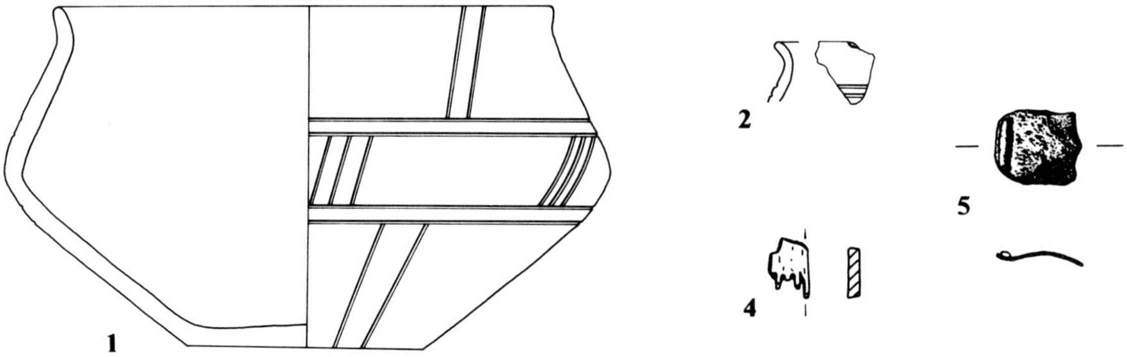

75

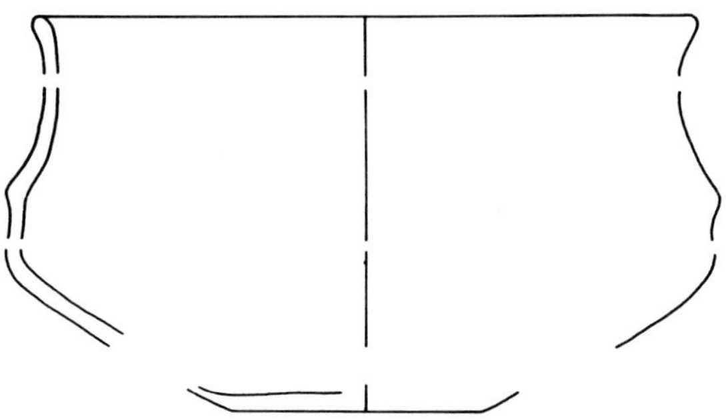

77

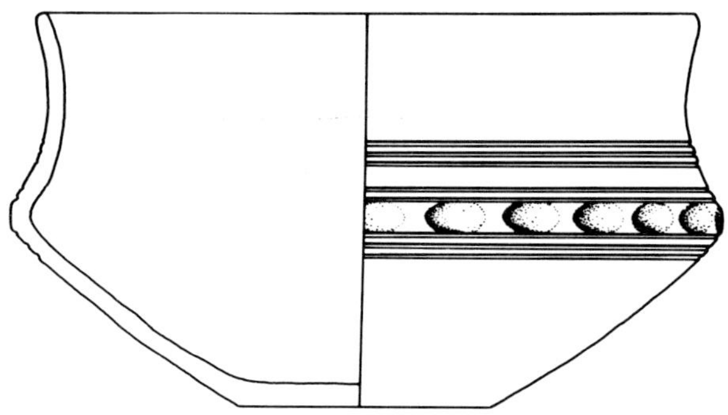

79

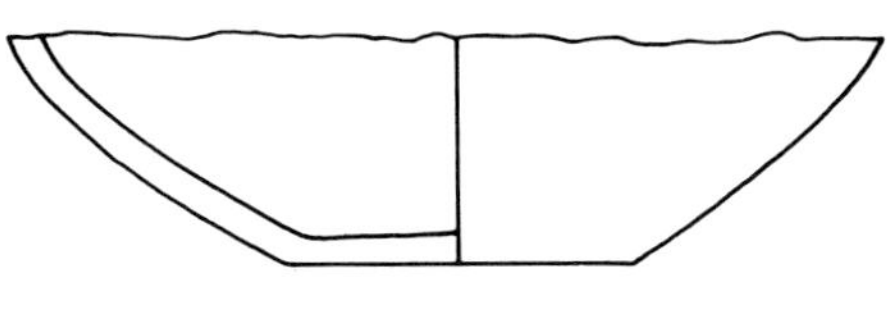

76

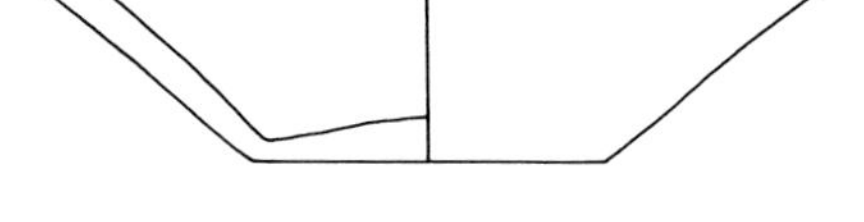

78

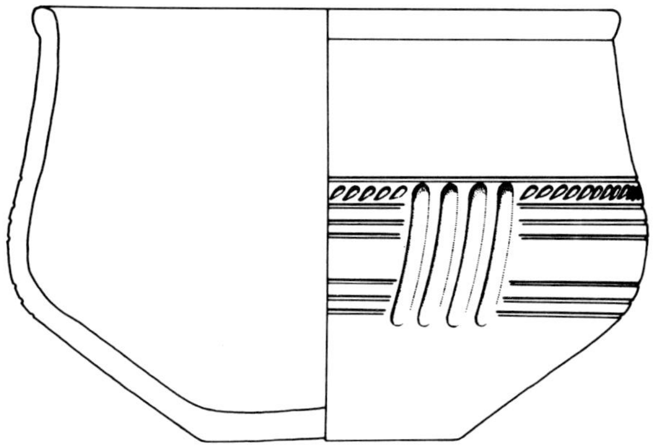

80

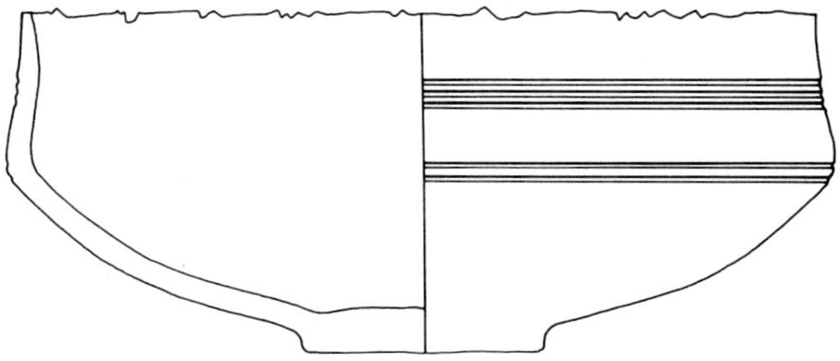

81

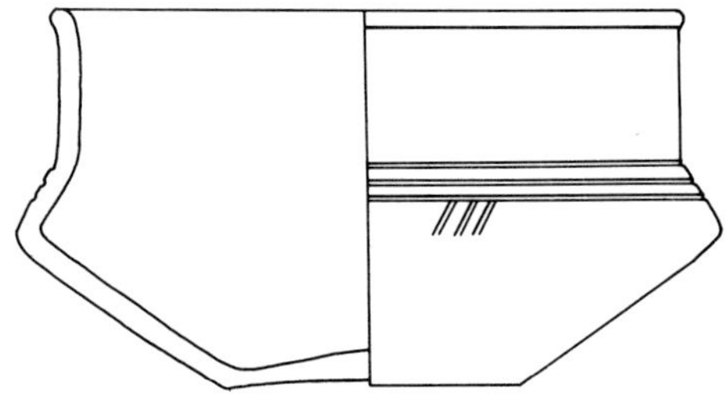

82

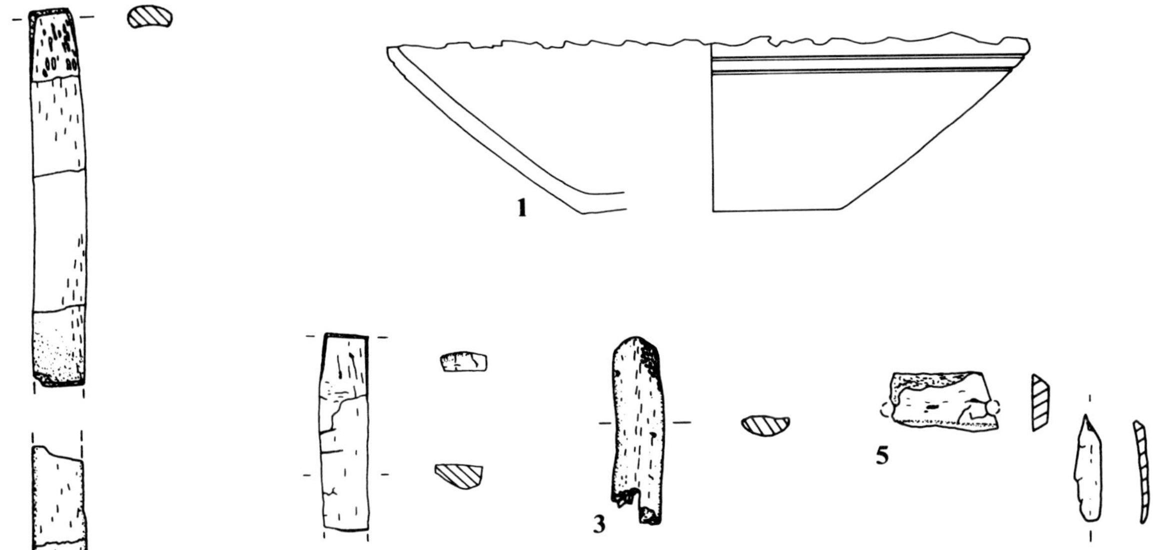

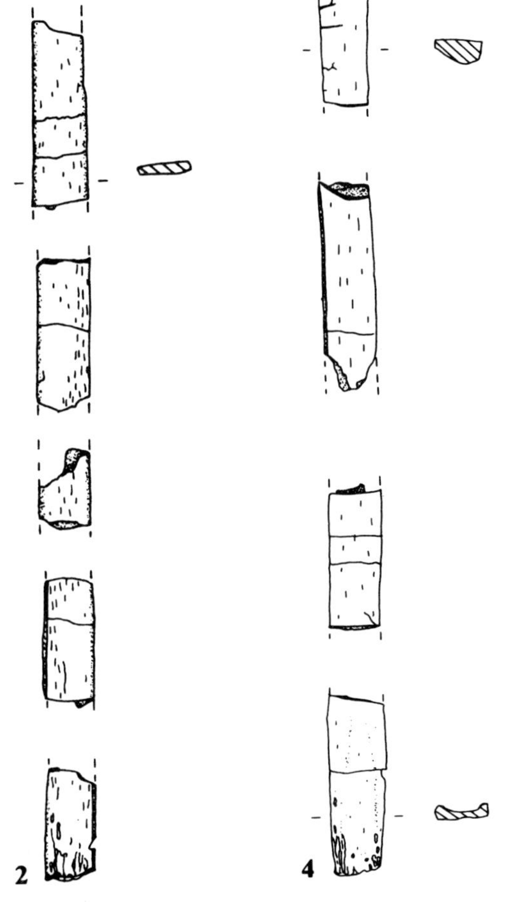

84

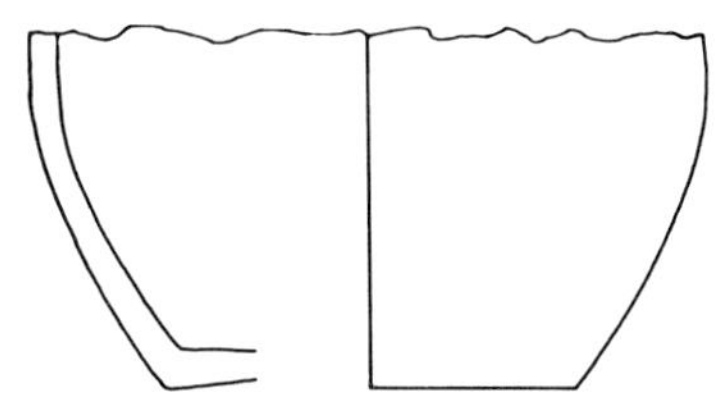

82A

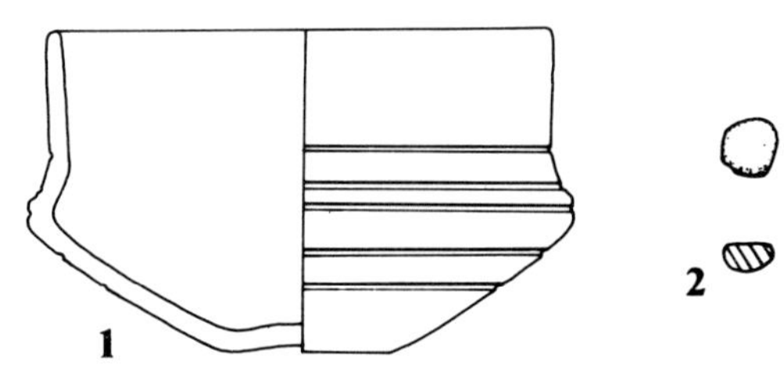

83

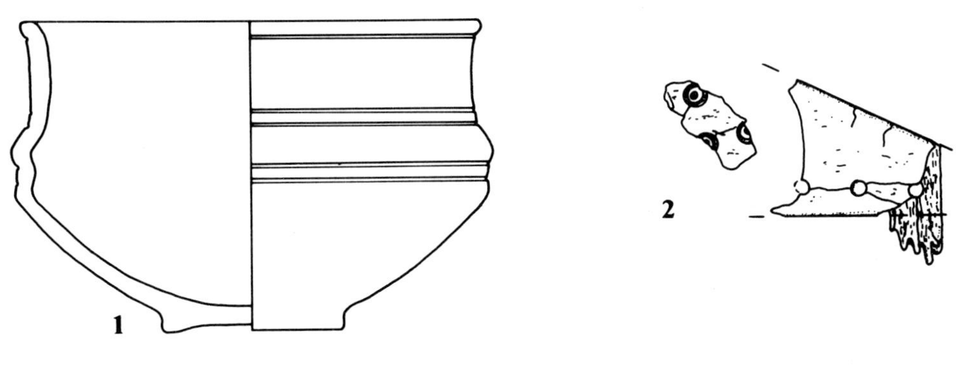

85

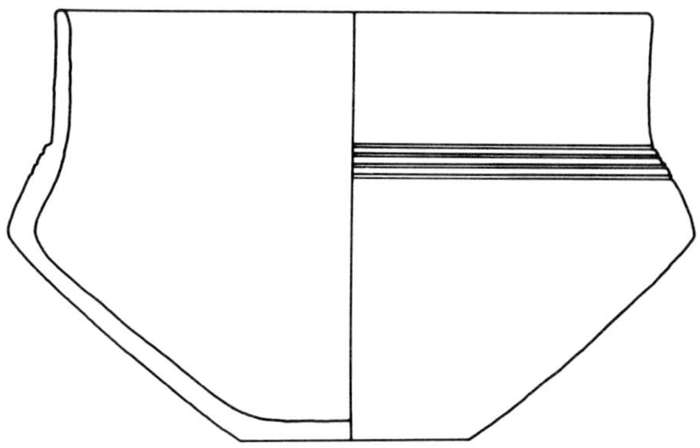

87

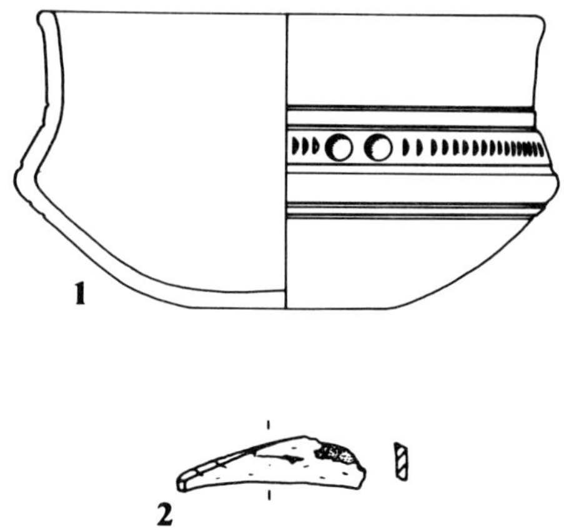

89

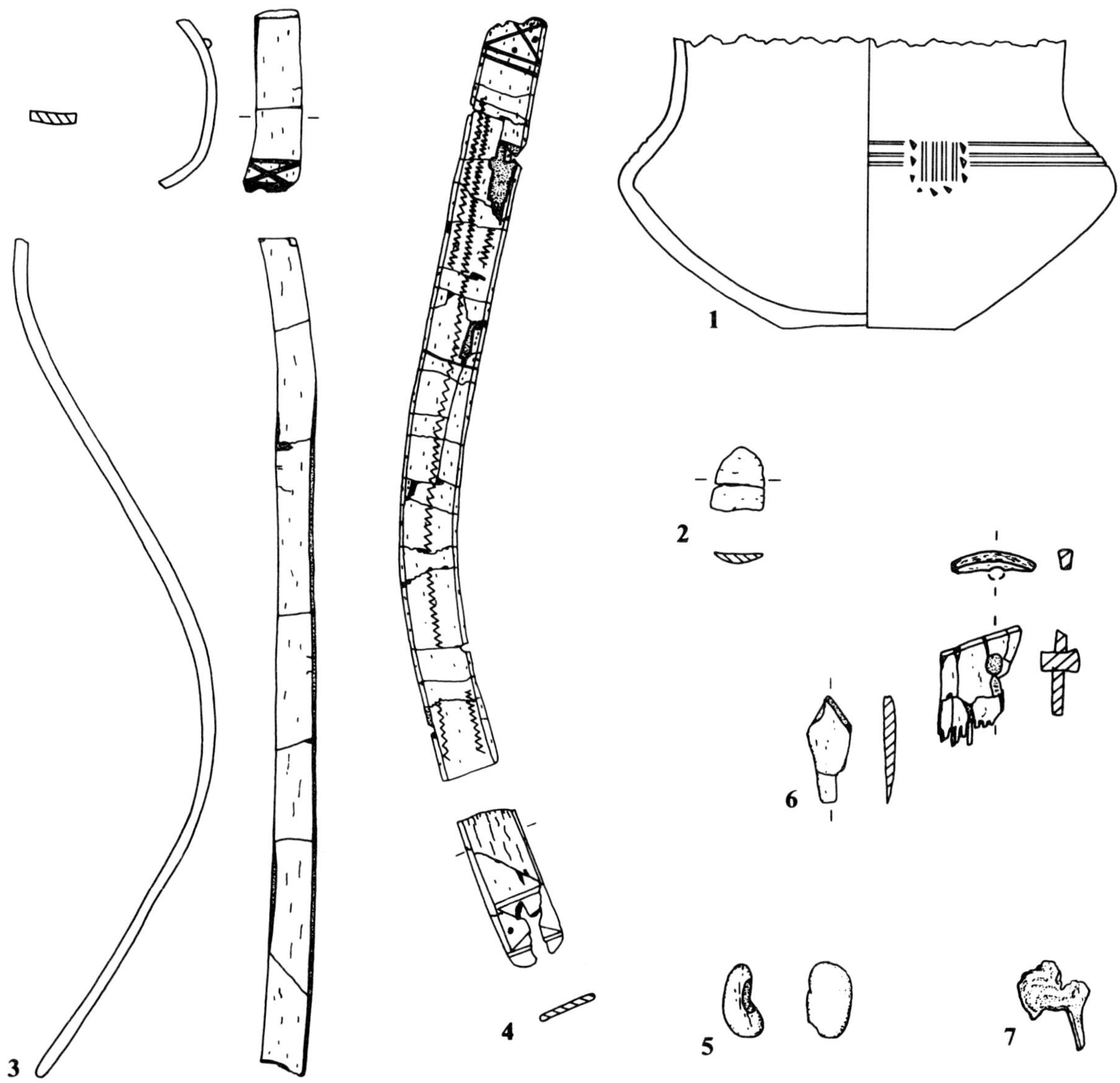

90

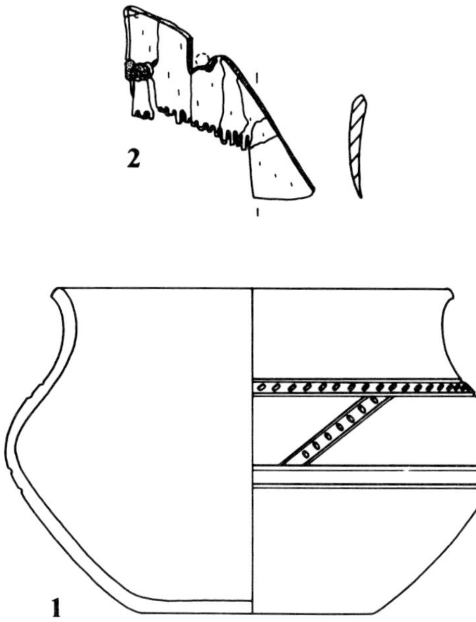

93

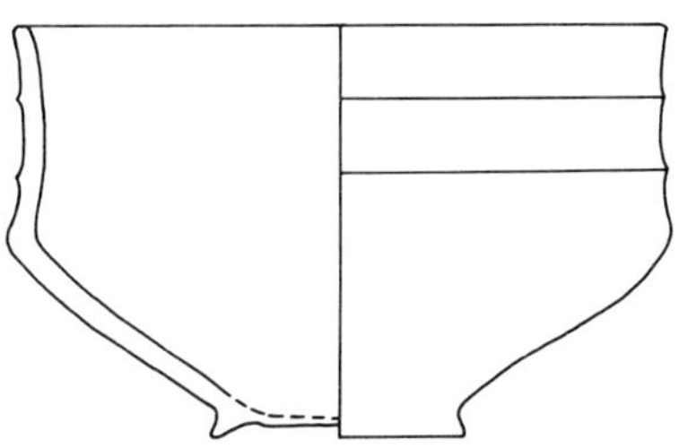

91

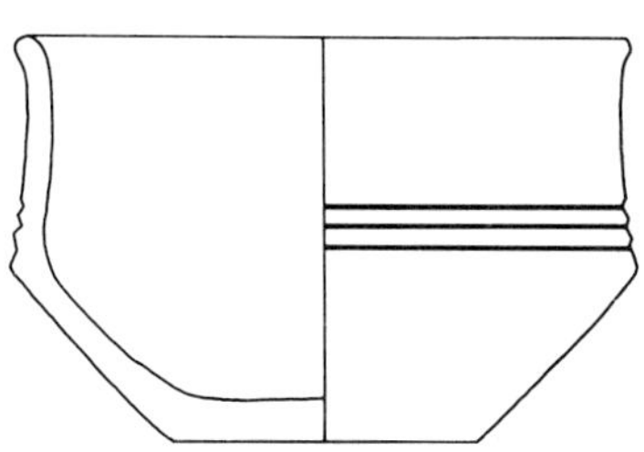

95

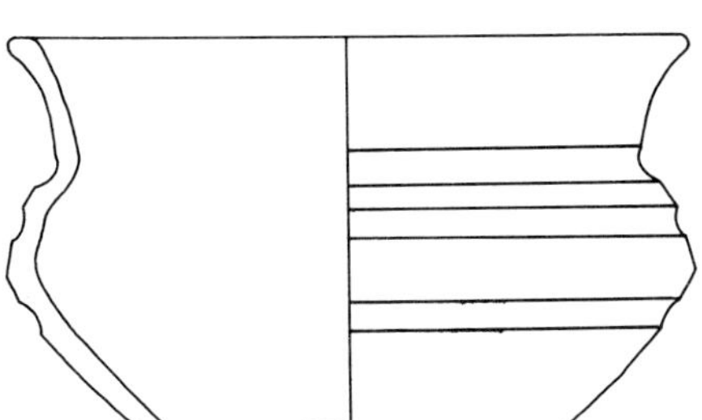

97

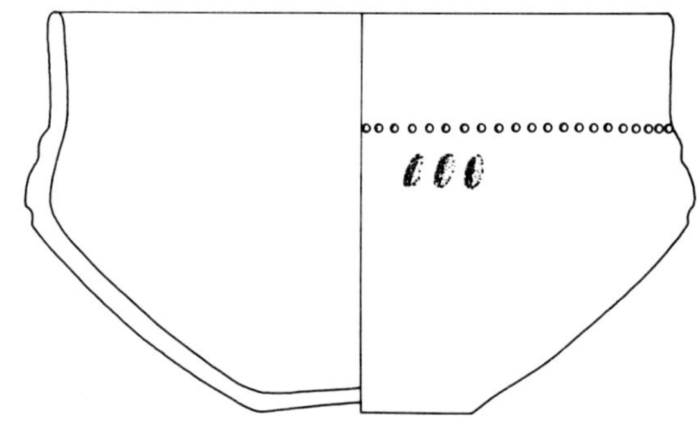

92

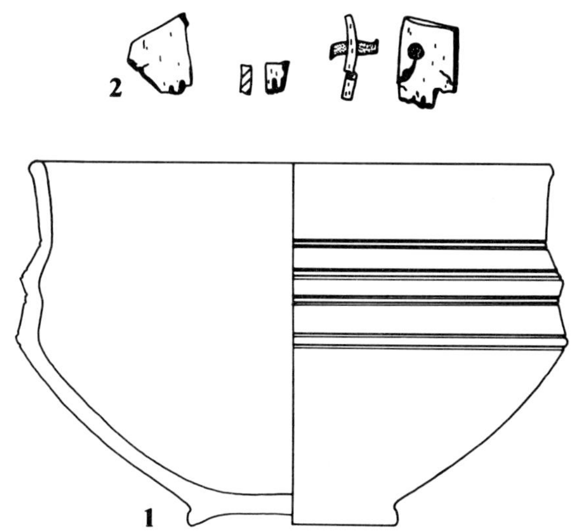

94

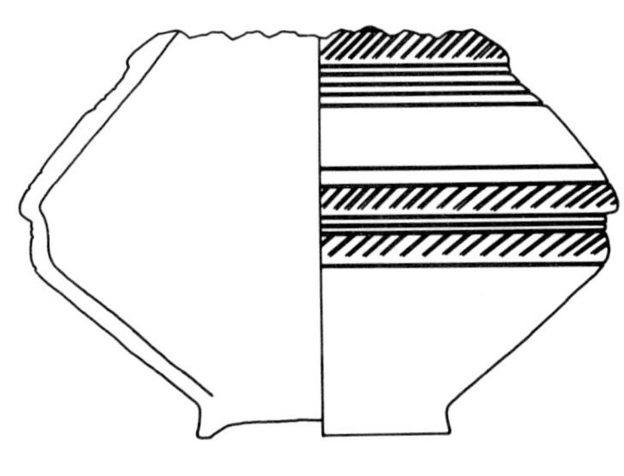

96

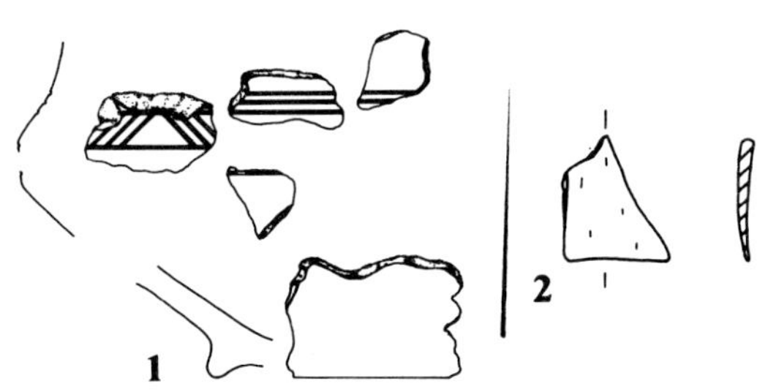

99

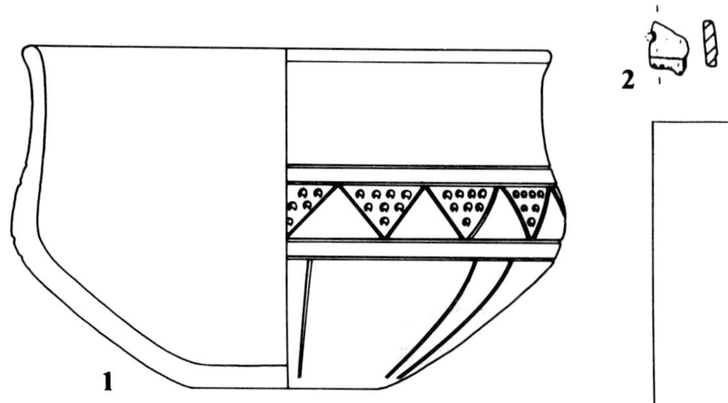

98

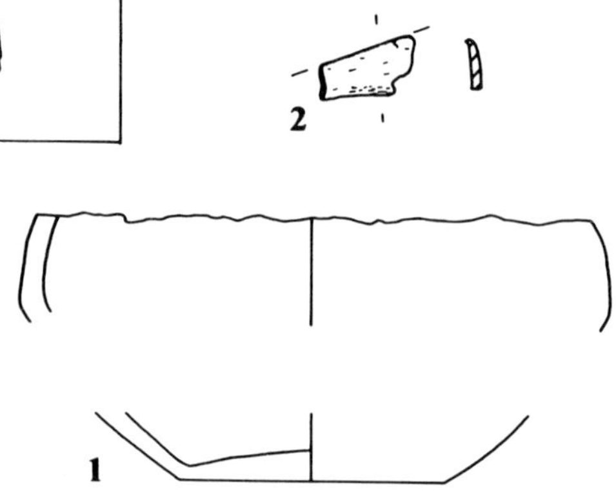

101

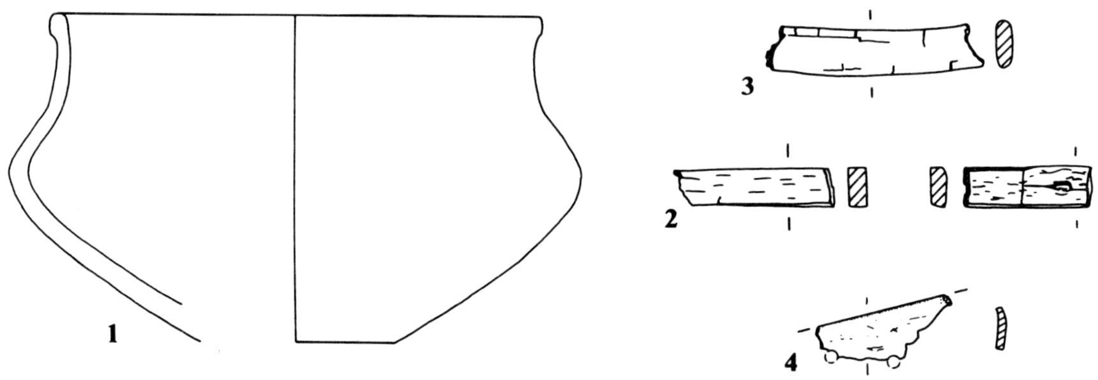

100

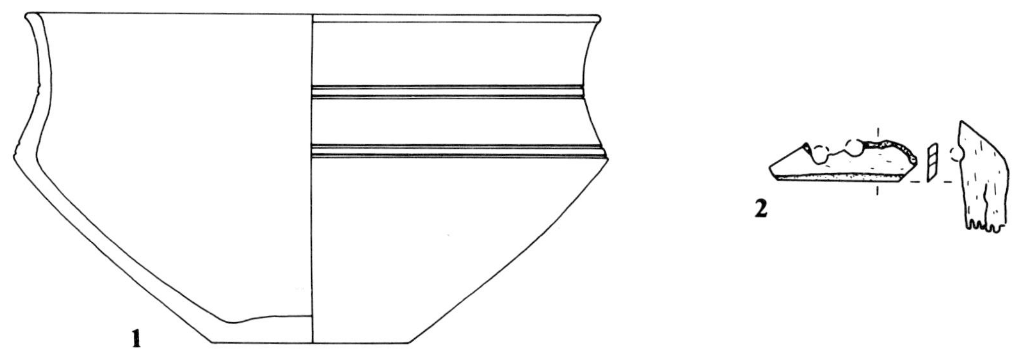

102

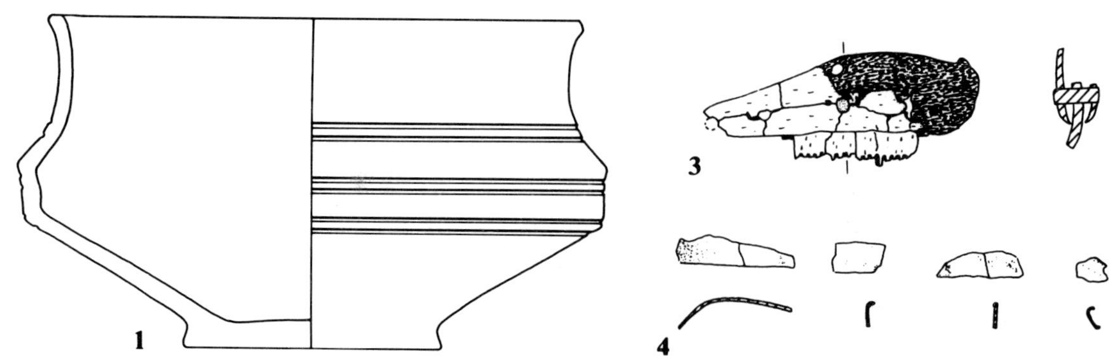

103

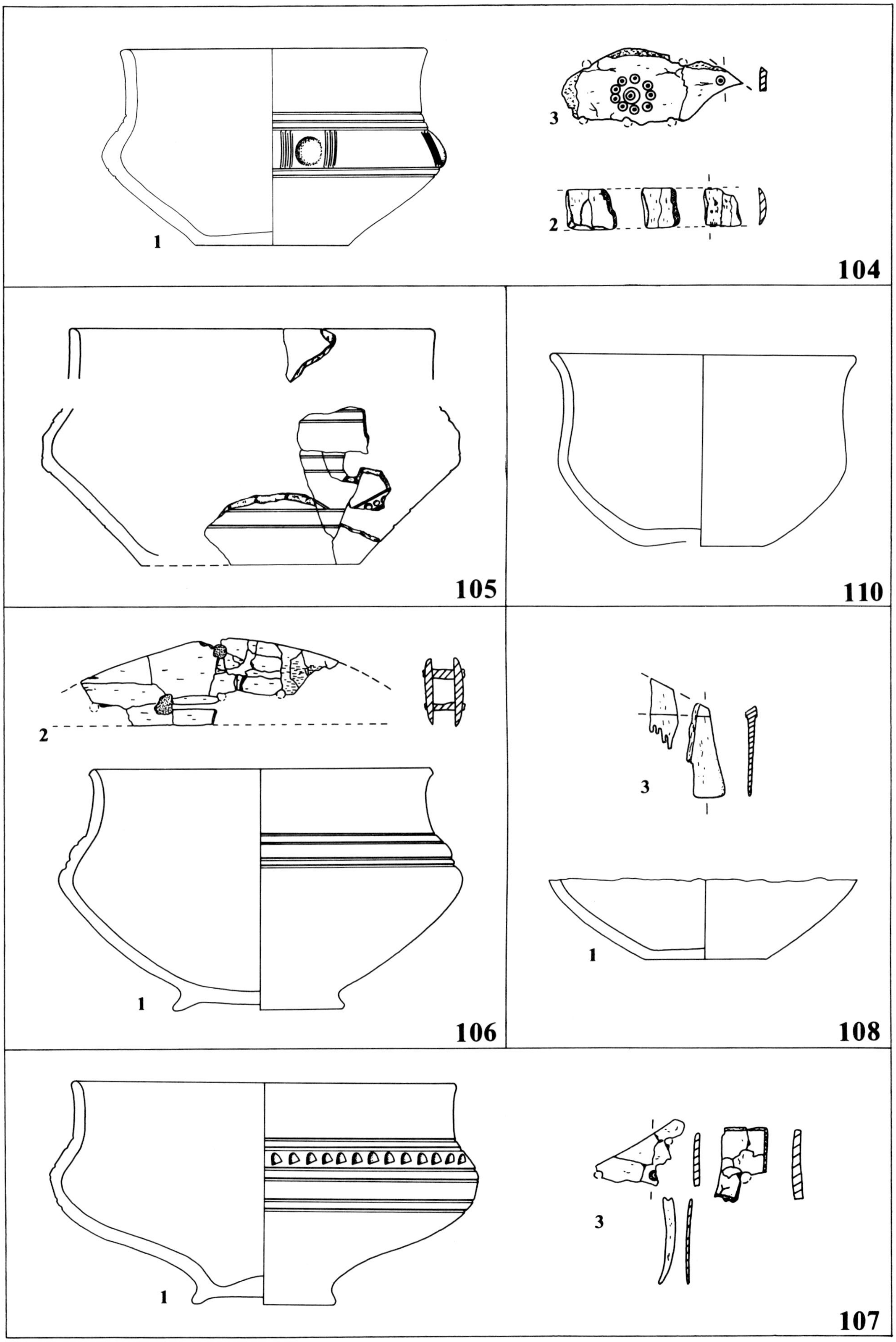
1
3
2
104
105
110
2
1
106
3
1
108
1
3
107

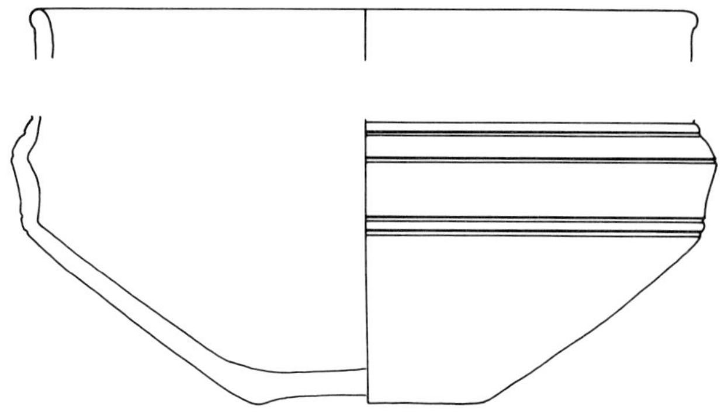

109

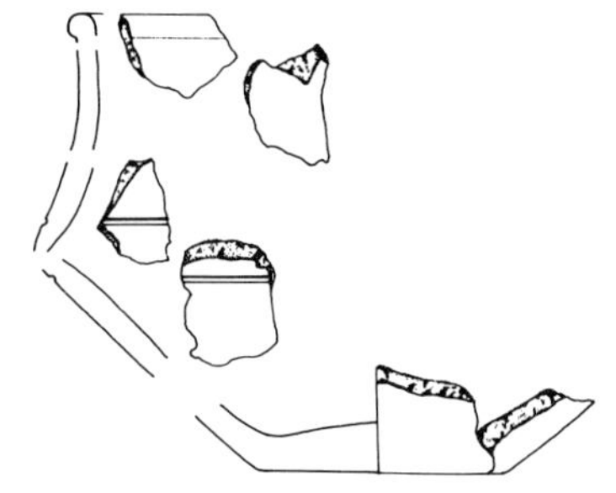

112

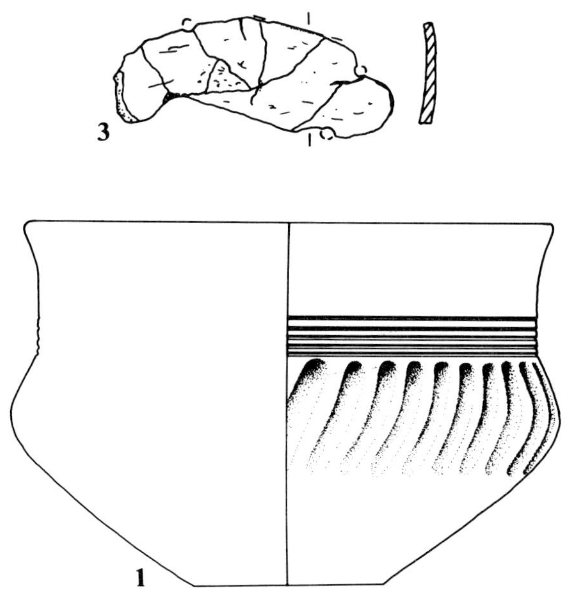

111

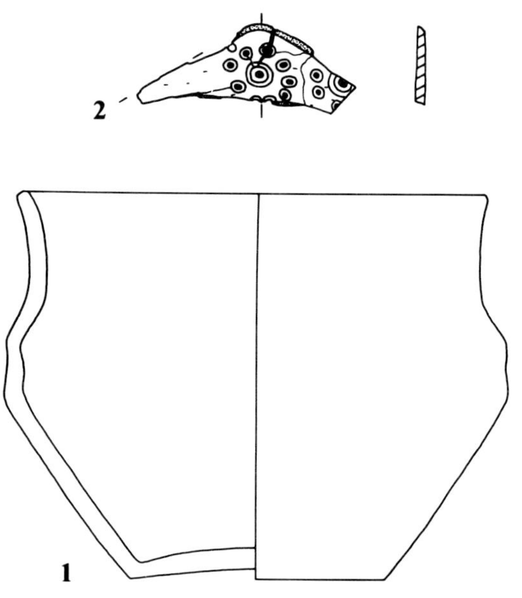

113

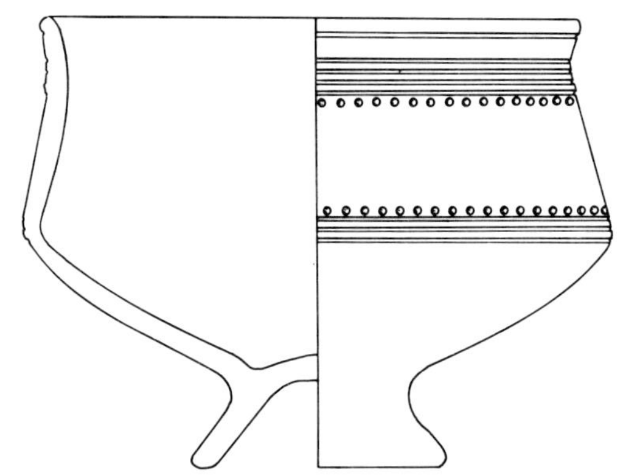

114

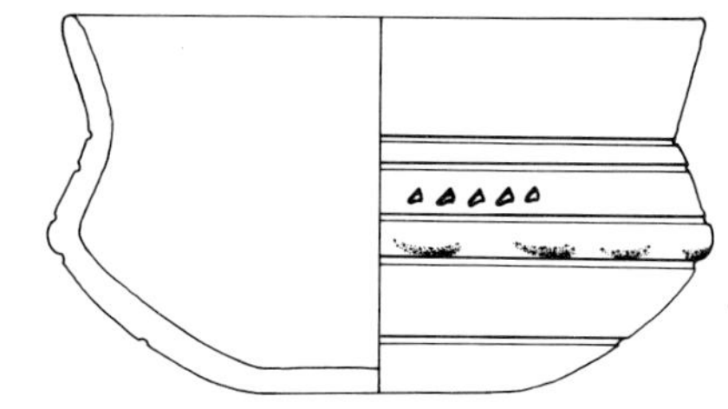

115

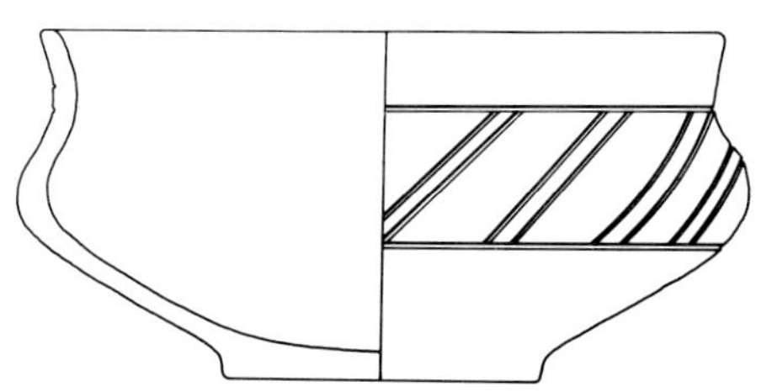

116

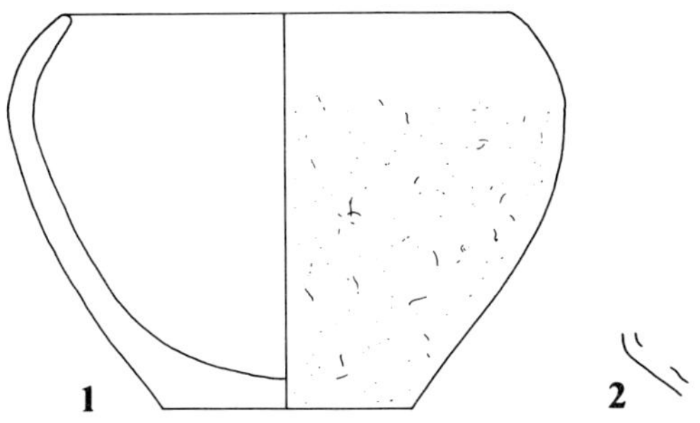

118

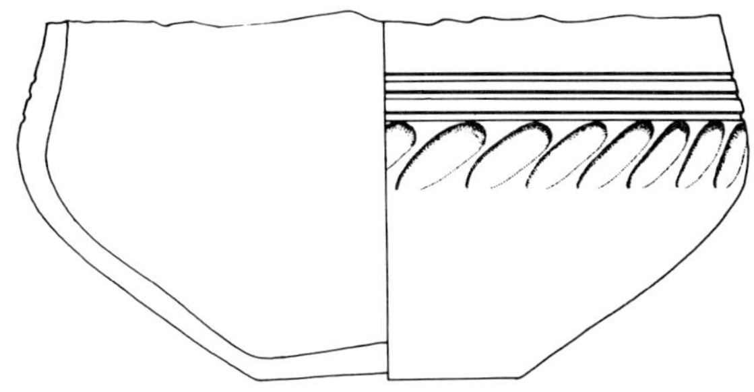

121

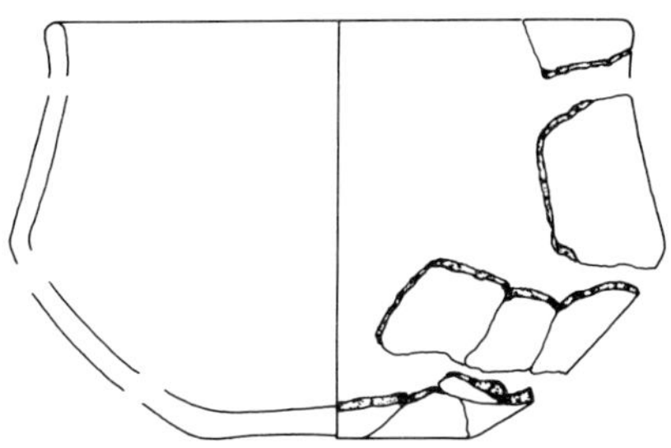

122

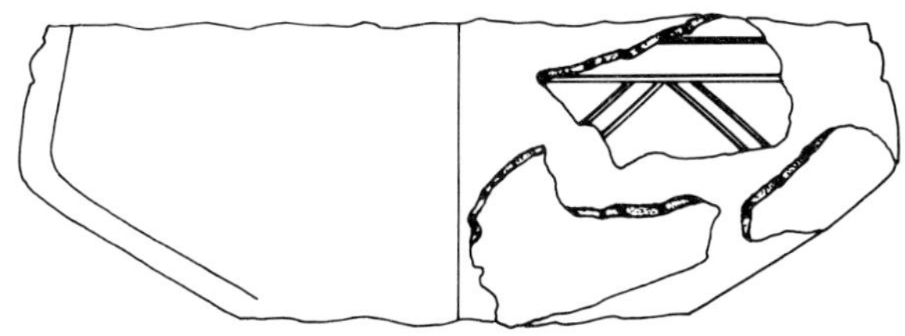

117

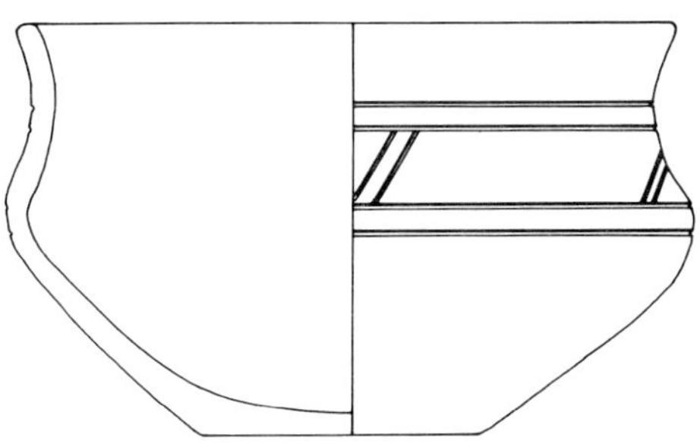

123

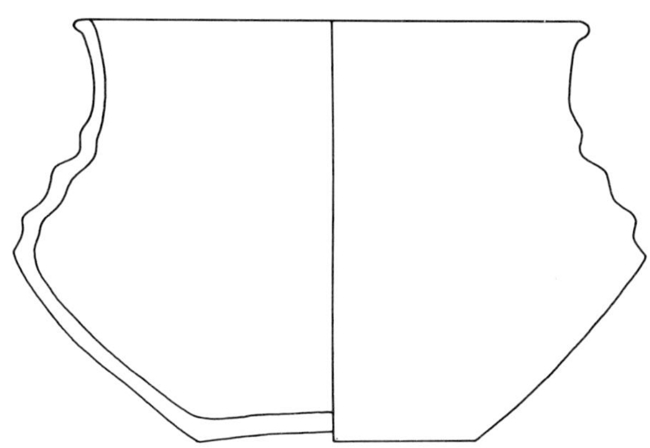

119

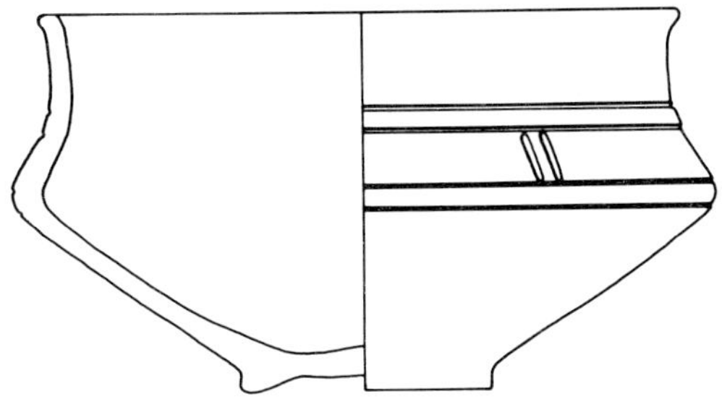

125

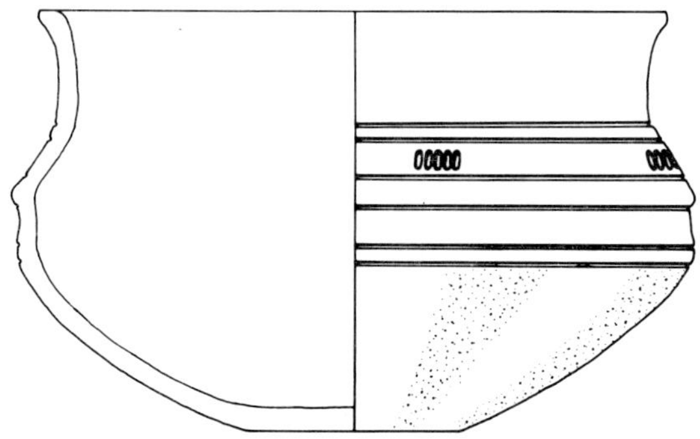

126

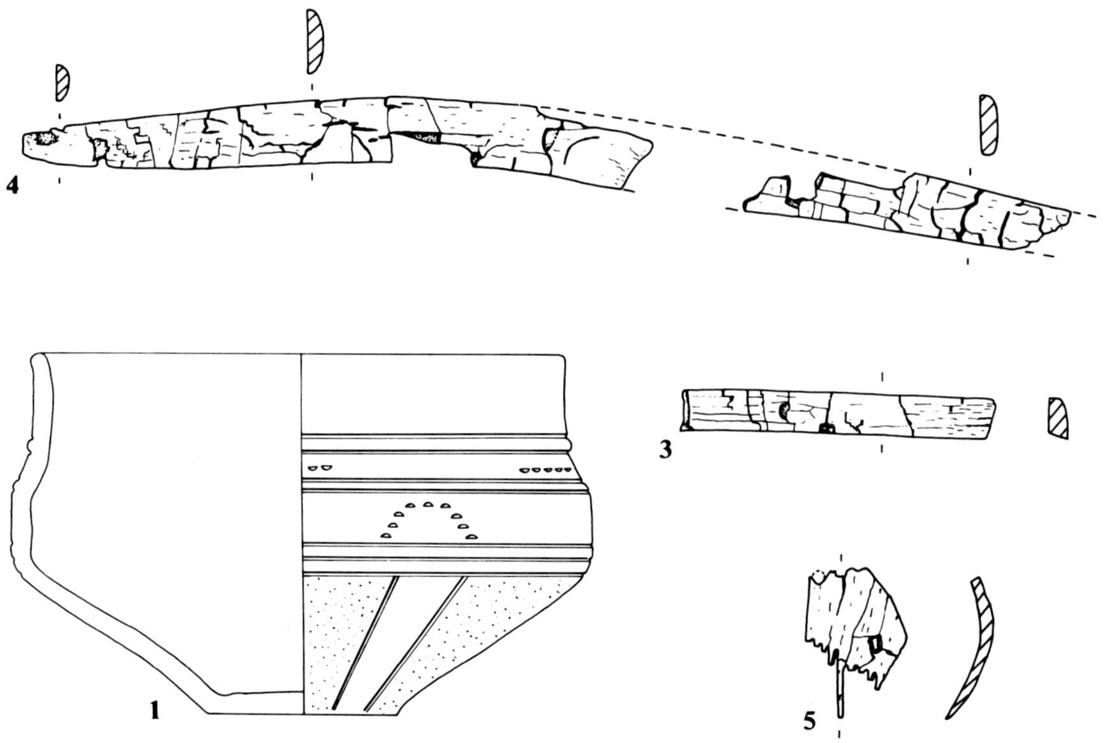

124

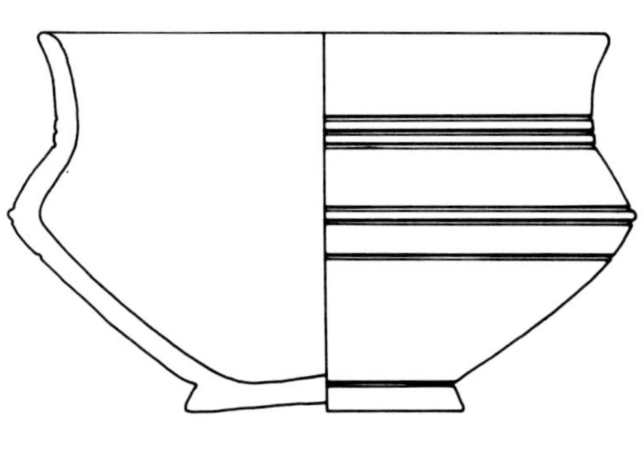
127

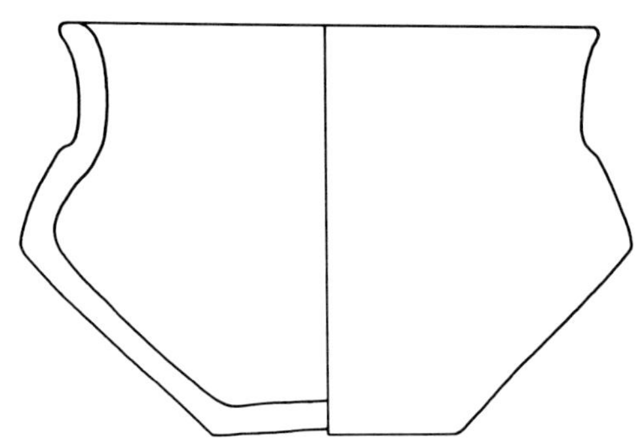
130

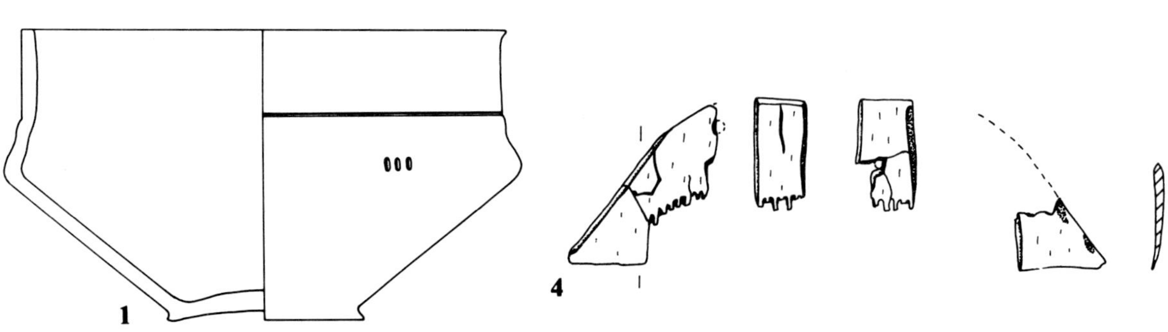

128

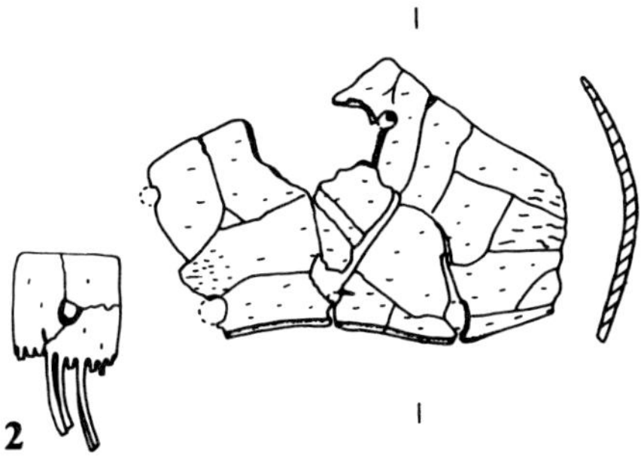

2

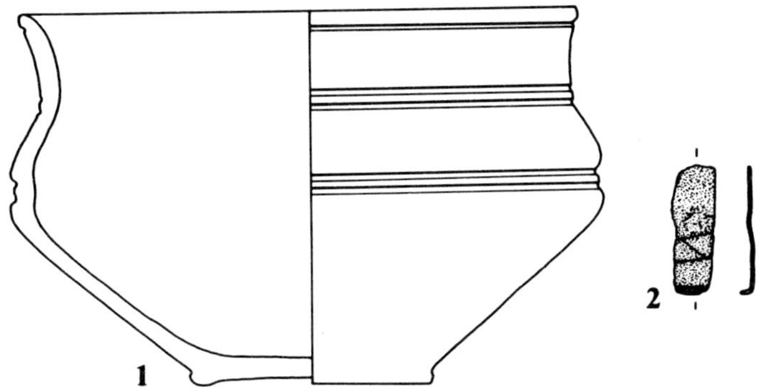

1

2

131

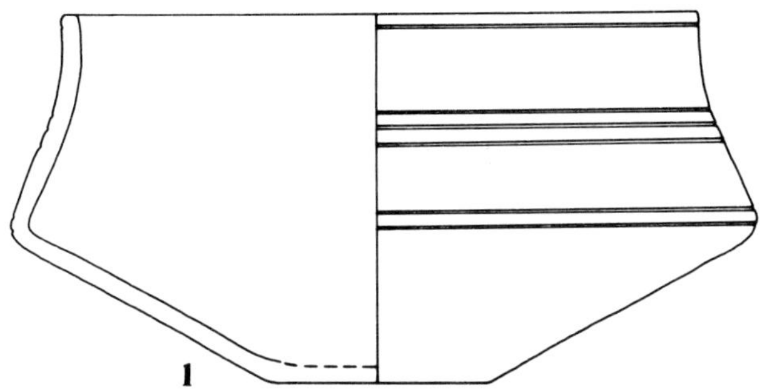

1

133

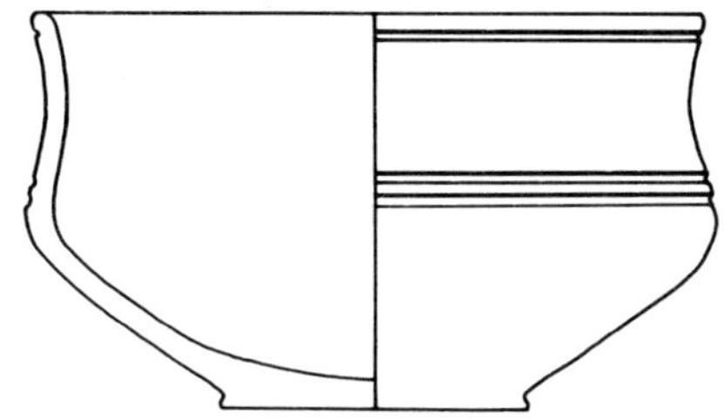

132

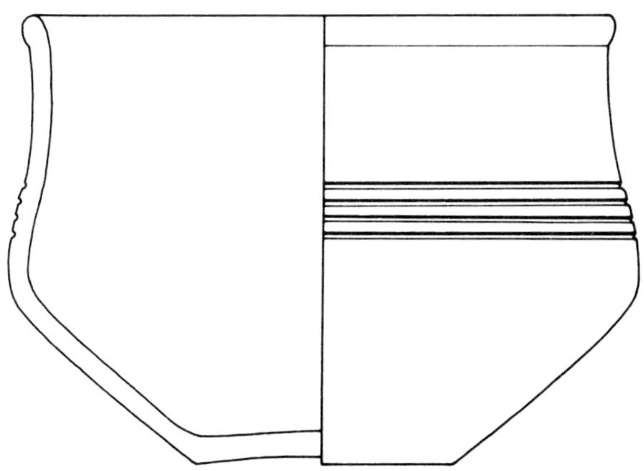

134

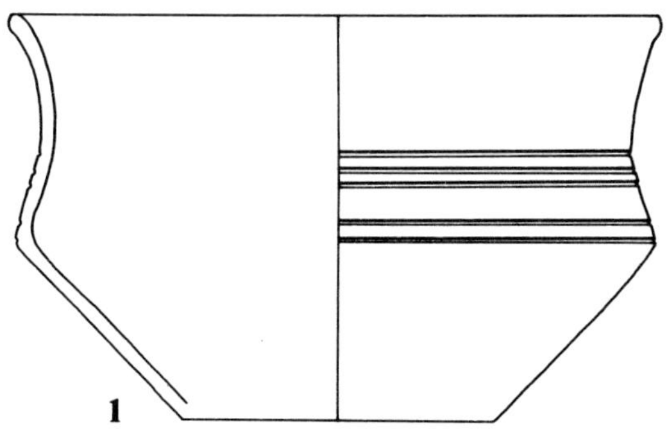

1

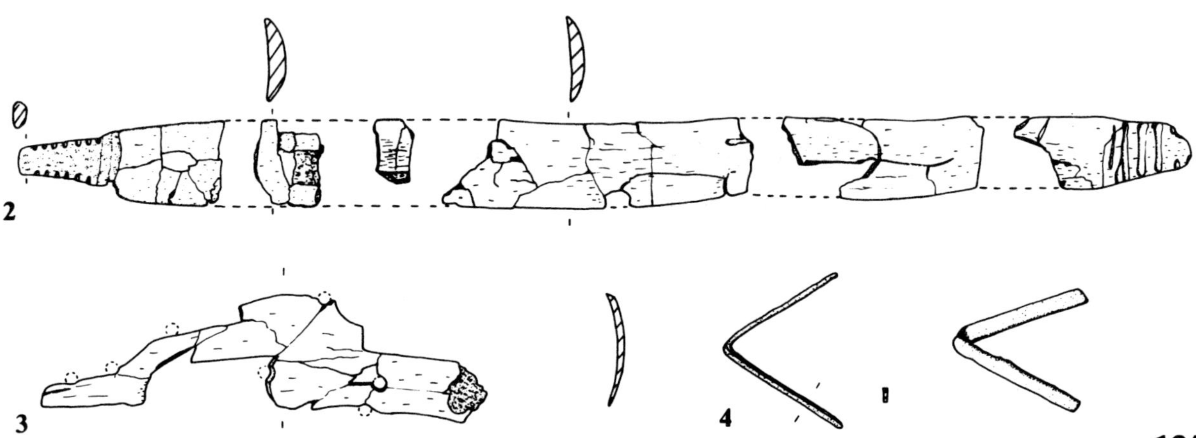

2

3

4

135

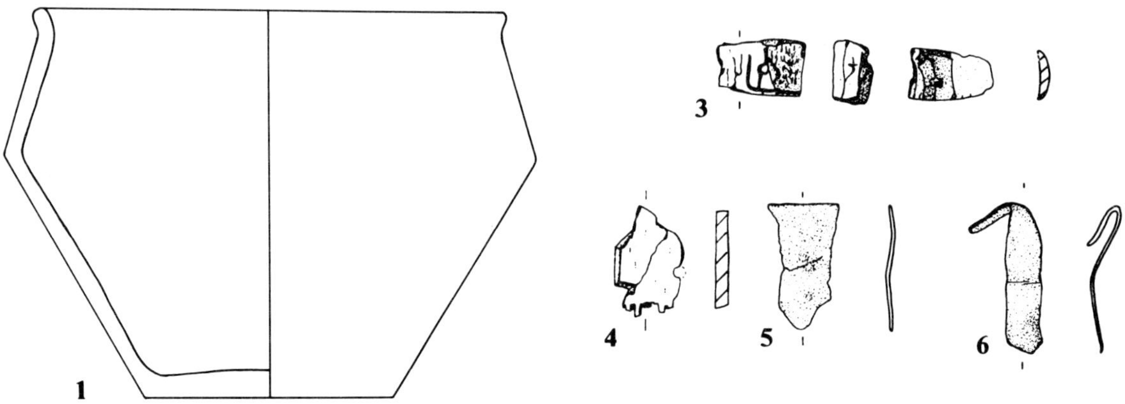

136

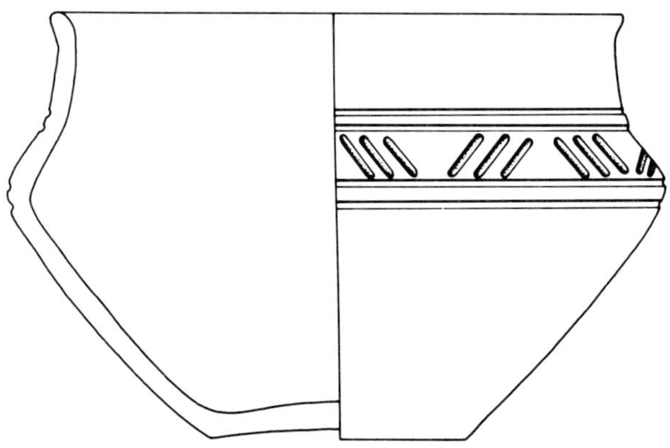

137

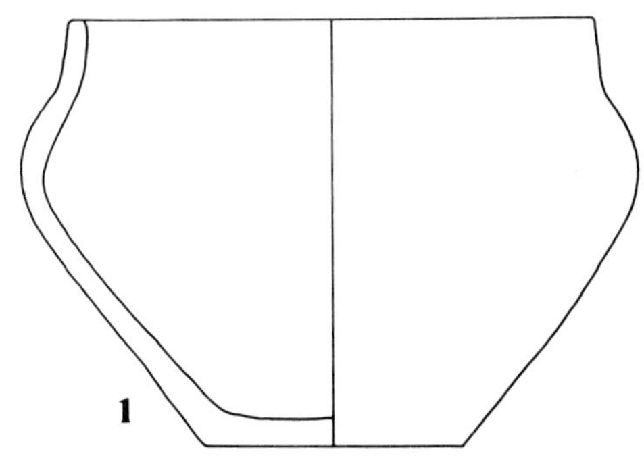

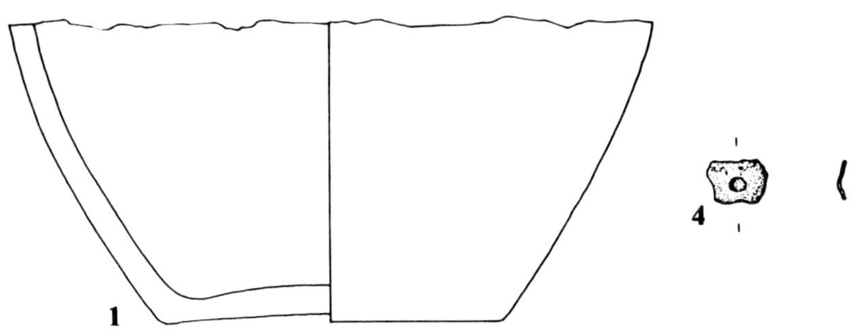

139

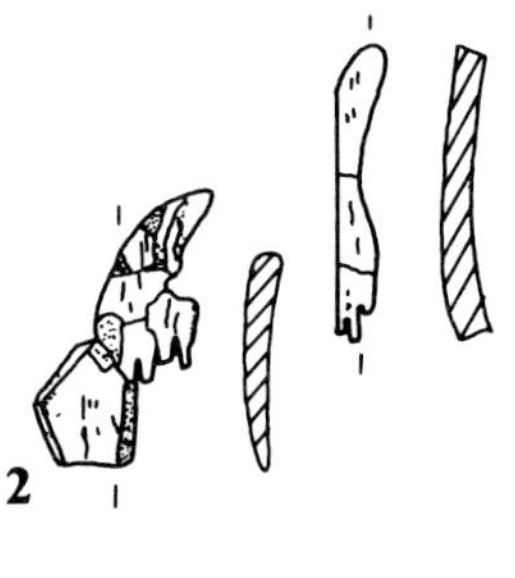

138

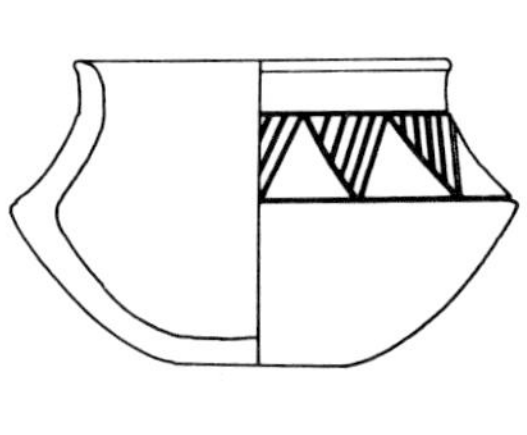

142

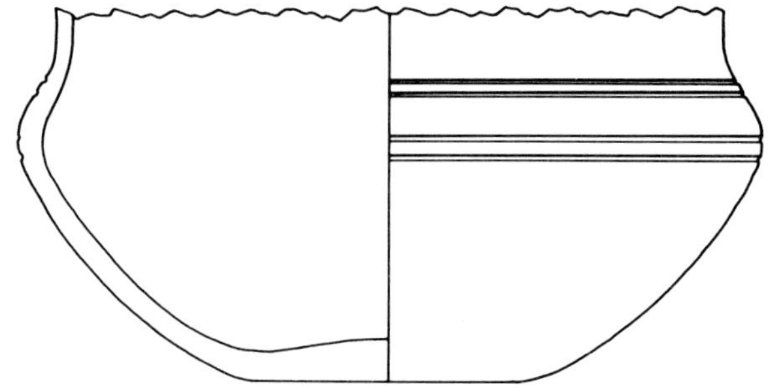

140

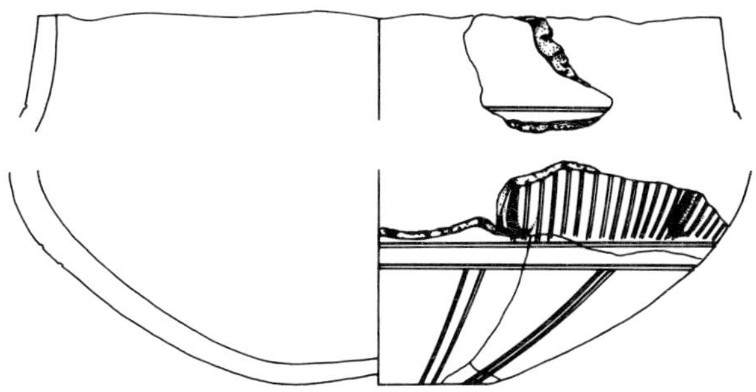

141

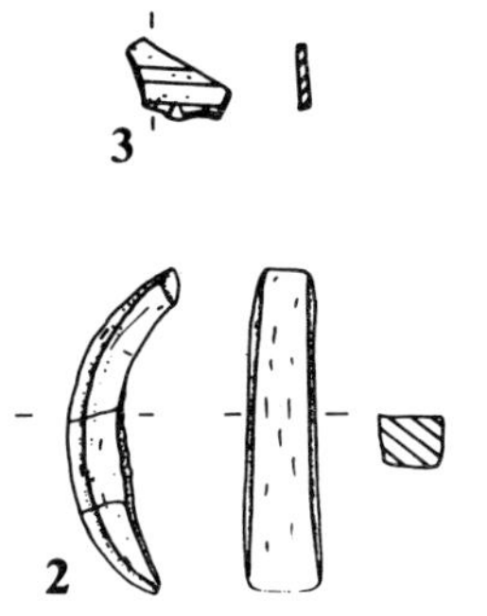

143

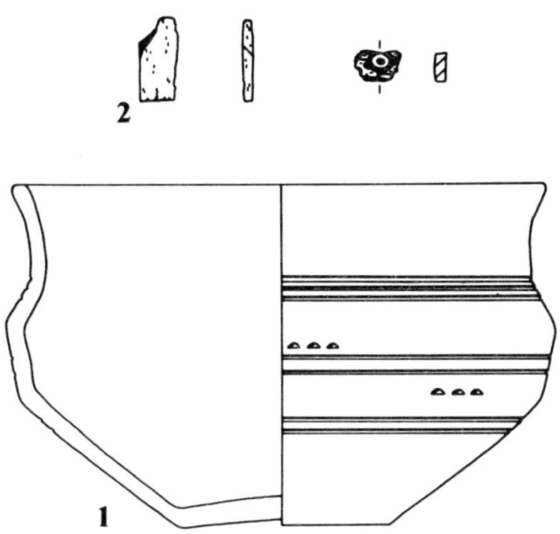

144

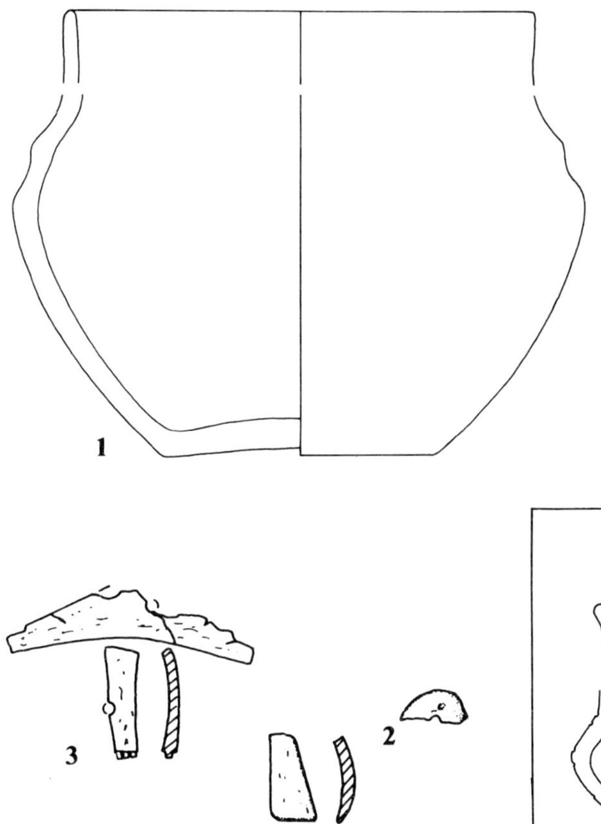

145

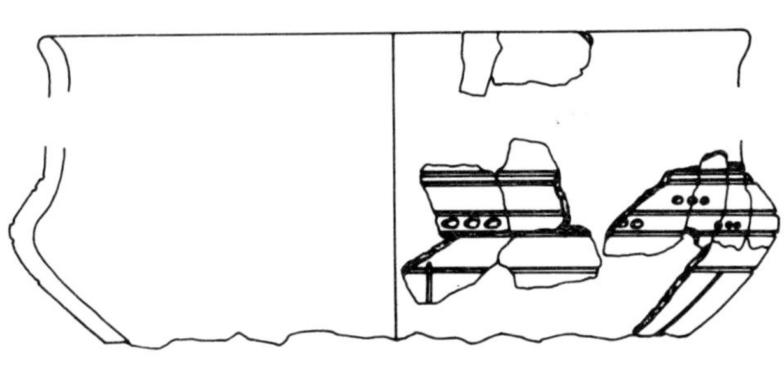

146

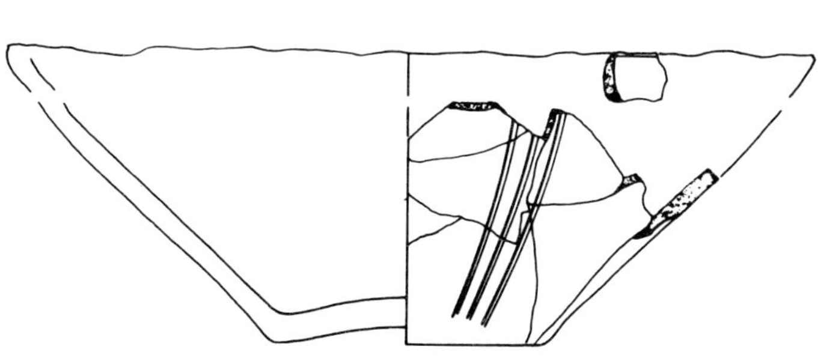

147

148

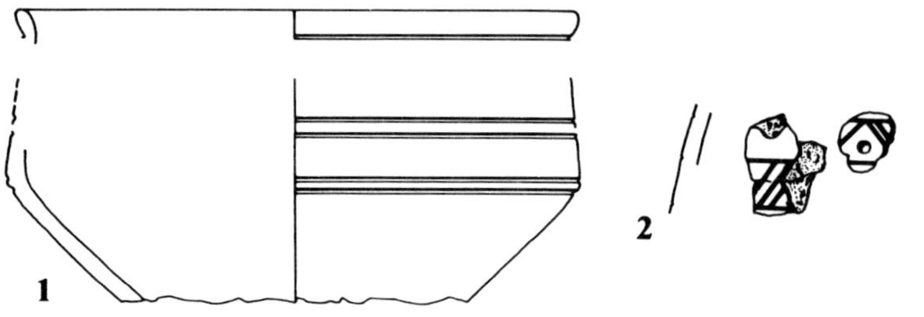

149

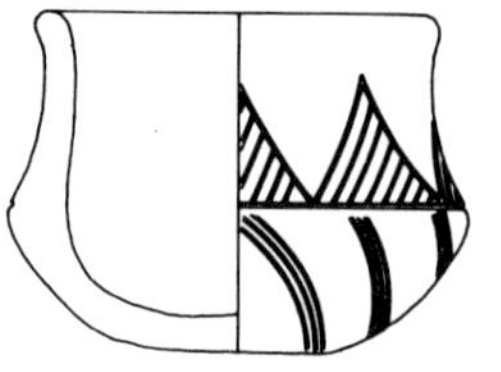

152

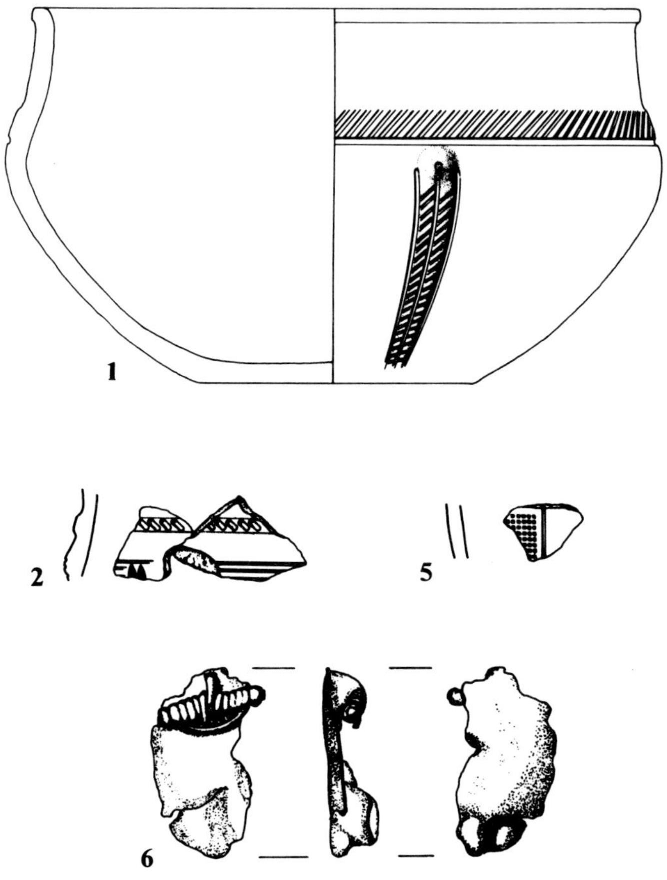

154

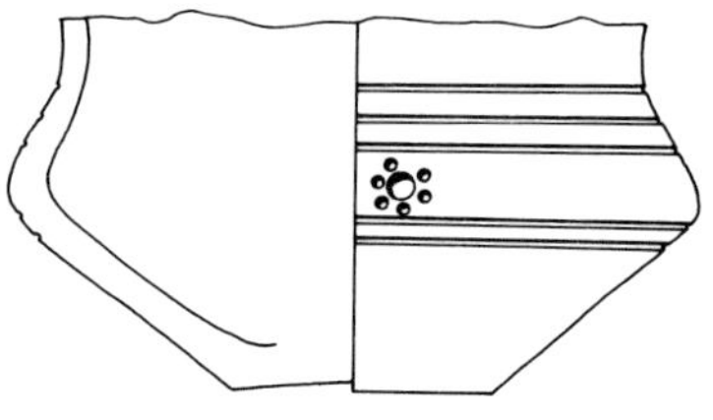

150

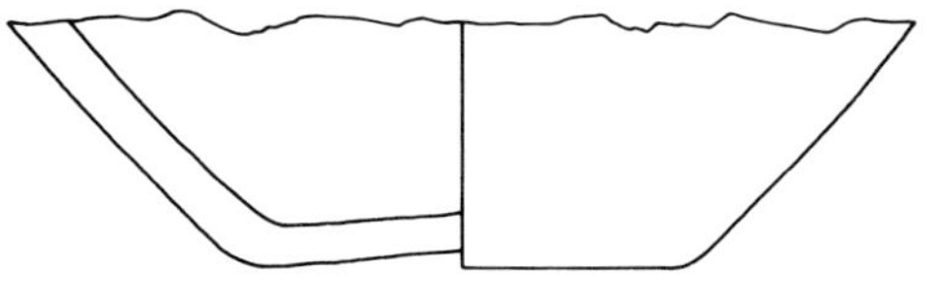

151

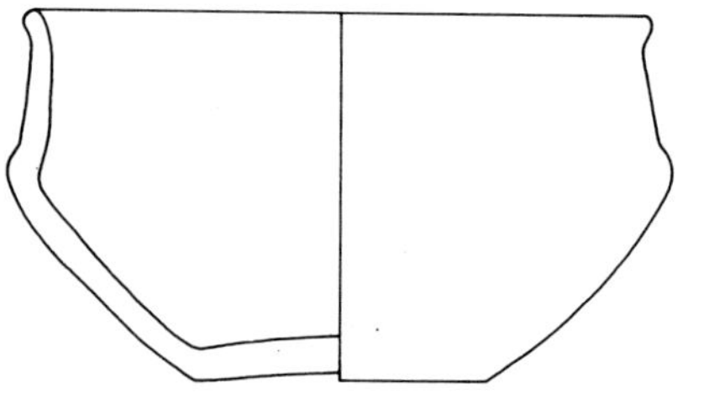

153

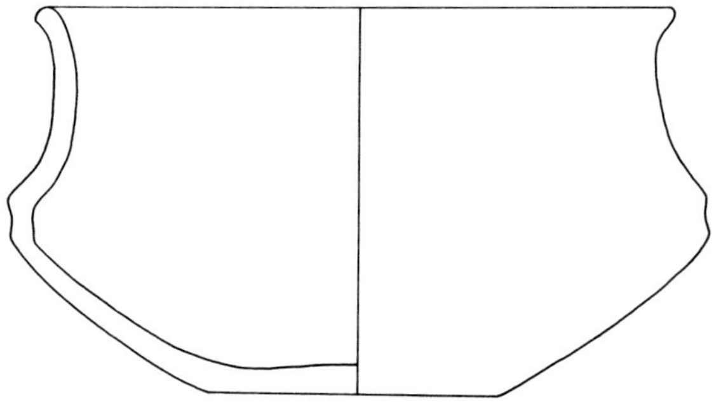

155

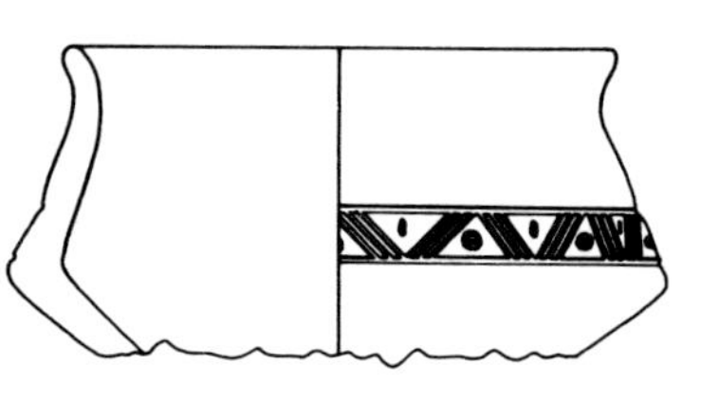

156

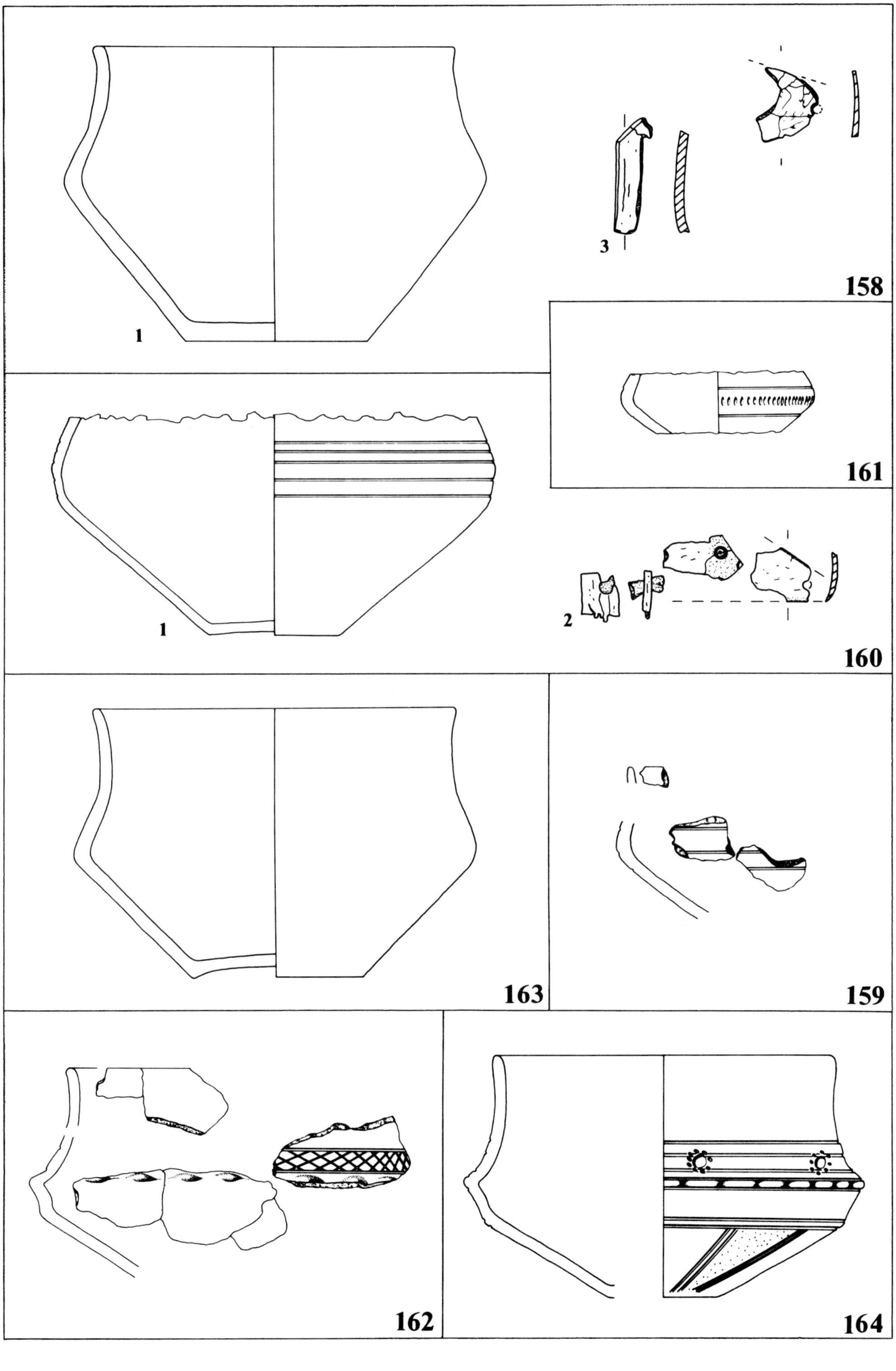
1
3
158
161
1
2
160
163
159
162
164

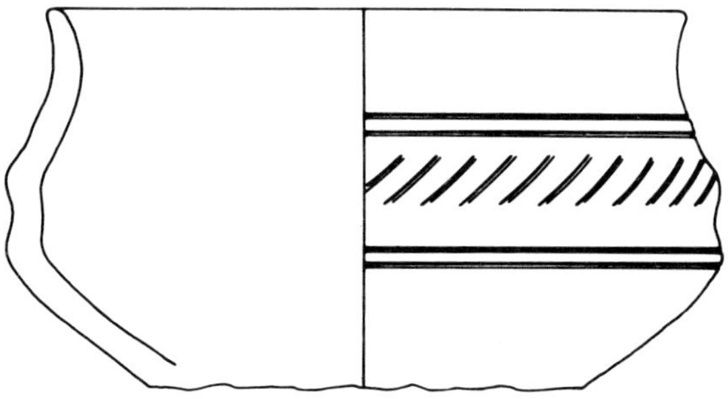

165

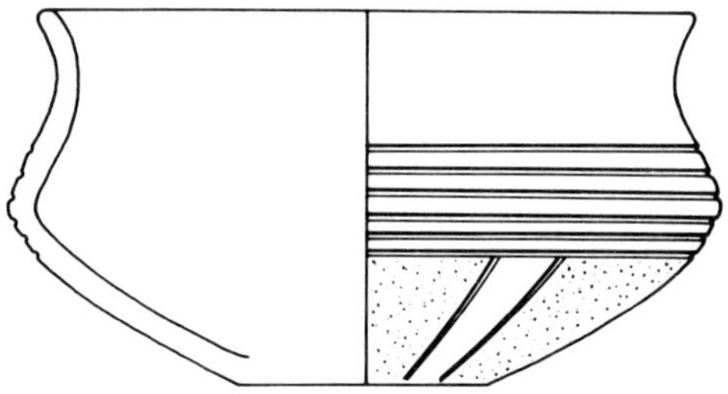

168

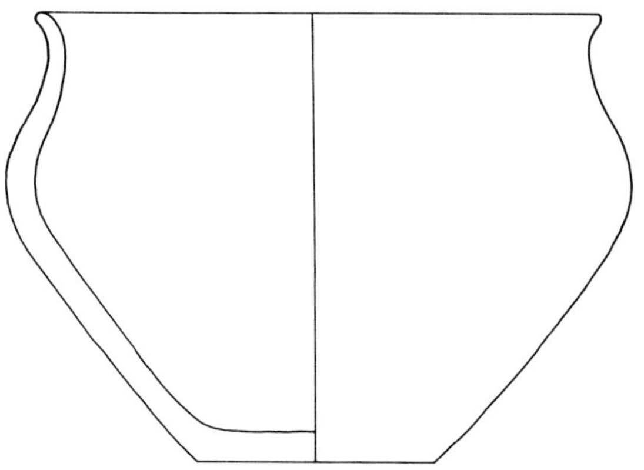

166

2

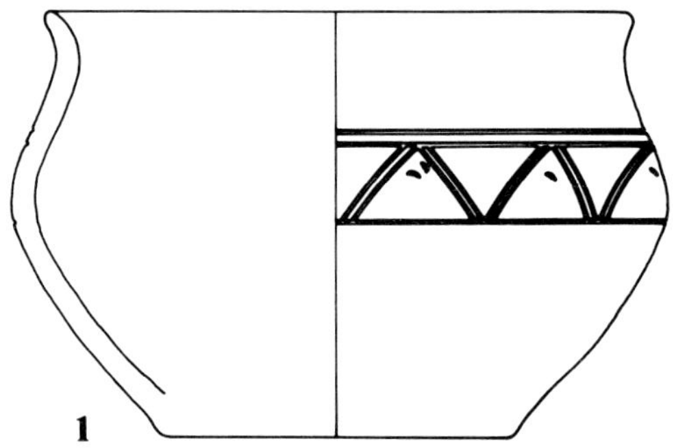

1

169

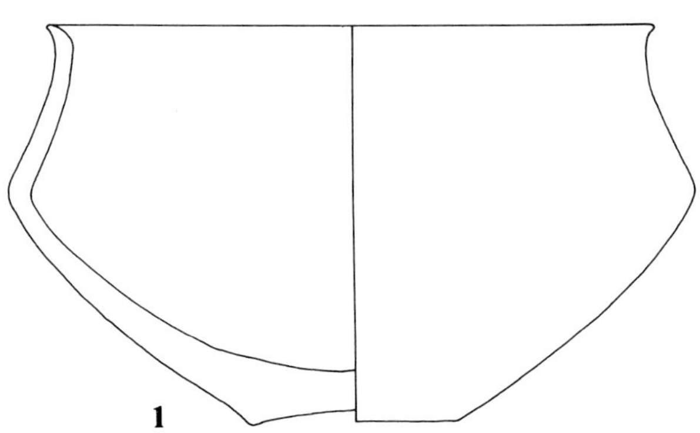

1

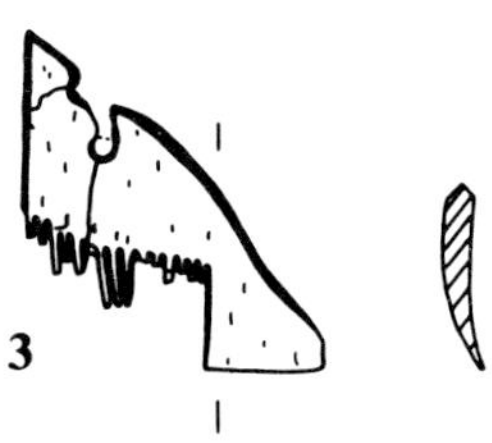

3

167

2

170

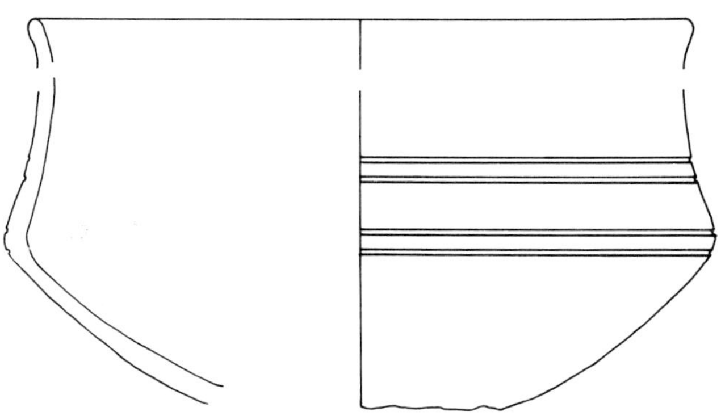

169A

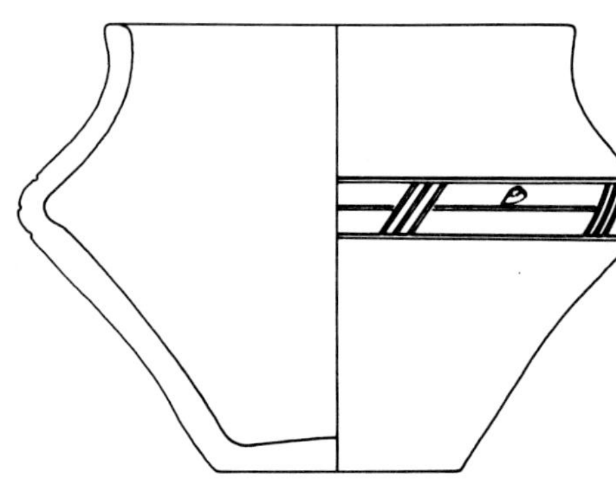

172

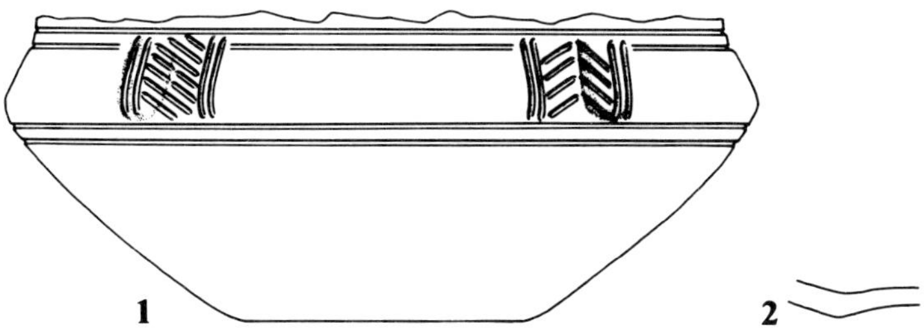

171

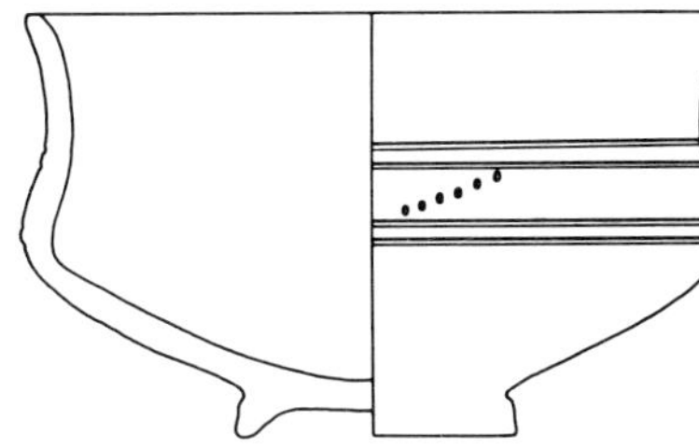

174

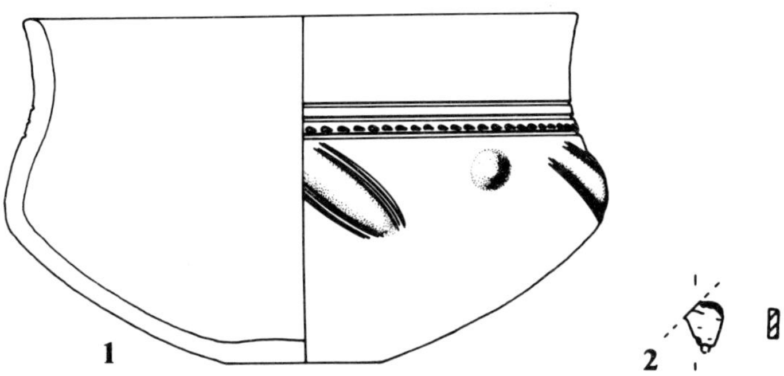

173

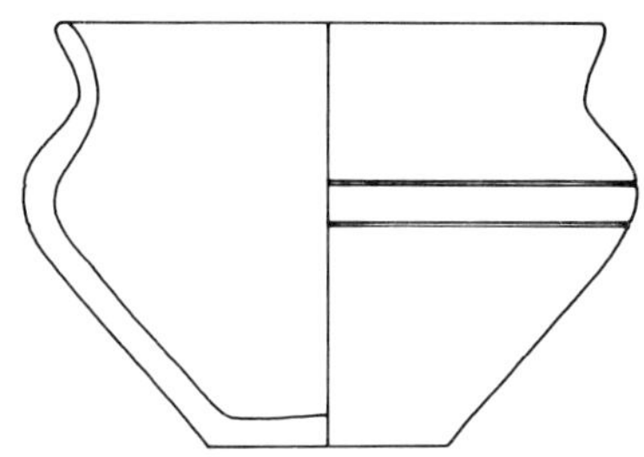

177

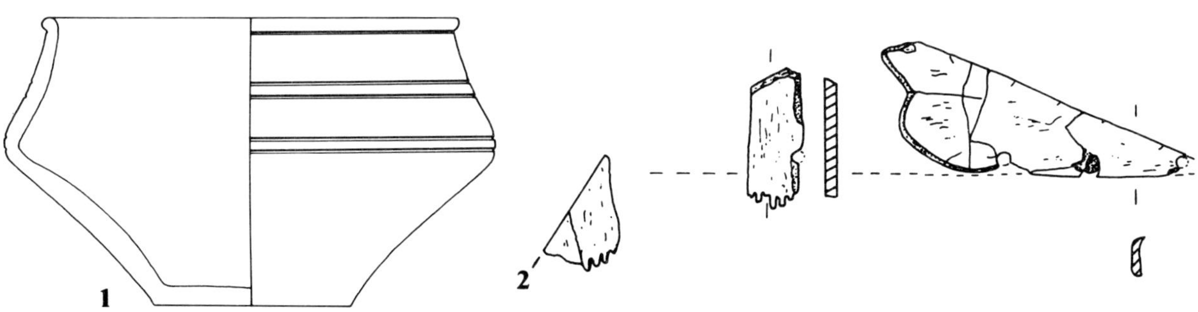

175

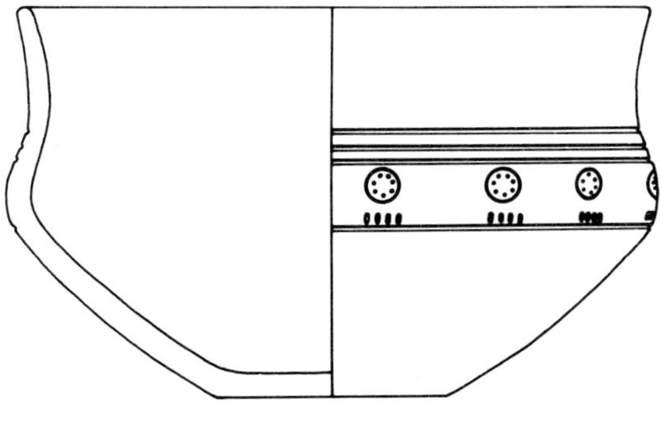

176

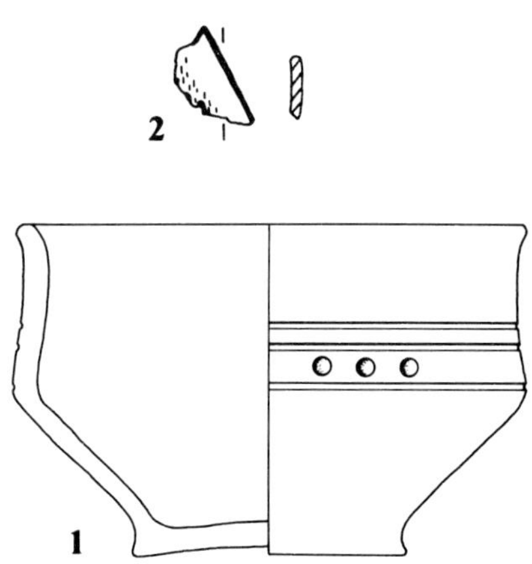

178

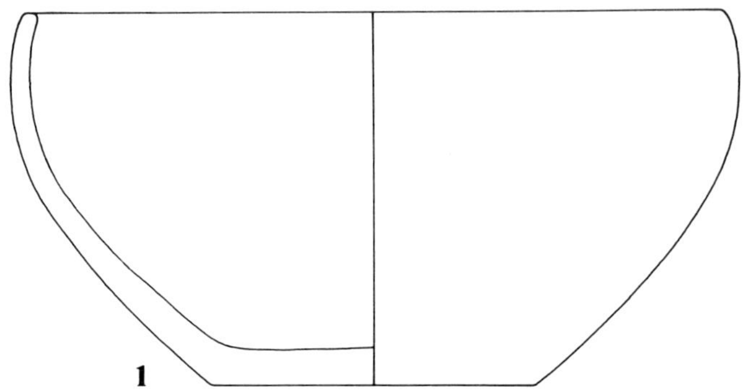

179

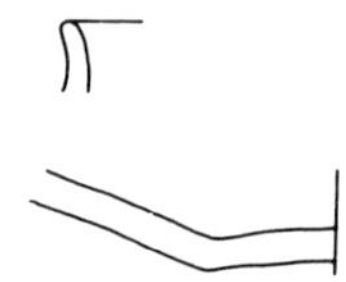

188

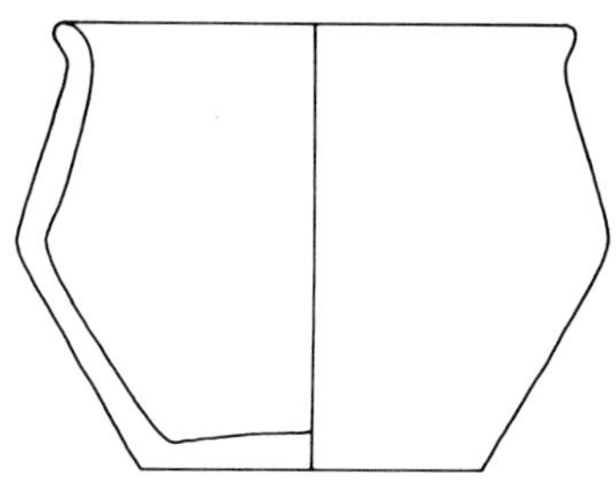

180

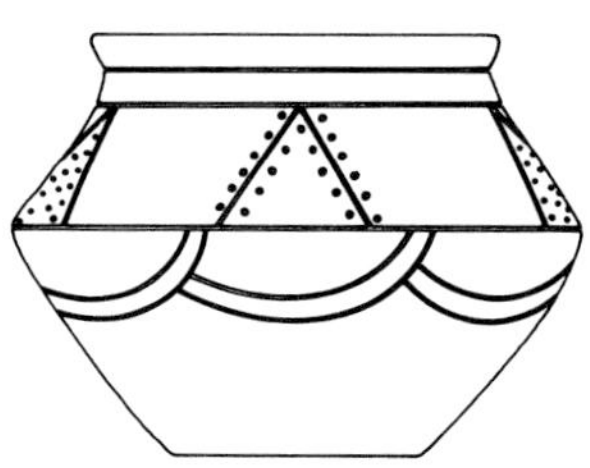

182

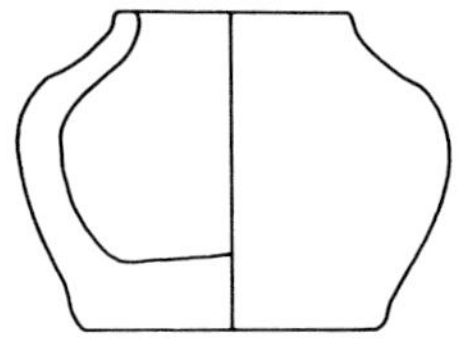

184

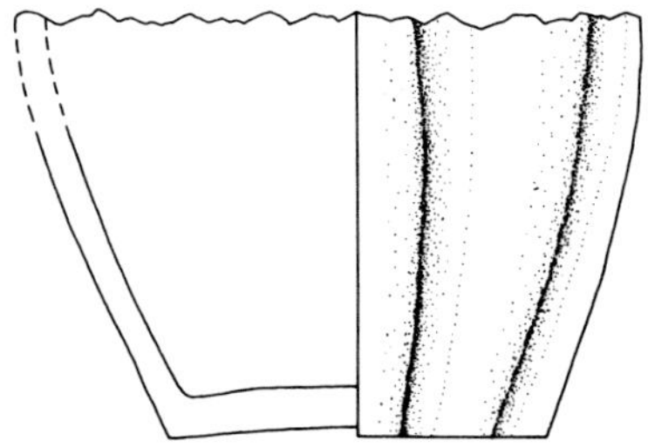

190

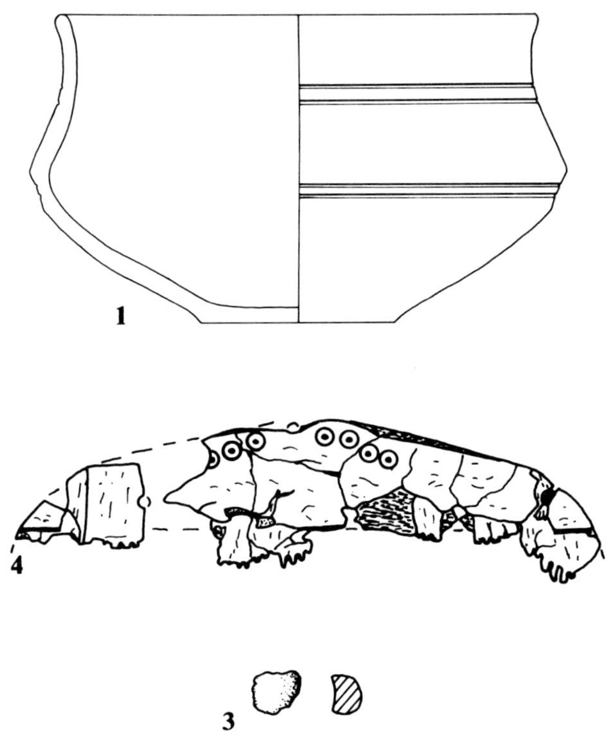

181

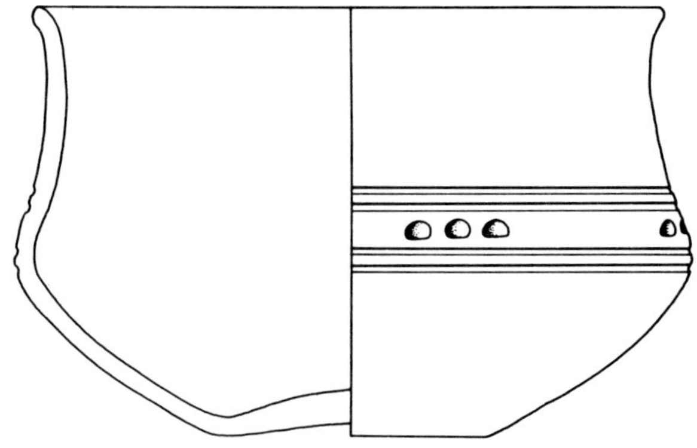

185

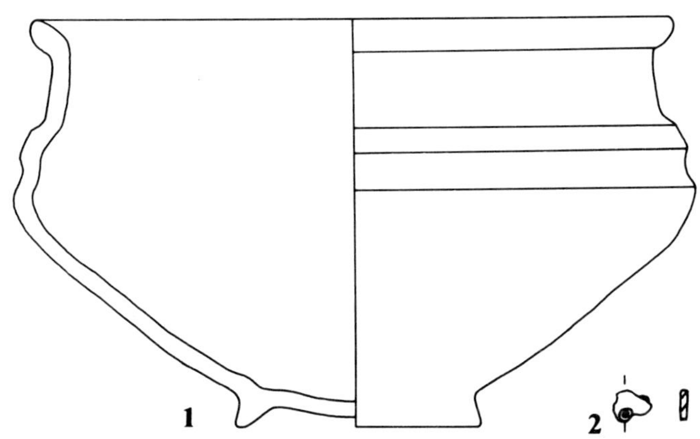

187

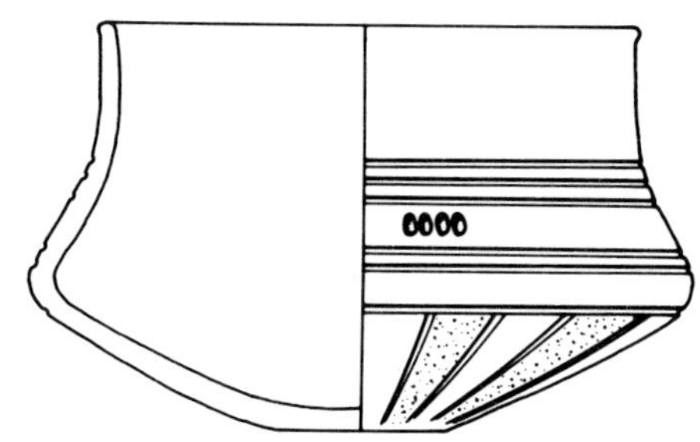

191

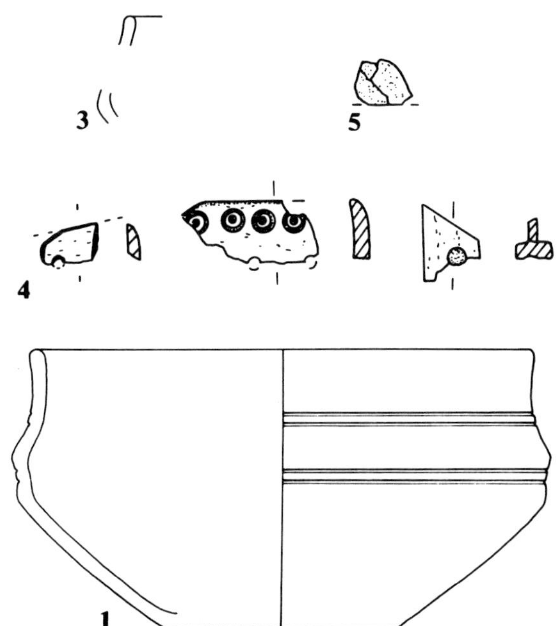

192

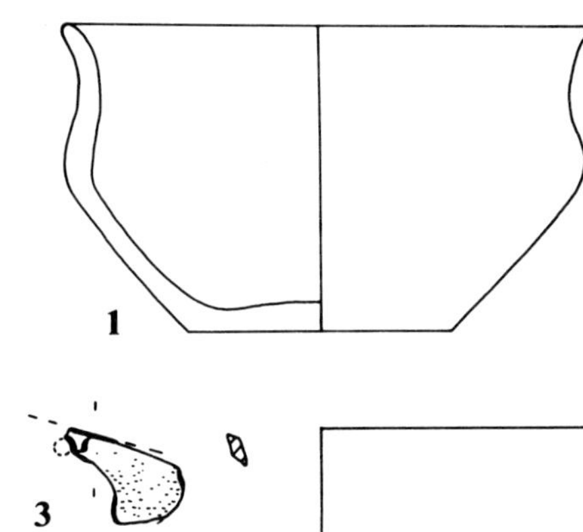

193

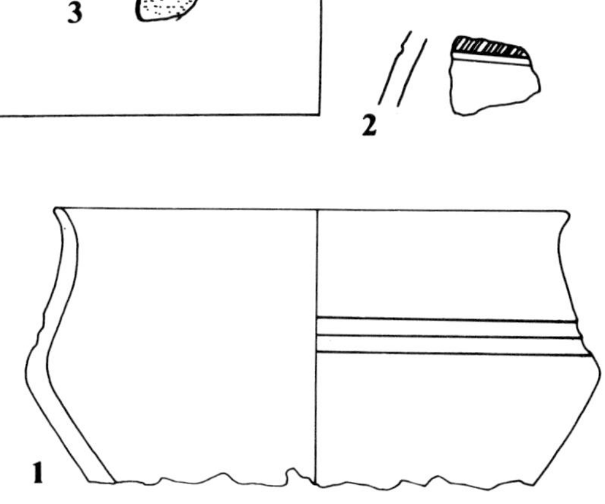

194

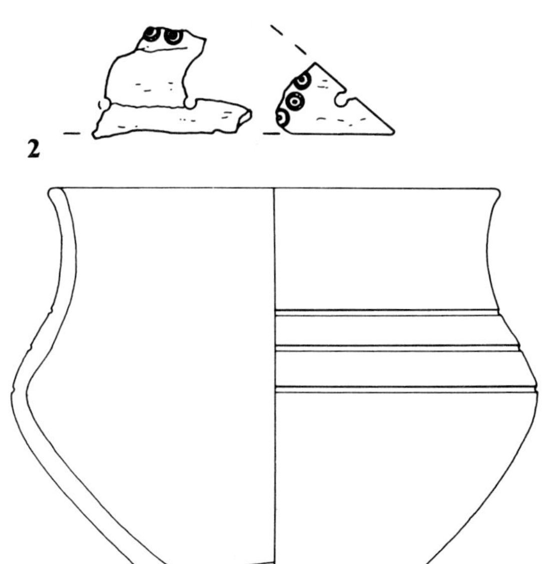

195

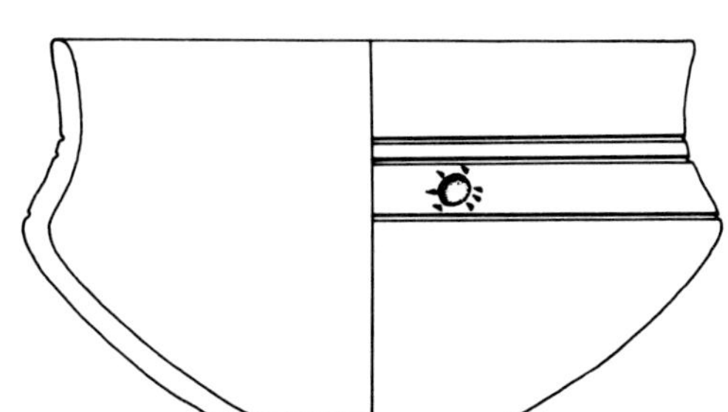

197

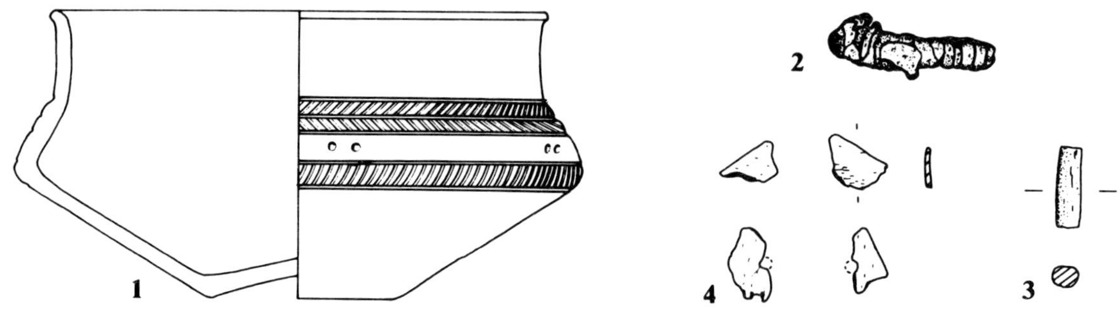

196

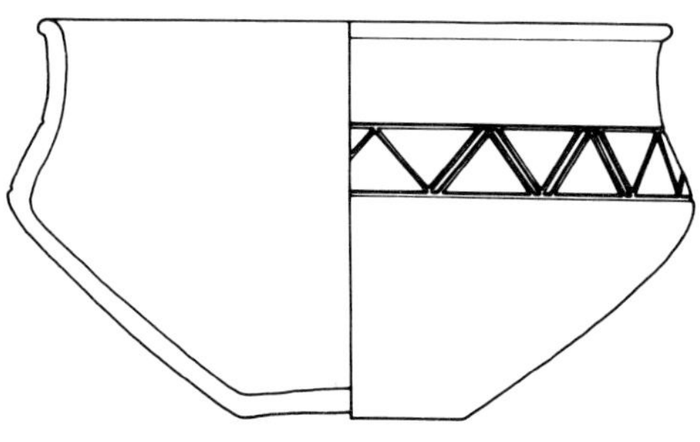

198

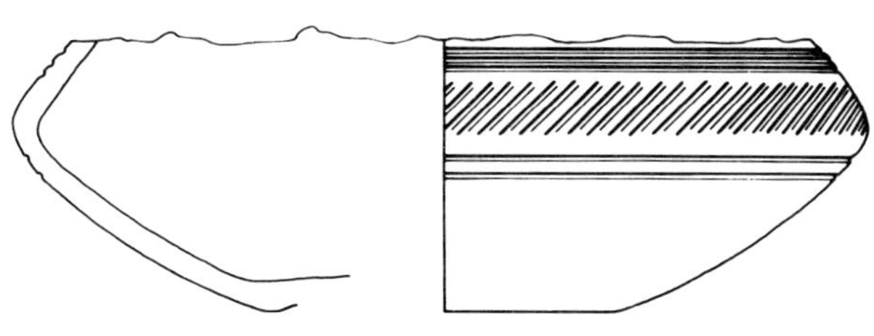

199

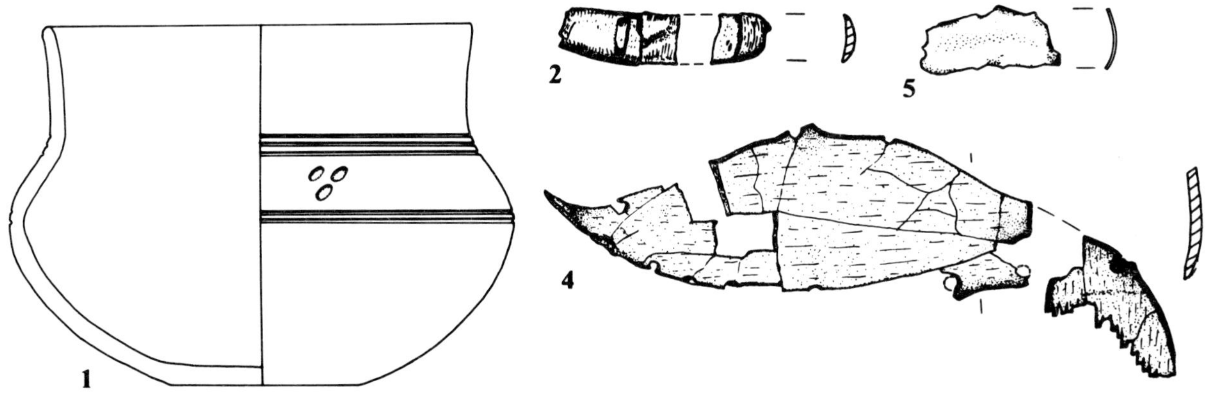

202

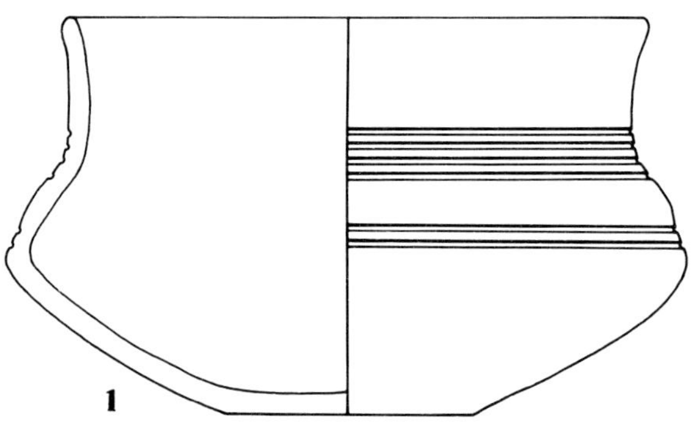

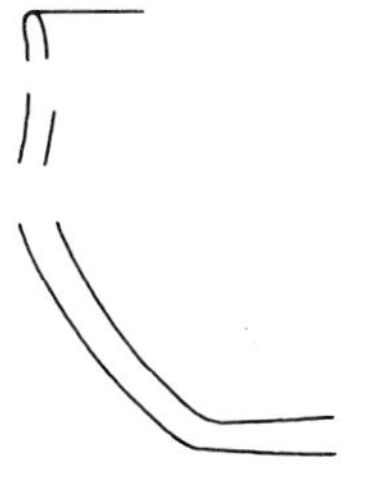

198A

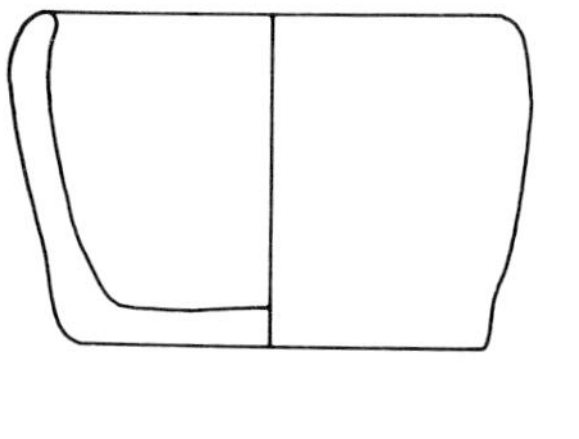

200

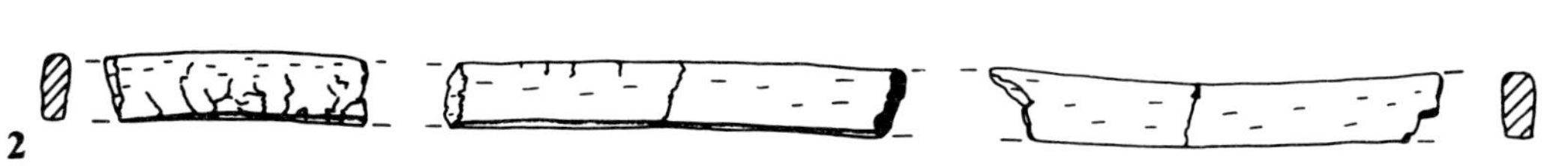

201

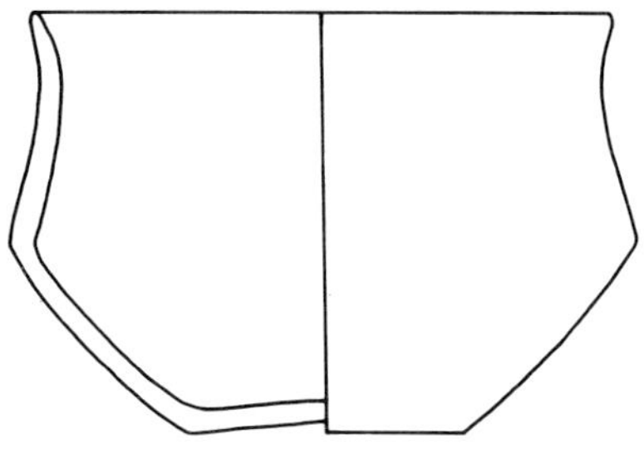

203

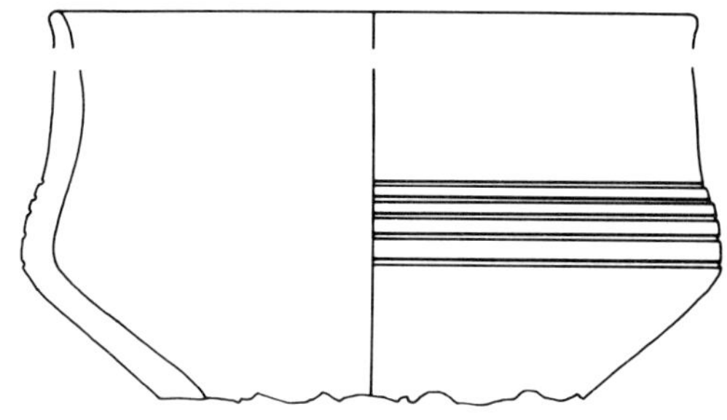

204

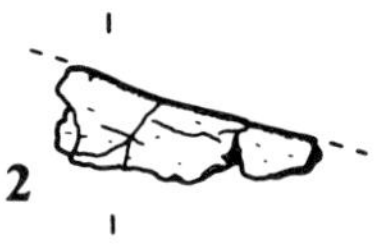

2

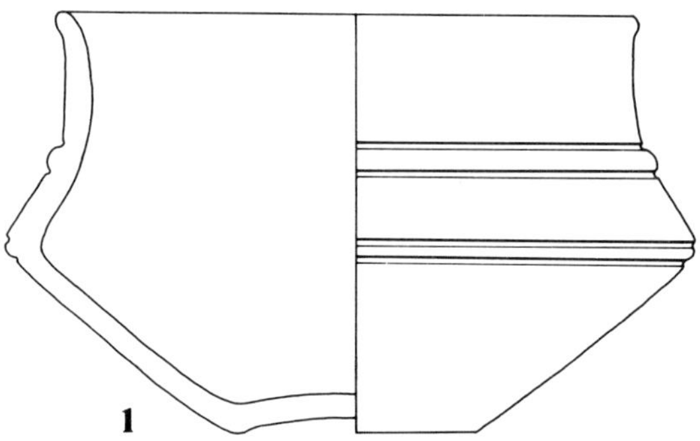

1

205

2

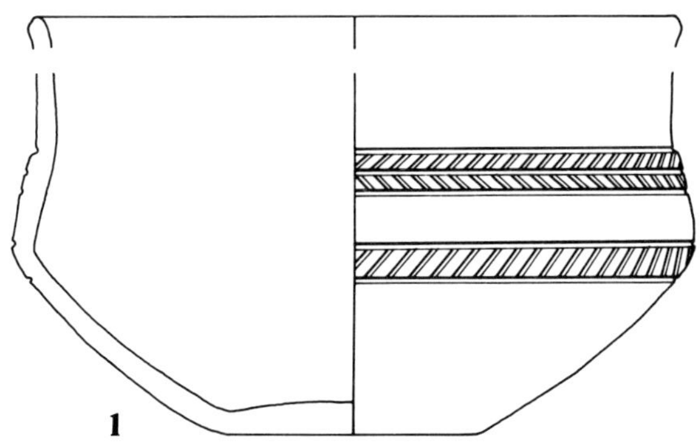

1

206

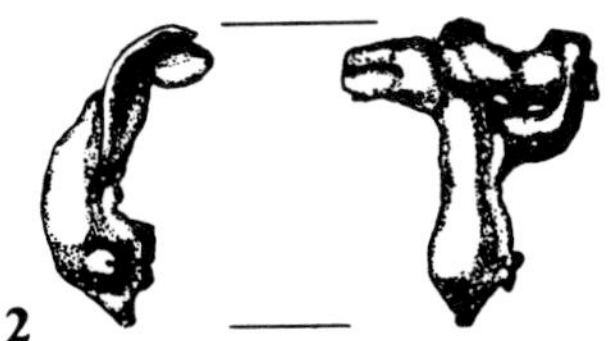

2

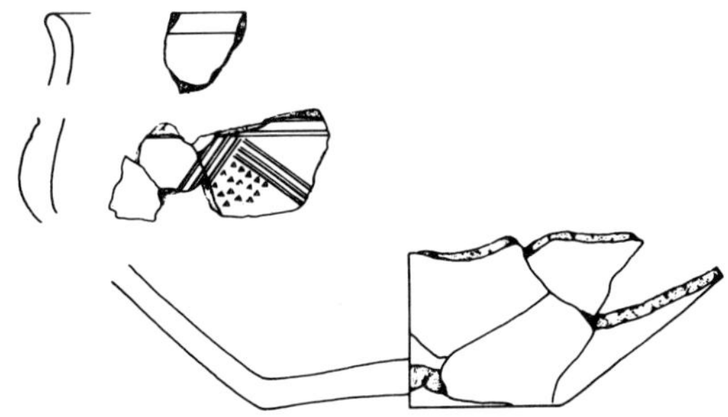

207

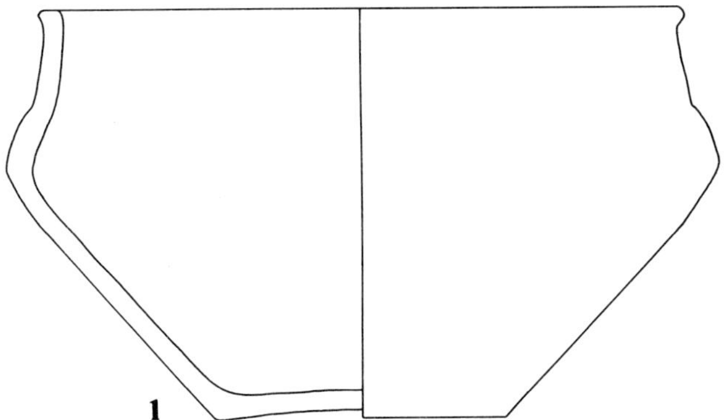

1

208

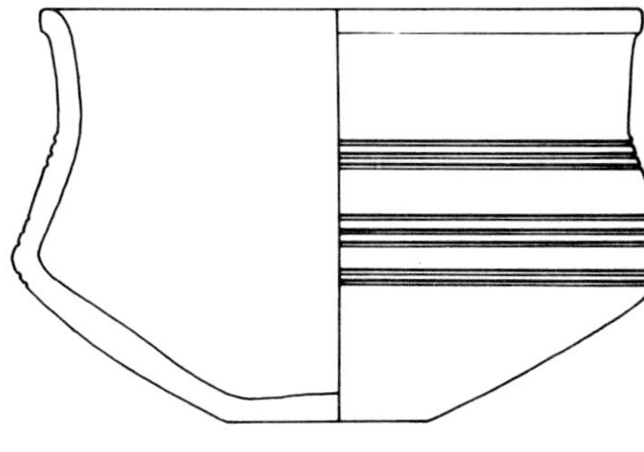

210

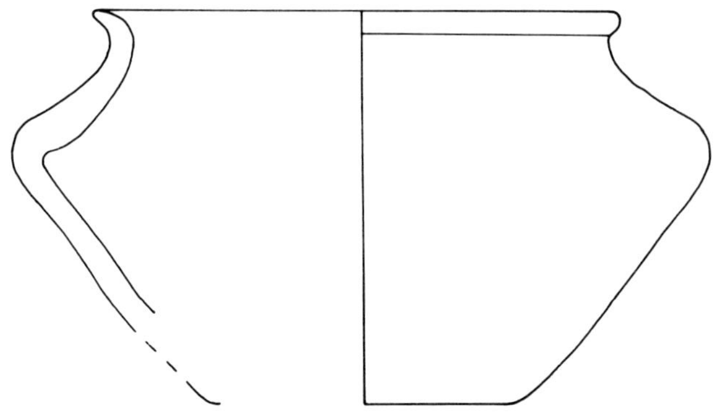

209

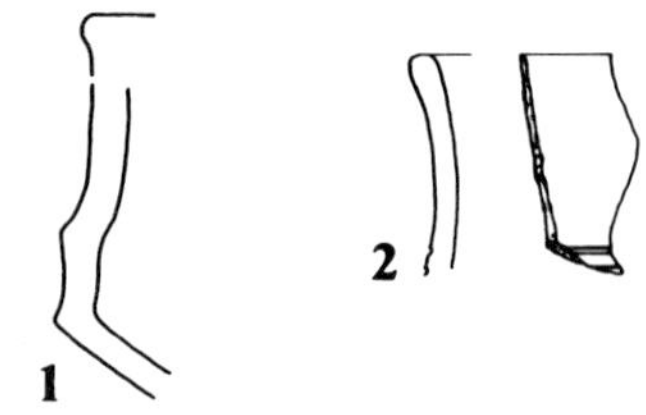

211

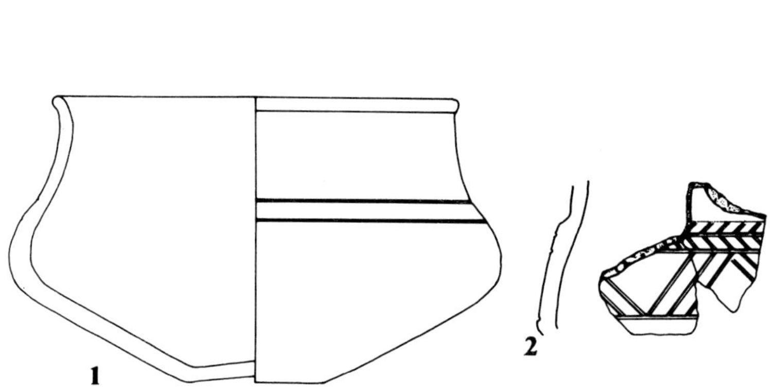

212

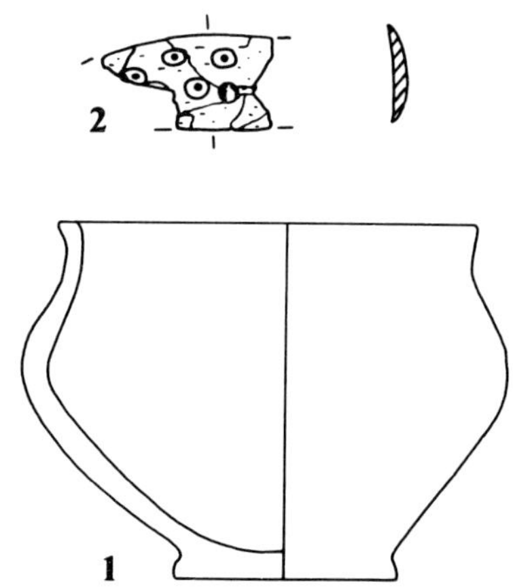

213

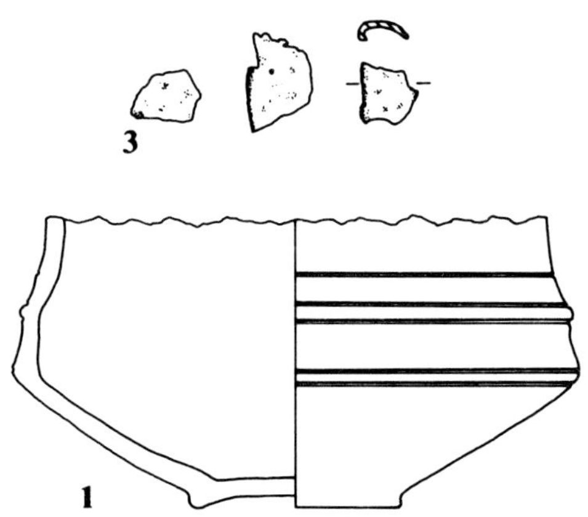

214

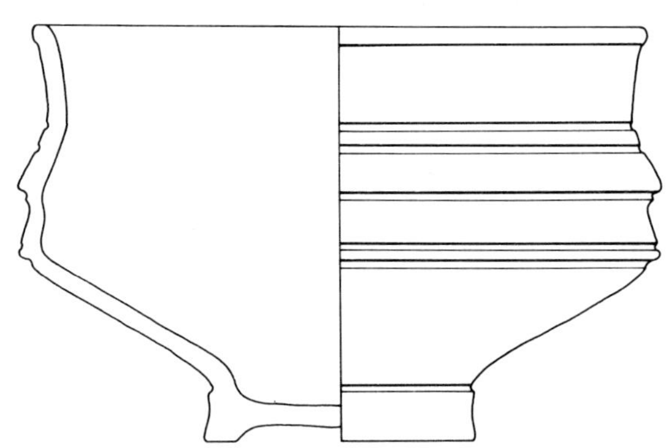

215

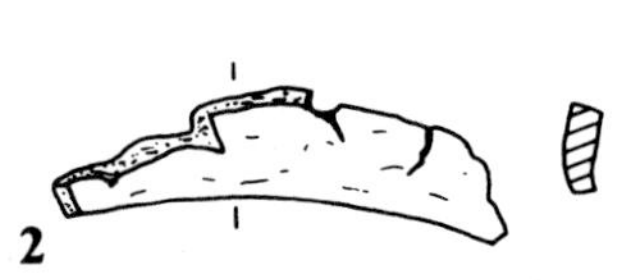

216

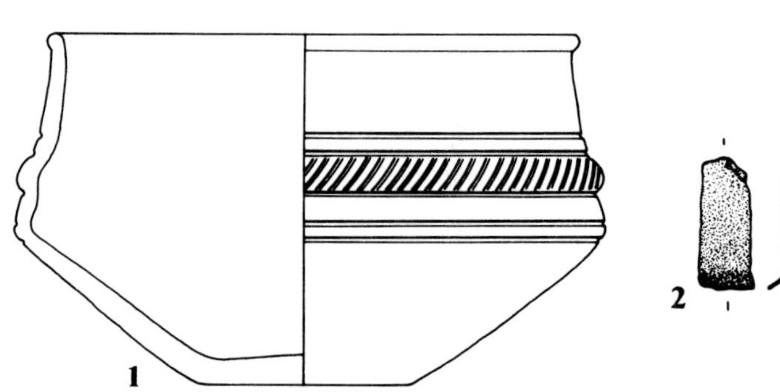

217

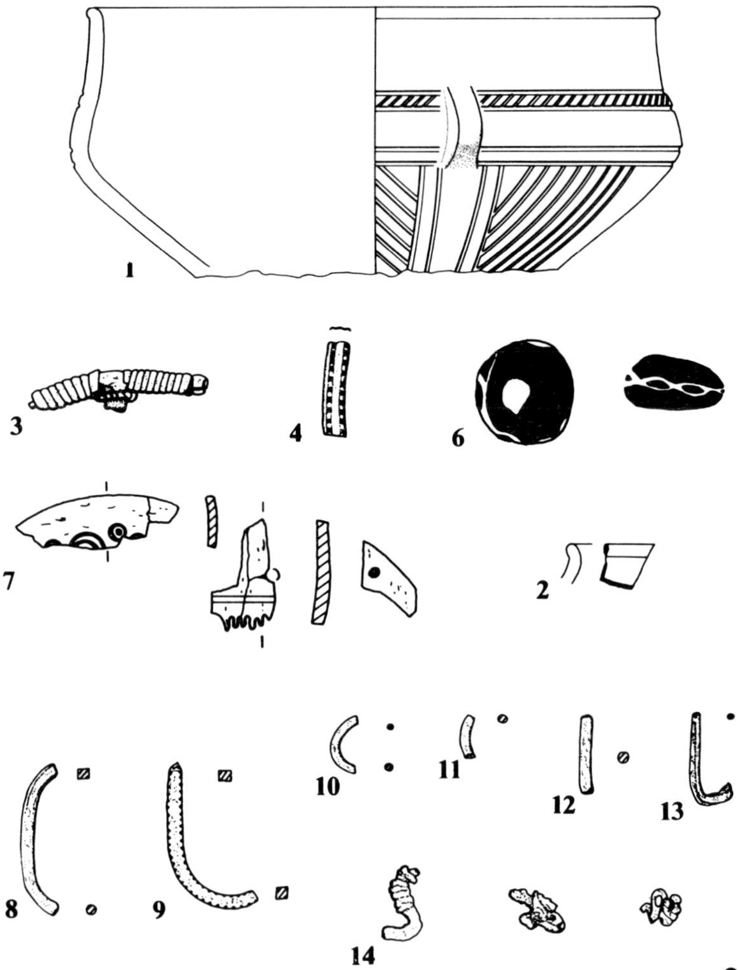

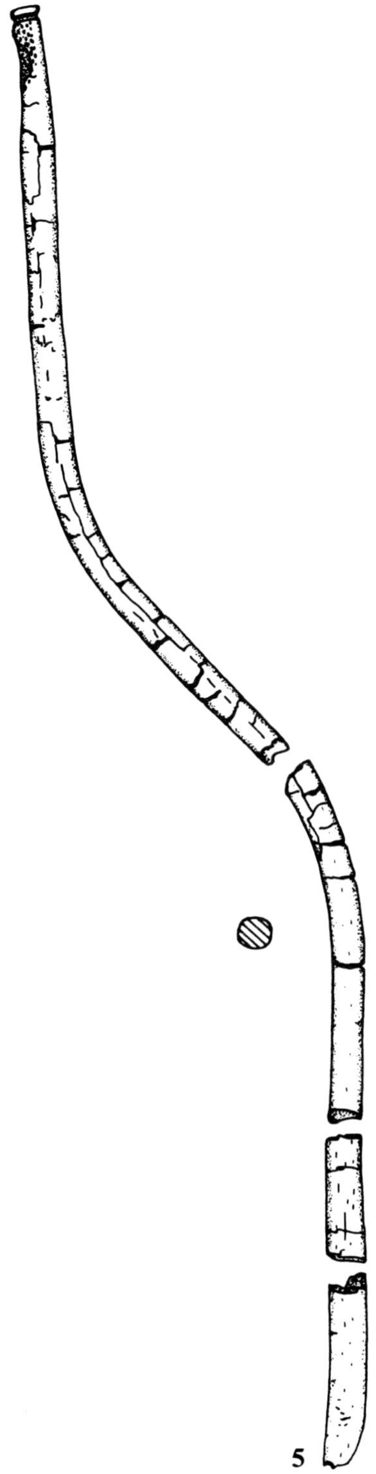

218

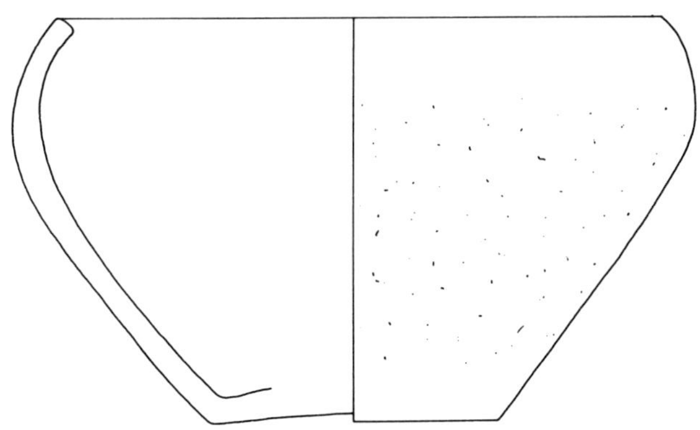

220

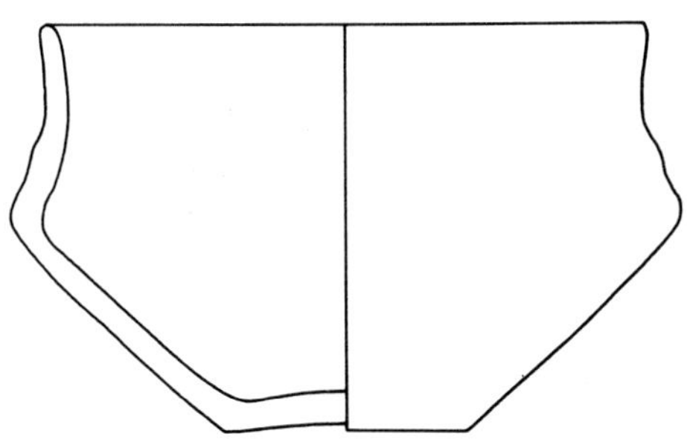

219

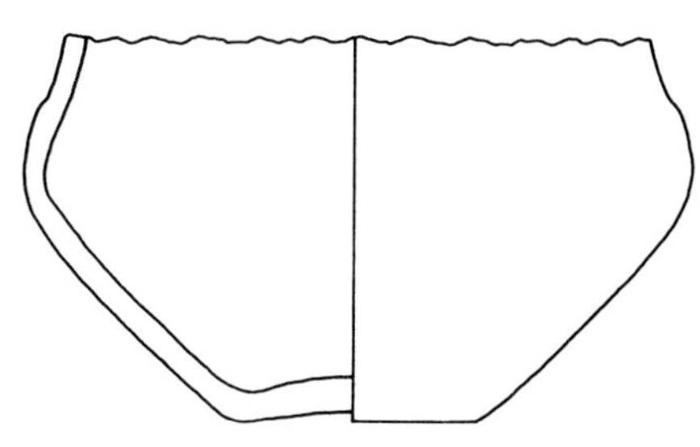

221

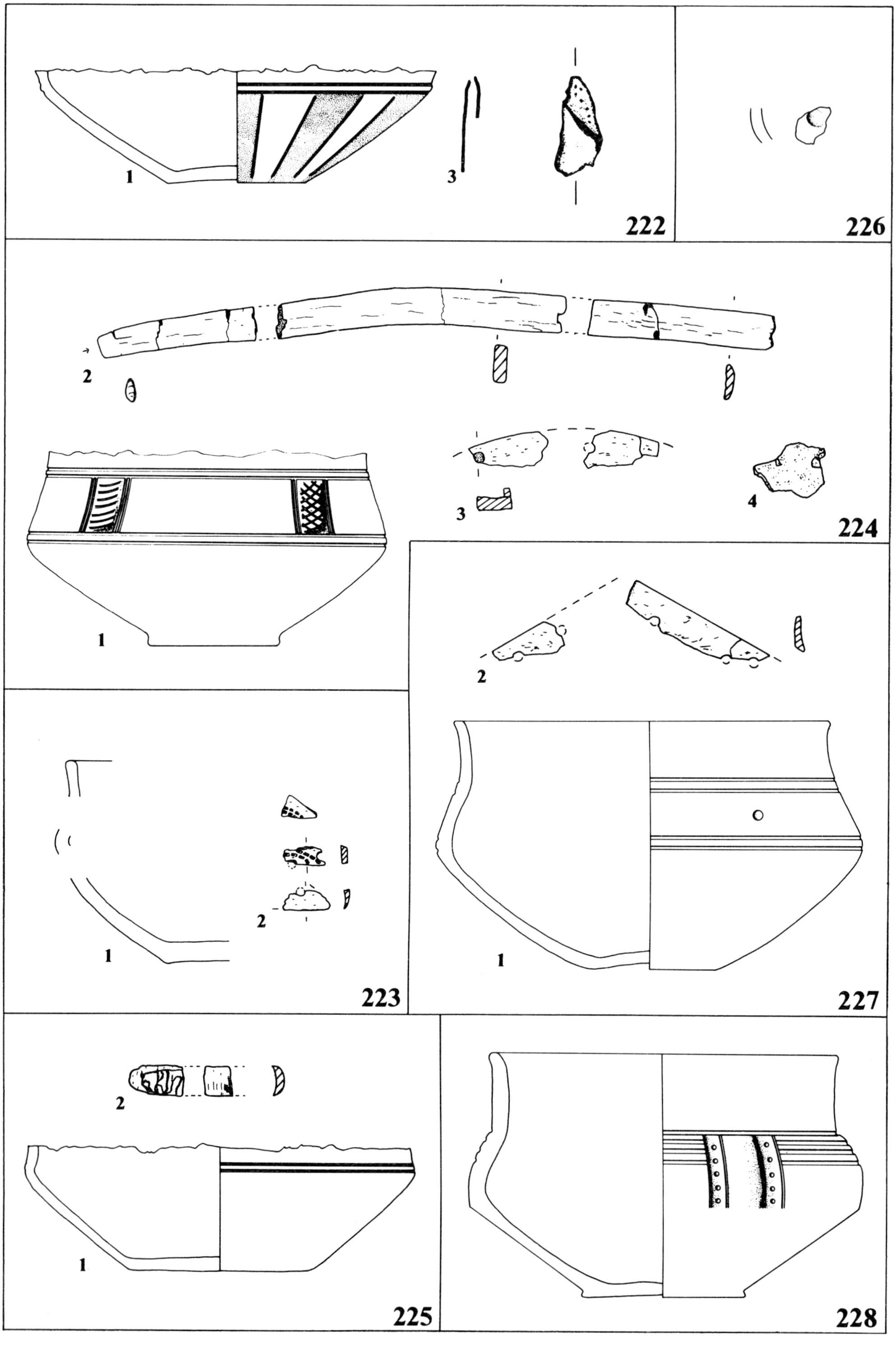
1
3
222
226
2
1
3
4
224
2
1
227
1
2
223
2
1
225
228

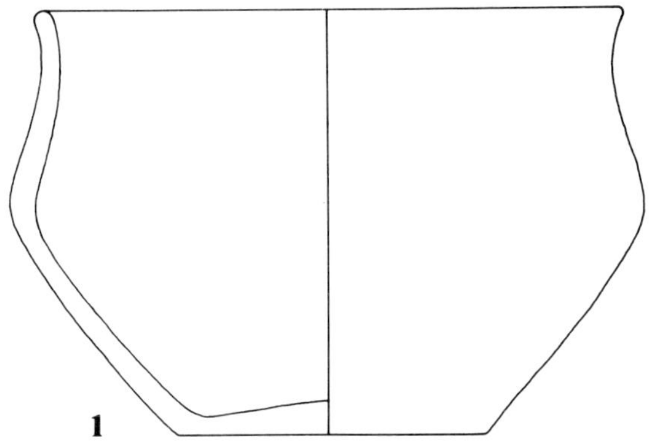

229

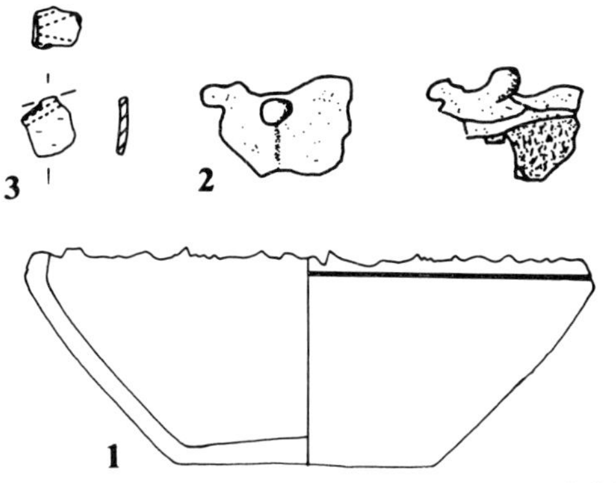

233

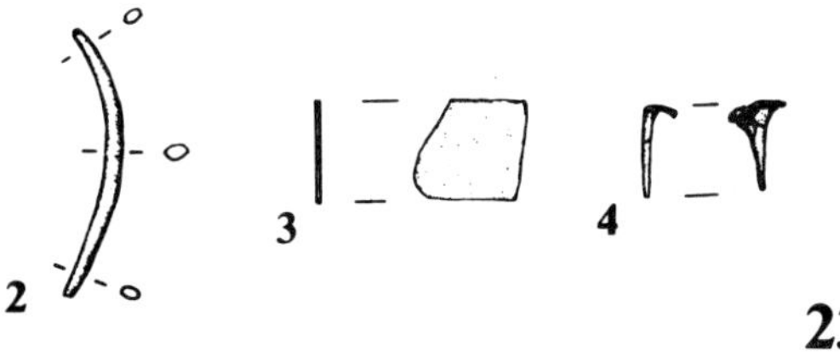

230

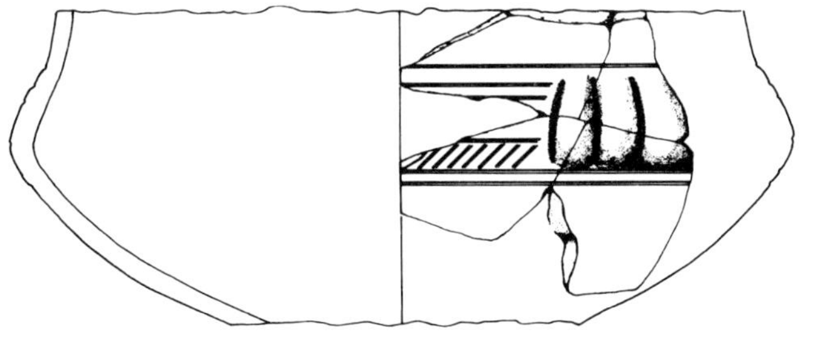

232

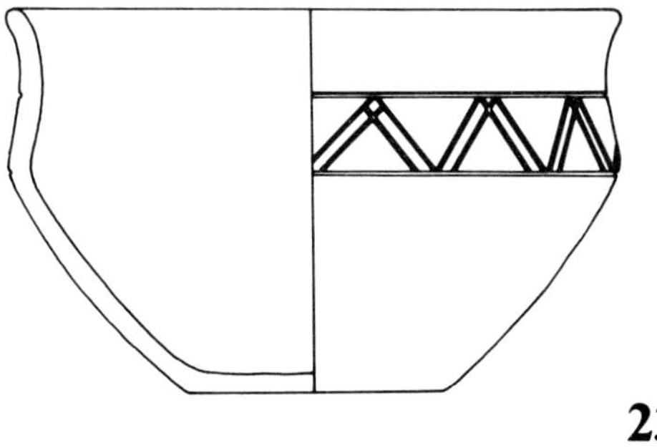

234

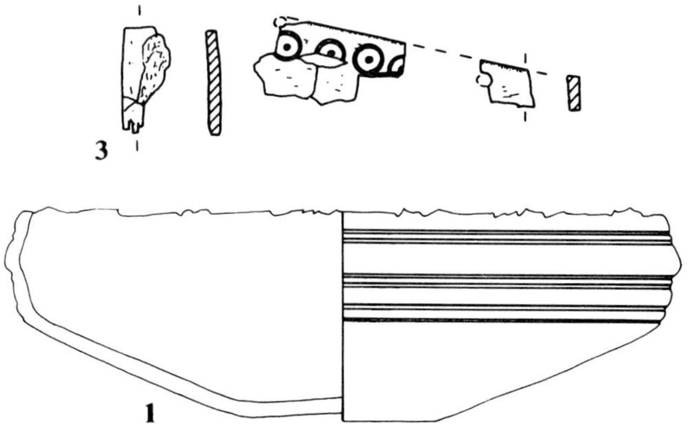

231

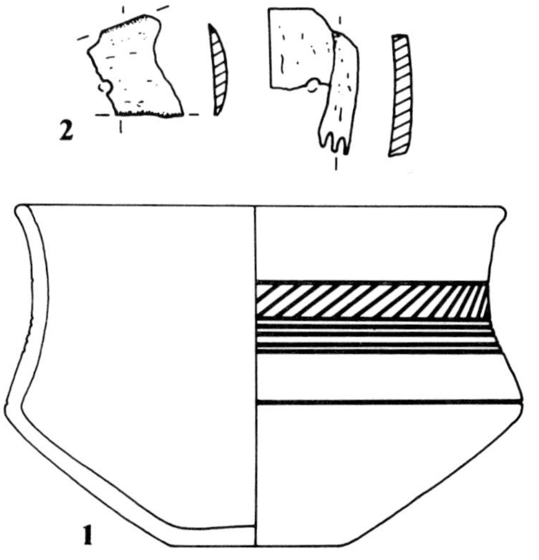

236

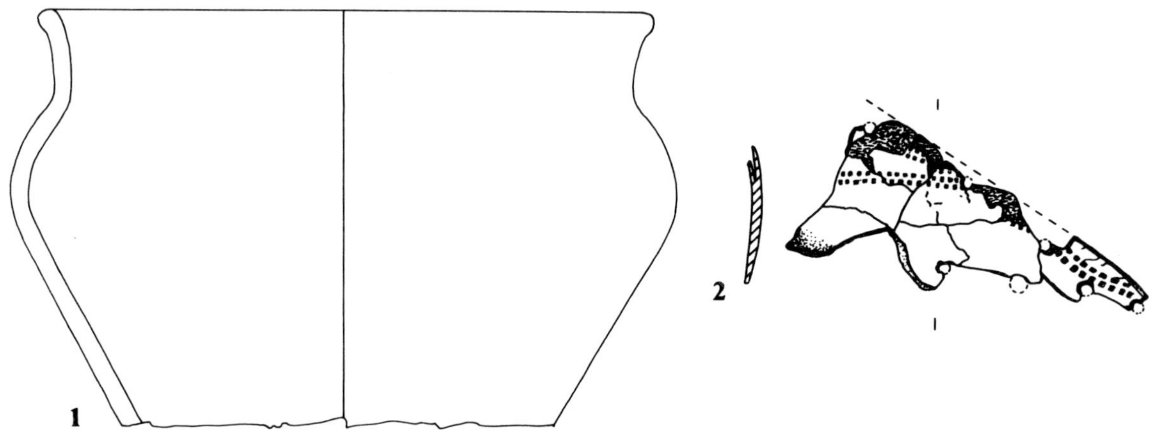

235

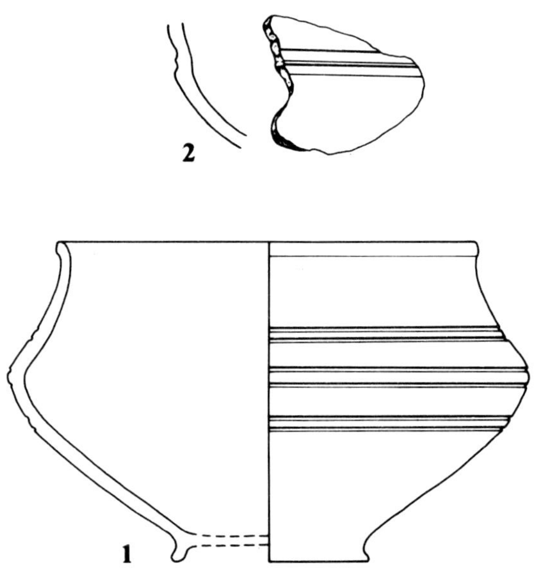

237

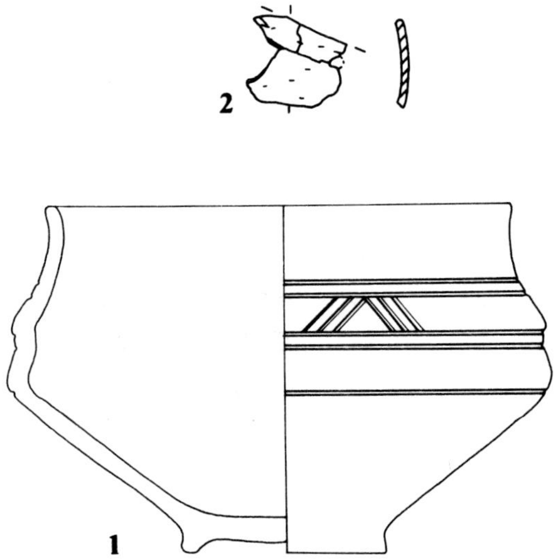

240

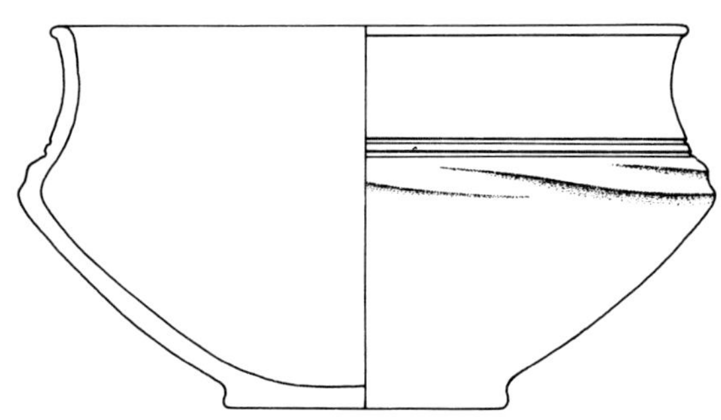

238

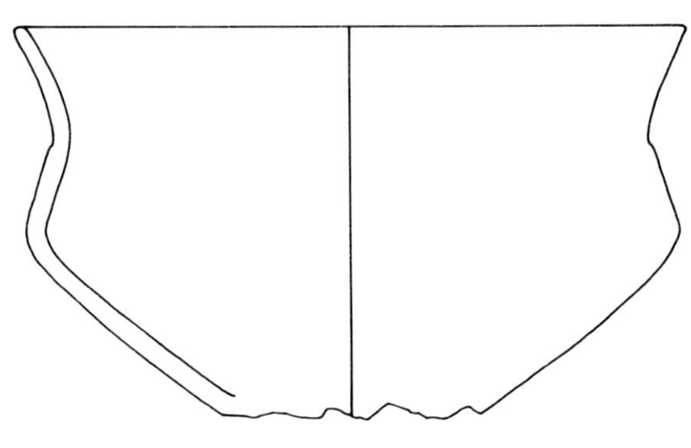

238 A

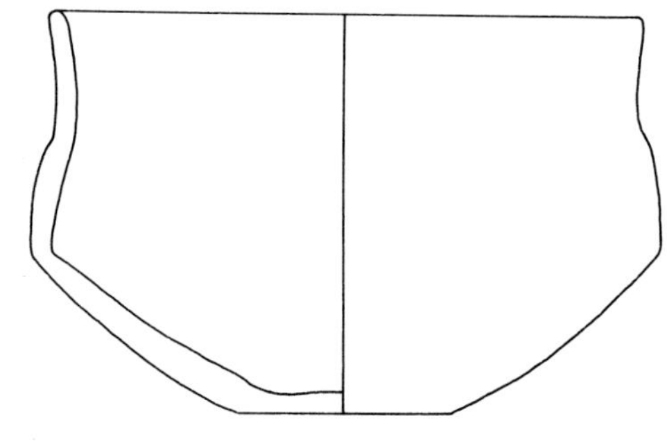

239

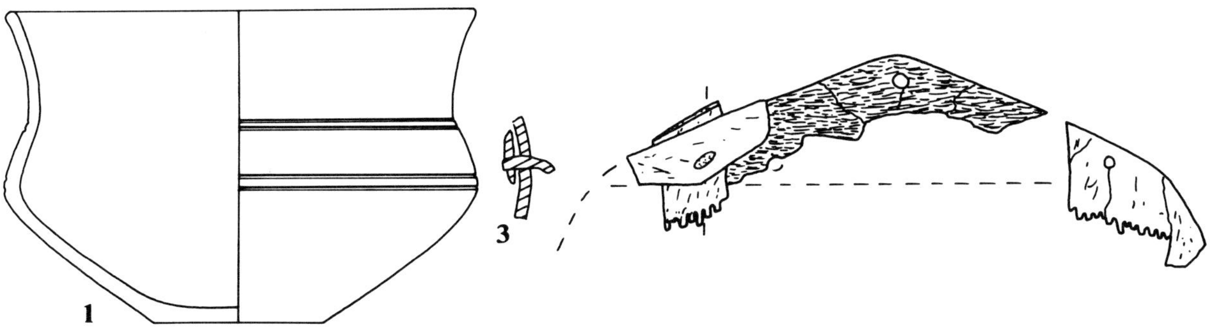

241

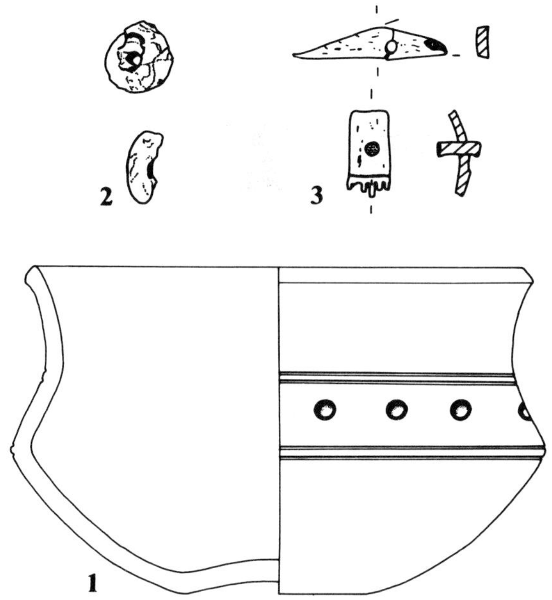

242

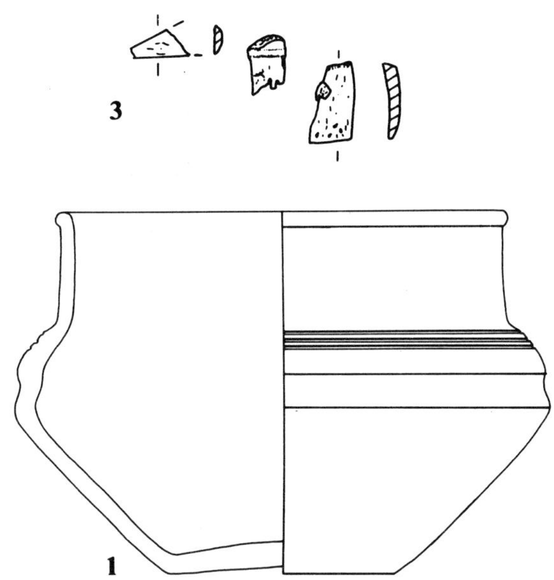

243

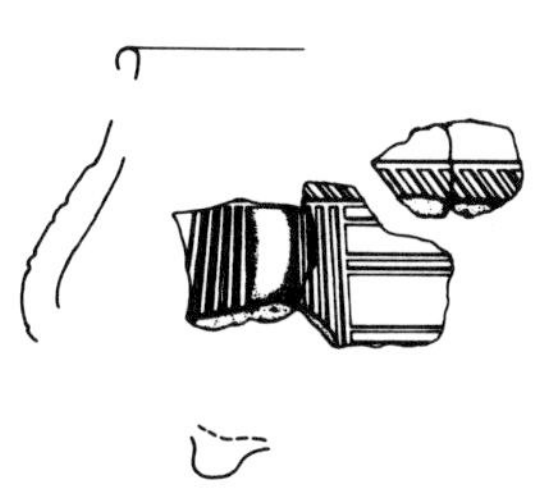

244

247

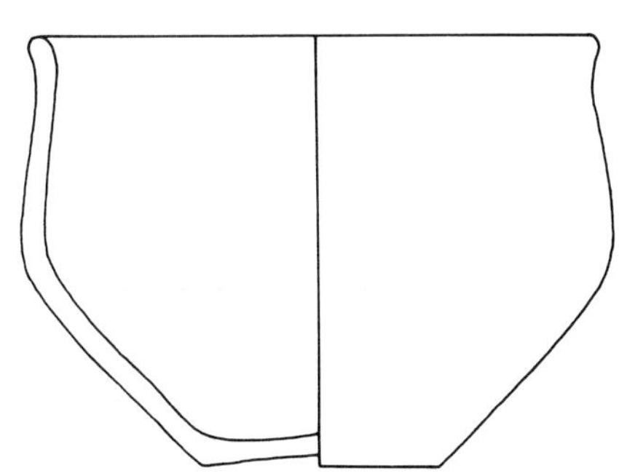

245

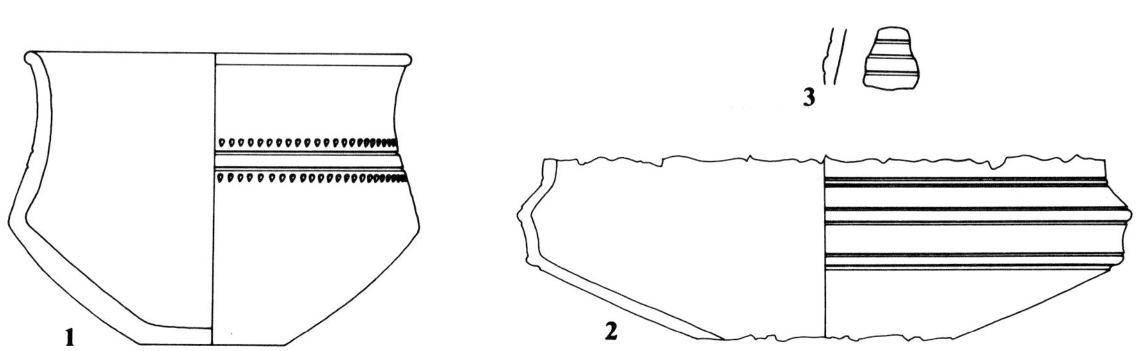

246

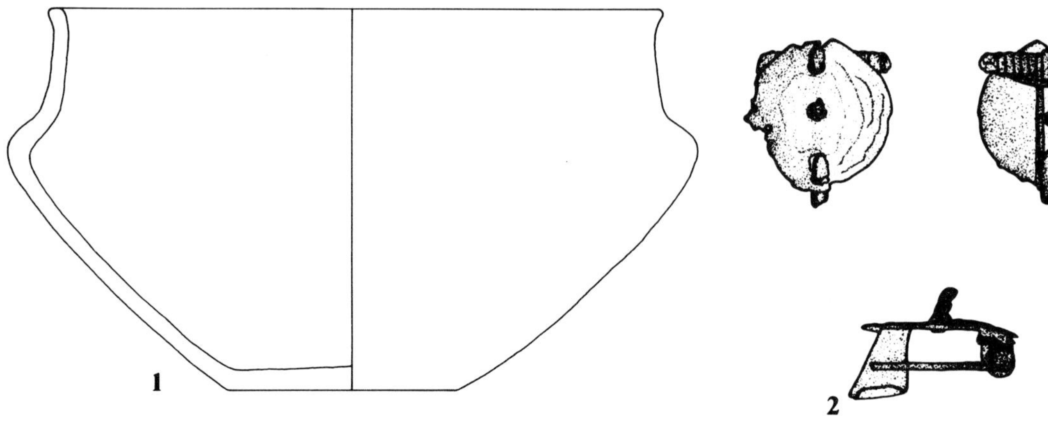

248

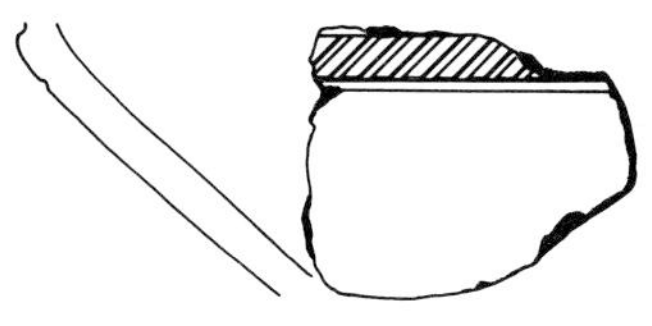

251

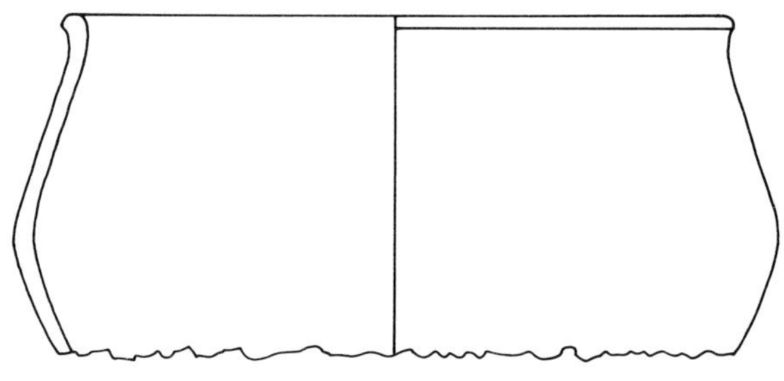

249

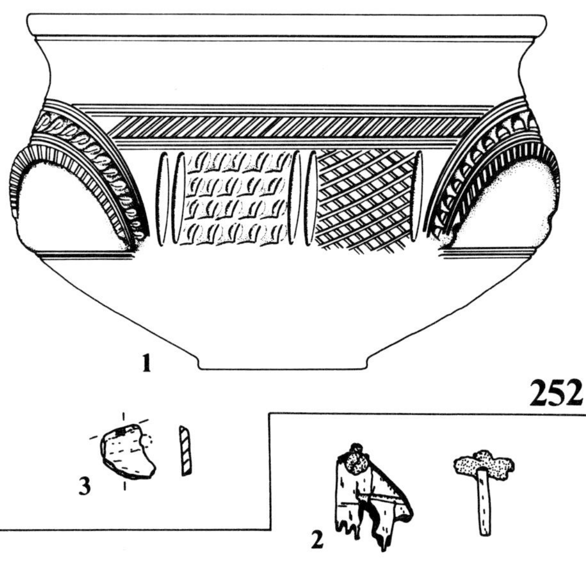

252

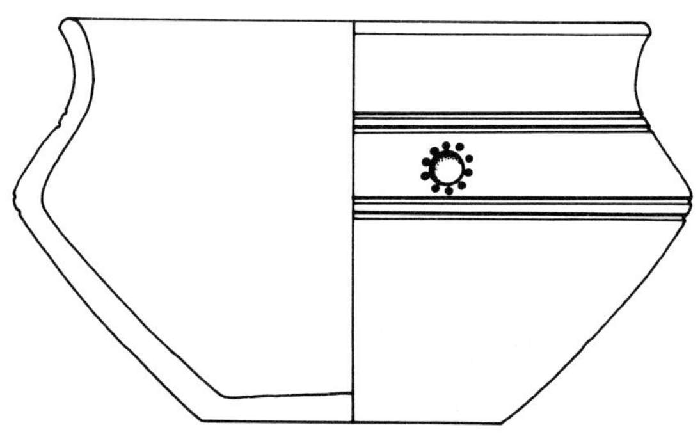

254

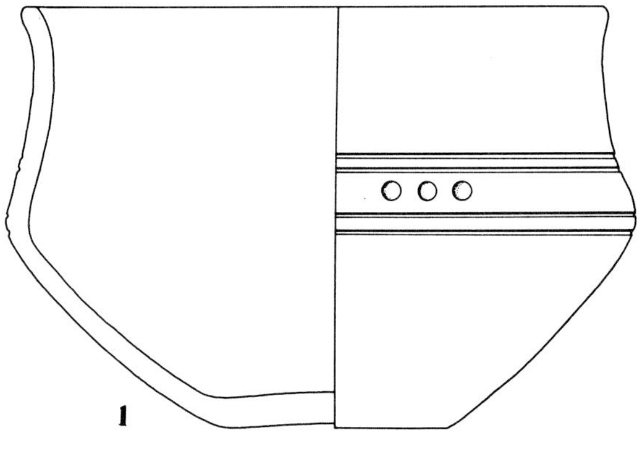

256

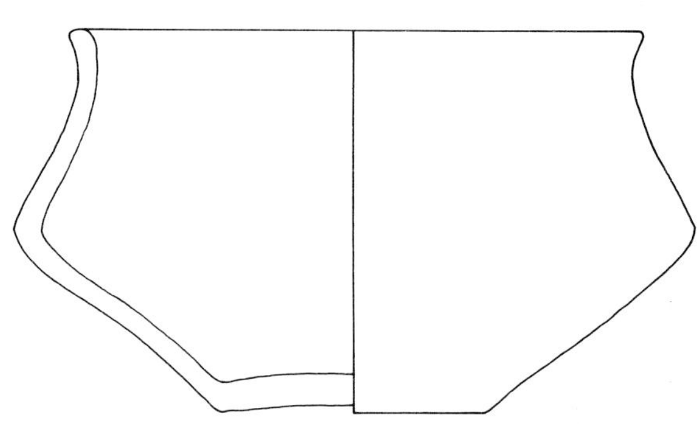

255

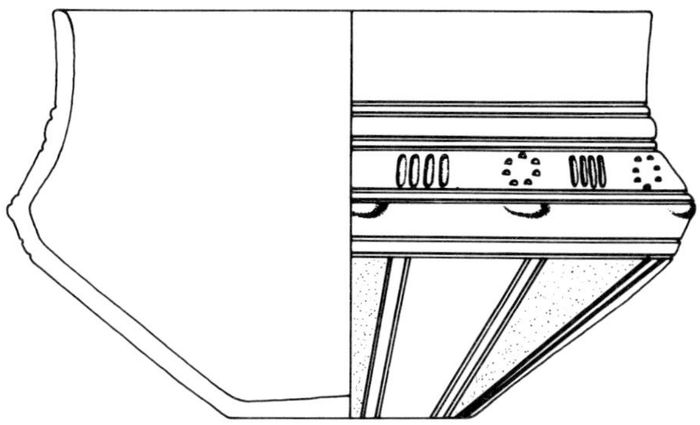

257

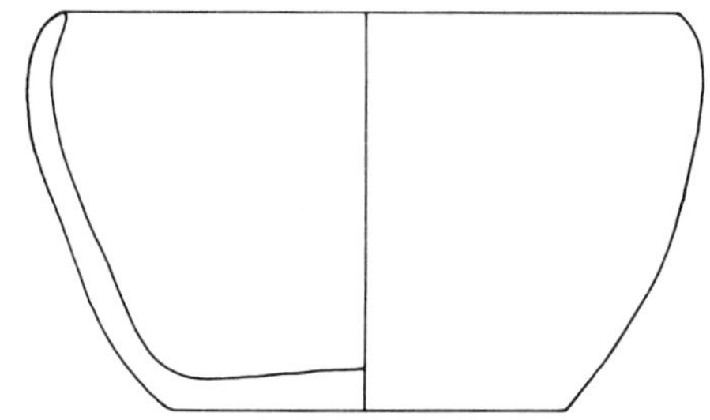

258

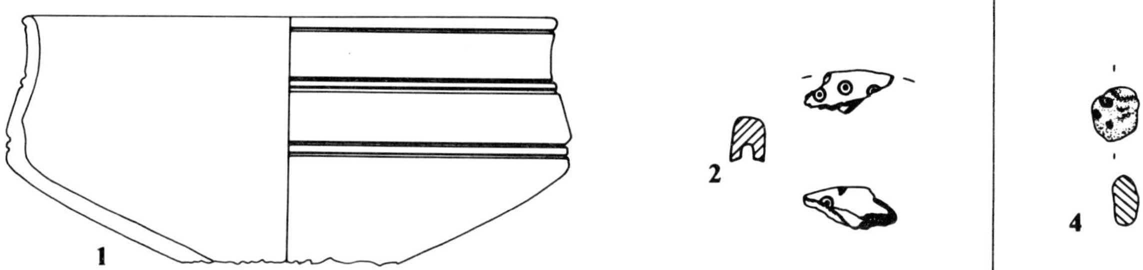

259

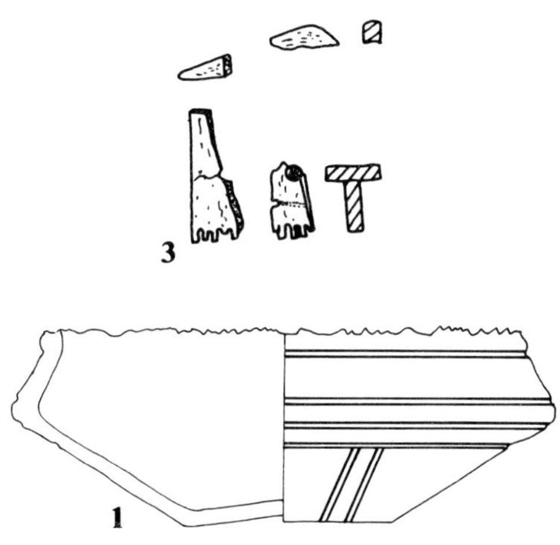

260

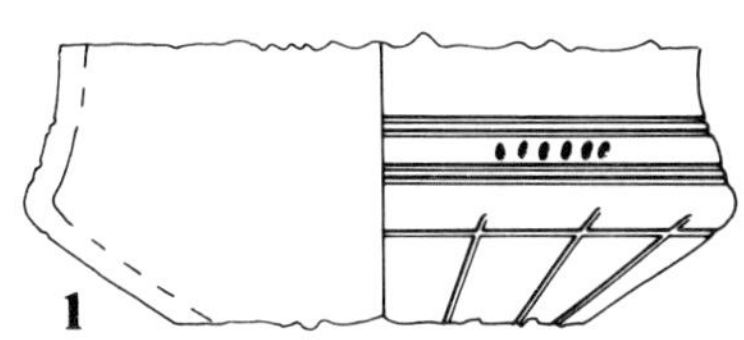

263

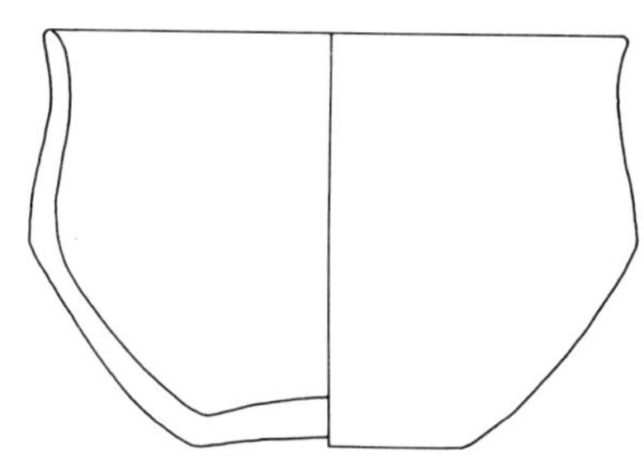

262

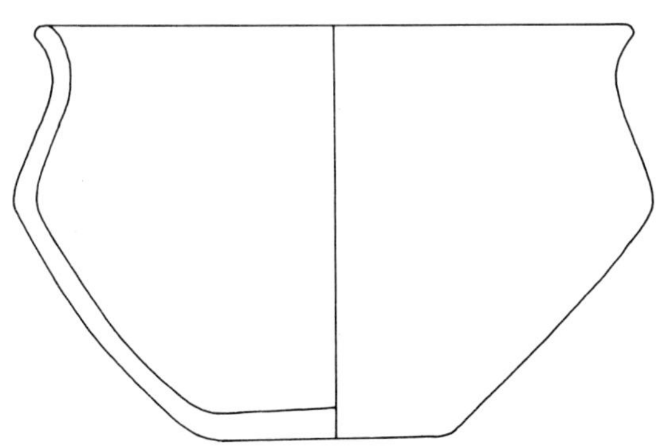

261

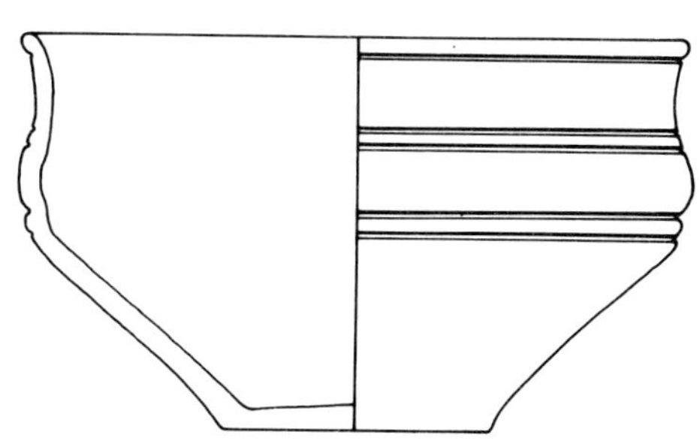

264

Tafel 39

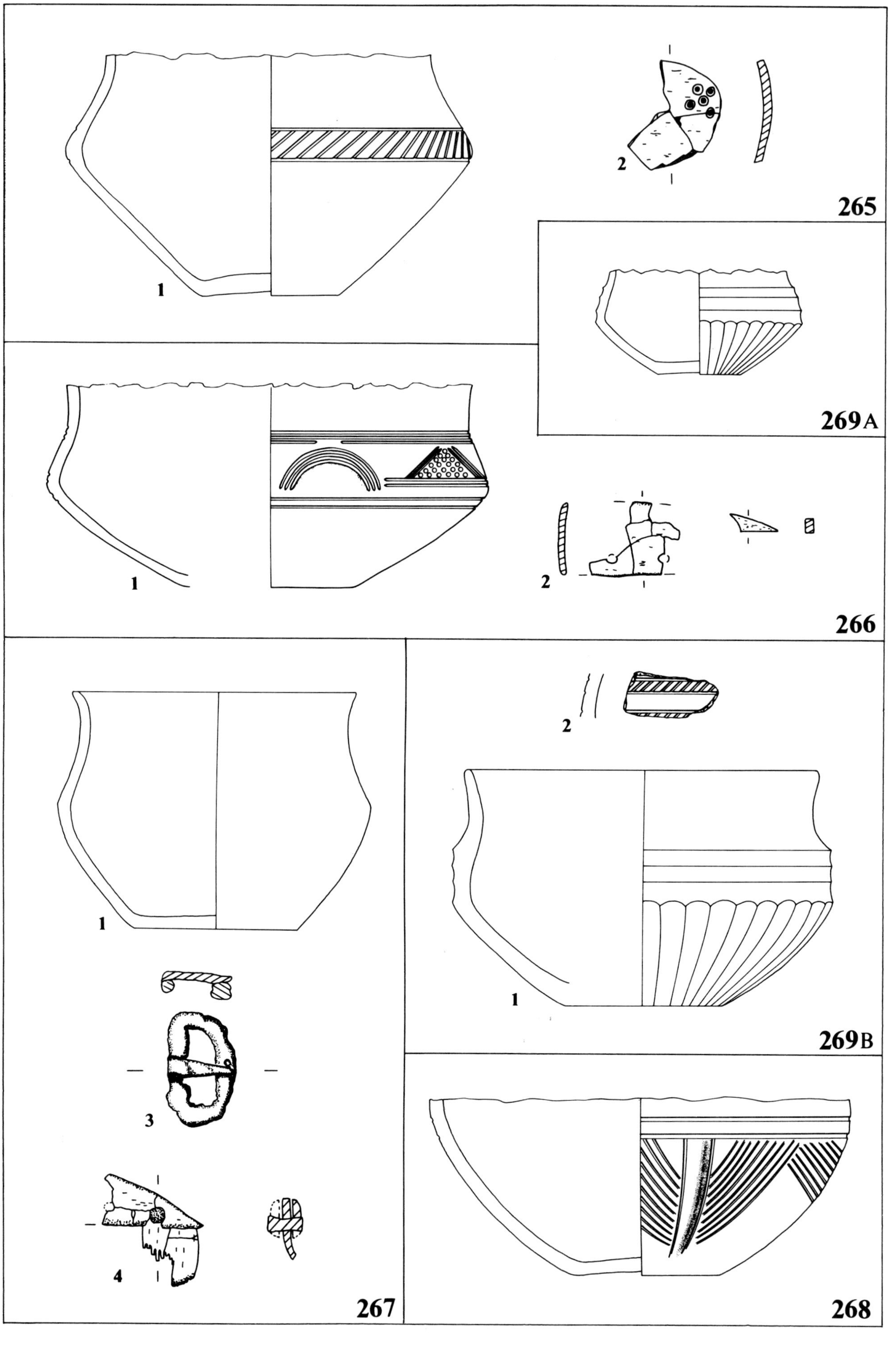

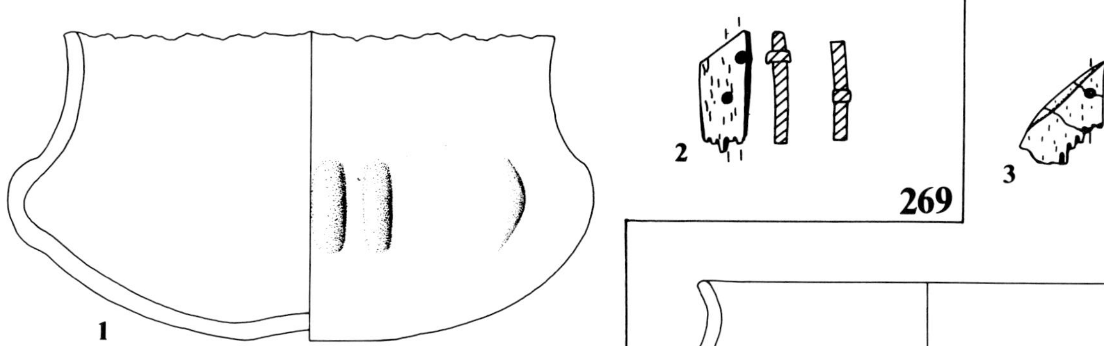

269

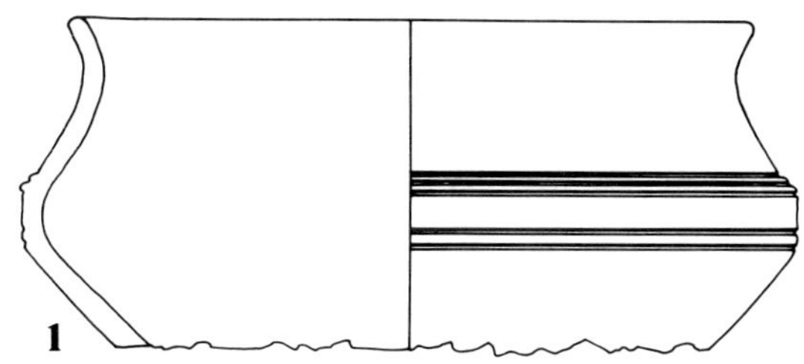

271

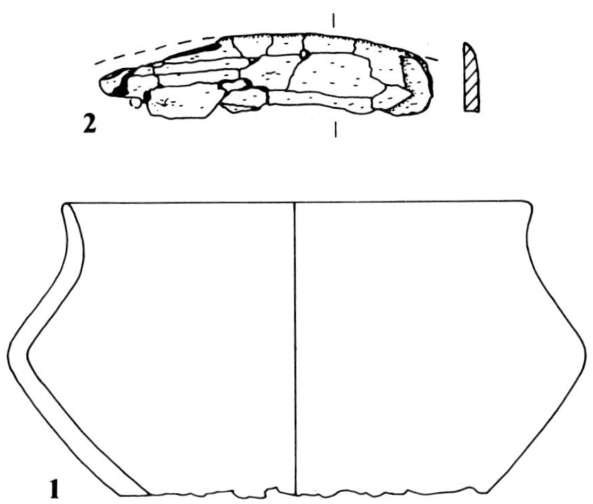

270

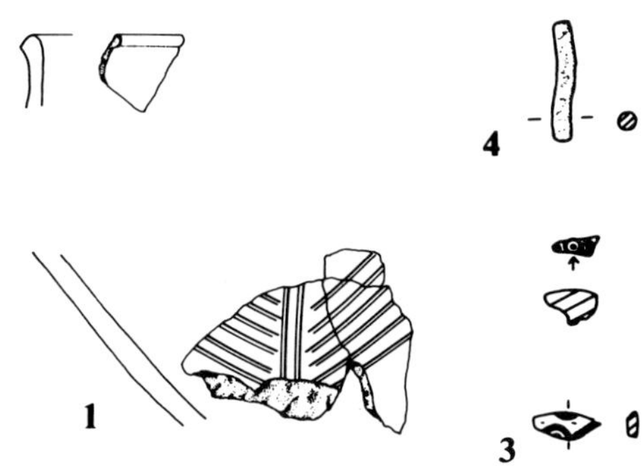

273

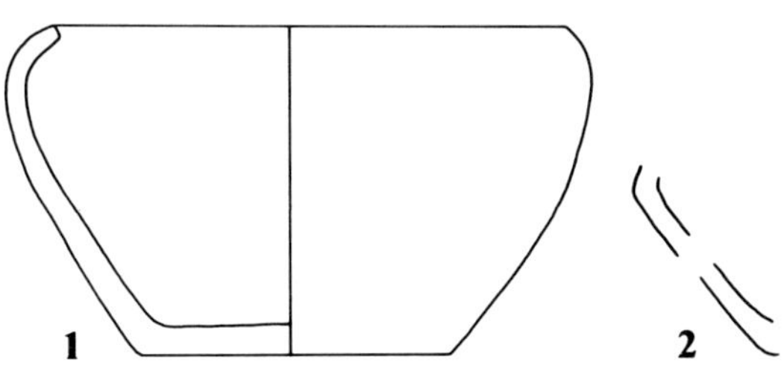

272

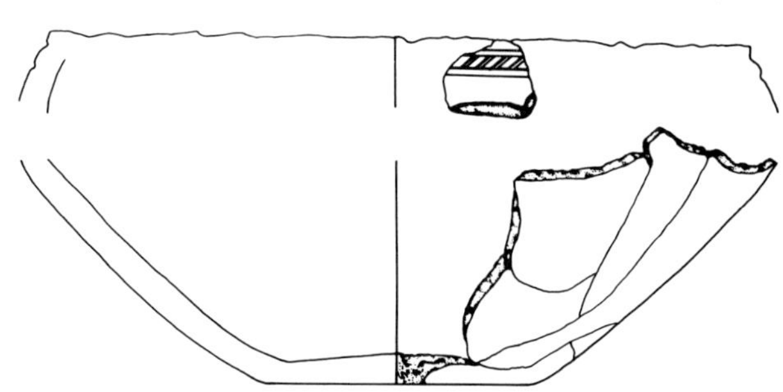
274

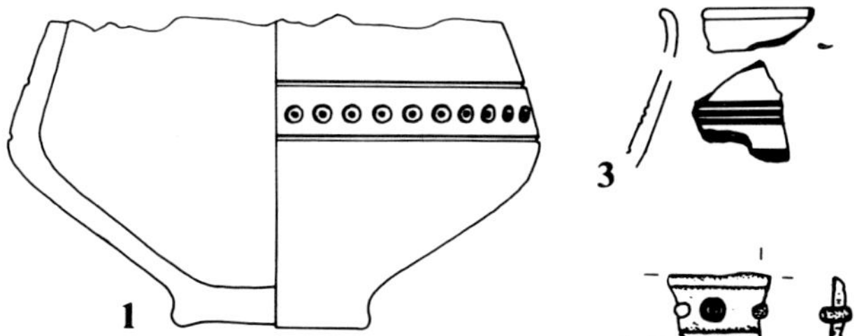

275

277

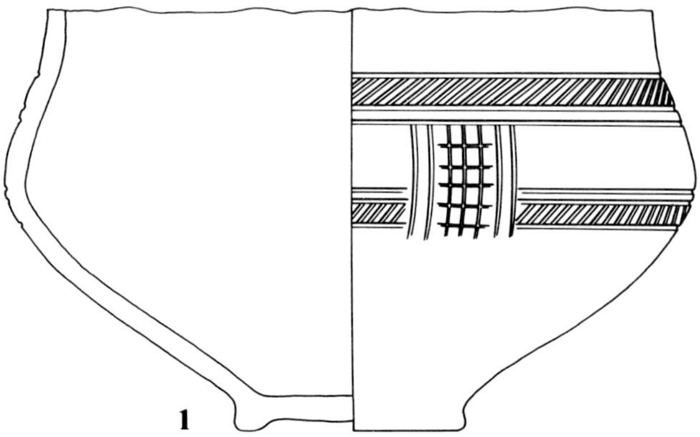

1

2

276

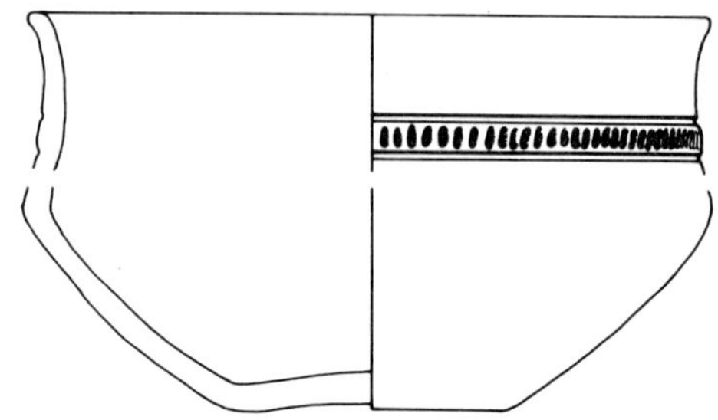

279

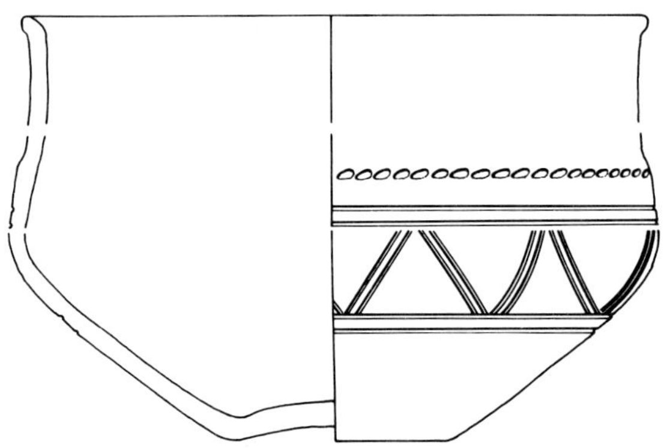

278

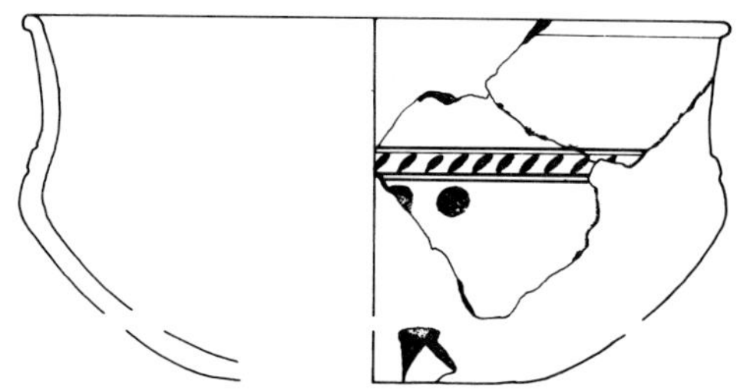

280

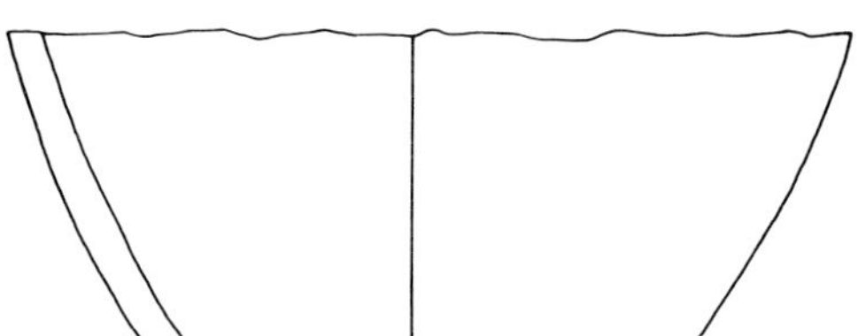

1

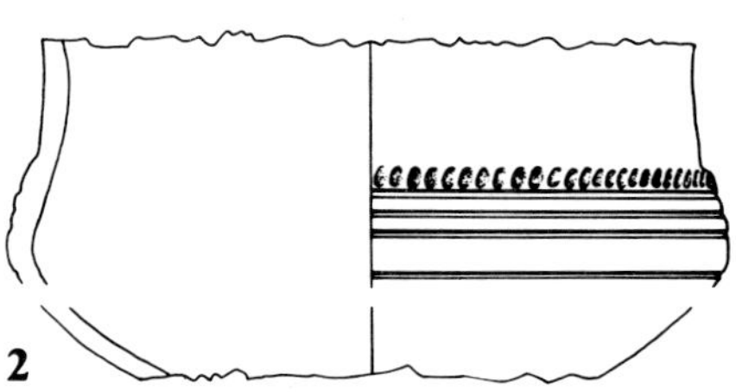

2

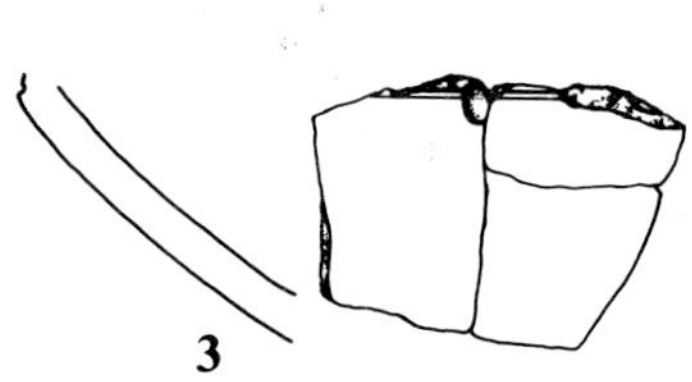

3

281

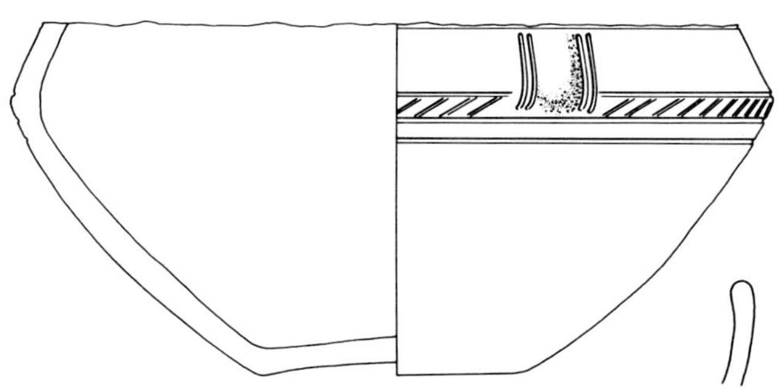

282

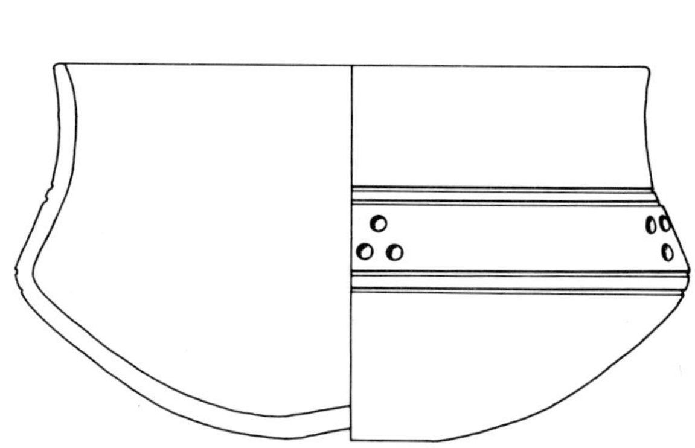

283

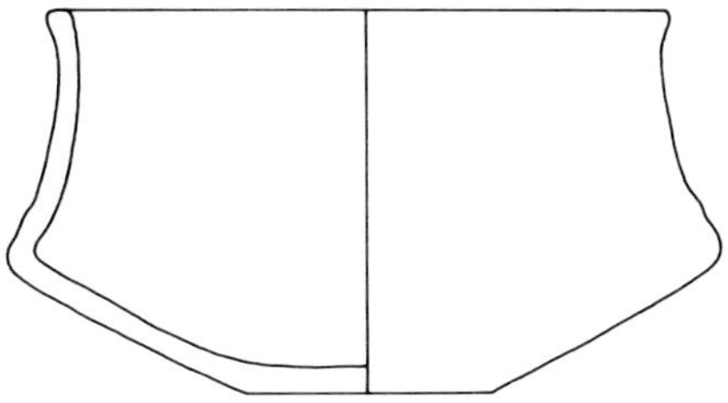

284

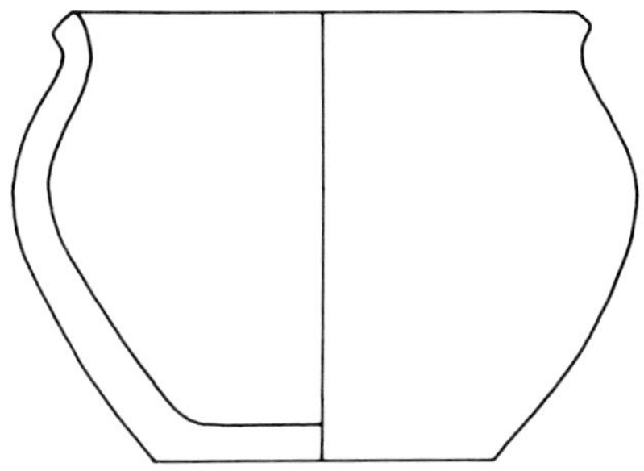

285

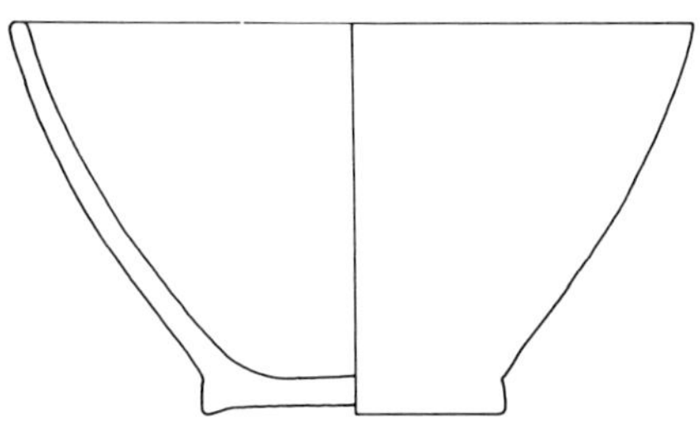

291

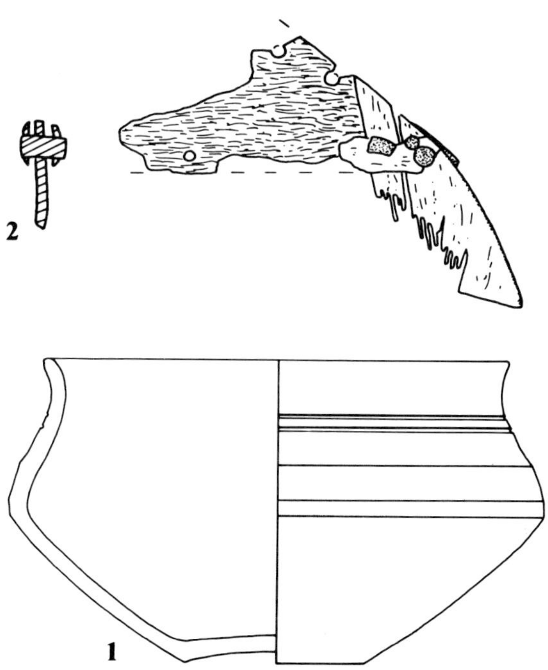

288

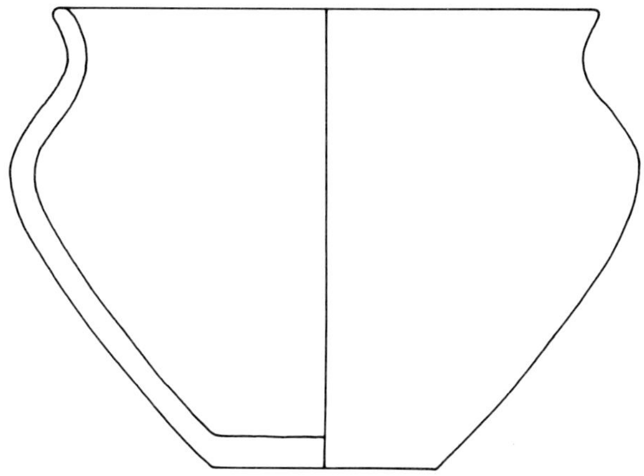

287

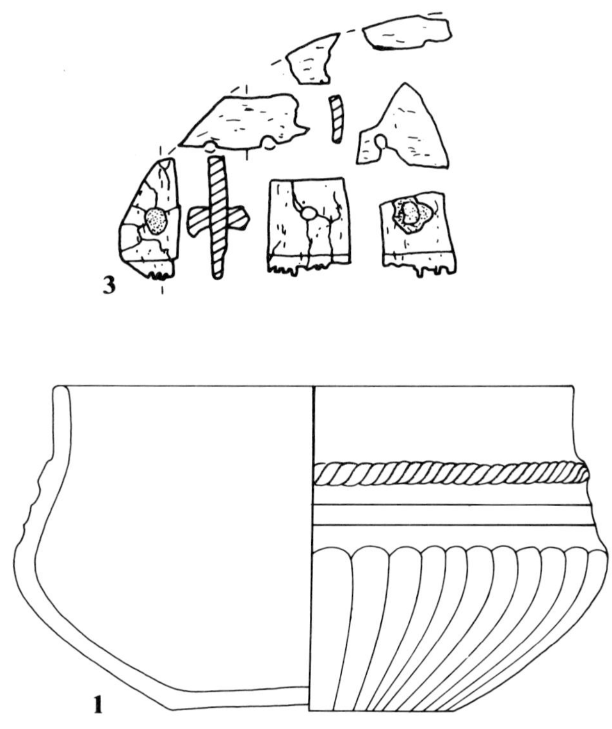

289

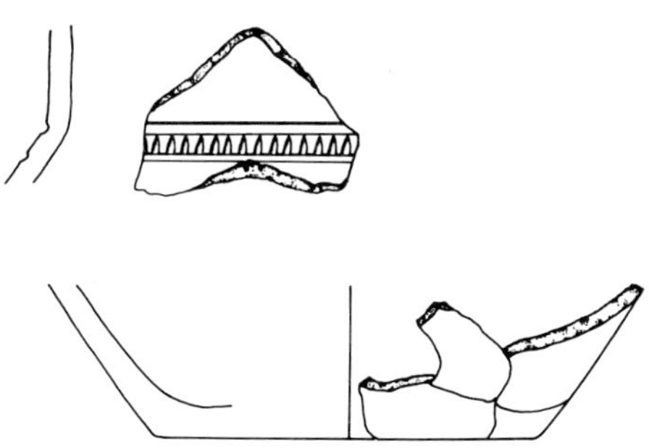

292

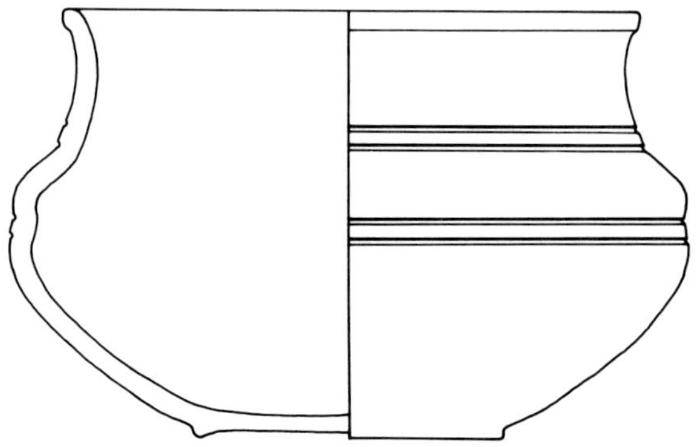

293

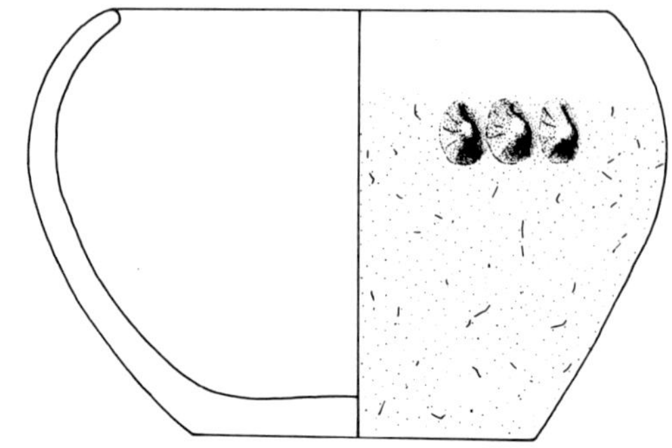

296

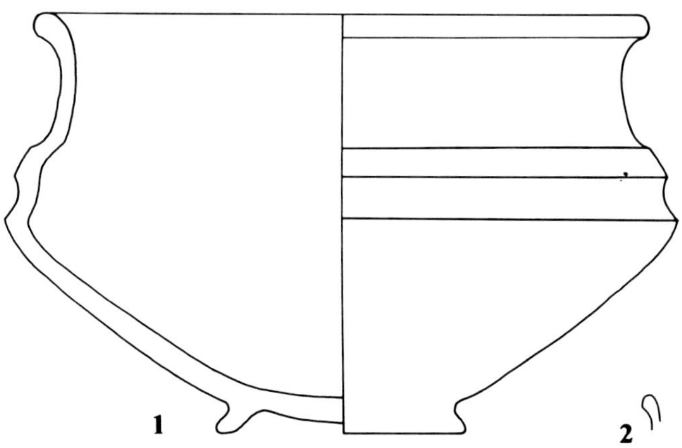

295

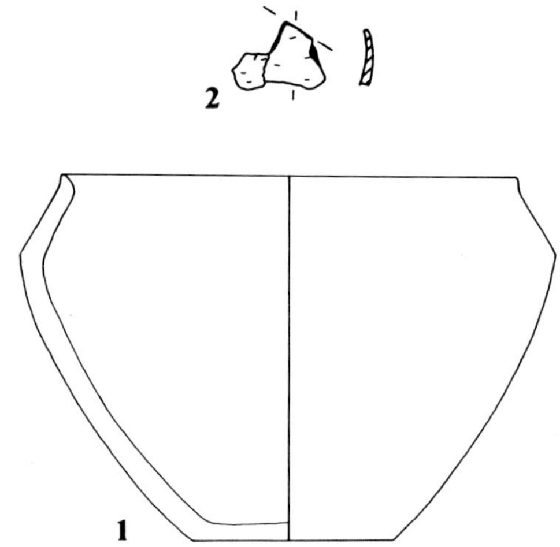

297

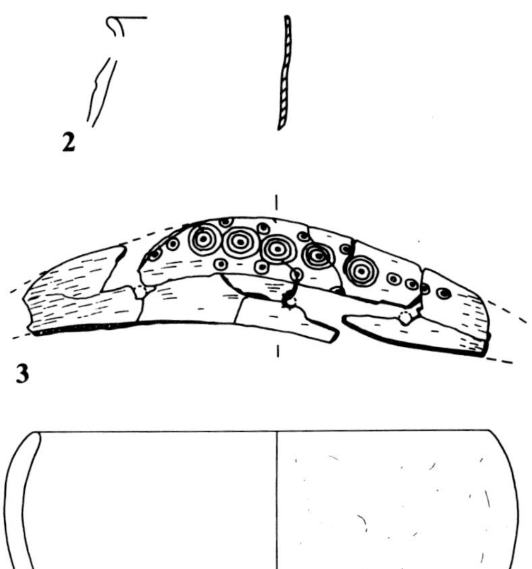

294

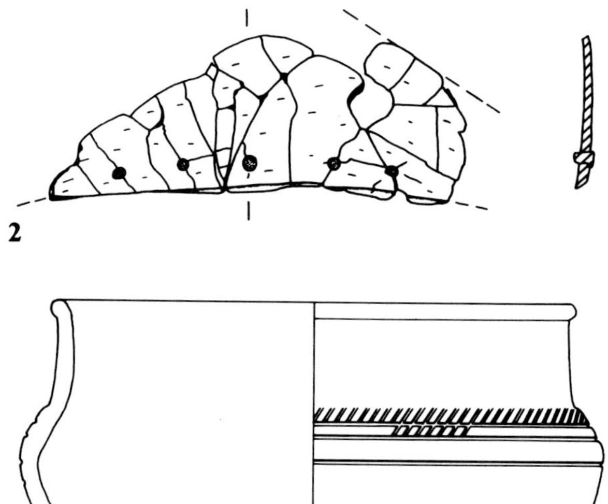

298

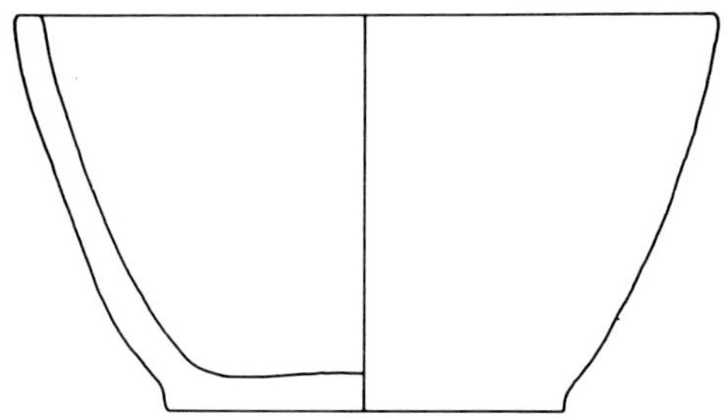

299

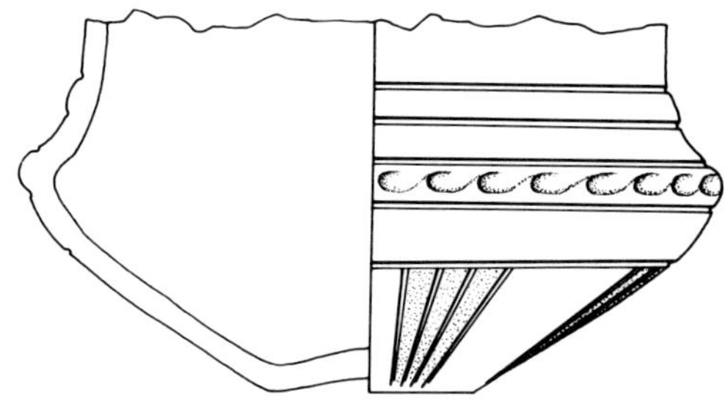

301

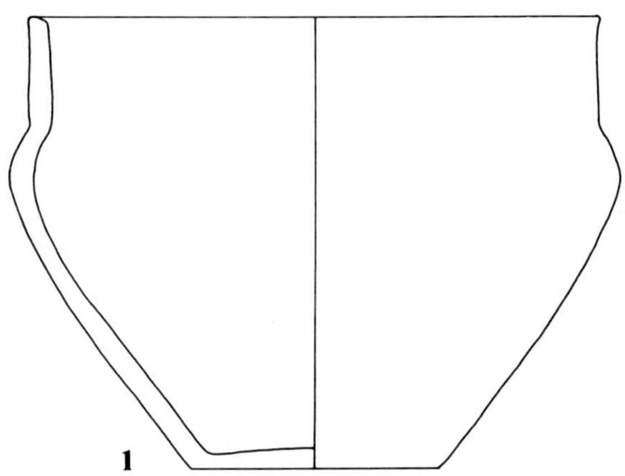

1

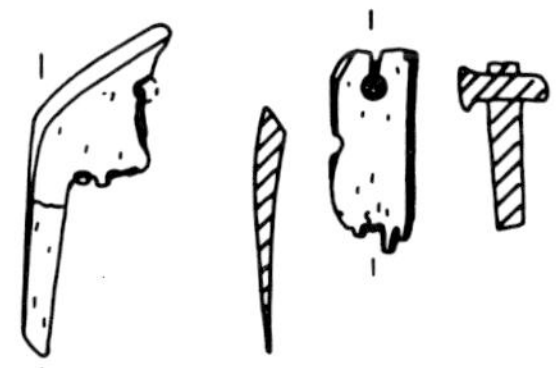

2

300

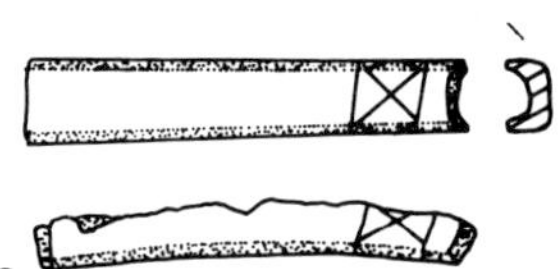

3

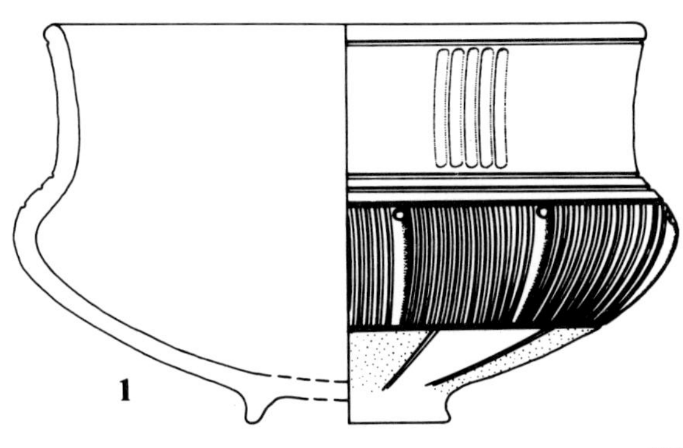

1

302

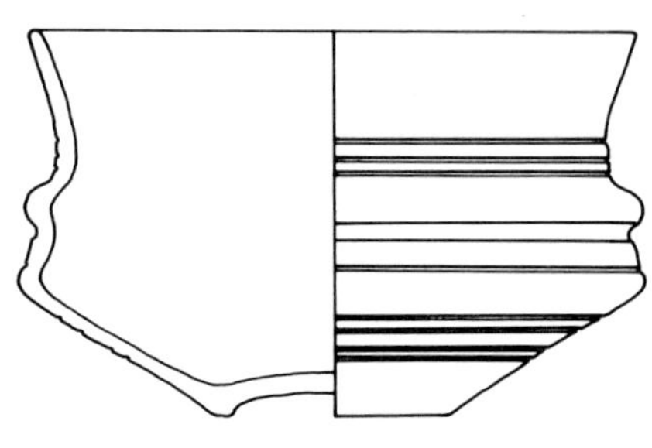

306

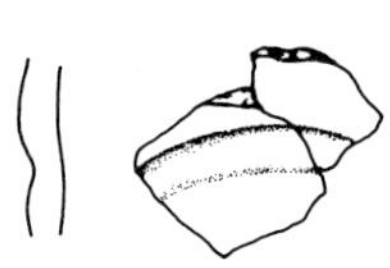

305

2

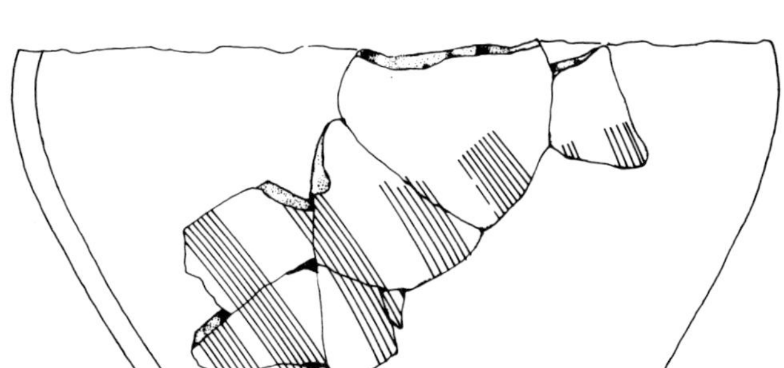

1

303

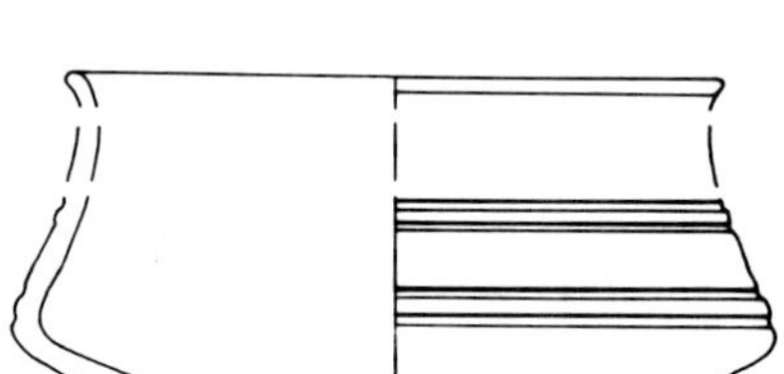

307

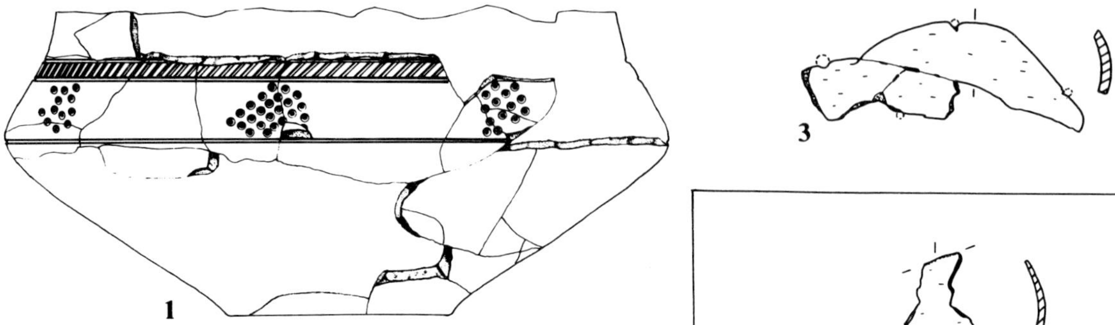

309

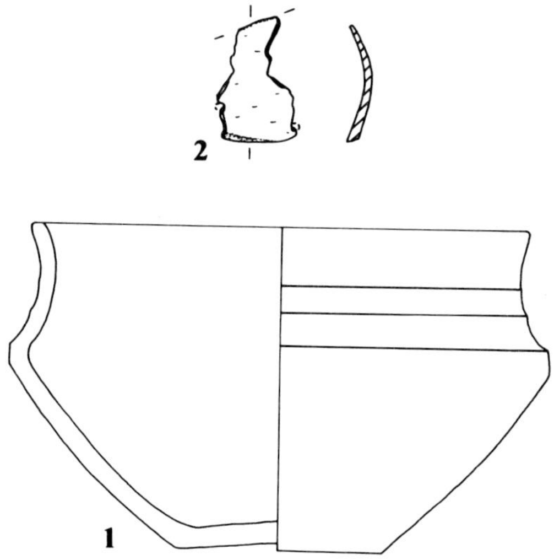

312

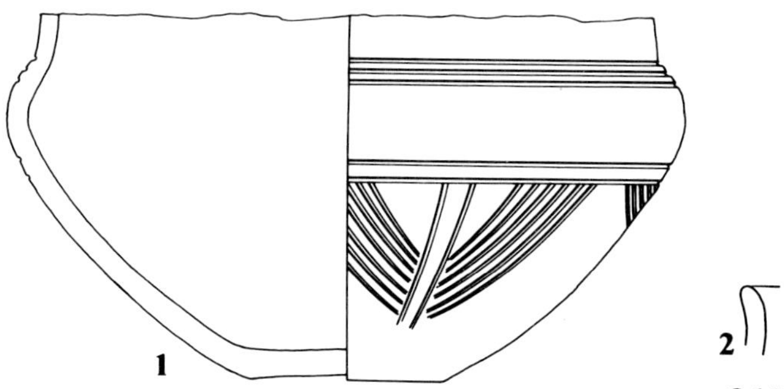

310

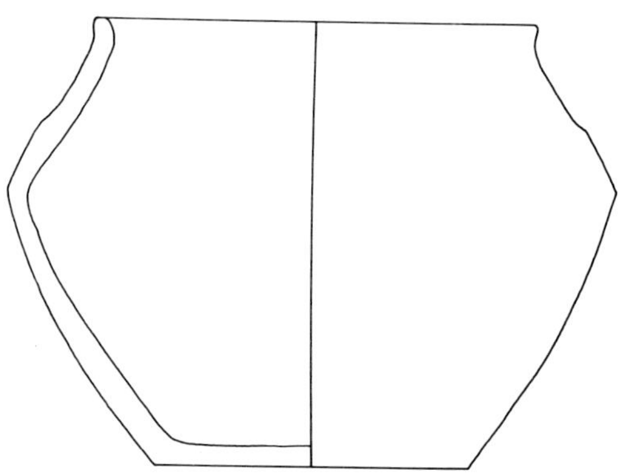

314

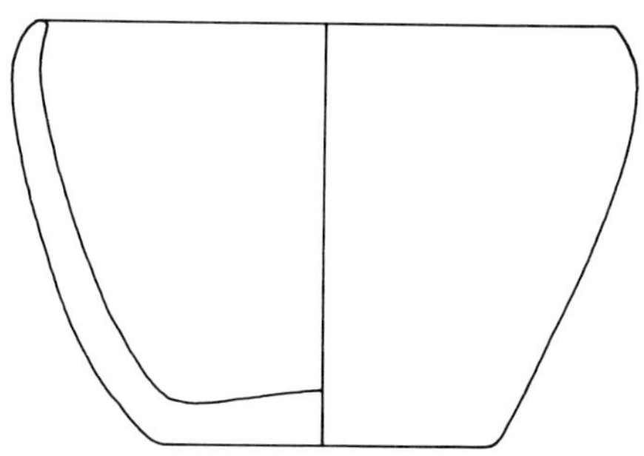

308

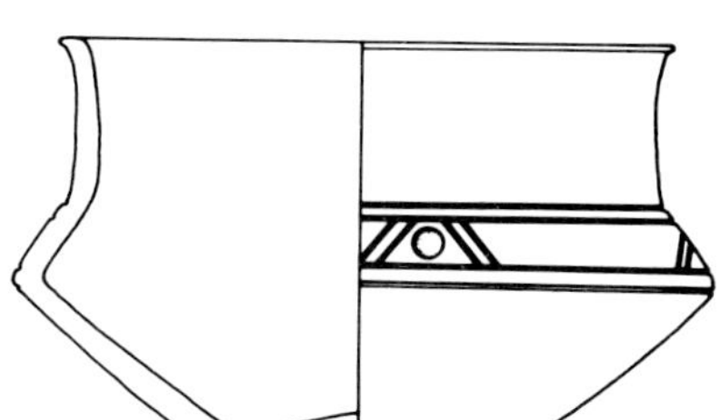

311

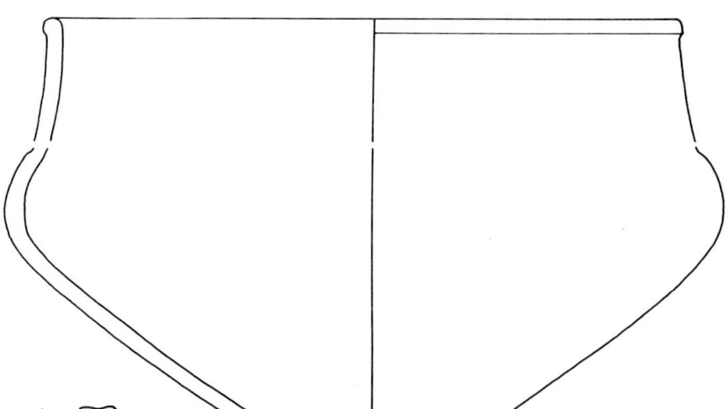

315

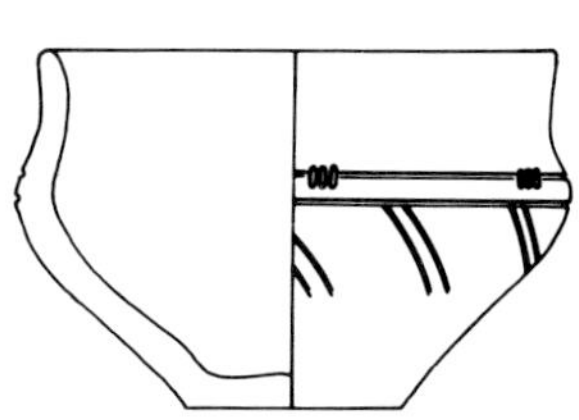

313

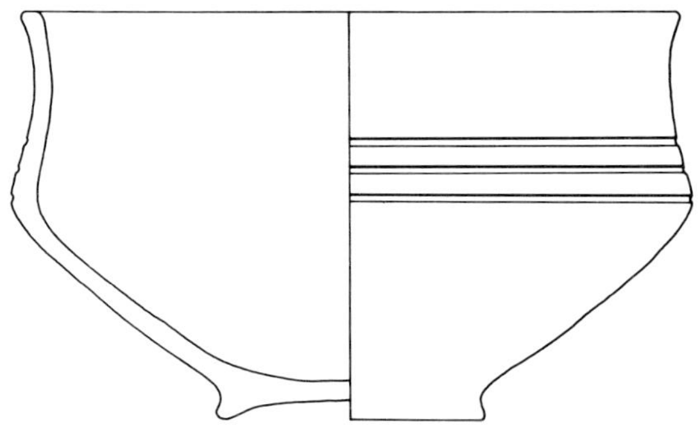

316

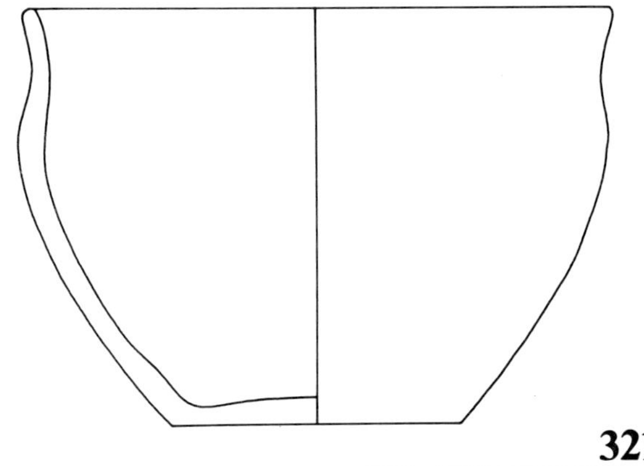

321

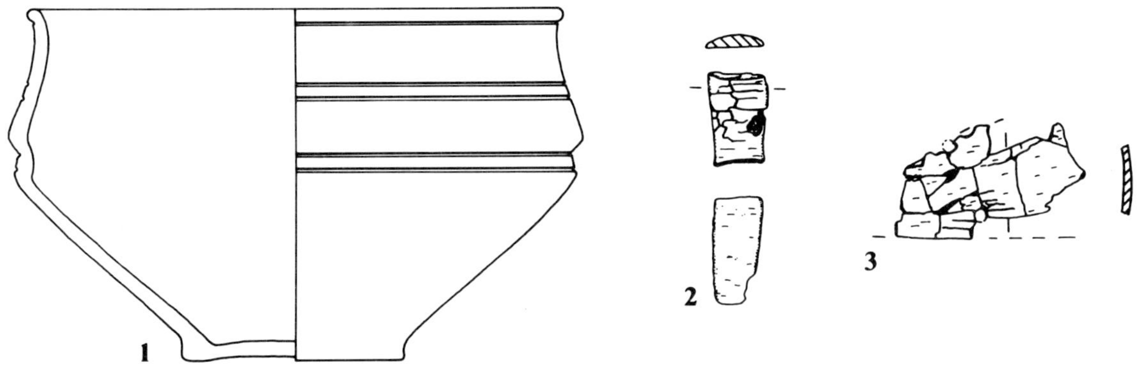

317

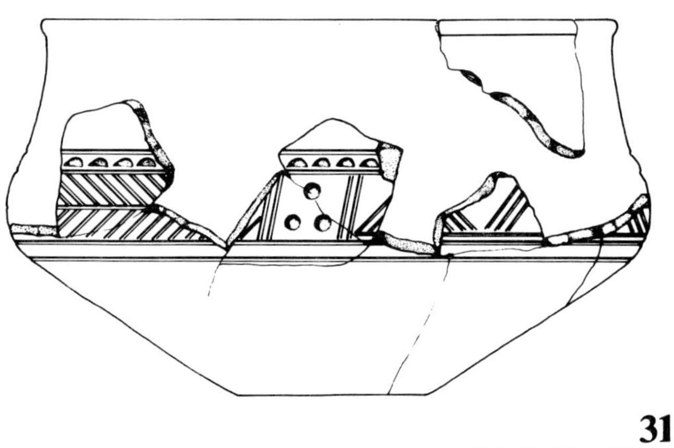

318

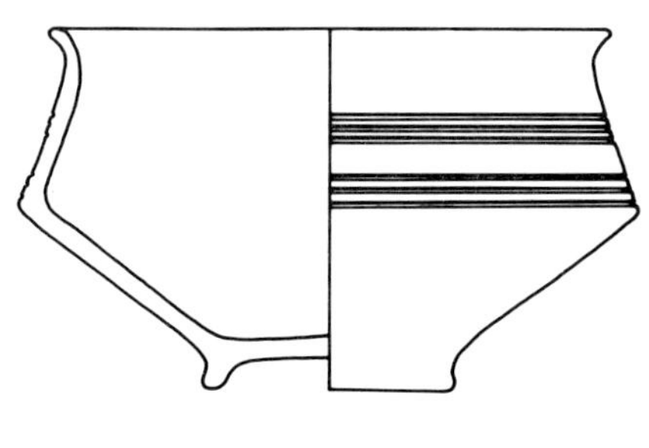

319

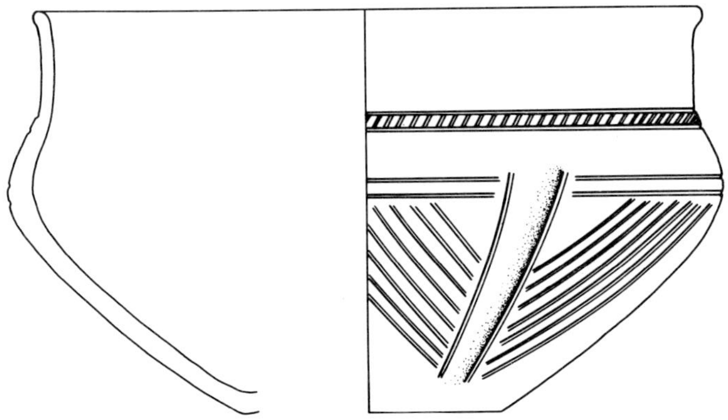

320

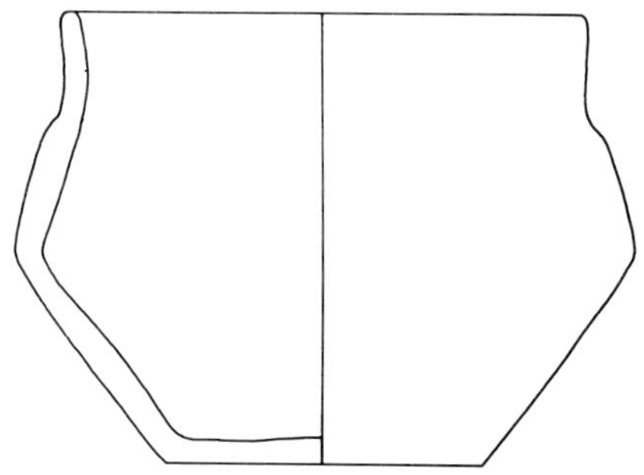

322

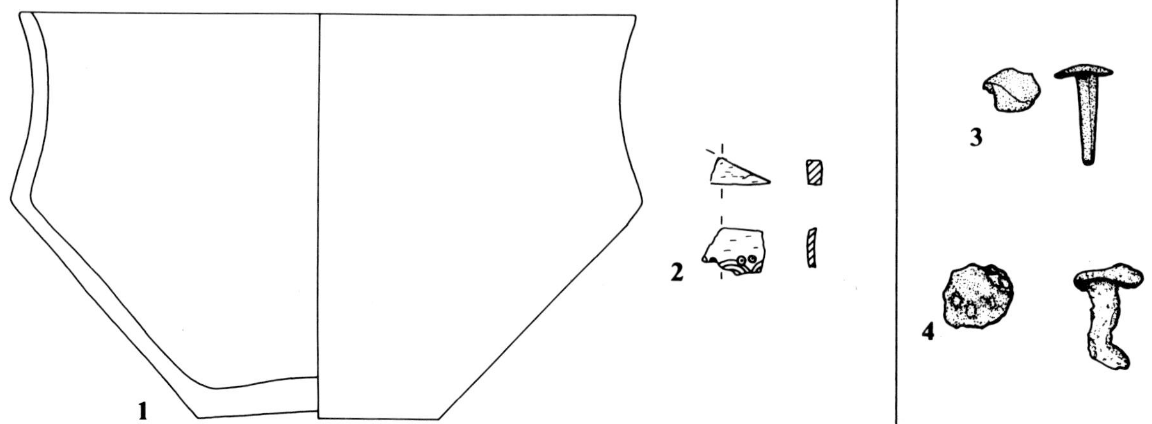

323

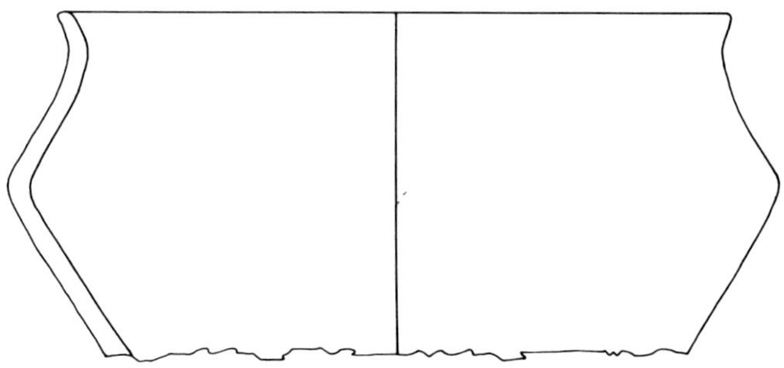

324

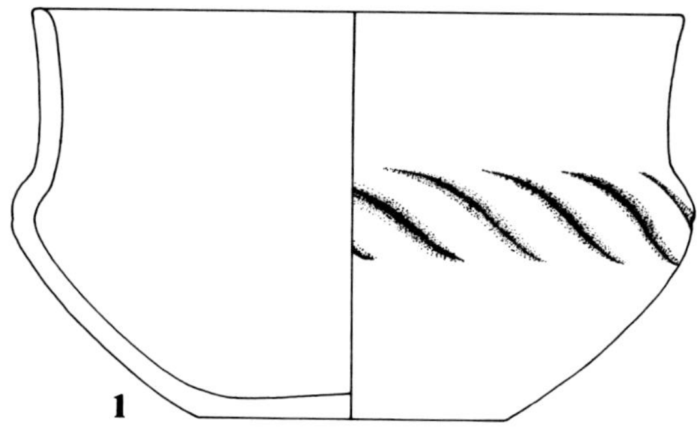

326

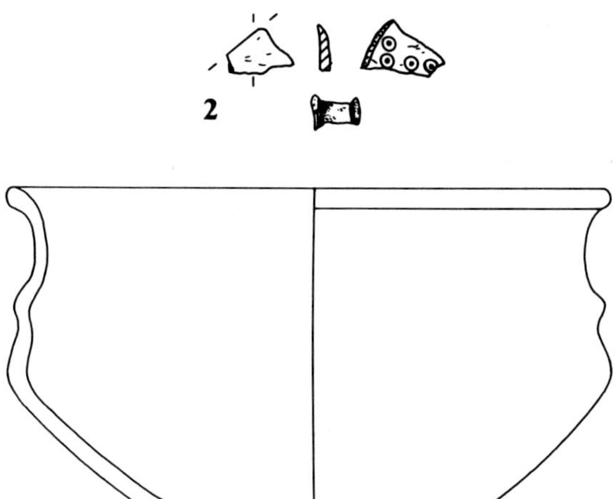

325

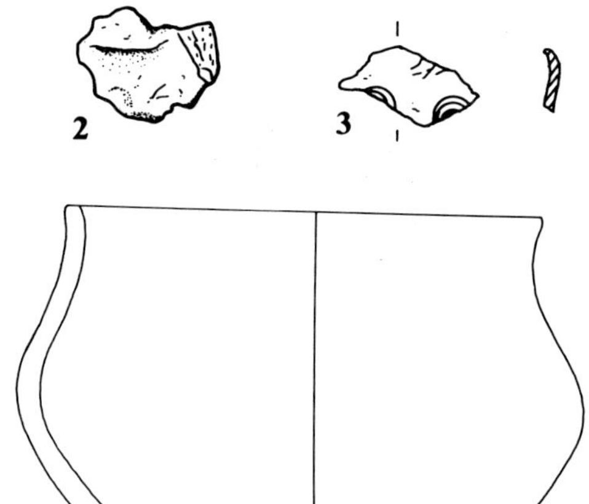

327

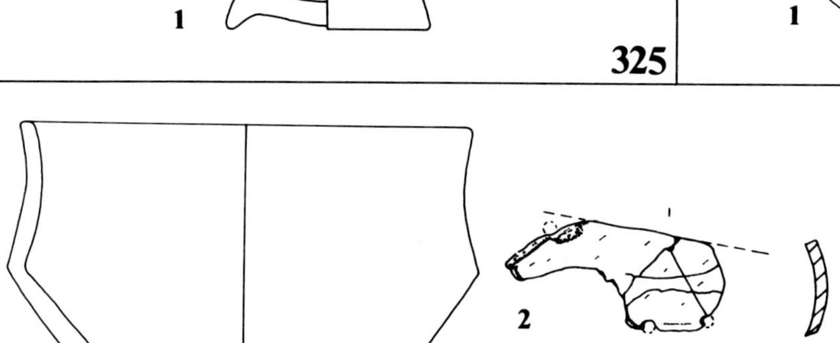

329

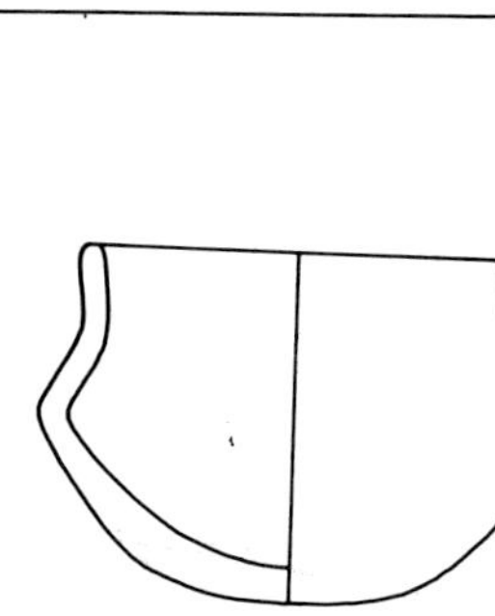

328

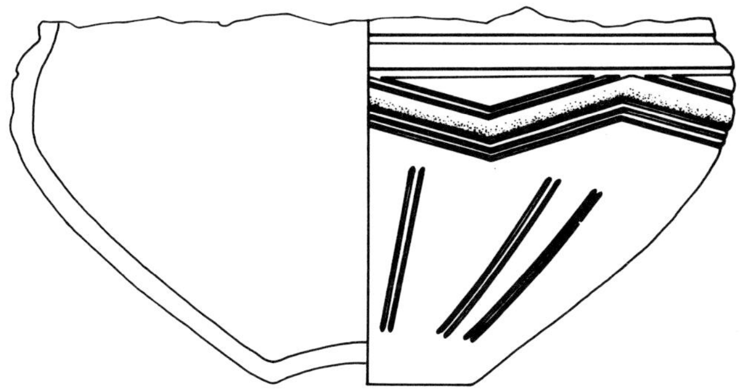
330

331

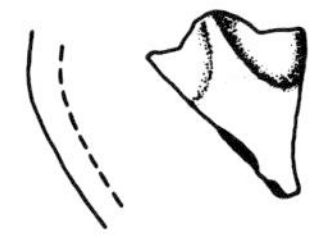
337

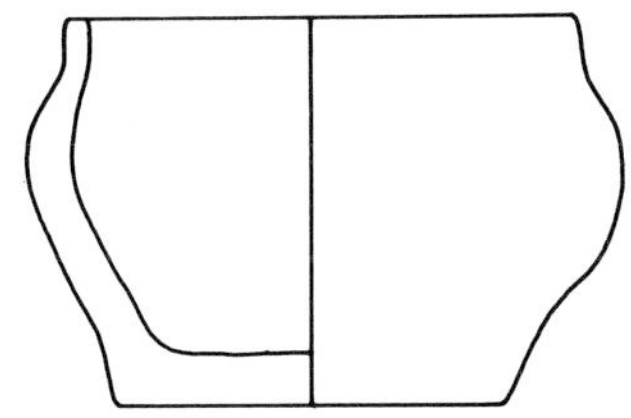
339

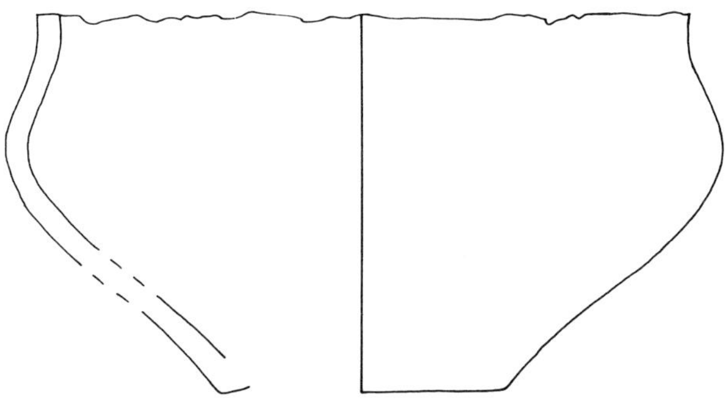
332

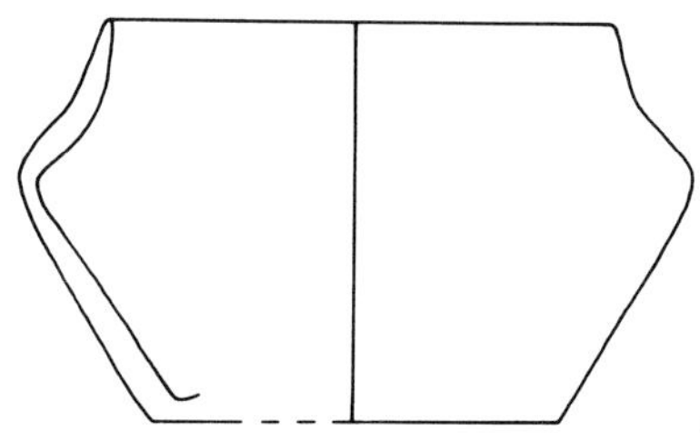
341

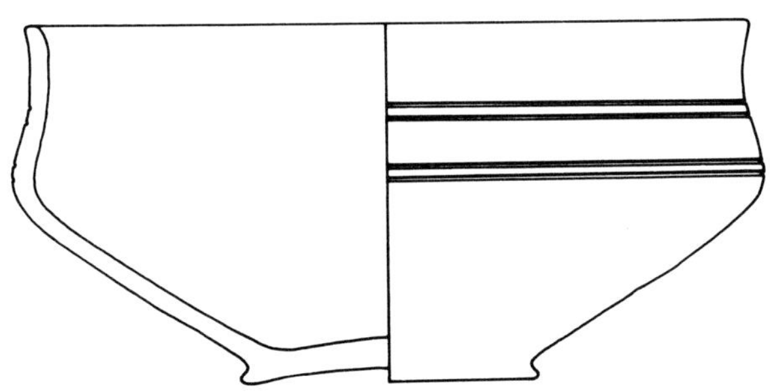
338

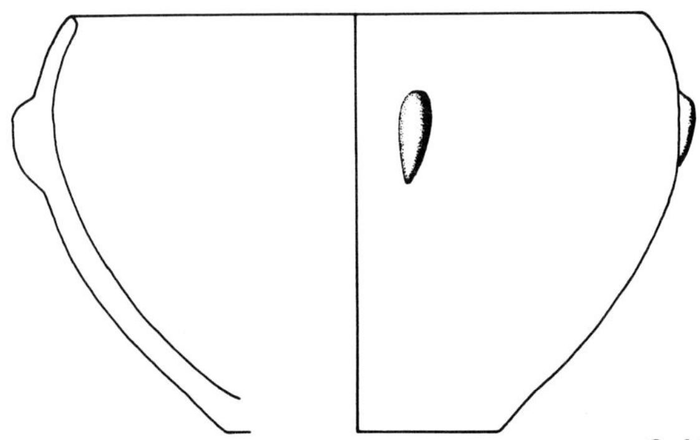
340

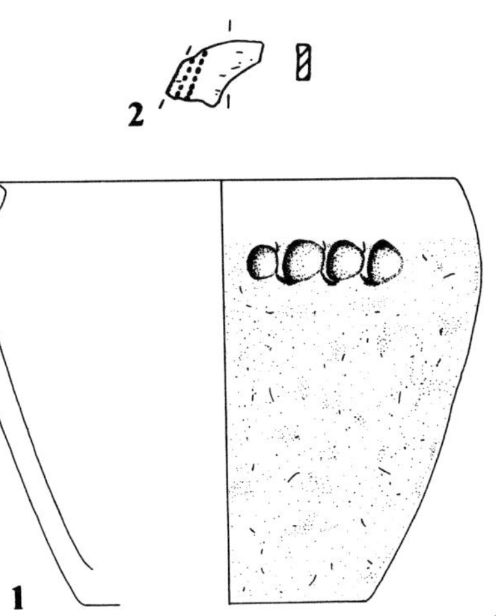

335

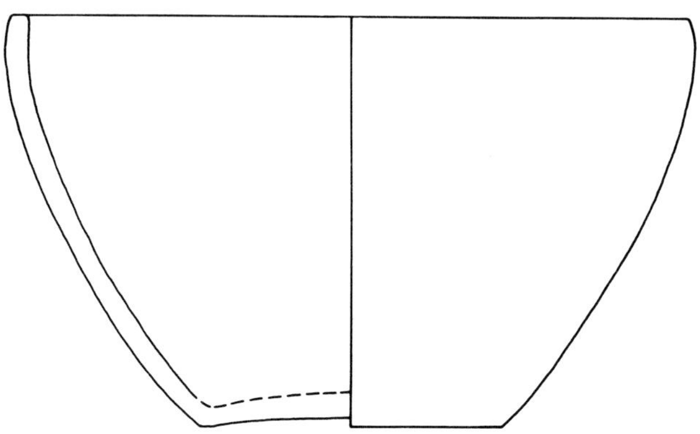
334

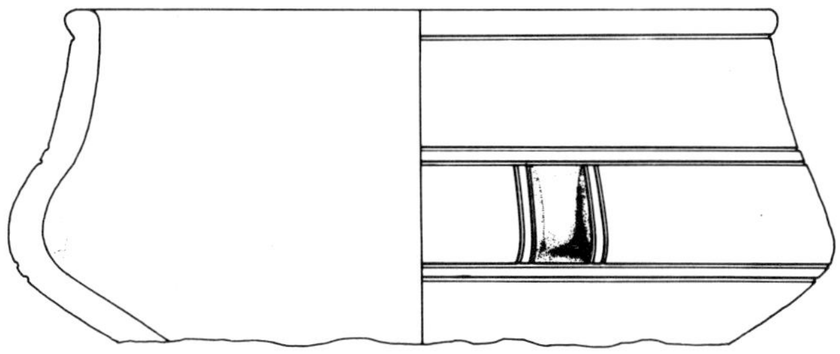

336

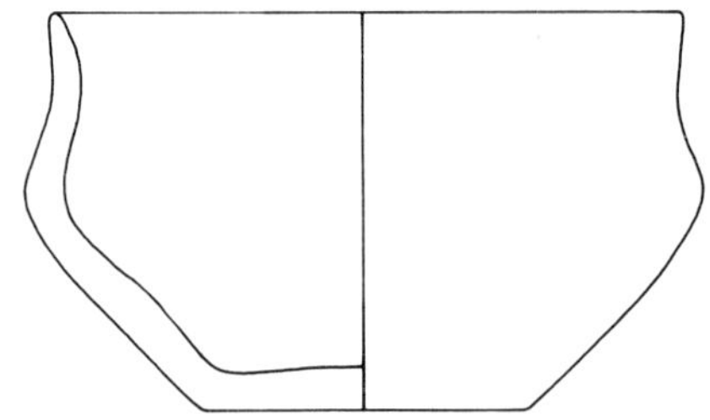

346

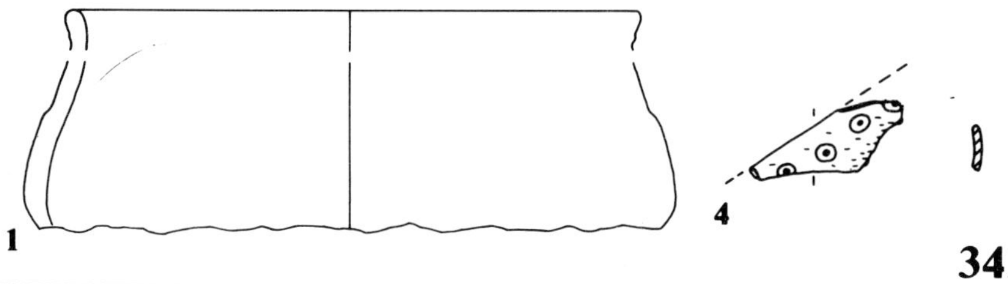

342

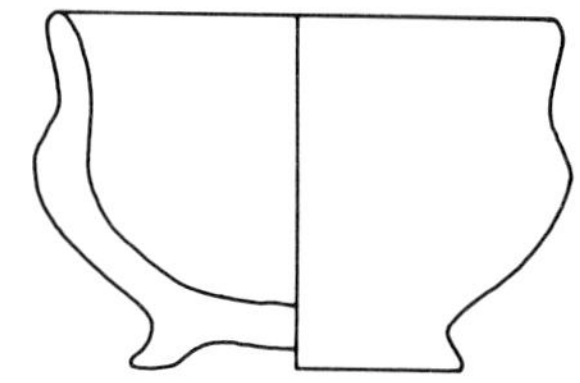

343

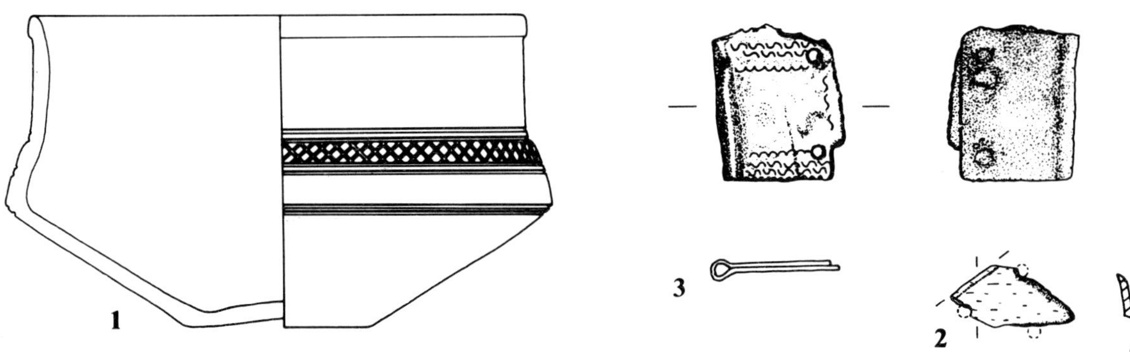

344

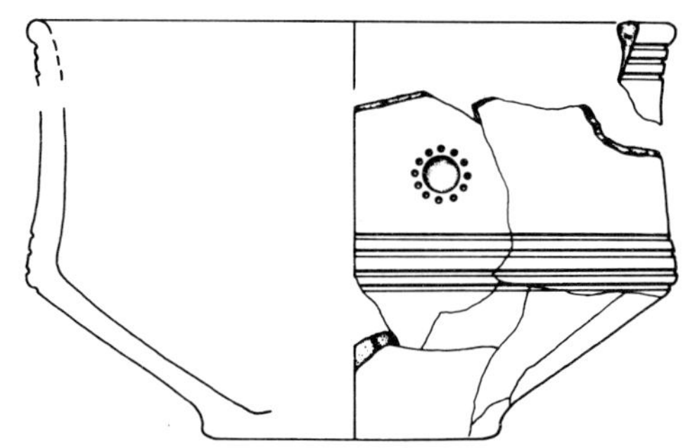

345

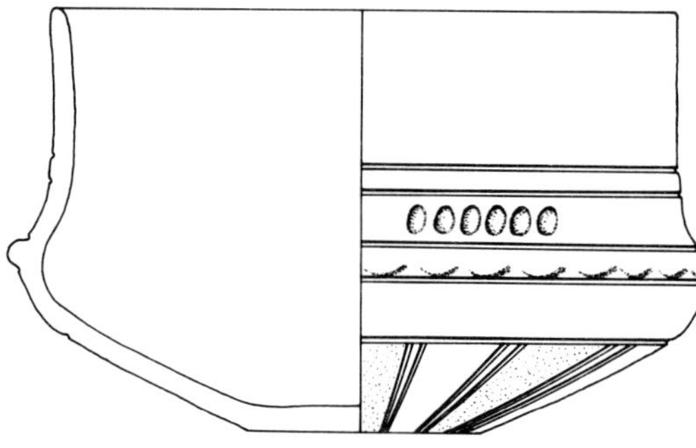

348

349

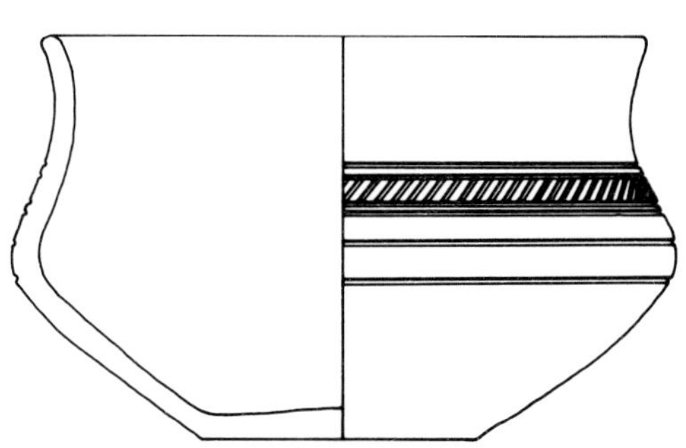

350

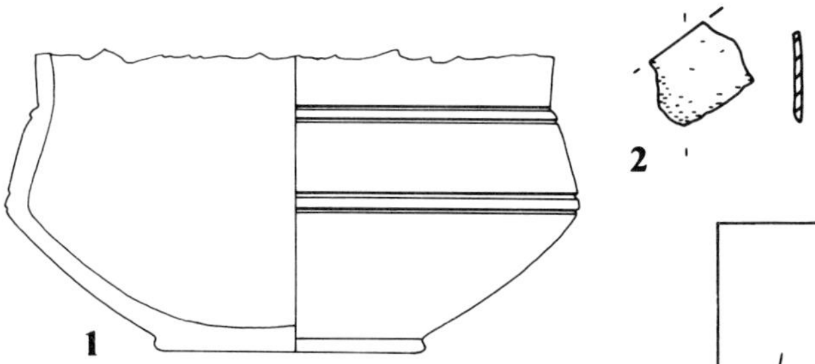

1

2

351

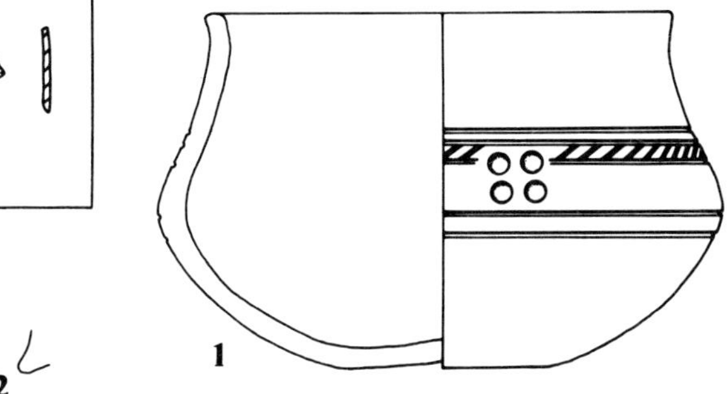

2

1

353

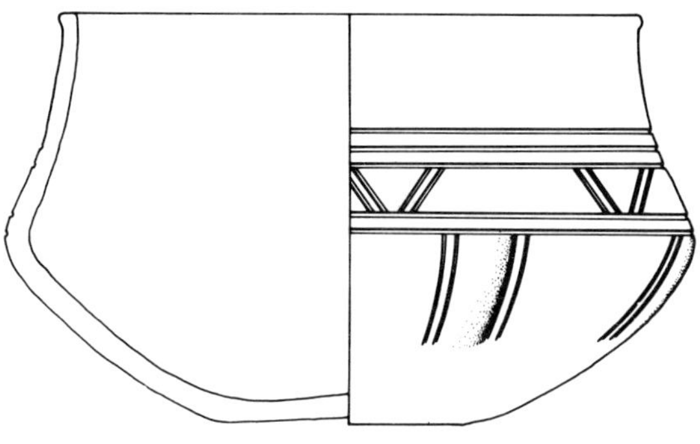

352

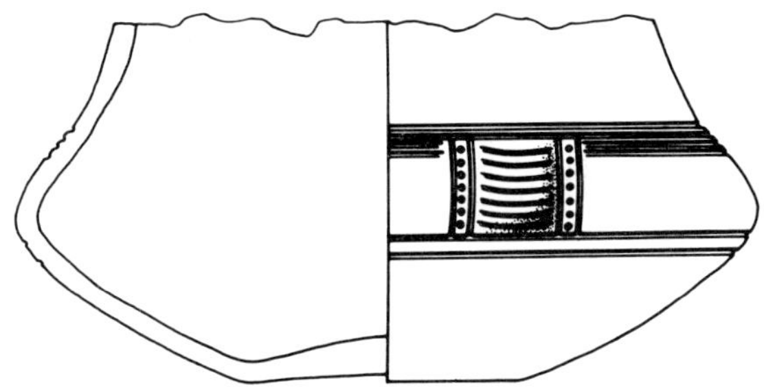

357

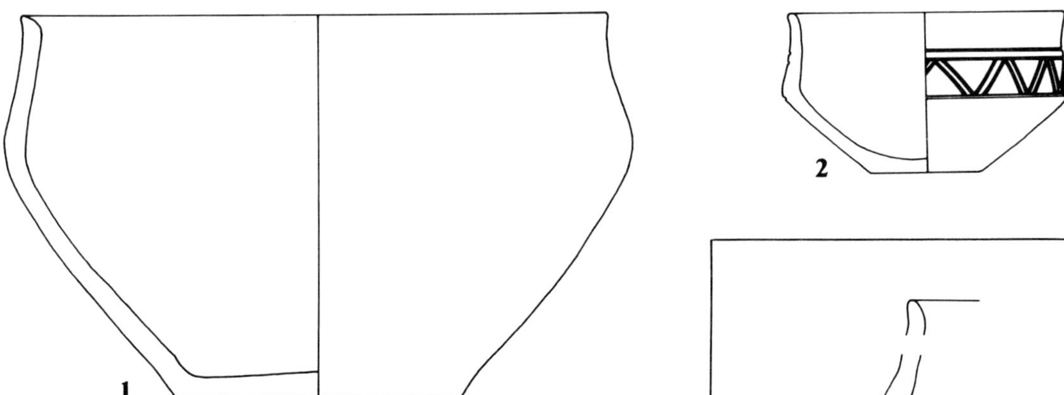

1

2

354

356

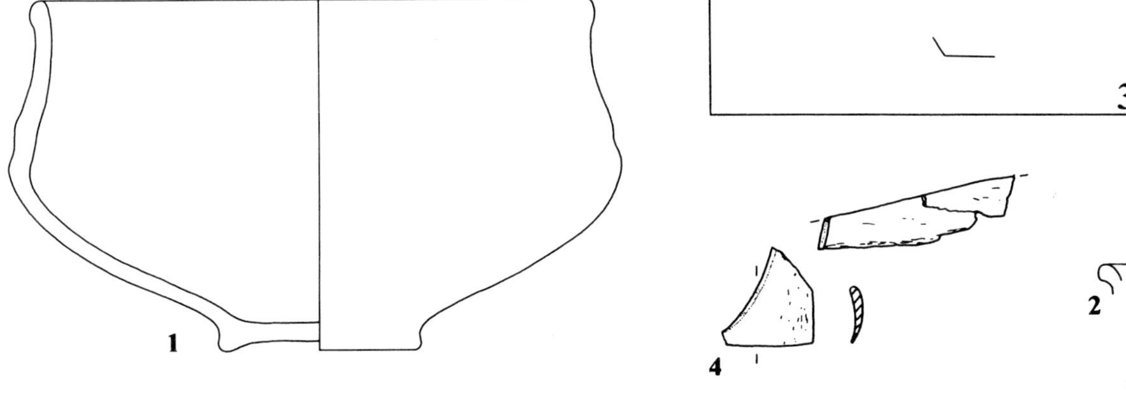

1

4

2

355

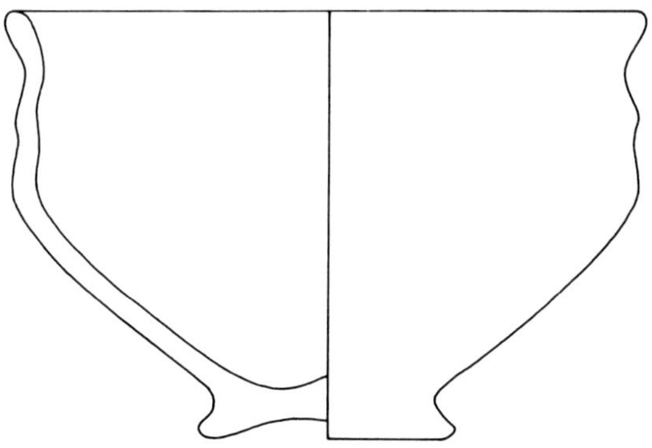
358

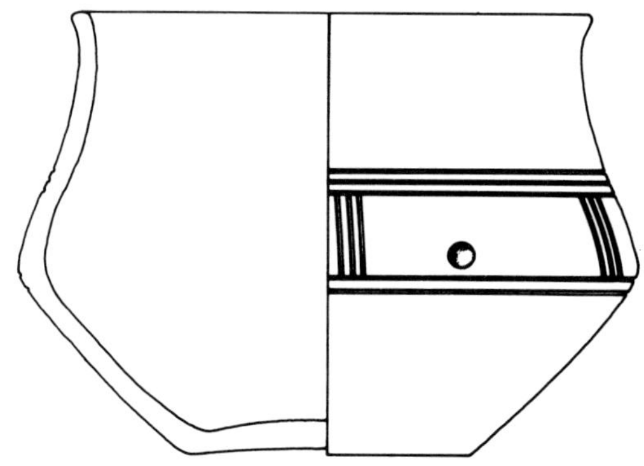
359

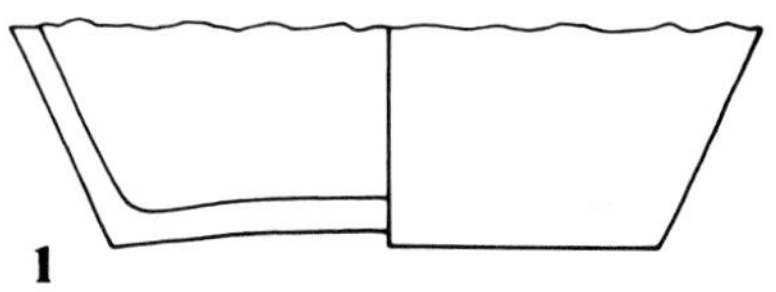
1

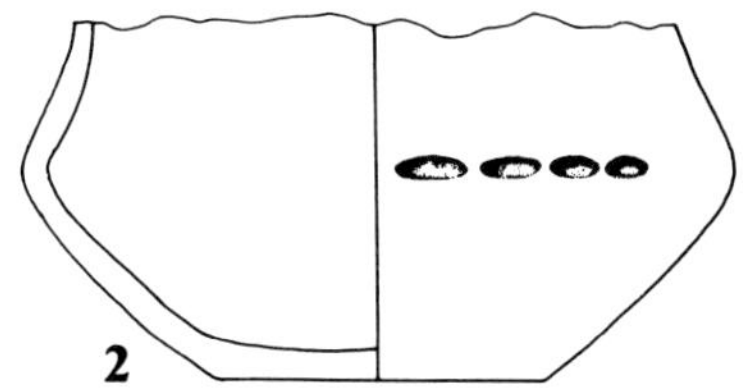
2

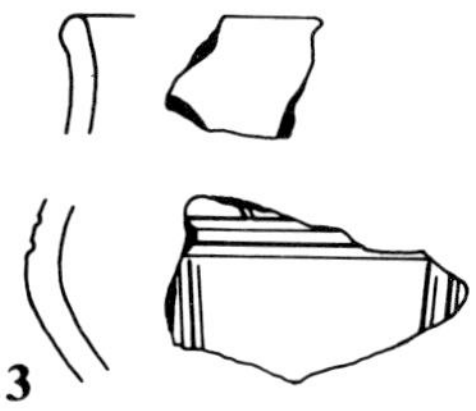
3

360

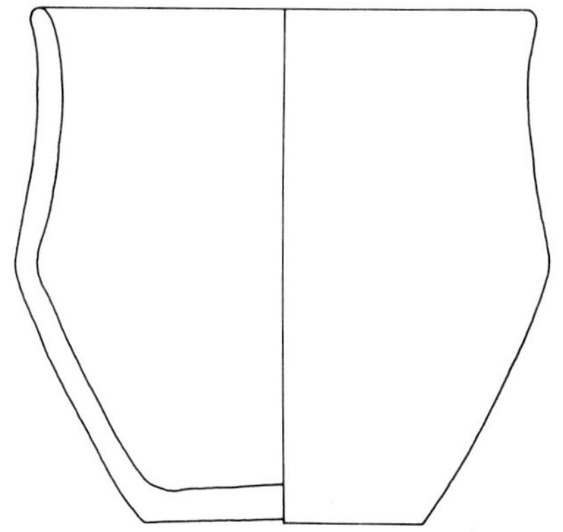
365

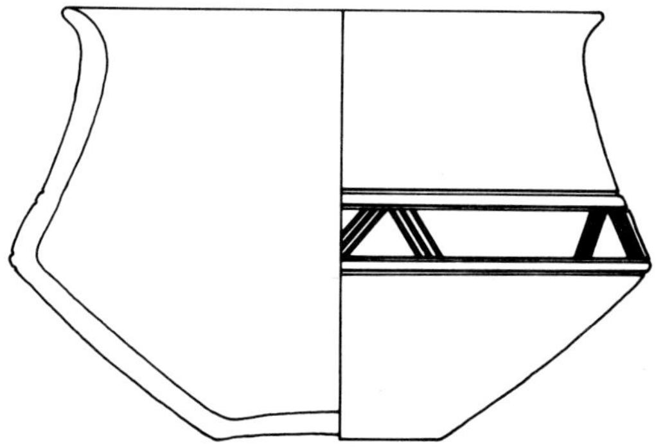
363

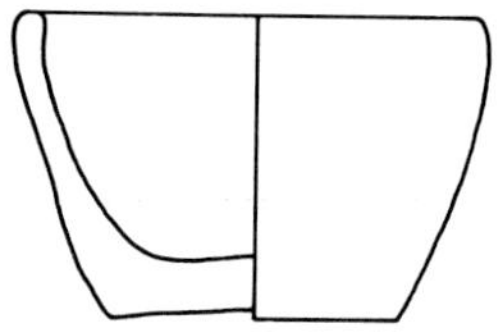
361

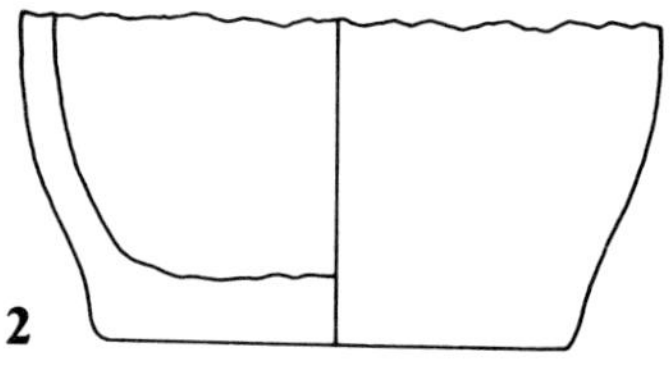
2

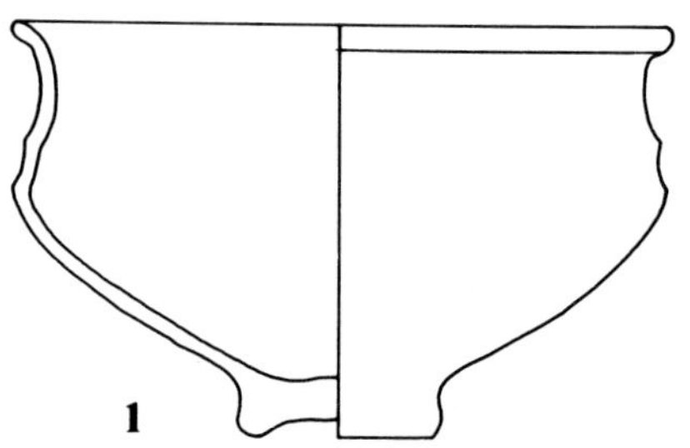
1

364

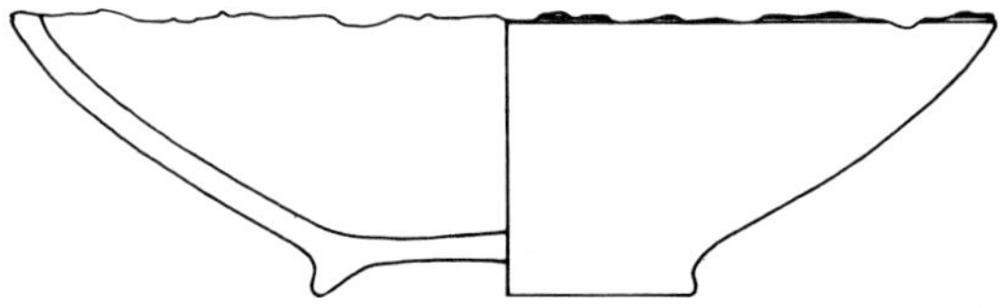
366

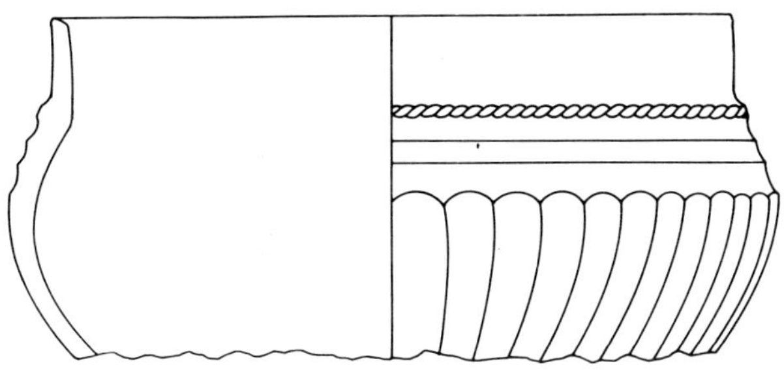

367

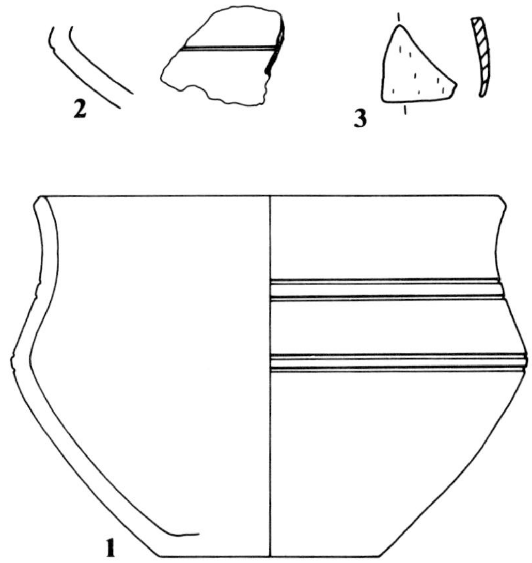

368

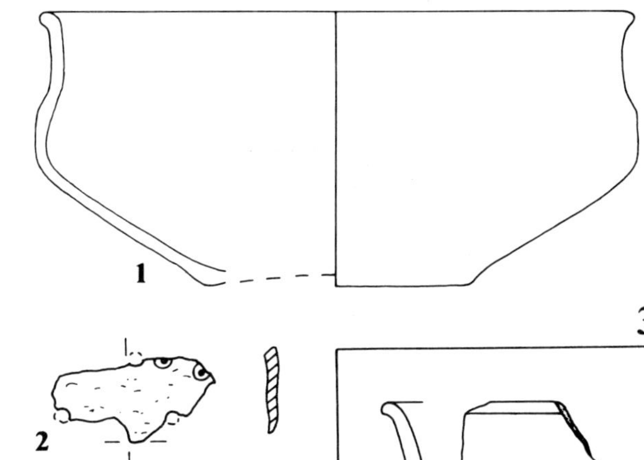

369

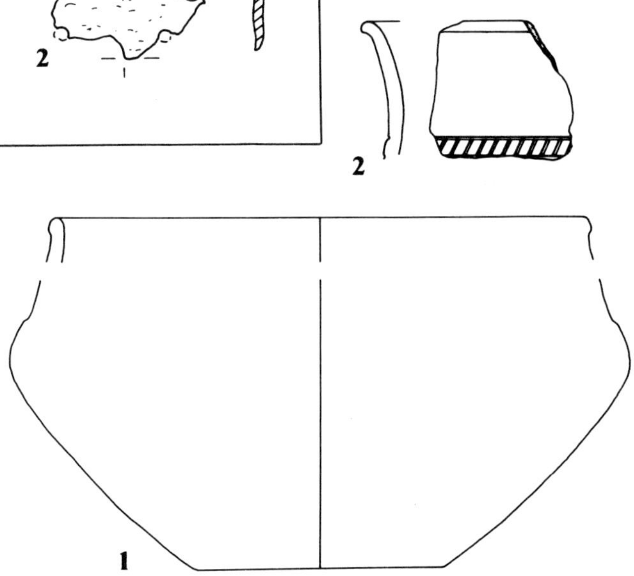

373

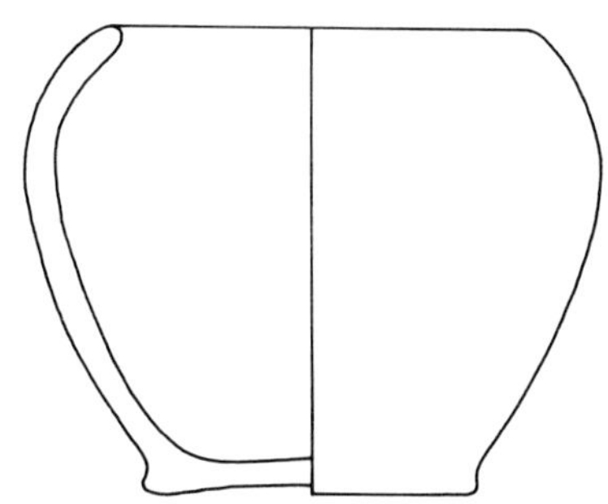

370

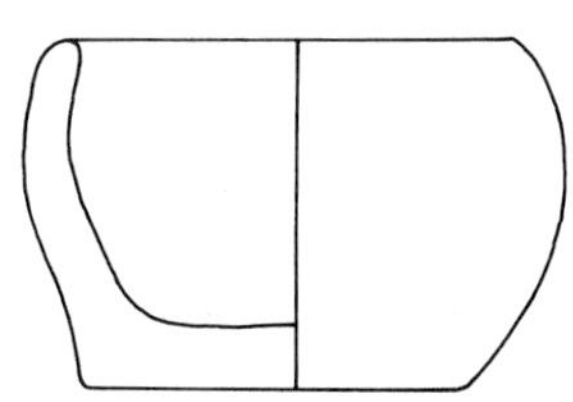

371

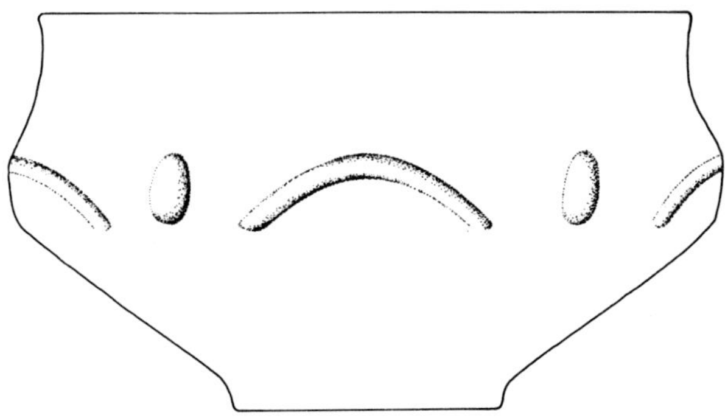

374

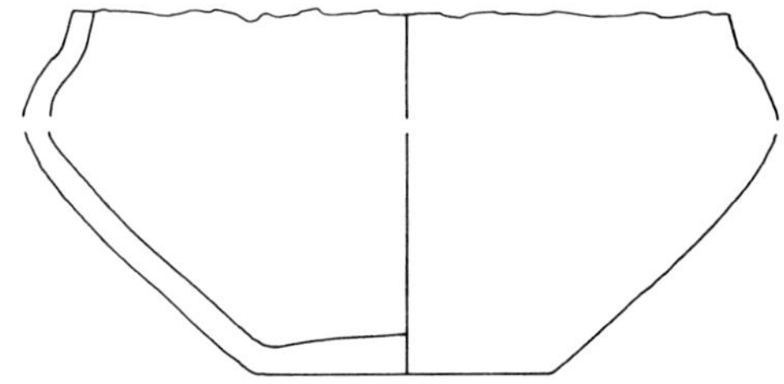

372

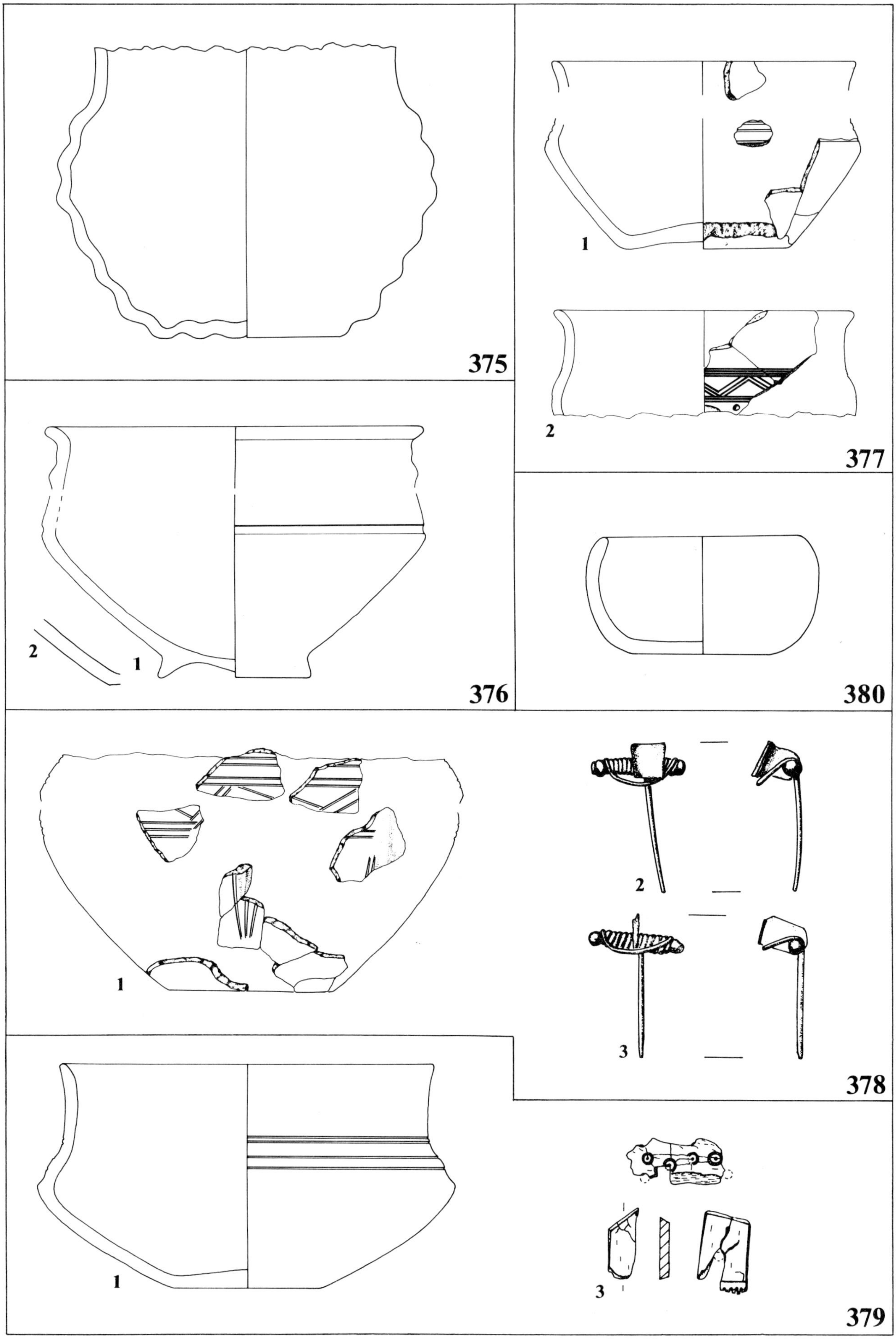
1
2
375
377
2
1
376
380
1
2
3
378
1
3
379

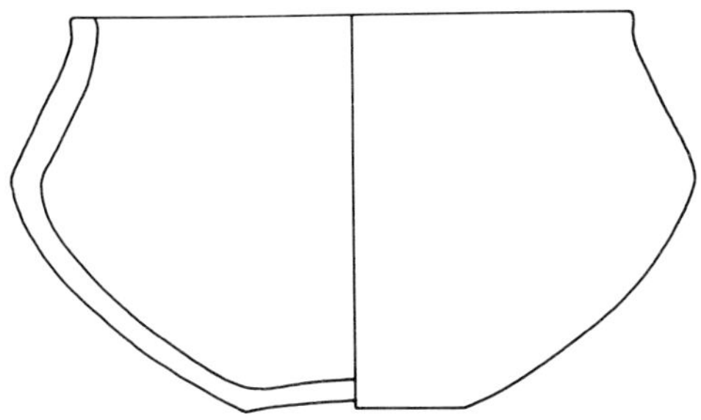

381

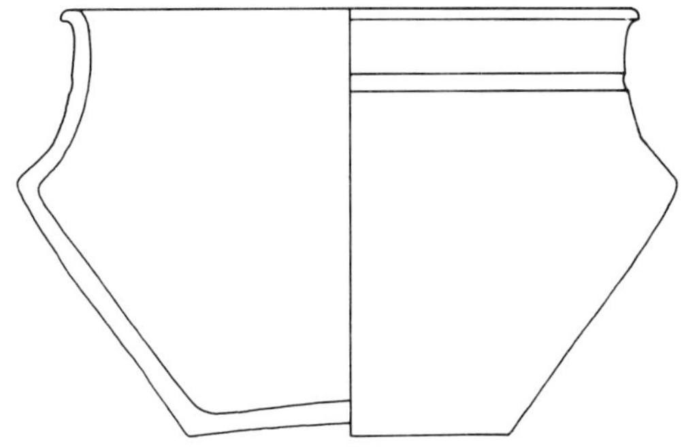

382

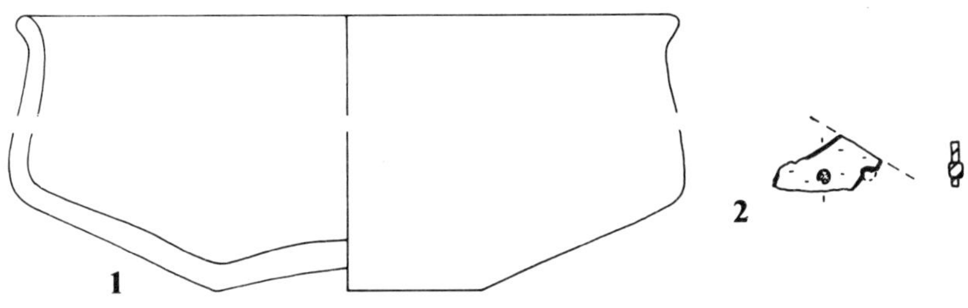

383

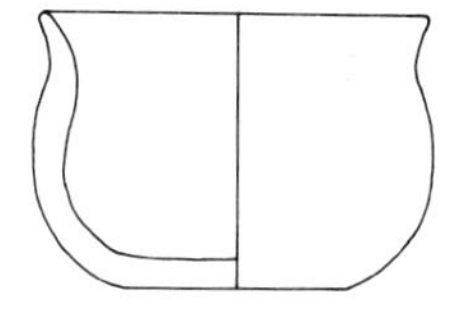

385

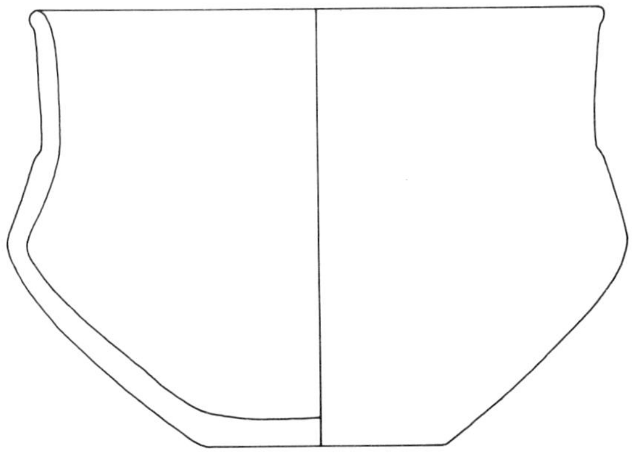

384

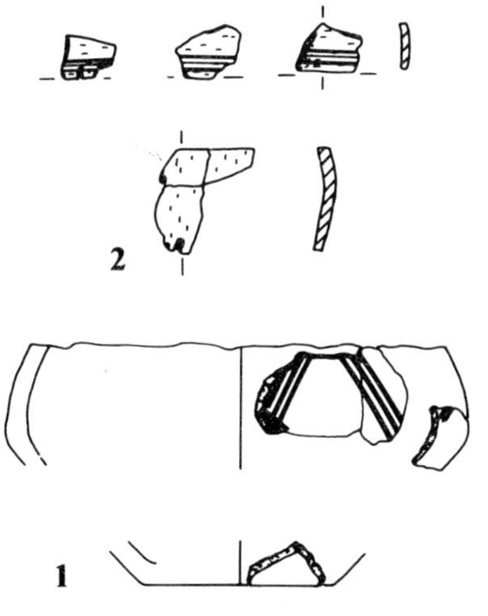

387

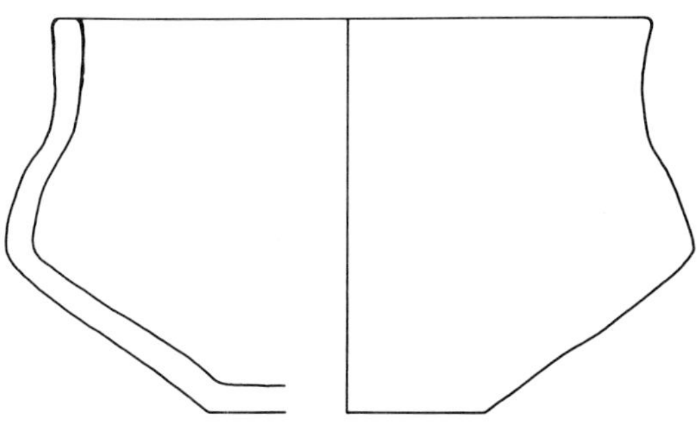

386

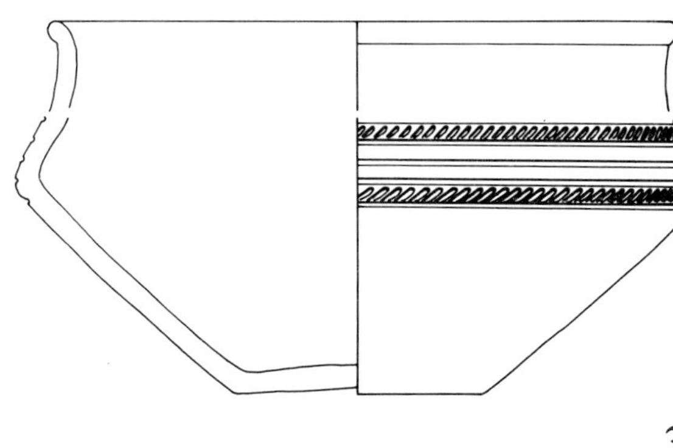

388

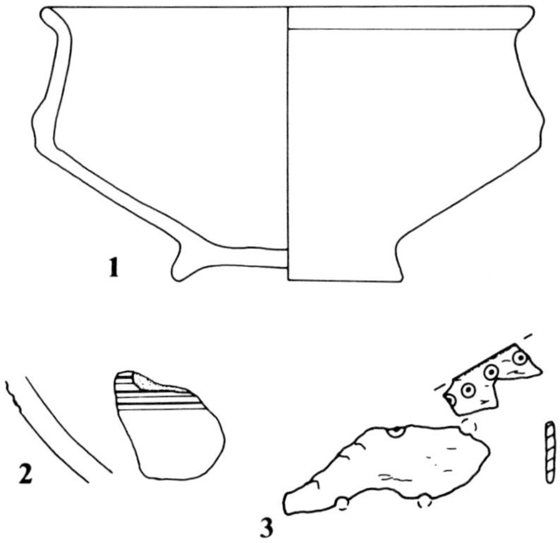

391

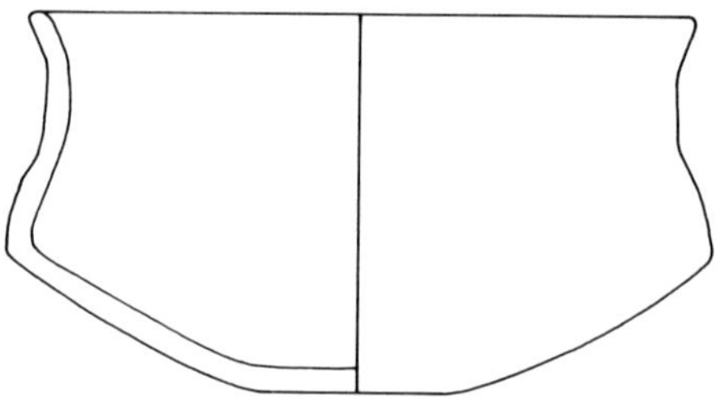
392

399

389

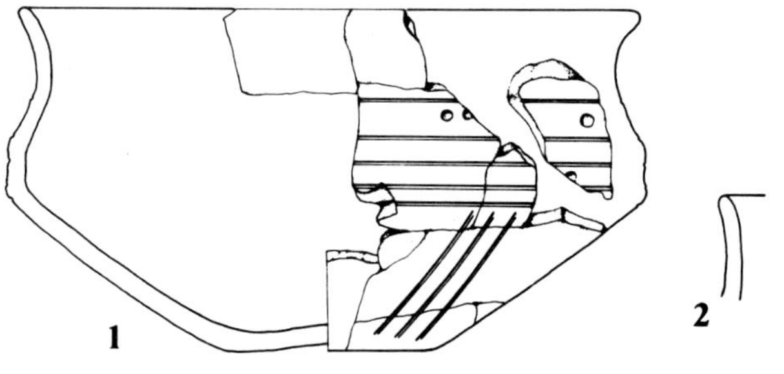

393

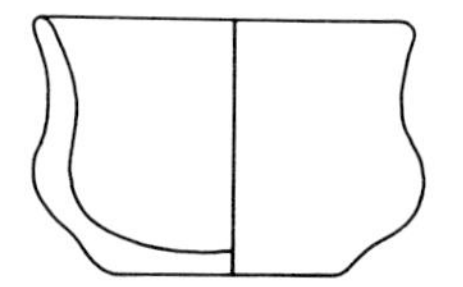
400

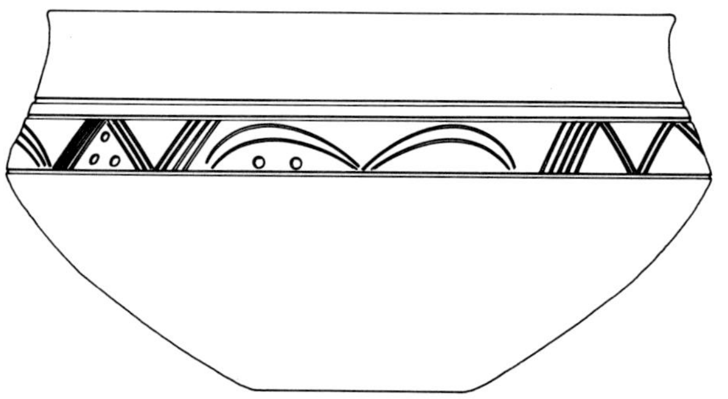
395

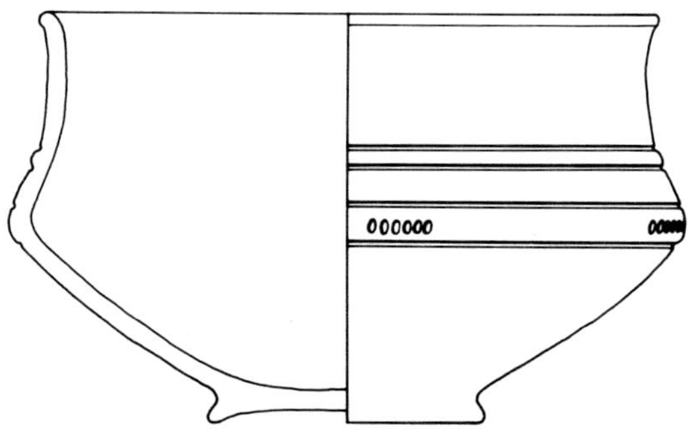
394

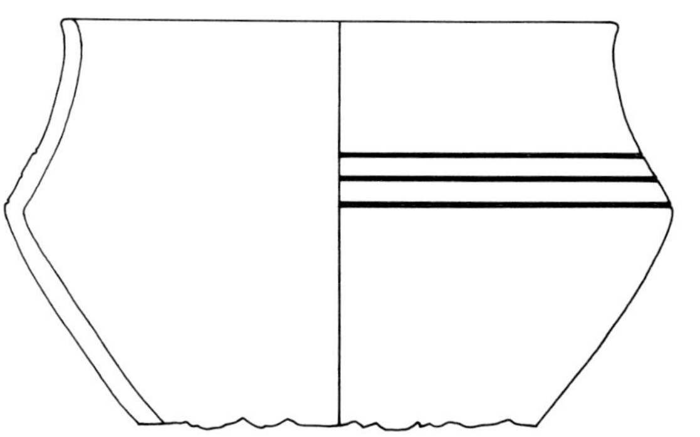
397

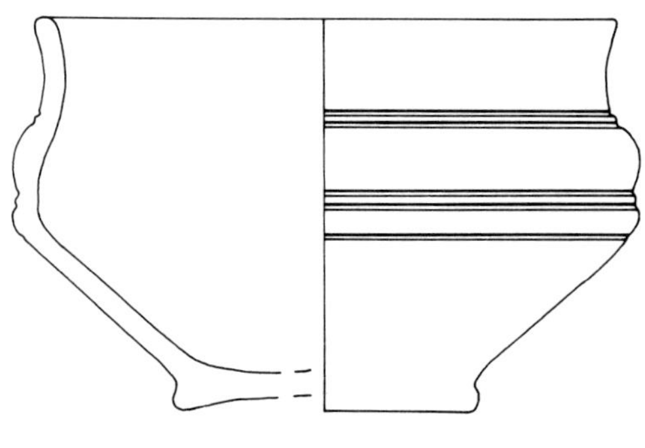
398

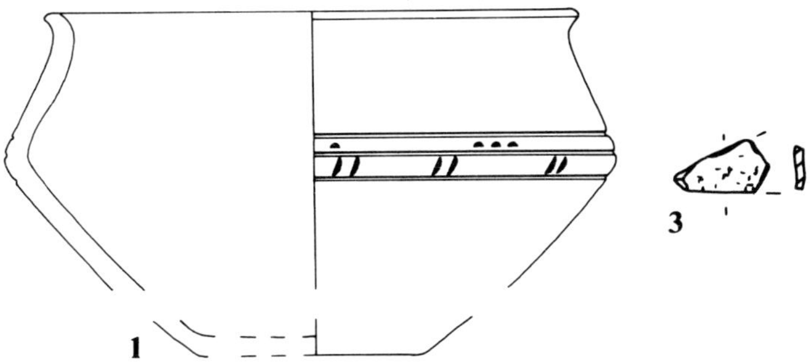

402

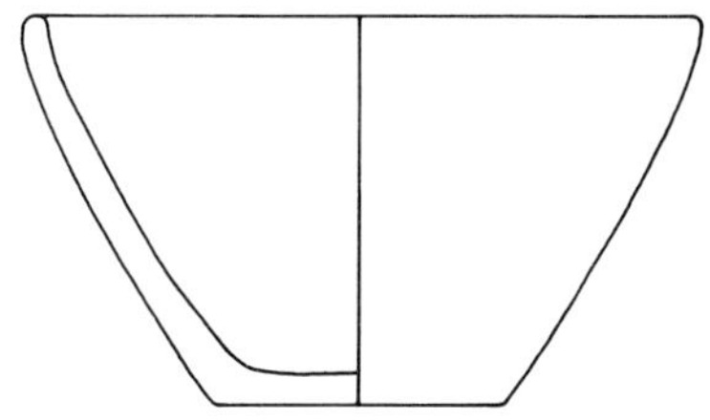

401

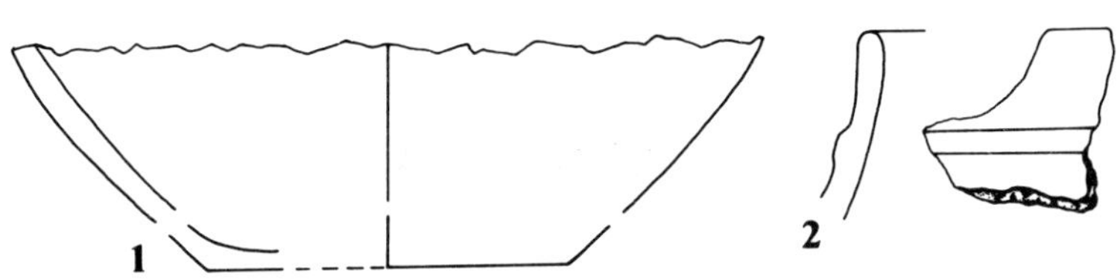

403

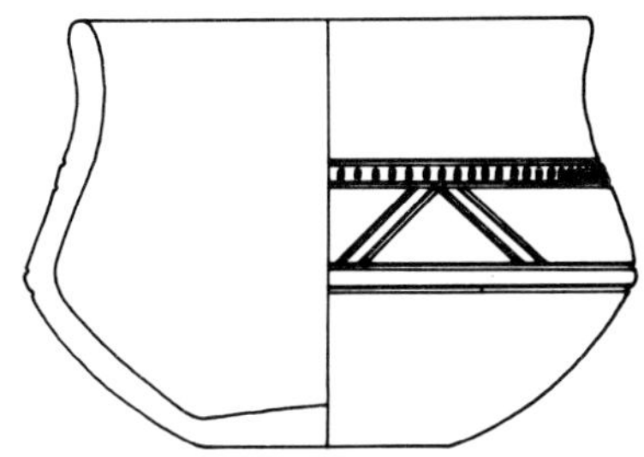

404

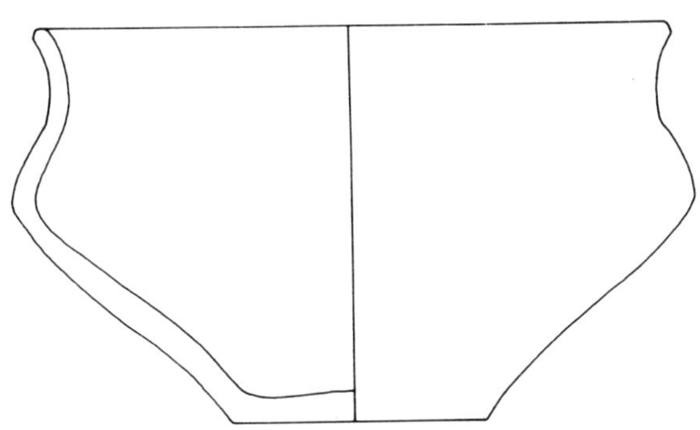

405

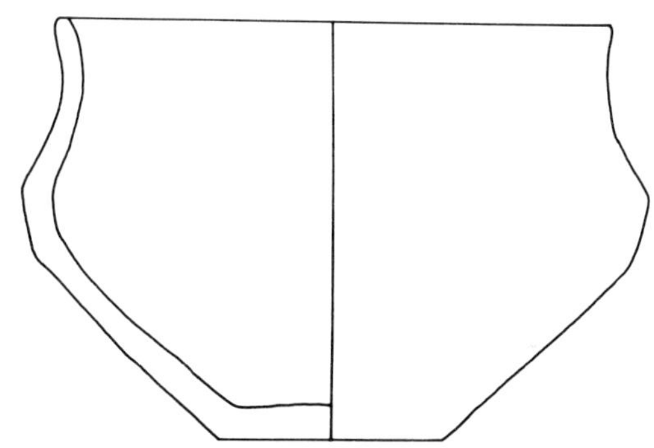

408

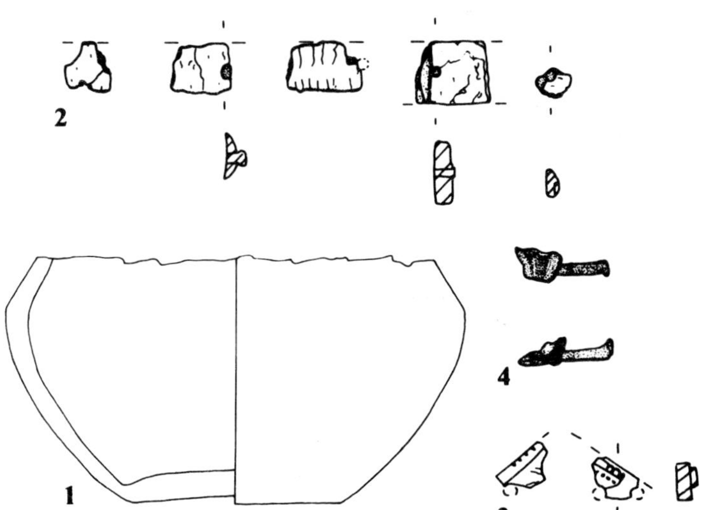

406

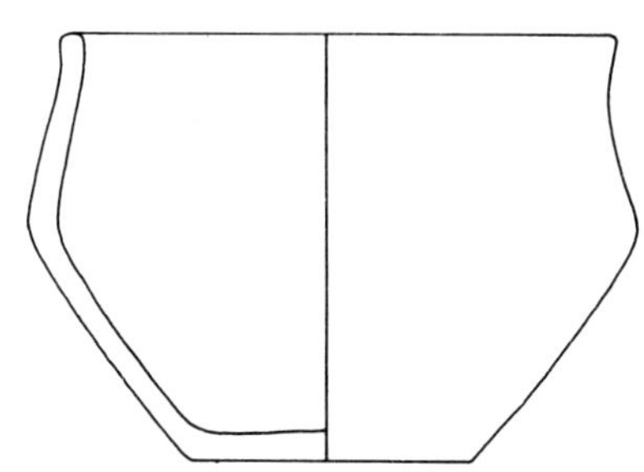

409

407

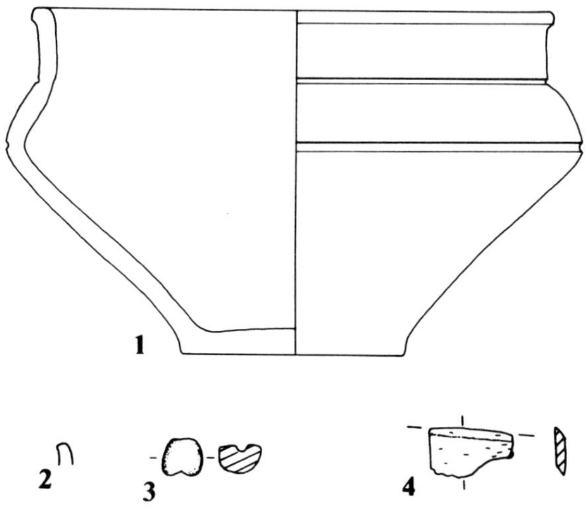

414

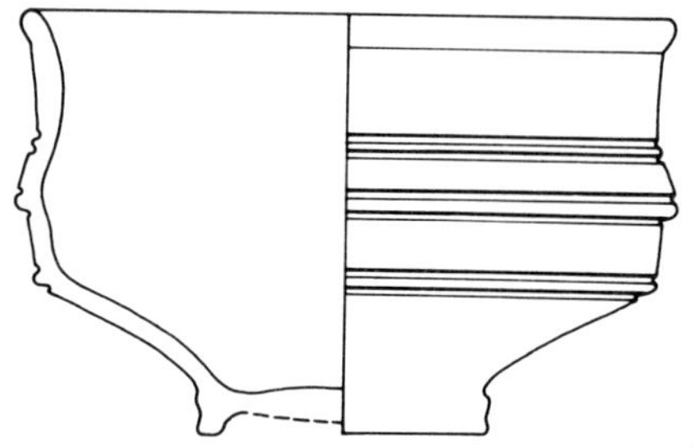

410

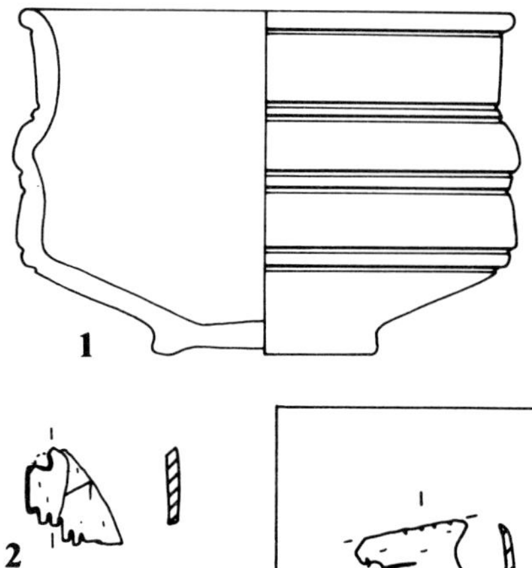

411

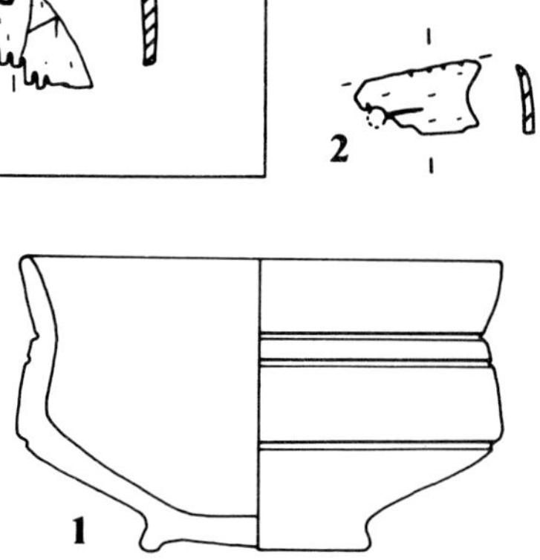

412

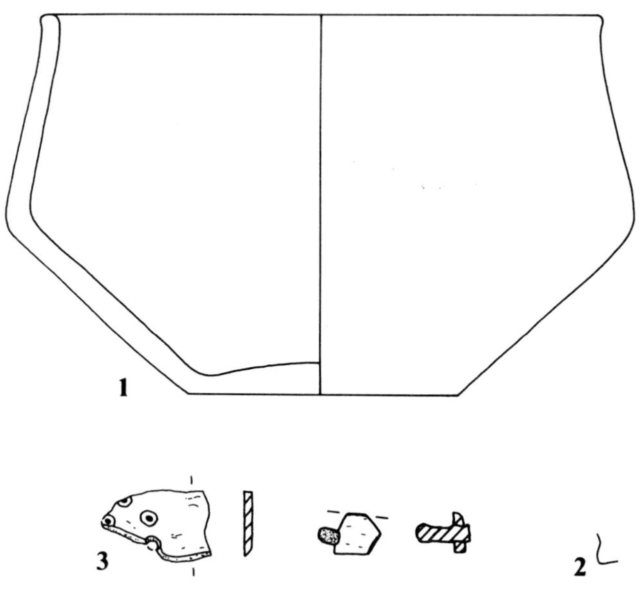

415

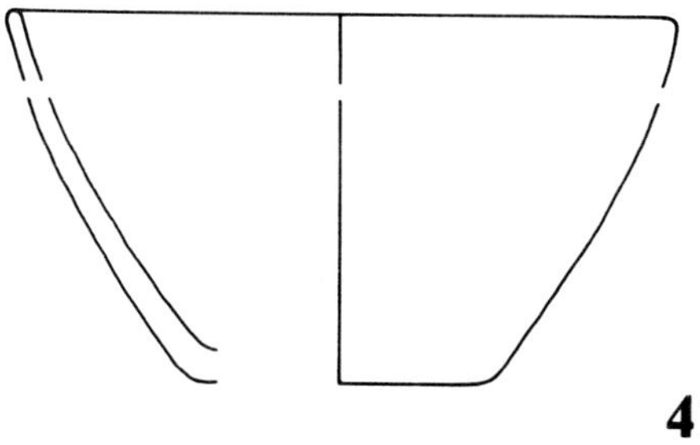

417

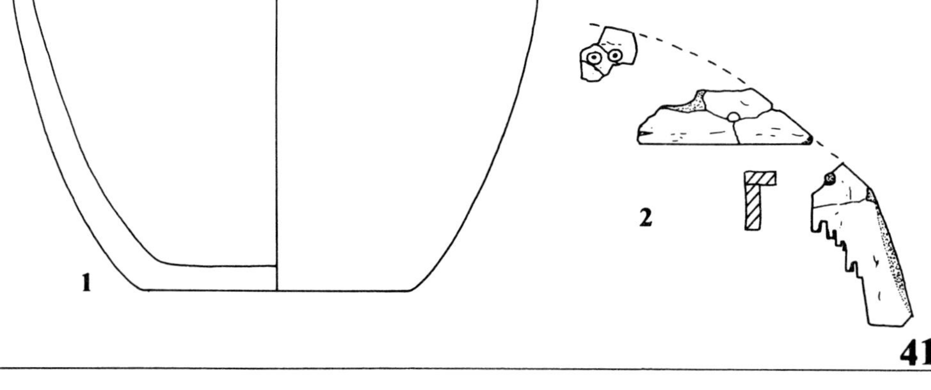

416

413

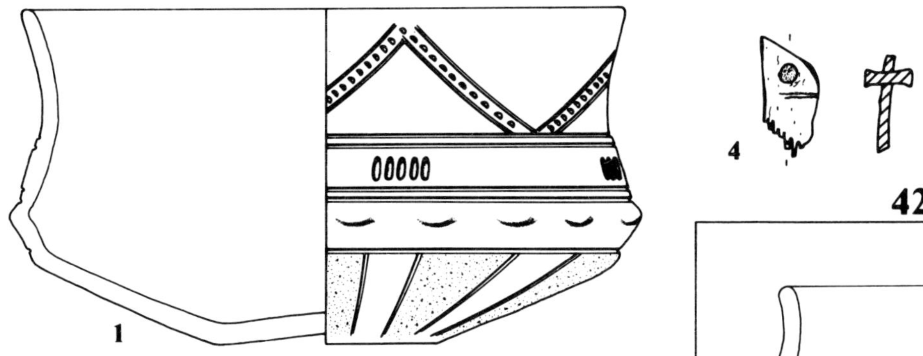

420

425

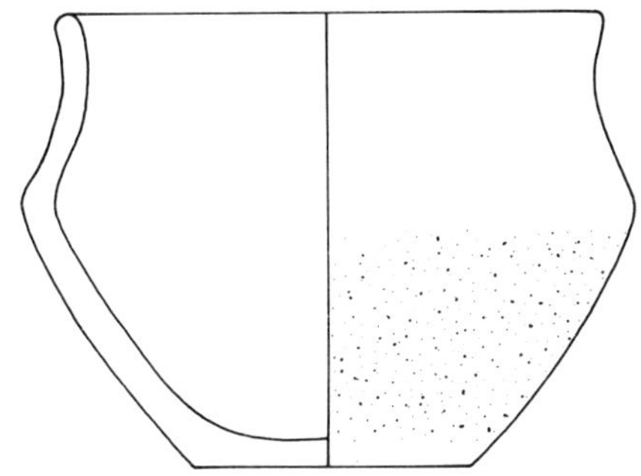

418

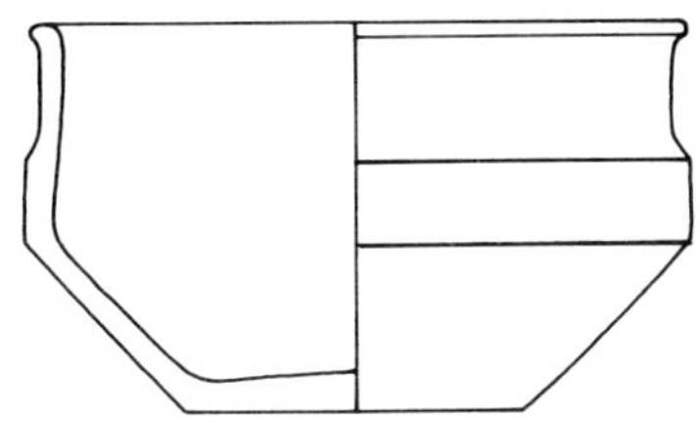

422

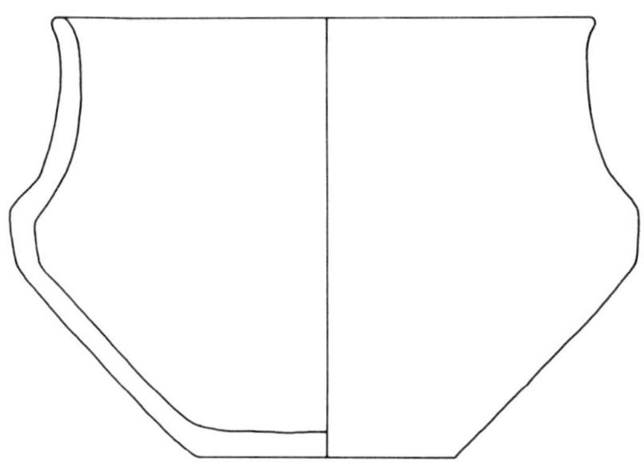

423

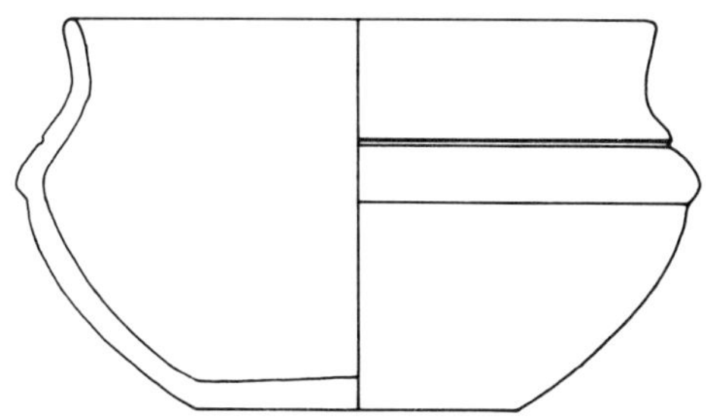

419

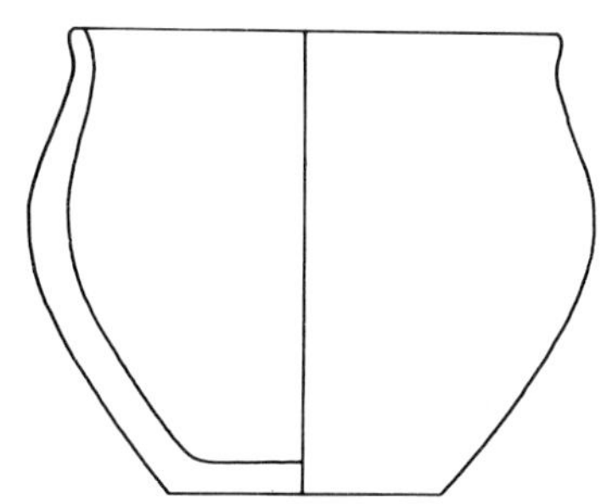

421

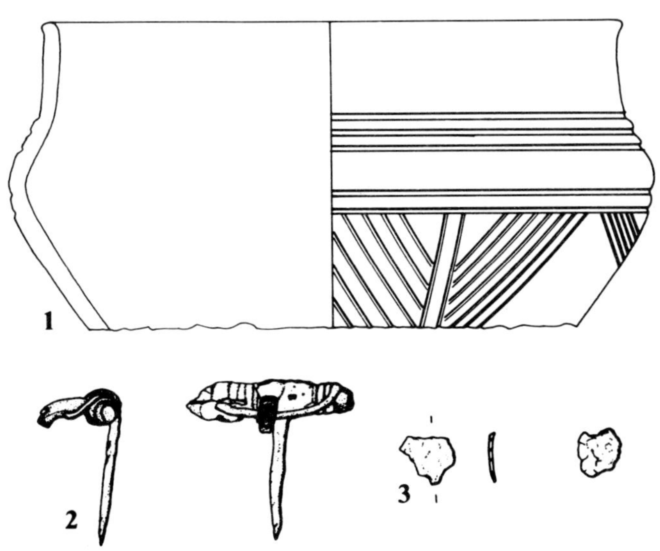

426

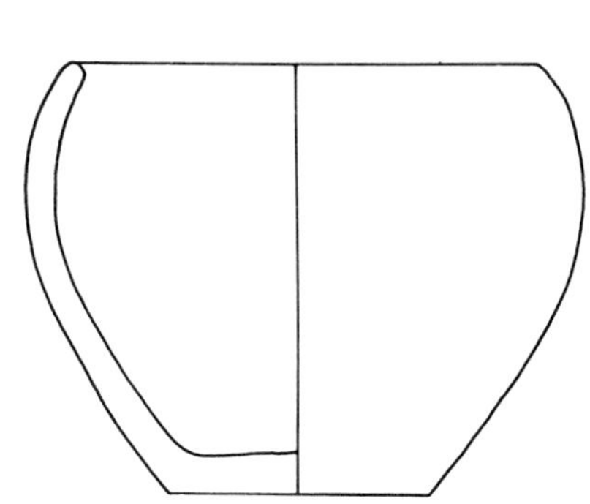

424

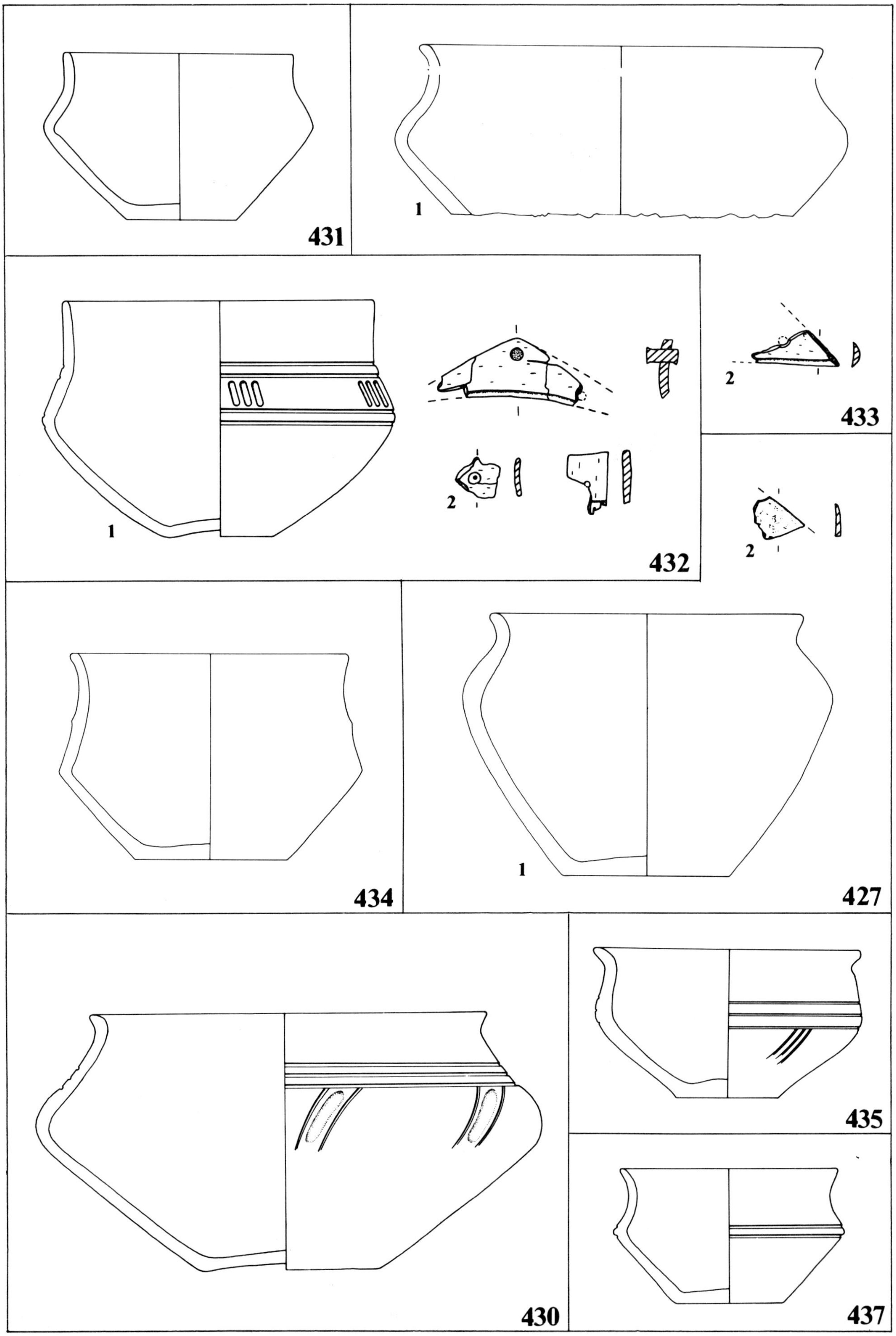
431
1
1
2
432
2
433
2
434
1
427
430
435
437

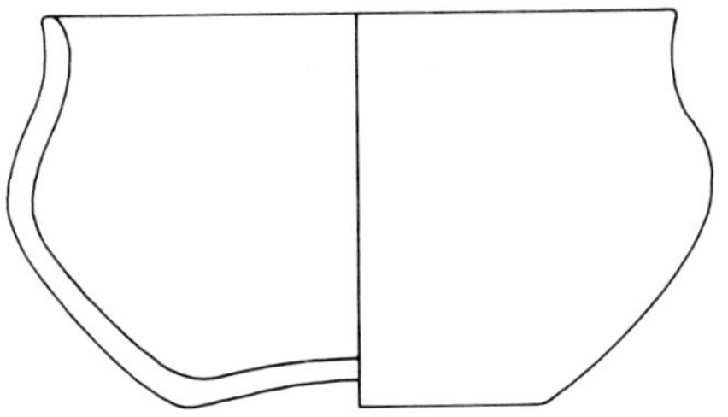

436

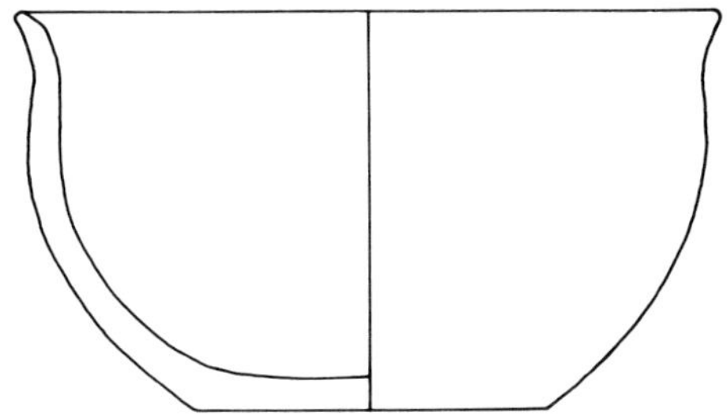

438

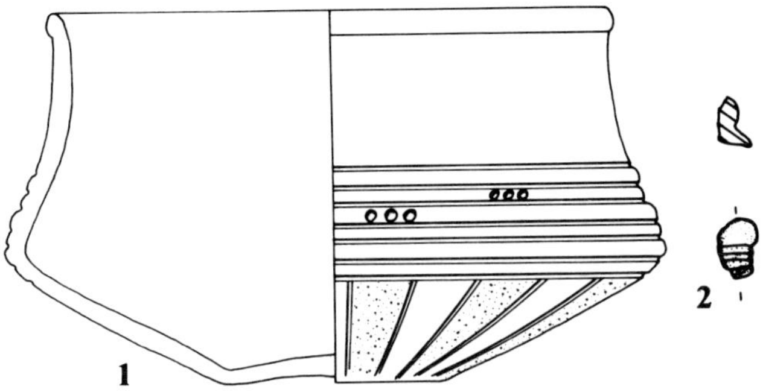

1 2

439

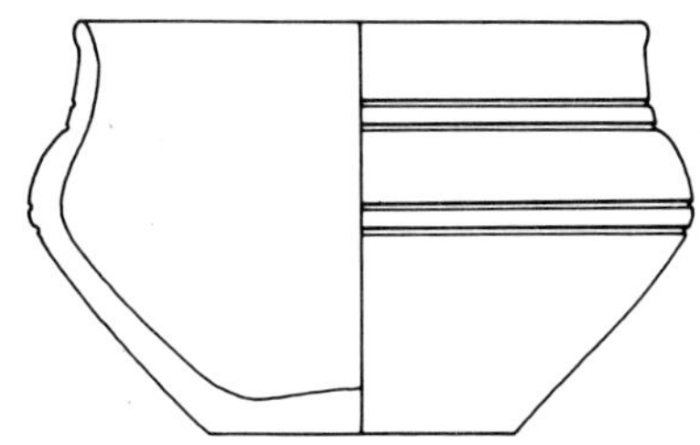

440

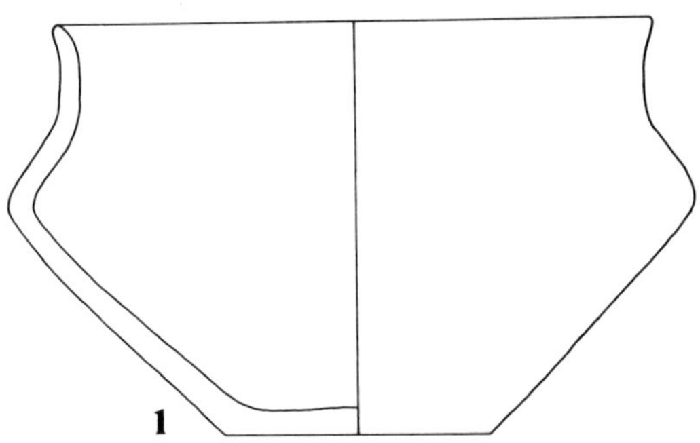

1

441

2

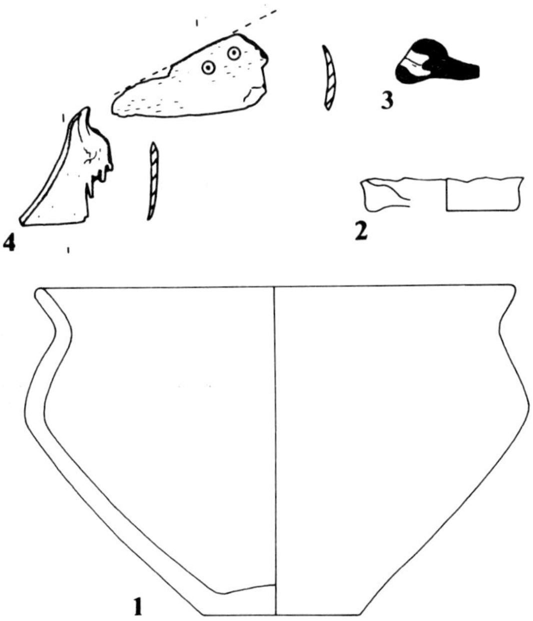

3 4 2 1

442

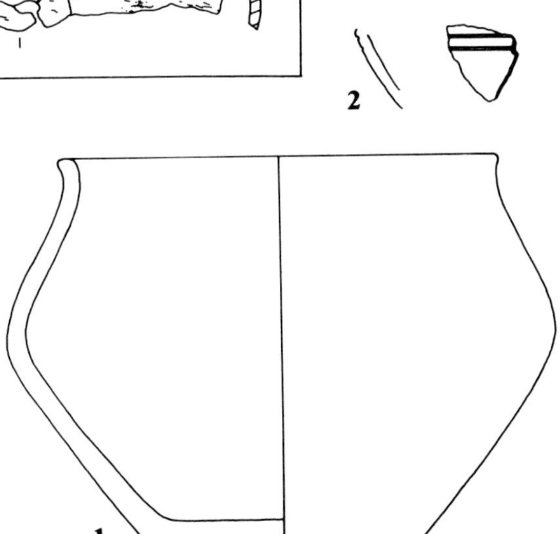

2 1

443

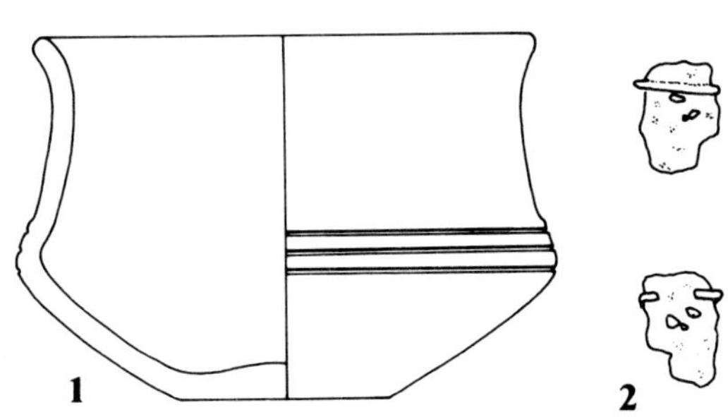

1 2

444

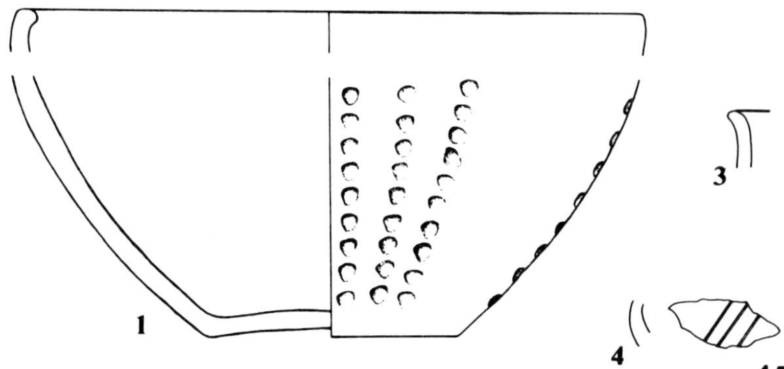

452

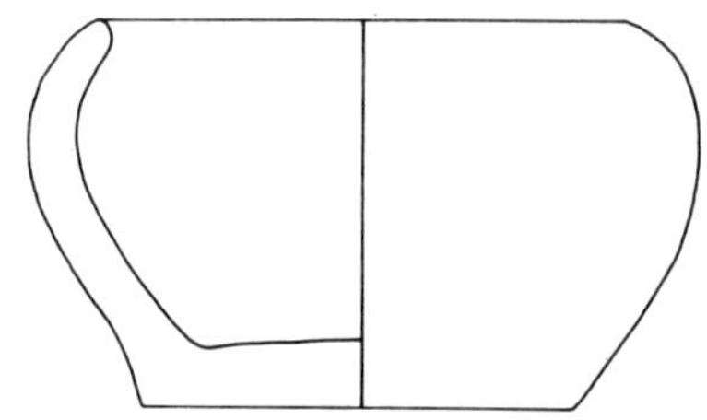

445

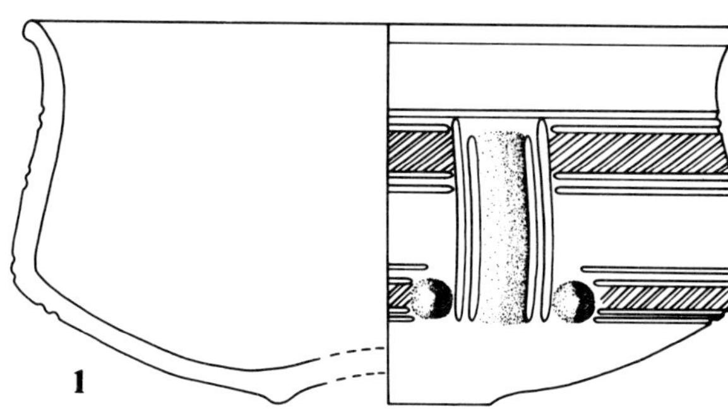

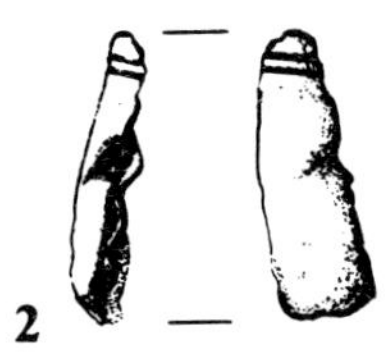

446

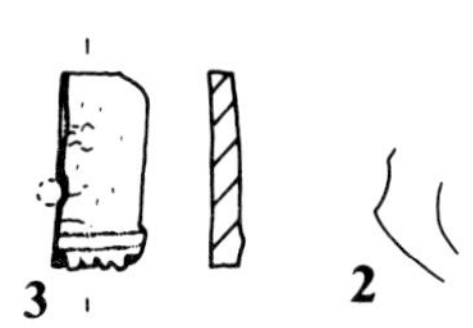

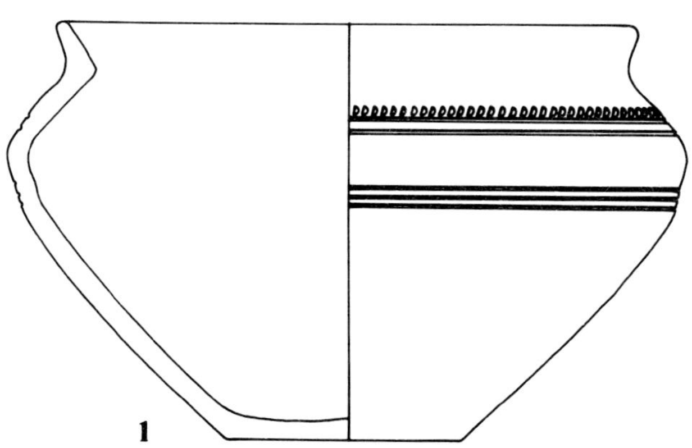

447

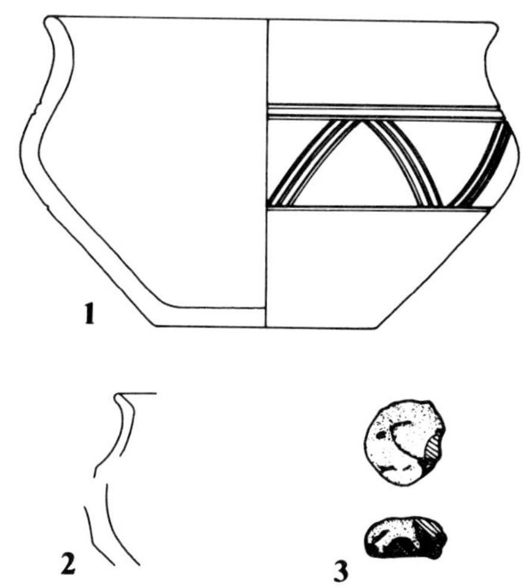

450

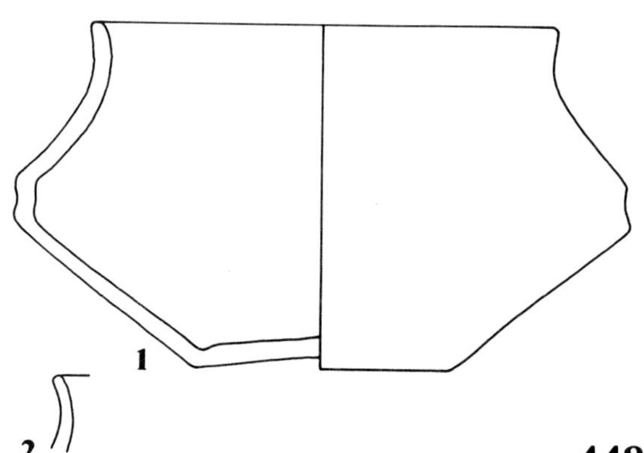

448

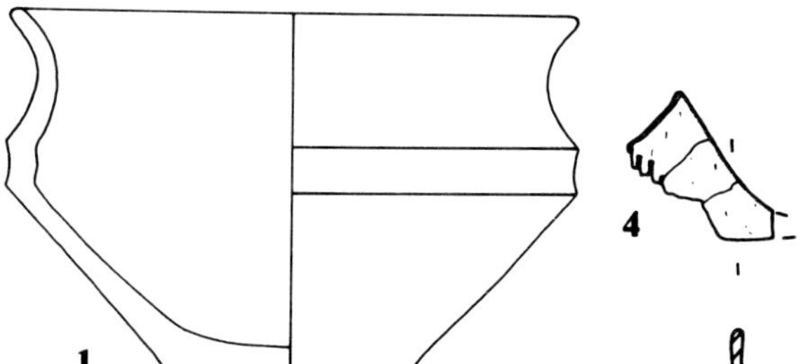

449

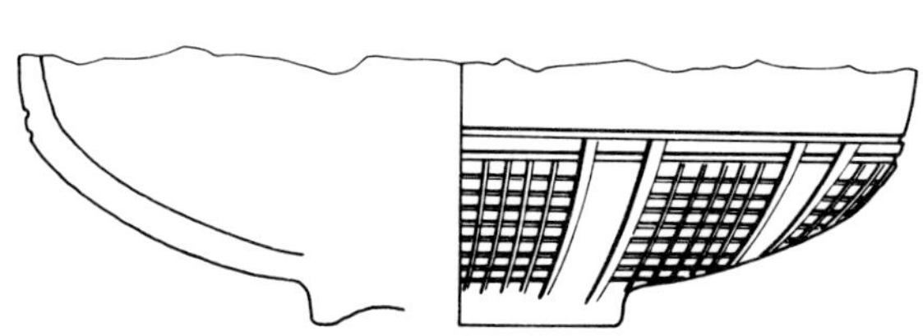

451

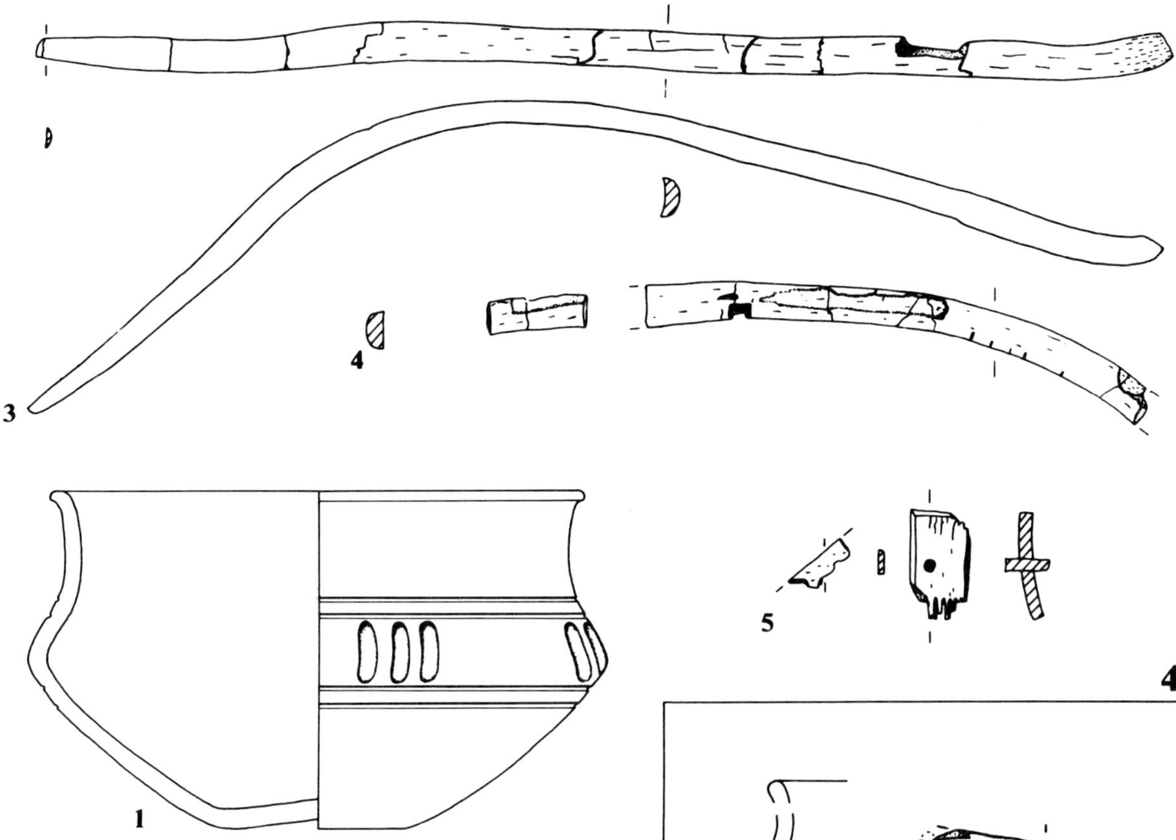

453

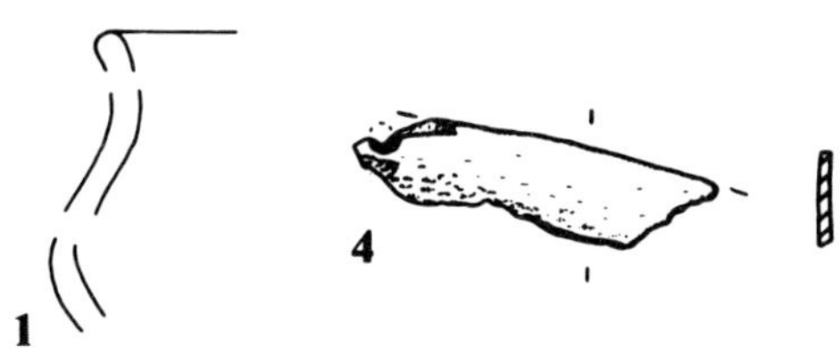

454

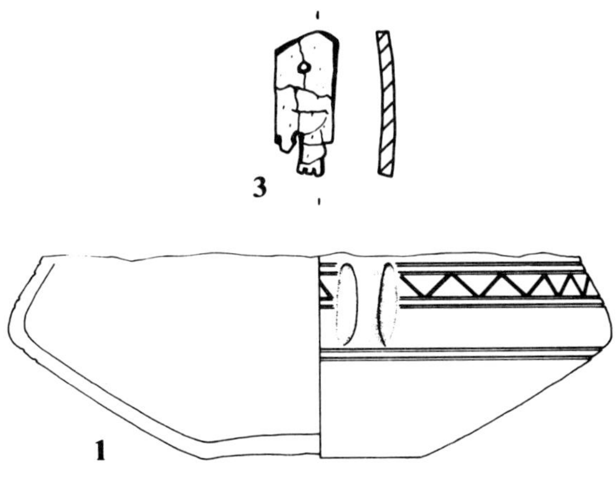

455

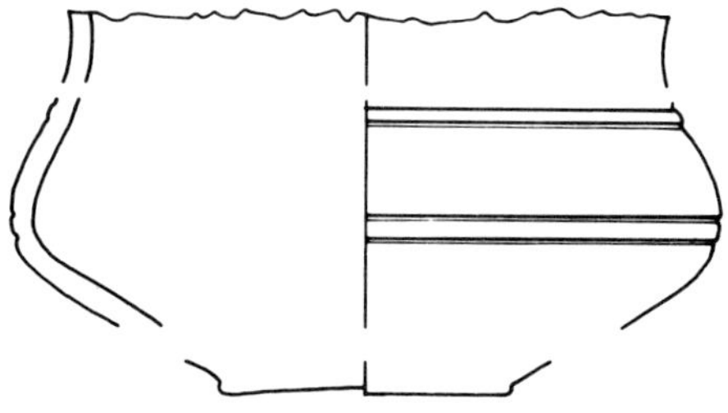

458

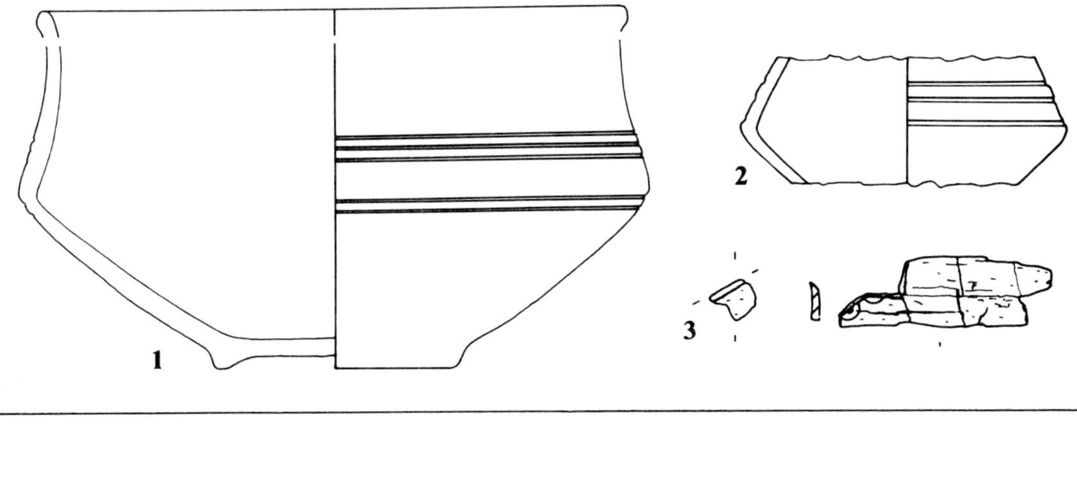

456

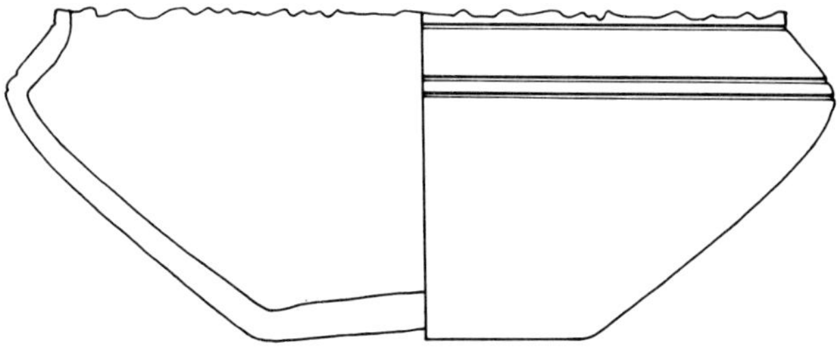

457

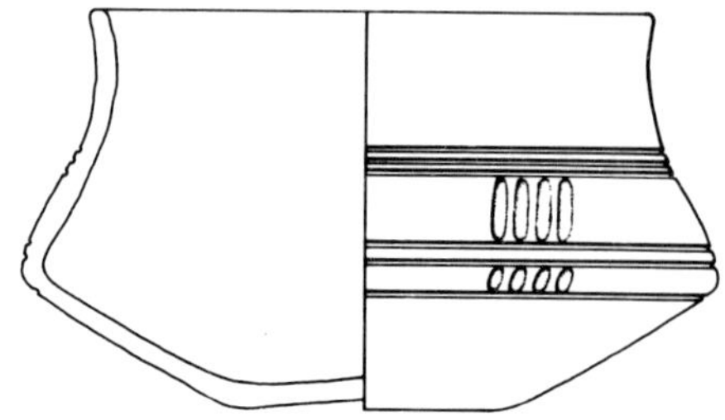

462

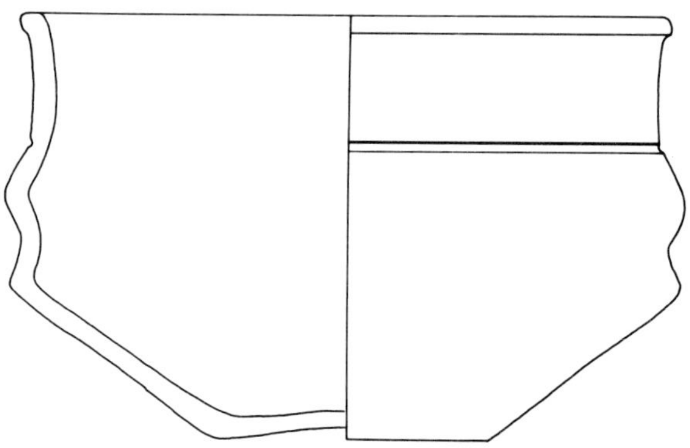

459

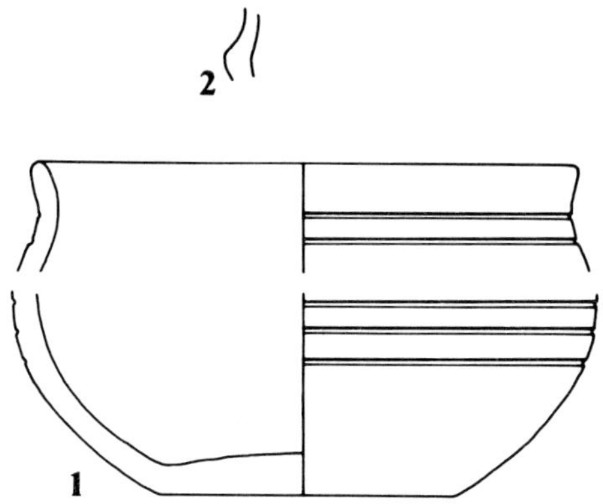

460

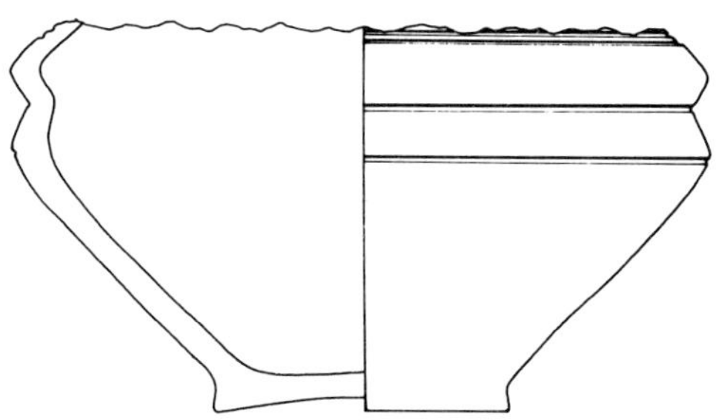

463

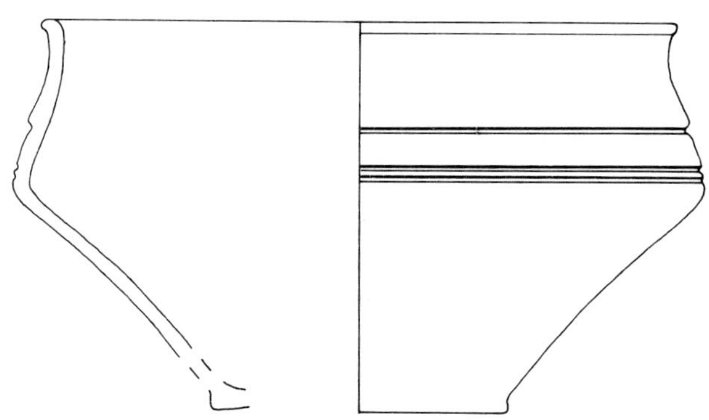

466

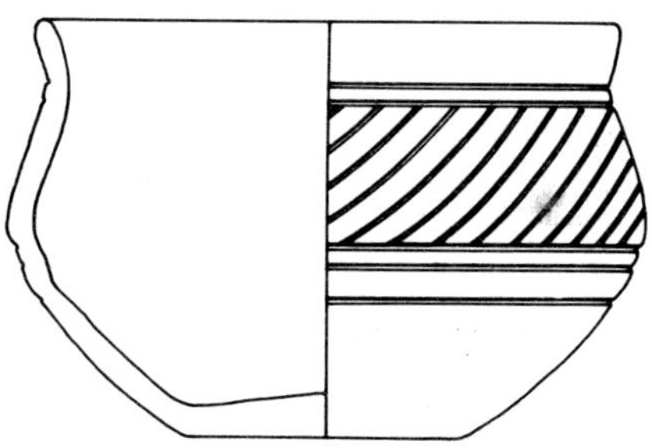

464

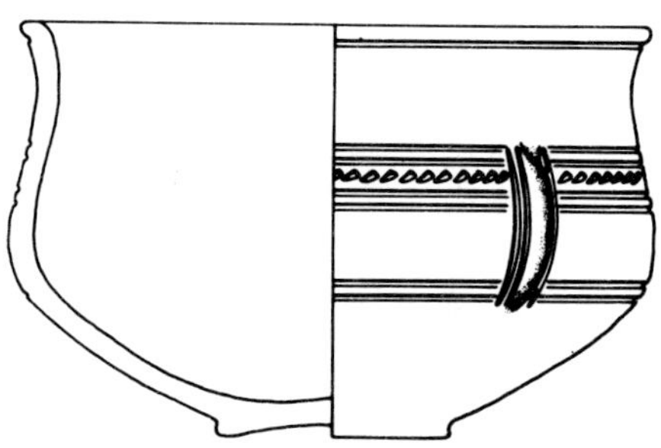

465

461

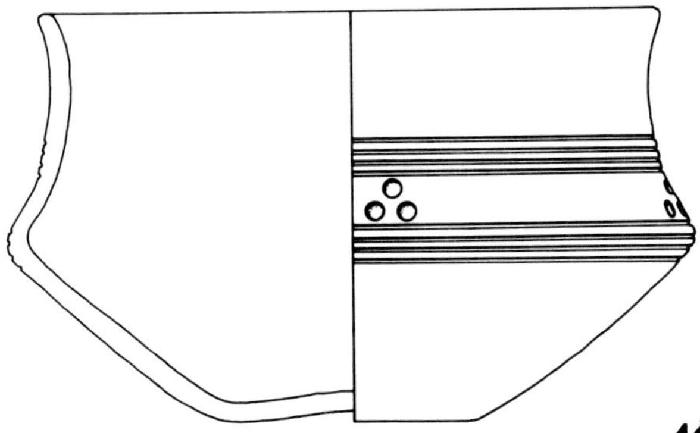

467

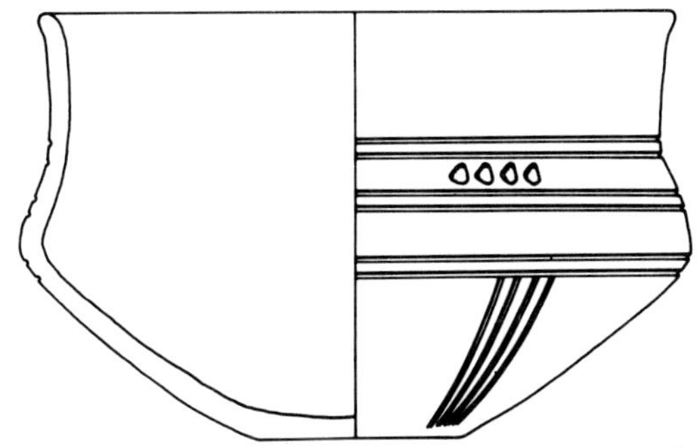

473

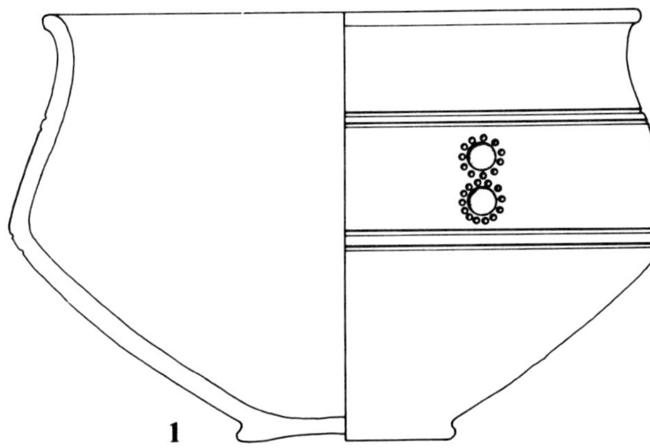

1

2

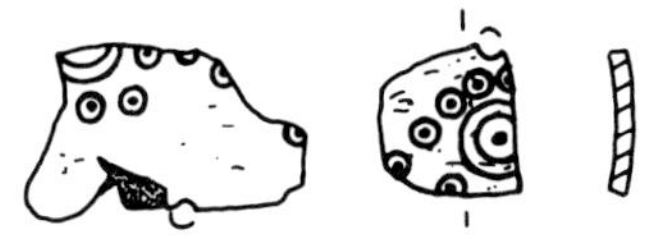

470

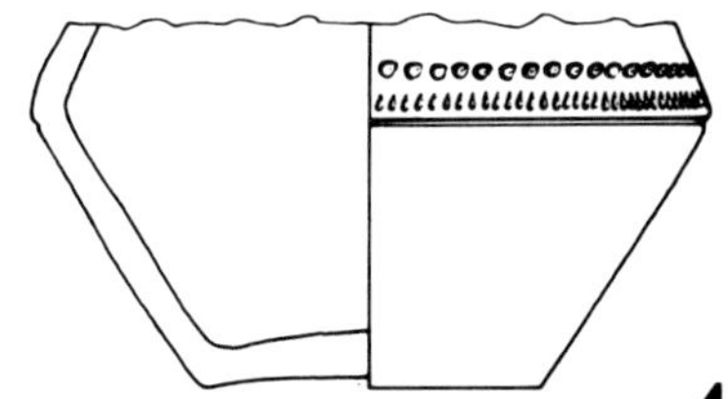

468

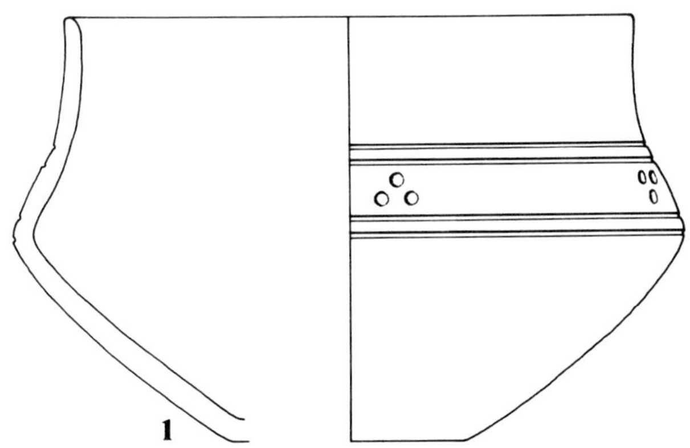

1

2

471

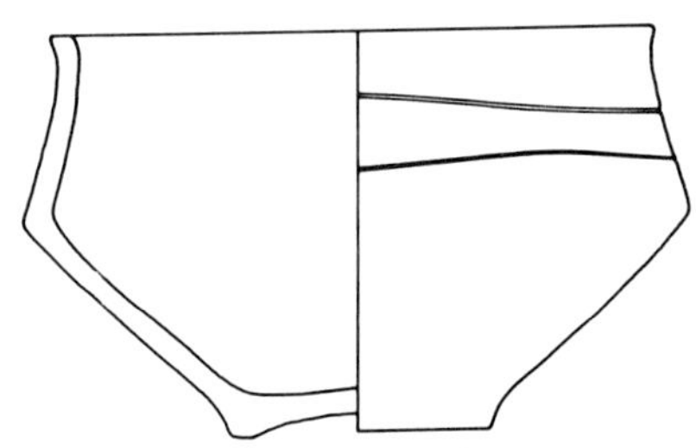

469

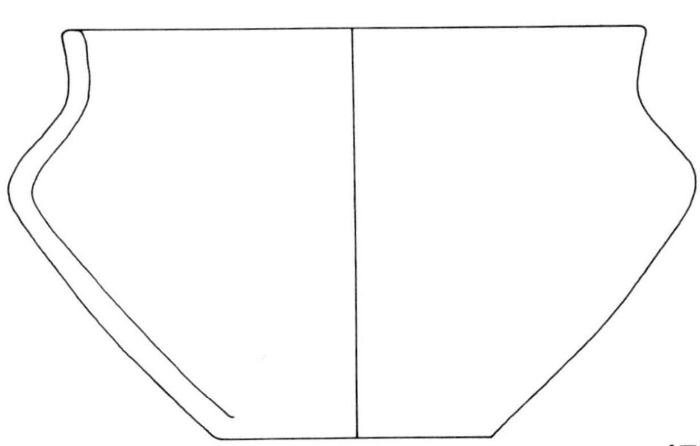

472

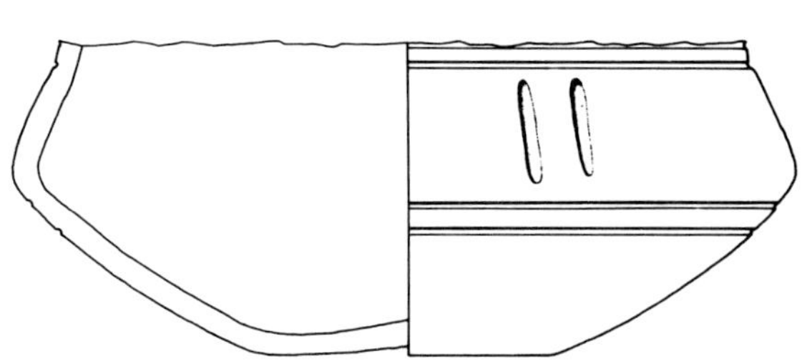

474

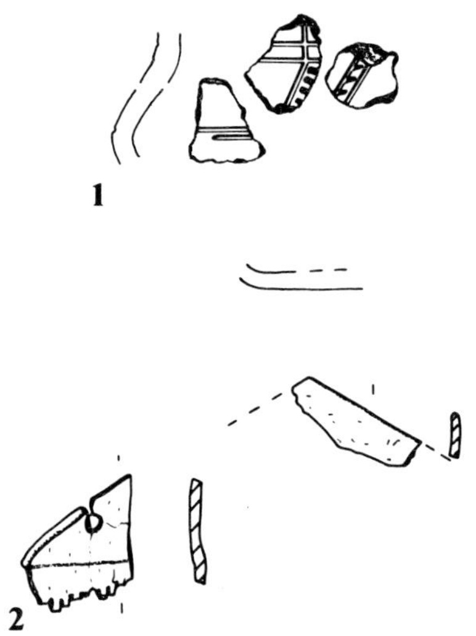

475

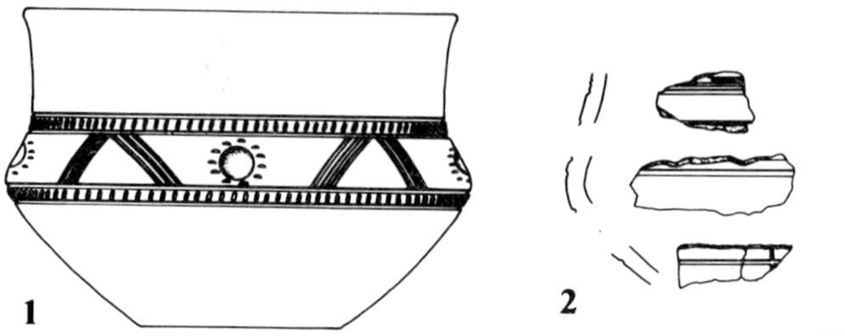

477

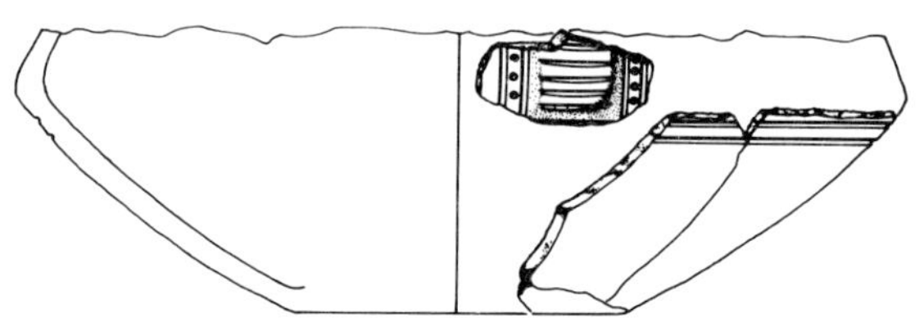

478

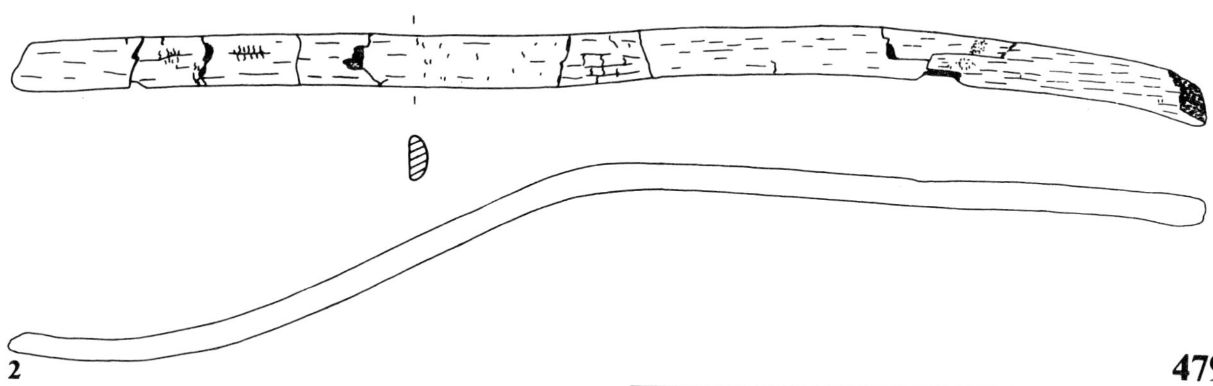

479

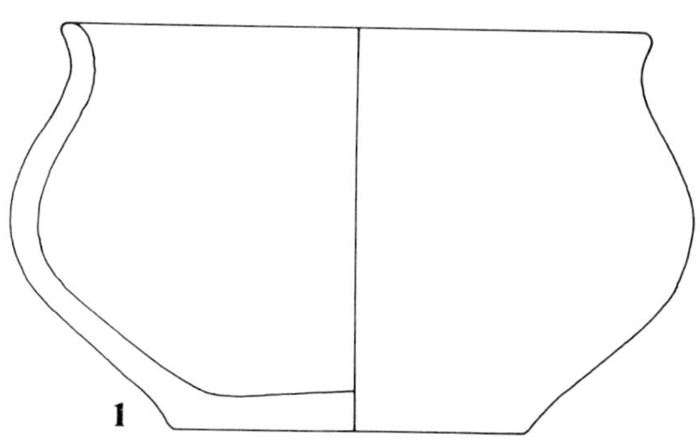

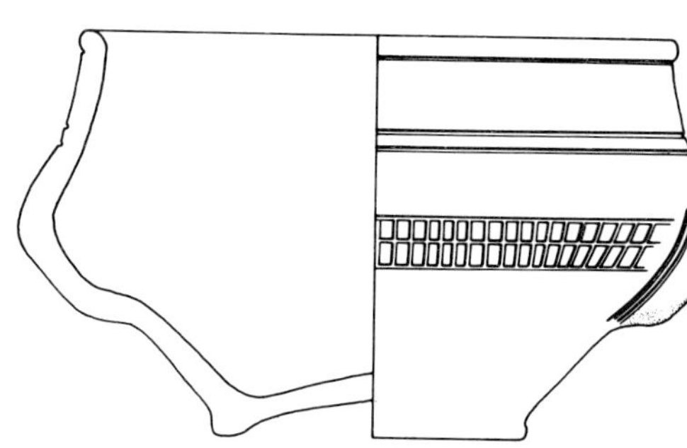

480

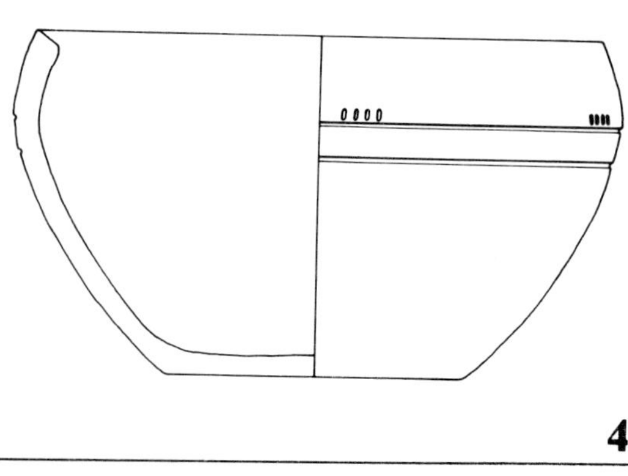

481

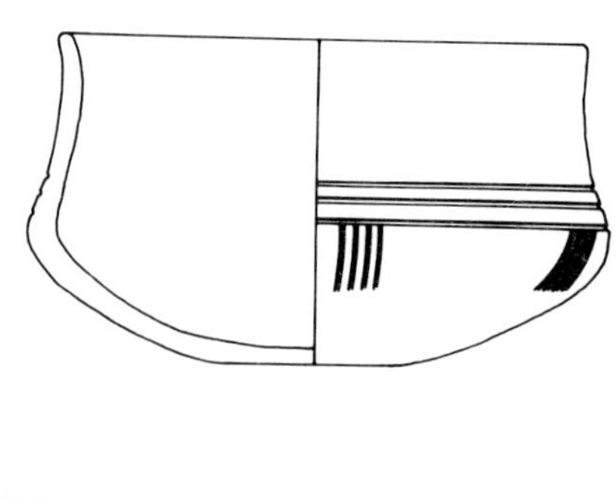

482

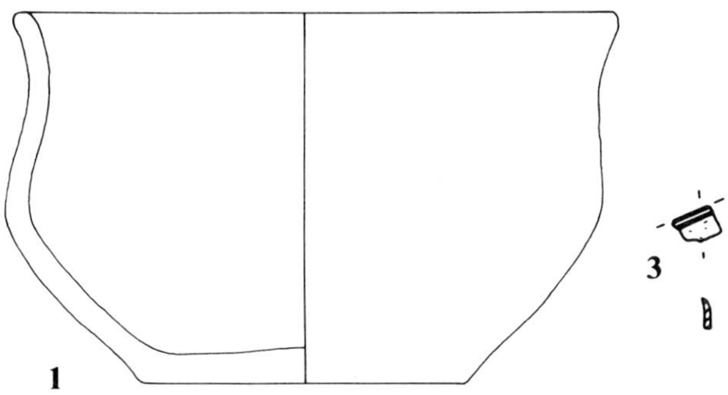

483

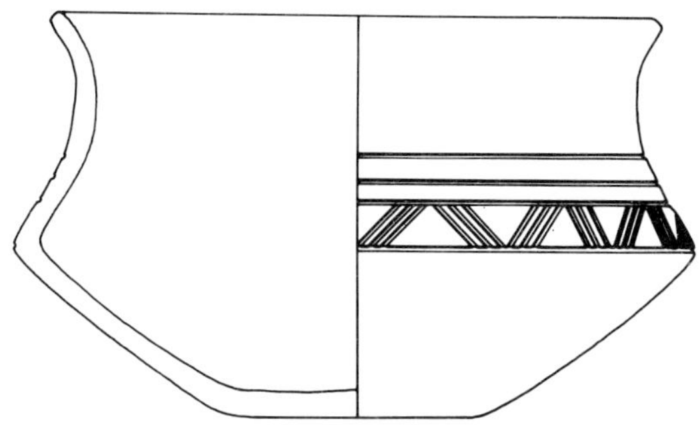
484

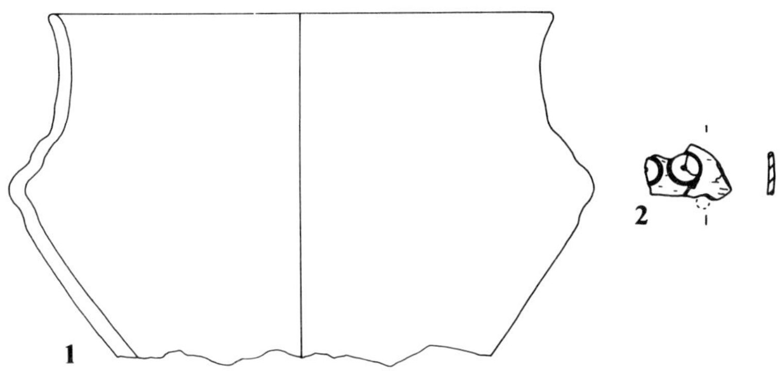

485

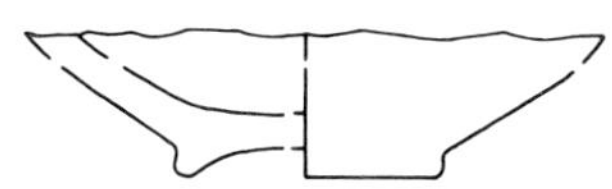
486

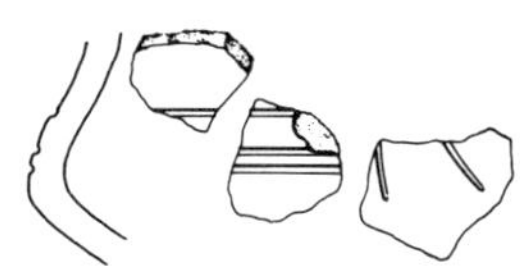
493

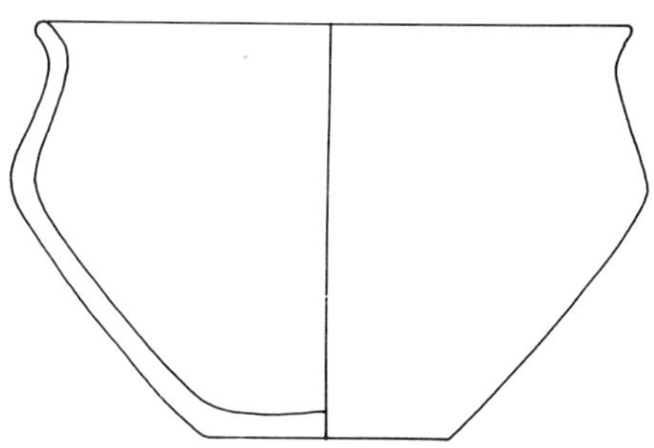
487

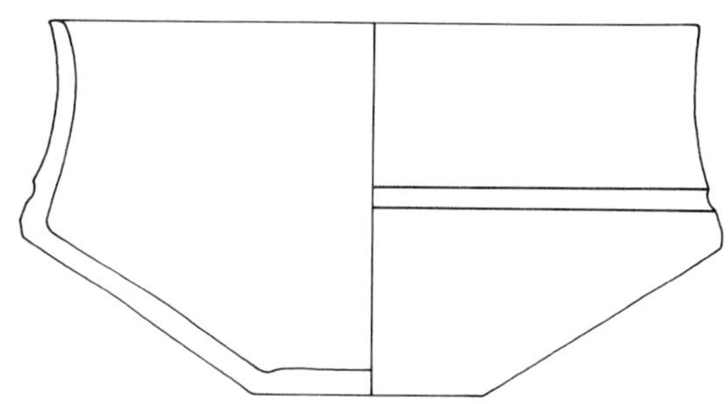
488

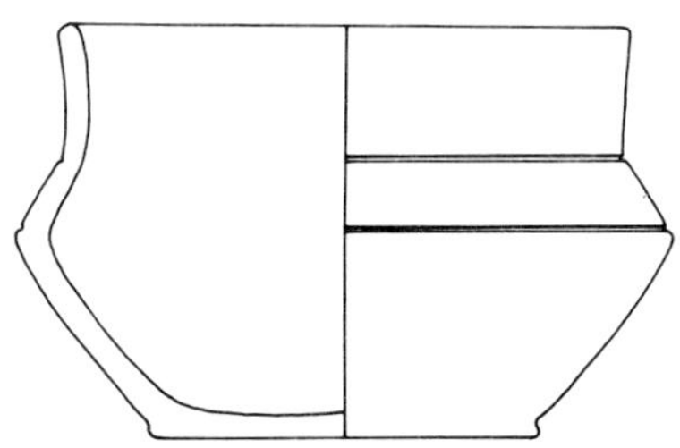
490

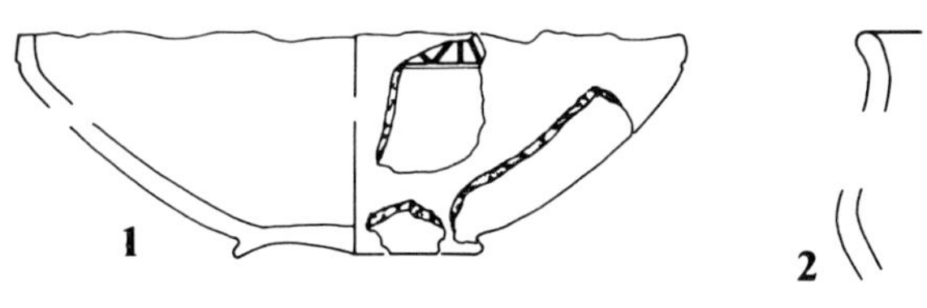

491

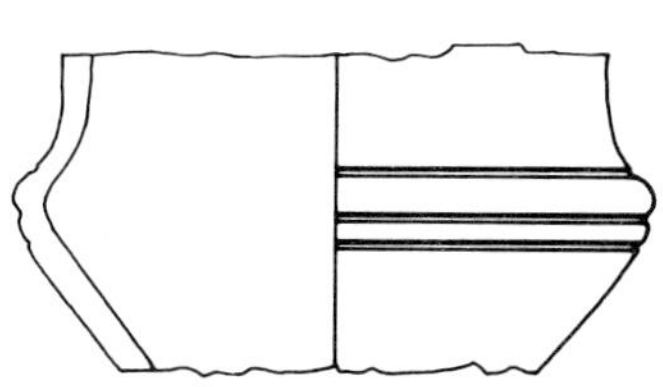
489

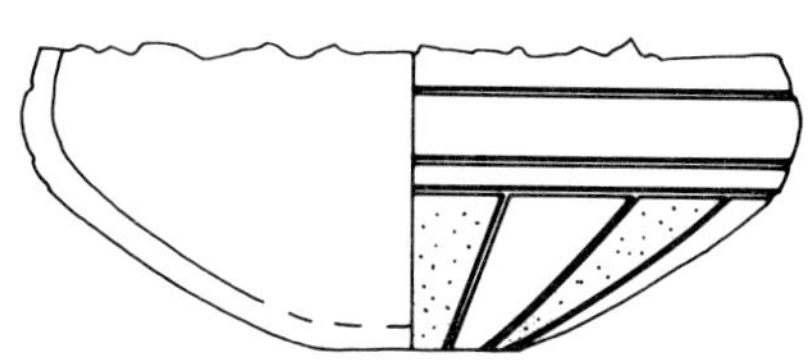
492

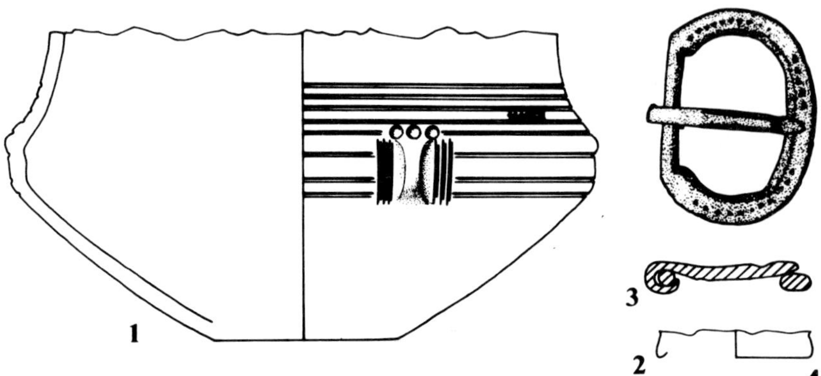

496

497

498

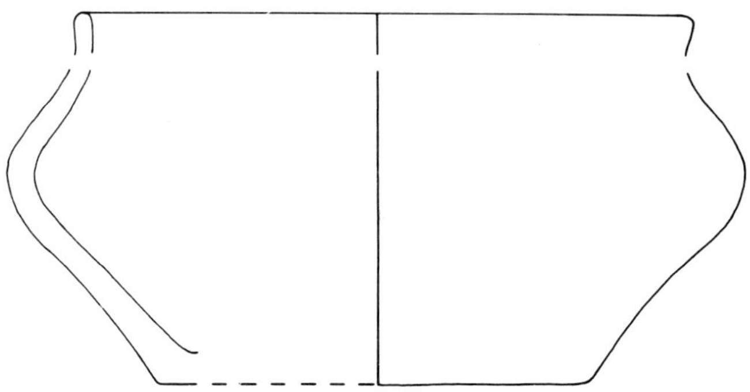

494

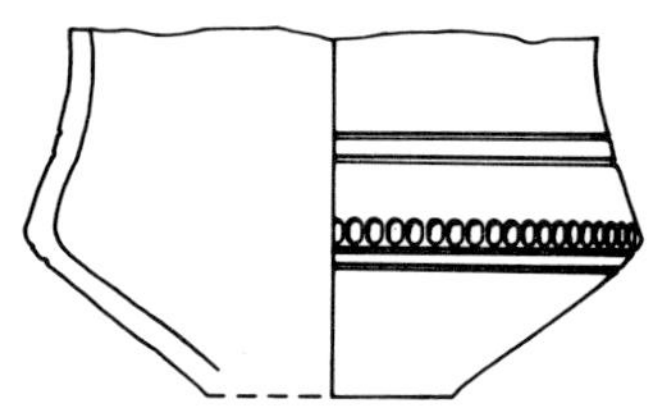

495

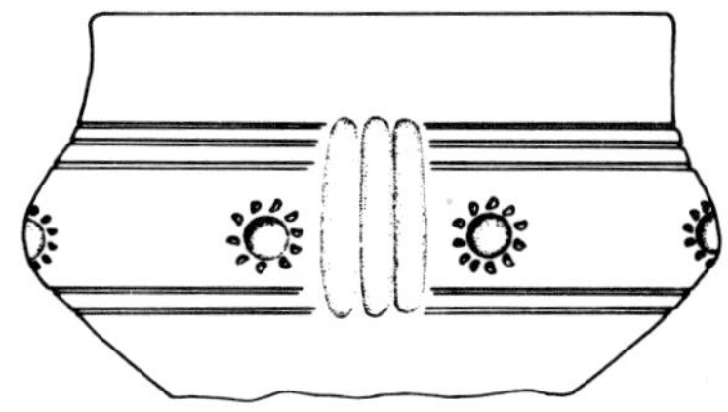

501

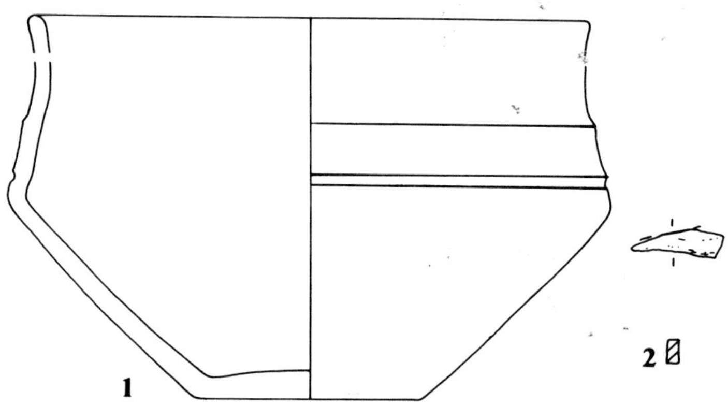

499

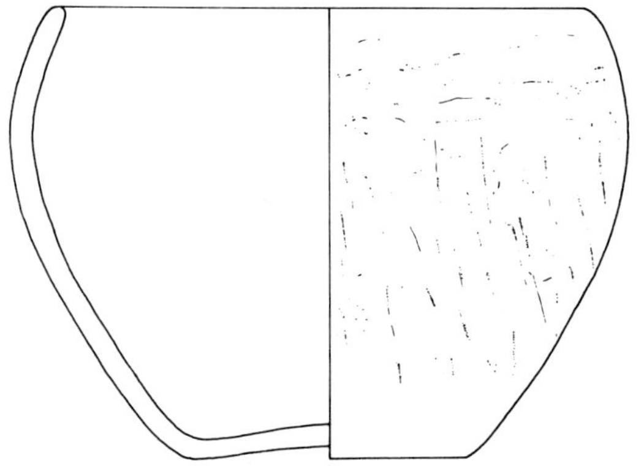

500

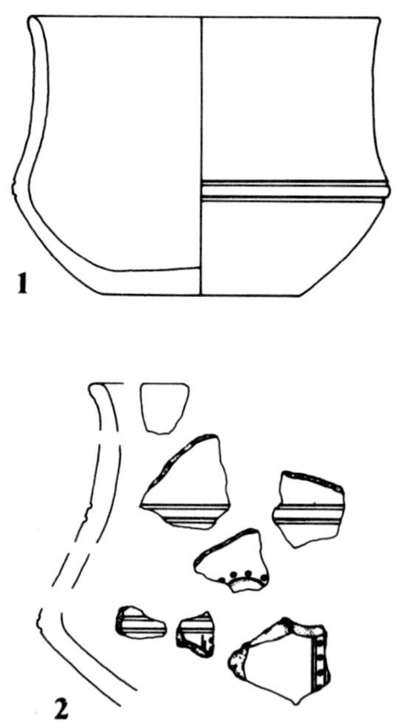

502

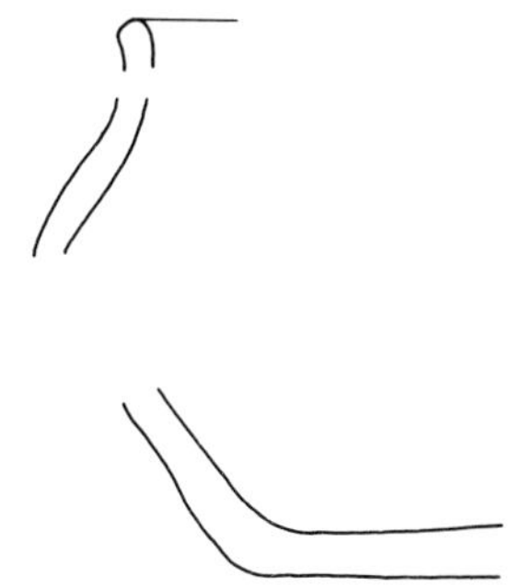

503

511

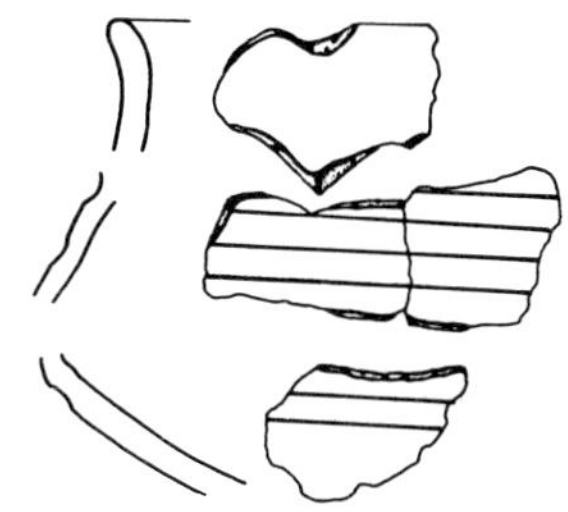

505

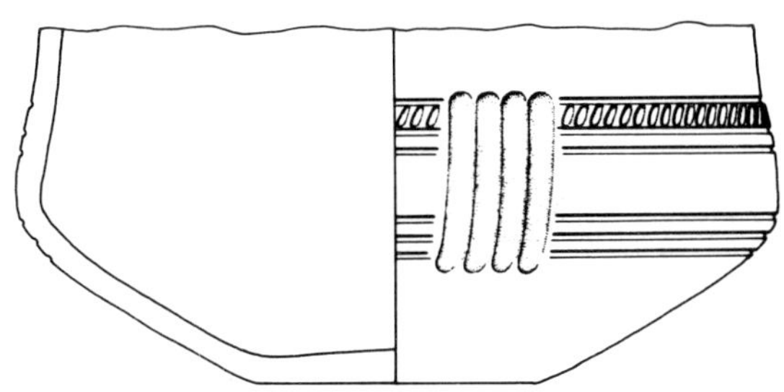

504

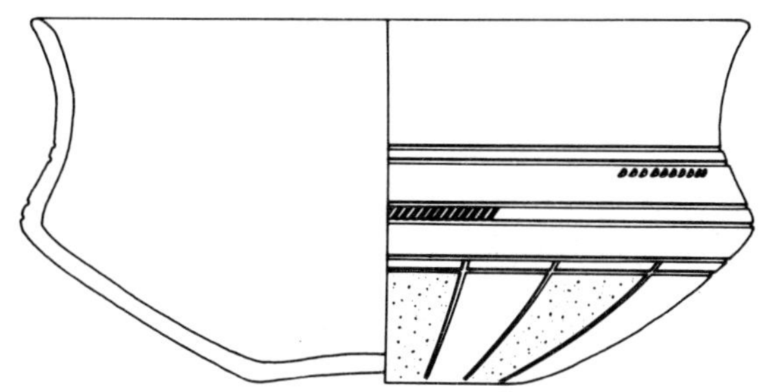

506

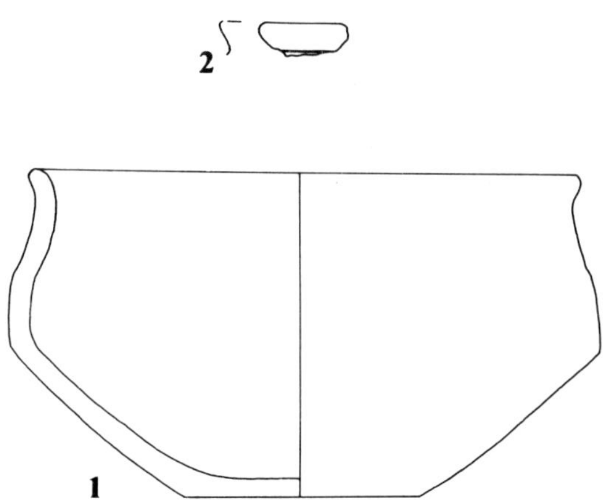

507

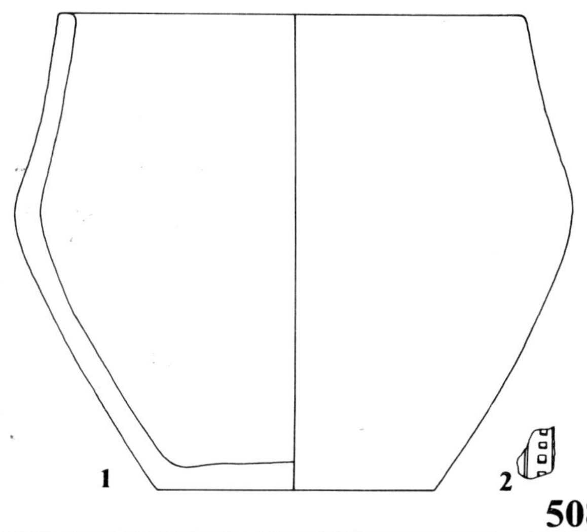

508

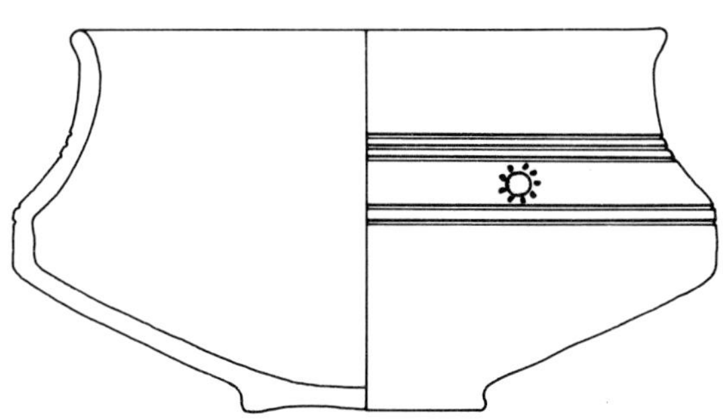

509

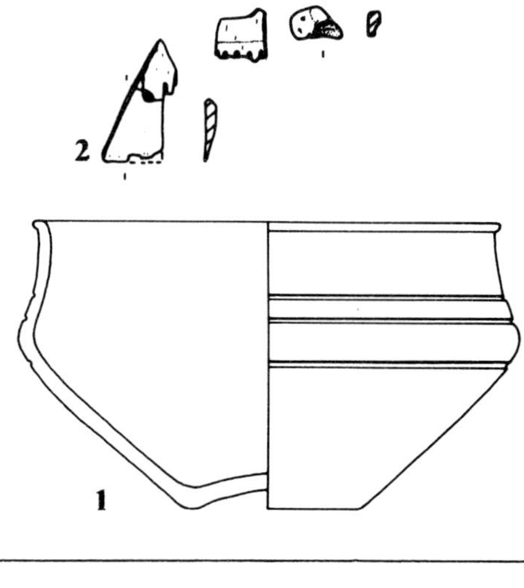

510

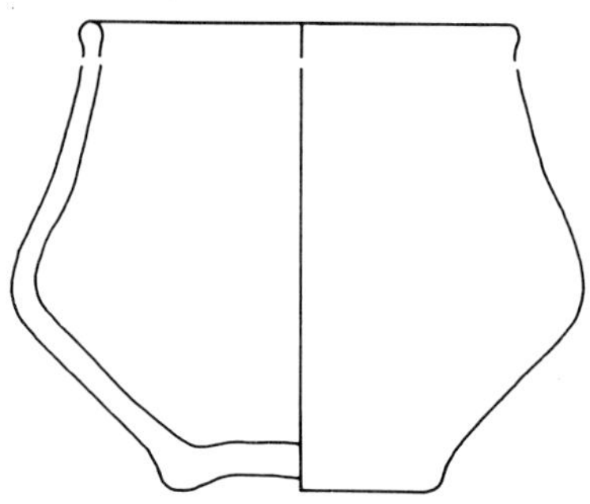

512

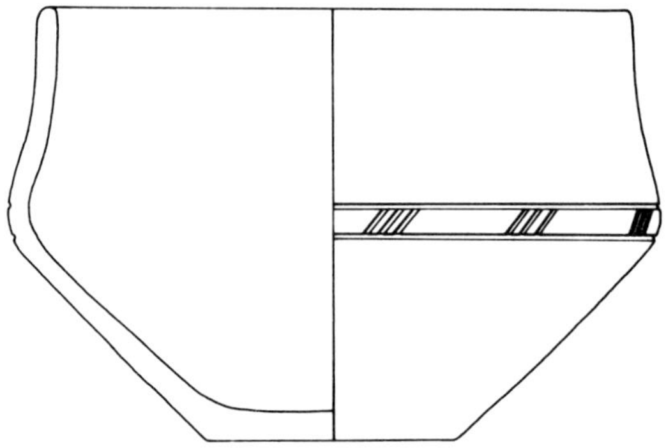

513

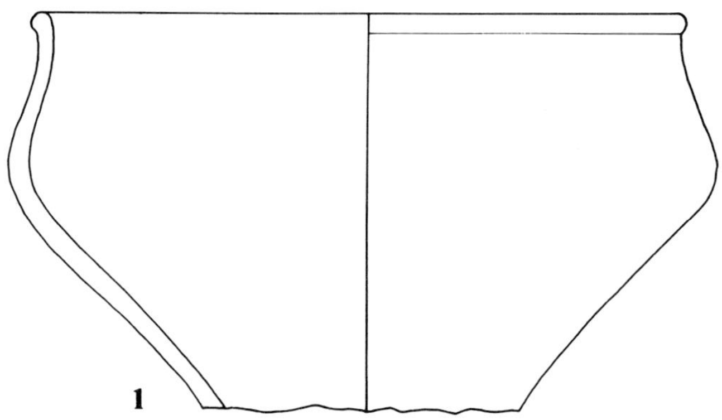

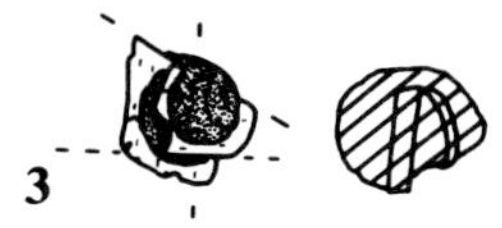

514

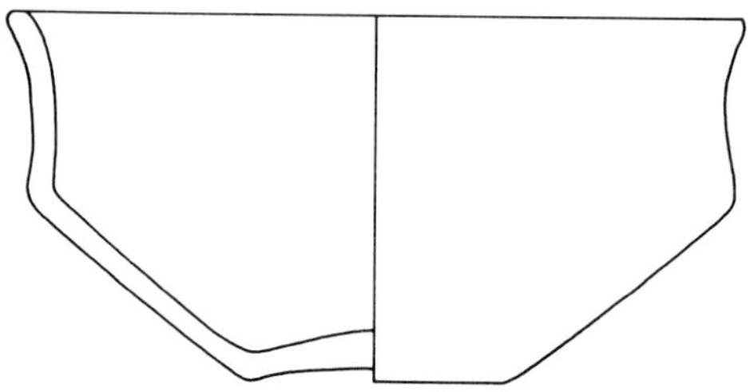

519

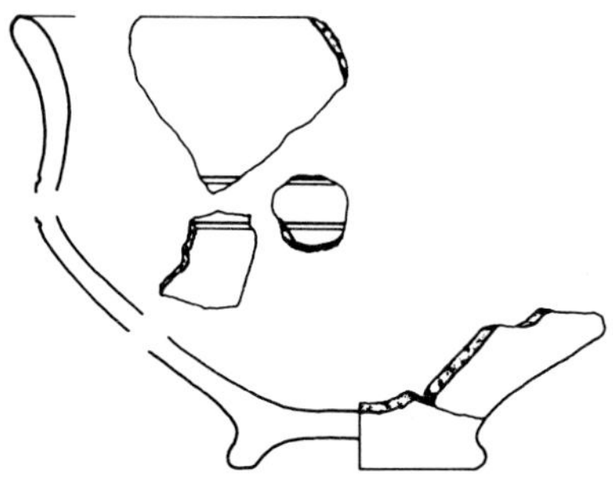

515

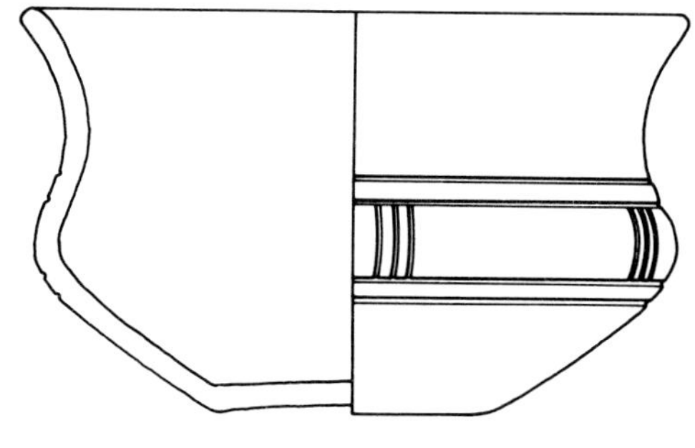

516

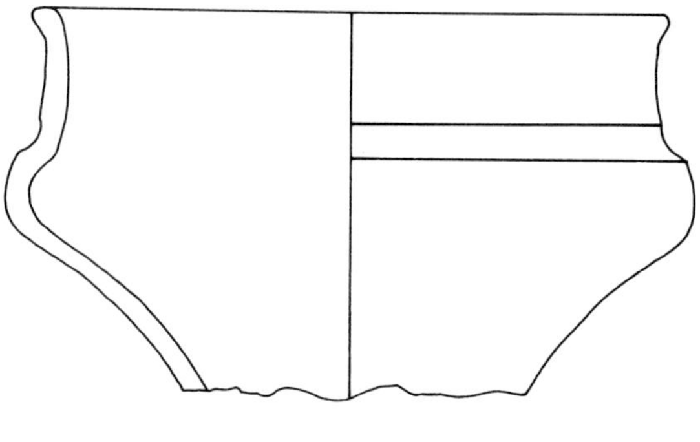

517

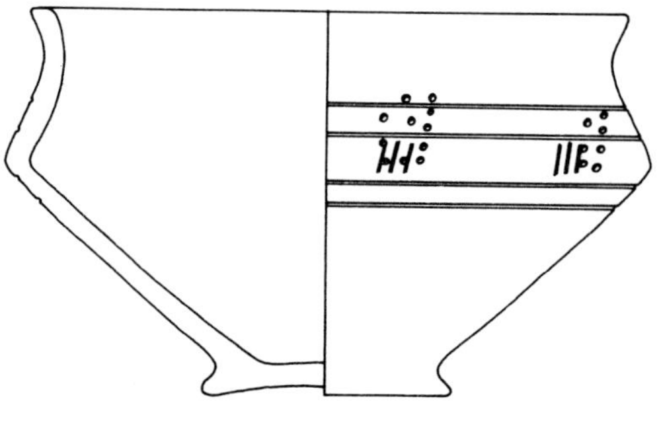

518

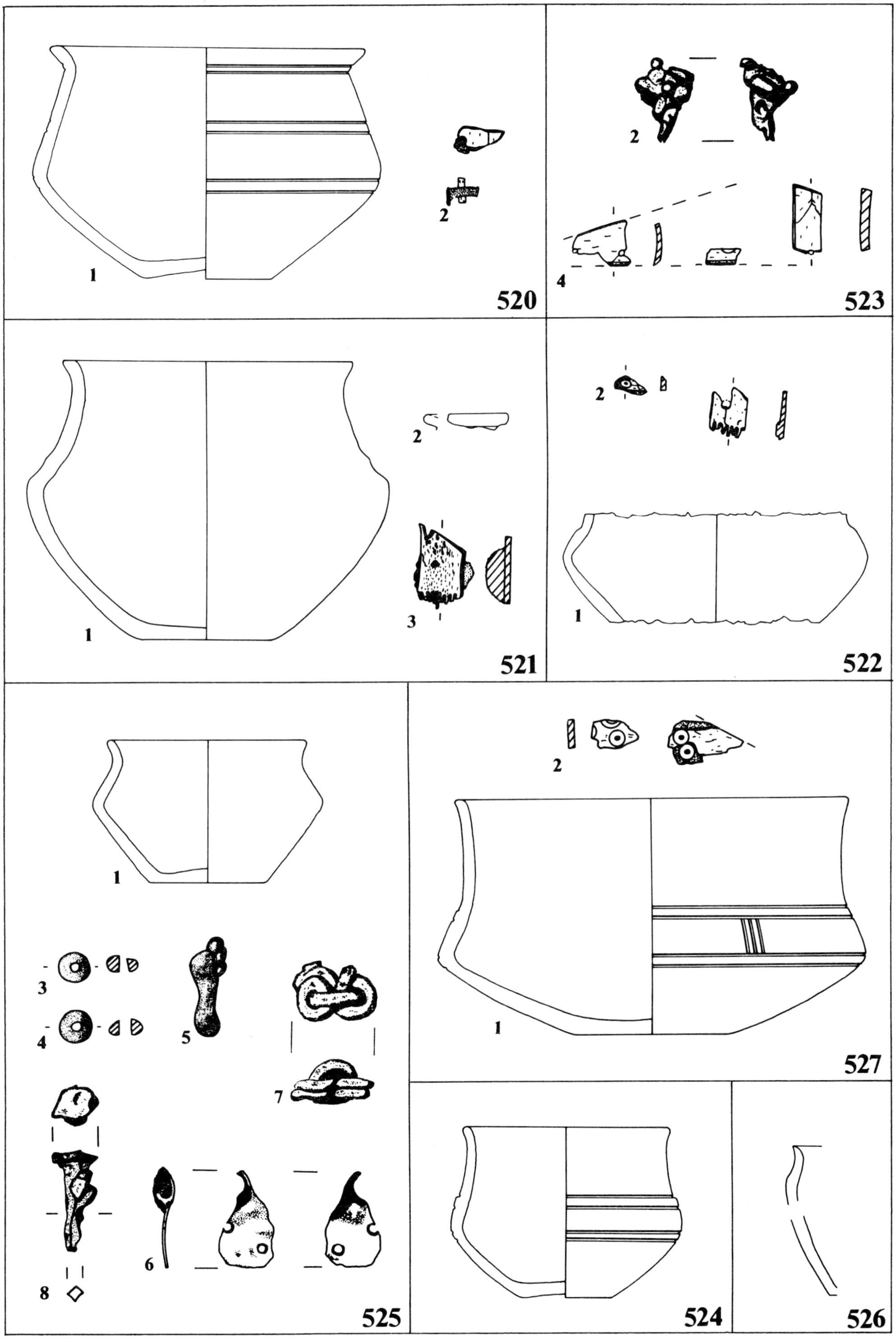
1
2
520
2
4
523
2
3
1
521
2
1
522
1
3
4
5
7
8
6
525
2
1
527
524
526

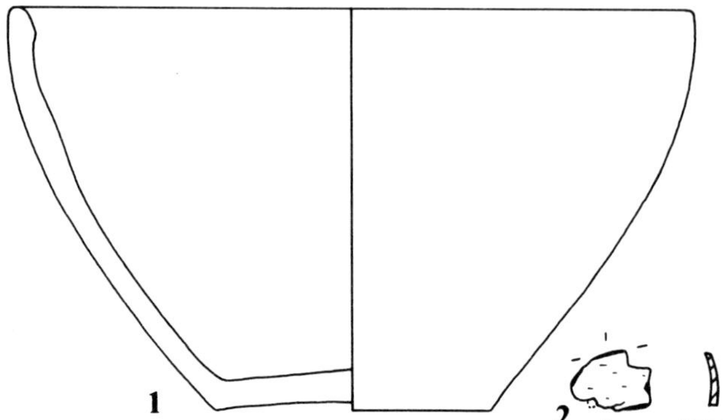

528

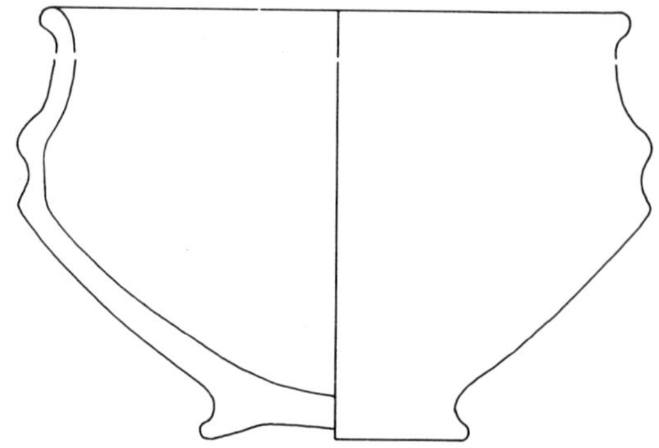

533

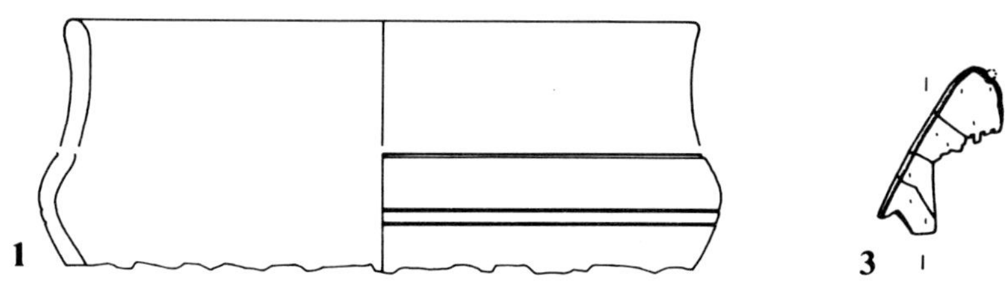

530

529

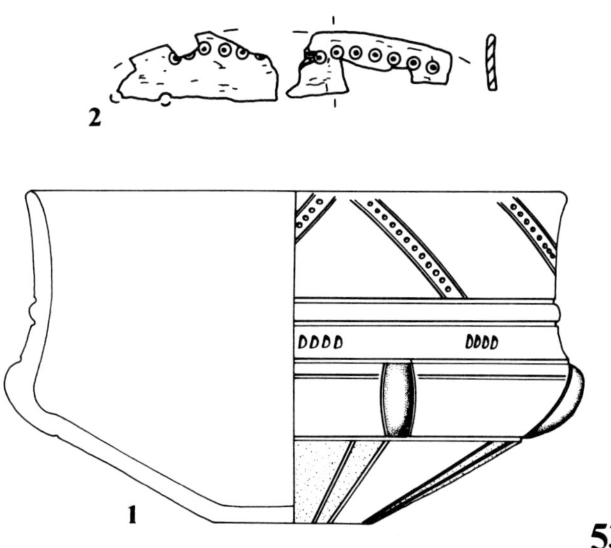

534

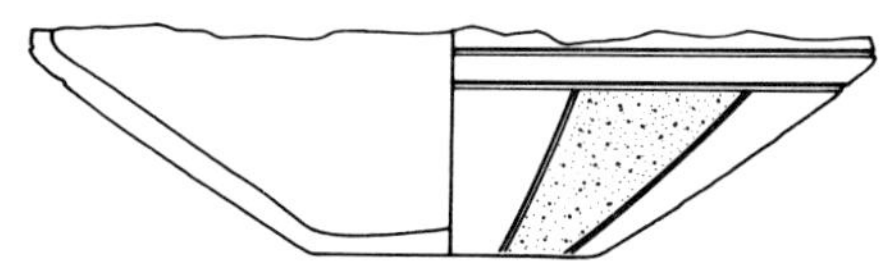

536

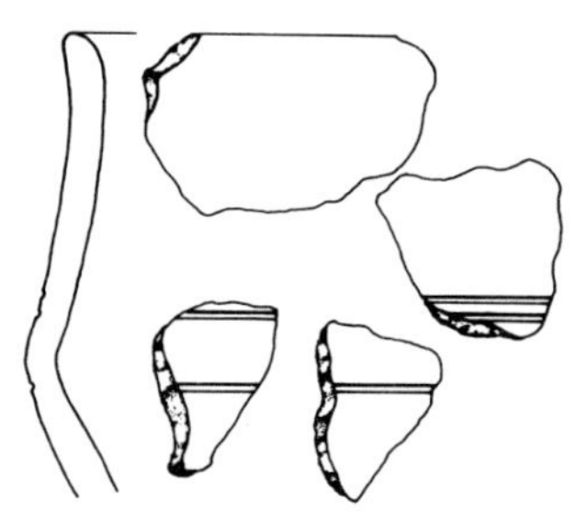

537

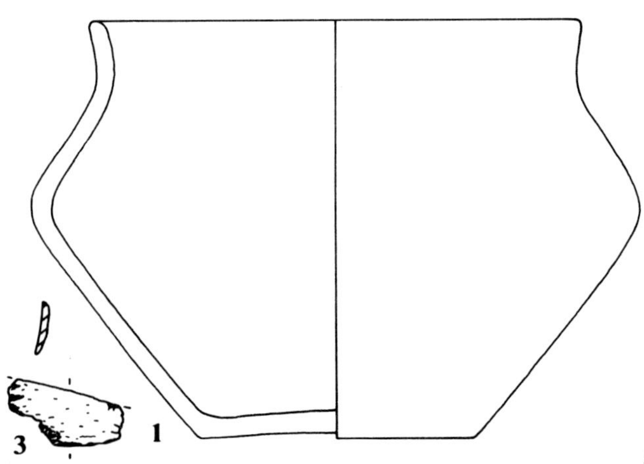

535

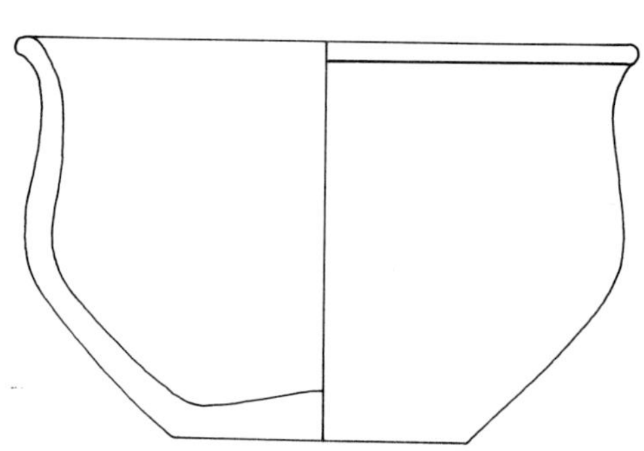

538

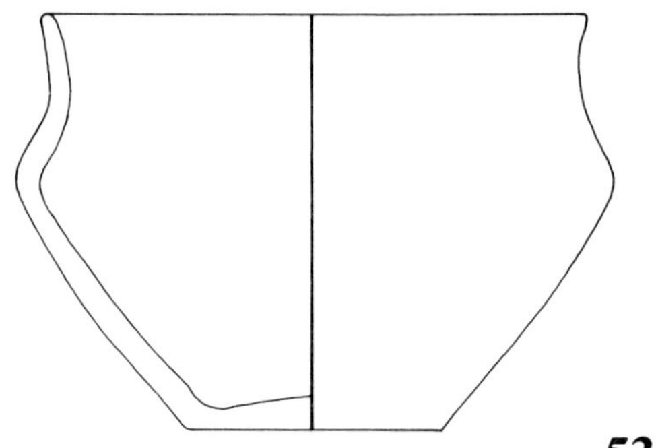

539

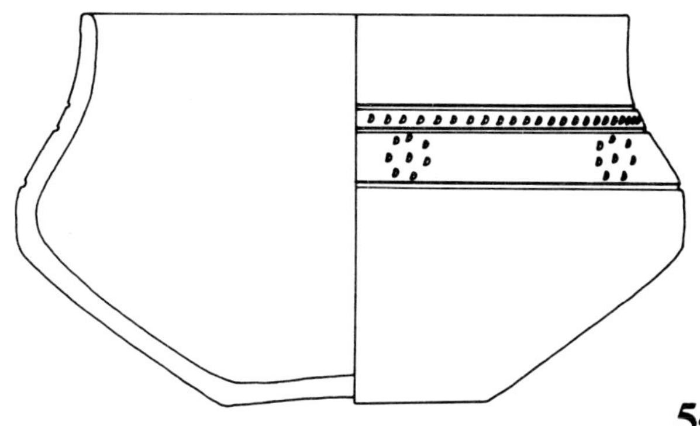

546

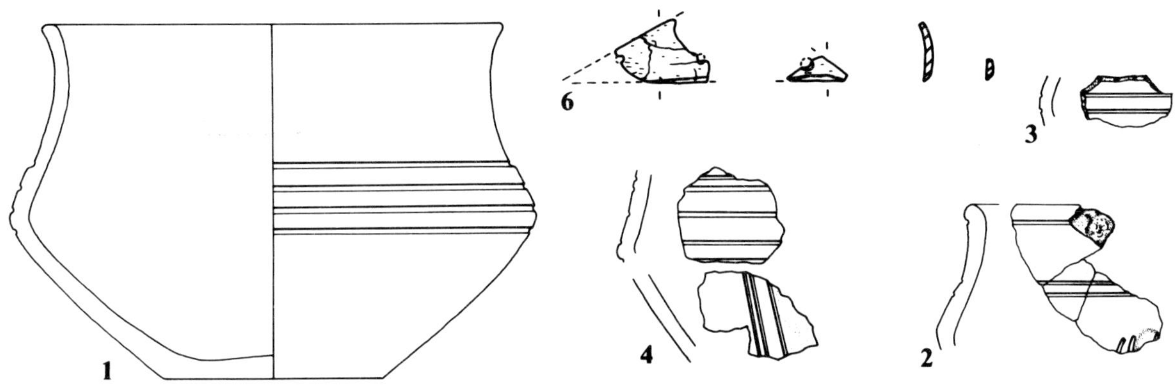

540

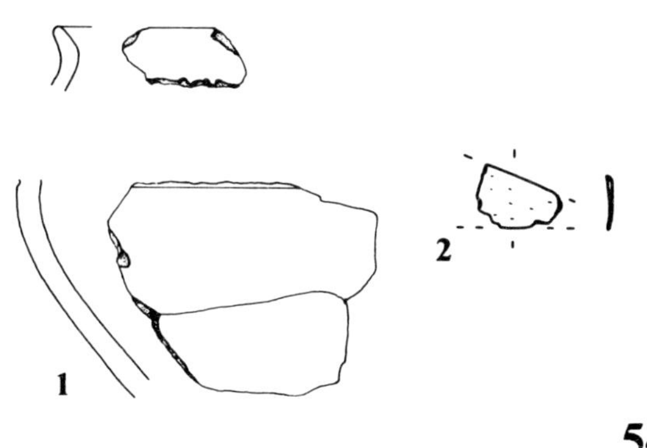

541

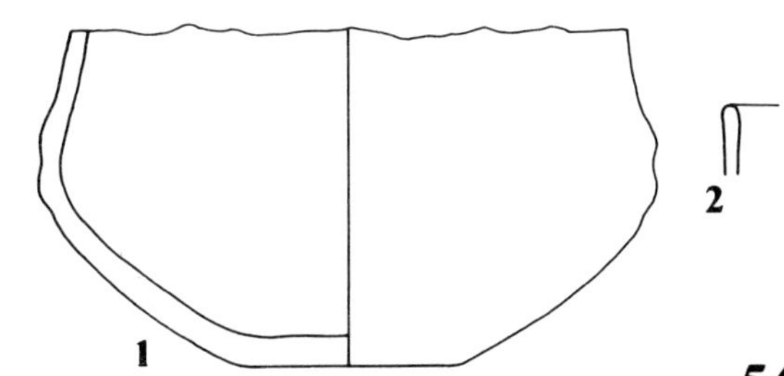

542

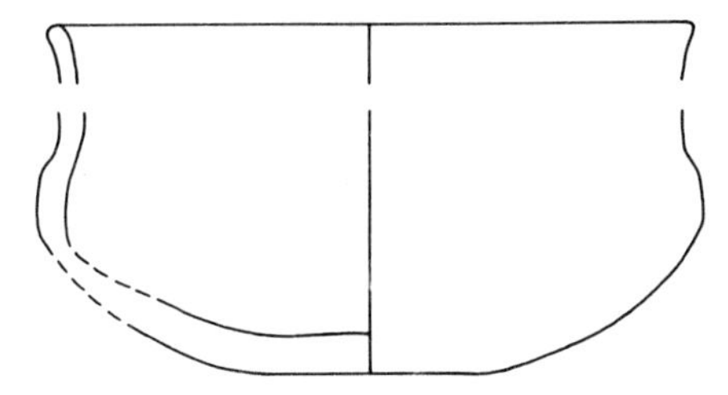

544

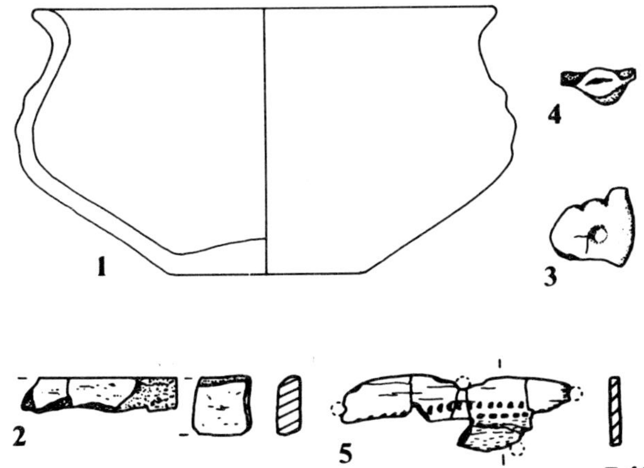

543

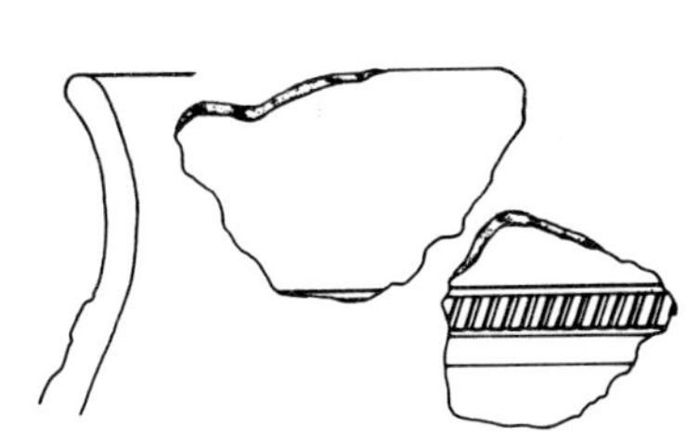

545

Tafel 73

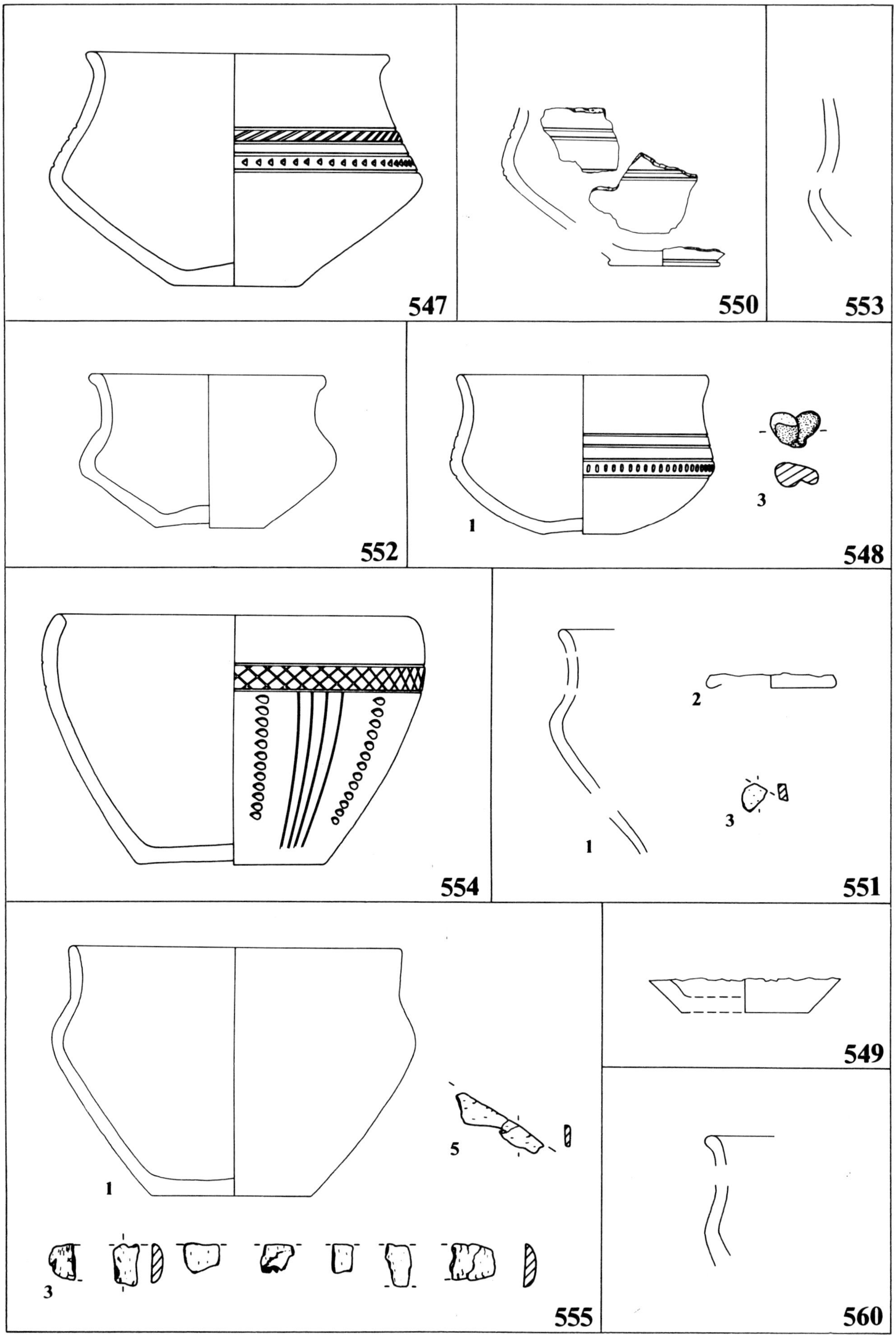

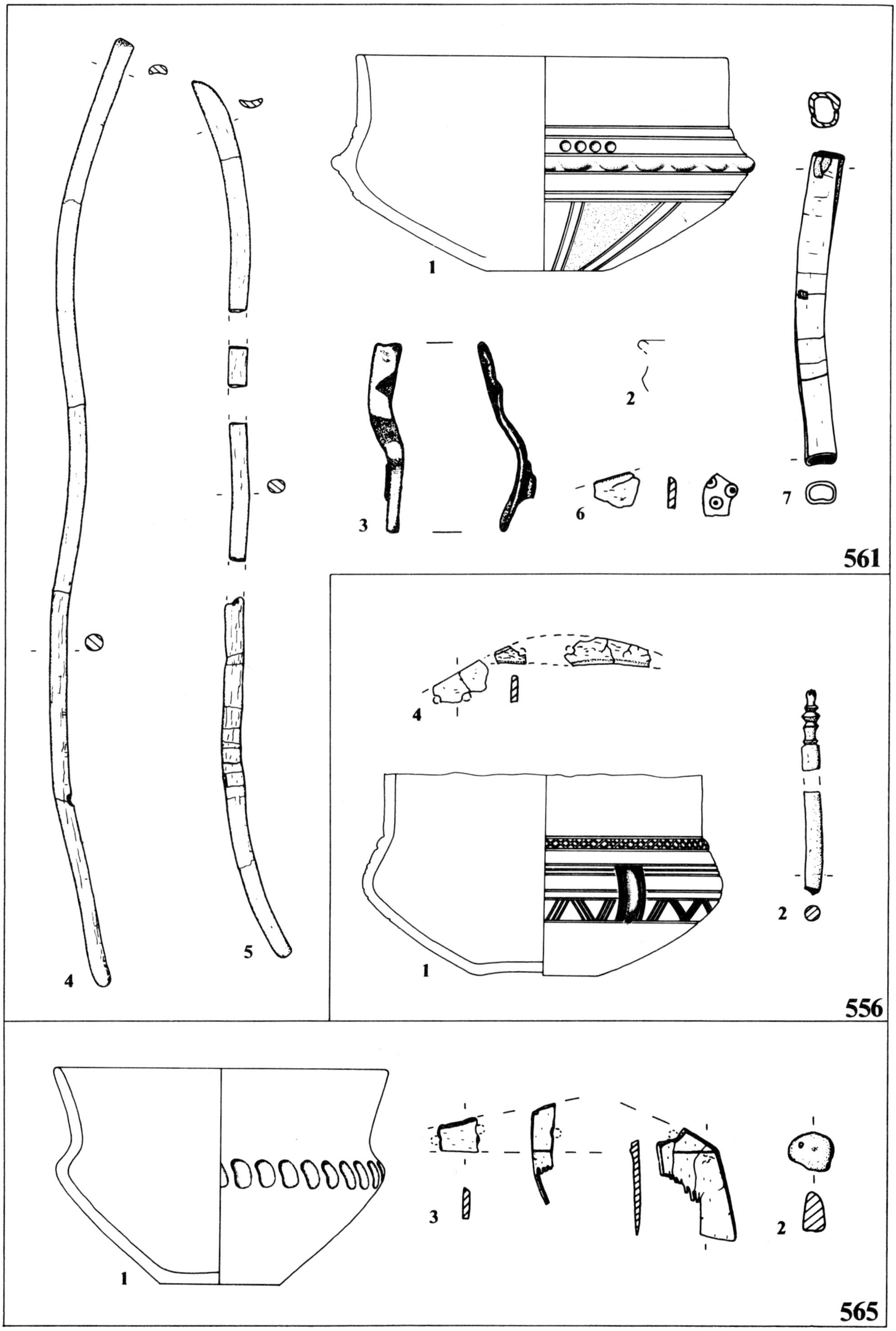
1
2
3
4
5
6
7
561
4
1
2
556
1
3
2
565

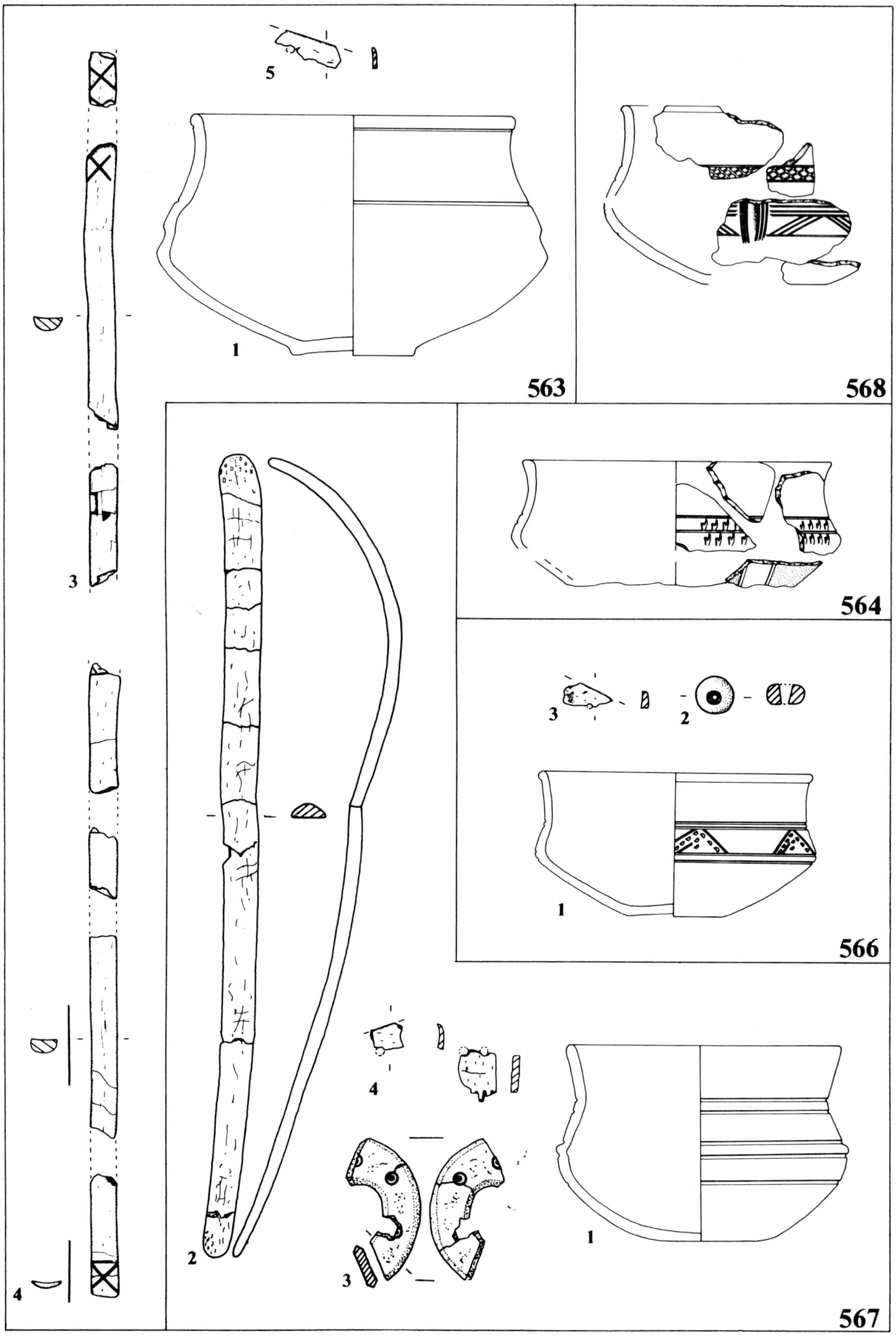
5
1
563
568
3
4
2
564
3
2
1
566
4
1
3
567

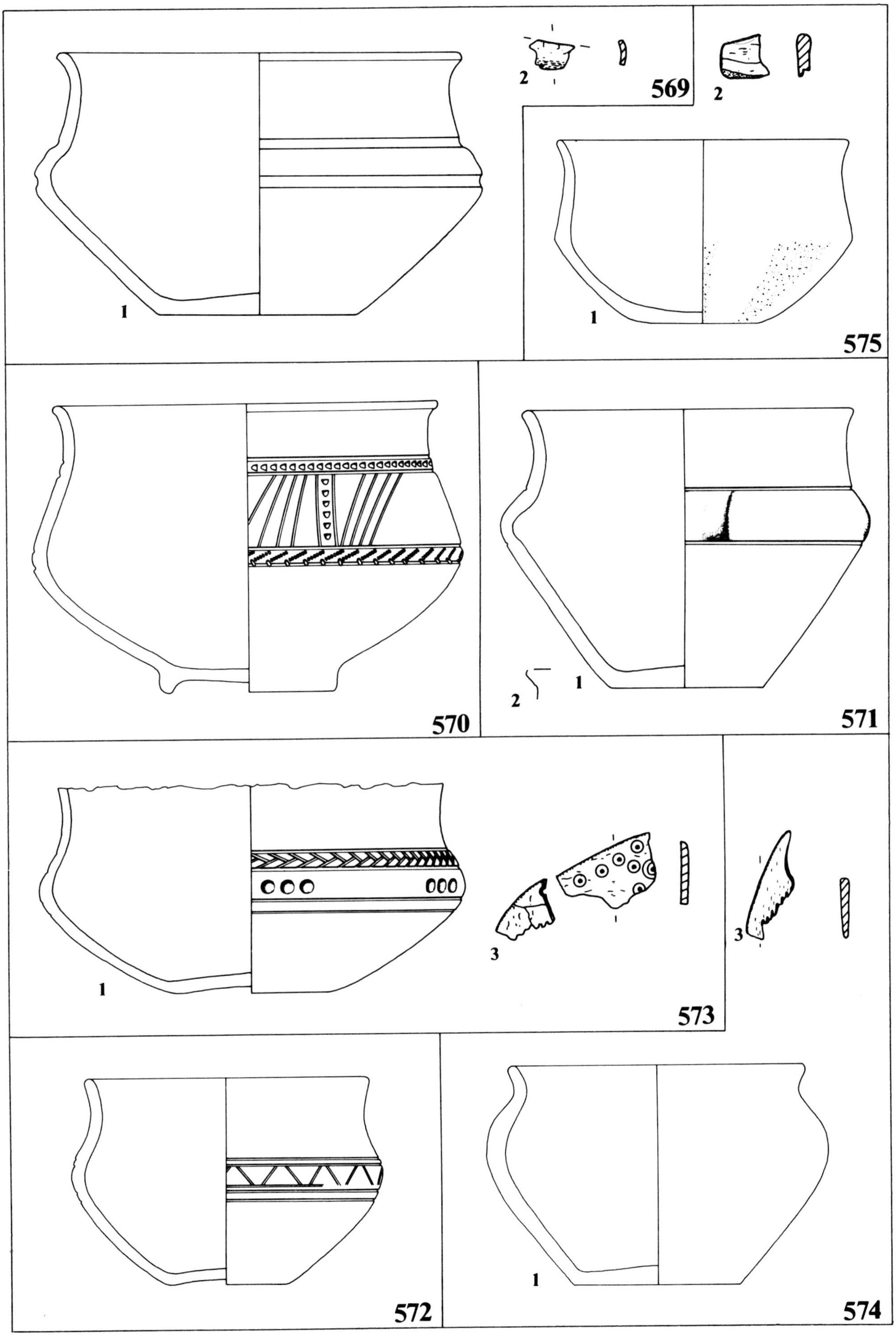
1
2
569
2
1
575
570
2
1
571
1
3
573
3
572
1
574

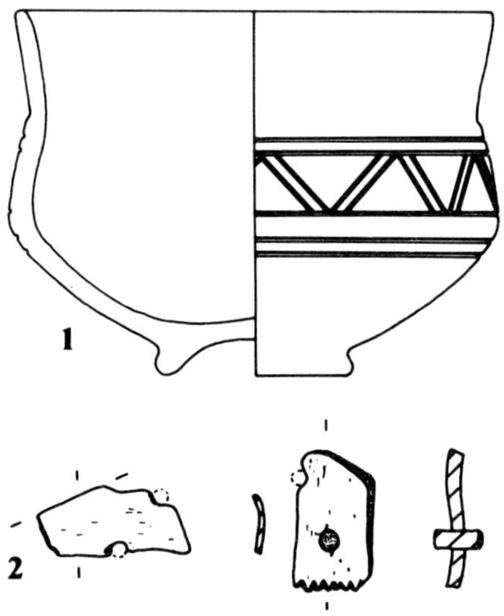

576

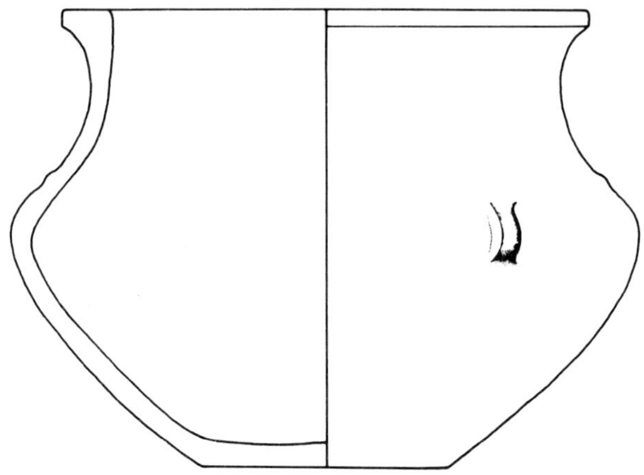
578

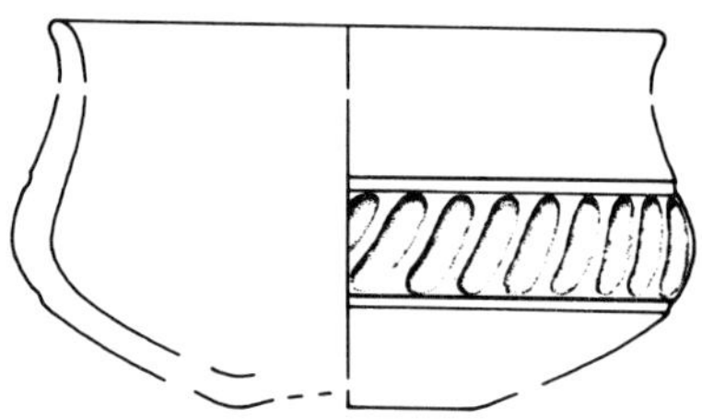
577

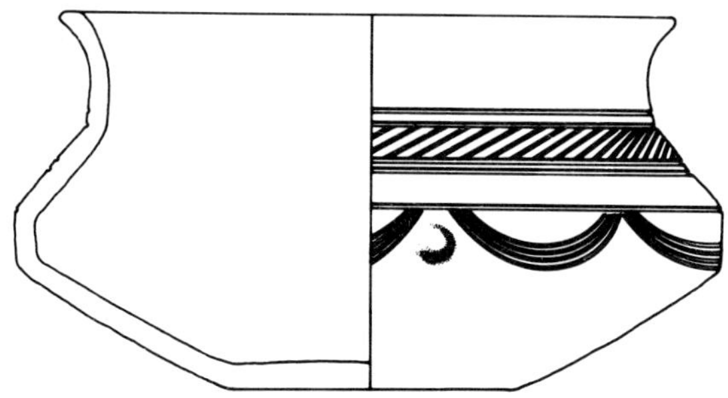
579

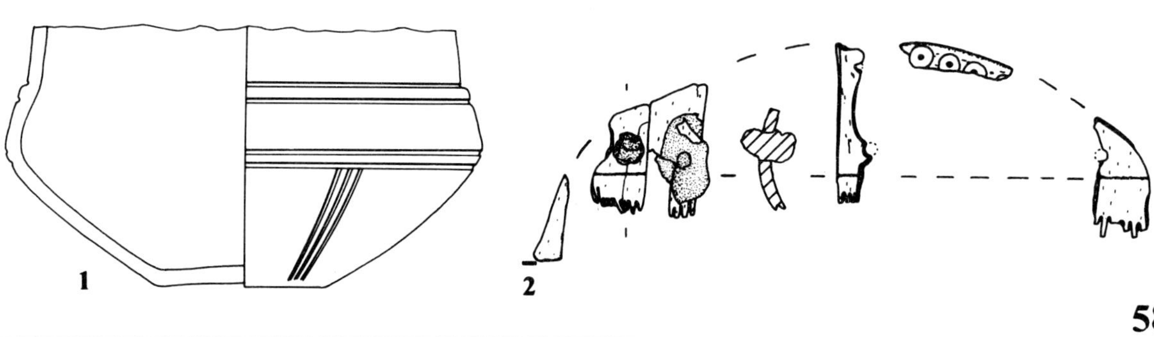

580

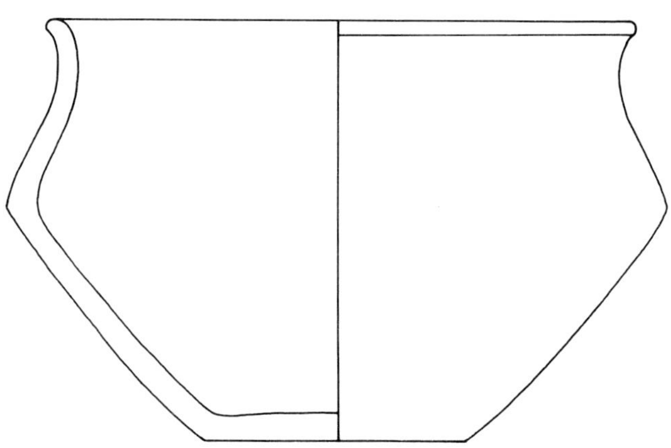
581

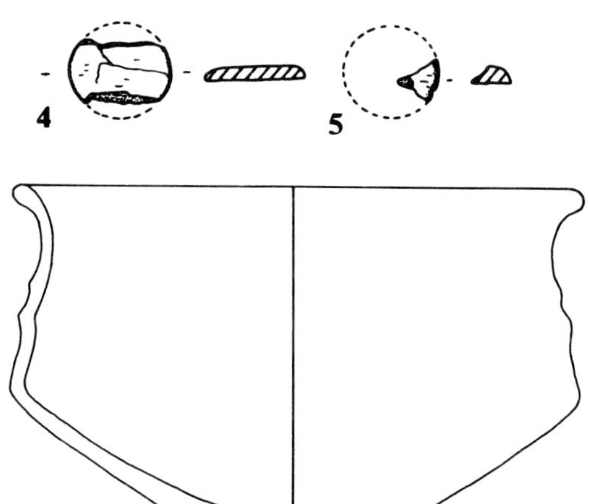

582

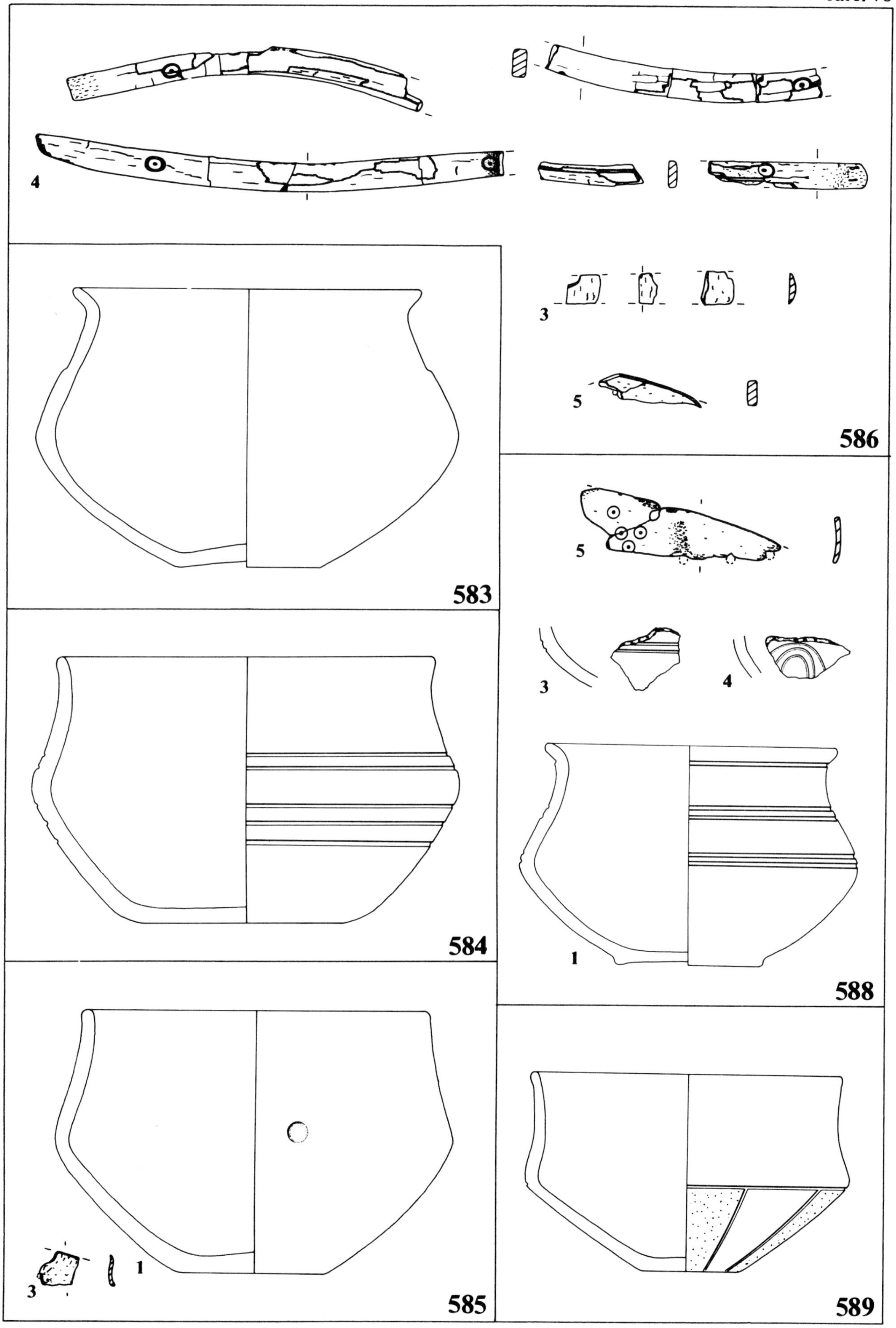
4
3
5
586
583
5
3
4
584
1
588
3
1
585
589

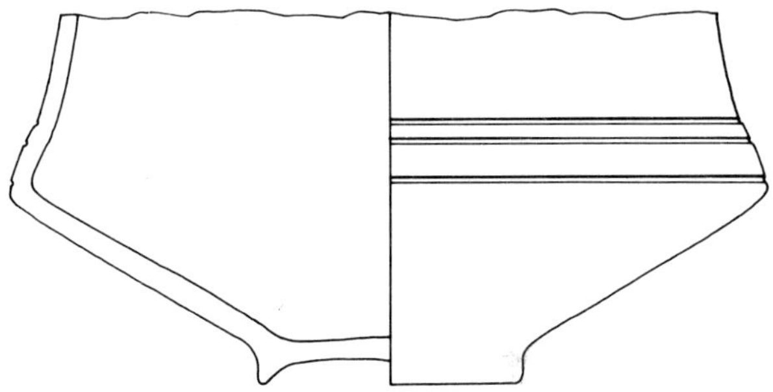

587

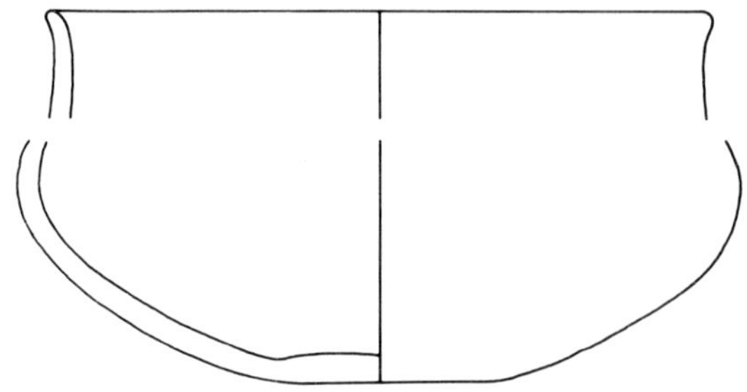

590

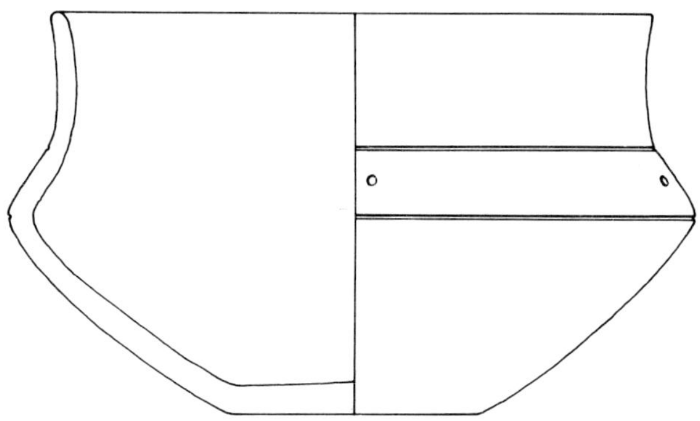

591

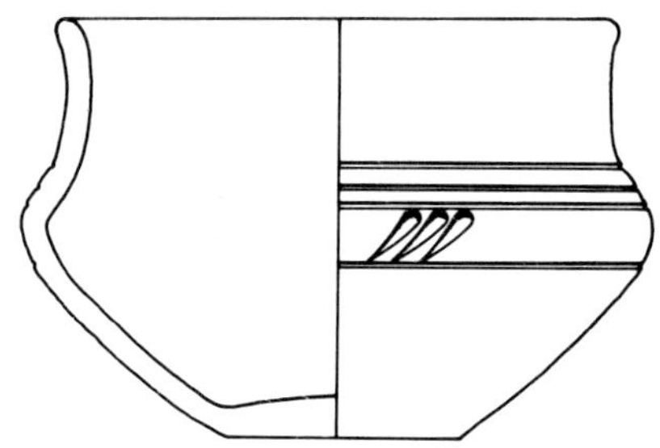

594

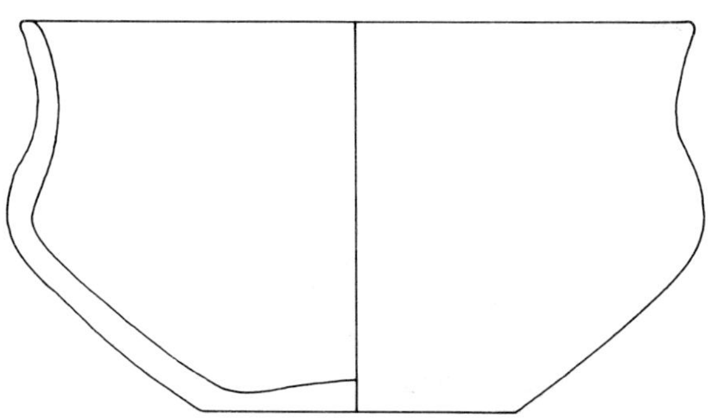

592

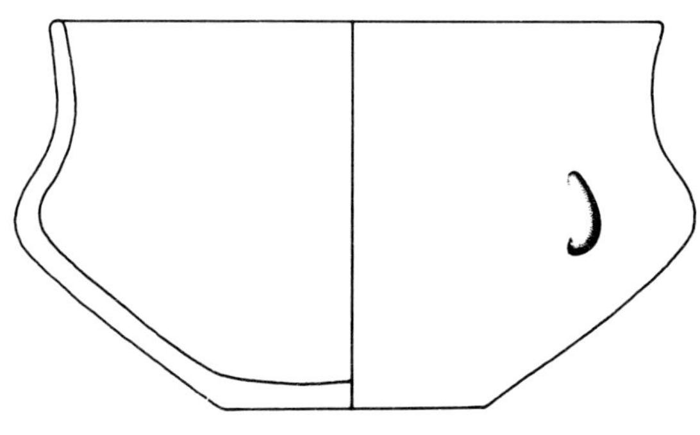

593

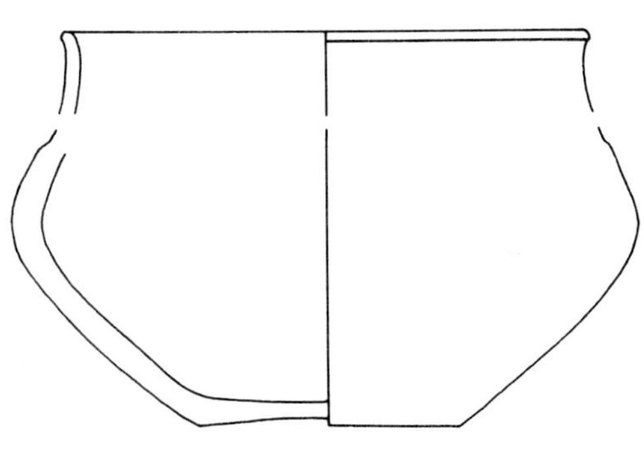

595

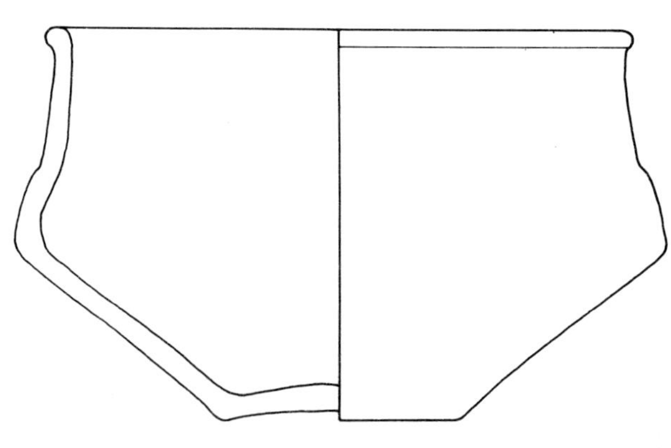

596

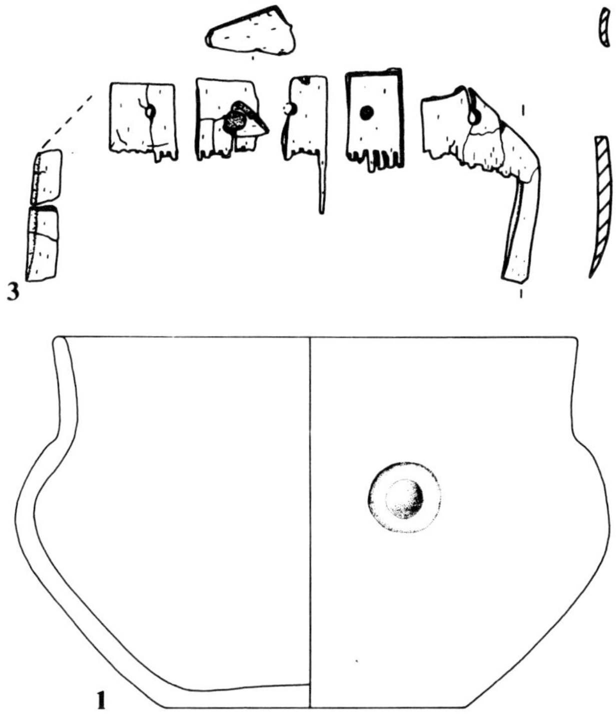

597

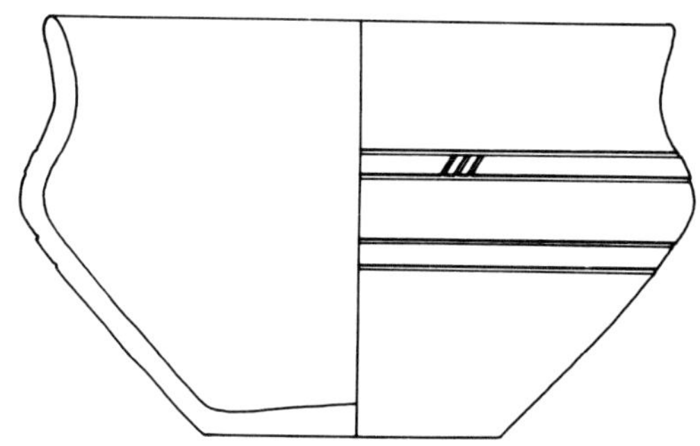

598

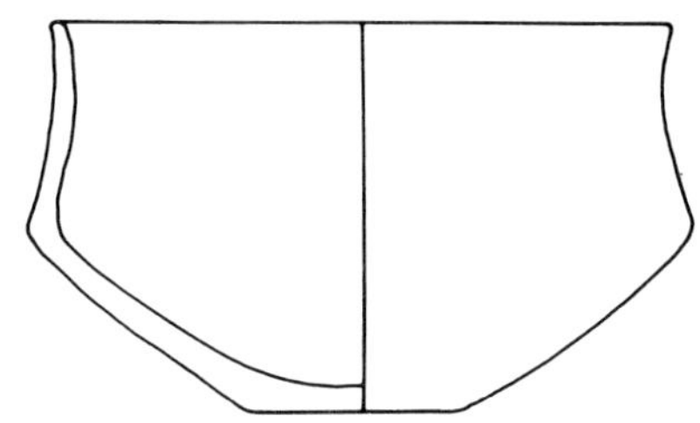

600

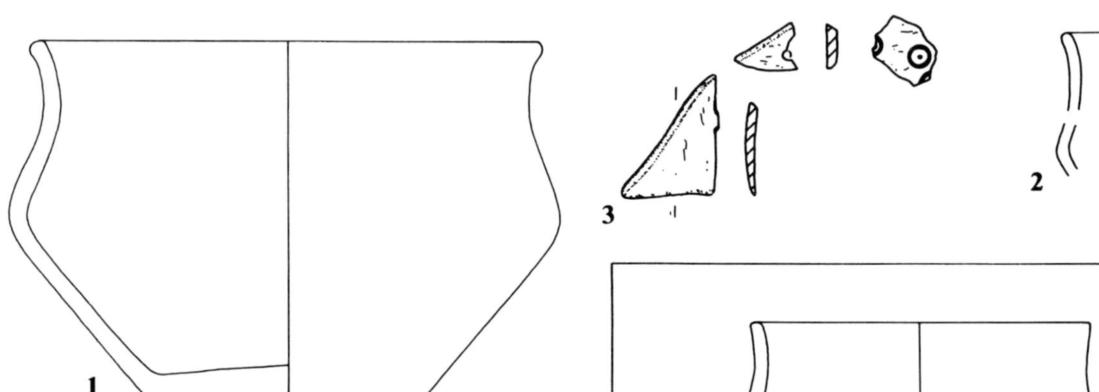

599

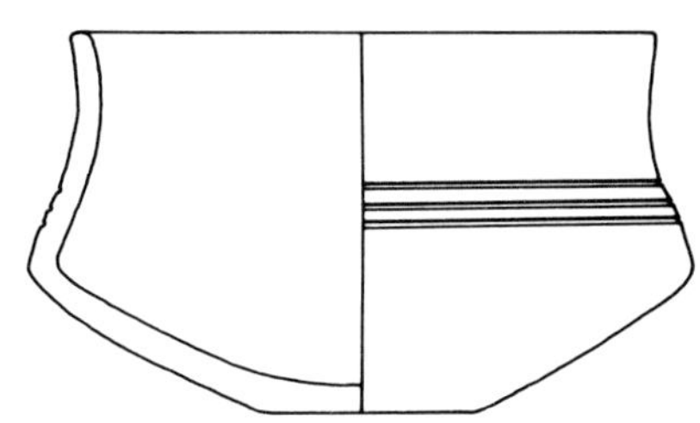

601

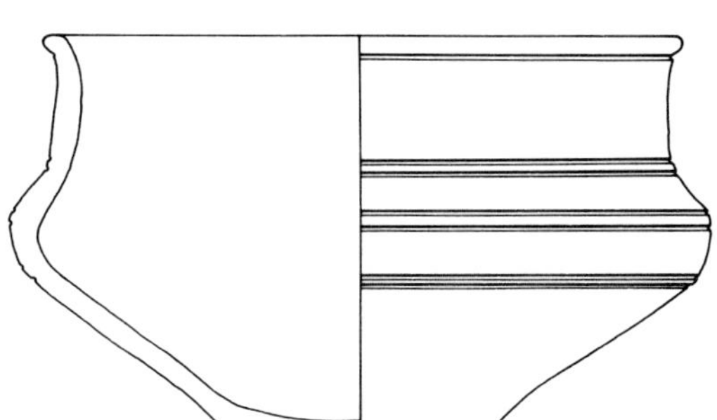

603

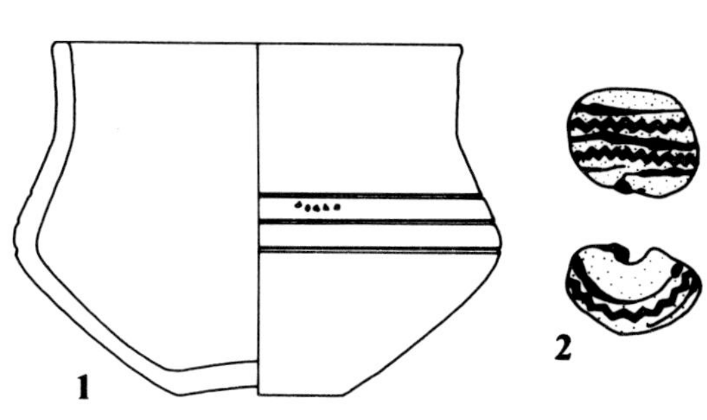

602

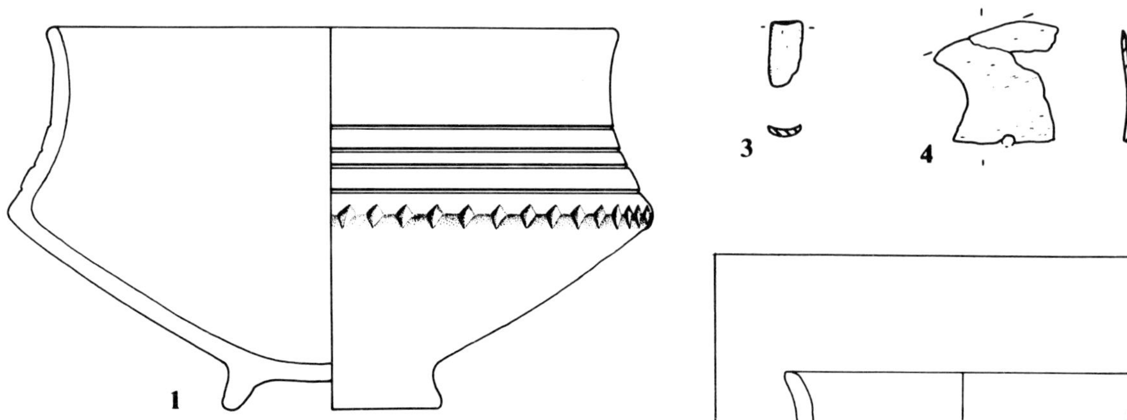

604

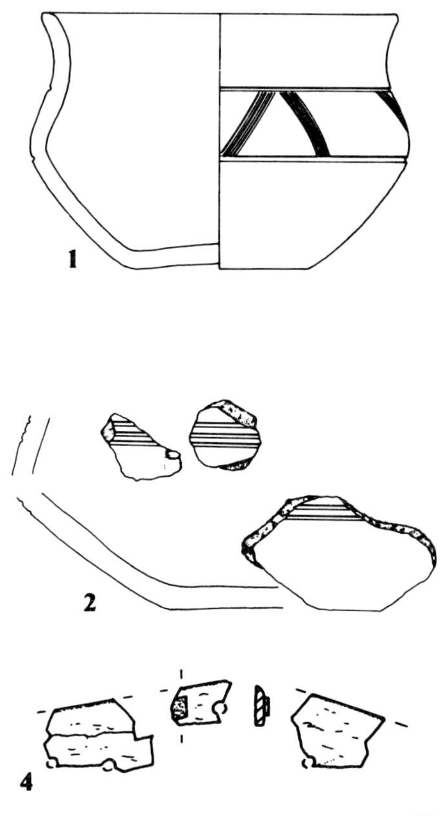

609

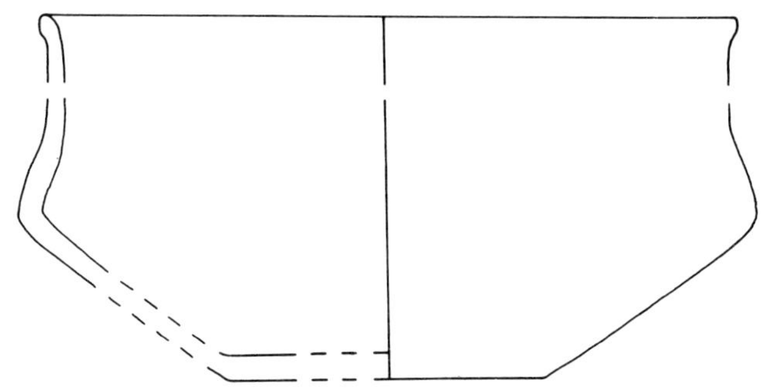

607

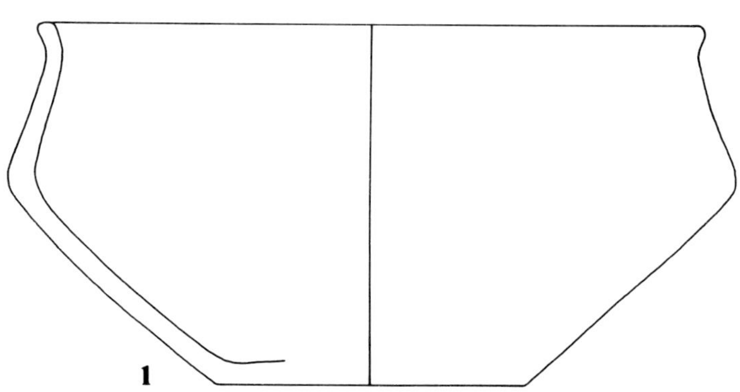

608

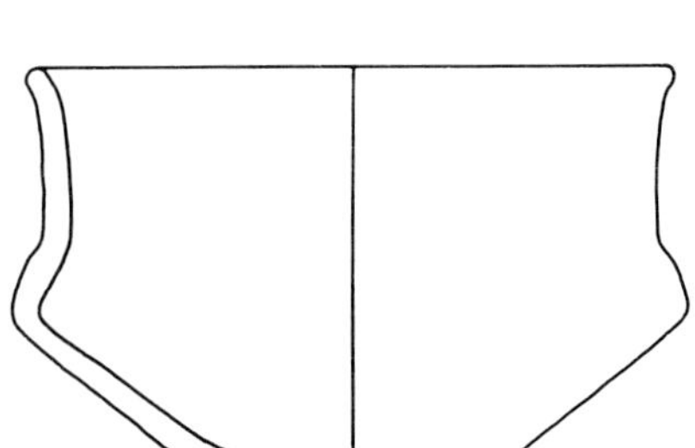

605

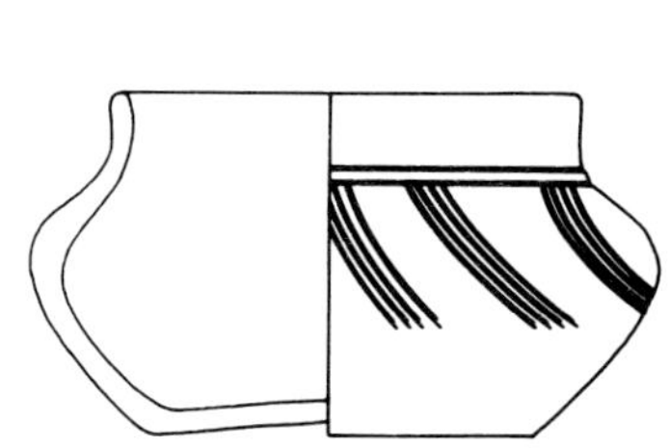

606

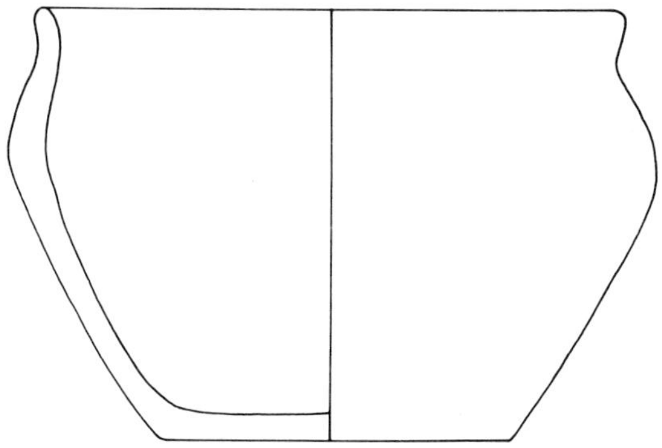

615

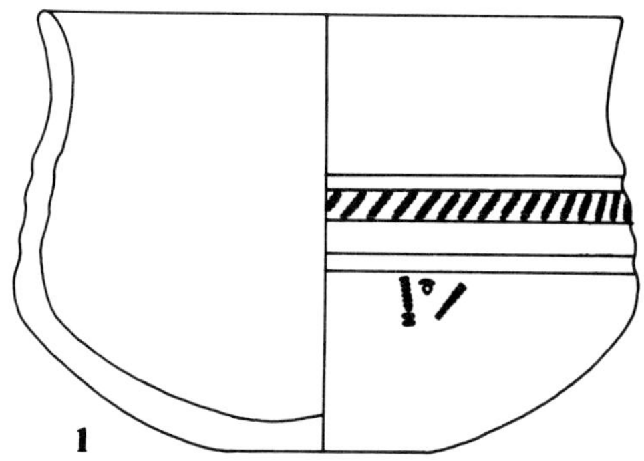

1

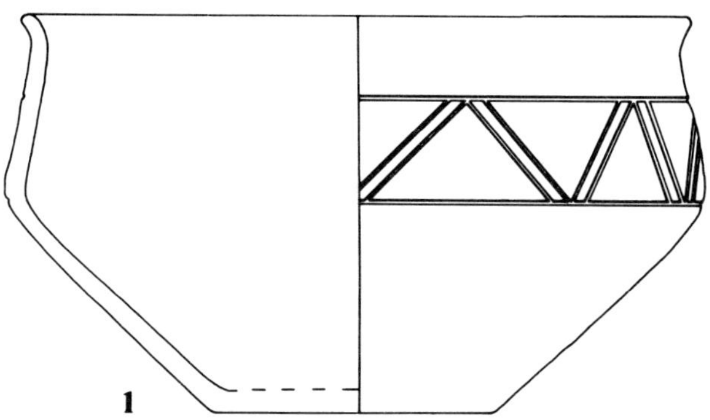

1

2

614

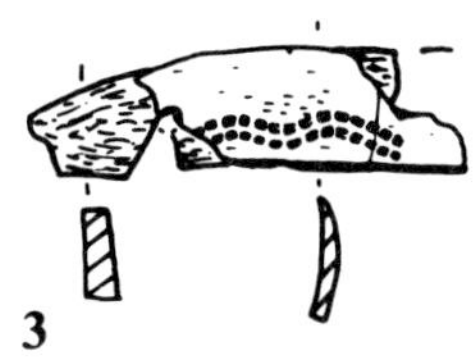

3

610

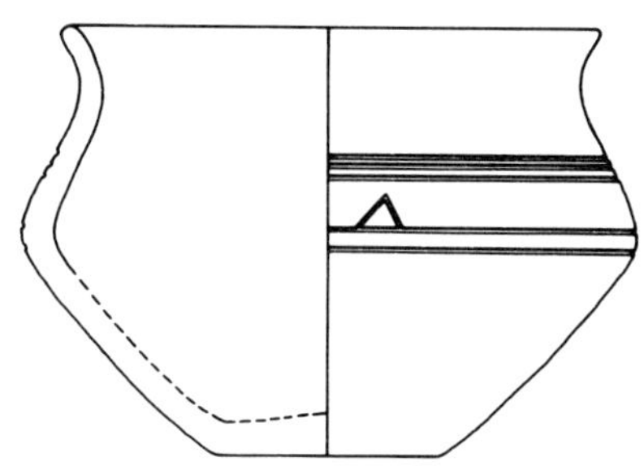

612

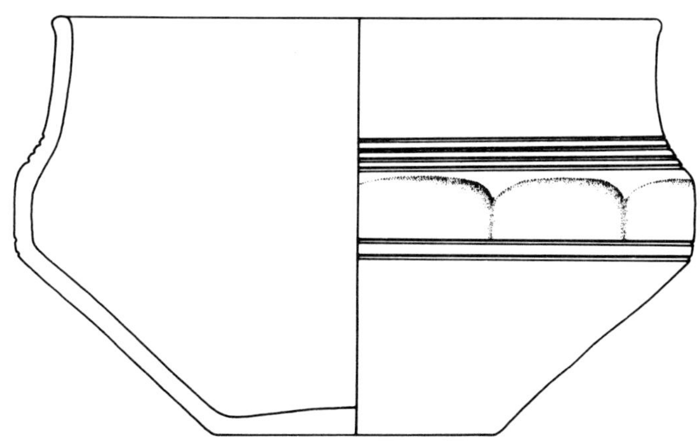

611

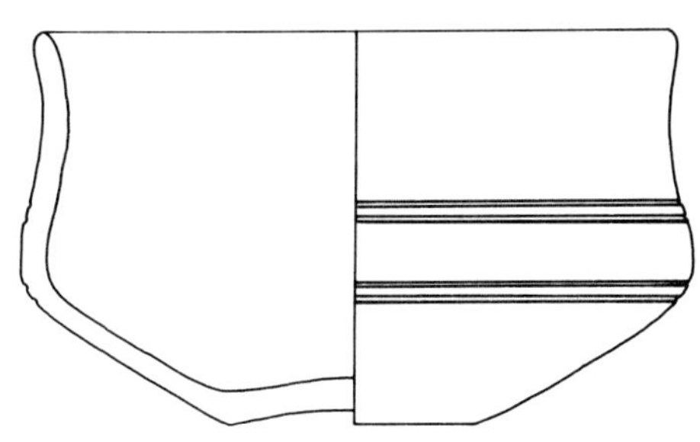

613

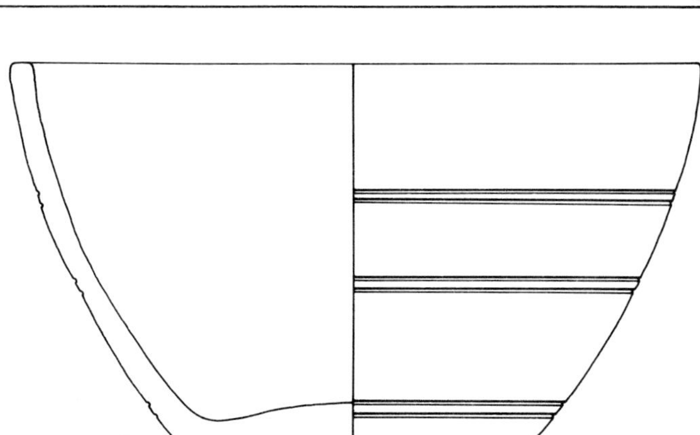

1

3

616

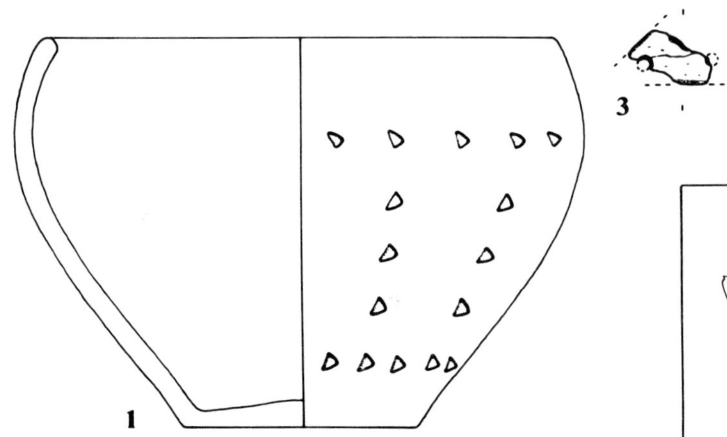

617

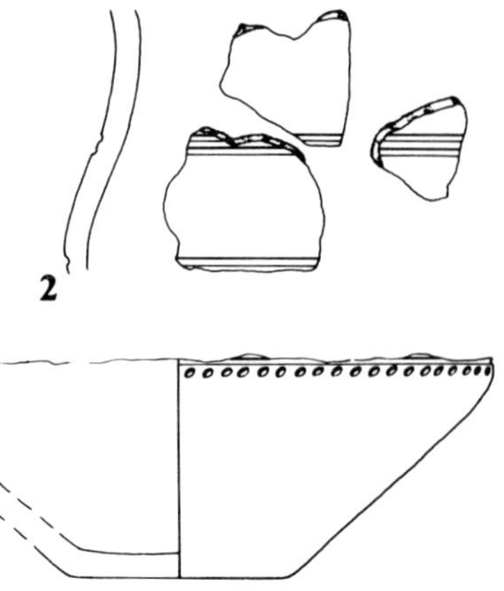

624

618

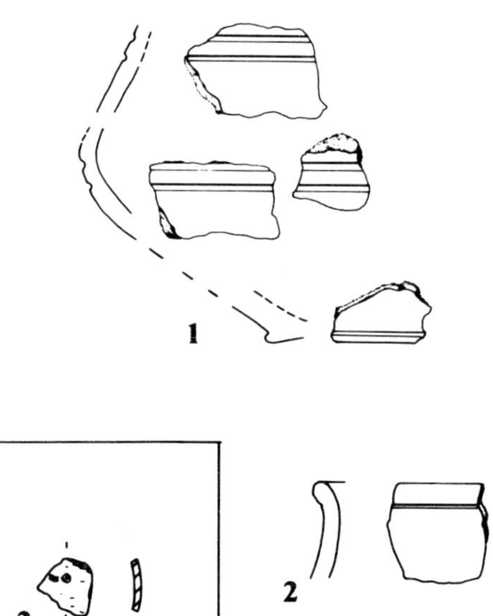

623

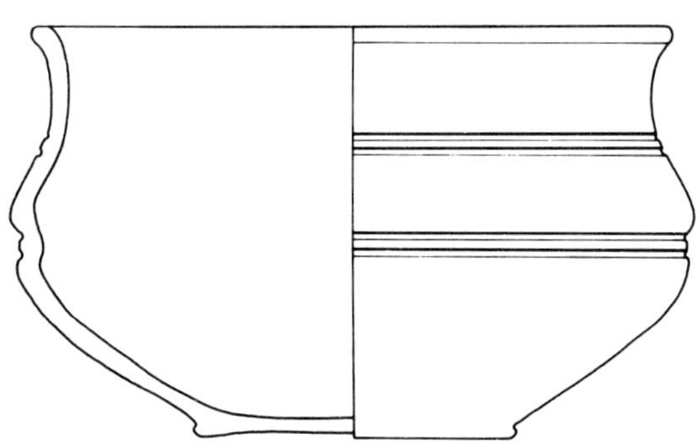

619

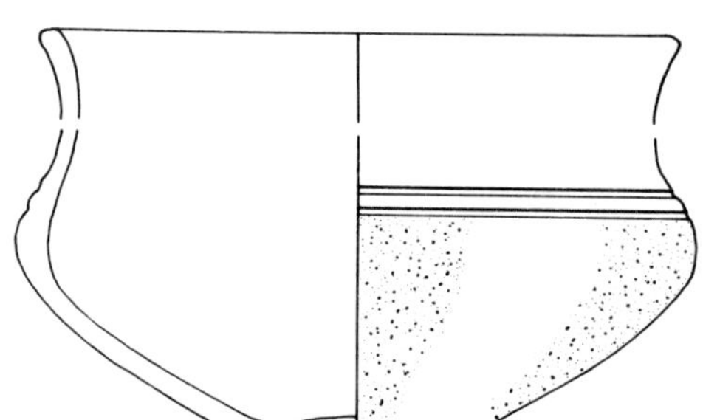

625

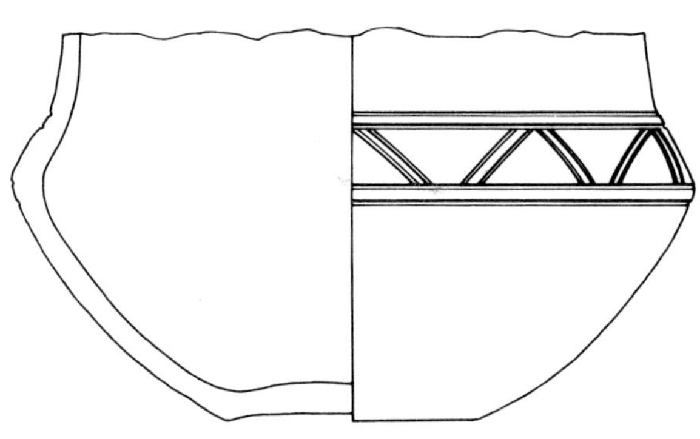

626

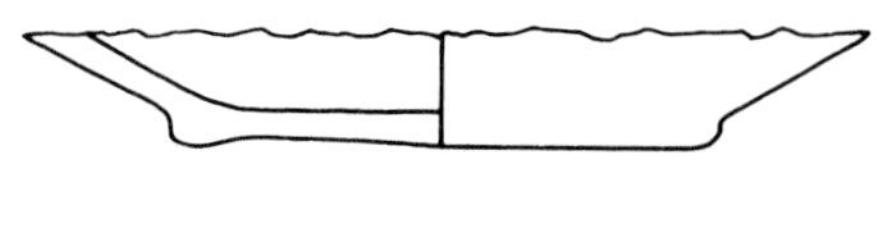

620

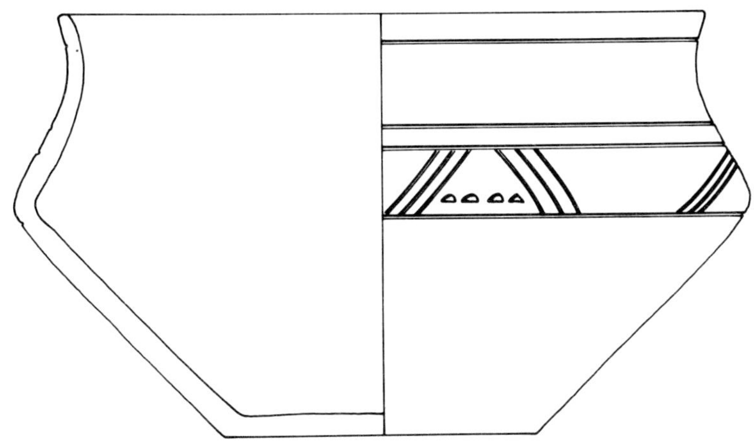

628

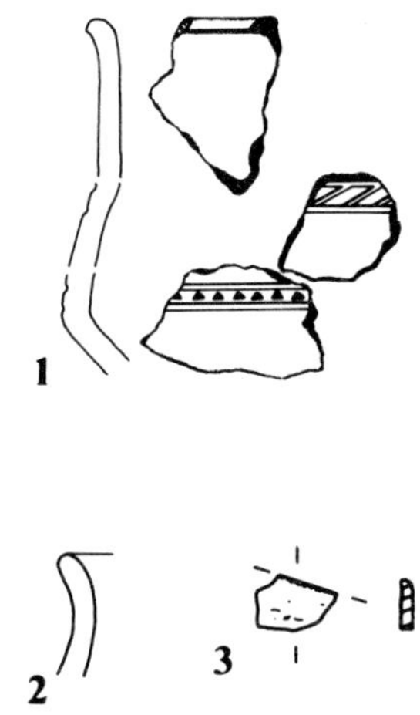

629

627

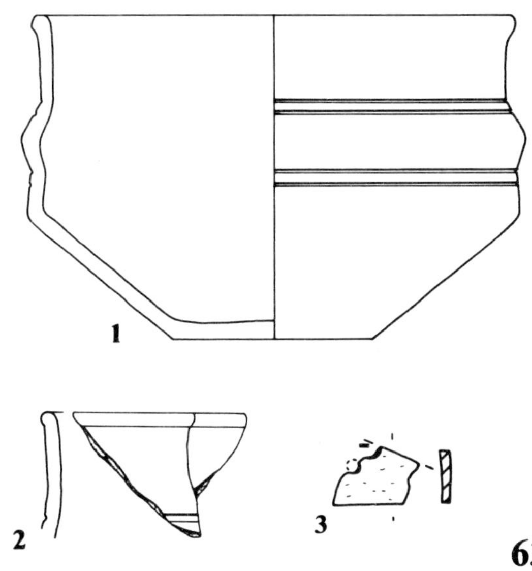

631

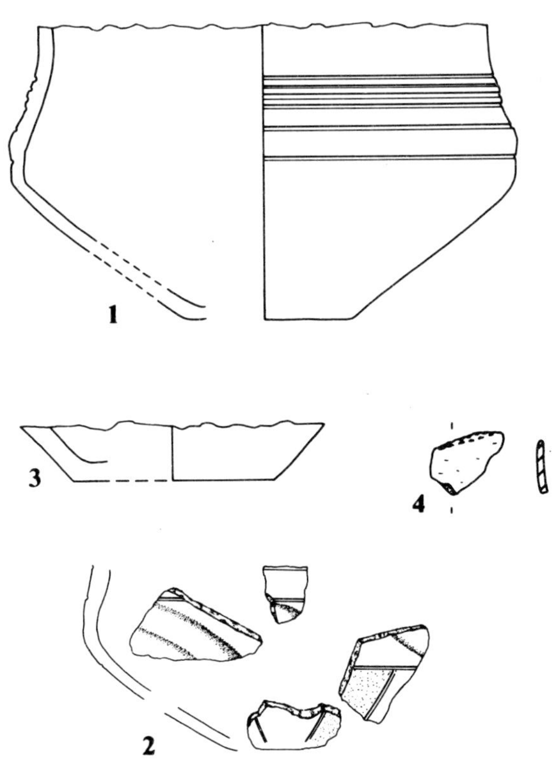

630

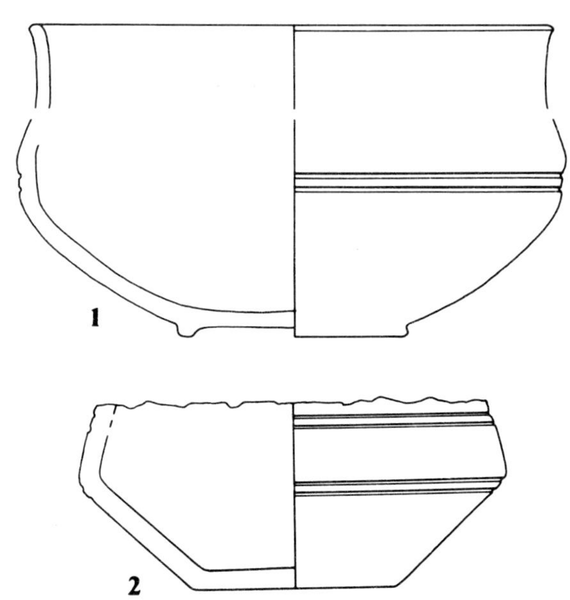

632

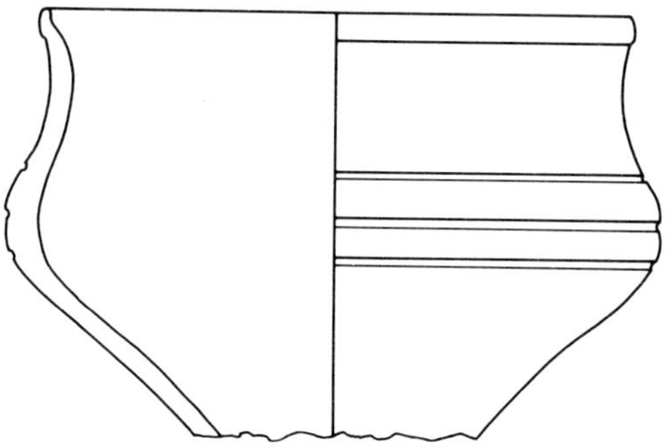

634

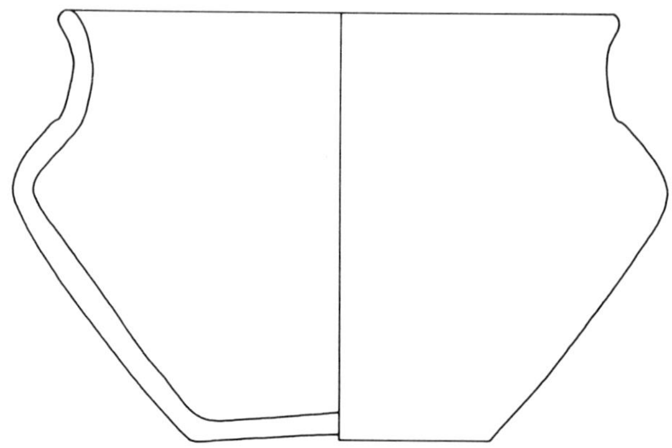

635

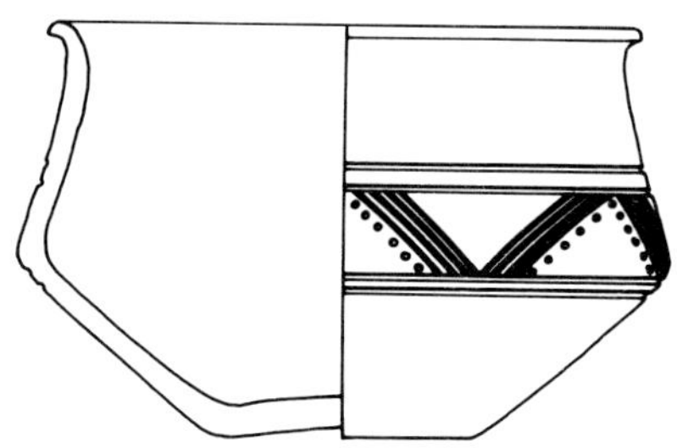

636

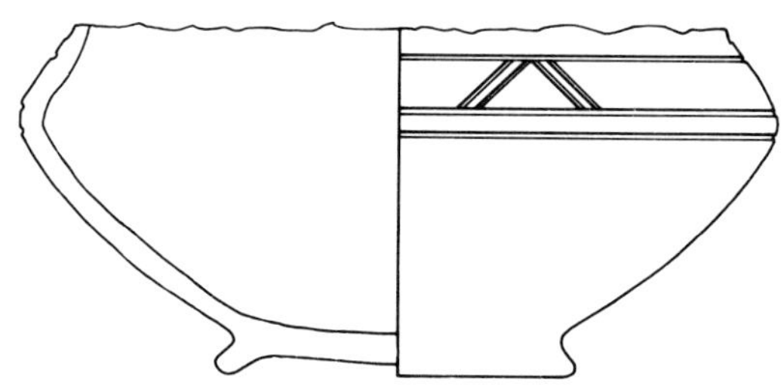

638

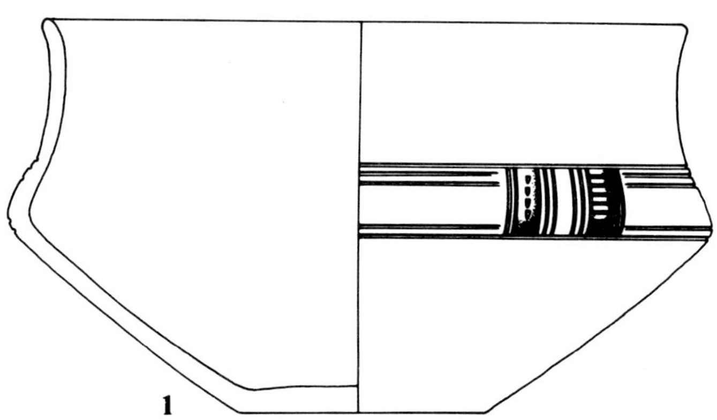

637

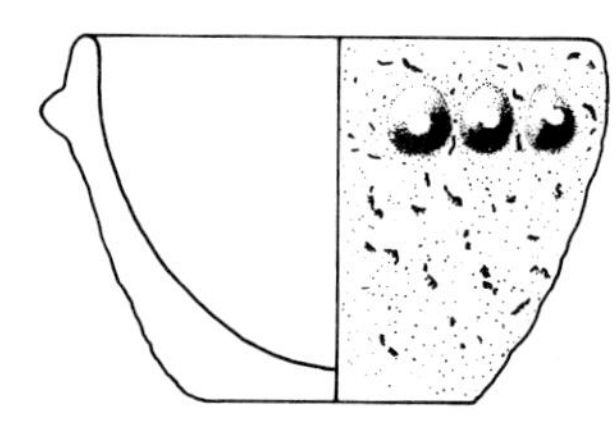

633

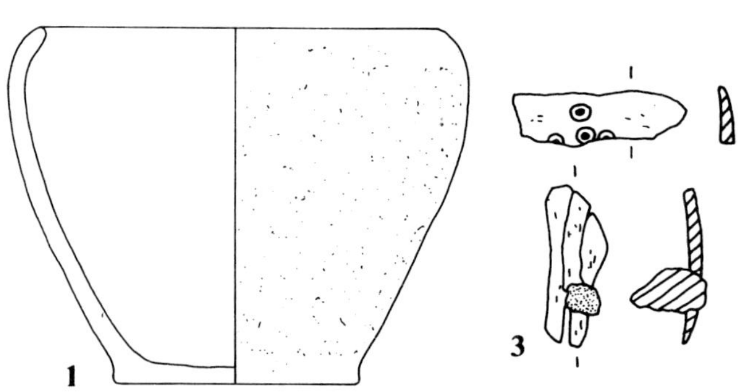

639

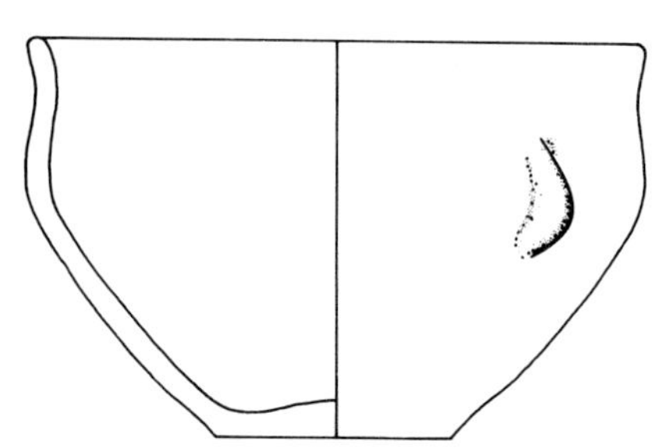

640

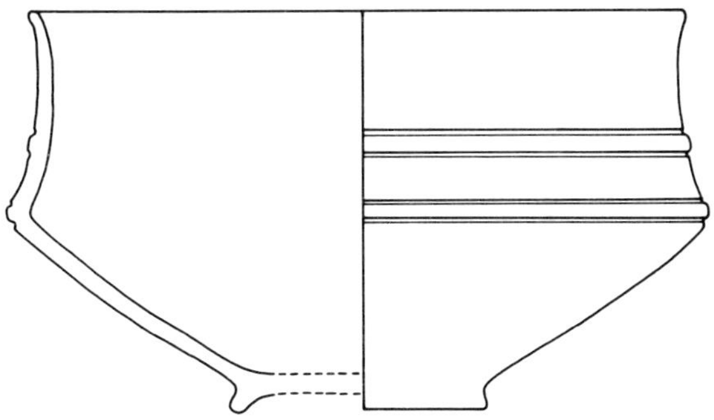

641

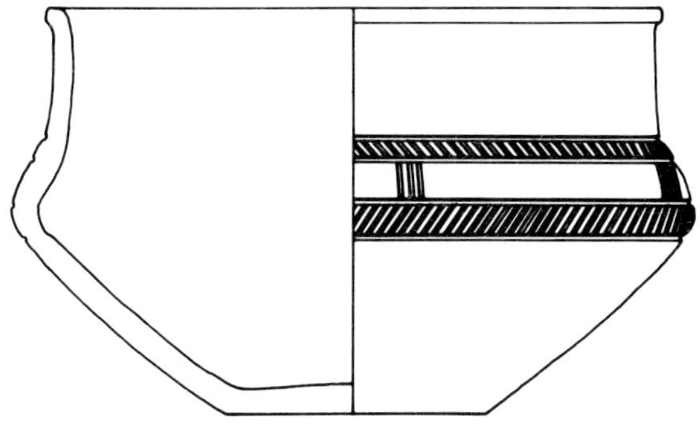

643

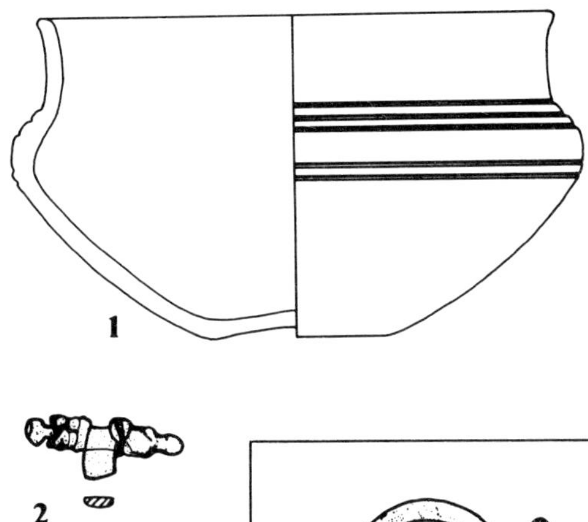

645

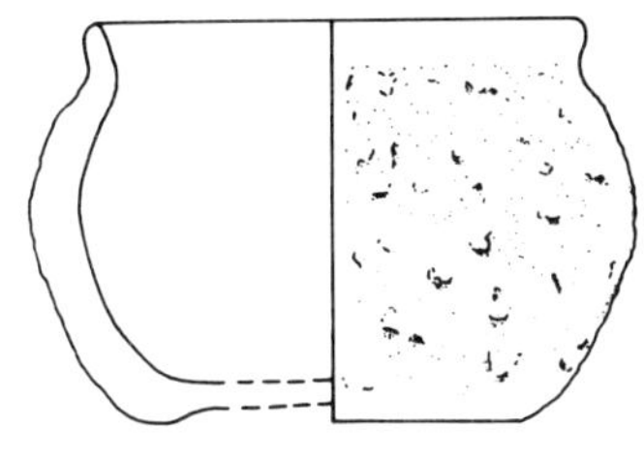

642

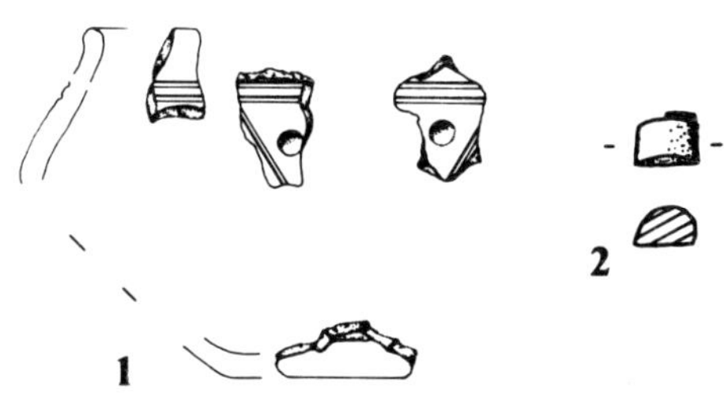

644

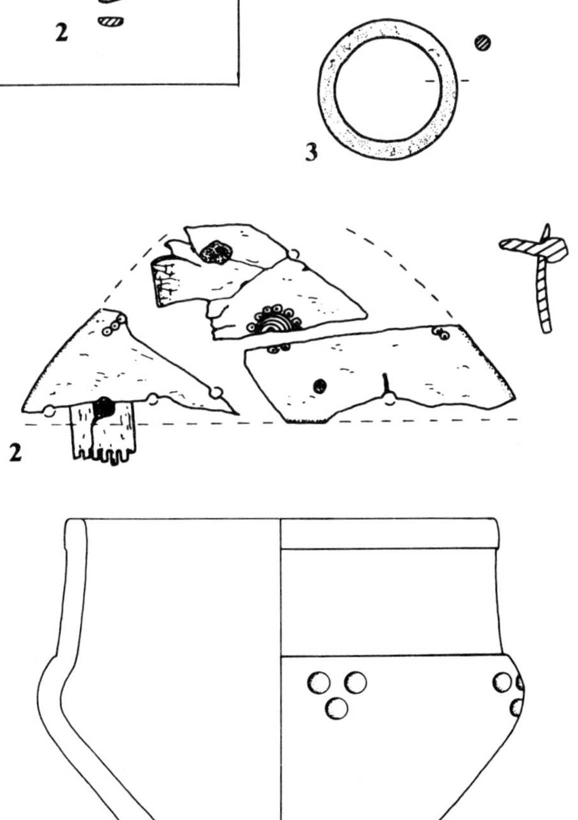

646

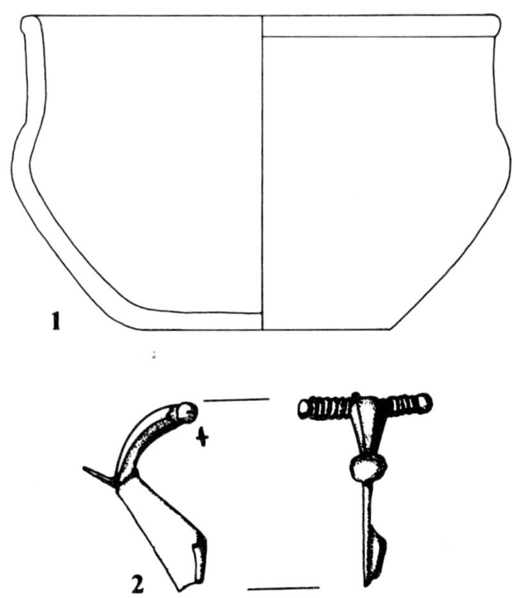

647

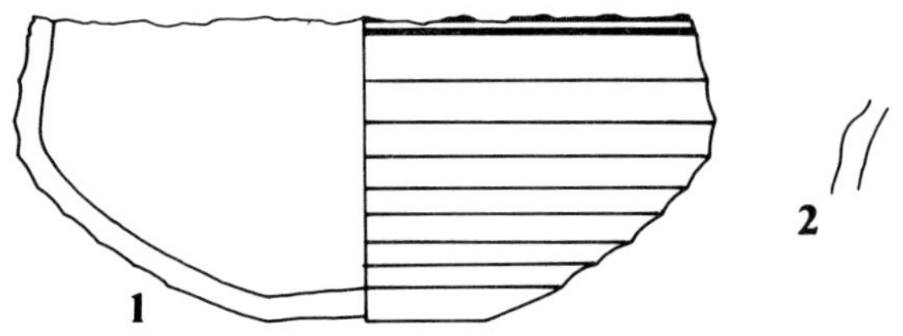

648

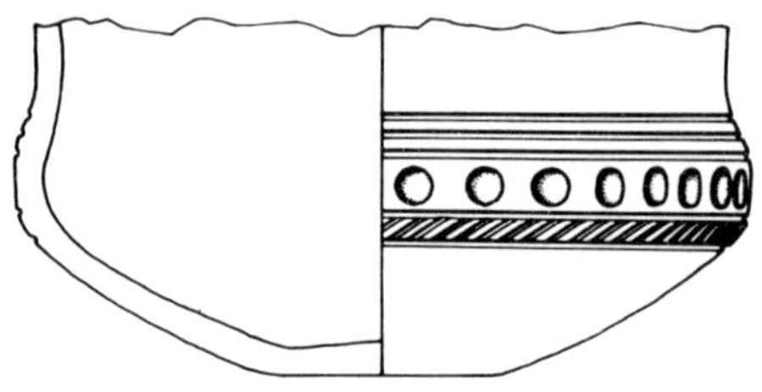

649

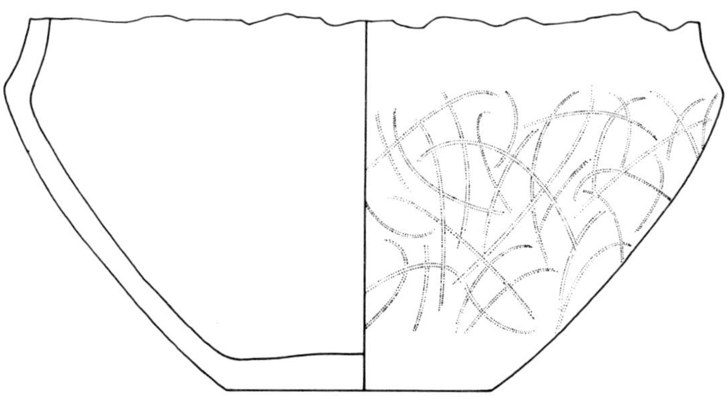

650

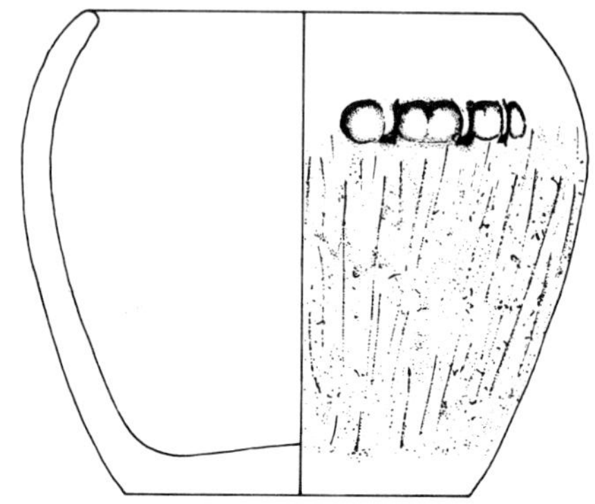

653

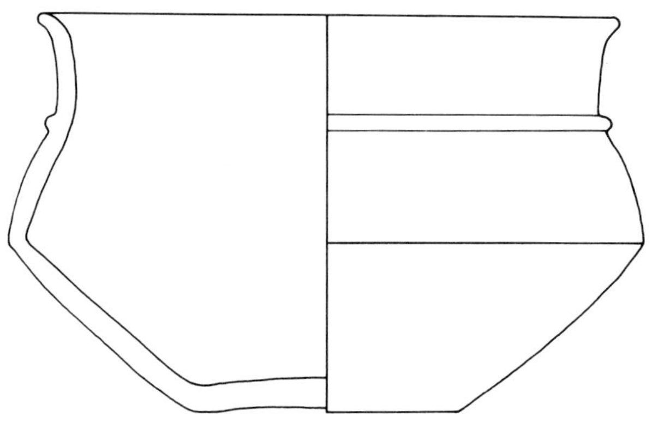

654

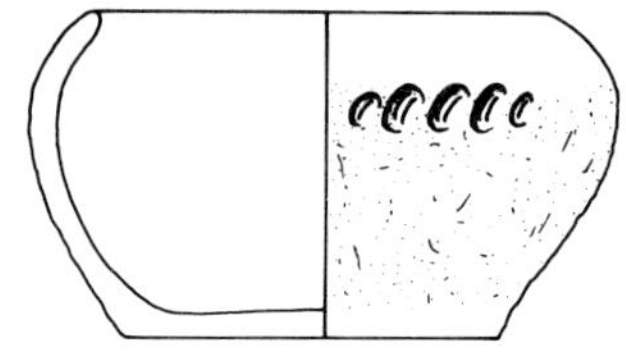

655

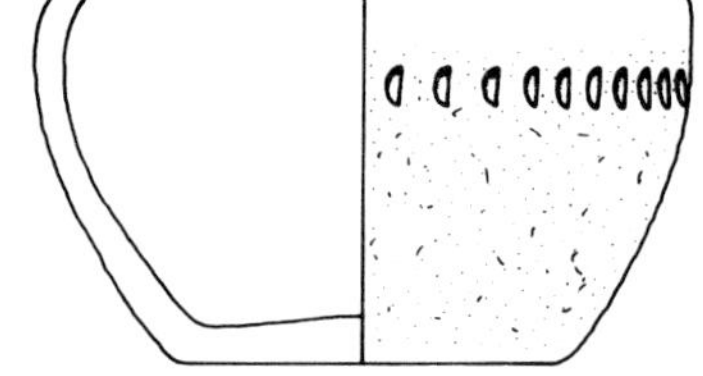

656

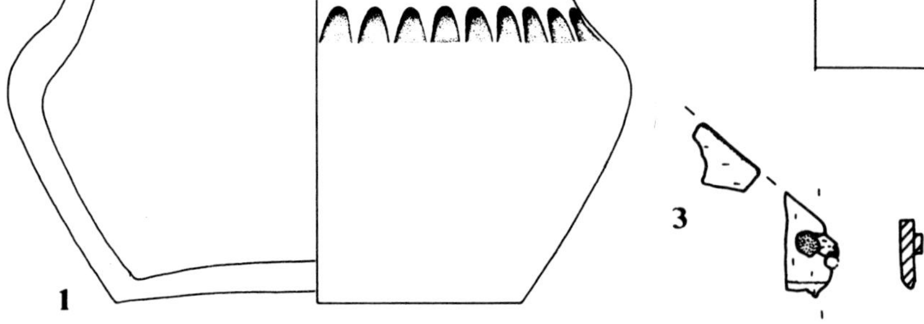

657

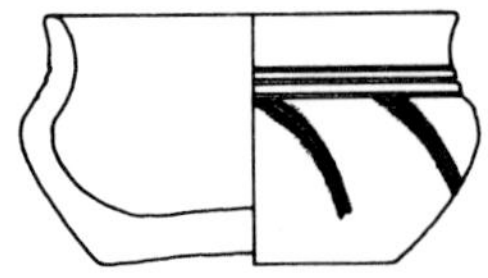

652

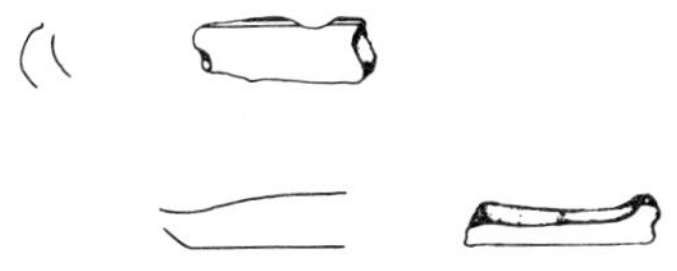

658

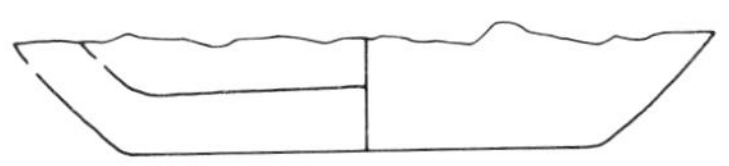

661

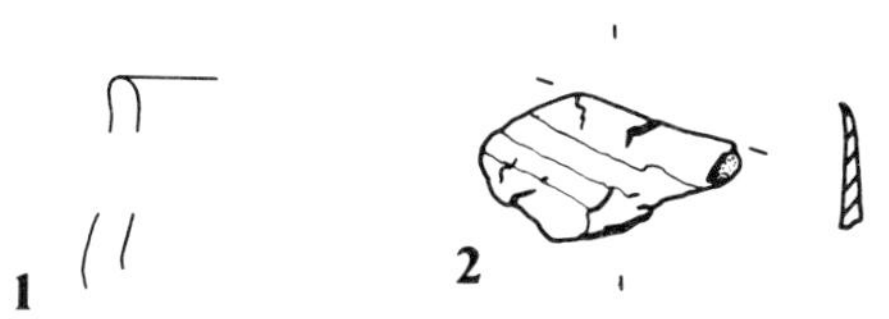

663

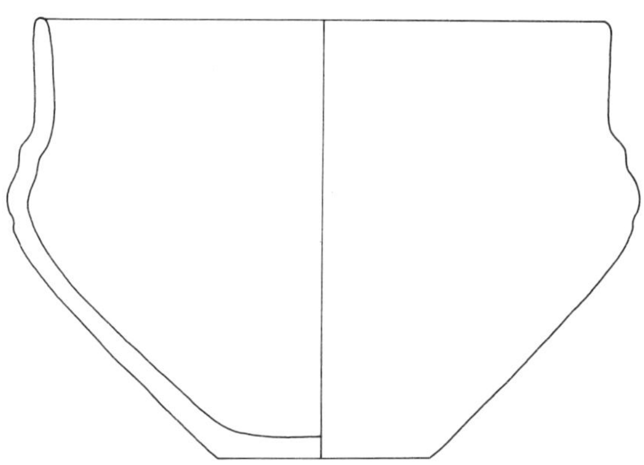

665

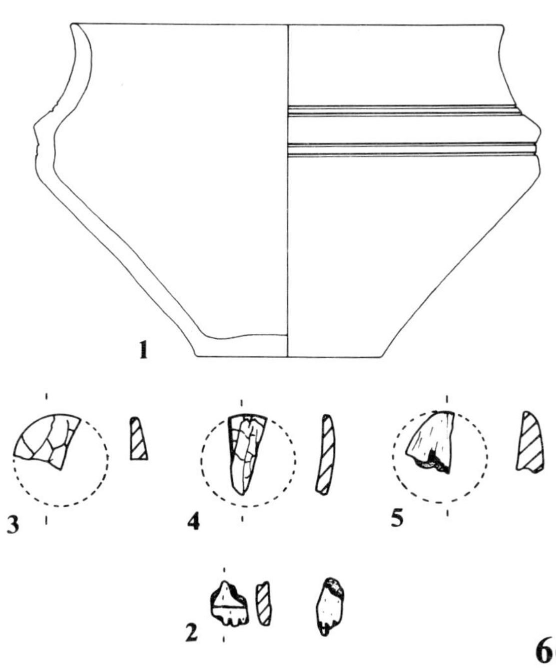

667

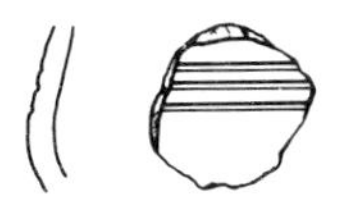

659

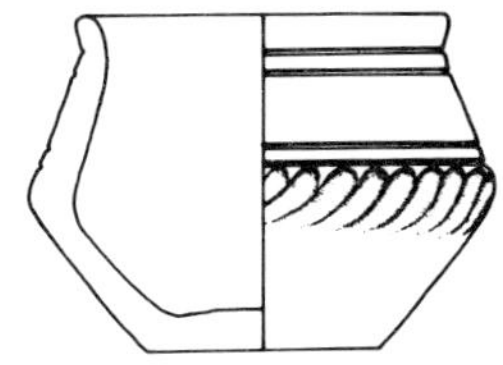

660

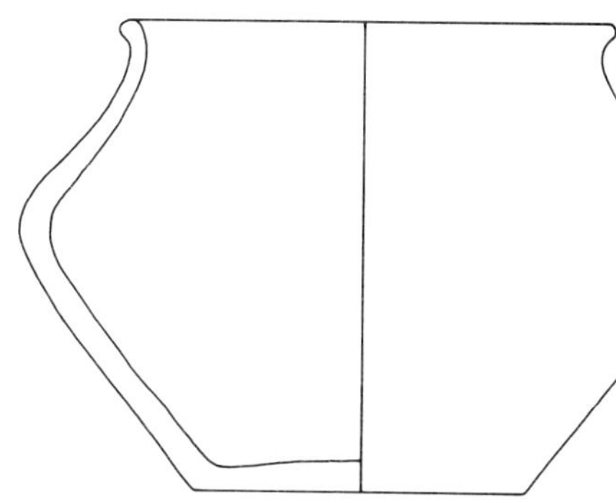

662

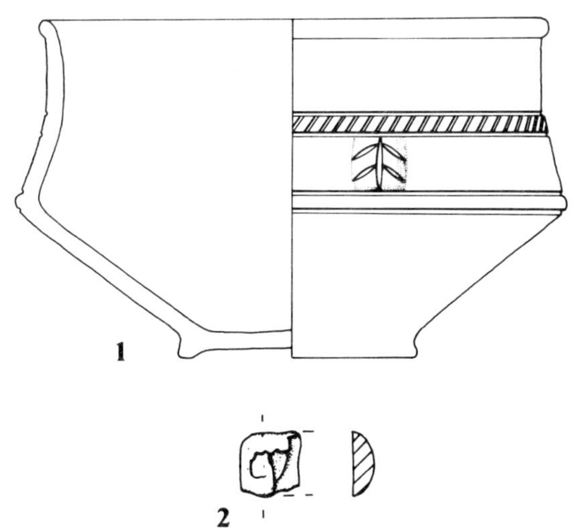

666

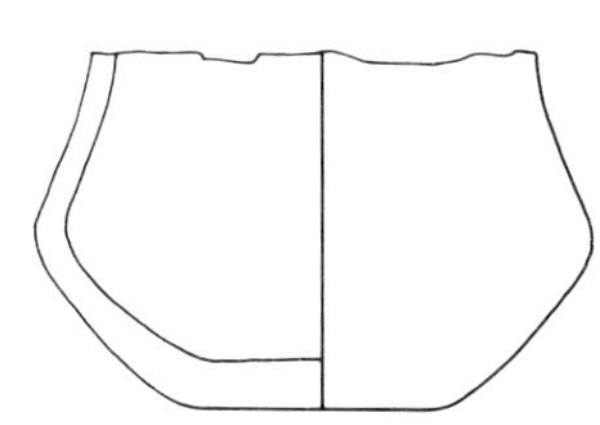

668

Tafel 89

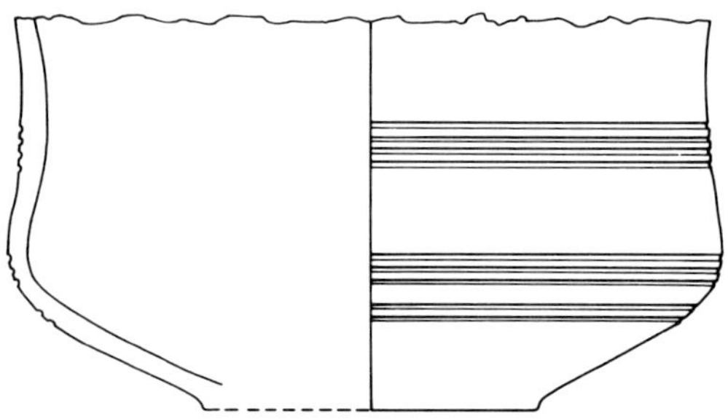

669

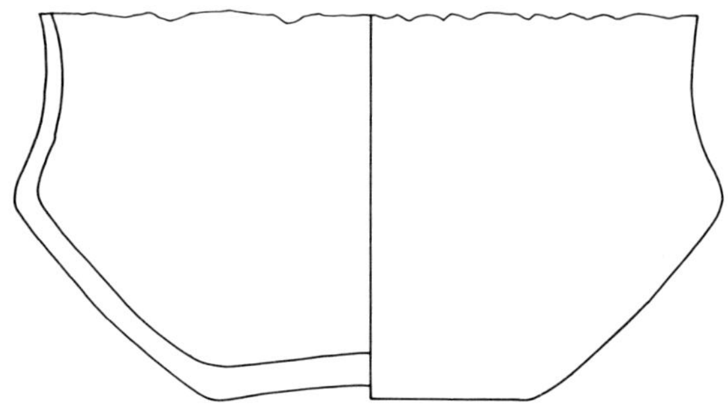

673

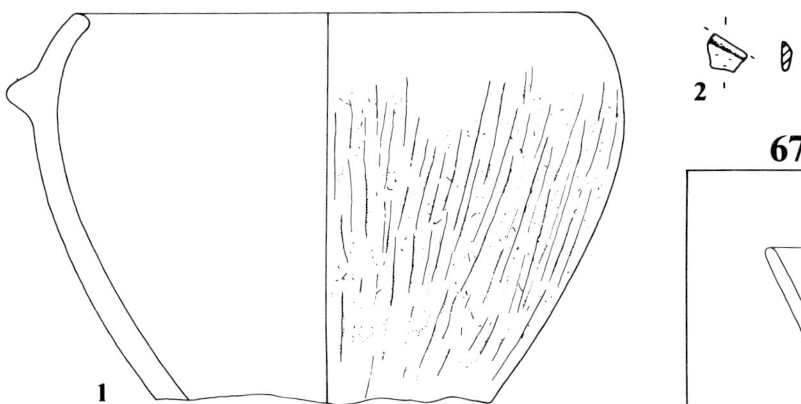

670

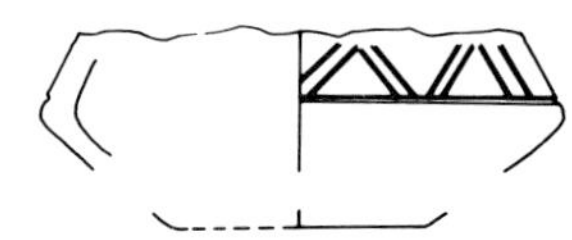

670 A

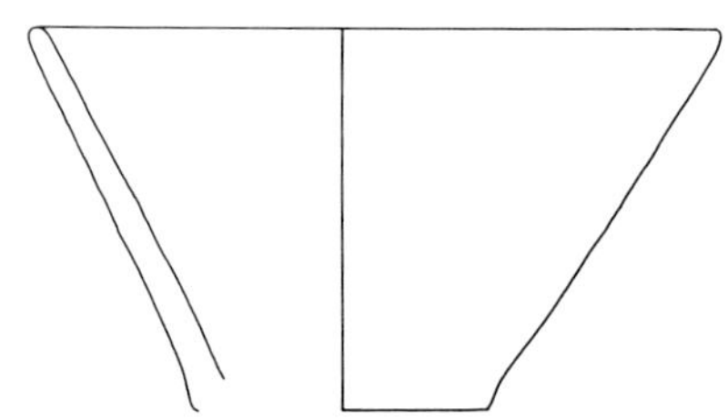

672

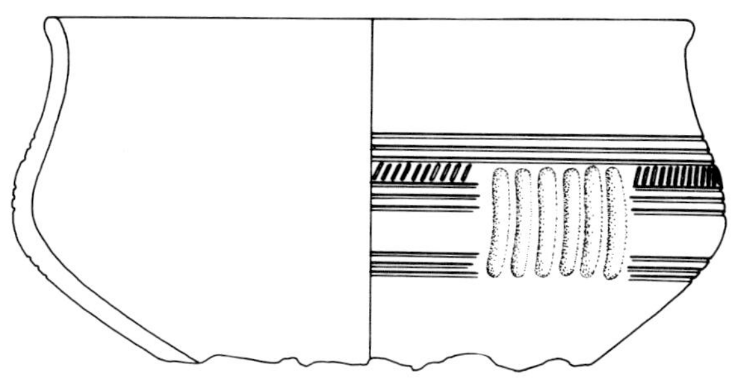

671

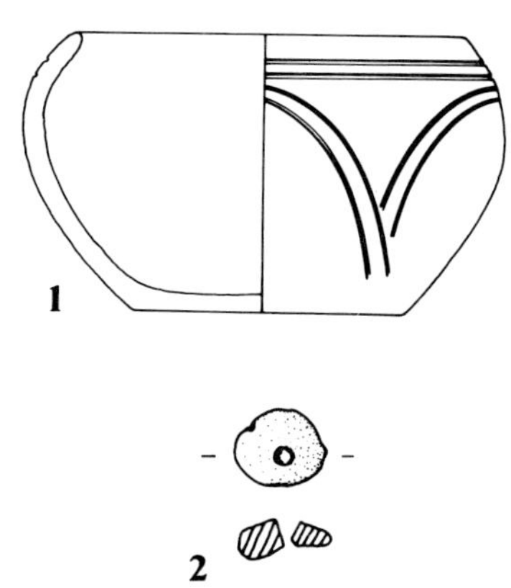

675

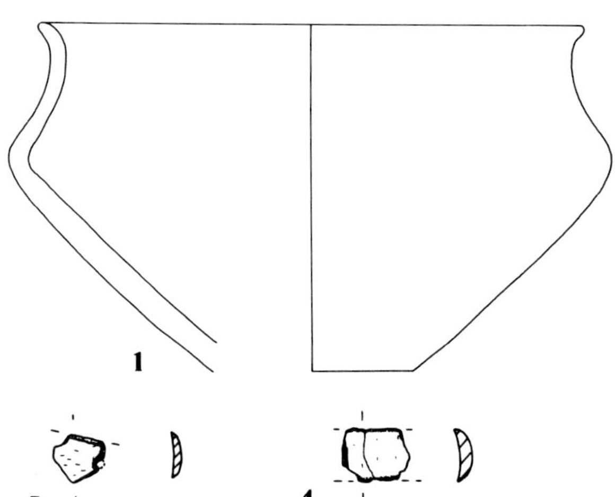

674

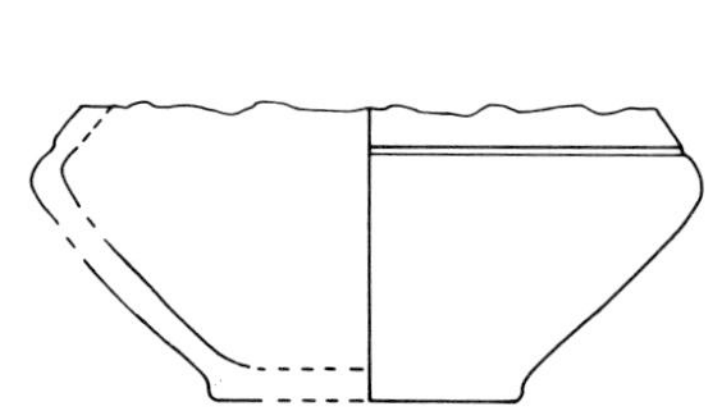

676

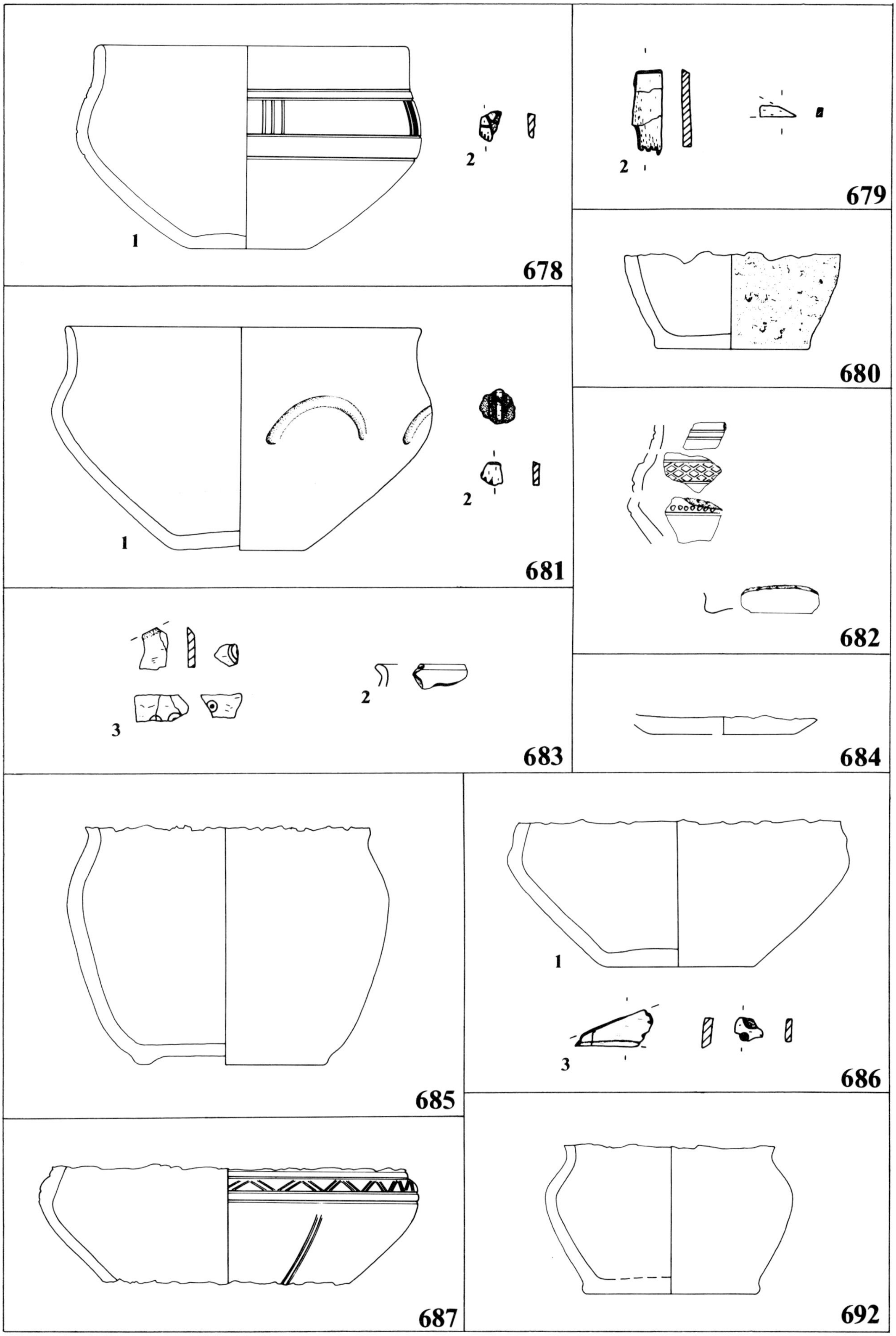
1
2
678
2
679
680
1
2
681
682
3
2
683
684
685
1
3
686
687
692

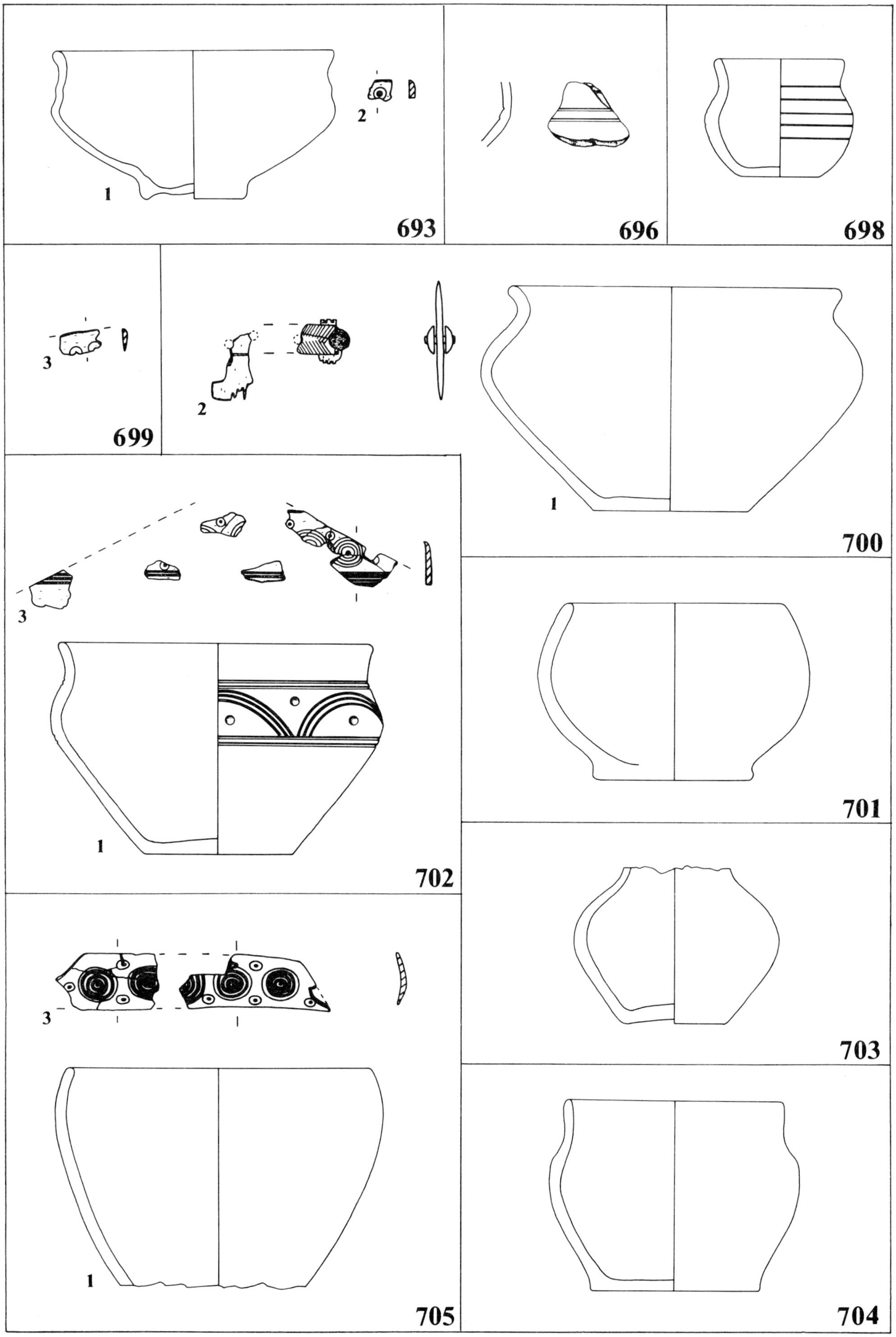
1
2
693
696
698
3
699
2
1
700
3
1
702
701
703
3
1
705
704

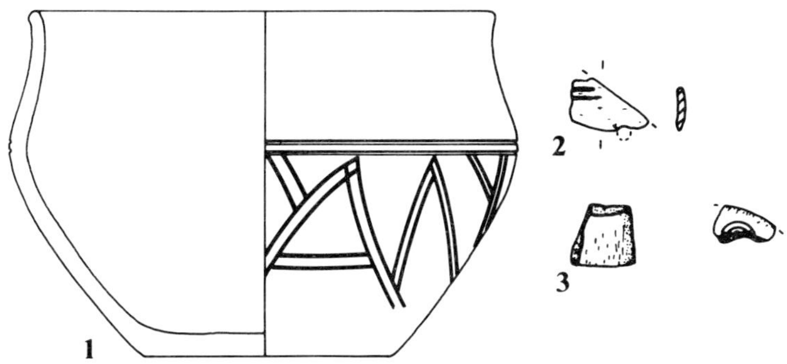

706

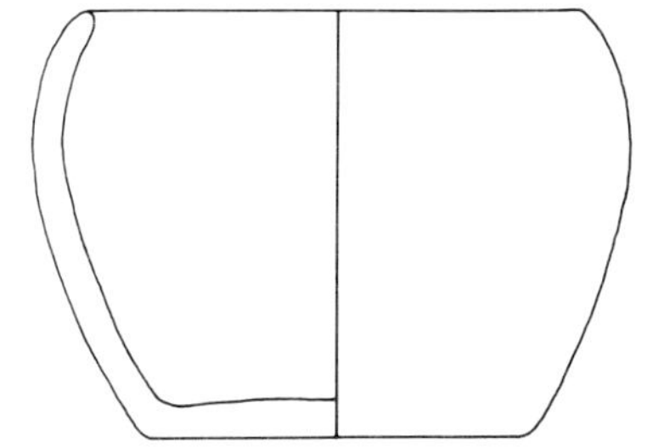

709

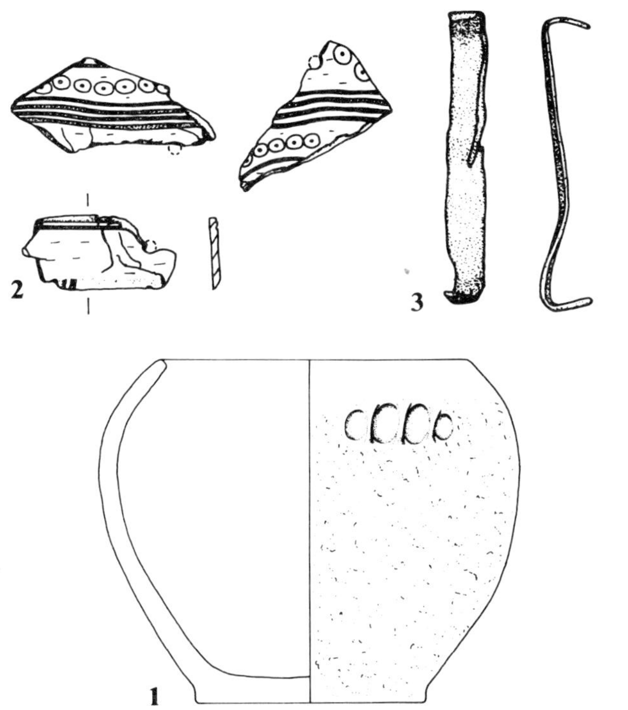

708

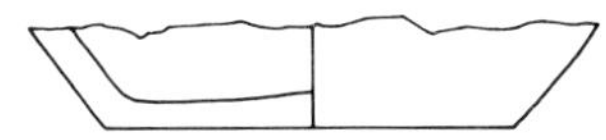

711

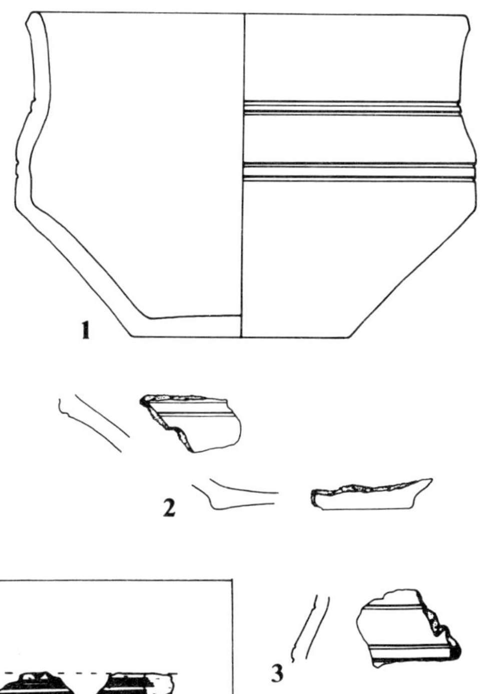

707

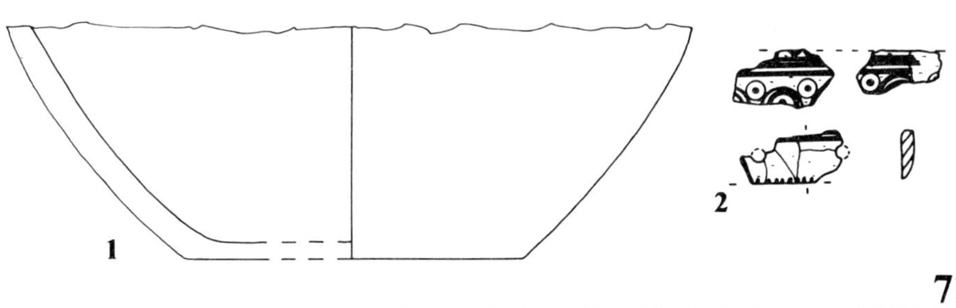

710

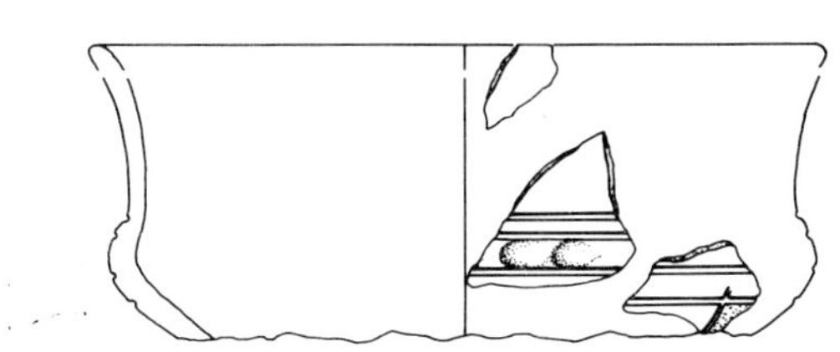

714

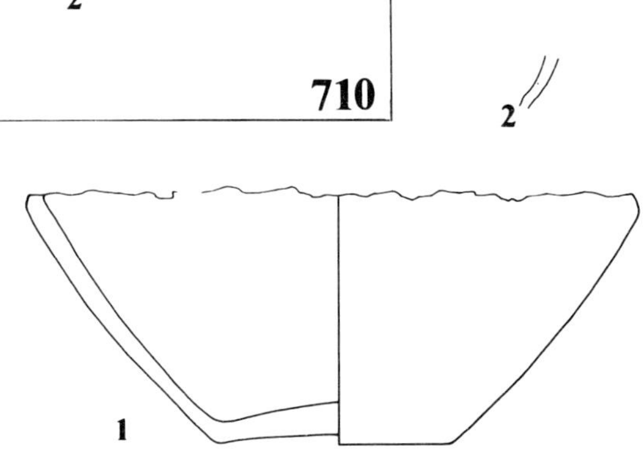

712

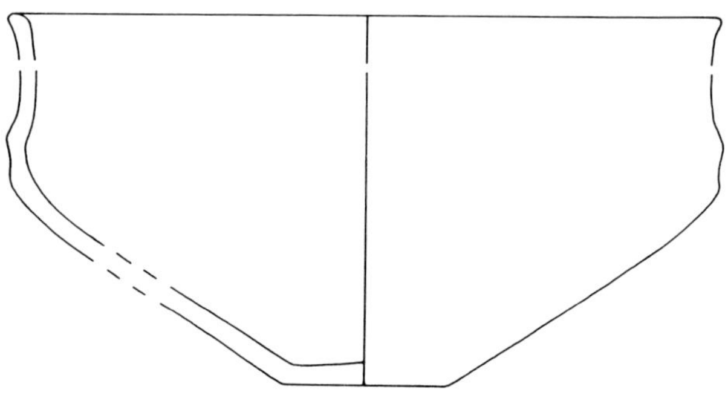

713

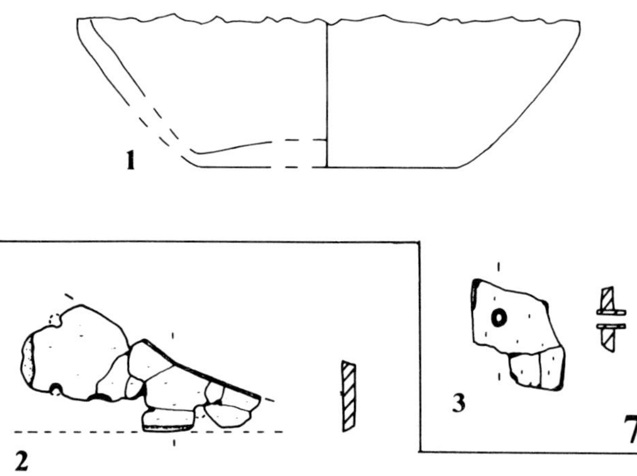

715

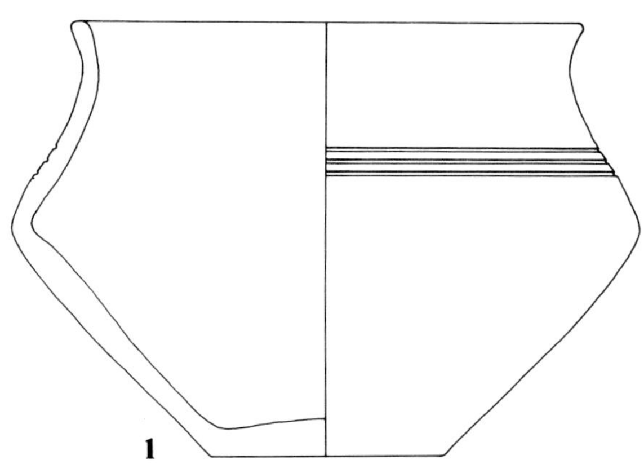

722

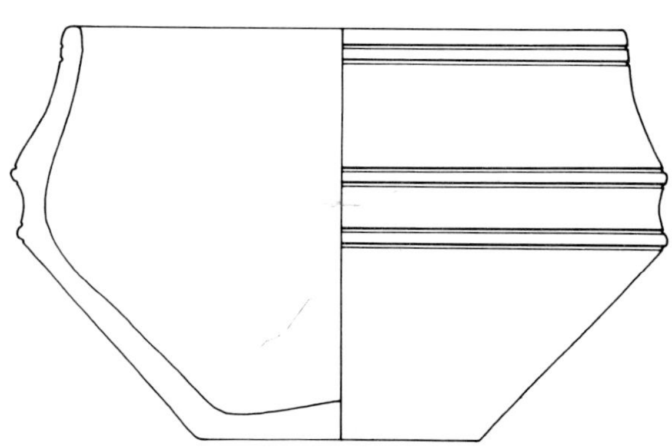

721

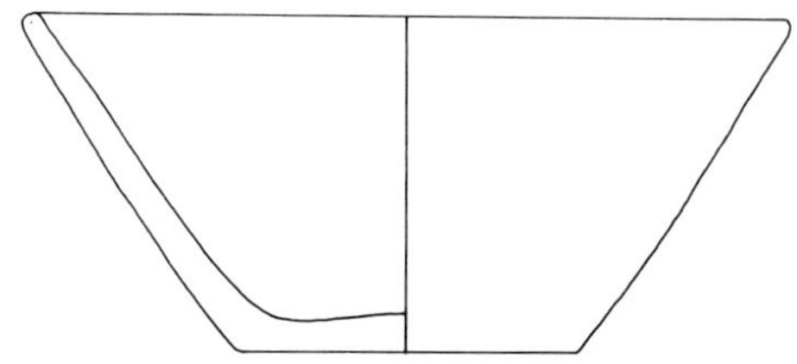

717

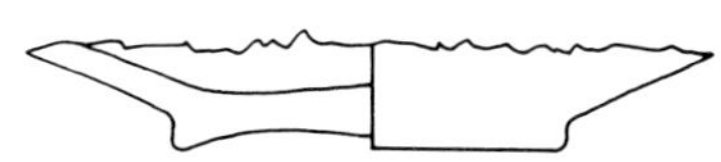

718

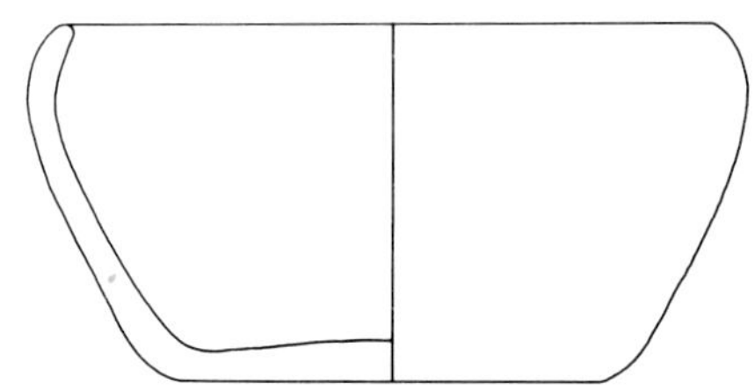

719

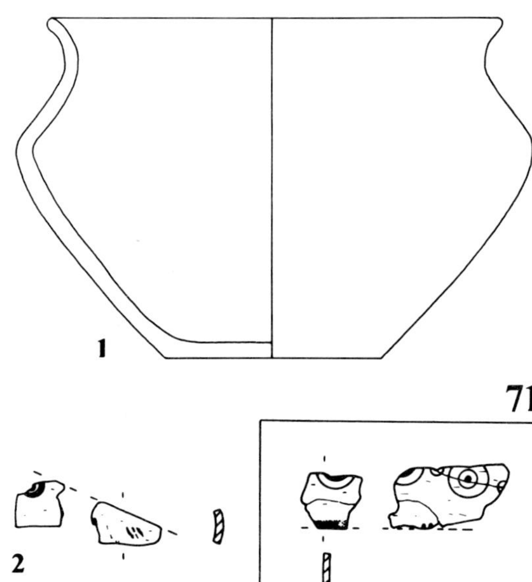

716

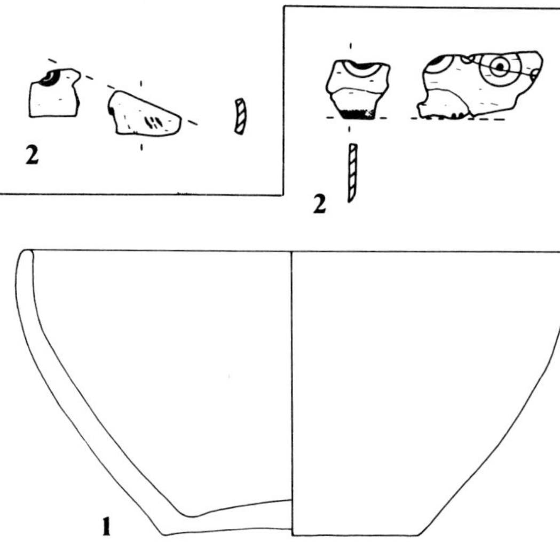

723

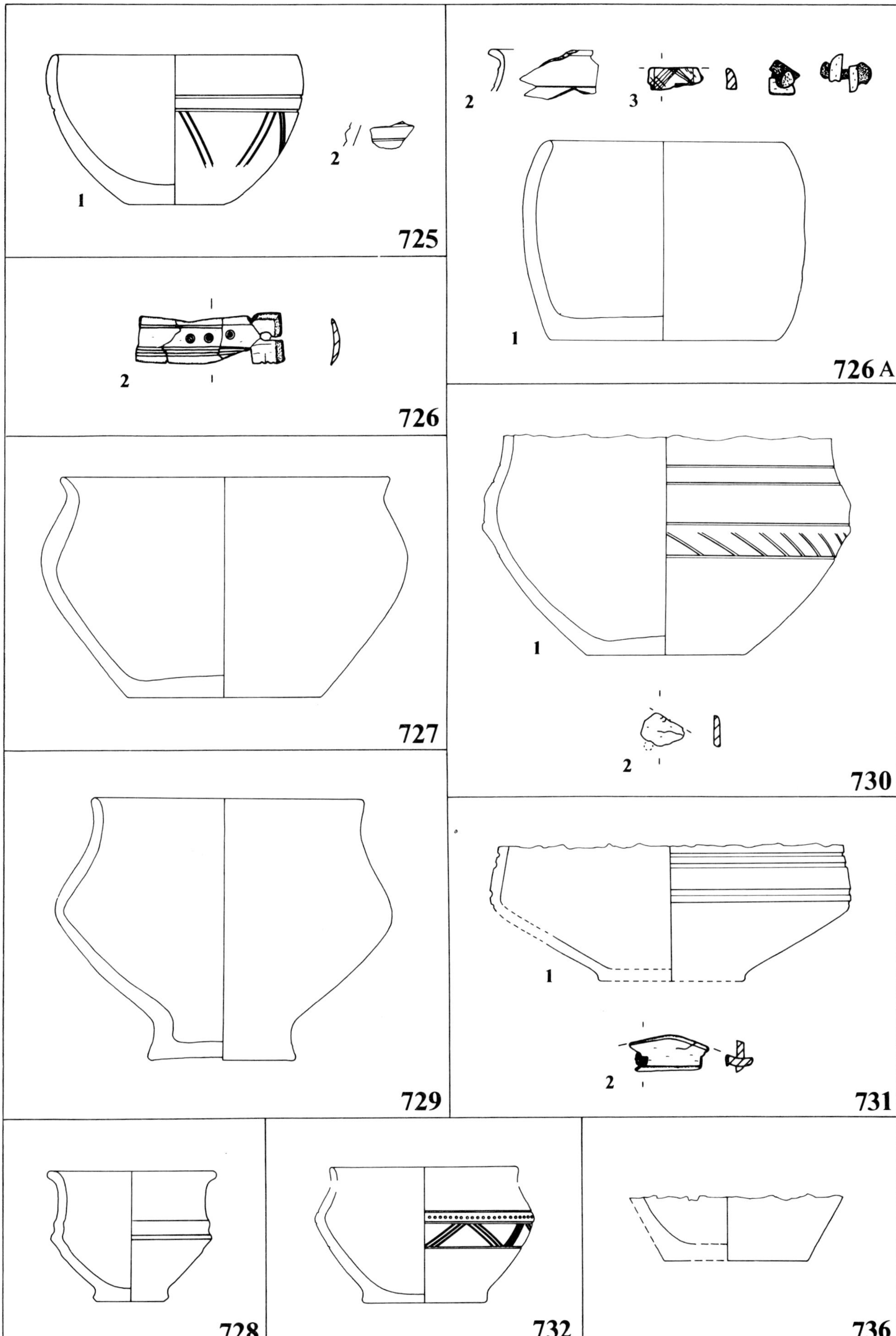
1
2
725
2
3
1
726 A
2
726
727
1
2
730
729
1
2
731
728
732
736

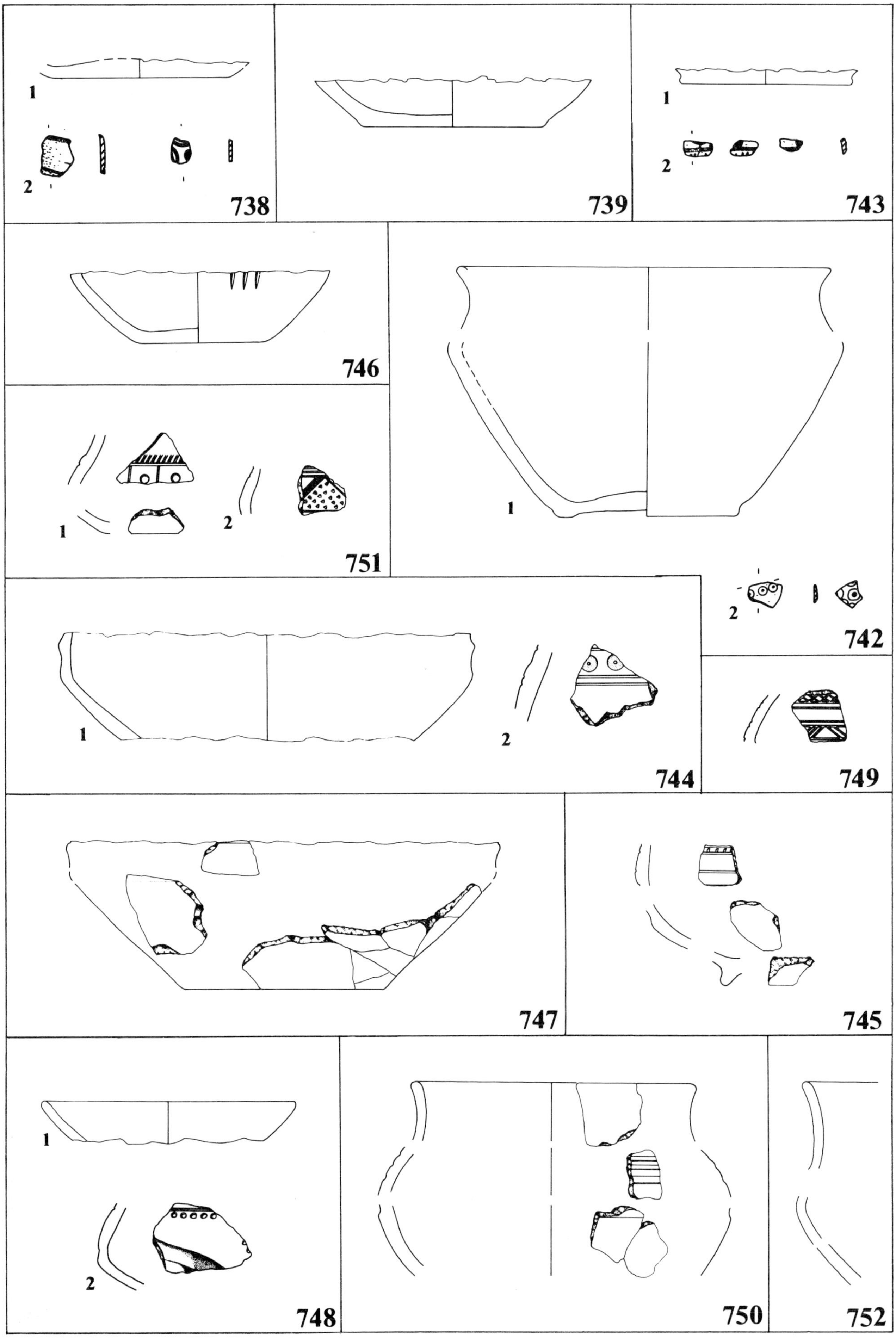
1
2
738
739
1
2
743
746
1
742
2
751
2
742
1
2
744
749
747
745
1
2
748
750
752

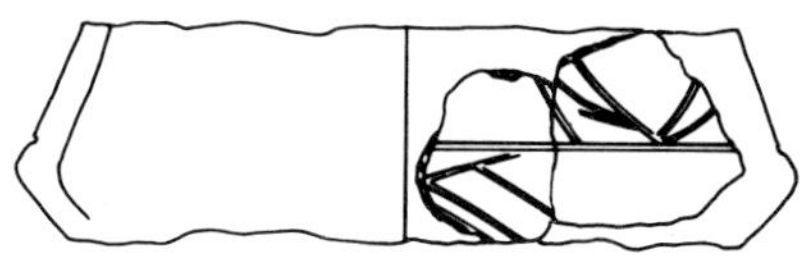

753

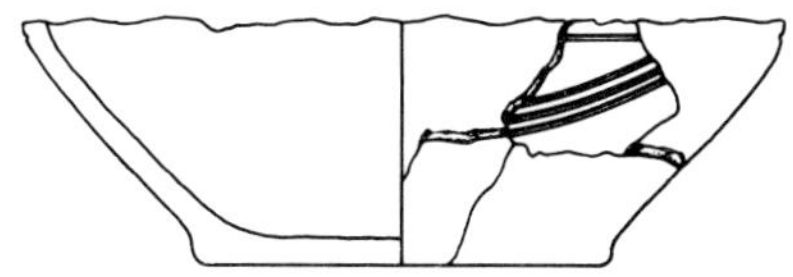

754

755

756

757

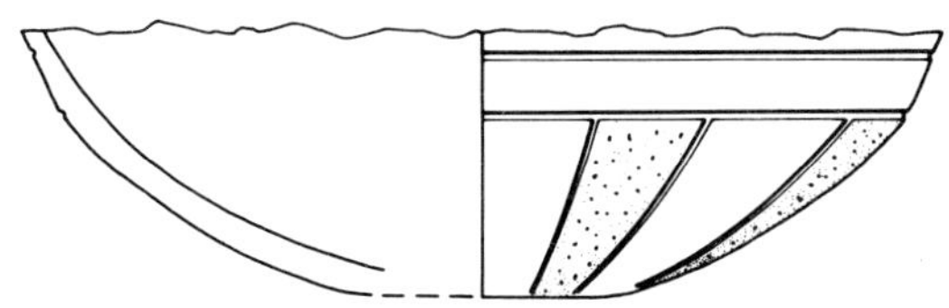

761

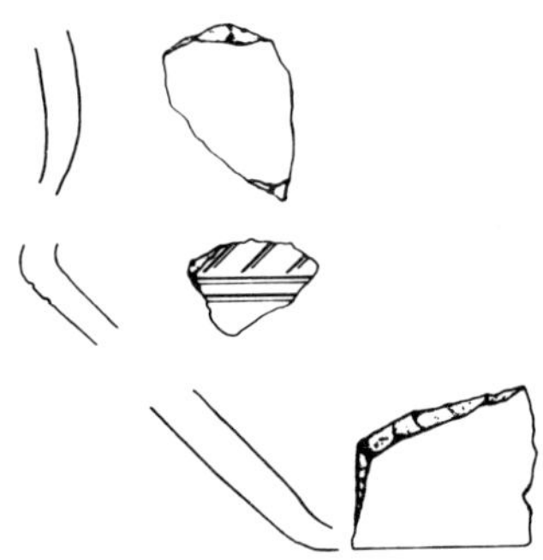

763

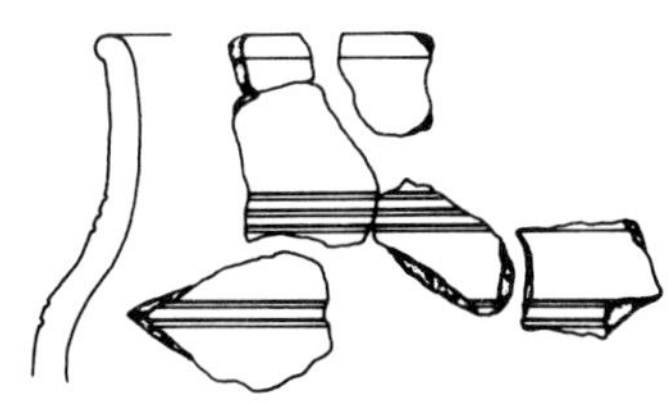

764

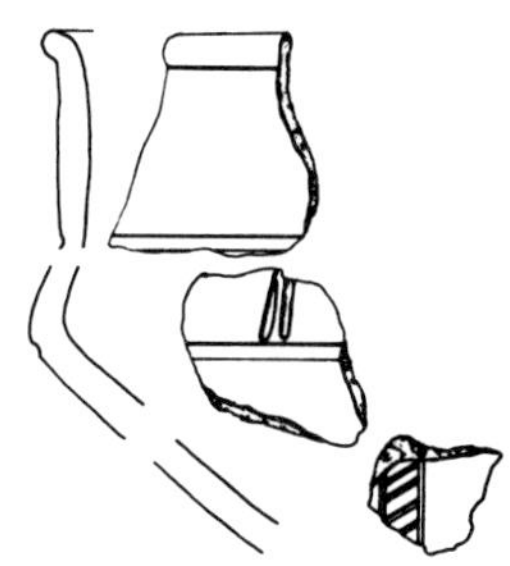

758

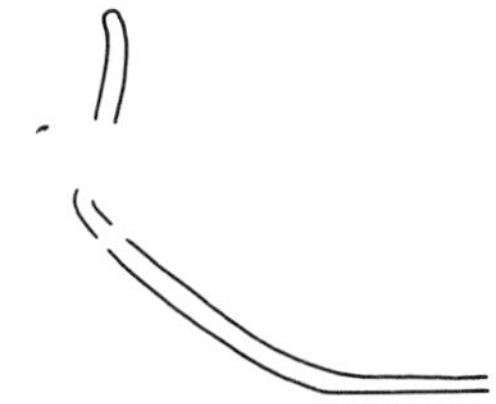

767

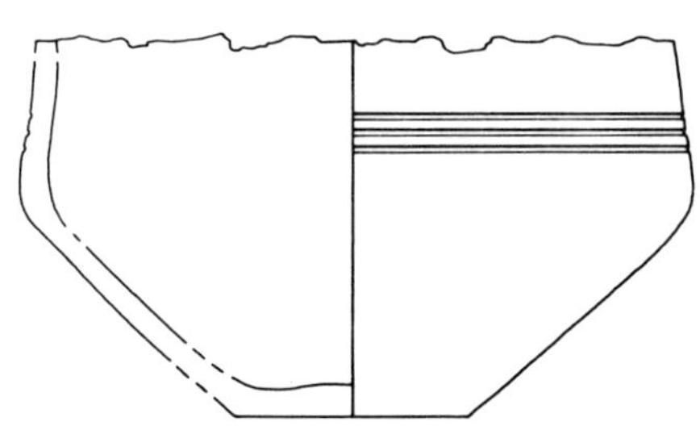

762

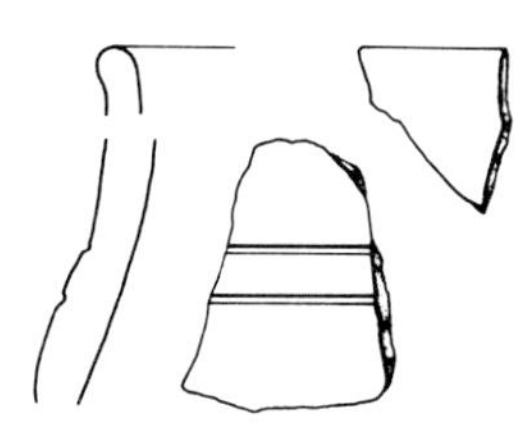

766

760

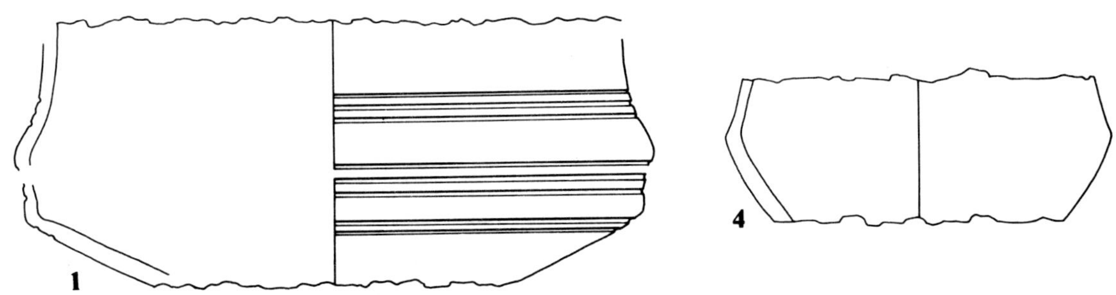

768

Tafel 97

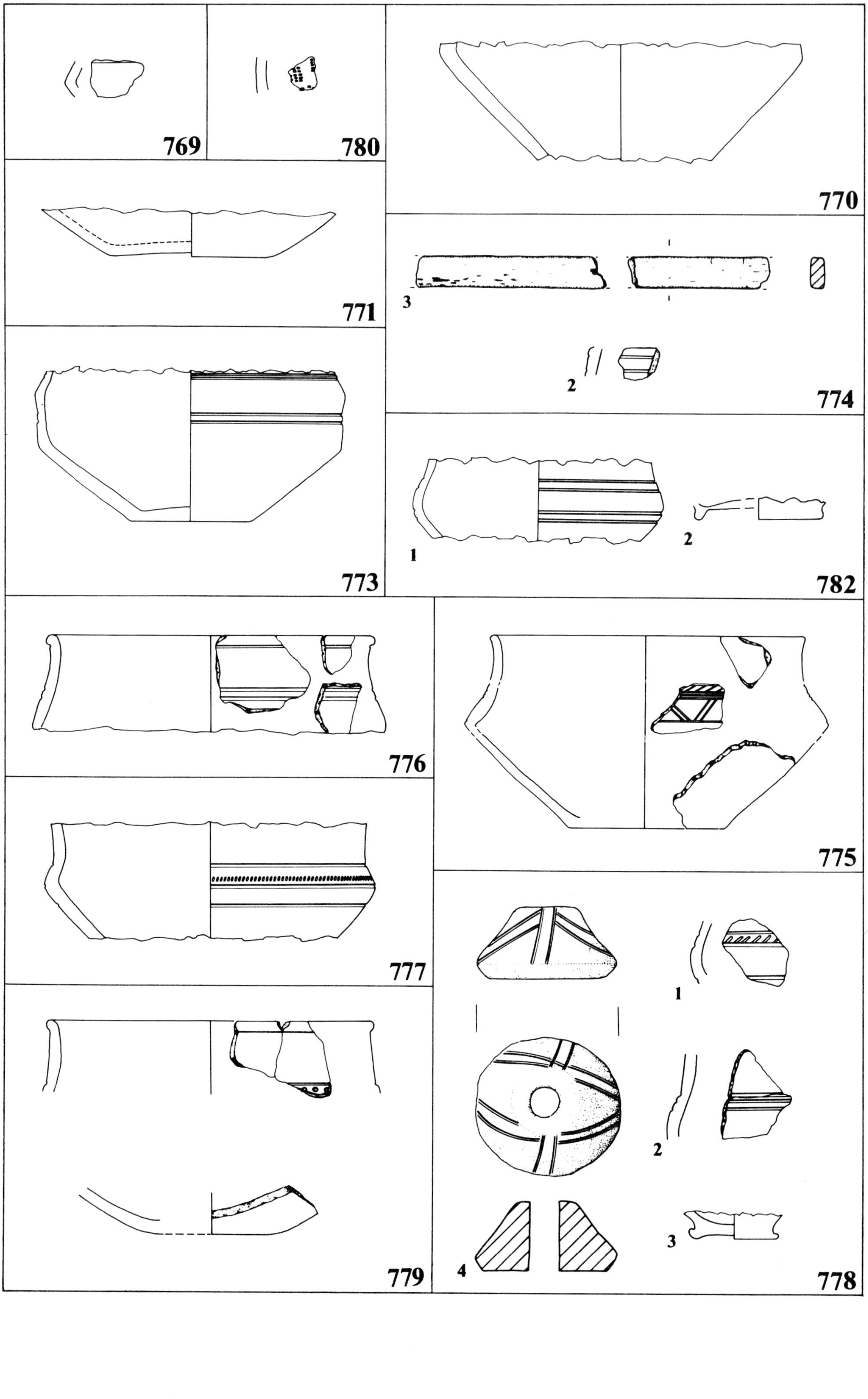

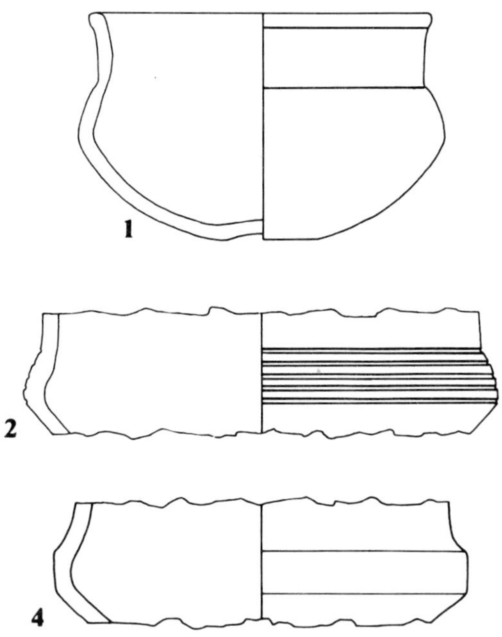

781

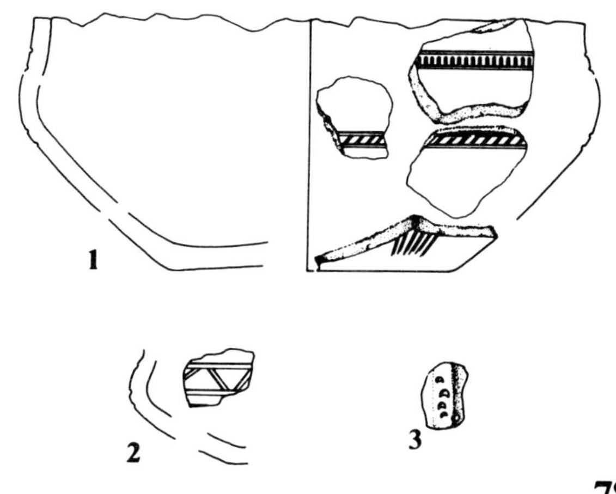

784

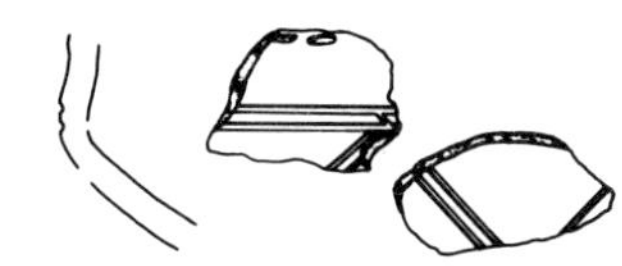
785

789

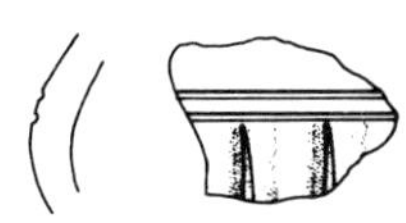
786

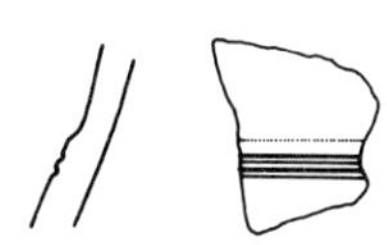
794

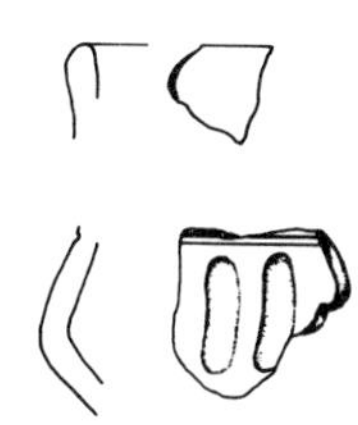
787

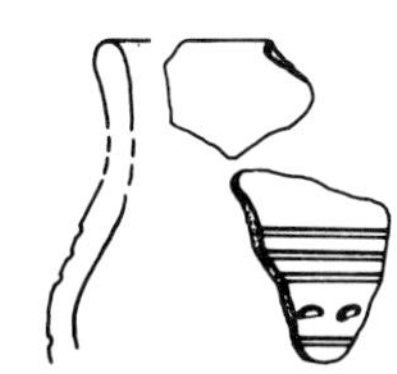
790

788

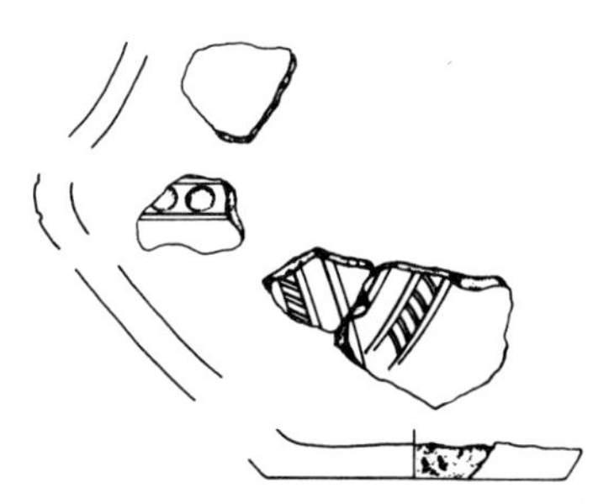
792

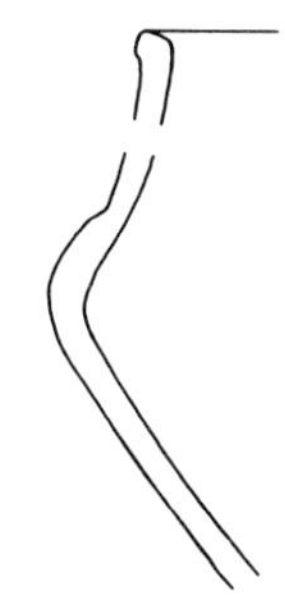
795

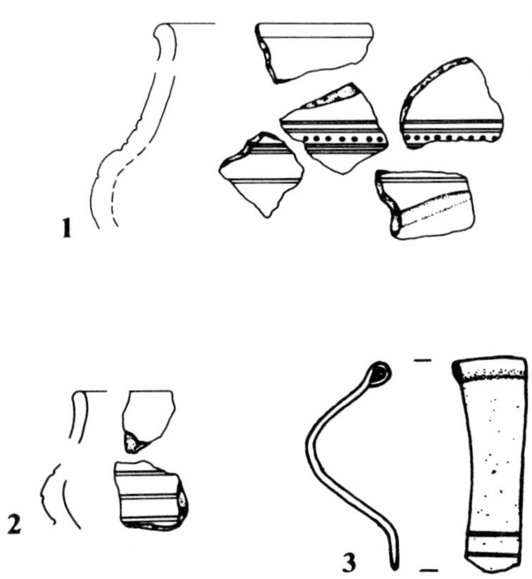

791

793

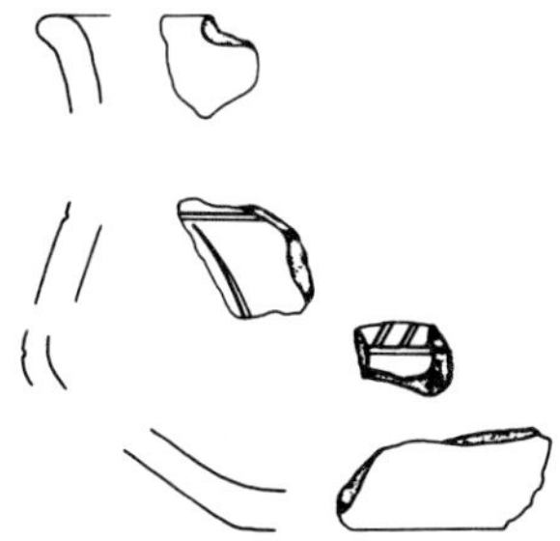

796

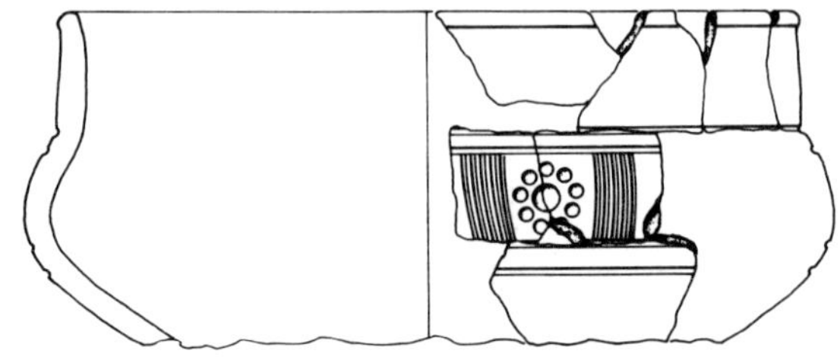

797

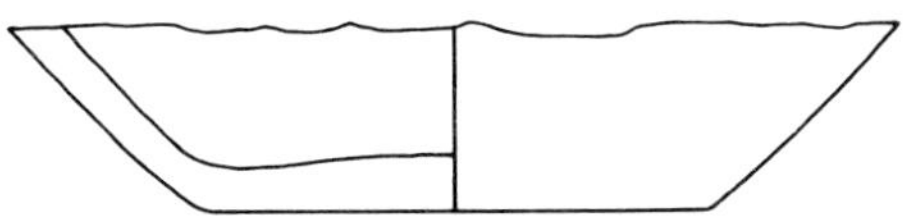

799

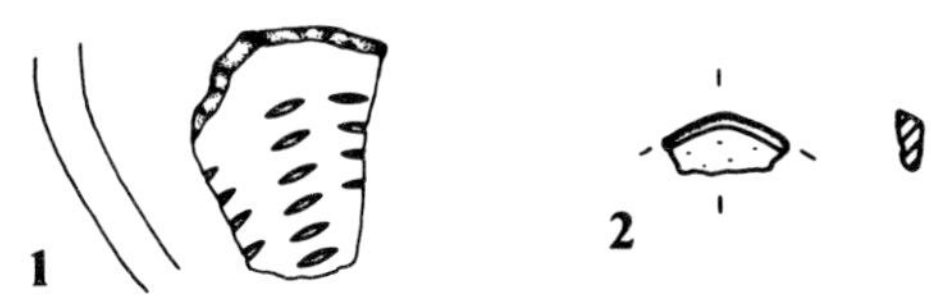

800

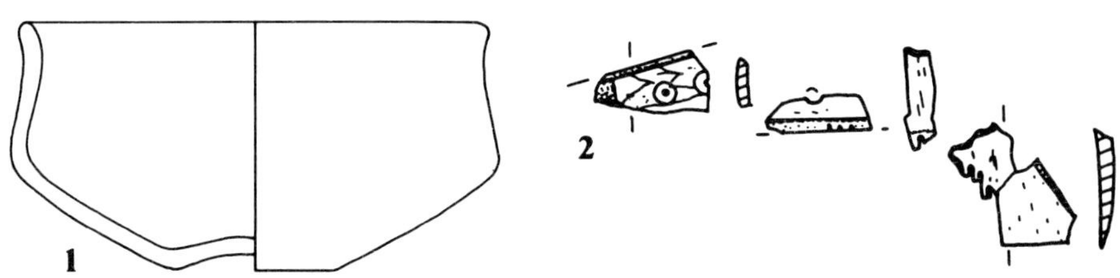

801

798

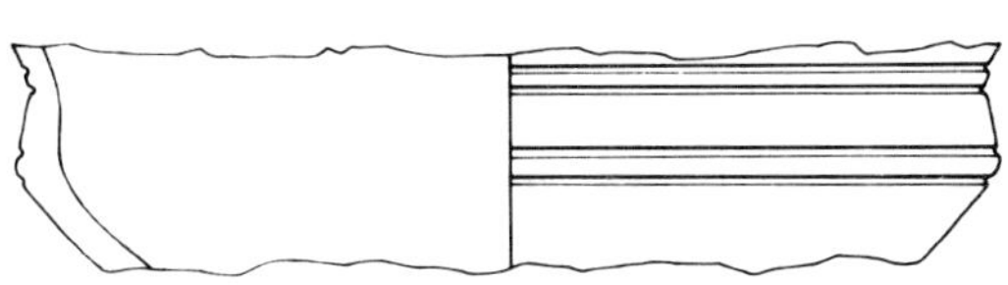

802

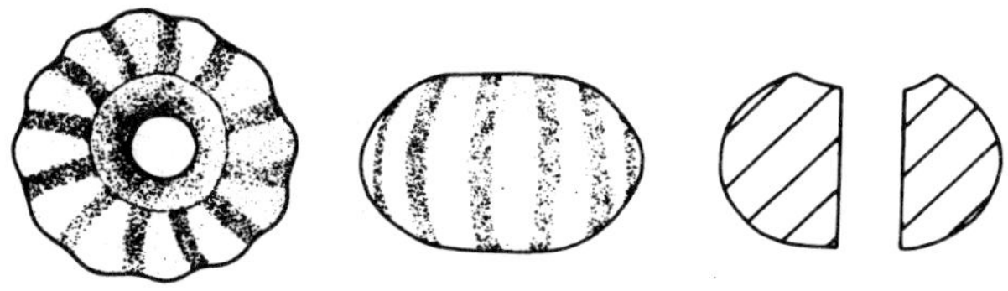

804

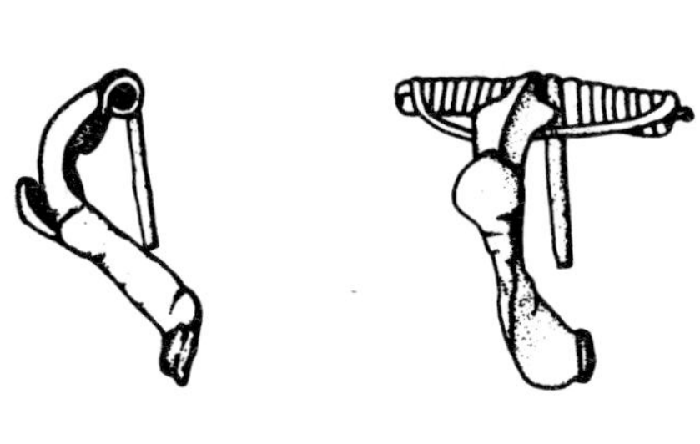

803

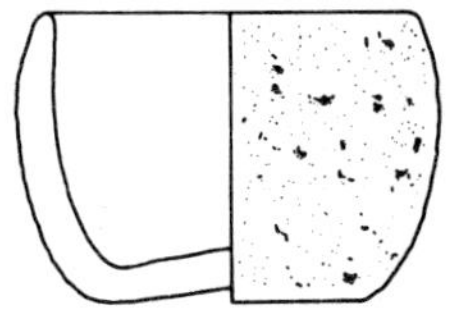

806

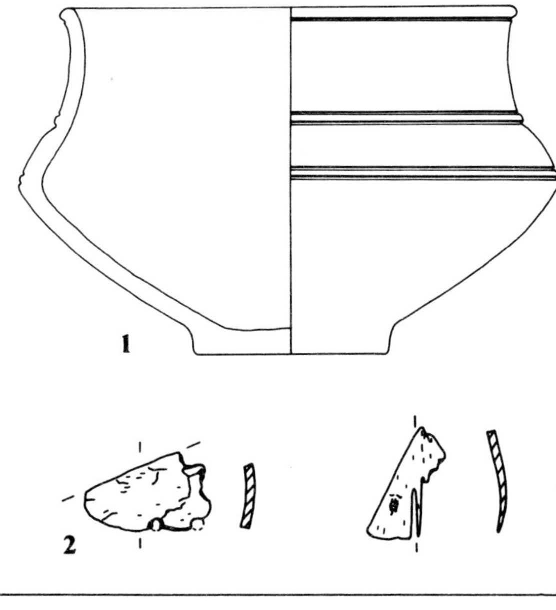

808

805

807

809

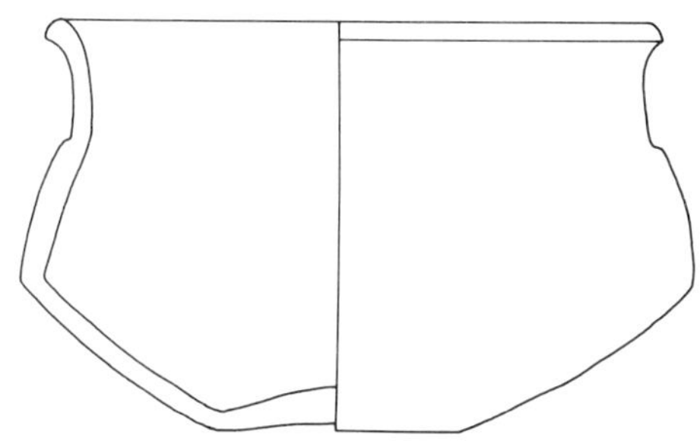

811

812

813

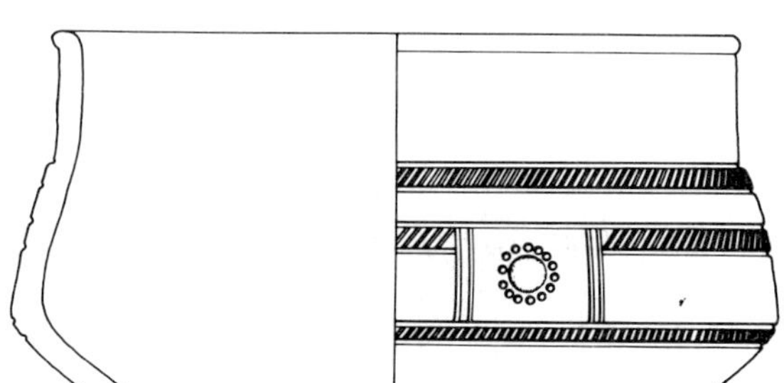

814

815

816

817

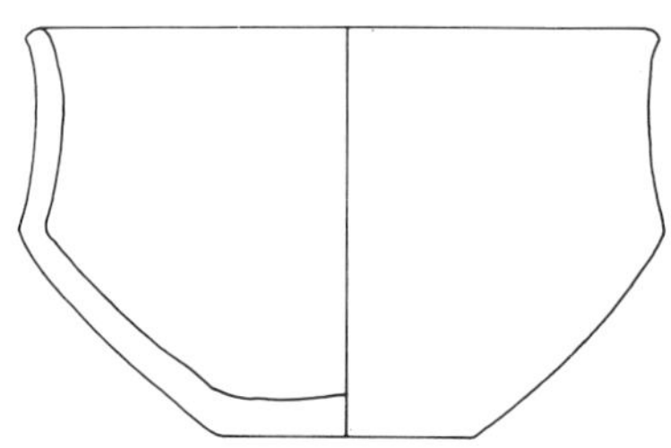

818

819

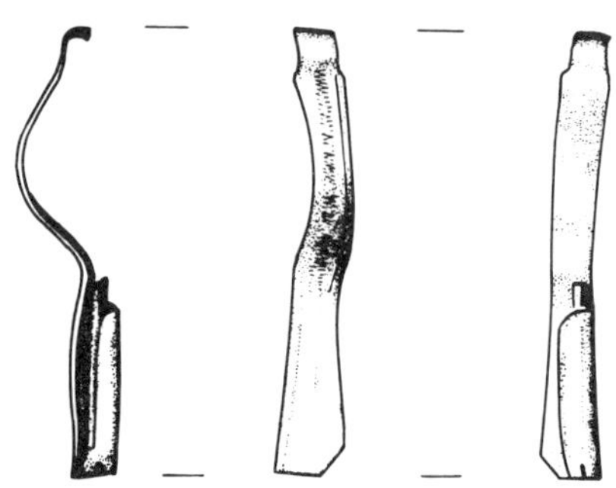

821

822

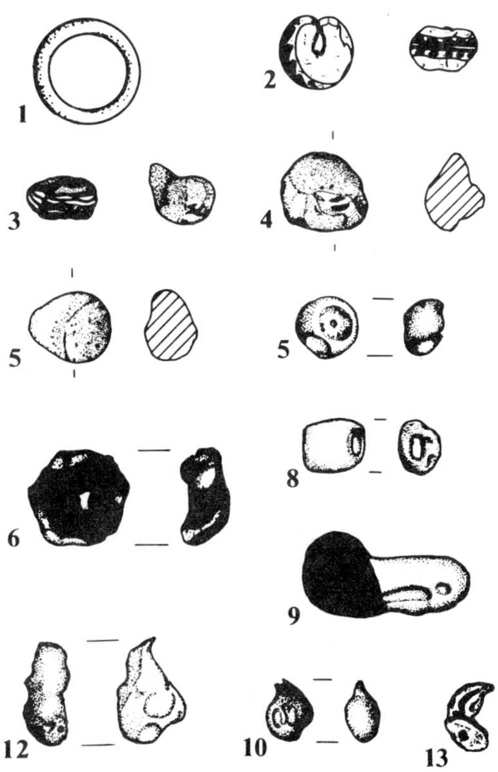

826

827

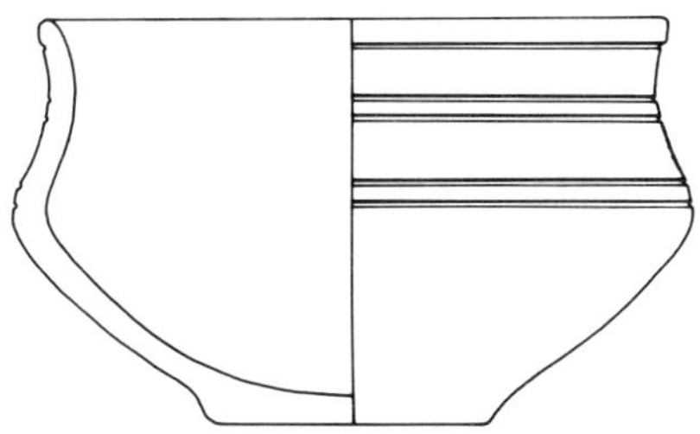

828

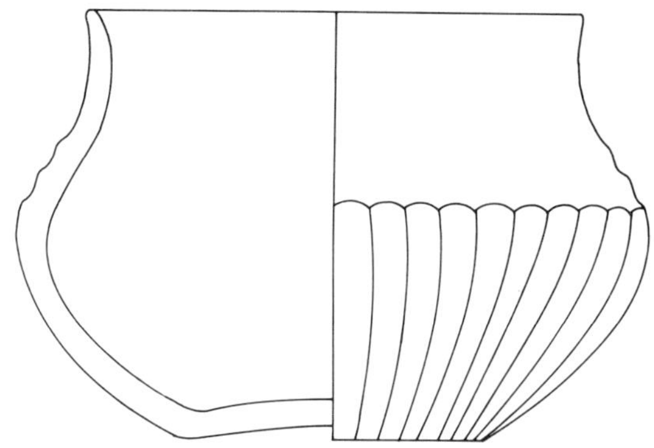

829

830

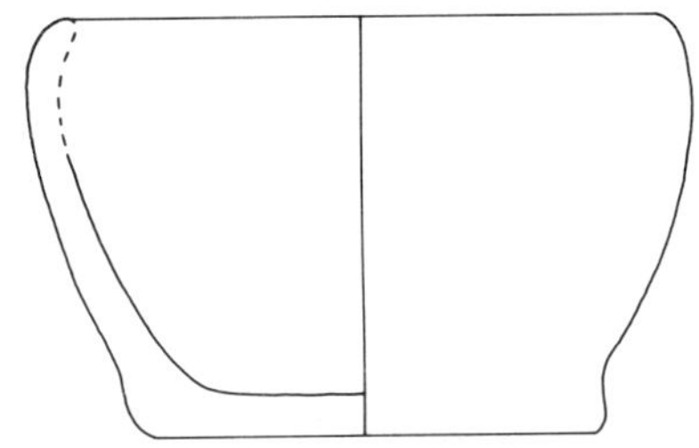

831

832

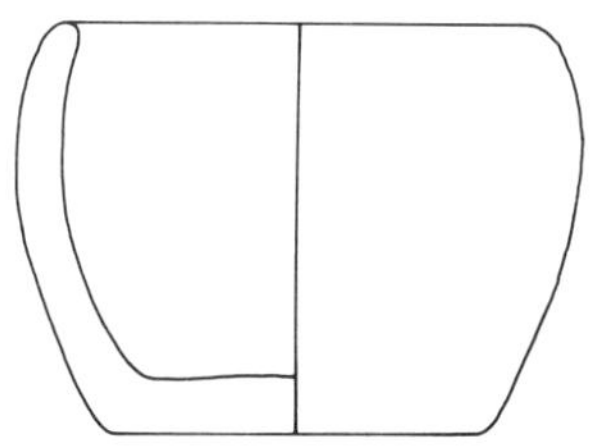

833

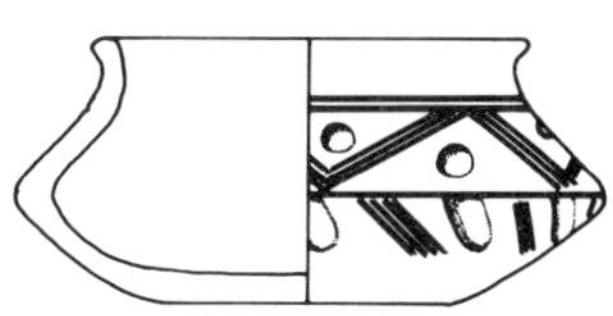

835

836

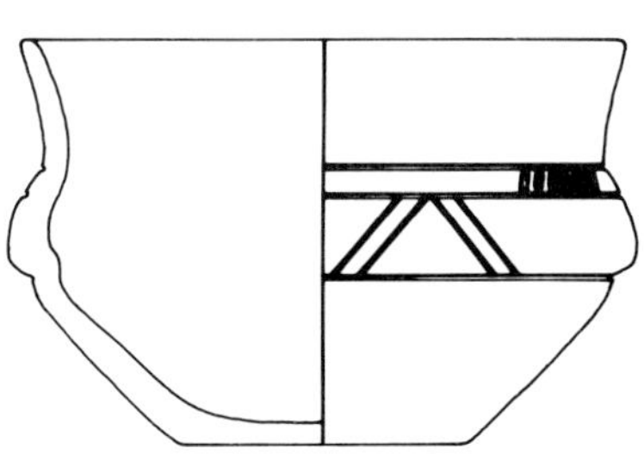

837

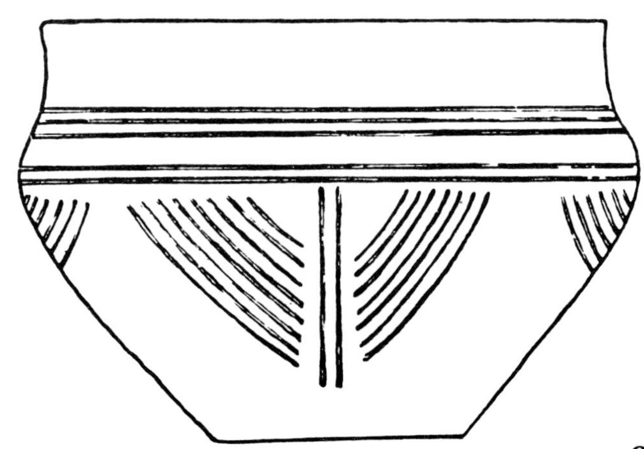

838

1

2

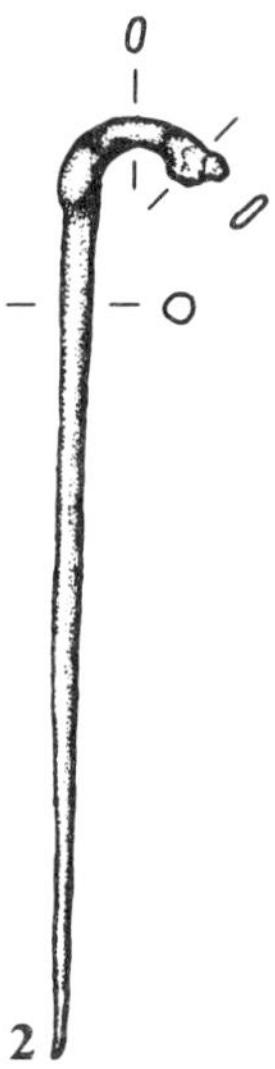

840

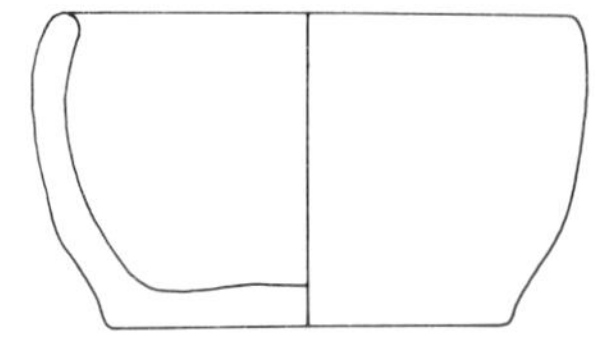

842

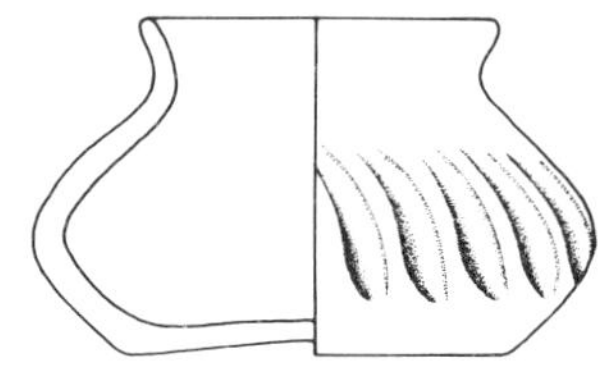

847

839

845

841

2

1

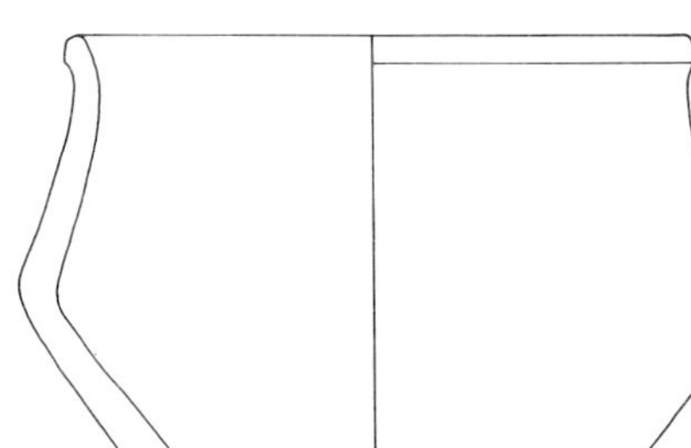

846

849

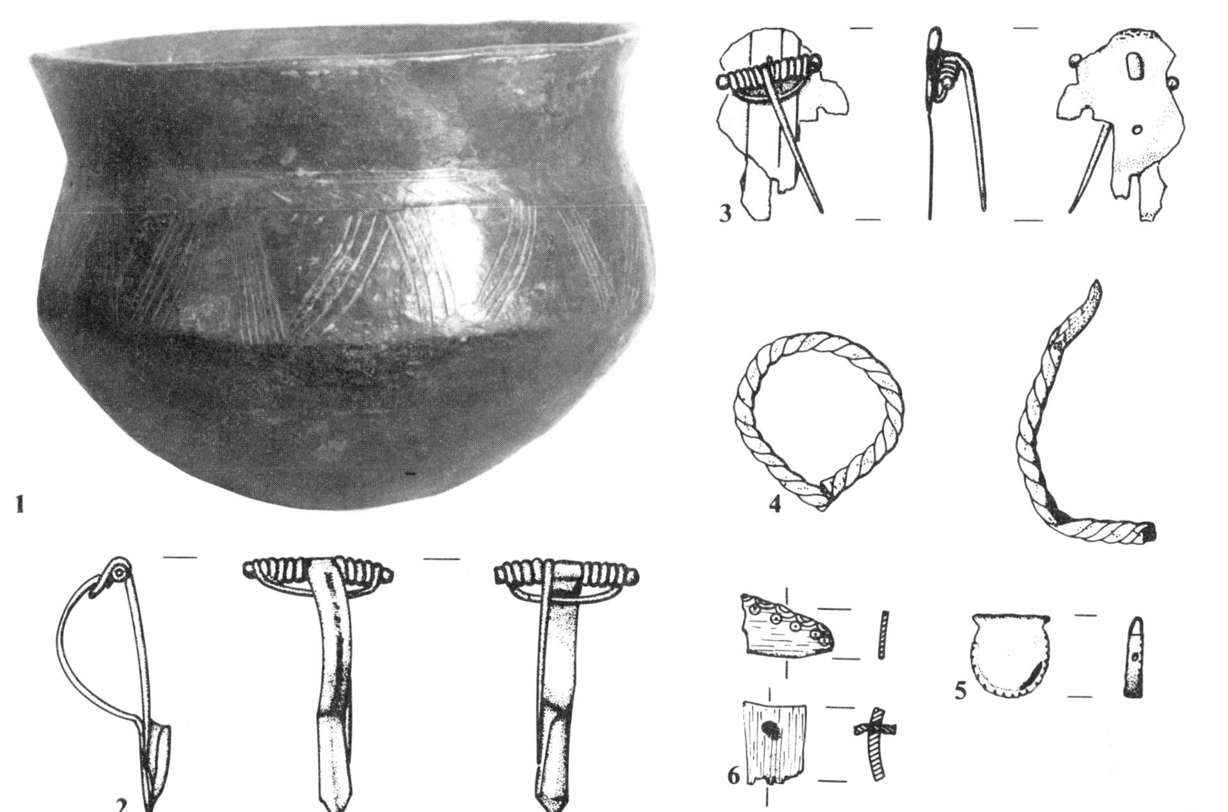

848

850

853

854

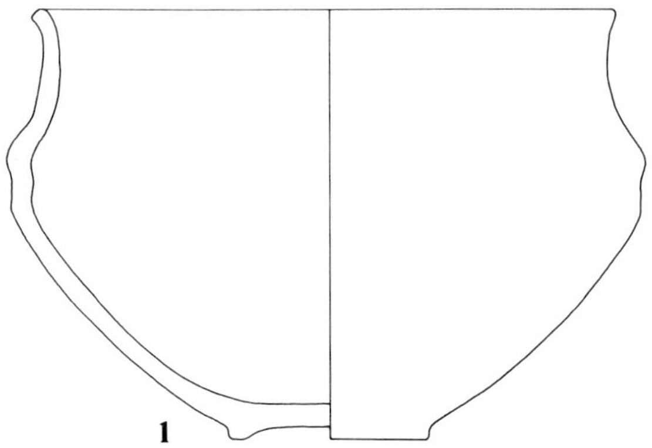

1

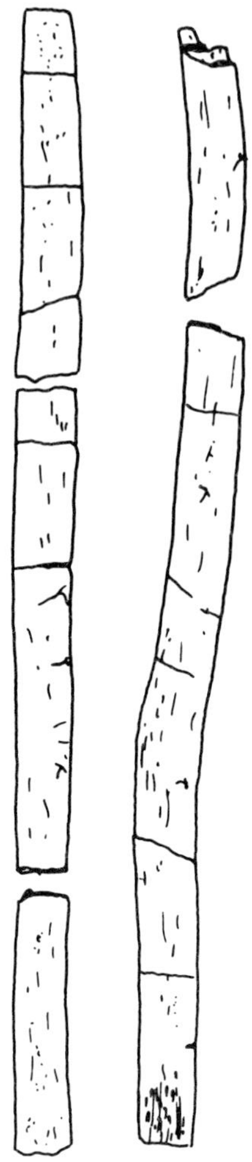

2

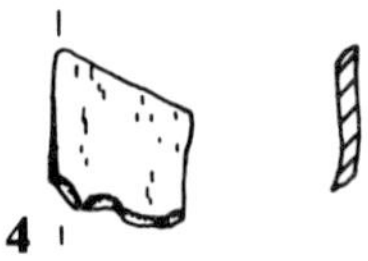

4

856

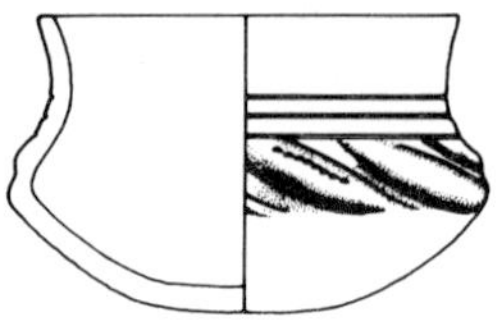

852

855

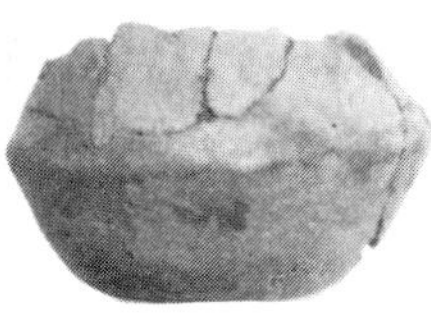

858

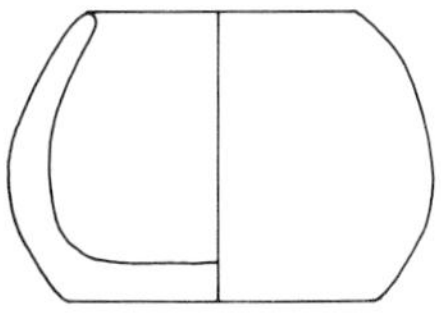

862

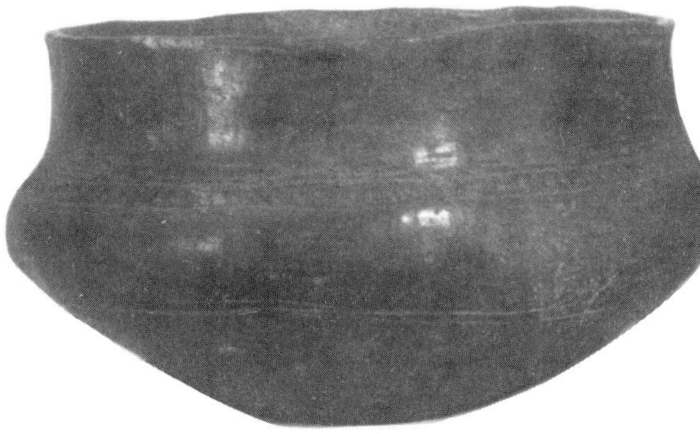

857

863

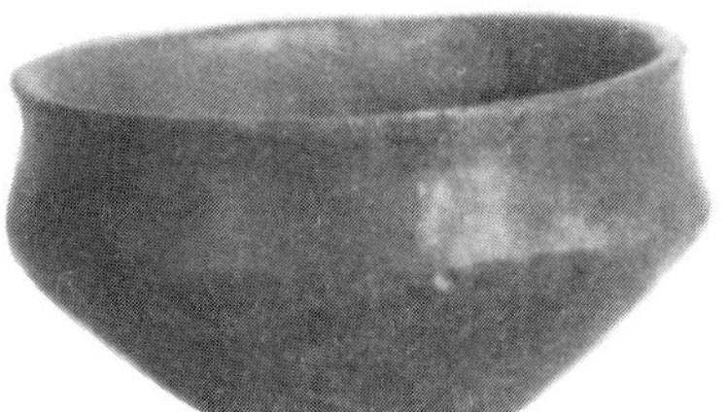

859

1

2

861

864

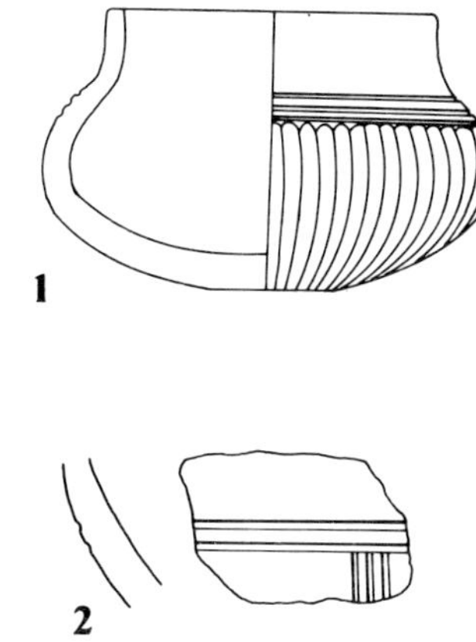

869

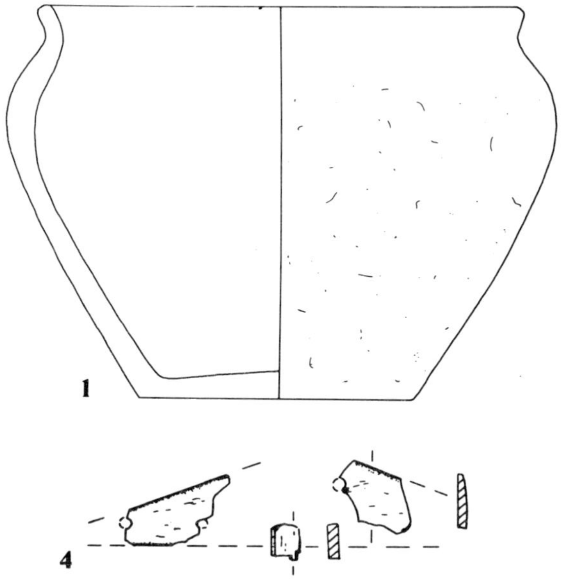

867

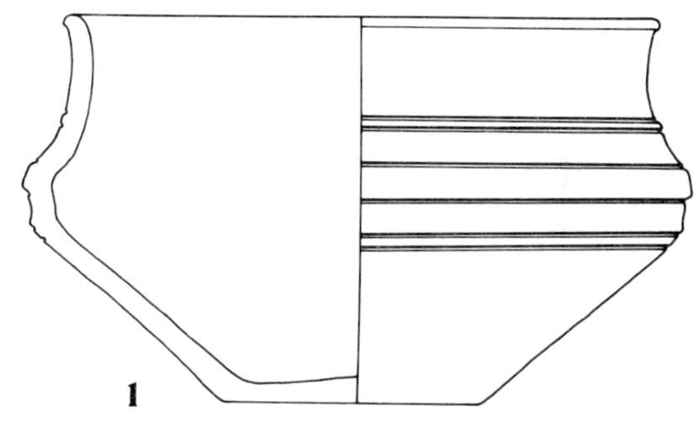

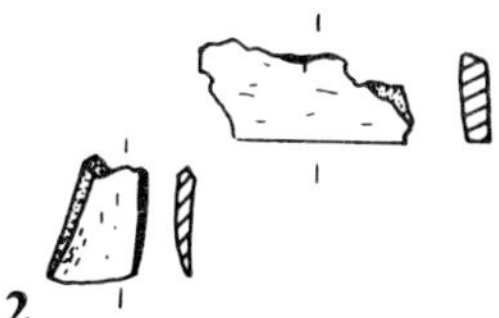

872

866

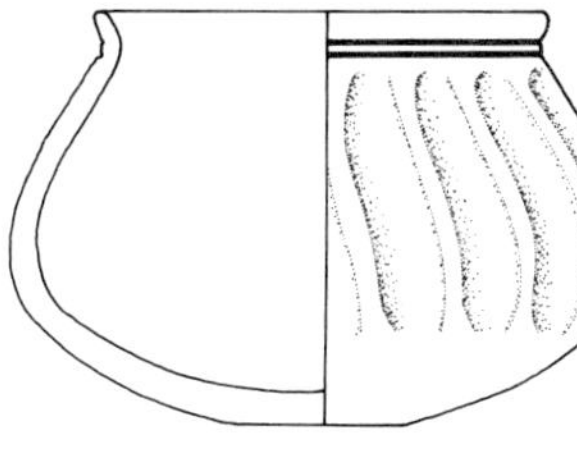

865

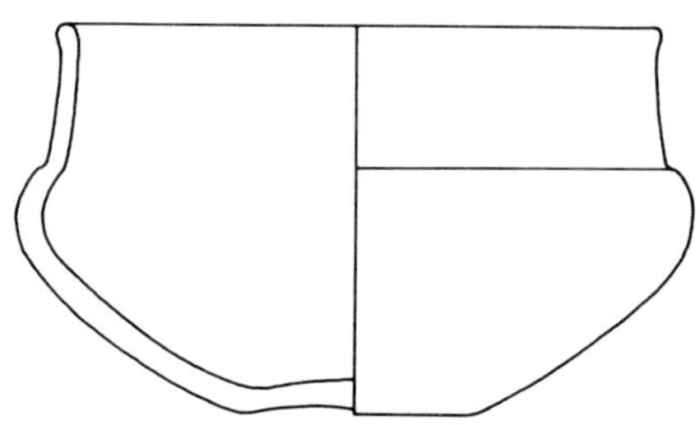

871

874

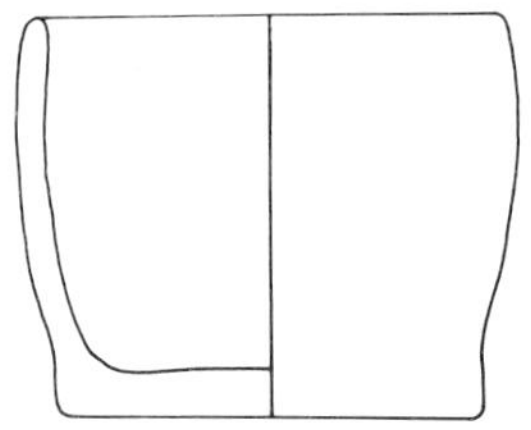

877

878

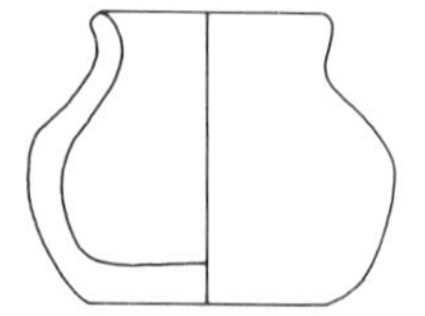

879

880

881

886

887

888

889

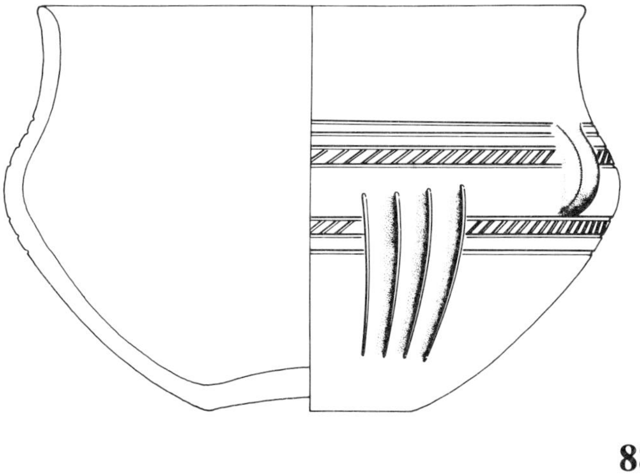

882

890

891

883

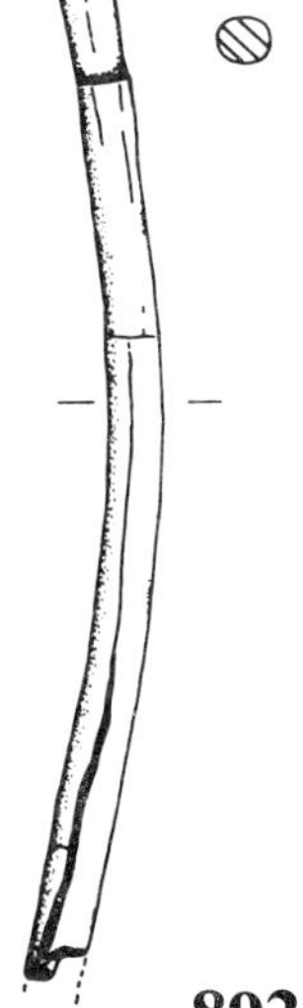

892

893

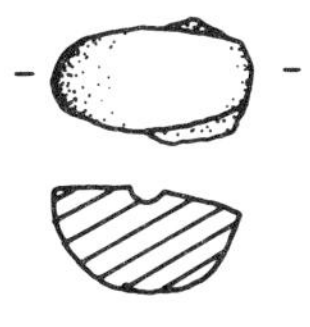
894

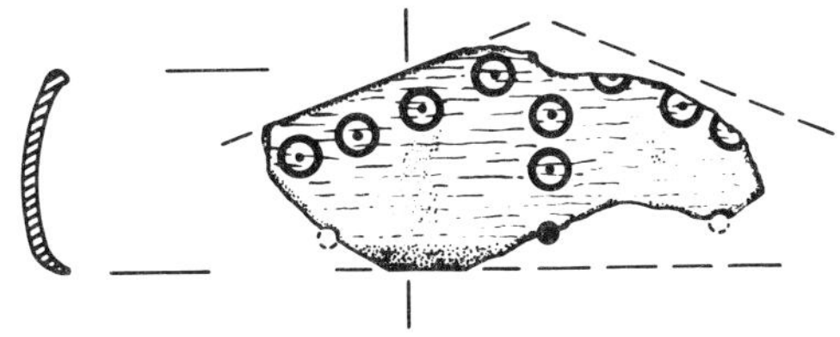
900

901

902

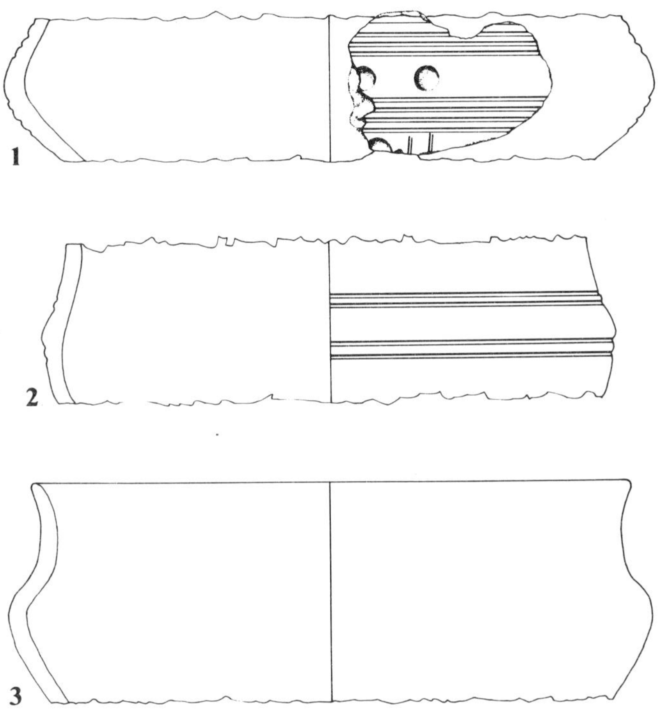

905

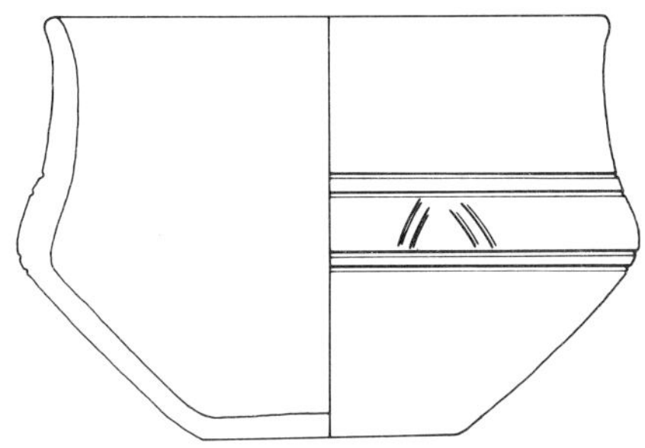
907

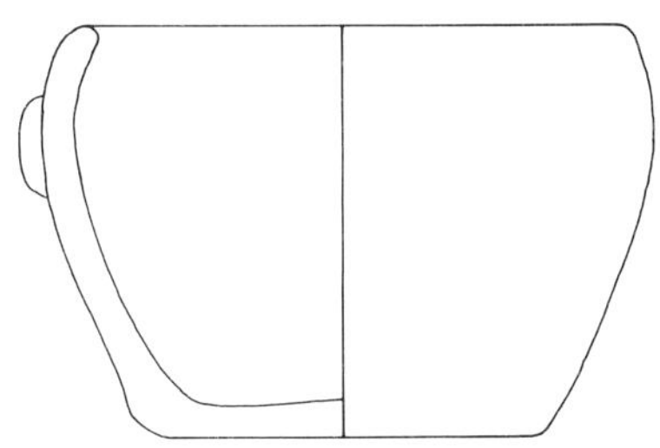
914

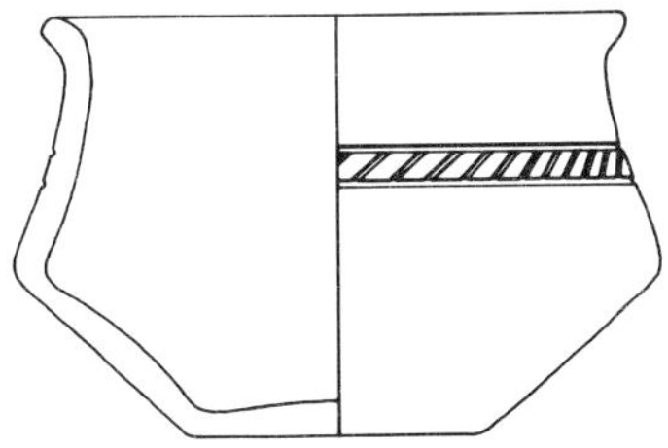
908

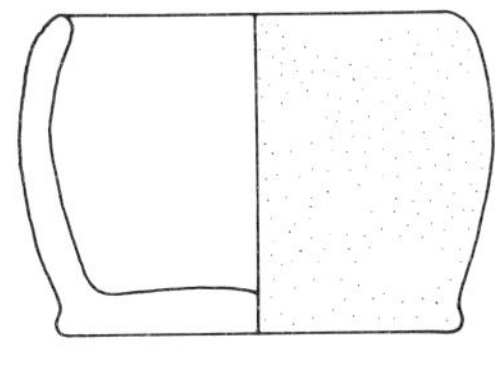
909

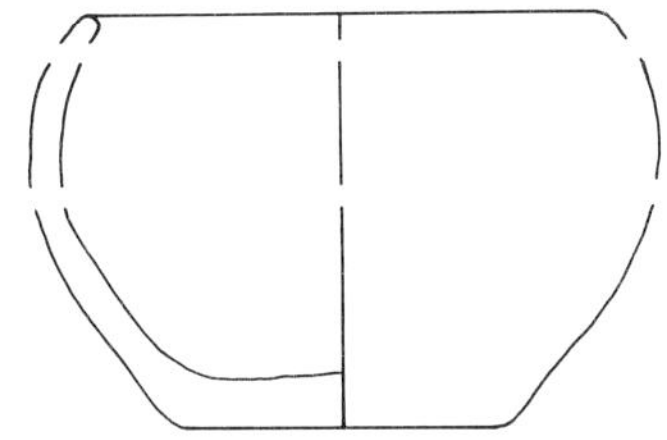
906

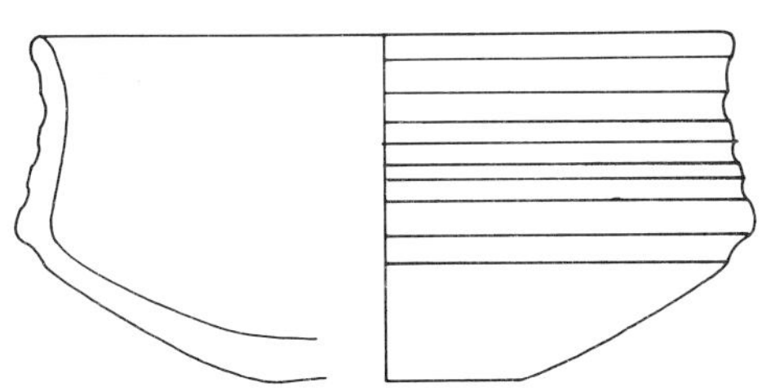
911

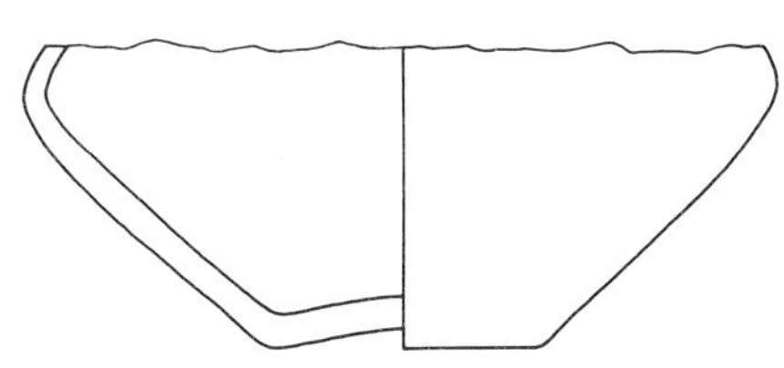
913

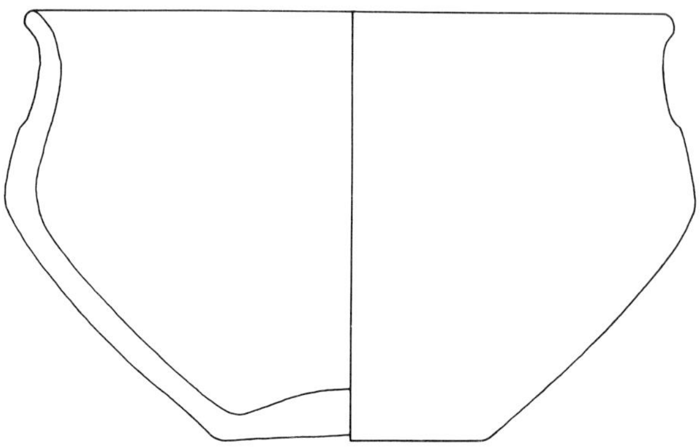

915

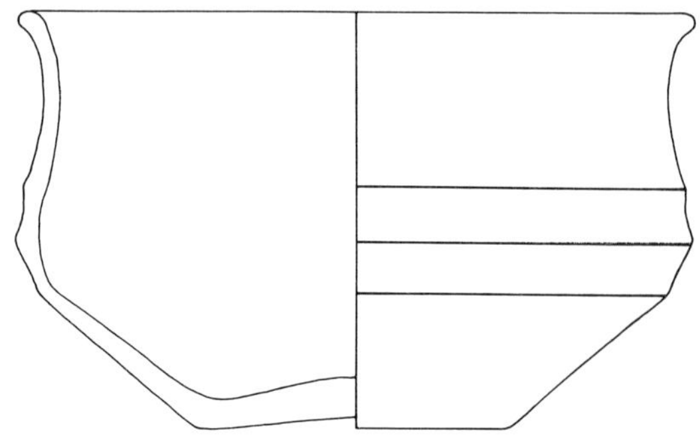

925

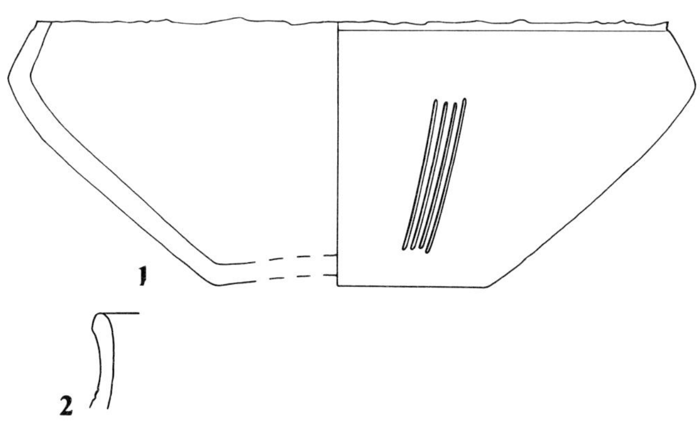

916

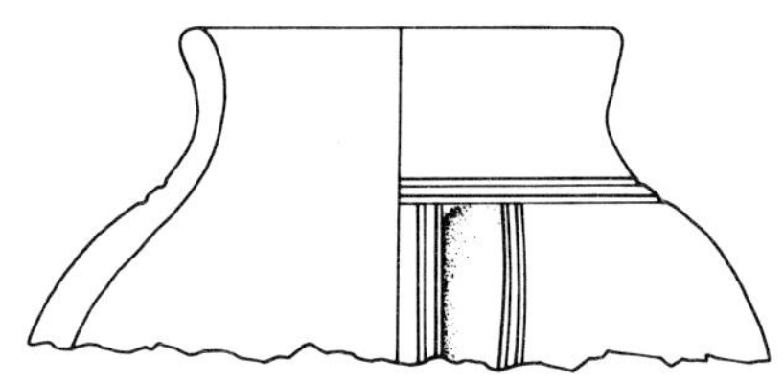

918

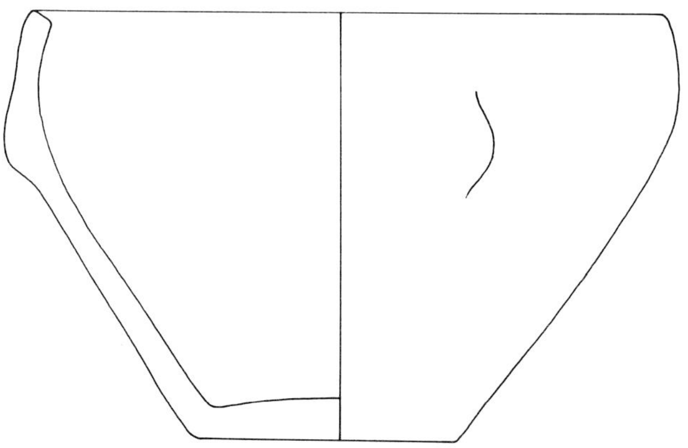

920

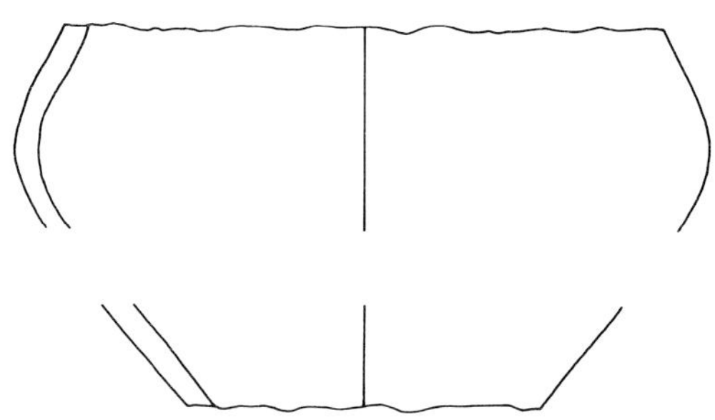

928

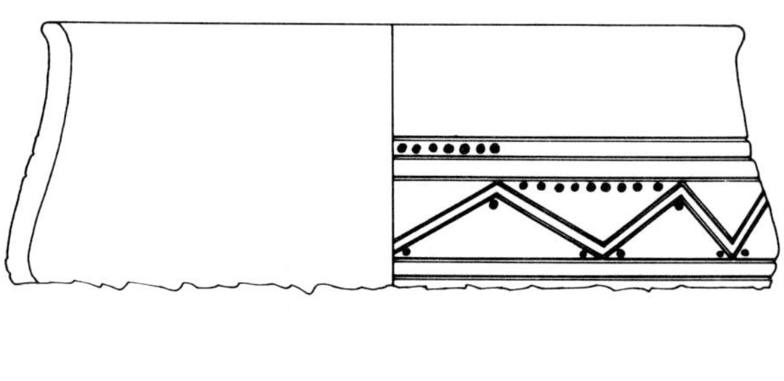

923

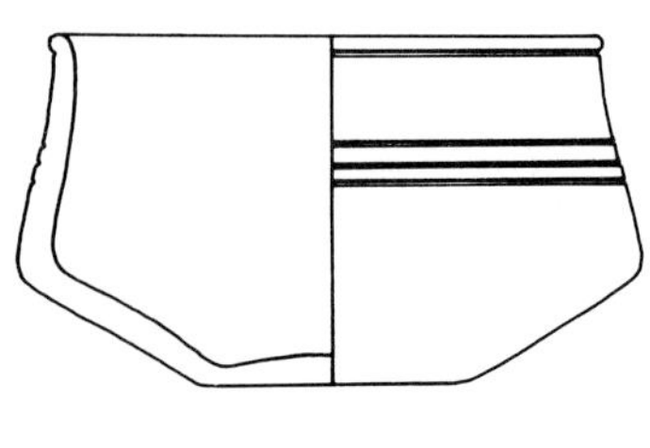

930

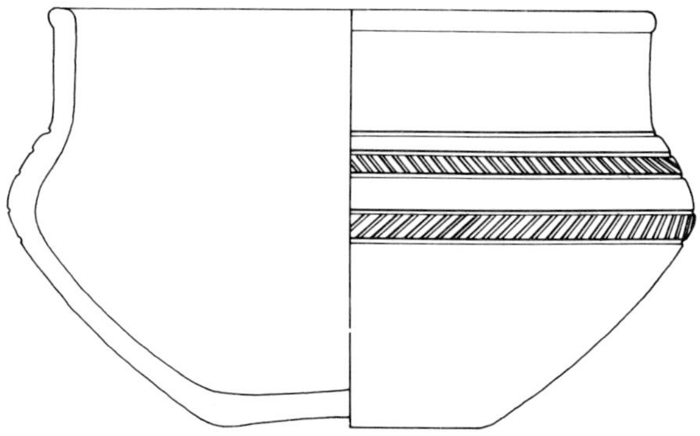
929

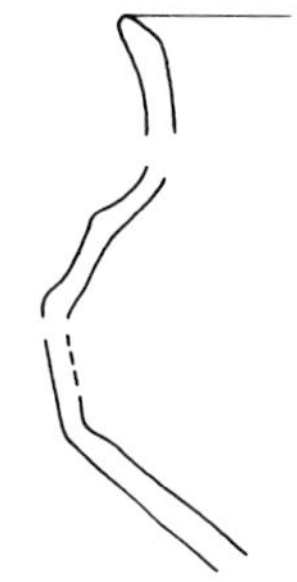
931

937

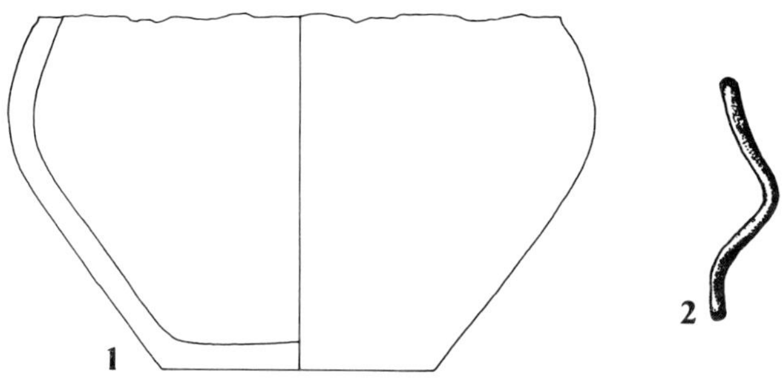

932

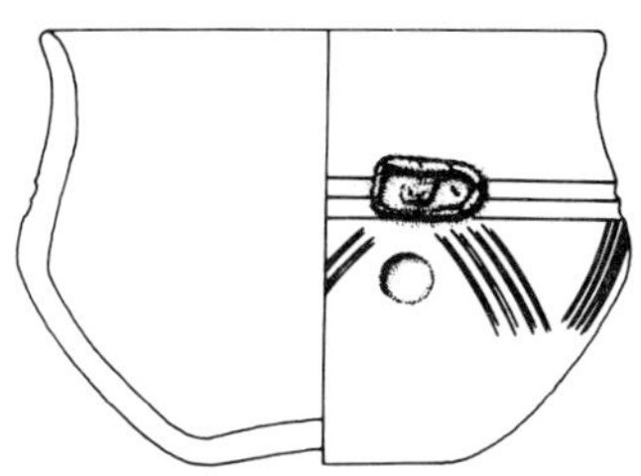
934

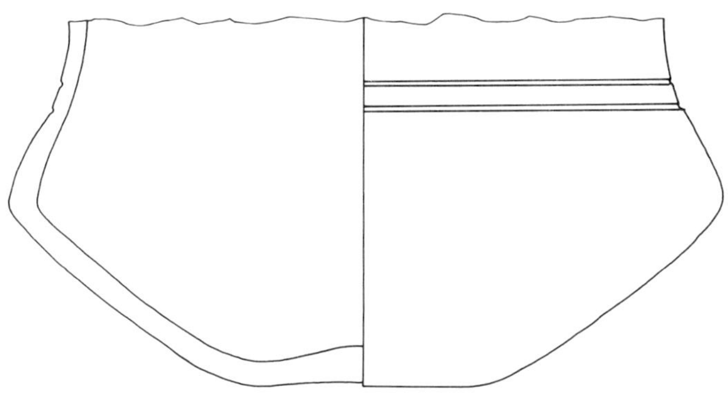
933

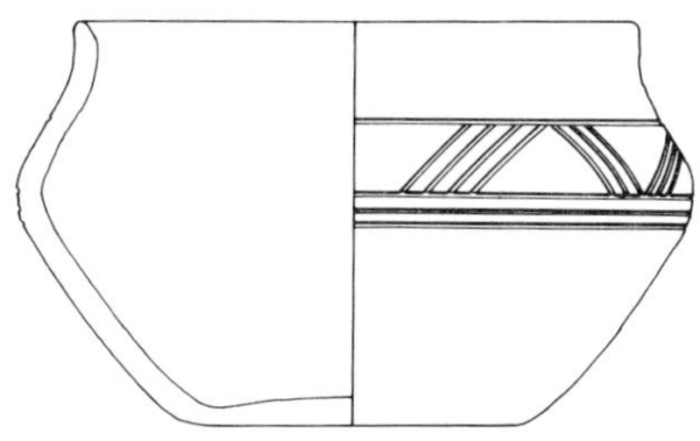
935

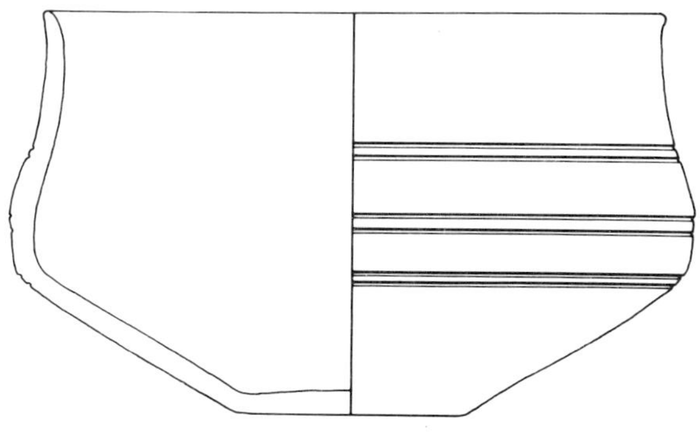
938

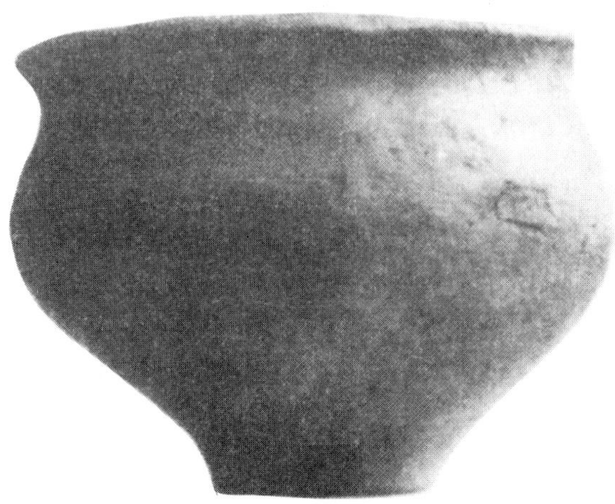
939

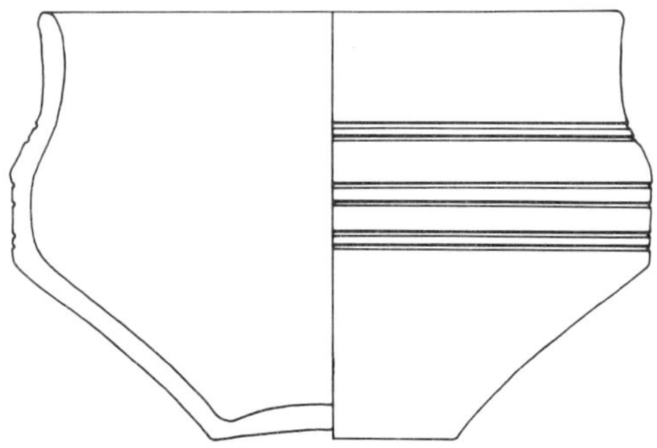
940

941

943

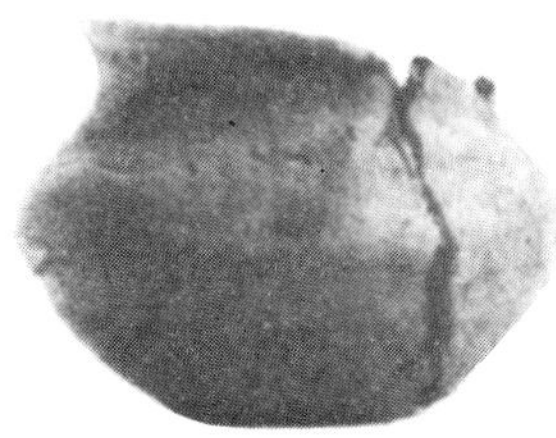
944

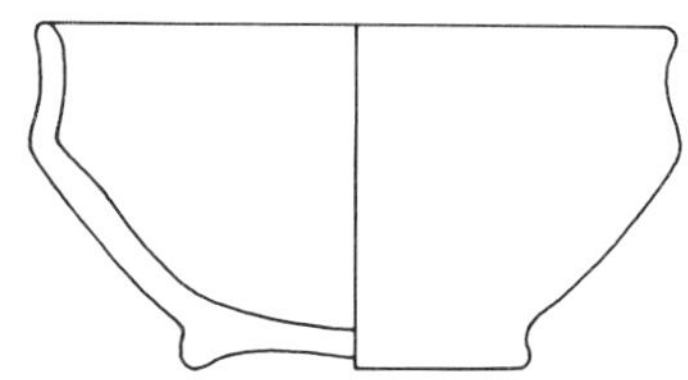
945

947

948

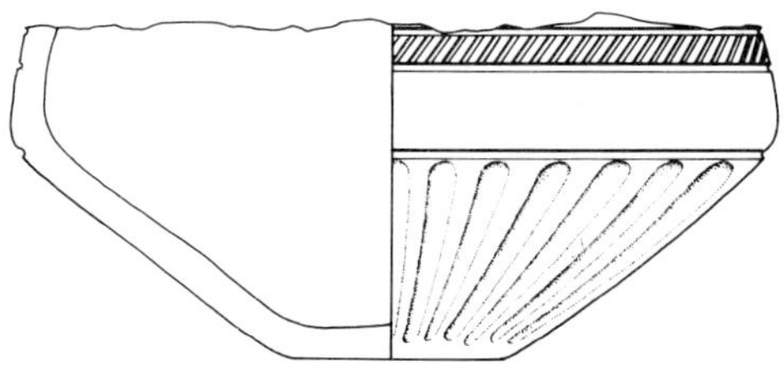
951

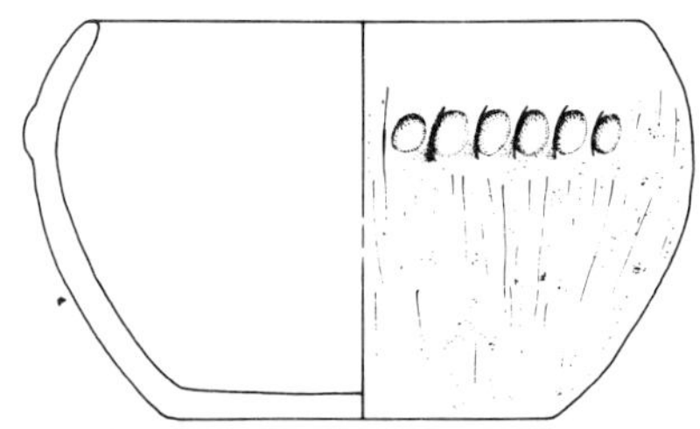
953

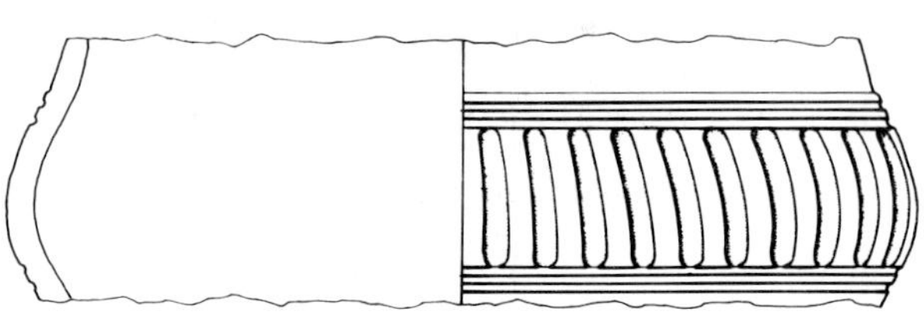
952

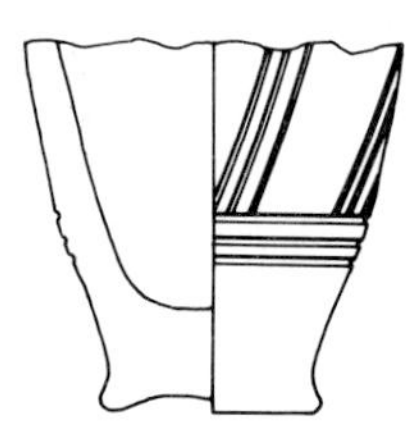
950

289

418

721

144

570

193

104

483

295

582

358

325

364

728

317

293

321

297

285

10

416

371

118

296